Beate Majetschak

Microsoft Office Outlook 2007 – Das Handbuch

Beate Majetschak

Microsoft Office Outlook 2007 – Das Handbuch

Microsoft Press

Beate Majetschak: Microsoft Office Outlook 2007 – Das Handbuch
Microsoft Press Deutschland, Konrad-Zuse-Str. 1, D-85716 Unterschleißheim

15 14 13 12 11 10 9 8 7 6 5 4 3 2 1
09 08 07

ISBN 978-3-86645-106-3

Fachlektorat: Georg Weiherer, Münzenberg
Korrektorat: Karin Baeyens, Siegen
Layout und Satz: Gerhard Alfes, mediaService, Siegen (www.media-service.tv)
Umschlaggestaltung: Hommer Design GmbH, Haar (www.HommerDesign.com)
Gesamtherstellung: Kösel, Krugzell (www.KoeselBuch.de)

Übersicht

Inhaltsverzeichnis

Teil A

Grundlagen

In diesem Teil:

Microsoft Office Outlook 2007 besteht aus verschiedenen Komponenten, die Sie über eine gemeinsame Oberfläche bedienen. Viele Vorgänge sind in den einzelnen Komponenten sehr ähnlich. In diesem Teil des Buches erfahren Sie, wie Sie Outlook 2007 ganz allgemein bedienen und aus welchen Komponenten sich die Anwendung zusammensetzt.

- In Kapitel 1 zeigen wir Ihnen, wie Sie einen Internetzugang einrichten, wie Sie eine Internetverbindung mit mehreren Computern gemeinsam nutzen und wie Sie Outlook installieren und das erste Mal starten.
- In Kapitel 2 erfahren Sie alles über die Benutzeroberfläche von Outlook 2007. Zunächst lernen Sie den Fensteraufbau kennen, dann machen Sie sich mit dem neuen Navigationsbereich vertraut, über den Sie die einzelnen Outlook-Ordner bequem erreichen. Sie erfahren, wie Sie Outlook 2007 über Menüs und über die Symbolleiste bedienen, wie Sie den Status eines Vorgangs prüfen und wie Sie mit Fenstern, Dialogfeldern und Formularen arbeiten.

- In Kapitel 3 lernen Sie die Hilfe von Outlook 2007 näher kennen. Sie erfahren, wie Sie Hilfethemen schnell und effizient finden. Sie können dabei unterscheiden, ob Sie Inhalte von Microsoft Office Online nutzen, die auf den Servern von Microsoft im Internet gespeichert sind und eine umfangreiche Auswahl an Hilfeinformationen bieten, oder ob Sie sich auf die Hilfethemen beschränken, die bereits auf Ihrem Computer vorhanden sind. Die Suche kann über die Eingabe von Stichwörtern oder über das Inhaltsverzeichnis erfolgen. Einmal durchgeführte Suchen lassen sich speichern und jederzeit erneut anwenden.

Kapitel 1

Outlook installieren, aktivieren und starten

In diesem Kapitel:

Ohne Zugang zum Internet bietet Outlook 2007 zwar durchaus einige nützliche Dienste an, doch erst mit einem Internetzugang ist das Programm perfekt nutzbar. Sollten Sie bisher noch keine Verbindung zum Internet eingerichtet haben oder wollen Sie mehr über die Konfiguration eines Heimnetzwerkes erfahren, das Ihnen die gemeinsame Nutzung einer Internetverbindung mit mehreren Computern ermöglicht, lesen Sie zunächst den folgenden Abschnitt »Verbindung zum Internet herstellen«, bevor Sie mit dem Abschnitt »Outlook 2007 installieren« fortfahren.

Verbindung zum Internet herstellen

Outlook ist zwar auch ohne Verbindung zum Internet nützlich, die meisten Funktionen setzen jedoch voraus, dass Sie auf das Internet zugreifen und E-Mails versenden und empfangen können. Wie Sie eine Verbindung zum Internet herstellen, hängt davon ab, wo und wie Sie Ihren Computer einsetzen. Nutzen Sie Ihren Computer und Outlook ausschließlich zu Hause, müssen Sie zunächst einen Vertrag mit einem Internetdienstanbieter abschließen, der Ihnen den Zugang zum Internet und ein Postfach für den Versand und Empfang Ihrer E-Mails bereitstellt. Nutzen Sie Ihren Computer in einem Firmennetzwerk, wird der Internetzugang in der Regel über dieses Firmennetzwerk bereitgestellt. Der Versand und Empfang von E-Mails erfolgt in größeren Firmen meistens über einen firmeneigenen E-Mail-Server, wie z.B. Microsoft Exchange Server. Einzelheiten zu den Einstellungen in einem firmeneigenen Netzwerk erhalten Sie vom Netzwerkadministrator.

WICHTIG Die folgende Beschreibung basiert auf Microsoft Windows Vista als Betriebssystem. Sie können Microsoft Office 2007 und Microsoft Office Outlook 2007 jedoch problemlos unter Microsoft Windows XP installieren, aktivieren und nutzen. Die Installations- und Bedienungsanleitung unterscheidet sich nicht. Unter Windows Vista wird die Internetverbindung jedoch im Gegensatz zu Windows XP automatisch eingerichtet.

Unter Windows Vista lassen sich Internetverbindungen ganz leicht einrichten. Windows Vista unterstützt Sie dabei tatkräftig, indem automatisch nach vorhandenen Netzwerk- und Internetverbindungen gesucht wird. Bevor Sie eine Verbindung zum Internet herstellen können, benötigen Sie jedoch einen Internetzugang. Mehr hierzu erfahren Sie im nächsten Abschnitt.

PROFITIPP

Besitzen Sie ein Notebook, das mit einem WLAN-Zugang ausgestattet ist, können Sie prinzipiell über jeden öffentlichen Zugang auf das Internet zugreifen. Sobald eine Verbindung zum Internet hergestellt ist, können Sie mit Outlook E-Mails über die von Ihnen eingerichteten E-Mail-Konten abrufen und versenden.

Zugangsarten zum Internet

Ein Zugang zum Internet lässt sich auf ganz unterschiedliche Weisen herstellen. Die wichtigsten Verbindungsarten sind die Breitbandverbindung und die Wählverbindung, die nachfolgend ausführlich beschrieben werden. Diese beiden Verbindungsarten unterscheiden sich in erster Linie in der Verbindungsgeschwindigkeit, die sich hauptsächlich beim Surfen im Web und beim Versand und Empfang von Dateien per E-Mail bemerkbar macht, und in den Kosten. Während für die Breitbandverbindung in der Regel eine monatliche Grundgebühr und eine zusätzliche pauschale oder volumenbedingte Nutzungsgebühr anfallen, erfolgt der Zugriff aufs Internet bei der Wählverbindung über die normale Telefonleitung und es fallen nur die zeit- oder volumenabhängigen Gebühren für die tatsächliche Nutzung an. Weitere Einzelheiten zu den einzelnen Verbindungsarten lesen Sie nun:

HINWEIS Die VPN-Verbindung, die in vielen Auswahlmenüs zur Verfügung besteht, ist eine spezielle Verbindung, mit der auf der Basis einer Breitband- oder Wählverbindung eine Einwahl in ein organisationseigenes Netzwerk erfolgen kann. Sie ist für alle relevant, die von zu Hause aus auf das Netzwerk am Arbeitsplatz zugreifen möchten und dazu auch die Berechtigung vom Arbeitgeber haben.

- **Breitbandverbindung:** Die Breitbandverbindung ist eine sehr schnelle Verbindung, bei der über DSL (Digital Subscriber Line), Kabeltechnologie oder Glasfaserkabel (T1) auf das Internet zugegriffen wird. Die T1-Verbindung ist bei Privatverbrauchern unüblich und steht in der Regel nur innerhalb von Firmen oder von Universitäten zur Verfügung. Für die Breitbandverbindung über DSL sind ein ISDN-Anschluss und ein spezielles DSL-Modem und für den Kabelzugang sind ein Breitbandkabelzugang für das Fernsehen und ein spezielles Kabelmodem erforderlich, die in der Regel vom Internetdienstanbieter bereitgestellt werden. Das DSL- oder Kabelmodem wird an die ISDN-Leitung oder den Breitbandkabelzugang angeschlossen und anschließend wird der Computer über ein Netzwerkkabel mit dem DSL- oder Kabelmodem verbunden. Ist der Computer mit einer WLAN-Karte für den kabellosen Internetzugang ausgestattet, muss an das DSL- oder Kabelmodem ein so genannter Zugriffspunkt oder ein Router mit Zugriffspunkt für den kabellosen Zugang angeschlossen werden. Der WLAN-Computer stellt dann über die Antenne des Zugriffspunktes die Verbindung zum DSL- oder Kabelmodem und damit zum Internet her.
- **Wählverbindung:** Die Wählverbindung wird per Einwahl über ein Modem hergestellt, das mit der Standardtelefonleitung verbunden ist. Die Wählverbindung ist zwar auf den ersten Blick etwas preisgünstiger als die Breitbandverbindung, da Sie nicht extra für die Bereitstellung der DSL- oder Kabeltechnologie bezahlen müssen, sie ist jedoch erheblich langsamer als eine Breitbandverbindung. Da Aktualisierungen von Microsoft Office, mit denen Sicherheitslücken und andere Probleme behoben werden, nur über das Internet angeboten werden, sollten Sie sich besser für eine Breitbandverbindung entscheiden und die Wählverbindung nur im Notfall und an Orten nutzen, an denen Ihnen keine andere Verbindung zur Verfügung steht.
- **VPN-Verbindung:** Diese Art von Verbindung ermöglicht den Zugriff auf ein firmeninternes Netzwerk von zu Hause aus oder von unterwegs. Der Zugang erfolgt entweder über das Internet, eine WLAN- oder eine Wählverbindung über die Telefonleitung. Weitere Details für diese Art von Verbindung erhalten Sie von Ihrem Netzwerkadministrator.

HINWEIS Internetzugänge werden von allen möglichen Firmen angeboten, wie z.B. Telefonanbietern, örtlichen Kabelanbietern fürs Kabelfernsehen oder Internetdiensten wie AOL, Freenet, 1&1 und vielen anderen. Eine Übersicht über die Angebote und Rufnummern für die entsprechenden Anbieter finden Sie in einschlägigen Computerzeitschriften.

Die gemeinsame Nutzung der Internetverbindung

Nutzen Sie zu Hause oder in einer kleinen Firma mehrere Computer, können Sie ein Heimnetzwerk einrichten, über das dann alle Computer gemeinsam eine Internetverbindung nutzen. Für diesen Zweck ist die Breitbandverbindung die einzig sinnvolle Verbindung, da die Wählverbindung zu langsam und letztendlich, wenn viele Personen häufiger auf das Internet zugreifen, auch zu kostspielig ist. Sie benötigen außerdem einen Router oder einen ausgewählten Computer (Server), über den der Internetzugang erfolgt und der die Verbindungen innerhalb des Netzwerks bereitstellt und verwaltet. Bei beiden Lösungen können alle angeschlossenen Computer auf die jeweils anderen Computer im Netzwerk zugreifen, sofern die entsprechenden Ordner und Datenträger im Netzwerk freigegeben sind. Bei beiden Arten von Netzwerken können Computer mit unterschiedlichen Betriebssystemen gemeinsam genutzt werden, die das Protokoll TCP/IP unterstützen, wie z.B. Windows XP, Windows 2000, Windows Vista, Windows Server 2003, Mac OS X und Linux. Für die gemeinsame Nutzung der Internetverbindung gibt es zwei Möglichkeiten: Über einen Router und über die Funktion »Gemeinsame Nutzung der Internetverbindung« unter Windows. Beide Varianten werden nachfolgend beschrieben.

Router

Ein Router ist ein kleines Gerät, das Computern in einem Netzwerk die Kommunikation ermöglicht und zusätzlich in der Lage ist, Daten zwischen zwei Netzwerken zu übermitteln und den Computern in einem Netzwerk Adressen zuzuweisen. Somit lässt sich ein Router einsetzen, um die Computer in einem Netzwerk miteinander zu verbinden, und gleichzeitig kann über den Router der Zugang zum Internet hergestellt werden. Der Router wird direkt an das DSL- oder Kabelmodem des Breitband-Internetzugangs angeschlossen und so konfiguriert, dass er den Benutzernamen und das Kennwort für den Internetzugang bei jedem Zugriff aufs Internet bereitstellen kann, und gleichzeitig die Netzwerkadressen an die einzelnen Computer im Heimnetzwerk verteilt (DHCP-Server). Die einzelnen Computer im Heim- oder Firmennetzwerk werden über Netzwerkkabel mit dem Router verbunden.

Soll im Netzwerk ein kabelloser Netzwerk- und Internetzugriff über WLAN (Wireless Local Area Network) bereitgestellt werden, muss entweder ein Router mit integriertem Zugriffspunkt oder ein zusätzlicher Zugriffspunkt an den Router angeschlossen werden, der wie die Computer über das Netzwerkkabel in das Netzwerk integriert werden, der über ein Netzwerkkabel mit dem Router verbunden wird.

Der Einsatz eines Routers bietet mehrere Vorteile, wie z.B. den, dass nicht immer ein Computer eingeschaltet sein muss, um anderen Computern den Zugriff auf das Netzwerk und auf das Internet zu ermöglichen. Es reicht aus, wenn der Router aktiv ist, damit jeder der angeschlossenen Computer die Internetverbindung nutzen kann. Zusätzlich sind Router mit einer Firewall ausgestattet, die fremden Computern den Zugriff auf das Heimnetzwerk verweigert, und die schädliche Software gar nicht erst ins Heimnetzwerk gelangen lässt.

Wie der Router und die Internetverbindung über den Router eingerichtet werden, erfahren Sie im Abschnitt »Router oder Zugriffspunkt einrichten« in diesem Kapitel.

Gemeinsame Nutzung der Internetverbindung

Bei Verwendung der Funktion »gemeinsame Nutzung der Internetverbindung« erfolgt der Internetzugang über die Internetverbindung eines Computers im Netzwerk, der gleichzeitig so eingerichtet wird, dass er die Vergabe der Netzwerkadressen im Netzwerk übernimmt. Die einzelnen Computer im Netzwerk werden über einen Hub, einen Switch oder einen Router miteinander verbunden – auch der Computer mit dem Internetzugang ist an diesen Hub, Router oder Switch angeschlossen. Der Internetzugang erfolgt im Fall einer Breitbandverbindung dann über eine zweite Netzwerkkarte, die direkt mit dem DSL- oder Kabelmodem verbunden wird, oder im Falle einer Wählverbindung über ein Modem, das an die Telefonleitung angeschlossen wird. Über den Computer, der an das Internet angeschlossen ist, wird dann unter Windows ein Heimnetzwerk eingerichtet, bei dem die Funktion »gemeinsame Nutzung der Internetverbindung« aktiviert ist. Der Nachteil bei dieser Art von gemeinsamer Nutzung der Internetverbindung ist, dass der Computer, über den der Internetzugang erfolgt, immer eingeschaltet sein muss, um anderen Computern den Zugriff auf das Internet und das Netzwerk zu ermöglichen. Der Vorteil dieser Lösung ist, dass das Heimnetzwerk für Laien möglicherweise leichter eingerichtet werden kann als über einen Router.

Hubs, Router und Switches

Bei *Hubs, Switches* und *Router* handelt es sich um Geräte, über die die Computer in einem Netzwerk miteinander verbunden werden. Alle drei Geräte sind kleine Kästchen mit mehreren Netzwerkanschlüssen, an die die einzelnen Computer angeschlossen werden können.

- Hubs sind die einfachsten und preisgünstigsten Geräte, um mehrere Computer miteinander zu verbinden. Sie senden eingegangene Daten jeweils an alle angeschlossenen Computer, unabhängig davon, an welchen Computer die Daten adressiert waren. Dadurch sind Hubs etwas langsamer als Router und Switches.
- Switches senden eingegangene Daten nur an die Computer, an die die Daten adressiert sind.
- Router senden eingegangene Daten wie Switches nur an die Zielcomputer, sind jedoch zusätzlich in der Lage, Daten zwischen zwei Netzwerken auszutauschen, wie z.B. dem Heimnetzwerk und dem Internet und umgekehrt. Außerdem können sie den einzelnen Computern im Netzwerk Adressen zuweisen und lassen sich somit als DHCP-Server einsetzen.

Netzwerkstandort festlegen

Wenn Sie einen neuen Computer mit Windows Vista erworben haben, werden Sie nach dem Start des Computers zunächst gebeten, den Netzwerkstandort festzulegen. Windows wählt dann für diesen Standort die richtigen Einstellungen aus und richtet die Internet- und Netzwerkverbindung für Sie ein.

1. Klicken Sie im Dialogfeld *Netzwerkstandort festlegen* (siehe Abbildg. 1.1), das sich automatisch öffnet, auf den gewünschten Standort. Zur Auswahl stehen *Zu Hause*, *Arbeitsplatz* und *Öffentlicher Ort*. Die erste Option eignet sich, wenn der Computer als Einzelplatz-PC oder im Heimnetzwerk zu Hause verwendet wird. Die zweite Option ist für alle Computer geeignet, die beruflich am Arbeitsplatz eingesetzt werden – einzeln oder im Netzwerk. Die dritte Option ist die Passende, wenn der Computer über einen öffentlichen Internet-Zugang wie in einem Internet-Café, in der Bahn oder in einem Flughafen erfolgen soll. In diesem Fall wird Ihr Computer gegen Zugriffe von außen geschützt und er kann auch andere Computer im öffentlichen Netzwerk nur eingeschränkt erkennen.
2. Klicken Sie in der Sicherheitsabfrage auf *Fortsetzen*.
3. Windows richtet die passende Netzwerk- und Internetverbindung nun ein und zeigt sie anschließend an. Sofern die Eingabe eines Benutzerkennworts und eines Benutzernamens erforderlich sind, werden Sie dazu aufgefordert. Wird der Computer in ein bereits vorhandenes Netzwerk integriert, das über einen Router, einen Server oder eine gemeinsam genutzte Internetverbindung betrieben wird, sind keine weiteren Angaben erforderlich.

Abbildg. 1.1 Den Netzwerkstandort festlegen

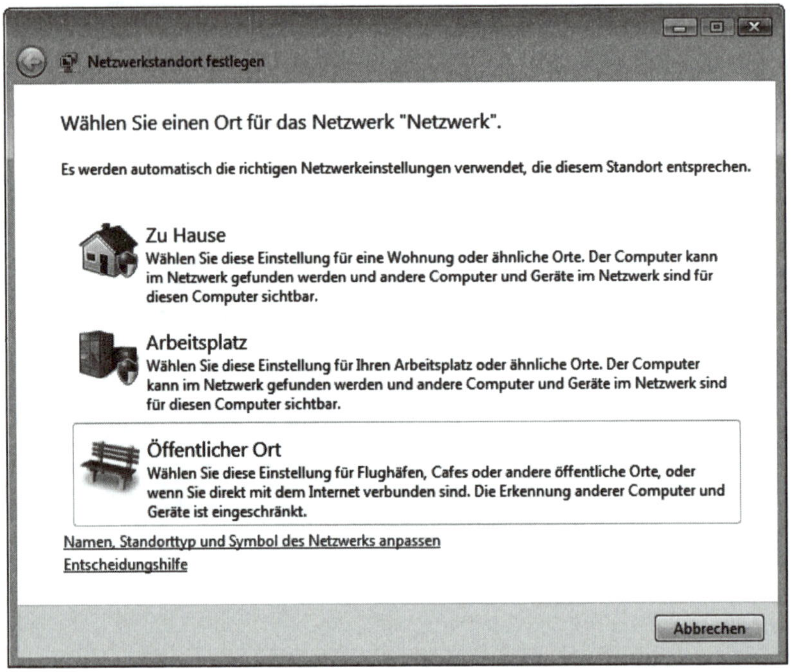

4. Um mehr über das Netzwerk zu erfahren, in das Ihr Computer integriert wurde, klicken Sie auf *Computer und Geräte im Netzwerk anzeigen*. Es werden nun alle Computer, Drucker und andere Geräte angezeigt, die im Netzwerk enthalten sind.
5. Wollen Sie hingegen direkt mit Ihrem Computer weiterarbeiten und sich nicht weiter um das Netzwerk kümmern, klicken Sie auf die *Schließen*-Schaltfläche.

DSL- oder Kabelmodemverbindung einrichten

Konnte die Internetverbindung nicht automatisch eingerichtet werden oder wollen Sie eine zusätzliche DSL- oder Kabelmodemverbindung auf einem Einzelcomputer einrichten, gehen Sie wie folgt vor:

WICHTIG Die nachfolgende Beschreibung bezieht sich auf Windows Vista, funktioniert jedoch mit früheren Windows-Versionen ganz ähnlich.

1. Stecken Sie das Netzwerkkabel in die Netzwerkschnittstelle Ihres Computers ein und verbinden Sie das Kabel mit dem DSL- oder Kabelmodem, das Sie nach den Vorgaben des Anbieters angeschlossen haben.
2. Falls der Assistent für neue Verbindungen nicht bereits gestartet wurde, klicken Sie im Startmenü von Windows auf *Alle Programme* und dann auf *Verbindung herstellen* (siehe Abbildg. 1.2).

Abbildg. 1.2 Eine Verbindung zum Internet herstellen

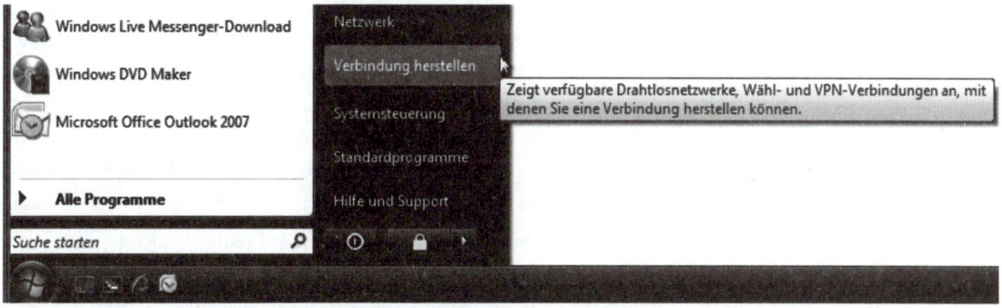

3. Es öffnet sich ein Assistent, in dem Sie die Option *Verbindung mit dem Internet herstellen* auswählen und anschließend auf *Weiter* klicken.
4. Auf der nächsten Seite, die sich öffnet, wählen Sie per Mausklick die Option *Breitband (PPPoE)*.
5. Nun tragen Sie den Benutzernamen und das Kennwort, die Sie von Ihrem Internetdienstanbieter erhalten haben, in die dafür vorgesehenen Felder ein (siehe Abbildg. 1.3), und geben Sie in das Feld *Verbindungsname* eine Bezeichnung für die Internetverbindung ein. Wird der Computer von mehreren Benutzern verwendet und sollen alle Benutzer über diese Verbindung Zugang zum Internet erhalten, aktivieren Sie das Kontrollkästchen *Anderen Benutzern erlauben, diese Verbindung zu verwenden*.

HINWEIS Beim Benutzernamen handelt es sich in der Regel um den Teil Ihrer E-Mail-Adresse, der vor dem @-Zeichen steht. Manche E-Mail-Anbieter verwenden jedoch die komplette E-Mail-Adresse als Benutzernamen.

Abbildg. 1.3 Eingabe des Benutzernamens und des Kennworts für die Breitbandverbindung

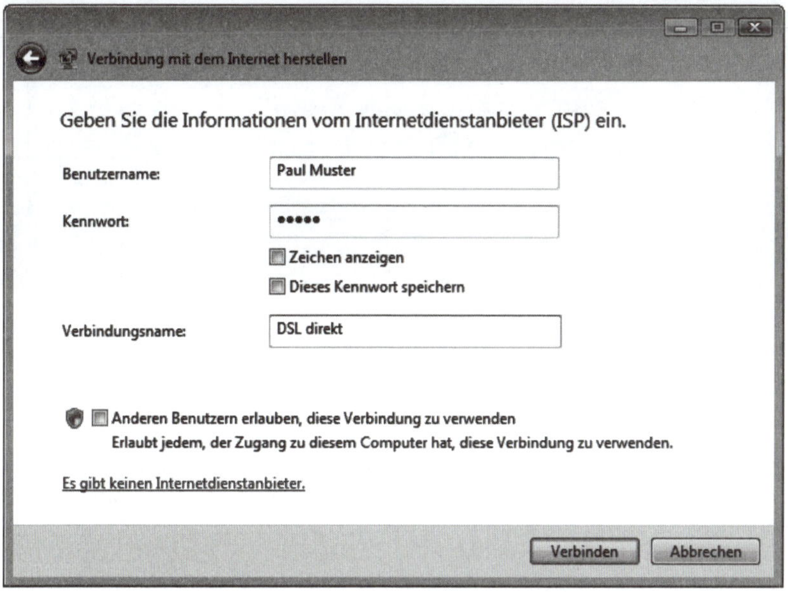

- *Kennwort: Zeichen anzeigen.* Das Kennwort wird bei der Eingabe normalerweise verschlüsselt und anschließend als Punkte angezeigt, um Unberechtigten den Zugriff auf das Kennwort zu verwehren. Aus dem gleichen Grund wird das Kennwort auch nicht gespeichert und muss jedes Mal neu eingegeben werden, wenn die Verbindung zum Internet hergestellt wird. Diese Einstellungen sollten Sie auch so beibehalten. Erinnern Sie sich einmal nicht mehr an das Kennwort, brauchen Sie nur das Kontrollkästchen *Zeichen anzeigen* zu aktivieren, und schon werden statt der Punkte die Zeichen des Kennworts angezeigt. Deaktivieren Sie die Anzeige des Kennworts anschließend besser wieder.
- *Kennwort: Dieses Kennwort speichern.* Ist es Ihnen zu lästig, das Kennwort jedes Mal einzugeben, wenn Sie eine Verbindung zum Internet herstellen möchten, und besteht keine Gefahr, dass jemand unberechtigt über Ihren Computer Zugriff auf das Internet erlangt, aktivieren Sie das Kontrollkästchen *Dieses Kennwort speichern.* Das Kennwort wird dann wie der Benutzername auf dem Computer gespeichert und automatisch benutzt, sobald Sie eine Verbindung zum Internet herstellen.

6. Klicken Sie auf *OK*, um die Verbindung herzustellen.
7. Windows versucht nun sofort eine Verbindung zum Internet herzustellen (siehe Abbildg. 1.4). Gelingt dies, sehen Sie im Dialogfeld *Verbindung mit einem Netzwerk herstellen* den Hinweis, dass die Verbindung mit dem Netzwerk erfolgreich hergestellt wurde. Klicken Sie nun auf *Schließen*, um das Dialogfeld auszublenden.

Abbildg. 1.4 Sind alle Angaben korrekt, wird die Verbindung zum Internet hergestellt

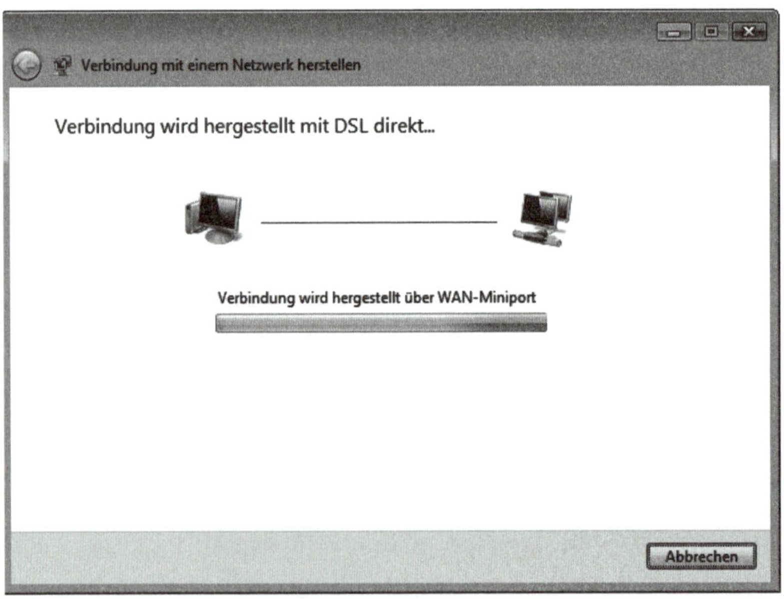

Sie können die Internetverbindung nun nutzen, indem Sie beispielsweise den Internet Explorer über *Start/Internet* starten und im Web surfen oder indem Sie Outlook 2007 starten und E-Mails senden und empfangen.

WICHTIG Konnte die Verbindung nicht hergestellt werden, blendet sich das Dialogfeld *Fehler bei Verbindung mit <Internetverbindung>* ein, in dem Sie auswählen können, ob der Versuch, die Verbindung herzustellen, wiederholt werden soll, ob eine Fehlerdiagnose durchgeführt werden soll oder ob die Verbindung trotzdem hergestellt werden soll. Prüfen Sie zunächst, ob alle Kabel richtig stecken und das Breitbandmodem und alle anderen Geräte betriebsbereit sind, und klicken Sie dann auf *Wiederholen*. Funktioniert die Verbindung noch immer nicht, klicken Sie auf *Problem diagnostizieren*, um prüfen zu lassen, ob bei Ihrem Computer etwas nicht stimmt. Gibt diese Option keinen Aufschluss, wenden Sie sich notfalls an Ihren Internetdienstanbieter, damit er prüfen kann, ob von seiner Seite aus alles betriebsbereit ist. Besteht momentan keine Verbindung zum Internet, wollen Sie die Verbindung aber trotzdem einrichten, wählen Sie die dritte Option.

Um die Verbindung zum Internet zu trennen, klicken Sie mit der rechten Maustaste auf das Netzwerksymbol in der Taskleiste von Windows, zeigen Sie im Kontextmenü auf *Verbindung trennen von* und klicken Sie dann auf den Namen der Verbindung, die Sie trennen möchten (siehe Abbildg. 1.5).

Abbildg. 1.5 Die Verbindung zum Internet trennen

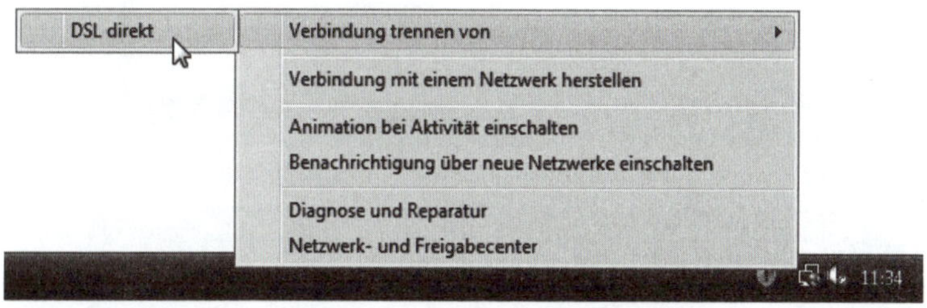

Um eine Verbindung mit dem Internet herzustellen, wählen Sie *Start/Verbindung herstellen* oder klicken Sie in der Taskleiste von Windows mit der rechten Maustaste auf das Netzwerksymbol in der Taskleiste von Windows und wählen Sie im Kontextmenü, das sich öffnet, den Befehl *Verbindung mit einem Netzwerk herstellen*, in dem Sie die gewünschte Verbindung auswählen und auf *Verbindung herstellen* klicken (siehe Abbildg. 1.6).

Falls Sie das Kennwort nicht gespeichert haben, öffnet sich ein Dialogfeld, in dem Sie Ihren Benutzernamen und das Kennwort eingeben. Falls Sie zukünftig auf die Eingabe des Kennworts verzichten möchten, aktivieren Sie das Kontrollkästchen *Benutzernamen und Kennwort speichern für* und wählen Sie die Option *Nur für eigene Verwendung*, um den Internetzugang auf sich selbst zu beschränken, oder die Option *Alle Benutzer dieses Computers*, um allen Benutzern des Computers den Internetzugang über Ihren Benutzernamen und Ihr Kennwort zu ermöglichen. Klicken Sie anschließend auf *Verbinden*, um die Verbindung zum Internet herzustellen.

Abbildg. 1.6 Die Verbindung zum Internet herstellen

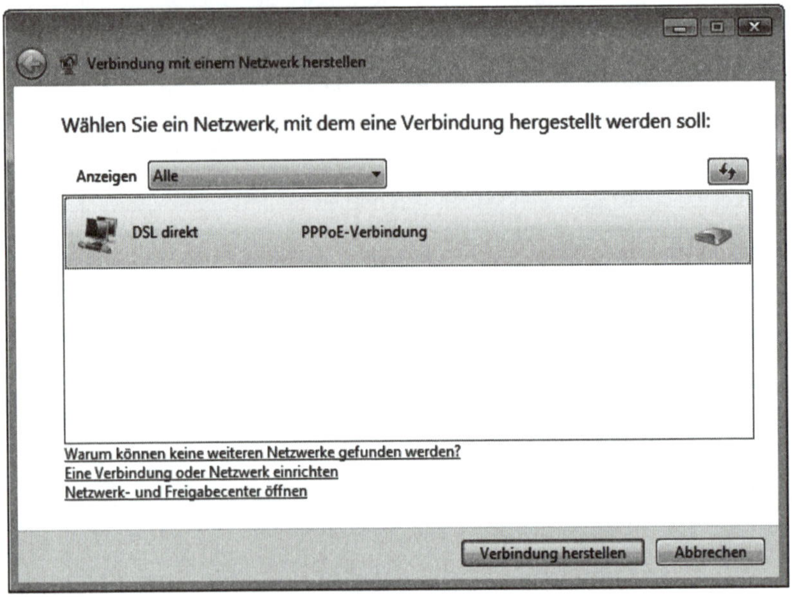

Router oder Zugriffspunkt einrichten

Wird die Internetverbindung in Ihrem Netzwerk über einen normalen Router, einen Drahtlosrouter oder einen Zugriffspunkt (engl. Access Point) hergestellt, müssen Sie zunächst die Internetverbindung am Router oder Zugriffspunkt einrichten. Soll der Router oder Zugriffspunkt mehreren Computern den Zugriff auf das Internet ermöglichen, muss auf diesen Computern anschließend der Internetzugang eingerichtet werden. Wie genau jeder einzelne Router oder Zugriffspunkt eingerichtet wird, hängt vom Hersteller und vom Typ ab. Eine genaue Anleitung hierzu finden Sie im Gerätehandbuch. Der Zugriff auf den Router oder Zugriffspunkt erfolgt jedoch, wie nachfolgend beschrieben:

1. Verbinden Sie den Router über ein Netzwerkkabel mit dem DSL- oder Kabelmodem und verbinden Sie dann einen Computer über ein Netzwerkkabel mit dem Router bzw. schalten Sie den Drahtloszugang am Computer ein, falls Sie einen Drahtlosrouter oder Zugriffspunkt konfigurieren möchten.

PROFITIPP

> Falls Ihr Router keine Antenne für den drahtlosen Zugang besitzt und im Netzwerk Computer mit einem Drahtloszugang ausgestattet sind, benötigen Sie zusätzlich einen Zugriffspunkt, der ebenfalls über ein Netzwerkkabel mit dem Router verbunden wird.

2. Schließen Sie einen Computer über ein Netzwerkkabel an den Router an. Falls es sich um einen Drahtlosrouter oder einen Zugriffspunkt handelt, schalten Sie den Drahtloszugriff am Computer ein.
3. Starten Sie dann Internet Explorer über den Befehl *Start/Internet* oder das Internet Explorer-Symbol in der Taskleiste von Windows.

4. Geben Sie in die Adresszeile von Internet Explorer die Standardadresse für den Server im Heimnetzwerk ein: *192.168.0.1*.

ACHTUNG Reine Zugriffspunkte haben in der Regel eine andere voreingestellte Adresse, wie z.B. *192.168.0.50* oder *192.168.0.10*. Welche Adresse Sie verwenden müssen, entnehmen Sie bitte dem Gerätehandbuch.

5. Geben Sie im Dialogfeld, das sich einblendet, den Benutzernamen und das Kennwort ein, das Sie im Handbuch zum Router finden. In der Regel lautet der Benutzername »admin« und das Kennwortfeld bleibt leer (siehe Abbildg. 1.7). Klicken Sie auf *OK*, um die Verbindung herzustellen.

Abbildg. 1.7 Anmeldung beim Router

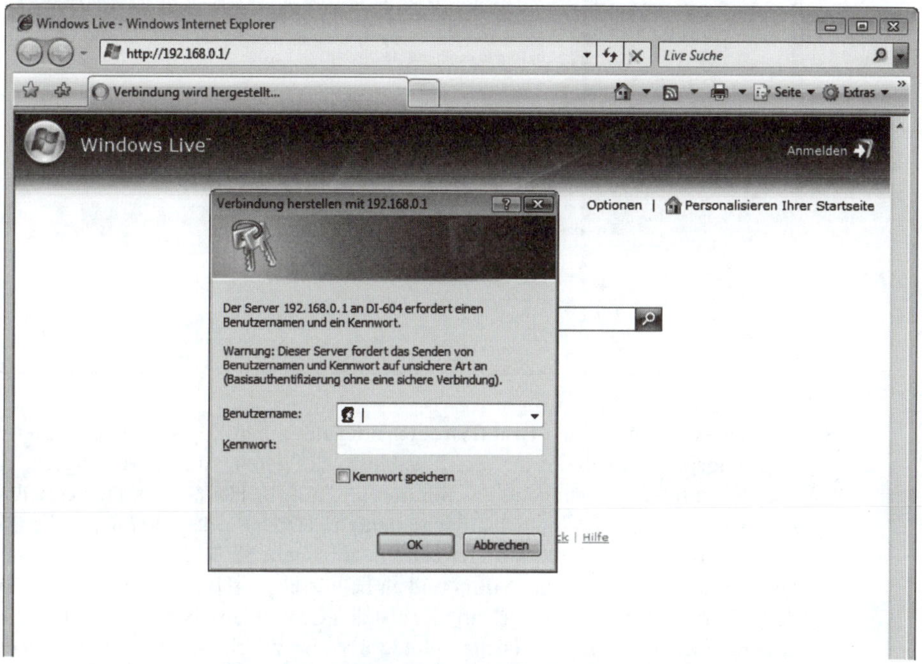

6. In der Regel gibt es einen Verbindungsassistenten, der Sie durch die Konfiguration des Routers führt. Um den Verbindungsassistenten zu starten, klicken Sie auf eine Schaltfläche mit der Bezeichnung wie *Run Wizard* (siehe Abbildg. 1.8) oder *Assistent starten*. Der Assistent fragt dann alle erforderlichen Angaben ab, wie z.B. den Benutzernamen oder das Kennwort, das Sie von Ihrem Internetanbieter erhalten haben und über das der Zugriff zum Internet erfolgt.
7. Soll Ihr Router die Adressvergabe für die Computer im Heimnetzwerk übernehmen und den Zugriff auf das Netzwerk und das Internet steuern, müssen Sie ihn als DHCP-Server einrichten. Dies geschieht in der Regel ebenfalls über den Assistenten. Eine genaue Anleitung finden Sie im Handbuch zum Router.

Abbildg. 1.8 Den Router konfigurieren

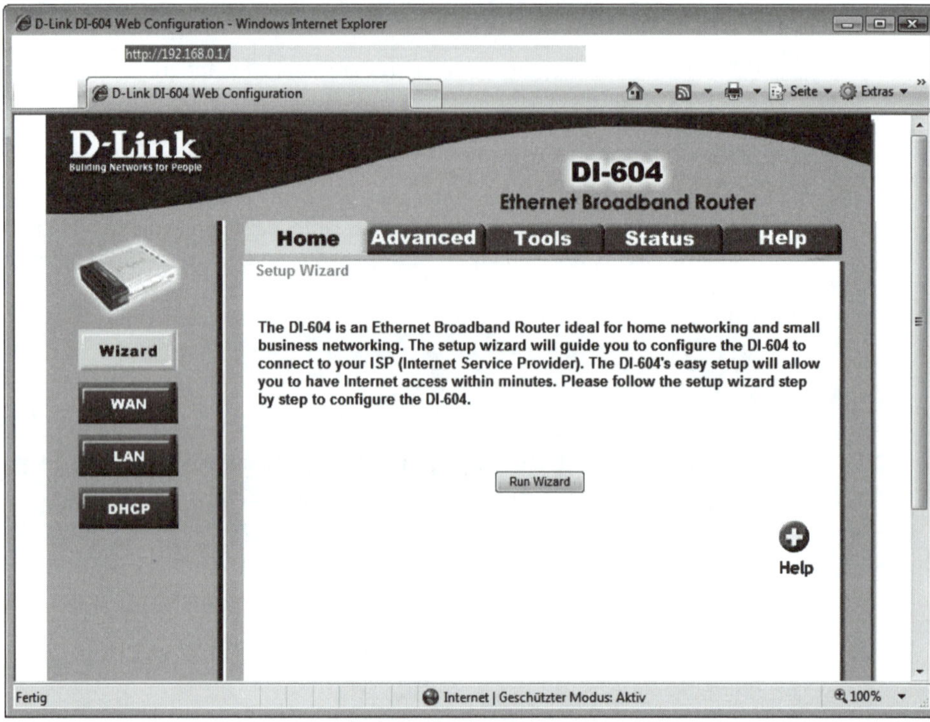

8. Handelt es sich um einen Drahtlosrouter oder um einen Zugriffspunkt, sollten Sie am Router oder Zugriffspunkt die WEP-Verschlüsselung aktivieren, um zu verhindern, dass Unbefugte über Ihren Internetzugang auf das Internet und auf Ihr Heim- oder Firmennetzwerk zugreifen. Aktivieren Sie hierzu eine Schaltfläche namens *Wireless* oder *Drahtlos*, geben Sie unter *SSID* einen Namen für das Drahtlosnetzwerk ein, aktivieren Sie *WEP*, wählen Sie unter *WEP Encryption* mindestens die Option »64Bit« und als Schlüsseltyp »HEX«, und geben Sie dann einen zehn Zeichen umfassenden Schlüssel ein, der aus den Großbuchstaben A bis F und den Ziffern 1 bis 9 zusammengesetzt sein muss (siehe Abbildg. 1.9). Den Schlüssel und den Netzwerknamen sollten Sie sich notieren, da Sie den Schlüssel anschließend auf allen Computern eintragen müssen, die eine Verbindung über den Drahtlosrouter oder Zugriffspunkt herstellen.
9. Speichern Sie Ihre Angaben anschließend mit einem Mausklick auf die Schaltfläche *Apply* oder *Übernehmen*.

PROFITIPP

Mehr dazu, wie Sie einen Router, einen Drahtlosrouter oder einen Zugriffspunkt einrichten, erfahren Sie im Gerätehandbuch. Haben Sie das Handbuch zu Ihrem Router nicht mehr zur Hand, ist dies kein Problem, denn die meisten Hersteller stellen die Handbücher, auf englisch Manuals genannt, im Internet zum kostenlosen Download bereit. Sie brauchen nur zur Website des Router-Herstellers zu gehen. Geben Sie dazu eine Adresse wie *www.<herstellername>.de* oder *www.<herstellername>.com* ein und suchen Sie dann unter der Rubrik »Produkte« oder »Downloads« nach Ihrem Routertyp.

Abbildg. 1.9 Das Drahtlosnetzwerk sichern

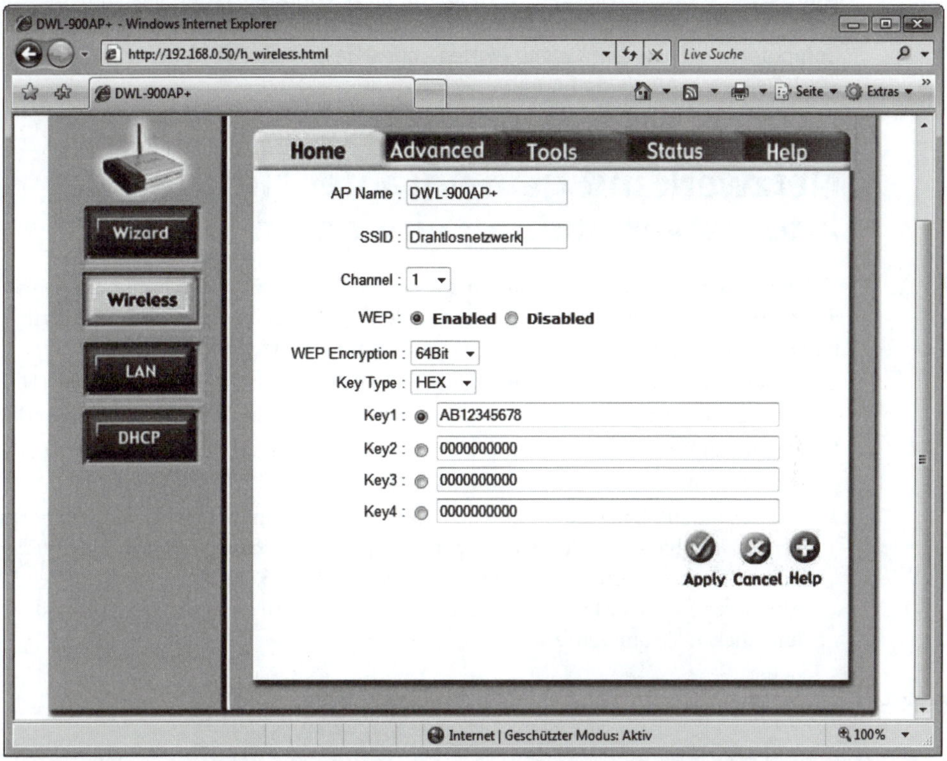

10. Haben Sie alle Angaben vorgenommen, starten Sie den Router oder Zugriffspunkt über einen entsprechenden Befehl, der sich einblendet, neu.
11. Prüfen Sie dann, ob der an den Router angeschlossene Computer Zugriff auf das Internet hat, indem Sie eine zweite Registerkarte im Internet Explorer öffnen und prüfen, ob die Startseite geladen wird.
12. Schließen Sie dann das Internetfenster, über das Sie den Router konfiguriert haben, mit einem Mausklick auf die rote *Schließen*-Schaltfläche in der rechten oberen Fensterecke.

Verbinden Sie nun die einzelnen Computer über Netzwerkkabel mit dem Router oder Zugriffspunkt oder schalten Sie, falls die Computer mit einer drahtlosen Verbindung ausgestattet sind, die Verbindung ein. Die einzelnen Computer sollten nun automatisch mit dem Router oder Zugriffspunkt verbunden werden.

Besitzt der Computer einen Drahtloszugang, blendet Windows eine Liste aller verfügbaren Drahtlosnetzwerke ein. Wählen Sie den Namen Ihres Netzwerks aus, den Sie am Router oder Zugriffspunkt eingetragen haben, geben Sie, falls Sie die WEP-Verschlüsselung aktiviert haben, den Schlüssel ein und greifen Sie anschließend auf das Internet zu.

HINWEIS Unter Windows XP und früheren Windows-Versionen wird die Internet-Verbindung nicht automatisch eingerichtet. Sie müssen in diesem Fall auf jedem angeschlossenen Computer die Funktion *Kleines Firmen- oder Heimnetzwerk einrichten* aufrufen, die Sie unter *Start/Netzwerkumgebung* finden.

Netzwerk mit gemeinsamer Nutzung der Internetverbindung einrichten

Nutzen Sie ein Heimnetzwerk mit einem Internetzugang über die Funktion *gemeinsame Nutzung der Internetverbindung*, richten Sie zunächst den Computer ein, über den der Internetzugang erfolgt, und schließen Sie dann alle anderen Computer an das Netzwerk an.

1. Achten Sie darauf, dass die erforderliche Netzwerkhardware vorhanden ist (Hub, Switch oder Router, Netzwerkkarten oder Drahtloszugänge in den Computern und Netzwerkkabel).
2. Verbinden Sie die zweite Netzwerkkarte des Computers mit dem Hub, Switch oder Router, über den die Kommunikation im Netzwerk erfolgen soll.
3. Richten Sie auf dem Computer einen Internetzugang ein, indem Sie den Befehl *Start/Verbindung herstellen* wählen, im nächsten Schritt die Option *Verbindung mit dem Internet herstellen* wählen und im nächsten Schritt den Benutzernamen und das Kennwort eingeben (siehe Abbildg. 1.10). Aktivieren Sie außerdem die Option *Anderen Benutzern erlauben, diese Verbindung zu verwenden* und klicken Sie auf *Verbinden*.

Abbildg. 1.10 Die Internetverbindung für das Netzwerk einrichten

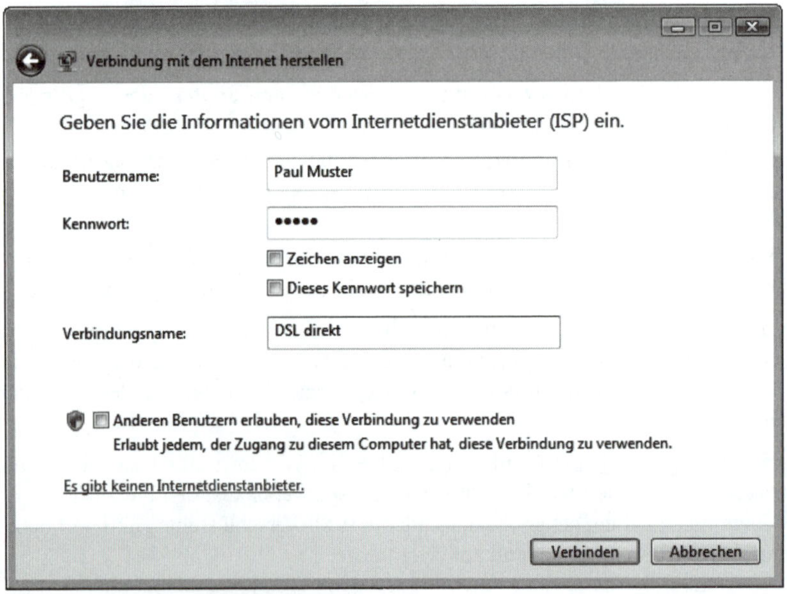

Die Verbindung zum Internet wird nun hergestellt und kann jederzeit über *Start/Verbindung herstellen* hergestellt und getrennt werden.

4. Verbinden Sie alle Computer im Netzwerk mit dem Hub, Switch oder Router bzw. schalten Sie an allen Computern, die mit Wireless LAN ausgestattet sind, die Wireless LAN-Funktion ein. Die Verbindung zum Netzwerk und damit zum Internet wird von Windows automatisch hergestellt, sofern Sie Windows Vista nutzen. Unter Windows XP oder früheren Windows-Versionen führen Sie den Assistenten *Kleines Firmen- oder Heimnetzwerk einrichten* aus, den Sie unter *Start/Netzwerkumgebung* finden.

Wählverbindung zum Internet einrichten

Um eine Wählverbindung über ein externes oder internes Modem und die Telefonleitung zum Internet einzurichten, gehen Sie wie folgt vor:

1. Wählen Sie den Befehl *Start/Verbindung herstellen* und klicken Sie auf den Link *Eine Verbindung oder Netzwerk einrichten.*
2. Im nächsten Schritt, *Wählen Sie eine Verbindungsoption aus,* klicken Sie auf *Wählverbindung einrichten* und dann auf *Weiter.*
3. Windows stellt nun eine Verbindung zum Modem her und liest die Modemeigenschaften ein. Dann öffnet sich das Dialogfeld *Wählverbindung einrichten,* in dem Sie die Rufnummer für die Wählverbindung, den Benutzernamen und das Kennwort und bei Bedarf noch einen Verbindungsnamen eingeben (siehe Abbildg. 1.11). Die Einwählrufnummer, den Benutzernamen und das Kennwort erhalten Sie von Ihrem Internetdienstanbieter.

Abbildg. 1.11 Eine Wählverbindung einrichten

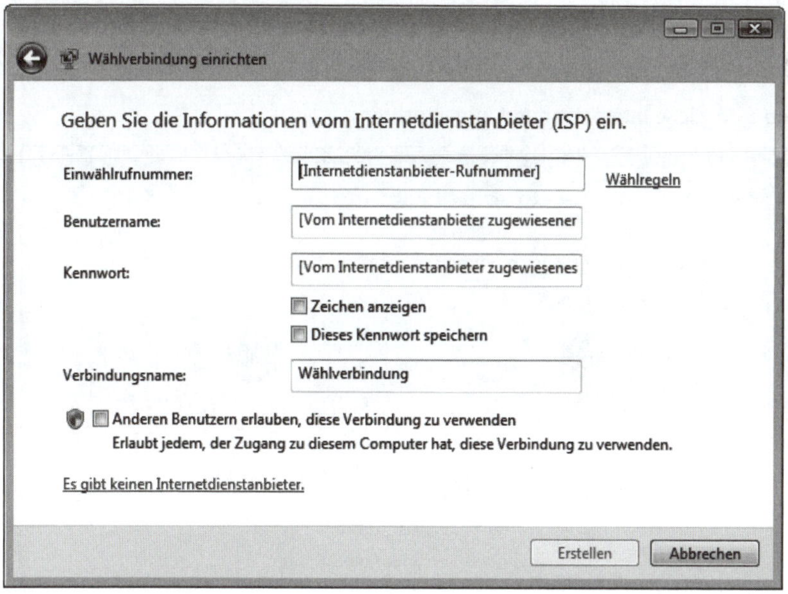

4. Soll das Kennwort nicht verschlüsselt, sondern als lesbarer Text angezeigt werden, aktivieren Sie das Kontrollkästchen *Zeichen anzeigen*. Beachten Sie jedoch, dass das aus Sicherheitsgründen nicht empfehlenswert ist. Wollen Sie das Kennwort nicht jedes Mal neu eingeben, wenn Sie eine Verbindung zum Internet herstellen, aktivieren Sie das Kontrollkästchen *Dieses Kennwort speichern.*

5. Um anderen Benutzern den Zugang zum Internet über diesen Computer zu ermöglichen, aktivieren Sie das Kontrollkästchen *Anderen Benutzern erlauben, diese Verbindung zu verwenden.*
6. Klicken Sie auf *Erstellen*, um die Verbindung einzurichten.

Windows versucht nun, mit Ihren Angaben eine Verbindung zum Internet herzustellen. Sobald dies gelingt, klicken Sie auf die Schaltfläche *Schließen.*

Um eine Verbindung zum Internet herzustellen, wählen Sie im *Start*-Menü von Windows den Befehl *Verbindung herstellen.* Klicken Sie dann auf die nun eingerichtete Wählverbindung und anschließend auf *Verbindung herstellen.*

Um die Verbindung zum Internet zu trennen, klicken Sie hingegen im Dialogfeld *Verbindung mit einem Netzwerk herstellen* auf die Schaltfläche *Verbindung trennen.*

Schließen Sie nun alle anderen Computer an den Hub, Switch oder Router an, und richten Sie eine Verbindung zum Internet ein, falls diese von Windows nicht automatisch eingerichtet wird.

Zweite Internetverbindung einrichten

Wird ein Computer in unterschiedlichen Umgebungen eingesetzt, was meist bei Laptops der Fall ist, ist es möglicherweise nötig, eine zweite oder dritte Internetverbindung zusätzlich zur Hauptverbindung einzurichten. Gehen Sie dazu wie folgt vor:

1. Wählen Sie im *Start*-Menü von Windows den Befehl *Verbindung herstellen.*
2. Im Dialogfeld *Verbindung mit einem Netzwerk herstellen*, das sich nun öffnet, klicken Sie auf den Link *Eine Verbindung oder Netzwerk einrichten.*
3. Im nächsten Schritt wählen Sie die passende Option für die Internetverbindung, die Sie einrichten möchten.

Abbildg. 1.12 Eine zusätzliche Internetverbindung einrichten

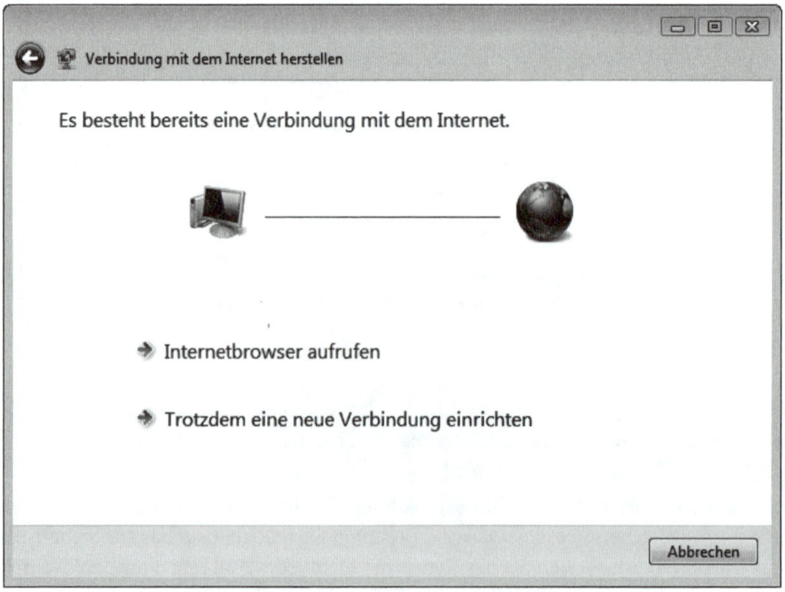

4. Im nächsten Schritt werden Sie darauf hingewiesen, dass bereits eine Verbindung mit dem Internet besteht. Klicken Sie auf *Trotzdem eine neue Verbindung einrichten* (siehe Abbildg. 1.12).
5. Nun werden alle bestehenden Verbindungen aufgelistet. Wählen Sie die Option *Nein, eine neue Verbindung erstellen* und klicken Sie auf *Weiter*.
6. Als Nächstes wählen Sie die Art der Verbindung, die Sie herstellen möchten, wie z.B. *Breitband (PPPoE)* oder *Wählverbindung*.

TIPP Im Schritt *Wie möchten Sie eine Verbindung herstellen?* werden normalerweise nur die Optionen angezeigt, die für Ihren Computer verfügbar sind. Sollten nicht alle Verbindungstypen angezeigt werden, aktivieren Sie das Kontrollkästchen *Optionen anzeigen, für die dieser Computer nicht eingerichtet ist*.

7. Geben Sie nun einen Verbindungsnamen, den Benutzernamen und das Kennwort ein und, falls es sich um eine Wählverbindung handelt, die Nummer, unter der die Einwahl erfolgen soll, und geben Sie an, ob die Verbindung gemeinsam genutzt werden soll.
8. Klicken Sie auf *Verbinden*, um die Verbindung herzustellen.

Wählen Sie *Start/Verbindung herstellen*, wird die neue Verbindung in der Liste der vorhandenen Verbindungen aufgeführt. Sie können nun die Verbindung auswählen und über die Schaltfläche *Verbindung herstellen* eine Verbindung zum Internet herstellen, oder eine bestehende Verbindung über die Schaltfläche *Verbindung trennen* unterbrechen.

Outlook 2007 installieren

Microsoft Office Outlook 2007 ist Bestandteil aller Versionen von 2007 Microsoft Office System. Die Installation und die Aktivierung erfolgen im Rahmen der Microsoft Office 2007-Installation. Wenn Sie einen neuen Computer erworben haben, auf dem Office 2007 bereits vorinstalliert ist, können Sie direkt mit dem Abschnitt »Outlook 2007 das erste Mal starten« weiter hinten in diesem Kapitel fortfahren. Haben Sie auf Ihrem Computer bereits mit einer früheren Microsoft Office-Version gearbeitet, müssen Sie Microsoft Office 2007 und damit auch Outlook 2007 zunächst einmal installieren. Bevor Sie mit der Installation von Microsoft Office 2007 beginnen, sollten Sie überprüfen, ob Ihr Computer und Ihr Betriebssystem die Systemanforderungen erfüllen.

Systemanforderungen

Wenn Sie auf Ihrem Computer bereits mit Microsoft Office 2003 gearbeitet haben, sollte der Computer auch die Systemanforderungen für 2007 Microsoft Office System erfüllen. Möglicherweise müssen Sie jedoch zu einem höheren Betriebssystem wechseln. Nachfolgend sehen Sie die Systemanforderungen, die für alle Microsoft Office-Versionen gelten.

Tabelle 1.1 Die wichtigsten Systemanforderungen für 2007 Microsoft Office System

Komponente	Voraussetzung
Computer und Prozessor	Prozessor mit mindestens 500 MHz; mindestens 256 MB RAM, bei Nutzung von Windows Vista mindestens 512 MB RAM; DVD-Laufwerk

Tabelle 1.1 Die wichtigsten Systemanforderungen für 2007 Microsoft Office System *(Fortsetzung)*

Komponente	Voraussetzung
Betriebssystem	Microsoft Windows XP Service Pack (SP) 2 oder höher oder Microsoft Windows Server 2003 oder höher
Festplatte	Mindestens 2 GByte freier Festplattenspeicher erforderlich
Monitor	Bildschirmauflösung mindestens 800x600, 1.024x768 empfohlen
Internetverbindung	Breitbandverbindung mit 128 Kbps oder höher
Browser	Microsoft Internet Explorer 6.0 mit Service Packs oder höher

Haben Sie auf Ihrem Computer bereits mit einer früheren Version von Microsoft Office und Outlook gearbeitet, können Sie bei der Installation entscheiden, ob Sie die aktuelle Installation aktualisieren und die bisherigen Einstellungen, E-Mail-Konten, E-Mails, Kontakte, Aufgaben und Termine übernehmen wollen, oder ob Office 2007 ganz neu installiert werden soll. Eine Neuinstallation sollten Sie in Erwägung ziehen, wenn Ihre bisherige Installation nicht mehr erwartungsgemäß funktioniert und es viele Probleme gibt, die sich auch durch eine Reparaturinstallation nicht beheben ließen. In allen anderen Fällen ist eine Aktualisierung sinnvoll.

WICHTIG Arbeiten Sie bisher mit einem anderen E-Mail-Programm, wie z.B. Outlook Express, Windows Mail von Windows Vista oder Eudora, brauchen Sie auf Ihre bisherigen E-Mails, Kontaktdaten und Kontoeinstellungen nicht zu verzichten. Sie können diese bequem nach der Installation beim ersten Start von Microsoft Office Outlook übernehmen.

Wie auch in früheren Microsoft Office-Versionen gibt es auch in 2007 Microsoft Office System eine Standardinstallation, bei der die wichtigsten Komponenten installiert werden und die für die meisten Benutzer passend ist. Daneben gibt es noch die angepasste Installation – in früheren Microsoft Office-Versionen benutzerdefinierte Installation genannt –, bei der Sie wählen können, welche Komponenten und zusätzlichen Features installiert werden sollen, und wie diese Komponenten und Features installiert werden – direkt auf dem Arbeitsplatz oder zur Installation bei der ersten Benutzung. Hier noch einmal die wichtigsten Unterschiede zwischen den beiden Installationsarten:

- **Standardinstallation:** Bei der Standardinstallation werden die wichtigsten Komponenten von Outlook 2007 installiert, mit denen die meisten Benutzer gut auskommen. Daneben gibt es viele Features, die nicht jeder benötigt, die jedoch in den einzelnen Microsoft Office-Applikationen angezeigt werden. Diese Features werden bei der ersten Benutzung installiert. Das heißt, sobald Sie eines dieser Features nutzen, werden Sie nun aufgefordert, die Office-CD bzw. -DVD einzulegen. Das Office-Setup kopiert nun die benötigten Dateien auf Ihren Computer. Anschließend können Sie die Funktion nutzen und sie steht Ihnen ab jetzt dauerhaft zur Verfügung.
- **Angepasste Installation:** Bei der angepassten Installation legen Sie selbst fest, welche Programme und Features Sie installieren möchten. Sie können dabei für jedes Programm und für jedes Feature wählen, ob eine spätere Ausführung vom Arbeitsplatz möglich sein soll oder ob gar keine Installation erfolgen soll. Für einige Features können Sie außerdem die Option der Installation bei der ersten Benutzung wählen. Diese Art der Installation sollten Sie nur wählen, wenn Sie sich gut mit Ihrem Computer und mit Microsoft Office auskennen.

Beide Installationsarten können Sie auf einem neuen PC ausführen, auf dem bisher noch keine frühere Outlook-Version installiert war, oder auf einem PC, auf dem Sie bisher mit einer früheren Version gearbeitet haben. Installieren Sie Outlook 2007 auf einem PC, auf dem bereits eine frühere Microsoft Office-Version installiert war, können Sie entscheiden, ob die früheren Versionen entfernt oder behalten werden sollen. Bis auf Outlook können Sie alle Microsoft Office-Anwendungen gleichzeitig in der früheren Version und in der aktuellen Version nutzen.

PROFITIPP

Unter bestimmten Umständen kann es wichtig sein, weiterhin Zugriff auf eine frühere Version von Microsoft Office Outlook zu haben, wie z.B. für Mitarbeiter im Support, Administratoren oder IT-Verantwortliche, die auch Benutzern weiterhelfen müssen, die noch nicht mit der aktuellsten Version von Microsoft Office arbeiten. In diesem Fall ist die Installation von Virtual PC sinnvoll, einer Software, die es ermöglicht, auf einem Computer einen oder mehrere virtuelle Computer mit den gleichen oder unterschiedlichen Betriebssystemen zu betreiben. Auf einem solchen virtuellen Computer kann dann die Vorgängerversion von Outlook installiert und betrieben werden, während auf dem normalen Computer die aktuellste Version von Microsoft Office ausgeführt wird, oder umgekehrt.

Mehr zu Virtual PC finden Sie unter *http://www.microsoft.com/germany/windows/virtualpc/default.mspx*.

Die Standardinstallation von Outlook auf einem neuen PC

Um Outlook zusammen mit Microsoft Office 2007 auf einem PC zu installieren, auf dem bisher noch keine frühere Microsoft Office installiert war, gehen Sie wie folgt vor:

1. Achten Sie darauf, dass außer dem Office-Setup keine anderen Anwendungen aktiv sind, da das Setup ansonsten eventuell nicht korrekt durchgeführt werden kann. Schließen Sie alle noch aktiven Anwendungen, bevor Sie fortfahren.
2. Legen Sie die Microsoft Office 2007-CD bzw. -DVD in das entsprechende Laufwerk ein und schließen Sie dieses. Das Setupprogramm zu Microsoft Office 2007 startet nun.
3. Im Dialogfeld *Automatische Wiedergabe*, das sich öffnet, klicken Sie unter *Programm installieren oder ausführen* auf *SETUP.EXE ausführen* (siehe Abbildg. 1.13).

Abbildg. 1.13 Das Setupprogramm starten

PROFITIPP

Sollte das Setupprogramm bei Ihnen nicht automatisch gestartet werden, wählen Sie im *Start*-Menü von Windows den Befehl *Alle Programme/Zubehör* und klicken Sie auf *Ausführen*. Alternativ dazu können Sie auch einfach die Tastenkombination [Win]+[R] drücken. Geben Sie dann im Dialogfeld *Ausführen* den Befehl *D:\Setup* ein, wobei *D:* für den Laufwerksbuchstaben Ihres DVD-Laufwerks steht, den Sie eventuell anpassen müssen. Klicken Sie auf *OK*, um das Setup zu starten.

4. Als Nächstes öffnet sich das Dialogfeld *Benutzerkontensteuerung*, in dem Sie mit einem Mausklick auf die Schaltfläche *Fortsetzen* Ihre Zustimmung dafür geben müssen, dass das Setupprogramm ausgeführt wird (siehe Abbildg. 1.14).

Abbildg. 1.14 Die Ausführung von Programmen muss zunächst bestätigt werden

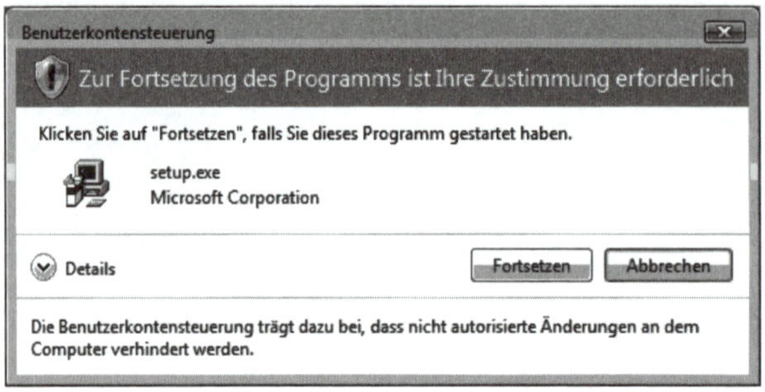

5. Nun werden Sie aufgefordert, den aus 25 Zeichen bestehenden Product Key einzugeben, den Sie normalerweise auf der CD- oder DVD-Hülle finden. Der Product Key besteht aus Buchstaben und Zahlen, die in Fünfergruppen angeordnet sind. Die Gedankenstriche, die die Gruppen trennen, brauchen Sie übrigens nicht einzugeben, denn sobald Sie die fünf Zeichen eines Felds eingegeben haben, wird der Gedankenstrich automatisch eingefügt. Auch die Groß-/Kleinschreibung brauchen Sie bei der Eingabe nicht zu beachten, denn das Setup prüft, ob Ihre Eingabe korrekt war (siehe Abbildg. 1.15).

Abbildg. 1.15 Den Product Key eingeben

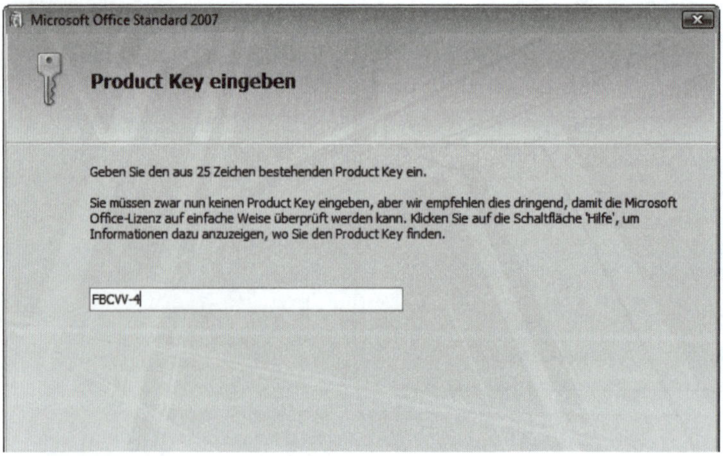

Falls der eingegebene Product Key einen Fehler enthält, blendet sich ein Warnhinweis ein und Sie müssen die Eingabe korrigieren.

Sie können den Product Key prinzipiell auch zu einem späteren Zeitpunkt eingeben. Klicken Sie dazu einfach auf *Weiter* und dann im Hinweis, der sich einblendet, auf *Nein*. Ohne Eingabe des Product Keys können Sie Microsoft Office insgesamt 25 Mal starten. Anschließend steht Ihnen nur noch ein eingeschränkter Funktionsumfang zur Verfügung, bis Sie den Product Key eingeben und das Produkt über das Internet bei Microsoft aktivieren.

HINWEIS Wo Sie den Product Key finden, hängt davon ab, wie Sie Microsoft Office erhalten haben. Nutzen Sie eine Testversion, die auf Ihrem neuen Computer vorinstalliert war oder die Sie aus dem Internet heruntergeladen oder per Abonnement erhalten haben, finden Sie den Product Key im Symbol *Desktop-Testversion,* auf einem Aufkleber auf der CD- oder DVD-Hülle, auf der Microsoft-Produkt-ID-Karte oder in einer Bestätigungs-E-Mail vom Onlinedownload oder der Erneuerungsmitteilung. Nutzen Sie hingegen eine Vollversion von Microsoft Office, finden Sie den Product Key auf dem Aufkleber auf der CD- oder DVD-Hülle, im Certificate of Authenticity oder in einer Bestätigungs-E-Mail vom Onlinekauf. Wenn Sie von einer Testversion auf die Vollversion umsteigen, müssen Sie bei der Installation der Vollversion den Product Key der Vollversion eingeben.

6. Im nächsten Schritt werden die Microsoft-Software-Lizenzbedingungen angezeigt. Lesen Sie sich die Lizenzbedingungen genau durch. Über die Bildlaufleiste am rechten Rand gelangen Sie zu den weiter unten liegenden Teilen. Aktivieren Sie dann das Kontrollkästchen *Ich stimme den Bedingungen dieses Vertrags zu* und klicken Sie auf *Weiter.*

WICHTIG Dadurch, dass Sie das Kontrollkästchen anklicken und so Ihre Zustimmung bekunden, »unterschreiben« Sie sozusagen den Endbenutzer-Lizenzvertrag. Lehnen Sie die Bedingungen des Vertrags ab, wird das Setupprogramm abgebrochen und die Software kann nicht installiert werden.

Abbildg. 1.16 Die Standardinstallation starten

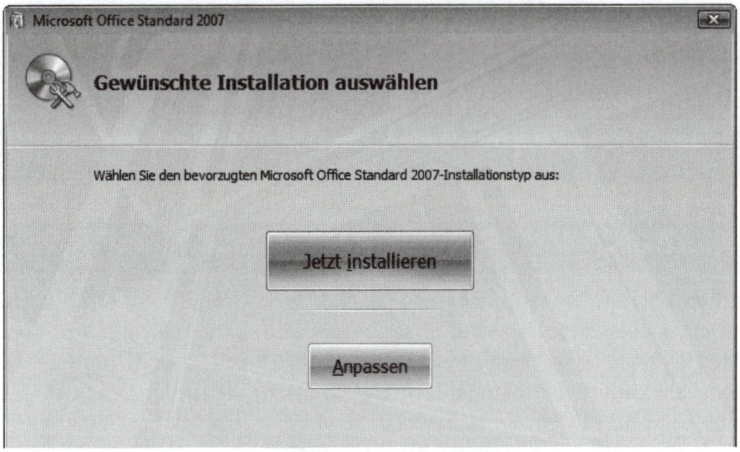

7. Nun starten Sie die Standardinstallation per Mausklick auf die Option *Jetzt installieren* (siehe Abbildg. 1.16).
8. Es werden alle erforderlichen Dateien auf die Festplatte Ihres Computers kopiert. An der Fortschrittsanzeige können Sie ablesen, wie weit die Installation bereits fortgeschritten ist. Zum Abschluss müssen Sie angeben, ob Sie Office Online besuchen möchten, um kostenlose Produktupdates, Hilfe und Onlinedienste zu erhalten, oder ob Sie das Setupprogramm einfach nur abschließen möchten. Wenn Sie sich für die erste Option, *Zu Office Online wechseln*, entscheiden, schließt sich das Dialogfeld und es öffnet sich der Internet Explorer mit der Website *Office Online* (siehe Abbildg. 1.17). Über die zweite Option, *Schließen*, wird das Dialogfeld geschlossen und die Installation ist beendet.

Abbildg. 1.17 Microsoft Office Online bietet Informationen, Updates, Tipps und Material zu Microsoft Office

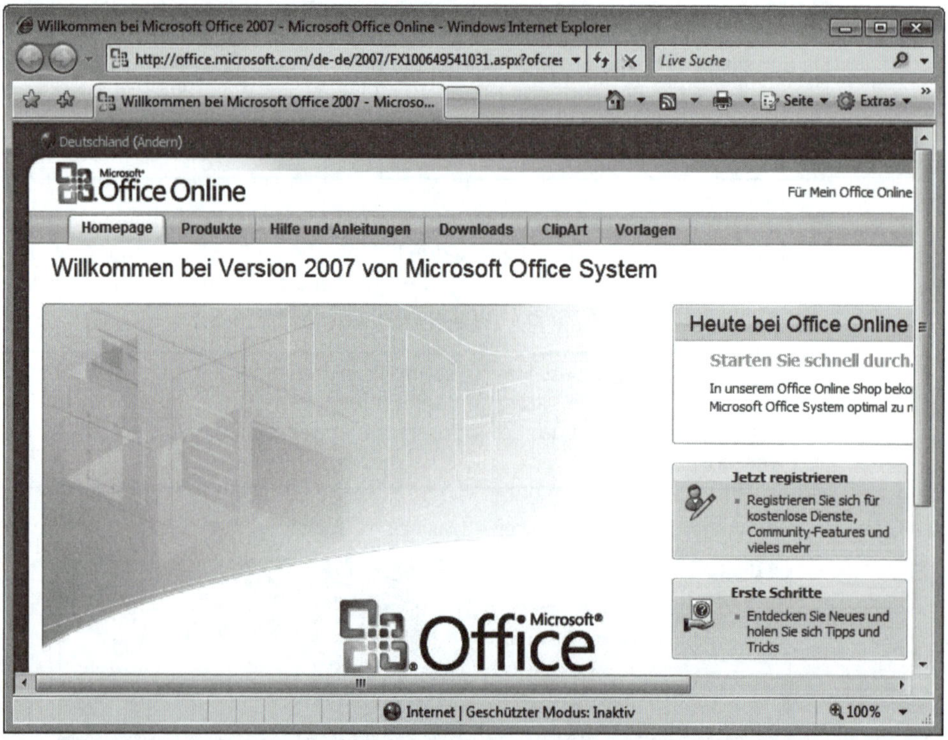

Mein Office Online

In der rechten oberen Ecke sehen Sie einen Link *Für Mein Office Online (Was ist das?) registrieren.* Wenn Sie mehr über dieses Angebot erfahren möchten, klicken Sie auf *Was ist das.* Durch die Anmeldung bei *Mein Office Online* haben Sie die Möglichkeit, Office Online an Ihre Bedürfnisse anzupassen. Sie können Beiträge und Vorlagen nutzen, die in der Office Online-Community bereitstehen, und Ihnen steht ein zusätzlicher Service für gemeinsam genutzte Outlook-Kalender zur Verfügung, der es Ihnen ermöglicht, Ihren Outlook-Kalender für Kollegen, Freunde und Familienangehörige freizugeben.

Um sich bei *Mein Office Online* anzumelden, klicken Sie auf den Link *Registrieren Sie sich für kostenlose Online-Dienste* oder auf den Link *Anmelden* in der rechten oberen Fensterecke. Im nächsten Schritt geben Sie die E-Mail-Adresse und das Kennwort ein, mit der Sie sich anmelden möchten. Sie haben hier drei Möglichkeiten:

- Windows Messenger-, MSN- oder Microsoft Passport-Konto nutzen: Nutzen Sie bereits Windows Messenger, MSN oder Microsoft Passport, geben Sie die in diesem Zusammenhang genutzte E-Mail-Adresse und das zugehörige Kennwort ein.
- Neues Windows Messenger-, MSN- oder Microsoft Passport-Konto anlegen: Wollen Sie hingegen ein neues, gebührenfreies E-Mail-Konto bei *Mein Office Online* einrichten, das Sie anschließend auch im Zusammenhang mit Windows Messenger, MSN oder Microsoft Passport nutzen können, klicken Sie auf *Anmelden* und folgen Sie der Anleitung am Bildschirm.

Nachdem Sie das Setup abgeschlossen haben, stehen Ihnen Outlook und alle anderen Office-Anwendungen über das Start-Menü von Windows zur Verfügung.

Die angepasste Installation auf einem neuen PC

Möchten Sie nur ganz bestimmte Komponenten von Microsoft Office 2007 oder von Outlook 2007 installieren, wollen Sie den Dateispeicherort für Outlook anpassen oder möchten Sie ganz bestimmte Features für die Installation aktivieren oder deaktivieren, nutzen Sie die angepasste Installation. Gehen Sie dazu wie folgt vor:

1. Achten Sie darauf, dass außer dem Office-Setup keine anderen Anwendungen aktiv sind, da die Installation ansonsten eventuell nicht korrekt durchgeführt werden kann. Schließen Sie alle noch aktiven Anwendungen, bevor Sie fortfahren.
2. Starten Sie die Installation, indem Sie die Office-CD bzw. -DVD in das entsprechende Laufwerk Ihres Computers einlegen. Es öffnet sich das Dialogfeld *Automatische Wiedergabe*, in dem Sie auf *SETUP.EXE ausführen* klicken (siehe Abbildg. 1.18).

Abbildg. 1.18 Das Setupprogramm starten

PROFITIPP

Startet das Setupprogramm bei Ihnen nicht, sobald Sie das CD- oder DVD-Laufwerk schließen, klicken Sie im *Start*-Menü von Windows auf den Befehl *Alle Programme/Zubehör* und schließlich auf *Ausführen*. Alternativ dazu können Sie auch die Tastenkombination [Windows]+[R] drücken. Geben Sie dann den Befehl ein *D:\Setup.exe* und klicken Sie auf *OK*, oder klicken Sie auf *Durchsuchen* und wählen Sie das CD-/DVD-Laufwerk und auf diesem die Datei *Setup.exe* mit einem Doppelklick aus.

3. Nun wird ein Sicherheitshinweis der Benutzerkontensteuerung eingeblendet, mit dem sichergestellt werden soll, dass keine Programme ohne Ihre Zustimmung auf Ihrem PC ausgeführt werden. Klicken Sie auf *Fortsetzen*, um mit der Installation von Office fortzufahren.

PROFITIPP

Sie können die Installation zu jedem Zeitpunkt abbrechen und später fortsetzen. Klicken Sie dazu auf die *Schließen*-Schaltfläche in der rechten oberen Fensterecke. Im Hinweisfenster *Setup*, das sich nun öffnet, werden Sie gefragt, ob Sie das Setupprogramm wirklich abbrechen möchten. Wählen Sie *Ja*, wird die Installation beendet und es öffnet sich ein Fenster, in dem Sie nur noch auf *Schließen* klicken müssen. Wählen Sie *Nein*, wird die Installation unverändert fortgesetzt.

4. Geben Sie als Nächstes den Product Key ein, einen aus 25 Buchstaben und Ziffern bestehenden Schlüssel, die in Fünfergruppen angeordnet sind. Den Product Key finden Sie auf einem Aufkleber auf der Microsoft Office-CD oder -DVD. Ist der eingegebene Product Key korrekt, klicken Sie auf *Weiter* (siehe Abbildg. 1.19).

Abbildg. 1.19 Das Setupprogramm prüft, ob der eingegebene Product Key korrekt ist

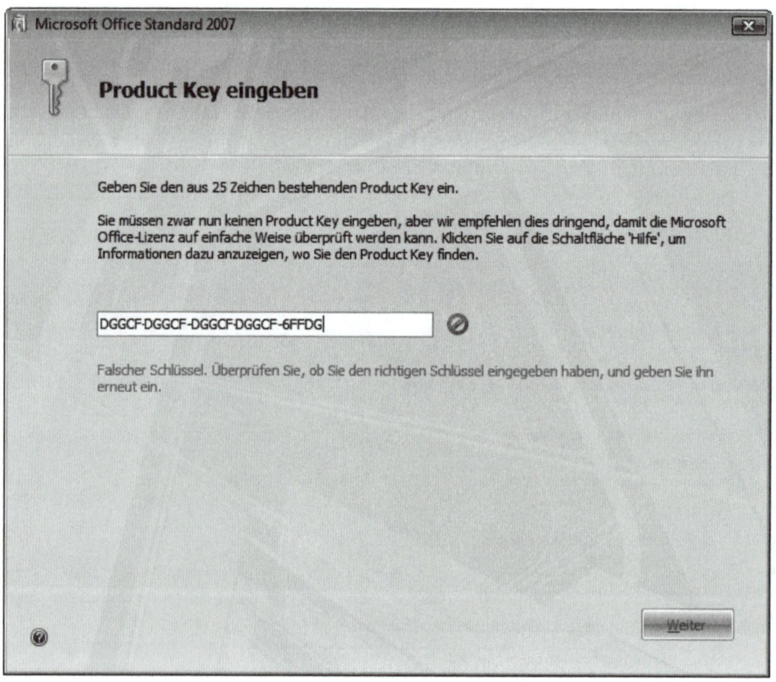

HINWEIS Sie können den Product Key prinzipiell auch zu einem späteren Zeitpunkt eingeben. Klicken Sie einfach auf *Weiter* und dann im Hinweis, der sich einblendet, auf *Nein*. Ohne Eingabe des Product Keys werden Sie bei jedem Start von Microsoft Office aufgefordert, den Product Key einzugeben. Sie können Microsoft Office insgesamt 25 Mal mit vollem Funktionsumfang starten. Anschließend steht Ihnen nur noch ein eingeschränkter Funktionsumfang zur Verfügung, bis Sie den Product Key eingeben und das Produkt über das Internet bei Microsoft aktivieren.

5. Nun werden die Lizenzbedingungen für die Installation und Nutzung Ihrer Microsoft Office-Version eingeblendet, die Sie aufmerksam durchlesen sollten. Aktivieren Sie dann das Kontrollkästchen *Ich stimme den Bedingungen dieses Vertrags zu* und klicken Sie auf *Weiter.*
6. Auf der Seite *Gewünschte Installation auswählen*, die sich nun öffnet, wählen Sie die Option *Anpassen.*
7. Über die Registerkarte *Installationsoptionen* legen Sie fest, welches Programm oder welche Programmfeatures installiert werden soll(en) und wie die Installation erfolgen soll (siehe Abbildg. 1.20).

Abbildg. 1.20 Die Ausführung von Office-Programmen bei der Installation festlegen

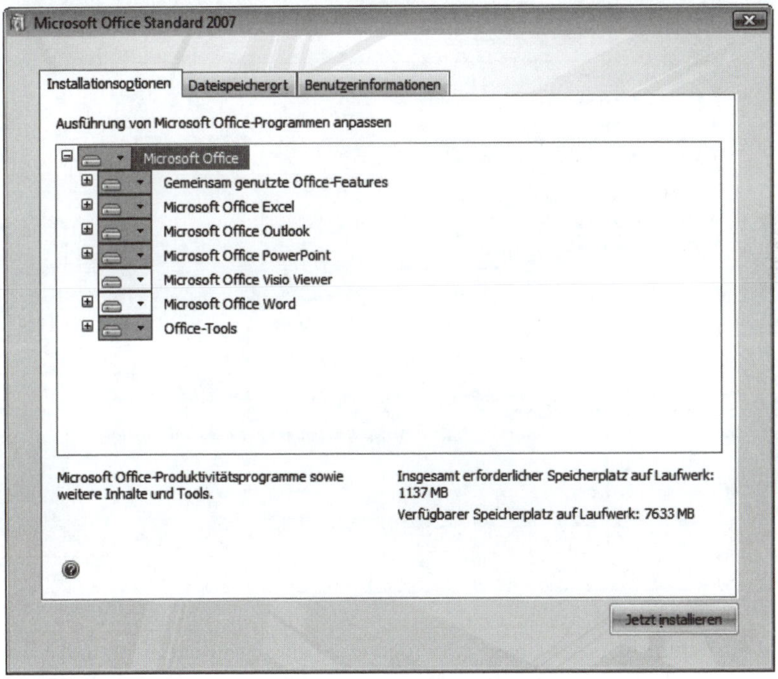

Auf der Registerkarte *Installationsoptionen* werden unter dem Symbol *Microsoft Office* alle in Ihrer Office-Version enthaltenen Programme sowie die Office-Tools aufgelistet. Den Programmnamen sind jeweils Festplattensymbole und ein Pluszeichen vorangestellt. Über das Pluszeichen blenden Sie jeweils verfügbare Unterprogramme und Features für ein Programm oder

Feature ein. Das Pluszeichen wird dann durch ein Minuszeichen ersetzt. Klicken Sie auf das Minuszeichen, werden die Unterprogramme und Features wieder ausgeblendet.

PROFITIPP

Sind Sie sich nicht sicher, was sich hinter einer Programmbezeichnung oder einem Feature verbirgt, markieren Sie die Programmbezeichnung oder das Feature mit einem Mausklick. Direkt links unter dem Bereich, in dem die Programme und Features angezeigt werden, finden Sie eine Beschreibung des momentan ausgewählten Programms oder Features.

8. Prüfen Sie nun im rechten unteren Fensterbereich, wie viel Speicherplatz für die Installation benötigt wird und wie viel Speicherplatz auf dem Laufwerk verfügbar ist. Wird der Platz knapp oder gibt es Programme aus Microsoft Office, die Sie nicht benötigen und auch nicht installieren möchten, können Sie diese prinzipiell von der Installation ausschließen. Klicken Sie dazu auf den Abwärtspfeil in der Schaltfläche, die dem Programm vorangestellt ist, und wählen Sie im nun geöffneten Dropdown-Menü den Befehl *Nicht verfügbar* (siehe Abbildg. 1.21).

Abbildg. 1.21 Festlegen, wie ein Programm installiert werden soll

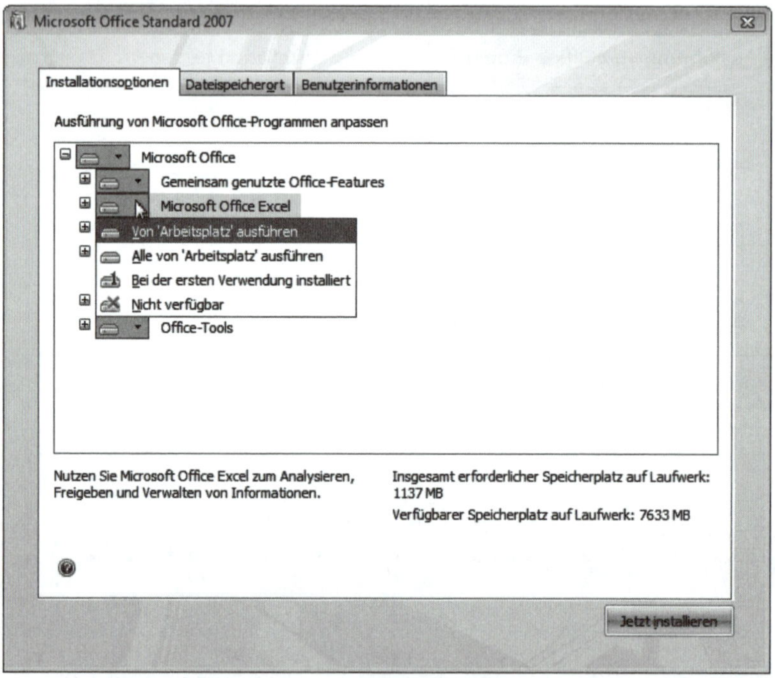

Sind Sie sich nicht sicher, ob Sie ein Programm benötigen oder nicht, und möchten aus Platzgründen die Installation auf einen späteren Zeitpunkt verschieben, wählen Sie die Option *Bei der ersten Verwendung installiert.* Das Programm wird dann erst einmal nicht installiert. Im *Start*-Menü von Windows steht jedoch ein Eintrag für das Programm. Sobald Sie diesen Eintrag wählen, werden Sie auf gefordert, die Office-CD bzw. -DVD einzulegen und die Installation wird jetzt nachgeholt. Anschließend können Sie das Programm nutzen.

PROFITIPP

Wollen Sie für ein Programm bewirken, dass alle untergeordneten Features installiert werden und nach der Installation direkt vom Arbeitsplatz aus ausgeführt werden können, klicken Sie auf den Abwärtspfeil in der dem Programmnamen vorangestellten Schaltfläche, und wählen Sie die Option *Alle von Arbeitsplatz ausführen*. Das Setup aktiviert nun für alle untergeordneten Features und Programme die Option *Von Arbeitsplatz ausführen* und Sie brauchen die einzelnen Features nicht extra durchzugehen.

9. Wollen Sie genau wissen, welche Features von Outlook 2007 installiert werden, öffnen Sie nun den Eintrag *Microsoft Office Outlook* mit einem Mausklick auf das vorangestellte Pluszeichen. Es werden alle untergeordneten Features eingeblendet, die Sie für Outlook installieren können. Einige Features enthalten weitere untergeordnete Features. Um diese betrachten zu können, klicken Sie nochmals auf das vorangestellte Pluszeichen (siehe Abbildg. 1.22).

Abbildg. 1.22 Die Features einblenden, die zu einem Programm gehören

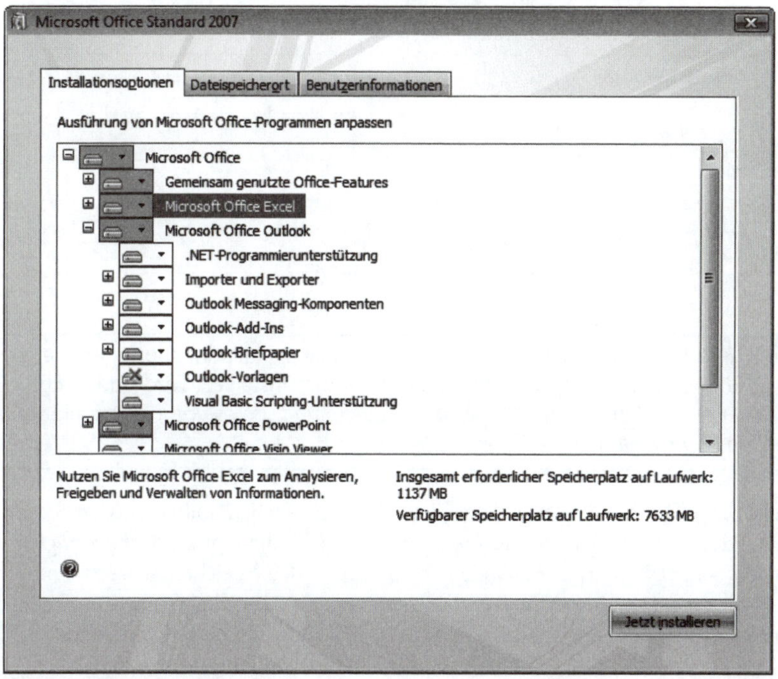

10. Wählen Sie als Nächstes, wie die einzelnen Features ausgeführt werden sollen. Klicken Sie dazu auf den Abwärtspfeil in der dem Feature vorangestellten Schaltfläche. Wählen Sie dann die gewünschte Option. Über *Von 'Arbeitsplatz' ausführen* wird das Feature zur sofortigen Verwendung auf den Arbeitsplatz kopiert, über *Alle von 'Arbeitsplatz' ausführen* werden das Feature und alle untergeordneten Features auf den Arbeitsplatz kopiert und stehen direkt zur Verfügung, über *Bei der ersten Verwendung installiert* wird das Feature in Outlook zwar angezeigt, aber erst installiert, wenn Sie das Feature das erste Mal benutzen, und über *Nicht verfügbar* sorgen Sie dafür, dass das Feature nicht installiert und auch nicht in Outlook angezeigt wird (siehe Abbildg. 1.23).

Abbildg. 1.23 Festlegen, ob und wie ein Feature installiert wird

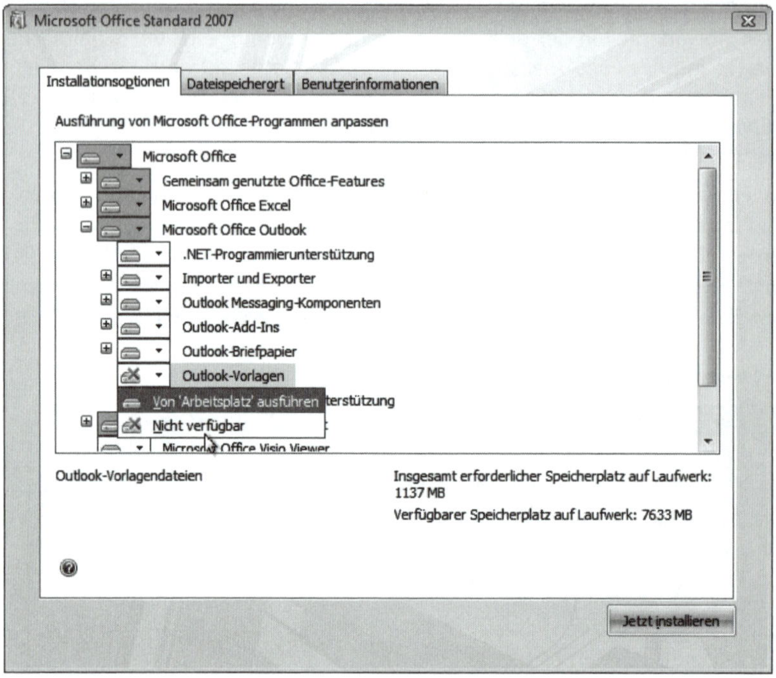

WICHTIG Es stehen nicht für alle Features alle Installationsoptionen bereit. Bei manchen Features können Sie nur entscheiden, ob das Feature installiert wird oder nicht. Um das Feature zu installieren, wählen Sie *Von 'Arbeitsplatz' ausführen*, um es von der Installation auszunehmen, wählen Sie *Nicht verfügbar*.

11. Falls Ihnen der benötigte Speicherplatz nicht ausreichen sollte, müssen Sie Programme oder Features von der Installation ausnehmen, indem Sie die Option *Nicht verfügbar* wählen, wie im letzten Schritt beschrieben. Wollen Sie hingegen den Speicherort wechseln, aktivieren Sie die Registerkarte *Dateispeicherort* und klicken Sie auf die Schaltfläche *Durchsuchen*. Wählen Sie dann einen neuen Dateispeicherort aus der Liste aus und bestätigen Sie mit *OK* (siehe Abbildg. 1.24).

12. Auf der letzten Registerkarte namens *Benutzerinformationen* können Sie nun noch Ihren vollständigen Namen, Ihre Initialen und Ihre Organisation eintragen (siehe Abbildg. 1.25). Microsoft Office benutzt den von Ihnen eingegebenen Namen, um zu kennzeichnen, von wem Kommentare in ein Dokument eingegeben oder Änderungen an einem freigegebenen Office-Dokument vorgenommen wurden.

Abbildg. 1.24 Den Dateispeicherort festlegen

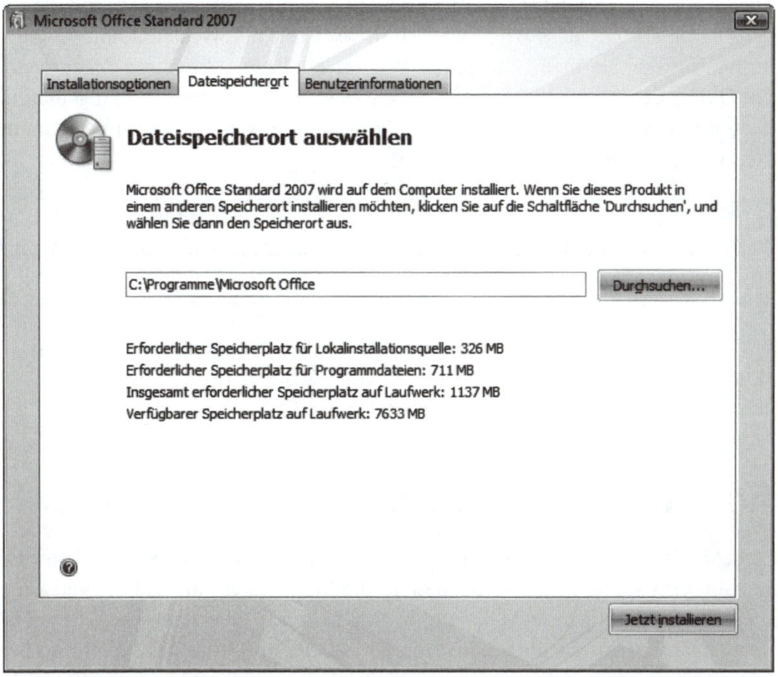

Abbildg. 1.25 Die Benutzerinformationen eingeben

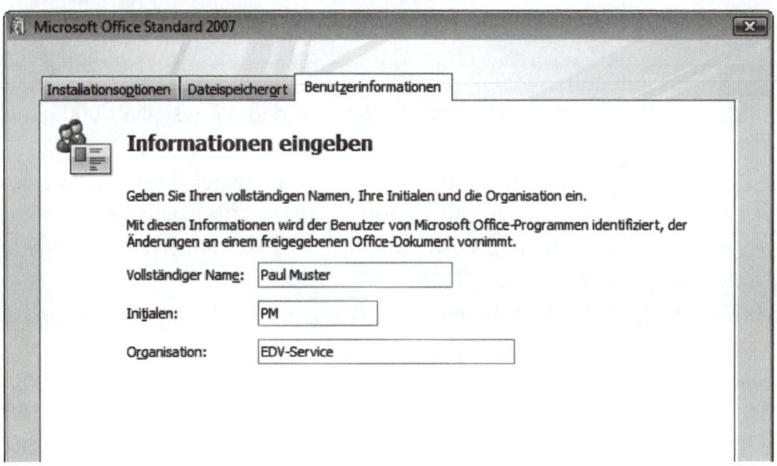

13. Haben Sie alle gewünschten Einstellungen vorgenommen, klicken Sie auf die Schaltfläche *Jetzt installieren* in der rechten unteren Fensterecke, um die Installation zu starten. Nun wird Microsoft Office 2007 konfiguriert und es werden die benötigten Dateien von der CD bzw. DVD auf die Festplatte kopiert. Über den Fortschritt werden Sie im Hinweisfenster informiert. Der Kopiervorgang kann einige Zeit in Anspruch nehmen.

14. Zum Abschluss müssen Sie angeben, ob Sie zu Office Online wechseln oder das Dialogfeld schließen und die Installation damit beenden möchten. Falls Sie sich für die Option *Microsoft Office Online* entscheiden, wird Ihr Webbrowser mit der Website *Office Online* von Microsoft gestartet, auf der Sie mehr zur neuen Version erfahren, Aktualisierungen erhalten oder *Mein Office Online* beitreten können. Falls Sie auf *Schließen* klicken, ist die Installation hiermit abgeschlossen und Sie können Outlook 2007 das erste Mal starten, wie im gleichnamigen Abschnitt in diesem Kapitel beschrieben.

WICHTIG Das Setupprogramm kann die Überprüfung im Internet natürlich nur vornehmen, wenn Ihr Computer mit dem Internet verbunden ist. Stellen Sie also bei Bedarf zunächst eine Verbindung zum Internet her.

Nachdem Sie nun alle benutzerdefinierten Einstellungen vorgenommen und das Setup beendet haben, können Sie Outlook und alle anderen Office-Anwendungen nutzen, die Sie soeben installiert haben. Outlook müssen Sie allerdings beim ersten Start noch konfigurieren.

Frühere Microsoft Office-Versionen aktualisieren

Soll Microsoft Office auf einem PC installiert werden, auf dem bereits mit einer früheren Version von Microsoft Office gearbeitet wurde, besteht die Möglichkeit, die frühere Version zu aktualisieren und dabei alle Einstellungen, E-Mails und Kontaktdaten zu übernehmen. Wurde bisher mit Microsoft Office 2003 oder einer früheren Version von Microsoft Office gearbeitet und besteht Unsicherheit darüber, ob die Vorlagen oder Programme auch in der neuen Microsoft Office-Version funktionieren oder gibt es Vorlagen, Dokumente und Programme, die erst auf die neue Version von Microsoft Office umgestellt werden müssen, besteht die Möglichkeit, die bisherigen Versionen von Microsoft Office zu behalten.

ACHTUNG Bis auf Outlook 2007 können alle Microsoft Office 2007-Anwendungen gemeinsam mit früheren Versionen dieser Anwendungen auf dem PC installiert und genutzt werden.

Um eine frühere Version von Microsoft Office zu aktualisieren oder um Microsoft Office 2007 zusätzlich zu einer früheren Version von Microsoft Office zu installieren, gehen Sie wie folgt vor:

1. Legen Sie die Office-CD bzw. -DVD in das entsprechende Laufwerk ein und schließen Sie es, um die Installation zu starten.
2. Es öffnet sich das Dialogfeld *Automatische Wiedergabe*, in dem Sie auf *Setup.exe ausführen* klicken.
3. Stimmen Sie im nächsten Schritt der Installation mit einem Mausklick auf die Schaltfläche *Fortsetzen* zu.
4. Geben Sie als Nächstes den Product Key ein, einen aus 25 Buchstaben und Ziffern bestehenden Schlüssel, die in Fünfergruppen angeordnet sind. Den Product Key finden Sie auf einem Aufkleber auf der Microsoft Office-CD oder -DVD. Ist der eingegebene Product Key korrekt, klicken Sie auf *Weiter*.

HINWEIS Sie können den Product Key prinzipiell auch zu einem späteren Zeitpunkt eingeben. Klicken Sie einfach auf *Weiter* und dann im Hinweis, der sich einblendet, auf *Nein*. Ohne Eingabe des Product Keys werden Sie bei jedem Start von Microsoft Office aufgefordert, den Product Key einzugeben. Sie können Microsoft Office insgesamt 25 Mal mit vollem Funktionsumfang starten. Anschließend steht Ihnen nur noch ein eingeschränkter Funktionsumfang zur Verfügung, bis Sie den Product Key eingeben und das Produkt über das Internet bei Microsoft aktivieren.

5. Nun werden die Lizenzbedingungen für die Installation und Nutzung Ihrer Microsoft Office-Version eingeblendet, die Sie aufmerksam durchlesen sollten. Aktivieren Sie dann das Kontrollkästchen *Ich stimme den Bedingungen dieses Vertrags zu* und klicken Sie auf *Weiter.*
6. Klicken Sie auf *Update*, um die bisherige Microsoft Office-Version mit der Standardinstallation zu aktualisieren.

   Wollen Sie hingegen die früheren Versionen Ihrer Microsoft Office-Anwendungen weiterhin nutzen oder nur bestimmte Anwendungen aktualisieren, wählen Sie die Option *Anpassen.*
7. Haben Sie im letzten Schritt die Option *Update* gewählt, wird die Installation nun ohne weitere Abfragen beendet. Zum Abschluss werden Sie gefragt, ob Sie zu Microsoft Office wechseln oder die Installation abschließen wollen. Wählen Sie die gewünschte Option, um die Installation abzuschließen. Anschließend können Sie Outlook direkt das erste Mal starten.

   Haben Sie im letzten Schritt die Option *Anpassen* gewählt, wählen Sie nun auf der Seite *Frühere Versionen aktualisieren*, wie mit den früheren Versionen von Microsoft Office verfahren werden soll (siehe Abbildg. 1.26).

Abbildg. 1.26 Frühere Versionen können beim Update beibehalten oder entfernt werden

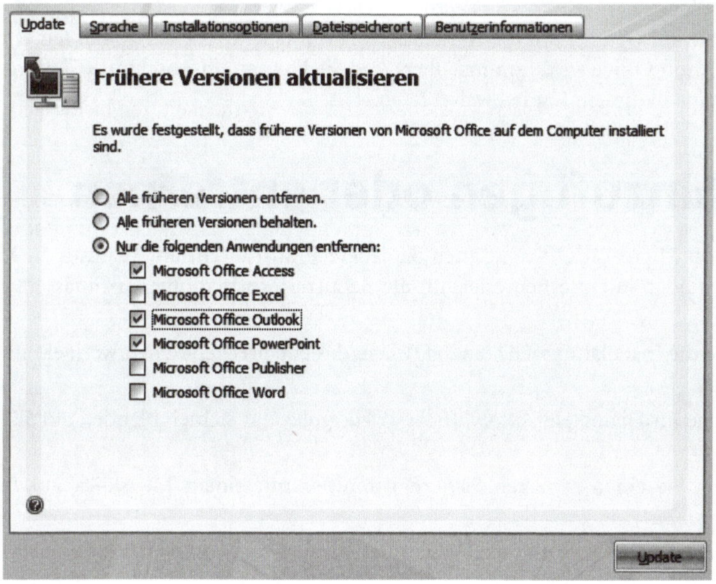

- *Alle früheren Versionen entfernen:* Mit dieser Option werden alle vorhandenen Anwendungen aus einer früheren Microsoft Office-Version entfernt und Microsoft Office wird komplett neu installiert. Die Einstellungen, E-Mails und Kontaktdaten werden bei der Aktualisierung übernommen.

- *Alle früheren Versionen behalten:* Mit dieser Option werden alle vorhandenen Anwendungen aus früheren Microsoft Office-Versionen behalten und die Anwendungen aus Microsoft Office 2007 werden zusätzlich installiert. Das gilt jedoch nicht für Outlook 2007, denn dieses Programm kann nur ausgeführt werden, wenn eine frühere Outlook-Version entfernt wurde. Bis auf Microsoft Office Outlook 2007 können alle Anwendungen aus Microsoft Office 2007 gemeinsam mit früheren Versionen installiert werden.
- *Nur die folgenden Anwendungen entfernen*: Mit dieser Option werden nur die Anwendungen entfernt und neu installiert, deren Kontrollkästchen aktiviert sind. Alle anderen Anwendungen stehen nach der Installation in der früheren und der aktuellen Version zur Verfügung. Deaktivieren Sie bei dieser Option die Kontrollkästchen aller Anwendungen, die Sie in einer früheren Version behalten möchten.

8. Wechseln Sie bei Bedarf zur Registerkarte *Sprache*, wenn Sie mehrere Sprachversionen von Outlook 2007 installieren möchten oder zur Registerkarte *Installationsoptionen*, um festzulegen, wie die Anwendungen und Features von Microsoft Office ausgeführt werden, zur Registerkarte *Dateispeicherort*, um den Speicherort für die Microsoft Office-Dateien anzupassen oder zur Registerkarte *Benutzerinformation*, um Ihre Benutzerinformationen einzugeben oder zu verändern. Mehr zu den einzelnen Registerkarten erfahren Sie im Abschnitt »Die angepasste Installation auf einem neuen PC« in diesem Kapitel.

HINWEIS Die Benutzerinformationen werden normalerweise aus der Vorgängerversion von Microsoft Office übernommen.

9. Klicken Sie auf *Update*, um die Aktualisierung mit den von Ihnen gewählten Optionen zu starten. Microsoft Office wird nun installiert und Sie können im Abschnitt »Outlook 2007 das erste Mal starten« in diesem Kapitel weiter lesen.

Features hinzufügen oder entfernen

Das Setup von Microsoft Office können Sie jederzeit ausführen, um Features zu Microsoft Office hinzuzufügen oder zu entfernen oder um die Benutzerinformationen anzupassen. Gehen Sie dazu wie folgt vor:

1. Legen Sie die Installations-CD bzw. -DVD in das entsprechende Laufwerk ein und schließen Sie es.
2. Klicken Sie im Dialogfeld *Automatische Wiedergabe*, das sich einblendet, auf *SETUP.EXE ausführen*.
3. Bestätigen Sie einen etwaigen Sicherheitshinweis mit einem Mausklick auf *Fortsetzen* (siehe Abbildg. 1.27).
4. Wählen Sie auf der Seite, die sich nun öffnet, die Option *Features hinzufügen oder entfernen*.
5. Die Seite, die sich nun öffnet, ähnelt der Startseite der angepassten Installation. Es stehen Ihnen jedoch nur die zwei Registerkarten *Sprache* und *Installationsoptionen* zur Verfügung.

Abbildg. 1.27 Die Ausführung des Setup-Programms bestätigen

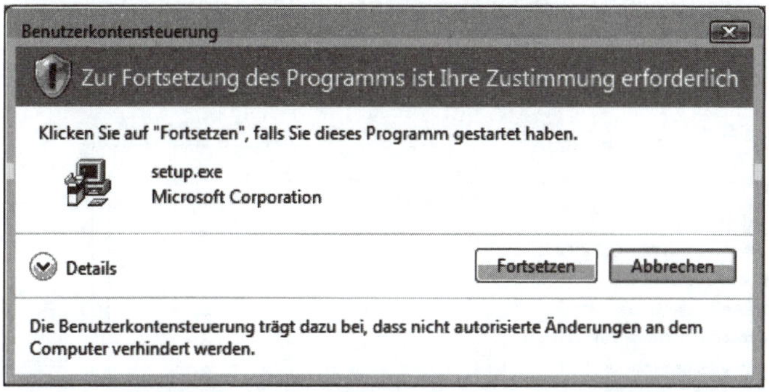

PROFITIPP

Die beiden Registerkarten *Benutzerinformationen* und *Dateispeicherort* stehen im Anschluss an die Installation nicht mehr zur Verfügung. Um die Benutzerinformationen nachträglich zu ändern, klicken Sie in Microsoft Office Word, Excel oder einem anderen Microsoft Office-Programm außer Outlook auf die *Microsoft Office*-Schaltfläche. Dann klicken Sie auf *Word-Optionen* und anschließend auf *Häufig verwendet*. Nun geben Sie unter *Office-Kopie personalisieren* im Feld *Benutzername* den neuen Benutzernamen ein. Bestätigen Sie mit *OK*, um die Benutzerinformationen zu bestätigen.

6. Wählen Sie bei Bedarf eine zusätzliche Sprache zur Installation aus.
7. Wechseln Sie mit einem Mausklick auf den entsprechenden Registerkartenreiter auf die Registerkarte *Installationsoptionen*, um Programme oder Programmfeatures nachträglich hinzuzufügen oder zu entfernen.

HINWEIS Sie können das Setupprogramm jederzeit mit einem Mausklick auf die *Schließen*-Schaltfläche in der rechten oberen Ecke abbrechen. Bestätigen Sie die Abfrage, ob Sie das Setupprogramm wirklich abbrechen möchten, mit *Ja*.

8. Auf der Registerkarte *Installationsoptionen* werden, wie bei der angepassten Installation, alle Programme und Tools aufgelistet, die Ihnen in Ihrer Microsoft Office-Version zur Verfügung stehen. Über die den einzelnen Einträgen vorangestellten Pluszeichen öffnen Sie die Einträge und Sie können die untergeordneten Programme und Features betrachten. Klicken Sie anschließend auf das Minuszeichen, durch das das Pluszeichen ersetzt wurde, blenden sich die untergeordneten Programme und Features wieder aus (siehe Abbildg. 1.28).
9. Um ein Programm oder Feature nachträglich auf Ihrem Computer zu installieren, klicken Sie auf den Abwärtspfeil in der dem Programm- oder Featurenamen vorangestellten Schaltfläche und wählen Sie eine der verfügbaren Optionen:
   - **Von 'Arbeitsplatz' ausführen:** Das Programm wird auf dem Computer installiert und steht anschließend zur Verfügung.
   - **Alle von 'Arbeitsplatz' ausführen:** Das Programm wird auf dem Computer installiert und steht anschließend mit allen untergeordneten Programmen und Features zur Verfügung.
   - **Bei der ersten Verwendung installiert:** Das Programm oder Feature steht zunächst nur als Befehl zur Verfügung und wird installiert, sobald Sie den Befehl oder das Programm ausführen.

- **Nicht verfügbar:** Das Programm oder Feature wird von dem Computer entfernt und steht anschließend nicht mehr zur Verfügung (siehe Abbildg. 1.29).

Abbildg. 1.28 Features und Programme aus- und einblenden

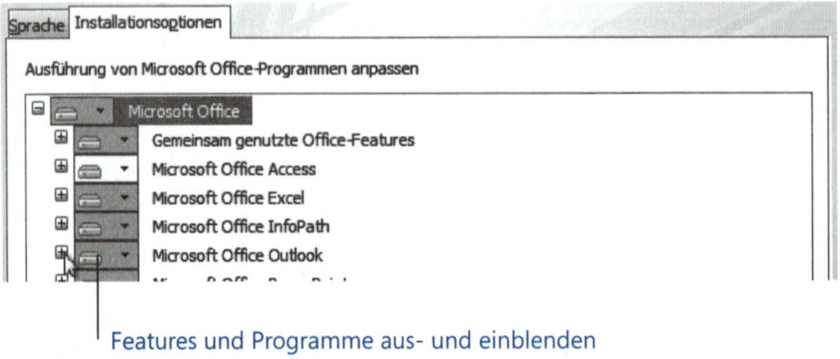

Abbildg. 1.29 Die Ausführung von Microsoft Office-Programmen anpassen

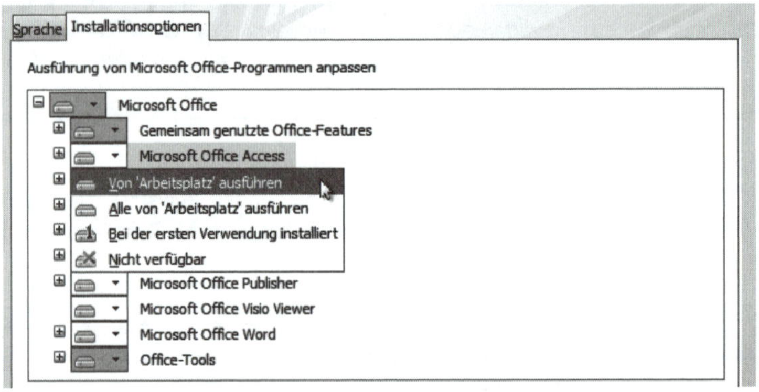

10. Klicken Sie auf *Weiter* und später auf *Schließen*, um die Installation abzuschließen.

Outlook 2007 das erste Mal starten

Nachdem Sie die Microsoft Office-Installation erfolgreich abgeschlossen haben, können Sie Outlook 2007 starten. Beim ersten Start auf einem PC, auf dem bisher weder eine frühere Version von Microsoft Office noch ein anderes E-Mail-Programm genutzt wird, haben Sie beim ersten Start die Möglichkeit, ein E-Mail-Konto einzurichten, über das Sie E-Mails senden und empfangen können. Mehr hierzu erfahren Sie im Abschnitt »Outlook auf einem neuen PC das erste Mal starten«.

Starten Sie Microsoft Office 2007 hingegen das erste Mal auf einem PC, auf dem Sie bisher eine frühere Outlook-Version oder ein anderes E-Mail-Programm wie Outlook Express, Windows Mail oder Eudora genutzt haben, können Sie die vorhandenen E-Mails, Adressbücher und Einstellungen aus diesem Programm übernehmen.

Wo erhält man ein E-Mail-Konto?

Ein E-Mail-Konto erhalten Sie bei der Anmeldung Ihres Internetzugangs von Ihrem Internetdienstanbieter oder, falls Sie Outlook in einer Organisation nutzen, von Ihrem Netzwerkadministrator. Zusätzlich haben Sie die Möglichkeit, ein gebührenfreies Konto bei einem der zahlreichen E-Mail-Anbieter einzurichten, über das Sie dann mit Outlook E-Mails versenden und empfangen können.

Es gibt zahlreiche Anbieter, die gebührenfreie E-Mail-Konten anbieten. Diese E-Mail-Konten unterscheiden sich in der Speicherkapazität und in der Größe für gesendete und empfangene E-Mails von den E-Mail-Konten, die Internetanbieter oder Organisationen bereitstellen, sowie in Zusatzfunktionen wie dem Virenschutz oder der Größe der Dateianhänge. Reicht der bereitgestellte Speicherplatz nicht aus oder benötigen Sie Zusatzfunktionen, ist meist ein Wechsel zu einem leistungsfähigeren E-Mail-Konto mit mehr Speicherplatz und ohne Größenbeschränkung von E-Mails möglich, das in der Regel jedoch kostenpflichtig ist. Die E-Mail-Konten vieler Freemail-Anbieter lassen sich problemlos mit Outlook 2007 verwalten. Der Versand und Empfang von E-Mails erfolgt auf die gleiche Weise wie über E-Mail-Konten, die von Internetdienstanbietern oder von Organisationen bereitgestellt werden. Eine Ausnahme stellt Hotmail dar. Das kostenfreie Hotmail-Konto lässt sich nicht mit Outlook, Outlook Express oder Windows Mail verwalten, sondern nur über den Webbrowser, und es läuft nach 30 Tagen Nichtnutzung ab. Möchten Sie Ihr Hotmail-Konto auch mit Outlook 2007 verwalten, müssen Sie zum Hotmail.Plus-Konto umsteigen, das Sie gegen eine geringe Jahresgebühr erhalten.

Outlook auf einem neuen PC das erste Mal starten

Nutzen Sie Outlook 2007 das erste Mal auf einem neuen PC, auf dem Sie bisher noch kein anderes E-Mail-Programm verwendet haben, gehen Sie beim ersten Start des Programms wie folgt vor:

1. Starten Sie Outlook über den Befehl *Start/E-Mail* bzw. über *Start/Microsoft Office Outlook 2007* oder klicken Sie in der Schnellstartleiste von Windows auf das Programmsymbol von Outlook 2007 (siehe Abbildg. 1.30).

Abbildg. 1.30 Das Programmsymbol in der Schnellstartleiste

2. Falls der aus 25 Zeichen bestehende Product Key nicht bereits während der Installation eingegeben wurde, werden Sie nun aufgefordert, ihn einzugeben. Den Product Key finden Sie auf der Hülle der Microsoft Office-CD oder -DVD.

HINWEIS Prinzipiell können Sie Outlook 2007 25 Mal ausführen, bevor Sie den Product Key eintragen und Outlook aktivieren. Sie erhalten somit eine Nachfrist für die Produktaktivierung. Nutzen Sie das Programm nach den 25 Mal weiterhin, ohne den Product Key einzutragen und Outlook 2007 zu aktivieren, steht Ihnen nur noch eine eingeschränkte Funktionalität zur Verfügung. Sobald Sie die Aktivierung vorgenommen haben, sind wieder alle Features vorhanden.

3. Als Nächstes öffnet sich der Outlook 2007-Start-Assistent (siehe Abbildg. 1.31). Klicken Sie auf *Weiter*, um fortzufahren.

Abbildg. 1.31 Der Start-Assistent von Outlook 2007

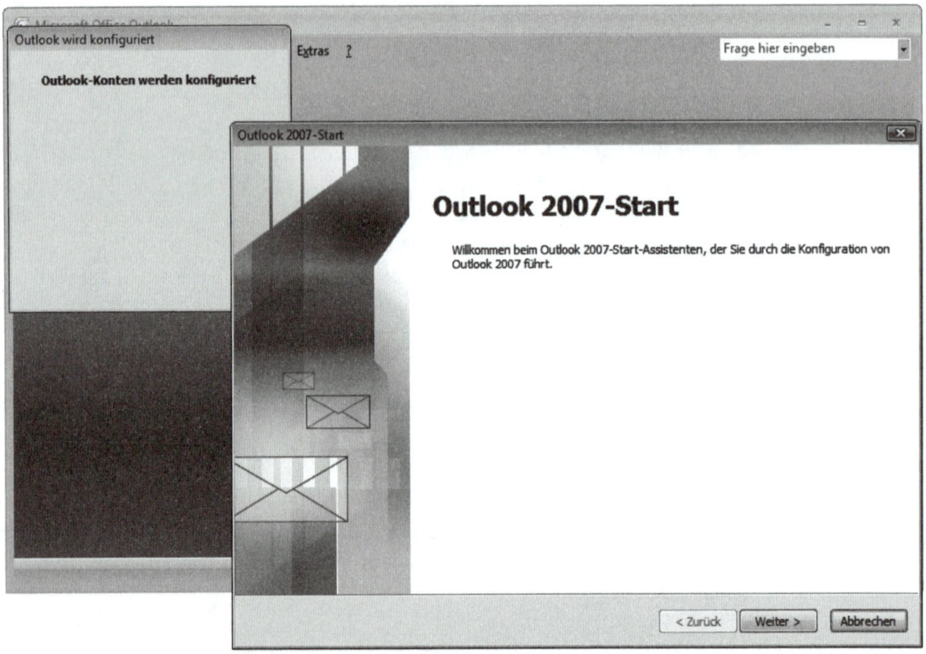

4. Nun werden Sie gefragt, ob Sie Outlook für Verbindungen mit einem Internet-E-Mail-Server, Microsoft Exchange oder einem anderen E-Mail-Server konfigurieren möchten, d.h., ob Sie ein E-Mail-Konto einrichten möchten. Besitzen Sie bereits einen Zugang zum Internet und ein E-Mail-Konto, wählen Sie *Ja*, um ein Konto einzurichten. Besitzen Sie noch kein E-Mail-Konto, wählen Sie die Option *Nein*, um den Assistenten abzubrechen und direkt mit Outlook zu arbeiten. Sie können in diesem Fall die weitere Lektüre dieses Kapitels beenden und mit dem nächsten Kapitel fortfahren.

HINWEIS Um E-Mails versenden und empfangen sowie alle Funktionen nutzen zu können, für die ein Zugriff aufs Internet erforderlich ist, benötigen Sie einen Zugang zum Internet und ein E-Mail-Konto. Ein E-Mail-Konto erhalten Sie normalerweise von Ihrem Internetdienstanbieter oder Ihrem Arbeitgeber. Sie können auch über das Internet ein kostenloses E-Mail-Konto bei einem E-Mail-Anbieter wie Hotmail oder Web.de einrichten. Mehr hierzu erfahren Sie im Abschnitt »Wo erhält man ein E-Mail-Konto?« in diesem Kapitel.

5. Haben Sie im letzten Schritt die Option *Ja* gewählt, öffnet sich das Dialogfeld *Neues E-Mail-Konto hinzufügen*, in dem Sie alle erforderlichen Angaben für Ihr neues E-Mail-Konto eintragen. Geben Sie im Feld *Ihr Name* den Namen ein, der als Absender in den über das Konto verschickten E-Mails erscheinen soll. Im Feld *E-Mail-Adresse* geben Sie die E-Mail-Adresse für das Konto ein und im Feld *Kennwort* das Benutzerkennwort für dieses E-Mail-Konto. Bestätigen Sie das Kennwort anschließend im Feld *Kennwort erneut eingeben.* Sämtliche Angaben zum E-Mail-Konto erhalten Sie übrigens bei der Anmeldung Ihres Internetzugangs oder Ihres E-Mail-Kontos bei einem E-Mail-Anbieter (siehe Abbildg. 1.32). Sobald Sie alle erforderlichen Angaben eingetragen haben, klicken Sie auf *Weiter.*

Abbildg. 1.32 Geben Sie hier die benötigten Angaben für das neue E-Mail-Konto ein

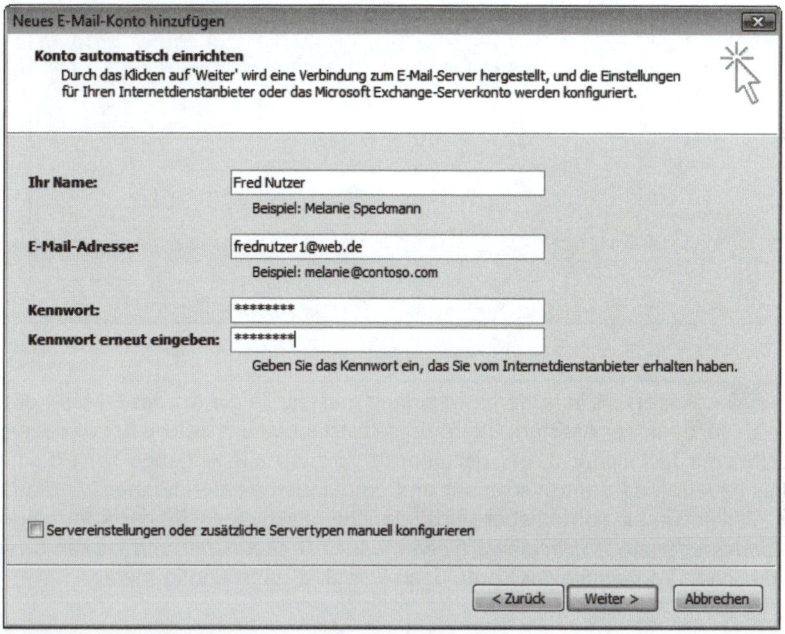

PROFITIPP

Arbeiten Sie in einer Microsoft Exchange Server-Umgebung, trägt der Assistent automatisch Ihren Anmeldenamen und die E-Mail-Adresse Ihres Exchange Server-Kontos ein. Ein Kennwort brauchen Sie in diesem Fall nicht einzugeben, da Sie dieses ja bereits bei der Anmeldung am Server eingegeben haben. Wollen Sie die Einstellungen lieber selbst vornehmen oder ein anderes Konto anmelden, aktivieren Sie das Kontrollkästchen *Servereinstellungen oder zusätzliche Servertypen manuell konfigurieren* und geben Sie den Namen und die E-Mail-Adresse ein, für die Sie stattdessen ein Konto anmelden möchten. Im nächsten Schritt wählen Sie dann die Art von E-Mail-Konto, die Sie benutzen möchten. Zur Auswahl stehen *Internet-E-Mail* für POP-, IMAP- oder HTTP-Konten, *Microsoft Exchange* für Microsoft Exchange Server-Konten und die Option *Andere* für Outlook Mobile Service (Faxnachrichten).

6. Der Assistent stellt nun eine Verbindung zum E-Mail-Server her und konfiguriert das Konto (siehe Abbildg. 1.33). Dieser Vorgang kann einige Minuten dauern. War die Anmeldung erfolgreich, wird eine entsprechende Zeile eingeblendet. Klicken Sie auf *Fertig stellen*, um den Vorgang zu beenden.

Abbildg. 1.33 Die Servereinstellungen werden von Outlook automatisch konfiguriert

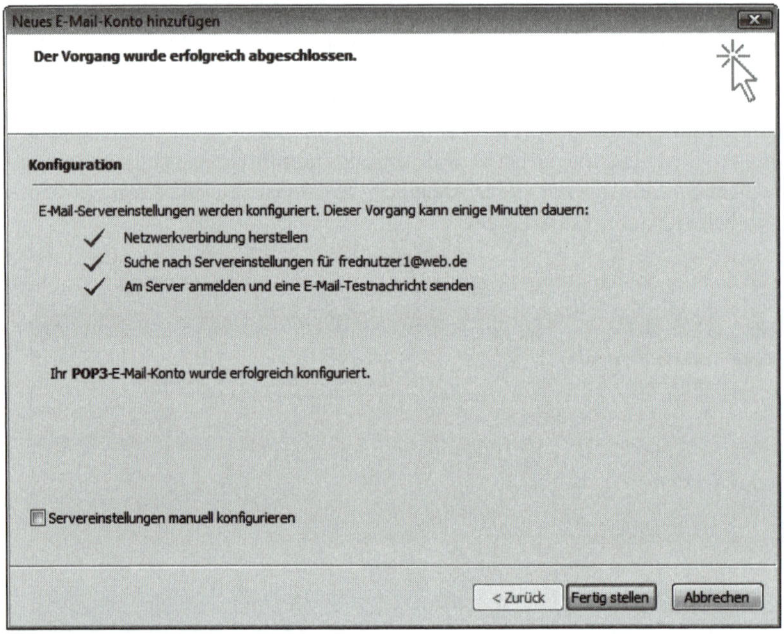

HINWEIS Anders als in früheren Versionen müssen Sie die Art des E-Mail-Kontos nicht mehr selbst wählen, denn der Assistent überprüft selbstständig, um welche Art von Server es sich handelt. Selbst die Testnachricht, mit der geprüft wird, ob alle Angaben korrekt sind und E-Mails über das neue E-Mail-Konto versendet und empfangen werden können, wird automatisch verschickt. Wollen Sie Ihr Konto lieber selbst einrichten, aktivieren Sie das Kontrollkästchen *Servereinstellungen oder zusätzliche Servertypen manuell konfigurieren* und klicken Sie auf *Weiter.* Im nächsten Schritt können Sie das Konto dann komplett selbst konfigurieren.

WICHTIG Falls Sie mit Windows XP arbeiten und die Windows-Desktopsuche noch nicht auf Ihrem Computer installiert ist, öffnet sich nun ein Hinweisfenster, in dem Sie gefragt werden, ob Sie zum Microsoft Download Center wechseln und diese Komponente herunterladen möchten. Vergewissern Sie sich, dass eine Verbindung zum Internet besteht, und klicken Sie auf *Ja*. Es öffnet sich Internet Explorer mit dem Download-Fenster, in dem Sie auf *Weiter* klicken und dann die Anweisungen am Bildschirm befolgen. Schließen Sie anschließend das Internet Explorer-Fenster.

7. Auf der Seite *Willkommen bei 2007 Microsoft Office System*, die sich nun öffnet, stehen Ihnen drei Datenschutzoptionen zur Auswahl, die Sie bei Bedarf mit einem Mausklick aktivieren können (siehe Abbildg. 1.34). Klicken Sie auf *Weiter*, um fortzufahren.

Abbildg. 1.34 Die Datenschutzoptionen nutzen

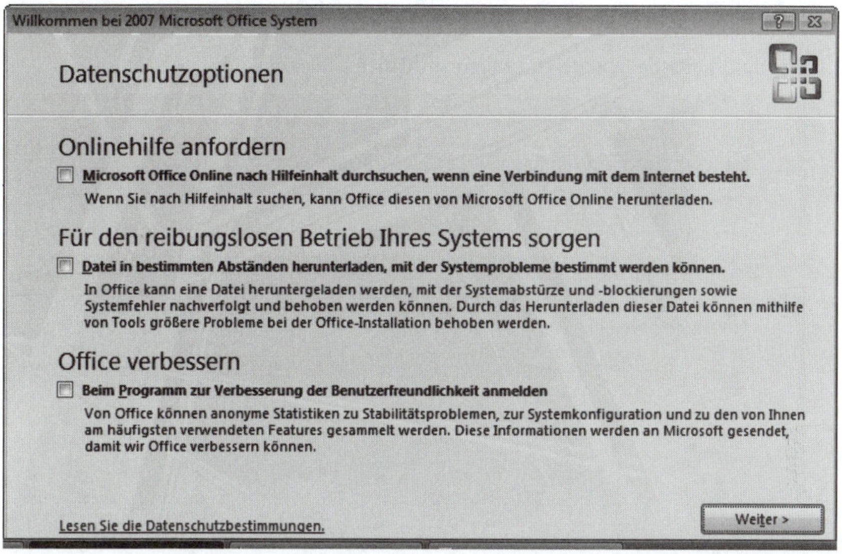

Datenschutzoptionen

Die Datenschutzoptionen haben folgende Bedeutung:

- **Onlinehilfe anfordern:** Wenn Sie in der Hilfe von Microsoft Office nach einem bestimmten Hilfeinhalt suchen, werden nicht nur die auf dem Computer gespeicherten Inhalte durchsucht, sondern auch Microsoft Office Online. Die gefundenen Hilfethemen werden dann auf Ihren PC heruntergeladen. Diese Option ist sehr nützlich, da Ihnen dadurch erheblich mehr Hilfethemen und wesentlich aktuellere Inhalte bereitgestellt werden. Diese Option sollten Sie nur dann nicht aktivieren, wenn Sie über ein Modem auf das Internet zugreifen und nicht bei jeder Suche in der Online-Hilfe eine Verbindung zum Internet herstellen möchten.
- **Für den reibungslosen Betrieb Ihres Systems sorgen:** Mit dieser Option wird in regelmäßigen Abständen eine Datei heruntergeladen, die Systemfehler nachverfolgt und behebt. Diese Option sollten Sie ebenfalls zu Ihrem eigenen Schutz aktivieren.
- **Office verbessern:** Diese Option können Sie wählen, wenn Sie Microsoft bei der Verbesserung der Benutzerfreundlichkeit der Programme unterstützen möchten. Sobald Sie die Option aktiviert haben, werden automatisch Statistiken darüber gesammelt, welche Features Sie besonders häufig und welche Sie gar nicht benutzen. Die Statistiken werden dann in regelmäßigen Abständen an Microsoft übertragen.

8. Im letzten Schritt haben Sie die Möglichkeit, sich für Microsoft Update anzumelden. Empfehlenswert ist die Option *Aktualisierungen, soweit verfügbar, von Microsoft Update herunterladen und installieren (empfohlen)* (siehe Abbildg. 1.35). Ist diese Option aktiviert, wird immer, wenn eine Verbindung zum Internet besteht, bei Microsoft geprüft, ob Sicherheitsupdates für Microsoft Office zur Verfügung stehen. Ist dies der Fall, werden Sie benachrichtigt und die Updates werden installiert. Ist Ihnen diese Option lästig, können Sie auch die Option *Ich möchte Micro-*

soft Update nicht verwenden aktivieren. In diesem Fall sollten Sie in regelmäßigen Abständen selbst prüfen, ob neue Updates zur Verfügung stehen.

Abbildg. 1.35 Das automatische Update von Microsoft Office aktivieren

9. Haben Sie sich im letzten Schritt für die erste Option entschieden, klicken Sie nun auf Anmelden, um sich bei Microsoft Update anzumelden. Bestätigen Sie dann die Sicherheitsabfrage mit einem Mausklick auf *Fortsetzen.*
10. Nun müssen Sie nur noch angeben, ob Sie die gemeinsame Feedliste für RSS-Feeds von Microsoft Windows nutzen möchten. Falls Sie die Abfrage mit *Ja* bestätigen, werden die RSS-Feeds nun in Outlook übernommen. Falls Sie auf *Nein* klicken, werden die RSS-Feeds zunächst nicht übermittelt. Können Sie sich momentan nicht entscheiden, klicken Sie auf *Später erinnern*. Die Abfrage blendet sich dann zu einem späteren Zeitpunkt noch einmal ein.

HINWEIS RSS steht für Really Simple Syndication und stellt eine Technik dar, mit der Inhaltsanbieter E-Mails, Blogs und Inhalte Abonnenten zur Verfügung stellen können. Die Inhaltsanbieter können Privatpersonen, Firmen oder Organisationen sein. Mit Outlook können Sie RSS-Feeds abonnieren und erhalten dann automatisch für jeden abonnierten Feed eine Inhaltszusammenfassung für alle vorhandenen Artikel und können per Mausklick entscheiden, welchen Artikel Sie jeweils lesen möchten.

Nachdem Sie alle Angaben vorgenommen haben, startet Outlook endlich. Falls Sie die Windows-Desktopsuche im Rahmen des ersten Starts installiert haben, sehen Sie in der Spalte *Posteingang* einen Hinweis, *Klicken Sie hier, um die Sofortsuche zu aktivieren*, den Sie ignorieren können. Er verschwindet beim nächsten Start von Outlook (siehe Abbildg. 1.36). Haben Sie die Windows-Desktopsuche noch nicht installiert, klicken Sie nun auf diesen Link, um die Installation nachzuholen.

Abbildg. 1.36 Outlook nach dem ersten Start

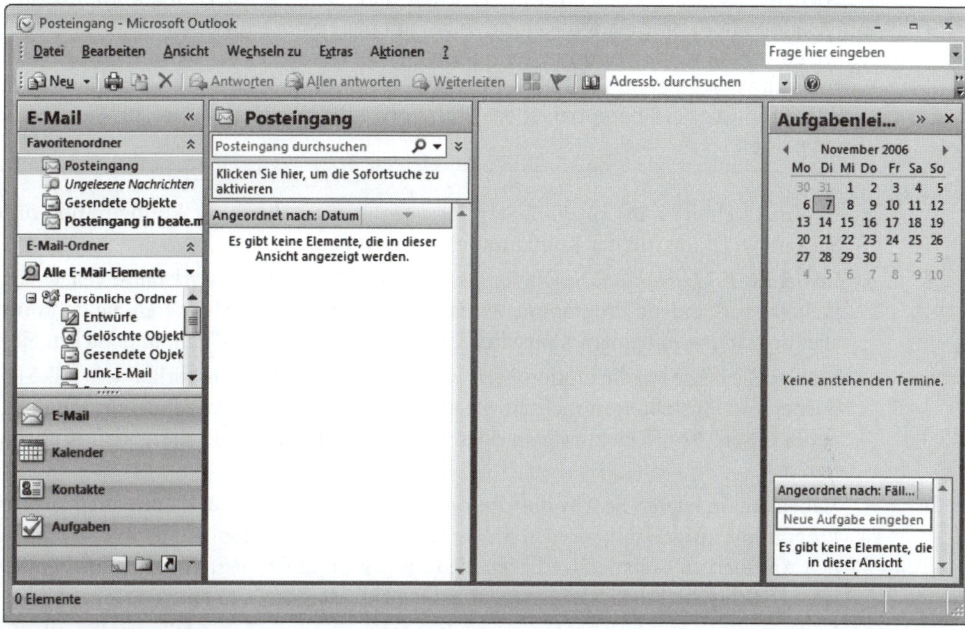

PROFITIPP

Nutzen Sie Outlook 2007 unter Windows Vista, ist die Desktopsuche bereits vorhanden. Wird der Hinweis für die Aktivierung der Sofortsuche trotzdem eingeblendet, können Sie ihn wie folgt deaktivieren:

1. Wählen Sie im Menü *Extras* den Befehl *Optionen*.
2. Aktivieren Sie im Dialogfeld *Optionen* die Registerkarte *Weitere* und klicken Sie auf *Erweiterte Optionen*.
3. Deaktivieren Sie im Dialogfeld, das sich öffnet, das Kontrollkästchen *Eingabeaufforderungen zum Aktivieren der Sofortsuche anzeigen* und bestätigen Sie so oft mit *OK*, bis alle Dialogfelder geschlossen sind.

Outlook auf einem bereits genutzten PC das erste Mal starten

Starten Sie Outlook das erste Mal auf einem PC, auf dem Sie bereits mit einer Vorgängerversion von Microsoft Office Outlook oder mit einem anderen E-Mail-Programm wie Outlook Express oder Eudora gearbeitet haben, haben Sie beim ersten Start die Möglichkeit, alle vorhandenen E-Mails, Adressbücher und Einstellungen in Outlook 2007 zu importieren. Der Start-Assistent sammelt dabei automatisch auf Ihrem PC alle vorhandenen E-Mails, Adressbücher und Einstellungen und bietet Ihnen dann die Auswahl, was Sie davon übernehmen möchten.

1. Öffnen Sie nun zunächst das *Start*-Menü von Windows und wählen Sie den Eintrag *Microsoft Office Outlook 2007*, um Outlook zu starten.

WICHTIG Möglicherweise wird ein Hinweis eingeblendet, dass eine Komponente für Microsoft Windows heruntergeladen werden muss, um das Feature zur Sofortsuche in Outlook zu aktivieren. Besteht eine Verbindung zum Internet, klicken Sie jetzt auf *Herunterladen*. Wollen Sie die Komponente erst zu einem späteren Zeitpunkt installieren, klicken Sie hingegen auf *Später erinnern*. Der Hinweis wird dann bei jedem Start von Outlook eingeblendet, bis Sie die Komponente herunterladen.

2. Es öffnet sich der Outlook 2007-Start-Assistent, der Sie durch die Konfiguration führt. Klicken Sie auf *Weiter*, um mit der Konfiguration zu beginnen.
3. Im Schritt *E-Mail-Aktualisierungsoptionen* wählen Sie die Option *Aktualisieren*, wenn eines oder mehrere vorhandene Programme aktualisiert werden sollen. Markieren Sie dann im Listenfeld alle Programme mit einem Mausklick, die aktualisiert werden sollen, und klicken Sie auf *Weiter*.

   Wählen Sie hingegen die Option *Nicht aktualisieren*, wenn Sie die vorhandenen E-Mails, Adressbücher und Einstellungen nicht übernehmen möchten. Sie haben in diesem Fall die Option, ein neues E-Mail-Konto einzurichten oder Outlook zu starten, ohne ein E-Mail-Konto zu konfigurieren.
4. Haben Sie im letzten Schritt die Option *Aktualisieren* gewählt und eines oder mehrere E-Mail-Programme ausgewählt, werden Sie in den folgenden Schritten aufgefordert, die übernommenen Angaben zu bestätigen. Klicken Sie dazu jeweils auf *Weiter*. Prinzipiell haben Sie jedoch in jedem Schritt die Möglichkeit, neue Angaben einzutragen.
5. Im letzten Schritt geben Sie an, wie die Internetverbindung hergestellt werden soll. Zur Auswahl stehen die Optionen *Über Modem verbinden*, *Über das lokale Netzwerk (LAN) verbinden* und *Internetverbindung manuell herstellen*. Wählen Sie den gewünschten Verbindungstyp aus und klicken Sie auf *Weiter*.
6. Schließen Sie die Installation mit einem Mausklick auf die Schaltfläche *Fertig stellen* nun endgültig ab.

Die Kontoeinstellungen, E-Mails und Adressbücher werden in Outlook 2007 übernommen und stehen Ihnen ab dem nächsten Programmstart zur Verfügung.

Microsoft Office 2007 aktivieren

Wollen Sie Microsoft Office 2007 und Outlook 2007 langfristig nutzen, müssen Sie die Aktivierung vornehmen. Mit der Aktivierung wird überprüft, ob die installierte Microsoft Office-Version rechtmäßig lizenziert ist. Dazu wird geprüft, ob der Product Key, der bei der Installation eingegeben wurde, auf mehr PCs in Gebrauch ist, als die Softwarelizenz zulässt. Damit soll verhindert werden, dass Produktpiraten Microsoft-Produkte unzulässigerweise vervielfältigen und gegen Bezahlung in Umlauf bringen oder aber Produkte als Microsoft-Software anbieten, obwohl es sich nicht um Original-Microsoft-Software handelt. Die Aktivierung kann entweder bei der Installation, beim ersten Start von Outlook oder bei jedem weiteren Start erfolgen.

Insgesamt können Sie jede Office-Anwendung nach dem ersten Aufruf noch weitere 25 Mal starten, ohne sie aktiviert zu haben. Anschließend stehen Ihnen viele Funktionen nicht mehr zur Verfügung und es bleibt Ihnen nur die Wahl, Office zu aktivieren oder die Arbeit mit Office einzustellen.

Microsoft Office beim Start von Outlook aktivieren

Um Microsoft Office beim Start von Outlook zu aktivieren, gehen Sie wie folgt vor:

1. Haben Sie Outlook noch nicht aktiviert, öffnet sich beim Start der Aktivierungs-Assistent. Geben Sie den 25-stelligen Product Key ein und klicken Sie auf *Weiter.*
2. Im nächsten Schritt legen Sie fest, ob die Aktivierung über das Internet oder telefonisch erfolgen soll.

HINWEIS Die Aktivierung über das Internet erfordert weniger Aufwand als die telefonische Aktivierung. Die telefonische Aktivierung eignet sich eher, wenn der PC keine Verbindung zum Internet herstellen kann oder wenn Schwierigkeiten bei der Aktivierung über das Internet auftreten.

- **Aktivierung über das Internet:** Haben Sie sich für die Aktivierung über das Internet entschieden, lesen Sie im nächsten Schritt die Microsoft Office-Datensicherheitsrichtlinien durch und klicken Sie auf die Schaltfläche *Weiter.* Im Anschluss werden die erforderlichen Daten in verschlüsselter Form an Microsoft übertragen und es wird eine Bestätigungs-ID zurück an Ihren Computer gesendet. Falls keine Internetverbindung besteht, werden Sie vom Assistenten darauf hingewiesen.
- **Telefonische Aktivierung:** Wollen Sie Office telefonisch aktivieren, wählen Sie im Aktivierungsassistenten unter *Schritt 1* zunächst das Land aus, in dem Sie sich befinden, rufen Sie die angegebene Telefonnummer an, und geben Sie nach Aufforderung den unter *Schritt 2* genannten Installationscode über die Telefontasten an (Ihr Telefon muss dazu die Tonwahl unterstützen). Den Bestätigungscode, der Ihnen genannt wird, geben Sie dann in die Felder unter *Schritt 3* ein. Klicken Sie dann auf *Weiter,* lesen Sie sich die Microsoft Office-Datensicherheitsrichtlinien durch und bestätigen Sie sie mit *Weiter.*

3. Auf Wunsch können Sie sich nun auch noch bei Microsoft als Office-Benutzer registrieren. Klicken Sie dazu auf die Schaltfläche *Jetzt registrieren* und folgen Sie den Anweisungen. Die Registrierung ist nicht zwingend erforderlich, um mit den Office-Programmen arbeiten zu können.
4. Um die Aktivierung zu beenden, klicken Sie auf die Schaltfläche *Schließen.*

Die Aktivierung zu einem späteren Zeitpunkt durchführen

Microsoft Office können Sie prinzipiell jederzeit aktivieren, während Sie mit einer der Office-Anwendungen arbeiten. Über Microsoft Office lässt sich die Produktaktivierung ganz einfach starten. Gehen Sie dazu wie folgt vor:

1. Starten Sie Outlook 2007, falls die Anwendung noch nicht bereits aktiv ist.
2. Öffnen Sie das *Hilfe*-Menü mit einem Mausklick auf das Fragezeichen und wählen Sie die Option *Produkt aktivieren.*
3. Wählen Sie im nächsten Schritt die Aktivierung über das Internet.
4. Outlook versucht nun, eine Verbindung zum Internet herzustellen und Microsoft Office zu aktivieren. Gelingt dies, erhalten Sie eine entsprechende Rückmeldung. Kann keine Verbindung

zum Internet hergestellt werden, werden Sie aufgefordert, die Aktivierung telefonisch vorzunehmen.

Sobald Microsoft Office aktiviert wurde, stehen Ihnen alle Features Ihrer Microsoft Office-Version in vollem Umfang zur Verfügung.

PROFITIPP

Sind Sie nicht sicher, ob Microsoft Office bereits aktiviert wurde oder nicht, wählen Sie, wie bei der Aktivierung im *Hilfe*-Menü von Outlook 2007, die Option *Produkt aktivieren*. Über das Internet wird nun geprüft, ob das Produkt bereits aktiviert wurde. Ist dies der Fall, wird ein entsprechender Hinweis eingeblendet. Klicken Sie auf *OK*, um den Hinweis zu schließen. Wurde die Aktivierung bisher noch nicht vorgenommen, geschieht dies nun.

Auf Updates überprüfen

Microsoft entwickelt seine Produkte ständig weiter, um mit gestiegenen Anforderungen Schritt halten oder um auf Sicherheitslücken oder andere Probleme reagieren zu können. Wollen Sie immer auf dem neuesten Stand bleiben, sollten Sie nicht nur bei der Installation, sondern in regelmäßigen Abständen prüfen, ob in der Office-Website von Microsoft Updates vorliegen und diese dann installieren:

1. Starten Sie Outlook und stellen Sie eine Verbindung zum Internet her, falls diese nicht bereits besteht.
2. Wählen Sie im Menü *?* den Befehl *Auf Updates überprüfen*.
3. Es öffnet sich die Download-Homepage von Microsoft, in der die entsprechenden Updates bereitgestellt werden. Klicken Sie auf den Link *Computer nach benötigten Office-Updates durchsuchen*.
4. Nun wird geprüft, welche Updates für Microsoft Windows und für Microsoft Office auf Ihrem Computer installiert sind und welche nicht. Anschließend wird eingeblendet, ob Ihr Computer auf dem neuesten Stand ist oder nicht und es wird angezeigt, ob wichtige oder optionale Updates zum Download bereitstehen. Falls keine neuen Updates verfügbar sind, wird Ihnen mitgeteilt, dass Ihr Computer keine Updates benötigt. Andernfalls werden die Updates aufgelistet und Sie können diese per Mausklick auf Ihren PC downloaden. Klicken Sie auf *Verfügbare Updates anzeigen*, um zu prüfen, welche Updates zum Download bereitstehen. Über *Installierte Updates* können Sie prüfen, welche Updates bereits auf Ihrem Computer installiert wurden (siehe Abbildg. 1.37).
5. Die gewünschten Updates werden nun auf Ihren Computer kopiert und anschließend installiert. Sobald die Installation beendet ist, wird ein Hinweis eingeblendet, der Sie über den erfolgreichen Abschluss des Updates informiert.
6. Starten Sie den Computer neu, um die Installation der Updates abzuschließen.

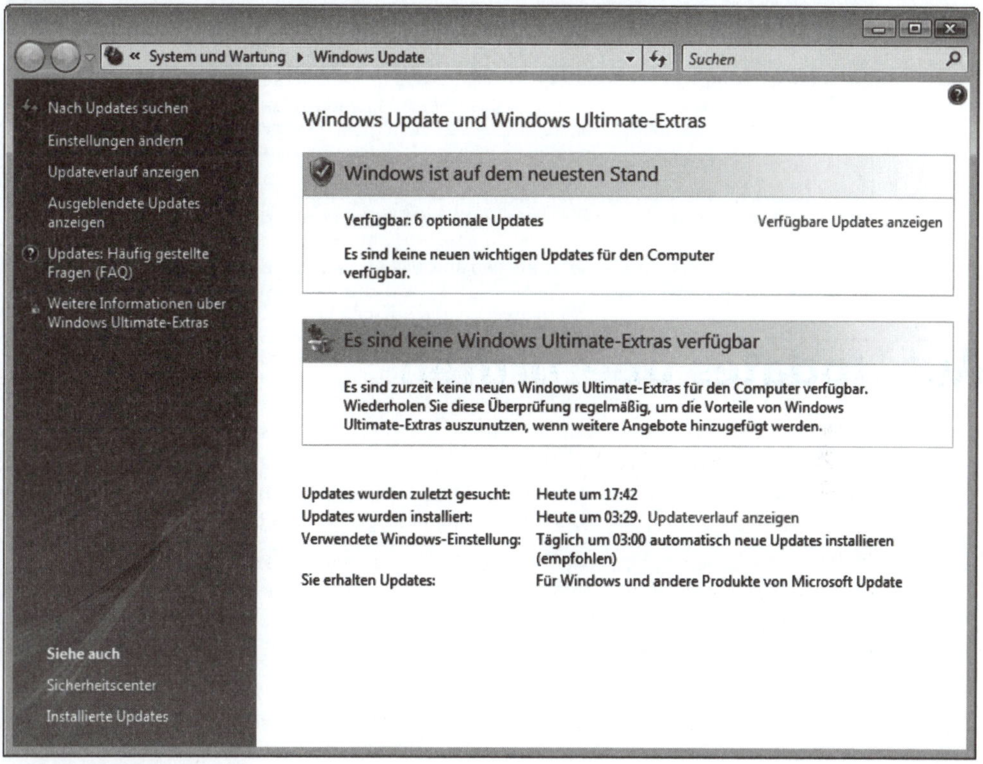

Abbildg. 1.37 Mit Windows Update bleiben Sie immer auf dem neuesten Stand

Zusammenfassung

Ist Microsoft Office Outlook 2007 auf Ihrem Computer noch nicht bereits vorinstalliert, müssen Sie das Programm zunächst installieren, aktivieren und eventuell aktualisieren, bevor Sie es nutzen können. Um mit Microsoft Office Outlook 2007 E-Mails empfangen und versenden zu können, müssen Sie außerdem eine Verbindung zum Internet herstellen und beim ersten Start ein E-Mail-Konto einrichten.

Sie möchten ...	So gehen Sie vor	Sehen Sie sich dazu das Beispiel an auf Seite
eine Internetverbindung einrichten	Erwerben Sie einen Internetzugang bei einem Internetdienstanbieter, binden Sie Ihren Computer an das Internet an, wählen Sie im Dialogfeld *Netzwerkstandort festlegen* den gewünschten Standort, klicken Sie auf *Weiter* und folgen Sie der Anweisung am Bildschirm	24

Sie möchten ...	So gehen Sie vor	Sehen Sie sich dazu das Beispiel an auf Seite
eine Internetverbindung gemeinsam nutzen	Verbinden Sie alle Computer mit einem Router, richten Sie auf dem Router die Internetverbindung ein und wählen Sie dann für jeden Computer die automatische Verbindung ohne Kennworteingabe oder nutzen Sie die Funktion *Gemeinsam genutzte Internetverbindung* von Windows	25
Outlook 2007 installieren	Legen Sie die Office-CD/DVD ein, klicken Sie im Dialogfeld *Automatische Wiedergabe* auf *Setup.exe* und anschließend auf *Fortsetzen*, geben Sie den Product Key ein und starten Sie die Installation über die Schaltfläche *Jetzt installieren*	39
Features nachträglich hinzufügen oder entfernen	Legen Sie die Office-CD/DVD ein, klicken Sie auf *Setup.exe ausführen* und dann auf *Fortsetzen*, und wählen Sie dann die Option *Features hinzufügen oder entfernen*	54
Outlook 2007 das erste Mal starten	Wählen Sie den Befehl *Start/E-Mail*, klicken Sie im Outlook 2007-Start-Assistenten auf *Weiter* und folgen Sie den Anweisungen am Bildschirm	56
Outlook 2007 aktivieren	Wählen Sie im Menü *?* den Befehl *Produkt aktivieren* und geben Sie den Product Key ein	64
Outlook 2007 aktualisieren	Wählen Sie im Menü *?* den Befehl *Auf Updates prüfen*	66

Kapitel 2

Die Outlook 2007-Elemente

In diesem Kapitel:

In diesem Kapitel erfahren Sie, wie Sie Outlook 2007 starten und beenden und wie Sie das Programm grundsätzlich bedienen. Spezielle Funktionen, wie der Versand und Empfang von E-Mails oder das Erfassen von Kontakten und Aufgaben, werden dann in den Kapiteln zum jeweiligen Thema ausführlich behandelt.

Outlook 2007 starten

Um Outlook 2007 zu starten, klicken Sie in der Schnellstartleiste von Windows auf das Programmsymbol (siehe Abbildg. 2.1) oder wählen Sie im *Start*-Menü von Windows den Befehl *E-Mail (Microsoft Office Outlook)*.

Abbildg. 2.1 Outlook über die Schnellstartleiste starten

PROFITIPP

Alternativ zum Start-Befehl im Start-Menü von Windows können Sie Outlook auch auf verschiedene andere Weisen starten:

- Ist der Befehl *E-Mail Microsoft Office Outlook* im Startmenü nicht vorhanden und wollen Sie die Verknüpfung zu Outlook 2007 direkt in das Startmenü von Windows aufnehmen, wählen Sie im Startmenü die Befehlsfolge *Alle Programme/Microsoft Office* und klicken Sie dann mit der rechten Maustaste auf den Untermenüeintrag *Microsoft Office Outlook 2007*. Im Kontextmenü, das sich nun öffnet, wählen Sie den Befehl *An Startmenü anheften*.
- Sind Sie ein Freund von Tastenkombinationen und wollen Sie Outlook 2007 entsprechend über eine Tastenkombination starten, wählen Sie im Startmenü den Befehl *Alle Programme/Microsoft Office* und klicken Sie mit der rechten Maustaste auf den Untermenüeintrag *Microsoft Office Outlook 2007*. Im nun geöffneten Kontextmenü wählen Sie den Befehl *Eigenschaften*. Es öffnet sich ein gleichnamiges Dialogfeld, in dem Sie auf der Registerkarte *Verknüpfung* das Feld *Tastenkombination* aktivieren. Drücken Sie dann die gewünschte Tastenkombination (z.B. [Strg]+[⇧]+[O]) und bestätigen Sie den Eintrag mit *OK*. Ab jetzt können Sie Outlook 2007 mit der gewählten Tastenkombination aufrufen, sobald Ihr Computer gestartet ist.

Outlook öffnet sich nun mit aktiviertem Posteingang, der mindestens eine E-Mail enthält – die Willkommensnachricht von Microsoft. Haben Sie beim ersten Start ein Konto konfiguriert, enthält der Posteingang außerdem die Testnachricht, die dabei automatisch verschickt wurde und sämtliche E-Mails, die in der Zwischenzeit an Ihre Empfängeradresse geschickt wurden (siehe Abbildg. 2.2).

Abbildg. 2.2 Outlook 2007 nach dem Start

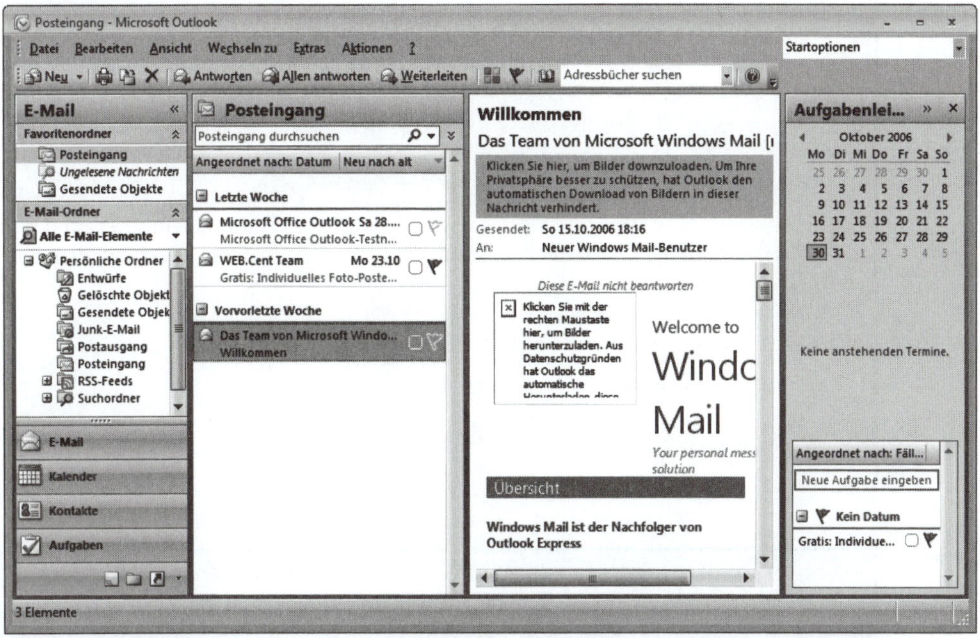

Eine Verknüpfung auf dem Desktop einrichten

Soll Outlook 2007 bei jedem Start von Windows automatisch geöffnet werden, müssen Sie im Ordner *Autostart* eine Verknüpfung zu dem Programm einfügen:

1. Klicken Sie mit der rechten Maustaste auf den Desktop von Windows und wählen Sie im nun geöffneten Kontextmenü den Untermenübefehl *Neu/Verknüpfung*.
2. Klicken Sie im Dialogfeld *Verknüpfung erstellen* auf die Schaltfläche *Durchsuchen*.
3. Es öffnet sich das Dialogfeld *Nach Dateien oder Ordnern suchen*, in dem Sie nacheinander auf *Computer, Lokaler Datenträger, Programme, Microsoft Office, OFFICE12* und schließlich auf *OUTLOOK* klicken (siehe Abbildg. 2.3).
4. Bestätigen Sie Ihre Auswahl mit *OK* und klicken Sie auf *Weiter*.
5. Im nächsten Schritt geben Sie einen Namen für die Verknüpfung ein, wie z.B. *Outlook 2007*, und klicken auf *Fertig stellen*.

Die neue Verknüpfung wird nun auf dem Desktop angezeigt und Outlook 2007 öffnet sich, sobald Sie die Verknüpfung anklicken.

Wollen Sie die Verknüpfung zu einem späteren Zeitpunkt löschen, klicken Sie die Verknüpfung mit der rechten Maustaste an und wählen Sie im Kontextmenü, das sich öffnet, den Befehl *Löschen*. Bestätigen Sie die Abfrage, ob Sie die Verknüpfung tatsächlich in den Papierkorb verschieben möchten, mit *Ja*. Um die Verknüpfung endgültig zu entfernen, klicken Sie den Papierkorb auf dem Desktop mit der rechten Maustaste an und wählen im Kontextmenü den Befehl *Papierkorb leeren*. Bestätigen Sie die Abfrage, ob Sie die Elemente unwiderruflich löschen möchten, mit einem Mausklick auf *Ja*.

Abbildg. 2.3 Eine Verknüpfung zu Outlook auf dem Desktop einrichten

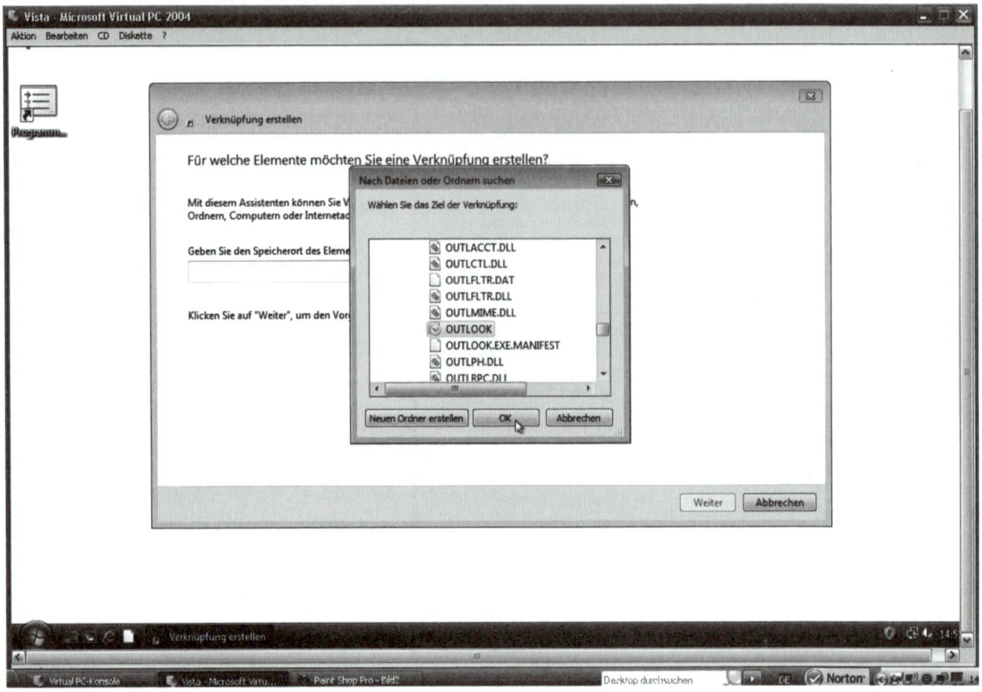

Outlook automatisch starten

Soll Outlook 2007 bei jedem Start von Windows automatisch geöffnet werden, müssen Sie eine Verknüpfung im Ordner *Autostart* von Windows ablegen. Gehen Sie dazu wie folgt vor:

1. Klicken Sie im *Start*-Menü von Windows auf *Alle Programme.*
2. Dann klicken sie mit der rechten Maustaste auf den Ordner *Autostart* und wählen im Kontextmenü, das sich öffnet, den Eintrag *Öffnen.* Der Ordner öffnet sich nun in einem Explorer-Fenster. Auf der rechten Seite werden alle Dateien und Ordner aufgelistet, die im Ordner *Autostart* enthalten sind. Falls Ihr Computer ganz neu ist und noch nicht viele Programme installiert wurden, ist der Ordner möglicherweise leer.
3. Klicken Sie nun mit der rechten Maustaste in die rechte Fensterhälfte und wählen Sie im Kontextmenü den Befehl *Neu/Verknüpfung* aus (siehe Abbildg. 2.4).
4. Klicken Sie im Dialogfeld *Verknüpfung erstellen* auf die Schaltfläche *Durchsuchen.*
5. Es öffnet sich das Dialogfeld *Nach Dateien oder Ordnern suchen,* in dem Sie nacheinander auf *Computer, Lokaler Datenträger, Programme, Microsoft Office, OFFICE12* und schließlich auf *OUTLOOK* klicken.
6. Im nächsten Schritt kann der Name für die Verknüpfung angepasst werden. Sie können den vorgegebenen Namen aber auch einfach mit einem Mausklick auf *Fertig stellen* übernehmen.

Abbildg. 2.4 Eine Verknüpfung im Ordner *Autostart* erstellen

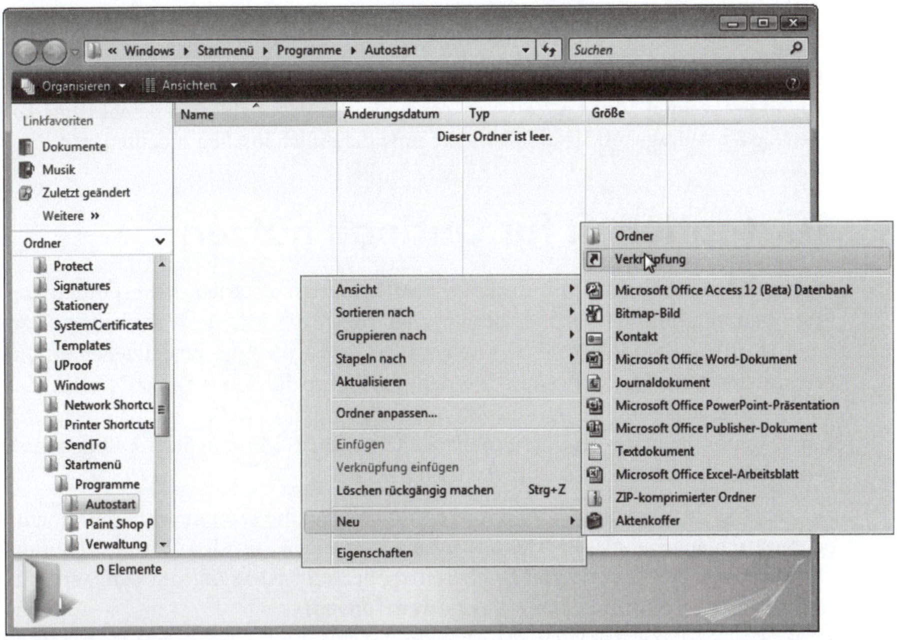

Die neue Verknüpfung wird im Ordner *Autostart* angezeigt und Outlook 2007 wird ab jetzt immer direkt geöffnet, sobald Windows startet (siehe Abbildg. 2.5).

Abbildg. 2.5 Die Verknüpfung zu Outlook im Ordner *Autostart*

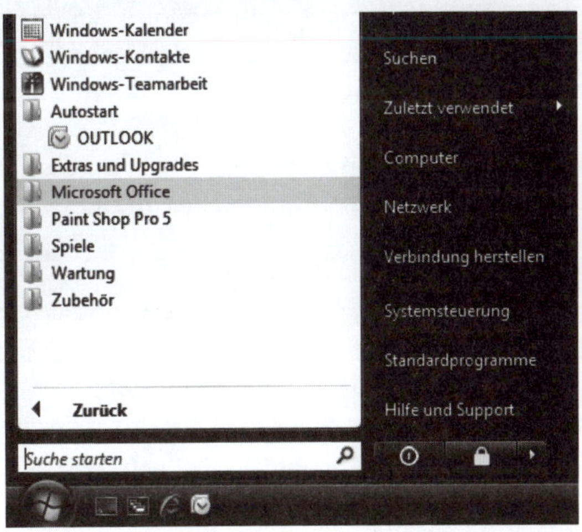

Wollen Sie die Verknüpfung zu einem späteren Zeitpunkt löschen, öffnen Sie den Ordner *Autostart* mit einem Mausklick auf *Start/Alle Programme/Autostart*.

Klicken Sie den Eintrag *Outlook* mit der rechten Maustaste an und wählen Sie im Kontextmenü den Befehl *Löschen*.

Bestätigen Sie die Abfrage, ob Sie die Verknüpfung tatsächlich in den Papierkorb verschieben möchten, mit *Ja*. Um die Verknüpfung endgültig zu entfernen, klicken Sie den Papierkorb auf dem Desktop mit der rechten Maustaste an und wählen im Kontextmenü den Befehl *Papierkorb leeren*. Bestätigen Sie die Abfrage, ob Sie die Elemente unwiderruflich löschen möchten, mit *Ja*.

Startoptionen für Outlook nutzen

Wollen Sie Outlook 2007 mit deaktiviertem Lesebereich starten, beim Öffnen von Outlook 2007 einen ganz bestimmten Ordner öffnen oder sollen die Microsoft Exchange-Clienterweiterungen beim Start von Outlook 2007 deaktiviert sein, müssen Sie die Befehlszeilenoptionen für das Programm einsetzen. Dazu erweitern Sie den Startbefehl für Outlook 2007 durch einen Unterbefehl, auch *Option* genannt. Startoptionen können auch nützlich sein, wenn benutzerdefinierte Änderungen vorgenommen wurden, die Probleme verursachen. Mit den Startoptionen lassen sich nämlich ganz leicht die Standardeinstellungen wiederherstellen.

Der Startbefehl für Outlook 2007 lautet *outlook.exe*, die Option wird mit einem vorangestellten Schrägstrich angehängt, also z.B. *outlook.exe /nopreview* für den Start von Outlook 2007 mit der Option *nopreview* (deaktivierter Lesebereich) oder *outlook.exe /safe* für den Start mit der Option *safe* (Start ohne Microsoft Exchange-Clienterweiterungen).

In der Tabelle 2.1 sind einige wichtige Startoptionen aufgelistet. Eine ausführliche Liste aller Startoptionen finden Sie in der Online-Hilfe zu Outlook 2007.

Tabelle 2.1 Wichtige Befehlszeilenoptionen für den Start von Outlook 2007

Startoption	Bedeutung
/c <Nachrichtenklasse>	Ein Element der angegebenen Nachrichtenklasse wird beim Start erstellt, wie z.B. */c ipm.contact* Kontakt wird erstellt */c ipm.note* E-Mail wird erstellt */c ipm.task* Aufgabe wird erstellt
/checkclient	Der Standard-Manager für E-Mails, News und Kontakte wird beim Start von Outlook 2007 abgefragt
/cleancategories	Beim Start von Outlook 2007 werden sämtliche benutzerdefinierten Kategorienamen gelöscht und die Standardkategorienamen werden wiederhergestellt
/cleanclientrules	Beim Start von Outlook 2007 werden sämtliche clientbasierten Regeln gelöscht
/cleanfreebusy	Beim Start von Outlook 2007 werden die Frei/Gebucht-Informationen gelöscht und erneut erzeugt
/cleanreminders	Beim Start von Outlook 2007 werden alle Erinnerungen gelöscht und erneut erzeugt
/cleansharing	Beim Start von Outlook 2007 werden alle RSS-, Internetkalender- und SharePoint-Abonnements aus den Kontoeinstellungen gelöscht. Die Inhalte bleiben jedoch auf dem Computer erhalten.

Grundlagen

Tabelle 2.1 Wichtige Befehlszeilenoptionen für den Start von Outlook 2007 *(Fortsetzung)*

Startoption	Bedeutung
/cleanviews	Beim Start von Outlook 2007 werden die benutzerdefinierten Ansichten gelöscht und die Standardansichten werden wiederhergestellt
/nopreview	Outlook wird ohne Lesebereich gestartet

PROFITIPP

Der Standardspeicherort für die Datei *OUTLOOK.EXE* ist der Pfad *C:\Programme\Microsoft Office\Office12*.

Um Outlook 2007 mit einer Befehlszeilenoption zu starten, gehen Sie wie folgt vor:

1. Klicken Sie auf die *Start*-Schaltfläche von Windows und dann auf *Alle Programme/Zubehör/Ausführen* oder drücken Sie die Tastenkombination [Win]+[R].
2. Tippen Sie im Dialogfeld *Ausführen* den vollständigen Startbefehl für Outlook 2007 mit Startoption ein. Vergessen Sie dabei nicht, den Speicherort für die Datei *outlook.exe* anzugeben (siehe Abbildg. 2.6).

Abbildg. 2.6 Outlook 2007 mit einer Befehlszeilenoption starten

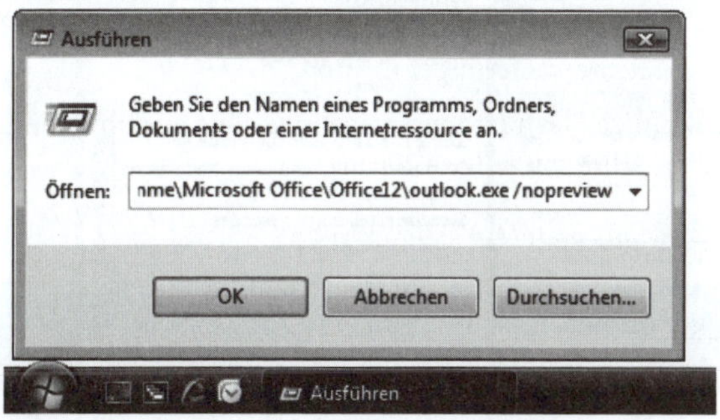

3. Klicken Sie auf *OK*, um Outlook 2007 mit der Befehlszeilenoption zu starten.

Wenn Sie Outlook 2007 beenden und später in der gewohnten Weise ohne Befehlszeilenoption starten, wird das Programm wieder mit allen Features gestartet.

Das Outlook-Programmfenster und seine Elemente

Anders als andere Microsoft Office-Anwendungen setzt sich Outlook 2007 aus mehreren Einzelprogrammen zusammen, die unter einer Oberfläche zusammengefasst sind: einer E-Mail-Anwendung, einem Terminplaner namens *Kalender*, einer Adressdatenbank namens *Kontakte*, einer Aufgabenverwaltung namens *Aufgaben* und einer Notizzettel-Anwendung namens *Notizen*, mit der Sie Notizen nach dem Vorbild der Klebenotizen auf gelben »Zetteln« eingeben können. Alle Anwendungen können Sie nun jedoch bequem über den Navigationsbereich am linken Rand des Programmfensters erreichen. Anders als in der Vorgängerversion gibt es nun am rechten Rand des Programmfensters eine Aufgabenleiste, die bei Bedarf ausgeblendet werden kann, und die den Kalender für den aktuellen Monat und die nach Fälligkeit geordneten Aufgaben für einen Tag enthält.

Im Gegensatz zu den anderen Programmen von 2007 Microsoft Office System ist Outlook 2007 mit einer Titelleiste, einer Menüleiste, einer Symbolleiste mit Schaltflächen für die wichtigsten Befehle und einer Statusleiste ausgestattet (siehe Abbildg. 2.7). Die Titelleiste dient dazu, das Programm unter Windows zu identifizieren. Entsprechend enthält sie neben dem Namen der aktiven Outlook 2007-Funktion wie *Kalender*, *Aufgaben* oder *Posteingang* (E-Mail) den Programmnamen *Microsoft Outlook*. Auf der rechten Seite der Titelleiste befinden sich die Windows-typischen Schaltflächen zum Minimieren, Maximieren und Schließen des Programmfensters.

Abbildg. 2.7 Das Outlook-Programmfenster

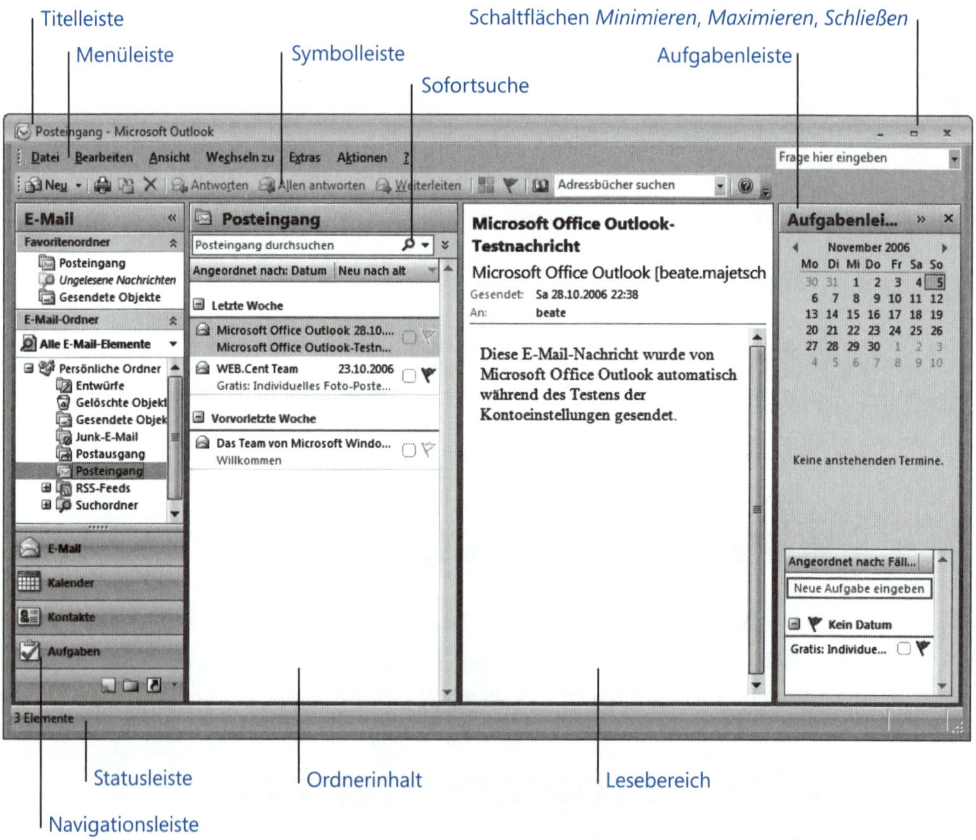

Menü-, Symbol- und Statusleisten

Die Menüleiste (siehe Abbildg. 2.8) enthält die Menüs *Datei*, *Bearbeiten*, *Ansicht*, *Wechseln zu*, *Extras*, *Aktionen* und *?*. Während die Menüs *Datei*, *Bearbeiten*, *Wechseln zu* und *?* immer dieselben Bedienfunktionen enthalten, wird der Inhalt der Menüs *Ansicht*, *Extras* und *Aktionen* an die gewählte Outlook 2007-Komponente angepasst. Im Ordner *E-Mail* stehen also andere Funktionen zur Verfügung, als im Ordner *Kontakte*. Am rechten Rand der Menüleiste befindet sich das Suchfeld

Frage hier eingeben, das Zugriff auf die Off- und Online-Hilfe von Microsoft Office bietet. Hier können Sie Fragen zu Funktionen von Outlook 2007 oder von Microsoft Office eingeben. Sobald Sie die ⏎-Taste drücken, wird ein Hilfefenster mit einer Auswahl passender Themen geöffnet.

Abbildg. 2.8 Die Menüleiste bleibt in allen Outlook-Komponenten gleich

Die Symbolleiste (siehe Abbildg. 2.9) bietet, wie in anderen Windows-Programmen, einen schnellen Zugriff auf wichtige und häufig genutzte Funktionen. Wie bei den Menüs *Ansicht*, *Extras* und *Aktionen* passt sich auch der Inhalt der Symbolleiste an die aktive Outlook 2007-Komponente an, denn die häufig genutzten Funktionen des Kalenders sind andere als die der E-Mail-Komponente. Einige Schaltflächen sind jedoch in jeder Komponente vorhanden, wie z.B. die Schaltfläche *Neu*, mit der neue Outlook 2007-Elemente angelegt werden, die Schaltfläche *Drucken*, mit der Outlook 2007-Elemente auf einen Drucker ausgegeben oder die Schaltfläche *Zur Nachverfolgung*, mit der ausgewählte Outlook 2007-Elemente zur Nachverfolgung gekennzeichnet werden. Weiterhin steht in allen Symbolleisten die Funktion *Kontakt suchen* zur Verfügung, über die jederzeit schnell Kontakte im Kontaktmanager ausfindig gemacht werden können, ohne zuvor erst zu dieser Komponente wechseln zu müssen.

Abbildg. 2.9 Die *Standard*-Symbolleiste innerhalb verschiedener Outlook-Komponenten

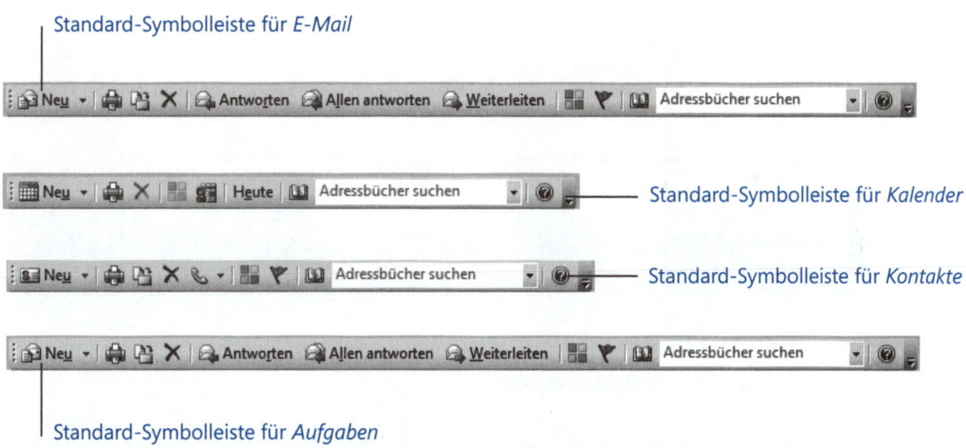

PROFITIPP

> Einige häufig benutzte Funktionen lassen sich über Tastenkombinationen starten, wie z.B. der Ausdruck eines Elements über die Tastenkombination Strg+P oder die Beantwortung einer E-Mail über Strg+R. Eine Übersicht über die wichtigsten Tastenkombinationen finden Sie in Anhang A.

In der Statusleiste am unteren Rand des Programmfensters finden Sie links die Anzahl der Elemente, die in einem Ordner enthalten sind, also z.B. die Anzahl der E-Mails, der Kontakte, der Termine oder der Aufgaben. Auf der rechten Seite wird bei der E-Mail-Übermittlung der Übermittlungsstatus eingeblendet. Sind Übertragungsfehler aufgetreten, wird ein gelbes Dreieck in der Statusleiste eingeblendet. Ganz rechts wird beim Einsatz von Outlook 2007 als Exchange-Client der Onlinestatus angezeigt. Bei anderen Einsatzzwecken bleibt dieses Feld leer.

Hauptfenster und Navigationsbereich

Am linken Rand des Programmfensters befindet sich der Navigationsbereich (siehe Abbildg. 2.10), der in zwei Bereiche unterteilt ist. Die untere Hälfte bleibt immer gleich und enthält die Schaltflächen *E-Mail, Kalender, Kontakte, Aufgaben, Notizen, Ordnerliste* und *Verknüpfungen*. Über diese Schaltflächen wechseln Sie zwischen den einzelnen Outlook 2007-Komponenten. Die obere Hälfte des Navigationsbereichs sieht in jeder Outlook 2007-Komponente anders aus und bietet Ihnen Zugriff auf Elemente und Funktionen der momentan aktiven Outlook 2007-Komponente. Ganz oben im Navigationsbereich wird die Bezeichnung der jeweils aktivierten Outlook 2007-Komponente angezeigt. Rechts neben der Komponentenbezeichnung finden Sie eine Schaltfläche, über die Sie den Navigationsbereich aus- und wieder einblenden können.

Abbildg. 2.10 Der Navigationsbereich

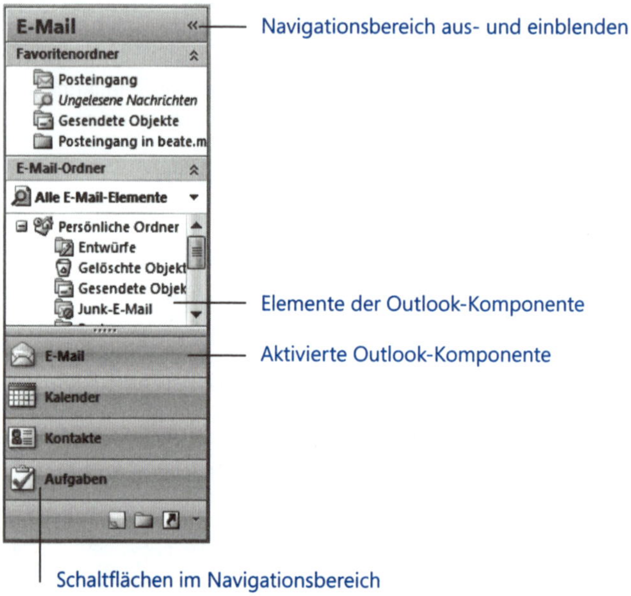

Nach dem Start von Outlook 2007 ist standardmäßig die E-Mail-Komponente aktiviert. Der *Navigationsbereich* enthält für diese Komponente Ordner für alle E-Mail-Konten inklusive Unterordner für den Posteingang, den Postausgang, gelöschte und gesendete Objekte für jedes E-Mail-Konto. Die zweite Spalte zeigt den Inhalt des aktivierten E-Mail-Ordners an. Die oberste Zeile dieser Spalte enthält jeweils den Namen des aktivierten E-Mail-Ordners. Darunter befindet sich die *Sofortsuche*, eine neue Funktion in Outlook 2007, über die sich sehr schnell und gezielt Ordnerinhalte ausfindig machen oder herausfiltern lassen.

Sobald in der zweiten Spalte eine E-Mail per Mausklick aktiviert wird, wird ihr Inhalt im *Lesebereich* in der dritten Spalte angezeigt. Über die Bildlaufleiste am rechten Rand lässt sich der Inhalt von längeren E-Mails einblenden.

Die Spalte ganz rechts enthält die Aufgabenleiste mit Datumsnavigator und einer Übersicht über anstehende Termine und Aufgaben (siehe Abbildg. 2.11). Standardmäßig ist im Datumsnavigator das aktuelle Datum aktiviert. Über die Pfeilschaltflächen links und rechts neben der Monatsangabe erfolgt der Wechsel zum Vor- und zum Folgemonat. Per Mausklick auf ein bestimmtes Datum werden die anstehenden Termine eingeblendet.

Abbildg. 2.11 Die E-Mail-Komponente von Outlook 2007

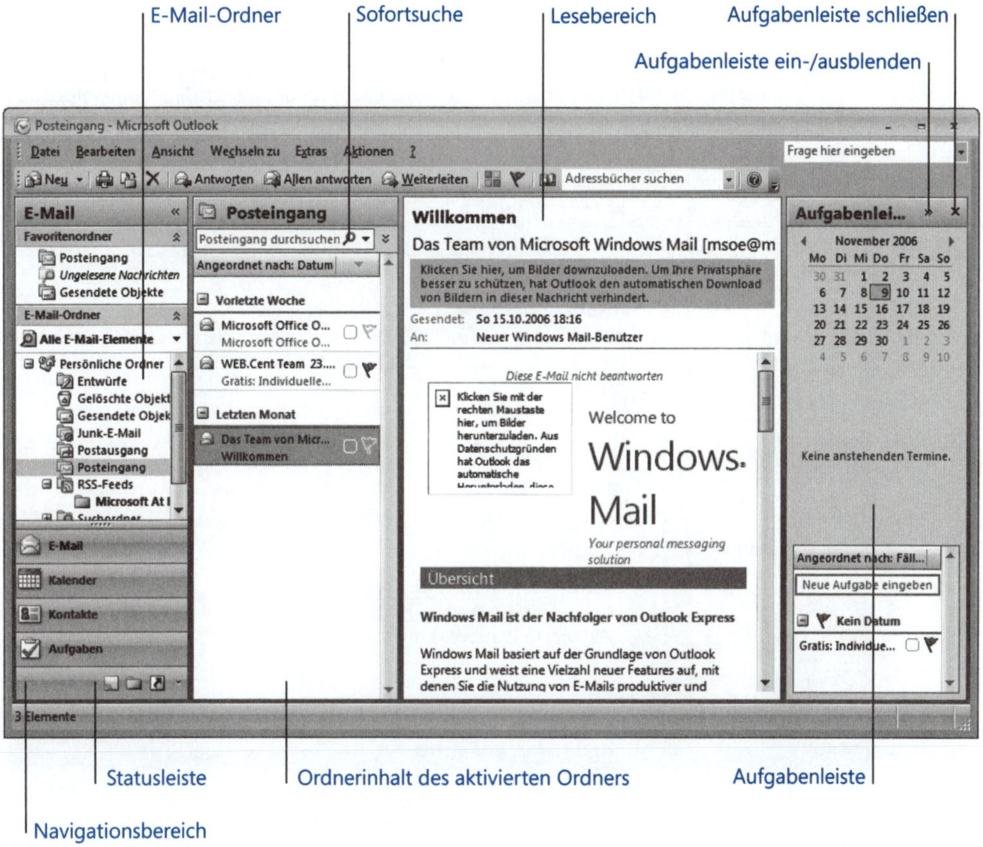

HINWEIS Die Aufgabenleiste ist neu in Outlook 2007. In früheren Versionen musste der Kalender aktiviert werden, um Termine nachzuschlagen oder einzutragen. Wird die Aufgabenleiste einmal nicht benötigt, lässt sie sich leicht mit einem Mausklick auf den Doppelpfeil aus- und wieder einblenden. Über die *Schließen*-Schaltfläche (X) wird die Aufgabenleiste deaktiviert.

Sobald Sie die Schaltfläche *Kalender* im Navigationsbereich anklicken, wechselt Outlook 2007 zum Kalender (siehe Abbildg. 2.12). Der Fensterinhalt auf der rechten Seite passt sich an und die Symbolleiste enthält nun die passenden Schaltflächen für die Arbeit mit dem Kalender. Im Navigationsbereich befinden sich statt der E-Mail-Ordner ein Datumsnavigator und die benutzerdefinierten Kalender sowie wichtige Funktionen für die Arbeit mit dem Kalender. Standardmäßig ist die Tagesansicht aktiviert. Über die Registerkarten *Tag*, *Woche* und *Monat* am oberen Rand des Kalenders erfolgt der Wechsel zur Wochen- und zur Monatsansicht. In der rechten oberen Ecke des Kalenders befindet sich die Sofortsuche, über die sich Kalenderelemente schnell und einfach finden lassen.

In der Tagesansicht ist im Kalender immer nur ein Ausschnitt des aktuellen Tages zu sehen. Über die Bildlaufleiste am rechten Rand kann der sichtbare Bereich jedoch nach oben oder unten verschoben werden.

Abbildg. 2.12 Die Terminverwaltung von Outlook 2007

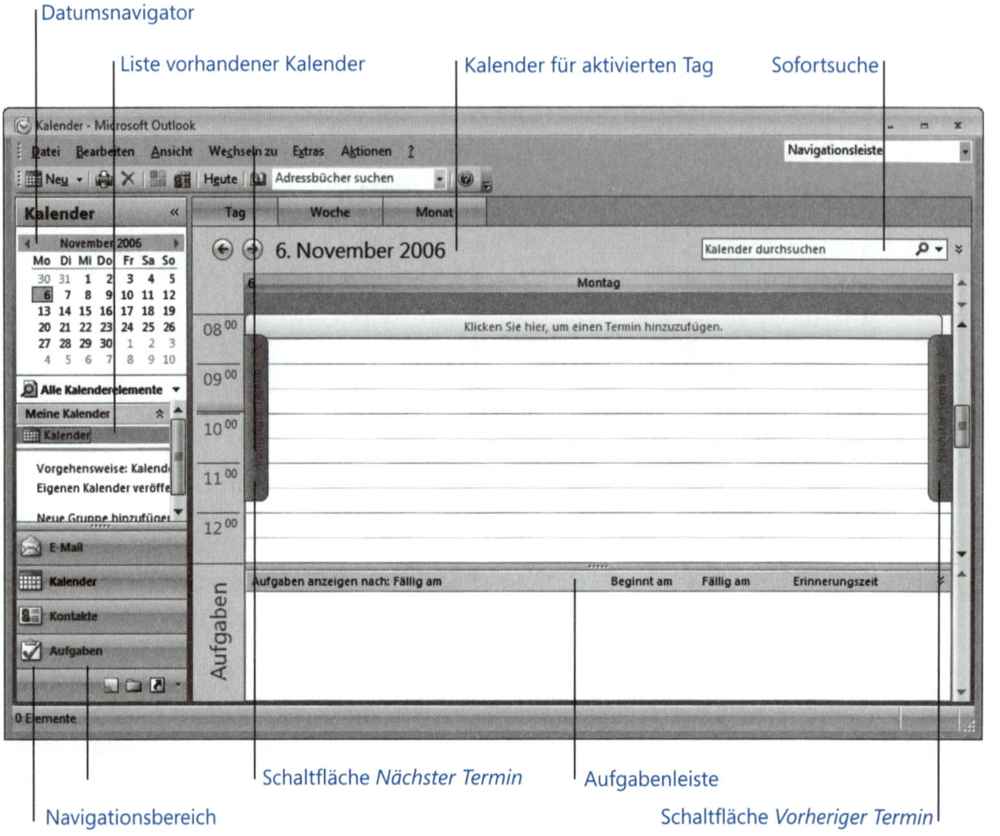

HINWEIS Neu sind die Schaltflächen *Vorheriger Termin* und *Nächster Termin*, die ein bequemes Durchblättern der im Kalender enthaltenen Termine ermöglichen.

Anders als in der E-Mail-Komponente werden die Aufgaben im Kalender nicht am rechten, sondern am unteren Fensterrand angezeigt. Mit einem Mausklick auf den Doppelpfeil in der rechten oberen Ecke der Aufgabenleiste kann die Aufgabenleiste jedoch jederzeit ein- und ausgeblendet werden.

Klicken Sie auf *Kontakte*, öffnet sich die Kontaktdatenbank, in die Sie neue Kontakte eingeben oder über die Importfunktion aus einer bestehenden Datenbank oder einem E-Mail-Programm übernehmen können (siehe Abbildg. 2.13). Ist der Computer schon länger im Einsatz und wurden bereits in einer früheren Version von Outlook 2007, einem E-Mail-Programm oder einem Kontaktmanager Kontaktdaten angelegt und bei der Installation von Microsoft Office 2007 übernommen, enthält die Kontaktdatenbank diese Kontakte. Ist der Computer neu, ist die Kontaktdatenbank hingegen noch leer.

Abbildg. 2.13 Die Kontaktverwaltung von Outlook 2007

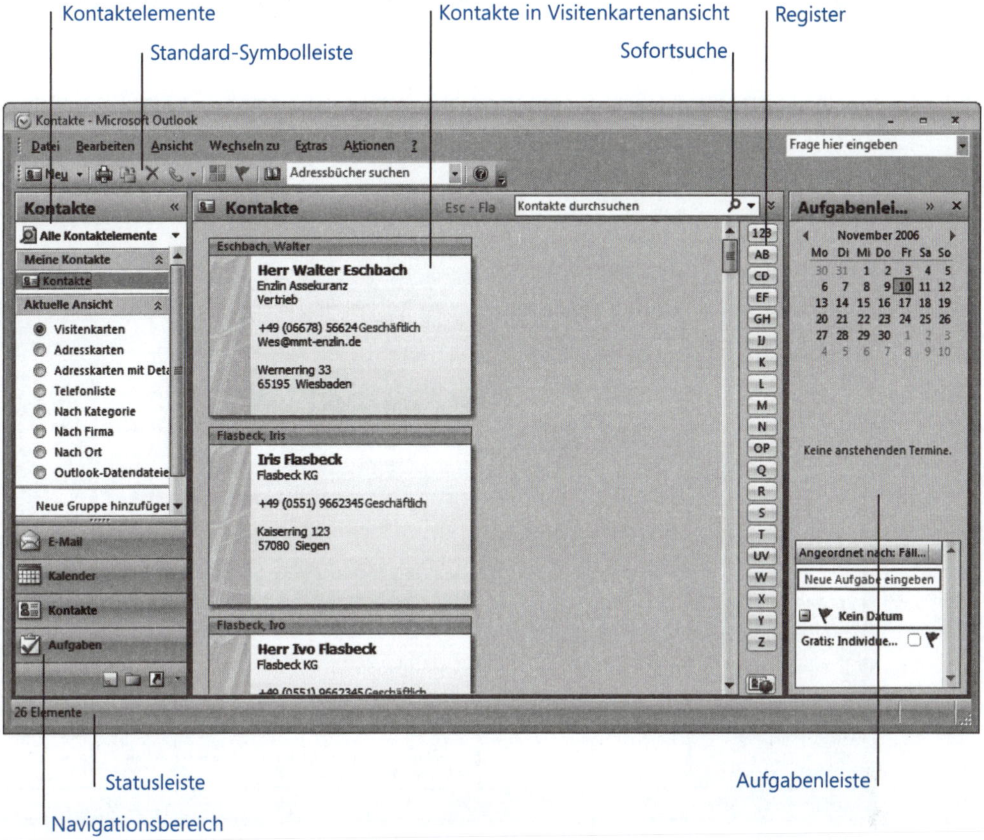

Die Standardsymbolleiste für die Komponente *Kontakte* enthält nur wenige Schaltflächen, über die Kontakte angelegt und gedruckt, in Ordner verschoben und gelöscht, angewählt und zur Nachverfolgung gekennzeichnet werden können. Im Navigationsbereich werden der Standard- und alle benutzerdefinierten Kontaktordner angezeigt. Außerdem gibt es eine Liste mit Optionen, über die die Ansicht per Mausklick angepasst werden kann. Über die Leiste mit den Buchstabenschaltflächen lassen sich bequem die Kontakte mit einem bestimmten Anfangsbuchstaben aktivieren. Wie in anderen Outlook 2007-Komponenten gibt es eine Sofortsuche, die in der Titelleiste des Kontaktmanagers enthalten ist. Am rechten Rand des Programmfensters befindet sich die Aufgabenleiste, die gleich aufgebaut ist wie in der E-Mail-Komponente. Sie lässt sich über die Pfeilschaltfläche ein- und ausblenden und über die *Schließen*-Schaltfläche schließen.

Klicken Sie als Letztes auf die Schaltfläche *Aufgaben*, um die gleichnamige Komponente zu öffnen. Das Programmfenster ist fast gleich aufgebaut wie bei der Komponente E-Mail und auch die Symbolleiste enthält die gleichen Schaltflächen. Im Navigationsbereich werden neben den Navigationsschaltflächen alle benutzerdefinierten Aufgabenordner und eine Liste der verschiedenen Aufgabenansichten angezeigt. In der Spalte neben dem Navigationsbereich werden die im markierten Aufgabenordner enthaltenen Aufgaben aufgelistet. Der Lesebereich in der dritten Spalte zeigt den Inhalt der momentan markierten Aufgabe an. Am rechten Fensterrand befindet sich die Aufgabenleiste, die gleich aufgebaut ist wie in den Komponenten *E-Mail* und *Kontakte*, und ein Datumsnavigator, der die anstehenden Termine und die Aufgaben geordnet nach Fälligkeit enthält (siehe Abbildg. 2.14).

Abbildg. 2.14 Die Aufgabenverwaltung von Outlook 2007

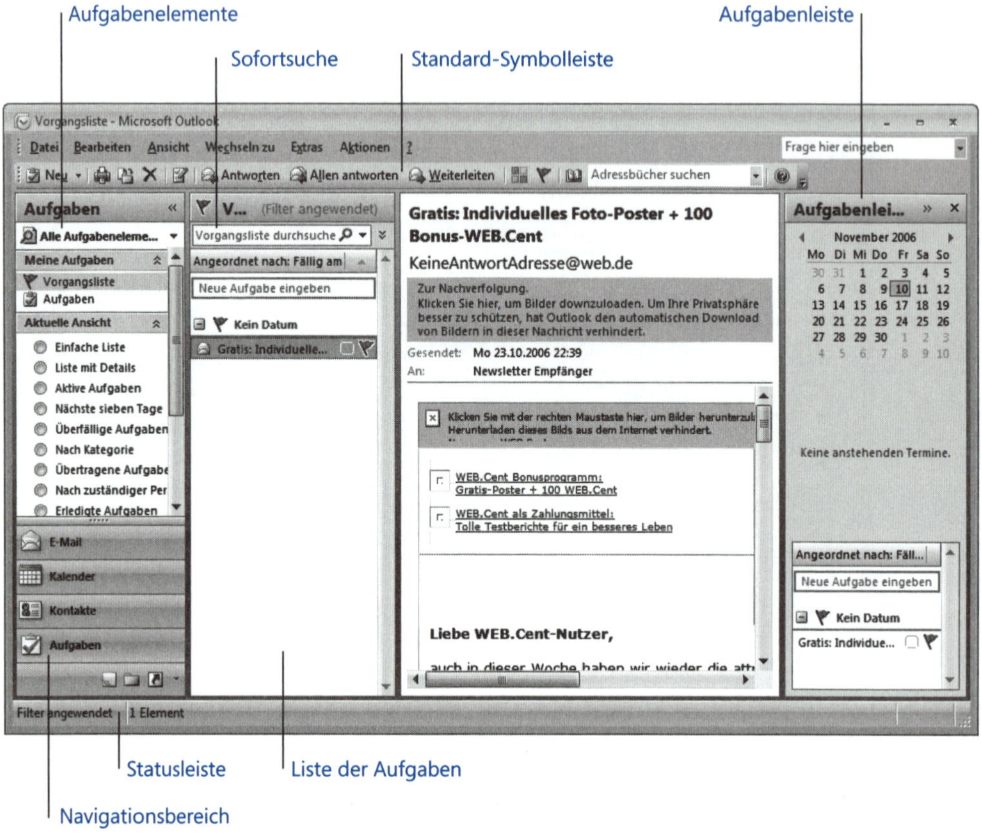

In der Statusleiste am unteren Rand wird die Anzahl der Elemente angezeigt, die in der Aufgabenliste enthalten sind. Außerdem wird angegeben, ob ein Filter auf die Aufgabenliste angewendet wird oder nicht.

Mit Fenstern arbeiten

Outlook wird standardmäßig in der Mitte des Bildschirms angezeigt. Das Programmfenster ist so groß, dass alle Elemente gut sichtbar sind und der Desktop weiterhin sichtbar ist. Ist Ihnen diese Ansicht zu klein und arbeiten Sie nur mit Outlook 2007 und nicht gleichzeitig auch noch mit einem anderen Programm, können Sie alternativ in die maximierte Ansicht wechseln, in der das Programmfenster den gesamten Bildschirm überdeckt. Die Ansicht lässt sich per Mausklick wieder verkleinern und Sie können das Programmfenster sogar kurzzeitig auf Symbolgröße minimieren, ohne dabei das Programm zu beenden. Dazu dienen die Schaltflächen in der rechten oberen Ecke des Programmfensters (siehe Abbildg. 2.15). Zusätzlich können Sie die Fenstergröße auch manuell anpassen.

Abbildg. 2.15 Die Schaltflächen *Verkleinern*, *Maximieren* und *Schließen*

Wollen Sie mehrere Komponenten von Outlook 2007 oder von Office 2007 gleichzeitig in unterschiedlichen Fenstern nutzen, können Sie diese in separaten Fenstern öffnen und dann jeweils zwischen diesen Fenstern umschalten.

Outlook maximieren und verkleinern

Probieren Sie die verschiedenen Darstellungsformen des Programmfensters von Outlook 2007 mit den folgenden Schritten aus:

1. Klicken Sie in der rechten oberen Ecke des Programmfensters auf die Schaltfläche *Maximieren*, um das Programmfenster in voller Größe anzuzeigen.
2. Das Programmfenster sollte nun deutlich größer sein als zuvor und der Desktop sollte komplett vom Programmfenster verdeckt sein. In der Titelleiste wurde außerdem die Schaltfläche *Maximieren* durch die Schaltfläche *Verkleinern* ersetzt, über die die ursprüngliche Größe des Programmfensters wiederhergestellt werden kann (siehe Abbildg. 2.16).

Abbildg. 2.16 Die Schaltflächen *Minimieren*, *Verkleinern* und *Schließen*

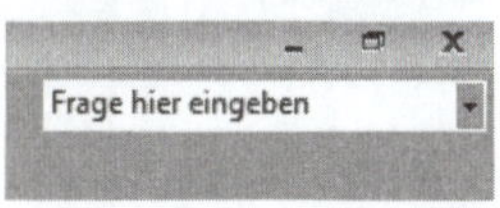

3. Klicken Sie auf die Schaltfläche *Verkleinern* in der rechten oberen Ecke des Programmfensters. Das Programmfenster nimmt nun wieder die ursprüngliche Größe an.

Outlook minimieren

Wollen Sie zwischenzeitlich mit einem anderen Programm arbeiten, können Sie Outlook 2007 minimieren und das andere Programm mit einem Mausklick auf die Schaltfläche in der Taskleiste in den Vordergrund bringen. Sobald Sie wieder mit Outlook 2007 arbeiten möchten, klicken Sie einfach auf die Schaltfläche in der Taskleiste und schon befindet sich Outlook 2007 wieder im Vordergrund.

1. Minimieren Sie das Programmfenster nun, indem Sie auf die gleichnamige Schaltfläche in der rechten oberen Ecke des Programmfensters klicken. Das Programmfenster verschwindet nun ganz vom Bildschirm und es deutet lediglich die Outlook 2007-Schaltfläche in der Taskleiste darauf hin, dass das Programm noch aktiv ist (siehe Abbildg. 2.17).

Abbildg. 2.17 Das minimierte Outlook-Symbol in der Taskleiste

2. Klicken Sie auf die Outlook-Schaltfläche in der Taskleiste, um das Programmfenster wieder in der Größe zu öffnen, die es vor dem Minimieren hatte.

PROFITIPP

> Dass Outlook 2007 aktiv ist, erkennen Sie auch am Outlook 2007-Symbol im Infobereich der Taskleiste. Über dieses Outlook 2007-Symbol können Sie Outlook 2007 nicht nur öffnen, sondern sogar einige Anpassungen an Outlook 2007 vornehmen und beispielsweise festlegen, ob Desktopbenachrichtigungen für neue E-Mails angezeigt werden sollen. Mehr hierzu erfahren Sie in Kapitel 18.

Die Fenstergröße manuell anpassen

Hat das Programmfenster nicht die passende Größe, können Sie selbst Hand anlegen. Gehen Sie dazu wie folgt vor:

1. Zeigen Sie mit der Maus auf eine der Ecken des Programmfensters, wie z.B. die rechte untere Ecke. Der Mauszeiger nimmt nun die Form eines Doppelpfeils an.
2. Um das Programmfenster zu vergrößern, ziehen Sie die Maus nun mit gedrückter linker Maustaste nach rechts unten, bis das Programmfenster die gewünschte Größe hat (siehe Abbildg. 2.18).

Abbildg. 2.18 Die Größe des Programmfensters manuell anpassen

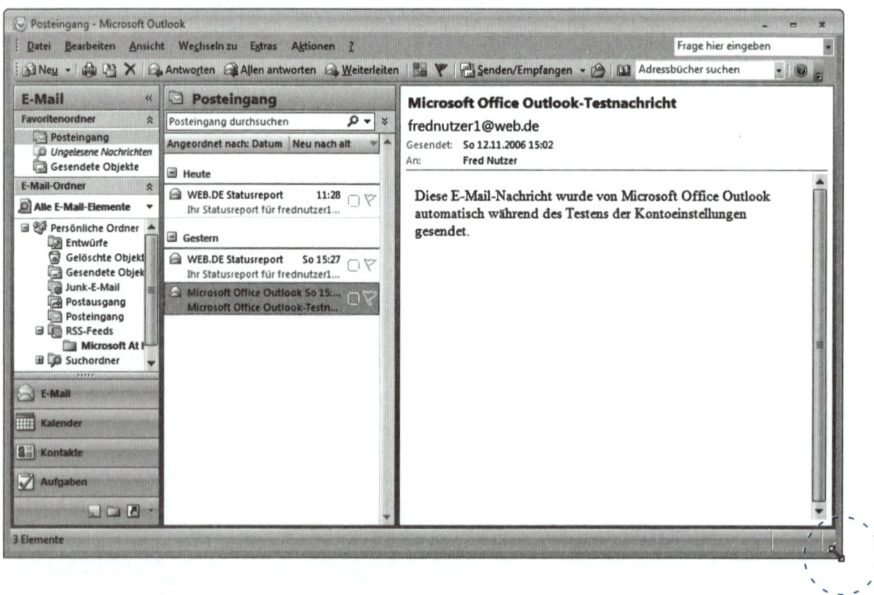

3. Wollen Sie die Fenstergröße verringern, klicken Sie wieder auf die rechte untere Ecke und schieben Sie die Maus mit gedrückter linker Maustaste nach links oben. Sobald das Programmfenster die gewünschte Größe hat, lassen Sie die linke Maustaste los.
4. Um das Programmfenster an eine andere Stelle zu verschieben, klicken Sie mit der linken Maustaste auf die Titelleiste am oberen Rand des Programmfensters und ziehen die Maus mit gedrückter linker Maustaste an die Position, an die Sie das Programmfenster verschieben wollen. Sobald Sie die linke Maustaste loslassen, wird das Programmfenster an die gewünschte Position verschoben.

Die Spaltenbreite anpassen

Ist Ihnen eine der Spalten im Programmfenster nicht breit genug, können Sie die Spaltenbreite bequem mit der Maus anpassen. Gehen Sie dazu wie folgt vor:

1. Zeigen Sie auf die Trennlinie zwischen der Spalte, deren Breite Sie anpassen möchten, und der nachfolgenden Spalte. Der Mauszeiger nimmt die Form eines Doppelpfeils an.
2. Ziehen Sie die Maus mit gedrückter linker Maustaste nach rechts, um die Spalte zu verbreitern, oder nach links, um die Spaltenbreite zu verringern. Beim Ziehen der Maus wird die jeweils neue Spaltenbreite mit einem schwarzen Strich gekennzeichnet (siehe Abbildg. 2.19).

Abbildg. 2.19 Die Spaltenbreite anpassen

3. Sobald Sie die linke Maustaste loslassen, verändert sich die Spaltenbreite.

Bei Bedarf können Sie nun noch zusätzlich die Größe des Programmfensters verändern, wie im letzten Abschnitt beschrieben.

Mit mehreren Fenstern gleichzeitig arbeiten

Microsoft Office 2007 können Sie prinzipiell gleichzeitig mit anderen Microsoft Office- oder Windows-Programmen nutzen. Jedes Programm wird in einem eigenen Fenster geöffnet und Sie können bequem über die Taskleiste oder den Task-Manager zwischen den Programmen wechseln. Das gleiche gilt auch innerhalb von Outlook 2007, denn auch hier können Sie mehrere Fenster gleichzeitig öffnen, um beispielsweise verschiedene Komponenten wie den Posteingang und den Kontaktmanager zeitgleich zu betrachten. Innerhalb der einzelnen Fenster stehen alle dafür vorgesehenen Menüs und Symbolleisten zur Verfügung. Mit den folgenden Schritten können Sie dies nachvollziehen:

1. Starten Sie Outlook 2007 und anschließend Microsoft Excel per Mausklick auf das Programmsymbol im Ordner *Start/Alle Programme/Microsoft Office*.

2. Dann klicken Sie im Navigationsbereich mit der rechten Maustaste auf *Kontakte* und wählen Sie im Kontextmenü den Befehl *In neuem Fenster öffnen* (siehe Abbildg. 2.20).

Abbildg. 2.20 Eine Komponente in einem neuen Fenster öffnen

3. Der Ordner *Kontakte* öffnet sich nun in einem eigenen Fenster, das sich zunächst im Vordergrund befindet.
4. Schalten Sie nun zu einem anderen Fenster um. Klicken Sie dazu zunächst in der Taskleiste von Windows auf die Schaltfläche *Zwischen Fenstern umschalten* und aktivieren Sie in der Auswahlleiste das gewünschte Fenster mit einem Mausklick (siehe Abbildg. 2.21). Falls Sie sich nicht sicher sind, welches Symbol zu welchem Fenster gehört, zeigen Sie einfach mit der Maus auf das Symbol. Oberhalb der Symbole wird daraufhin eine Beschreibung eingeblendet.

Abbildg. 2.21 Zwischen Fenstern umschalten

TIPP Sie können das gewünschte Fenster auch in den Vordergrund holen und aktivieren, indem Sie in der Taskleiste von Windows auf die entsprechende Schaltfläche klicken.

5. Benötigen Sie eine Anwendung oder eine Komponente nicht mehr, können Sie das Fenster schließen. Wählen Sie dazu im Menü *Datei* den Befehl *Beenden*.

Outlook 2007 beenden

Outlook lässt sich wie jedes Windows-Programm auf verschiedene Weisen beenden:

- Mit einem Mausklick auf die *Schließen*-Schaltfläche in der rechten oberen Ecke der Titelleiste (siehe Abbildg. 2.22).

Abbildg. 2.22 Hier klicken, um Outlook 2007 zu beenden

- Über den Menübefehl *Datei/Beenden.*

- Mit einem Doppelklick auf das Systemmenü in der linken oberen Ecke des Programmfensters.
- Mit einem Mausklick auf das Systemmenü in der linken oberen Ecke des Programmfensters und anschließender Wahl des Befehls *Schließen.*

PROFITIPP

Sind Sie Anhänger von Tastenkombinationen, können Sie Outlook 2007 auch über die Tastenkombination Alt + F4 beenden.

Enthält Ihr Postausgang E-Mails, die bisher noch nicht versendet wurden, öffnet sich ein Hinweisfenster mit dem Hinweis, dass der Postausgang noch nicht gesendete E-Mails enthält. Sie werden nun gefragt, ob Sie Outlook 2007 trotzdem beenden oder die E-Mails zunächst versenden und Outlook 2007 anschließend beenden möchten. Falls Sie mit dem Versand der E-Mails noch warten wollen oder Outlook 2007 unbedingt sofort beenden müssen, weil Sie beispielsweise einen dringenden Termin haben, klicken Sie auf *Ja.* Wählen Sie andernfalls die Schaltfläche *Nein* und versenden Sie anschließend Ihre E-Mails, bevor Sie Outlook 2007 erneut beenden.

WICHTIG Anders als in anderen Microsoft Office-Programmen können in Outlook 2007 keine Daten verloren gehen, wenn das Programm beendet wird, ohne vorher die Daten zu speichern. Neueinträge in oder Änderungen an der Kontaktdatenbank, dem Terminkalender oder anderen Elemente lassen sich nämlich nicht manuell speichern, sondern werden von Outlook 2007 direkt nach der Bestätigung Ihrer Eingaben automatisch gespeichert. Vor Datenverlusten, die durch Blitzeinschlag, Spannungsschwankungen oder Diebstahl des Computers verursacht werden, sind Sie dadurch natürlich nicht geschützt. Deshalb sollten Sie von den Datendateien von Outlook 2007 regelmäßig Sicherungskopien anlegen.

Das Systemmenü

Wie in jeder Windows-Anwendung gibt es auch in Outlook 2007 ein Systemmenü, das sich hinter dem Programmsymbol in der Titelleiste verbirgt und über das Sie die Größe und Position des Programmfensters verändern und Outlook 2007 beenden können. Anders als in anderen Office 2007-Programmen sieht es jedoch nach wie vor aus wie in früheren Programmversionen.

Das Systemmenü verbirgt sich hinter dem Programmsymbol am linken Rand der Titelleiste und öffnet sich, wenn Sie mit der Maus auf das Programmsymbol klicken. Im Systemmenü finden Sie die folgenden Befehle (siehe Abbildg. 2.23):

Abbildg. 2.23 Das Systemmenü von Outlook 2007

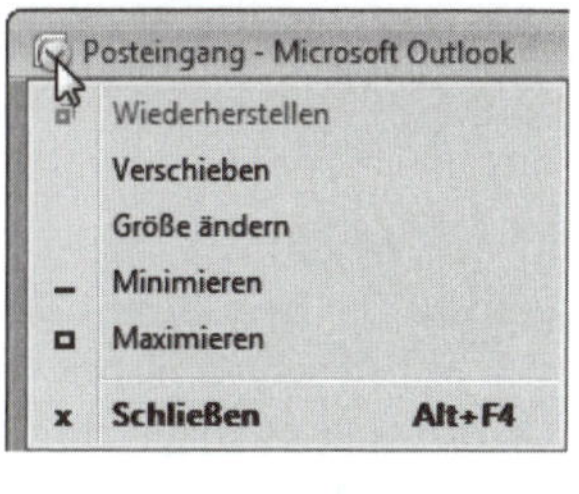

- **Wiederherstellen:** Dieser Befehl ist nur in der Vollbildansicht aktiv. Bringt das Programmfenster auf die Größe, die es vor dem Maximieren hatte.
- **Verschieben:** Nach der Wahl dieser Funktion lässt sich das Programmfenster an eine beliebige Position auf dem Bildschirm verschieben.
- **Größe ändern:** Nach der Wahl dieser Funktion lässt sich die Größe des Programmfensters anpassen.

HINWEIS Eigentlich sind die Funktionen *Verschieben* und *Größe ändern* überflüssig, denn Sie können das Programmfenster auch mit der Maus verschieben und in der Größe verändern. Die Funktionen sind in der Vollbildansicht deaktiviert.

- **Minimieren:** Blendet Outlook 2007 aus, ohne das Programm zu beenden. Outlook 2007 ist dann nur noch als Schaltfläche in der Taskleiste zu sehen und wird mit einem Mausklick auf die Schaltfläche wieder geöffnet.
- **Maximieren:** Nach der Wahl dieses Befehls vergrößert sich das Programmfenster auf Vollbildansicht. Die Funktion ist in der Vollbildansicht deaktiviert.
- **Schließen:** Dieser Befehl dient dazu, Outlook 2007 zu beenden. Die Daten in den einzelnen Outlook 2007-Ordnern werden dabei automatisch gespeichert.

Outlook über Menüs bedienen

Während Sie über den Navigationsbereich die einzelnen Komponenten von Outlook 2007 aktivieren, wählen Sie über die Menüs der Menüleiste die Funktionen. Menübefehle können Sie mit der Maus, über die Tastatur oder über Kontextmenüs auswählen.

Befehlauswahl mit der Maus

Um einen Befehl aus einem Menü auszuwählen, müssen Sie zunächst das Menü öffnen, indem Sie den Menünamen mit der linken Maustaste anklicken. Sobald das Menü nach unten aufklappt, können Sie den gewünschten Befehl durch Anklicken ausführen.

Abbildg. 2.24 Einen Befehl ausführen

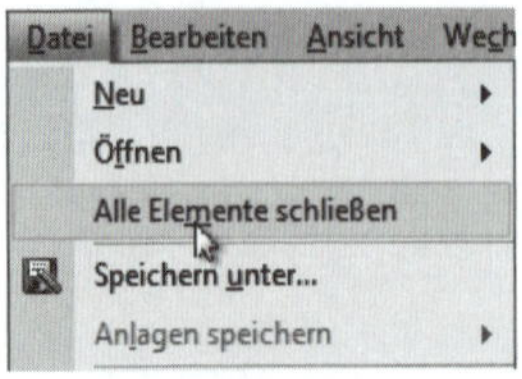

- Die kleinen schwarzen Dreiecke neben manchen Befehlen, wie z.B. dem Befehl *Neu* im Menü *Datei*, kennzeichnen den Weg zu einem Untermenü, das sich öffnet, sobald Sie mit der Maus auf einen solchen Befehl zeigen (siehe Abbildg. 2.25). Einige Untermenüs enthalten ihrerseits Untermenüs, die Sie am kleinen schwarzen Dreieck erkennen und ebenfalls durch Zeigen mit der Maus auf den Befehl öffnen.

Abbildg. 2.25 Auswahl eines Befehls aus einem Untermenü

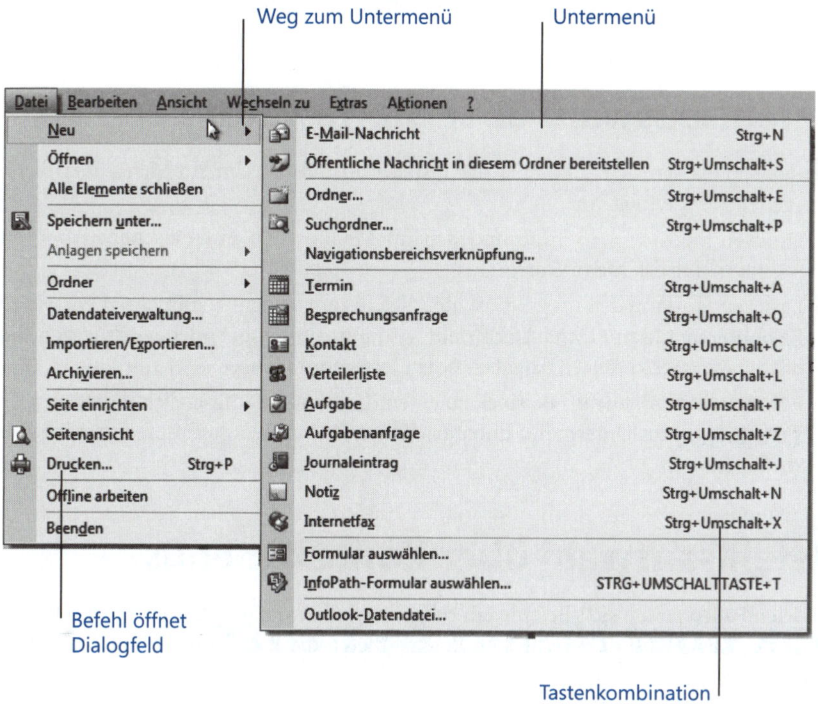

- Die drei Punkte im Anschluss an einige Befehle wie z.B. dem Befehl *Drucken* kennzeichnen, dass sich bei der Wahl des Befehls ein Dialogfeld oder ein Formular öffnet, in dem weitere Angaben oder Daten eingetragen werden.
- Die Angaben rechts neben manchen Befehlen, wie z.B. dem Befehl *Drucken* im Menü *Datei*, geben die Tastenkombinationen an, über die sich die Befehle alternativ zur Menüauswahl ausführen lassen. Eine Auswahl wichtiger Tastenkombinationen finden Sie in Tabelle 2.2. Im Anhang A dieses Buches gibt es außerdem eine Übersicht über alle in Outlook 2007 verfügbaren Tastenkombinationen.

Tabelle 2.2 Nützliche Tastenkombinationen in Outlook 2007

Tastenkombination	Bedeutung
Strg + N	Neues Element in aktivierter Komponente (z.B. E-Mail, Kontakt)
Strg + P	Drucken
Strg + C	Kopieren
Strg + V	Einfügen
Strg + D	Löschen
Strg + ⇧ + V	In Ordner verschieben
Strg + Z	Rückgängig

PROFITIPP

Anders als in den übrigen Office-Anwendungen besteht in Outlook 2007 nicht die Möglichkeit, eigene Tastenkombinationen zu definieren.

Befehlsauswahl über die Tastatur

Menübefehle lassen sich auch über die Tastatur ausführen. Um ein Menü über die Tastatur zu öffnen, gehen Sie wie folgt vor:

1. Drücken Sie die Alt-Taste und den im Menünamen unterstrichenen Buchstaben, wie z.B. Alt+D für das Menü *Datei*.
2. Drücken Sie dann den im gewünschten Befehl unterstrichenen Buchstaben, wie z.B. N für den Befehl *Neu* im Menü *Datei*. Der Befehl wird nun ausgeführt oder es öffnet sich ein Dialogfeld, in das Sie die angeforderten Angaben oder Daten eintragen.
3. Führt der Befehl, wie im Beispiel, zu einem Untermenü, öffnet sich dieses nun. Drücken Sie die Taste für den im Untermenü unterstrichenen Buchstaben, um den entsprechenden Befehl auszuwählen.

Befehlsauswahl über Kontextmenüs

In vielen Fällen lassen sich Befehle am schnellsten über das *Kontextmenü* für das Objekt ausführen, das Ihnen Zugriff auf die wichtigsten Befehle bietet, die Ihnen für dieses Objekt im aktuellen Kontext zur Verfügung stehen.

Abbildg. 2.26 Das Kontextmenü nutzen

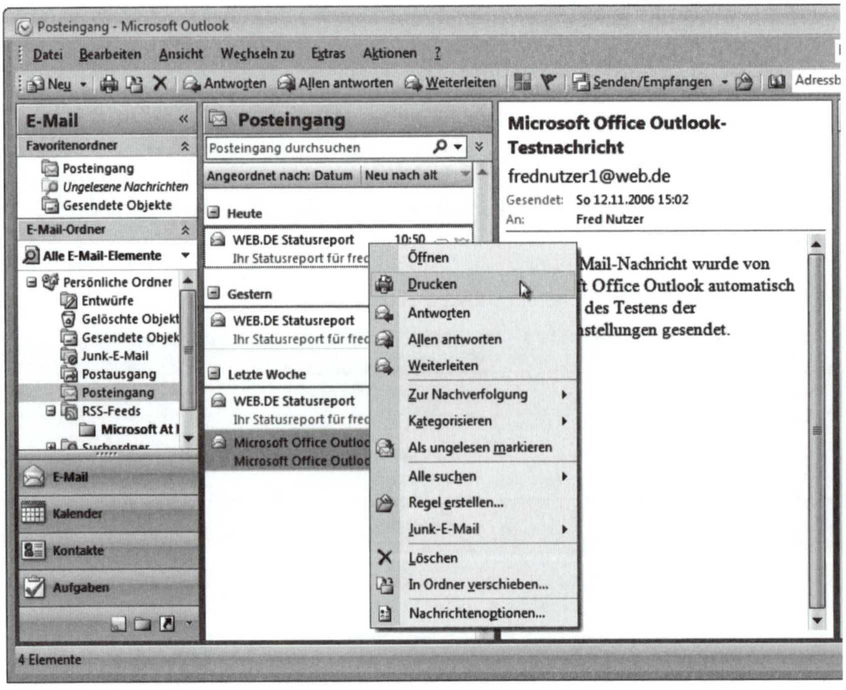

1. Klicken Sie in Outlook 2007 mit der rechten Maustaste auf ein Objekt wie z.B. eine E-Mail im Posteingang oder einen Termin im Terminkalender, um das passende Kontextmenü für das Objekt zu öffnen (siehe Abbildg. 2.26).
2. Dann wählen Sie den gewünschten Befehl mit einem Mausklick aus, der auf das ausgewählte Objekt angewendet werden soll:
   - Bei Befehlen mit einem schwarzen Dreieck auf der rechten Seite öffnet sich ein Untermenü, aus dem Sie den passenden Unterbefehl mit einem Mausklick auswählen.
   - Bei Befehlsnamen, die von drei Punkten gefolgt sind, öffnet sich ein Dialogfeld, in das Sie die geforderten Angaben oder Daten eintragen.

Befehle über die Symbolleiste ausführen

Die wichtigsten Befehle der Outlook 2007-Komponente finden Sie als Schaltflächen in der *Standard*-Symbolleiste unterhalb der Menüleiste. Wie bereits gezeigt, sieht die Symbolleiste *Standard* in jeder Outlook 2007-Komponente etwas anders aus, denn sie enthält immer jeweils die zur Komponenten passenden Schaltflächen. Wenn Sie die Outlook 2007-Komponente wechseln, werden in der Symbolleiste möglicherweise einige Schaltflächen in grauer Schrift und mit grauen Symbolen angezeigt. Diese Schaltflächen sind momentan deaktiviert. Sie können erst gewählt werden, wenn ein Element aktiviert wird, auf das der Schaltflächenbefehl angewendet werden kann. Das heißt, Sie müssen erst das Element auswählen, auf das Sie einen Befehl anwenden möchten, und anschließend den Befehl aus der Symbolleiste auswählen (siehe Abbildg. 2.27).

Abbildg. 2.27 Symbolleiste mit aktivierten und deaktivierten Schaltflächen

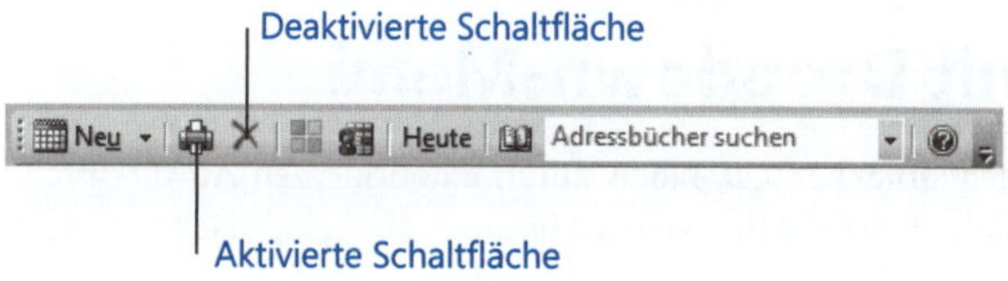

Wissen Sie nicht genau, was die einzelnen Schaltflächensymbole bedeuten sollen, brauchen Sie nur mit der Maus auf die entsprechende Schaltfläche zu zeigen, um rechts unterhalb des Mauszeigers die Schaltflächenbezeichnung einzublenden (siehe Abbildg. 2.28).

Abbildg. 2.28 Die Schaltflächenbezeichnung einblenden

HINWEIS Das kleine Hinweisfenster, das sich öffnet, sobald Sie mit der Maus auf eine Schaltfläche zeigen, wird auch als *QuickInfo* bezeichnet und steht für alle Schaltflächen zur Verfügung. Die QuickInfo verschwindet, sobald Sie die Maus an eine andere Stelle bewegen oder mit der Maus klicken.

Wählen Sie nun einen Befehl über eine Schaltfläche aus, wie z.B. den Befehl *Antworten* für eine E-Mail:

1. Wechseln Sie mit einem Mausklick auf die entsprechende Schaltfläche im Navigationsbereich zur gewünschten Outlook 2007-Komponente, wie z.B. auf die Schaltfläche *E-Mail.*
2. Wählen Sie nun das Objekt aus, auf das Sie den Befehl anwenden möchten. Im Beispiel wählen Sie im Posteingang eine E-Mail mit einem Mausklick aus.
3. Dann klicken Sie in der Symbolleiste auf die gewünschte Schaltfläche, im Beispiel die Schaltfläche *Antworten* (siehe Abbildg. 2.29).

Abbildg. 2.29 Eine Schaltfläche aus der Symbolleiste auswählen

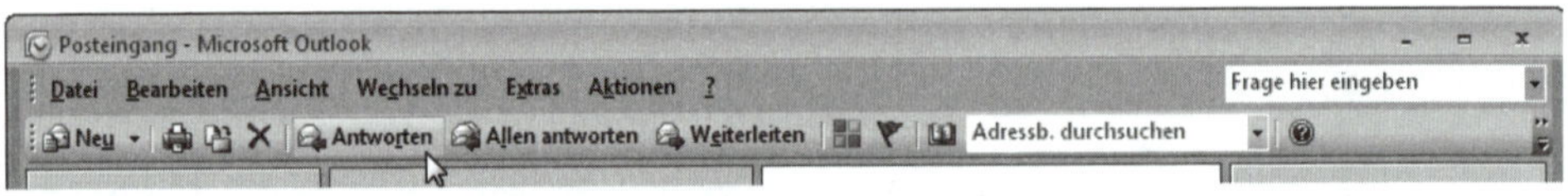

4. Der Befehl wird nun auf das Objekt angewendet. Im Beispiel öffnet sich ein Formular mit der Original-E-Mail und bereits eingetragenem Empfänger, über das die Antwort verschickt werden kann.
5. Tippen Sie den Text für Ihre Antwort ein.
6. Normalerweise würden Sie zum Abschluss auf die Schaltfläche *Senden* klicken, um die E-Mail zu verschicken.
7. Da die Schritte nur beispielhaft waren und die Antwort nicht verschickt werden soll, klicken Sie auf die *Schließen*-Schaltfläche in der rechten oberen Fensterecke, um das Formular zu schließen.

Schaltflächen mit Dropdown-Menü

Einige Schaltflächen, wie die Schaltfläche *Neu*, fallen durch einen kleinen Abwärtspfeil auf. Zeigen Sie mit der Maus auf eine solche Schaltfläche, sehen Sie, dass die Schaltfläche zweigeteilt ist. Die linke Hälfte ist eine normale Schaltfläche. Mit einem Mausklick auf diese wird die entsprechende Funktion aufgerufen. Die rechte Hälfte der Schaltfläche führt hingegen zu einem meist umfangreichen Dropdown-Menü (siehe Abbildg. 2.30), aus dem Sie den gewünschten Befehl auswählen können.

PROFITIPP

Die Befehle in Dropdown-Menüs lassen sich auch über die Tastatur mit ↑ und ↓ markieren. Drücken Sie dann die ↵-Taste, um den ausgewählten Befehl zu aktivieren.

Abbildg. 2.30 Das Dropdown-Menü der Schaltfläche *Neu*

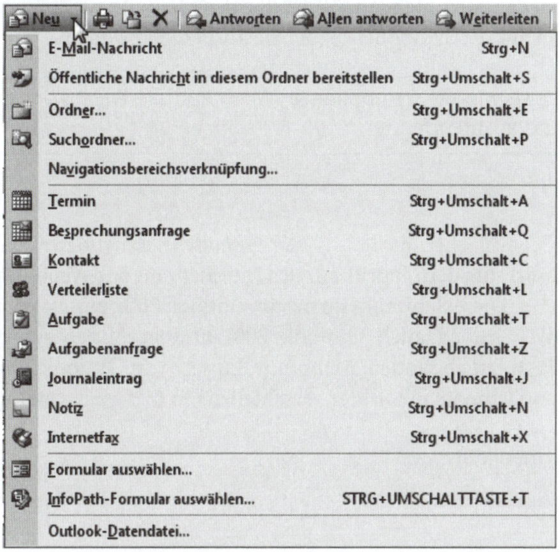

Zusätzliche Symbolleisten nutzen

Neben der Symbolleiste *Standard*, die immer angezeigt wird, falls Sie sie nicht gezielt ausblenden, stehen Ihnen die Symbolleisten *Erweitert* und *Web* zur Verfügung. Gehen Sie wie folgt vor, um diese ein- und auszublenden:

1. Um die Symbolleiste *Web* oder die Symbolleiste *Erweitert* einzublenden, öffnen Sie das Menü *Ansicht*, zeigen auf den Befehl *Symbolleisten* und klicken dann auf den Befehl *Erweitert* oder auf den Befehl *Web* (siehe Abbildg. 2.31).

Abbildg. 2.31 So wird eine zusätzliche Symbolleiste aktiviert

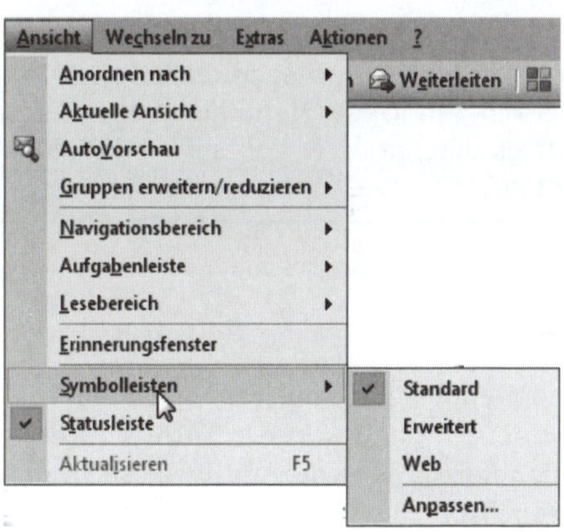

2. Sobald eine Symbolleiste aktiviert ist, ist ihr im Untermenü *Symbolleisten* ein Häkchen vorangestellt. Um die Symbolleisten wieder auszublenden, öffnen Sie das Menü *Ansicht*, zeigen dann auf *Symbolleisten* und klicken dann auf die Symbolleiste, die Sie ausblenden wollen.

HINWEIS Auf die gleiche Weise wie die Symbolleisten *Web* und *Erweitert* können Sie auch die Symbolleiste *Standard* ein- und ausblenden.

Die Symbolleiste *Web*

Die Symbolleiste *Web* enthält die Schaltflächen *Zurück, Weiter, Anhalten, Aktualisieren, Startseite, Im Web suchen* und *Dokumentspeicherort* für den Zugriff auf das Internet und auf Webdokumente auf dem Computer (siehe Abbildg. 2.32). Diese Symbolleiste macht Outlook 2007 zum Webbrowser. Sie können über die Symbolleiste *Web* jedoch auch Outlook 2007-Ordner öffnen sowie beliebige HTML-Seiten, die sich auf Ihrer Festplatte befinden. Mehr zum Einsatz von Outlook 2007 als Webbrowser erfahren Sie im Abschnitt »Elemente in Ordner verschieben« in diesem Kapitel.

Abbildg. 2.32 Zugriff auf das Internet über die Symbolleiste *Web*

Die Symbolleiste *Erweitert*

Die Symbolleiste *Erweitert* enthält wie die Symbolleiste *Standard* für jeden Ordner spezifische Schaltflächen für Befehle, die auf die Elemente des Ordners angewendet werden können. In allen Ordnern stehen jedoch auf der linken Seite die Schaltflächen *Outlook Heute, Zurück, Weiter, Eine Ebene nach oben, Lesebereich* und *Rückgängig* (siehe Abbildg. 2.33), über die Sie sich in der Ordnerstruktur bewegen, Elemente in der Seitenansicht betrachten können und gelöschte Objekte wieder zurückholen können.

Abbildg. 2.33 Die Symbolleisten *Erweitert*

HINWEIS Möglicherweise haben Sie sich gefragt, ob es in Outlook 2007 wie in anderen Office-Anwendungen einen Aufgabenbereich gibt. Dieser steht Ihnen tatsächlich auch in dieser Programmversion zur Verfügung. Allerdings beschränkt er sich auf die Hilfefunktion und wird deshalb in Kapitel 3 ausführlich beschrieben.

Die Sofortsuche nutzen

Die Sofortsuche ist eine neue Funktion in Outlook 2007, mit der Sie Outlook-Inhalte rasch und zuverlässig finden können. Als Dropdown-Listenfeld, das in der Titelleiste jeder Outlook 2007-Komponente enthalten ist, erkennen Sie die Sofortsuche an der Angabe »Posteingang durchsuchen«, »Kalender durchsuchen« oder »Kontakte durchsuchen« (siehe Abbildg. 2.34).

Abbildg. 2.34 Die Sofortsuche in den verschiedenen Outlook 2007-Komponenten

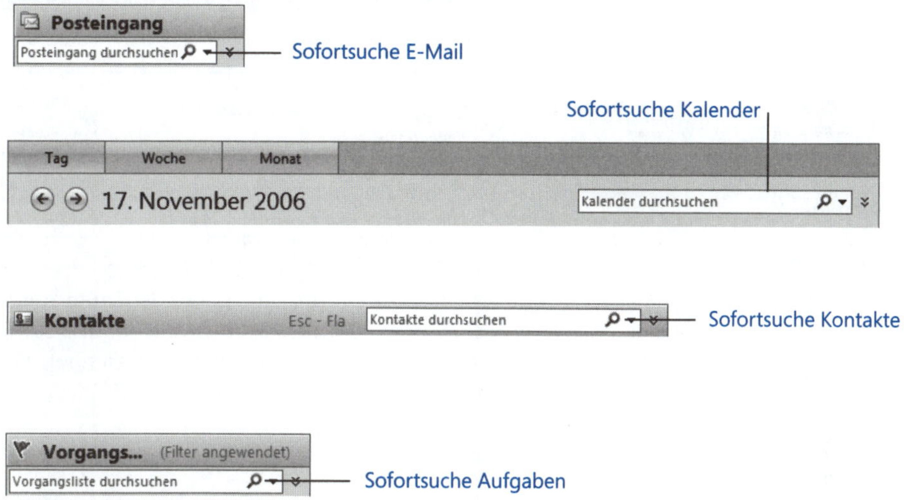

Die Sofortsuche gibt es in einer ganz einfachen Variante, bei der Sie einfach den gewünschten Suchbegriff eingeben, und in einer erweiterten Variante, in der Ihnen je nach Outlook 2007-Komponente Kriterien vorgegeben werden, nach denen Sie suchen können.

Die einfache Sofortsuche

Bei der einfachen Sofortsuche geben Sie einfach ein Wort ein, das in dem gesuchten Outlook 2007-Element vermutlich enthalten ist, und starten dann die Sofortsuche. Outlook 2007 zeigt anschließend alle gefundenen Outlook-Elemente an, die dieses Wort enthalten. Probieren Sie das Ganze nun selbst einmal aus, indem Sie ein Element im Posteingang suchen:

1. Aktivieren Sie die Komponente *E-Mail* mit einem Mausklick auf die gleichnamige Schaltfläche im Navigationsbereich, falls die Komponente nicht bereits aktiv ist.
2. Klicken Sie auf das Dropdown-Listenfeld mit dem Inhalt *Posteingang durchsuchen* in der Spalte *Posteingang*.
3. Geben Sie den Suchbegriff in das Listenfeld ein, im Beispiel »Microsoft«, und drücken Sie die [↵]-Taste.
4. Outlook listet nun alle Elemente auf, die den Suchbegriff enthalten (siehe Abbildg. 2.35).
5. Konnte das gesuchte Element im Ordner *Posteingang* nicht gefunden werden, klicken Sie auf den Link *Suchen Sie erneut in "Alle E-Mail-Elemente"*. Outlook 2007 durchsucht nun sämtliche E-Mail-Ordner nach dem eingegebenen Suchbegriff. Dazu gehören auch die Ordner für RSS-Feeds.

Abbildg. 2.35 Das Ergebnis der Sofortsuche

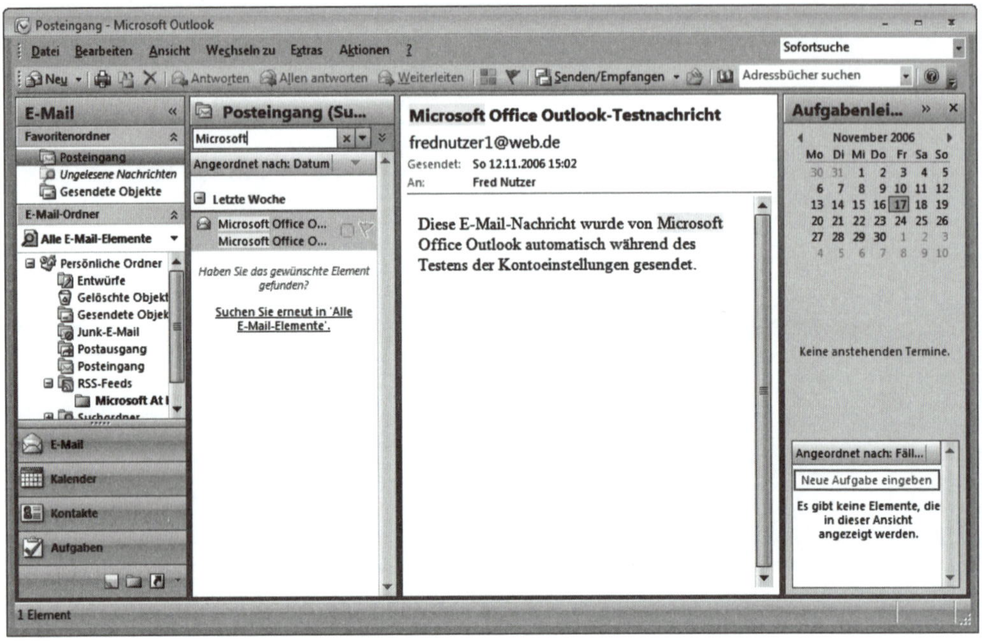

6. Um wieder alle Elemente aus dem Posteingang angezeigt zu bekommen, klicken Sie im Dropdown-Listenfeld *Sofortsuche* auf die Schaltfläche *Suche löschen* (*X*).

Das Dropdown-Listenfeld *Sofortsuche* enthält nun wieder den Text *Posteingang durchsuchen* und im Ordner *Posteingang* werden wieder alle E-Mails angezeigt.

Haben Sie eine Sofortsuche einmal ausgeführt, können Sie darauf zu einem späteren Zeitpunkt wieder zugreifen, ohne das Suchwort erneut eingeben zu müssen. Klicken Sie dazu auf den Abwärtspfeil am rechten Rand des Dropdown-Listenfelds *Sofortsuche* und zeigen Sie dann im Dropdown-Menü auf *Zuletzt verwendete Suchvorgänge*. Im daraufhin geöffneten Untermenü wählen Sie den gewünschten Suchbegriff dann per Mausklick aus (siehe Abbildg. 2.36).

Abbildg. 2.36 Zuletzt verwendete Suchvorgänge nutzen

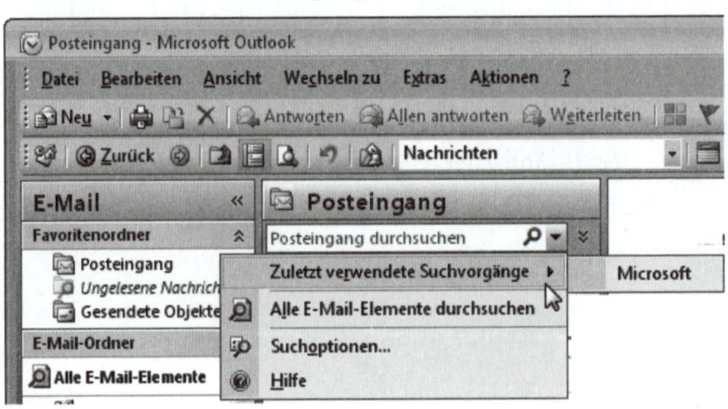

Die erweiterte Sofortsuche

Reicht ein einfacher Suchbegriff nicht aus, um das Gewünschte zu finden, oder werden damit zu viele Inhalte angezeigt, brauchen Sie nur den Abfrage-Generator zu erweitern, um zusätzliche Felder zu erhalten, über die Sie weitere Suchkriterien eingeben können. Gehen Sie dazu wie folgt vor:

1. Klicken Sie auf die Schaltfläche *Abfrage-Generator erweitern* (den Doppelpfeil rechts neben dem Dropdown-Listenfeld *Sofortsuche*), um den erweiterten Abfrage-Generator zu öffnen (siehe Abbildg. 2.37).

Abbildg. 2.37 Der Abfrage-Generator der Sofortsuche

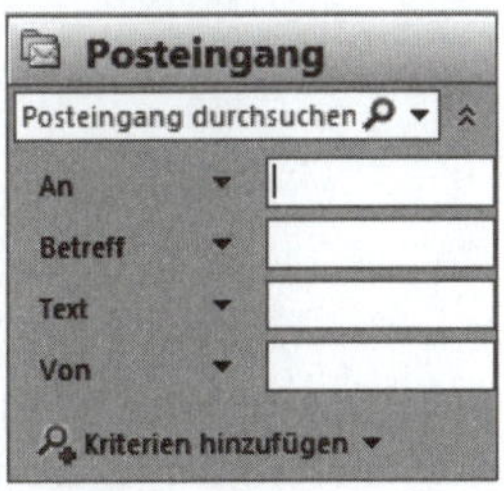

2. Geben Sie einen Suchbegriff in eines der vorhandenen Felder ein. Bereits während Sie mit der Eingabe beginnen, listet der Abfrage-Generator alle Elemente auf, die die von Ihnen angegebenen Kriterien erfüllen, d.h. die den eingegebenen Suchbegriff im entsprechenden Feld enthalten.
3. Ist die Liste der Suchergebnisse sehr umfangreich, können Sie die Liste durch die Spezifizierung eines weiteren Kriteriums weiter eingrenzen. Die Liste reduziert sich nun auf alle Elemente, die beide Suchbegriffe enthalten. Das Gleiche geschieht, wenn Sie in ein drittes und viertes Feld einen Begriff eingeben. Auf diese Weise können Sie die Liste der gefundenen Elemente ohne viel Aufwand näher spezifizieren und verkürzen.
4. Um wieder alle Elemente anzuzeigen, klicken Sie auf die Schaltfläche *Suche löschen* links neben dem Abwärtspfeil im Dropdown-Listenfeld *Sofortsuche.*

Wie bei der einfachen werden auch bei der erweiterten Sofortsuche die zuletzt verwendeten Suchläufe gespeichert und können einfach per Mausklick ausgewählt werden. Um einen bereits einmal genutzten Suchlauf wiederholt anzuwenden, klicken Sie auf den Abwärtspfeil im Dropdown-Listenfeld *Sofortsuche*, wählen Sie dann den Befehl *Zuletzt verwendete Suchvorgänge* und klicken Sie schließlich auf den Suchvorgang, den Sie anwenden möchten.

Die Sofortsuche anpassen

Der Abfrage-Generator enthält für alle Outlook 2007-Komponenten eine vorgegebene Anzahl an Kriterien. Sie haben jedoch nicht nur die Möglichkeit, jedes der vorgegebenen Kriterien gegen ein anderes Kriterium auszutauschen, sondern Sie können, wenn Ihnen die vorhandene Anzahl der Kriterien nicht ausreicht, weitere Kriterien hinzufügen. Gehen Sie dazu wie folgt vor:

1. Öffnen Sie den erweiterten Abfrage-Generator mit einem Mausklick auf die Schaltfläche *Abfrage-Generator erweitern*, falls dieser nicht bereits geöffnet ist.

2. Um eines der vorhandenen Kriterien durch ein anderes Kriterium zu ersetzen, klicken Sie auf den Abwärtspfeil in der entsprechenden Schaltfläche und wählen das gewünschte neue Kriterium aus der Liste aus, die sich nun öffnet (siehe Abbildg. 2.38).

Abbildg. 2.38 Kriterien per Mausklick austauschen

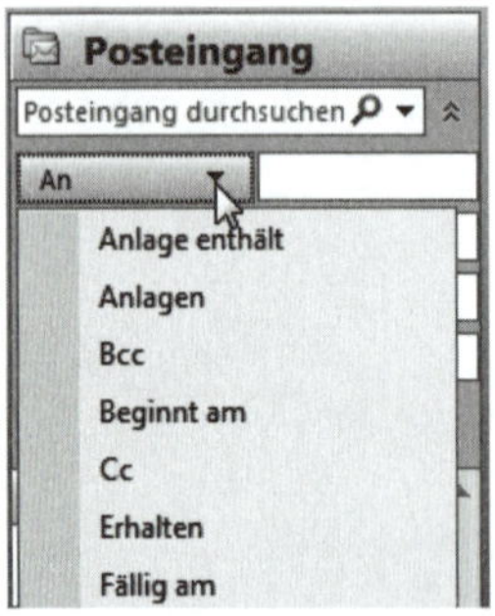

3. Das Feld enthält nun die neue Bezeichnung und Sie können einen passenden Suchbegriff eingeben. Die Sofortsuche beginnt, wie üblich, mit der Auflistung aller Elemente, die den eingegebenen Suchbegriff im angegebenen Feld enthalten.

4. Um wieder alle Elemente angezeigt zu bekommen, klicken Sie auf die Schaltfläche *Suche löschen*.

Reicht Ihnen die Anzahl der vorgegebenen Suchkriterien nicht aus, können Sie problemlos weitere Kriterien hinzufügen. Gehen Sie dazu wie folgt vor:

1. Klicken Sie im erweiterten Abfrage-Generator auf die Schaltfläche *Kriterien hinzufügen* und wählen Sie eines der Kriterien aus. Das entsprechende Feld wird zum Abfrage-Generator hinzugefügt. Wiederholen Sie den Vorgang für alle weiteren Kriterien, die Sie hinzufügen möchten.
2. Tragen Sie Suchbegriffe in alle Felder ein, die Sie näher spezifizieren möchten.
3. Fügen Sie bei Bedarf weitere Kriterien zum erweiterten Abfrage-Generator hinzu.
4. Um ein hinzugefügtes Kriterium wieder aus dem erweiterten Abfrage-Generator zu entfernen, aktivieren Sie das Kriterium mit einem Mausklick, klicken Sie dann auf die Schaltfläche *Kriterien hinzufügen* und wählen Sie am unteren Rand des Dropdown-Listenfeldes, das sich nun öffnet, den Befehl *Entfernen*.
5. Um wieder alle Elemente angezeigt zu bekommen, klicken Sie auf die Schaltfläche *Suche löschen*.

Outlook-Elemente erstellen, bearbeiten und löschen

Nachdem Sie die allgemeine Bedienung von Outlook 2007 kennen gelernt haben, erfahren Sie nun, wie Sie neue Outlook 2007-Elemente erstellen. Anders als in anderen Office-Anwendungen werden Daten in Outlook 2007 nicht in separaten Dateien erfasst und gespeichert, sondern sie werden über Formulare eingegeben und als einzelne Datensätze in einer Datendatei abgelegt. Eine Outlook 2007-Datendatei enthält alle Arten von Outlook-Elementen, also eingegangene und gesendete E-Mails, Termine, Kontakte, Aufgaben, Notizen und Formulare. Bei Bedarf können Sie jedoch jedes Outlook-Objekt einzeln im Rich-Text-Format speichern und beispielsweise mit der im Windows-Zubehör enthaltenen Textverarbeitung WordPad oder mit Microsoft Word öffnen.

Für die Dateneingabe stellt Ihnen Outlook 2007 einen Satz an Standardformularen zur Verfügung. Zusätzlich haben Sie die Möglichkeit, diese Standardformulare an Ihre Bedürfnisse anzupassen, Sie können eigene Formulare erstellen und Sie können InfoPath-Formulare nutzen. Mehr hierzu erfahren Sie in Kapitel 16.

Aufbau von Outlook-Formularen

Mit Formularen sind Sie in Outlook 2007 konfrontiert, sobald Sie ein neues Element in einer Komponente anlegen oder sobald Sie ein vorhandenes Element öffnen. Nachfolgend erfahren Sie, wie Formulare in Outlook 2007 im Allgemeinen aufgebaut sind (siehe Abbildg. 2.39).

Abbildg. 2.39 Daten werden in Outlook über Formulare eingegeben

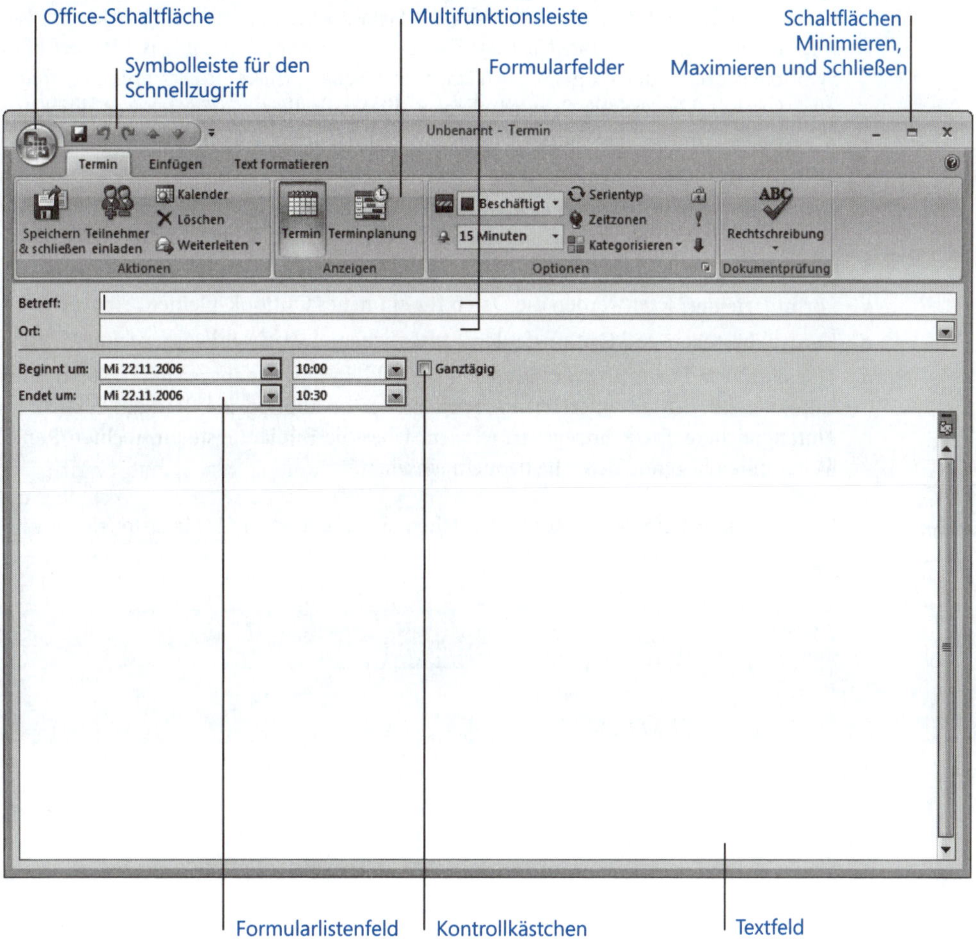

Alle Formulare sind wie folgt aufgebaut:

- **Formulartitelleiste:** Wie das Outlook-Programmfenster besitzt jedes Formular eine Formulartitelleiste, die den Titel *Unbenannt* trägt, so lange kein Betreff eingegeben wurde, und in der die Outlook-Komponente angegeben wird, zu der das Formular gehört.

- **Office-Schaltfläche:** Am linken Rand der Titelleiste sehen Sie die *Office-Schaltfläche.* Mit einem Mausklick auf diese Schaltfläche öffnen Sie ein Menü, über das Sie Daten löschen und drucken, neue Outlook-Elemente erstellen und die Eigenschaften von Outlook-Elementen bearbeiten.

Abbildg. 2.40 Symbolleiste für den Schnellzugriff

- **Symbolleiste für den Schnellzugriff:** Diese Symbolleiste, die sich rechts neben der Office-Schaltfläche befindet, enthält standardmäßig die Schaltflächen *Speichern, Rückgängig, Wiederherstellen, Vorheriges Element* und *Nächstes Element* (siehe Abbildg. 2.40). Bei Bedarf können Sie die Symbolleiste erweitern mit Schaltflächen wie *Seitenansicht, Rechtschreibung und Grammatik* oder *Löschen.* Um weitere Schaltflächen in die Symbolleiste aufzunehmen, klicken Sie auf den Abwärtspfeil und wählen die gewünschten Schaltflächen aus dem Dropdown-Menü aus, das sich nun öffnet.
- **Die Schaltflächen *Minimieren, Maximieren* und *Schließen*:** Wie Outlook 2007 im Allgemeinen können Sie auch geöffnete Formulare über diese Schaltflächen minimieren, maximieren und schließen.
- **Formularfelder:** Hier werden die Daten für ein neues Outlook-Element eingegeben.
- **Kontrollkästchen und Optionsfelder:** Ermöglichen die Auswahl vorgegebener Optionen.
- **Textfeld:** Viele Formulare enthalten ein Textfeld, in das umfangreicher Text eingegeben werden kann, wie z.B. E-Mail- oder Terminformulare (siehe Abbildg. 2.41). In das Textfeld können auch umfangreichere Texte eingegeben werden. Über die Bildlaufleiste am rechten Rand lassen sich weiter unten liegende Bereiche bequem einsehen.

Abbildg. 2.41 Formularfelder, Listenfelder, Kontrollkästchen und das Textfeld für die Dateneingabe

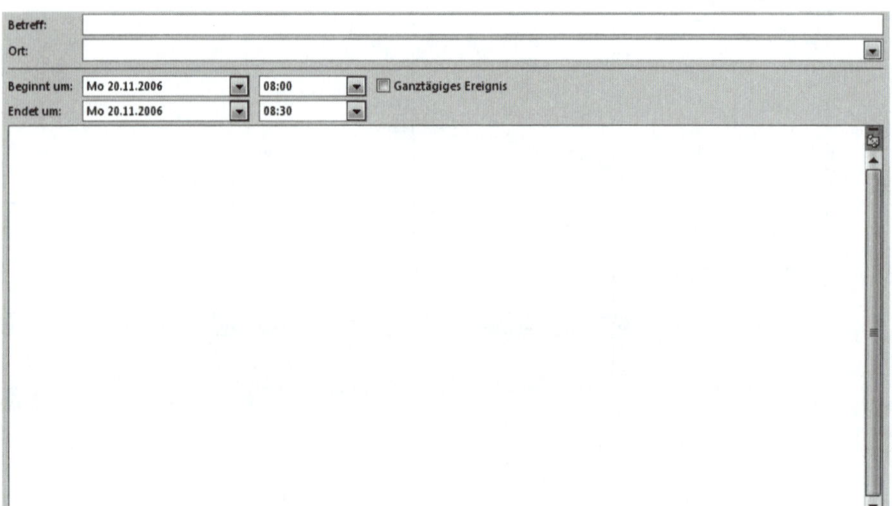

Outlook-Elemente erstellen

Neue Outlook-Elemente werden über Formulare erstellt. Die Vorgehensweise ist bei allen Outlook-Komponenten ähnlich. Um ein neues Element zu erstellen, gehen Sie im Prinzip wie folgt vor:

1. Wählen Sie zunächst im Navigationsbereich die gewünschte Outlook-Komponente aus, in der Sie ein neues Element erstellen möchten, im Beispiel die Komponente *Kontakte*.

2. Dann klicken Sie in der Symbolleiste auf die Schaltfläche *Neu* oder wählen Sie im Menü *Datei* den Befehl *Neu* und klicken Sie dann auf die gewünschte Art von Element, das Sie erstellen möchten.
3. Es öffnet sich das Standardformular für die entsprechende Outlook-Komponente und Sie können mit der Dateneingabe beginnen. Um Daten in ein Formular einzugeben, klicken Sie die entsprechenden Felder an und tragen die dafür vorgesehenen Informationen ein (siehe Abbildg. 2.42).

Abbildg. 2.42 Daten in ein Outlook-Formular eintragen

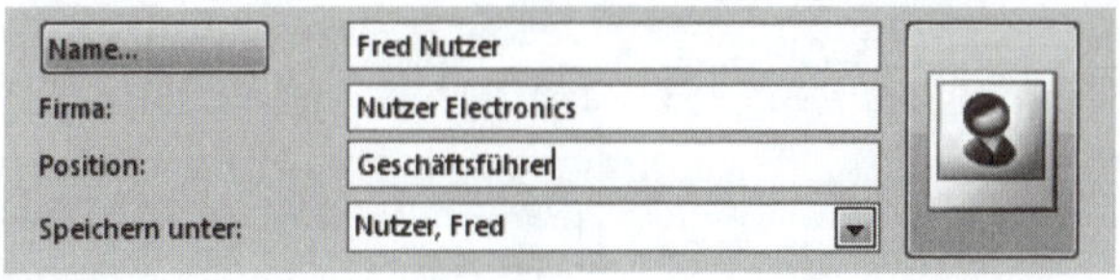

TIPP Um zum nächsten Formularfeld zu gelangen, können Sie auch die [Tab]-Taste drücken. Mit [Umschalt]+[Tab] kehren Sie zum vorherigen Formularfeld zurück.

4. Viele Formulare enthalten Kontrollkästchen und Optionsfelder, über die Sie Optionen per Mausklick festlegen können. Um beispielsweise für einen Kontakt eine bestimmte Adresse als Postanschrift festzulegen, aktivieren Sie das Kontrollkästchen *Dies ist die Postanschrift* mit einem Mausklick.

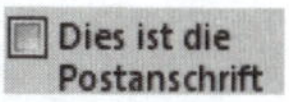

5. Sobald Sie mit der Eingabe fertig sind, klicken Sie auf die Schaltfläche *Speichern & schließen* bzw. bei E-Mails auf die Schaltfläche *Senden*.

6. Wollen Sie die Dateneingabe beenden, ohne die Eingaben zu speichern, klicken Sie auf die Schaltfläche *Schließen* in der rechten oberen Fensterecke. Das Formular schließt sich und Sie können mit der Arbeit in Outlook 2007 fortfahren.

HINWEIS Wollen Sie ein Formular schließen, ohne die eingegebenen Daten zu speichern, klicken Sie auf die Schaltfläche *Schließen* in der rechten oberen Fensterecke. Es blendet sich ein Hinweisfenster ein, in dem Sie gefragt werden, ob Sie die Änderungen speichern möchten. Falls Sie es sich inzwischen doch anders überlegt haben und die Daten im Formular weiter bearbeiten möchten, klicken Sie auf *Abbrechen*. Um die Angaben zu verwerfen, klicken Sie auf *Nein*. Der Hinweis und das Formular schließen sich nun und die eingegebenen Daten werden nicht gespeichert.

Outlook stellt Ihnen für die Dateneingabe zusätzliche Hilfen zur Verfügung, wie z.B. Dialogfelder mit Dateneingabeformularen, die Sie über Schaltflächen öffnen, oder Listenfelder, die bereits vordefinierte Elemente enthalten.

- **Schaltflächen:** Häufig enthalten Formulare Schaltflächen, über die sich ein weiteres Dialogfeld öffnet, das Sie bei der Dateneingabe unterstützt, wie z.B. die Schaltfläche *Name* im Kontaktformular (siehe Abbildg. 2.43), über die sich das Dialogfeld *Namen überprüfen* öffnet. Diese Dialogfelder sollen Ihnen die Dateneingabe erleichtern und dafür sorgen, dass alle Datensätze einheitlich aufgebaut sind, d.h., dass beispielsweise zusätzliche Vornamen und Namenszusätze bei Kontakten immer an der gleichen Stelle stehen.

Abbildg. 2.43 Dialogfelder unterstützen die Dateneingabe

- **Listenfelder:** Einige Formularfelder enthalten eine vorgegebene Liste von Daten zur Auswahl, wie z.B. das Feld *Speichern unter* oder das Feld *Anrede* im Kontaktformular oder die Felder *Beginnt um* und *Endet um* im Terminformular. Sie brauchen hier nicht selbst Daten einzutragen, sondern können diese per Mausklick auf den Abwärtspfeil und den gewünschten Listeneintrag bequem mit der Maus auswählen (siehe Abbildg. 2.44).

Abbildg. 2.44 Angaben aus Listenfeldern auswählen

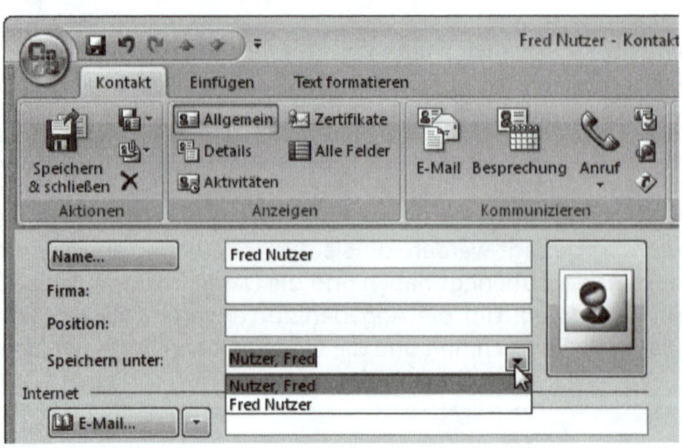

Häufig reicht der Platz auf einer Formularseite nicht aus, um alle Formularfelder anzuzeigen. Die zusätzlichen Formularfelder sind jedoch über Schaltflächen und weitere Formularseiten zugänglich:

- **Zusätzliche Felder nutzen:** Für einige Outlook-Komponenten stehen so viele Felder zur Verfügung, dass auf der Hauptseite des Formulars nur die am häufigsten benutzten Felder angezeigt werden können. Ein zusätzliches Feld aktivieren Sie über den Abwärtspfeil links neben dem jeweiligen Textfeld. Reichen Ihnen beispielsweise die Felder für Telefonnummern im Kontaktformular nicht aus, weil Sie beispielsweise neben der geschäftlichen Telefonnummer auch eine Telefonnummer für das Haupttelefon einer Firma eintragen wollen, klicken Sie auf den Abwärtspfeil links neben dem Feld *Geschäftlich* und wählen aus dem Listenfeld, das sich nun öffnet, die gewünschte Option aus, im Beispiel *Haupttelefon* (siehe Abbildg. 2.45). Anschließend tragen Sie die Daten in das leere Feld ein. Um das vorherige Feld wieder einzublenden, klicken Sie erneut auf den Abwärtspfeil und wählen in der Liste die Bezeichnung für das vorherige Feld aus.

Abbildg. 2.45 Zusätzliche Felder nutzen

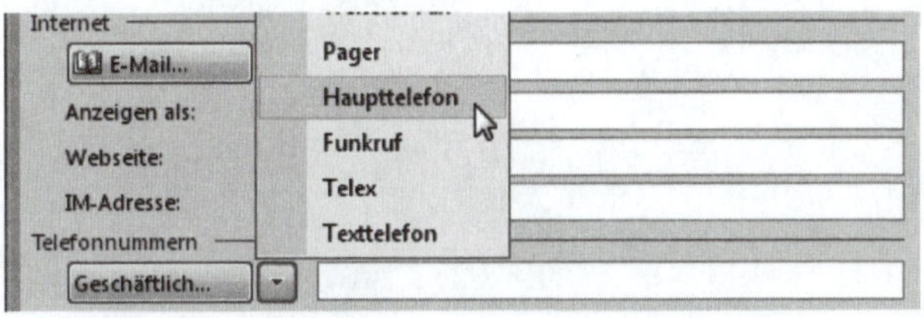

- **Zusätzliche Seiten nutzen:** Einige Formulare, wie z.B. das Kontaktformular, bieten zusätzliche Felder auf weiteren Seiten. Zu diesen gelangen Sie, wenn Sie im Bereich *Anzeigen* der Multifunktionsleiste auf die entsprechende Schaltfläche klicken. Um beispielsweise Details zu Kontakten einzugeben, wie den Geburtstag, die Abteilung oder den Beruf, klicken Sie in der Multifunktionsleiste auf der Registerkarte *Kontakt* auf die Schaltfläche *Details*. Es öffnet sich eine neue Seite mit zusätzlichen Feldern, in die Sie wie auf der Hauptseite Daten eingeben können (siehe Abbildg. 2.46). Über die Schaltflächen in der Multifunktionsleiste gelangen Sie wieder zur Hauptseite des Formulars zurück.

Für viele Outlook-Elemente stehen zusätzlich Optionen zur Verfügung, die Sie über die Multifunktionsleiste auswählen. Dazu gehören Funktionen zur Formatierung von Text, zur Prüfung der Rechtschreibung, aber auch echte Outlook 2007-Optionen wie die Nachverfolgung und die Kategorisierung von Elementen.

- **Funktionen und Optionen anwenden:** Optionen und Funktionen wählen Sie über die Multifunktionsleiste aus (siehe Abbildg. 2.47). Der Aufbau der Multifunktionsleiste hängt von der jeweiligen Outlook-Komponente ab, für die Sie ein Element erstellen möchten. Die Funktionen der Multifunktionsleiste sind in verschiedene Bereiche unterteilt. Jede Funktion wenden Sie mit einem Mausklick auf die entsprechende Schaltfläche an. Über die Registerreiter am oberen Rand der Multifunktionsleiste blenden Sie weitere Funktionen und Optionen ein. Mehr zur Anwendung von Funktionen und Optionen finden Sie in den Kapiteln zu den einzelnen Outlook-Elementen.

Abbildg. 2.46 Zusätzliche Seite mit Formularfeldern

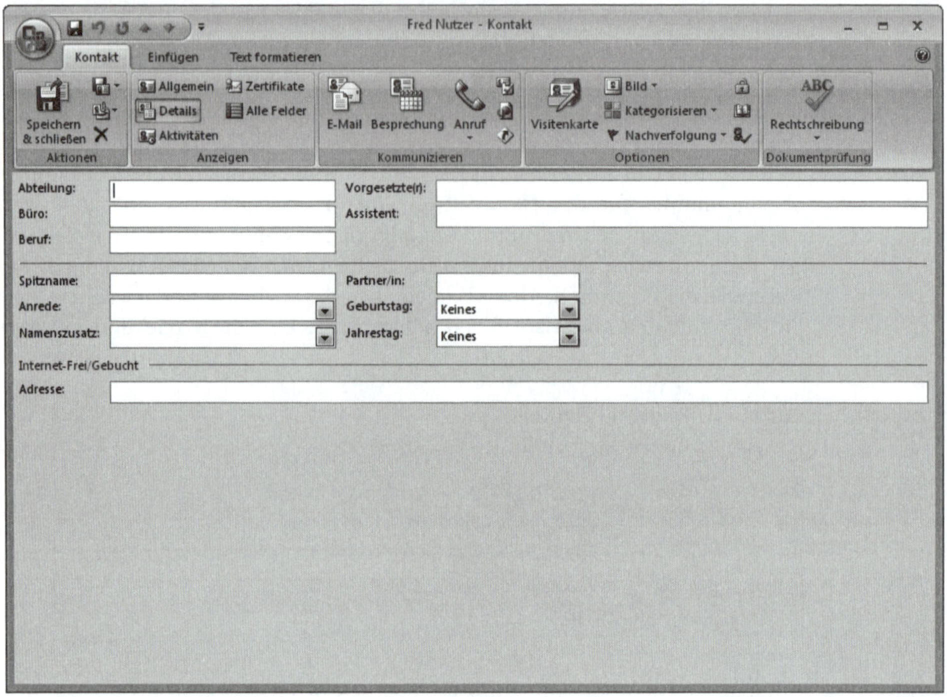

Abbildg. 2.47 Optionen über die Multifunktionsleiste auswählen

Outlook-Elemente bearbeiten

Ändert sich der Name, die Firma oder die Rufnummer eines Kontakts, ändert sich ein Termin oder wollen Sie eine Aufgabe anpassen, brauchen Sie dazu nur das entsprechende Outlook-Element zu öffnen und die Änderungen im Formular vorzunehmen:

1. Öffnen Sie das Outlook-Element, das Sie anpassen möchten, mit einem Doppelklick oder klicken Sie das Outlook-Element mit der rechten Maustaste an und wählen Sie im Kontextmenü den Befehl *Öffnen* aus.
2. Nehmen Sie die gewünschten Änderungen in den Formularfeldern vor. Markieren Sie den Inhalt, der geändert werden soll, durch Ziehen mit der Maus (siehe Abbildg. 2.48). Klicken Sie dazu links neben die Stelle im Formularfeld, ab der Sie die Angabe ersetzen möchten, und ziehen Sie die Maus dann mit gedrückter linker Maustaste, bis die gesamte zu ersetzende Angabe markiert ist.

Abbildg. 2.48 Daten im Formular ändern

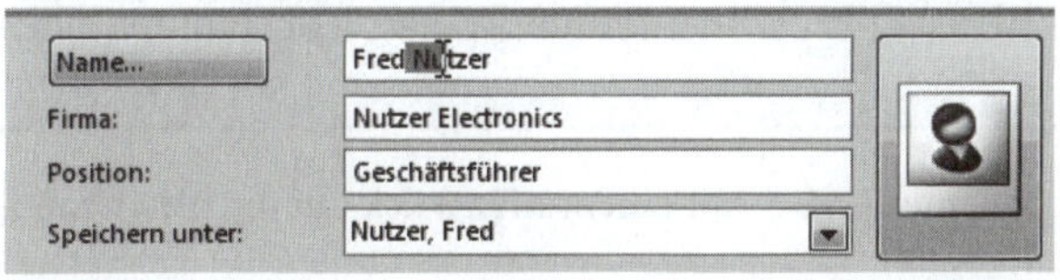

3. Geben Sie nun die Angaben ein, mit denen Sie die Markierung ersetzen möchten.
4. Wiederholen Sie den Vorgang für alle weiteren Angaben, die Sie ändern möchten.

HINWEIS Wie beim Erstellen eines neuen Elements können Sie Dialogfelder zur Anpassung von Daten nutzen, indem Sie neben den Feldern auf die Schaltflächen mit den drei Punkten klicken. Handelt es sich bei den Formularfeldern um Listenfelder, können Sie alternative Feldinhalte mit einem Mausklick auf den Abwärtspfeil und anschließende Auswahl der neuen Option eintragen. Über den Abwärtspfeil links neben Feldern öffnen Sie eine Liste mit zusätzlichen Feldern, die Sie per Mausklick auf die Feldbezeichnung einblenden. Über die Funktionen im Bereich *Anzeigen* der Multifunktionsleiste gelangen Sie zu weiteren Formularseiten, auf denen Sie die Daten wie beschrieben anpassen.

5. Klicken Sie auf die Schaltfläche *Speichern & schließen*, um die Änderungen zu speichern und das Formular zu schließen.

HINWEIS Haben Sie Änderungen vorgenommen, die Sie nicht speichern möchten, klicken Sie auf die *Schließen*-Schaltfläche in der rechten oberen Fensterecke des Formulars und wählen Sie in der Abfrage, ob Sie die Änderungen speichern möchten, die Schaltfläche *Nein*.

Outlook-Elemente löschen

Benötigen Sie ein Element nicht mehr, können Sie es ganz leicht löschen. Gehen Sie dazu wie folgt vor:

1. Öffnen Sie die Outlook-Komponente mit einem Mausklick auf die entsprechende Schaltfläche im Navigationsbereich, die das oder die Elemente enthält, die Sie löschen möchten.
2. Markieren Sie das Element oder die Elemente mit einem Mausklick.

TIPP Um mehrere aufeinander folgende Elemente zu markieren, klicken Sie auf das erste Element und anschließend mit gedrückter [⇧]-Taste auf das letzte Element, das Sie markieren möchten. Um mehrere nicht aufeinander folgende Elemente zu markieren, klicken Sie die einzelnen Elemente nacheinander bei gedrückter [Strg]-Taste an.

3. Wählen Sie dann in der Symbolleiste *Standard* die Schaltfläche *Löschen* oder drücken Sie die [Entf]-Taste. Die Elemente werden nun in den Ordner *Gelöschte Objekte* verschoben, von wo aus sie leicht wiederhergestellt werden können. Erst, wenn Sie den Ordner *Gelöschte Objekte* leeren, sind die Elemente unwiederbringlich von Ihrem Computer gelöscht.

PROFITIPP

> Haben Sie ein Element versehentlich gelöscht, können Sie es direkt zurückholen, indem Sie die Tastenkombination [Strg]+[Z] drücken. Dies funktioniert jedoch nur solange, bis Sie den nächsten Befehl wählen.

4. Aktivieren Sie die Komponente *E-Mail* mit einem Mausklick auf die gleichnamige Schaltfläche im Navigationsbereich.
5. Öffnen Sie nun den Ordner *Gelöschte Objekte*, der im Navigationsbereich unter *Alle E-Mail-Elemente* aufgelistet wird, und betrachten Sie den Inhalt in der zweiten Spalte (siehe Abbildg. 2.49). Stellen Sie fest, dass Sie ein Element versehentlich gelöscht haben, markieren Sie es und verschieben Sie es, wie im Abschnitt »Elemente in Ordner verschieben« weiter vorne in diesem Kapitel beschrieben, in den ursprünglichen Ordner.

Abbildg. 2.49 Der Ordner *Gelöschte Objekte* ist der Papierkorb von Outlook

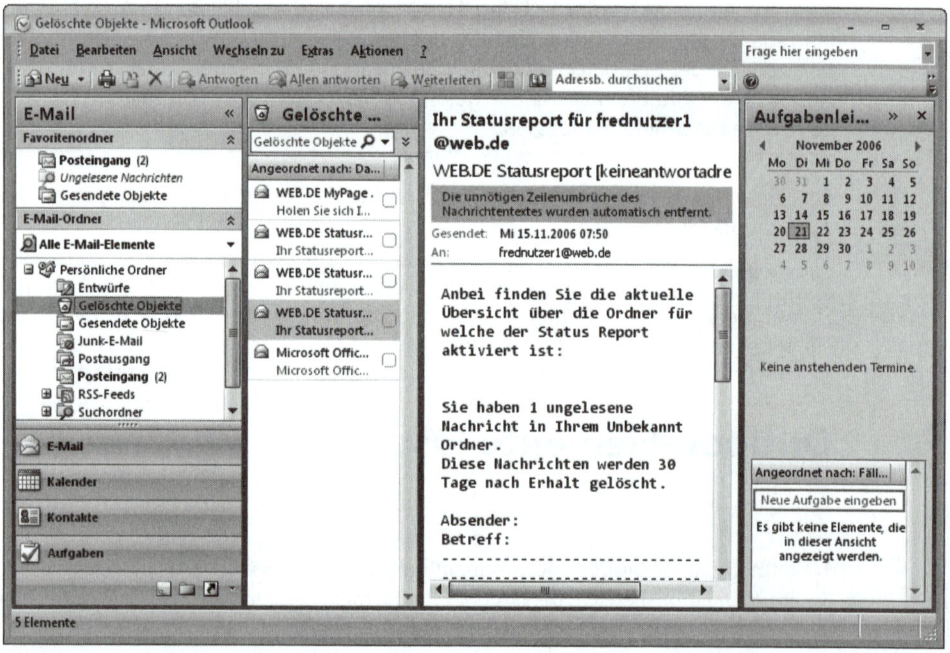

6. Um den gesamten Inhalt des Ordners *Gelöschte Objekte* endgültig zu löschen, klicken Sie den Ordner mit der rechten Maustaste an und wählen den Befehl *Ordner "Gelöschte Objekte" leeren*.

Mit Ordnern arbeiten

Die einzelnen Komponenten und Elemente von Outlook werden in Ordnern gespeichert. Die einzelnen Komponenten bilden dabei die übergeordnete Ordnerstruktur, innerhalb derer neben den fest vorgegebenen Standardordnern neue, benutzerdefinierte Ordner angelegt werden können. Die Arbeit mit und der Wechsel zwischen Ordnern erfolgt dabei auf ähnliche Weise wie im Windows-Explorer. Zusätzlich stehen Ihnen die Ordnerliste und das Menü *Wechseln zu* zum Ordnerwechsel zur Verfügung.

Die Ordnerstruktur ist in Outlook 2007 wie folgt aufgebaut:

- **Outlook-Datendatei**

  Auf der obersten Ordnerebene befinden sich die Outlook-Datendateien, auch PST-Dateien genannt. Die Standard-Datendatei von Outlook heißt *Persönliche Ordner*. Sie enthält die Unterordner *Aufgaben, Entwürfe, Gelöschte Objekte, Gesendete Objekte, Journal, Junk-E-Mail, Kalender, Kontakte, Notizen, Postausgang, Posteingang, RSS-Feeds* und *Suchordner*. Der Suchordner enthält die Ordner *Große Nachrichten, Ungelesene Nachrichten* und *Zur Nachverfolgung*. Prinzipiell können Sie weitere Datendateien in Outlook anlegen und Datendateien in Outlook laden, die Sie von anderen Personen erhalten. Mehr hierzu erfahren Sie in Kapitel 4.

- **Outlook-Standardordner**

  Jede Datendatei enthält die Standardordner *Aufgaben, Entwürfe, Gelöschte Objekte, Gesendete Objekte, Journal, Junk-E-Mail, Kalender, Kontakte, Notizen, Postausgang, Posteingang, RSS-Feeds* und *Suchordner*. Ihre neuen Ordner können Sie entweder direkt der Datendatei unterordnen oder einem der vorhandenen Standardordner.

Navigation in der Ordnerliste

Die Ordnerliste bietet einen Überblick über alle Microsoft Office Outlook-Ordner. Sie können die Ordner jedoch nicht nur betrachten, sondern auch umbenennen, verschieben oder löschen, und Sie können auch neue Ordner zur Ordnerliste hinzufügen und verschachtelte Ordnerstrukturen aufbauen, indem Sie Unterordner zu Ordnern hinzufügen. Mit den Ordnern in der Ordnerliste arbeiten Sie auf die gleiche Weise, wie mit den Ordnern auf Ihrer Festplatte über ein Dateiverwaltungsprogramm (beispielsweise den Windows-Explorer).

1. Um die Ordnerliste zu öffnen, klicken Sie im Navigationsbereich auf die Schaltfläche *Ordnerliste*. Die Ordnerliste wird nun oberhalb des Navigationsbereichs eingeblendet.

HINWEIS Haben Sie nur ein Exchange Server-Konto eingerichtet, zeigt die Ordnerliste den Inhalt des Ordners *Postfach <Ihr Name>* statt des Ordners *Persönliche Ordner* an.

2. Um den Inhalt eines Ordners zu betrachten, klicken Sie erst auf den Ordner in der Ordnerliste. Der Ordner wird aktiviert und sein Inhalt wird im Aufgabenbereich auf der rechten Seite des Programmfensters angezeigt (siehe Abbildg. 2.50).
3. Um Inhalte der Ordnerliste zu betrachten, die weiter unten liegen, klicken Sie auf den Abwärtspfeil in der Bildlaufleiste der Ordnerliste. Um wieder nach oben zu gelangen, klicken Sie auf den Aufwärtspfeil.

4. Einigen Ordnern, wie z.B. dem Ordner *RSS-Feeds* oder dem Ordner *Suchordner*, die Sie weiter unten in der Liste finden, ist ein Pluszeichen vorangestellt. Diese Ordner enthalten Unterordner. Klicken Sie auf das Pluszeichen vor einem Ordner, um den Ordnerinhalt einzublenden. Statt des Pluszeichens ist vor dem Ordner nun ein Minuszeichen zu sehen.

5. Klicken Sie auf das Minuszeichen vor dem Ordner, um die Unterordner wieder auszublenden.
6. Klicken Sie im Navigationsbereich auf die Schaltfläche *E-Mail*, um den entsprechenden Ordner zu aktivieren und die Ordnerliste wieder auszublenden.

Abbildg. 2.50 Die Ordnerliste mit aktiviertem Ordner *Aufgaben*

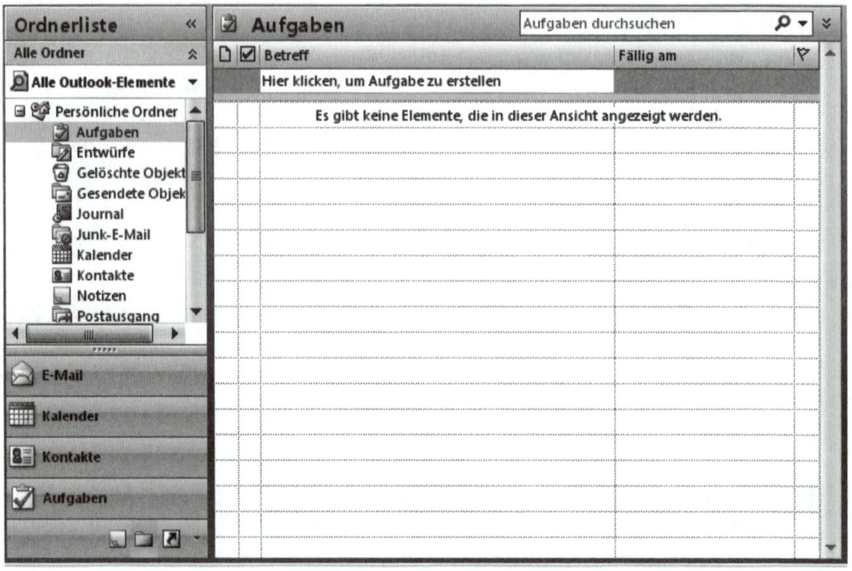

7. Um die Ordnerliste zu schließen und wieder zur normalen Outlook-Ansicht zurückzukehren, klicken Sie im Navigationsbereich auf eine der Schaltflächen für Outlook-Komponenten (*E-Mail*, *Kalender*, *Kontakte* oder *Aufgaben*).

Unterordner von Standardordnern anlegen

Prinzipiell können Sie in jedem Standardordner neue Unterordner anlegen. Das ist sehr praktisch, denn auf diese Weise können Sie beispielsweise ganz leicht zwischen geschäftlichen und privaten Outlook-Elementen, zwischen Outlook-Elementen für verschiedene Projekte und mehr trennen.

Um Unterordner in einem Standardordner anzulegen, gehen Sie wie folgt vor:

1. Öffnen Sie die Ordnerliste mit einem Mausklick auf die gleichnamige Schaltfläche im Navigationsbereich, falls die Ordnerliste nicht bereits angezeigt wird.
2. Klicken Sie den Ordner, in dem Sie einen neuen Unterordner anlegen möchten, mit der rechten Maustaste an, und wählen Sie im daraufhin geöffneten Kontextmenü den Eintrag *Neuer Ordner* aus (siehe Abbildg. 2.51).
3. Geben Sie dann den Namen des neuen Ordners ein und drücken Sie die ↵-Taste.

Der neue Ordner ist nun in der Ordnerstruktur gespeichert und Sie können Outlook-Elemente in den Ordner verschieben.

Abbildg. 2.51 Einen neuen Ordner anlegen

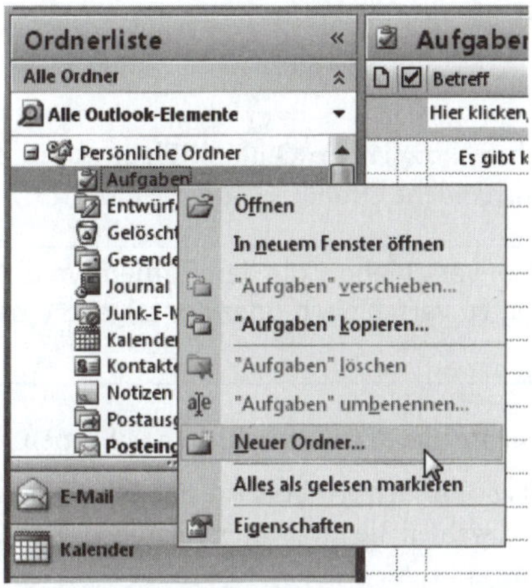

Unterordner des persönlichen Ordners anlegen

Wollen Sie einen neuen Ordner direkt unter *Persönliche Ordner* ansiedeln, d.h. auf der Hauptebene der Standardordner, gehen Sie wie folgt vor:

1. Öffnen Sie die Ordnerliste mit einem Mausklick auf die gleichnamige Schaltfläche im Navigationsbereich.
2. Klicken Sie den Ordner *Persönliche Ordner* mit der rechten Maustaste an und wählen Sie im Kontextmenü den Befehl *Neuer Ordner.*
3. Im nun geöffneten Dialogfeld *Neuen Ordner erstellen* tippen Sie in das Feld *Name* eine aussagekräftige Ordnerbezeichnung ein.
4. Dann klicken Sie auf den Abwärtspfeil im Feld *Ordner enthält Elemente des Typs* und wählen in der Dropdown-Liste den gewünschten Elementtyp aus (siehe Abbildg. 2.52).

Abbildg. 2.52 Den Ordnertyp des neuen Ordners festlegen

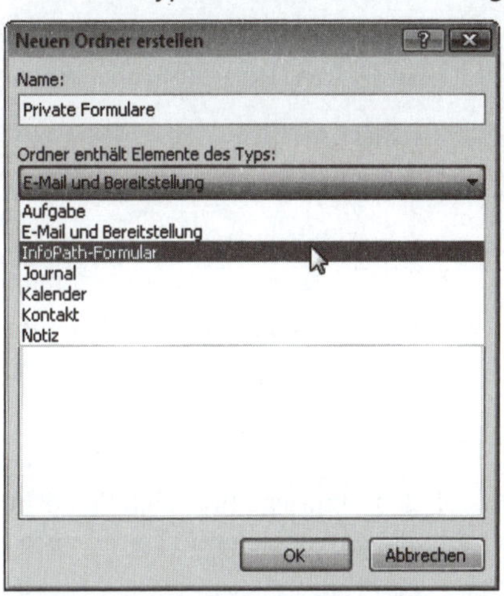

5. Klicken Sie auf *OK*. Der Ordner wird nun mit dem angegebenen Elementtyp auf der obersten Ordnerebene von *Persönliche Ordner* abgelegt.

Elemente in Ordner verschieben

Sobald Sie einen neuen Ordner eingerichtet haben, können Sie Outlook-Elemente in diesen verschieben. Das Gleiche gilt natürlich für bereits vorhandene Ordner. Gehen Sie dazu wie folgt vor:

WICHTIG Elemente können Sie nur in Ordner verschieben, die den Elementtyp unterstützen. Es ist nicht möglich, Termine in den Posteingang zu verschieben oder Kontakte in einen Terminordner.

1. Öffnen Sie den Ordner der Outlook-Komponente, die das zu verschiebende Element enthält.

2. Wählen Sie die Schaltfläche *In Ordner verschieben* in der Symbolleiste *Standard* oder klicken Sie das Element mit der rechten Maustaste an und wählen Sie im Kontextmenü, das sich öffnet, den Befehl *In Ordner verschieben.*
3. Es öffnet sich das Dialogfeld *Elemente verschieben* (siehe Abbildg. 2.53). Markieren Sie den Ordner, in den das Element verschoben werden soll, und klicken Sie auf *OK*.

PROFITIPP

Existiert der Ordner, in den Sie das Element verschieben möchten, noch nicht, können Sie ihn nun neu anlegen. Klicken Sie dazu auf die Schaltfläche *Neu*. Im nun geöffneten Dialogfeld *Neuen Ordner erstellen* tippen Sie den Namen ein, wählen den Elementtyp der Elemente, die in diesem Ordner abgelegt werden, markieren den Ordner, in dem der neue Ordner angelegt werden soll und bestätigen mit *OK*.

Abbildg. 2.53 Ein Element in einen anderen Ordner verschieben

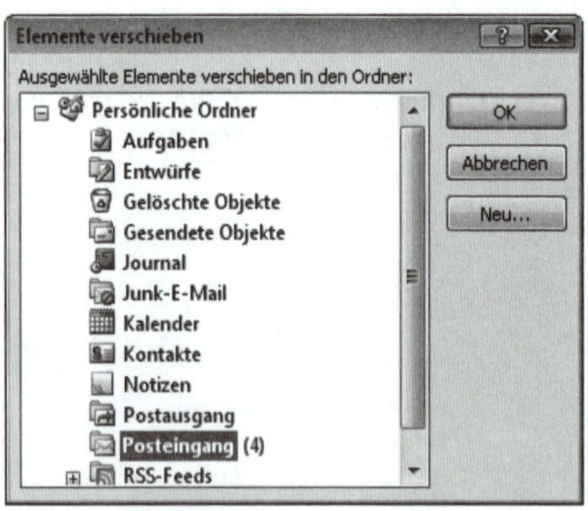

Das Dialogfeld *Elemente verschieben* schließt sich und das Element wird in den ausgewählten Ordner verschoben.

Das Dialogfeld *Wechseln zu Ordner*

Haben Sie eine eigene Ordnerstruktur in Outlook 2007 angelegt, brauchen Sie nicht erst umständlich die Ordnerliste zu öffnen und sich dann mühselig durchzuklicken. Es gibt auch eine einfachere Möglichkeit, den Ordner zu wechseln:

1. Rufen Sie den Menübefehl *Wechseln zu/Ordner* auf.
2. Es öffnet sich das Dialogfeld *Wechseln zu Ordner*, das sehr ähnlich aufgebaut ist wie das Dialogfeld *Elemente verschieben*. Wie bei der Ordnerliste können Sie Ordner durch Anklicken aktivieren. Ordner, denen ein Pluszeichen vorangestellt ist, enthalten Unterordner, die Sie durch Anklicken des Pluszeichens einblenden und durch Anklicken des Minuszeichens, das nun vorhanden ist, wieder ausblenden.
3. Nachdem Sie den Ordner gewählt haben, zu dem Sie wechseln wollen, klicken Sie auf *OK*.
4. Der Ordnerinhalt wird nun in Outlook 2007 angezeigt.

Outlook Heute

Haben Sie bereits mit früheren Versionen von Microsoft Office Outlook gearbeitet, kennen Sie *Outlook Heute* bereits. *Outlook Heute* ist ein nützliches Hilfsmittel, das Ihnen einen Überblick über die in der aktuellen Woche anstehenden Termine, die noch ausstehenden Aufgaben und den mengenmäßigen Inhalt der E-Mail-Ordner bietet. Bei Bedarf können Sie per Mausklick direkt zu den Terminen, Aufgaben oder E-Mail-Ordnern springen. Während Sie in früheren Outlook-Versionen nicht um Outlook Heute herum kamen, können Sie inzwischen selbst entscheiden, ob Sie diese Funktion nutzen wollen oder nicht.

Outlook Heute aktivieren und bedienen Sie wie folgt:

1. Aktivieren Sie im Navigationsbereich die Funktion *E-Mail* und klicken Sie unter *Alle E-Mail-Ordner* auf den Eintrag *Persönliche Ordner*.
2. Im Arbeitsbereich von Outlook sehen Sie nun *Outlook Heute* für das aktuelle Datum (siehe Abbildg. 2.54).

Abbildg. 2.54 Outlook Heute

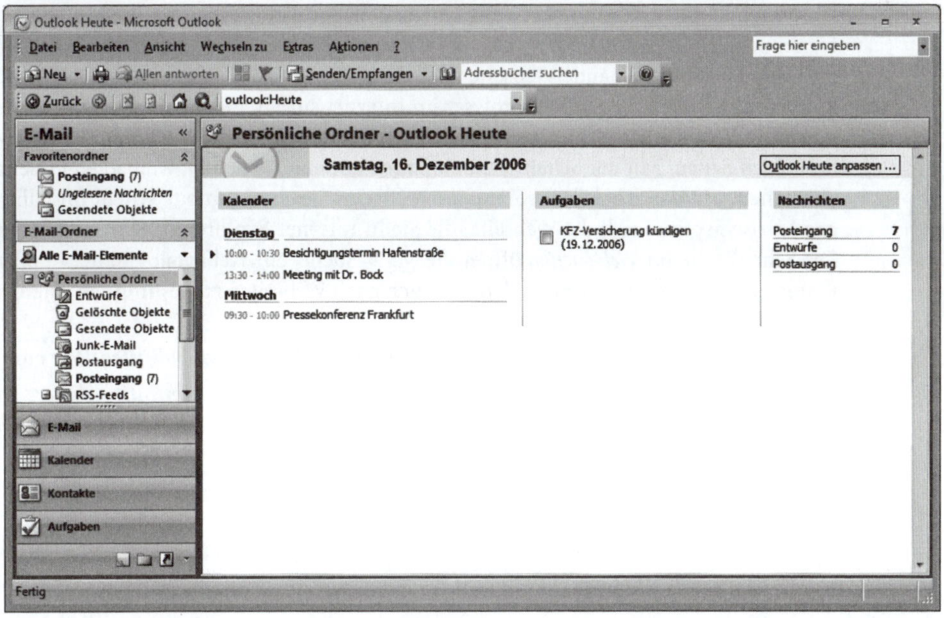

- *Kalender:* In dieser Rubrik werden die in der aktuellen Woche anstehenden Termine nach Wochentagen sortiert angezeigt. Betrachten Sie Outlook Heute am Wochenende, werden die Termine und Aufgaben der kommenden Woche angezeigt.
- *Aufgaben:* In dieser Kategorie werden alle Aufgaben aufgelistet, die Sie in Outlook eingetragen haben.
- *Nachrichten:* Diese Kategorie bietet einen Überblick über die Anzahl der nicht gelesenen E-Mails, die Entwürfe von E-Mails und die noch nicht gesendeten E-Mails, die sich noch im Postausgang befinden.

3. Mit einem Klick auf die Kategorie *Kalender* öffnen Sie den Kalender mit dem aktuellen Datum. Klicken Sie auf die Kategorie *Aufgaben*, öffnet sich der Ordner *Aufgaben*. Klicken Sie auf die Spaltenüberschrift *Nachrichten*, öffnet sich der Ordner *Posteingang*.
4. Klicken Sie hingegen auf einen Termin, öffnet sich das Terminformular für den angeklickten Termin, in dem Sie bei Bedarf Änderungen vornehmen können. Outlook Heute ist nach wie vor aktiviert, und sobald Sie das Terminformular schließen oder verschieben, auch wieder sichtbar.
5. In der Kategorie *Aufgaben* können Sie erledigte Aufgaben mit einem Mausklick auf das vorangestellte Kontrollkästchen als erledigt kennzeichnen. Klicken Sie hingegen auf eine Aufgabe, öffnet sich das Aufgabenformular, in dem Sie bei Bedarf Änderungen vornehmen können. Schließen Sie das Aufgabenformular, ist Outlook Heute wieder sichtbar.
6. Benötigen Sie Outlook Heute nicht mehr, aktivieren Sie über den Navigationsbereich einen Outlook-Ordner, mit dem Sie als Nächstes arbeiten wollen.

Outlook 2007 als Webbrowser nutzen

Outlook lässt sich nicht nur als E-Mail-Programm, Kontaktmanager, Terminplaner und Aufgabenliste einsetzen, sondern auch als Webbrowser. Das heißt, dass Sie in Outlook 2007 beliebige Webseiten öffnen können, die auf Ihrer Festplatte gespeichert sind, aber auch Webseiten aus dem Internet. Sie brauchen dazu nur die Symbolleiste *Web* zu öffnen und eine Webadresse in das Feld *Adresse* einzugeben. Die entsprechende Webseite wird daraufhin im Arbeitsbereich von Outlook angezeigt. Sie können dann wie in Ihrem Webbrowser im Internet surfen, indem Sie sich durch die Hyperlinks in den Webseiten klicken. Über die Schaltflächen *Zurück* und *Vorwärts* wechseln Sie zwischen bereits besuchten Seiten. Mit der Schaltfläche *Anhalten* können Sie den Download einer Seite auf Ihren PC abbrechen. Mit der Schaltfläche *Aktualisieren* laden Sie eine Webseite erneut und über die Schaltfläche *Startseite* öffnet sich die Webseite, die Sie in Internet Explorer als Startseite eingerichtet haben. Die Schaltfläche *Im Web suchen* öffnet die MSN-Suche, ein Webkatalog in dem Links zu Webseiten thematisch geordnet sind und in dem Sie auch nach Webseiten zu bestimmten Themen suchen können. Probieren Sie das Ganze nun einmal selbst aus:

1. Blenden Sie die Symbolleiste *Web* über den Befehl *Ansicht/Symbolleisten/Web* ein.
2. Dann klicken Sie in der Symbolleiste *Web* in das Feld *Dokumentspeicherort* und tippen die Adresse »www.microsoft.com/germany« ein. Bestätigen Sie mit der [↵]-Taste (siehe Abbildg. 2.55).

Abbildg. 2.55 Im Web surfen mit Outlook 2007

HINWEIS Neben Webseiten können Sie in Outlook 2007 auch Outlook-Ordner und HTML-Seiten von Ihrer Festplatte laden. Adressen für Outlook-Ordner sehen z.B. wie folgt aus: *outlook:posteingang* oder *outlook:kontakte.* Adressen für den Zugriff auf HTML-Seiten sehen beispielsweise wie folgt aus: *file://C:/<Dokumente und Einstellungen/<Benutzername>/Eigene Dateien/test.html* unter Windows XP bzw. *file://C:/Users/<Benutzername>/Documents/test.html* bei Windows Vista, wobei *C:* die Bezeichnung für den lokalen Datenträger ist. Wie bei Webadressen müssen Sie normale Schrägstriche als Trennzeichen in der Pfadangabe verwenden.

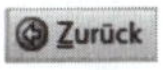

3. Anschließend klicken Sie in der Symbolleiste *Web* von Outlook auf die Schaltfläche *Zurück*, um zur vorherigen Seite zu gelangen.
4. Schließen Sie die Symbolleiste *Web* über den Befehl *Ansicht/Symbolleisten/Web.*

Zusammenfassung

Outlook wird im Wesentlichen wie andere Microsoft Windows-Programme bedient, es gibt jedoch auch einige Besonderheiten zu beachten.

Sie möchten ...	So gehen Sie vor	Sehen Sie sich dazu das Beispiel an auf Seite
Outlook starten	Wählen Sie im *Start*-Menü von Windows den Befehl *E-Mail* oder klicken Sie in der Taskleiste von Windows auf das Outlook-Symbol	70
Outlook minimieren oder maximieren	Klicken Sie auf die Schaltfläche *Minimieren* in der rechten oberen Fensterecke, um Outlook zu minimieren, und auf die Schaltfläche *Maximieren*, um Outlook zu maximieren	83
Outlook beenden	Klicken Sie auf die *Schließen*-Schaltfläche in der rechten oberen Fensterecke oder drücken Sie die Tastenkombination Alt+F4	86
Outlook über Tastenkombinationen bedienen	Drücken Sie die Tastenkombination für den gewünschten Befehl	90
Daten schnell finden	Wechseln Sie zur Outlook-Komponente, in der Sie ein Element suchen möchten, und geben Sie die ersten Buchstaben des Suchbegriffs in das Feld *Sofortsuche* ein.	94
E-Mails, Kontakte, Termine, Notizen etc. erfassen	Zeigen Sie im Menü *Datei* auf den Befehl *Neu* und wählen Sie das gewünschte Outlook-Element aus, das Sie erstellen möchten	98
zu Ordnern wechseln	Öffnen Sie die Ordnerliste mit einem Mausklick auf die gleichnamige Schaltfläche im Navigationsbereich und wechseln Sie dann mit einem Mausklick zum gewünschten Ordner	107
Outlook Heute öffnen	Klicken Sie im Navigationsbereich auf die Schaltfläche *E-Mail* und markieren Sie dann unter *Alle E-Mail-Ordner* den Eintrag *Persönliche Ordner*	111

Kapitel 3

Hilfe abrufen

In diesem Kapitel:

Kommen Sie einmal mit einer Funktion nicht weiter, wollen Sie wissen, wie ein bestimmter Befehl ausgeführt wird, haben Sie Fragen zu bestimmten Themen oder suchen Sie nach weiterführenden Informationen zu einem Thema, hilft Ihnen die Outlook-Hilfe weiter. Ein Teil der Informationen ist dabei auf Ihrem Computer gespeichert, ein weitaus größerer Teil, die so genannte *Online-Hilfe*, befindet sich auf einem Webserver von Microsoft, auf den Sie problemlos zugreifen können, sofern eine Verbindung zum Internet besteht. Diese Auslagerung der Hilfe bietet Ihnen den entscheidenden Vorteil, dass Sie in Outlook auch nach Themen aus anderen Office-Programmen suchen können.

Die wichtigste Suchfunktion für Hilfethemen ist die Schaltfläche *Frage hier eingeben* in der Menüleiste von Outlook 2007. Wenn Sie damit nicht fündig werden, können Sie es über die Suchfunktion in oder über das Inhaltsverzeichnis der Outlook-Hilfe versuchen.

HINWEIS Falls Sie bereits mit früheren Versionen von Outlook gearbeitet haben und sich fragen, wo Sie den Office-Assistenten finden: Den Office-Assistenten gibt es in 2007 Microsoft Office System nicht mehr.

Hilfe zu einem Thema suchen

Erfahren Sie nun, wie Sie Hilfe zu einem Thema suchen, wie Sie eine Suche wiederholt anwenden und wie Sie das Hilfe-Fenster allgemein einsetzen.

Die gezielte Suche in der Outlook-Hilfe

Die wichtigste Funktion für die Suche nach Informationen ist die Schaltfläche *Frage hier eingeben* am rechten Rand der Menüleiste von Outlook. Über diese Schaltfläche können Sie bequem nach Hilfethemen suchen oder bereits durchgeführte Suchen erneut anwenden. Nachdem Sie ein Hilfethema gefunden haben, können Sie das Fenster *Outlook-Hilfe* schließen oder länger geöffnet lassen.

Gehen Sie folgendermaßen vor, wenn Sie über die Schaltfläche *Frage hier eingeben* nach Informationen zu einem bestimmten Thema suchen möchten (beispielsweise zur Suche nach einem Kontakt):

1. Klicken Sie in das Feld *Frage hier eingeben* in der Menüleiste von Outlook und geben Sie Ihre Frage ein. Bei der Frage kann es sich um ein einzelnes Stichwort oder um mehrere Stichwörter, wie z.B. »Kalender freigeben«, oder um eine vollständige Frage handeln, wie z.B. »Wie stelle ich meinen Kalender anderen Benutzern zur Verfügung?« (siehe Abbildg. 3.1).

Abbildg. 3.1 Eine Anfrage an die Outlook-Hilfe stellen

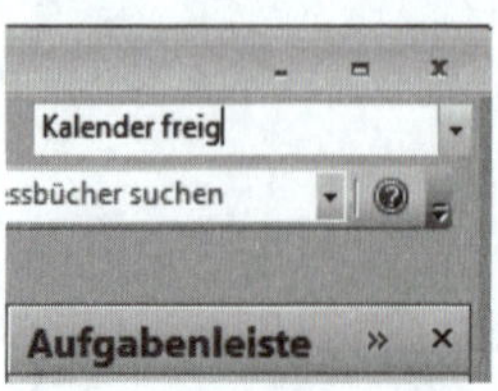

2. Drücken Sie die [↵]-Taste.

HINWEIS Besteht keine Verbindung zum Internet, blendet sich das Fenster *Wählverbindung* ein, über das Sie eine Verbindung zum Internet herstellen können. Ohne Verbindung zum Internet kann nur in der Offline-Hilfe nach Antworten gesucht werden, die auf dem lokalen Datenträger Ihres Computers gespeichert ist.

3. Es öffnet sich das Fenster *Outlook-Hilfe*, in dem Hyperlinks zu den ersten 25 Hilfeseiten aufgelistet werden, die zu Ihrer Frage gefunden wurden (siehe Abbildg. 3.2). Zusätzlich wird angegeben, wie viele Ergebnisse insgesamt zu Ihrer Suchanfrage gefunden wurden. Gehen Sie die einzelnen Ergebnisse durch und prüfen Sie, welche Ergebnisse zu Ihrer Anfrage am besten passen. Über die Bildlaufleiste am rechten Fensterrand gelangen Sie zu weiter unten liegenden Suchergebnissen.

Abbildg. 3.2 Die Suchergebnisse auf Ihre Anfrage im Fenster *Outlook-Hilfe*

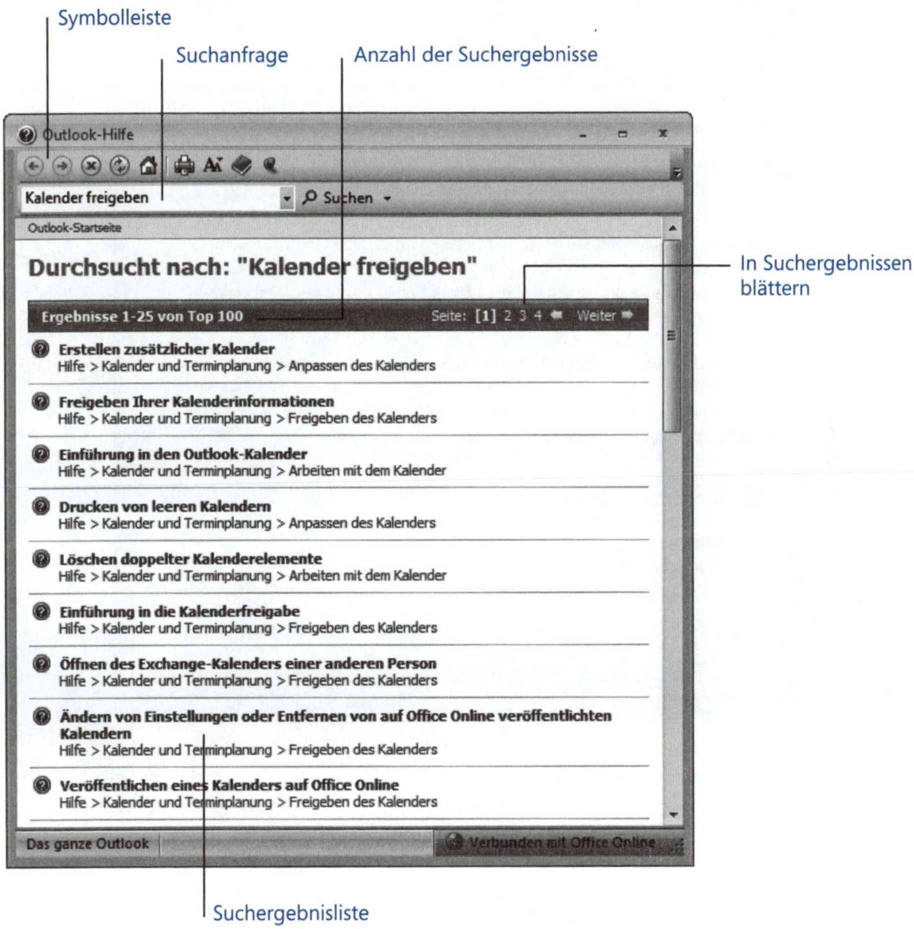

4. Über die Schaltfläche *Weiter* in der blauen Leiste am oberen Rand des Hilfefensters bzw. über die gelbe Pfeilschaltfläche *Gehe zur nächsten Seite* wechseln Sie jeweils zur nächsten Seite der Suchergebnisse. Über die Schaltfläche *Gehe zur vorherigen Seite* blättern Sie zurück zur vorherigen Seite.

5. Um gezielt eine bestimmte Seite innerhalb der Suchergebnisse anzuzeigen, klicken Sie auf die entsprechende Seitenzahl. Die aktuelle Seite wird mit einer eckigen Klammer gekennzeichnet.
6. Klicken Sie auf den passenden Eintrag in der Liste der Suchergebnisse, um das entsprechende Thema im Hilfefenster von Outlook 2007 zu öffnen.
7. Nun wird statt der Suchergebnisse das Hilfethema angezeigt. Die Symbolleiste der Outlook-Hilfe und die Liste der Suchkriterien bleiben jedoch vorhanden (siehe Abbildg. 3.3).

Abbildg. 3.3 Ein Hilfethema in der Outlook-Hilfe

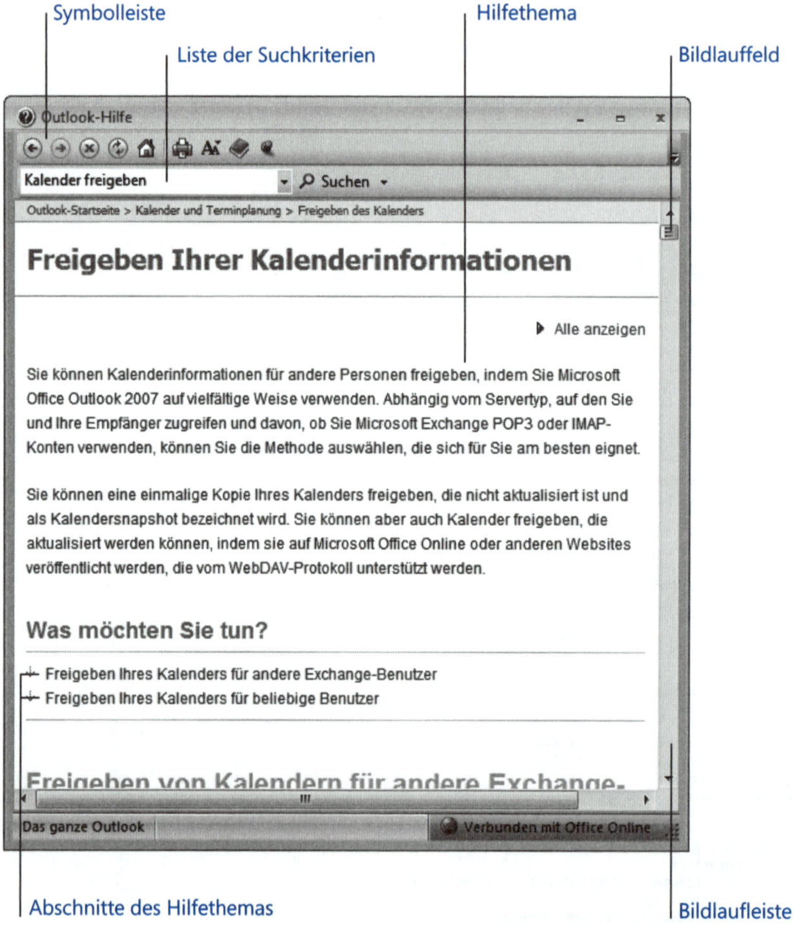

8. Am Anfang jedes Hilfethemas finden Sie eine Übersicht über die einzelnen Abschnitte der Seite. Sie haben nun zwei Möglichkeiten, den Hilfetext durchzugehen. Beispielsweise können Sie sich in der Seite nach unten und nach oben bewegen, indem Sie das Bildlauffeld in der Bildlaufleiste am rechten Fensterrand nach unten oder oben ziehen. Diese Vorgehensweise ist sinnvoll, wenn Sie allgemein durchsehen möchten, was an Hilfeinformationen angeboten wird.

Grundlagen

Freigeben

9. Benötigen Sie nur Informationen zu einem ganz bestimmten Abschnitt, ist es sinnvoller, direkt zu diesem Abschnitt zu springen. Klicken Sie dazu auf die Abschnittsbezeichnung am Anfang der Hilfeseite. Der Mauszeiger nimmt dabei die Form einer Hand mit ausgestrecktem Zeigefinger an. Daraufhin wird das Hilfethema ab der Position gezeigt, an der sich das Bildlauffeld befindet oder ab der der Abschnitt mit der von Ihnen angeklickten Überschrift beginnt. In der Regel finden Sie am Anfang jedes Abschnitts eine weitere Übersicht über die Unterabschnitte, bei denen es sich entweder um allgemeine Informationen oder um Schrittanleitungen handelt. Wie die Hauptabschnitte des Hilfethemas können Sie über die Bildlaufleiste zu den einzelnen Unterabschnitten gelangen oder durch Anklicken der Abschnittsbezeichnung die Schrittanleitung oder Erklärung direkt einblenden (siehe Abbildg. 3.4).

Abbildg. 3.4 Unterabschnitte der Outlook-Hilfe einblenden

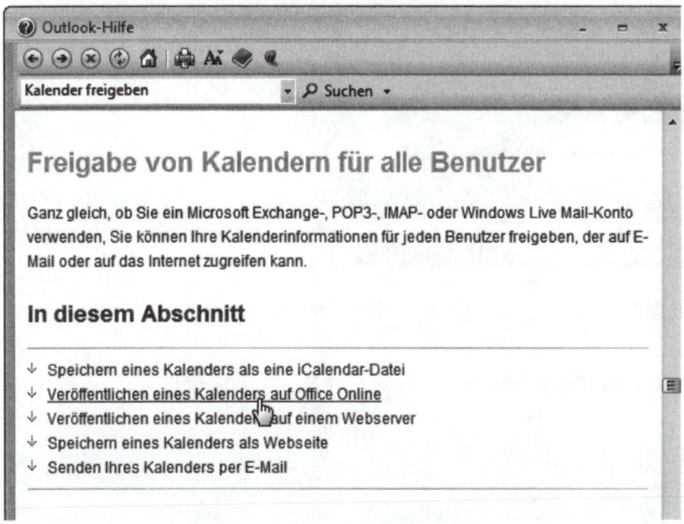

Seitenanfang

10. Um wieder an den Seitenanfang zurückzukehren, ziehen Sie das Bildlauffeld in der Bildlaufleiste ganz nach oben oder klicken Sie auf den Link *Seitenanfang*. Klicken Sie auf eine der Überschriften, um den entsprechenden Abschnitt des Themas einzublenden. Innerhalb jedes Abschnitts gibt es ebenfalls Übersichten über die Themen, die in dem Abschnitt behandelt werden. Per Mausklick auf die Unterüberschriften gelangen Sie direkt zu diesen Abschnitten.

x

11. Benötigen Sie die Outlook-Hilfe nicht mehr, klicken Sie auf die *Schließen*-Schaltfläche in der rechten oberen Ecke des Fensters *Microsoft Office Outlook-Hilfe*. Um den Aufgabenbereich *Suchergebnisse* auszublenden, wählen Sie den Befehl *Ansicht/Symbolleisten/Aufgabenbereich*.

Konnten Sie kein passendes Hilfethema finden, versuchen Sie die Frage umzuformulieren oder geben Sie zusätzliche Stichwörter ein. Solange die Outlook-Hilfe geöffnet ist, können Sie die Frage auch direkt in die Liste der Suchkriterien eingeben.

Die Outlook-Hilfe durchstöbern

Suchen Sie nicht nach Hilfe zu einem ganz bestimmten Thema, sondern wollen Sie sich allgemein über ein Thema informieren und nachsehen, was Outlook hierzu zu bieten hat oder wollen Sie sich über die Neuerungen von Outlook 2007 informieren, gehen Sie wie folgt vor:

1. Öffnen Sie die Outlook-Hilfe per Tastendruck auf die Taste [F1], klicken Sie in der Symbolleiste auf die Schaltfläche *Microsoft Office Outlook-Hilfe* oder wählen Sie im Menü *?* den Befehl *Microsoft Office Outlook-Hilfe*.
2. Es öffnet sich die Outlook-Hilfe mit einer Übersicht zu den wichtigen Outlook-Themen (siehe Abbildg. 3.5). Um mehr zu einem bestimmten Thema zu erfahren, wie z.B. zum Thema *Sicherheit und Datenschutz*, klicken Sie auf die entsprechende Themenbezeichnung.

Abbildg. 3.5 Wichtige Themen in der Outlook-Hilfe

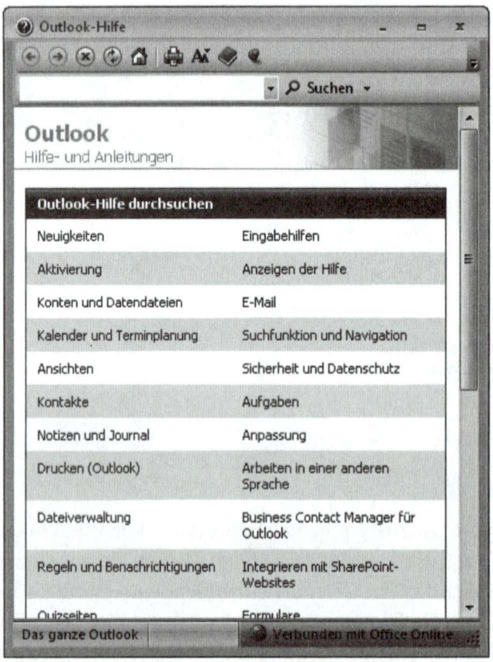

HINWEIS Hilfethemen, die Sie bereits einmal aufgesucht haben, werden in violetter Schrift angezeigt.

3. Die Outlook-Hilfe listet nun alle Unterkategorien dieses Themas auf. Klicken Sie auf das Thema, zu dem Sie mehr erfahren möchten, wie z.B. auf das Thema *Optimale Methoden für den Schutz vor Viren*. Die Outlook-Hilfe zeigt das Hilfethema an und Sie können es lesen.

4. Um zu weiter unten liegenden Abschnitten zu gelangen, ziehen Sie das Bildlauffeld in der Bildlaufleiste nach unten. Um Abschnitte weiter oben auf der Seite zu lesen, ziehen Sie das Bildlauffeld wieder nach oben.

HINWEIS Am Ende jeder Hilfeseite finden Sie einen Bereich *Waren diese Informationen hilfreich?* Falls Sie Microsoft bei der Verbesserung seiner Produkte unterstützen möchten, können Sie per Mausklick auf die entsprechende Schaltfläche angeben, ob Ihnen die Information weitergeholfen hat. Andernfalls brauchen Sie diesen Bereich nicht weiter zu berücksichtigen.

5. Um zur vorherigen Seite der Outlook-Hilfe zurückzukehren, klicken Sie in der Symbolleiste der Outlook-Hilfe auf die Schaltfläche *Zurück*.

6. Um wieder zur Seite zu wechseln, die Sie zuvor betrachtet haben, klicken Sie in der Symbolleiste der Outlook-Hilfe auf die Schaltfläche *Weiter*.

7. Um zur Startseite zurückzukehren, klicken Sie in der Symbolleiste der Outlook-Hilfe auf die Schaltfläche *Start*. Es wird nun wieder die Inhaltsübersicht geladen, von der Sie ursprünglich starteten.

PROFITIPP

Unterhalb der Liste der Suchkriterien der Outlook-Hilfe wird der Pfad angezeigt, in dem Sie sich innerhalb der Outlook-Suche befinden. Mit einem Mausklick können Sie zur jeweils übergeordneten Ebene oder zur Hauptebene wechseln, der Outlook-Startseite (siehe Abbildg. 3.6).

Abbildg. 3.6 Die Pfadangabe unterhalb der Liste der Suchkriterien

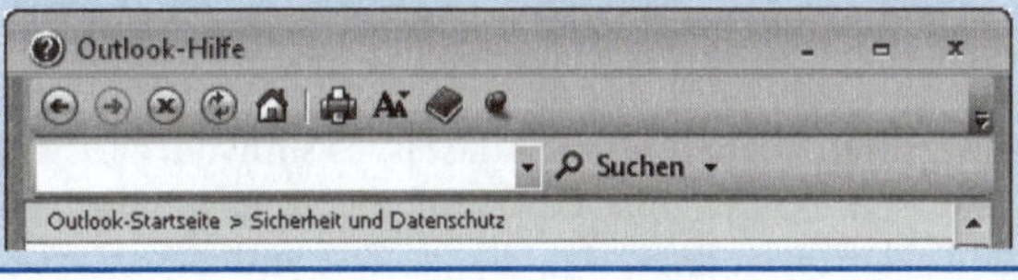

8. Um die Hilfe zu schließen, klicken Sie auf die *Schließen*-Schaltfläche in der rechten oberen Fensterecke.

Die Suche wiederholen

Haben Sie einen Suchbegriff einmal in das Feld *Frage hier eingeben* oder in das Suchfeld in der Outlook-Hilfe einmal eingetragen, können Sie diese Suche zu einem späteren Zeitpunkt jederzeit mit einem Mausklick wiederholen. Gehen Sie dazu wie folgt vor:

1. Öffnen Sie die Outlook-Hilfe, falls Sie nicht bereits geöffnet ist, mit einem Tastendruck auf die F1-Taste oder mit einem Mausklick auf die Schaltfläche *Microsoft Office Outlook-Hilfe* in der Symbolleiste.

Abbildg. 3.7 Eine Suche wiederholt durchführen

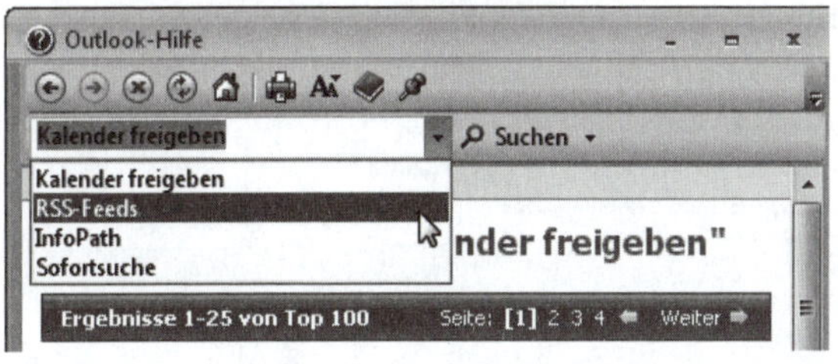

2. Dann klicken Sie auf den Abwärtspfeil am rechten Rand des Suchfelds und wählen einen der Suchbegriffe aus der Liste aus (siehe Abbildg. 3.7).
3. Die Outlook-Hilfe lädt nun die Liste der Hilfethemen, die zum Suchbegriff passen. Sie können die Hilfethemen nun durchgehen, wie bei der ersten Suche.

4. Schließen Sie das Fenster der Outlook-Hilfe mit einem Mausklick auf die *Schließen*-Schaltfläche in der rechten oberen Hilfe, wenn Sie es nicht mehr benötigen.

Erklärungen für Fachbegriffe nutzen

Die Outlook-Hilfe enthält viele Fachbegriffe, die manchem Nutzer bekannt sein mögen, anderen Nutzern hingegen nicht. Um jedem Bedürfnis gerecht zu werden, gibt es für alle Fachbegriffe eine Erklärung, die bei Bedarf eingeblendet werden kann. Fachbegriffe erkennen Sie an der roten Schrift, und Sie können die Erklärung mit einem Mausklick auf den Begriff einblenden. Der Mauszeiger nimmt dabei die Form einer Hand mit ausgestrecktem Zeigefinger an. Die Erklärung wird als Text in roter Schrift angezeigt. Klicken Sie nochmals auf den Fachbegriff, um die Erklärung wieder auszublenden.

PROFITIPP

Haben Sie eine Erklärung bereits einmal eingeblendet, verändert sich die Schriftfarbe des Fachbegriffs. Der Begriff wird jetzt in blauer Schrift angezeigt.

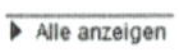

Kennen Sie sich mit technischen Begriffen überhaupt nicht aus, ist es sinnvoll, alle Erklärungen für Fachbegriffe automatisch einzublenden. Klicken Sie dazu auf die Angabe *Alle anzeigen* (siehe Abbildg. 3.8). Es werden nun alle Erklärungen angezeigt, die im Text enthalten sind. Die Bezeichnung *Alle anzeigen* wird durch *Alle ausblenden* ersetzt. Um die Erklärungen wieder auszublenden, klicken Sie nochmals auf die Bezeichnung *Alle ausblenden*.

Abbildg. 3.8 Hilfethema mit eingeblendeten Erklärungen

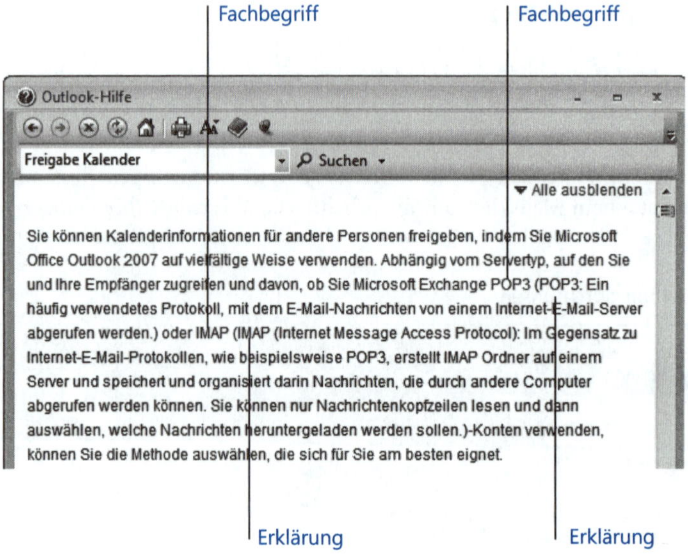

Mit dem Hilfefenster arbeiten

Wenn Sie die Hilfe aktivieren, wird sie zunächst im Vordergrund angezeigt. Es ist jedoch jederzeit problemlos möglich, zum Outlook-Fenster zu wechseln. Außerdem können Sie bei Bedarf die Größe und Position des Hilfefensters anpassen, das Hilfefenster ein- und ausblenden und festlegen, ob das Hilfefenster immer im Vordergrund angezeigt werden soll oder nicht. Ist Ihnen der Hilfetext am Bildschirm zu klein, können Sie den Schriftgrad mit einem Mausklick anpassen. Soll hingegen mehr Text auf der Seite angezeigt werden, verkleinern Sie den Schriftgrad ganz einfach.

Das Hilfefenster aus- und einblenden

Wollen Sie, nachdem Sie sich mit der nötigen Hilfe versorgt haben, das Gefundene gleich in Outlook ausprobieren, sicherheitshalber das Hilfethema jedoch nicht geöffnet halten, blenden Sie das Hilfefenster einfach aus und wieder ein, sobald Sie es benötigen.

1. Um das Hilfefenster auszublenden, klicken Sie in der rechten oberen Fensterecke auf die Schaltfläche *Minimieren*. Die Outlook-Hilfe wird nun auf Schaltflächengröße verkleinert und in der Taskleiste von Windows abgelegt. Das Outlook-Fenster ist im Vordergrund und komplett sichtbar.
2. Um die Outlook-Hilfe wieder einzublenden, klicken Sie auf die Schaltfläche *Outlook-Hilfe* in der Taskleiste (siehe Abbildg. 3.9).

Abbildg. 3.9 Die Outlook-Hilfe als Schaltfläche

3. Das Hilfefenster wird nun wieder eingeblendet und steht im Vordergrund.

Das Hilfefenster immer im Vordergrund anzeigen

Das Hilfefenster wird bei allen Microsoft Office-Anwendungen im Vordergrund angezeigt. Das heißt, die Programmfenster von Microsoft Office-Anwendungen lassen sich nicht über das Hilfefenster verschieben, ohne dass das Hilfefenster automatisch in den Vordergrund kommt. Stört Sie das, können Sie die Einstellung anpassen und dafür sorgen, dass das Hilfefenster nicht mehr im Vordergrund steht. Gehen Sie dazu wie folgt vor:

1. Öffnen Sie die Outlook-Hilfe, falls sie nicht bereits geöffnet ist, mit einem Mausklick auf die Schaltfläche *Microsoft Office Outlook-Hilfe* in der Symbolleiste oder mit einem Tastendruck auf F1.

2. Klicken Sie die Schaltfläche *Nicht im Vordergrund* an, um dafür zu sorgen, dass sich die Fenster von Microsoft Office-Anwendungen über das Hilfefenster schieben lassen.

3. Soll die Outlook-Hilfe immer im Vordergrund angezeigt werden, klicken Sie auf die Schaltfläche *Im Vordergrund anzeigen* in der Symbolleiste.

Die Größe und Position des Hilfefensters verändern

Das Hilfefenster lässt sich ganz leicht am Bildschirm verschieben. Ist Ihnen das Fenster zu groß oder zu klein, können Sie bequem die Größe anpassen.

- Die Outlook-Hilfe verschieben

  Die Outlook-Hilfe lässt sich ganz leicht auf dem Desktop verschieben. Sie brauchen dazu nur auf die Titelleiste zu klicken und die Outlook-Hilfe mit gedrückter linker Maustaste an die gewünschte neue Position zu ziehen.

- Die Fenstergröße anpassen

  Um die Fenstergröße anzupassen, klicken Sie mit der linken Maustaste auf die rechte untere Ecke des Fensters *Outlook-Hilfe* und ziehen die Maus mit gedrückter linker Maustaste nach rechts unten, um das Fenster zu vergrößern, oder nach links oben, um es zu verkleinern.

Den Schriftgrad der Hilfetexte anpassen

Standardmäßig ist in der Outlook-Hilfe eine mittlere Schriftgröße voreingestellt. Sagt Ihnen die Schriftart nicht zu, in der die Hilfetexte angezeigt werden, können Sie ihn ganz leicht mit einem Mausklick ändern. Gehen Sie dazu wie folgt vor:

1. Klicken Sie in der Symbolleiste der Outlook-Hilfe auf die Schaltfläche *Schriftgrad ändern.*
2. Es öffnet sich ein Dropdown-Listenfeld, aus dem Sie die gewünschte Schriftgröße mit einem Mausklick auswählen (siehe Abbildg. 3.10).

Abbildg. 3.10 Den Schriftgrad der Hilfetexte anpassen

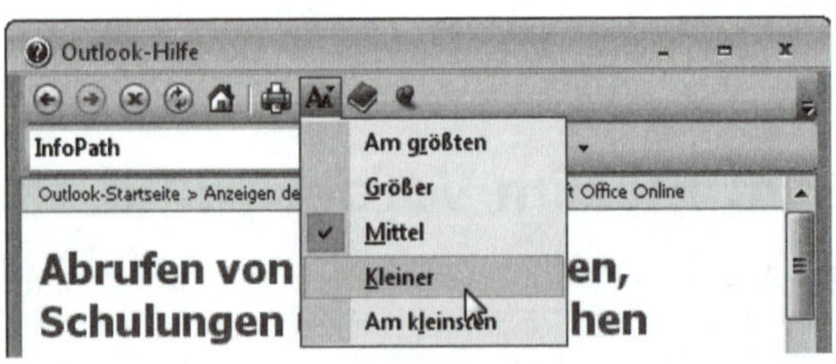

3. Der Schriftgrad der Hilfetexte wird nun automatisch angepasst. Haben Sie einen größeren Schriftgrad gewählt, ist jetzt weniger Hilfetext im Fenster der Outlook-Hilfe zu sehen, haben Sie einen kleineren Schriftgrad gewählt, ist jetzt mehr Text zu sehen.
4. Um die Hilfetexte wieder in ihrer ursprünglichen Größe anzuzeigen, klicken Sie erneut auf die Schaltfläche *Schriftgrad ändern* und wählen die Größe *Mittel.*

Hilfethemen drucken

Fällt es Ihnen leichter, eine Schritt-für-Schritt-Anleitung auf dem Papier als am Bildschirm nachzuvollziehen oder wollen Sie allgemeine Informationen lieber auf dem Papier nachlesen, können Sie ein Hilfethema auch einfach ausdrucken. Gehen Sie dazu wie folgt vor:

1. Öffnen Sie das Hilfethema, das Sie drucken möchten, in der Outlook-Hilfe.

2. Klicken Sie in der Symbolleiste der Outlook-Hilfe auf die Schaltfläche *Drucken*.
3. Es öffnet sich das gleichnamige Dialogfeld (siehe Abbildg. 3.11). Als Drucker ist der Standarddrucker ausgewählt. Mit einem Mausklick können Sie bei Bedarf einen anderen Drucker wählen.

Abbildg. 3.11 Einen Hilfetext ausdrucken

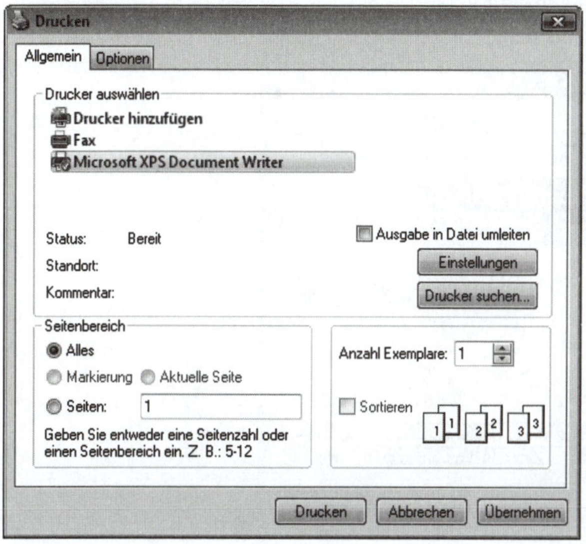

4. Unter *Seitenbereich* können Sie festlegen, ob alles gedruckt werden soll oder ob Sie nur eine bestimmte Seite drucken möchten. Um alles zu drucken, belassen Sie die Option *Alles* aktiviert. Wollen Sie nur eine bestimmte Seite drucken, geben Sie die Zahl in das Feld *Seiten* ein. Um mehrere Seiten zu drucken, geben Sie die erste und die letzte Seite mit einem Gedankenstrich getrennt ein.
5. Um die Anzahl der ausgedruckten Exemplare anzupassen, geben Sie die entsprechende Zahl in das Feld *Anzahl Exemplare* ein.
6. Wollen Sie ein Hilfethema und alle damit verbundenen Themen drucken, klicken Sie auf die Registerkarte *Optionen* und aktivieren Sie das Kontrollkästchen *Alle durch Links verbundenen Dokumente drucken*.
7. Klicken Sie schließlich auf die Schaltfläche *Drucken*, wird der Ausdruck wie gewohnt gestartet.

Hilfethemen kopieren

Text lässt sich aus der Outlook-Hilfe ganz leicht kopieren. Wollen Sie einen Hilfetext in eine andere Office-Anwendung übernehmen, gehen Sie wie folgt vor:

1. Öffnen Sie die Outlook-Hilfe, falls sie noch nicht bereits gestartet ist, mit einem Mausklick auf die gleichnamige Schaltfläche in der Outlook-Symbolleiste oder per Tastendruck auf F1.
2. Falls das gewünschte Hilfethema noch nicht bereits geladen ist, geben Sie einen passenden Suchbegriff in die Liste der Suchkriterien ein und drücken Sie die ↵-Taste.
3. Markieren Sie den gewünschten Text oder Begriff durch Ziehen mit der Maus (siehe Abbildg. 3.12).

Abbildg. 3.12 Hilfetexte mit der Maus kopieren

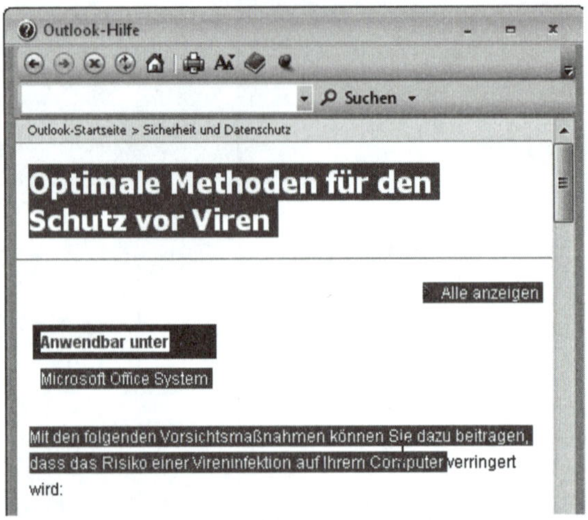

4. Drücken Sie die Tastenkombination Strg+C, um den Text in die Zwischenablage von Windows zu kopieren.
5. Öffnen Sie dann die Anwendung, in die Sie den Text einfügen möchten, wie z.B. Microsoft Office Word, platzieren Sie die Einfügemarke an der Stelle, an der der Text eingefügt werden soll, und drücken Sie die Tastenkombination Strg+V, um den Text aus der Windows-Zwischenablage in die Anwendung einzufügen.

Hilfeseiten über das Inhaltsverzeichnis finden

Zur Outlook-Hilfe gibt es ein richtiges Inhaltsverzeichnis, das wie bei Büchern hierarchisch in Themen gegliedert ist. Die einzelnen Themen haben Unterthemen, unter denen wiederum die verschiedenen Hilfedokumente zusammengefasst sind. Um zu einem Hilfethema zu gelangen, müssen Sie zunächst das Thema öffnen, indem Sie auf das vorangestellte Buchsymbol klicken. Enthält das Thema Unterthemen, klicken Sie nochmals auf das vorangestellte Buchsymbol, bis Sie schließlich zu den Hilfeseiten gelangen, die unter einem Thema aufgelistet sind. Um die Unterthemen und Hilfeseiten wieder auszublenden, klicken Sie auf das vorangestellte Symbol eines geöffneten Buches.

Mit den folgenden Schritten können Sie über das Inhaltsverzeichnis Informationen zu einem Thema finden.

1. Wählen Sie in der Symbolleiste die Schaltfläche *Microsoft Office Outlook-Hilfe* oder drücken Sie die F1-Taste.

2. Es öffnet sich die *Outlook-Hilfe*, in der Sie auf die Schaltfläche *Inhaltsverzeichnis einblenden* klicken.
3. Das Inhaltsverzeichnis wird nun am linken Rand der Outlook-Hilfe angezeigt (siehe Abbildg. 3.13) und die Schaltfläche *Inhaltsverzeichnis einblenden* wird durch die Schaltfläche *Inhaltsverzeichnis ausblenden* ersetzt.

Abbildg. 3.13 Die Outlook-Hilfe mit geöffnetem Inhaltsverzeichnis

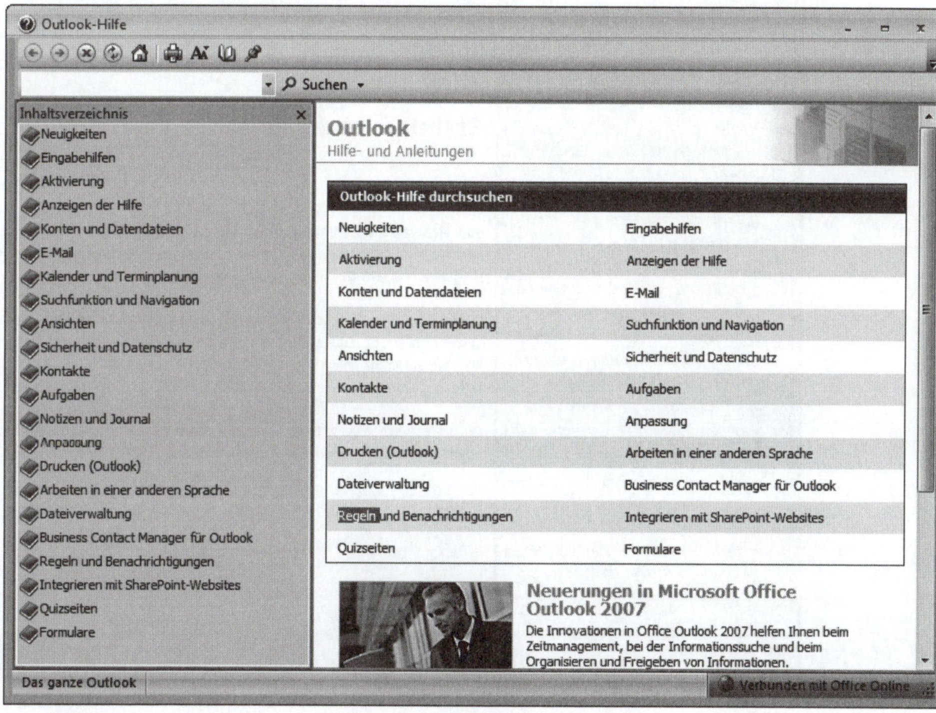

4. Klicken Sie im Inhaltsverzeichnis auf einen Eintrag, wie z.B. *Kontakte*.

5. Das »Buch« *Kontakte* öffnet sich nun, was Sie unter anderem daran erkennen können, dass das Buchsymbol durch ein geöffnetes Buch ersetzt wurde. Etwas eingerückt werden alle Unterthemen eingeblendet, was Sie an den vorangestellten Fragezeichen erkennen. Enthält ein Unterthema weitere Unterthemen, ist ihm hingegen ein Buchsymbol vorangestellt.
6. Nun klicken Sie auf eines der Unterthemen, wie z.B. auf das Thema *Elektronische Visitenkarten*.
7. Da es sich bei diesem Thema um ein Thema mit Untereinträgen handelt, werden weitere Hilfethemen aufgelistet. Klicken Sie auf das gewünschte Thema, wie z.B. *Erstellen elektronischer Visi-*

tenkarten. Wird das Hilfethema im Inhaltsverzeichnis abgeschnitten, ziehen Sie das Bildlauffeld in der horizontalen Bildlaufleiste nach rechts, um den abgeschnittenen Teil lesen zu können.

HINWEIS Falls keine Verbindung zum Internet besteht, können möglicherweise nicht alle Unterthemen angezeigt werden, da diese von Office Online auf Ihren Computer geladen werden. Stellen Sie in diesem Fall eine Verbindung zum Internet her und wählen Sie den Verbindungsstatus *Inhalte aus Office Online anzeigen.*

8. Das Hilfethema öffnet sich nun in der rechten Fensterhälfte der Outlook-Hilfe (siehe Abbildg. 3.14). Ziehen Sie das Bildlauffeld in der Bildlaufleiste am rechten Fensterrand nach unten, um den kompletten Hilfetext lesen zu können, oder zurück zum Seitenanfang.

Abbildg. 3.14 Ein Hilfethema über das Inhaltsverzeichnis öffnen

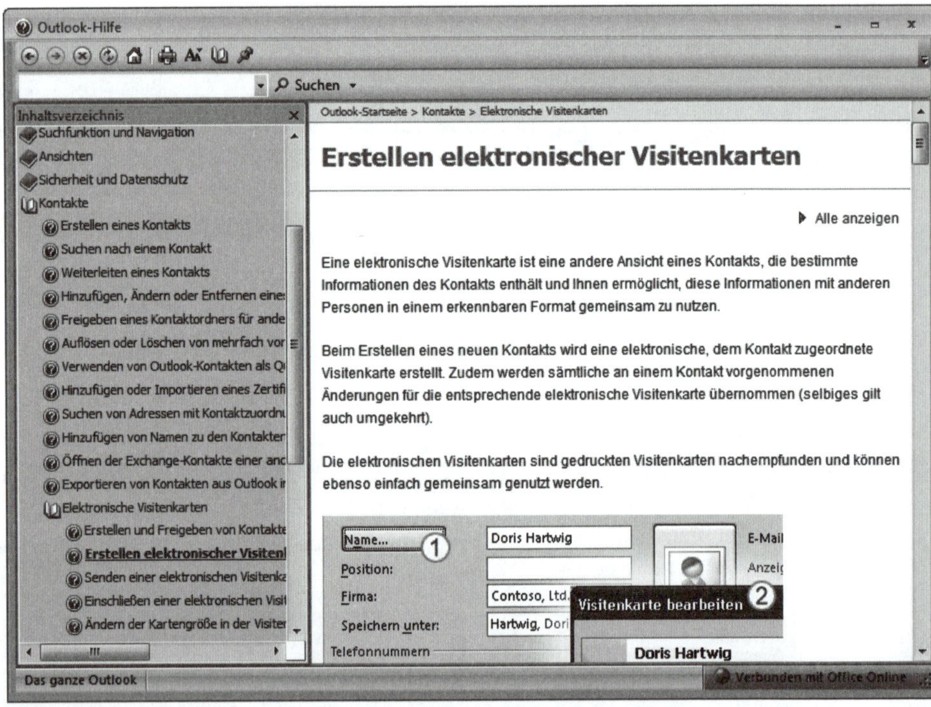

9. Am unteren Rand der Seite finden Sie unter der Rubrik *Siehe auch* möglicherweise Links zu weiteren relevanten Hilfethemen. Klicken Sie auf einen der Links, um das Thema zu öffnen.

10. Über die Schaltflächen *Zurück* in der Symbolleiste der Outlook-Hilfe oder mit einem Mausklick auf das Thema im Inhaltsverzeichnis können Sie jederzeit zum Hilfethema zurückkehren, das Sie zuvor betrachtet haben.

11. Wollen Sie zu einem weiteren Hilfethema wechseln, das nichts mit dem bisherigen zu tun hat, wie z.B. zum Thema *Drucken*, schließen Sie zunächst das aktuelle Thema, *Kontakte*, mit einem Mausklick. Dann öffnen Sie das nächste Thema ebenfalls mit einem Mausklick, wie z.B. das Thema *Drucken*.

12. Die Unterthemen des Themas *Drucken* werden nun eingeblendet. Wollen Sie sich über eines dieser Themen informieren, wie z.B. über das Thema *Installieren eines neuen Druckers*, klicken Sie es einfach mit der Maus an. Das Hilfethema wird nun in der rechten Fensterhälfte der Outlook-Hilfe angezeigt.

13. Schließen Sie das Inhaltsverzeichnis mit einem Mausklick auf die Schaltfläche *Inhaltsverzeichnis ausblenden* in der Symbolleiste der Outlook-Hilfe oder auf die *Schließen*-Schaltfläche im Bereich *Inhaltsverzeichnis*.
14. Schließen Sie die *Outlook-Hilfe* über die *Schließen*-Schaltfläche in der rechten oberen Ecke.

Die Hilfeinhalte wählen

Sie können frei wählen, ob die Outlook-Hilfe Hilfethemen anzeigt, die auf Ihrem Computer gespeichert sind, oder Hilfethemen von Office Online. Ist Ihr Computer über eine permanente Verbindung mit dem Internet verbunden, ist es sinnvoll, die Onlineinhalte der Hilfe zu nutzen, da der Umfang der Hilfeinformationen gegenüber den auf dem Computer gespeicherten Themen viel größer ist. Greifen Sie hingegen über eine Wähl- oder eine nicht permanente Verbindung auf das Internet zu, ist es günstiger, nur die Hilfethemen zu nutzen, die auf dem Computer gespeichert sind, und nur bei Bedarf auf Online-Inhalte zuzugreifen.

Nur Online- oder Offlineinhalte anzeigen

Um die Outlook-Hilfe so einzurichten, dass nur Offline- oder nur Onlineinhalte angezeigt werden, gehen Sie wie folgt vor:

1. Öffnen Sie die Outlook-Hilfe mit einem Mausklick auf die Schaltfläche *Microsoft Office Outlook-Hilfe* in der Symbolleiste des Outlook-Programmfensters oder drücken Sie die F1-Taste.
2. Öffnen Sie das Menü *Verbindungsstatus* mit einem Mausklick auf die Schaltfläche in der rechten unteren Fensterecke der Outlook-Hilfe (siehe Abbildg. 3.15). In der Schaltfläche wird der aktuelle Verbindungsstatus angezeigt.

Abbildg. 3.15 Den Verbindungsstatus ändern

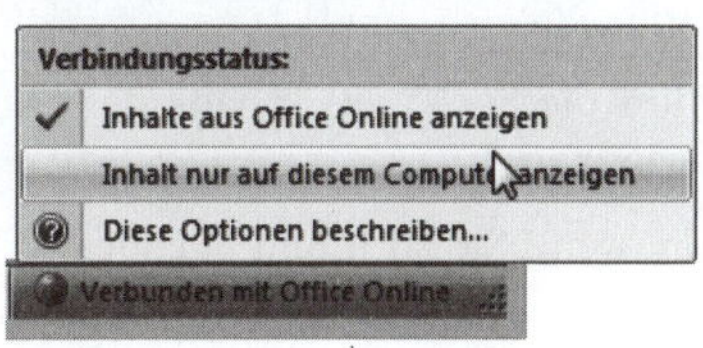

3. Es stehen drei Optionen zur Auswahl. Über *Diese Option beschreiben* öffnet sich eine Beschreibung der Funktion *Verbindungsstatus* in der Outlook-Hilfe. Über die Option *Inhalt nur auf diesem Computer anzeigen* aktivieren Sie die Offline-Hilfe, die auf Ihrem Computer gespeichert ist, über die Option *Inhalte aus Office Online anzeigen* stattdessen die Online-Hilfe, die vom Microsoft Office Online-Server auf Ihren Computer geladen wird. Sobald eine Option ausgewählt wurde, wird Sie aktiviert.

ACHTUNG Die Statusänderung, die Sie am Verbindungsstatus vornehmen, wirkt sich auf alle Hilfefenster in Microsoft Office aus. Wenn Sie also den Offlinestatus aktivieren, können Sie auch in der Hilfe von Microsoft Word oder von Microsoft Excel nicht mehr auf Office Online zugreifen, bis Sie erneut eine Änderung des Verbindungsstatus vornehmen.

Vorübergehendes Durchsuchen von Onlineinhalten

Haben Sie die Suche über die Funktion *Verbindungsstatus* auf Inhalte auf Ihrem Computer beschränkt, können Sie trotzdem bei Bedarf Inhalte von Office-Online abrufen. Gehen Sie dazu wie folgt vor:

1. Klicken Sie im Hilfefenster auf den Abwärtspfeil in der Schaltfläche *Suchen*.
2. Wählen Sie in der Liste, die sich nun öffnt, unter *Inhalte aus Office Online* eine der folgenden Optionen (siehe Abbildg. 3.16):

Abbildg. 3.16 Inhalte aus Office Online auswählen

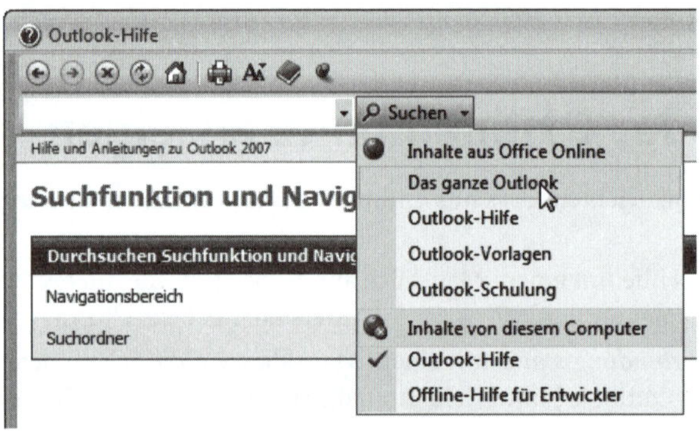

- *Das ganze Outlook.* Wählen Sie diese Option, wenn der Bereich *Outlook* von Office Online nach dem Suchbegriff durchsucht werden soll.
- *Outlook-Hilfe.* Wählen Sie diese Option, um die Suche auf Inhalte der Outlook-Hilfe zu beschränken, die unter *Office Online* gespeichert sind.
- *Outlook-Vorlagen:* Wählen Sie diese Option, wenn Sie zu Ihrem Suchbegriff eine Outlook-Vorlage suchen.
- *Outlook-Schulung:* Wählen Sie diese Option, wenn Sie zu Ihrem Suchbegriff eine Outlook-Schulung in Office Online suchen.

3. Geben Sie das gesuchte Stichwort oder die Stichwörter in die Liste der Suchkriterien ein und klicken Sie dann auf *Suchen* oder drücken Sie die [↵]-Taste, um die Suche zu starten. Anschließend werden alle Themen angezeigt, die im ausgewählten Bereich von Office Online gefunden wurden.

HINWEIS Besteht bisher noch keine Verbindung zum Internet, öffnet sich das Dialogfeld *Wählverbindung*, in dem Sie die gewünschte Internetverbindung wählen und auf die Schaltfläche *Verbinden* klicken, um eine Verbindung zum Internet herzustellen.

Vorübergehendes Durchsuchen von Offlineinhalten

Haben Sie prinzipiell die Suche in Office Online aktiviert, besteht jedoch momentan kein Zugriff auf das Internet, können Sie die nächste Suche oder die nächsten Suchen auch auf Inhalte beschränken, die auf Ihrem Computer gespeichert sind. Gehen Sie dazu wie folgt vor:

1. Klicken Sie im Hilfefenster auf den Abwärtspfeil in der Schaltfläche *Suchen.*
2. Wählen Sie in der Liste, die sich nun öffnet, unter *Inhalte von diesem Computer* die Option *Outlook-Hilfe* (siehe Abbildg. 3.17).

Abbildg. 3.17 Die auf dem Computer gespeicherte Outlook-Hilfe nutzen

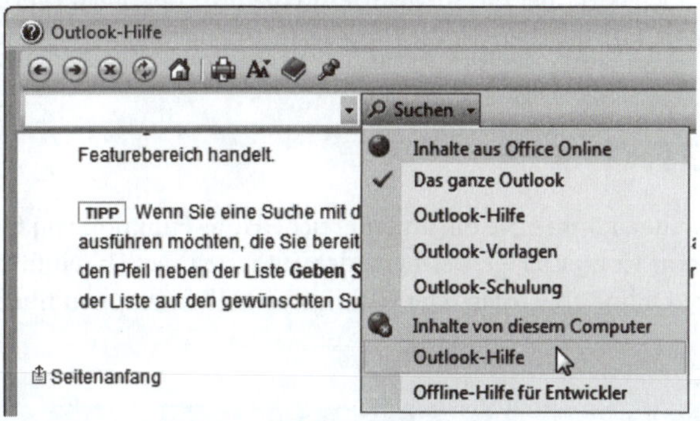

3. Geben Sie das gesuchte Stichwort oder die Stichwörter in die Liste der Suchkriterien ein und klicken Sie dann auf *Suchen* oder drücken Sie die [↵]-Taste, um die Suche zu starten.

HINWEIS Der Verbindungsstatus in der rechten unteren Ecke des Hilfe-Fensters wird durch diese Wahl automatisch auf *Offline* gesetzt.

Hilfe für Entwickler

Unter der Rubrik *Inhalte von diesem Computer* bietet die Outlook-Hilfe eine spezielle Rubrik an Hilfethemen für Entwickler. Suchen Sie speziell nach Entwicklerthemen, sollten Sie die Suche auf diesen Bereich der Outlook-Hilfe beschränken. Um die Hilfethemen für Entwickler zu nutzen, gehen Sie wie folgt vor:

1. Klicken Sie im Hilfefenster auf den Abwärtspfeil in der Schaltfläche *Suchen.*
2. Wählen Sie im Bereich *Inhalte von diesem Computer* die Option *Offline-Hilfe für Entwickler.*
3. Die verfügbaren Kategorien von Hilfethemen werden nun im Hilfefenster angezeigt (siehe Abbildg. 3.18).

Abbildg. 3.18 Die Entwicklerreferenz in der Outlook-Hilfe

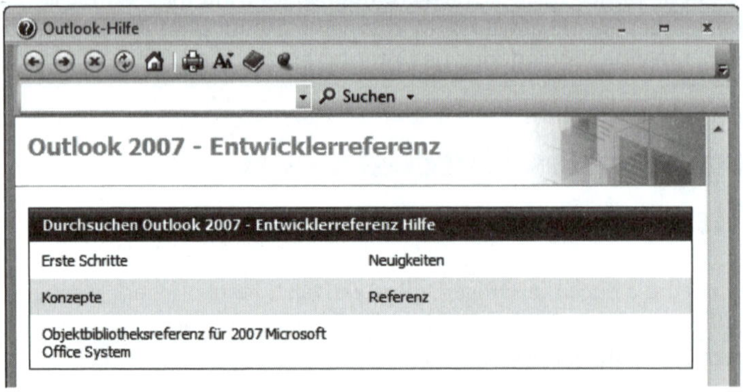

4. Klicken Sie nun die Kategorie an, über die Sie sich informieren möchten, und wählen Sie anschließend das entsprechende Unternehmen. Über die Schaltflächen *Zurück* und *Weiter* in der Symbolleiste der Outlook-Hilfe wechseln Sie zu vorherigen und zu nachfolgenden Themen.

5. Geben Sie das gesuchte Stichwort oder die Stichwörter in die Liste der Suchkriterien ein und klicken Sie dann auf *Suchen*. Oder drücken Sie die [↵]-Taste, um die Suche zu starten.

Zusammenfassung

Kommen Sie einmal nicht weiter, können Sie die umfangreiche Hilfe-Funktion von Outlook nutzen. Viele Themen sind auf Ihrem Computer gespeichert, der Hauptteil der Hilfeinformationen wird jedoch von Microsoft Office Online abgerufen. Die wichtigsten Hilfefunktionen finden Sie nachfolgend im Überblick.

Sie möchten ...	So gehen Sie vor	Sehen Sie sich dazu das Beispiel an auf Seite
Hilfe zu einem bestimmten Thema suchen	Klicken Sie das Feld *Frage hier eingeben* an, geben Sie eines oder mehrere Stichwörter zum gesuchten Hilfethema ein und drücken Sie dann die [↵]-Taste	116
die Outlook-Hilfe allgemein durchsehen	Drücken Sie die [F1]-Taste und wählen Sie dann das gewünschte Thema mit einem Mausklick	120
das Hilfefenster aus- und einblenden	Klicken Sie auf die Schaltfläche *Minimieren* in der rechten oberen Fensterecke, um das Hilfefenster auszublenden, und anschließend auf die Schaltfläche *Outlook-Hilfe* in der Taskleiste, um das Hilfe-Fenster wieder einzublenden	123
Hilfethemen drucken	Öffnen Sie das Hilfethema, das Sie drucken möchten, und klicken Sie in der Symbolleiste der Outlook-Hilfe auf die Schaltfläche *Drucken*	125

Sie möchten ...	So gehen Sie vor	Sehen Sie sich dazu das Beispiel an auf Seite
Hilfeseiten über das Inhaltsverzeichnis öffnen	Öffnen Sie die Outlook-Hilfe über die Taste [F1]. Klicken Sie dann auf die Schaltfläche *Inhaltsverzeichnis einblenden* und wählen Sie im Inhaltsverzeichnis das gewünschte Hilfethema.	126
die Art der Hilfeinhalte ändern	Öffnen Sie die Outlook-Hilfe über die Taste [F1]. Klicken Sie dann auf die Schaltfläche in der rechten unteren Fensterecke, um das Dropdown-Menü *Verbindungsstatus* zu öffnen, und wählen Sie die gewünschte Art von Verbindung aus.	129

Teil B

Kommunikation leicht gemacht

In diesem Teil:

In diesem Teil des Buches erfahren Sie, wie Sie E-Mails über das Internet und Microsoft Exchange Server versenden und empfangen können. Dabei werden alle wichtigen praktischen Aspekte wie die Einrichtung von E-Mail-Konten, Übermittlungsgruppen und Profilen, der Empfang, die Beantwortung und die Weiterleitung von Nachrichten, der Versand von einfachen Nachrichten, von Dateien und von Hyperlinks, der Schutz vor Junk-E-Mail, die Suche nach Nachrichten im Posteingang, die Organisation des Posteingangs, die Erstellung von Regeln, die Synchronisierung Ihrer E-Mails mit einem mobilen Gerät, die Freigabe von Anlagen in SharePoint Team Services und vieles mehr beschrieben.

- In Kapitel 4 wird erläutert, wie Sie ein oder mehrere E-Mail-Konten einrichten, bearbeiten und löschen, wie Sie Übermittlungsgruppen nutzen, um den Abruf und Versand der Nachrichten von mehreren E-Mail-Konten zu steuern und wie Sie mit

Profilen den Zugriff auf unterschiedliche Umgebungen automatisieren, wie z.B. zu Hause und am Arbeitsplatz.

- Erfahren Sie in Kapitel 5, wie Sie Nachrichten empfangen und im neuen Lesenbereich bequem lesen, wie Sie Nachrichten beantworten und weiterleiten, wie Sie Anlagen speichern und öffnen, wie Sie Hyperlinks in Nachrichten nutzen, wie Sie an Sie adressierte Nachrichten drucken und wie Sie sich vor Junk-E-Mail schützen.
- Gegenstand von Kapitel 6 sind die Suche von Nachrichten im Posteingang und der Einsatz der Organisieroptionen für den Posteingang. Sie erfahren außerdem, wie Sie Regeln für den Posteingang einrichten, wie Sie das Postfach aufräumen und mit einem mobilen Gerät synchronisieren. Außerdem werden Besonderheiten beschrieben, die Sie speziell bei Outlook als Exchange-Client beachten müssen.
- In Kapitel 7 erfahren Sie, wie Sie Nachrichten erstellen und versenden, wie Sie Anlagen an Ihre E-Mails anhängen, wie Sie Ihre Office-Dokumente per E-Mail versenden, ohne Outlook dazu öffnen zu müssen, wie Sie freigegebene Anlagen mit SharePoint Team Services erzeugen, wie Sie den Überblick über Ihre gesendeten Nachrichten behalten und wie Sie Ihre HTML-Nachrichten selbst oder mit Briefpapier grafisch ansprechend gestalten.
- Thema von Kapitel 8 sind Nachrichtenoptionen wie der Versand vertraulicher oder persönlicher E-Mails, der Übermittlung sicherer Nachrichten, die Zurückstellung des Nachrichtenversands und die Anforderung einer Übermittlungs- und einer Lesebestätigung. Außerdem erfahren Sie, wie Sie Signaturen erstellen und verwenden und welche Besonderheiten Sie bei Outlook als Exchange-Client beachten müssen.

Kapitel 4

E-Mail-Konten, Datendateien etc.

In diesem Kapitel:

Um über E-Mails kommunizieren zu können, benötigen Sie ein E-Mail-Konto. Solche E-Mail-Konten werden von Internetdienstanbietern, von einem reinen E-Mail-Anbieter wie Hotmail oder von einer Organisation angeboten. Sobald Sie ein E-Mail-Konto besitzen, können Sie es in Outlook einrichten und nutzen, um darüber E-Mails zu senden und zu empfangen.

Falls Sie beim ersten Start von Outlook noch kein E-Mail-Konto eingerichtet haben oder falls Sie mehrere E-Mail-Konten benötigen, erfahren Sie nun, wie Sie E-Mail-Konten bequem einrichten und wie Sie die Senden-Empfangen-Gruppen von Outlook nutzen, um festzulegen, welche E-Mail-Konten bei der Übertragung standardmäßig genutzt werden.

Allgemeines zu E-Mail-Konten

An Sie adressierte E-Mails gelangen zunächst in den Posteingang auf dem Posteingangsserver und werden, sobald Sie die E-Mails mit Outlook empfangen, in den Outlook-Posteingang auf Ihrem PC kopiert. Die E- Mails, die Sie versenden, werden zunächst in den Outlook-Postausgang auf Ihrem PC verschoben und dann in Ihren Postausgang auf dem Postausgangsserver Ihres E-Mail-Anbieters kopiert. Von dort aus werden sie über das Internet oder das lokale Netzwerk an den Empfänger weitergeleitet. Es gibt verschiedene Arten von E-Mail-Server, die sich in ihrem Leistungsumfang und ihrer Funktionsweise unterscheiden. Von Outlook werden in erster Linie die Servertypen POP3, IMAP, Exchange Server und HTTP unterstützt. Outlook kann jedoch auch als E-Mail-Client für andere E-Mail-Server eingesetzt werden. Prinzipiell können Sie mehrere E-Mail-Konten einrichten, die sich vom Kontentyp her unterscheiden können. Sie können also gleichzeitig eines oder mehrere POP3-Konten für den Zugriff auf Ihre privaten E-Mails, ein Exchange Server-Konto für die Kommunikation mit Kollegen in Ihrer Organisation, ein HTTP-Konto für den Zugriff auf Ihr Hotmail- oder ein anderes Webmail-Konto und ein Konto für den Zugriff auf andere Servertypen einrichten.

HINWEIS Wenn Sie einen Internetzugang bei einem Internetdienstanbieter, wird vom Internetdienstanbieter automatisch ein E-Mail-Konto für Sie eingerichtet. Um per E-Mail kommunizieren zu können, benötigen Sie jedoch nicht unbedingt einen eigenen Zugriff zum Internet. Irgendein Zugang zum Internet reicht aus. Dies kann der Internetzugang an Ihrem Arbeitsplatz oder an der Universität sein oder ein öffentlicher Zugang wie in einem Internet-Cafe oder einer Bibliothek. Denn sobald Sie Zugriff auf das Internet haben, können Sie bei einem Freemail-Anbieter wie Hotmail (*www.hotmail.de*), GMX (*www.gmx.de*) und Web.de (*web.de*) ein E-Mail-Konto einrichten und Ihre E-Mails über Outlook empfangen und versenden. Bei Hotmail sollten Sie allerdings daran denken, dass Sie ein kostenpflichtiges Hotmail.Plus-Konto benötigen, um Ihre E-Mails mit Outlook verwalten zu können.

Falls Sie einen öffentlichen PC oder einen PC nutzen, zu dem mehrere Personen Zugang haben, ist es sinnvoller, E-Mails über Webmail zu versenden und zu empfangen, da die E-Mails dann nicht auf dem Computer gespeichert werden. Mehr zum Thema Webmail erfahren Sie in Kapitel 6.

Bevor Sie ein E-Mail-Konto einrichten, sollten Sie prüfen, ob Sie alle benötigten Daten verfügbar haben. Sie benötigen mindestens den Benutzernamen und das Kennwort, das Sie selbst gewählt haben, und bei Exchange Server zusätzlich den Namen der Domäne. Die entsprechenden Angaben erhalten Sie von Ihrem Internet- oder Freemail-Anbieter oder – im Falle von Exchange Server – von Ihrem Netzwerkadministrator.

PROFITIPP

Wird Ihr Computer und damit auch Outlook von mehreren Personen genutzt, ist es sinnvoll, für jeden Benutzer ein Profil einzurichten. Es muss dann die Einstellung aktiviert werden, dass beim Start von Outlook die Auswahl des Profils erfolgen soll. Jeder Benutzer kann dann sein spezielles Profil laden. Mehr hierzu erfahren Sie im Abschnitt »Profile einrichten und nutzen« weiter hinten in diesem Kapitel.

Für die Übertragung eingehender E-Mails stehen drei Protokolle zur Auswahl: das althergebrachte Post Office Protocol, Version 3 (POP3), das neuere Internet Messaging Access Protokoll, Version 4 (IMAP) sowie HTTP (Hypertext Transfer Protocol), das auch für den Versand und Empfang von Webseiten benutzt wird. POP3 ist ein einfaches, aber effektives Messaging-Protokoll, das für die meisten Ansprüche beim Empfang von E-Mails auf Einzelplatzsystemen ausreicht.

POP3

Das POP3-Konto arbeitet folgendermaßen: Die auf dem Posteingangsserver eingehenden E-Mails werden so lange im Posteingang des Servers gehalten, bis sie vom Kontonutzer abgerufen werden. Eventuell angehängte Dateien werden zusammen mit den E-Mails heruntergeladen und anschließend auf dem Posteingangsserver gelöscht. Ausgehende E-Mails werden von Outlook zum Postausgangsserver und von diesem weiter an den Empfänger verschickt. Das POP3-Konto ist das E-Mail-Standardkonto, das von allen Internetdienstanbietern unterstützt wird und ohne viel Aufwand verwaltet werden kann.

IMAP

Anders als beim POP3-Konto erhalten Sie beim IMAP-Konto direkten Zugriff auf die E-Mails, die in Ihrem Postfach auf dem Posteingangsserver gespeichert sind. Sie können die E-Mails dort lesen, beantworten und weiterleiten und Sie können in Ihrem Posteingang auf dem Posteingangsserver sogar mehrere Ordner anlegen und E-Mails in diese verschieben oder kopieren. Dazu muss permanent ein Zugriff auf das Internet bestehen. Die E-Mails werden nur dann auf Ihren Computer kopiert, wenn Sie sie zum Download markieren. Anders als beim POP3-Konto bleiben E-Mails so lange auf dem Server bereitgestellt, bis sie explizit gelöscht werden. Das hat zwar den Vorteil, dass Sie E-Mails, die Sie bereits einmal abgerufen haben, zu späteren Zeitpunkten und von anderen Computern aus noch einmal abrufen können. Sie dürfen jedoch nicht vergessen, die nicht mehr benötigten E-Mails irgendwann zu löschen. Der Verwaltungsaufwand ist also erheblich höher, als beim POP3-Konto. IMAP-Konten werden nicht von allen Internetdienstanbietern angeboten. Erkundigen Sie sich vorher, ob Ihr Internetdienstanbieter IMAP-Konten unterstützt, falls Sie ein IMAP-Konto benutzen möchten.

HTTP

HTTP-Konten können Sie über Ihren Webbrowser und teilweise auch über Outlook verwalten. Sie funktionieren ähnlich wie IMAP-Konten, d.h., die E-Mails werden direkt im Posteingang auf dem Posteingangsserver verwaltet und Sie legen explizit fest, welche E-Mails auf Ihren Computer kopiert werden. Die E-Mails werden im Posteingang auf dem Posteingangsserver so lange bereitgestellt, bis Sie sie löschen. Für den Zugriff auf das HTTP-Konto und dessen Verwaltung muss eine Verbindung zum Internet bestehen. HTTP-Konten werden von vielen Freemail-Anbietern bereitgestellt.

ACHTUNG Die kostenfreien Konten, die bei Hotmail oder MSN angeboten werden, lassen sich nur über den Webbrowser und nicht über Outlook 2007 verwalten. Die Konten verfallen außerdem, wenn sie länger als drei Monate nicht genutzt werden. Möchten Sie Ihr Hotmail-Konto dauerhaft nutzen und auch über Outlook 2007 verwalten, müssen Sie sich für ein Hotmail.Plus-Konto entscheiden, das gegen eine geringe Jahresgebühr von Microsoft bereitgestellt wird. Das Hotmail.Plus-Konto bietet neben der Verwaltungsmöglichkeit über Outlook auch einen größeren Speicherplatz als das kostenfreie Konto und es können E-Mails mit sehr großen Dateianhängen empfangen werden.

Exchange Server-Konten

Exchange ist ein E-Mail-basierter Kommunikationsserver, mit dem die Kommunikation per E-Mail in Unternehmen verwaltet werden kann und der zusätzliche Dienste für die Zusammenarbeit in Unternehmen bietet. Ein Exchange-Konto können Sie nur dann einrichten, wenn Sie Zugriff auf einen Exchange Server in Ihrer Organisation haben. Für Exchange-Konten stehen in Outlook zusätzliche Features zur Verfügung, die sich insbesondere auf die Zusammenarbeit in Organisationen beziehen, wie z.B. Nutzung von Frei-/Gebucht-Informationen in den Kalendern von Kollegen, die Freigabe von Kalendern und anderen Informationen über SharePoint Team Service, die Delegation der E-Mail- und Kalenderverwaltung an einen Assistenten oder Kollegen und mehr. Die Verbindung zum Exchange Server erfolgt normalerweise über das lokale Netzwerk, er kann jedoch auch remote über eine Modem-, Internet- oder VPN-Verbindung erfolgen. Alle Informationen, die Sie für ein Exchange Server-Konto benötigen, erhalten Sie von Ihrem Netzwerkadministrator.

WICHTIG Dank dem neuen Feature Outlook Anywhere kann die Verbindung zu Exchange Server nun auch über das Internet mit mittels RPC over HTTP oder RPC over TCP hergestellt werden. Dazu muss das Feature unter Exchange Server und im Exchange Server-Konto von Outlook aktiviert werden.

Exchange Server-Version ermitteln

Outlook 2007 kann mit Exchange Server 2000 oder höher verwendet werden. Ob bestimmte Features vorhanden sind oder nicht, hängt von der Exchange Server-Version ab, auf die über das Exchange Server-Konto zugegriffen wird. Das Feature Outlook Anywhere ist beispielsweise nur bei Exchange Server 2003 und höher verfügbar.

Um festzustellen, welche Exchange Server-Version verwendet wird, gehen Sie wie folgt vor:

1. Starten Sie Outlook 2007, falls das Programm nicht bereits aktiv ist, über den Befehl *Start/ E-Mail* oder mit einem Mausklick auf das Programmsymbol in der Windows-Taskleiste.
2. Klicken Sie mit gedrückter `Strg`-Taste in der Taskleiste von Windows auf das Programmsymbol von Outlook.
3. Wählen Sie im Popup-Menü, das sich öffnet, den Befehl *Verbindungsstatus*.
4. Es öffnet sich das Dialogfeld *Microsoft Exchange-Verbindungsstatus*, in dem Sie die horizontale Bildlaufleiste ganz nach rechts bewegen.
5. In der Spalte *Version* lesen Sie die Exchange Server-Version (siehe Abbildg. 4.1).

Abbildg. 4.1 Die Exchange Server-Version ermitteln

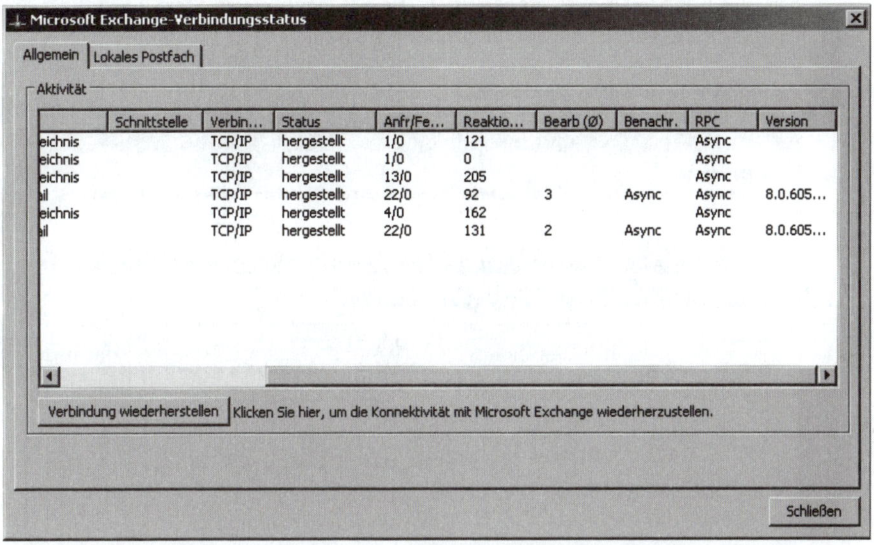

6. Die nachfolgende Tabelle bietet eine Übersicht über die Versionen (siehe Tabelle 4.1):

Tabelle 4.1 Die Exchange Server-Versionen und ihre Versions-IDs

Microsoft Exchange Server-Version	Versions-ID
Microsoft Exchange Server 2000	*6.0.4417 oder höher*
Microsoft Exchange Server 2000 SP1	*6.0.4712 oder höher*
Microsoft Exchange Server 2000 SP2	*6.0.5762 oder höher*
Microsoft Exchange Server 2000 SP3	*6.0.6249 oder höher*
Microsoft Exchange Server 2003	*6.5.6944 oder höher*
Microsoft Exchange Server 2003 SP1	*6.5.7226 oder höher*
Microsoft Exchange Server 2003 SP2	*6.5.7638 oder höher*
Microsoft Exchange Server 2007	*8.0 oder höher*

7. Schließen Sie das Dialogfeld *Microsoft Exchange-Verbindungsstatus* mit einem Mausklick auf die Schaltfläche *Schließen*.

E-Mail-Konten automatisch konfigurieren

Um ein neues oder ein zusätzliches E-Mail-Konto einzurichten, benötigen Sie lediglich Ihren Benutzernamen und das Kennwort. Alle anderen Einstellungen nimmt Outlook automatisch für Sie vor. Gehen Sie wie folgt vor, um ein neues E-Mail-Konto einzurichten:

1. Wählen Sie im Menü *Extras* von Outlook den Befehl *Kontoeinstellungen*.

2. Es öffnet sich das gleichnamige Dialogfeld mit aktivierter Registerkarte *E-Mail*. Haben Sie bereits ein E-Mail-Konto eingerichtet, wie z.B. beim ersten Start, wird dieses aufgelistet (siehe Abbildg. 4.2). Klicken Sie auf die Schaltfläche *Neu*.

Abbildg. 4.2 Ein neues E-Mail-Konto einrichten

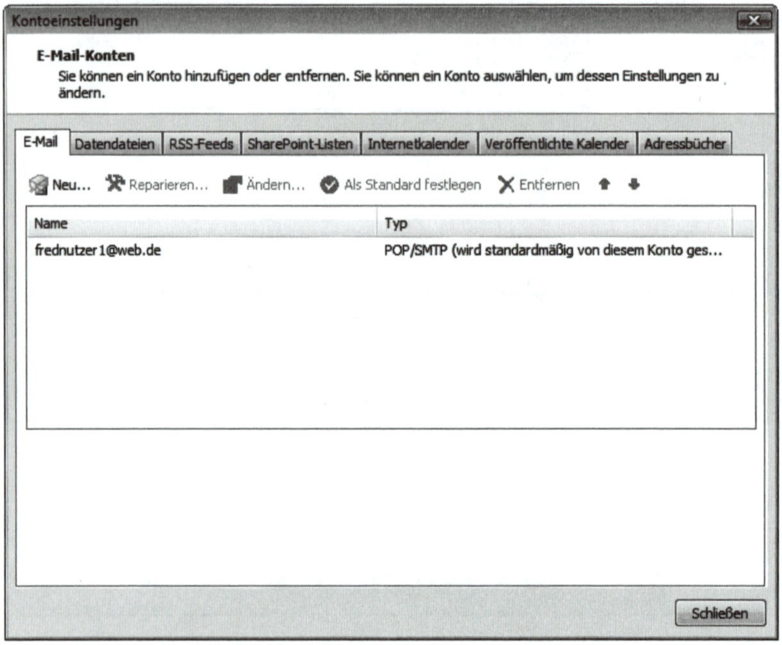

3. Es öffnet sich das Dialogfeld *Neues E-Mail-Konto hinzufügen*, in dem Sie zunächst den E-Mail-Dienst auswählen. Belassen Sie die Standardoption *Exchange Server, POP3, IMAP oder HTTP* aktiviert und klicken Sie auf *Weiter*.
4. Im nächsten Schritt geben Sie den Benutzernamen ein, der als Absender für Ihre E-Mails angezeigt werden soll. Dann tragen Sie die E-Mail-Adresse und das Kennwort für das E-Mail-Konto ein und bestätigen das Kennwort im Feld *Kennwort erneut eingeben*. Weitere Angaben sind nicht erforderlich, da Outlook diese Angaben selbst ermitteln kann, sofern eine Verbindung zum Internet oder zu einem Exchange Server besteht.

HINWEIS Das Zeichen @ erzeugen Sie übrigens, indem Sie eine der Tastenkombinationen AltGr+Q oder Strg+Alt+Q drücken.

Das Kennwort wird bei der Eingabe mit Hilfe von Sternchen verschlüsselt, damit es nicht von unbefugten Benutzern ausspioniert werden kann.

Abbildg. 4.3 Die Kontodaten eingeben

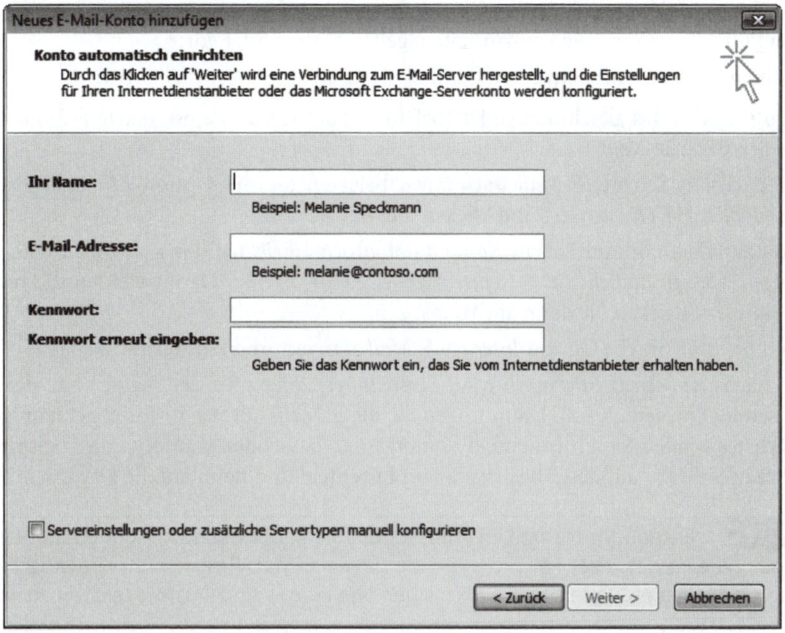

5. Klicken Sie auf *Weiter*.
6. Outlook stellt nun eine Verbindung zum Server her, sucht nach den benötigten Servereinstellungen für Ihr Konto und meldet sich beim Server an. Falls die Verbindung erfolgreich hergestellt werden konnte, versendet Outlook eine Testnachricht, die Sie später in Ihrem Posteingang vorfinden werden.

WICHTIG Konnte die Verbindung zum Server nicht hergestellt werden, erfahren Sie im nächsten Abschnitt, wie Sie weiter vorgehen.

7. Klicken Sie zwei Mal auf *Weiter*, um den Vorgang abzuschließen. Das neue Konto wird nun im Dialogfeld *Kontoeinstellungen* aufgelistet. Wiederholen Sie den Vorgang, falls Sie weitere Konten einrichten möchten.
8. Klicken Sie auf *Schließen*, um den Vorgang zu beenden und das Dialogfeld *Kontoeinstellungen* zu schließen.

Internet-E-Mail-Konten manuell konfigurieren

Konnten die Kontoeinstellungen für Ihr E-Mail-Konto nicht automatisch ermittelt werden oder sind besondere Einstellungen vorzunehmen, müssen Sie Ihr E-Mail-Konto manuell konfigurieren. Gehen Sie dazu wie in den folgenden Abschnitten für die speziellen Konten beschrieben vor.

POP3-Konten manuell konfigurieren

Um ein POP3-Konto manuell einzurichten, gehen Sie wie folgt vor:

1. Wählen Sie im Menü *Extras* von Outlook den Befehl *Kontoeinstellungen.*

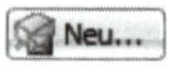

2. Es öffnet sich das gleichnamige Dialogfeld mit aktivierter Registerkarte *E-Mail.* Klicken Sie auf die Schaltfläche *Neu.*
3. Im nächsten Schritt, *E-Mail auswählen,* belassen Sie die Option *Microsoft Exchange, POP3, IMAP oder HTTP* aktiviert und klicken auf *Weiter.*
4. Nun aktivieren Sie im Schritt *Konto automatisch einrichten* das Kontrollkästchen *Servereinstellungen oder zusätzliche Servertypen manuell konfigurieren.* Damit werden die restlichen Felder deaktiviert. Klicken Sie dann auf *Weiter.*
5. Nun belassen Sie die Option *Internet-E-Mail* aktiviert und klicken auf *Weiter.*
6. Im nächsten Schritt *Internet-E-Mail-Einstellungen* geben Sie den Namen ein, der in E-Mails als Absender erscheinen soll. Dann tragen Sie die E-Mail-Adresse in das gleichnamige Feld ein. Als Nächstes wählen Sie im Listenfeld *Kontotyp* den passenden Kontotyp aus, beispielsweise *POP3.* Klicken Sie dazu auf den Abwärtspfeil im Listenfeld und dann auf die gewünschte Option.

WICHTIG Enthält Ihr Name Umlaute, sollten Sie lieber die ausgeschriebene Variante wählen, also »ae«, »ue«, »oe« statt »ä«, »ö« »ü«, da einige E-Mail-Programme Umlaute nicht darstellen können und beispielsweise durch Satzzeichen wie Frage- und Ausrufezeichen ersetzen.

Abbildg. 4.4 Die wichtigsten Angaben für das POP3-Konto eintragen

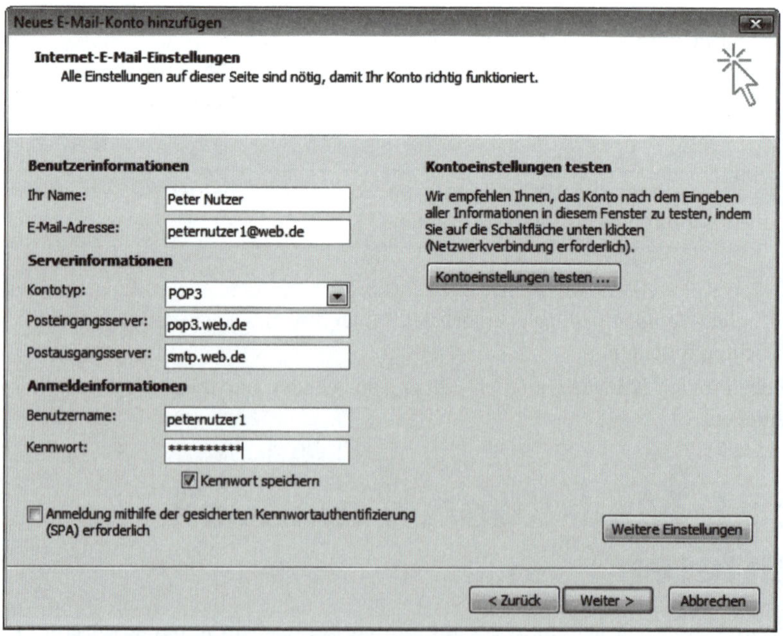

7. Geben Sie im Feld *Posteingangsserver* die Adresse des Posteingangsservers ein, die Sie von Ihrem E-Mail-Anbieter erhalten haben. Diese Adresse setzt sich in der Regel aus der Angabe »pop« oder »pop3« bzw. »imap«, einem Trennpunkt und dem Teil der E-Mail-Adresse zusammen, der dem @-Zeichen folgt, also z.B. *pop3.t-online.de*, *pop.arcor.de* oder *pop3.web.de.*
8. Geben Sie im Feld *Postausgangsserver* die Adresse des Postausgangs- oder SMTP-Servers ein, die Sie von Ihrem E-Mail-Anbieter erhalten haben. Die Adresse beginnt in der Regel mit der Angabe »smtp«. Es folgen ein Trennpunkt und der Teil der E-Mail-Adresse nach dem @-Zeichen, also z.B. *smtp.t-online.de*, *smtp.arcor.de* oder *smtp.web.de.*

WICHTIG Achten Sie bei der Eingabe der E-Mail-Adresse und der Bezeichnungen für den Posteingangs- und den Postausgangsserver exakt auf die Schreibweise, und fügen Sie keine zusätzlichen Leerzeichen, Punkte oder Ähnliches ein. Bei falscher Schreibweise kann keine Verbindung zu den Servern hergestellt werden.

- Aktivieren Sie das Kontrollkästchen *Kennwort speichern*, wenn das eingegebene Kennwort auf dem Computer gespeichert werden soll. Dies hat den Vorteil, dass Sie das Kennwort nicht jedes Mal eingeben müssen, wenn eine Verbindung zum Posteingangsserver hergestellt wird. Es besteht jedoch auch die Gefahr, dass Unbefugte über Ihren Computer auf Ihr E-Mail-Konto zugreifen können. Wenn Sie sich dagegen absichern möchten, sollten Sie das Kontrollkästchen besser deaktiviert lassen.
- Aktivieren Sie das Kontrollkästchen *Anmeldung mithilfe der gesicherten Kennwortauthentifizierung (SPA) erforderlich*, falls Ihr Internetdienstanbieter eine gesicherte Kennwortauthentifizierung erfordert.

9. Über die Schaltfläche *Weitere Einstellungen* öffnet sich ein weiteres Dialogfeld mit vier Registerkarten, die nachfolgend in den Abschnitten »Allgemein«, »Postausgangsserver«, »Verbindung« und »Erweitert« ausführlich beschrieben werden. Nehmen Sie die gewünschten Änderungen auf den Registerkarten vor und übernehmen Sie die Änderungen mit einem Mausklick auf *OK*.
10. Testen Sie die Einstellungen schließlich mit einem Mausklick auf die Schaltfläche *Kontoeinstellungen testen*.
11. Outlook versucht nun eine Verbindung zum Server herzustellen und eine Testnachricht an Ihren Posteingang zu verschicken. Gelingt dies, klicken Sie auf *Weiter* und dann auf *Schließen*, um die Einrichtung des Kontos abzuschließen. Gelingt dies nicht, überprüfen Sie, ob eine Verbindung zum Internet besteht, und, wenn ja, ob die von Ihnen benutzten Angaben korrekt sind.

Die Registerkarte *Allgemein*

Die Registerkarte *Allgemein* enthält die Felder *E-Mail-Konto, Firma* und *Antwortadresse* (siehe Abbildg. 4.5).

Abbildg. 4.5 Den Kontonamen und die Antwortadresse angeben

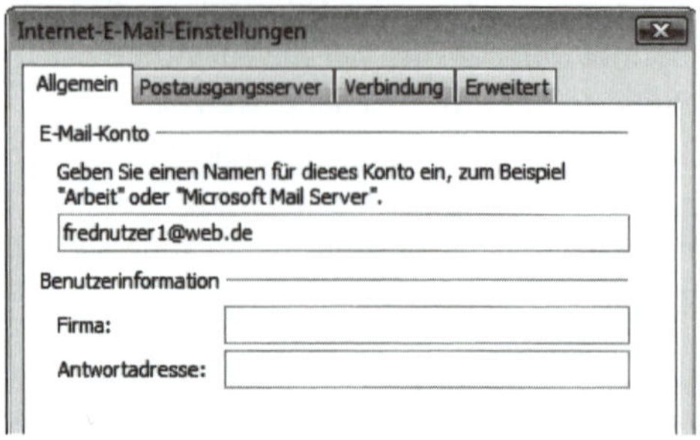

- E-Mail-Konto: Dieses Feld enthält standardmäßig die Adresse des Posteingangsservers, da das Konto damit beim Einrichten automatisch benannt wird. Abgesehen davon, dass es übersichtlichere Namen als Serveradressen gibt, entsteht auch ein Problem, wenn Sie mehrere Konten einrichten wollen, die alle den gleichen Posteingangsserver benutzen. Es ist also sinnvoll, jedes E-Mail-Konto mit einem aussagekräftigen Namen zu benennen. Markieren Sie dazu den Inhalt des Felds *E-Mail-Konto* und tippen Sie den neuen Namen ein.

TIPP Haben Sie in Outlook mehrere Konten eingerichtet, wie z.B. eines für berufliche und eines für private Zwecke, können Sie ein Konto *Arbeit* und das andere *Privat* nennen. Haben Sie hingegen mehrere Konten für unterschiedliche Personen eingerichtet, können Sie den Konten die Namen der Personen zuweisen.

- Benutzerinformationen:
  - *Firma:* Geben Sie bei Bedarf in dieses Feld den Namen Ihrer Organisation ein.
  - *Antwortadresse:* Hier können Sie eine zu Ihrer E-Mail-Adresse abweichende Antwortadresse eingeben. Das kann beispielsweise sinnvoll sein, wenn Sie mehrere E-Mail-Konten nutzen, jedoch Antworten nur bei einem der Konten eingehen sollen, oder wenn Sie E-Mails im Auftrag einer anderen Person versenden, die Antworten jedoch an die von Ihnen angegebene Antwortadresse geschickt werden sollen. Bleibt das Feld leer, werden Antworten automatisch an Ihre E-Mail-Adresse gesendet.

Die Registerkarte *Postausgangsserver*

Die Registerkarte *Postausgangsserver* benötigen Sie nur, wenn der Postausgangsserver eine Authentifizierung erfordert (siehe Abbildg. 4.6). Ist dies der Fall, aktivieren Sie das Kontrollkästchen *Der Postausgangsserver (SMTP) erfordert Authentifizierung.*

Wenn Sie sich nicht sicher sind, ob bei der Anmeldung eine Kennwortauthentifizierung durchgeführt wird, können Sie sich bei Ihrem Provider oder dem Netzwerkadministrator erkundigen.

Abbildg. 4.6 Die Registerkarte *Postausgangsserver*

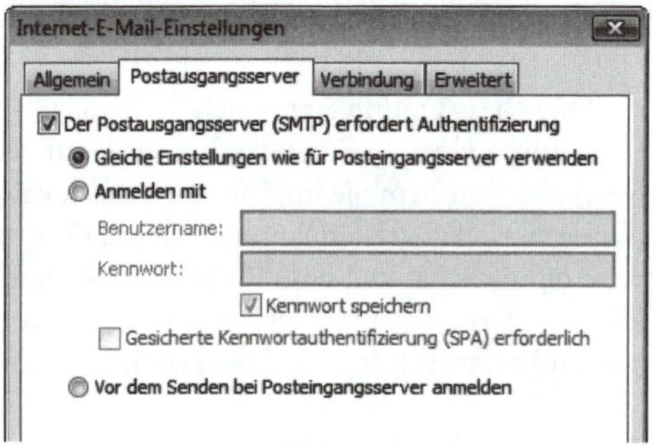

Legen Sie nun fest, ob die gleichen Einstellungen wie für den Posteingangsserver verwendet werden sollen, ob die Anmeldung mit einem Kontonamen und einem Kennwort erfolgen soll oder ob Sie sich vor dem Senden beim Posteingangsserver anmelden möchten. Falls für Sie die Option *Anmelden mit* relevant ist, müssen Sie zusätzlich Ihren Benutzernamen und das Kennwort für die Anmeldung angeben. Falls eine Anmeldung durch eine gesicherte Kennwortauthentifizierung erforderlich ist, aktivieren Sie zusätzlich das entsprechende Kontrollkästchen.

Die Registerkarte *Verbindung*

Auf der Registerkarte *Verbindung* können Sie die Art der Verbindung zum Internet und die Eigenschaften einer DFÜ-Netzwerkverbindung verändern sowie eine neue DFÜ-Netzwerkverbindung einrichten (siehe Abbildg. 4.7).

Abbildg. 4.7 Wählen Sie die Art der Verbindung für den Empfang und Versand von E-Mails

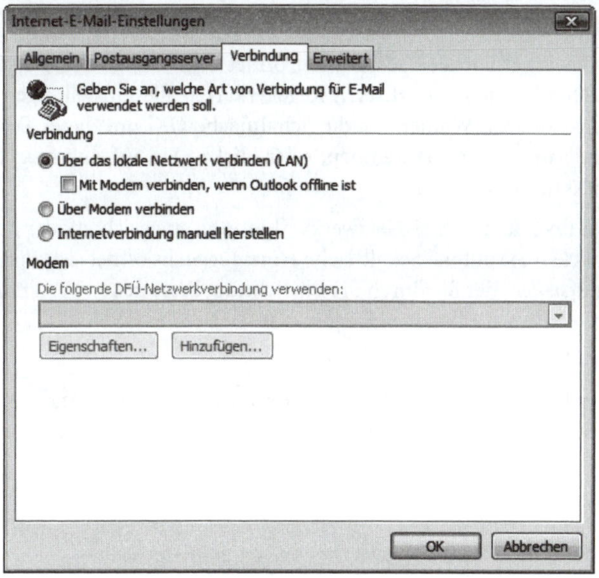

- Verbindung: In diesem Bereich können Sie die Art der Verbindung zum Internet wählen, die für den Versand und Empfang von E-Mail verwendet werden soll. Zur Auswahl stehen die folgenden Optionen:
  - *Über das lokale Netzwerk verbinden (LAN):* Diese Option eignet sich, wenn Sie über ein lokales Netzwerk (LAN), eine DSL- oder eine andere Breitbandverbindung auf das Internet zugreifen. Arbeiten Sie mit einem Notebook, mit dem Sie im Büro über das lokale Netzwerk und unterwegs über ein Modem auf das Internet zugreifen, können Sie das Kontrollkästchen *Mit Modem verbinden, wenn Outlook offline ist* aktivieren. Outlook stellt in diesem Fall immer dann, wenn das Notebook keinen Internetzugang über das lokale Netzwerk hat, eine Modemverbindung zum Internet her, und zwar mit der DFÜ-Netzwerkverbindung, die im Bereich *Modem* angegeben ist.
  - *Über Modem verbinden:* Diese Option ist passend, wenn Sie über ein Modem oder ein ISDN-Gerät ins Internet gehen. Wenn Sie diese Option aktivieren, müssen Sie im Bereich *Modem* die Wählverbindung festlegen, über die eine Verbindung zum Internet hergestellt werden soll. Haben Sie noch keine Wählverbindung eingerichtet, können Sie dies nun nachholen.

HINWEIS Wählverbindung ist eine andere Bezeichnung für eine Modemverbindung zum Internet. In früheren Windows-Versionen wurde diese Art von Verbindung *DFÜ-Netzwerkverbindung* genannt. Beides bedeutet jedoch dasselbe.

  - *Internetverbindung manuell herstellen:* Wollen Sie eine Internetverbindung lieber manuell statt automatisch herstellen, bevor Sie Outlook starten, aktivieren Sie diese Option.
- Modem: Haben Sie im Bereich *Verbindung* das Kontrollkästchen *Mit Modem verbinden, wenn Outlook offline ist* oder die Option *Über Modem verbinden* gewählt, können Sie über das Listenfeld *Die folgende DFÜ-Netzwerkverbindung verwenden* die DFÜ-Netzwerkverbindung für den Internetzugang auswählen. Haben Sie noch keine DFÜ-Netzwerkverbindung eingerichtet, können Sie dies nun über die Schaltfläche *Hinzufügen* nachholen.
  - *Eigenschaften:* Über die Schaltfläche *Eigenschaften* öffnet sich das Dialogfeld *<Name der Internetverbindung>*. Hier können Sie auf sechs Registerkarten alle Einstellungen der DFÜ-Netzwerkverbindung verändern. Wählen Sie die Schaltfläche *OK*, um dieses Dialogfeld zu schließen und die Änderungen zu übernehmen, oder klicken Sie auf *Abbrechen*, wenn die Änderungen nicht wirksam werden sollen.
  - *Hinzufügen:* Haben Sie noch keine DFÜ-Netzwerkverbindung eingerichtet oder möchten Sie eine neue ergänzen, klicken Sie auf die Schaltfläche *Hinzufügen*. Es öffnet sich nun der Assistent *Neue Verbindung erstellen*, der Sie durch die Einrichtung Ihrer neuen Verbindung führt.

Die Registerkarte *Erweitert*

Auf der Registerkarte *Erweitert* können Sie Einstellungen festlegen, die für die Behandlung Ihrer ein- und ausgehenden E-Mails beim Posteingangs- und Postausgangsserver von Belang sind (siehe Abbildg. 4.8).

Abbildg. 4.8 Auch bei POP3 können Sie Kopien auf dem Server belassen

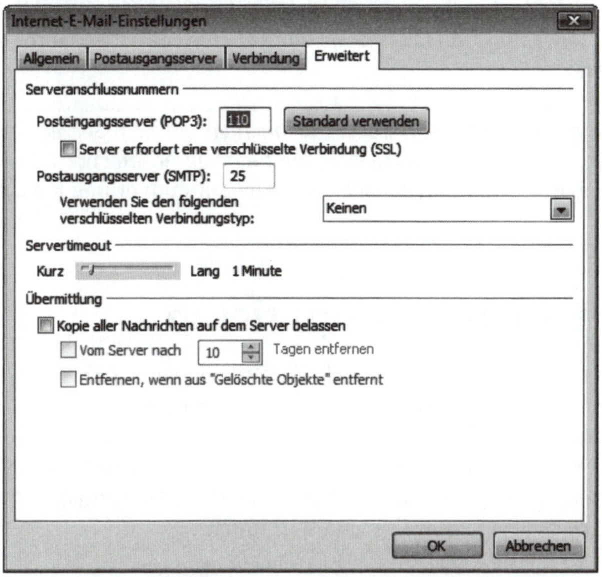

- Serveranschlussnummern: In diesem Bereich geben Sie an, ob der Posteingangs- und der Postausgangsserver eine sichere Verbindung (SSL für Secure Sockets Layer) verwenden sollen. Aktivieren Sie dazu die entsprechenden Kontrollkästchen. Verwendet Ihr Postausgangsserver einen anderen Anschluss als 25 oder der Posteingangsserver einen anderen als 110, müssen Sie die entsprechenden Angaben überschreiben. Verwendet der Server außerdem eine sichere Verbindung, müssen Sie das entsprechende Kontrollkästchen aktivieren. Näheres zu der Art der Verbindung und den Serveranschlussnummern erfahren Sie von Ihrem Internetdienstanbieter oder Netzwerkadministrator. Nehmen Sie auf keinen Fall Änderungen ohne Rücksprache vor, da andernfalls der Versand und Empfang von E-Mail sehr wahrscheinlich nicht mehr funktionieren wird.
- Servertimeout: In diesem Bereich können Sie festlegen, wann die Verbindung abgebrochen werden soll. Reagiert der Server einige Sekunden lang nicht, wird die Verbindung beendet. Verfügen Sie beispielsweise nur über eine sehr langsame Verbindung zu Ihrem Server, sollten Sie den Schieberegler in Richtung *Lang* verschieben. Klicken Sie dazu mit der linken Maustaste auf den Schieberegler, ziehen ihn bis zur gewünschten Position nach rechts und lassen die linke Maustaste dann wieder los.
- Übermittlung: In diesem Bereich können Sie angeben, ob Kopien aller E-Mails auf dem Server belassen werden sollen, damit Sie sie zu einem späteren Zeitpunkt und eventuell von einem anderen Computer aus noch einmal abrufen können, und wann die Kopien vom Server entfernt werden sollen.
  - *Kopie aller Nachrichten auf dem Server belassen:* Aktivieren Sie dieses Kontrollkästchen, um Kopien aller an Sie gerichteten E-Mails auf dem Server zu belassen.
  - *Vom Server nach xx Tagen entfernen:* Sollen die Kopien der an Sie adressierten E-Mails prinzipiell nach einer bestimmten Anzahl von Tagen vom Server gelöscht werden, aktivieren Sie dieses Kontrollkästchen und geben die gewünschte Anzahl an Tagen ein.

- *Entfernen, wenn aus "Gelöschte Objekte" entfernt:* Aktivieren Sie dieses Kontrollkästchen, wenn Sie festlegen wollen, dass an Sie gerichtete E-Mails, die Sie nicht mehr benötigen und deshalb gelöscht und aus dem Ordner *Gelöschte Objekte* entfernt haben, automatisch vom Server entfernt werden.

WICHTIG Selbst wenn Sie die Option *Kopie aller Nachrichten auf dem Server belassen* aktivieren, kann Ihr E-Mail-Anbieter Ihre E-Mails nicht ewig auf dem Server speichern. Sie sollten sich deshalb bei Ihrem E-Mail-Anbieter erkundigen, nach welchem Zeitraum er Ihre E-Mails automatisch vom Server löscht.

IMAP-Konten manuell konfigurieren

Greifen Sie mit mehreren Personen gleichzeitig oder als eine Person von verschiedenen Orten auf einen Posteingang zu, kann sich das IMAP-Konto als günstig erweisen, denn hier werden die E-Mails auf dem Posteingangsserver so lange gespeichert, bis sie explizit gelöscht werden. Da das IMAP-Konto nicht von allen E-Mail-Anbietern bereitgestellt wird. Erkundigen Sie sich also erst bei Ihren E-Mail- oder Internetdienstanbietern, ob er IMAP unterstützt. Hier erhalten Sie auch die Angaben, die Sie benötigen, um ein IMAP-Konto manuell einzurichten.

1. Wählen Sie im Menü *Extras* von Outlook den Befehl *Kontoeinstellungen.*

2. Es öffnet sich das gleichnamige Dialogfeld mit aktivierter Registerkarte *E-Mail.* Klicken Sie auf die Schaltfläche *Neu.*
3. Im nächsten Schritt, *E-Mail auswählen,* belassen Sie die Option *Microsoft Exchange, POP3, IMAP oder HTTP* aktiviert und klicken auf *Weiter.*
4. Nun aktivieren Sie im Schritt *Konto automatisch einrichten* das Kontrollkästchen *Servereinstellungen oder zusätzliche Servertypen manuell konfigurieren.* Damit werden die restlichen Felder deaktiviert. Klicken Sie dann auf *Weiter.*
5. Im Schritt *E-Mail-Dienst auswählen* klicken Sie auf *Internet-E-Mail* und dann auf *Weiter.*
6. Im nächsten Schritt *Internet-E-Mail-Einstellungen* geben Sie den Namen ein, der in E-Mails als Absender erscheinen soll. Dann tragen Sie die E-Mail-Adresse in das gleichnamige Feld ein.

WICHTIG Enthält Ihr Name Umlaute, sollten Sie lieber die ausgeschriebene Variante wählen, also »ae«, »ue«, »oe« statt »ä«, »ö« »ü«, da einige E-Mail-Programme Umlaute nicht darstellen können und beispielsweise durch Satzzeichen wie Frage- und Ausrufezeichen ersetzen.

7. Als Nächstes wählen Sie im Listenfeld *Kontotyp* den passenden Kontotyp *IMAP* aus (siehe Abbildg. 4.9).
   - *Posteingangsserver:* In dieses Feld tragen Sie die Adresse des IMAP-Posteingangsservers ein, die Sie von Ihrem E-Mail- oder Internetdienstanbieter erhalten. Sie setzt sich in der Regel zusammen aus der Angabe »imap« und dem Teil der E-Mail-Adresse, der dem @-Zeichen folgt. Die Adresse sieht beispielsweise wie folgt aus: *imap.<anbieter>.de.*
   - *Postausgangsserver (SMTP):* Hier geben Sie die Adresse des Postausgangsservers ein, die in der Regel wie folgt aufgebaut ist: »smtp« und der Teil der E-Mail-Adresse, der dem @-Zeichen folgt, also z.B. *smtp.<anbieter>.de.*

Abbildg. 4.9 Die wichtigsten Angaben für das IMAP-Konto eintragen

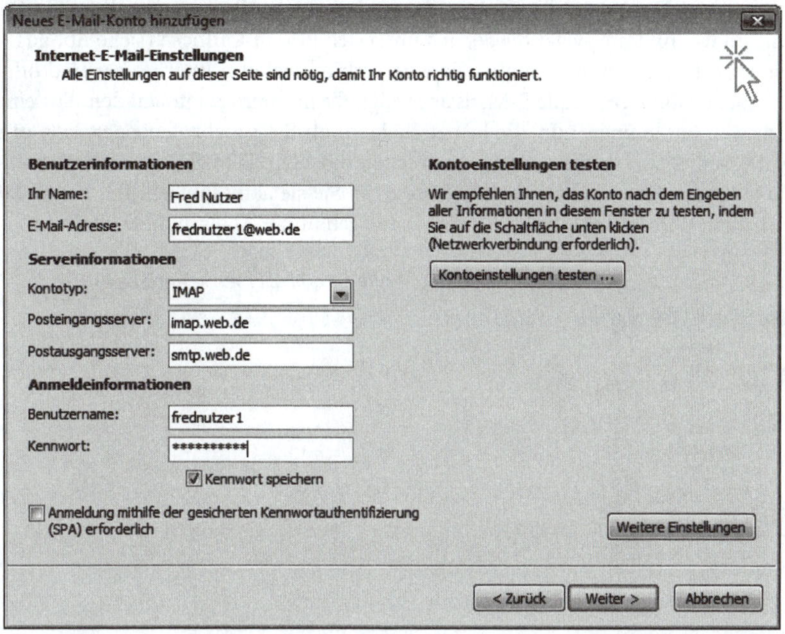

8. Tragen Sie nun noch den Benutzernamen und das Kennwort ein:
   - Beim Benutzernamen handelt es sich in der Regel um den Teil Ihrer E-Mail-Adresse, der vor dem @-Zeichen steht. Manche E-Mail-Anbieter verwenden jedoch die komplette E-Mail-Adresse als Benutzernamen.
   - Wollen Sie das Kennwort nicht bei jedem Zugriff auf Ihr E-Mail-Konto eingeben, aktivieren Sie das Kontrollkästchen *Kennwort speichern.* Beachten Sie jedoch, dass damit auch Unbefugte, die Zugriff auf Ihren Computer haben, Ihre E-Mails abrufen und in Ihrem Namen E-Mails versenden können.
   - *Anmeldung mithilfe der gesicherten Kennwortauthentifizierung (SPA) erforderlich:* Erfordert Ihr E-Mail-Konto eine mit Kennwortauthentifizierung gesicherte Anmeldung, aktivieren Sie dieses Kontrollkästchen.
9. Wählen Sie nun die Schaltfläche *Weitere Einstellungen* und nehmen Sie auf den Registerkarten des Dialogfelds *Internet-E-Mail-Einstellungen*, das sich nun öffnet, die erforderlichen Einstellungen vor, wie in den nachfolgenden Abschnitten »Allgemein«, »Ordner«, »Postausgangsserver«, »Verbindung« und »Erweitert« ausführlich beschrieben.
10. Übernehmen Sie die Änderungen mit einem Mausklick auf *OK.*
11. Testen Sie die Einstellungen schließlich mit einem Mausklick auf die Schaltfläche *Kontoeinstellungen testen.*
12. Outlook versucht nun, eine Verbindung zum Server herzustellen und eine Testnachricht an Ihren Posteingang zu verschicken. Gelingt dies, klicken Sie auf *Weiter* und dann auf *Schließen,* um die Einrichtung des Kontos abzuschließen. Gelingt dies nicht, überprüfen Sie, ob eine Verbindung zum Internet besteht, und, wenn ja, ob die von Ihnen benutzten Angaben korrekt sind.

Anders als die E-Mails aus Ihrem POP3-Konto können Sie E-Mails beim IMAP-Konto direkt auf dem Server verwalten. Dazu dient der Ordner, der zusammen mit Ihrem neuen Konto in Outlook angelegt wird. Sie finden ihn im Navigationsbereich unter den E-Mail-Ordnern (siehe Abbildg. 4.10). Um Ihre E-Mails verwalten zu können, stellen Sie eine Verbindung zum Internet her und öffnen den IMAP-Stammordner. Nun werden alle E-Mails angezeigt, die in Ihrem Konto auf dem Posteingangsserver für Sie vorliegen. Sie können nun direkt entscheiden, ob Sie sie abrufen oder, falls es sich um unerwünschte Werbemails handelt, ungelesen löschen möchten. E-Mails, die Sie bereits abgerufen haben, werden außerdem erst vom Server entfernt, wenn Sie sie aktiv löschen. Bei Bedarf können Sie über Outlook weitere Ordner für Ihr IMAP-Konto anlegen und E-Mails in diese kopieren.

Abbildg. 4.10 Der IMAP-Ordner wird im Navigationsbereich *Alle E-Mail-Elemente* angezeigt

HINWEIS Die E-Mails, die über das IMAP-Konto auf Ihren Computer heruntergeladen werden, werden in einer eigenen Datendatei für dieses Konto gespeichert.

Die Registerkarte *Allgemein*

Die Registerkarte *Allgemein* enthält die Felder *E-Mail-Konto, Firma* und *Antwortadresse* (siehe Abbildg. 4.11) sowie die Löschoptionen für das IMAP-Konto.

- E-Mail-Konto: Dieses Feld enthält standardmäßig die Adresse des Posteingangsservers, da das Konto damit beim Einrichten automatisch benannt wird. Wenn Sie für eine E-Mail-Adresse bereits ein POP3-Konto eingerichtet haben und zusätzlich ein IMAP-Konto einrichten möchten, hängt Outlook automatisch eine Nummerierung an den Namen an. Geben Sie in dieses Feld nun einen aussagekräftigen Namen ein, anhand von dem Sie das Konto eindeutig identifizieren können. Markieren Sie dazu den Inhalt des Felds *E-Mail-Konto* und tippen Sie den neuen Namen ein.
- Benutzerinformation:
  - *Firma:* Geben Sie bei Bedarf in dieses Feld den Namen Ihrer Organisation ein.
  - *Antwortadresse:* Hier können Sie eine zu Ihrer E-Mail-Adresse abweichende Antwortadresse eingeben. Das kann beispielsweise sinnvoll sein, wenn Sie mehrere E-Mail-Konten nutzen, jedoch Antworten nur bei einem der Konten eingehen sollen, oder wenn Sie E-Mails im Auftrag einer anderen Person versenden, die Antworten jedoch an die von Ihnen angegebene Antwortadresse geschickt werden sollen. Bleibt das Feld leer, werden Antworten automatisch an Ihre E-Mail-Adresse gesendet.

Abbildg. 4.11 Den Kontonamen und die Antwortadresse angeben

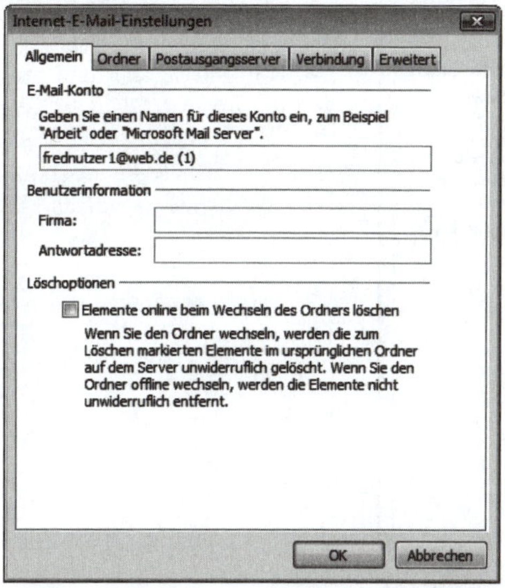

- Löschoptionen:
  - *Elemente online beim Wechseln des Ordners löschen:* Wenn Sie diese Option aktivieren, werden alle zum Löschen markierten Elemente auf dem Server gelöscht, sobald Sie den Ordner wechseln.

TIPP Dieses Feature funktioniert nur, wenn Sie online mit dem E-Mail-Server arbeiten.

Die Registerkarte *Ordner*

Über die Registerkarte *Ordner* können Sie festlegen, wo die gesendeten Objekte für das IMAP-Konto gespeichert werden sollen. Standardmäßig werden die E-Mails, die Sie über das IMAP-Konto senden, im Ordner *Gesendete Objekte* von Outlook gespeichert. Sie haben aber auch die Möglichkeit, einen der Ordner des IMAP-Kontos für diesen Zweck auszuwählen oder sogar einen speziellen Ordner für diesen Zweck zu erstellen. Gehen Sie dazu wie folgt vor:

1. Wechseln Sie zur Registerkarte *Ordner* im Dialogfeld *Internet-E-Mail-Einstellungen* und aktivieren Sie die Option *Vorhandenen Ordner auswählen oder neuen Ordner erstellen, um gesendete Objekte für dieses Konto zu speichern* (siehe Abbildg. 4.12).
2. Klicken Sie auf das Pluszeichen vor dem Kontonamen und markieren Sie dann den Ordner, in dem Sie den neuen Ordner anlegen möchten, mit einem Mausklick, und klicken Sie anschließend auf die Schaltfläche *Neuer Ordner.*
3. Dann geben Sie im Dialogfeld *Ordner erstellen* den Ordnernamen ein und bestätigen mit *OK.*

Der Ordner wird nun angelegt und ab jetzt zum Speichern von gesendeter E-Mail verwendet. Wollen Sie gesendete E-Mails stattdessen lieber im Ordner *Gesendete Objekte* von Outlook speichern, aktivieren Sie die Option *Gesendete E-Mail im Ordner 'Gesendete Objekte' von Outlook speichern.*

Abbildg. 4.12 Den Ordner wählen, in dem gesendete E-Mails gespeichert werden sollen

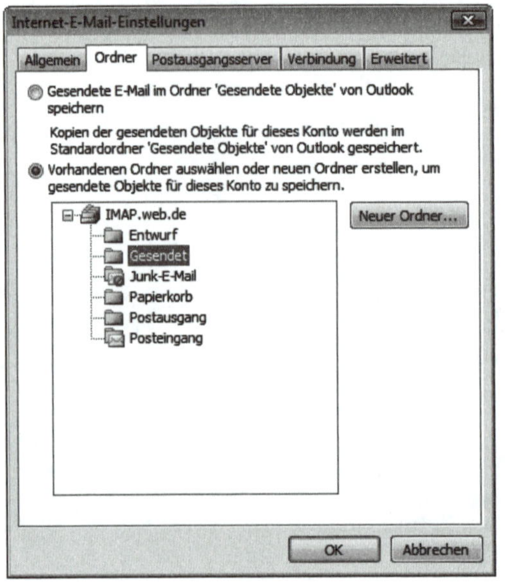

Die Registerkarte *Postausgangsserver*

Die Registerkarte *Postausgangsserver* benötigen Sie nur, wenn der Postausgangsserver eine Authentifizierung erfordert (siehe Abbildg. 4.13). Deshalb sind die Optionen dieser Registerkarte auch nur aktiviert, wenn Sie das Kontrollkästchen *Der Postausgangsserver (SMTP) erfordert Authentifizierung* aktivieren.

HINWEIS Wenn Sie sich nicht sicher sind, ob bei der Anmeldung eine Kennwortauthentifizierung durchgeführt wird, können Sie sich bei Ihrem Provider oder dem Netzwerkadministrator erkundigen.

Abbildg. 4.13 Die Registerkarte *Postausgangsserver*

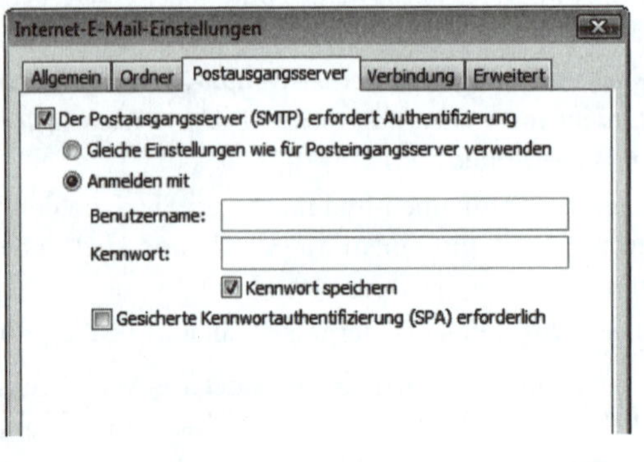

Legen Sie nun fest, ob die gleichen Einstellungen wie für den Posteingangsserver verwendet werden sollen oder ob die Anmeldung mit einem Kontonamen und einem Kennwort erfolgen soll oder ob

Sie sich vor dem Senden beim Posteingangsserver anmelden möchten. Falls für Sie die Option *Anmelden mit* relevant ist, müssen Sie zusätzlich Ihren Benutzernamen und das Kennwort für die Anmeldung angeben. Falls eine Anmeldung durch eine gesicherte Kennwortauthentifizierung erforderlich ist, aktivieren Sie zusätzlich das entsprechende Kontrollkästchen.

Die Registerkarte *Verbindung*

Auf der Registerkarte *Verbindung* können Sie die Art der Verbindung zum Internet und die Eigenschaften einer DFÜ-Netzwerkverbindung verändern sowie eine neue DFÜ-Netzwerkverbindung einrichten (siehe Abbildg. 4.14).

Abbildg. 4.14 Wählen Sie die Art der Verbindung für den Empfang und Versand von E-Mails

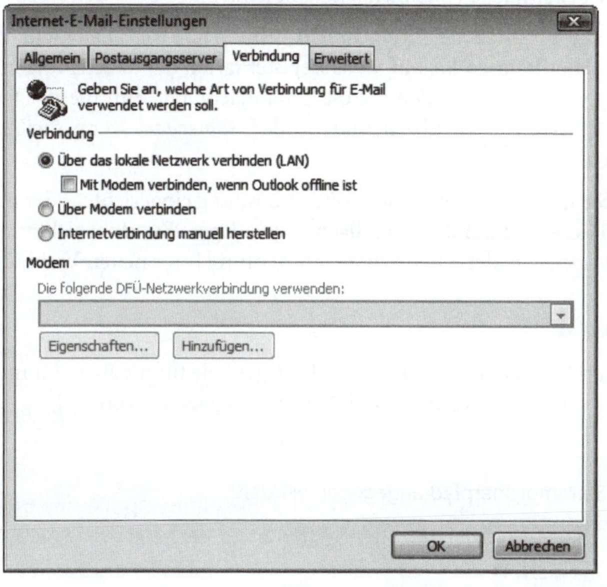

- **Verbindung:** In diesem Bereich können Sie die Art der Verbindung zum Internet wählen, die für den Versand und Empfang von E-Mails verwendet werden soll. Zur Auswahl stehen die folgenden Optionen:
  - *Über das lokale Netzwerk verbinden (LAN):* Diese Option eignet sich, wenn Sie über ein lokales Netzwerk (LAN), eine DSL- oder eine andere Breitbandverbindung auf das Internet zugreifen. Arbeiten Sie mit einem Notebook, mit dem Sie im Büro über das lokale Netzwerk und unterwegs über ein Modem auf das Internet zugreifen, können Sie das Kontrollkästchen *Mit Modem verbinden, wenn Outlook offline ist* aktivieren. Outlook stellt dann immer dann, wenn das Notebook keinen Internetzugang über das lokale Netzwerk hat, eine Modemverbindung zum Internet her, und zwar mit der DFÜ-Netzwerkverbindung, die im Bereich *Modem* angegeben ist.
  - *Über Modem verbinden:* Diese Option ist passend, wenn Sie über ein Modem oder ein ISDN-Gerät ins Internet gehen. Wenn Sie diese Option aktivieren, müssen Sie im Bereich *Modem* die Wählverbindung aussuchen, über die eine Verbindung zum Internet hergestellt werden soll. Haben Sie noch keine Wählverbindung eingerichtet, können Sie dies nun nachholen.

HINWEIS Wählverbindung ist eine andere Bezeichnung für eine Modemverbindung zum Internet. In früheren Windows-Versionen wurde diese Art von Verbindung *DFÜ-Netzwerkverbindung* genannt. Beides bedeutet jedoch dasselbe.

  - *Internetverbindung manuell herstellen:* Wollen Sie eine Internetverbindung lieber manuell statt automatisch herstellen, bevor Sie Outlook starten, aktivieren Sie diese Option.

- Modem: Haben Sie im Bereich *Verbindung* das Kontrollkästchen *Mit Modem verbinden, wenn Outlook offline ist* oder die Option *Über Modem verbinden* gewählt, können Sie über das Listenfeld *Die folgende DFÜ-Netzwerkverbindung verwenden* die DFÜ-Netzwerkverbindung für den Internetzugang auswählen. Haben Sie noch keine DFÜ-Netzwerkverbindung eingerichtet, können Sie dies nun über die Schaltfläche *Hinzufügen* nachholen.

  - *Eigenschaften:* Über die Schaltfläche *Eigenschaften* öffnet sich das Dialogfeld *<Name der Internetverbindung>*. Hier können Sie auf sechs Registerkarten alle Einstellungen der DFÜ-Netzwerkverbindung verändern. Wählen Sie die Schaltfläche *OK*, um dieses Dialogfeld zu schließen und die Änderungen zu übernehmen, oder *Abbrechen*, wenn die Änderungen nicht wirksam werden sollen.

  - *Hinzufügen:* Haben Sie noch keine DFÜ-Netzwerkverbindung eingerichtet oder möchten Sie eine neue ergänzen, klicken Sie auf die Schaltfläche *Hinzufügen*. Es öffnet sich nun der Assistent *Neue Verbindung erstellen*, der Sie durch die Einrichtung Ihrer neuen Verbindung führt.

Die Registerkarte *Erweitert*

Auf der Registerkarte *Erweitert* können Sie Einstellungen festlegen, die für die Behandlung Ihrer ein- und ausgehenden E-Mails beim Posteingangs- und Postausgangsserver von Belang sind (siehe Abbildg. 4.15).

Abbildg. 4.15 Beim IMAP-Konto muss der Stammordnerpfad angegeben werden

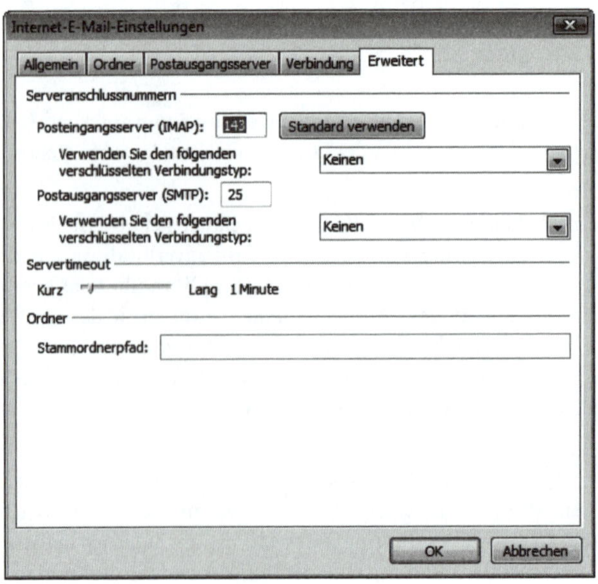

- **Serveranschlussnummern:** In diesem Bereich geben Sie an, ob der Posteingangs- und der Postausgangsserver eine sichere Verbindung (SSL für Secure Sockets Layer) verwenden sollen. Aktivieren Sie dazu die entsprechenden Kontrollkästchen. Verwendet Ihr Postausgangsserver einen anderen Anschluss als 25 oder der Posteingangsserver einen anderen als 110, müssen Sie die entsprechenden Angaben überschreiben. Verwendet der Server außerdem eine sichere Verbindung, müssen Sie das entsprechende Kontrollkästchen aktivieren. Näheres zu der Art der Verbindung und den Serveranschlussnummern erfahren Sie von Ihrem Internetdienstanbieter oder Netzwerkadministrator. Nehmen Sie auf keinen Fall Änderungen ohne Rücksprache vor, da andernfalls der Versand und Empfang von E-Mails sehr wahrscheinlich nicht mehr funktionieren wird.
- **Servertimeout:** In diesem Bereich können Sie festlegen, wann die Verbindung abgebrochen werden soll. Reagiert der Server einige Sekunden lang nicht, wird die Verbindung beendet. Verfügen Sie beispielsweise nur über eine sehr langsame Verbindung zu Ihrem Server, sollten Sie den Schieberegler in Richtung *Lang* verschieben. Klicken Sie dazu mit der linken Maustaste auf den Schieberegler, ziehen ihn bis zur gewünschten Position nach rechts und lassen die linke Maustaste dann wieder los.

4. **Ordner:** Tragen Sie in das Feld *Stammordnerpfad* den Namen des Posteingangsordners ein. Diesen Namen erhalten Sie von Ihrem E-Mail-Anbieter.

HTTP-Konten manuell konfigurieren

Haben Sie ein E-Mail-Konto bei einem Webmail-Anbieter oder stellt Ihre Organisation Webmail-Konten zur Verfügung, können Sie das Webmail- oder HTTP-Konto auch in Outlook einbinden. Sie benötigen dazu lediglich den *Benutzernamen* und das *Kennwort*, unter dem Sie auf Ihr Webmail-Konto zugreifen, sowie die Webadresse, unter der der Webmail-Dienst angeboten wird.

ACHTUNG Haben Sie ein kostenfreies Webmail-Konto bei Hotmail oder MSN eingerichtet, können Sie dieses nicht automatisch in Outlook integrieren. Sie müssen dazu erst auf den Kontentyp Hotmail.Plus umsteigen, der gegen eine geringe Jahresgebühr angeboten wird, und gegenüber dem kostenfreien Konto unter anderem folgende Vorteile bietet:

- Das Konto wird nicht nach 30 Tagen Nichtnutzung automatisch gelöscht.
- Das Konto lässt sich problemlos über Outlook, Outlook Express oder Windows Mail verwalten.
- Es lassen sich auch sehr große Dateianhänge mit bis zu 20 Megabyte über dieses Konto empfangen und versenden.

Fügen Sie nun ein HTTP-Konto wie folgt hinzu:

1. Rufen Sie in Outlook den Menübefehl *Extras/Kontoeinstellungen* auf und klicken Sie im gleichnamigen Dialogfeld, das sich öffnet, auf die Schaltfläche *Neu*.
2. Im nächsten Schritt, *E-Mail auswählen*, lassen Sie die Option *Microsoft Exchange, POP3, IMAP oder HTTP* aktiviert und klicken auf *Weiter*.
3. Nun aktivieren Sie im Schritt *Konto automatisch einrichten* das Kontrollkästchen *Servereinstellungen oder zusätzliche Servertypen manuell konfigurieren*. Damit werden die restlichen Felder deaktiviert. Klicken Sie dann auf *Weiter*.
4. Im nächsten Schritt *E-Mail-Dienst auswählen* aktivieren Sie die Option *Internet-E-Mail* und klicken auf *Weiter*.

5. Im Dialogfeld *Internet-E-Mail-Einstellungen* geben Sie im Feld *Ihr Name* denjenigen Namen ein, der bei Ihren E-Mails als Absender angezeigt werden soll (siehe Abbildg. 4.16). Ersetzen Sie dabei Umlaute (»ae«, »ue«, »oe« statt »ä«, »ö« »ü«), da manche E-Mail-Clients diese nicht korrekt anzeigen können und durch »unleserliche« Sonderzeichen ersetzen. Geben Sie im Feld *E-Mail-Adresse* Ihre E-Mail-Adresse ein. Diese erhalten Sie vom Freemail-Anbieter. In der Regel können Sie den Teil vor dem @-Zeichen frei wählen, der Teil nach dem @-Zeichen wird dagegen vom Anbieter vorgegeben. Ein Beispiel für eine Hotmail-Adresse wäre *petram@hotmail.com*.

Abbildg. 4.16 Benutzer-, Server- und Anmeldeinformationen für das HTTP-Konto eingeben

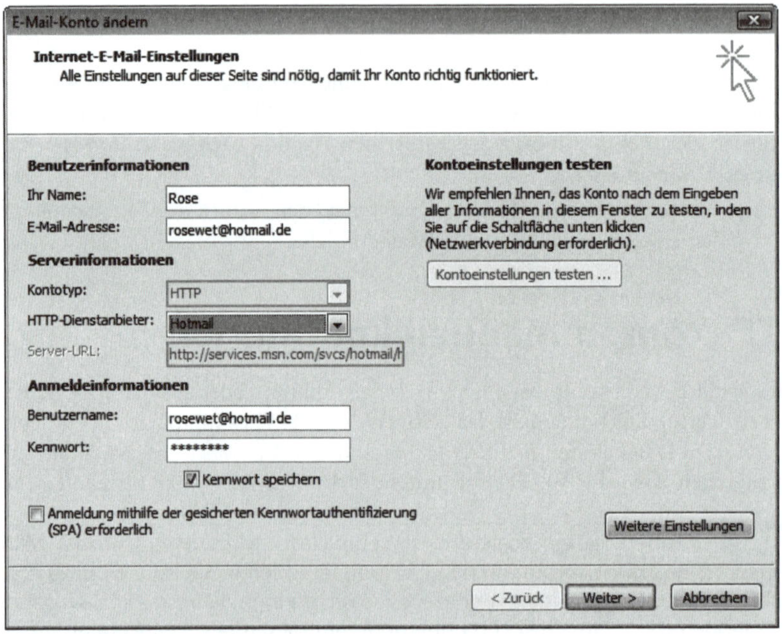

TIPP Das Zeichen @ erzeugen Sie übrigens, indem Sie eine der Tastenkombinationen `AltGr`+`Q` oder `Strg`+`Alt`+`Q` drücken.

6. Als Nächstes wählen Sie im Listenfeld *Kontotyp* den passenden Kontotyp aus, d.h. *HTTP*. Klicken Sie dazu auf den Abwärtspfeil im Listenfeld und dann auf die gewünschte Option.
7. Nun wählen Sie den HTTP-Dienstanbieter. Handelt es sich um ein Hotmail- oder ein MSN-Konto, wird der Server-URL im darunter liegenden Feld direkt eingetragen. Handelt es sich hingegen um ein Konto eines anderen HTTP-Dienstanbieters, wählen Sie im Listenfeld *HTTP-Dienstanbieter* den Eintrag *Anderer* und geben Sie dann im Feld *Server-URL* die passende Adresse des HTTP-Dienstanbieters ein (siehe Abbildg. 4.16).
8. In die Felder im Bereich *Anmeldeinformationen* geben Sie die Daten ein, mit denen Sie auf Ihr E-Mail-Konto bei Ihrem E-Mail-Anbieter zugreifen. In das Feld *Benutzername* geben Sie den Namen ein, unter dem Sie sich bei Ihrem E-Mail-Konto anmelden.

TIPP Beim Hotmail- oder .NET Passport-Konto ist der Benutzername beispielsweise identisch mit der E-Mail-Adresse. Bei anderen E-Mail-Anbietern ist der Benutzername hingegen der Bestandteil der E-Mail-Adresse, der dem Zeichen @ vorangestellt ist. Bei der Adresse *paulamuster@web.de* wäre *paulamuster* beispielsweise der Benutzername.

- *Kennwort:* Hier geben Sie das Kennwort für Ihr E-Mail-Konto ein.
- *Kennwort speichern:* Dieses Kontrollkästchen aktivieren Sie, falls das Kennwort gespeichert und von Outlook bei jedem Zugriff auf Ihr E-Mail-Konto automatisch eingesetzt werden soll.
- *Anmeldung mithilfe der gesicherten Kennwortauthentifizierung (SPA) erforderlich*: Aktivieren Sie dieses Kontrollkästchen, falls Ihr E-Mail-Anbieter eine Anmeldung durch gesicherte Kennwortauthentifizierung fordert. Mehr hierzu erfahren Sie von Ihrem E-Mail-Anbieter.

WICHTIG Bleibt das Kontrollkästchen *Kennwort speichern* deaktiviert, werden Sie bei jedem Zugriff auf Ihr E-Mail-Konto aufgefordert, Ihr Kennwort einzugeben. Das hört sich zwar etwas lästig an, ist aber eine zusätzliche Sicherheitsvorkehrung, falls Sie Ihr E-Mail-Konto in einer Umgebung nutzen, in der auch andere Personen Zugriff auf Ihren Computer haben. Ist das Kontrollkästchen *Kennwort speichern* aktiviert, brauchen Sie das Kennwort zwar beim Zugriff auf Ihr E-Mail-Konto nie mehr einzugeben. Es besteht jedoch die Gefahr, dass andere Personen Ihr E-Mail-Konto benutzen, während Sie nicht an Ihrem Platz sind, oder dass unbefugte Personen Ihr Kennwort sogar ausspionieren und Ihr E-Mail-Konto dann auf einem anderen Computer nutzen. Mit der entsprechenden Fachkenntnis ist es durchaus möglich, das Kennwort, das auf dem Computer gespeichert wird, auszulesen. Die Sternchen werden nur im Outlook-Dialogfeld angezeigt. Das Kennwort selbst wird jedoch beim Speichern nicht verschlüsselt.

9. Über die Schaltfläche *Weitere Einstellungen* öffnen Sie das Dialogfeld *Internet-E-Mail-Einstellungen*, über das Sie Ihr E-Mail-Konto umbenennen, eine von Ihrer E-Mail-Adresse abweichende Antwortadresse angeben oder die Internet-Verbindung für das Konto verändern oder neu einrichten können, wie für das POP3- und das IMAP-Konto beschrieben. Schließen Sie das Dialogfeld über die Schaltfläche *OK*.
10. Klicken Sie auf die Schaltfläche *Weiter*, um die Kontoeinrichtung abzuschließen.
11. Im nächsten Schritt werden Sie darüber informiert, dass Sie nun alle erforderlichen Informationen eingegeben haben, die zum Einrichten eines Kontos erforderlich sind. Klicken Sie auf die Schaltfläche *Fertig stellen*, um den Vorgang zu beenden.

Ihr neues HTTP-Konto wird nun im Navigationsbereich unter *E-Mail-Ordner* geführt (siehe Abbildg. 4.17). Außerdem wird das neue E-Mail-Konto unter *Extras/Senden/Empfangen* aufgelistet.

Klicken Sie im Navigationsbereich unter *E-Mail-Ordner* auf das dem HTTP-Konto vorangestellte Pluszeichen, um die Unterordner des Kontos zu öffnen. Sie sehen nun die Unterordner *Posteingang, Postausgang, Gesendete Objekte, Gelöschte Objekte* und *Suchordner*, über die Sie Ihre E-Mails verwalten können.

Abbildg. 4.17 Die Ordner des HTTP-Kontos

HINWEIS Die Nachrichten, die Sie über ein HTTP-Konto empfangen und versenden, werden unabhängig von den Daten aus Ihrem regulären Postein- und -ausgang in einer eigenen Datendatei gespeichert, die nur E-Mails enthält.

Exchange Server-Konten einrichten und verwalten

Arbeiten Sie mit Outlook als Exchange-Client, müssen Sie ein E-Mail-Konto für Exchange Server einrichten. Dazu benötigen Sie den Namen des Servers und die Bezeichnung Ihres Exchange Server-Postfachs. Beide Angaben erhalten Sie vom Netzwerkadministrator oder vom Exchange Server-Administrator.

WICHTIG Der Zugriff auf das Exchange Server-Konto kann über das LAN, das Internet oder eine VPN-Verbindung erfolgen. Es ist also ein echter Remotezugriff auf das Exchange Server-Konto möglich. Auf Computern, die unter Windows ab Windows XP Service Pack 2 betrieben werden, kann nun das neue Feature *Outlook Anywhere* genutzt werden, das den Zugriff auf Exchange Server auch ohne VPN-Verbindung direkt über das Internet ermöglicht. Wie Sie dieses Feature aktivieren, erfahren Sie im Abschnitt »Exchange Server-Konten manuell konfigurieren« weiter hinten in diesem Kapitel.

Exchange Server-Konten automatisch konfigurieren

Um ein Exchange-Konto einrichten zu können, muss eine Verbindung über das lokale Netzwerk, das Internet oder VPN zu einem Exchange Server bestehen. Die Verbindung muss nicht immer aktiv sein, wie z.B., wenn Sie mit Ihrem Notebook unterwegs sind und gerade keinen Zugriff auf das Netzwerk Ihrer Organisation haben. In diesem Fall wird ein lokales Exchange-Postfach verwendet, eine lokale Kopie des Server-Postfachs, die beim Einrichten des Kontos auf dem Computer erstellt wird. Der Inhalt der lokalen Kopie wird automatisch synchronisiert, sobald eine Verbindung zum Exchange Server hergestellt wird. Ein Wechsel zum Offlinemodus, wenn keine Verbindung zum Exchange Server besteht, und umgekehrt zum Online-Modus, sobald eine Verbindung zum Server besteht, ist nicht nötig.

Exchange Server-Konten werden etwas anders eingerichtet als andere E-Mail-Konten. Obwohl die Option *Microsoft Exchange* im Dialogfeld *Neues E-Mail-Konto hinzufügen* angeboten wird, können Sie Exchange Server-Konten nicht einrichten, während Outlook aktiv ist. Versuchen Sie es trotzdem, wird eine entsprechende Meldung eingeblendet. Schließen Sie dann alle Dialogfelder und beenden Sie anschließend Outlook. Dann gehen Sie wie nachfolgend beschrieben vor.

PROFITIPP

Exchange Server-Konten werden über die Funktion *Mail* in der Systemsteuerung eingerichtet. Pro Profil kann nur ein E-Mail-Konto des Typs *Microsoft Exchange Server* eingerichtet werden. Benötigen Sie mehrere Exchange Server-Konten, müssen Sie für jedes Konto ein eigenes Profil einrichten. Mehr zum Thema Profile erfahren Sie im Abschnitt »Profile einrichten und nutzen« weiter hinten in diesem Kapitel.

1. Wählen Sie im *Start*-Menü von Windows den Befehl *Systemsteuerung*, um die Systemsteuerung zu öffnen, und klicken Sie anschließend doppelt auf das Symbol *Mail*.

TIPP Eventuell müssen Sie in der Systemsteuerung zur klassischen Ansicht wechseln, um das Symbol *Mail* leichter finden zu können.

2. Es öffnet sich das Dialogfeld *Mail-Setup – Outlook* (siehe Abbildg. 4.18), in dem Sie auf die Schaltfläche *E-Mail-Konten* klicken.

Abbildg. 4.18 Exchange-Konten werden über das Dialogfeld *Mail-Setup – Outlook* angelegt

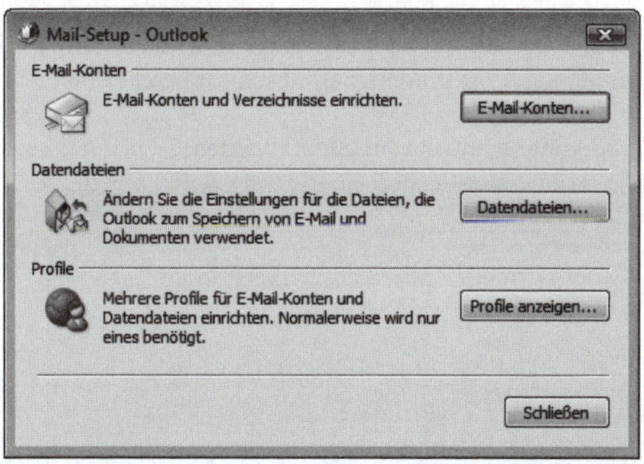

3. In der Abfrage, die sich nun öffnet, klicken Sie auf *Fortsetzen*.

HINWEIS Haben Sie noch kein Profil für den Computer eingerichtet, müssen Sie nun zunächst ein Profil hinzufügen. Klicken Sie dazu im Dialogfeld auf die Schaltfläche *Hinzufügen*, geben Sie den Namen des Profils ein und klicken Sie auf *OK*.

4. Es öffnet sich das Dialogfeld *Kontoeinstellungen* mit aktivierter Registerkarte *E-Mail*, in dem Sie auf die Schaltfläche *Neu* klicken.
5. Sind Sie bereits bei Windows Server angemeldet, ermittelt Outlook im nächsten Schritt automatisch die Kontoeinstellungen für den Benutzernamen, unter dem Sie sich angemeldet haben

(siehe Abbildg. 4.19). Sie brauchen nur noch auf *Weiter* zu klicken, um die Verbindung zum Exchange Server herzustellen.

Abbildg. 4.19 Sind Sie am Server angemeldet, wird das Konto automatisch konfiguriert

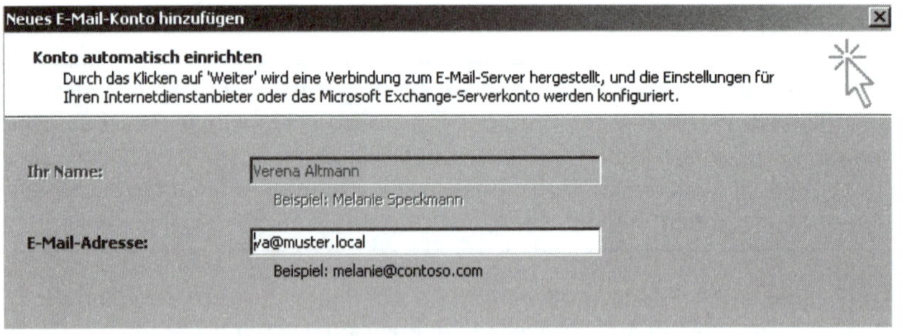

Konnte das E-Mail-Konto erfolgreich für die Verwendung von Microsoft Exchange konfiguriert werden, blendet sich ein entsprechender Hinweis im Dialogfeld *Neues E-Mail-Konto hinzufügen* ein. Klicken Sie auf *Fertig stellen*, um den Vorgang abzuschließen.

Konnte keine Verbindung zum Exchange Server hergestellt werden, wird zunächst versucht, eine unverschlüsselte Verbindung zu verwenden. Klicken Sie auf *Weiter*, um das auszuprobieren. Klappt dies ebenfalls nicht, prüfen Sie die E-Mail-Adresse, die nun im Dialogfeld *Neues E-Mail-Konto hinzufügen* eingeblendet wird. Ist diese korrekt, aktivieren Sie das Kontrollkästchen *Servereinstellungen manuell konfigurieren* und klicken Sie auf *Weiter* (siehe Abbildg. 4.20). Im nächsten Schritt wählen Sie die Option *Microsoft Exchange* und die Schaltfläche *Weiter*. Dann konfigurieren Sie das Konto manuell, wie im nächsten Abschnitt beschrieben.

Abbildg. 4.20 Treten Probleme auf, muss das Konto manuell konfiguriert werden

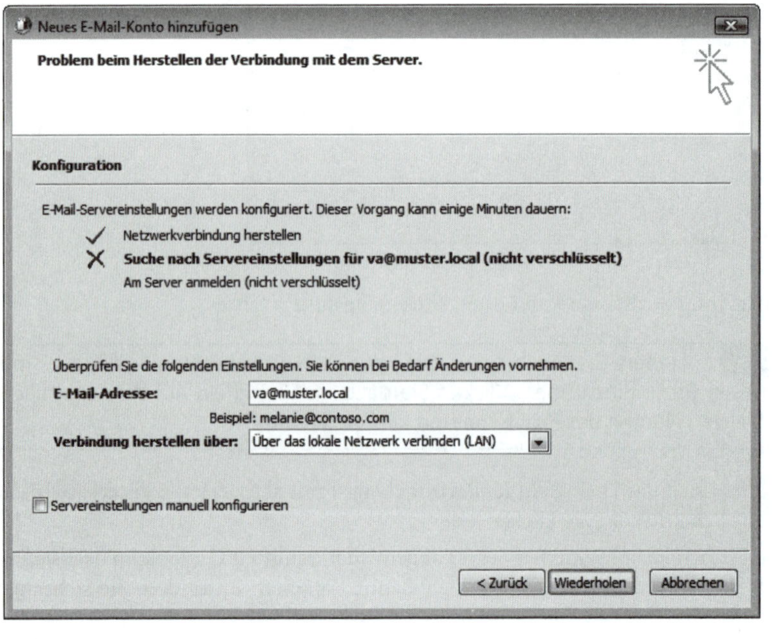

6. Schließen Sie das Dialogfeld *Mail* mit einem Mausklick auf *OK*.
7. Als Nächstes starten Sie Microsoft Outlook mit einem Mausklick auf das Symbol in der Taskleiste von Windows oder mit einem Mausklick auf die Schaltfläche *Start* und anschließender Auswahl der Option *E-Mail* in der Schnellstartleiste.
8. Outlook wird zunächst für die Verwendung des Postfachs vorbereitet.

HINWEIS Falls Sie Microsoft Outlook das erste Mal starten, öffnet sich das Dialogfeld *Benutzername*, in dem Sie den vorgegebenen Benutzernamen übernehmen oder einen neuen Benutzernamen eingeben und auf *OK* klicken. Im nächsten Dialogfeld wählen Sie die gewünschten Optionen und klicken ebenfalls auf *OK*

9. Im Dialogfeld *E-Mail-Übermittlungsort* wird Ihnen nun mitgeteilt, dass sich durch das Hinzufügen eines neuen Microsoft Exchange-Kontos der Speicherort für einige E-Mails und Kalenderinformationen geändert hat. Klicken Sie auf *OK*, um den Hinweis zu bestätigen.
10. Das neue E-Mail-Konto wird nun im Dialogfeld *Kontoeinstellungen* aufgelistet (siehe Abbildg. 4.21) und Sie können es wie Internet-E-Mail-Konten verwalten.

Abbildg. 4.21 Ein Exchange-Server-Konto im Dialogfeld *Kontoeinstellungen*

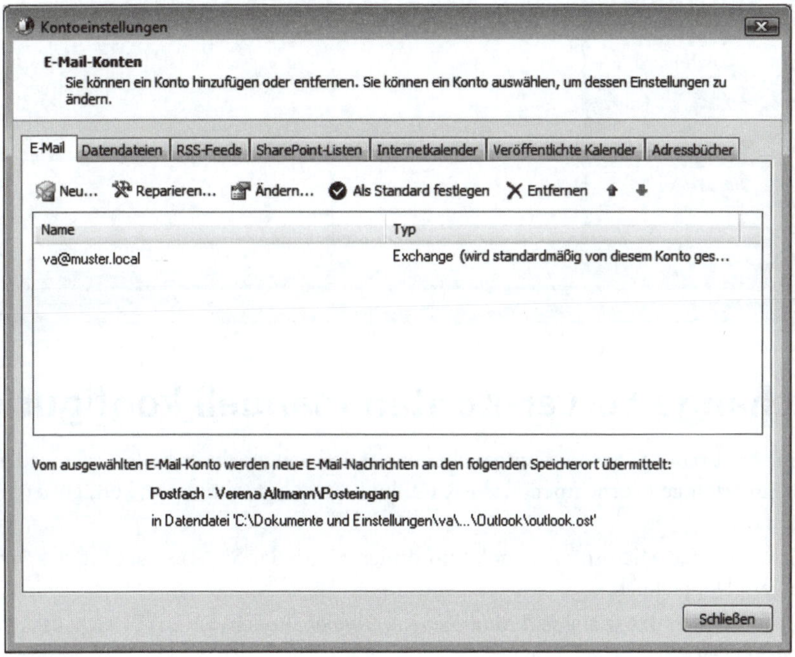

11. Schließen Sie das Dialogfeld *Kontoeinstellungen* mit einem Mausklick auf die Schaltfläche *Schließen* und starten Sie Microsoft Outlook.
12. Auf Ihrem Computer wird nun eine lokale Kopie des Exchange Server-Postfachs eingerichtet, was einige Minuten Zeit in Anspruch nehmen kann. Es werden alle E-Mails, die im Posteingang auf dem Server für Ihr Konto vorliegen, auf Ihren Computer kopiert und auch die anderen Ordner werden aktualisiert. In der Statusleiste von Microsoft Outlook sehen Sie den Hinweis *Ver-*

bunden mit Microsoft Exchange (siehe Abbildg. 4.22). Außerdem sehen Sie im Bereich *E-Mail-Ordner* von Microsoft Outlook einen neuen Ordner namens *Postfach – <Ihr Name>*. Dieser Ordner enthält alle E-Mail-Ordner für das Exchange Server-Konto, d.h. die Ordner *Entwürfe, Gelöschte Elemente, Gesendete Elemente, Junk-E-Mail, Postausgang, Posteingang, RSS-Feeds* und *Suchordner*.

Abbildg. 4.22 Outlook mit aktiviertem Exchange Server-Konto

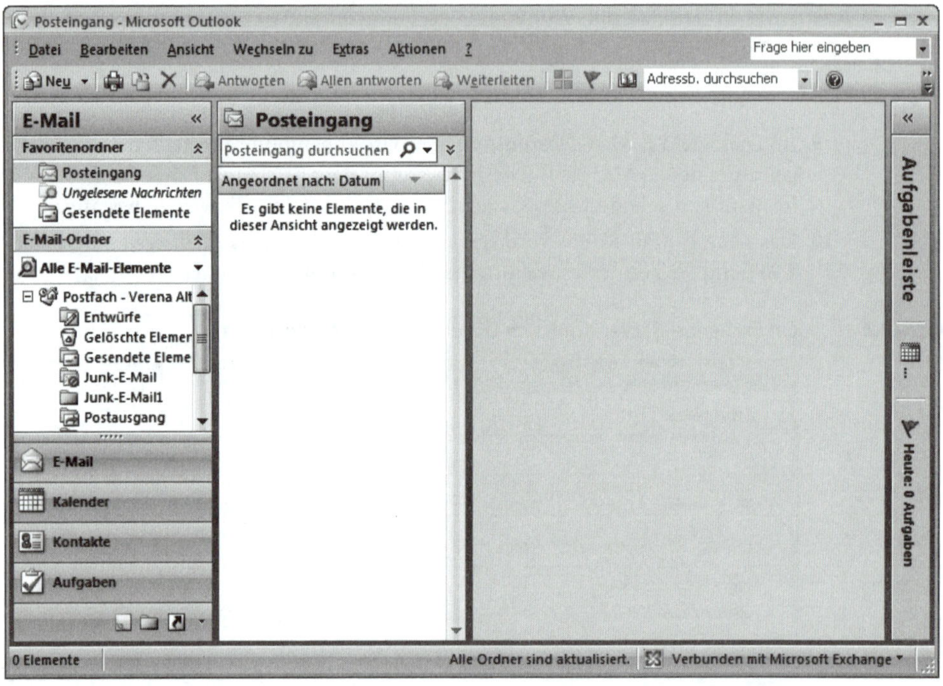

Exchange Server-Konten manuell konfigurieren

Konnte das Exchange Server-Konto nicht automatisch eingerichtet werden oder wollen Sie ganz spezielle Einstellungen vornehmen, wie z.B. Outlook Anywhere aktivieren, konfigurieren Sie das Konto wie folgt:

1. Schließen Sie Microsoft Outlook und öffnen Sie in der Systemsteuerung das Symbol *Mail* mit einem Doppelklick.
2. Es öffnet sich das Dialogfeld *Mail-Setup – Outlook*, in dem Sie auf die Schaltfläche *E-Mail-Konten* klicken.
3. Anschließend wählen Sie im Dialogfeld *Kontoeinstellungen* die Schaltfläche *Neu*.
4. Im nächsten Schritt wählen Sie die Option *Microsoft Exchange, POP3, IMAP oder HTTP* und klicken auf *Weiter*.
5. Dann aktivieren Sie im Schritt *Konto automatisch einrichten* das Kontrollkästchen *Servereinstellungen oder zusätzliche Servertypen manuell konfigurieren* und klicken auf *Weiter*.
6. Jetzt wählen Sie die Option *Microsoft Exchange* und klicken auf *Weiter*.

7. Nun geben Sie den Namen des Exchange-Servers in das Feld *Microsoft Exchange-Server* ein, auf den Sie zugreifen möchten. Tippen Sie anschließend den Benutzernamen in das gleichnamige Feld ein (siehe Abbildg. 4.23). Falls Ihnen der Benutzername nicht bekannt ist, erfragen Sie ihn bei Ihrem Netzwerkadministrator.

Abbildg. 4.23 Hier richten Sie Ihr Exchange Server-Konto ein

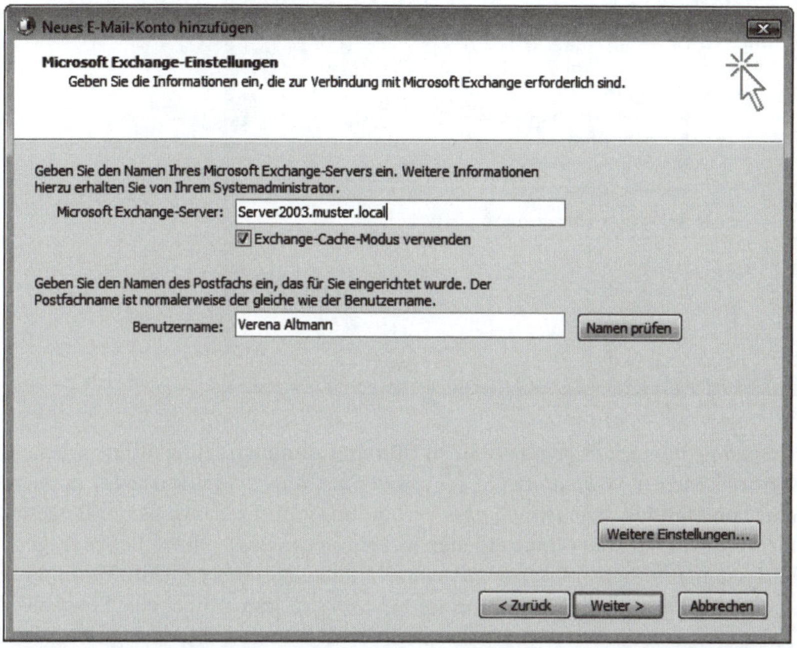

8. Klicken Sie nun auf die Schaltfläche *Weitere Einstellungen*, um zusätzliche Einstellungen vorzunehmen.
9. Nehmen Sie nun die gewünschten Änderungen vor, wie in den nachfolgenden Abschnitten »*Allgemeines*«, »*Erweitert*«, »*Sicherheit*«, »*Verbindung*« und »*Remote-E-Mail*« beschrieben.
10. Nachdem Sie Ihre Einstellungen vorgenommen haben, klicken Sie auf die Schaltfläche *OK*, um Ihre Einstellungen zu übernehmen, und beenden Sie den Vorgang der Kontoeinrichtung dann mit einem Mausklick auf *Weiter* und auf *Fertig stellen*.

Registerkarte *Allgemeines*

Im Dialogfeld *Microsoft Exchange Server* können Sie auf der Registerkarte *Allgemeines* den Namen ändern, unter dem das Exchange Server-Konto geführt wird (siehe Abbildg. 4.24). Ersetzen Sie dazu den Namen *Microsoft Exchange Server* durch einen Namen Ihrer Wahl.

Wählen Sie im Bereich *Beim Start* eine der folgenden Optionen:

- *Verbindung automatisch prüfen*, wenn bei jedem Start von Outlook automatisch eine Verbindung zu Exchange Server und zu Ihrem Postfach hergestellt werden soll.

Abbildg. 4.24 Hier wird festgelegt, was beim Start von Outlook passieren soll

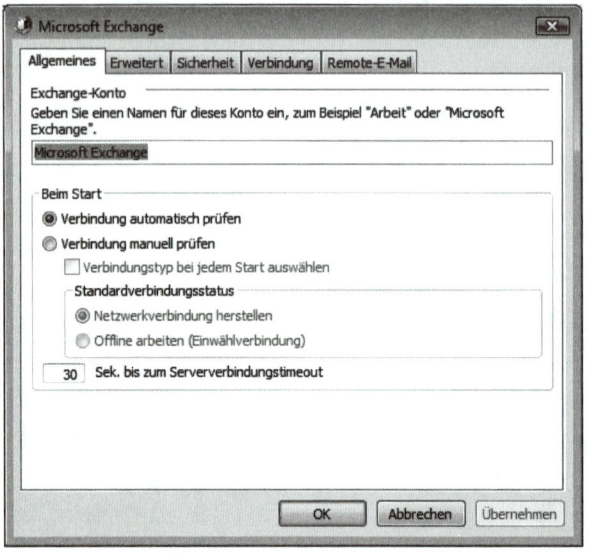

- *Verbindung manuell prüfen*, falls Sie mit Ihrem Computer häufig offline arbeiten. Wenn Sie das Kontrollkästchen *Verbindungstyp bei jedem Start auswählen* aktivieren, müssen Sie bei jedem Start von Outlook angeben, ob eine Verbindung zum Exchange Server hergestellt werden soll, oder ob Sie momentan offline arbeiten wollen. Ist das Kontrollkästchen hingegen nicht aktiviert, wird automatisch die im Bereich *Standardverbindungsstatus* gewählte Verbindung genutzt. Falls Sie Ihren PC hauptsächlich mobil einsetzen und sich immer über eine Einwählverbindung beim Exchange Server anmelden müssen, sollten Sie als Standardverbindungsstatus die Option *Offline arbeiten (Einwählverbindung)* aktivieren. Arbeiten Sie hingegen meistens im Netzwerk, wählen Sie die Option *Netzwerkverbindung herstellen.*
- Legen Sie im Feld *xx Sek. bis zum Serververbindungstimeout* die Zeitdauer fest, ab der Sie benachrichtigt werden möchten, wenn keine Verbindung zum Server hergestellt werden konnte. Ist der Serververbindungstimeout überschritten, können Sie entscheiden, ob Sie es noch einmal versuchen oder offline arbeiten möchten.

Registerkarte *Erweitert*

Auf der Registerkarte *Erweitert* können Sie bei Bedarf einen Zugriff auf zusätzliche Exchange Server-Postfächer einrichten. Ein solcher Zugriff kann beispielsweise nötig sein, wenn Sie die Urlaubsvertretung für einen Kollegen übernehmen und vermieden werden soll, dass E-Mails wochenlang unbeantwortet in dessen Posteingang liegen bleiben, wenn Sie die E-Mail einer anderen Person betreuen oder wenn Sie für ein allgemeines Postfach zuständig sind (siehe Abbildg. 4.25).

- *Zusätzlich diese Postfächer hinzufügen:* Um ein zusätzliches Postfach zu Ihrem Exchange-Konto hinzuzufügen, klicken Sie auf die Schaltfläche *Hinzufügen*. Geben Sie dann den Namen des Postfachs ein, und klicken Sie anschließend auf *OK*. Damit Sie tatsächlich auf das angegebene Postfach zugreifen können, müssen die passenden Berechtigungen vom Netzwerk- oder Exchange-Administrator eingerichtet worden sein. Das Postfach wird in der Ordnerliste von Outlook neben Ihrem eigenen Postfach angezeigt.

Abbildg. 4.25 Legen Sie hier Sicherheitseinstellungen fest oder richten Sie ein zusätzliches Postfach ein

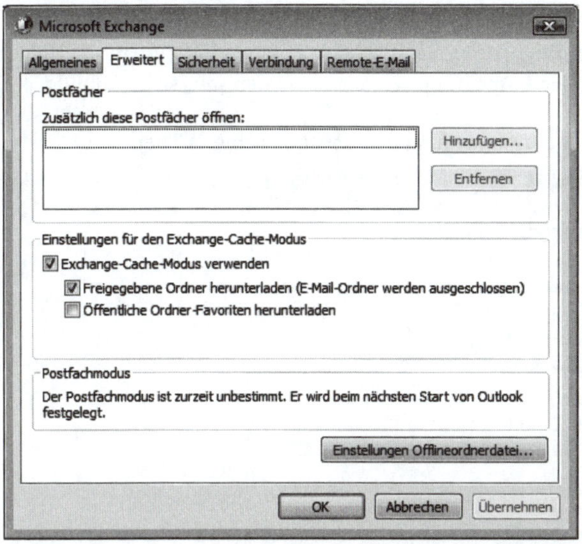

- *Einstellungen für den Exchange-Cache-Modus:* Ist das Kontrollkästchen *Exchange-Cache-Modus verwenden* aktiviert, können Sie mit einem Mausklick auf das entsprechende Kontrollkästchen festlegen, ob neben den E-Mail-Ordnern auch die freigegebenen Ordner und die Öffentlichen Ordner-Favoriten auf Ihren Computer kopiert werden sollen. Standardmäßig werden nur die freigegebenen Ordner heruntergeladen.

  Darüber hinaus können Sie auf der Registerkarte *Erweitert* allgemeine Postfacheinstellungen ändern und, falls Sie Offlineordner verwenden, über die Schaltfläche *Einstellungen Offlineordnerdatei* für diese zwischen drei Verschlüsselungsarten wählen, die Offlineordner komprimieren und sperren.

- *Postfachmodus:* In diesem Bereich legen Sie fest, wie Offlineordner behandelt werden sollen. Offlineordner sind dann sinnvoll, wenn Sie nicht nur E-Mails, sondern auch Ihre Kontakte und Termine offline verwenden möchten. Über die Schaltfläche *Einstellungen Offlineordnerdatei* können Sie Einstellungen für die Offlineordnerdatei vornehmen.

  Im Dialogfeld *Einstellungen für Offlineordner*, das sich nun öffnet, können Sie die Verschlüsselung für den Offlineordner festlegen. Über die Schaltfläche *Jetzt komprimieren* können Sie eine Komprimierung des Offlineordners veranlassen. Über die Schaltfläche *Offlineverwendung sperren* können Sie die Offlineordnerdatei deaktivieren (siehe Abbildg. 4.26). Haben Sie die benötigten Einstellungen vorgenommen, bestätigen Sie diese mit *OK*.

Abbildg. 4.26 Offlineordner können Sie bei Bedarf komprimieren, um Festplattenspeicher einzusparen

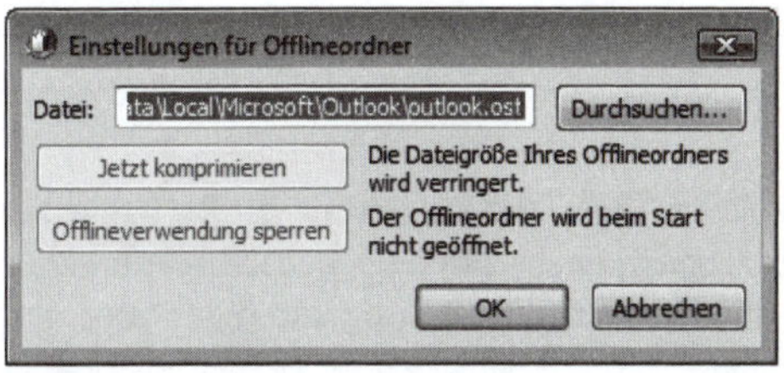

Registerkarte *Sicherheit*

Über die Registerkarte *Sicherheit* können Sie festlegen, ob eine Verschlüsselung der Informationen bei der Nachrichtenübermittlung erfolgen soll, wie die Benutzeridentifikation erfolgen soll und welche Netzwerksicherheit bei der Anmeldung verwendet werden soll (siehe Abbildg. 4.27).

Abbildg. 4.27 Hier können Sie Optionen für die Anmeldung bei Exchange Server wählen

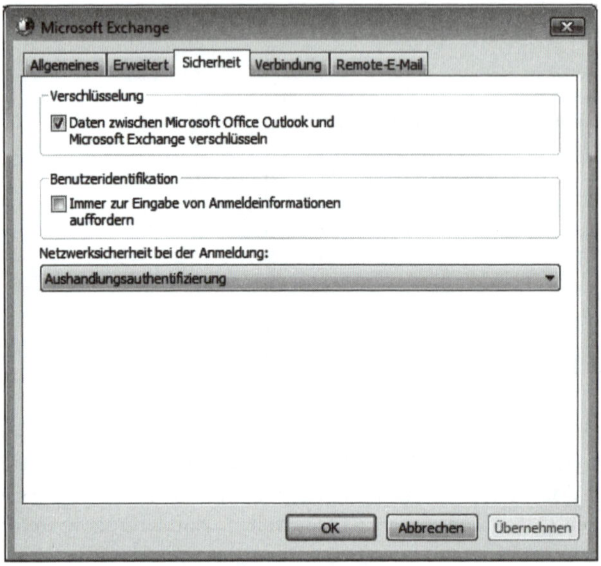

- *Daten zwischen Microsoft Office Outlook und Microsoft Exchange verschlüsseln:* Aktivieren Sie dieses Kontrollkästchen, wenn die Datenverschlüsselung beim Zugriff auf das Exchange Server-Konto wirksam sein soll.
- *Immer zur Eingabe von Anmeldeinformationen auffordern:* Wünschen Sie, dass Sie bei jedem Zugriff auf Ihr Exchange Server-Postfach zur Eingabe Ihres Benutzernamens und Ihres Kennworts aufgefordert werden, dann aktivieren Sie dieses Kontrollkästchen. Sie erhöhen dadurch die Sicherheit und verhindern, dass andere Personen über Ihren Computer automatisch auf Ihr Outlook-Postfach zugreifen können, ohne dass Sie dies gestatten. Ist das Kontrollkästchen deaktiviert, nimmt Outlook die Anmeldung automatisch mit dem von Ihnen für das Konto eingegebenen Benutzernamen und Kennwort vor.
- *Aushandlungsauthentifizierung:* In diesem Listenfeld können Sie auswählen, welche Art von Netzwerksicherheit bei der Anmeldung zum Einsatz kommt. Standardmäßig ist die *Aushandlungsauthentifizierung* aktiviert. Diese Form der Netzwerkanmeldung bietet Ihnen den höchsten Schutz. Weiterhin gibt es noch die *Kerberos-Kennwortauthentifizierung* und die *Kennwortauthentifizierung (NTLM)*. Fragen Sie Ihren Administrator, welche Einstellung die passende ist.

Registerkarte *Verbindung*

Auf der Registerkarte *Verbindung* legen Sie fest, wie eine Verbindung zu Exchange Server hergestellt werden soll, wenn Sie im Offlinemodus arbeiten (siehe Abbildg. 4.28). Zur Auswahl stehen die Verbindung über das lokale Netzwerk, die Modem-Wählverbindung und die Internetverbindung.

Abbildg. 4.28 Wählen Sie hier, wie aus dem Offlinemodus eine Verbindung zu Exchange Server hergestellt werden soll

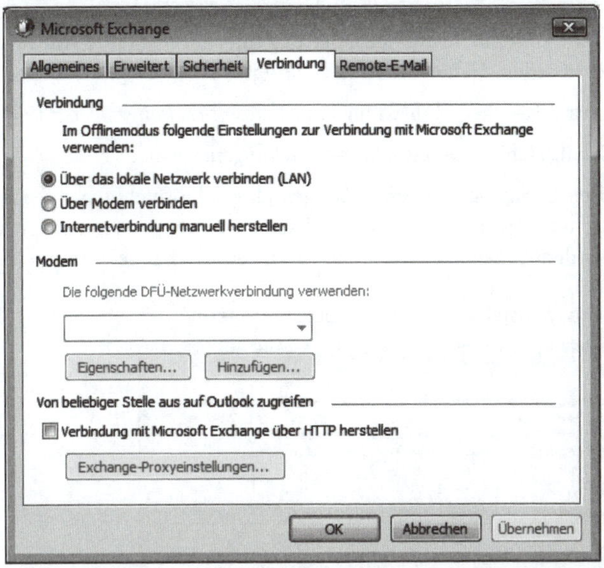

- **Verbindung:** In diesem Bereich legen Sie fest, wie im Offlinemodus eine Verbindung mit Microsoft Exchange hergestellt werden soll.
  - *Über das lokale Netzwerk verbinden (LAN):* Arbeiten Sie normalerweise im Netzwerk und greifen entsprechend über die Netzwerkverbindung auf Exchange Server zu, aktivieren Sie diese Option.
  - *Über Modem verbinden:* Nutzen Sie Ihren PC mobil, d.h. wollen Sie mit Offlineordnern oder mit Remote-E-Mail arbeiten, müssen Sie auf der Registerkarte *Verbindung* diese Option aktivieren.
  - *Internetverbindung manuell herstellen:* Stellen Sie die Verbindung zum Exchange Server über das Internet her, aktivieren Sie diese Option. Jedes Mal, wenn Sie eine Verbindung zum Exchange Server herstellen möchten, öffnet sich dann ein entsprechendes Dialogfeld, über das Sie die Verbindung zum Internet herstellen können.
- **Modem:** Im Bereich *Modem* können Sie im Listenfeld eine DFÜ-Netzwerkverbindung auswählen, die benutzt werden soll, die Eigenschaften einer DFÜ-Netzwerkverbindung verändern oder eine neue DFÜ-Netzwerkverbindung hinzufügen. Gehen Sie wie folgt vor, um eine neue Verbindung einzurichten:
  - Klicken Sie auf die Schaltfläche *Hinzufügen*. Der *Netzwerkverbindungs-Assistent* wird geöffnet. Geben Sie in das jeweilige Fenster die gewünschten Informationen zu Name und Art der Verbindung sowie die Rufnummer ein und klicken Sie auf *Weiter* bzw. *Fertig stellen*, um die Einrichtung des Kontos zu beenden. Genaue Angaben zur Verbindung erhalten Sie von Ihrem Netzwerkadministrator.

- **Von beliebiger Stelle aus auf Outlook zugreifen:** Über das Kontrollkästchen in diesem Bereich aktivieren Sie das neue Feature *Outlook Anywhere*, das Ihnen die Möglichkeit bietet, ohne eine VPN-Verbindung und ohne spezielle Hardware über das Internet mit Hilfe von RPC eine Verbindung zu Exchange herzustellen. Gehen Sie dazu wie folgt vor:
  - Aktivieren Sie das Kontrollkästchen *Verbindung mit Microsoft Exchange über HTTP herstellen.*
  - Klicken Sie auf die Schaltfläche *Exchange-Proxyeinstellungen.*
  - Im Dialogfeld *Microsoft Exchange-Proxyeinstellungen*, das sich öffnet, geben Sie als Erstes im Feld *https://* die Internetadresse (URL) für den Exchange-Proxyserver ein (siehe Abbildg. 4.29). Die entsprechenden Angaben erhalten Sie von Ihrem Exchange-Administrator.

Abbildg. 4.29 Die Microsoft Exchange-Proxyeinstellungen für Outlook Anywhere

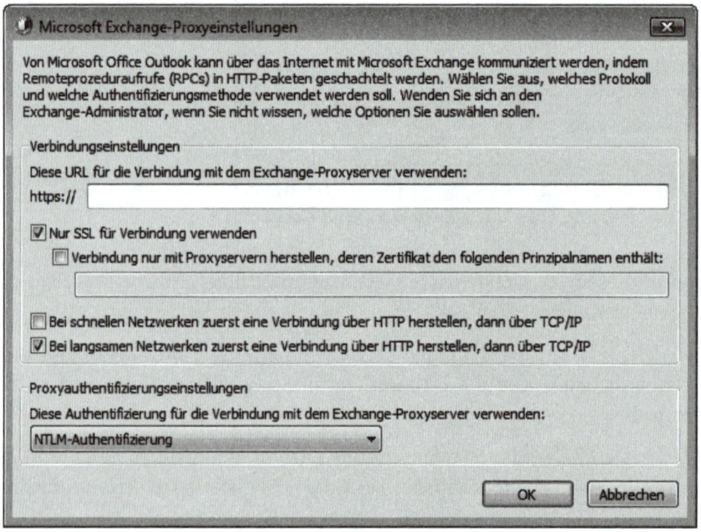

1. Wird im Netzwerk eine SSL-Verbindung mit einem Server für die Verschlüsselung und Entschlüsselung der Nachrichten verwendet, aktivieren Sie das Kontrollkästchen *Nur SSL für Verbindung verwenden* und bei Bedarf noch das Kontrollkästchen *Verbindung nur mit Proxyservern herstellen, deren Zertifikat den folgenden Prinzipalnamen enthält.*
2. Mit den Kontrollkästchen *Bei schnellen Netzwerken zuerst eine Verbindung über HTTP herstellen, dann über TCP/IP* und *Bei langsamen Netzwerken zuerst eine Verbindung über HTTP herstellen, dann über TCP/IP* geben Sie an, ob die RPC-Verbindung zuerst mit RPC over HTTP oder mit RPC over TCP hergestellt werden soll.
3. Unter *Proxyauthentifizierungseinstellungen* legen Sie fest, wie die Authentifizierung beim Exchange Server erfolgen soll. Bei der *Standardauthentifizierung* werden der Benutzername und das Kennwort unverschlüsselt verschickt. Es muss bei jeder Anmeldung die Domäne, der Benutzername und das Kennwort angegeben werden. Bei der *NTML-Authentifizierung* hingegen werden keine Kennwörter verschickt und die Authentifizierung ist damit sicherer, es kann jedoch Probleme mit der Firewall geben. Die Einstellung muss mit der unter Exchange Server gewählten Einstellung übereinstimmen (siehe den nächsten Abschnitt).
4. Klicken Sie auf *OK* und dann auf *Übernehmen*, um Ihre Einstellungen zu speichern.

Outlook Anywhere unter Exchange Server aktivieren

Um Outlook Anywhere nutzen zu können, muss das Feature unter Exchange Server aktiviert werden. Gehen Sie dazu wie folgt vor:

1. Öffnen Sie die Exchange Management Console auf dem Windows-Server.
2. Klicken Sie im Stamm von Microsoft Exchange auf das Pluszeichen vor dem Eintrag *Serverkonfiguration*.
3. Markieren Sie den Eintrag *Clientzugriff* mit einem Mausklick (siehe Abbildg. 4.30).

Abbildg. 4.30 Outlook Anywhere aktivieren

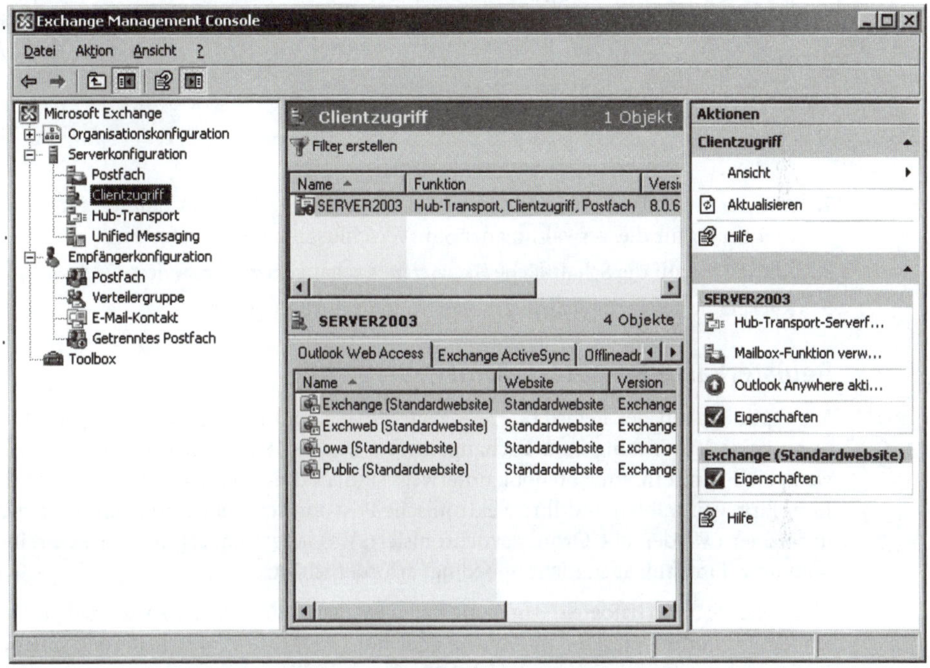

4. Im Bereich *Aktionen* klicken Sie nun auf den Link *Outlook Anywhere aktivieren.*
5. Im Dialogfeld *Outlook Anywhere aktivieren*, das sich nun öffnet, geben Sie den externen Hostnamen ein, über den der Zugriff auf das Exchange Server-Konto erfolgen soll.
6. Dann legen Sie fest, welche Art von Authentifizierung verwendet werden soll (siehe Abbildg. 4.31). Die *Standardauthentifizierung* sendet den Benutzernamen und das Kennwort ohne Verschlüsselung zum Server und die Benutzer müssen bei jedem Zugriff auf den Server den Domänennamen, den Benutzernamen und das Kennwort eingeben. Bei der *NTLM-Authentifizierung* werden keine Benutzerdaten über das Netzwerk verschickt, sondern es werden Hashwerte zwischen Client und Server ausgetauscht. Die zweite Option ist zwar sicherer, es kann jedoch Probleme mit der Firewall geben.

Abbildg. 4.31 Die Optionen für Outlook Anywhere festlegen

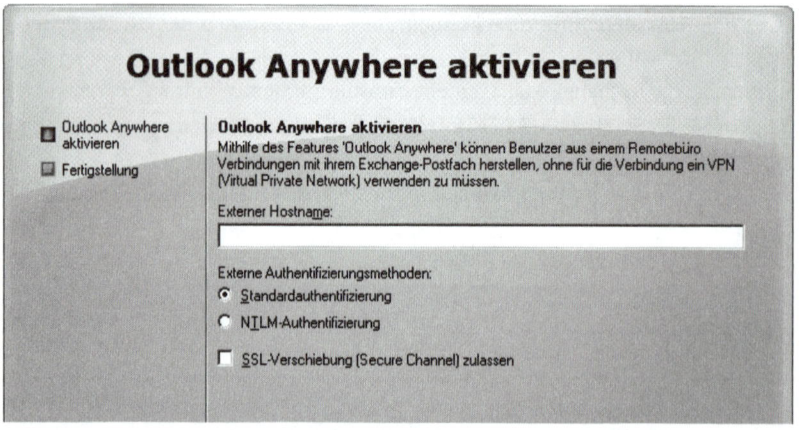

7. Aktivieren Sie das Kontrollkästchen *SSL-Verschiebung (Secure Channel) zulassen*, falls ein spezieller Server für die Verwaltung der SSL-Verschlüsselung eingesetzt wird.
8. Klicken Sie auf die Schaltfläche *Aktivieren*. Exchange Server aktiviert Outlook Anywhere nun.
9. Klicken Sie auf *Fertig stellen*, um den Vorgang abzuschließen.

Registerkarte *Remote-E-Mail*

Die Optionen auf der Registerkarte *Remote-E-Mail* sind für die Benutzung von Outlook gedacht, wenn keine Verbindung zum Exchange Server besteht. Sie können mit Outlook offline arbeiten, wenn Sie z.B. mit Ihrem Notebook unterwegs sind, und sich dann bei Bedarf in den Exchange Server Ihrer Firma einwählen und Ihre elektronische Post abrufen oder versenden. Bei der Arbeit mit Offlineordnern werden alle Ordner synchronisiert, was länger dauert und für den reinen E-Mail-Versand und -Empfang auch nicht unbedingt erforderlich ist.

Aktivieren Sie im Dialogfeld *Microsoft Exchange Server* die Registerkarte *Remote-E-Mail* und legen Sie fest, ob nur die markierten Objekte oder nur Objekte übermittelt werden sollen, die bestimmte Bedingungen erfüllen (siehe Abbildg. 4.32).

- Sollen bei jeder Remoteverbindung die markierten Elemente übermittelt werden, belassen Sie die Standardoption, die bereits aktiviert ist.
- Sollen bei jeder Remoteverbindung nur diejenigen Elemente übermittelt werden, die bestimmte Bedingungen erfüllen, aktivieren Sie die Option *Elemente übermitteln, die folgende Bedingungen erfüllen*, und klicken Sie dann auf die Schaltfläche *Filter*, um das Dialogfeld *Filtern* zu öffnen.

Abbildg. 4.32 Hier legen Sie fest, welche Objekte übermittelt werden sollen

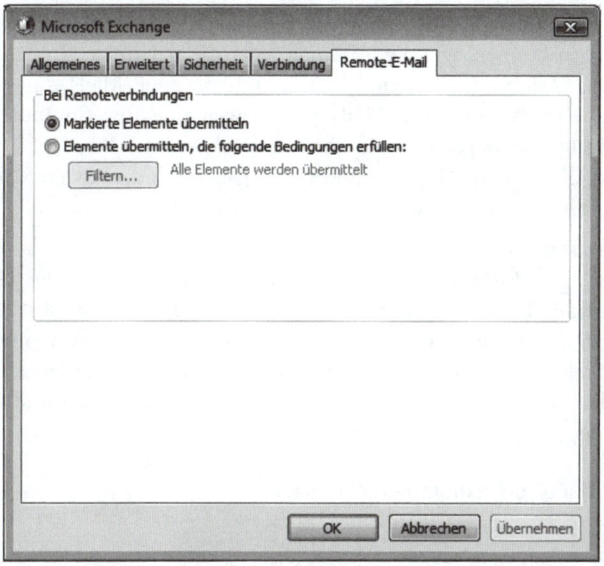

Filter festlegen

In Dialogfeld *Filtern* können Sie angeben, dass nur E-Mails von einem ganz bestimmten Versender übermittelt werden sollen, indem Sie dessen Namen in das Feld *Von* eingeben. Sie können sich außerdem für E-Mails entscheiden, die einen bestimmten Betreff haben oder die direkt oder in Kopie an Sie gesendet werden (siehe Abbildg. 4.33). Wollen Sie nur E-Mails erhalten, die von Ihrem Chef oder von Ihrem Assistenten bzw. Ihrer Assistentin stammen, geben Sie dessen oder deren Namen in das Feld *Von* ein. Wollen Sie hingegen nur E-Mails erhalten, die ein wichtiges Projekt betreffen, geben Sie die Projektbezeichnung in das Feld *Betreff* ein. Wollen Sie auf die Übermittlung von E-Mails verzichten, die Ihnen als Kopie zur Kenntnisnahme geschickt werden, und stattdessen nur E-Mails lesen, die direkt an Sie adressiert sind, aktivieren Sie das Kontrollkästchen *Direkt an mich gesendet*. Wollen Sie umgekehrt nur die E-Mails erhalten, die in Kopie an Sie geschickt werden, aktivieren Sie das Kontrollkästchen *Kopie (Cc) an mich*.

Abbildg. 4.33 Die weiteren Optionen, die Sie für die Übermittlung von Remote-E-Mail festlegen können

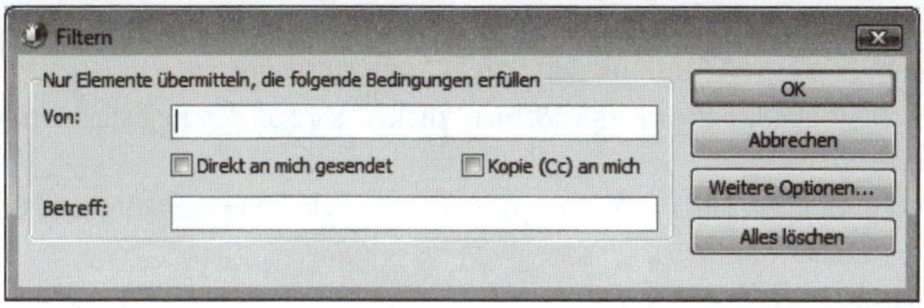

Weitere Optionen

Über die Schaltfläche *Weitere Optionen* öffnen Sie das gleichnamige Dialogfeld, in dem Sie zusätzliche Filterkriterien angeben können, wie die minimale oder die maximale Größe der E-Mails in Kilobyte im Bereich *Größe (Kilobyte)* oder den Zeitraum, in dem die E-Mails eingetroffen sind im Bereich *Erhalten*. Sollen beispielsweise nur E-Mails mit Anlagen auf Ihren Computer kopiert werden, die kleiner als 1 Megabyte sind, geben Sie in das Feld *Höchstens* den Wert 1024 ein. Wollen Sie nur E-Mails downloaden, die bis zum 31.1. des Jahres eingegangen sind, aktivieren Sie unter *Erhalten* das Kontrollkästchen *Bis* und wählen Sie das gewünschte Datum.

Zusätzlich können Sie festlegen, dass *nur ungelesene Elemente*, *nur Elemente mit Anlagen* oder *nur Elemente, die den ausgewählten Bedingungen nicht entsprechen* auf Ihren Computer geladen werden, indem Sie die entsprechenden Kontrollkästchen aktivieren. Sollen nur E-Mails mit der Wichtigkeit *Hoch* bei Ihnen eintreffen, aktivieren Sie das Kontrollkästchen *Wichtigkeit* und wählen Sie den Eintrag *Hoch* aus dem Listenfeld aus, das nun aktiviert ist. Wollen Sie nur E-Mails lesen, die höchst vertraulich deklariert wurden, aktivieren Sie das Kontrollkästchen *Vertraulichkeit* und wählen Sie die gewünschte Option aus dem Listenfeld aus (siehe Abbildg. 4.34).

Abbildg. 4.34 Optionen für die Übermittlung von Remote-E-Mail festlegen

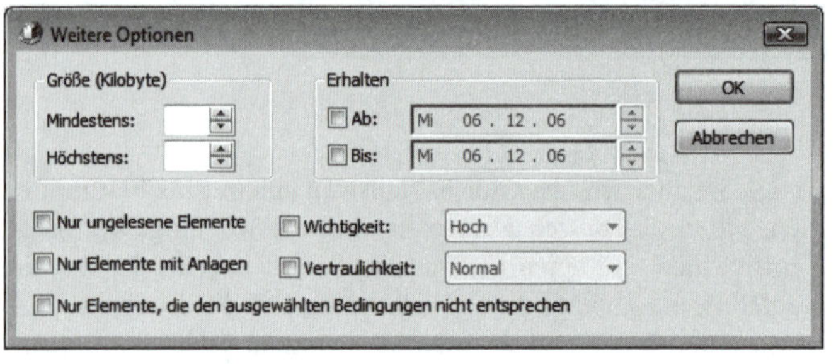

Mit einem Mausklick auf *OK* übernehmen Sie Ihre Einstellungen.

Outlook Mobile Service-Konten einrichten

Sie können Outlook nicht nur als E-Mail-Programm einsetzen, sondern auch, um über Text- und Multimedianachrichten mit Mobiltelefonen und über Mobiltelefone zu kommunizieren. Gehen Sie wie folgt vor, um ein Outlook Mobile Service-Konto einzurichten:

1. Wählen Sie im Menü *Extras* von Outlook den Befehl *Kontoeinstellungen*.
2. Im gleichnamigen Dialogfeld, das sich nun öffnet, klicken Sie auf der Registerkarte *E-Mail* auf die Schaltfläche *Neu*.
3. Im nächsten Schritt aktivieren Sie die Option *Andere* und klicken Sie dann auf den Eintrag *Outlook Mobile Service (Textnachrichten)*.
4. Klicken Sie auf *Weiter*, um fortzufahren.
5. Im Dialogfeld *Neues Outlook Mobile Service-Konto hinzufügen* (siehe Abbildg. 4.35) geben Sie nun die benötigten Daten ein. Beginnen Sie mit der Webdienstadresse Ihres Mobilfunkanbieters. Wenn Sie diese nicht kennen und eine Verbindung zum Internet besteht, klicken Sie auf den Link *Geben Sie diese Informationen unter Verwendung der Microsoft Office Online-Konfiguration ein.*

Abbildg. 4.35 Die Kontoeinstellungen für das Outlook Mobile Service-Konto einfügen

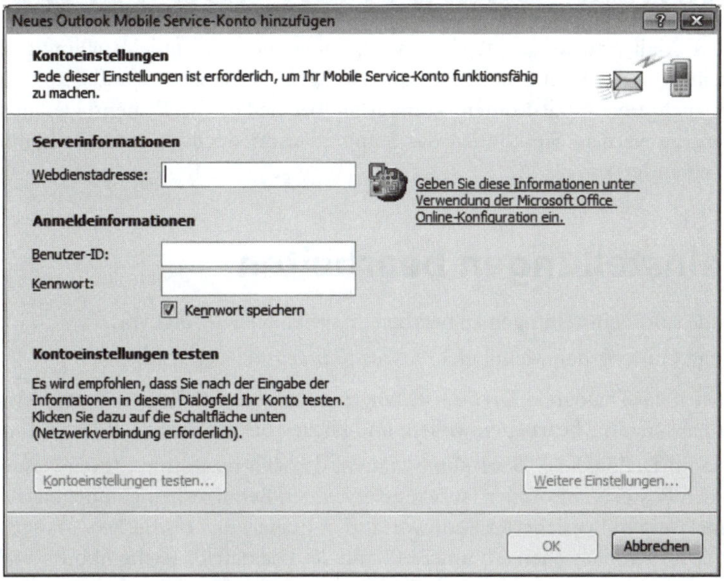

6. Es öffnet sich Ihr Webbrowser mit der passenden Webseite von Office Online. Wählen Sie im oberen Listenfeld das Land, in dem Ihr Mobilfunkanbieter stationiert ist. Anschließend wählen Sie im unteren Listenfeld den Mobilfunkanbieter aus. Es werden nun alle mobilen Outlook-Dienste angezeigt, die der Mobilfunkanbieter im Angebot hat, wie z.B. SMS Link, ein Dienst, der Outlook mit jedem beliebigen Mobiltelefon verbinden kann. Mit SMS Link können Sie nicht nur E-Mails versenden und empfangen, sondern auch Ihren Tageskalender und wichtige Updates.

WICHTIG Microsoft arbeitet beständig daran, die Liste der Mobilfunkanbieter zu erweitern. Ist momentan noch kein Anbieter in der Liste enthalten, versuchen Sie es zu einem späteren Zeitpunkt noch einmal oder rufen Sie bei Ihrem Mobilfunkanbieter an und lassen Sie sich die benötigten Angaben geben.

7. Sobald Sie alle erforderlichen Angaben in das Dialogfeld eingetragen haben, werden die Schaltflächen *Kontoeinstellungen testen* und *Weitere Einstellungen* aktiviert. Über die Schaltfläche *Weitere Einstellungen* können Sie die Verbindung wählen, über die auf den Mobilfunkanbieter zugegriffen wird. Testen Sie die Verbindung nun mit einem Mausklick auf die Schaltfläche *Kontoeinstellungen.*
8. Konnte die Verbindung hergestellt werden, schließen Sie den Vorgang mit einem Mausklick auf die Schaltfläche *OK* und auf *Fertig stellen*. Andernfalls prüfen Sie noch einmal die Einstellungen und erkundigen Sie sich gegebenenfalls bei Ihrem Mobilfunkanbieter, wodurch das Problem verursacht werden könnte.
9. Das neue Konto wird nun im Dialogfeld *Kontoeinstellungen* mit dem Kontentyp *MAPI* aufgelistet. Klicken Sie auf *Schließen*, um das Dialogfeld *Kontoeinstellungen* zu schließen.

Outlook-Konten bearbeiten und verwalten

Hat sich Ihre E-Mail-Adresse, das Kennwort oder eine andere Kontoeinstellung geändert, müssen Sie die Einstellungen des Kontos bearbeiten, um weiter E-Mails senden und empfangen zu können. Benutzen Sie mehrere E-Mail-Konten, können Sie bei Bedarf die Reihenfolge ändern, in der die Konten abgerufen werden, Sie können das Standardkonto wechseln und Sie können Konten bei Bedarf jederzeit entfernen.

Kontoeinstellungen bearbeiten

Um bestehende Kontoeinstellungen zu bearbeiten, gehen Sie wie folgt vor:

1. Rufen Sie in Outlook den Menübefehl *Extras/Kontoeinstellungen* auf.

2. Es öffnet sich das Dialogfeld *Kontoeinstellungen* mit aktivierter Registerkarte *E-Mail.* Wählen Sie das Konto aus, das Sie bearbeiten wollen, und klicken Sie auf die Schaltfläche *Ändern.*
3. Passen Sie im Dialogfeld *E-Mail-Konto ändern*, das sich nun öffnet, Ihren Namen, die E-Mail-Adresse, den Posteingangs- oder -ausgangsserver, den Benutzernamen oder das Kennwort an. Ist eine Anmeldung mit gesicherter Kennwortauthentifizierung erforderlich, aktivieren Sie das entsprechende Kontrollkästchen am unteren Rand des Dialogfelds (siehe Abbildg. 4.36).

Abbildg. 4.36 Das E-Mail-Konto ändern

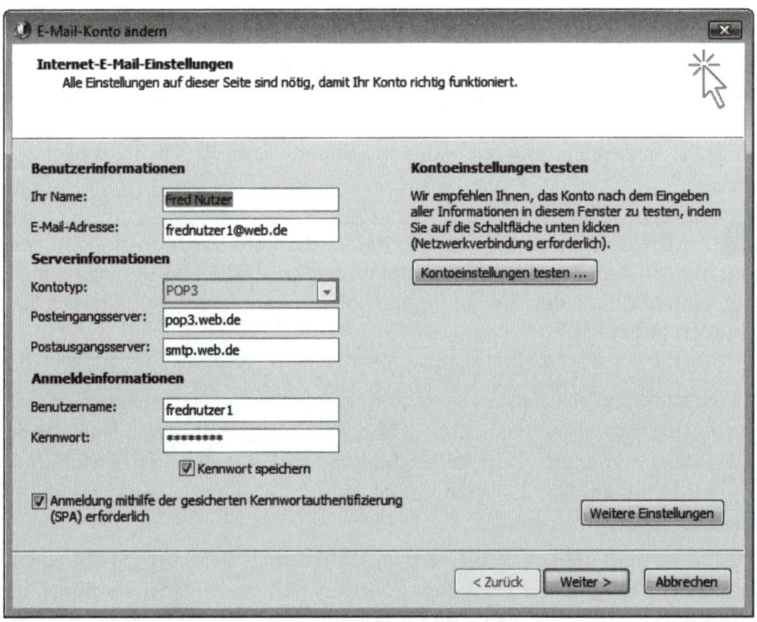

WICHTIG Der Kontentyp eines bestehenden Kontos lässt sich nachträglich nicht ändern. Es muss stattdessen ein neues Konto mit dem gewünschten neuen Kontentyp eingerichtet werden. Ist das alte Konto nicht mehr gültig, sollte es entfernt werden.

4. Nehmen Sie im nun geöffneten Dialogfeld die gewünschten Änderungen vor oder klicken Sie auf die Schaltfläche *Weitere Einstellungen*, um den Kontennamen, den Verbindungstyp, die Antwortadresse oder Ähnliches zu verändern. Eine ausführliche Beschreibung der einzelnen Felder finden Sie in den Abschnitten »POP3-Konten manuell konfigurieren«, »IMAP-Konten manuell konfigurieren«, »HTTP-Konten manuell konfigurieren« und »Exchange Server-Konten manuell konfigurieren« in diesem Kapitel.
5. Prüfen Sie mit einem Mausklick auf die Schaltfläche *Kontoeinstellungen testen*, ob das Konto mit den neuen Einstellungen funktioniert.
6. Kann eine Verbindung zum Server hergestellt werden und sind die Einstellungen korrekt, klicken Sie auf die Schaltfläche *Weiter* und anschließend auf *Fertig stellen*, um die Änderungen zu übernehmen.
7. Nehmen Sie bei Bedarf weitere Änderungen vor oder klicken Sie auf die Schaltfläche *Fertig stellen*, um Ihre Änderungen zu bestätigen und das Dialogfeld *E-Mail-Konten* zu schließen.

Das Standardkonto ändern

Wenn Sie mehrere E-Mail-Konten einrichten, wird ein Konto als Standard benutzt, über das alle E-Mails versendet werden, falls nichts anderes angegeben wird. Wollen Sie ein anderes Konto als Standard verwenden, als das aktuelle, gehen Sie wie folgt vor:

1. Rufen Sie den Menübefehl *Extras/Kontoeinstellungen* auf.
2. Markieren Sie im Dialogfeld *Kontoeinstellungen* auf der Registerkarte *E-Mail* das Konto, das Sie ab jetzt als Standardkonto benutzen möchten.
3. Dann klicken Sie auf die Schaltfläche *Als Standard festlegen*.

4. Das Konto wird nun an die erste Stelle in der Liste gesetzt und neben dem Kontentyp ist nun die Angabe *(wird standardmäßig von diesem Konto gesendet)* eingeblendet, an der Sie das Standardkonto erkennen (siehe Abbildg. 4.37).

Abbildg. 4.37 Das Standardkonto ändern

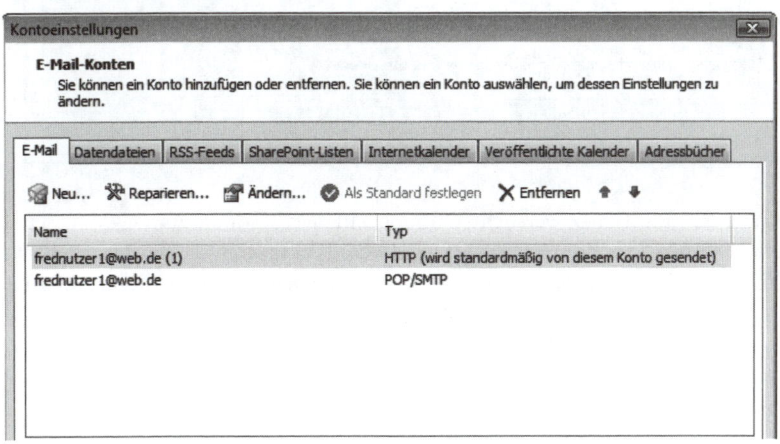

5. Schließen Sie den Vorgang mit einem Mausklick auf *Schließen* ab.

E-Mail-Konto reparieren

Funktioniert Ihr E-Mail-Konto nicht mehr richtig, können Sie mit der Funktion *Reparieren* im Dialogfeld prüfen, ob dies möglicherweise an fehlerhaften Einstellungen liegt. Mehr gibt die Funktion allerdings nicht her.

1. Rufen Sie den Menübefehl *Extras/Kontoeinstellungen* auf, um das gleichnamige Dialogfeld zu öffnen.
2. Markieren Sie dann auf der Registerkarte *E-Mail* das Konto, das Sie reparieren möchten, und klicken Sie auf die Schaltfläche *Reparieren*.

3. Es öffnet sich das Dialogfeld *E-Mail-Konto reparieren* (siehe Abbildg. 4.38). Prüfen Sie, ob Ihre E-Mail-Adresse korrekt ist, und geben Sie bei Bedarf das Kennwort inklusive Bestätigung erneut ein.

Abbildg. 4.38 Das E-Mail-Konto reparieren

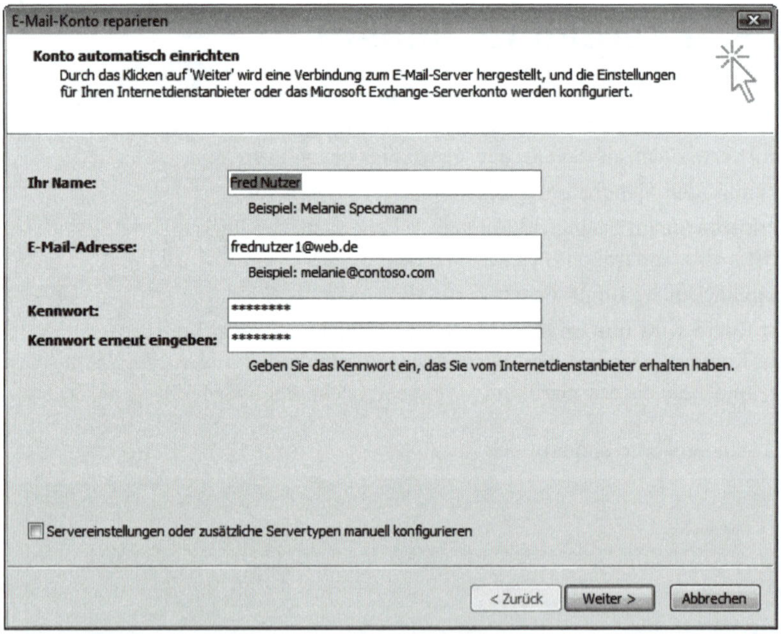

4. Klicken Sie auf *Weiter*, versucht Outlook eine Verbindung zum E-Mail-Server herzustellen. Gelingt dies, ist das Konto repariert. Andernfalls aktivieren Sie das Kontrollkästchen *Servereinstellungen oder zusätzliche Servertypen manuell konfigurieren* und klicken auf *Weiter*.
5. Auf der Seite *E-Mail-Einstellungen*, die sich nun öffnet, prüfen Sie, ob die Angaben zum Posteingangsserver, zum Postausgangsserver und zum Benutzernamen korrekt sind. Dann klicken Sie auf *Weitere Einstellungen* und überprüfen sämtliche Einstellungen, wie für das Manuelle Einrichten des Kontos beschrieben.
6. Übernehmen Sie Ihre Einstellungen mit einem Mausklick auf *OK*.
7. Prüfen Sie die Änderungen mit einem Mausklick auf die Schaltfläche *Kontoeinstellungen testen*.
8. Klicken Sie dann auf *Weiter* und auf *Schließen*, um den Vorgang zu beenden.

Reihenfolge der E-Mail-Konten verändern

Wollen Sie die Reihenfolge verändern, in der die E-Mail-Konten abgefragt werden, gehen Sie wie folgt vor:

1. Rufen Sie den Menübefehl *Extras/Kontoeinstellungen* auf.
2. Markieren Sie das Konto, das ab jetzt als Erstes abgefragt werden soll, und klicken Sie so oft auf den Aufwärtspfeil, bis das Konto an der gewünschten Stelle steht.
3. Markieren Sie jedes andere Konto in der Liste und versetzen Sie es per Mausklick auf den Aufwärts- oder den Abwärtspfeil in der Symbolleiste des Dialogfelds an die gewünschte neue Stelle.
4. Schließen Sie den Vorgang mit einem Mausklick auf die Schaltfläche *Schließen* ab.

POP3-Konto unabhängig vom Exchange-Konto nutzen

Wenn Sie neben dem Exchange-Konto auch ein POP3-Konto unter Outlook einrichten, werden standardmäßig alle E-Mails im Exchange Server-Posteingang gespeichert, auch die POP3-E-Mails. Wollen Sie Ihre Pop3-E-Mails getrennt vom Exchange Server-Konto speichern und verwalten, müssen Sie den Übermittlungsort für das POP3-E-Mail-Konto ändern. Gehen Sie dazu wie folgt vor:

1. Richten Sie das Exchange- und das POP3-Konto, wie in den entsprechenden Abschnitten beschrieben, ein.
2. Wählen Sie anschließend im Menü *Extras* den Befehl *Kontoeinstellungen*.
3. Markieren Sie den Namen des POP3-Kontos, das Sie unabhängig vom Exchange-Konto nutzen möchten, und klicken Sie dann auf die Schaltfläche *Ordner wechseln*.

Ordner wechseln

4. Im Dialogfeld *Neuer E-Mail-Übermittlungsort*, das sich nun öffnet, klicken Sie auf die Schaltfläche *Neue Outlook-Datendatei*.

HINWEIS Ist bereits eine *Persönliche Ordner*-Datei vorhanden, die Sie nutzen können, weil Sie zuerst das POP3- und dann das Exchange Server-Konto eingerichtet haben, wählen Sie den Ordner in der PST-Datei aus, in dem die POP3-E-Mails gespeichert werden sollen, und klicken Sie dann auf *OK* und auf *Schließen*.

5. Wählen Sie den Eintrag *Persönliche Ordner (.pst) für Office Outlook* (siehe Abbildg. 4.39) und klicken Sie auf *OK*.

PROFITIPP

Falls Sie mit Outlook 2002 oder einer früheren Version arbeiten müssen, verwenden Sie den Speichertyp *Persönliche Ordner (.pst) für Outlook 97-2002*).

6. Im Dialogfeld *Outlook-Datendatei erstellen oder öffnen*, das sich nun öffnet, geben Sie im Feld *Dateiname* einen aussagekräftigen Namen ein, unter dem die PST-Datei gespeichert werden soll. Ersetzen Sie beispielsweise die Nummer (1) durch den Namen des POP3-Anbieters oder durch die Angabe *POP3*.

Abbildg. 4.39 Eine neue Outlook-Datendatei erstellen

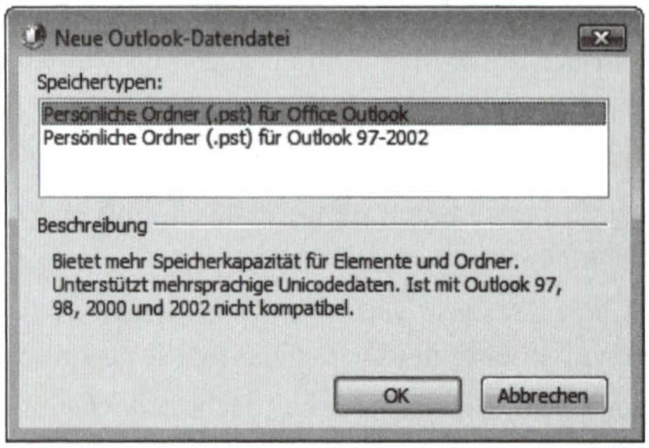

7. Klicken Sie auf *OK*, um Ihre Einstellungen zu übernehmen.

Abbildg. 4.40 Die Outlook-Datendatei benennen

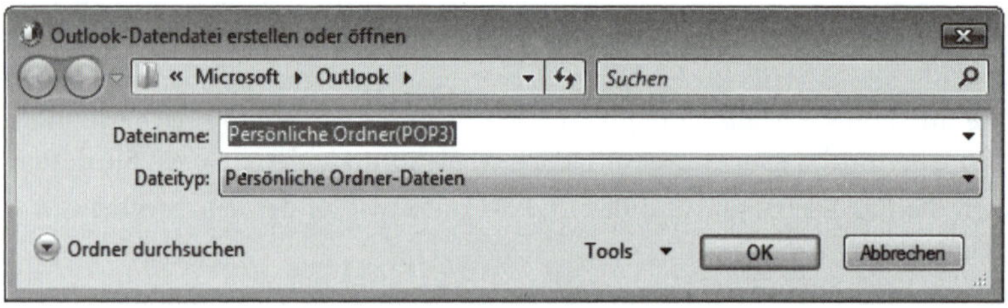

PROFITIPP

> Falls Sie die *Persönliche Ordner*-Datei an einem anderen Ort speichern möchten, als von Outlook 2007 standardmäßig vorgegeben, klicken Sie auf die Schaltfläche *Ordner durchsuchen*. Das Dialogfeld erweitert sich nun und Sie können einen anderen Ordner als Speicherort auswählen.

8. Im Dialogfeld *Persönliche Ordner erstellen*, das sich nun öffnet, geben Sie im Feld *Name* die Bezeichnung ein, die im Navigationsbereich von Outlook angezeigt werden soll (siehe Abbildg. 4.41). Wollen Sie die *Persönliche Ordner*-Datei vor dem Zugriff durch Unbefugte schützen, geben Sie ein Kennwort in das gleichnamige Feld ein und bestätigen es im Feld *Kennwort bestätigen* noch einmal. Das Kennwort muss dann jedes Mal eingegeben werden, wenn die *Persönliche Ordner*-Datei geöffnet wird.

Abbildg. 4.41 Die *Persönliche Ordner*-Datei mit einem Kennwort schützen

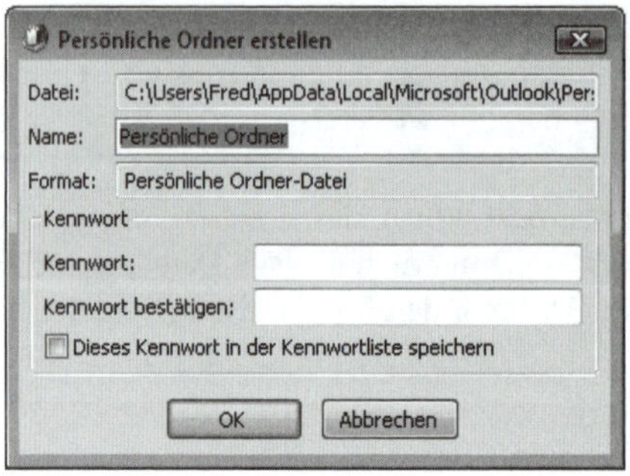

9. Um dafür zu sorgen, dass Sie selbst das Kennwort nicht bei jedem Start von Outlook 2007 eingeben müssen, aktivieren Sie das Kontrollkästchen *Dieses Kennwort in der Kennwortliste speichern.* Das Kennwort wird dann in der Kennwortliste auf Ihrem Computer gespeichert und von dort abgefragt, sobald Sie Outlook starten.
10. Klicken Sie auf *OK* und auf *Schließen*, um den Vorgang abzuschließen.

E-Mails, die Sie über das POP3-Konto empfangen, werden zukünftig im Posteingang der neuen *Persönliche Ordner*-Datei gespeichert, die Sie soeben angelegt haben.

E-Mail-Konten entfernen

Benötigen Sie ein E-Mail-Konto nicht mehr, weil Sie den Anbieter oder den Arbeitsplatz gewechselt haben oder das Konto aus anderen Gründen nicht mehr benötigen, sollten Sie es entfernen. Andernfalls werden bei jedem Abruf von E-Mails Fehlermeldungen ausgegeben.

1. Um ein Konto zu entfernen, öffnen Sie das Dialogfeld *Kontoeinstellungen* über den Befehl *Extras/Kontoeinstellungen.*
2. Im Dialogfeld *Kontoeinstellungen*, das sich nun öffnet, aktivieren Sie die Registerkarte *E-Mail*, falls diese nicht bereits aktiviert ist.

3. Markieren Sie das Konto in der Liste, das Sie entfernen möchten, und klicken dann auf die Schaltfläche *Entfernen.*
4. Es öffnet sich das Dialogfeld *Konto-Manager* mit der Abfrage, ob Sie das Konto tatsächlich entfernen möchten. Klicken Sie auf *Ja*, um der Entfernung zuzustimmen.
5. Klicken Sie auf die Schaltfläche *Schließen*, um die Einstellungen zu übernehmen und das Dialogfeld *Kontoeinstellungen* zu schließen.

Senden-Empfangen-Gruppen nutzen

Haben Sie mehrere E-Mail-Konten eingerichtet, können Sie mittels Senden-Empfangen-Gruppen festlegen, welche Konten während der Nachrichtenübermittlung berücksichtigt werden sollen und welche Aufgaben für jedes der in der Senden-Empfangen-Gruppe enthaltene Konto ausgeführt werden sollen, sobald Sie auf die Schaltfläche *Senden/Empfangen* klicken.

Standardmäßig ist nur eine Senden-Empfangen-Gruppe vorhanden, die sämtliche E-Mail-Konten und Ordner enthält. Diese Senden-Empfangen-Gruppe können Sie bei Bedarf anpassen, indem Sie festlegen, welche Konten berücksichtigt werden sollen und ob und wie E-Mails empfangen und gesendet werden. Bei Bedarf können Sie außerdem zusätzliche Senden-Empfangen-Gruppen einrichten und vorhandene Senden-Empfangen-Gruppen umbenennen, bearbeiten, kopieren und entfernen.

E-Mail-Übermittlungsoptionen einer Senden-Empfangen-Gruppe bearbeiten

Wollen Sie die E-Mail-Übermittlungsoptionen einer Übermittlungsgruppe bearbeiten, d.h. festlegen, wie häufig die automatische E-Mail-Übermittlung erfolgt und ob die Gruppe in den Befehl *Senden/Empfangen* einbezogen werden soll, gehen Sie wie folgt vor:

1. Wählen Sie im Menü *Extras* den Untermenübefehl *Senden/Empfangen/Übermittlungseinstellungen/Senden-Empfangen-Gruppen definieren* oder drücken Sie die Tasten Strg+Alt+S.
2. Es öffnet sich das Dialogfeld *Übermittlungsgruppen*. Hier können Sie nun Eigenschaften festlegen und neue Senden-Empfangen-Gruppen definieren (siehe Abbildg. 4.42).

Abbildg. 4.42 Hier werden Senden-Empfangen-Gruppen eingerichtet und bearbeitet

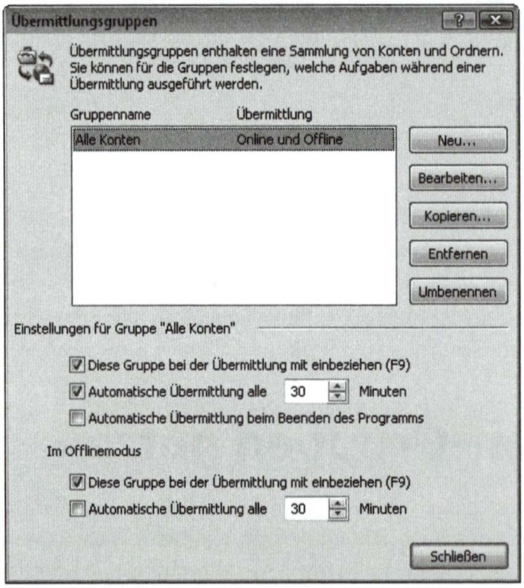

3. Markieren Sie die Senden-Empfangen-Gruppe, die Sie bearbeiten wollen.

HINWEIS Falls Sie noch keine neue Senden-Empfangen-Gruppe eingerichtet haben, gibt es nur eine Gruppe.

4. Legen Sie im Bereich am unteren Dialogfeldrand die Einstellungen für die Gruppe im Online- und im Offlinemodus fest.
   - **Einstellungen für Gruppe "<Name>":** In diesem Bereich geben Sie an, ob und wie die automatische E-Mail-Übermittlung erfolgen soll:
     - *Diese Gruppe bei der Übermittlung mit einbeziehen*: Dieses Kontrollkästchen sollte aktiviert sein, wenn die Senden-Empfangen-Gruppe jedes Mal berücksichtigt werden soll, wenn der Befehl *Extras/Senden/Empfangen/Alle senden/empfangen* gewählt oder die F9-Taste gedrückt wird.

    - *Automatische Übermittlung alle x Minuten:* Ist dieses Kontrollkästchen aktiviert, startet Outlook für die Senden-Empfangen-Gruppe im angegebenen Intervall automatisch die E-Mail-Übermittlung, d.h. alle eingegangenen E-Mails werden empfangen und alle E-Mails im Postausgang gesendet. Über die Pfeilschaltflächen lässt sich die Übermittlungshäufigkeit anpassen. Standardmäßig werden die E-Mails alle 30 Minuten übermittelt. Sollen der automatische Abruf und Versand alle 10 Minuten erfolgen, geben Sie die Zahl *10* ein, soll er hingegen nur alle zwei Stunden erfolgen, geben Sie die Zahl *120* ein.
    - *Automatische Übermittlung beim Beenden des Programms:* Ist dieses Kontrollkästchen aktiviert, startet Outlook für diese Senden-Empfangen-Gruppen beim Beenden automatisch die E-Mail-Übermittlung, d.h., alle eingegangenen E-Mails werden heruntergeladen und alle im Postausgang vorliegenden E-Mails werden versendet.
  - **Im Offlinemodus:** In diesem Bereich legen Sie fest, wie die E-Mail-Übermittlung behandelt werden soll, wenn Outlook sich im Offlinemodus befindet.
    - *Diese Gruppe bei der Übermittlung mit einbeziehen:* Ist dieses Kontrollkästchen aktiviert, wird die Senden-Empfangen-Gruppe beim Befehl *Alle senden und empfangen* berücksichtigt, sofern sich Outlook im Offlinemodus befindet.
    - *Automatische Übermittlung alle x Minuten:* Ist dieses Kontrollkästchen aktiviert, wird für die Senden-Empfangen-Gruppe im angegebenen Intervall eine E-Mail-Übermittlung durchgeführt, sofern sich Outlook im Offlinemodus befindet. Passen Sie bei Bedarf die Anzahl der Minuten an.

5. Wollen Sie die Einstellungen übernehmen und keine weiteren Änderungen durchführen, klicken Sie auf *Schließen*. Lesen Sie andernfalls im nächsten Abschnitt, wie Sie die Senden-Empfangen-Gruppe bearbeiten.

Senden-Empfangen-Gruppen bearbeiten

Wollen Sie Konten zur Senden-Empfangen-Gruppe hinzufügen oder aus ihr entfernen oder wollen Sie Einstellungen für die einzelnen E-Mail-Konten verändern, müssen Sie die Senden-Empfangen-Gruppe bearbeiten. Gehen Sie dazu wie folgt vor:

1. Wählen Sie im Menü *Extras* den Untermenübefehl *Senden/Empfangen/Übermittlungseinstellungen/Senden-Empfangen-Gruppen definieren* oder drücken Sie die Tasten `Strg`+`Alt`+`S`.
2. Im Dialogfeld *Übermittlungsgruppen*, das sich nun öffnet, aktivieren Sie die Gruppe, die Sie bearbeiten möchten, und klicken auf *Bearbeiten*.
3. Im daraufhin geöffneten Dialogfeld *Übermittlungseinstellungen* (siehe Abbildg. 4.43) finden Sie auf der linken Seite alle E-Mail-Konten, die bisher in Outlook 2007 eingerichtet wurden. Standardmäßig sind alle Konten in der Senden-Empfangen-Gruppe enthalten. Möchten Sie eines dieser Konten aus der Übermittlung ausschließen, markieren Sie es mit einem Mausklick und deaktivieren Sie dann auf der rechten Seite die Option *Konto in dieser Gruppe mit einbeziehen.* Die weiteren Optionen auf der Seite werden für dieses Konto nun deaktiviert. Wiederholen Sie den Vorgang für alle weiteren Konten, die Sie aus der Gruppe ausschließen möchten.
4. Legen Sie als Nächstes die Konto- und die Ordneroptionen fest. Gehen Sie dazu für die einzelnen Kontotypen wie folgt vor, wie in den nächsten Abschnitten beschrieben.

5. Wählen Sie anschließend die Schaltfläche *OK* und *Schließen*, um das Dialogfeld *Übermittlungseinstellungen* und das Dialogfeld *Übermittlungsgruppen* zu schließen und die Einstellungen zu übernehmen.

Abbildg. 4.43 Wählen Sie zunächst die Konten der Senden-Empfangen-Gruppe aus

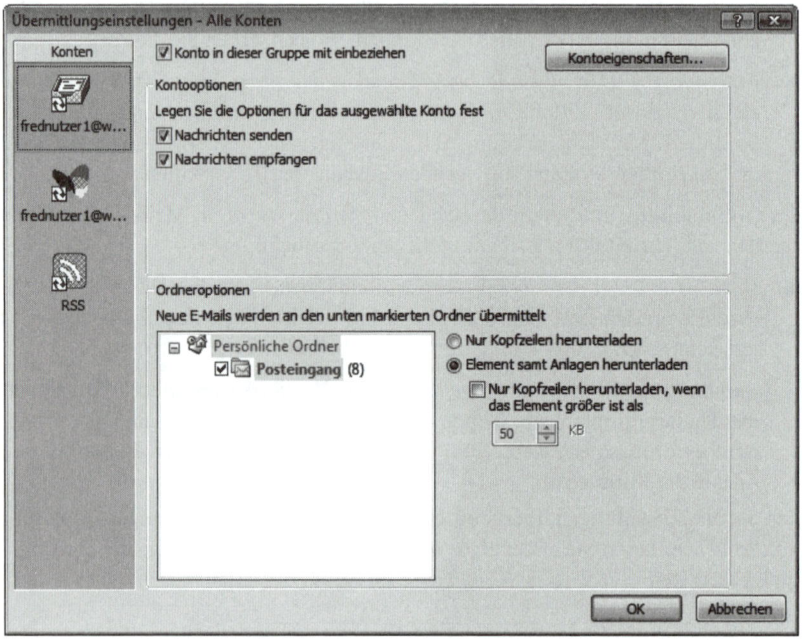

Übermittlungseinstellungen von POP3-Konten ändern

Im Bereich *Kontooptionen* legen Sie fest, welche Aktionen für das Konto durchgeführt werden sollen. Im Bereich *Ordneroptionen* geben Sie an, in welchen Ordner die E-Mails übermittelt werden sollen und wie die Übermittlung erfolgen soll. Gehen Sie dazu wie folgt vor:

- Kontooptionen:
  - *Nachrichten empfangen:* Sollen über das Konto E-Mails empfangen werden, aktivieren Sie dieses Kontrollkästchen. Sollen über das Konto nur E-Mails gesendet werden, deaktivieren Sie dieses Kontrollkästchen.
  - *Nachrichten senden:* Sollen über das Konto E-Mails gesendet werden, aktivieren Sie dieses Kontrollkästchen. Sollen über das Konto nur E-Mails empfangen, nicht jedoch gesendet werden, deaktivieren Sie dieses Kontrollkästchen.
- Ordneroptionen: Über die Ordneroptionen wird festgelegt, in welchen Outlook-Ordner neue E-Mails heruntergeladen werden. Der Standardordner für das POP3-Konto ist der Ordner *Posteingang*. Haben Sie mehrere Outlook-Datendateien oder mehrere Ordner für den Posteingang eingerichtet, werden diese im Bereich *Ordneroptionen* zusätzlich aufgelistet. Falls mehrere Ordner vorhanden sind, aktivieren Sie das Kontrollkästchen des Ordners, an den die E-Mails zukünftig übermittelt werden sollen (siehe Abbildg. 4.44).

PROFITIPP

Diese Option ist nur dann sinnvoll, wenn Sie mehrere Datendateien eingerichtet haben, wie z.B. eine separate Datendatei für ein POP3-Konto, wenn Sie gleichzeitig Outlook als Exchange Server-Client nutzen.

Abbildg. 4.44 Die Optionen für POP3-Konten festlegen

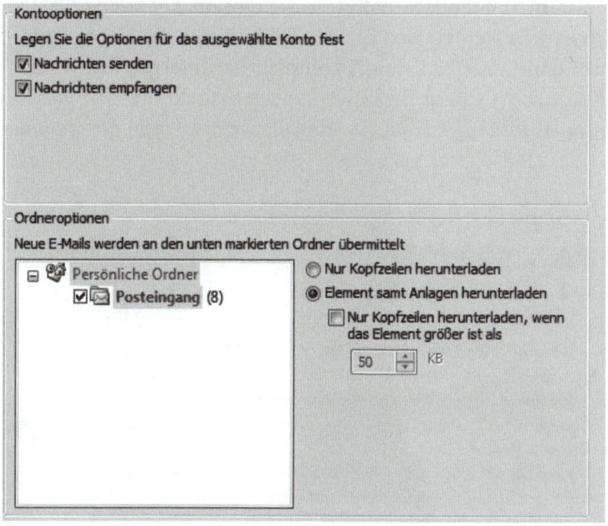

- *Nur Kopfzeilen herunterladen:* Über diese Option legen Sie fest, dass nicht die gesamten Nachrichten, sondern nur die Kopfzeilen auf Ihren Computer kopiert werden sollen. Das ist bei POP3-Konten zwar unüblich, aber möglich. Wenn Sie alle Kopfzeilen durchgesehen haben, können Sie festlegen, welche E-Mails auf den Computer heruntergeladen werden sollen.
- *Element samt Anlagen herunterladen:* Standardmäßig ist diese Option für POP3-Konten aktiviert, d.h. die E-Mails werden inklusive der Dateianhänge in den markierten Ordner heruntergeladen. Über das Kontrollkästchen *Nur Kopfzeilen herunterladen, wenn das Element größer ist als xx KB* legen Sie fest, dass bei E-Mails, deren Anlage eine bestimmte Größe überschreitet, zunächst nur die Kopfzeilen heruntergeladen werden sollen. Anhand der Kopfzeile können Sie dann für jede E-Mail entscheiden, ob die Anlage heruntergeladen werden soll oder nicht.

Übermittlungseinstellungen von IMAP-Konten ändern

Für das IMAP-Konto stehen Ihnen zahlreiche Konto- und mehrere Ordneroptionen zur Verfügung, über die Sie festlegen können, wie die Nachrichten gesendet und empfangen werden. Aktivieren Sie das IMAP-Konto mit einem Mausklick und legen Sie dann die Optionen fest (siehe Abbildg. 4.45).

- Kontooptionen: Legen Sie in diesem Bereich fest, ob und wie Nachrichten über dieses Konto gesendet und empfangen werden.
  - *Nachrichten senden:* Sollen E-Mails über dieses Konto gesendet werden, aktivieren Sie das Kontrollkästchen. Sollen keine E-Mails über dieses Konto gesendet werden, deaktivieren Sie das Kontrollkästchen.
  - *Anzahl ungelesener Elemente im Ordner für abonnierte Ordner ermitteln:* Möchten Sie darauf verzichten, dass die Anzahl der ungelesenen E-Mails ermittelt wird, die in jedem abonnier-

ten Ordner enthalten sind, deaktivieren Sie das Kontrollkästchen. Andernfalls belassen Sie es so, wie es ist.

- *Nachrichten empfangen:* Sollen E-Mails über dieses Konto empfangen werden, aktivieren Sie das Kontrollkästchen. Sollen keine Nachrichten über dieses Konto empfangen werden, deaktivieren Sie das Kontrollkästchen. Ist das Kontrollkästchen aktiviert, können Sie zwischen weiteren Optionen wählen. Standardmäßig ist die Option *Kopfzeilen für abonnierte Ordner herunterladen* aktiviert. Es werden also für alle E-Mails nur die Kopfzeilen heruntergeladen und Sie entscheiden dann, welche E-Mails komplett heruntergeladen werden sollen. Sollen, wie beim POP3-Konto, die E-Mails inklusiver Anlagen direkt heruntergeladen werden, aktivieren Sie die Option *Vollständige Elemente einschließlich Anlagen für abonnierte Ordner herunterladen.*

Abbildg. 4.45 Die Übermittlungseinstellungen für das IMAP-Konto festlegen

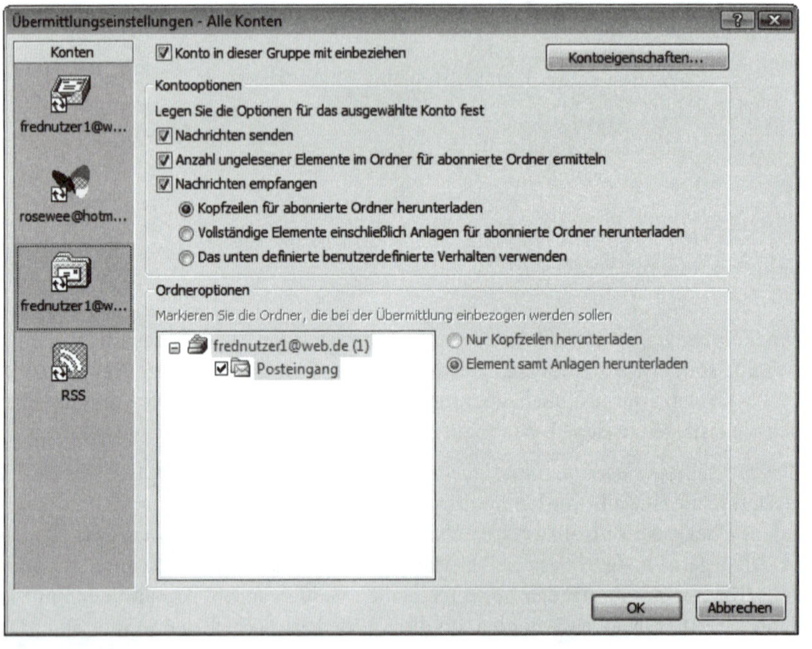

HINWEIS Die dritte Option *Das unten definierte benutzerdefinierte Verhalten verwenden* ist eigentlich nur sinnvoll, wenn Sie mehrere Datendateien oder Ordner eingerichtet haben, die in die Übermittlung mit einbezogen werden sollen. Sie können dann für jeden Ordner separat festlegen, ob nur die Kopfzeilen oder die Elemente samt Anlagen heruntergeladen werden sollen. Ist nur ein Ordner vorhanden, an den die Nachrichten übermittelt werden können, ist die dritte Option überflüssig, denn sie enthält die gleichen Wahlmöglichkeiten wie unter *Kontooptionen*.

Übermittlungseinstellungen von HTTP-Konten ändern

Bei Hotmail-Konten steht Ihnen im Bereich *Kontooptionen* nur die Option *Nachrichten senden* zur Verfügung. Aktivieren Sie das Kontrollkästchen, wenn Nachrichten über dieses Konto gesendet werden sollen und deaktivieren Sie das Kontrollkästchen, wenn dieses Konto beim Nachrichtenversand nicht berücksichtigt werden soll. Die Optionen für den Nachrichtenempfang werden über die Ordneroptionen geregelt (siehe Abbildg. 4.46).

Abbildg. 4.46 Die Übermittlungseinstellungen von HTTP-Konten ändern

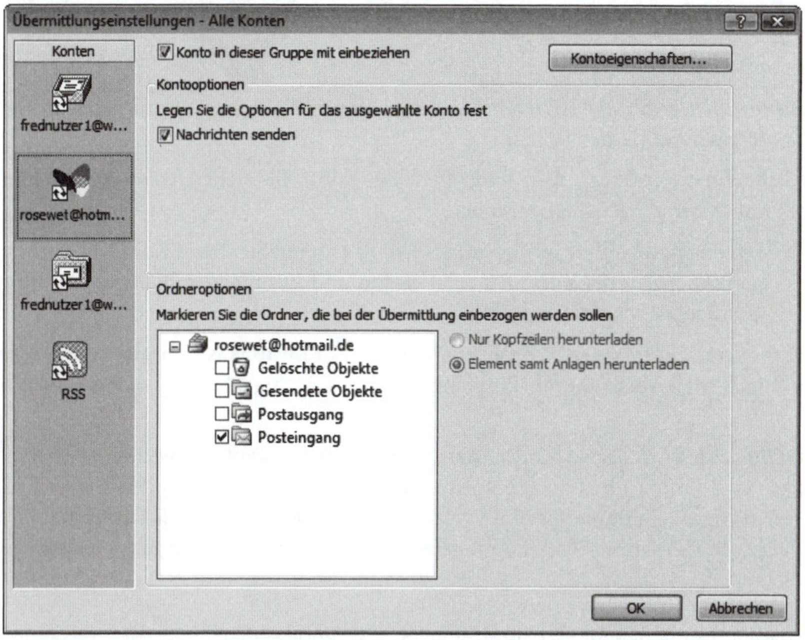

Im Bereich *Ordneroptionen* aktivieren Sie zunächst die Kontrollkästchen der Ordner, die in die Übermittlung mit einbezogen werden sollen. Standardmäßig ist nur der Posteingang aktiviert. Haben Sie zusätzliche Posteingangsordner eingerichtet, können diese ebenfalls berücksichtigt werden. Um festzulegen, wie die E-Mails übermittelt werden sollen, markieren Sie den jeweiligen Ordner und legen Sie über die Optionen auf der rechten Seite fest, ob Outlook *Nur Kopfzeilen herunterladen* oder wie beim POP3-Konto *Element samt Anlagen herunterladen* soll. Werden nur die Kopfzeilen heruntergeladen, müssen Sie anschließend im Posteingang die E-Mails markieren, die Sie komplett empfangen wollen und noch einmal eine Nachrichtenübermittlung für das Konto oder die Senden-Empfangen-Gruppe durchführen.

PROFITIPP

Haben Sie mehrere Posteingangsordner eingerichtet und wollen Sie die Übermittlungsoptionen pauschal für alle Ordner festlegen, markieren Sie zunächst einen Ordner und legen Sie fest, ob nur die Kopfzeilen oder die Elemente samt Anlagen heruntergeladen werden sollen. Klicken Sie dann mit der rechten Maustaste auf den übergeordneten Ordner, d.h. den Ordner mit der E-Mail-Adresse, und wählen Sie im Kontextmenü den Befehl *Einstellungen für alle gewählten Unterordner verwenden.*

Übermittlungseinstellungen von Exchange Server-Konten ändern

Für das Exchange Server-Konto stehen Ihnen zahlreiche Übermittlungsoptionen zur Verfügung. Insbesondere können Sie für alle Ordner im Postfach separat festlegen, ob sie in die Übermittlung einbezogen werden sollen oder nicht (siehe Abbildg. 4.47). Es werden nicht nur E-Mails, sondern auch die Inhalte von Aufgaben-, Kontakt- und Terminordnern übermittelt.

- Kontooptionen:
  - *Nachrichten senden:* Aktivieren Sie dieses Kontrollkästchen, wenn Nachrichten über das Konto gesendet werden sollen.
  - *Nachrichten empfangen:* Aktivieren Sie dieses Kontrollkästchen, wenn Nachrichten über dieses Konto empfangen werden sollen.
  - *Ordnerhomepages offline verfügbar machen:* Aktivieren Sie dieses Kontrollkästchen, wenn die Ordnerhomepages bei jedem E-Mail-Versand und -Empfang vom Server auf Ihren Computer heruntergeladen werden sollen.
  - *Formulare synchronisieren:* Aktivieren Sie dieses Kontrollkästchen, wenn die Formulare bei jedem E-Mail-Versand und -Empfang mit dem Exchange Server synchronisiert werden sollen.
  - *Offlineadressbuch herunterladen:* Aktivieren Sie dieses Kontrollkästchen, wenn das Microsoft Exchange-Offlineadressbuch bei jedem E-Mail-Versand und -Empfang vom Exchange Server auf Ihren Computer heruntergeladen werden soll. Über die Schaltfläche *Adressbucheinstellungen* können Sie zusätzlich angeben, ob alle Details heruntergeladen werden sollen oder nicht.

Abbildg. 4.47 Übermittlungsoptionen für Exchange Server-Konten anpassen

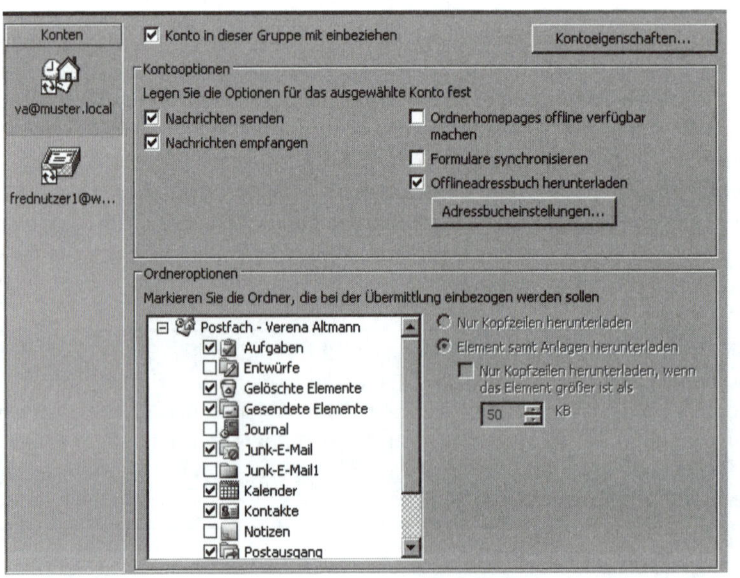

- Ordneroptionen: Im Bereich *Ordneroptionen* legen Sie fest, welche Ordner in die Übermittlung einbezogen werden sollen. Standardmäßig sind die Ordner *Aufgaben*, *Gelöschte Elemente*, *Gesen-*

dete Elemente, *Junk-E-Mail*, *Kalender*, *Kontakte*, *Postausgang*, *Posteingang* und *RSS-Feeds* aktiviert. Sorgen Sie dazu dafür, dass die Kontrollkästchen aller Ordner markiert sind, die in die Übermittlung mit einbezogen werden sollen, und die Kontrollkästchen aller Ordner deaktiviert sind, die von der Übermittlung ausgenommen werden sollen.

PROFITIPP

Wollen Sie dafür sorgen, dass alle Ordner ausgewählt werden, klicken Sie mit der rechten Maustaste auf den Ordner *Postfach* auf der obersten Ebene, und wählen Sie im Kontextmenü, das sich nun öffnet, den Befehl *Alle Unterordner auswählen*. Um alle Ordner zu deaktivieren, klicken Sie mit der rechten Maustaste auf den übergeordneten Ordner *Postfach* und wählen Sie im Kontextmenü den Befehl *Keinen Unterordner auswählen*.

Sobald Sie einen der E-Mail-Ordner markieren, werden die Optionen auf der rechten Seite aktiviert.

- Wählen Sie die Option *Nur Kopfzeilen herunterladen*, wenn Sie bei jedem Übermittlungsvorgang nur die Kopfzeilen auf Ihren Computer herunterladen und später entscheiden möchten, welche E-Mails auf Ihren Computer kopiert werden sollen.
- Wählen Sie hingegen die Option *Element samt Anlagen herunterladen*, falls standardmäßig alle E-Mails inklusive der Dateianhänge auf Ihren Computer kopiert werden sollen.
- Bei Bedarf können Sie über das Kontrollkästchen *Nur Kopfzeilen herunterladen, wenn das Element größer ist als* unter Angabe einer Dateigröße in Kilobyte festlegen, dass bei E-Mails mit Dateianhängen ab einer bestimmten Größe zunächst nur die Kopfzeilen auf Ihren Computer heruntergeladen werden sollen und nur bei Bedarf der Rest der E-Mails.

HINWEIS Sollen Ihre Einstellungen auf alle Ordner oder Unterordner angewendet werden, klicken Sie mit der rechten Maustaste auf den Ordner, von dem Sie ausgegangen sind, und wählen Sie im Kontextmenü die Option *Einstellungen für alle gewählten Unterordner verwenden* oder *Einstellungen für alle gewählten Ordner verwenden*.

- Klicken Sie auf *OK*, um die Einstellungen zu übernehmen.

Übermittlungseinstellungen von RSS-Feeds ändern

Sollen RSS-Feeds in der Senden-Empfangen-Gruppe berücksichtigt werden, markieren Sie das Konto *RSS-Feeds* in der linken Spalte und sorgen Sie dafür, dass auf der rechten Seite das Kontrollkästchen *RSS-Feeds in diese Senden-Empfangen-Gruppe einschließen* aktiviert ist (siehe Abbildg. 4.48).

Anschließend legen Sie im Bereich *Feeds* fest, welche Feeds bei der Übermittlung berücksichtigt werden sollen. Es werden alle Feeds aufgelistet, die Sie abonniert haben und Sie können über die Kontrollkästchen die gewünschten Feeds aktivieren und deaktivieren.

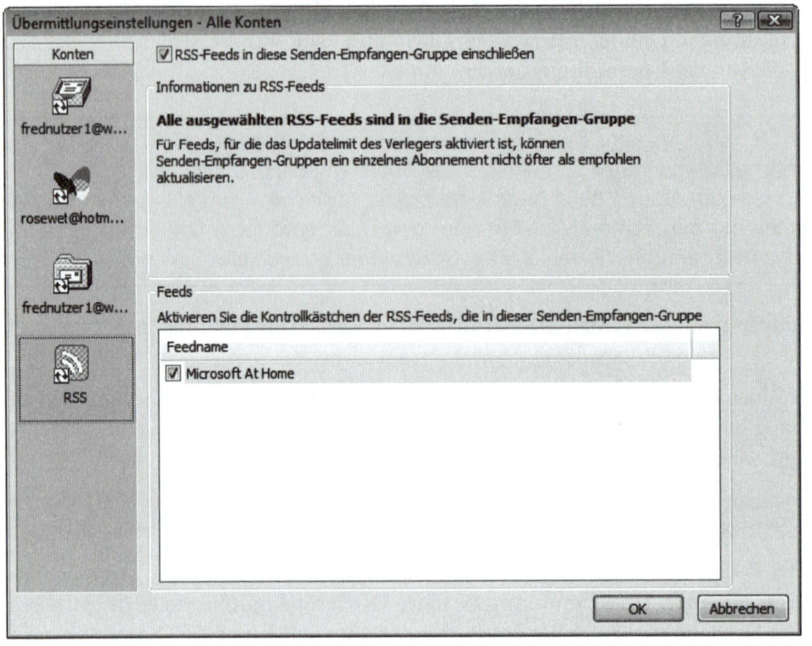

Abbildg. 4.48 RSS-Feeds in die Übermittlung einbeziehen oder ausschließen

Senden-Empfangen-Gruppen neu erstellen

Im letzten Abschnitt haben Sie erfahren, wie Sie eine vorhandene Senden-Empfangen-Gruppe bearbeiten. Um eine Senden-Empfangen-Gruppe einzurichten, gehen Sie wie folgt vor:

1. Wählen Sie im Menü *Extras* den Untermenübefehl *Senden/Empfangen/Übermittlungseinstellungen/Senden-Empfangen-Gruppen definieren* oder drücken Sie die Tasten Strg+Alt+S.
2. Klicken Sie im Dialogfeld *Übermittlungsgruppen*, das sich nun öffnet, auf die Schaltfläche *Neu*, um eine neue Senden-Empfangen-Gruppe einzurichten.
3. Geben Sie im Dialogfeld *Senden-Empfangen-Gruppenname* einen aussagekräftigen Namen ein, und klicken Sie auf *OK*.
4. Es öffnet sich das Dialogfeld *Übermittlungseinstellungen* für die neue Übermittlungsgruppe (siehe Abbildg. 4.49).
5. Markieren Sie nun das erste Konto in der Spalte *Konten*, das Sie in die Senden-Empfangen-Gruppe mit einbeziehen möchten, mit einem Mausklick.
6. Aktivieren Sie dann das Kontrollkästchen *Konto in dieser Gruppe mit einbeziehen* auf der rechten Seite des Dialogfelds.
7. Prüfen Sie dann, ob die Standardkonto- und Ordneroptionen für Sie passend sind, und ändern Sie die Optionen bei Bedarf, wie im letzten Abschnitt »Senden-Empfangen-Gruppen bearbeiten« in diesem Kapitel beschrieben.
8. Wiederholen Sie die Schritte 5 bis 7 für jedes weitere Konto, das Sie zur Senden-Empfangen-Gruppe hinzufügen möchten.

Abbildg. 4.49 Konten *zur neuen Übermittlungsgruppe hinzufügen*

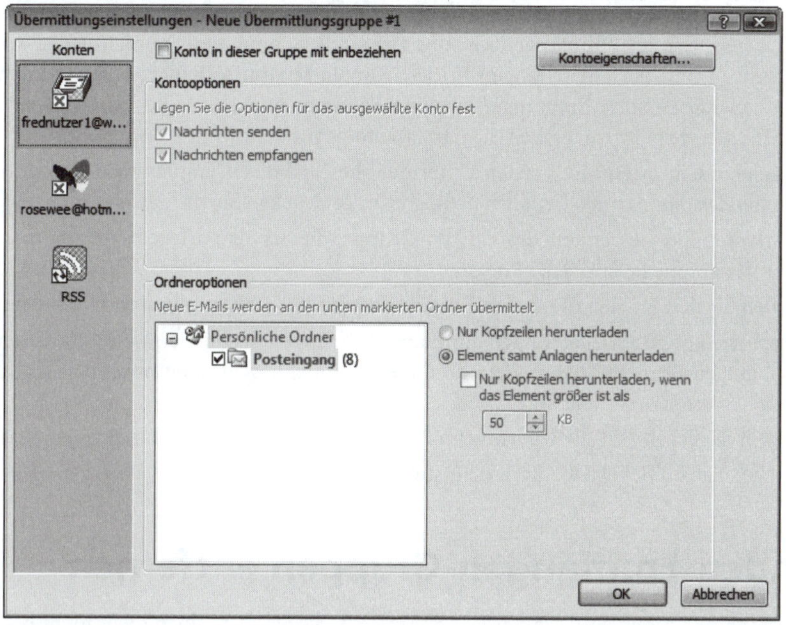

9. Sobald Sie alle Konten hinzugefügt und konfiguriert haben, klicken Sie auf *OK* und dann auf *Schließen*.

Senden-Empfangen-Gruppen umbenennen

Senden-Empfangen-Gruppen können Sie jederzeit umbenennen. Gehen Sie dazu wie folgt vor:

1. Wählen Sie im Menü *Extras* den Untermenübefehl *Senden/Empfangen/Übermittlungseinstellungen/Senden-Empfangen-Gruppen definieren* oder drücken Sie die Tasten Strg+Alt+S.
2. Um die Senden-Empfangen-Gruppe umzubenennen, markieren Sie die Gruppe und klicken Sie auf die Schaltfläche *Umbenennen*.
3. Geben Sie dann einen neuen, aussagekräftigen Namen ein und klicken Sie auf *OK* (siehe Abbildg. 4.50).

Abbildg. 4.50 Die *Senden-Empfangen-Gruppe umbenennen*

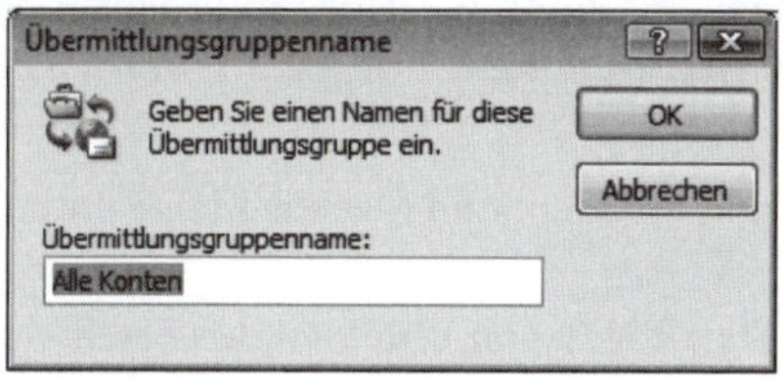

Der Name der Senden-Empfangen-Gruppe wird nun durch den von Ihnen neu vergebenen Namen ersetzt.

Senden-Empfangen-Gruppen kopieren

Um eine neue Senden-Empfangen-Gruppe zu erstellen, brauchen Sie nicht extra Konto für Konto hinzuzufügen und die Einstellungen für alle Konten separat festzulegen. Sie können auch einfach eine bestehende Senden-Empfangen-Gruppe kopieren und dann die benötigten Änderungen an dieser Gruppe vornehmen. Gehen Sie dazu wie folgt vor:

1. Wählen Sie im Menü *Extras* den Untermenübefehl *Senden/Empfangen/Übermittlungseinstellungen/Senden-Empfangen-Gruppen definieren* oder drücken Sie die Tasten Strg+Alt+S.
2. Markieren Sie die Senden-Empfangen-Gruppe, die Sie als Vorlage benutzen möchten, und klicken Sie auf die Schaltfläche *Kopieren*.
3. Geben Sie den Namen der neuen Senden-Empfangen-Gruppe ein und klicken Sie auf *OK*.
4. Bearbeiten Sie die neue Senden-Empfangen-Gruppe anschließend wie im Abschnitt »Senden-Empfangen-Gruppen bearbeiten« in diesem Kapitel beschrieben über die Schaltfläche *Bearbeiten*.
5. Passen Sie bei Bedarf die Übermittlungseinstellungen im unteren Bereich des Dialogfelds an.
6. Klicken Sie auf *Schließen*, um die Einstellungen zu übernehmen.

Senden-Empfangen-Gruppen entfernen

Haben Sie eine Senden-Empfangen-Gruppe erstellt, die Sie dann doch nicht mehr benötigen, sollten Sie die Gruppe entfernen. Gehen Sie dazu wie folgt vor:

1. Wählen Sie im Menü *Extras* den Untermenübefehl *Senden/Empfangen/Übermittlungseinstellungen/Senden-Empfangen-Gruppen definieren* oder drücken Sie die Tasten Strg+Alt+S.
2. Markieren Sie die Gruppe im Dialogfeld *Übermittlungseinstellungen* und klicken Sie auf die Schaltfläche *Entfernen*. Die Gruppe wird ohne weitere Warnung gelöscht.
3. Beenden Sie den Vorgang mit einem Mausklick auf die Schaltfläche *Schließen*.

Profile einrichten und nutzen

Arbeiten mehrere Personen an einem PC und nutzen diese Personen alle Outlook zum Abruf von E-Mails, können Sie für jede Person ein eigenes Profil einrichten. Beim Start von Outlook kann dann gewählt werden, welches Profil geladen werden soll. Damit kann jedem Benutzer Zugriff auf seine eigenen E-Mail-Konten und Datendateien geboten werden.

Wird ein Computer nur von einer Person, von dieser jedoch in unterschiedlichen Umgebungen benutzt, kann es sinnvoll sein, für die einzelnen Umgebungen eigene Profile einzurichten. Die Konten, die in den einzelnen Profilen verwendet werden, müssen für jedes Profil separat eingerichtet werden.

Mit den folgenden Schritten richten Sie ein neues Profil ein und fügen E-Mail-Konten und Datendateien hinzu:

1. Beenden Sie Outlook und wählen Sie im *Start*-Menü von Windows den Befehl *Systemsteuerung*, um die Systemsteuerung zu öffnen.
2. Ändern Sie die Darstellung der Systemsteuerung mit einem Mausklick auf den Link *Klassische Ansicht*.

3. Doppelklicken Sie nun auf das Symbol *Mail.*
4. Bestätigen Sie die Abfrage von Windows mit einem Mausklick auf die Schaltfläche *Fortsetzen.*
5. Wählen Sie im Dialogfeld *Mail-Setup – Outlook* die Schaltfläche *Profile anzeigen.* Es öffnet sich das Dialogfeld *Mail*, das bisher nur das Standardprofil *Outlook* enthält (siehe Abbildg. 4.51).

Abbildg. 4.51 Profile verwalten

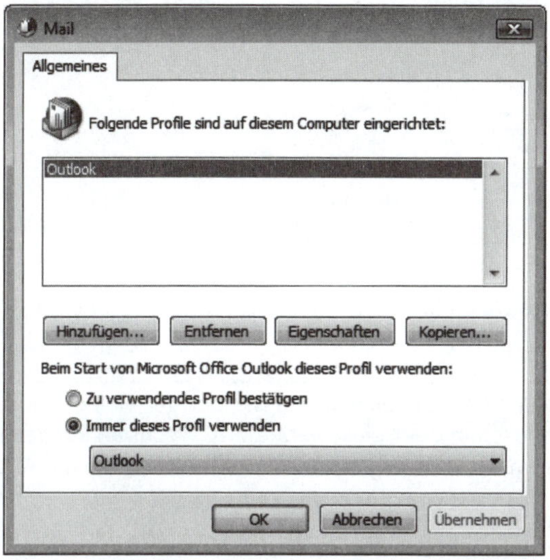

6. Klicken Sie auf die Schaltfläche *Hinzufügen*, um ein neues Profil einzurichten.
7. Geben Sie im Dialogfeld *Neues Profil* einen aussagekräftigen Namen für das neue Profil ein, wie z.B. den Namen der Person, für die das Profil eingerichtet wird, und klicken Sie auf *OK.*
8. Nun wird das Dialogfeld *Neues E-Mail-Konto hinzufügen* geöffnet, in dem Sie die Daten für das erste E-Mail-Konto eingeben, das in dem Profil enthalten sein soll. Richten Sie das Konto nun so ein, wie in den entsprechenden Abschnitten »POP3-Konten manuell konfigurieren«, »IMAP-Konten manuell konfigurieren«, »HTTP-Konten manuell konfigurieren« und »Exchange Server-Konten manuell konfigurieren« in diesem Kapitel beschrieben, und klicken Sie dann auf *Weiter.*
9. Outlook stellt nun eine Verbindung zum Server her und richtet das Konto ein. Nachdem Sie ein neues Konto eingerichtet haben, wird das Profil im Dialogfeld *Mail* angezeigt.
10. Das Dialogfeld *Mail* wird nun wieder eingeblendet. Wollen Sie beim Start von Outlook jeweils wählen, welches Profil verwendet werden soll, aktivieren Sie die Option *Zu verwendendes Profil bestätigen.* Soll hingegen immer ein bestimmtes Profil ohne Abfrage geladen werden, aktivieren Sie die Option *Immer dieses Profil verwenden* und wählen im Listenfeld das gewünschte Profil aus.
11. Möchten Sie weitere E-Mail-Konten oder Datendateien zu einem Profil hinzufügen, markieren Sie diese, und klicken Sie auf die Schaltfläche *Eigenschaften.*
12. Es öffnet sich das Dialogfeld *Mail-Setup* für das gewählte Profil, in dem Sie über die Schaltfläche *E-Mail-Konten* das Dialogfeld *Kontoeinstellungen* mit aktivierter Registerkarte *E-Mail* und über die Schaltfläche *Datendateien* das Dialogfeld *Kontoeinstellungen* mit aktivierter Registerkarte *Datendateien* öffnen können (siehe Abbildg. 4.52).

Abbildg. 4.52 E-Mail-Konten und Datendateien für ein Profil bearbeiten

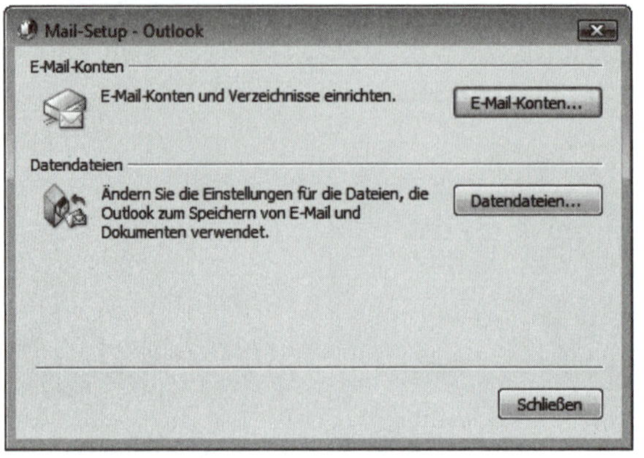

13. Richten Sie das Konto oder die Datendatei ein, wie in den entsprechenden Abschnitten in diesem Kapitel beschrieben.

HINWEIS Im Dialogfeld *Kontoeinstellungen* können Sie bei der Gelegenheit auch vorhandene Konten oder Datendateien löschen oder diese verändern. Wechseln Sie dazu im Dialogfeld *Kontoeinstellungen* jeweils zur gewünschten Registerkarte und nehmen Sie die Änderungen vor.

14. Sobald Sie das Konto oder die Datendatei eingerichtet haben, klicken Sie im Dialogfeld *Kontoeinstellungen* und im Dialogfeld *Mail-Setup – Outlook* auf die Schaltfläche *Schließen*.
15. Klicken Sie auf *OK*, um das Dialogfeld zu schließen.
16. Starten Sie nun Outlook mit einem Mausklick auf das Outlook-Symbol in der Windows-Taskleiste.
17. Haben Sie sich im Dialogfeld *Mail* für die Option *Zu verwendendes Profil bestätigen* entschieden, öffnet sich nun das Dialogfeld *Profil auswählen*, in dem Sie im Listenfeld *Profilname* das gewünschte Profil auswählen und dann auf *OK* klicken (siehe Abbildg. 4.53).

Abbildg. 4.53 Wahl des Profils beim Start von Outlook

HINWEIS Im Dialogfeld *Profil auswählen* können Sie über die Schaltfläche *Neu* ein neues Profil anlegen oder über *Optionen* das Kontrollkästchen *Als Standardprofil festlegen* einblenden, über das Sie bei Bedarf das Standardprofil wechseln können.

Profile bearbeiten

Haben Sie sich beim Einrichten eines Profils entschieden, bei jedem Start von Outlook das Profil auszuwählen und wollen Sie nun ein bestimmtes Profil angeben, das bei jedem Start von Outlook verwendet werden soll, haben Sie ein bestimmtes Profil angegeben, das immer verwendet werden soll, und wollen Sie dieses nun durch ein anderes ersetzen oder wollen Sie die in einem Profil enthaltenen Konten und Datendateien anpassen, gehen Sie wie folgt vor:

1. Öffnen Sie die Systemsteuerung über *Start/Systemsteuerung*.
2. Wechseln Sie zur klassischen Ansicht und klicken Sie doppelt auf das Symbol *Mail*.
3. Es öffnet sich das Dialogfeld *Mail*. Aktivieren Sie im Bereich *Beim Start von Microsoft Office Outlook dieses Profil verwenden* die Option *Zu verwendendes Profil bestätigen*, wenn bei jedem Start von Outlook das Dialogfeld *Profil auswählen* eingeblendet werden soll, über das Sie das Profil wählen können. Um immer ein bestimmtes Profil zu verwenden, aktivieren Sie die Option *Immer dieses Profil verwenden*. Dann klicken Sie auf den Abwärtspfeil im Listenfeld und wählen das zu verwendende Profil aus.

Abbildg. 4.54 Profile bearbeiten

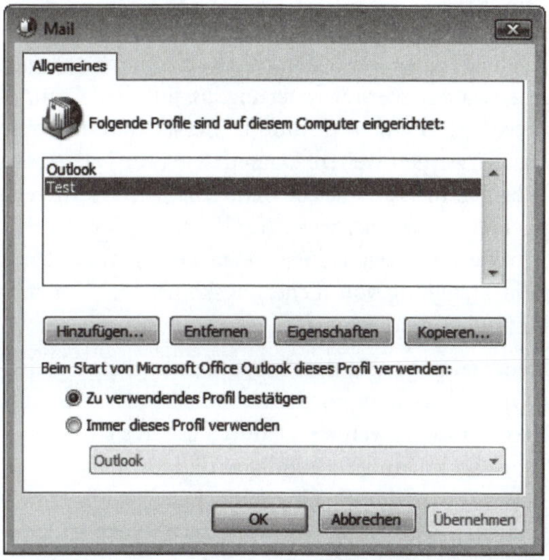

4. Um die in einem Profil enthaltenen Konten und Datendateien zu bearbeiten oder zu entfernen oder um neue Konten oder Datendateien zu einem Profil hinzuzufügen, markieren Sie das Profil, und klicken auf die Schaltfläche *Eigenschaften*.
5. Wählen Sie im nächsten Dialogfeld, ob Sie E-Mail-Konten oder Datendateien einrichten oder ändern möchten.
6. Im Dialogfeld *Kontoeinstellungen*, das sich nun öffnet, nehmen Sie auf den Registerkarten *E-Mail* und Datendateien die gewünschten Änderungen vor und klicken Sie dann zwei Mal auf *Schließen* und im Dialogfeld *Mail* auf *OK*, um die Änderungen zu übernehmen.

Profile entfernen

Benötigen Sie ein Profil nicht mehr, sollten Sie es entfernen. Gehen Sie dazu wie folgt vor:

1. Öffnen Sie die Systemsteuerung über *Start/Systemsteuerung*.
2. Wechseln Sie zur klassischen Ansicht und klicken Sie doppelt auf das Symbol *Mail*.
3. Im Dialogfeld *Mail*, das sich nun öffnet, markieren Sie das Profil, das Sie entfernen möchten, und klicken auf die Schaltfläche *Entfernen*.
4. Sind noch immer mehrere Profile vorhanden, prüfen Sie im Bereich *Beim Start von Microsoft Office Outlook dieses Profil verwenden*, ob das gewünschte Profil aktiviert ist, falls Sie nicht bereits die Option *Zu verwendendes Profil bestätigen* aktiviert haben.
5. Schließen Sie den Löschvorgang mit einem Mausklick auf *OK* ab.
6. Bestätigen Sie Ihren Wunsch, das Profil zu entfernen, im Hinweisfenster, das sich nun öffnet, mit einem Mausklick auf *Ja*.

Outlook-Datendateien erstellen und nutzen

Nachrichten, Termine, Kontaktdaten, Aufgaben und Notizen speichert Outlook automatisch in einer so genannten Datendatei. Datendateien werden auch als *Persönliche Ordner*-Dateien, kurz PST-Dateien, bezeichnet und mit der Dateinamenserweiterung *.pst* auf dem Computer gespeichert. Die Standarddatendatei von Outlook heißt *Outlook.pst* und ist bei jedem Outlook-Nutzer vorhanden. Zusätzlich zur Standarddatendatei werden weitere Datendateien für jedes IMAP-, HTTP- und Exchange Server-Konto angelegt, das Sie in Outlook 2007 einrichten. Darüber hinaus können Sie weitere Datendateien anlegen, in denen Sie beispielsweise nur die E-Mails von bestimmten Firmen oder bestimmte Aufgaben oder Termine speichern. Datendateien werden außerdem für die AutoArchivierung älterer Elemente, für die Erstellung von Sicherungskopien von Datendateien mit PST Backup und für den Export von Outlook-Daten eingesetzt.

Eine wichtige Eigenschaft der Datendateien ist die, dass sie kopiert und als Dateien weitergegeben werden können. Sie lassen sich in Outlook 2007 importieren und alle oder auch ausgewählte Daten können ihrerseits in eine Datendatei exportiert werden. Dadurch lassen sich Datendateien auch zur Sicherung Ihrer wichtigen E-Mails, Kontakt- und Termindaten und auch zur Weitergabe wichtiger Daten an Dritte verwenden. Ihr Adressbuch oder die eingegangenen E-Mails können Sie beispielsweise ganz leicht an andere weitergeben, indem Sie sie in eine PST-Datei exportieren. Die PST-Datei braucht dann nur vom Empfänger in Outlook importiert zu werden. Sämtliche Datendateien werden in der Ordnerliste angezeigt.

WICHTIG In Outlook 2003 wurde ein neues Datenformat für *Persönliche Ordner*-Dateien (*.pst*-Dateien) eingeführt. Das neue Format bietet eine größere Speicherkapazität für Ordner und Elemente und unterstützt mehrsprachige Unicode-Dateien. Es ist allerdings nicht abwärtskompatibel zu den Vorgängerversionen von Outlook 2003, Outlook 2002 und niedriger. Wenn Sie eine neue Datendatei erstellen, auf die auch Benutzer älterer Outlook-Versionen Zugriff haben sollen, müssen Sie beim Erstellen den Speichertyp *Persönliche Ordner (.pst) für Microsoft Outlook 97-2002* wählen. *Persönliche Ordner*-Dateien des Standardspeichertyps können nur in Outlook 2003 und höher importiert werden.

Eine neue Datendatei erstellen

Gehen Sie wie folgt vor, um eine neue Datendatei zu erstellen:

1. Wählen Sie im Menü *Datei* den Befehl *Datendateiverwaltung*.
2. Es öffnet sich das Dialogfeld *Kontoeinstellungen* mit aktivierter Registerkarte *Datendateien*. Es werden alle bisher vorhandenen Datendateien aufgelistet. Standardmäßig ist dies die Datendatei *Persönliche Ordner* (siehe Abbildg. 4.55). Haben Sie bisher nur ein Exchange Server-Konto eingerichtet, gibt es noch gar keine Datendatei. Haben Sie ein HTTP- oder IMAP-Konto eingerichtet, gibt es für dieses Konto eine zusätzliche Datendatei. Wurde bereits eine Archivierung durchgeführt, ist außerdem der Ordner *Archivkonto* vorhanden. Klicken Sie nun auf die Schaltfläche *Hinzufügen*.

Abbildg. 4.55 Datendateien verwalten und erstellen

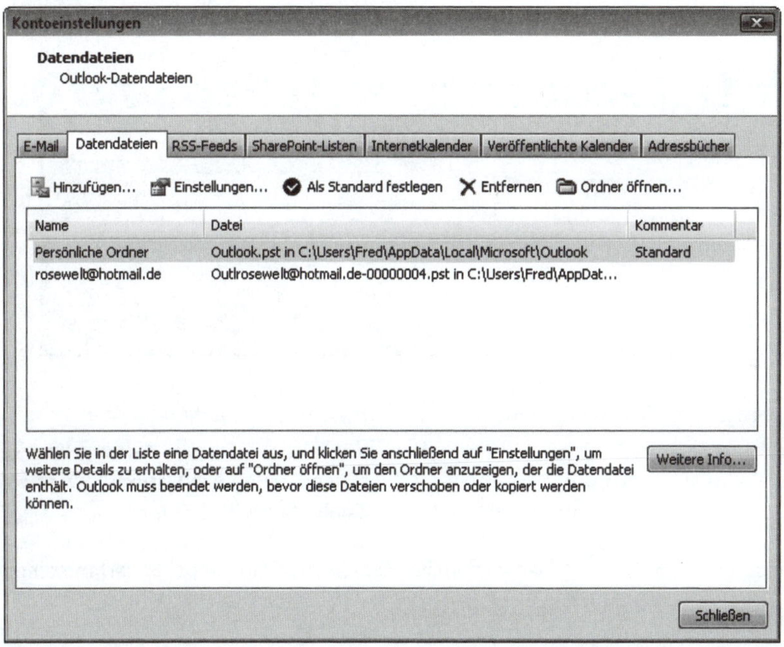

3. Es öffnet sich das Dialogfeld *Neue Outlook-Datendatei*, in der Sie den gewünschten Speichertyp wählen. Der Speichertyp *Persönliche Ordner (.pst) für Microsoft Outlook* eignet sich, wenn Sie die Datendatei ausschließlich mit Outlook 2007 nutzen wollen. Soll sich die Datendatei auch in Microsoft Outlook 2003 und früher öffnen lassen, wählen Sie den Speichertyp *Persönliche Ordner (.pst) für Microsoft Outlook 97-2002*.
4. Anschließend klicken Sie auf die Schaltfläche *OK*.
5. Es öffnet sich das Dialogfeld *Outlook-Datendatei erstellen oder öffnen* (siehe Abbildg. 4.56). Im Feld *Dateinamen* ist bereits ein Name vorgegeben (*Persönliche Ordner.pst*), den Sie übernehmen können. Sinnvoller ist es jedoch, einen eigenen, aussagekräftigen Namen einzugeben, unter dem die neue Datendatei gespeichert werden soll.

HINWEIS Werden mehrere Datendateien eingerichtet, werden diese durchnummeriert, also *Persönliche Ordner(1).pst*, *Persönliche Ordner(2).pst* etc.

Abbildg. 4.56 Geben Sie einen aussagekräftigen Dateinamen für die Datendatei ein

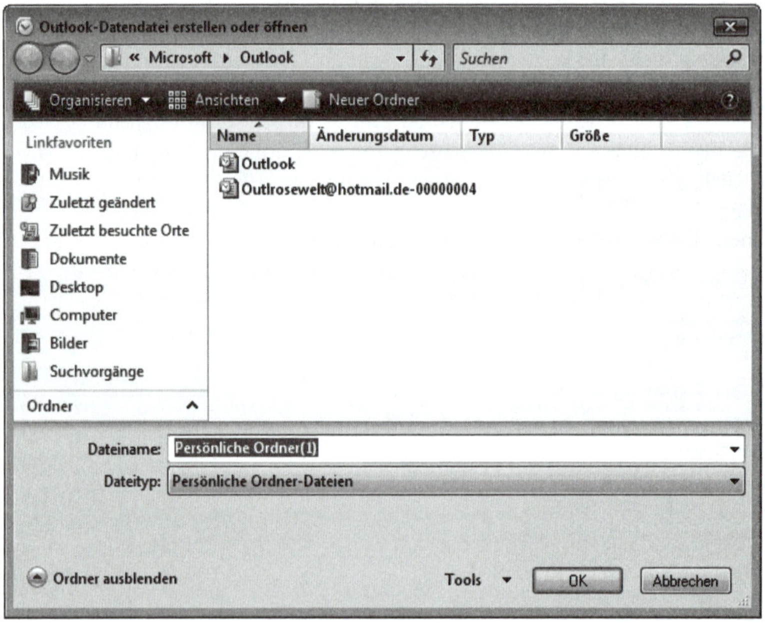

6. Übernehmen Sie den Standardspeicherort und klicken Sie auf *OK*.
7. Es öffnet sich das Dialogfeld *Persönliche Ordner erstellen*. Im Feld *Name* geben Sie jetzt eine aussagekräftige Bezeichnung ein, unter der die Datendatei im Navigationsbereich von Outlook und in der Datendateiverwaltung angezeigt wird (siehe Abbildg. 4.57).

Abbildg. 4.57 Weisen Sie dem Ordner einen Namen zu und schützen Sie ihn bei Bedarf mit einem Kennwort

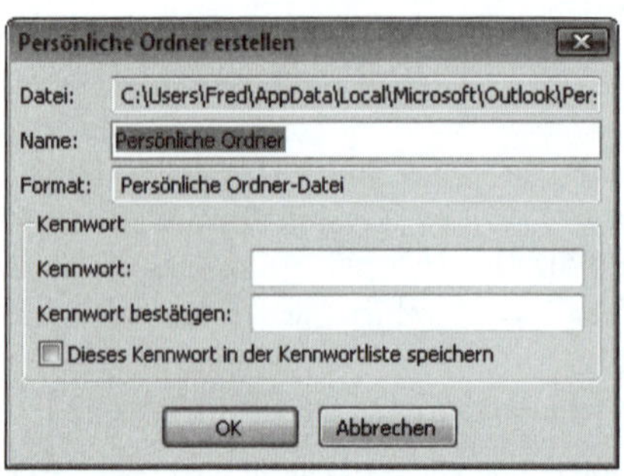

8. Damit nur Sie selbst die Datendatei nutzen können, geben Sie in das Feld *Kennwort* ein Passwort ein und wiederholen dieses im Feld *Kennwort bestätigen*.

ACHTUNG Notieren Sie sich das Kennwort für Ihre Datendatei an einem sicheren Ort. Sollten Sie das PST-Kennwort einmal vergessen, gibt es keine Möglichkeit, es zu ermitteln. Die Datendatei lässt sich dann nicht mehr öffnen.

9. Über das Kontrollkästchen *Dieses Kennwort in der Kennwortliste speichern* können Sie angeben, dass das Kennwort auf Ihrem PC gespeichert werden soll, Sie brauchen es dann nicht mehr jedes Mal einzugeben, wenn die Datei geöffnet werden soll. Da dies jedoch häufig nicht erwünscht ist, sollten Sie das Kontrollkästchen deaktiviert lassen.
10. Klicken Sie auf *OK*, um das Dialogfeld zu schließen.
11. Nun wird wieder das Dialogfeld *Kontoeinstellungen* eingeblendet. Klicken Sie auf *Schließen*, um den Vorgang abzuschließen.
12. Die neue Datendatei wird nun in der Ordnerliste im Navigationsbereich von Microsoft Outlook angezeigt. Klicken Sie auf das vorangestellte Pluszeichen, um die Unterordner einzublenden. Die neue Datendatei enthält die Ordner *Gelöschte Objekte*, *Gesendete Objekte*, *Postausgang*, *Posteingang* und *Suchordner*, die bisher selbstverständlich alle leer sind.

Abbildg. 4.58 Die neue Outlook-Datendatei

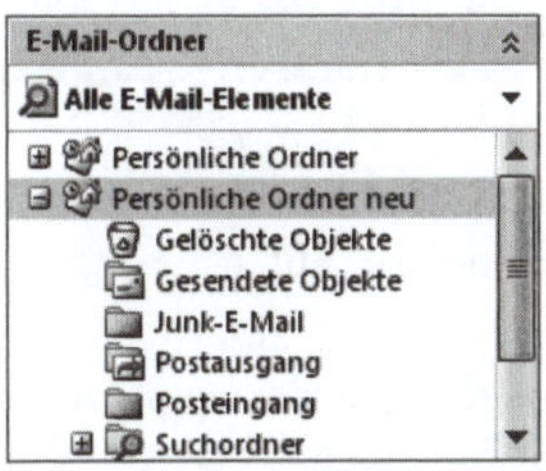

Sie können nun E-Mails in die Ordner der neuen Datendatei verschieben oder aber, wie im nächsten Abschnitt »Die neue Datendatei als Standardspeicherort nutzen« beschrieben, die neue Datendatei als Standardspeicherort benutzen.

HINWEIS Haben Sie die Datendatei mit einem Kennwort geschützt und das Kontrollkästchen *Dieses Kennwort in der Kennwortliste speichern* deaktiviert, öffnet sich das Dialogfeld *Kennwort für Persönliche Ordner* bei jedem Start von Outlook 2007. Geben Sie das Kennwort ein und klicken Sie auf *OK*.

Die neue Datendatei als Standardspeicherort nutzen

Sollen zukünftig alle eingehenden Nachrichten in der neuen Datendatei gespeichert werden, gehen Sie wie folgt vor:

1. Rufen Sie den Menübefehl *Datei/Datendateiverwaltung* auf, um das Dialogfeld *Kontoeinstellungen* mit aktivierter Registerkarte *Datendatei* zu öffnen.
2. Markieren Sie die neue Datendatei und klicken Sie dann auf die Schaltfläche *Als Standard festlegen*.

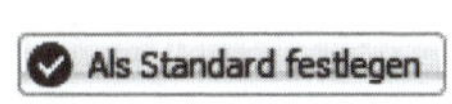

3. Es blendet sich der Hinweis ein, dass Sie den standardmäßigen E-Mail-Übermittlungsort geändert haben, und dass der Speicherort Ihres Posteingangs, Kalenders und anderer Ordner geändert wird (siehe Abbildg. 4.59). Sobald Sie auf *OK* klicken, wird die Änderung vorgenommen und ist beim nächsten Systemstart wirksam.

Abbildg. 4.59 Hinweis beim Wechsel des Standardspeicherorts

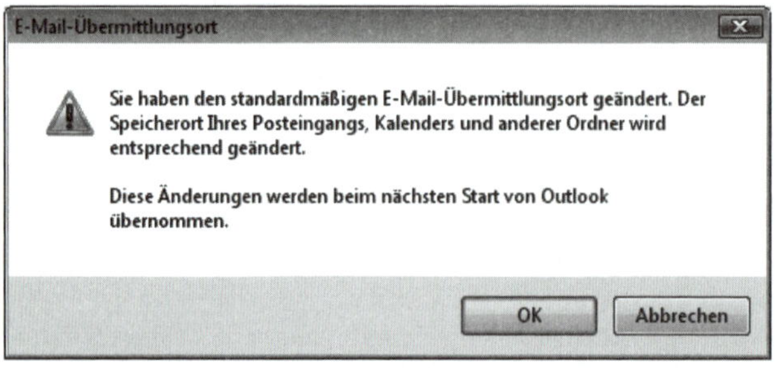

4. Beenden Sie Outlook nun mit einem Mausklick auf die *Schließen*-Schaltfläche in der rechten oberen Fensterecke und starten Sie Outlook dann über *Start/Microsoft Office Outlook* neu.
5. Die neue Datendatei wird nun in der Ordnerliste im Navigationsbereich an erster Stelle angezeigt.
6. Sie können nun entweder neue E-Mail-Konten für diese Datendatei einrichten oder aber den Speicherort für die bisher vorhandenen E-Mail-Konten ändern. Rufen Sie dazu den Menübefehl *Extras/Kontoeinstellungen* auf.
7. Auf der Registerkarte *E-Mail* des Dialogfelds *Kontoeinstellungen* richten Sie nun entweder neue E-Mail-Konten ein, die dann automatisch in der neuen Datendatei gespeichert werden. Um den Speicherort für ein vorhandenes E-Mail-Konto zu ändern, markieren Sie das Konto, und klicken Sie dann auf die Schaltfläche *Ordner wechseln.*
8. Im Dialogfeld *Neuer E-Mail-Übermittlungsort* klicken Sie auf das Pluszeichen vor der neuen Datendatei und markieren den Ordner *Posteingang* in dieser Datendatei mit einem Mausklick.

Abbildg. 4.60 Die neue Datendatei als E-Mail-Übermittlungsort nutzen

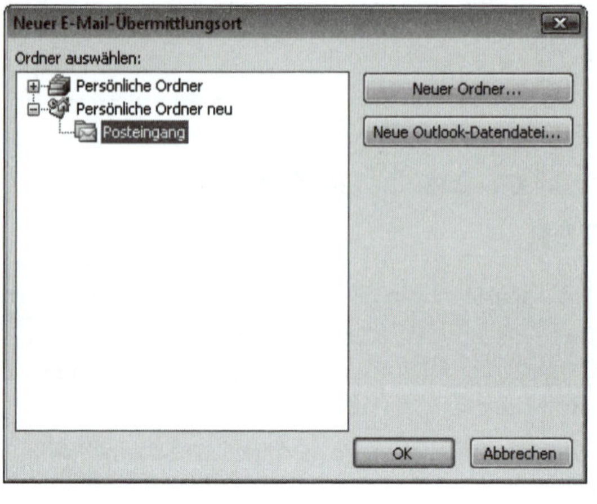

9. Klicken Sie auf *OK*, um die Änderungen zu übernehmen.
10. Wiederholen Sie den Vorgang mit allen weiteren E-Mail-Konten, deren Inhalt Sie zukünftig in der neuen Datendatei speichern möchten.
11. Klicken Sie auf *Schließen*, um den Vorgang abzuschließen.

Datendateien umbenennen, komprimieren und entsichern

Es kann vorkommen, dass eine Datendatei umbenannt werden muss. Auch stellt sich manchmal heraus, dass der Kennwortschutz unpraktisch ist oder dass das Kennwort geändert werden muss. Wenn Sie die Datendatei weitergeben möchten, sollten Sie außerdem genau wissen, in welchem PST-Format sie gespeichert ist. All dies können Sie über die Datendateiverwaltung erledigen:

1. Wählen Sie im Menü *Datei* den Befehl *Datendateiverwaltung*.

WICHTIG Das Dialogfeld *Neue Outlook-Datendatei* können Sie auch öffnen, indem Sie die Systemsteuerung über *Start/Systemsteuerung* öffnen, bei Bedarf die klassische Ansicht über den Link *Zur klassischen Ansicht wechseln* aktivieren und auf das Symbol *Mail* doppelklicken. Im Dialogfeld *Mail-Setup Outlook*, das sich nun öffnet, klicken Sie dann auf die Schaltfläche *Datendateien*.

2. Es öffnet sich nun das Dialogfeld *Kontoeinstellungen* mit aktivierter Registerkarte *Datendateien*, die die Standarddatendatei *Persönliche Ordner* sowie alle Outlook-Datendateien enthält, die Sie im Zusammenhang mit HTTP- oder IMAP-E-Mail-Konten oder separat eingerichtet haben (siehe Abbildg. 4.61).

Abbildg. 4.61 Hier verwalten Sie Ihre Datendateien

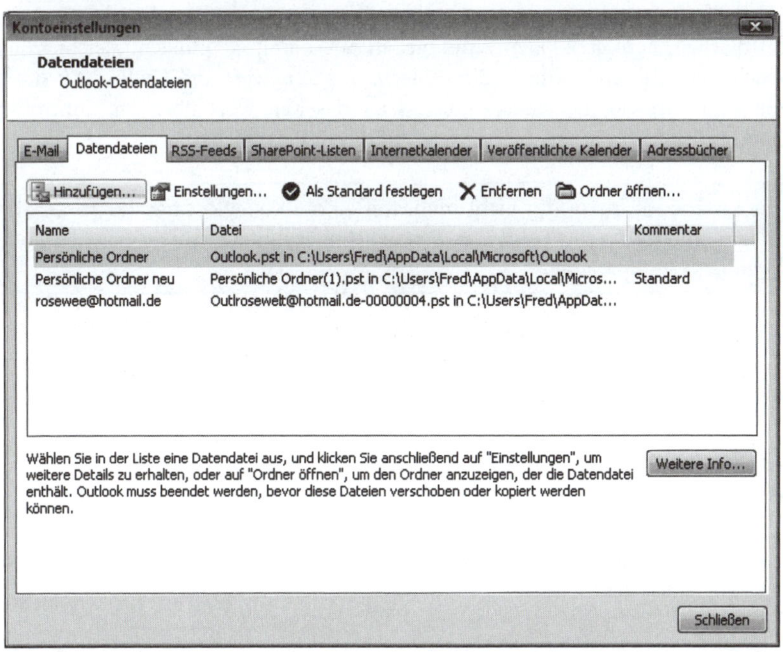

3. Um Einstellungen der Datendatei wie den Namen oder die Verschlüsselungs- oder Kennwortoptionen zu ändern, markieren Sie die Datendatei und klicken auf die Schaltfläche *Einstellungen*.
4. Im daraufhin geöffneten Dialogfeld *Persönliche Ordner* können Sie die Datendatei im Feld *Name* umbenennen. Wollen Sie den Speicherort anpassen, geben Sie den neuen Pfad in das Feld *Datei* ein.
5. Im Feld *Format* ermitteln Sie, ob der Text *Persönliche Ordner-Datei* oder *Persönliche Ordner-Datei (97-2002)* enthalten ist (siehe Abbildg. 4.62).

Abbildg. 4.62 Hier werden die Einstellungen der Datendatei verändert

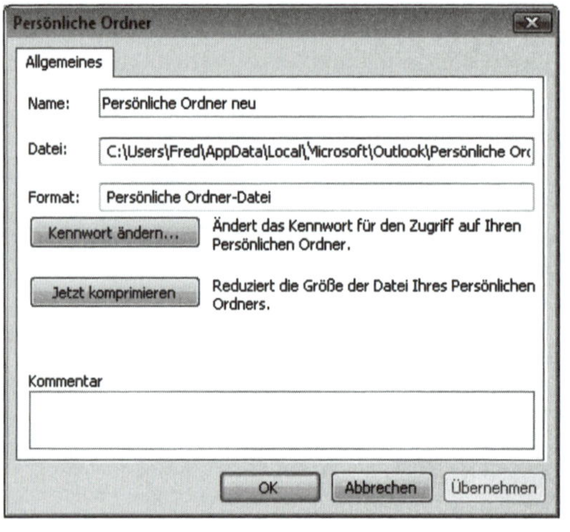

6. Wollen Sie das Kennwort anpassen oder ein neues Kennwort einrichten, klicken Sie auf die Schaltfläche *Kennwort ändern* und geben im damit geöffneten gleichnamigen Dialogfeld zunächst das alte und dann in die Felder *Neues Kennwort* und *Kennwort bestätigen* jeweils das neue Kennwort ein. Bei Bedarf können Sie das Kennwort über das Kontrollkästchen *Dieses Kennwort in der Kennwortliste speichern* auf Ihrem PC speichern.

PROFITIPP

Soll die Datendatei zukünftig nicht mehr mit einem Kennwort geschützt sein, geben Sie das bisherige Kennwort in das Feld *Altes Kennwort* ein und lassen Sie die Felder *Neues Kennwort* und *Kennwort bestätigen* leer.

7. Klicken Sie auf *OK*, um die Änderungen zu übernehmen.
8. Um die Größe der Datendatei zu reduzieren, klicken Sie auf die Schaltfläche *Jetzt komprimieren*. Die Komprimierung wird sofort durchgeführt.

HINWEIS Outlook 2007 muss nach dem Komprimieren nicht beendet und neu gestartet werden.

9. Klicken Sie auf *OK* und anschließend auf *Schließen*, um die Änderungen zu übernehmen und die Dialogfelder zu schließen.

Datendateien importieren

Haben Sie Daten in einer Datendatei gespeichert oder von einer anderen Person erhalten, die Sie in Outlook importieren möchten, gehen Sie wie folgt vor:

1. Rufen Sie im Menü *Datei* den Befehl *Importieren/Exportieren* auf.
2. Klicken Sie auf *Aus anderen Programmen und Dateien importieren* und anschließend auf *Weiter.*
3. Im Dialogfeld *Persönliche Ordner importieren* geben Sie im Feld *Zu importierende Datei* den Pfad und den Dateinamen der Datendatei ein, die Sie in das neue Datendateiformat konvertieren möchten (siehe Abbildg. 4.63). Falls Sie den Pfad nicht genau kennen, klicken Sie auf *Durchsuchen* und wählen Sie im Dialogfeld, das sich nun öffnet, den gewünschten Pfad aus.

Abbildg. 4.63 Die zu importierende Datei auswählen

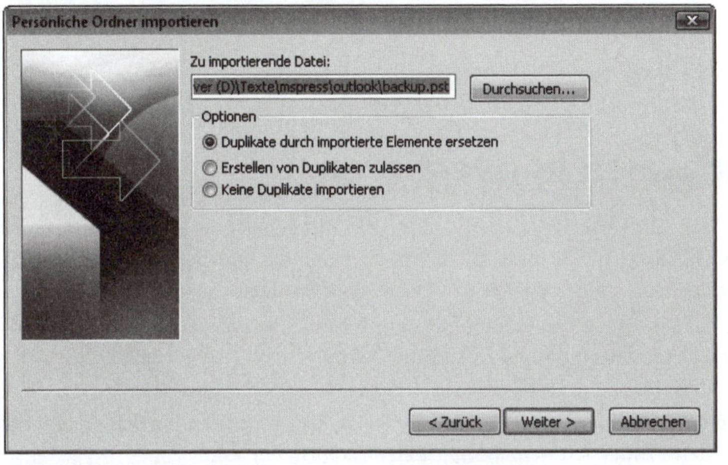

4. Legen Sie im Bereich *Optionen* fest, wie Duplikate behandelt werden sollen, und klicken Sie dann auf *Weiter.*
5. Im nächsten Schritt geben Sie an, aus welchem Ordner die Daten importiert werden sollen und wohin die Daten kopiert werden sollen. Klicken Sie dann auf *Fertig stellen*, um den Vorgang abzuschließen.

Datendateien reparieren

Lässt sich eine Datendatei nicht mehr öffnen, können Sie versuchen, sie mit dem Tool *Scanpst.exe* zu reparieren. Gehen Sie dazu auf die gleiche Weise wie bei einer Reparatur des Posteingangs vor:

1. Beenden Sie Outlook 2007, falls das Programm gerade ausgeführt wird.
2. Wählen Sie im *Start*-Menü den Befehl *Computer* und wechseln Sie im gleichnamigen Dialogfeld, das sich öffnet, in den Ordner *<Lokaler Datenträger>:\Program Files\Microsoft Office\Office12.*
3. Klicken Sie doppelt auf die Datei *Scanpst.exe.*
4. Geben Sie im Dialogfeld *Tool zum Reparieren des Posteingangs von Microsoft Office Outlook 2007*, das sich nun öffnet, den Pfad und den Dateinamen der zu reparierenden Datendatei ein (siehe

Abbildg. 4.64) oder wählen Sie beides über das Dialogfeld, das sich mit einem Mausklick auf die Schaltfläche *Durchsuchen* öffnet.

Abbildg. 4.64 Die zu reparierende Datendatei auswählen

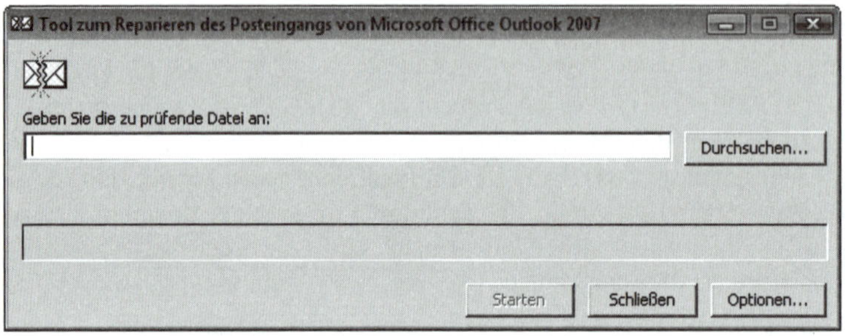

5. Klicken Sie auf *Starten*, um den Prüfvorgang auszuführen.

Datendateien konvertieren

Sind *Persönliche Ordner*-Dateien vorhanden, die mit einer früheren Version von Outlook 2007 erstellt wurden, können Sie diese in das neue Datendateiformat konvertieren und damit auch gleichzeitig die Speicherkapazität vergrößern. Gehen Sie dazu wie folgt vor:

1. Erstellen Sie eine neue Datendatei mit dem Format *Persönliche Ordner-Datei*, wie im Abschnitt »Die neue Datendatei als Standardspeicherort nutzen « weiter vorne in diesem Kapitel beschrieben.
2. Importieren Sie dann die Datendatei, die Sie soeben im neuen Format erstellt haben. Rufen Sie dazu im Menü *Datei* den Befehl *Importieren/Exportieren* auf.
3. Klicken Sie auf *Aus anderen Programmen und Dateien importieren* und anschließend auf *Weiter*.

Abbildg. 4.65 Die Daten aus der alten Datendatei in die neue importieren

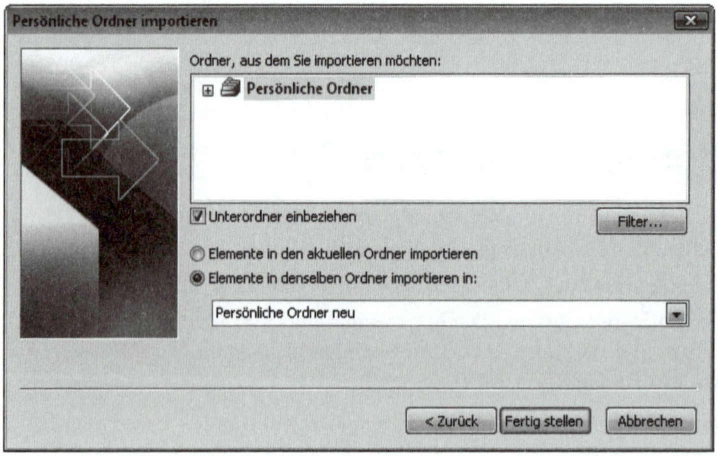

4. Im Dialogfeld *Persönliche Ordner importieren* geben Sie im Feld *Zu importierende Daten* den Pfad und den Dateinamen der Datendatei ein, die Sie in das neue Datendateiformat konvertieren möchten. Falls Sie den Pfad nicht genau kennen, klicken Sie auf *Durchsuchen* und wählen Sie den Pfad im Dialogfeld aus, das sich nun öffnet.
5. Legen Sie im Bereich *Optionen* fest, wie Duplikate behandelt werden sollen, und klicken Sie dann auf *Weiter*.
6. Aktivieren Sie das Kontrollkästchen *Unterordner einbeziehen*, um dafür zu sorgen, dass auch alle untergeordneten Ordner aus der alten Datendatei importiert werden.
7. Aktivieren Sie die Option *Elemente in denselben Ordner importieren in* und wählen Sie die neu angelegte Datendatei im neuen Dateiformat (siehe Abbildg. 4.65).
8. Klicken Sie auf *Fertig stellen*, um den Importiervorgang abzuschließen.

Datendateien entfernen

Um eine Datendatei zu entfernen, gehen Sie wie folgt vor:

1. Rufen Sie in Outlook den Menübefehl *Datei/Datendateiverwaltung* auf.
2. Markieren Sie im Dialogfeld *Kontoeinstellungen* auf der Registerkarte *Datendateien* die zu löschende Datendatei.
3. Klicken Sie dann auf die Schaltfläche *Entfernen*.
4. Bestätigen Sie die Abfrage, ob Sie die Outlook-Datendatei wirklich entfernen wollen, mit *Ja*. Die Datendatei wird nun gelöscht und aus der Ordnerliste von Outlook entfernt.

ACHTUNG Enthält die Datendatei wichtige E-Mails, gehen diese beim Löschen verloren.

5. Klicken Sie im Dialogfeld *Outlook-Datendateien* auf die Schaltfläche *Schließen*, um die Bearbeitung der Datendateien zu beenden.

Zusammenfassung

Um über Outlook per E-Mail kommunizieren zu können, müssen Sie zunächst die benötigten E-Mail-Konten einrichten. Verwenden Sie mehrere E-Mail-Konten, können Sie über so genannte Übermittlungsgruppen einzelne Konten von der Übermittlung ausschließen und Sie können Übermittlungseinstellungen für die einzelnen Konten festlegen. Nutzen Sie Ihren Computer in verschiedenen Umgebungen, kann es nützlich sein, für diese unterschiedliche Profile einzurichten.

Sie möchten ...	So gehen Sie vor	Sehen Sie sich dazu das Beispiel an auf Seite
ein E-Mail-Konto automatisch konfigurieren	Wählen Sie im Menü *Extras* den Befehl *Kontoeinstellungen* und klicken Sie auf der Registerkarte *E-Mail* auf die Schaltfläche *Neu*. Wählen Sie die Option *Microsofot Exchange, POP3, IMAP oder HTTP* und klicken Sie auf *Weiter*. Geben Sie den Namen, die E-Mail-Adresse und das Kennwort ein und klicken Sie auf *Weiter*. Folgen Sie dann der Anleitung am Bildschirm.	141

Sie möchten ...	So gehen Sie vor	Sehen Sie sich dazu das Beispiel an auf Seite
ein E-Mail-Konto manuell einrichten	Wählen Sie im Menü *Extras* den Befehl *Kontoeinstellungen* und klicken Sie auf der Registerkarte *E-Mail* auf die Schaltfläche *Neu*. Wählen Sie die Option *Microsofot Exchange, POP3, IMAP oder HTTP* und klicken Sie auf *Weiter*. Aktivieren Sie das Kontrollkästchen *Servereinstellungen oder zusätzliche Servertypen manuell konfigurieren* und klicken Sie auf *Weiter*. Geben Sie dann alle Angaben ein.	143, 150 und 164
Kontoeinstellungen bearbeiten	Wählen Sie im Menü *Extras* den Befehl *Kontoeinstellungen*, markieren Sie das Konto, das Sie bearbeiten möchten, und klicken Sie auf *Ändern*	176
eine Senden-Empfangen-Gruppe einrichten	Drücken Sie die Tasten Alt + Strg + S und legen Sie im Dialogfeld *Übermittlungsgruppen* die gewünschten Eigenschaften fest	181
Datendatei-Einstellungen verändern	Wählen Sie im Menü *Datei* den Befehl *Datendateiverwaltung*, markieren Sie die Dateidatei und klicken Sie auf die Schaltfläche *Einstellungen*	201

Kapitel 5

E-Mails empfangen und lesen

In diesem Kapitel:

In Outlook 2007 stehen Ihnen für den E-Mail-Empfang zahlreiche Möglichkeiten und Optionen zur Verfügung. Die einfachste Möglichkeit besteht darin, die an Sie adressierten Nachrichten aller E-Mail-Konten zu empfangen und anschließend zu lesen. Haben Sie mehrere Konten eingerichtet, wie z.B. ein geschäftliches und privates, und wollen Sie nur die E-Mails eines bestimmten Kontos abrufen, können Sie sich auch darauf beschränken. Beim Empfang von E-Mails für ein einzelnes Konto besteht außerdem die Möglichkeit, zunächst einmal lediglich die Kopfzeilen zu lesen und dann zu entscheiden, welche E-Mails tatsächlich auf den Computer kopiert werden sollen. Dank des verbesserten Junk-E-Mail- und des neuen Phishingfilters landen unerwünschte Werbe-E-Mails und so genannte Phishing-E-Mails, mit denen versucht wird, geheime Kontodaten von Ihnen zu erfragen, ohne Umwege im Ordner *Junk-E-Mail*, aus dem Sie die E-Mails ungelesen löschen können.

Nachdem die an Sie adressierten E-Mails in Ihrem Posteingang eingegangen sind, können Sie sie bequem im Lesebereich nacheinander durchgehen. Um Ihnen möglichst wenige Umstände zu bereiten, bietet Ihnen Outlook 2007 die Möglichkeit, Dateianhänge in der Vorschau zu betrachten. Sie brauchen die angehängten Dateien also nicht mehr extra mühselig zu speichern und anschließend zu öffnen, sondern Sie können sich bereits vorher entscheiden, welche Dateien Sie überhaupt speichern möchten.

Die E-Mails in Ihrem Posteingang können Sie ganz bequem per Mausklick beantworten oder an Dritte weiterleiten. Dank der Sofortsuche, einer auf der Desktopsuche von Windows basierenden neuen Suchfunktion, ist es kein Problem mehr, gesuchte E-Mails schnell und zuverlässig zu finden. Enthält eine Nachricht einen Verweis auf eine Webseite, können Sie diesen per Mausklick nachverfolgen. Und sollte es einmal für die Akten wichtig sein, können Sie eingegangene E-Mails auch bequem auf Papier drucken.

E-Mails empfangen und lesen

Erfahren Sie nun, wie Sie E-Mails von allen oder von ausgewählten E-Mail-Konten empfangen und anschließend im Lesebereich lesen. Die Beschreibung bezieht sich auf POP3- und Exchange Server-Konten. Der E-Mail-Empfang bei HTTP-, IMAP- und Remote-E-Mail-Konten wird im Anschluss im Abschnitt »HTTP-, IMAP- und Remote-E-Mail-Konten« ausführlich beschrieben.

HINWEIS Um E-Mails vom Server Ihres E-Mail-Anbieters oder von einem Exchange Server abrufen zu können, muss eine Verbindung zwischen Ihrem Computer und dem Internet bzw. dem Exchange Server bestehen, d.h., Sie müssen online sein. Da es verschiedene Verbindungsarten gibt – Sie können beispielsweise über eine Wählverbindung oder eine Standleitung ins Internet gehen oder über das lokale Netzwerk, ein Virtuelles Privates Netzwerk (VPN) oder über DFÜ auf den Exchange Server zugreifen, wird in allen nachfolgenden Beschreibungen vorausgesetzt, dass Sie online sind. Bei Schrittanleitungen, bei denen Sie nicht online sein müssen, wird dies gesondert angegeben.

E-Mails aller Konten empfangen und lesen

E-Mails können Sie problemlos per Mausklick versenden und empfangen. Die eingegangenen E-Mails werden anschließend übersichtlich im Posteingang angeordnet, und Sie können sie bequem im Lesebereich lesen, ohne sie aufwändig einzeln öffnen zu müssen. Außerdem können Sie mit der neuen Sofortsuche E-Mails im Posteingang schnell auffinden.

TIPP Falls Sie dies wünschen, können Sie die eingegangenen E-Mails auch jeweils in einem eigenen Nachrichtenfenster öffnen. Das Nachrichtenfenster bietet Ihnen die gleichen Optionen wie Posteingang, Lesebereich und die Symbolleiste der E-Mail-Komponente. Sie haben jedoch keinen direkten Überblick über den Inhalt des Posteingangs. Mehr zur Arbeit mit dem Nachrichtenfenster erfahren Sie in Kapitel 6.

1. Aktivieren Sie im Navigationsbereich die Komponente *E-Mail* mit einem Mausklick.
2. Dann klicken Sie in der Symbolleiste von Outlook auf die Schaltfläche *Senden/Empfangen*.

TIPP Sie können E-Mails auch aus jedem beliebigen anderen Ordner heraus senden und empfangen, indem Sie die F9-Taste drücken oder im Menü *Extras* auf den Befehl *Senden/Empfangen* zeigen und dann auf *Alle senden/empfangen* klicken.

3. Outlook stellt nun eine Verbindung zu jedem einzelnen E-Mail-Konto her, das Sie in Outlook 2007 eingerichtet haben, ruft die E-Mails ab, die auf dem Posteingangsserver jedes E-Mail-Kontos vorliegenden, und übermittelt die E-Mails aus Ihrem Postausgang an die Postausgangsserver der E-Mail-Konten, über die sie versendet werden sollen. Bei der Nachrichtenübermittlung werden auch alle Übermittlungsgruppen berücksichtigt, die Sie für Ihre E-Mail-Konten eingerichtet haben, sofern Sie die Einbeziehung in den Vorgang *Alle senden/empfangen* aktiviert haben.

   Jeder der Nachrichtenübermittlungsvorgänge wird in Outlook 2007 als Aufgabe definiert und den Status jeder Aufgabe können Sie dem Dialogfeld *Outlook-Nachrichtenübermittlung* entnehmen (siehe Abbildg. 5.1). Der Gesamtstatus wird in der Statusleiste von Outlook angezeigt.

Abbildg. 5.1 Bei der Nachrichtenübermittlung werden alle Konten abgearbeitet

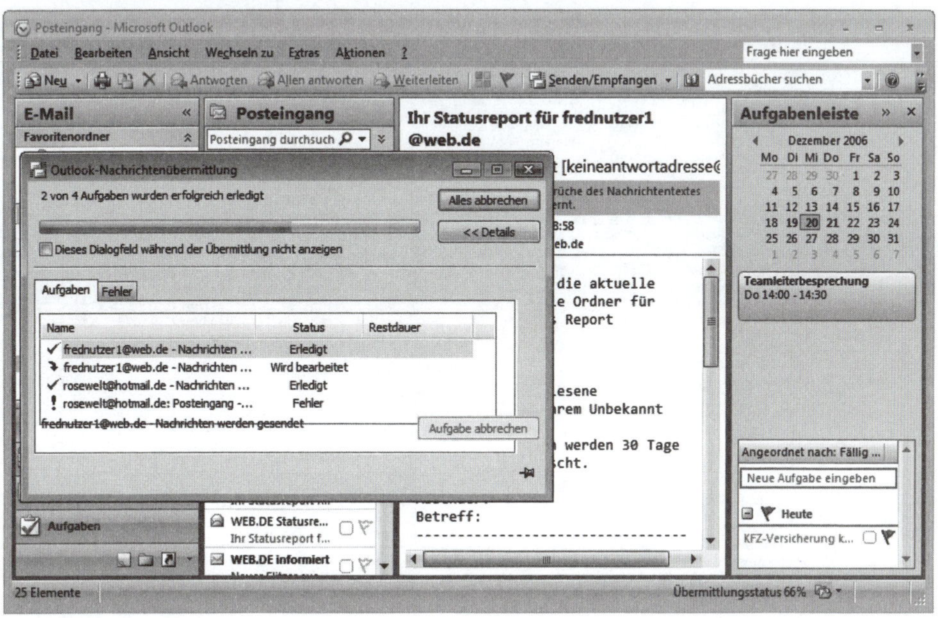

Verläuft die Nachrichtenübermittlung fehlerfrei, wird das Dialogfeld geschlossen. Haben Sie keine Änderungen an den E-Mail-Optionen vorgenommen, erklingt ein Sound, sobald eine E-Mail in Ihrem Posteingang eintrifft. Außerdem wird im Benachrichtigungsbereich am rechten Rand der Taskleiste von Windows ein Briefumschlagsymbol eingeblendet.

TIPP Stören Sie die Details bei der Nachrichtenübermittlung, können Sie diese auch ausblenden, indem Sie im Dialogfeld auf die Schaltfläche << *Details* klicken. Sie haben außerdem die Möglichkeit, ganz auf das Dialogfeld *Outlook-Nachrichtenübermittlung* zu verzichten und Meldungen zur Nachrichtenübermittlung ausschließlich in der Statusleiste anzeigen zu lassen. Mehr hierzu erfahren Sie im Abschnitt »Outlook-Nachrichtenübermittlungsoptionen« weiter hinten in diesem Kapitel.

Treten bei der Nachrichtenübermittlung Fehler auf, lesen Sie im Abschnitt »Fehler bei der E-Mail-Übermittlung beheben« nach, wie Sie diese beheben können.

4. Betrachten Sie nun den Inhalt des Posteingangs in der zweiten Spalte des Outlook-Fensters. Die E-Mails werden hier automatisch in absteigender Reihenfolge nach ihrem Eingangsdatum sortiert, also von neu nach alt (siehe Abbildg. 5.2). Ganz oben in der Nachrichtenliste finden Sie die aktuellste Nachricht. Die E-Mails werden außerdem nach bestimmten Zeiträumen zusammengefasst. Unter der Rubrik *Heute* ganz oben in der Liste stehen die E-Mails, die Sie am aktuellen Tag erhalten haben. Es folgen die E-Mails vom Vortag unter der Rubrik *Gestern*, von letzter Woche usw.

Abbildg. 5.2 E-Mails im Posteingang betrachten

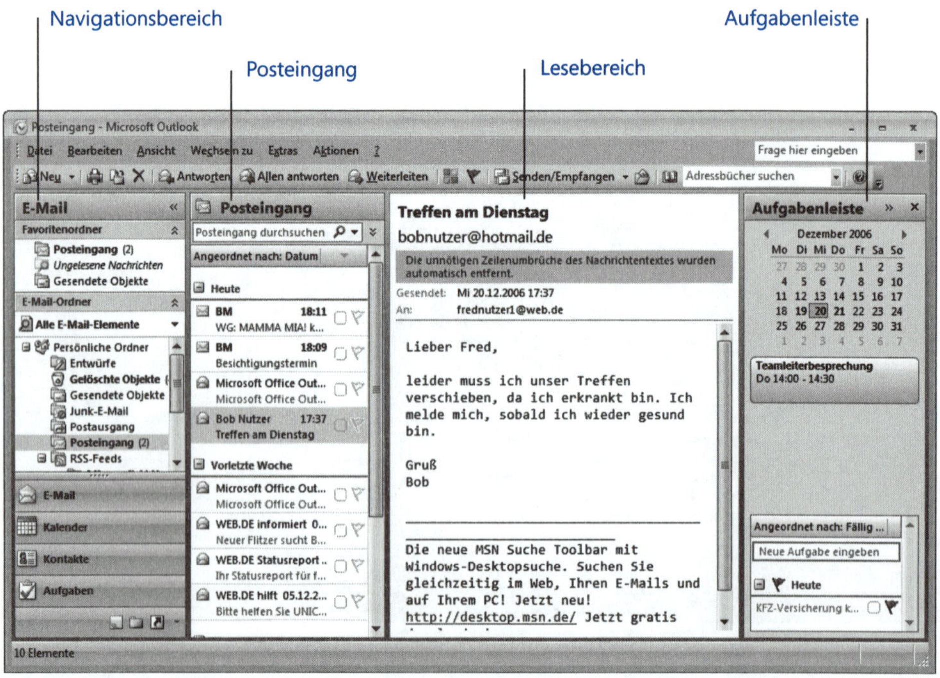

Alle E-Mails, die Sie noch nicht gelesen haben, erkennen Sie am Symbol des geschlossenen Briefumschlags sowie daran, dass der Absender und das Eingangsdatum fett gedruckt sind. Die gelesenen E-Mail-Nachrichten werden in Normalschrift dargestellt und mit dem Symbol eines geöffneten Briefumschlags gekennzeichnet. In der Ansicht *Nachrichten*, die standardmäßig aktiviert ist, werden in der ersten Zeile direkt neben dem Briefumschlagsymbol der Absender und das Versanddatum angegeben, in der zweiten Zeile steht der Betreff. Mehr dazu, was Sie den Nachrichten im Posteingang auf einen Blick entnehmen können, erfahren Sie im Abschnitt »Der Posteingang« weiter hinten in diesem Kapitel.

5. Um eine neue E-Mail zu lesen, klicken Sie sie im Posteingang einfach an. Ihr Inhalt wird daraufhin im Lesebereich in der dritten Spalte des Outlook-Fensters angezeigt (siehe Abbildg. 5.3). Ganz oben steht der Betreff. Es folgen der Absender und die Infoleiste, der Sie Besonderheiten wie die Entfernung von Zeilenumbrüchen, die Fälligkeit bei Nachverfolgungskennzeichnung oder die Unterbindung des Downloads von Bildern entnehmen. Neben der Angabe *Gesendet* wird das Versanddatum angegeben. Im Feld *An* werden alle Empfänger angegeben. Enthält eine E-Mail Anlagen, werden diese unterhalb vom Feld *An* aufgelistet. Dann folgt schließlich der Inhalt der E-Mail.

TIPP Über die Bildlaufleisten am rechten und am unteren Rand des Lesebereichs gelangen Sie zu Inhalten, die weiter rechts und weiter unten auf der Seite enthalten sind.

Abbildg. 5.3 E-Mails im Lesebereich lesen

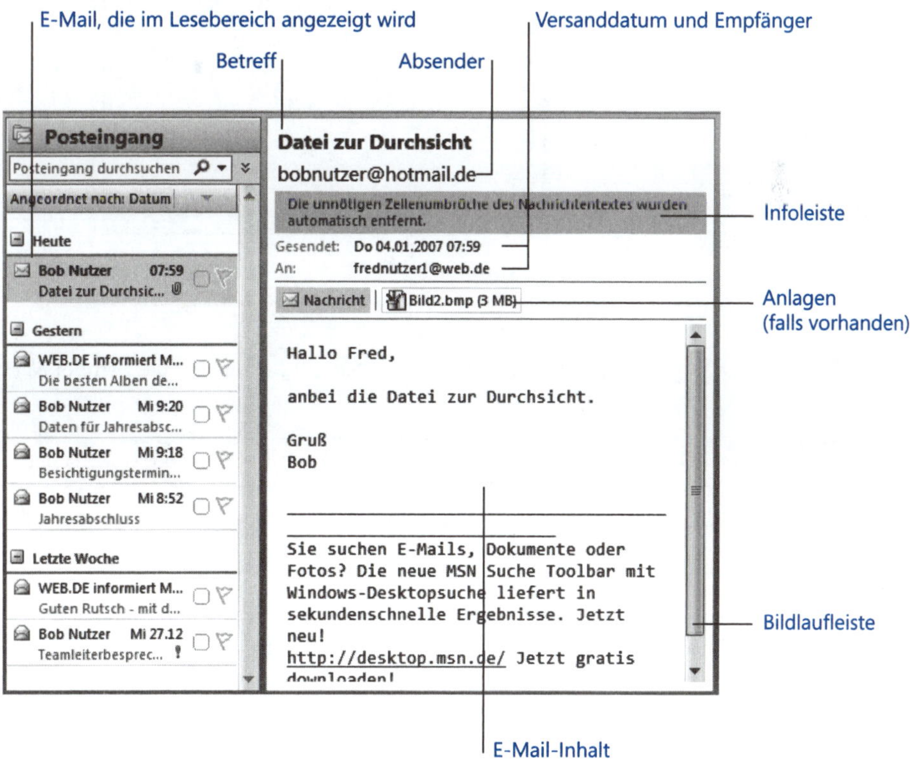

TIPP Reicht Ihnen der Platz im Lesebereich nicht aus und möchten Sie eine E-Mail gerne im eigenen Fenster betrachten, öffnen Sie sie mit einem Doppelklick.

6. Enthält eine E-Mail Anlagen, brauchen Sie diese nicht erst zu speichern und dann zu öffnen. Klicken Sie stattdessen ganz einfach auf den Dateinamen der Anlage, um den Anlageninhalt im Lesebereich in der Vorschau zu betrachten (siehe Abbildg. 5.4).

Abbildg. 5.4 Eine Anlage im Lesebereich betrachten

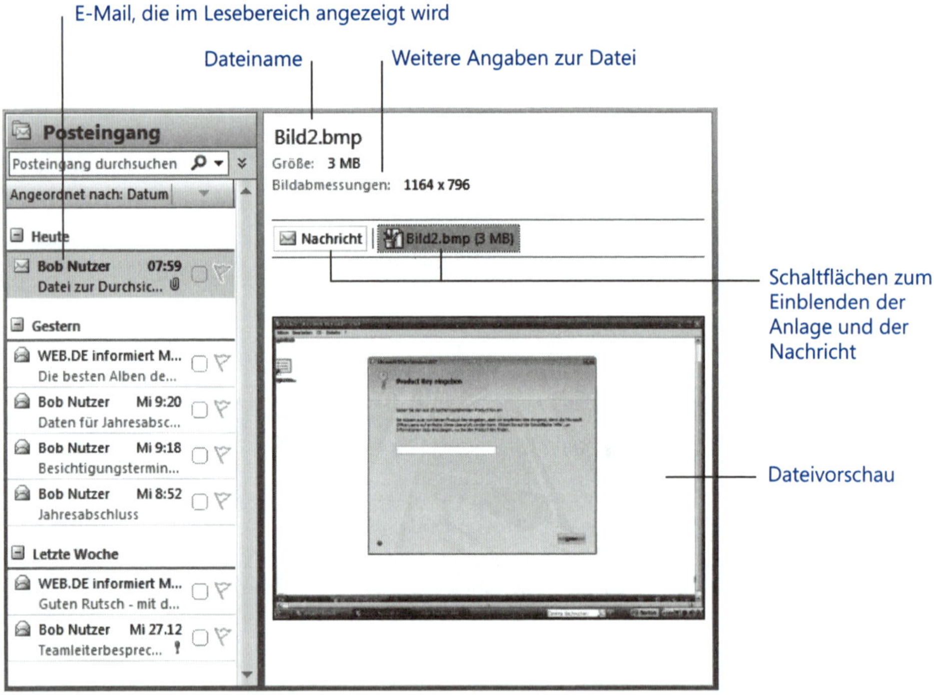

7. Um wieder den Inhalt der E-Mail zu betrachten, klicken Sie auf das Symbol *Nachricht* oder auf die E-Mail im Posteingang.

ACHTUNG Outlook 2007 kann nicht alle Arten von Dateien in der Vorschau anzeigen. Falls sich eine Datei in der Vorschau nicht darstellen lässt, erhalten Sie einen entsprechenden Hinweis. Sie müssen die Datei dann speichern und in dem Programm öffnen, mit dem die Datei erstellt wurde.

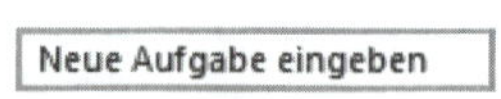

8. Ganz rechts im Programmfenster sehen Sie die Aufgabenleiste, die Ihnen einen Überblick über den Monatskalender, Ihre anstehenden Termine und die fälligen Aufgaben bietet, und in der Sie jederzeit neue Aufgaben eintragen können. Klicken Sie dazu auf die Angabe *Neue Aufgabe eingeben*, tragen Sie die Aufgabe ein und drücken Sie die [↵]-Taste (siehe Abbildg. 5.5).

Abbildg. 5.5 Aufgaben direkt in der Aufgabenleiste eintragen

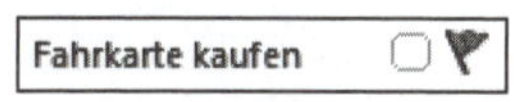

9. Die Aufgabe wird nun im Bereich *Angeordnet nach* aufgelistet und Sie werden so bei jeder Benutzung von Outlook an die noch ausstehende Aufgabe erinnert. Um sie als erledigt zu kennzeichnen und damit aus der Aufgabenliste zu löschen, klicken Sie auf die rote Fahne rechts neben der Aufgabe.

HINWEIS Reicht Ihnen der Platz im Lesebereich nicht aus und möchten Sie gerne mehr vom E-Mail-Inhalt sehen, blenden Sie die Aufgabenleiste ganz einfach mit einem Mausklick auf die Schaltfläche >> aus oder schließen Sie die Aufgabenleiste mit einem Mausklick auf die Schaltfläche *Schließen* (*X*). Sie können die Aufgabenleiste anschließend jederzeit über den Menübefehl *Ansicht/Aufgabenleiste/Normal* oder über die Tastenkombination Alt+F2 wieder einblenden.

E-Mails mit Lesebestätigung

Will der Versender einer E-Mail sicher gehen, dass seine Nachricht beim Empfänger eingetroffen ist und von ihm gelesen wurde, verschickt er die E-Mail in der Regel mit Lesebestätigung. Ob eine E-Mail mit Lesebestätigung verschickt wurde oder nicht, kann man ihr zunächst nicht ansehen. Outlook informiert Sie jedoch mit einem Hinweisfenster über diese Anforderung, sobald Sie die E-Mail lesen, und Sie haben die Möglichkeit, dem Senden der Lesebestätigung zuzustimmen oder dies abzulehnen. Gehen Sie dazu wie folgt vor:

1. Haben Sie eine E-Mail erhalten, für die der Absender eine Lesebestätigung erhalten möchte, öffnet sich eine Meldung, sobald Sie die Nachricht gelesen haben (siehe Abbildg. 5.6).

Abbildg. 5.6 E-Mail mit Lesebestätigung

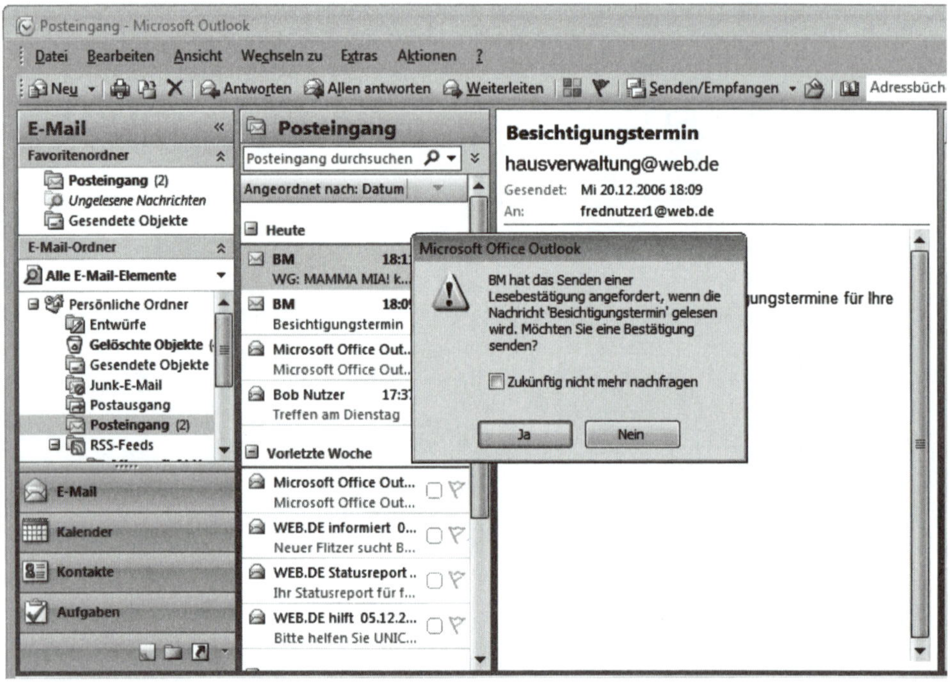

2. Klicken Sie auf *Ja*, wird von Outlook automatisch eine Lesebestätigung erzeugt und an den Absender verschickt. Wollen Sie hingegen keine Lesebestätigung verschicken, klicken Sie auf *Nein*. Sollen Lesebestätigungen zukünftig ohne Ihre Bestätigung versendet werden, aktivieren Sie das Kontrollkästchen *Zukünftig nicht mehr nachfragen*.

Die Lesebestätigung wird nun in den Postausgang gestellt und automatisch verschickt, sobald Sie das nächste Mal auf *Senden/Empfangen* klicken oder E-Mails automatisch gesendet und empfangen werden. Der Empfänger kann der Lesebestätigung, die im Posteingang mit einem grünen Kreis gekennzeichnet ist, die Uhrzeit und das Datum entnehmen, zu dem die E-Mail gelesen wurde (siehe Abbildg. 5.7).

Abbildg. 5.7 Die Lesebestätigung gibt an, wann die E-Mail gelesen wurde

PROFITIPP

Zum Schutz vor Junk-E-Mail und Phishing sollten Sie den automatischen Versand von Lesebestätigungen grundsätzlich deaktivieren. Wählen Sie dazu im Menü *Extras* den Befehl *Optionen* und klicken Sie auf die Schaltfläche *E-Mail-Optionen*. Im gleichnamigen Dialogfeld klicken Sie auf die Schaltfläche *Verlaufoptionen*. Am unteren Rand des nun geöffneten Dialogfelds *Optionen zur Verlaufkontrolle* aktivieren Sie die Option *Nie eine Antwort senden* und bestätigen Sie drei Mal mit *OK*.

Besonderheiten bei E-Mails im Nur-Text-Format

Bei E-Mails im Nur-Text-Format werden von Outlook automatisch die unnötigen Zeilenumbrüche entfernt, um die Lesbarkeit zu erhöhen. Sie können die Zeilenumbrüche jedoch jederzeit wiederherstellen. Gehen Sie dazu wie folgt vor:

1. Klicken Sie im Lesebereich in der Kopfzeile der E-Mail auf die Infoleiste mit dem Inhalt *Die unnötigen Zeilenumbrüche des Nachrichtentextes wurden automatisch entfernt.*
2. Anschließend wählen Sie die Option *Zeilenumbrüche wiederherstellen* (siehe Abbildg. 5.8).

Abbildg. 5.8 So stellen Sie Zeilenumbrüche bei Nur-Text-E-Mails wieder her

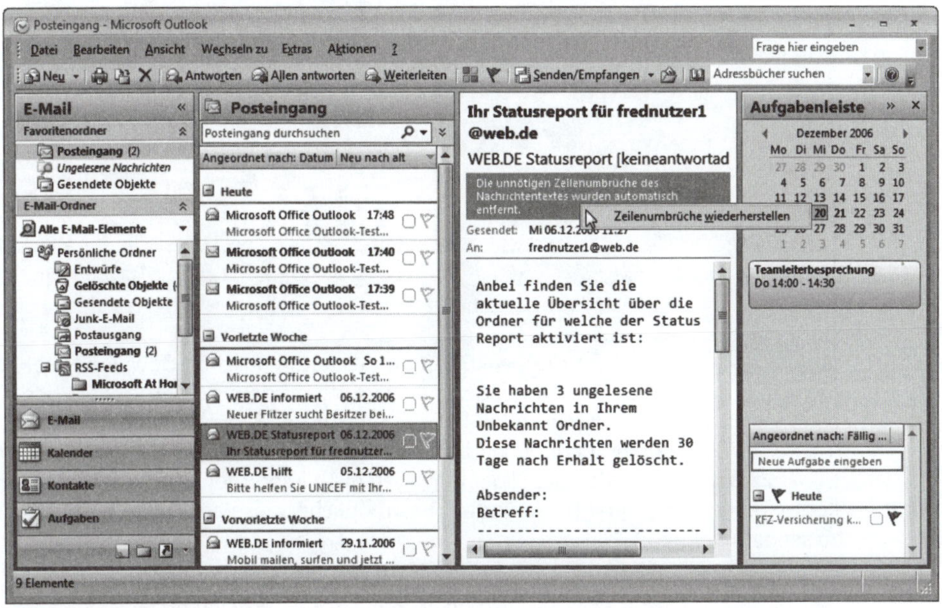

3. Die Zeilenumbrüche werden umgehend hinzugefügt. In der Infoleiste steht nun der Text *Diese E-Mail hat unnötige Zeilenumbrüche.* Sie können die Zeilenumbrüche später jederzeit wieder entfernen, indem Sie auf die Infoleiste klicken und den Befehl *Zeilenumbrüche entfernen* wählen.

Bilder downloaden

Um Ihre Privatsphäre besser zu schützen, verhindert Outlook 2007 den automatischen Download von Bildern in E-Mails, die wie Webseiten gestaltet und mit zahlreichen Bildern ausgestattet sind, wie dies bei vielen Werbe-E-Mails der Fall ist. In der Regel ist die neue Sicherheitseinstellung von Outlook 2007 wünschenswert, denn Sie werden geschützt und müssen trotzdem nicht auf die Bilder verzichten, wenn Sie eine E-Mail von einem Absender, der Ihnen genehm ist, einmal in vollem Glanz betrachten möchten.

Im Lesebereich sehen Sie ein mit roten Kreuzen bestücktes, mit Text durchsetztes Fragment, das zahlreiche Hinweise der Art *Klicken Sie mit der rechten Maustaste hier, um Bilder herunterzuladen …* enthält (siehe Abbildg. 5.9).

Abbildg. 5.9 E-Mail mit unterdrücktem Bilderdownload

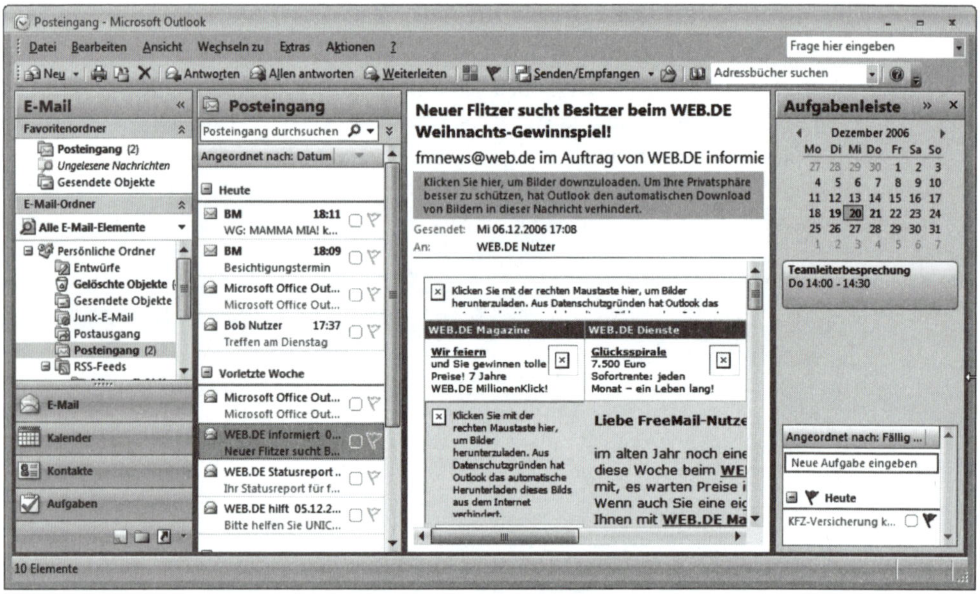

HINWEIS Wozu dient die Deaktivierung des automatischen Downloads von Bildern? Bilder müssen immer von dem Server abgerufen werden, auf dem sie gespeichert sind. Der Versender einer mit Bildern bestückten E-Mail kann am Abruf der Bilder feststellen, dass Ihr E-Mail-Konto aktiv ist und von Ihnen benutzt wird. Er wird Ihnen dann möglicherweise noch weitere Werbe-E-Mails zusenden. Werden die Bilder hingegen nicht abgerufen, weiß der Versender nicht, ob das Konto genutzt wird oder nicht, und gibt es möglicherweise auf, Ihnen weiterhin Werbe-E-Mails zu senden.

Um die Bilder einer E-Mail herunterzuladen, die bisher ohne Bilder angezeigt wird, gehen Sie wie folgt vor:

1. Wechseln Sie zur Komponente *E-Mail*, falls diese nicht bereits aktiviert ist.
2. Öffnen Sie den Posteingang und aktivieren Sie in der Nachrichtenliste in der zweiten Spalte die E-Mail, deren Bilder Sie herunterladen möchten. Prüfen Sie zunächst, ob der Absender vertrauenswürdig ist und es sich für die E-Mail lohnt, dem Absender preiszugeben, dass Ihr E-Mail-Konto aktiv ist.
3. Klicken Sie dann im Lesebereich mit der rechten Maustaste in die Infoleiste am oberen Rand der E-Mail und wählen Sie im Kontextmenü den Befehl *Bilder downloaden* (siehe Abbildg. 5.10).

Abbildg. 5.10 Die Bilder einer E-Mail downloaden

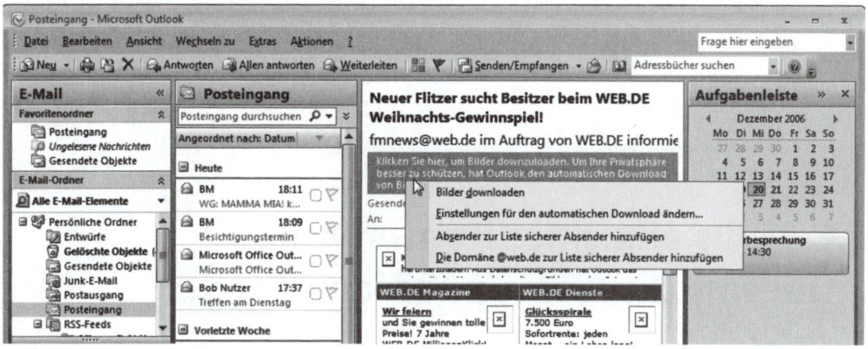

4. Die Bilder werden nun alle auf Ihren Computer heruntergeladen und anschließend im Lesebereich angezeigt.

HINWEIS Vertrauen Sie einem Absender und möchten Sie, dass die Bilder in den E-Mails dieses Absenders immer automatisch auf Ihren Computer heruntergeladen werden, klicken Sie mit der rechten Maustaste auf die Infoleiste in der E-Mail, und wählen Sie im Kontextmenü den Befehl *Absender zur Liste sicherer Absender hinzufügen*. Die E-Mails, die Sie von diesem Absender erhalten, werden zukünftig immer mit Bildern angezeigt. Vertrauen Sie allen Absendern einer bestimmten Domäne, wie z.B. allen Absendern der Domäne *microsoft.com*, wählen Sie im Kontextmenü den Befehl *Die Domäne xxx zur Liste sicherer Absender hinzufügen*.

Bilder automatisch downloaden

Wollen Sie auf den Schutz Ihrer Privatsphäre verzichten und den automatischen Download von Bildern aktivieren, gehen Sie wie folgt vor:

1. Aktivieren Sie in Outlook die Komponente *E-Mail* mit einem Mausklick auf die gleichnamige Schaltfläche im Navigationsbereich.

Abbildg. 5.11 Den *automatischen Download von Bildern aktivieren*

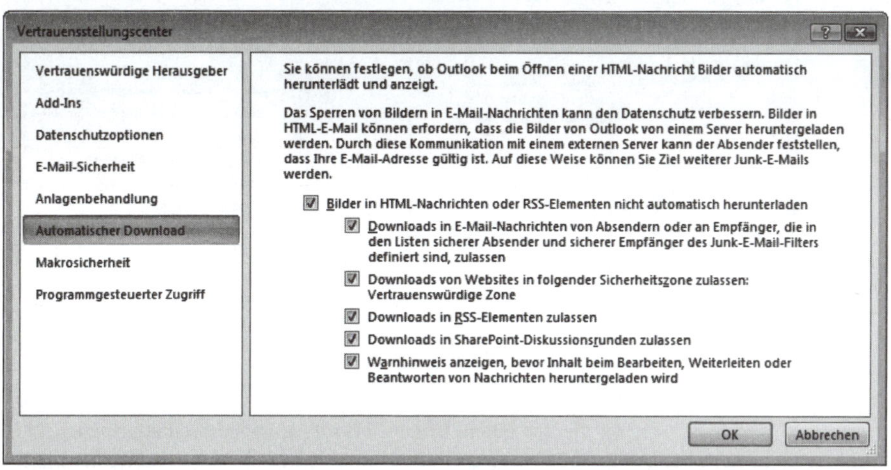

2. Klicken Sie mit der rechten Maustaste auf die Infoleiste einer E-Mail mit Bildern und wählen Sie im Kontextmenü den Befehl *Einstellungen für den automatischen Download ändern.*
3. Deaktivieren Sie im Dialogfeld *Vertrauensstellungscenter*, das sich nun öffnet, das Kontrollkästchen *Bilder in HTML-Nachrichten oder RSS-Elementen nicht automatisch herunterladen* (siehe Abbildg. 5.11).
4. Klicken Sie anschließend auf *OK*, um die Änderungen zu übernehmen.

E-Mails einzelner Konten oder Übermittlungsgruppen empfangen

Haben Sie mehrere E-Mail-Konten eingerichtet, werden Sie möglicherweise nicht immer E-Mails von allen Konten empfangen wollen. Outlook bietet Ihnen die Möglichkeit, die Nachrichtenübermittlung auf ein Konto zu beschränken. Gehen Sie dazu wie folgt vor:

1. Aktivieren Sie die Komponente *E-Mail* mit einem Mausklick auf die gleichnamige Schaltfläche im Navigationsbereich, falls die Komponente nicht bereits aktiviert ist.
2. Klicken Sie in der Symbolleiste von Outlook auf den Abwärtspfeil in der Schaltfläche *Senden/Empfangen.*
3. Zeigen Sie anschließend auf das Konto, von dem Sie E-Mails empfangen wollen.
4. Es öffnet sich ein Untermenü, in dem drei Befehle verfügbar sind: *Posteingang, Kopfzeilen im Posteingang herunterladen* und *Markierte Kopfzeilen verarbeiten* (siehe Abbildg. 5.12). Wählen Sie den gewünschten Befehl wie folgt:

Abbildg. 5.12 E-Mail von einzelnen Konten abrufen

- *Posteingang:* Mit diesem Befehl führt Outlook umgehend einen Download aller E-Mails aus Ihrem Postfach auf dem Server in Ihren lokalen Outlook-Posteingang durch.

- *Kopfzeilen im Posteingang herunterladen:* Wählen Sie diesen Befehl, wenn Outlook die Kopfzeilen aller E-Mails, die im Postfach auf dem Server für Sie vorliegen, in Ihren lokalen Outlook-Posteingang herunterladen soll. Anschließend können Sie wählen, welche E-Mails Sie komplett herunterladen wollen. Die restlichen E-Mails können Sie entweder zunächst auf dem Server belassen oder aber löschen.
- *Markierte Kopfzeilen verarbeiten:* Wählen Sie diesen Befehl, wenn Sie Kopfzeilen in Ihrem Posteingang für den Download markiert haben und nun nur die E-Mails der markierten Kopfzeilen aus dem Postfach auf dem Server auf Ihren Computer herunterladen wollen.

5. Das Dialogfeld *Outlook-Nachrichtenübermittlung* öffnet sich und zeigt den Fortschritt beim Herunterladen der E-Mails oder Kopfzeilen an. Anschließend liegen die E-Mails oder die Kopfzeilen im Posteingang vor und Sie können sie weiter nutzen oder bearbeiten.

Übermittlung für einzelne Übermittlungsgruppen

Haben Sie mehrere E-Mail-Konten eingerichtet und diese wie im letzten Kapitel beschrieben mittels eigener Übermittlungsgruppen zusammengefasst, können Sie sich beim E-Mail-Empfang und -versand auch auf eine Übermittlungsgruppe beschränken. Gehen Sie dazu wie folgt vor:

1. Aktivieren Sie die Komponente *E-Mail*, falls diese nicht bereits aktiviert ist, mit einem Mausklick auf die Schaltfläche *E-Mail* im Navigationsbereich.
2. Rufen Sie den Menübefehl *Extras/Senden/Empfangen* auf oder klicken Sie auf den Abwärtspfeil in der Schaltfläche *Senden/Empfangen*.
3. Klicken Sie im Untermenü auf den Befehl *Nur "<Gruppenname>"*.

Die Nachrichtenübermittlung erfolgt umgehend gemäß den Einstellungen, die Sie für die Übermittlungsgruppe definiert haben.

HTTP-, IMAP- und Remote-E-Mail-Konten

Bei HTTP-, IMAP- und Remote-E-Mail-Konten sowie bei Exchange Server-Konten, bei denen keine lokale Kopie des Postfachs existiert, funktioniert der Posteingang etwas anders, als bei POP3-Konten. Bei der Übermittlung werden entsprechend den Standardübermittlungseinstellungen zunächst lediglich die Kopfzeilen auf Ihre Festplatte heruntergeladen. Im Posteingang sehen Sie zunächst nur, welche E-Mails für Sie vorhanden sind. Um die Seiten lesen und eventuell vorhandene Dateianhänge öffnen zu können, müssen Sie die E-Mails auf Ihren PC downloaden. Anschließend stehen Ihnen die E-Mails auch dann zur Verfügung, wenn Sie nicht mit dem Server verbunden sind.

WICHTIG Falls Sie unter den Übermittlungseinstellungen für Ihr HTTP-, IMAP- oder Remote-E-Mail-Konto die Option *Element samt Anlagen herunterladen* statt der Option *Nur Kopfzeilen herunterladen* aktiviert haben, werden prinzipiell die kompletten E-Mails aus Ihrem Server-Postfach in Ihren Outlook-Posteingang heruntergeladen. In diesem Fall funktioniert das HTTP-Konto gleich wie ein POP3-Konto.

Um E-Mails von einem HTTP-, IMAP- oder Remote-E-Mail-Konto abzurufen, gehen Sie wie folgt vor:

1. Stellen Sie eine Verbindung zum Internet her und wechseln Sie im Navigationsbereich mit einem Mausklick auf die gleichnamige Schaltfläche zur Komponente *E-Mail*.

2. Ziehen Sie das Bildlauffeld am rechten Rand des Bereichs *E-Mail-Ordner* so weit nach unten, dass Sie den Ordner für das entsprechende Konto sehen können.
3. Nun klicken Sie auf das Pluszeichen, das dem HTTP-, IMAP- oder Remote-E-Mail-Konto vorangestellt ist (siehe Abbildg. 5.13).

Abbildg. 5.13 Das HTTP- oder IMAP-Konto öffnen

TIPP Erhalten Sie den Hinweis, dass keine Verbindung zum Server besteht, obwohl Sie eine Verbindung zum Internet hergestellt haben, wählen Sie im Menü *Datei* von Outlook den Befehl *Mit <Kontoname> verbinden.*

4. Aktivieren Sie nun den Ordner *Posteingang* (siehe Abbildg. 5.14). In der gleichnamigen zweiten Spalte werden nun die im Posteingang enthaltenen E-Mails angezeigt. Bei einigen E-Mails sehen Sie jedoch unterhalb der Datumsangabe das Symbol einer umgeknickten Seite. Von diesen E-Mails wurden bisher nur die Kopfzeilen auf Ihren Computer heruntergeladen. Der E-Mail-Inhalt befindet sich noch auf dem Server. Die E-Mails sind jedoch bereits zum Download markiert. Um sie lesen zu können, müssen Sie sie zunächst downloaden.

Abbildg. 5.14 Der Posteingang bei HTTP-, IMAP- und Remote-E-Mail-Konten

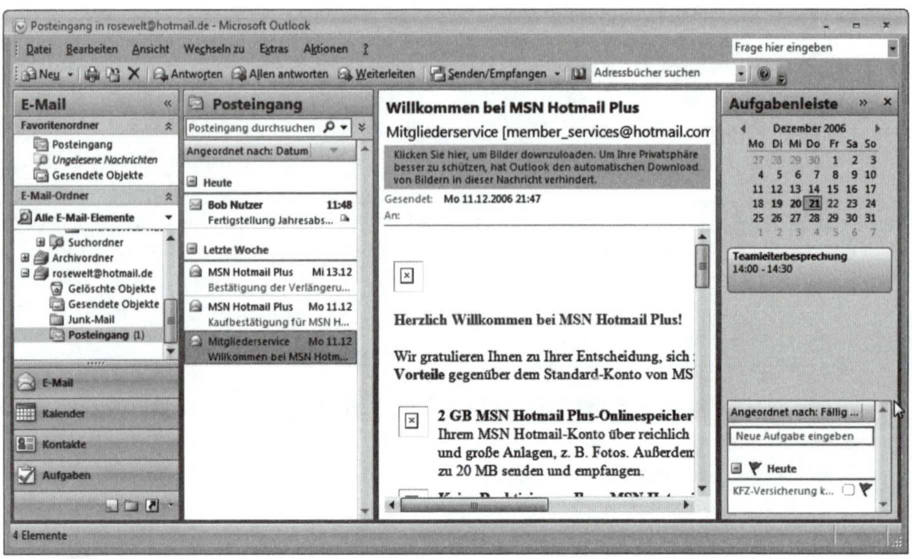

5. Markieren Sie die E-Mails, die Sie auf Ihren Computer downloaden wollen, durch Anklicken mit der Maus. Um mehrere aufeinander folgende E-Mails zu markieren, halten Sie die ⇧-Taste gedrückt, während Sie nacheinander auf die erste und die letzte E-Mail der Folge klicken. Wollen Sie hingegen mehrere nicht aufeinander folgende E-Mails markieren, halten Sie die Strg-Taste gedrückt, während Sie die einzelnen E-Mails anklicken. Die E-Mails werden dabei heruntergeladen und die Kennzeichnung verschwindet.

WICHTIG Wie beim POP- oder Exchange Server-Konto werden die in E-Mails enthaltenen Bilder nicht automatisch heruntergeladen. Wollen Sie E-Mails inklusive der Bilder betrachten, klicken Sie im Lesebereich mit der rechten Maustaste auf die Infoleiste und wählen Sie im Kontextmenü, das sich nun öffnet, den Befehl *Bilder downloaden.*

6. Sie brauchen die E-Mails in Ihrem Posteingang nicht unbedingt sofort herunterzuladen. Sie können sie auch zunächst markieren und dann zu einem späteren Zeitpunkt downloaden. Klicken Sie die entsprechenden E-Mails dazu mit der rechten Maustaste an und wählen Sie im Kontextmenü den Befehl *Nachricht(en) für den Download markieren* (siehe Abbildg. 5.15).

Abbildg. 5.15 E-Mails zum späteren Download markieren

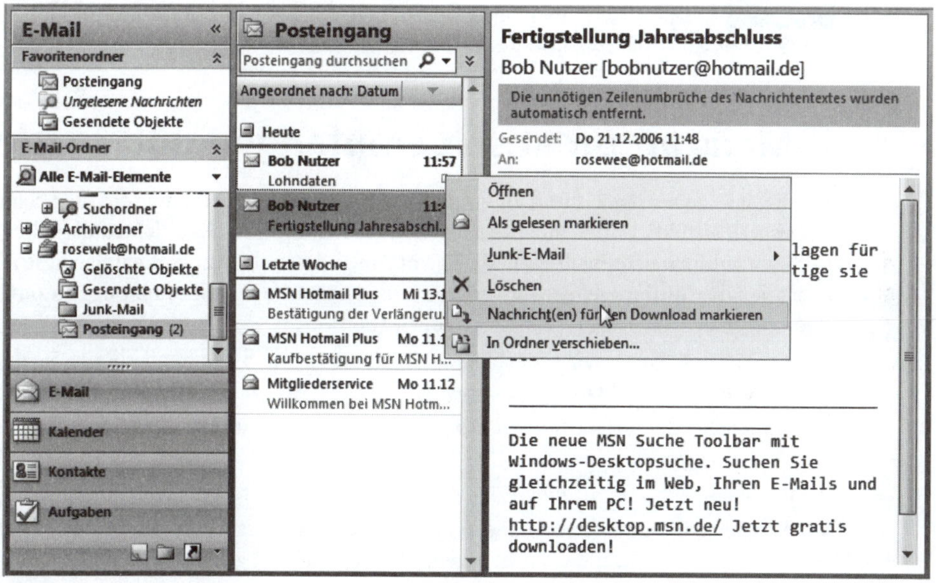

7. Um die E-Mails dann zu einem späteren Zeitpunkt herunterzuladen, wählen Sie den Befehl *Extras/Senden/Empfangen/Nur "<Kontoname>"* oder klicken Sie auf den Abwärtspfeil in der Schaltfläche *Senden/Empfangen* und wählen Sie den Befehl *Nur "<Kontoname>"*. Klicken Sie dann im Untermenü, das sich öffnet, auf den Befehl *Markierte Kopfzeilen verarbeiten.*

TIPP Haben Sie E-Mails für den Download markiert und wollen Sie diese Markierung wieder rückgängig machen, wählen Sie im Menü *Extras* den Befehl *Senden/Empfangen* und wählen den Befehl *Markierung aller Kopfzeilen aufheben.* Um die Markierung einer ganz bestimmten Kopfzeile aufzuheben, markieren Sie diese, und wählen Sie im Menü *Extras* den Befehl *Senden/Empfangen/Markierung der ausgewählten Kopfzeilen aufheben.*

8. Wollen Sie E-Mails auf dem Server löschen, ohne sie in den Posteingang auf Ihrem Computer herunterzuladen, klicken Sie sie mit der rechten Maustaste an und wählen Sie im Kontextmenü, das sich nun öffnet, den Befehl *Löschen.*

Hotmail und Windows Live Messenger

Nutzen Sie mit Ihrem Hotmail-Konto neben Outlook 2007 auch MSN Messenger oder den neuen Windows Live Messenger, erhalten Sie über Windows Messenger eine Meldung, sobald eine E-Mail für Sie vorliegt. Klicken Sie auf die Meldung, öffnet sich Ihr Hotmail-Posteingang in Ihrem Webbrowser. Wollen Sie die E-Mail hingegen mit Outlook 2007 betrachten, starten Sie das Programm und öffnen Sie den Posteingang des Hotmail-Kontos.

TIPP Mehr dazu, wie Sie Windows Live Messenger installieren und im Zusammenhang mit Outlook 2007 nutzen, erfahren Sie in Kapitel 14.

E-Mails automatisch empfangen und senden

Um E-Mails zu versenden und zu empfangen, brauchen Sie nicht ständig die Schaltfläche *Senden/Empfangen* anzuklicken. Standardmäßig ist das Programm so eingerichtet, dass Ihr Postfach alle 30 Minuten automatisch abgefragt wird. Reicht Ihnen das nicht aus, können Sie diese Abfragefrequenz über die Übermittlungseinstellungen bequem erhöhen und Sie können das automatische Senden/Empfangen deaktivieren. Gehen Sie dazu wie folgt vor:

1. Aktivieren Sie im Navigationsbereich die Komponente *E-Mail* und klicken Sie dann in der Symbolleiste auf den Abwärtspfeil in der Schaltfläche *Senden/Empfangen.*
2. Wählen Sie den Befehl *Übermittlungseinstellungen* und klicken Sie dann auf *Senden-Empfangen-Gruppen definieren.*
3. Im Dialogfeld *Übermittlungsgruppen*, das sich nun öffnet, markieren Sie die Gruppe *Alle Konten.*
4. Aktivieren Sie unter *Einstellungen für Gruppe "Alle Konten"* das Kontrollkästchen *Automatische Übermittlung*, falls dieses nicht bereits aktiviert ist, und geben Sie dann als Wert die gewünschte Frequenz ein, z.B. 12 Minuten (siehe Abbildg. 5.16).
5. Um die automatische Übermittlung auch für den Offlinemodus zu nutzen, aktivieren Sie unter *Im Offlinemodus* das Kontrollkästchen *Automatische Übermittlung alle xx Minuten*, und geben Sie den gewünschten Wert in Minuten in das Feld ein.
6. Klicken Sie auf *Schließen*, um die Einstellungen zu übernehmen. Die Änderungen werden sofort wirksam und Sie werden über neu eingehende E-Mails, wie im nächsten Abschnitt beschrieben, mit Hilfe von Desktopbenachrichtigungen informiert.

Abbildg. 5.16 Die automatische Übermittlungsfrequenz anpassen

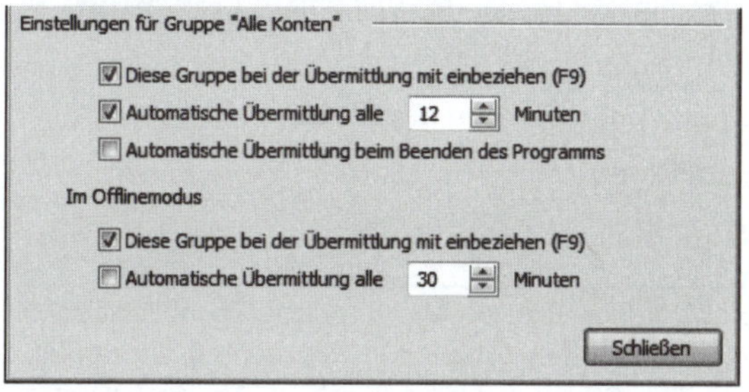

Die Desktopbenachrichtigung gekonnt nutzen

Ist das automatische Senden/Empfangen aktiviert, können Sie ganz entspannt Ihrer Arbeit nachgehen und beispielsweise mit Microsoft Office Word einen Brief schreiben oder mit Microsoft Office Excel eine Tabelle berechnen. Sobald eine neue E-Mail bei Ihnen eintrifft, wird eine Desktopbenachrichtigung eingeblendet, der Sie direkt den Betreff, die Wichtigkeit und den Nachverfolgungsstatus entnehmen können. Sie brauchen nicht extra zu Outlook zu wechseln und den Posteingang zu öffnen, um die Nachricht öffnen, zur Nachverfolgung kennzeichnen, als gelesen markieren oder löschen zu können. All dies können Sie auch direkt in der Desktopbenachrichtigung erledigen.

TIPP Die Desktopbenachrichtigung blendet sich übrigens auch ein, sobald eine Aufgabenanfrage oder eine Besprechungsanfrage bei Ihnen eintrifft. Die Desktopbenachrichtigung für die Aufgabenanfrage zeigt den Absender, den Betreff und das Startdatum der zugewiesenen Aufgabe an und die Desktopbenachrichtigung für die Besprechungsanfrage den Absender, den Betreff, das Datum, die Uhrzeit und den Ort der Besprechung.

Probieren Sie das Ganze nun einmal aus:

1. Starten Sie Outlook, rufen Sie den Menübefehl *Extras/Kontoeinstellungen* auf, aktivieren Sie Ihr E-Mail-Konto und klicken Sie auf die Schaltfläche *Ändern*.
2. Im nun geöffneten Dialogfeld *E-Mail-Konto ändern* klicken Sie auf die Schaltfläche *Kontoeinstellungen testen*.
3. Sobald die Testnachricht verschickt wurde, klicken Sie im Dialogfeld *E-Mail-Konto ändern* auf die Schaltfläche *Abbrechen* und im Dialogfeld *Kontoeinstellungen* auf die Schaltfläche *Schließen*.
4. Öffnen Sie nun Microsoft Office Word und beginnen Sie damit, ein paar Zeilen Text einzugeben. Nach wenigen Minuten sollte sich in der rechten unteren Fensterecke von Windows eine Desktopbenachrichtigung öffnen (siehe Abbildg. 5.17).

Abbildg. 5.17 Die Desktopbenachrichtigung informiert über neue E-Mail-Nachrichten

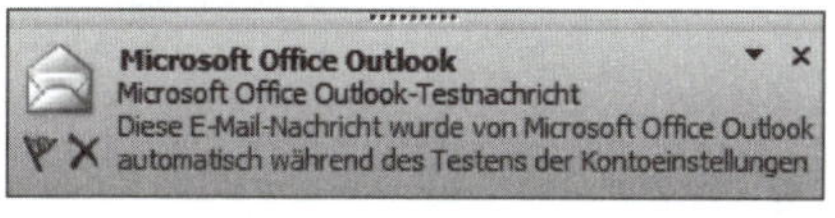

5. Klicken Sie auf die Desktopbenachrichtigung, um die E-Mail in einem eigenen Fenster zu öffnen. Alternativ dazu können Sie über die Symbole auf der linken Seite der Desktopbenachrichtigung folgende Optionen wählen:
   - *Geöffneter Briefumschlag:* Element als gelesen markieren.
   - *Rote Fahne:* Element kennzeichnen.
   - *Kreuz:* Element löschen.

TIPP Möchten Sie Befehle lieber über ein Menü als über Symbole auswählen, klicken Sie in der Desktopbenachrichtigung auf den Abwärtspfeil in der rechten oberen Ecke. Es öffnet sich ein Menü, in dem Sie zwischen den Befehlen *Element öffnen*, *Element kennzeichnen*, *Element löschen* und *Als gelesen markieren* wählen können.

6. Schließen Sie die E-Mail mit einem Mausklick auf die *Schließen*-Schaltfläche in der rechten oberen Ecke.

PROFITIPP Reicht Ihnen die Zeitdauer nicht aus, die die Desktopbenachrichtigung angezeigt wird, zeigen Sie einfach mit der Maus so lange auf die Desktopbenachrichtigung, bis Sie sie nicht mehr benötigen.

Ist Ihnen die Desktopbenachrichtigung lästig, können Sie sie jederzeit deaktivieren. Klicken Sie dazu auf den Abwärtspfeil in der rechten oberen Ecke der Desktopbenachrichtigung und wählen Sie den Befehl *Desktopbenachrichtigung bei der nächsten E-Mail-Nachricht ausschalten.*

Wollen Sie die Anzeigedauer oder die Transparenz beeinflussen, klicken Sie hingegen auf den Abwärtspfeil in der Desktopbenachrichtigung und wählen Sie im Menü, das sich öffnet, den Befehl *Desktopbenachrichtigungseinstellungen.*

Im Dialogfeld *Desktopbenachrichtigungseinstellungen* (siehe Abbildg. 5.18) ziehen Sie nun unter *Dauer* den Schieberegler auf die gewünschte Länge in Sekunden und unter *Transparenz* ziehen Sie den Schieberegler auf die gewünschte Transparenz. Über die Schaltfläche *Vorschau* können Sie sich eine Kostprobe Ihrer Einstellungen einblenden lassen. Bestätigen Sie Ihre Wahl mit einem Mausklick auf *OK.*

Abbildg. 5.18 Desktopbenachrichtigungseinstellungen bearbeiten

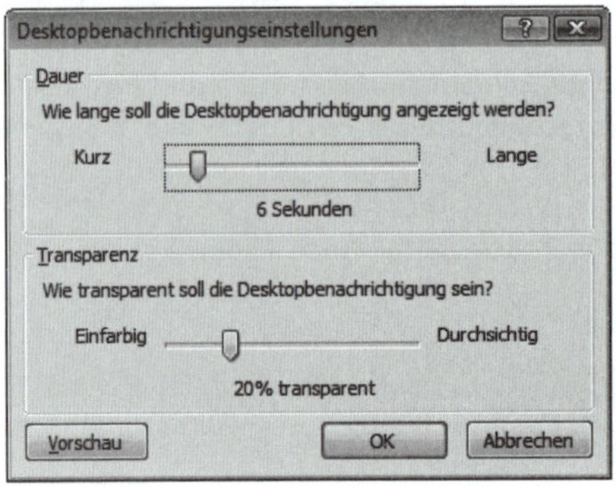

WICHTIG Geht innerhalb eines bestimmten Zeitraums eine große Anzahl an E-Mails bei Ihnen ein, wird nur eine einzige Desktopbenachrichtigung angezeigt, in der Sie darauf hingewiesen werden, dass mehrere E-Mails für Sie eingetroffen sind.

Outlook-Nachrichtenübermittlungsoptionen

Während der E-Mail-Übermittlung stehen Ihnen verschiedene Optionen zur Verfügung, wie z.B. die Möglichkeit, einzelne Übermittlungsaufgaben abzubrechen oder das Dialogfeld *Outlook-Nachrichtenübermittlung* auszublenden (siehe Abbildg. 5.19). Erfahren Sie nun mehr darüber.

Abbildg. 5.19 Das Dialogfeld *Outlook-Nachrichtenübermittlung* zeigt den Status der Übermittlung für alle Konten an

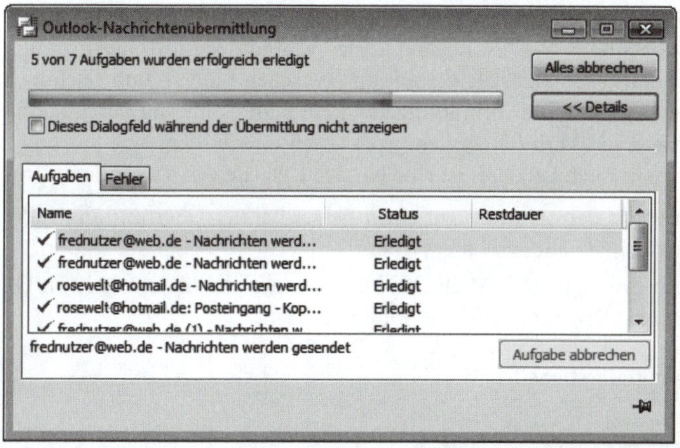

- **Übertragung abbrechen:** Wollen Sie den gesamten Übermittlungsvorgang für alle E-Mail-Konten abbrechen, klicken Sie auf die Schaltfläche *Alles abbrechen.*
- **Aufgabe abbrechen:** Soll nur die Übermittlung für ein E-Mail-Konto abgebrochen werden, markieren Sie das Konto im Dialogfeld *Outlook-Nachrichtenübermittlung* und klicken Sie dann auf die Schaltfläche *Aufgabe abbrechen.* Outlook 2007 bearbeitet daraufhin die nächste Aufgabe, d.h. den E-Mail-Versand und -empfang für das nächste E-Mail-Konto.
- **Details ein-/ausblenden:** Wollen Sie nur die Fortschrittsanzeige, nicht aber Informationen über den Status und die Fehler sehen, klicken Sie auf die Schaltfläche *<<Details.* Sie können die Bearbeitung der einzelnen Übertragungsaufgaben jederzeit wieder einblenden, indem Sie auf die Schaltfläche *Details>>* klicken.
- **Dialogfeld *Outlook-Nachrichtenübermittlung* ausblenden:** Aktivieren Sie das Kontrollkästchen *Dieses Dialogfeld während der Übermittlung nicht anzeigen*, um festzulegen, dass das Dialogfeld *Outlook-Nachrichtenübermittlung* beim Versand und Empfang von E-Mails nicht mehr eingeblendet wird. Die Informationen und Statusangaben zur Nachrichtenübermittlung werden dann nur noch in der Statusleiste von Outlook angezeigt (siehe Abbildg. 5.20).

Abbildg. 5.20 Die Anzeige des Übermittlungsstatus lässt sich auch auf die Statusleiste beschränken

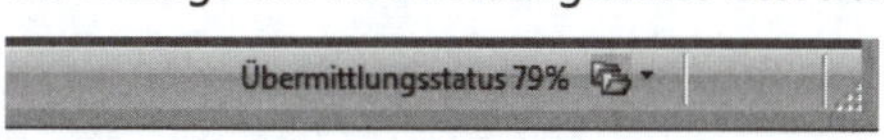

Stellen Sie zu einem späteren Zeitpunkt fest, dass Sie das Dialogfeld *Outlook-Nachrichtenübermittlung* doch benötigen, können Sie es wieder einblenden, indem Sie in der Statusleiste auf die Pfeilschaltfläche rechts neben dem Übermittlungsstatus klicken und im Popup-Menü, das sich einblendet, den Befehl *Details* wählen. Deaktivieren Sie anschließend im Dialogfeld *Outlook-Nachrichtenübermittlung* das Kontrollkästchen *Dieses Dialogfeld während der Übermittlung nicht anzeigen*, wird das Dialogfeld wieder bei jedem Übermittlungsvorgang angezeigt.

Fehler bei der E-Mail-Übermittlung beheben

Manchmal kann die Übermittlung nicht korrekt durchgeführt werden. Dies kann verschiedene Ursachen haben. Als häufigste Ursache gilt, dass keine Verbindung zum Internet oder zum Server des E-Mail-Anbieters besteht. Dies kann eine technische Ursache auf Ihrer Seite haben, weil beispielsweise das DSL-, das Kabelmodem-, das LAN- oder das Modem-Kabel nicht an den Computer angeschlossen ist oder dass beim WLAN-Zugang keine Verbindung zum Zugriffspunkt besteht. Es kann auch das Modem defekt sein oder die Verbindung zwischen Modem und Telefon-, Kabel- oder LAN-Zugang unterbrochen sein. Die Verbindung kann auf dem Computer falsch konfiguriert sein. Möglicherweise ist einfach das Verbindungskennwort falsch oder es liegt eine Störung beim Server Ihres Internetanbieters vor. Auch Letzteres ist eine häufige Ursache von Verbindungsproblemen.

Wenn der E-Mail-Abruf mit dem Hinweis auf einen Fehler bei der Übermittlung endet, gehen Sie wie folgt vor, um die Ursachen näher zu untersuchen:

1. Tritt ein Fehler beim Abruf Ihrer E-Mails auf, klicken Sie in der Statusleiste von Outlook 2007 auf den Link *Fehler bei Übermittlung* (siehe Abbildg. 5.21).

Abbildg. 5.21 Fehler bei der Übermittlung beheben

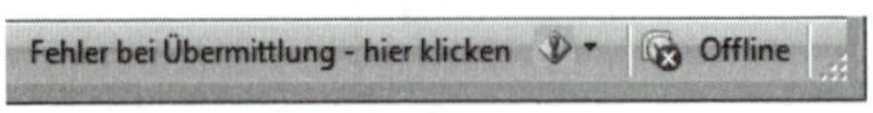

2. Es öffnet sich das Dialogfeld *Outlook-Nachrichtenübermittlung* mit aktivierter Registerkarte *Fehler*. Auf dieser Registerkarte wird aufgeführt, bei welchem Konto welcher Fehler aufgetreten ist (siehe Abbildg. 5.22).

TIPP Der genaue Text der Fehlermeldung ist vom Internetdienstanbieter bzw. vom E-Mail-Anbieter abhängig. Wenn Sie alle Fehlermöglichkeiten von Ihrer Seite aus ausgeschlossen haben, können Sie sich mit dem Text der Fehlermeldung an Ihren Internetdienstanbieter wenden.

3. Studieren Sie die Hinweise und probieren Sie dann je nach Fehler eine der folgenden Möglichkeiten aus:

   - Konnte beispielsweise keine Verbindung zum Posteingangsserver hergestellt werden, besteht möglicherweise keine Verbindung zum Internet oder zum Mailserver. Prüfen Sie in dem Fall in der Taskleiste von Windows, ob prinzipiell eine Verbindung zum Internet besteht. Zeigen Sie dazu auf das Verbindungssymbol und prüfen Sie, ob die Verbindung aktiv ist. Starten Sie dann beispielsweise den Internet Explorer und rufen Sie eine beliebige Webseite auf. Funktioniert dies, können Sie sicher sein, dass das Problem nicht durch die Verbindung zum Internet verursacht wird.

Abbildg. 5.22 Fehler bei der E-Mail-Übermittlung näher untersuchen

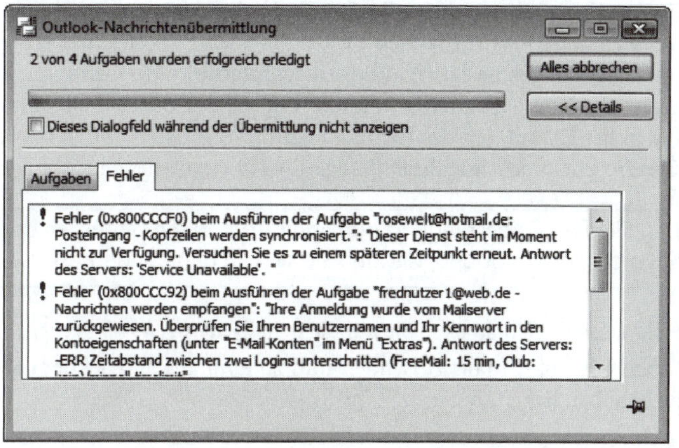

- War das Kennwort oder der Benutzername falsch, öffnen Sie das Dialogfeld *Kontoeinstellungen* über *Extras/Kontoeinstellungen* und nehmen Sie hier bei Bedarf eine Anpassung vor.
- Erhalten Sie den Hinweis, dass der Zeitabstand zwischen zwei Logins unterschritten wurde, warten Sie eine Weile und versuchen Sie es dann noch einmal. Manche E-Mail-Anbieter schützen sich vor Hacker-Angriffen dadurch, dass eine bestimmte Zeitdauer zwischen dem Versand von E-Mails vergangen sein muss. Wenn Sie diese Zeitdauer unterschreiten, ist kein Versand möglich.

Abbildg. 5.23 Hotmail Plus funktioniert erst, nachdem der Kauf bestätigt wurde

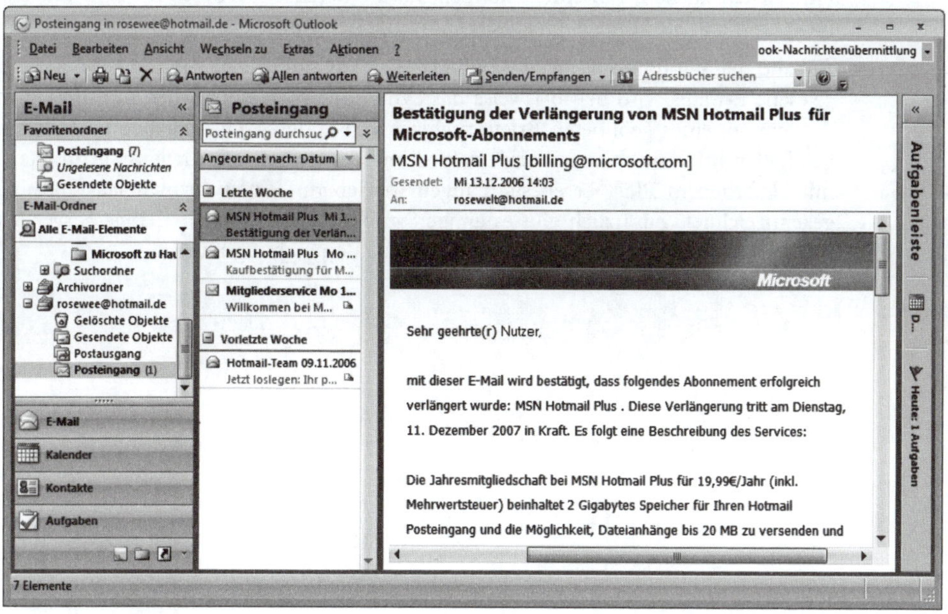

- Handelt es sich bei dem Konto um ein Hotmail-Konto, versuchen Sie, sich über den Webbrowser bei dem Konto anzumelden. Prüfen Sie im Posteingang, ob eine E-Mail mit dem Absender *MSN Hotmail Plus* vorhanden ist. Bei Hotmail-Konten müssen Sie beispielsweise mehrere Kaufbestätigungen bestätigen und selbstverständlich die Gebühren bezahlen, bevor Sie endlich auf Ihr Konto zugreifen können. Öffnen Sie die E-Mail und folgen Sie der Beschreibung in der E-Mail, um das Konto endgültig zu aktivieren. Das Konto ist erst bestätigt, wenn Sie eine entsprechende Bestätigungs-E-Mail erhalten (siehe Abbildg. 5.23).

TIPP Haben Sie die Kaufbestätigung durchgeführt und die Gebühren bezahlt und steht der Dienst weiterhin nicht zur Verfügung, wenden Sie sich an den Kundenservice.

4. Um das Dialogfeld zu schließen, klicken Sie auf die Schaltfläche *Alles abbrechen.*
5. Versuchen Sie noch einmal, E-Mails zu senden und zu empfangen, nachdem Sie die mögliche Problemursache behoben haben.

Der Posteingang

Der Posteingang ist sehr übersichtlich strukturiert und bietet damit einen hohen Benutzerkomfort (siehe Abbildg. 5.24). Die eingehenden E-Mails werden standardmäßig nach dem Eingangsdatum in absteigender Reihenfolge sortiert, d.h. die zuletzt eingegangenen E-Mails stehen ganz oben in der Liste. Zusätzlich werden die E-Mails nach dem Eingangsdatum gruppiert. Ganz oben stehen die am aktuellen Tag eingegangenen E-Mails (*Heute*). Es folgen die E-Mails vom Vortag (*Gestern*), die E-Mails aus der vorherigen Woche (*Letzte Woche*), von letzter Woche etc.. Diese einzelnen Gruppierungen können Sie bei Bedarf ein- und ausblenden, indem Sie auf das vorangestellte Minus- bzw. Pluszeichen klicken. Außerdem können Sie die Sortierreihenfolge bequem mit einem Mausklick umkehren und Sie können ein anderes Sortierkriterium als das Datum wählen.

Anhand der Symbole am linken Rand erkennen Sie, um welche Art von E-Mail es sich handelt. Für gelesene E-Mails wird beispielsweise das Symbol eines geschlossenen und für ungelesene E-Mails das Symbol eines geöffneten Briefumschlags verwendet. Weitergeleitete E-Mails erkennen Sie am geöffneten Briefumschlag mit blauem Pfeil und beantwortete E-Mails am geöffneten Briefumschlag mit lilafarbenem Pfeil. Lesebestätigungen werden mit einem grünen Häkchen im weißen Kreis gekennzeichnet. Zusätzlich gibt es einige Symbole, die nur bei Exchange Server-Konten vorkommen, wie das Symbol für die Aufgaben- und die Besprechungsanfrage.

Abbildg. 5.24 Die Nachrichtenliste ist übersichtlich strukturiert

Rechts neben dem E-Mail-Symbol steht der Absender (siehe Abbildg. 5.25). Bei ungelesenen E-Mails ist der Absender fett gedruckt, bei gelesenen Nachrichten wird er in normaler Schrift angezeigt. Ob als Absender ein vollständiger Name, ein Firmenname oder ein Kürzel angegeben wird, hängt davon ab, was der Absender in den Kontoeinstellungen für das Konto angegeben hat, über die die E-Mail versendet wurde.

Abbildg. 5.25 Symbole und Angaben in der Nachrichtenliste

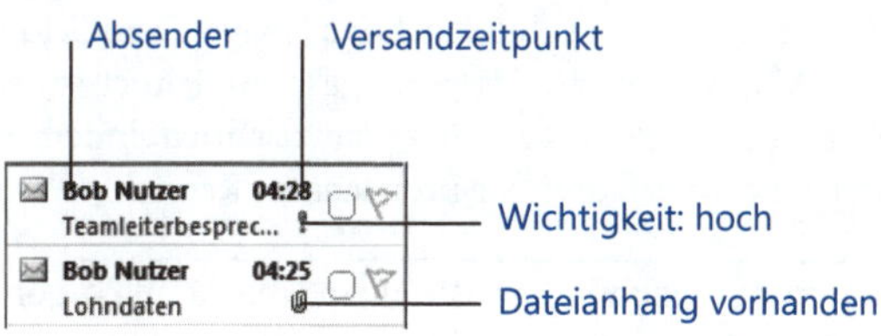

In der rechten oberen Ecke der E-Mail sehen Sie das Versanddatum, die Uhrzeit, zu der die E-Mail versendet wurde oder beide Angaben. Ist die Datei mit einem Anhang ausgestattet, erkennen Sie dies am Büroklammersymbol unterhalb vom Datum. Wurde die E-Mail mit hoher Wichtigkeit eingestuft, sehen Sie ein rotes Ausrufezeichen unterhalb vom Datum, bei Nachrichten, deren Wichtigkeit niedrig eingestuft wurde, hingegen einen blauen Abwärtspfeil.

TIPP Den blauen Abwärtspfeil werden Sie eher selten sehen, denn die meisten Personen werden sich nicht die Mühe machen, eine Nachricht mit normaler oder geringer Wichtigkeit oder Dringlichkeit speziell zu kennzeichnen. Üblich ist die Kennzeichnung eher bei wichtigen oder dringenden E-Mails.

Unterhalb vom Absender steht in grauer Schrift der Betreff. Handelt es sich um eine Antwort einer anderen Person auf Ihre E-Mail, ist dem Betreff die Bezeichnung »AW« als Abkürzung für »Antwort« oder »Re« als Abkürzung für das englische »Reply« vorangestellt. An Sie weitergeleitete E-Mails dritter Personen erkennen Sie am vorangestellten »WG« als Abkürzung für »Weitergeleitet« oder »Fw« als Abkürzung für das englische »Forward«.

HINWEIS Konnte Ihre E-Mail dem Empfänger nicht zugestellt werden, wird sie an Sie zurückgeschickt, und zwar mit dem Absender *Mail Delivery Service*. An diesem Absender können Sie also alle nicht zustellbaren E-Mails erkennen.

Das quadratische Feld in der zweiten Spalte von rechts dient der Kategorisierung von E-Mails und ist neu in Outlook 2007 (siehe Abbildg. 5.26). Ein einfacher Mausklick auf dieses Feld genügt, um die E-Mail einer bestimmten Kategorie zuzuweisen und dies gleichzeitig farblich zu kennzeichnen. Mit einem Mausklick mit der rechten Maustaste öffnet sich ein Popup-Menü, das Zugriff auf weitere Kategorien und Optionen für das Schnellklicken bietet.

Abbildg. 5.26 Kategorisierung und Nachverfolgungskennzeichnung

Das Feld mit der Flagge in der Spalte ganz rechts ist der Nachverfolgungskennzeichnung vorbehalten. E-Mails, die zur Nachverfolgung gekennzeichnet sind, enthalten eine rote Flagge, nicht zur Nachverfolgung gekennzeichnete E-Mails hingegen eine durchsichtige Flagge. Dem Feld können Sie jedoch nicht nur entnehmen, ob eine E-Mail zur Nachverfolgung gekennzeichnet ist, sondern Sie können E-Mails auch selbst zur Nachverfolgung oder als erledigt kennzeichnen, indem Sie das Feld mit der linken Maustaste anklicken. Mehr hierzu erfahren Sie im nächsten Kapitel.

TIPP Sind Ihnen die Angaben in der Nachrichtenliste nicht übersichtlich genug, zeigen Sie mit der Maus auf die Nachricht. Es öffnet sich eine QuickInfo, der Sie den Absender, das Empfangsdatum, den Betreff und die Nachrichtengröße entnehmen können (siehe Abbildg. 5.27).

Abbildg. 5.27 Informationen zur E-Mail erhalten Sie auch über die QuickInfo

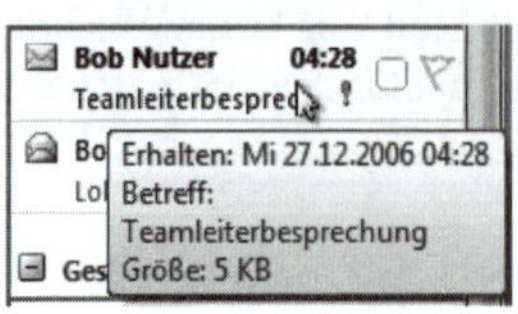

Die Sortierung der E-Mails anpassen

Standardmäßig sind die E-Mails im Posteingang nach dem Eingangsdatum in absteigender Reihenfolge sortiert, d.h. von neu nach alt. Sie können diese Sortierreihenfolge jedoch mit einem Mausklick umkehren und die E-Mails damit von alt nach neu sortieren. Gehen Sie dazu wie folgt vor:

1. Klicken Sie auf den Abwärtspfeil in der Angabe des Sortierkriteriums die im Spaltenkopf des Posteingangs angezeigt wird (siehe Abbildg. 5.28). Standardmäßig ist dies die Angabe *Angeordnet nach: Datum*.

Abbildg. 5.28 Die Sortierreihenfolge per Mausklick anpassen

Die E-Mails im Posteingang werden in umgekehrter Reihenfolge angeordnet, d.h. bei der Sortierung *Angeordnet nach: Datum* stehen nun die ältesten E-Mails ganz oben in der Liste und die neusten E-Mails ganz unten. Die Gruppierung bleibt dabei erhalten und der Pfeil neben der Angabe des Sortierkriteriums weist nun nach oben.

2. Klicken Sie auf den nach oben weisenden Pfeil neben der Angabe des Sortierkriteriums, um die Sortierreihenfolge wieder umzukehren und die zuletzt eingegangenen E-Mails ganz oben in der Liste anzuzeigen.

   Die Sortierreihenfolge wird nun wieder angepasst und alle E-Mails im Posteingang werden umsortiert.

Das Sortierkriterium im Posteingang verändern

Wollen Sie die E-Mails lieber nach einem anderen Kriterium sortieren wie dem Absender, der Wichtigkeit oder dem Betreff, brauchen Sie nur ein neues Sortierkriterium zu wählen. Für jede Sortierung und für jedes Sortierkriterium können Sie außerdem die Sortierreihenfolge anpassen und die Gruppierung aus- und einblenden.

Sobald Sie das Kriterium ändern, werden die E-Mails danach angeordnet. Gehen Sie dazu wie folgt vor:

1. Klicken Sie auf die Spaltenüberschrift *Angeordnet nach* im Posteingang oder öffnen Sie das Untermenü zum Befehl *Ansicht/Anordnen nach*.
2. Wählen Sie im nun geöffneten Untermenü das gewünschte Sortierkriterium aus (siehe Abbildg. 5.29). Die Sortierreihenfolge und die Gruppierung passen sich automatisch an das gewählte Kriterium an.
3. Für jede Sortierung können Sie die Sortierreihenfolge per Mausklick umkehren. Klicken Sie dazu einfach auf den rechten Spaltenkopf.
4. Um die ursprüngliche Sortierung wiederherzustellen, klicken Sie noch einmal auf den linken Spaltenkopf mit der Beschriftung *Angeordnet nach* und wählen Sie das Kriterium *Datum* aus.

Abbildg. 5.29 E-Mails nach einem neuen Kriterium sortieren

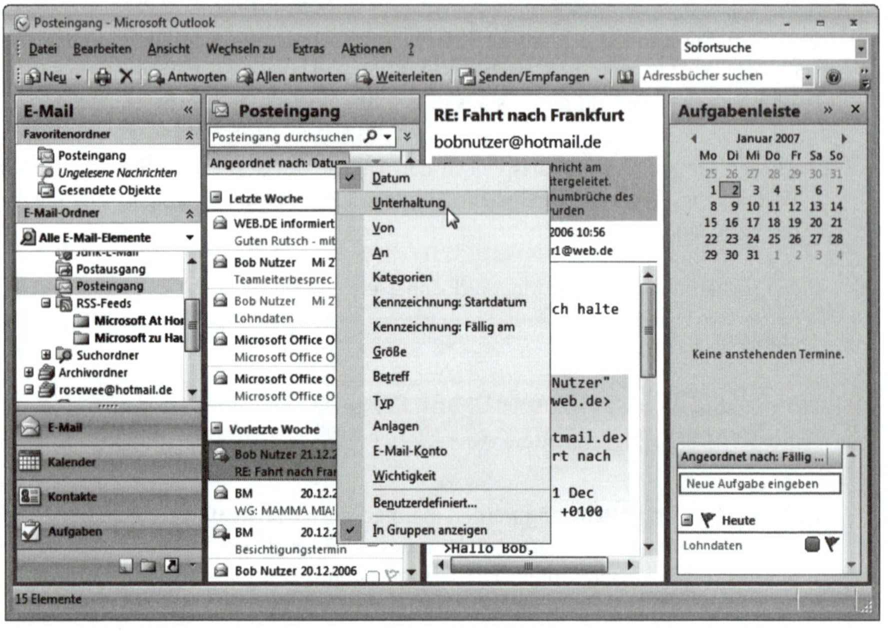

Nachfolgend erhalten Sie einen Überblick über die Art der Sortierung, die sich hinter jeder Option verbirgt:

- *Unterhaltung:* Ganz oben in der Liste steht das Kriterium *Unterhaltung*, das Ihnen die Möglichkeit bietet, E-Mails zu einem Thema in der Ansicht zu gruppieren und so Antworten zu E-Mails leichter zu finden.
- *Von, An:* Mit den Kriterien *Von* und *An* sortieren Sie die E-Mails nach dem Absender oder nach dem Empfänger.
- *Kategorien, Kennzeichnung: Startdatum, Kennzeichnung: Fällig am:* Diese Kriterien sind nur sinnvoll, wenn Sie E-Mails mit Farben kategorisiert haben bzw. sie zur Nachverfolgung gekennzeichnet haben. Ist dies der Fall, können die E-Mails nach der Kategorie, dem Startdatum oder dem Fälligkeitsdatum gruppieren und sortieren. Andernfalls landen die E-Mails alle in der großen Gruppe *(Keine Angabe)* bzw. *Nicht gekennzeichnet.*
- *Größe:* Mit diesem Kriterium können Sie die E-Mails nach ihrer Größe sortieren, wobei sich die Größe nicht auf die Anlagen bezieht, sondern nur auf die E-Mails. Große E-Mails sind E-Mails im HTML-Format, die viele Bilder enthalten, sehr kleine E-Mails hingegen sind E-Mails im Nur-Text-Format.
- *Betreff:* Mit diesem Kriterium werden die E-Mails nach dem Inhalt des Felds *Betreff* sortiert, was sehr nützlich sein kann, um alle E-Mails zu einem bestimmten Betreff unabhängig von ihrem Eingangsdatum auf einen Blick zu betrachten (siehe Abbildg. 5.30).

TIPP Bei den meisten Nutzern wird zu einem Betreff nur eine E-Mail verschickt, selten zwei oder mehr. Bei der Sortierung nach dem Betreff gibt es deshalb häufig eventuell so viele Gruppen wie E-Mails. Wenn Sie alle E-Mails zu einem bestimmten Betreff suchen, ist es sinnvoller, die Sofortsuche zu benutzen und den Betreff einfach hier einzugeben.

Abbildg. 5.30 E-Mails geordnet nach dem Betreff

- *Typ:* Dieses Kriterium bezieht sich auf den E-Mail-Typ und ist nur für Exchange Server-Konten relevant, da die Unterteilung nach E-Mail-Nachricht, Besprechungs- und Aufgabenanfrage erfolgt.
- *Anlagen*: Die E-Mails werden danach sortiert und gruppiert, ob sie Anlagen haben oder nicht. Die E-Mails mit den größten Anlagen stehen ganz oben in der Liste. Die E-Mails ohne Anlagen werden in einer Gruppe zusammengefasst.
- *E-Mail-Konto*: Dieses Sortierkriterium ist nur dann relevant, wenn mehrere E-Mail-Konten eingerichtet wurden. Es erlaubt beispielsweise die schnelle Trennung zwischen privaten und geschäftlichen E-Mails, falls ein POP3- und ein Exchange Server-Konto oder mehrere POP3-Konten eingerichtet wurden.
- *Wichtigkeit*: Mit diesem Kriterium werden die E-Mails nach der ihnen zugewiesenen Wichtigkeit sortiert und gruppiert. Ganz oben in der Liste stehen die E-Mails mit der Wichtigkeit *Hoch* (siehe Abbildg. 5.31). Es folgen die E-Mails mit der Wichtigkeit *Normal* (der Großteil) und die E-Mails mit der Wichtigkeit *Niedrig*.

TIPP Da E-Mails häufig ohne Zuweisung einer bestimmten Wichtigkeit verschickt werden, bietet diese Sortierung einen schnellen Zugriff auf E-Mails, die ausnahmsweise mit der Wichtigkeit *Hoch* verschickt wurden.

Abbildg. 5.31 E-Mails sortiert nach ihrer Wichtigkeit

- *Benutzerdefiniert*: Mit dieser Wahl können Sie selbst ein Sortier- oder Filterkriterium zusammenstellen.

Nachrichtenoptionen betrachten

Der Absender einer E-Mail hat in Outlook 2007 die Möglichkeit, verschiedene Nachrichtenoptionen festzulegen, wie z.B. die Wichtigkeit und die Vertraulichkeit. Er kann E-Mails auch Kategorien zuordnen, anfordern, dass die Antwort an eine vom Absender abweichende Antwortadresse gesendet wird und Ähnliches. Mehr dazu, wie Sie selbst Nachrichtenoptionen beim Versand von E-Mails festlegen, erfahren Sie in Kapitel 7.

Einige Optionen, die vom Absender festgelegt wurden, können Sie der Infoleiste der E-Mail entnehmen, wie z.B. die Vertraulichkeitsstufe. Weitere Nachrichtenoptionen werden im Dialogfeld *Nachrichtenoptionen* angegeben. Gehen Sie wie folgt vor, um das Dialogfeld einzublenden:

1. Klicken Sie mit der rechten Maustaste auf die E-Mail, deren Nachrichtenoptionen Sie betrachten möchten, und wählen Sie im Kontextmenü den Befehl *Nachrichtenoptionen.*
2. Es öffnet sich das Dialogfeld *Nachrichtenoptionen*, dem alle gewählten Einstellungen zu entnehmen sind. Im Bereich *Internetkopfzeilen* sehen Sie außerdem den Pfad, den die E-Mail vom Absender bis zu Ihnen genommen hat (siehe Abbildg. 5.33).

PROFITIPP

Eine übersichtlichere Darstellung der Nachrichtenoptionen erhalten Sie, wenn Sie die E-Mail mit einem Doppelklick in einem eigenen Fenster öffnen und dann auf die *Office*-Schaltfläche in der linken oberen Fensterecke klicken und den Befehl *Eigenschaften* wählen. Im *Eigenschaften*-Dialogfeld der E-Mail werden die Optionen und das Sende- und Empfangsdatum übersichtlich zusammengefasst.

Abbildg. 5.32 Die Eigenschaften einer E-Mail genauer betrachten

Abbildg. 5.33 Hier sehen Sie, welche Optionen für die E-Mail aktiviert wurden

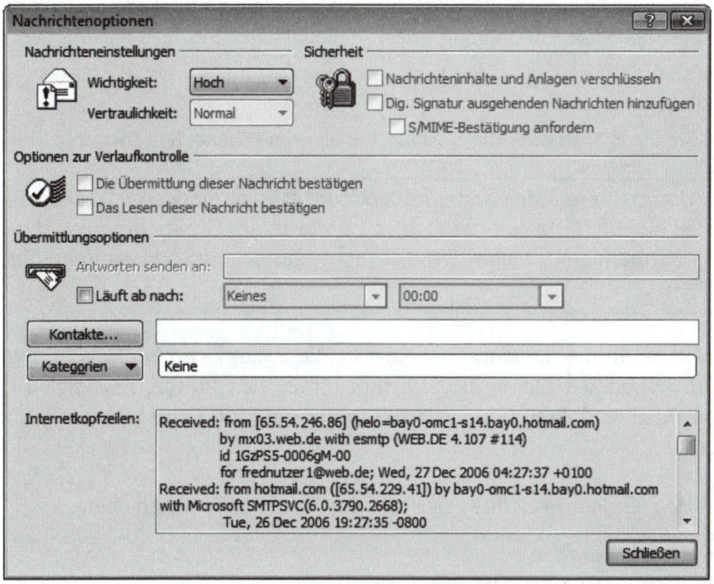

3. Klicken Sie auf die Schaltfläche *Schließen*, um das Dialogfeld wieder zu schließen.

E-Mails aus dem Posteingang löschen

E-Mails können Sie per Mausklick aus dem Posteingang löschen. Die E-Mails werden dabei zunächst in den Ordner *Gelöschte Objekte* verschoben, aus dem sie so lange wiederhergestellt werden können, bis der Ordner *Gelöschte Objekte* geleert wird. Anschließend sind sie unwiderruflich gelöscht.

- Markieren Sie die E-Mail oder mehrere Nachrichten, die Sie aus dem Posteingang löschen wollen, und klicken Sie in der Symbolleiste auf die Schaltfläche *Löschen*. Die Nachricht(en) werden nun ohne weitere Rückfrage in den Ordner *Gelöschte Objekte* verschoben.
- Haben Sie eine E-Mail in einem eigenen Fenster geöffnet und benötigen diese nicht mehr, können Sie sie über die Schaltfläche *Löschen* in der Symbolleiste des Nachrichtenfensters löschen. Die E-Mail wird ebenfalls in den Ordner *Gelöschte Objekte* verschoben und im Nachrichtenfenster wird das nächste Element im Posteingang angezeigt. Auch diese Löschung können Sie rückgängig machen.

Gelöschte E-Mails wiederherstellen

Haben Sie eine E-Mail versehentlich gelöscht, können Sie sie unmittelbar nach dem Löschen oder zu einem späteren Zeitpunkt aus dem Ordner *Gelöschte Objekte* wiederherstellen.

Um eine E-Mail unmittelbar nach dem Löschvorgang wiederherzustellen, drücken Sie die Tasten Strg+Z oder wählen Sie im Menü *Bearbeiten* von Outlook die Funktion *Rückgängig: Löschen*.

Stellen Sie zu einem späteren Zeitpunkt in Ihrer Outlook-Sitzung fest, dass Sie eine gelöschte E-Mail doch noch benötigen, können Sie sie jederzeit wieder in den Posteingang zurückholen, solange Sie den Ordner *Gelöschte Objekte* noch nicht geleert haben. Gehen Sie dazu wie folgt vor:

1. Öffnen Sie den Ordner *Gelöschte Objekte* des Kontos, aus dessen Posteingang Sie die E-Mail gelöscht haben.
2. Aktivieren Sie die E-Mail oder die E-Mails, die Sie wiederherstellen möchten.

TIPP Um mehrere aufeinander folgende E-Mails zu markieren, klicken Sie die erste und die letzte E-Mail aus der Liste mit gedrückter [⇧]-Taste an. Um mehrere nicht aufeinander folgende E-Mails zu markieren, halten Sie die [Strg]-Taste gedrückt, während Sie die einzelnen E-Mails anklicken.

3. Dann wählen Sie in der *Standard*-Symbolleiste die Schaltfläche *In Ordner verschieben* und klicken Sie im Dropdown-Menü, das sich nun öffnet, den Eintrag *Posteingang* (siehe Abbildg. 5.34). Die E-Mail wird daraufhin aus dem Ordner *Gelöschte Objekte* in den Ordner *Posteingang* verschoben.

Abbildg. 5.34 E-Mails aus dem Ordner *Gelöschte Objekte* in den Posteingang verschieben

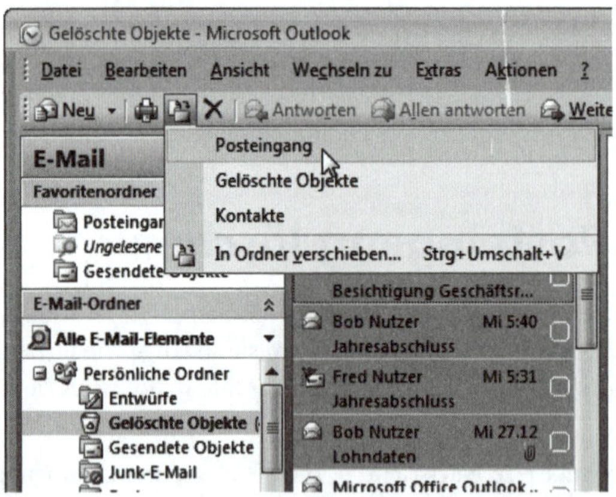

4. Um den Inhalt des Ordners *Gelöschte Objekte* unwiderruflich zu entfernen, klicken Sie den Ordner mit der rechten Maustaste an, und wählen Sie im Kontextmenü den Befehl *Ordner "Gelöschte Objekte" leeren.*

E-Mails mit der Sofortsuche blitzschnell finden

Mit der Sofortsuche können Sie E-Mails im Posteingang schnell und einfach finden. Geben Sie dazu einfach ein Stichwort in das Feld *Sofortsuche* ein, das im Nachrichtentext oder im Betreff vorkommt, und schon werden alle Nachrichten angezeigt, die dieses Stichwort enthalten. Gehen Sie dazu wie folgt vor:

1. Öffnen Sie den Posteingang, falls dieser nicht bereits geöffnet ist, und klicken Sie auf das Feld *Sofortsuche* direkt unterhalb von der Spaltenbezeichnung Posteingang.

2. Geben Sie Text, der in der gesuchten Nachricht, im Betreff oder im Absender vorkommt, in das Feld *Suchen nach* ein, wie z.B. den Text *Microsoft*, um die Willkommensnachricht oder eine Textnachricht von Outlook zu suchen. Im Posteingang werden nun nur noch die Elemente angezeigt, die den von Ihnen eingegebenen Text enthalten (siehe Abbildg. 5.35). Der Suchtext wird in den E-Mails gelb hervorgehoben.

Abbildg. 5.35 Die einfache Suche erfolgt über die Suchleiste

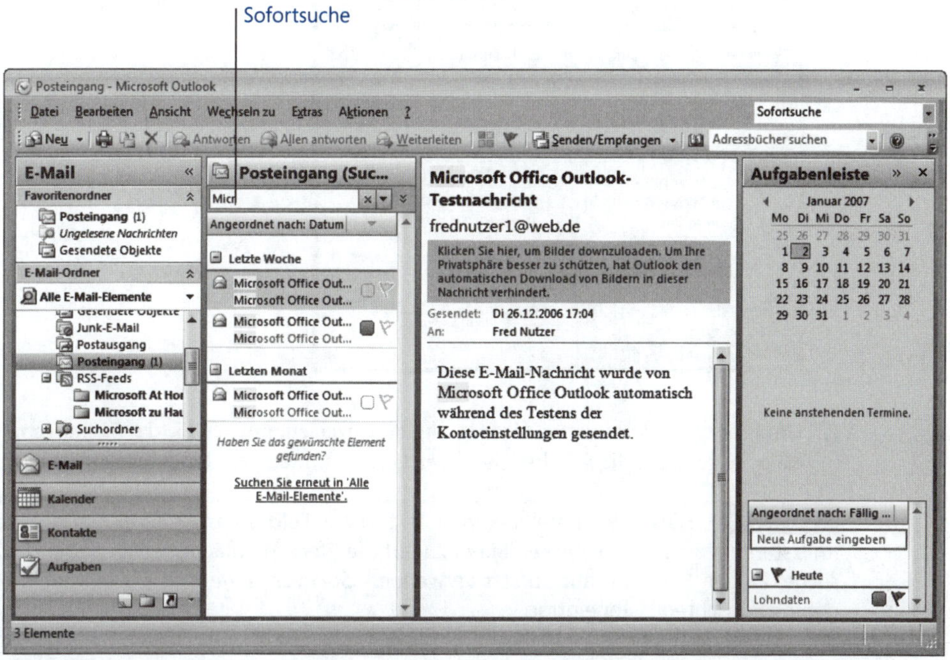

TIPP Sie brauchen nicht den gesamten gesuchten Text einzugeben. Die Sofortsuche beginnt bereits nach dem ersten Buchstaben damit, den Ordnerinhalt zu filtern. Je mehr Buchstaben Sie eingeben, desto stärker wird die Suche eingeengt.

3. Sie können nun einzelne Nachrichten im Lesebereich betrachten, indem Sie sie anklicken.
4. Bringt der Suchbegriff nicht das gewünschte Ergebnis, ändern Sie im Feld *Sofortsuche* den Suchbegriff oder geben Sie einen neuen Suchbegriff ein.
5. Um einen anderen Ordner als den Posteingang nach dem Suchbegriff zu durchsuchen, klicken Sie im Bereich *E-Mail-Ordner* des Navigationsbereichs auf den gewünschten Ordner und geben Sie dann den Suchbegriff oder einen Teil des Suchbegriffs in das Feld *Sofortsuche* ein. Der Ordnerinhalt wird entsprechend gefiltert und es werden nur noch die E-Mails angezeigt, die den bisher eingegebenen Suchbegriff enthalten.
6. Bringt die Suche nicht das gewünschte Ergebnis und sind Sie nicht sicher, in welchem E-Mail-Ordner die gesuchte E-Mail enthalten ist, können Sie die Suche auf E-Mail-Ordner ausweiten. Klicken Sie dazu auf den Link *Suchen Sie erneut in 'Alle E-Mail-Elemente'* am unteren Rand des Ordnerinhalts oder klicken Sie auf die Pfeilschaltfläche des Felds *Sofortsuche* und wählen Sie aus

dem daraufhin geöffneten Listenfeld den Eintrag *Alle E-Mail-Elemente durchsuchen* (siehe Abbildg. 5.36).

Abbildg. 5.36 Hier können Sie wählen, wo nach Ihrem Element gesucht werden soll

7. Um wieder den kompletten Ordnerinhalt anzuzeigen, müssen Sie das Suchergebnis löschen. Klicken Sie dazu auf die Schaltfläche *Suche löschen* am rechten Rand der Sofortsuche.

TIPP Haben Sie bereits einmal Text in das Feld *Sofortsuche* eingetippt, können Sie ihn im Listenfeld auswählen. Klicken Sie dazu auf die Pfeilschaltfläche rechts neben dem Feld *Sofortsuche.* Zeigen Sie dann auf *Zuletzt verwendete Suchvorgänge* und klicken Sie anschließend auf den gewünschten Listeneintrag.

E-Mails zum gleichen Thema oder vom gleichen Absender suchen

Neben der Sofortsuche gibt es eine weitere Möglichkeit, mit einem Mausklick bestimmte E-Mails zu finden: Haben Sie bereits andere E-Mails vom gleichen Absender oder zu einem bestimmten Betreff erhalten, können Sie diese bequem wie folgt auflisten lassen:

1. Klicken Sie mit der rechten Maustaste auf eine E-Mail mit dem gewünschten Betreff oder Absender.
2. Dann zeigen Sie im Kontextmenü auf den Befehl *Alle suchen* und wählen den Befehl *E-Mails zum gleichen Thema* oder *E-Mails vom gleichen Absender* (siehe Abbildg. 5.37).
3. Es öffnet sich das Dialogfeld *Erweiterte Suche.* Am unteren Rand werden alle gefundenen E-Mails vom gleichen Absender oder zum gleichen Betreff aufgelistet (siehe Abbildg. 5.38). Sie können die einzelnen E-Mails im Dialogfeld *Erweiterte Suche* per Doppelklick öffnen.

Abbildg. 5.37 E-Mails zum gleichen Thema oder vom gleichen Absender suchen

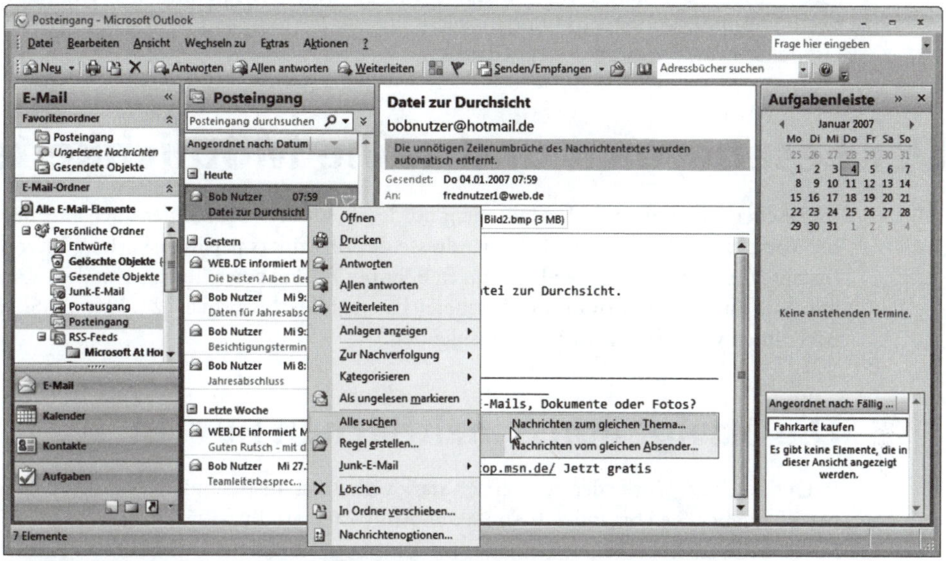

Abbildg. 5.38 Suchergebnis der Suche nach E-Mails vom gleichen Absender

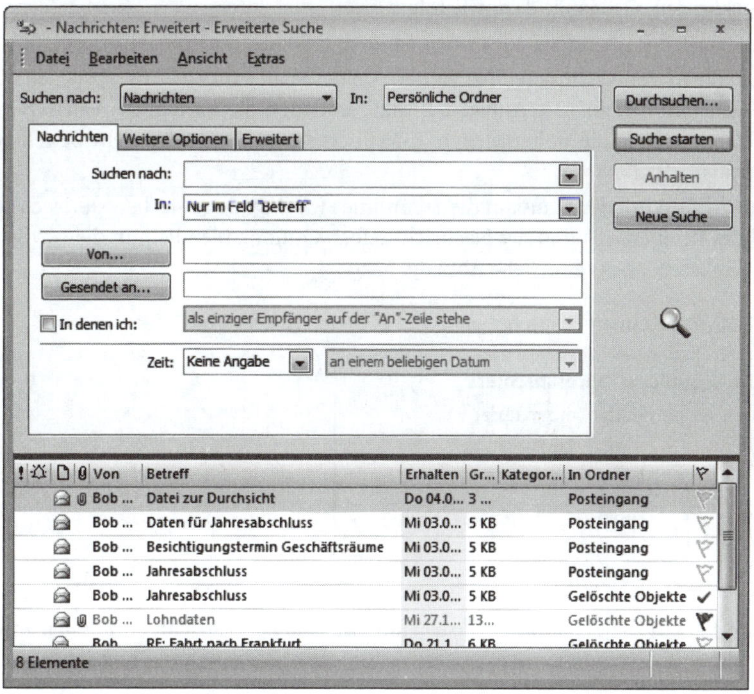

4. Um das Dialogfeld zu schließen, klicken Sie auf die *Schließen*-Schaltfläche in der Titelleiste.

TIPP Bei der Suche nach E-Mails zu einem bestimmten Thema oder von einem bestimmten Absender wird übrigens nicht nur der Posteingang berücksichtigt, sondern auch die Ordner *Entwürfe* und *Gesendete Objekte*.

Der Lesebereich und seine Möglichkeiten

Im Lesebereich können Sie E-Mails nicht nur lesen, sondern Sie können auch angehängte Dateien in der Vorschau betrachten, die E-Mail-Adresse des Absenders per Mausklick zu Ihren Outlook- oder Instant Messaging-Kontakten hinzufügen oder per E-Mail einen Termin mit dem Kontakt vereinbaren. Sagt Ihnen die Position des Lesebereichs am Bildschirm nicht zu, können Sie ihn außerdem nach unten verschieben oder ganz ausblenden.

Die Navigationsschaltflächen nutzen

In Outlook 2007 wurde der Lesebereich stark verbessert, insbesondere, was den Bedienungskomfort betrifft. Haben Sie von anderen Kontakten Antworten auf Ihre E-Mails erhalten, die Ihre ursprüngliche Nachricht noch beinhalten, oder hat Ihnen ein Kontakt eine E-Mail von einem anderen Kontakt weitergeleitet, können Sie im neuen Lesebereich über die Schaltflächen *Weiter* und *Zurück* bequem zu den in der E-Mail enthaltenen Vorgängernachrichten springen und zu der neuen Nachricht zurückkehren. Gehen Sie dazu wie folgt vor:

1. Öffnen Sie den Posteingang oder einen anderen E-Mail-Ordner.
2. Klicken Sie in der Nachrichtenliste in der zweiten Spalte auf eine Antwort-E-Mail oder auf eine weitergeleitete E-Mail. Die Antwort-E-Mail erkennen Sie an den dem Betreff vorangestellten Buchstaben »AW«, die weitergeleitete E-Mail erkennen Sie an den dem Betreff vorangestellten Buchstaben »WG«.
3. Zeigen Sie nun mit der Maus auf die Trennlinie zwischen den Angaben zur Nachricht am oberen Rand des Lesebereichs und der Nachricht selbst. Outlook blendet nun die Navigationsschaltflächen des Lesebereichs ein (siehe Abbildg. 5.39).

Abbildg. 5.39 Die Navigationsschaltflächen nutzen

4. Klicken Sie auf die Schaltfläche *Erster*, um zur ersten Nachricht ganz unten in der E-Mail zu gelangen.
5. Zeigen Sie wieder auf die Trennlinie zwischen dem Nachrichtenkopf und der Vorschau und klicken Sie auf die Schaltfläche *Letzter*, um wieder zur ersten Nachricht in der E-Mail zu wechseln.

6. Zeigen Sie wieder auf die Trennlinie zwischen dem Nachrichtenkopf und der Vorschau und klicken Sie jeweils auf die Schaltfläche *Zurück*, um eine Nachricht nach unten zu springen und klicken Sie auf die Schaltfläche *Weiter*, um eine Nachricht nach oben zu springen.

ACHTUNG Bei einfachen E-Mails, die von einem Absender an Sie geschickt werden, sind die Navigationsschaltflächen nicht vorhanden. Sie werden nur in E-Mails angezeigt, die eine oder mehrere weitere Nachrichten beinhalten.

E-Mail-Adressen zu Outlook-Kontakten hinzufügen

Erhalten Sie eine E-Mail von einer Person, deren E-Mail-Adresse Sie in Ihre Outlook-Kontakte aufnehmen möchten, brauchen Sie nicht extra einen neuen Kontakt anzulegen und die E-Mail-Adresse einzutippen. Sie können die E-Mail-Adresse direkt aus der E-Mail übernehmen und von Outlook einen Kontakt anlegen lassen.

Um die E-Mail-Adresse eines Absenders aus einer E-Mail zu übernehmen, die sich in Ihrem Posteingang befindet, sind folgende Schritte erforderlich:

1. Öffnen Sie die E-Mail im Lesebereich, deren Absender Sie in Ihr Adressbuch übernehmen wollen, mit einem Mausklick, falls die E-Mail nicht bereits im Lesebereich angezeigt wird.
2. Dann klicken Sie im Lesebereich mit der rechten (!) Maustaste auf den Absender am oberen Rand der E-Mail unterhalb vom Nachrichtenbetreff.
3. Wählen Sie im Kontextmenü, das sich nun öffnet, den Befehl *Zu den Outlook-Kontakten hinzufügen* (siehe Abbildg. 5.40).

Abbildg. 5.40 Absenderadressen können Sie per Mausklick zu den Kontakten hinzufügen

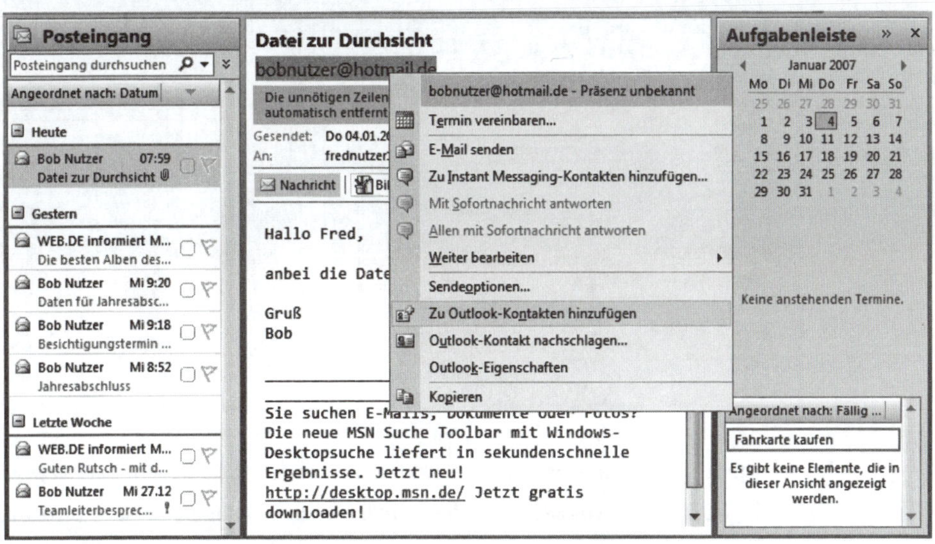

4. Es öffnet sich ein Kontaktformular, in dem die Felder *Name*, *Speichern unter* und *E-Mail* bereits ausgefüllt sind. In die Felder *Name* und *Speichern unter* wurde der Teil der E-Mail-Adresse des Absenders vor dem @-Zeichen übernommen. In den Feldern *E-Mail* und *Anzeigen als* steht die komplette E-Mail-Adresse des Absenders. Ersetzen Sie nun den Inhalt des Felds *Name* durch den Vor- und Nachnamen des Absenders, falls Ihnen dieser bekannt ist. Markieren Sie dazu den Inhalt des Felds *Name* und geben Sie den neuen Namen ein. Sobald Sie die [↵]-Taste drücken, wird der neue Name im Format *Nachname, Vorname* in das Feld *Speichern unter* übernommen (siehe Abbildg. 5.41).
5. Soll statt der E-Mail-Adresse ein Name angezeigt werden, markieren Sie den Inhalt des Felds *Anzeigen als* und geben Sie den kompletten Namen des Absenders oder einen Spitznamen ein, an dem Sie den Absender leicht erkennen können.
6. Ergänzen Sie, falls vorhanden, weitere Details, wie die Adresse und die Telefonnummer (siehe Abbildg. 5.41).

WICHTIG Möglicherweise öffnet sich das Dialogfeld *Standortinformationen*, wenn Sie das erste Mal eine Telefonnummer eingeben. Tragen Sie in diesem Dialogfeld die Ortnetzkennzahl und, falls erforderlich, eine Amtskennziffer ein, und klicken Sie zwei Mal auf *OK*, um Ihre Eingabe zu bestätigen.

Abbildg. 5.41 Hier können Sie die Angaben zu einem Kontakt ergänzen und in Outlook speichern

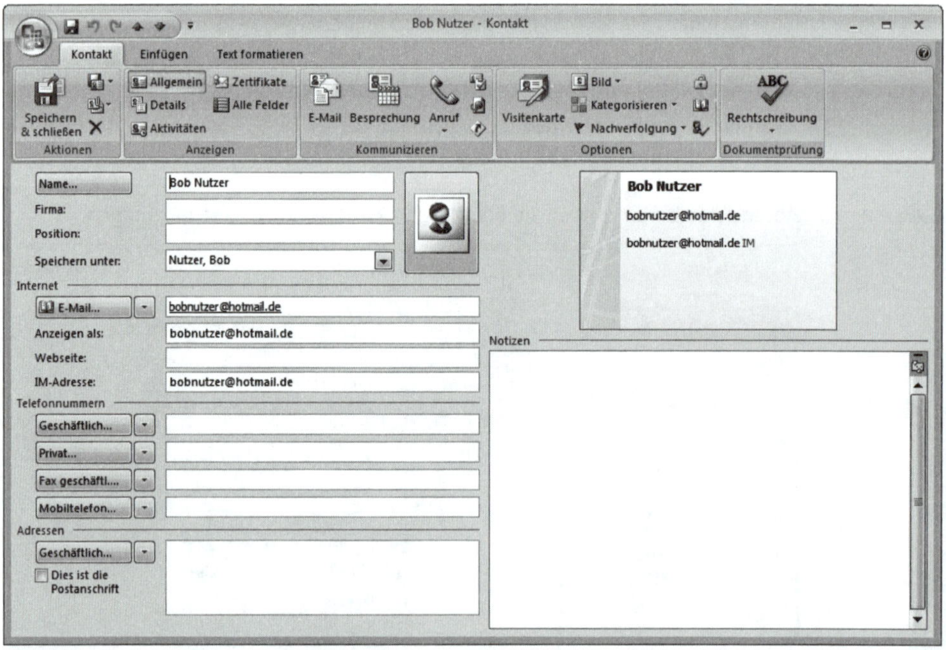

7. Speichern Sie Ihre Angaben mit einem Mausklick auf die Schaltfläche *Speichern & schließen*.

Das Dialogfeld wird geschlossen und der Kontakt in die Kontaktdatenbank von Outlook eingetragen.

Kontakte nachschlagen

Mit dem Befehl *Outlook-Eigenschaften*, der im Kontextmenü des Lesebereichs bereitgestellt wird, lassen sich der Anzeigename, die E-Mail-Adresse und Ähnliches nachschlagen. Haben Sie eine E-Mail von einem Absender erhalten, dessen Kontaktdaten bereits in Ihren Outlook-Kontakten gespeichert sind, können Sie das Kontaktformular auch direkt über die E-Mail öffnen, um beispielsweise Angaben nachzutragen oder zu verändern, um den Kontakt anzurufen oder um die Kontaktdaten aus anderen Gründen zu betrachten. Gehen Sie dazu wie folgt vor:

1. Aktivieren Sie im Posteingang eine E-Mail-Nachricht des Absenders, dessen Outlook-Kontaktformular Sie öffnen wollen.
2. Klicken Sie im Lesebereich mit der rechten Maustaste auf den Absender am oberen Rand der Nachricht und wählen Sie im Kontextmenü den Befehl *Outlook-Kontakt nachschlagen*. Es öffnet sich nun sofort das gewünschte Kontaktformular mit allen vorhandenen Angaben (siehe Abbildg. 5.41).
3. Ergänzen Sie die Angaben bei Bedarf und schließen Sie das Kontaktformular über die Schaltfläche *Speichern & schließen*, nachdem Sie mit der Bearbeitung fertig sind.

TIPP Ist der Kontakt bisher in Outlook noch nicht vorhanden, blendet sich das Hinweisfenster mit dem Inhalt ein *Outlook konnte keinen Kontakt mit dieser E-Mail-Adresse finden*. Klicken Sie auf *OK*, um das Hinweisfenster zu schließen, und fügen Sie die E-Mail-Adresse anschließend zu den Kontakten hinzu, wie im letzten Abschnitt beschrieben.

E-Mail-Adressen zu den Instant Messaging-Kontakten hinzufügen

Haben Sie ein Konto bei Windows Messenger, MSN Messenger oder Windows Live Messenger angemeldet und kommunizieren Sie mit einigen Ihrer Kontakte nicht nur per E-Mail, sondern auch per Instant Messaging, ist es sinnvoll, diese Kontakte zu Ihren Instant Messaging-Kontakten hinzuzufügen. Outlook zeigt dann nämlich nicht nur an, wenn einer dieser Kontakte online ist, sondern Sie können einem Kontakt auch als Antwort auf eine E-Mail in Ihrem Posteingang eine Sofortnachricht schicken, sofern der Kontakt online ist.

WICHTIG Die Option *Zu Instant Messaging-Kontakten hinzufügen* steht Ihnen im Kontextmenü des Lesebereichs nur zur Verfügung, wenn Sie bei MSN Messenger, Windows Messenger oder Windows Live Messenger angemeldet sind.

Haben Sie eine E-Mail von einem Kontakt erhalten, mit dem Sie auch gerne per Sofortnachricht kommunizieren würden, können Sie den Kontakt wie folgt in Ihre Instant Messaging-Kontakte übernehmen:

1. Aktivieren Sie die E-Mail, deren Absender Sie zu den Instant Messaging-Kontakten hinzufügen möchten, im Posteingang mit einem einfachen Mausklick.
2. Im Lesebereich, in dem die E-Mail nun geöffnet wird, klicken Sie mit der rechten Maustaste auf den Absender, den Sie am oberen Rand sehen.
3. Wählen Sie im Kontextmenü, das sich nun öffnet, den Befehl *Zu Instant-Messaging-Kontakten hinzufügen*.

4. Es öffnet sich das Dialogfeld *Windows Live Contacts Kontakt hinzufügen* (siehe Abbildg. 5.42).

Abbildg. 5.42 Eine Absenderadresse zu den Windows Live Contacts-Kontakten hinzufügen

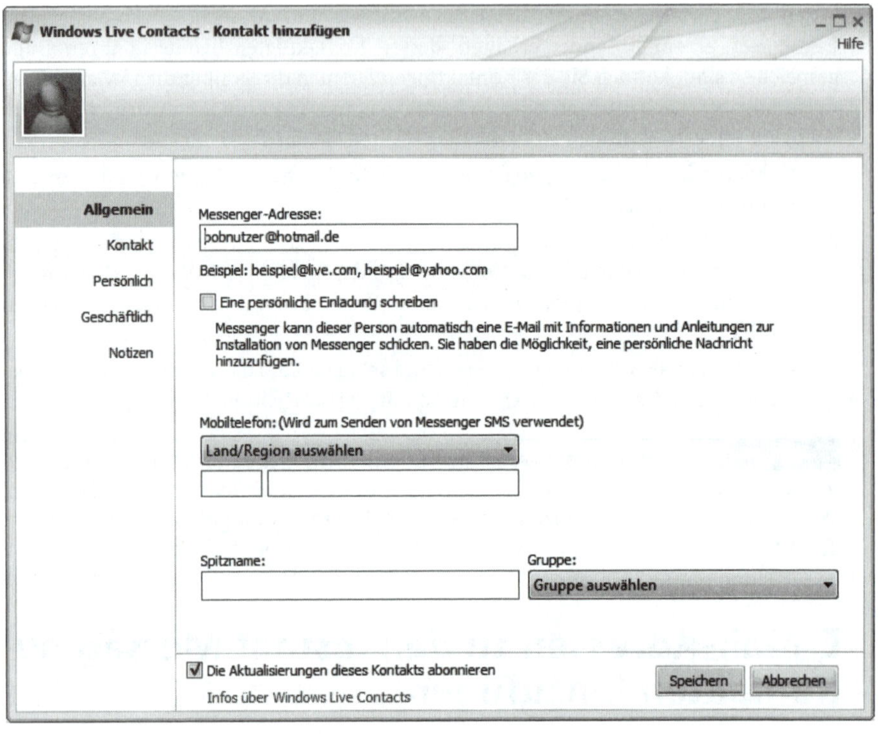

5. Wollen Sie Ihrem Kontakt eine von Ihnen erstellte Einladung senden, in Ihre Kontaktliste aufgenommen zu werden, aktivieren Sie das Kontrollkästchen *Eine persönliche Einladung schreiben* und geben Sie im Feld *Notizen* den gewünschten Einladungstext ein.

HINWEIS Standardmäßig öffnet sich bei Ihrem Kontakt ein Dialogfeld mit dem Hinweis, dass Sie ihn zu Ihrer Kontaktliste hinzugefügt haben. In diesem Dialogfeld hat Ihr Kontakt zwei Optionen, nämlich die, zuzustimmen, dass sein Onlinestatus bei Ihnen angezeigt wird und Sie die Möglichkeit haben, ihm Sofortnachrichten zu schicken und die, Sie zu blockieren, sodass Sie den Onlinestatus des Kontakts nicht sehen und ihm auch keine Sofortnachrichten senden können. Erst, wenn der Kontakt die Genehmigung erteilt, Ihnen seinen Onlinestatus anzuzeigen und über Sofortnachrichten mit ihm zu kommunizieren, wird der Kontakt so zu Ihrer Kontaktliste hinzugefügt, dass Sie den Status sehen können.

6. Geben Sie dann im Feld *Spitzname* einen Spitznamen ein, unter dem der Kontakt in Windows Live Messenger geführt werden soll.
7. Haben Sie unter Windows Live Messenger verschiedene Gruppen eingerichtet, wählen Sie nun noch im Listenfeld *Gruppe* die Gruppe aus, der der Kontakt zugeordnet werden soll.
8. Klicken Sie anschließend auf *Speichern*, um den Kontakt in Windows Live Messenger zu übernehmen.

Das Dialogfeld schließt sich und der Kontakt wird in Windows Live Messenger übernommen. Outlook sendet außerdem eine vordefinierte oder von Ihnen eingegebene Einladung an den Kontakt.

Sobald Sie einen Kontakt zu den Outlook-Kontakten hinzugefügt haben, wird im Lesebereich in allen E-Mails, die Sie von diesem Kontakt erhalten, links vom Absender ein Punkt angezeigt, dessen Farbe Sie den Online-Status des Kontakts entnehmen können. Ist der Kontakt online, ist der Punkt grün, ist der Kontakt offline, ist der Punkt rot. Ist der Kontakt beschäftigt, ist der Punkt rot mit einem weißen Querbalken.

Abbildg. 5.43 Der Onlinestatus wird im Lesebereich angezeigt

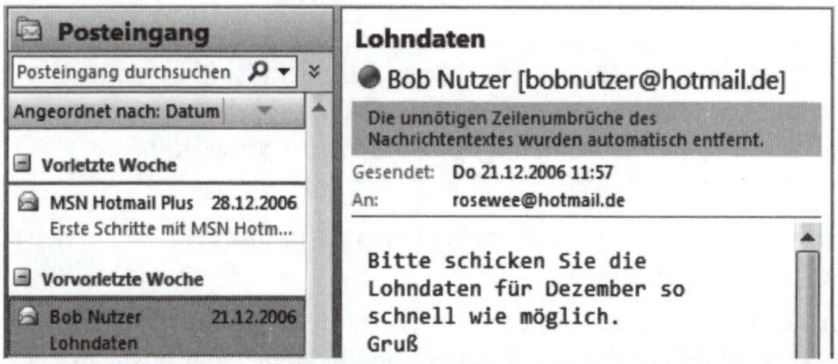

PROFITIPP

Wird bei Ihnen der Onlinestatus nicht neben dem Personennamen angezeigt, ist die Funktion sehr wahrscheinlich deaktiviert. Um die Funktion zu aktivieren, rufen Sie den Menübefehl *Extras/Optionen* auf und aktivieren im Dialogfeld *Optionen* die Registerkarte *Weitere*. Dann aktivieren Sie unter *Personennamen* das Kontrollkästchen *Onlinestatus neben einem Personennamen anzeigen*. Soll der Onlinestatus nicht permanent angezeigt werden, sondern nur, wenn Sie mit dem Mauszeiger auf den Personennamen zeigen, aktivieren Sie zusätzlich das Kontrollkästchen *Onlinestatus nur dann in den Feldern 'An' und 'Cc' anzeigen, wenn der Mauszeiger auf einen Personennamen zeigt*. Klicken Sie auf *OK*, um Ihre Wahl zu bestätigen.

Mit Sofortnachricht antworten

Nachdem Sie einen Kontakt zu Ihren Instant-Messaging-Kontakten hinzugefügt haben, können Sie ihm auf eine E-Mail per Mausklick mit einer Sofortnachricht antworten, eine Videounterhaltung starten, mit ihm von PC zu PC telefonieren oder vom PC aufs Telefon anrufen. Gehen Sie dazu wie folgt vor:

1. Melden Sie sich bei Windows Live Messenger an, falls die Anmeldung nicht automatisch beim Start von Windows erfolgt.
2. Öffnen Sie den Posteingang und markieren Sie die Nachricht, deren Absender Sie mit einer Sofortnachricht antworten möchten, mit einem Mausklick.
3. Prüfen Sie, ob der Kontakt online ist. Dies erkennen Sie am grünen Punkt links neben dem Absender.
4. Ist der Kontakt online, klicken Sie auf den grünen Punkt und wählen Sie im daraufhin geöffneten Kontextmenü den Befehl *Mit Sofortnachricht antworten* (siehe Abbildg. 5.44).

Abbildg. 5.44 Einem Instant-Messaging-Kontakt mit einer Sofortnachricht antworten

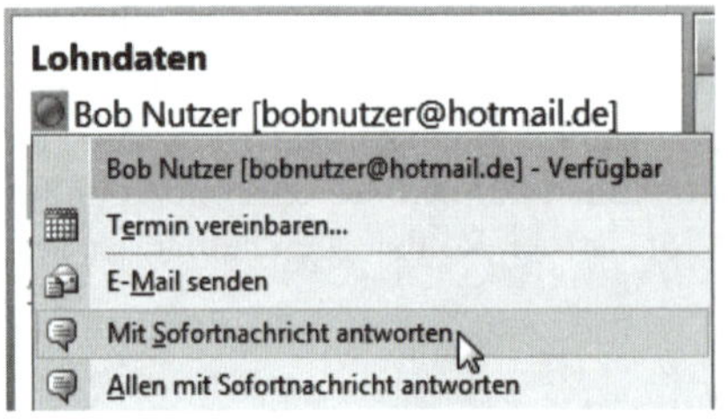

TIPP Wurde die E-Mail an mehrere Empfänger geschickt, sind diese oder einige davon in Ihren Instant-Messaging-Kontakten vorhanden und wollen Sie allen Empfängern antworten, wählen Sie im Kontextmenü den Befehl *Allen mit Sofortnachricht antworten*.

5. Es öffnet sich Windows Live Messenger. Geben Sie den Text in das Feld ein, in der die Einfügemarke blinkt, und klicken Sie auf *Senden*.
6. Das, was Sie soeben »sagten«, wird nun in der oberen Hälfte des Fensters angezeigt. Warten Sie auf eine Antwort Ihres Kontakts und geben Sie dann bei Bedarf wieder etwas in das Textfeld ein (siehe Abbildg. 5.45).

Abbildg. 5.45 Die Unterhaltung per Sofortnachricht über Outlook starten

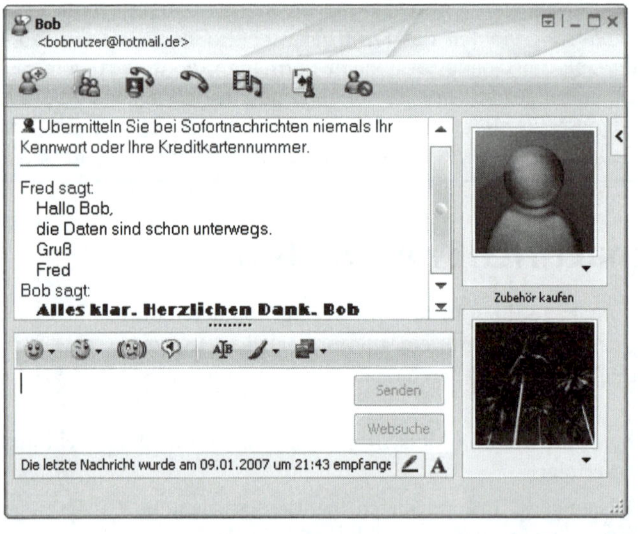

7. Schließen Sie das Dialogfeld mit einem Mausklick auf die *Schließen*-Schaltfläche in der rechten oberen Fensterecke, um die Unterhaltung abzubrechen.

TIPP Über Windows Live Messenger können Sie auch Videokonferenzen führen und den Kontakt per Telefon anrufen. Mehr hierzu erfahren Sie in Kapitel 14.

Termine mit dem Absender vereinbaren

Haben Sie von einem Kontakt eine E-Mail erhalten, aufgrund derer Sie direkt einen Termin mit ihm vereinbaren wollen, können Sie direkt über die E-Mail eine Terminanfrage verschicken.

1. Klicken Sie im Lesebereich der E-Mail mit der rechten Maustaste auf den Absender, mit dem Sie einen Termin vereinbaren wollen, und wählen im zugehörigen Kontextmenü den Befehl *Termin vereinbaren.*
2. Es öffnet sich das Besprechungsanfrageformular, in dem der Empfänger und der Betreff bereits eingetragen sind. Arbeiten Sie mit einem Microsoft Exchange Server-Konto und ist der Terminkalender des Absenders freigegeben, können Sie anhand des Terminkalenders einen freien Besprechungstermin finden und die Besprechung für diese Termin veranschlagen. Andernfalls können Sie über die Felder *Ort*, *Beginnt um* und *Endet um* einen Terminvorschlag machen und diesen an den Absender der ursprünglichen Nachricht schicken (siehe Abbildg. 5.46).

Abbildg. 5.46 Einen Termin mit dem Absender einer E-Mail vereinbaren

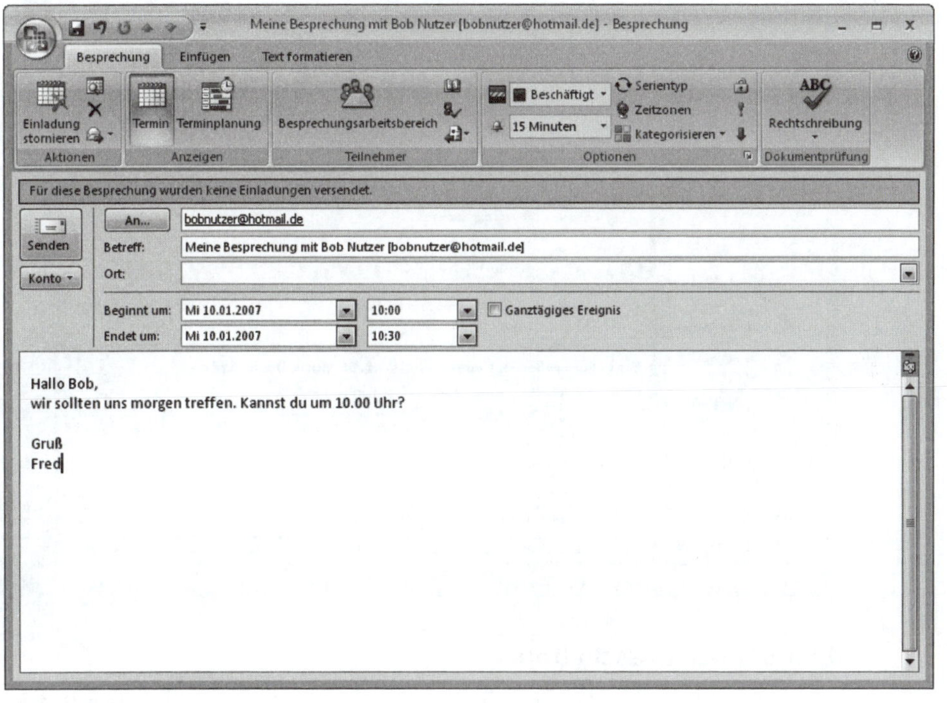

3. Klicken Sie auf die Schaltfläche *Senden*, um die Besprechungsanfrage an den Absender zu verschicken.

Den Lesebereich anders anordnen

Eignet sich die Position des Lesebereichs am rechten Fensterrand für Ihre Zwecke nicht oder wollen Sie lieber die Ansicht nutzen, die Sie aus früheren Outlook-Versionen kennen, können Sie den Lesebereich unterhalb von der Nachrichtenliste anordnen oder den Lesebereich ganz deaktivieren.

WICHTIG Wenn Sie den Lesebereich deaktivieren, können Sie die einzelnen E-Mails im Posteingang nur lesen, wenn Sie sie mit einem Doppelklick in einem eigenen Fenster öffnen.

Lesebereich unten anordnen

Um den Lesebereich unten anzuordnen, wählen Sie im Menü *Ansicht* den Befehl *Lesebereich/Unten*. Die Nachrichtenliste nimmt nun den gesamten Bereich bis zum rechten Fensterrand ein und der Lesebereich befindet sich unterhalb von der Nachrichtenliste (siehe Abbildg. 5.47). Wie Sie sehen, hat diese Anordnung den Nachteil, dass nicht besonders viel von der E-Mail zu erkennen ist.

Abbildg. 5.47 Der Lesebereich kann auch unten angeordnet werden

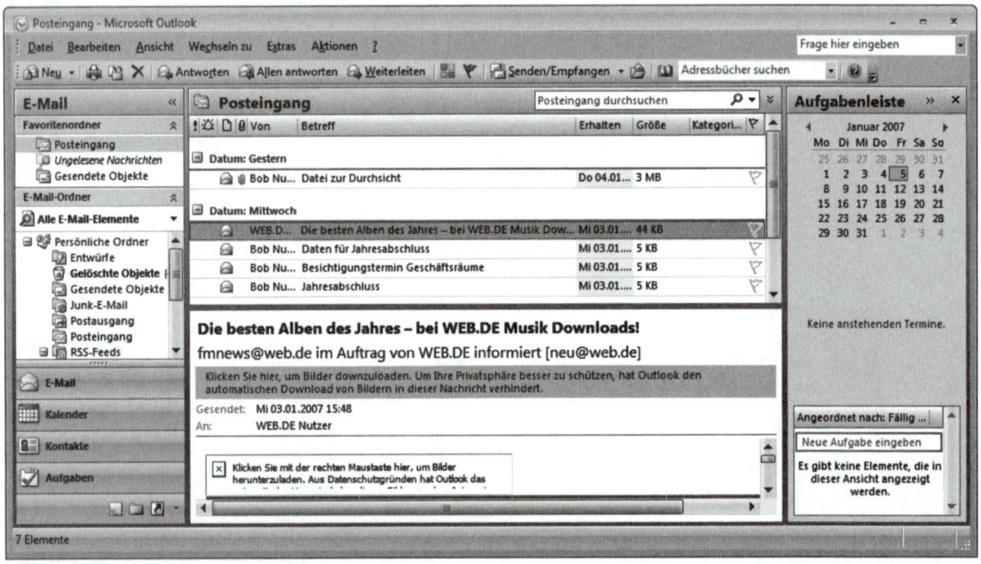

Lesebereich ausschalten

Wollen Sie ganz auf den Lesebereich verzichten, können Sie ihn auch ausschalten. Wählen Sie dazu im Menü *Ansicht* den Befehl *Lesebereich/Aus*. Jetzt ist nur noch die Nachrichtenliste des Posteingangs zu sehen, die sich vom Navigationsbereich über die ganze Breite des Programmfensters zieht.

Lesebereich rechts anordnen

Haben Sie den Lesebereich ausgeblendet oder unten angeordnet, können Sie die ursprüngliche Anordnung am rechten Rand jederzeit wiederherstellen, indem Sie im Menü *Ansicht* den Befehl *Lesebereich/Rechts* wählen.

E-Mails beantworten und weiterleiten

Ein großer Vorteil von E-Mail-Nachrichten besteht darin, dass Sie diese bequem und ohne viel Aufwand beantworten und an andere Personen weiterleiten können. Damit der Nachrichtenempfänger gleich weiß, worum es geht, können Sie die ursprüngliche E-Mail beim Beantworten mitschicken.

E-Mails beantworten

Eine äußerst bequeme Funktion ist die Beantwortung von Nachrichten. Sie brauchen sich weder um die Eingabe der Empfängeradresse noch um den Betreff zu kümmern, sondern nur noch den Antworttext einzugeben und bei Bedarf eine Datei anzuhängen – und schon geht's los. Bei der Beantwortung verwendet Outlook außerdem automatisch das Nachrichtenformat des Absenders, so dass dieser beim Empfang keine Leseprobleme bekommt.

1. Um eine E-Mail zu beantworten, die sich in Ihrem Posteingang befindet, markieren Sie sie zunächst mit einem Mausklick.
2. Klicken Sie dann in der Symbolleiste auf die Schaltfläche *Antworten*. Es öffnet sich nun das Nachrichtenformular (siehe Abbildg. 5.48). Das Feld *An* ist bereits ausgefüllt. Es enthält die E-Mail-Adresse des Absenders der Originalnachricht. Im Feld *Betreff* steht die Nachrichtenkennzeichnung *AW:* (Abkürzung für Antwort) bzw. *Re* (für englisch *Reply*), falls die Nachrichtenkennzeichnung in englischer Sprache erfolgt, gefolgt vom Betreff der Originalnachricht. Im Nachrichtenfeld finden Sie eine freie Fläche, in der Sie die Antwort eingeben können. Bei HTML-E-Mails folgt nun ein grauer Trennstrich und bei Nur-Text-E-Mails die Angabe --- *Ursprüngliche E-Mail* ---. Es folgen die Kopfzeile und der Nachrichteninhalt der Originalnachricht.

HINWEIS Bei Bedarf können Sie dafür sorgen, dass der Text der ursprünglichen E-Mail beim Beantworten von E-Mails eingerückt wird, dass vor jede Zeile ein Präfix gesetzt, die ursprüngliche E-Mail als Anlage oder aber gar nicht beigefügt wird. Mehr hierzu erfahren Sie in Kapitel 18.

3. Geben Sie in die Felder *An* und *Cc* bei Bedarf jeweils getrennt durch ein Semikolon zusätzliche Adressen ein, wenn Sie Ihre Antwort auch an weitere Personen senden wollen.
4. Geben Sie Ihre Antwort zur E-Mail ein und klicken Sie im Nachrichtenformular auf die Schaltfläche *Senden*. Im Posteingang wird nun das Nachrichtensymbol durch das Symbol der beantworteten E-Mail ersetzt. Außerdem sehen Sie in der Infoleiste der Nachricht, die im Lesebereich unterhalb vom Absender angezeigt wird, wann Sie die E-Mail beantwortet haben (siehe Abbildg. 5.49).

Abbildg. 5.48 E-Mails können Sie in Outlook 2007 bequem beantworten

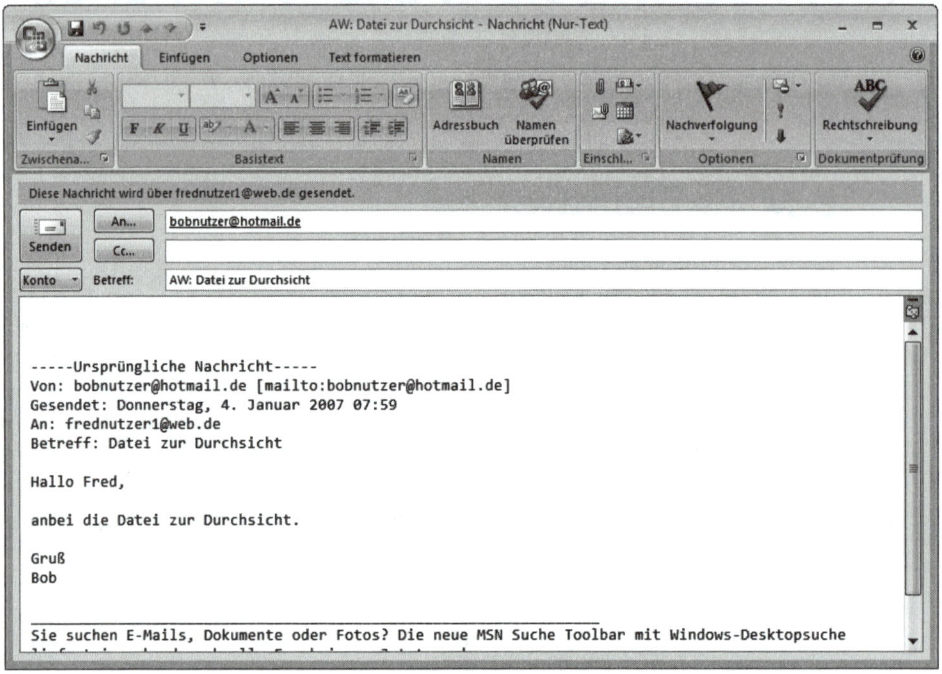

Abbildg. 5.49 Im Lesebereich sehen Sie, wann Sie eine E-Mail beantwortet haben

Allen antworten

Haben Sie eine E-Mail erhalten, die an mehrere Empfänger gerichtet war, können Sie entscheiden, ob Ihre Antwort nur an den Absender oder an alle Empfänger der ursprünglichen E-Mail gesendet werden soll. Entscheiden Sie sich dafür, die Antwort an alle ursprünglichen E-Mail-Empfänger zu senden, werden die Empfänger von Outlook beim Beantworten automatisch aus der ursprünglichen E-Mail übernommen.

TIPP Dies gilt auch für Nachrichten, die Sie in Kopie erhalten haben und für die Sie eine Antwort Sie an den Absender und an den Nachrichtenempfänger schicken wollen.

1. Um eine E-Mail zu beantworten und die Antwort sowohl an den Absender als auch an alle Empfänger der Original-E-Mail zu senden, markieren Sie die E-Mail im Posteingang.
2. Klicken Sie dann in der Outlook-Symbolleiste auf die Schaltfläche *Allen antworten.*

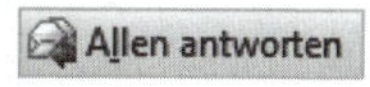

3. Es öffnet sich das Nachrichtenformular, in dem das Feld *An* bereits mit dem Absender und den sonstigen Nachrichtenempfängern ausgefüllt ist. Der Betreff ist ebenfalls bereits vorhanden. Geben Sie die Antwort nun in den leeren Bereich am oberen Rand des Textfeldes ein.

4. Klicken Sie auf die Schaltfläche *Senden*, um die Antwort an alle zu verschicken.

E-Mails weiterleiten

Erhalten Sie eine E-Mail, die Sie an eine andere Person weiterleiten wollen oder müssen, brauchen Sie dazu nicht extra eine neue E-Mail zu erstellen. Outlook 2007 bietet Ihnen zu diesem Zweck die Funktion *Weiterleiten* an, die Ihnen mehrere Arbeitsschritte abnimmt. Um eine E-Mail weiterzuleiten, gehen Sie wie folgt vor:

1. Öffnen Sie den Posteingang und klicken Sie auf die Nachricht, die Sie weiterleiten wollen.
2. Wählen Sie in der Symbolleiste die Schaltfläche *Weiterleiten*. Es öffnet sich das Nachrichtenformular mit der Nachricht, die Sie weiterleiten wollen. Anders als bei der Antwort ist das Feld *An* bisher leer.

TIPP Bei Bedarf können Sie dafür sorgen, dass der Text der ursprünglichen E-Mail beim Weiterleiten eingerückt wird, dass vor jede Zeile ein bestimmtes Zeichen gesetzt wird, oder dass die ursprüngliche E-Mail als Anlage beigefügt wird. Mehr hierzu erfahren Sie in Kapitel 18.

3. Geben Sie im Feld *An* des Nachrichtenformulars die E-Mail-Adresse des Empfängers ein. Soll die E-Mail an mehrere Empfänger geschickt werden, trennen Sie die einzelnen E-Mail-Adressen jeweils durch ein Semikolon. Haben Sie die Adressen bereits in Ihre Outlook-Kontakte aufgenommen, können Sie sie auch über die Schaltfläche *An* auswählen (siehe Abbildg. 5.50).

   Tippen Sie bei Bedarf im Feld *Cc* diejenigen Empfänger ein, die die E-Mail in Kopie erhalten sollen, oder wählen Sie die Empfänger über die Schaltfläche *Cc* aus den Outlook-Kontakten aus.
4. Im Feld *Betreff* steht bereits der Betreff der Originalnachricht. Ihm ist die Kennzeichnung *WG:* vorangestellt (*Fw:* beim Einsatz von englischsprachigen Nachrichtenkennzeichnungen), an der der Empfänger erkennt, dass es sich um eine weitergeleitete E-Mail handelt.
5. Geben Sie bei Bedarf einen Nachrichtentext in den freien Bereich oberhalb von der ursprünglichen E-Mail ein und wählen Sie Nachrichtenoptionen oder kennzeichnen Sie die E-Mail zur Nachverfolgung.

6. Klicken Sie im Nachrichtenformular auf die Schaltfläche *Senden* und anschließend in der Symbolleiste von Outlook auf die Schaltfläche *Senden/Empfangen*, um die E-Mail an den oder die Empfänger weiterzuleiten.
7. Im Posteingang wird die E-Mail nun mit dem Symbol für weitergeleitete E-Mails gekennzeichnet. Wenn Sie die E-Mail anklicken, sehen Sie außerdem in der Infoleiste unterhalb des Absenders, wann Sie die E-Mail weitergeleitet haben (siehe Abbildg. 5.51).

Abbildg. 5.50 So leiten Sie eine E-Mail weiter

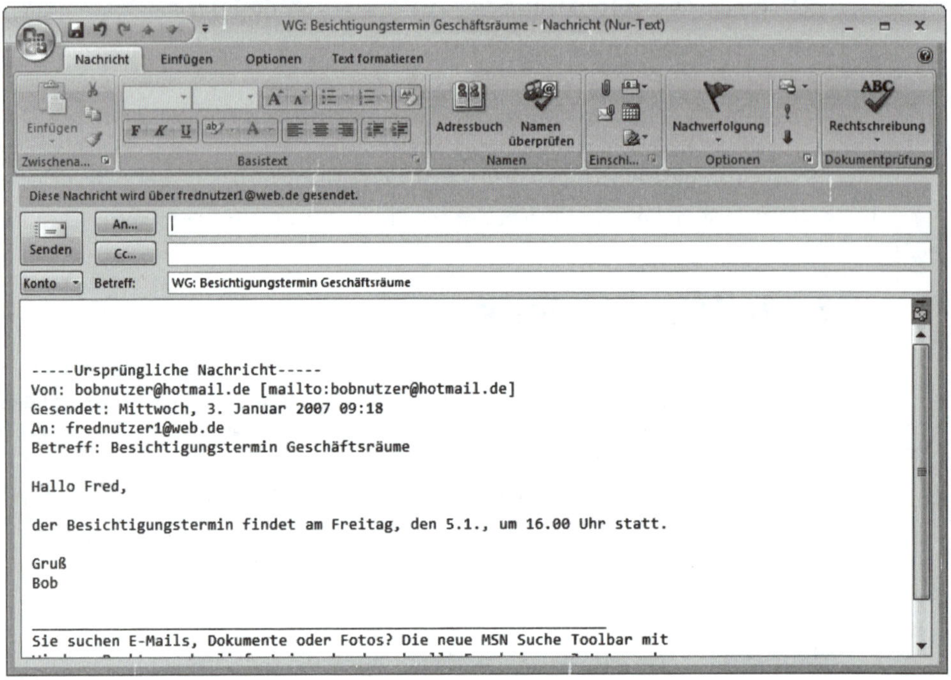

Abbildg. 5.51 Der Infoleiste entnehmen Sie, wann die E-Mail weitergeleitet wurde

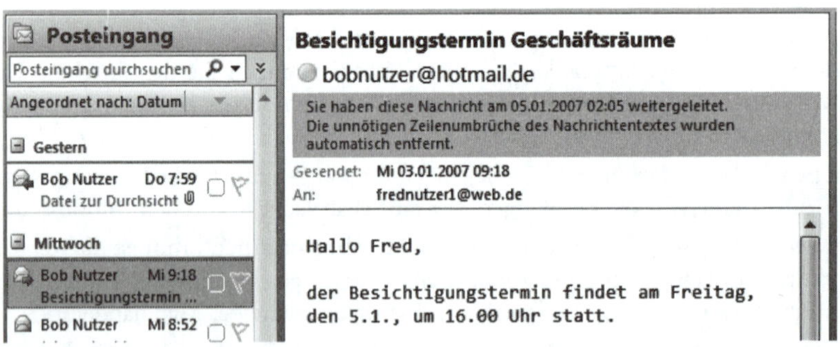

TIPP Auf die beschriebene Weise können Sie auch E-Mails weiterleiten, die in anderen E-Mail-Ordnern enthalten sind.

Anlagen speichern oder öffnen

E-Mails können mit den unterschiedlichsten Anlagen versendet werden, wie z.B. Bildern, Office-Dateien, PDF-Dateien oder Webseiten. Haben Sie eine E-Mail mit Dateianhang erhalten, können Sie die angehängte Datei im Lesebereich in der Vorschau betrachten, direkt öffnen oder aber auf Ihrer Festplatte speichern. E-Mails mit Anlage erkennen Sie im Posteingang am Büroklammersymbol rechts neben dem Betreff.

Da Dateianlagen in der Vergangenheit häufig zur Verbreitung von Computerviren missbraucht wurden, wurde Outlook 2007 mit verschiedenen Sicherheitsmechanismen ausgestattet. Anlagen eines Dateityps, der von Outlook als gefährlich eingestuft wird, können Sie deshalb nicht öffnen oder speichern, denn sie werden blockiert. Sie erhalten jedoch über die Infoleiste einen Hinweis, warum die Anlage blockiert wird (siehe Abbildg. 5.52) und können sich mit dem Absender in Verbindung setzen und diesen bitten, die E-Mail in einem nicht problematischen Format zu senden.

Abbildg. 5.52 Outlook 2007 schützt Sie vor unsicheren Anlagen durch eine Zugriffsblockade

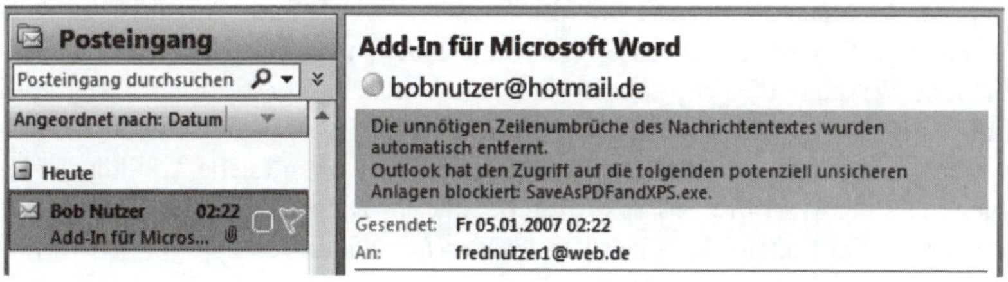

Anlagen in der Vorschau betrachten

Haben Sie eine E-Mail mit Anlagen erhalten, können Sie diese zumindest eingeschränkt im Lesebereich in der Vorschau betrachten, sofern eine entsprechende Vorschau installiert ist. Gehen Sie dazu wie folgt vor:

1. Markieren Sie die E-Mail mit der Anlage oder den Anlagen im Posteingang.

TIPP E-Mails mit Anlagen erkennen Sie im Posteingang am Büroklammersymbol.

2. Betrachten Sie die E-Mail im Lesebereich. Im Nachrichtenkopf sehen Sie unterhalb von der Empfängerangabe *An* die Schaltfläche *Nachricht*. Rechts daneben steht der Dateiname der Anlage. Hinter dem Dateinamen wird in Klammern die Dateigröße angegeben. Liegt die Datei in einem Format vor, das unter Windows angemeldet ist, wird vor dem Dateinamen zusätzlich das Symbol des Programms eingeblendet, mit dem die Datei geöffnet werden kann (siehe Abbildg. 5.53). Ist das Format unbekannt, wird das Symbol eines leeren Blattes angezeigt. Sie können die Datei dann nur auf Ihrem Computer speichern, nicht jedoch öffnen.

Abbildg. 5.53 Im Lesebereich erhalten Sie nützliche Informationen über die Anlage

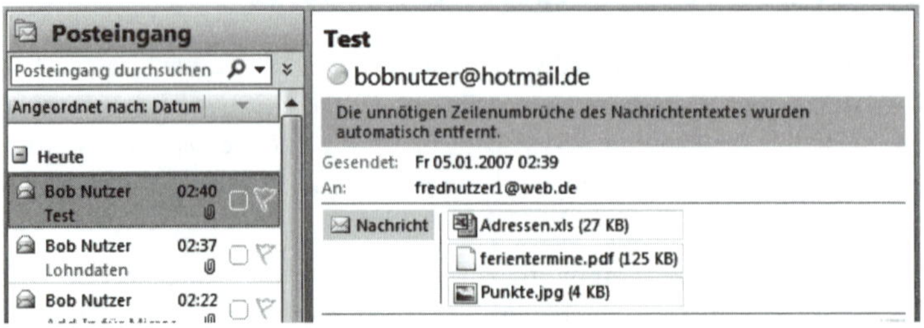

TIPP Sind mehrere Anlagen vorhanden, werden sie alle untereinander aufgelistet.

3. Klicken Sie die Anlage an, deren Inhalt Sie in der Vorschau betrachten möchten. Die Anlage wird nun an Stelle des E-Mail-Inhalts in der Vorschau angezeigt, sofern eine entsprechende Vorschau installiert ist. An Stelle des Betreffs und des Absenders werden nun Angaben zur Anlage wie z.B. der Dateiname, die Größe, der Autor (falls angegeben) und das Datum der letzten Änderung eingeblendet. Versuchen Sie zum ersten Mal, eine Datei eines bestimmten Dateityps in der Vorschau zu betrachten, wird ein Warnhinweis eingeblendet und Sie müssen die Vorschau mit einem Mausklick auf die Schaltfläche *Dateivorschau* aktivieren (siehe Abbildg. 5.54). Um dafür zu sorgen, dass der Warnhinweis zukünftig bei diesem Dateityp nicht mehr eingeblendet wird, deaktivieren Sie das Kontrollkästchen *Vor der Vorschau dieses Dateityps immer warnen*.

Abbildg. 5.54 Die Dateivorschau bei der ersten Benutzung eines Dateityps aktivieren

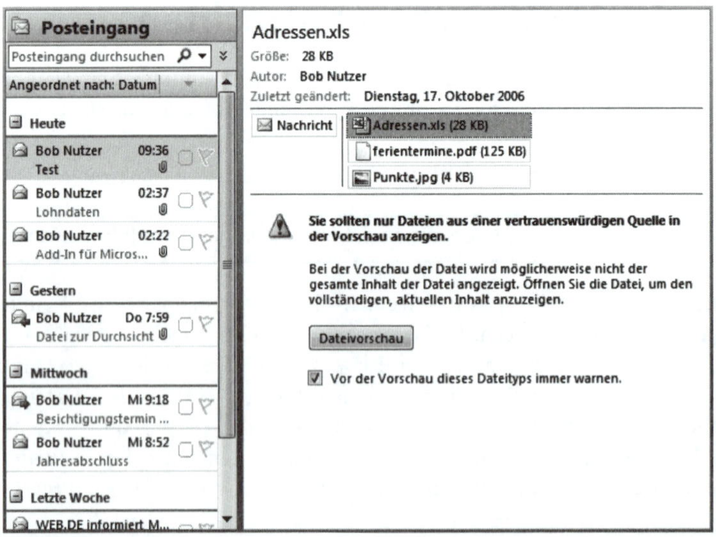

4. Betrachten Sie die Anlage nun in der Vorschau. Falls es sich um eine umfangreiche oder komplexe Datei handelt, wie z.B. eine Excel-Datei mit mehreren Tabellen, wird möglicherweise nicht der gesamte Dateiinhalt in der Vorschau angezeigt. In diesem Fall müssen Sie die Anlage, wie im nächsten Abschnitt beschrieben, öffnen, um den kompletten Inhalt betrachten zu können. Um

zum Inhalt der E-Mail zurückzukehren, klicken Sie im Lesebereich auf die Schaltfläche *Nachricht* links neben dem Dateinamen.

HINWEIS Formulare und Texte werden häufig im PDF-Format versendet, d.h. als Dateien mit der Erweiterung *.pdf*. Um diese Dateien in der Vorschau betrachten oder unter Microsoft Windows öffnen zu können, benötigen Sie den Adobe Reader, den Sie kostenfrei unter *www.adobe.de* herunterladen können. Klicken Sie dazu auf der Adobe-Website auf die Schaltfläche *Get Adobe Reader* und folgen Sie den Anweisungen am Bildschirm. Sobald Sie den Adobe Reader installiert haben, können Sie PDF-Dateien öffnen, lesen und ausdrucken.

Anlagen öffnen

Sie können alle Dateien, die Sie als Anlage erhalten, und die von Outlook aus Sicherheitsgründen nicht gesperrt werden, unter Windows öffnen, bearbeiten, drucken und speichern. Die einzige Voraussetzung dafür ist, dass auf Ihrem Computer ein Programm installiert ist, das Dateien des in der Anlage verwendeten Dateityps öffnen kann. Arbeiten Sie mit Windows ab der Version ME, können zahlreiche Dateitypen von Windows-Zubehörprogrammen geöffnet werden, wie z.B. Bilddateien in der Windows Bild- und Faxanzeige, HTML-Dateien in Internet Explorer, Textdateien in WordPad oder ZIP-Dateien in Windows-Explorer.

Um eine Anlage zu öffnen, gehen Sie wie folgt vor:

1. Öffnen Sie den Posteingang und klicken Sie auf die E-Mail mit der Anlage, die Sie am Büroklammersymbol erkennen.
2. Klicken Sie im Lesebereich doppelt auf den Dateinamen.

PROFITIPP

Alternativ dazu können Sie auch mit der rechten Maustaste auf die E-Mail im Posteingang klicken. Zeigen Sie dann auf *Anlagen anzeigen* und wählen Sie im Untermenü, das sich öffnet, die gewünschte Anlage mit einem Mausklick aus.

3. Handelt es sich um eine Datei, die von Outlook als ungefährlich eingestuft wird, öffnet sich diese direkt in dem Programm, das mit dem Dateityp verknüpft ist und Sie können sie betrachten, bearbeiten, drucken und speichern. Andernfalls öffnet sich das Dialogfeld *Öffnen der Nachrichtenanlage*, in dem Sie gefragt werden, ob Sie die Datei öffnen oder auf Ihrem Computer speichern möchten (siehe Abbildg. 5.55). Klicken Sie auf die Schaltfläche *Öffnen*.

Abbildg. 5.55 Bevor Sie eine Anlage öffnen oder speichern können, werden Sie noch einmal auf die potentielle Gefährlichkeit aufmerksam gemacht

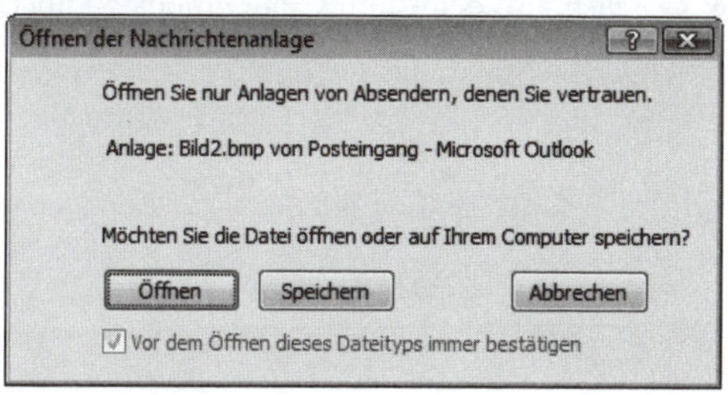

TIPP Sollen Dateien eines bestimmten Dateityps immer sofort ohne Rückfrage geöffnet werden, deaktivieren Sie im Dialogfeld *Öffnen der Nachrichtenanlage* das Kontrollkästchen *Vor dem Öffnen dieses Dateityps immer bestätigen.* Klicken Sie anschließend auf *Öffnen.* Die Dateien werden ab jetzt ohne Rückfrage geöffnet.

4. Die Datei wird nun im Zielprogramm geöffnet. Sie können die Datei anschließend bearbeiten, drucken und speichern. Um die Datei zu schließen, klicken Sie auf die *Schließen*-Schaltfläche des Programms.

Hat eine E-Mail mehrere Anlagen, wiederholen Sie die obigen Schritte 2 bis 4 für jede einzelne Anlage.

TIPP Haben Sie auf Ihrem Computer Microsoft Office Word 2007 installiert, werden Sie beim Öffnen von Word-Dateien darüber informiert, dass die Datei im Lesemoduslayout geöffnet wird. Dieser Ansichtsmodus ist für die Anzeige von Word-Anlagen sowie die Überarbeitung und Kommentierung von Dokumenten optimiert. Bei Bedarf können Sie über den gleichnamigen Hyperlink weitere Informationen über den Lesemodus erhalten. Soll die Meldung zukünftig nicht mehr angezeigt werden, aktivieren Sie das entsprechende Kontrollkästchen. Klicken Sie dann auf *OK*.

Visitenkarten in Outlook-Kontakte übernehmen

Mit Microsoft Office Outlook und Hotmail haben Sie die Möglichkeit, eigene und fremde Kontaktdaten im so genannten VCF-Format per E-Mail zu versenden. Als Empfänger können Sie die VCF-Datei dann direkt in Ihre Outlook-Kontakte übernehmen oder die Datei zunächst öffnen und dann in Ihre Kontakte übernehmen.

1. Öffnen Sie im Posteingang die E-Mail mit angehängter Visitenkarte mit einem Mausklick, falls sie nicht bereits geöffnet ist. Die angehängte Visitenkarte wird in der Nachricht im Visitenkartenformat angezeigt.
2. Um die Visitenkarte ungeöffnet in Ihre Outlook-Kontakte zu übernehmen, klicken Sie mit der rechten Maustaste auf den Dateinamen direkt unterhalb von der Empfängerangabe und wählen Sie im Kontextmenü den Befehl *In Outlook-Kontakte übernehmen* (siehe Abbildg. 5.56) oder klicken Sie doppelt auf den Dateinamen.
3. Es öffnet sich ein Outlook-Kontaktformular mit sämtlichen Kontaktdaten, die in der VCF-Datei enthalten sind. Prüfen Sie alle Angaben und nehmen Sie bei Bedarf Ergänzungen oder Änderungen vor.
4. Klicken Sie dann auf *Speichern & schließen*, um den Kontakt in Outlook zu übernehmen (siehe Abbildg. 5.57).

Abbildg. 5.56 Die Visitenkarte im Lesebereich betrachten

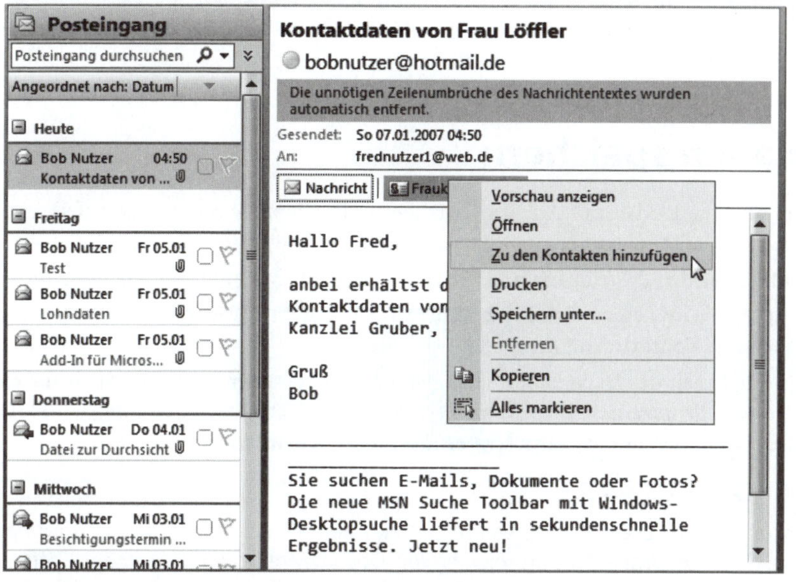

Abbildg. 5.57 Die VCF-Datei ist eigentlich ein Outlook-Kontaktformular

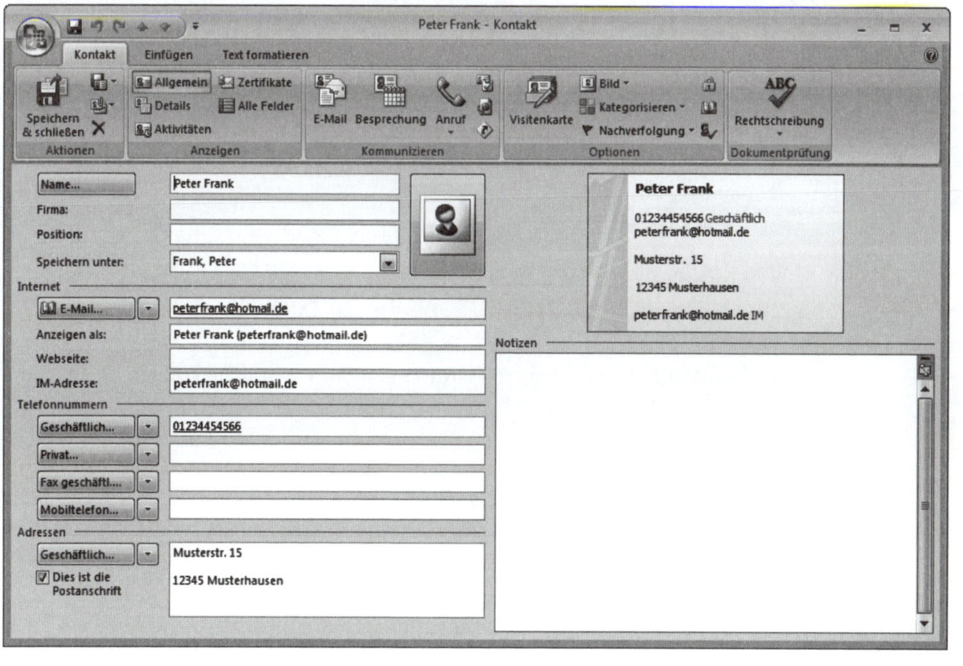

TIPP Haben Sie mehrere Kontaktordner eingerichtet, wie z.B. einen für geschäftliche und einen für private Kontakte, müssen Sie die Visitenkarte anschließend in den gewünschten Kontaktordner verschieben.

Anlagen speichern

Haben Sie eine E-Mail mit Anlagen erhalten und wollen Sie die Anlage auf Ihrer Festplatte speichern, ohne die Datei vorher zu öffnen, gehen Sie wie folgt vor:

1. Öffnen Sie den Posteingang und aktivieren Sie die E-Mail mit Anhang mit einem Mausklick.
2. Klicken Sie im Lesebereich der E-Mail mit der rechten Maustaste auf den Dateinamen und wählen Sie im Kontextmenü den Befehl *Speichern unter.*
3. Es öffnet sich das Dialogfeld *Anlage speichern*, in dem der Standardordner für Dokumente, der Ordner *<Benutzername>\Dokumente*, bereits geöffnet ist (siehe Abbildg. 5.58). Um die Datei in diesem Ordner zu speichern, klicken Sie auf die Schaltfläche *Speichern.*

TIPP Wollen Sie die Datei in einem anderen Ordner speichern, klicken Sie auf *Ordner durchsuchen*. Das Dialogfeld erweitert sich. Klicken Sie am linken Rand auf *Computer* oder, falls der gewünschte Ordner in Unterordner von *Dokumente ist*, auf *Dokumente*, öffnen Sie dann auf der rechten Seite den gewünschten Datenträger oder Ordner jeweils mit einem Doppelklick, bis der Zielordner geöffnet ist, in dem Sie die Datei speichern möchten. Klicken Sie dann auf *Speichern.*

Abbildg. 5.58 Anlagen lassen sich ohne großen Aufwand speichern

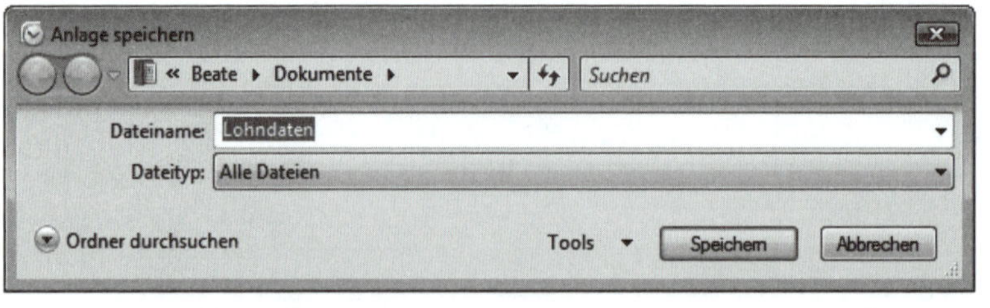

Die Datei wird nun im angegebenen Ordner gespeichert und Sie können sie zu einem späteren Zeitpunkt öffnen und bearbeiten.

Alle Anlagen speichern

Haben Sie eine E-Mail mit mehreren Anlagen erhalten und möchten Sie alle Anlagen in einem Schritt speichern, gehen Sie wie folgt vor:

1. Markieren Sie die E-Mail, die die Anlagen enthält, mit einem Mausklick im Posteingang.
2. Dann wählen Sie den Befehl *Datei/Anlagen speichern* und klicken im Untermenü, das sich nun öffnet, auf den Befehl *Alle Anlagen.*

3. Es öffnet sich das Dialogfeld *Alle Anlagen speichern,* in dem alle Anlagen aufgelistet und markiert sind. Wollen Sie eine oder mehrere der Anlagen doch nicht speichern, klicken Sie sie einfach an. Behalten Sie andernfalls die Markierung aller Anlagen bei (siehe Abbildg. 5.59).

Abbildg. 5.59 Hier werden die zu speichernden Anlagen ausgewählt

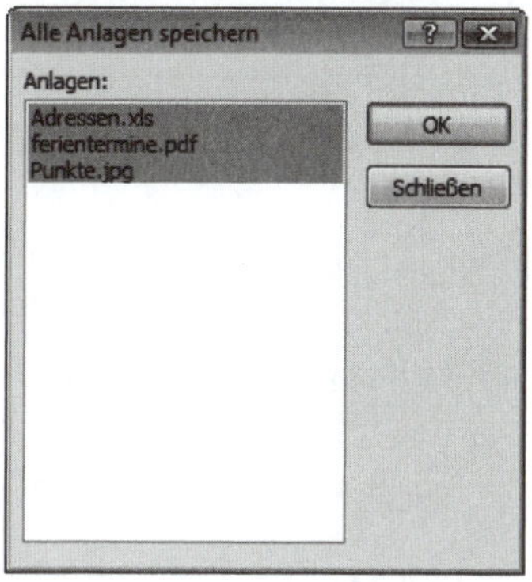

4. Klicken Sie auf die Schaltfläche *OK*, um Ihre Wahl zu bestätigen.
5. Es öffnet sich das Dialogfeld *Alle Anlagen speichern* mit aktiviertem Ordner *<Benutzername>\Dokumente.* Sollen die Anlagen in diesem Ordner gespeichert werden, klicken Sie auf *OK.*

Abbildg. 5.60 Festlegen, wo die Anlagen gespeichert werden sollen

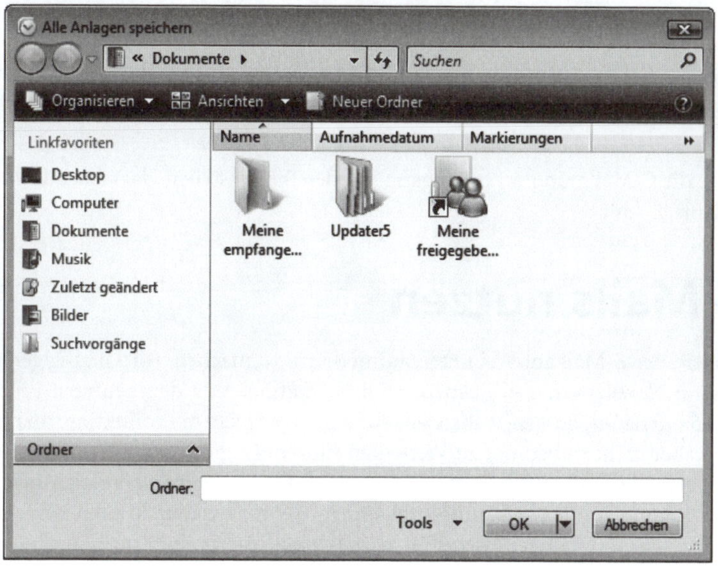

Kommunikation leicht gemacht

TIPP Wollen Sie die Datei in einem Unterordner von *Dokumente* speichern, klicken Sie das Ordnersymbol auf der rechten Seite des Dialogfelds doppelt an. Möchten Sie die Anlagen in einem anderen Ordner auf dem Computer oder im Netzwerk speichern, klicken Sie am linken Rand auf *Computer*, öffnen Sie dann auf der rechten Seite den gewünschten Datenträger und Ordner jeweils mit einem Doppelklick, bis der Zielordner geöffnet ist, in dem Sie die Datei speichern möchten. Klicken Sie dann auf *Speichern*.

Anlagen aus E-Mails entfernen

Enthält eine E-Mail eine Anlage, die Sie gerne entfernen möchten, ohne damit gleichzeitig die E-Mail zu entfernen, gehen Sie wie folgt vor:

1. Wollen Sie eine Anlage von einer E-Mail entfernen, öffnen Sie zunächst die E-Mail per Doppelklick in einem eigenen Fenster.
2. Klicken Sie dann mit der rechten Maustaste auf die Anlage und wählen Sie im zugehörigen Kontextmenü den Befehl *Entfernen*.
3. Die Anlage wird nun gelöscht. Schließen Sie dann die E-Mail über die *Schließen*-Schaltfläche in der rechten oberen Ecke.
4. Bestätigen Sie die Abfrage, ob Änderungen an dieser Nachricht gespeichert werden sollen, mit einem Mausklick auf die Schaltfläche *Ja* (siehe Abbildg. 5.61).

Abbildg. 5.61 Die Veränderung der E-Mail muss noch bestätigt werden

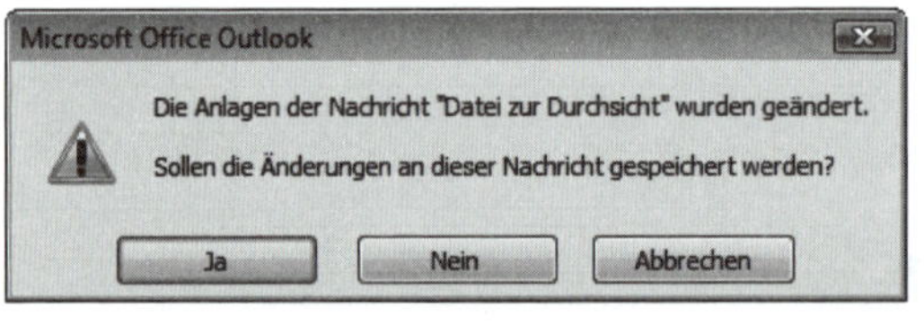

Betrachten Sie die E-Mail nun im Posteingang, werden Sie feststellen, dass das Büroklammersymbol für die Dateianlage fehlt.

Links in E-Mails nutzen

Die Möglichkeit, per E-Mail auf Webseiten aufmerksam zu machen, wird häufig genutzt. Sie finden beispielsweise in Newslettern von Firmen mit Informationen zu den neuesten Produkten Hyperlinks, kurz *Links* genannt, zu den Webseiten, auf denen Sie weitere Produktinformationen erhalten. Links müssen aber nicht unbedingt zu Webseiten führen. Es gibt auch Links, bei denen sich durch Anklicken ein größeres Bild öffnet, dem Sie weitere Details entnehmen können. Auch E-Mail-Adressen oder Namen können mit Links unterlegt werden. Wenn Sie darauf klicken, öffnet sich das Nachrichtenformular. Die Empfängeradresse ist bereits eingetragen und Sie brauchen nur noch den Betreff und den Nachrichtentext einzugeben.

TIPP Neu ist die Möglichkeit, RSS-Feeds als Links darzustellen und dem Empfänger einer E-Mail so die Möglichkeit zu bieten, den Feed mit einem Mausklick zu abonnieren.

Webseiten über Links öffnen

Um einen Link in einer E-Mail zu nutzen und die Webseite, auf die er verweist in Microsoft Internet Explorer zu öffnen, gehen Sie wie folgt vor:

1. Öffnen Sie die E-Mail, die den Link oder mehrere Links enthält, mit einem Mausklick auf den entsprechenden Eintrag im Posteingang.
2. Fahren Sie im Lesebereich über die Seite. Sobald Sie mit der Maus auf einen Link zeigen, nimmt der Mauszeiger die Form einer Hand mit ausgestrecktem Zeigefinger an (siehe Abbildg. 5.62).

TIPP Einen Link zu einer Webseite erkennen Sie häufig an der blauen Schrift mit Unterstreichung. Auf jeden Fall erkennen Sie einen Link jedoch an der Darstellung des Mauszeigers als Hand mit ausgestrecktem Zeigefinger, wenn Sie mit der Maus auf den Link zeigen. Sobald Sie auf einen Link zeigen, wird der Hinweis *Klicken, um Link zu folgen* eingeblendet, dem Sie auch die Adresse entnehmen, zu der der Link führt. Dass es sich um einen Link zu einer Webseite handelt, erkennen Sie an der Angabe »http://«, die der Adresse vorangestellt ist.

Abbildg. 5.62 Links erkennen Sie am Mauszeiger und der eingeblendeten QuickInfo

3. Klicken Sie auf einen Link zu einer Webseite. Die Seite öffnet sich in Ihrem Standard-Webbrowser. Im Feld *Adresse* ist die Adresse eingetragen, die dem Link unterlegt war, und es wird die Webseite angezeigt, die unter dieser Adresse zu finden ist. Sie können nun in der Webseite surfen oder in Ihrem Webbrowser eine neue Seite aufrufen.
4. Schließen Sie den Webbrowser, falls Sie ihn nicht mehr benutzen möchten, mit einem Mausklick auf die *Schließen*-Schaltfläche in der rechten oberen Ecke.
5. Um wieder zu Outlook zurückzukehren, klicken Sie in der Taskleiste von Windows auf die Outlook-Schaltfläche.

Links für den E-Mail-Versand nutzen

Enthält eine E-Mail einen Link zu einer E-Mail-Adresse, können Sie diesen sehr leicht nutzen, um der entsprechenden Person oder Stelle eine E-Mail zu schicken. Links zu E-Mail-Adressen werden häufig in E-Mails verwendet, die automatisch erstellt und versendet werden, und bei denen die Funktion *Antworten* entsprechend nicht zum Einsatz kommen kann. Links zu E-Mail-Adressen werden aber selbstverständlich auch genutzt, um dem Nachrichtenempfänger E-Mail-Adressen Dritter zukommen zu lassen. Wie Links zu Webseiten und zu Bildern erkennen Sie auch Links zu E-Mail-Adressen an der blauen Schrift und der Unterstreichung. Außerdem nimmt der Mauszeiger die Form einer Hand mit ausgestrecktem Zeigefinger an, sobald Sie auf den Link zeigen.

Um eine E-Mail mittels eines Links zu erstellen, gehen Sie wie folgt vor:

1. Öffnen Sie die E-Mail, die den Link enthält, im Posteingang.
2. Klicken Sie im Lesebereich auf den Link zur E-Mail-Adresse (siehe Abbildg. 5.63). Sobald Sie auf einen Link zeigen, blendet sich eine QuickInfo mit dem Hinweis *Klicken, um Link zu folgen* und

der Adresse ein, zu der der Link führt, und der Mauszeiger nimmt die Form einer Hand mit ausgestrecktem Zeigefinger an.

Abbildg. 5.63 Mit einem Mausklick auf einen E-Mail-Link öffnet sich das Nachrichtenformular

TIPP Dass der Link zu einer E-Mail-Adresse führt, erkennen Sie an der Angabe »mailto:«, die der E-Mail-Adresse vorangestellt ist.

3. Um eine E-Mail an die angegebene Adresse zu senden, klicken Sie auf den Link zur E-Mail-Adresse.
4. Es öffnet sich ein Nachrichtenformular, in dem die Empfängeradresse bereits eingetragen ist. Ergänzen Sie den Betreff sowie den Nachrichteninhalt und versenden Sie die E-Mail anschließend mit einem Mausklick auf die Schaltfläche *Senden* (siehe Abbildg. 5.64).

Abbildg. 5.64 Nun müssen nur noch der Betreff und die Nachricht eingegeben werden

Die E-Mail wird nun wie jede andere E-Mail verschickt, die Sie mit Outlook neu erstellen.

RSS-Feeds über Links abonnieren

Neu ist die Möglichkeit, Links zu RSS-Feeds in E-Mails zu integrieren, über die der E-Mail-Empfänger die RSS-Feeds direkt abonnieren kann. Links zu RSS-Feeds erkennen Sie wie andere Links an der blauen Schrift und der Unterstreichung. Wenn Sie einen solchen Link anklicken, öffnet sich in der Regel eine Website, über die Sie den Feed abonnieren können. Gehen Sie dazu wie folgt vor:

1. Öffnen Sie die E-Mail mit dem Link zu einem RSS-Feed mit einem Mausklick auf den entsprechenden Eintrag im Posteingang.
2. Klicken Sie im Lesebereich auf den Link zum RSS-Feed (siehe Abbildg. 5.65).

Abbildg. 5.65 Einen Link zu einem RSS-Feed nutzen

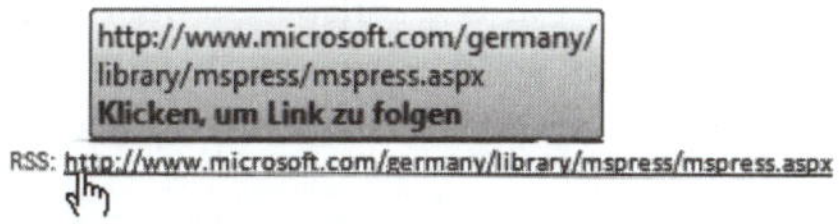

TIPP Links zu RSS-Feeds sind normalerweise nicht speziell gekennzeichnet. Sie sehen aus wie normale Links zu Webseiten und sind eigentlich nur daran zu erkennen, dass der Anbieter angibt, dass es sich um einen Link zu einem RSS-Feed handelt.

3. Es öffnet sich in der Regel eine Website, über die der Feed angeboten wird. Klicken Sie auf den Link *Feed abonnieren*, um den Feed zum Ordner *RSS-Feeds* von Outlook 2007 hinzuzufügen.

Abbildg. 5.66 Einen Feed abonnieren

Der Feed wird nun zum Ordner *RSS-Feeds* in Outlook hinzugefügt, den Sie im Navigationsbereich der Komponente *E-Mail* unter *E-Mail-Ordner* finden.

4. Klicken Sie im Bereich *E-Mail-Ordner* des Navigationsbereichs auf das Pluszeichen, das dem Ordner *RSS-Feeds* vorangestellt ist. Die Ordner für die bereits abonnierten Feeds werden nun aufgelistet.
5. Um den Inhalt Ihres neu abonnierten Feeds zu betrachten, klicken Sie den Ordnernamen im Navigationsbereich an. Der Inhalt wird nun in der Spalte rechts neben dem Navigationsbereich aufgelistet.

6. Klicken Sie auf einen Eintrag in dieser Spalte, wird der Inhalt des Artikels im Lesebereich angezeigt (siehe Abbildg. 5.67). Mit einem Doppelklick auf den entsprechenden Eintrag öffnet sich der Artikel in einem eigenen Fenster. Wiederholen Sie diesen Schritt für alle Artikel aus dem Feed, die Sie lesen möchten.

Abbildg. 5.67 Den Inhalt des neu abonnierten Feeds betrachten

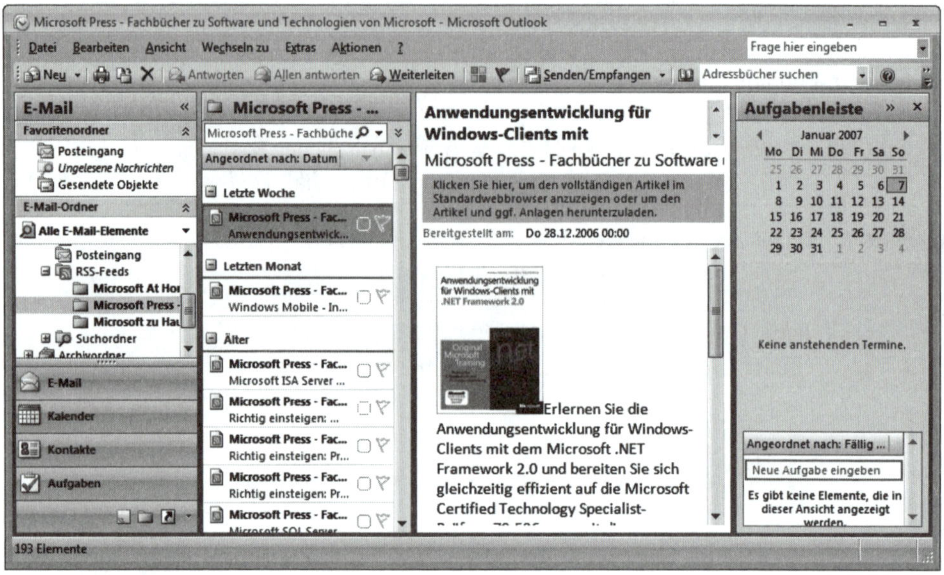

E-Mails drucken

Prinzipiell können Sie alle E-Mails, die Sie erhalten, ausdrucken, sofern ein Drucker an Ihren Computer angeschlossen ist oder Sie über das Netzwerk Zugriff auf einen Drucker haben. Sie haben jedoch auch die Möglichkeit, verschiedene Optionen für den Ausdruck zu wählen, wie z.B. den Papierschacht oder den Drucker, und Sie können sogar eigene Druckformate definieren.

Den Schnelldruck starten

Um eine E-Mail, die in Ihrem Posteingang enthalten ist, ohne weitere Rückfragen und Optionen im Memoformat zu drucken, gehen Sie wie folgt vor:

1. Öffnen Sie den Posteingang und markieren Sie die E-Mail, die Sie drucken möchten, mit einem Mausklick.

2. Dann klicken Sie in der Symbolleiste auf die Schaltfläche *Drucken*.
3. Die E-Mail wird nun ohne weitere Rückfragen auf dem Standarddrucker ausgedruckt, und zwar bei HTML-E-Mails im HTML-Format und bei Nur-Text-E-Mails im Memoformat. Das Memoformat enthält die Kopfzeile der E-Mail und den Nachrichtentext.

Neben dieser einfachen Form des Ausdrucks haben Sie die Möglichkeit, verschiedene Einstellungen vorzunehmen, wie z.B. die Anzahl der ausgedruckten Exemplare anzupassen oder einen anderen

Drucker zu wählen. Außerdem können Sie die Nachrichtenliste aus dem Posteingang in Tabellenform ausdrucken. Mehr hierzu erfahren Sie in den folgenden drei Abschnitten.

Druckoptionen nutzen

Wollen Sie eine E-Mail mehrfach ausdrucken, wollen Sie nicht den Standarddrucker verwenden oder aber die Anlagen beim Ausdruck einbeziehen, gelangen Sie schneller ans Ziel, wenn Sie den Ausdruck über das Dialogfeld *Drucken* vornehmen, anstatt nur die Schaltfläche *Drucken* anzuklicken. Gehen Sie dazu wie folgt vor:

1. Öffnen Sie den Posteingang und klicken Sie doppelt auf die Nachricht, die Sie ausdrucken wollen.

2. Die E-Mail wird nun in einem eigenen Fenster geöffnet. Klicken Sie auf die Office-Schaltfläche in der linken oberen Fensterecke, zeigen Sie auf *Drucken* und wählen Sie im Untermenü, das sich öffnet, noch einmal den Befehl *Drucken* oder drücken Sie ganz einfach die Tastenkombination [Strg]+[P].
3. Nun öffnet sich das Dialogfeld *Drucken* (siehe Abbildg. 5.68). Soll der Ausdruck nicht auf den Standarddrucker, sondern auf einen Drucker Ihrer Wahl erfolgen, klicken Sie unter *Drucker* auf den Abwärtspfeil im Listenfeld *Name* und wählen Sie den gewünschten Drucker aus. Im Bereich *Druckformat* geben Sie an, ob der Ausdruck im Memoformat oder im Tabellenformat erfolgen soll. Das Memoformat eignet sich für den Ausdruck einzelner E-Mails, das Tabellenformat für den Ausdruck von Listen, wie z.B. der Nachrichtenliste im Posteingang.

Abbildg. 5.68 Legen Sie im Dialogfeld *Drucken* die Einstellungen für den Ausdruck fest

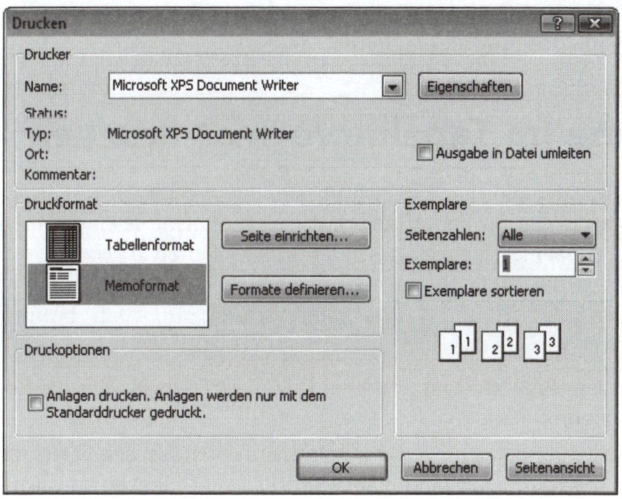

4. Nehmen Sie bei Bedarf weitere Einstellungen wie folgt vor:
   - **Eigenschaften:** Über die Schaltfläche *Eigenschaften* öffnen Sie das Dialogfeld *Eigenschaften von <Drucker>*, in dem Sie Details wie die Seitenorientierung (Hoch- oder Querformat), das Seitenformat und das Papierfach auswählen. Welche Eigenschaften Ihnen jeweils zur Verfügung stehen, hängt vom gewählten Drucker ab.

- **Ausgabe in Datei umleiten:** Aktivieren Sie das Kontrollkästchen *Ausgabe in Datei umleiten*, wird die E-Mail nicht auf den Drucker, sondern in eine Datei ausgegeben. Ist das Kontrollkästchen aktiviert, öffnet sich das Dialogfeld *Ausdruck in Datei*, nachdem Sie auf die Schaltfläche *Drucken* geklickt haben. Geben Sie hier den Dateinamen der Druckdatei an, wählen Sie bei Bedarf den Speicherordner und klicken Sie auf *OK*. Die Druckdatei wird anschließend erstellt und kann auf den Drucker kopiert oder weitergegeben werden.
- **Anlagen drucken:** Aktivieren Sie das Kontrollkästchen *Anlagen drucken*, wenn die Anlagen einer E-Mail im Anschluss an die E-Mail gedruckt werden sollen. Beachten Sie jedoch, dass die Anlagen nur mit dem Standarddrucker gedruckt werden. Ist dieses Kontrollkästchen nicht aktiviert, werden für die Anlagen nur das Dateisymbol und der Dateiname ausgedruckt.
- **Seite einrichten und Formate definieren:** Über die Schaltflächen *Seite einrichten* und *Formate definieren* können Sie Änderungen am Papierformat, der Schriftart und den Kopf- und Fußzeilen vornehmen. Die Einstellungen, die Sie über die Funktion *Seite einrichten* vornehmen, gelten nur für den aktuellen Ausdruck. Verändern Sie die Einstellungen dagegen über die Schaltfläche *Formate definieren*, gelten diese zukünftig für alle Ausdrucke.
- **Exemplare:** Wählen Sie im Listenfeld *Seitenzahlen*, ob Sie alle Seiten oder nur die geraden oder ungeraden Seiten drucken wollen. Im Feld *Exemplare* können Sie festlegen, wie oft die E-Mail ausgedruckt werden soll. Umfasst die E-Mail mehrere Seiten, können Sie über das Kontrollkästchen *Exemplare sortieren* bewirken, dass die E-Mail zunächst vollständig ausgedruckt wird, bevor der Ausdruck des Exemplars gestartet wird.
- **Seitenansicht:** Über die Schaltfläche *Seitenansicht* können Sie sich die E-Mail vor dem Ausdruck genau ansehen. Mehr hierzu erfahren Sie im Abschnitt »Die Seitenansicht« in diesem Kapitel.

5. Klicken Sie auf *OK*, um den Ausdruck zu starten.

Ordnerinhalte im Tabellenformat drucken

Neben dem Ausdruck im Memoformat, das sich für einzelne E-Mails eignet, bietet Outlook 2007 Ihnen ein weiteres Druckformat für den Ausdruck der Nachrichtenliste eines E-Mail-Ordners. Im Tabellenformat werden dabei nicht nur der Absender und der Betreff angegeben, sondern auch das Eingangsdatum und die Größe. Außerdem sehen Sie auf einen Blick, ob Anlagen vorhanden sind, ob eine Nachverfolgungskennzeichnung vorgenommen wurde, ob E-Mails beantwortet oder mit einer bestimmten Priorität versehen wurden.

Um den Inhalt des Posteingangs oder eines anderen E-Mail-Ordners im Tabellenformat auszudrucken, gehen Sie wie folgt vor:

1. Klicken Sie im Navigationsbereich auf *E-Mail* und aktivieren Sie den Posteingang oder einen anderen E-Mail-Ordner, dessen Ordnerinhalt Sie im Tabellenformat ausdrucken wollen.

TIPP Wollen Sie nur ganz bestimmte E-Mails ausdrucken, wie z.B. E-Mails eines bestimmten Absenders oder mit einem bestimmten Betreff, filtern Sie den Posteingang danach, indem Sie mit der rechten Maustaste auf eine der E-Mails klicken und im Kontextmenü den Befehl *Alle suchen/E-Mails zum gleichen Thema* oder *Alle suchen/E-Mails vom gleichen Absender* wählen, oder geben Sie einen bestimmten Suchbegriff in die Sofortsuche ein.

2. Rufen Sie anschließend den Menübefehl *Datei/Drucken* auf oder drücken Sie die Tasten [Strg]+[P].
3. Im nun geöffneten Dialogfeld *Drucken* aktivieren Sie das Druckformat *Tabellenformat* (siehe Abbildg. 5.69).

Abbildg. 5.69 Die Druckoptionen für den Ausdruck im Tabellenformat

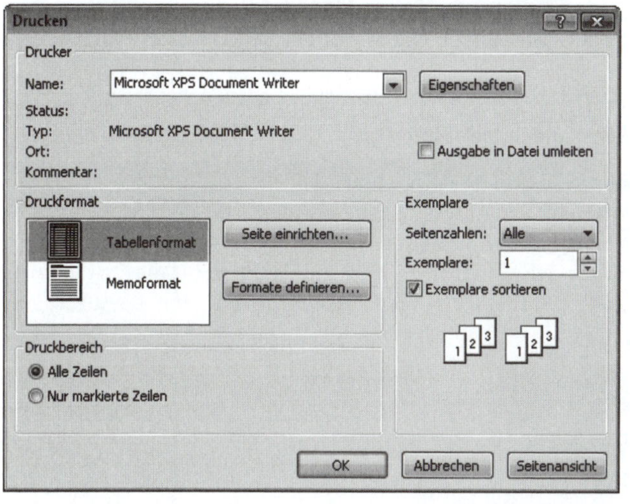

4. Im Bereich *Drucker* legen Sie den Drucker fest und bestimmen, ob der Ausdruck in eine Datei erfolgen soll. Im Bereich *Exemplare* geben Sie an, wie oft die Nachrichtenliste ausgedruckt und – falls Sie mehrere Exemplare drucken möchten –, ob der Ausdruck sortiert werden soll.
5. Wollen Sie die gesamte Nachrichtenliste ausdrucken, behalten Sie unter *Druckbereich* die Option *Alle Zeilen* bei. Haben Sie im Posteingang eine Auswahl an E-Mails markiert, die im Tabellenformat ausgedruckt werden sollen, aktivieren Sie hingegen die Option *Nur markierte Zeilen*.
6. Wie beim Ausdruck im Memoformat können Sie auch im Tabellenformat über die Schaltfläche *Seite einrichten* weitere Einstellungen vornehmen. Sie können beispielsweise dafür sorgen, dass auf jeder Seite der Benutzername und das Datum sowie die Uhrzeit ausgedruckt werden. Mehr hierzu erfahren Sie im Abschnitt »Die Seite einrichten und Formate definieren« in diesem Kapitel. Außerdem können Sie den Ausdruck über die Schaltfläche *Seitenansicht* betrachten. Mehr hierzu erfahren Sie im Abschnitt »Die Seitenansicht« in diesem Kapitel.
7. Klicken Sie auf *OK*, um den Ausdruck zu starten.

Die Seitenansicht

Die Seitenansicht vermittelt Ihnen einen Eindruck davon, wie die E-Mail oder die E-Mails im Ausdruck aussehen werden. Haben Sie Änderungen an der Seitenformatierung vorgenommen oder ein eigenes Format definiert, können Sie über die Seitenansicht außerdem prüfen, ob das Ergebnis Ihren Vorstellungen entspricht, und bei Bedarf Änderungen an der Formatierung vornehmen.

1. Um die Seitenansicht für eine E-Mail zu aktivieren, markieren Sie diese in der Nachrichtenliste und rufen Sie den Menübefehl *Datei/Seitenansicht* auf oder öffnen Sie, falls es nicht bereits

geöffnet ist, das Dialogfeld *Drucken* über die Tastenkombination Strg + P und klicken Sie auf die Schaltfläche *Seitenansicht.*

2. Prüfen Sie anschließend, ob das, was Sie sehen, Ihren Vorstellungen entspricht. Der Mauszeiger hat in dieser Ansicht die Form einer Lupe (siehe Abbildg. 5.70). Klicken Sie mit dem Mauszeiger auf eine Seite, wird die Anzeige vergrößert, so dass Sie den Text lesen können. Klicken Sie noch einmal auf das Blatt, wird die Anzeige wieder verkleinert.

HINWEIS Enthält die E-Mail Bilder, werden in der Seitenansicht Platzhalter an deren Stelle angezeigt.

Abbildg. 5.70 Eine E-Mail in der Seitenansicht betrachten

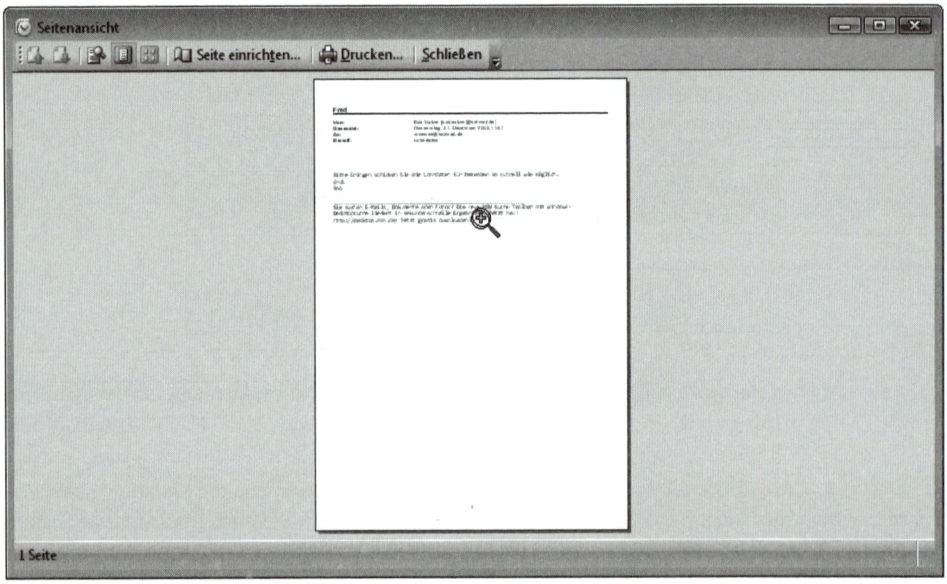

3. Umfasst Ihre E-Mail mehrere Seiten, können Sie über die Schaltflächen *Seite nach unten* und *Seite nach oben* zwischen den einzelnen Seiten wechseln. In der linken Ecke der Statusleiste sehen Sie, auf welcher Seite bezüglich der Gesamtseitenzahl Sie sich momentan befinden.

4. Über die Schaltfläche *Aktuelle Größe* können Sie die Ansicht auf Originalgröße vergrößern. Die Lupe enthält nun ein Minus- statt eines Pluszeichens. Wenn Sie damit auf die Seite klicken, nimmt sie ihre ursprüngliche Größe wieder an.

5. Über die Schaltflächen *Mehrere Seiten* können Sie bei einer Nachricht, die mehrere Seiten umfasst, dafür sorgen, dass mehrere Seiten gleichzeitig angezeigt werden.

6. Klicken Sie auf die Schaltfläche *Eine Seite*, gelangen Sie wieder zur Anzeige einer einzelnen Seite zurück.

7. Über die Schaltflächen *Seite einrichten*, *Drucken* und *Schließen* können Sie die Seite einrichten, den Ausdruck starten und das Dialogfeld inklusive des Dialogfelds *Drucken* schließen.

Die Seite einrichten und Formate definieren

Wollen Sie E-Mails auf ein bestimmtes Papierformat drucken, wie z.B. das Format Ihres Terminplaners oder das angelsächsische Letter-Format, wollen Sie die Schriftart verändern, die für die Titelzeile benutzt wird oder benötigen Sie eine Kopf- oder Fußzeile, können Sie das Druckformat entsprechend anpassen.

Um die Seite einzurichten, gehen Sie wie folgt vor:

1. Öffnen Sie das Dialogfeld *Drucken* über die Tastenkombination `Strg`+`P`.
2. Markieren Sie im Feld *Druckformat* das Format, das Sie bearbeiten möchten, und klicken Sie dann auf die Schaltfläche *Seite einrichten*.
3. Es öffnet sich das Dialogfeld *Seite einrichten: Memoformat* (siehe Abbildg. 5.71). Auf der Registerkarte *Format* können Sie die Schriftart für den Titel und die Felder anpassen. Markieren Sie dazu den vorhandenen Eintrag im Feld *Titel* bzw. *Felder* und geben Sie die gewünschte Schriftgröße in Punkt und die gewünschte Schriftart ein. Unterstützt Ihr Drucker den Ausdruck in Graustufen, können Sie das Kontrollkästchen *Ausdruck mit grauer Schattierung* aktivieren, um den Ausdruck von grauen Schattierungen bei Überschriften, Datumsangaben und anderen Elementen zu aktivieren.

Abbildg. 5.71 Hier können Sie Änderungen an der Schriftart, dem Papierformat und den Kopf- und Fußzeilen vornehmen

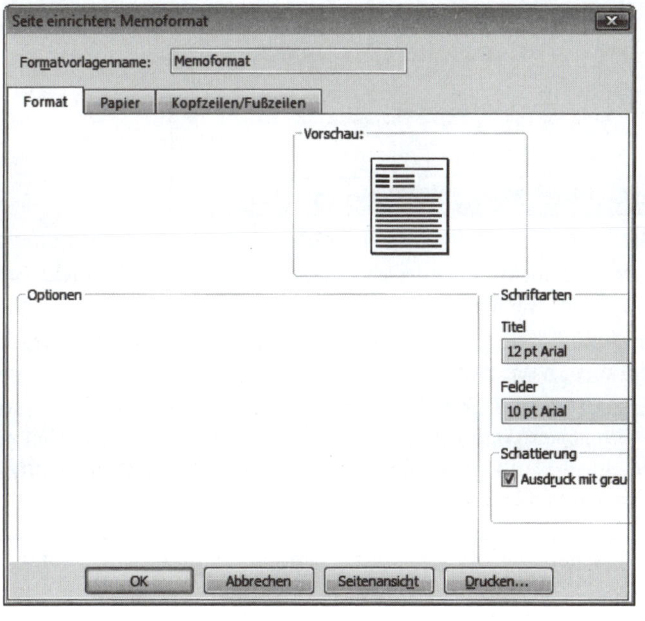

4. Wollen Sie Faktoren wie den Papiertyp, die Seitengröße, die Papierzufuhr, die Abmessungen, die Ausrichtung oder die Seitenränder ändern, holen Sie die Registerkarte *Papier* mit einem Mausklick in den Vordergrund.
5. Wählen Sie im Listenfeld *Typ* das Papiermaß aus. Voreingestellt ist das Format A4. Es stehen jedoch zahlreiche weitere deutsche und internationale Formate zur Verfügung. Im Bereich

Abmessungen können Sie über die Felder *Breite* und *Höhe* zusätzlich eigene Maße definieren (siehe Abbildg. 5.72).

TIPP Achten Sie bei der Auswahl des Papiertyps und der Abmessungen darauf, ein Format zu wählen, das auch von Ihrem Drucker unterstützt wird. Andernfalls ist ein Ausdruck in diesem Format nicht möglich.

Abbildg. 5.72 Hier geben Sie das Papierformat, die Randeinstellungen und die Seitenausrichtung an

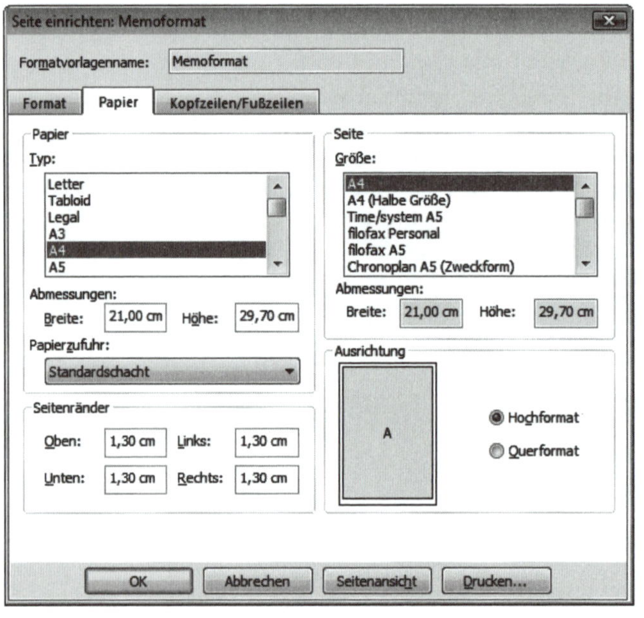

6. Unterstützt Ihr Drucker mehrere Papierschächte, können Sie im Listenfeld *Papierzufuhr* den Schacht für den Ausdruck wählen.
7. Im Bereich *Seitenränder* können Sie genau angeben, wie breit der obere, untere, linke und rechte Seitenrand in Zentimetern sein soll.
8. Wählen Sie unter *Seite* im Listenfeld *Größe*, wie das Papier ausgenutzt werden soll. Wählen Sie z.B. das Format *Chronoplan Midi (Zweckform)*, werden drei Seiten der E-Mail mit den Maßen 9,6 × 17,2 cm auf einem Blatt Papier ausgedruckt. Beim Format *Heft (1/8-Blatt)* werden hingegen acht Seiten mit den Maßen 7,42 × 10,50 cm auf eine Seite gedruckt.

TIPP Eine Vorschau für die gewählte Seitengröße und -ausrichtung finden Sie im Bereich *Ausrichtung*.

9. Geben Sie im Bereich *Ausrichtung* an, ob der Ausdruck im *Hochformat* oder im *Querformat* erfolgen soll.
10. Um die Angaben anzupassen, die in der Kopf- oder Fußzeile gedruckt werden, klicken Sie auf die Registerkarte *Kopfzeilen/Fußzeilen* (siehe Abbildg. 5.73). Auf dieser Registerkarte können Sie festlegen, dass in der Fußzeile neben der Seitenzahl zusätzlich der Benutzername und das Datum und die Uhrzeit ausgedruckt werden sollen. Klicken Sie dazu auf einen der Bereiche und legen Sie über

die Schaltflächen am unteren Rand fest, welche Elemente in dem Bereich enthalten sein sollten. Zur Verfügung stehen die Felder *Seite*, *Seiten*, *Datum*, *Uhrzeit* und *Benutzername*. Soll in dem Bereich Text angezeigt werden, wie z.B. der Name der Abteilung oder der Firmenname, geben Sie diesen über die Tastatur ein. Das Gleiche gilt auch für einzelne Zeichen, wie z.B. den Bindestrich.

Abbildg. 5.73 Legen Sie hier die Elemente für die Kopf- und Fußzeilen fest

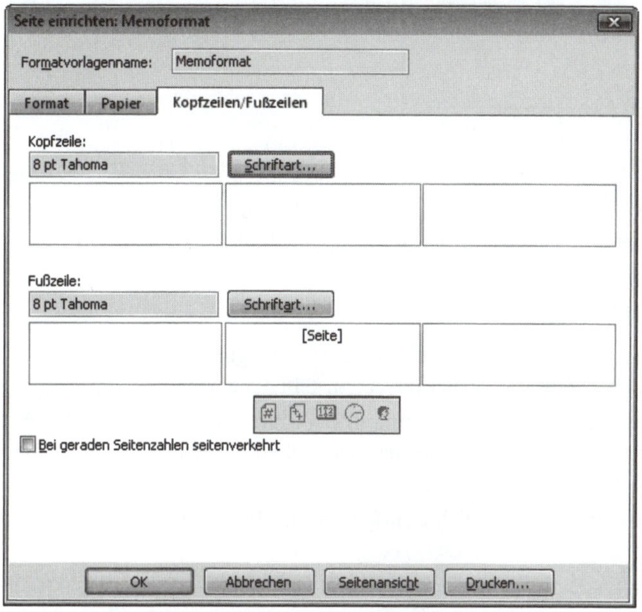

11. Passen Sie bei Bedarf die Schriftart an, indem Sie unter *Kopfzeile* und *Fußzeile* jeweils auf die Schaltfläche *Schriftart* klicken und die Schriftart, die Schriftgröße und die Schriftfarbe aus dem gleichnamigen Dialogfeld auswählen. Bestätigen Sie Ihre Wahl mit *OK*.
12. Sollen die Seiten auf der Vorder- und Rückseite bedruckt werden, aktivieren Sie das Kontrollkästchen *Bei geraden Seitenzahlen seitenverkehrt*. Über die Schaltfläche *Seitenansicht* können Sie die spätere Druckausgabe begutachten und über die Schaltfläche *Drucken* den Ausdruck starten.

Eigene Formate definieren

Wollen Sie ein eigenes Format als Kopie eines bestehenden Formats definieren, gehen Sie wie folgt vor:

1. Aktivieren Sie die Komponente *E-Mail* mit einem Mausklick auf die gleichnamige Schaltfläche im Navigationsbereich.
2. Drücken Sie die Tastenkombination `Strg`+`P`, um das Dialogfeld *Drucken* zu öffnen.
3. Klicken Sie im Bereich *Druckformat* auf die Schaltfläche *Formate definieren*.
4. Im nun geöffneten Dialogfeld *Druckformate definieren* markieren Sie das Format, das Sie als Vorlage benutzen möchten, und klicken Sie dann auf die Schaltfläche *Kopieren* (siehe Abbildg. 5.74).
5. Es öffnet sich das Dialogfeld *Seite einrichten: Kopie von Memoformat* oder *Seite einrichten: Kopie von Tabellenformat*. Nehmen Sie alle Änderungen vor, wie in der letzten Schrittanleitung beschrieben.

Abbildg. 5.74 Ein neues Druckformat definieren

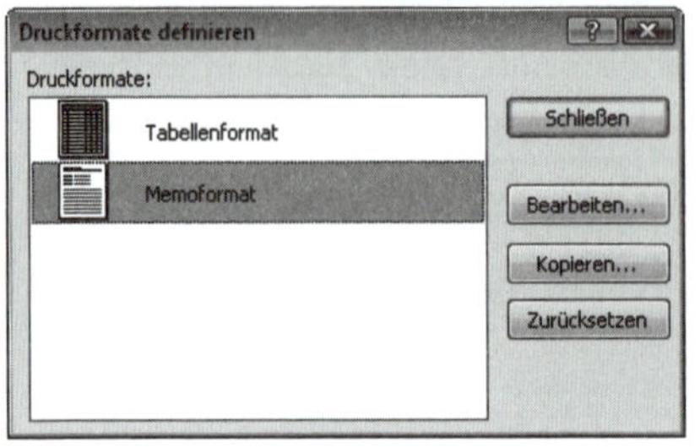

6. Geben Sie in das Feld *Formatvorlagennamen* den gewünschten Formatnamen ein.
7. Bestätigen Sie Ihre Angaben mit einem Mausklick auf *OK*.

Das Format steht ab jetzt im Bereich *Druckformat* des Dialogfelds *Drucken* zur Auswahl.

Einstellungen zurücksetzen

Wollen Sie die Änderungen an einem Druckformat rückgängig machen und das Druckformat wieder in den ursprünglichen Zustand zurückversetzen, gehen Sie wie folgt vor:

1. Aktivieren Sie die Komponente *E-Mail* mit einem Mausklick auf die gleichnamige Schaltfläche im Navigationsbereich und öffnen Sie das Dialogfeld *Drucken* über die Tastenkombination Strg+P.
2. Markieren Sie das Format im Bereich *Druckformat* und klicken Sie auf die Schaltfläche *Formate definieren*.
3. Im nun geöffneten Dialogfeld *Druckformate definieren* klicken Sie auf die Schaltfläche *Zurücksetzen*.
4. Bestätigen Sie die Abfrage, ob Sie das Format zurücksetzen möchten, mit einem Mausklick auf *OK* (siehe Abbildg. 5.75).

Abbildg. 5.75 Das Druckformat zurücksetzen

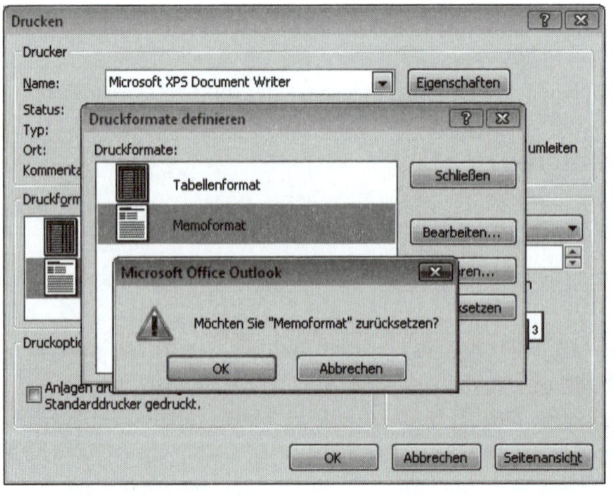

5. Klicken Sie auf *Schließen* und dann auf *Abbrechen*, um wieder zum Posteingang zurückzukehren.

Keine Chance für Junk-E-Mail

Sobald Sie ein E-Mail-Konto besitzen, werden Sie auch schon mit Werbe-E-Mails belästigt, die von unbekannten Absendern unaufgefordert an Ihre Adresse geschickt werden. Dies gilt insbesondere dann, wenn Ihre E-Mail-Adresse in einer Website genannt wird, weil die Versender dieser E-Mails Programme einsetzen, mit denen sich Websites nach E-Mail-Adressen durchsuchen lassen. Bei den Werbe-E-Mails handelt es sich weniger um Produktwerbung bekannter Hersteller, sondern häufig werden Medikamente oder Software zu Schleuderpreisen angeboten, deren Herkunft zweifelhaft ist. Auch finden sich Kreditangebote, oder Sie werden aufgefordert, sich mit einer »Dame« in Verbindung zu setzen, die Sie unbedingt kennen lernen möchte. Diese Art von E-Mails wird als *Junk-E-Mail* bezeichnet. Sehr verbreitet sind daneben so genannte *Phishing*-E-Mails, die vorgeben, von einem namhaften Unternehmen zu stammen, wie z.B. von eBay oder einem Bankinstitut, und in denen Sie aufgefordert werden, personenbezogene Informationen wie Ihre Kontonummer, Kennwörter, den Namen und den Benutzernamen, die Geheimzahl für den Geldautomaten und Ähnliches preiszugeben. Glücklicherweise bietet Outlook in der neuen Version 2007 einen noch besseren Schutz vor Junk-E-Mail und auch vor *Phishing*. Die Schutzmechanismen von Outlook 2007 werden nachfolgend beschrieben.

Schutzmechanismen von Outlook 2007

Junk-E-Mails werden anhand bestimmter Merkmale automatisch herausgefiltert und direkt an den Ordner *Junk-E-Mail* bzw. *Junk-Mail* gesendet, ohne dass Sie weiter damit belästigt werden oder diese E-Mails überhaupt nur zu Gesicht bekommen. Sie brauchen lediglich hin und wieder den Ordner *Junk-E-Mail* zu leeren und schon sind Sie die E-Mails los. Werden Sie häufiger von E-Mails eines bestimmten Absenders belästigt, sollten Sie diesen sperren. Umgekehrt haben Sie auch die Möglichkeit, die gesamte Domäne eines Absenders zur Liste sicherer Absender hinzuzufügen, um so zu vermeiden, dass E-Mails aus dieser Domäne versehentlich in den Ordner *Junk-E-Mail* verschoben werden.

WICHTIG Da manchmal auch E-Mails von seriösen Absendern in den Ordner *Junk-E-Mail* geraten, sollten Sie den Inhalt des Ordners regelmäßig überprüfen. Entdecken Sie eine E-Mail, die versehentlich als Junk-E-Mail deklariert wurde, brauchen Sie nur die Junk-E-Mail-Markierung aufzuheben und schon wird die E-Mail in den Posteingang zurückversetzt.

Und wenn der automatische Filter nicht ausreicht, haben Sie zusätzlich die Möglichkeit, Junk-E-Mail-Filterlisten einzurichten. Outlook 2007 stellt insgesamt die folgenden fünf Junk-E-Mail-Filterlisten zur Verfügung: *Liste der sicheren Absender, Liste der sicheren Empfänger, Liste der blockierten Absender, International Liste blockierter Domänen auf oberster Ebene* und *International – Liste blockierter Codierungen*:

- *Liste der blockierten Absender:* In diese Liste können Sie Absender aufnehmen, die von Outlook fälschlicherweise als Versender von Junk-E-Mail oder von Phishing-E-Mail deklariert wurden und deren E-Mails daraufhin im Ordner *Junk-E-Mail* gelandet sind. Die E-Mails aller Absender, die in dieser Liste enthalten sind, werden von Outlook an den Posteingang gesendet.
- *Liste der sicheren Empfänger*: Sind Sie in einer Verteilerliste erfasst, über die Sie gemeinsam mit allen anderen Teilnehmern der Liste regelmäßig E-Mails erhalten, können Sie den Absender der

Verteilerliste zur Liste der sicheren Empfänger hinzufügen. E-Mails, die an die Verteilerliste gesendet werden, werden dann nicht als Junk-E-Mail behandelt.

- *Liste blockierter Absender:* Um E-Mails eines bestimmten Absenders prinzipiell als Junk-E-Mail deklarieren und an den gleichnamigen Ordner senden zu lassen, fügen Sie die E-Mail-Adresse oder den Domänennamen des Absenders einfach zur Liste blockierter Absender hinzu.
- *Liste international blockierter Domänen auf oberster Ebene:* Erhalten Sie häufig Junk-E-Mail aus einem Land, aus dem Sie keine seriösen E-Mails erhalten und auch in Zukunft keine erhalten werden, können Sie alle E-Mails, die von Absendern aus diesem Land stammen, von Outlook als Junk-E-Mail behandeln lassen. Fügen Sie dazu das Länderkürzel zur Liste international blockierter Domänen auf oberster Ebene hinzu.
- *Liste international blockierter Codierungen:* Erhalten Sie häufig Junk-E-Mail in einer bestimmten Sprache, wie z.B. chinesische oder russische E-Mails, können Sie die Sprache zur Liste blockierter Codierungen hinzufügen. E-Mails mit dieser Sprachcodierung werden von Outlook dann als Junk-E-Mail behandelt und an den Ordner *Junk-E-Mail* gesendet.

E-Mails, die als Phishing eingestuft werden, werden ebenfalls an den Ordner *Junk-E-Mail* gesendet. Zusätzlich werden automatisch alle Hyperlinks in diesen E-Mails deaktiviert und die E-Mails werden in Nur-Text-Nachrichten umgewandelt. Außerdem werden die Funktionen *Antworten* und *Allen antworten* deaktiviert und die Anlagen werden blockiert. So wird verhindert, dass Sie unwissentlich persönliche Daten an die Absender dieser E-Mails schicken, und dass Viren, Würmer und andere Schädlinge über die Anlagen der E-Mails auf Ihren Computer geladen werden.

Wird eine E-Mail vom Junk-E-Mail-Filter als Phishing eingestuft, stammt sie jedoch von einem Absender oder aus einer Domäne, der oder die in der Liste sicherer Absender enthalten ist, wird die E-Mail an den Posteingang gesendet. Die Hyperlinks und die Funktionen *Antworten* und *Allen antworten* werden jedoch deaktiviert.

Um sich zusätzlich vor Junk-E-Mail und Phishing zu schützen, sollten Sie folgende Punkte berücksichtigen:

- Antworten Sie nicht auf E-Mails, in denen private Angaben von Ihnen erfragt werden. Seriöse Unternehmen erfragen private Angaben niemals per E-Mail oder telefonisch. Es kann sich also nur um nicht seriöse Anfragen handeln.

TIPP Sind Sie sich nicht sicher, ob es sich nicht doch um eine seriöse Anfrage handelt, wenden Sie sich telefonisch anhand einer Ihnen aus Rechnungen oder anderen Dokumenten bekannten Rufnummer an das Unternehmen, das als Absender angegeben wird.

- Achten Sie beim Kauf von Waren auf die Datenschutzrichtlinien.
- Überprüfen Sie insbesondere vor einer Kaufhandlung alle Angaben und Bedingungen, die auf der Seite genannt werden, insbesondere Angaben, die automatisch mit einem Kontrollkästchen aktiviert wurden.
- Deaktivieren Sie den automatischen Versand von Lesebestätigungen.
- Deaktivieren Sie die automatische Behandlung von Besprechungsanfragen.
- Überweisen Sie niemals aufgrund von E-Mail-Nachrichten Geld an Wohltätigkeitsorganisationen.
- Reagieren Sie nicht auf Kettenbriefe und leiten Sie diese niemals weiter.

Der Junk-E-Mail-Filter in Aktion

Trifft eine E-Mail für Sie ein, die von Outlook als Junk-E-Mail klassifiziert wird, wird sie automatisch vom dem Posteingang in den Ordner *Junk-E-Mail* bzw. *Junk-Mail* verschoben. Sie werden über den Vorgang mit einer entsprechenden Meldung informiert (siehe Abbildg. 5.76). Sie können nun zwischen folgenden Möglichkeiten wählen:

Abbildg. 5.76 Meldung, die beim Eintreffen von Junk-E-Mail eingeblendet wird

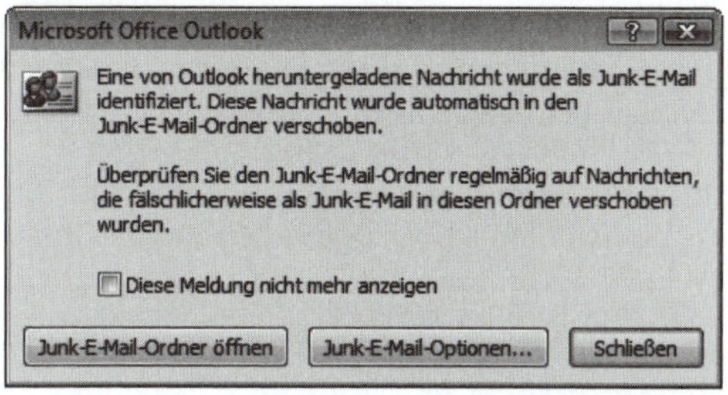

- **Diese Meldung nicht mehr anzeigen:** Wollen Sie auf die Meldung, dass eine Junk-E-Mail eingegangen ist, zukünftig verzichten, markieren Sie das Kontrollkästchen *Diese Meldung nicht mehr anzeigen*. Die Option wird aktiviert, sobald Sie eine der drei Schaltflächen wählen und die Meldung wird zukünftig nicht mehr eingeblendet. Dass eine Junk-E-Mail eingegangen ist, erkennen Sie jedoch auch ohne die Meldung daran, dass sich die Anzahl der Elemente im Ordner *Junk-E-Mail* verändert hat.
- **Junk-E-Mail-Ordner öffnen:** Wählen Sie diese Schaltfläche, wenn Sie die E-Mails prüfen wollen, die von Outlook in den Ordner *Junk-E-Mail* verschoben wurden. Das Dialogfeld schließt sich und in Outlook ist der Inhalt des Ordners *Junk-E-Mail* zu sehen. Stellen Sie fest, dass E-Mails fälschlicherweise in diesen Ordner gelangt sind, markieren Sie sie, und wählen Sie im Menü *Aktionen* den Befehl *Junk-E-Mail/Junk-E-Mail-Markierung aufheben*. Um einzelne E-Mails zu lesen, brauchen Sie sie nur anzuklicken. Ihr Inhalt ist daraufhin im Lesebereich zu sehen. Bei Bedarf können Sie Bilder downloaden oder aber den Inhalt des Ordners *Junk-E-Mail* löschen, indem Sie den Ordner mit der rechten Maustaste anklicken und im Kontextmenü den Befehl *Ordner "Junk-E-Mail" leeren* wählen. Um wieder zum Posteingang oder einem anderen Ordner zu wechseln, klicken Sie diesen einfach an.
- **Junk-E-Mail-Optionen:** Wählen Sie diese Schaltfläche, um Faktoren wie den Grad des Junk-E-Mail-Schutzes anzupassen oder festzulegen, dass Junk-E-Mail nicht in den Ordner *Junk-E-Mail* verschoben, sondern endgültig gelöscht werden soll. Die Meldung schließt sich daraufhin und Sie können die Optionen, wie im Abschnitt »Junk-E-Mail-Optionen« in diesem Kapitel beschrieben, bearbeiten.
- **Schließen:** Wählen Sie diese Schaltfläche, um das Dialogfeld zu schließen und Ihre Arbeit mit Outlook fortzusetzen. Sie können den Ordner *Junk-E-Mail* jederzeit öffnen, indem Sie ihn in der Ordnerliste anklicken. Anschließend können Sie den Inhalt löschen, einzelne E-Mails wiederherstellen, Absender zur Liste blockierter Absender hinzufügen oder die Junk-E-Mail-Optionen bearbeiten, wie im Abschnitt »Junk-E-Mail-Optionen« in diesem Kapitel beschrieben.

Den Ordner *Junk-E-Mail* überprüfen und leeren

Der Ordner *Junk-E-Mail* wird von Outlook nicht automatisch geleert. Deshalb sollten Sie selbst den Inhalt dieses Ordners regelmäßig überprüfen und bei E-Mails, die versehentlich als Junk-E-Mail eingestuft wurden, die Junk-E-Mail-Markierung entfernen. Gehen Sie dazu wie folgt vor:

1. Aktivieren Sie im Navigationsbereich die Komponente *E-Mail* und klicken Sie im Posteingang auf den Ordner *Junk-E-Mail*. Die in diesem Ordner enthaltenen E-Mails werden in der zweiten Spalte mit der Überschrift *Junk-E-Mail* aufgelistet. Sie sind alle als ungelesen markiert. Der Inhalt der obersten E-Mail in der Liste wird im Lesebereich angezeigt. Der Infoleiste können Sie entnehmen, dass Hyperlinks und andere Funktionen in dieser Nachricht deaktiviert wurden. Außerdem erfahren Sie, wie Sie die E-Mail bei Bedarf in Ihrem Posteingang wiederherstellen können (siehe Abbildg. 5.77).

Abbildg. 5.77 Den Inhalt des Ordners *Junk-E-Mail* betrachten

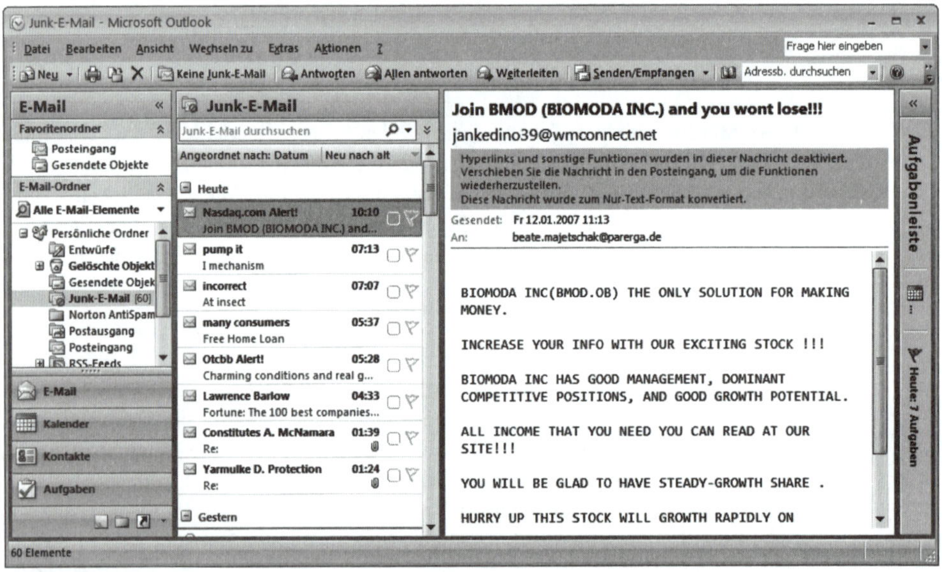

2. Ziehen Sie das Bildlauffeld in der Bildlaufleiste der Spalte *Junk-E-Mail* nach unten, um den Inhalt der Liste zu betrachten.
3. Entdecken Sie eine E-Mail, die versehentlich als Junk-E-Mail eingestuft wurde, klicken Sie diese mit der rechten Maustaste an, zeigen Sie im Kontextmenü auf den Befehl *Junk-E-Mail* und wählen Sie im Untermenü den Befehl *Junk-E-Mail-Markierung aufheben* (siehe Abbildg. 5.78).

Abbildg. 5.78 Die Junk-E-Mail-Markierung aufheben

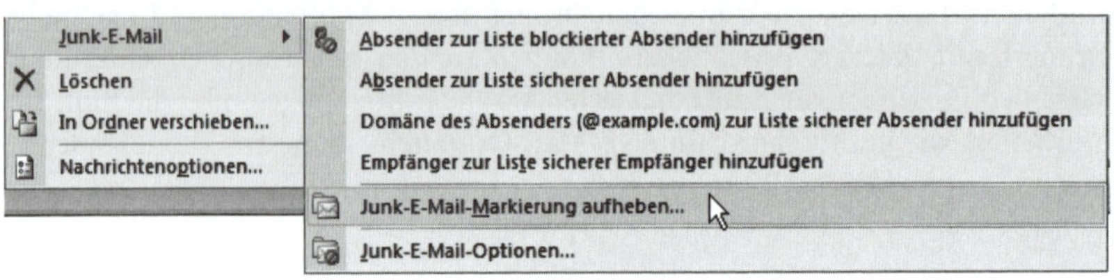

4. Es öffnet sich das Dialogfeld *Junk-E-Mail-Markierung aufheben*, in dem das Kontrollkästchen *E-Mails von "Adresse@domäne.de" nie als Junk-E-Mail behandeln* bereits aktiviert ist. Der Absender wird, wenn Sie auf *OK* klicken, zur Liste sicherer Absender hinzugefügt. Wünschen Sie dies nicht, sondern wollen Sie lediglich diese eine E-Mail zurück in den Posteingang verschieben, deaktivieren Sie das Kontrollkästchen. Zusätzlich können Sie unter *Nachrichten an folgende Adressen sind immer vertrauenswürdig* das Kontrollkästchen mit der Empfängerangabe aus der E-Mail aktivieren. Diese Option ist jedoch nicht zu empfehlen.
5. Klicken Sie auf *OK*, um das Dialogfeld zu schließen.
6. Um den Ordner zu leeren, klicken Sie mit der rechten Maustaste auf den Ordnernamen und wählen Sie im Kontextmenü, das sich öffnet, den Befehl *Ordner "Junk-E-Mail" leeren* (siehe Abbildg. 5.79).

Abbildg. 5.79 Den Ordner *Junk-E-Mail* leeren

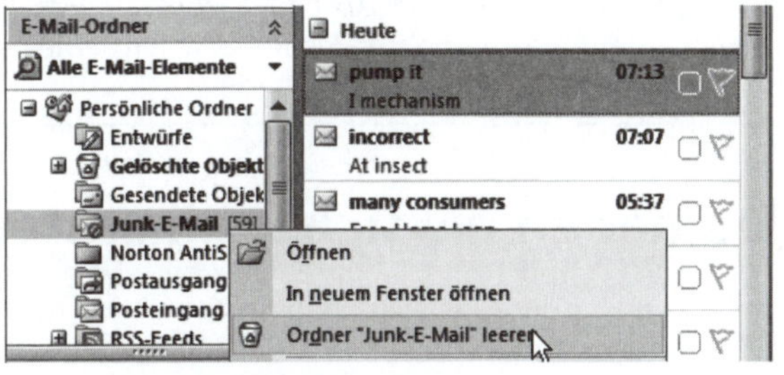

7. Der Ordnerinhalt wird nun in den Ordner *Gelöschte Objekte* verschoben und aus diesem bei der nächsten Leerung dauerhaft entfernt. Zuvor haben Sie die Möglichkeit, einzelne oder alle E-Mails wiederherzustellen.

PROFITIPP

Wollen Sie den Inhalt des Ordners *Junk-E-Mail* direkt beim Leeren dauerhaft von Ihrem Computer löschen, klicken Sie den Ordnernamen mit gedrückter Strg-Taste an und wählen Sie im Kontextmenü den Befehl *Ordner "Junk-E-Mail" leeren*. Bestätigen Sie die Abfrage, ob Sie sicher sind, dass Sie alle Elemente und Unterordner dieses Ordners endgültig löschen wollen, mit *Ja*.

Absender blockieren

Wollen Sie die E-Mails von Absendern, deren Junk-Mail nach wie vor in Ihrem Posteingang landet, ebenfalls ungelesen in den Junk-Mail-Ordner verschieben, sollten Sie die Absender zur Liste der blockierten Absender hinzufügen.

1. Öffnen Sie den Posteingang.
2. Klicken Sie in der Nachrichtenliste in der zweiten Spalte mit der rechten Maustaste auf die E-Mail eines Absenders, den Sie zur Liste der blockierten Absender hinzufügen möchten.
3. Zeigen Sie im Kontextmenü auf den Befehl *Junk-E-Mail* und wählen Sie um Untermenü den Befehl *Absender zur Liste blockierter Absender hinzufügen* (siehe Abbildg. 5.80).

Abbildg. 5.80 Ein paar Mausklicks genügen, um die E-Mails eines Absenders zukünftig zu blockieren

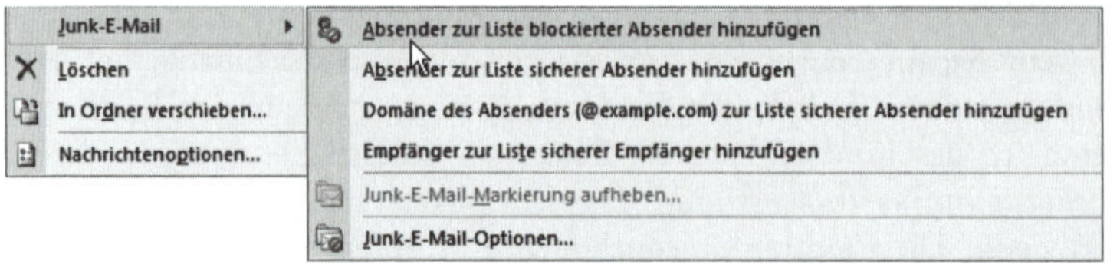

4. Sie erhalten eine Meldung, dass der Absender der gewählten E-Mail zur Liste blockierter Absender hinzugefügt und in den Junk-E-Mail-Ordner verschoben wurde. Soll dieses Hinweisfenster zukünftig nicht mehr eingeblendet werden, aktivieren Sie das Kontrollkästchen *Diese Meldung nicht mehr anzeigen*. Klicken Sie auf *OK*, um den Vorgang zu bestätigen.

TIPP Bei Bedarf können Sie einen blockierten Absender jederzeit wieder aus der Liste der blockierten Absender entfernen. Mehr hierzu erfahren Sie im Abschnitt »Die Liste blockierter Absender bearbeiten« in diesem Kapitel.

Absender und Domänen als sicher einstufen

Erhalten Sie häufig E-Mails eines Absenders, der zwar nicht in Ihren Kontakten enthalten ist, dessen E-Mails Sie jedoch trotzdem als sicher einstufen wollen, können Sie ihn zur Liste sicherer Absender hinzufügen. Dies hat unter anderem den Vorteil, dass die in den E-Mails enthaltenen Bilder damit zukünftig automatisch heruntergeladen werden. Wenn Sie eine Domäne als sicher einstufen, werden alle Absenderadressen aus der Domäne als sicher eingestuft. Wenn Sie beispielsweise die Domäne *microsoft.com* zur Liste sicherer Absender hinzufügen, werden die Absender *info@microsoft.com* und *support@microsoft.com* als sicher eingestuft.

1. Öffnen Sie den Posteingang.

TIPP Sie können auch Absender und Domänen als sicher einstufen, deren E-Mails bereits im Ordner *Junk-E-Mail* gelandet sind. Öffnen Sie dazu in Schritt 1 statt dem Posteingang den Ordner *Junk-E-Mail*.

2. Klicken Sie in der Nachrichtenliste in der zweiten Spalte mit der rechten Maustaste auf die E-Mail eines Absenders, dessen Adresse oder Domäne Sie zur Liste der sicheren Absender hinzufügen möchten.
3. Zeigen Sie im Kontextmenü auf den Befehl *Junk-E-Mail* und wählen Sie um Untermenü den Befehl *Absender zur Liste sicherer Absender hinzufügen* (siehe Abbildg. 5.81) bzw. den Befehl *Domäne des Absenders zur Liste sicherer Absender hinzufügen*.

Abbildg. 5.81 Einen Absender zur Liste sicherer Absender hinzufügen

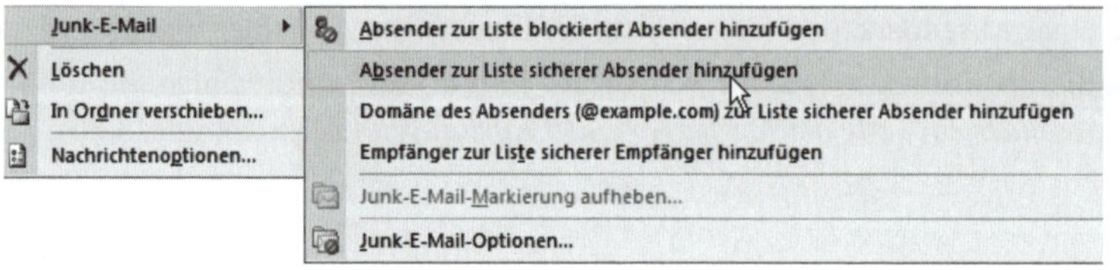

4. Es wird die Meldung eingeblendet, dass der Absender bzw. die Domäne der gewählten E-Mail zur Liste sicherer Absender hinzugefügt wurde. Soll dieses Hinweisfenster zukünftig nicht mehr eingeblendet werden, aktivieren Sie das Kontrollkästchen *Diese Meldung nicht mehr anzeigen.* Klicken Sie auf *OK*, um den Vorgang zu bestätigen.

Exportieren und Importieren von E-Mail-Adressen in Junk-E-Mail-Filter

Werden Ihnen vom Netzwerkadministrator oder von einer anderen Person Listen mit Absendern oder Empfängern als Nur-Text-Dateien bereitgestellt, die Sie gerne in Ihren Junk-E-Mail-Filter übernehmen möchten, gehen Sie wie folgt vor:

1. Öffnen Sie das Dialogfeld *Junk-E-Mail-Optionen,* indem Sie den Untermenübefehl *Aktionen/Junk-E-Mail/Junk-E-Mail-Optionen* aufrufen.
2. Aktivieren Sie die Registerkarte *Sichere Absender* und klicken Sie darin auf die Schaltfläche *Importieren.*
3. Im nun geöffneten Dialogfeld *Sichere Absender importieren* aktivieren Sie den Pfad, in dem sich die Datei befindet, die die Liste der sicheren Absender enthält (siehe Abbildg. 5.82).

Abbildg. 5.82 Die Liste sicherer Absender importieren

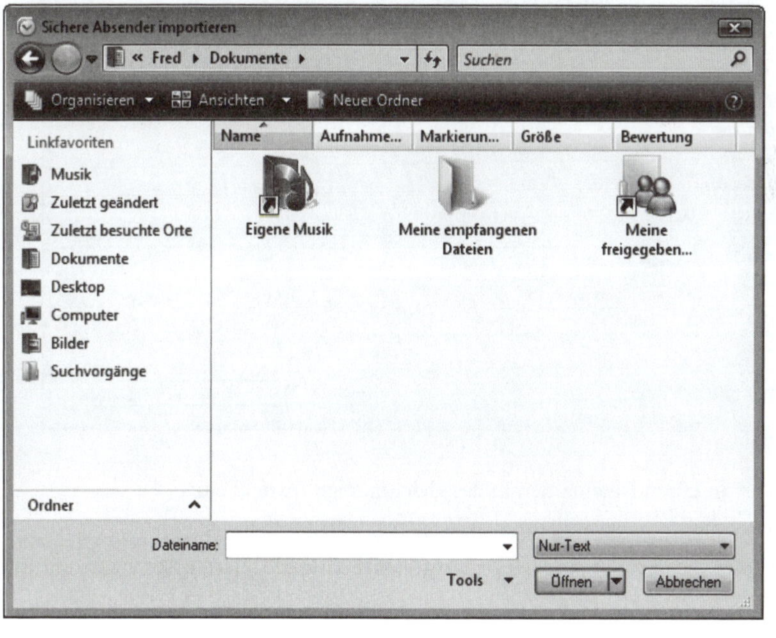

4. Markieren Sie den Dateinamen und klicken Sie auf *Öffnen* und anschließend zwei Mal auf *OK*. Die Liste der Absender oder Domänennamen wird nun in Ihre Liste sicherer Absender importiert.

TIPP Auf die gleiche Weise können Sie im Dialogfeld *Junk-E-Mail-Optionen* über die Registerkarten *Sichere Empfänger* und *Blockierte Absender* Listen mit Absendern oder Domänennamen importieren.

Um Ihre eigene Liste blockierter Absender an andere weiterzugeben, können Sie sie wie folgt exportieren:

1. Öffnen Sie das Dialogfeld *Junk-E-Mail-Optionen,* indem Sie den Untermenübefehl *Aktionen/Junk-E-Mail/Junk-E-Mail-Optionen* aufrufen.
2. Aktivieren Sie die Registerkarte *Sichere Absender* und klicken Sie darin auf die Schaltfläche *Exportieren.*
3. Im Dialogfeld *Sichere Absender exportieren*, das sich nun öffnet, aktivieren Sie den Pfad, in dem sich die Datei befindet, die die Liste der sicheren Absender enthält (siehe Abbildg. 5.83).

Abbildg. 5.83 Liste sicherer Absender exportieren

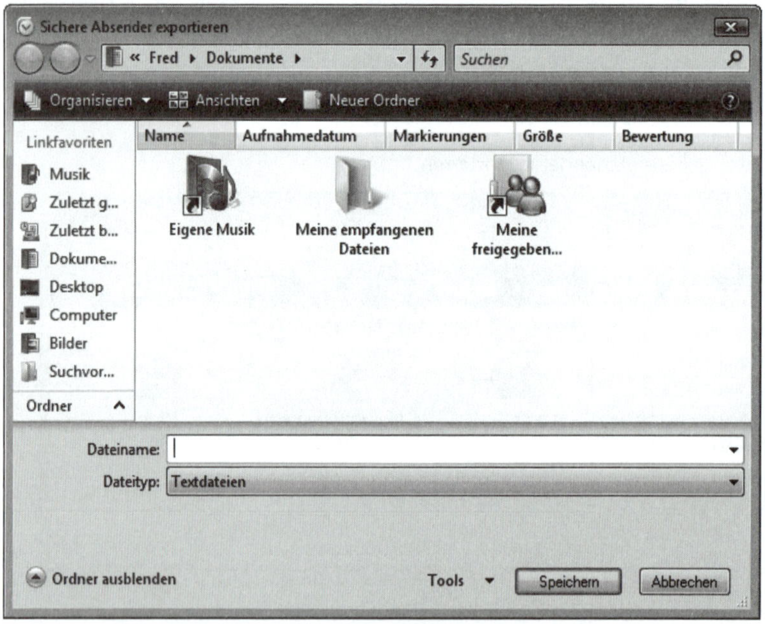

4. Geben Sie einen Dateinamen in das gleichnamige Textfeld ein.
5. Klicken Sie auf *Speichern*, um den Vorgang abzuschließen.

Wiederholen Sie den Vorgang bei Bedarf für Ihre Liste blockierter Absender und Ihre Liste sicherer Empfänger.

Junk-E-Mail-Optionen

Der Schutz vor Junk-Mail ist standardmäßig aktiviert. Sie können ihn jedoch auch deaktivieren oder aber den Grad des Schutzes anpassen. Standardmäßig ist außerdem festgelegt, dass Ihre Kontakte als vertrauenswürdige Absender gelten. Diese Option können Sie jedoch bei Bedarf deaktivieren. Außerdem haben Sie die Möglichkeit, alle fünf Filterlisten des Junk-E-Mail-Filters zu bearbeiten. Gehen Sie dazu wie nachfolgend beschrieben vor.

Grad des Junk-E-Mail-Schutzes anpassen

Um den Grad des Junk-E-Mail-Schutzes anzupassen, gehen Sie wie folgt vor:

1. Öffnen Sie das Dialogfeld *Junk-E-Mail-Optionen,* indem Sie den Untermenübefehl *Aktionen/Junk-E-Mail/Junk-E-Mail-Optionen* aufrufen.
2. Es öffnet sich das gleichnamige Dialogfeld (siehe Abbildg. 5.84) mit aktivierter Registerkarte *Optionen.* Standardmäßig ist beim Junk-E-Mail-Schutz der Grad *Niedrig* aktiviert. Ist dieser Schutz für Sie nicht passend, wählen Sie eine der drei weiteren Optionen aus:

Abbildg. 5.84 Hier können Sie den Grad des Junk-E-Mail-Schutzes ändern

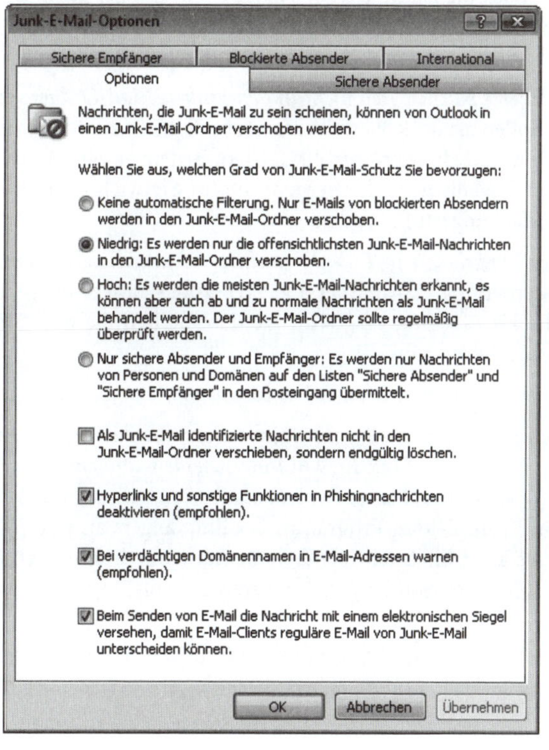

- *Keine automatische Filterung:* Mit dieser Option wird der Junk-E-Mail-Filter deaktiviert und es werden nur noch E-Mails von Absendern in den Ordner *Junk-E-Mail* verschoben, die in der Liste blockierter Absender enthalten sind.

Kommunikation leicht gemacht

TIPP Diese Option ist nur dann empfehlenswert, wenn sehr häufig E-Mails fälschlicherweise als Junk-E-Mail deklariert werden und Sie selten Junk-E-Mails erhalten.

- *Niedrig:* Diese Option ist standardmäßig aktiviert. Mit Ihr wird der Junk-E-Mail-Filter aktiviert, der die Absender und Inhalte aller eingehenden E-Mails nach bestimmten Kriterien durchsucht und die E-Mails anhand dieser Prüfung als Junk-E-Mail oder Phishing einstuft.
- *Hoch:* Mit dieser Option wird ein stärkerer Junk-E-Mail-Filter auf die eingehenden E-Mails angewendet als bei der Option *Niedrig*. Es landen damit noch seltener Junk-E-Mails in Ihrem Posteingang, die Wahrscheinlichkeit, dass E-Mails fälschlicherweise als Junk-E-Mail eingestuft werden, erhöht sich jedoch. Sie sollten deshalb immer den Inhalt des Ordners *Junk-E-Mail* überprüfen, bevor Sie ihn leeren.
- *Nur sichere Absender und Empfänger:* Ist diese Option aktiviert, gelangen nur die E-Mails von Absendern und Empfängern in Ihren Posteingang, die in der Liste sicherer Absender oder in der Liste sicherer Empfänger enthalten sind. Dieser Filter ist sehr restriktiv und die Wahrscheinlichkeit hoch, dass E-Mails fälschlicherweise als Junk-E-Mail eingestuft werden. Prüfen Sie deshalb regelmäßig den Inhalt des Ordners *Junk-E-Mail* und fügen Sie alle Absender und Empfänger von E-Mails, die fälschlicherweise in diesem Ordner gelandet sind, zur Liste sicherer Absender bzw. zur Liste sicherer Empfänger hinzu, bevor Sie den Ordnerinhalt löschen.
- *Als Junk-E-Mail identifizierte Nachrichten nicht in den Junk-E-Mail-Ordner verschieben, sondern endgültig löschen:* Sollen als Junk-E-Mail eingestufte E-Mails zukünftig direkt endgültig gelöscht werden, aktivieren Sie dieses Kontrollkästchen. Bedenken Sie jedoch, dass dadurch die Gefahr besteht, dass E-Mails gelöscht werden, die für Sie wichtig sind und die fälschlicherweise als Junk-E-Mail eingestuft wurden.
- *Hyperlinks und sonstige Funktionen in Phishingnachrichten deaktivieren (empfohlen):* Zum Schutz vor Phishing werden standardmäßig alle Hyperlinks und sonstige Funktionen in E-Mails deaktiviert, die als Phishing eingestuft werden. Sollten Sie dies nicht wünschen, deaktivieren Sie das Kontrollkästchen.
- *Bei verdächtigen Domänennamen in E-Mail-Adressen warnen (empfohlen).*
- *Beim Senden von E-Mail die Nachricht mit einem elektronischen Siegel versehen, damit E-Mail-Clients reguläre E-Mail von Junk-E-Mail unterscheiden können:* Dieses Kontrollkästchen ist standardmäßig aktiviert und sorgt dafür, dass Ihre ausgehenden E-Mails so gekennzeichnet werden, dass sie vom E-Mail-Programm des Empfängers als unverdächtige E-Mail eingestuft werden. Dieses Kontrollkästchen sollten Sie nur dann deaktivieren, wenn Sie häufig mit E-Mail-Empfängern kommunizieren, bei deren E-Mail-Programm das Siegel Probleme verursacht.

3. Klicken Sie auf die Schaltfläche *Übernehmen*, um ihre Änderungen zu bestätigen. Bearbeiten Sie bei Bedarf die weiteren Registerkarten oder schließen Sie das Dialogfeld über die Schaltfläche *OK*.

Die Liste sicherer Absender bearbeiten

Um die Liste sicherer E-Mail-Absender zu bearbeiten oder dafür zu sorgen, dass Ihre Kontakte nicht als vertrauenswürdige Absender betrachtet werden, gehen Sie wie folgt vor:

1. Öffnen Sie das Dialogfeld *Junk-E-Mail-Optionen*, indem Sie den Untermenübefehl *Aktionen/Junk-E-Mail/Junk-E-Mail-Optionen* aufrufen.
2. Aktivieren Sie die Registerkarte *Sichere Absender* (siehe Abbildg. 5.85) und führen Sie dann eine der folgenden Aktionen aus:

Abbildg. 5.85 Hier können Sie die Liste der sicheren Absender bearbeiten

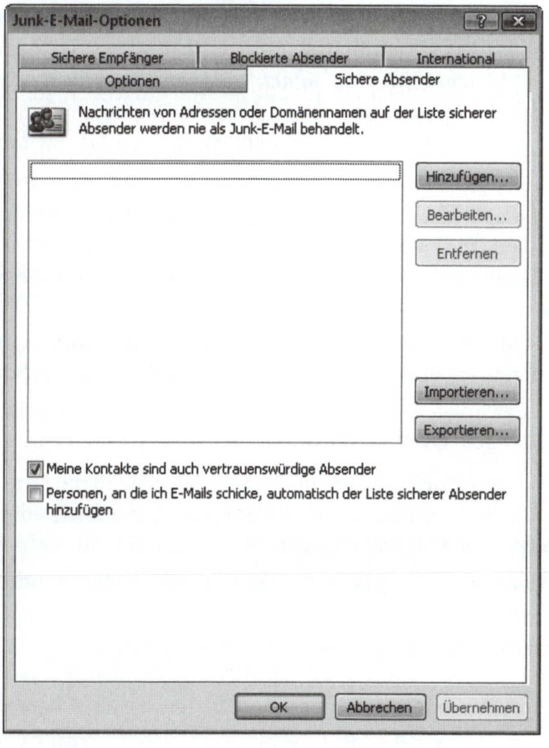

- *Hinzufügen:* Wollen Sie einen Absender oder eine Domäne manuell zur Liste der sicheren Absender hinzufügen, klicken Sie auf die Schaltfläche *Hinzufügen*. Geben Sie im Dialogfeld *Adresse oder Domäne hinzufügen*, das sich nun öffnet, die E-Mail-Adresse oder Domäne ein, und klicken Sie auf *OK*.
- *Bearbeiten:* Enthält Ihre Liste sicherer Absender bereits Einträge und wollen Sie einen Absender bearbeiten, weil Sie beispielsweise festgestellt haben, dass es sinnvoller ist, die Domäne statt den einzelnen Absender zur Liste der sicheren Absender hinzuzufügen, markieren Sie den Eintrag in der Liste, und klicken Sie auf die Schaltfläche *Bearbeiten*. Es öffnet sich das Dialogfeld *Adresse oder Domäne bearbeiten*. Nehmen Sie die gewünschten Änderungen vor. Um die Absenderadresse zur Domäne zu machen, löschen Sie beispielsweise den Adressteil vor dem @-Zeichen. Klicken Sie anschließend auf *OK*.

- *Entfernen:* Um einen Absender oder eine Domäne aus der Liste sicherer Absender zu löschen, aktivieren Sie den Eintrag in der Liste sicherer Absender und klicken Sie auf die Schaltfläche *Entfernen.* Der Eintrag wird automatisch aus der Liste gelöscht und die E-Mails von der Adresse oder Domäne werden zukünftig wieder automatisch in den Ordner *Junk-E-Mail* verschoben.

TIPP Die Domäne ist immer der Teil der E-Mail-Adresse, der dem @-Zeichen folgt. Bei der Absenderadresse *jemand@beispiel.de* wäre *beispiel.de* die Domäne.

- *Meine Kontakte sind auch vertrauenswürdige Absender:* Wünschen Sie, dass Ihre Kontakte prinzipiell als vertrauenswürdig eingestuft werden, und dass damit E-Mails dieser Kontakte nicht in den Ordner *Junk-E-Mail* verschoben werden, auch wenn der Betreff verdächtig klingt, muss das Kontrollkästchen *Meine Kontakte sind auch vertrauenswürdige Absender* aktiviert sein. Sollen auch die E-Mails von Kontakten prinzipiell daraufhin überprüft werden, ob es sich möglicherweise um Junk-E-Mail handelt, müssen Sie das Kontrollkästchen deaktivieren.
- *Personen, an die ich E-Mails schicke, automatisch der Liste sicherer Absender hinzufügen:* Wenn Sie erreichen möchten, dass die E-Mail-Adressen von Personen, an die Sie E-Mails schicken, automatisch in die Liste sicherer Absender aufgenommen werden, aktivieren Sie dieses Kontrollkästchen. Das ist jedoch nicht empfehlenswert.

3. Klicken Sie auf die Schaltfläche *Übernehmen,* um ihre Änderungen zu bestätigen, und bearbeiten Sie bei Bedarf weitere Registerkarten oder schließen Sie das Dialogfeld über die Schaltfläche *OK.*

Die Liste sicherer Empfänger bearbeiten

Sind Sie in einer Verteiler- oder Adressliste enthalten und wollen Sie diese in die Liste sicherer Empfänger übernehmen, so dass E-Mails, die an diese Verteilerliste geschickt werden, nicht an den Ordner *Junk-E-Mail* gesendet werden, gehen Sie wie folgt vor:

1. Öffnen Sie das Dialogfeld *Junk-E-Mail-Optionen,* indem Sie den Untermenübefehl *Aktionen/Junk-E-Mail/Junk-E-Mail-Optionen* aufrufen.
2. Aktivieren Sie die Registerkarte *Sichere Empfänger* (siehe Abbildg. 5.86).

Abbildg. 5.86 Hier werden Adressen von Verteiler- oder Adresslisten eingetragen, die als sichere Empfänger behandelt werden sollen

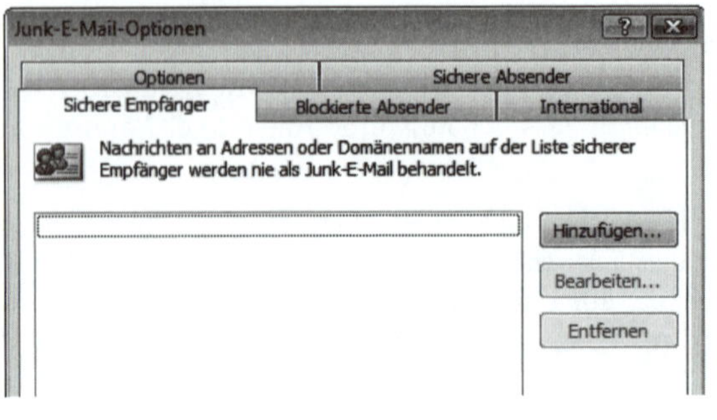

3. Fügen Sie nun die E-Mail-Adresse oder den Domänennamen eines gewünschten Empfängers zur Liste hinzu, bearbeiten Sie die Liste oder entfernen Sie Einträge aus der Liste, wie im Abschnitt »Die Liste sicherer Absender bearbeiten« in diesem Kapitel beschrieben.
4. Schließen Sie das Dialogfeld über die Schaltfläche *OK*.

Die Liste blockierter Absender bearbeiten

Haben Sie eine E-Mail-Adresse zur Liste der blockierten Absender hinzugefügt und wollen Sie diese nun entfernen oder bearbeiten oder wollen Sie sogar eine neue E-Mail-Adresse zur Adressliste hinzufügen, gehen Sie wie folgt vor:

1. Öffnen Sie das Dialogfeld *Junk-E-Mail-Optionen*, indem Sie den Untermenübefehl *Aktionen/Junk-E-Mail/Junk-E-Mail-Optionen* aufrufen.
2. Aktivieren Sie die Registerkarte *Blockierte Absender* (siehe Abbildg. 5.87).

Abbildg. 5.87 Hier werden Adressen und Domänennamen eingetragen, deren E-Mails als Junk-E-Mail behandelt werden sollen

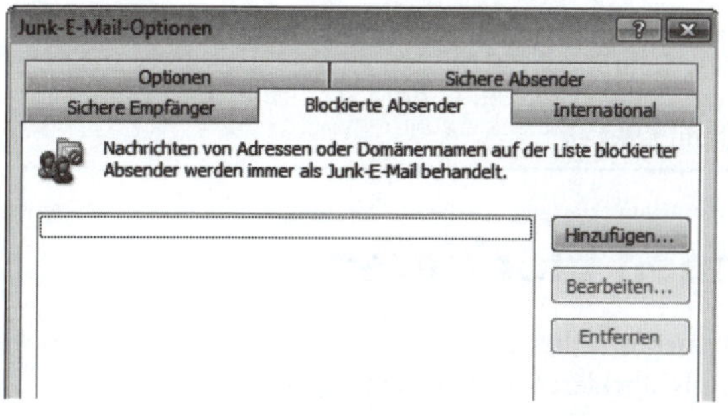

3. Fügen Sie nun die E-Mail-Adresse oder den Domänennamen eines gewünschten Empfängers zur Liste hinzu, bearbeiten Sie die Liste oder entfernen Sie Einträge aus der Liste, wie im Abschnitt »Die Liste sicherer Absender bearbeiten« in diesem Kapitel beschrieben.
4. Schließen Sie das Dialogfeld über die Schaltfläche *OK*.

Domänen auf oberster Ebene blockieren

Um die E-Mails bestimmter Domänen auf oberster Ebene zu blockieren und damit auszuschließen, dass Sie E-Mails aus einem bestimmten Land erhalten, gehen Sie wie folgt vor:

1. Öffnen Sie das Dialogfeld *Junk-E-Mail-Optionen*, indem Sie den Untermenübefehl *Aktionen/Junk-E-Mail/Junk-E-Mail-Optionen* aufrufen.
2. Aktivieren Sie die Registerkarte *International* und klicken Sie auf dieser auf die Schaltfläche *Liste blockierter Domänen auf oberster Ebene*.
3. Im nun geöffneten gleichnamigen Dialogfeld aktivieren Sie die Kontrollkästchen aller Länderkennzeichen, aus denen Sie E-Mails blockieren möchten (siehe Abbildg. 5.88).

Abbildg. 5.88 Domänen auf oberster Ebene blockieren

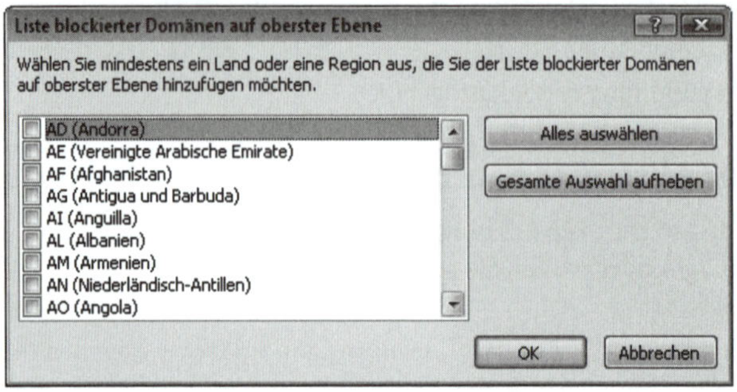

4. Bestätigen Sie Ihre Wahl, indem Sie zwei Mal auf *OK* klicken.

Alle E-Mails aus dem jeweils festgelegten Land werden zukünftig automatisch als Junk-E-Mail eingestuft und in den Ordner *Junk-E-Mail* verschoben.

TIPP Um die Blockierung aufzuheben, öffnen Sie das Dialogfeld *Liste blockierter Domänen auf oberster Ebene* noch einmal und klicken auf die Schaltfläche *Gesamte Auswahl aufheben*. Bestätigen Sie dann zwei Mal mit *OK*.

Sprachcodierungen blockieren

Erhalten Sie häufig E-Mails in einer Sprache, die Sie nicht lesen können, können Sie die E-Mails dieser Sprachcodierung ganz einfach blockieren. Gehen Sie dazu wie folgt vor:

1. Öffnen Sie das Dialogfeld *Junk-E-Mail-Optionen*, indem Sie den Untermenübefehl *Aktionen/Junk-E-Mail/Junk-E-Mail-Optionen* aufrufen.
2. Aktivieren Sie die Registerkarte *International* und klicken Sie darin auf die Schaltfläche *Liste blockierter Codierungen*.
3. Im nun geöffneten gleichnamigen Dialogfeld aktivieren Sie die Kontrollkästchen aller Sprachcodierungen, aus denen Sie E-Mails blockieren möchten (siehe Abbildg. 5.89).

Abbildg. 5.89 Ausgewählte Sprachcodierungen blockieren

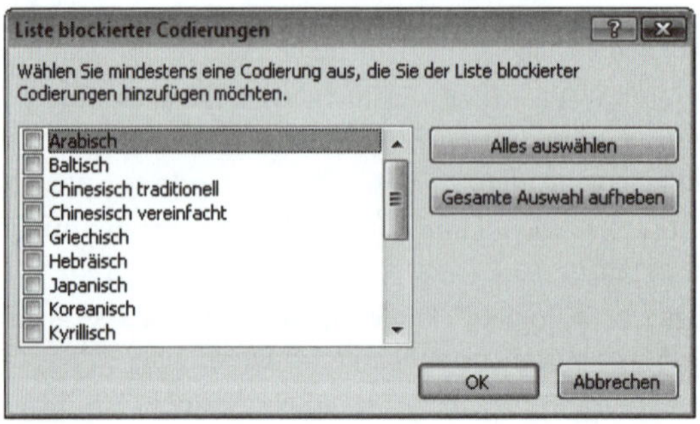

4. Bestätigen Sie Ihre Wahl, indem Sie zwei Mal auf *OK* klicken.

Alle E-Mails mit dieser Sprachcodierung werden zukünftig automatisch als Junk-E-Mail eingestuft und in den Ordner *Junk-E-Mail* verschoben.

TIPP Um die Blockierung aufzuheben, öffnen Sie das Dialogfeld *Liste blockierter Codierungen* noch einmal und klicken auf die Schaltfläche *Gesamte Auswahl aufheben*. Bestätigen Sie dann zwei Mal mit *OK*.

Zusammenfassung

E-Mails lassen sich ganz bequem per Mausklick empfangen, beantworten oder an Dritte weiterleiten. Über die Sofortsuche können Sie gesuchte E-Mails schnell und zuverlässig finden. Und auch das Versenden von Dateien als Anlage zur E-Mail ist kein Problem.

Sie möchten ...	So gehen Sie vor	Sehen Sie sich dazu das Beispiel an auf Seite
E-Mails empfangen	Klicken Sie im Navigationsbereich auf die Schaltfläche *E-Mail* und dann in der Symbolleiste auf die Schaltfläche *Senden/Empfangen* oder drücken Sie die Taste F9	208
E-Mails einzelner Konten empfangen	Aktivieren Sie die Komponente *E-Mail*, klicken Sie auf den Abwärtspfeil in der Schaltfläche *Senden/Empfangen*, zeigen Sie auf das gewünschte Konto und wählen Sie die gewünschte Aktion	218
E-Mail-Sortierung anpassen	Klicken Sie im Posteingang auf den Spaltenkopf der Spalte, nach der Sie sortieren möchten	231
E-Mails löschen	Markieren Sie die E-Mails, die Sie löschen möchten, und klicken Sie in der Symbolleiste auf die Schaltfläche *Löschen*	235
E-Mails suchen	Geben Sie so viele Buchstaben des Suchbegriffs in das Feld *Sofortsuche* ein, bis die gesuchten E-Mails angezeigt werden	236
E-Mails im Lesebereich lesen	Öffnen Sie den Posteingang und markieren Sie die E-Mail, die Sie lesen möchten, mit einem Mausklick	240
E-Mails beantworten	Markieren Sie die E-Mail, die Sie beantworten möchten, und klicken Sie auf die Schaltfläche *Antworten*	249
E-Mails weiterleiten	Markieren Sie die E-Mail, die Sie weiterleiten möchten, und klicken Sie auf die Schaltfläche *Weiterleiten*	251
Anlagen in der Vorschau betrachten	Klicken Sie die Anlage im Lesebereich an, um die Vorschau zu öffnen	253
Anlagen speichern	Klicken Sie die Anlage mit der rechten Maustaste an und wählen Sie im Kontextmenü den Befehl *Speichern unter*	258
E-Mails drucken	Öffnen Sie die E-Mail, die Sie drucken möchten, mit einem Doppelklick, klicken Sie dann auf die Office-Schaltfläche und wählen Sie den Befehl *Drucken*	264

Kapitel 6

Nützliche Zusatzfunktionen für den Posteingang

Kommunikation leicht gemacht

In diesem Kapitel:

Neben den bisher beschriebenen Funktionen für den Posteingang gibt es noch viele weitere nützliche Funktionen, die in diesem Kapitel vorgestellt werden, wie z.B. der Abfrage-Generator für die Sofortsuche, mit dem Sie den Posteingang bequem über eine Eingabemaske nach verschiedenen Kriterien durchsuchen und filtern können oder die Direktkennzeichnung, mit der Sie E-Mails zur Nachverfolgung kennzeichnen und kategorisieren können. Erfahren Sie außerdem, wie Sie die E-Mails in Ihrem Posteingang mit Regeln sortieren können und wie Sie WebMail-Optionen nutzen.

Weitere Suchfunktionen nutzen

Neben der Sofortsuche, die Sie im letzten Kapitel kennen gelernt haben, bietet Outlook 2007 die erweiterte Sofortsuche, die erweiterte Suche und die Suchordner, um gesuchte Elemente im Posteingang und in anderen E-Mail-Ordnern zu finden. Diese Funktionen brauchen Sie jedoch nur dann einzusetzen, wenn Sie mit der Sofortsuche nicht fündig werden.

Den Abfrage-Generator nutzen

Der Abfrage-Generator ist Bestandteil der Sofortsuche und kann aktiviert werden, wenn die einfache Sofortsuche nicht die gewünschten Ergebnisse bringt oder wenn Sie lieber eine Suchmaske nutzen möchten, in deren Felder Sie Suchbegriffe eingeben. Gehen Sie wie folgt vor, um den Abfrage-Generator einzublenden und zu nutzen:

1. Aktivieren Sie zunächst den Posteingang für das Konto, das Sie durchsuchen wollen.

2. Klicken Sie dann rechts neben dem Feld *Sofortsuche* auf die Schaltfläche *Abfrage-Generator erweitern*.

TIPP Die erweiterte Sofortsuche können Sie, wie nachfolgend beschrieben, auf jeden anderen E-Mail-Ordner anwenden. Markieren Sie dazu statt des Posteingangs den gewünschten E-Mail-Ordner.

3. Es werden nun unterhalb vom Feld *Sofortsuche* die Felder *An*, *Betreff*, *Text* und *Von* eingeblendet, in die Sie einen oder mehrere Suchbegriffe eingeben können (siehe Abbildg. 6.1). Suchen Sie beispielsweise E-Mails, die an einen bestimmten Empfänger oder eine Empfängerliste gesendet wurden, geben Sie den entsprechenden Namen in das Feld *An* ein. Suchen Sie nach E-Mails zu einem bestimmten Betreff, geben Sie diesen in das Feld *Betreff* ein. Möchten Sie alle E-Mails finden, die einen bestimmten Begriff im Nachrichtentext enthalten, geben Sie diesen in das Feld *Betreff* ein, und suchen Sie E-Mails von einem bestimmten Absender, geben Sie dessen Namen oder E-Mail-Adresse in das Feld *Von* ein. Wollen Sie hingegen nach E-Mails von einem bestimmten Absender mit einem bestimmten Betreff suchen, geben Sie den Namen des Absenders oder dessen E-Mail-Adresse in das Feld *Von* ein und tragen Sie dann den Betreff in das Feld *Betreff* ein. Outlook sucht bereits während der Eingabe nach E-Mails, die das oder die angegebenen Kriterien erfüllen.

Abbildg. 6.1 Im erweiterten Abfrage-Generator können Sie zahlreiche Suchkriterien festlegen

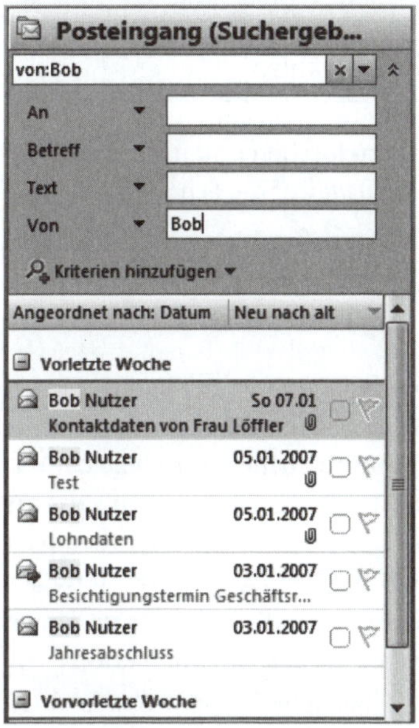

4. Benötigen Sie statt des Kriteriums *An* beispielsweise eher das Kriterium *Wichtigkeit* oder statt des Kriteriums *Text* eher das Kriterium *Vertraulichkeit*, können Sie das vorhandene Kriterium ganz leicht ersetzen. Klicken Sie dazu auf den Abwärtspfeil rechts neben dem Kriterium und wählen Sie aus dem Dropdown-Listenfeld, das sich öffnet, das gewünschte Kriterium aus. Das neu gewählte Kriterium bleibt so lange aktiv, bis Sie ein anderes Kriterium wählen.

5. Reichen Ihnen die angegebenen vier Kriterien für Ihre Suche nicht aus und wollen Sie dauerhaft ein weiteres Kriterium zum Abfrage-Generator hinzufügen, wie z.B. das Kriterium *Wichtigkeit*, klicken Sie auf die Schaltfläche *Kriterien hinzufügen* und wählen Sie das gewünschte Kriterium aus dem Dropdown-Listenfeld aus. Das neue Feld wird nun unterhalb vom Kriterium *Von* in den Abfrage-Generator aufgenommen und steht Ihnen ab jetzt immer zur Verfügung (siehe Abbildg. 6.2).

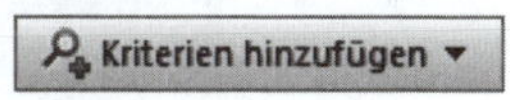

Abbildg. 6.2 Ein neues Kriterium zum Abfrage-Generator hinzufügen

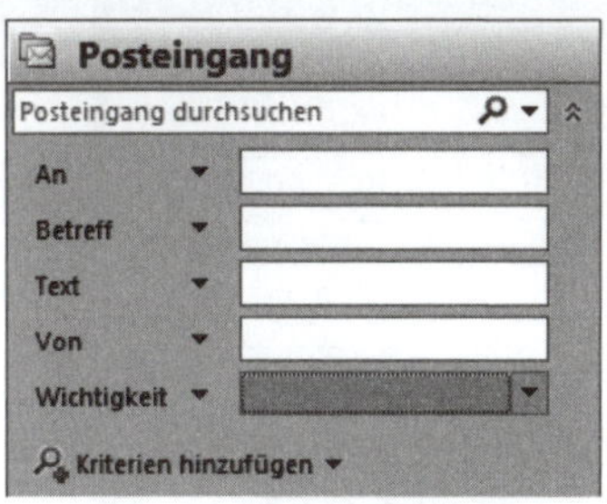

TIPP Benötigen Sie das Kriterium nicht mehr, können Sie es ganz leicht entfernen, indem Sie auf den Pfeil rechts neben dem Namen des Kriteriums klicken und aus dem Dropdown-Listenfeld, das sich öffnet, den Eintrag *Entfernen* wählen.

6. Um den Inhalt der Felder des Abfrage-Generators zu löschen und in der Nachrichtenliste wieder alle E-Mails anzuzeigen, klicken Sie im Feld *Sofortsuche* auf die Schaltfläche *Suche löschen*.
7. Benötigen Sie den Abfrage-Generator nicht mehr, schließen Sie ihn mit einem Mausklick auf die Schaltfläche *Abfrage-Generator reduzieren*.

Die erweiterte Suche nutzen

In der neuen Version 2007 von Outlook ist die erweiterte Suche zwar vielleicht nicht mehr unbedingt nötig, es gibt Sie aber trotzdem noch und sie kann in manchen Fällen ganz nützlich sein. Mit der erweiterten Suche können Sie von jedem Outlook-Element aus nach einem beliebigen anderen Outlook-Element suchen. Gehen Sie wie folgt vor, um die erweiterte Suche zu nutzen:

1. Öffnen Sie das Menü *Extras*, zeigen Sie auf *Sofortsuche* und wählen Sie im Untermenü, das sich öffnet, den Befehl *Erweiterte Suche* oder drücken Sie die Tastenkombination Strg+⇧+F.
2. Es öffnet sich das Dialogfeld *Erweiterte Suche* (siehe Abbildg. 6.3). Das Dialogfeld besitzt eine Titelleiste und eine Menüleiste und lässt sich, anders als andere Dialogfelder, minimieren und maximieren. Das Fenster bleibt so lange geöffnet, bis Sie es schließen.

Abbildg. 6.3 In der erweiterten Suche können Sie zahlreiche Suchkriterien festlegen

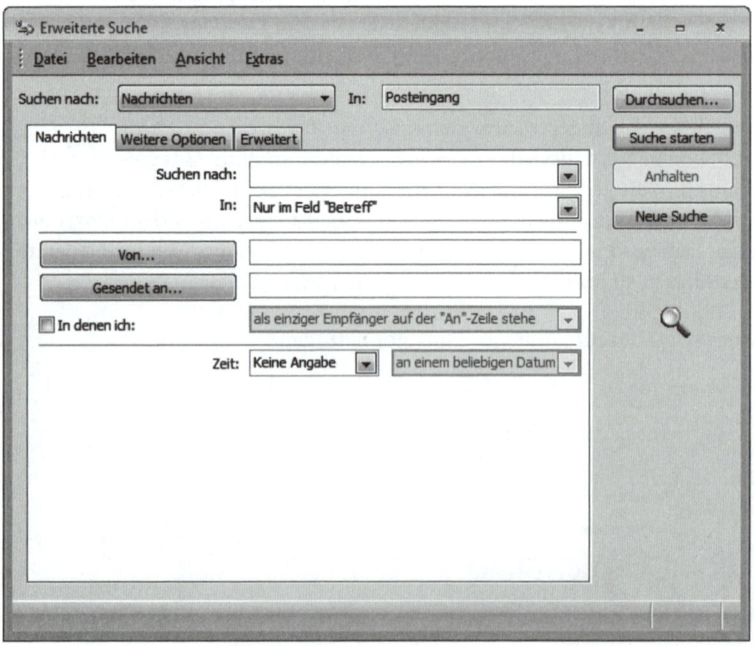

3. Im Feld *Suchen nach* ist der Eintrag *Nachrichten* bereits aktiviert. Wollen Sie stattdessen nach Kontakten, Aufgaben oder Notizen suchen, wählen Sie das gewünschte Outlook-Element aus dem Dropdown-Listenfeld aus.
4. Sobald Sie im Feld *Suchen nach* ein neues Element auswählen, passt sich der Inhalt des Felds *In* automatisch an. Wollen Sie den Eintrag im Feld *In* ändern, klicken Sie auf die Schaltfläche *Durchsuchen* und aktivieren Sie im Dialogfeld *Ordner auswählen*, das sich nun öffnet, alle Ordner, die durchsucht werden sollen, und bestätigen Sie Ihre Auswahl mit *OK*.
5. Über die drei Registerkarten *Nachrichten, Weitere Optionen* und *Erweitert* legen Sie dann die weiteren Suchkriterien fest und verfeinern damit die Suche. Mehr hierzu erfahren Sie in den Abschnitten »Nachrichten« und »Weitere Optionen« in diesem Kapitel.
6. Zum Abschluss führen Sie die Suche durch oder Sie speichern sie als erweiterte Suche oder als Suchordner, wie im Abschnitt »Suchordner optimal einsetzen« in diesem Kapitel beschrieben.
7. Klicken Sie auf die *Schließen*-Schaltfläche, um das Dialogfeld *Erweiterte Suche* zu schließen.

Die Registerkarte *Nachrichten*

Die Registerkarte *Nachrichten* (siehe Abbildg. 6.3) ist aktiviert, wenn Sie die erweiterte Suche öffnen. Auf dieser Registerkarte können Sie die Absender wählen, deren E-Mails Sie finden wollen. Zusätzlich können Sie die Suche auf E-Mails beschränken, in denen Sie allein oder mit anderen Empfängern in der An- bzw. CC-Zeile stehen. Haben Sie alle Optionen auf der Registerkarte *Nachrichten* festgelegt, können Sie die Suche starten. Sie haben aber auch die Möglichkeit, die Suche zunächst einmal zu speichern oder weitere Suchkriterien auf den beiden weiteren Registerkarten festzulegen.

- **Suchen nach:** Suchen Sie nach einem bestimmten Text, der nur im Betreff der Nachricht vorkam, geben Sie den Text in das Feld *Suchen nach* ein, und wählen Sie dann im Listenfeld *In* den Eintrag *Nur im Feld "Betreff"*. Kann der Suchtext aus dem Feld *Suchen nach* sowohl im Betreff als auch im Nachrichtentext enthalten gewesen sein, wählen Sie im Listenfeld *In* den Eintrag *Im Feld "Betreff" und im Nachrichtentext.* War der Suchtext hingegen in einem der häufig verwendeten Textfelder enthalten, wählen Sie diese Option aus dem Listenfeld *In*.

- **Von:** Suchen Sie nach E-Mails von einem bestimmten Absender, können Sie diesen direkt in das Feld *Von* eingeben oder über die Schaltfläche *Von* aus Ihrem Kontaktordner auswählen, der Ihnen über das Dialogfeld *Namen auswählen: Kontakte* bereitgestellt wird (siehe Abbildg. 6.4). Besitzen Sie mehrere Kontaktordner, wählen Sie den gewünschten Ordner im Feld *Adressbuch* aus. Markieren Sie alle Absender, nach deren E-Mails Sie suchen wollen, und klicken Sie dann auf die Schaltfläche *Von*.

- **Gesendet an:** Suchen Sie nach E-Mails, die an einen bestimmten Kontakt gesendet wurden, können Sie die E-Mail-Adresse in das Feld *Gesendet an* eingeben oder auf die Schaltfläche *Gesendet an* klicken und dann den gewünschten Kontakt oder mehrere Kontakte im Dialogfeld *Namen auswählen: Kontakte* aus Ihrem Kontaktordner auswählen. Klicken Sie auf die Schaltfläche *Gesendet an*, um die Auswahl in das Feld *Gesendet an* zu übernehmen, und bestätigen Sie Ihre Wahl mit *OK*.

- **In denen ich:** Aktivieren Sie im Fenster *Erweiterte Suche* das Kontrollkästchen *In denen ich*, können Sie die Suche weiter beschränken, wie z.B. auf E-Mails, die Sie zusammen mit anderen Empfängern erhalten haben (*mit weiteren Empfängern auf der "An"-Zeile stehe)*, auf E-Mails, die nur Sie erhalten haben (*als einziger Empfänger auf der "An"-Zeile stehe)* und auf E-Mails, die Sie zusammen mit mehreren anderen Empfängern in Kopie erhalten haben (*mit weiteren Empfängern auf der "Cc"-Zeile stehe*). Wählen Sie im Listenfeld die gewünschte Option aus.

Abbildg. 6.4 Hier können Sie die Namen aller Personen auswählen, deren E-Mails Sie finden wollen

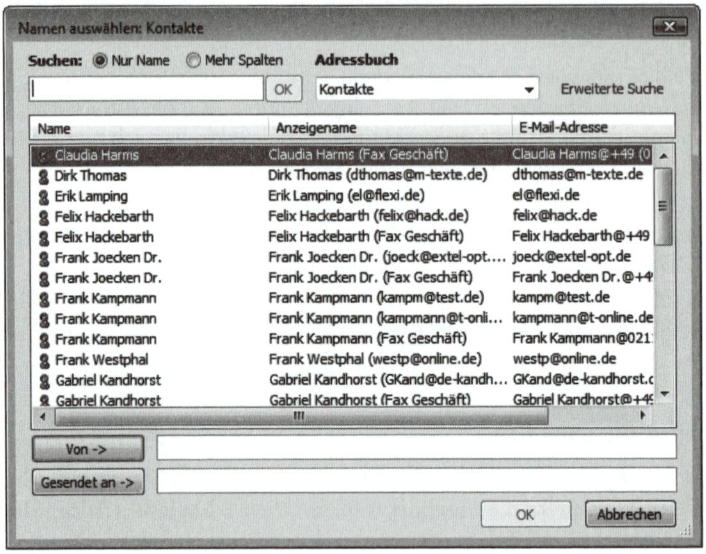

- **Zeit:** Bei Bedarf können Sie den Zeitraum beschränken, in dem Sie die Nachricht erhalten haben, in dem die Nachricht fällig ist oder in dem die Nachricht abläuft. Legen Sie dazu im Listenfeld *Zeit* das gewünschte Kriterium fest. Im Listenfeld rechts daneben können Sie dann den Zeitraum näher spezifizieren.

Die Registerkarte *Weitere Optionen*

Auf der Registerkarte *Weitere Optionen* können Sie Ihre Suche auf E-Mails mit einer bestimmten Anzahl an Anlagen oder auf E-Mails ohne Anlagen, auf gelesene oder ungelesene, auf E-Mails mit hoher oder geringer Wichtigkeit und auf farbig gekennzeichnete E-Mails beschränken (siehe Abbildg. 6.5). Die Schaltfläche *Kategorien* eignet sich hingegen eher für die Suche nach Kontakten und Terminen, die Sie bestimmten Kategorien zugeordnet haben.

- **Nur solche Elemente:** Aktivieren Sie das Kontrollkästchen *Nur solche Elemente* ganz oben in der Liste, und wählen Sie dann im Listenfeld den Eintrag *Gelesen* aus, um die Suche auf gelesene E-Mails zu beschränken, oder den Eintrag *Ungelesen*, um lediglich nach E-Mails zu suchen, die Sie noch nicht gelesen haben.
- **Nur Elemente mit:** Wollen Sie nach E-Mails suchen, die mindestens eine Anlange haben, aktivieren Sie das Kontrollkästchen *Nur Elemente mit*, und wählen Sie im Listenfeld den Eintrag *Mindestens einer Anlage*. Um hingegen nur nach E-Mails zu suchen, die keine Anlage haben, aktivieren Sie im Listenfeld den Eintrag *Keinen Anlagen* (siehe Abbildg. 6.6).

Abbildg. 6.5 Hier können Sie zahlreiche weitere Optionen für Ihre Suche auswählen

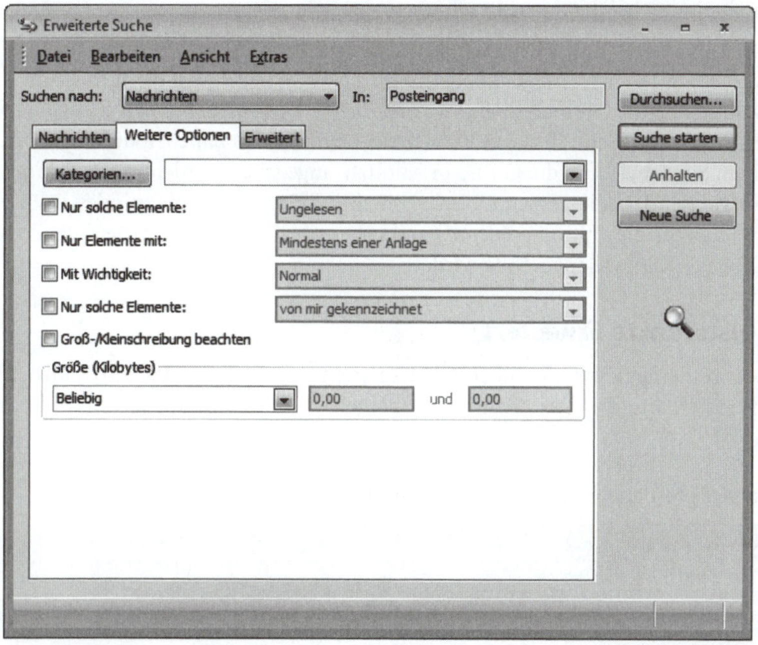

Abbildg. 6.6 Nur Elemente mit oder ohne Anlagen suchen

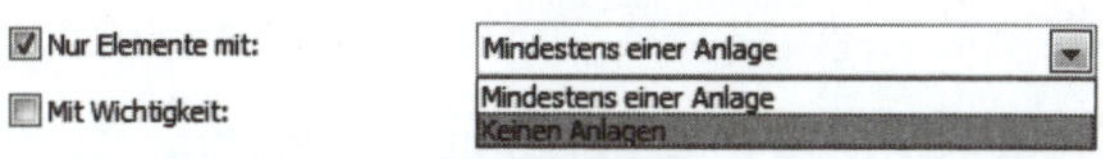

- **Mit Wichtigkeit:** Sollen E-Mails mit hoher Wichtigkeit gefunden werden, aktivieren Sie das Kontrollkästchen *Mit Wichtigkeit* und wählen Sie im Listenfeld den Eintrag *Hoch* aus. Um nur E-Mails ohne Prioritätenzuordnung zu finden, wählen Sie im Listenfeld den Eintrag *Normal*. Um die Suchergebnisse hingegen auf E-Mails mit geringer Wichtigkeit zu beschränken, wählen Sie im Listenfeld den Eintrag *Niedrig*.
- **Nur solche Elemente:** Wollen Sie die Suche auf E-Mails beschränken, die von Ihnen zur Nachverfolgung gekennzeichnet wurden, wählen Sie aus dem Listenfeld den gleichnamigen Eintrag aus (siehe Abbildg. 6.7). Sollen nur *als erledigt markierte* E-Mails gefunden werden, wählen Sie den gleichnamigen Listeneintrag. Wollen Sie nur die E-Mails finden, die von anderen Personen zur Nachverfolgung gekennzeichnet wurden, wählen Sie den Eintrag *von anderen gekennzeichnet*. Wollen Sie nur E-Mails ohne Nachverfolgungskennzeichnung suchen, wählen Sie den Eintrag *nicht gekennzeichnet*.

Abbildg. 6.7 Die Suche auf von Ihnen gekennzeichnete E-Mails beschränken

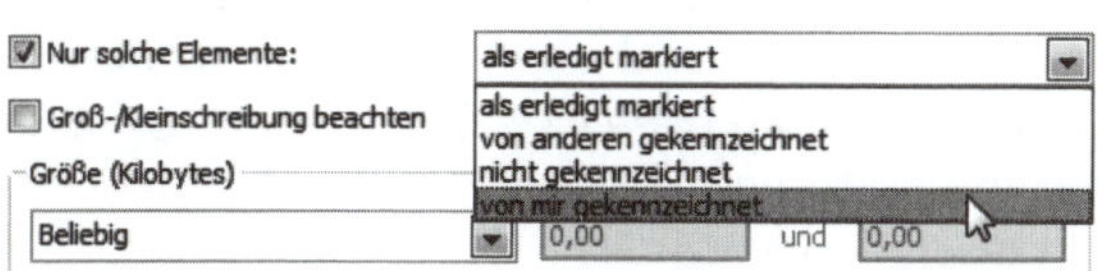

- **Groß-/Kleinschreibung beachten:** Aktivieren Sie dieses Kontrollkästchen, wenn die Groß-/Kleinschreibung bei der Suche beachtet werden soll.
- **Größe (Kilobytes):** Sind Sie bei der Suche nur an E-Mails einer bestimmten Größe interessiert, wählen Sie im Bereich *Größe (Kilobytes)* im Listenfeld zunächst das Größenkriterium aus. Zur Auswahl stehen die Optionen *Beliebig*, *entspricht (ungefähr)*, *zwischen*, *kleiner als* und *größer als*. Geben Sie anschließend in das Feld oder die Felder rechts daneben die gewünschten Werte ein. Beachten Sie dabei, dass die Größe in Kilobyte angegeben werden muss. Erinnern Sie sich also beispielsweise, dass die gesuchte Nachricht eine Anlage hatte, die mindestens 4 Megabyte groß war, wählen Sie die Option *größer als* und geben Sie dann in das Textfeld den Wert *4000* ein, da die Größe in Kilobyte angegeben wird.

Die Registerkarte *Erweitert*

Reichen die bisherigen Kriterien noch nicht aus, um Ihre Suche weiter zu spezifizieren, können Sie auf der Registerkarte *Erweitert* Kriterien festlegen, die bestimmte Felder erfüllen müssen (siehe Abbildg. 6.8).

Abbildg. 6.8 Hier können Sie festlegen, welche Werte in einzelnen Feldern enthalten sein müssen

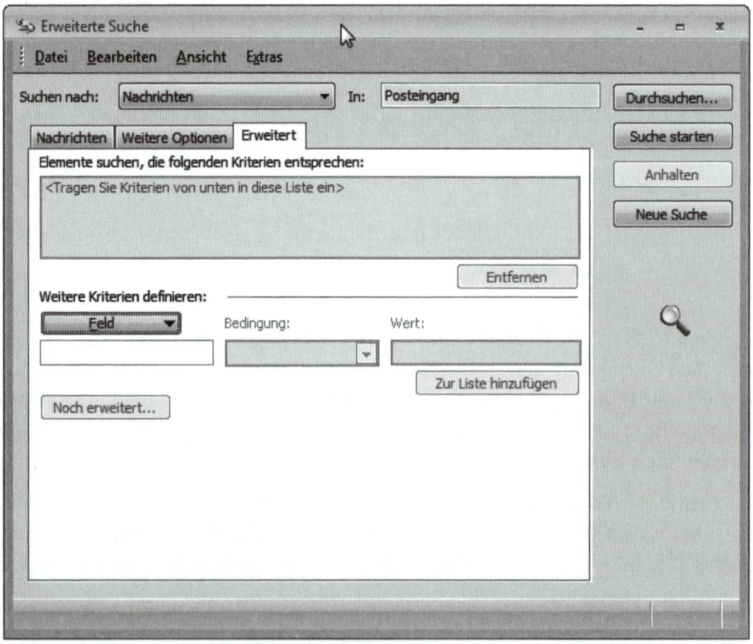

Suchen Sie beispielsweise nach allen an Sie adressierten E-Mails, die in Kopie an eine bestimmte Person geschickt wurden, müssen Sie auf der Registerkarte *Erweitert* festlegen, dass das Feld *Cc* die E-Mail-Adresse dieser Person enthalten muss. Suchen Sie hingegen nach allen vertraulichen oder nach allen persönlichen E-Mails, die Sie erhalten haben, wählen Sie auf der Registerkarte *Erweitert* das Feld *Vertraulich* und als Wert den Eintrag *Vertraulich* oder den Eintrag *Persönlich*. Bei Bedarf können Sie auf diese Weise mehrere Felder und Werte auswählen. Die E-Mails müssen prinzipiell alle ausgewählten Kriterien erfüllen, um in die Liste der Suchergebnisse aufgenommen zu werden.

Definieren Sie als Suchkriterium, dass die Nachricht in Kopie an die E-Mail-Adresse *mmeier@aol.com* gesendet worden sein muss und mit der Vertraulichkeit *Persönlich* verschickt wurde.

1. Klicken Sie auf die Schaltfläche *Feld*. Es öffnet sich nun ein Menü mit verschiedenen Feldkategorien. Wählen Sie im Untermenü *Häufig verwendete Felder* den Eintrag *Cc* aus.
2. Wählen Sie im Listenfeld *Bedingung* den Eintrag *enthält*.
3. Geben Sie im Feld *Wert* die gesuchte E-Mail-Adresse ein, hier *mmeier@aol.com*.

TIPP Wenn Sie nur einen Teil der Adresse kennen, wie z.B. *meier*, reicht diese Angabe auch aus.

4. Klicken Sie nun auf die Schaltfläche *Zur Liste hinzufügen*. Das Suchkriterium wird nun im Feld *Elemente suchen, die folgenden Kriterien entsprechen* eingetragen (siehe Abbildg. 6.9).

Abbildg. 6.9 Die Kriterienliste zusammenstellen

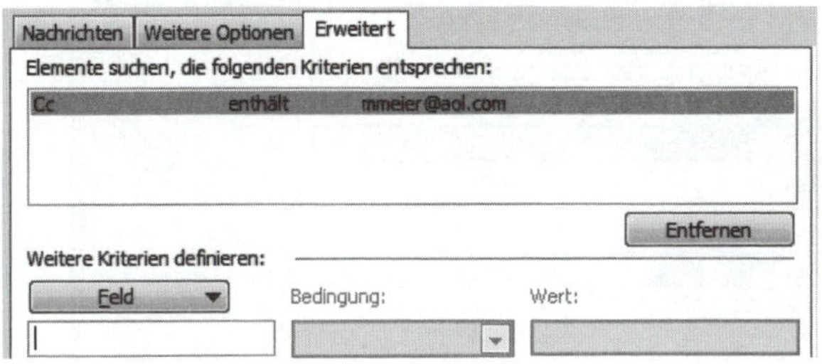

5. Fügen Sie ein weiteres Kriterium hinzu, indem Sie auf die Schaltfläche *Feld* klicken, dann auf den Eintrag *Häufig verwendete Felder* zeigen und im Untermenü den Eintrag *Vertraulichkeit* auswählen.
6. Im Feld *Bedingung* behalten Sie den Eintrag *entspricht* bei.
7. Wählen Sie dann im Feld *Wert* den Eintrag *Persönlich*.
8. Klicken Sie zum Abschluss auf die Schaltfläche *Zur Liste hinzufügen*.
9. Starten Sie die Suche nun, wie im folgenden Abschnitt beschrieben, oder speichern Sie sie wie im Abschnitt »Den Suchlauf als Suchordner speichern« in diesem Kapitel beschrieben, um sie zu einem späteren Zeitpunkt auszuführen oder erneut zu verwenden.

HINWEIS Haben Sie ein Kriterium festgelegt, das überflüssig oder falsch ist, können Sie dieses ganz leicht löschen, indem Sie es im Feld *Elemente suchen, die folgenden Kriterien entsprechen* markieren und dann auf die Schaltfläche *Entfernen* klicken.

Den Suchlauf durchführen

Haben Sie alle gewünschten Kriterien festgelegt, können Sie die Suche starten. Gehen Sie dazu wie folgt vor:

1. Klicken Sie auf die Schaltfläche *Suche starten*. Es ist dabei nicht wichtig, welche Registerkarte gerade aktiviert ist. Outlook durchsucht den Posteingang und eventuell zusätzlich ausgewählte Ordner nach den von Ihnen angegebenen Kriterien.

TIPP Dauert die Suche sehr lang, können Sie sie abbrechen, indem Sie auf die Schaltfläche *Anhalten* klicken.

2. Konnte Outlook eine Nachricht im Posteingang oder in einem anderen der angegebenen Ordner finden, die Ihren Kriterien entspricht, erhalten Sie am unteren Rand des Dialogfelds *Erweiterte Suche* das Suchergebnis in Tabellenform (siehe Abbildg. 6.10).

Abbildg. 6.10 Das Ergebnis einer erweiterten Suche

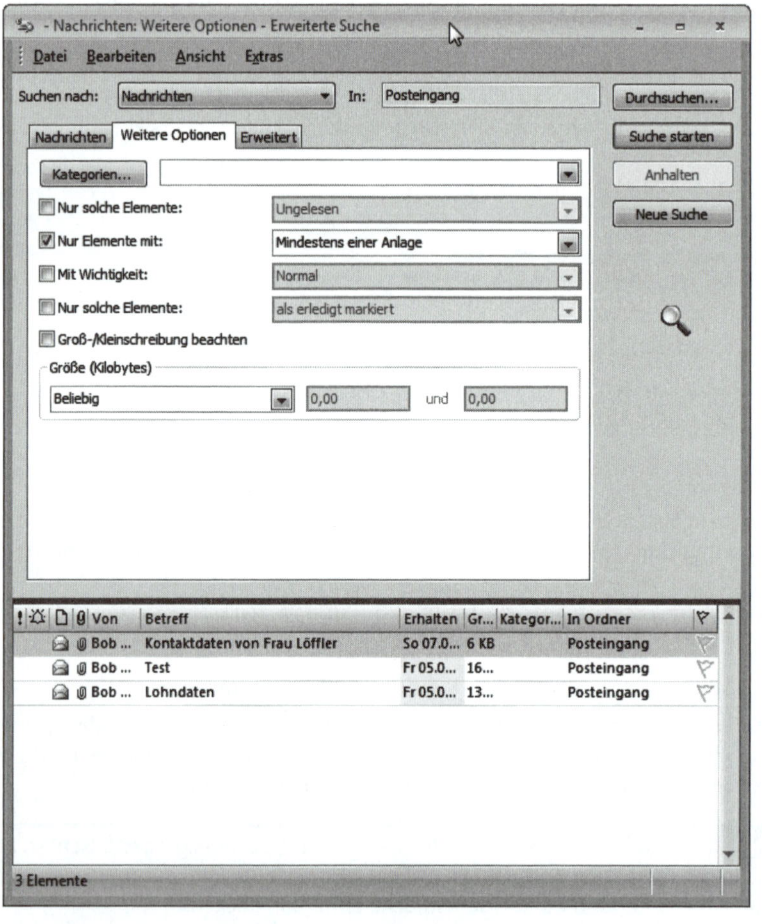

3. Um eine Nachricht in der Liste der Suchergebnisse zu öffnen, klicken Sie diese doppelt an. Die Nachricht öffnet sich in einem eigenen Fenster und Sie können sie wie gewohnt bearbeiten.
4. Wollen Sie Ihr Suchergebnis hingegen drucken, wählen Sie den gleichnamigen Befehl im Menü *Datei.*
5. Wählen Sie die Schaltfläche *Neue Suche*, um eine neue Suche zu starten. Die aktuellen Suchergebnisse und Suchkriterien werden damit gelöscht. Bestätigen Sie dies, indem Sie in der entsprechenden Meldung auf *OK* klicken.

6. Speichern Sie die Suche als Office-Suchlauf oder als Suchordner, wie im nächsten Abschnitt beschrieben, oder wählen Sie im Menü *Datei* den Befehl *Schließen*, um das Dialogfeld zu verlassen und die Suchergebnisse und -kriterien zu löschen.

Den Suchlauf als Suchordner speichern

Haben Sie ein aufwändiges Suchkriterium definiert, das Sie häufiger benötigen, lohnt es sich, dieses als Suchordner zu speichern. Suchordner stehen Ihnen jederzeit über den Navigationsbereich zur Verfügung. Gehen Sie dazu wie folgt vor:

1. Definieren Sie Ihre Suche im Dialogfeld *Erweiterte Suche* über die Registerkarten *Nachrichten, Weitere Optionen* und *Erweitert.*
2. Klicken Sie anschließend auf die Schaltfläche *Suche starten,* um die gesuchten E-Mails zu finden.
3. Nachdem die Suche beendet wurde und die Liste der Suchergebnisse zu sehen ist, wählen Sie im Menü *Datei* den Befehl *Suche als Suchordner speichern.*
4. Es öffnet sich das gleichnamige Dialogfeld. Geben Sie in diesem den Namen des Suchordners ein und klicken Sie auf *OK* (siehe Abbildg. 6.11).

Abbildg. 6.11 Die Suche als Suchordner speichern

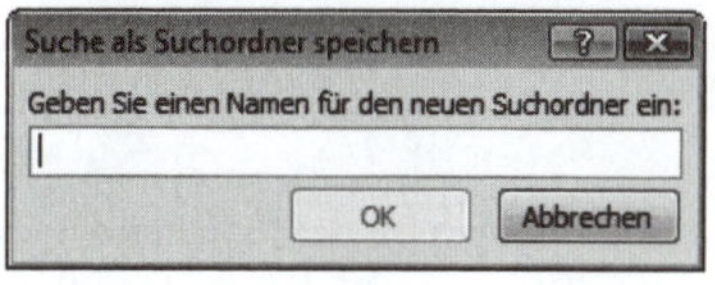

5. Das Dialogfeld schließt sich und der neue Suchordner wird im Suchordner angezeigt.
6. Klicken Sie im Dialogfeld *Erweiterte Suche* auf die *Schließen*-Schaltfläche, um das Dialogfeld zu verlassen.
7. Betrachten Sie den neuen Suchordner. Klicken Sie dazu im Navigationsbereich unter *E-Mail-Ordner* auf das Pluszeichen, das dem Ordner *Suchordner* vorangestellt ist.

Suchordner optimal einsetzen

Falls Sie bereits mit der letzten Outlook-Version gearbeitet und sich an die Funktion der Suchordner gewöhnt haben, können Sie diese weiterhin nutzen. Mit Suchordnern können Sie dafür sorgen, dass bestimmte Gruppen von E-Mails aus dem Posteingang zusammengefasst werden. Wollen Sie sich beispielsweise einen Überblick über alle ungelesenen E-Mails verschaffen, gehen Sie wie folgt vor:

1. Öffnen Sie im Navigationsbereich zunächst einmal die Komponente *E-Mail* mit einem Mausklick.
2. Dann öffnen Sie den Suchordner, indem Sie unter *Alle E-Mail-Ordner* zunächst auf das dem Ordner *Suchordner* vorangestellte Pluszeichen klicken.
3. Aktivieren Sie anschließend den Ordner *Ungelesene Nachrichten* mit einem Mausklick (siehe Abbildg. 6.12). In der Nachrichtenliste werden nun nur noch die entsprechenden E-Mails aus Ihrem Posteingang angezeigt und aus dem Ordner *RSS-Feeds.* Das gleiche gilt, wenn Sie auf den Suchordner *Kategorisierte Nachrichten* klicken, in dem nur die E-Mails enthalten sind, die einer Kategorie zugewiesen wurden, oder für den Ordner *Große Nachrichten,* der nur große E-Mails mit Dateianhängen enthält.

Abbildg. 6.12 Suchordner bringen Ordnung ins E-Mail-Chaos

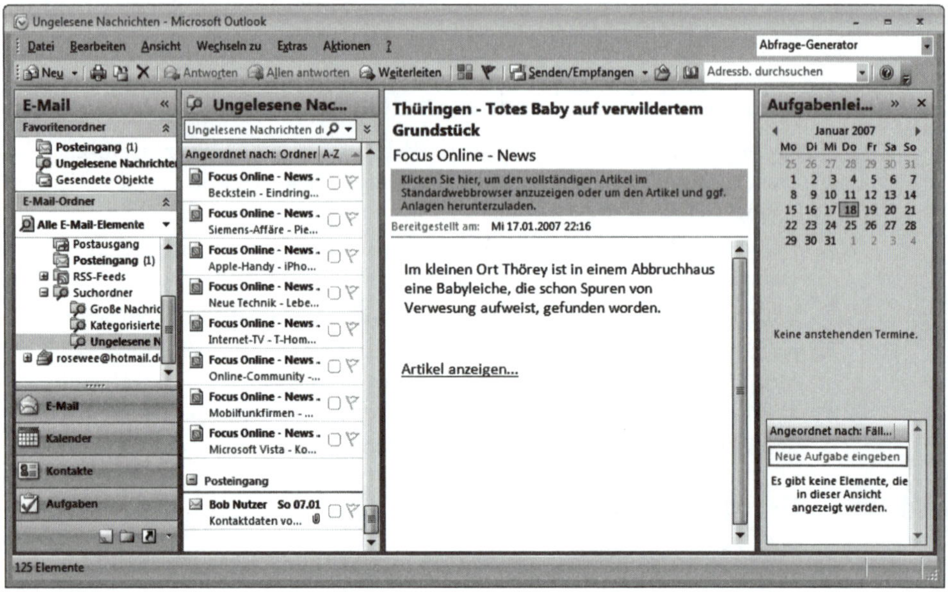

4. Um wieder alle E-Mails zu sehen, die sich im Posteingang befinden, klicken Sie im Navigationsbereich unter *Favoritenordner* oder unter *Alle E-Mail-Ordner* auf den Ordner *Posteingang*.

HINWEIS Bei den Suchordnern sind Sie nicht auf das beschränkt, was Microsoft vorgibt. Sie können selbst Suchordner einrichten, in denen E-Mails nach von Ihnen vorgegebenen Kriterien gruppiert werden. Wie dies funktioniert, finden Sie im folgenden Abschnitt beschrieben.

Eigene Suchordner definieren

In Outlook 2007 können Sie Suchordner für zahlreiche Kriterien definieren, wie z.B. Suchordner für wichtige E-Mails, Suchordner für E-Mails von bestimmten oder an bestimmte Personen oder für E-Mails, die bestimmte Wörter enthalten. Gehen Sie dazu wie folgt vor:

1. Öffnen Sie den Ordner, für den Sie einen neuen Suchordner definieren wollen.
2. Klicken Sie mit der rechten Maustaste auf den Suchordner und wählen Sie im Kontextmenü den Befehl *Neuer Suchordner*.
3. Im gleichnamigen Dialogfeld, das sich nun öffnet, wählen Sie im Feld *Wählen Sie einen Suchordner aus* das Kriterium aus, nach dem E-Mails gesucht werden sollen (siehe Abbildg. 6.13). Finden Sie kein Kriterium, das Ihren Anforderungen entspricht, wählen Sie die Option *Benutzerdefinierten Suchordner erstellen*.
4. Enthält der Bereich *Suchordner anpassen* am unteren Rand des Dialogfelds keine weiteren Angaben, klicken Sie nun auf *OK*, um den Vorgang abzuschließen. Andernfalls klicken Sie auf die Schaltfläche *Auswählen*.

Abbildg. 6.13 Für Suchordner stehen zahlreiche vordefinierte Kriterien zur Auswahl

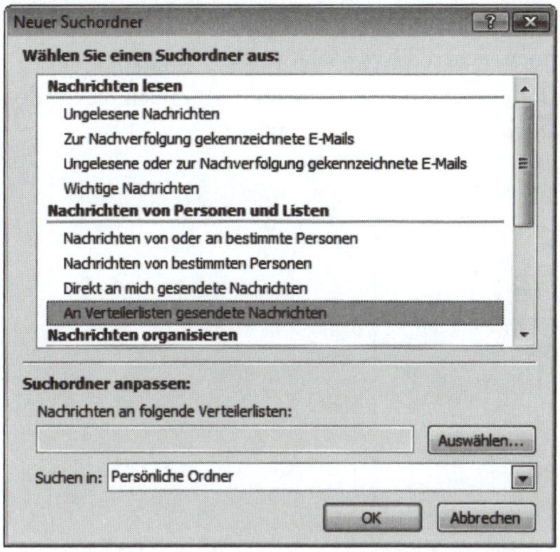

5. Wählen Sie im Dialogfeld, das sich nun öffnet, die gewünschten Kriterien aus, wie z.B. bestimmte Personen, Verteilerliste, und klicken Sie anschließend auf die Schaltfläche für die Schaltfläche *Gesendet an* oder *Von.* Schließen Sie dann das Dialogfeld mit einem Mausklick auf die Schaltfläche *OK.*

HINWEIS Bei der Wahl der Option *Benutzerdefinierten Suchordner erstellen* klicken Sie auf die Schaltfläche *Auswählen,* geben Sie einen Namen für den Suchordner ein, klicken Sie dann auf die Schaltfläche *Kriterien* und legen Sie die Suchkriterien wie bei der erweiterten Suche fest. Klicken Sie anschließend zwei Mal auf *OK.*

6. Nach einem Mausklick auf *OK* wird der neue Suchordner eingerichtet.
7. Klicken Sie nun im Navigationsbereich unter *E-Mail-Ordner* auf das dem *Suchordner* vorangestellte Pluszeichen. Der neue Suchordner wird nun aufgeführt (siehe Abbildg. 6.14). Enthält der Posteingang E-Mails, die die Kriterien des Suchordners erfüllen, werden diese im Suchordner angezeigt.

Abbildg. 6.14 Der neue Suchordner wird sofort angelegt

Suchordner anpassen, umbenennen oder löschen

Bei Bedarf können Sie Suchordner jederzeit umbenennen, anpassen oder löschen.

Um einen Suchordner umzubenennen, gehen Sie wie folgt vor:

1. Klicken Sie den Suchordner mit der rechten Maustaste an und wählen Sie im Kontextmenü den Befehl *"<Suchordnername>" umbenennen* (siehe Abbildg. 6.15).

Abbildg. 6.15 Einen Suchordner umbenennen

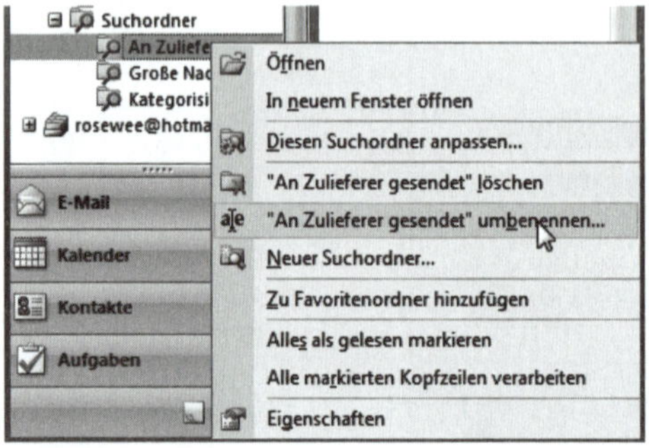

2. Geben Sie anschließend den neuen Namen ein und drücken Sie dann die ↵-Taste.

Um einen Suchordner zu löschen, gehen Sie wie folgt vor:

1. Klicken Sie mit der rechten Maustaste auf den Suchordner, den Sie löschen wollen, und wählen Sie im Kontextmenü den Befehl *"<Suchordnername>" löschen.*
2. Bestätigen Sie die Abfrage, ob der Suchordner endgültig gelöscht werden soll, mit *Ja.* Die im Suchordner enthaltenen Elemente werden dabei nicht von Ihrer Festplatte entfernt, da im Suchordner nur eine Verknüpfung zu diesen Elementen enthalten ist.

Suchordner können Sie auch jederzeit anpassen. Die Optionen, die Ihnen dafür zur Verfügung stehen, hängen von der Art des Suchordners ab. Gehen Sie wie folgt vor:

1. Klicken Sie mit der rechten Maustaste auf den Suchordner, den Sie anpassen wollen, und wählen Sie im Kontextmenü den Befehl *Diesen Suchordner anpassen.*
2. Im Dialogfeld *"<Suchordnername>" anpassen,* das sich nun öffnet, können Sie im Feld *Name* den Namen des Suchordners anpassen (siehe Abbildg. 6.16).

Abbildg. 6.16 Einen Suchordner anpassen

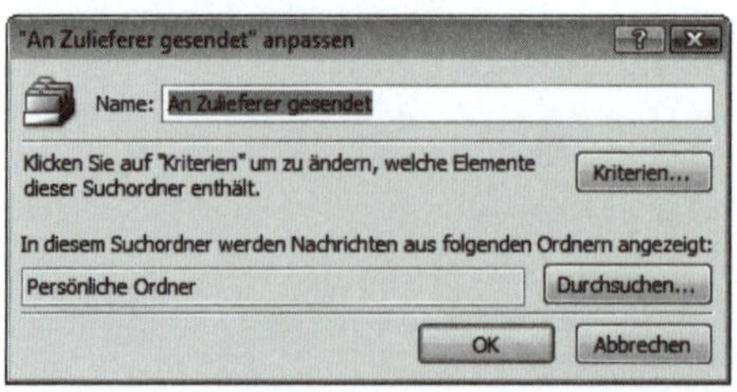

3. Um die Kriterien für den Suchordner zu ändern, klicken Sie auf die Schaltfläche *Kriterien.* Es öffnet sich das Dialogfeld, das Sie bereits von der Erweiterten Suche kennen. Passen Sie die Kriterien entsprechend an.
4. Klicken Sie zwei Mal auf *OK,* um die Änderungen zu bestätigen.

Die Direktkennzeichnung optimal nutzen

Die Zeiten, in denen Sie vergessen haben, wichtige E-Mails zu beantworten oder Aufgaben zu erledigen, die Ihnen per E-Mail übermittelt werden, sind vorbei. Sie können jede E-Mail in Ihrem Posteingang zur Nachverfolgung kennzeichnen und damit den Inhalt einer E-Mail zur einer Aufgabe machen, die zu einem bestimmten Fälligkeitstermin bearbeitet werden muss. E-Mails, die zur Nachverfolgung gekennzeichnet wurden, erkennen Sie im Posteingang am roten Fähnchen. Außerdem werden alle zur Nachverfolgung gekennzeichneten E-Mails automatisch in der Aufgabenleiste unter den fälligen Aufgaben aufgelistet.

WICHTIG Die Nachverfolgungskennzeichnung steht im Posteingang von HTTP- und IMAP-Konten nicht zur Verfügung. Sie können jedoch E-Mails, die Sie über ein HTTP- oder IMAP-Konto versenden, zur Nachverfolgung kennzeichnen und so zu Aufgaben machen, die zu einem bestimmten Termin erledigt werden müssen.

Kommunikation leicht gemacht

Eine E-Mail für Heute zur Nachverfolgung kennzeichnen

Gehen Sie wie folgt vor, um eine E-Mail im Posteingang für den aktuellen Tag zur Nachverfolgung und anschließend als erledigt zu kennzeichnen:

1. Öffnen Sie den Posteingang und aktivieren Sie sich eine E-Mail per Mausklick, die Sie zur Nachverfolgung kennzeichnen möchten, z.B. eine E-Mail, in der Sie aufgefordert werden, etwas zu einem bestimmten Termin zu erledigen.
2. Klicken Sie auf das transparente Fähnchen am rechten Rand der E-Mail im Posteingang (siehe Abbildg. 6.17).

Abbildg. 6.17 Eine E-Mail zur Nachverfolgung kennzeichnen

Die E-Mail wird damit als Aufgabenelement gekennzeichnet und das transparente wird durch ein rotes Fähnchen ersetzt. Außerdem wird die E-Mail als Aufgabenelement übernommen und der Betreff der E-Mail wird in der Aufgabenleiste unter der Rubrik *Heute* angezeigt. Im Lesebereich wird außerdem in der Infoleiste unterhalb vom Absender das Fälligkeitsdatum angegeben.

3. Um die E-Mail als erledigt zu kennzeichnen klicken Sie im Posteingang oder in der Aufgabenleiste auf das rote Fähnchen der Nachricht (siehe Abbildg. 6.18).

Abbildg. 6.18 Die Aufgabe als erledigt kennzeichnen

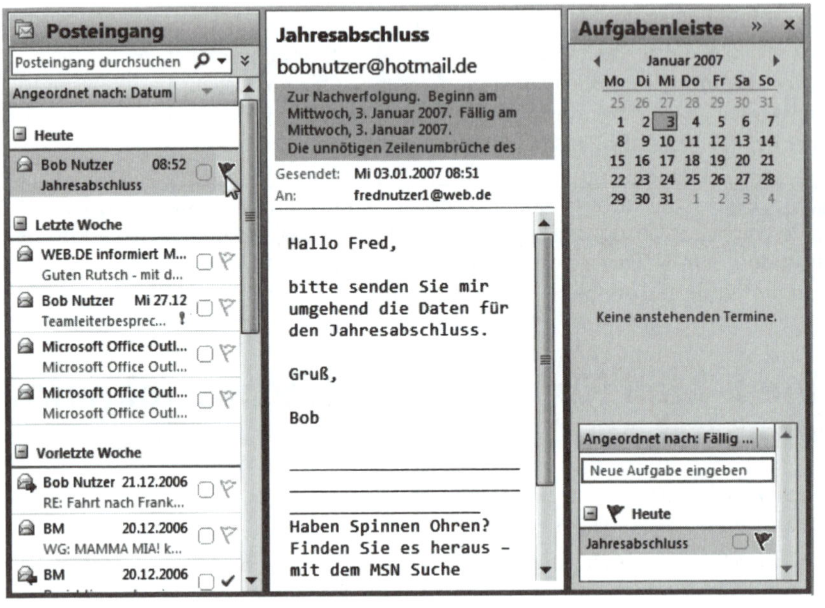

4. Die E-Mail verschwindet aus der Aufgabenleiste und wird im Posteingang angezeigt. Die E-Mail wird hier mit einem Häkchen angezeigt, das für den Status »erledigt« steht. Im Lesebereich wird in der Infoleiste unterhalb vom Absender außerdem angegeben, dass die Aufgabe am aktuellen Tag erledigt wurde.

TIPP Wenn Sie die Aufgaben bzw. die E-Mail nicht am selben Tag als erledigt kennzeichnen, wird sie ab dem Folgetag in roter Schrift angezeigt, um anzugeben, dass die Fälligkeit überschritten wurde.

5. Um die Kennzeichnung vollständig zu löschen, klicken Sie mit der rechten Maustaste auf das Häkchen und wählen im Kontextmenü den Befehl *Kennzeichnung löschen*. Statt des Häkchens ist nun wieder das transparente Fähnchen zu sehen.

PROFITIPP

Wollen Sie veranlassen, dass beim Anklicken des Fähnchensymbols statt der Nachrichtenkennzeichnung *Heute* die Kennzeichnung *Morgen* oder die Kennzeichnung *Kein Datum* aktiviert wird, klicken Sie das Fähnchen mit der rechten Maustaste an und wählen Sie im Kontextmenü den Befehl *Schnellklicken festlegen*. Im gleichnamigen Dialogfeld, das sich öffnet, wählen Sie die gewünschte neue Kennzeichnung mit einem Mausklick auf den Eintrag im Listenfeld aus und bestätigen Ihre Wahl mit einem Mausklick auf *OK*.

E-Mails für einen späteren Zeitpunkt zur Nachverfolgung kennzeichnen

Wollen Sie eine E-Mail nicht für den aktuellen Tag, sondern für ein späteres Datum zur Nachverfolgung kennzeichnen und sich außerdem über Outlook an die Fälligkeit der Aufgabe erinnern lassen, gehen Sie wie folgt vor:

1. Öffnen Sie den Posteingang.

2. Klicken Sie das Fähnchensymbol in der E-Mail, die Sie für ein späteres Datum zur Nachverfolgung kennzeichnen möchten, mit der rechten Maustaste an.
3. Im daraufhin geöffneten Kontextmenü wählen Sie das gewünschte Fälligkeitsdatum aus (siehe Abbildg. 6.19), wie z.B. *Morgen* für eine Aufgabe, die bis zum nächsten Tag erledigt werden muss, *Diese Woche* für eine Aufgabe, die bis zum Ende der aktuellen Woche erledigt werden muss oder *Nächste Woche* für eine Aufgabe, die zum Ende der Folgewoche fällig ist. Für Aufgaben, deren Fälligkeitsdatum Sie noch nicht festlegen möchten, wählen Sie die Option *Kein Datum*. Wollen Sie hingegen ein genaues Fälligkeitsdatum angeben, klicken Sie auf *Benutzerdefiniert* und wählen Sie das Fälligkeitsdatum im Dialogfeld *Benutzerdefiniert* aus der Liste *Fällig am* aus.

Abbildg. 6.19 Eine E-Mail für einen späteren Zeitpunkt zur Nachverfolgung kennzeichnen

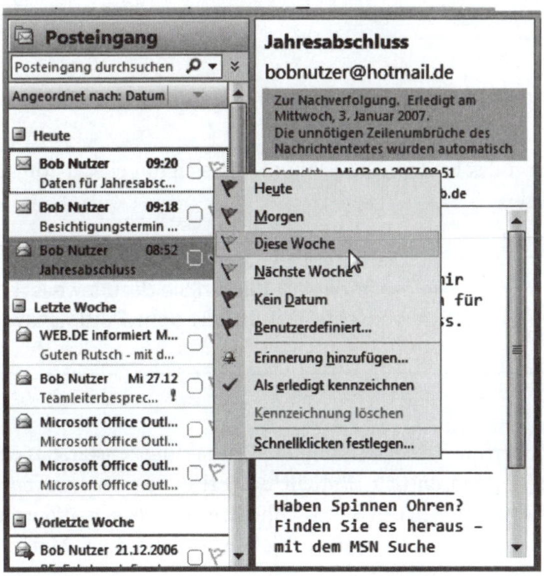

TIPP Die Farbe des Fähnchens zur Nachverfolgungskennzeichnung ist an die Fälligkeit angepasst. Bei sofort fälligen Aufgaben und bei Aufgaben ohne Terminangabe ist das Fähnchen stark rot gefärbt, bei Aufgaben, die erst am nächsten Tag fällig werden, ist es schwächer rot gefärbt und bei Aufgaben, die erst am Ende der Woche oder in der nächsten Woche fällig werden, ist es ganz schwach rot gefärbt. So können Sie auf einen Blick im Posteingang und in der Aufgabenleiste erkennen, welche Aufgaben zuerst erledigt werden müssen.

4. Nun fügen Sie eine Erinnerung zu der Aufgabe hinzu, die Sie kurz vor Ablauf der Fälligkeit an die Erledigung erinnert. Klicken Sie dazu mit der rechten Maustaste auf das Fähnchensymbol und wählen Sie im zugehörigen Kontextmenü den Befehl *Erinnerung hinzufügen.*
5. Es öffnet sich das Dialogfeld *Benutzerdefiniert* (siehe Abbildg. 6.20), in dem unter *Beginnt am* und *Fällig am* bereits das von Ihnen in Schritt 3 gewählte Datum angegeben ist, im Beispiel das Ende der aktuellen Woche. Das Kontrollkästchen *Erinnerung* ist bereits aktiviert und es ist das Fälligkeitsdatum eingetragen. Klicken Sie nun auf den Abwärtspfeil neben dem Datum im Bereich *Erinnerung* und wählen Sie den Vortag des bereits eingetragenen Datums aus dem Listenfeld aus.

Abbildg. 6.20 Hier aktivieren Sie die Erinnerungsfunktion für die Nachverfolgung

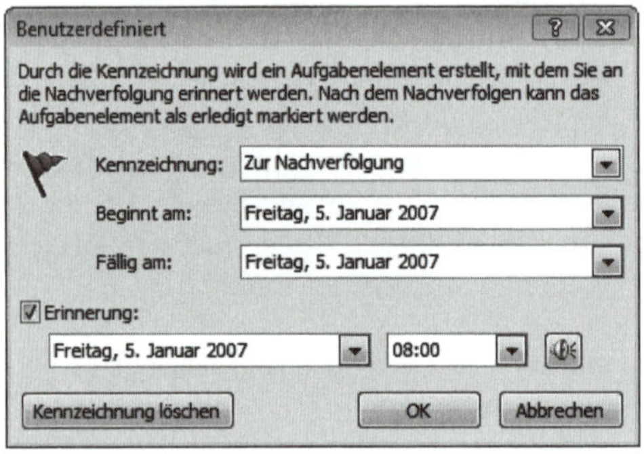

6. Klicken Sie nun auf das Listenfeld neben der Uhrzeitangabe und wählen Sie eine neue Uhrzeit für die Erinnerung aus.

7. Zum Abschluss klicken Sie auf das Lautsprechersymbol, um sich mit einem Ton an die Fälligkeit der Aufgabe erinnern zu lassen.

TIPP Bei Bedarf können Sie im Dialogfeld *Benutzerdefiniert* auf das Datum im Feld *Beginnt am* und das Datum im Feld *Fällig am* anpassen. Klicken Sie dazu jeweils auf das entsprechende Listenfeld und wählen Sie das gewünschte Datum aus dem Datumsnavigator aus, der sich nun einblendet.

8. Bestätigen Sie zwei Mal mit *OK.*

   Zum angegebenen Fälligkeitstermin öffnet sich nun ein Erinnerungsfenster, das eine Erinnerung für die Nachverfolgung der E-Mail enthält. Enthält das Erinnerungsfenster auch andere Elemente, markieren Sie die Nachricht. Klicken Sie anschließend auf *Element öffnen*, um die E-Mail in einem eigenen Fenster zu öffnen und zu lesen. Schließen Sie dann die E-Mail und das Erinnerungsfenster über die *Schließen*-Schaltfläche.

9. Um die Aufgabe als erledigt zu kennzeichnen, klicken Sie das rote Fähnchen im Posteingang oder in der Aufgabenleiste an. Um sämtliche Kennzeichnungen zu löschen, klicken Sie das Fähnchen mit der rechten Maustaste an und wählen Sie im Kontextmenü den Befehl *Kennzeichnung löschen.*

Gruppierungen ein- und ausblenden

Die Gruppierungen im Posteingang bieten eine strukturierte Ansicht Ihrer E-Mails. Erhalten Sie sehr viele E-Mails pro Tag, kann es unter Umständen jedoch sinnvoll sein, die E-Mails von den Vortagen auszublenden, um sich mehr Übersicht zu verschaffen. Bei Bedarf können Sie sogar alle Gruppierungen oder alle bis auf eine Gruppierung ausblenden.

Um eine einzelne Gruppierung aus- und wieder einzublenden gehen Sie wie folgt vor:

1. Kicken Sie im Posteingang auf das der Gruppe vorangestellte Pluszeichen (siehe Abbildg. 6.21) oder markieren Sie die Gruppenüberschrift, zeigen Sie im Menü *Ansicht auf* den Befehl *Gruppen/erweitern/reduzieren* und wählen Sie dann den Befehl *Diese Gruppe reduzieren.*

Abbildg. 6.21 Gruppierungen lassen sich per Mausklick ein- und ausblenden

2. Das Pluszeichen wird nun durch ein Minuszeichen ersetzt und es ist nur noch die Gruppenüberschrift zu sehen. Um die Gruppierung zu einem späteren Zeitpunkt wieder einzublenden, klicken Sie auf das der Gruppierung vorangestellte Minuszeichen oder markieren Sie die Gruppenüberschrift, zeigen Sie im Menü *Ansicht auf* den Befehl *Gruppen/erweitern/reduzieren* und klicken Sie auf *Diese Gruppe erweitern.*
3. Wollen Sie alle Gruppierungen ausblenden, um sich beispielsweise einen Überblick über den Zeitraum zu verschaffen, für den E-Mails in Ihrem Posteingang vorliegen, zeigen Sie im Menü *Ansicht auf* den Befehl *Gruppen erweitern/reduzieren* und klicken Sie auf *Alle Gruppen reduzieren oder* klicken Sie mit der rechten Maustaste auf eine Gruppenüberschrift und wählen Sie im Kontextmenü den Befehl *Alle Gruppen reduzieren.*
4. Haben Sie eine, mehrere oder alle Gruppen ausgeblendet, können Sie sie wieder einblenden, indem Sie im Menü *Ansicht auf* den Befehl *Gruppen erweitern/reduzieren* und dann den Befehl *Alle Gruppen erweitern* wählen oder indem Sie mit der rechten Maustaste auf einen Gruppennamen klicken und im Kontextmenü den Befehl *Alle Gruppen erweitern* wählen (siehe Abbildg. 6.22).

Abbildg. 6.22 Alle Gruppen erweitern

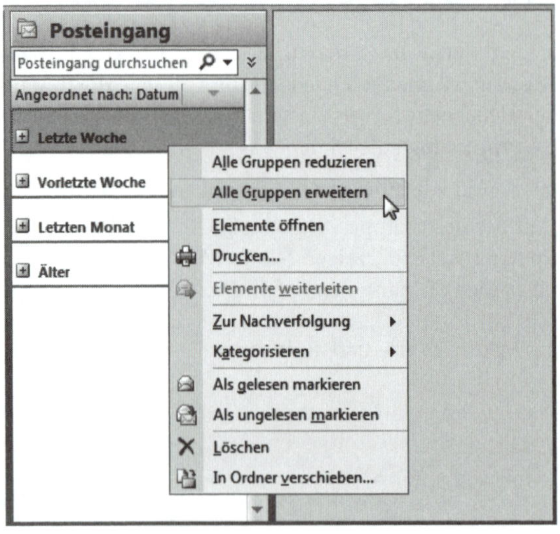

Gruppierung aufheben

Sagt Ihnen die Gruppierung im Nachrichteneingang nicht zu, können Sie sie auch aufheben. Die E-Mails werden dann ohne jede weitere Unterteilung nach ihrem Eingangsdatum oder nach einem anderen von Ihnen gewählten Sortierkriterium im Posteingang aufgelistet. Gehen Sie wie folgt vor, um die Gruppierung aufzuheben:

1. Klicken Sie mit der rechten Maustaste auf den Spaltenkopf der Spalte *Angeordnet nach.*
2. Wählen Sie im Kontextmenü, das sich nun öffnet, den Befehl *In Gruppen anzeigen.*
3. Die Gruppierung wird nun aufgehoben und alle E-Mails werden nach dem Eingangsdatum sortiert in einer Liste angezeigt.
4. Um die Gruppierung wieder zu aktivieren, klicken Sie mit der rechten Maustaste wieder auf die Angabe *Angeordnet nach* im Spaltenkopf der Spalte *Posteingang* und wählen Sie im Kontextmenü den Befehl *In Gruppen anzeigen.*

E-Mails als ungelesen markieren

E-Mails, die Sie bereits gelesen haben, werden als solche gekennzeichnet. In manchen Fällen ist es jedoch nützlich, sie als ungelesen zu markieren. Die E-Mails werden dann wieder in Fettschrift und mit dem Symbol des geschlossenen Briefumschlags gekennzeichnet. Prinzipiell können Sie auch E-Mails als gelesen markieren, die Sie noch gar nicht gelesen haben.

Gehen Sie folgendermaßen vor, um im Posteingang eine bereits gelesene E-Mail als ungelesen zu markieren:

1. Öffnen Sie den Posteingang.
2. Klicken Sie im Posteingang mit der rechten Maustaste auf eine Nachricht, die Sie bereits gelesen haben.

3. Wählen Sie im Kontextmenü den Befehl *Als ungelesen markieren* (siehe Abbildg. 6.23).

Abbildg. 6.23 Eine E-Mail als ungelesen markieren

Die E-Mail wird nun wieder wie eine ungelesene E-Mail in Fettschrift und mit dem Symbol eines ungeöffneten Briefumschlags dargestellt.

TIPP Ungelesene E-Mails können Sie auf die gleiche Weise als gelesen kennzeichnen, ohne sie dazu lesen zu müssen. Klicken Sie sie dazu mit der rechten Maustaste an und wählen Sie im Kontextmenü den Befehl *Als gelesen markieren*.

Farbkategorien zur Ordnung von E-Mails einsetzen

Outlook 2007 bietet Ihnen die Möglichkeit, Ihre E-Mails mit verschiedenen Farben Kategorien zuzuordnen, um sie besser unterscheiden zu können. Vordefiniert sind sechs Farben für sechs Kategorien und Sie haben die Möglichkeit, selbst neue Kategorien hinzuzufügen und den Kategorien eigene Namen zuzuweisen.

E-Mails Farbkategorien zuweisen

E-Mails können Sie ganz einfach Kategorien zuweisen und anschließend anhand ihrer Farbe unterscheiden. Gehen Sie dazu wie folgt vor:

1. Öffnen Sie den Posteingang.

2. Klicken Sie in der Nachrichtenliste in der E-Mail, die Sie der Roten Kategorie zuweisen möchten, auf das transparente Feld *Kategorien.*

ACHTUNG Wenn Sie die Kategorie das erste Mal verwenden, öffnet sich das Dialogfeld *Kategorie umbenennen* (siehe Abbildg. 6.24), in dem Sie einen neuen Namen für die Kategorie eingeben und über das Listenfeld *Tastenkombination* eine Tastenkombination aktivieren können, über die Sie die Kategorie ebenfalls zuweisen. Bestätigen Sie Ihre Änderungen mit *Ja.*

Abbildg. 6.24 Die Kategorie bei der ersten Verwendung umbenennen

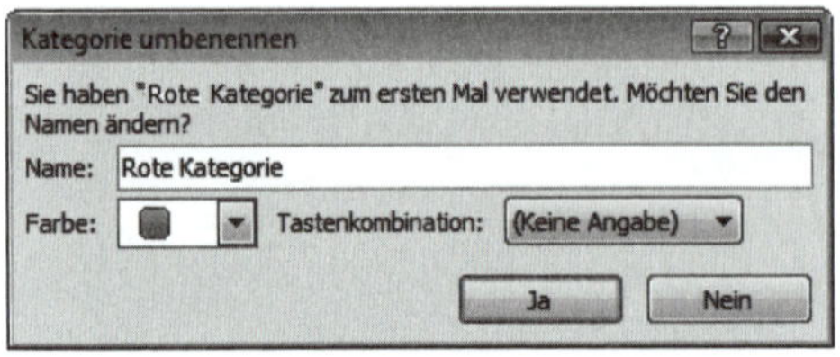

Das transparente Feld *Kategorien* wird nun durch ein rotes Feld ersetzt und in der Infoleiste der E-Mail im Lesebereich wird der Balken *Rote Kategorie* angezeigt.

3. Wiederholen Sie den letzten Schritt für alle E-Mails, die Sie der roten Kategorie zuweisen möchten (siehe Abbildg. 6.25).

Abbildg. 6.25 E-Mails Kategorien zuweisen

4. Weisen Sie nun weitere E-Mails der Blauen Kategorie zu. Klicken Sie dazu jeweils in der Nachrichtenliste mit der rechten Maustaste in die Spalte *Kategorien* der E-Mail, die Sie der Blauen Kategorie zuweisen möchten, und wählen Sie im Kontextmenü den Befehl *Blaue Kategorie.* Benennen Sie die Kategorie bei Bedarf bei der ersten Zuweisung mit einem aussagekräftigen Namen.
5. Weisen Sie nun eine letzte E-Mail der Grünen Kategorie zu. Klicken Sie dazu mit der rechten Maustaste in die Spalte *Kategorien* und wählen Sie im Kontextmenü den Befehl *Grüne Kategorie.* Weisen Sie der Kategorie bei der ersten Verwendung einen aussagekräftigen Namen zu.

6. Nun klicken Sie auf die Spaltenüberschrift *Angeordnet nach* in der Nachrichtenliste und wählen aus dem Kontextmenü, das sich öffnet, den Befehl *Kategorien*. Die E-Mails werden nun nach den von Ihnen zugewiesenen Kategorien gruppiert und sortiert.
7. Um die vorherige Sortierung wiederherzustellen, klicken Sie noch einmal auf die Überschrift *Angeordnet nach* und wählen im Kontextmenü den Befehl *Datum* (siehe Abbildg. 6.26).

Abbildg. 6.26 Die Sortierung nach Kategorien aufheben

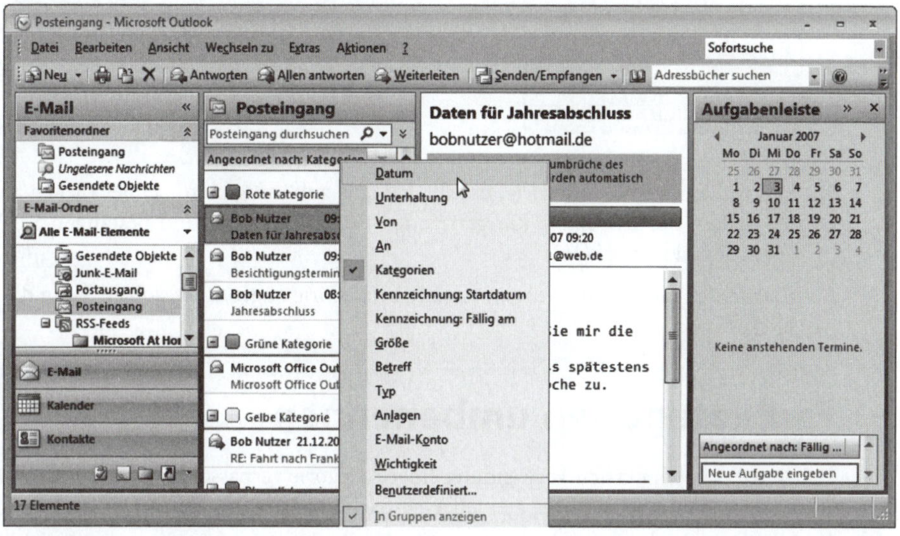

8. Um die Zuweisung zu Kategorien vollständig zu löschen, klicken Sie in einer der E-Mails das Feld *Kategorien* mit der rechten Maustaste an und wählen im Kontextmenü den Befehl *Alle Kategorien löschen* aus.

PROFITIPP

> Um sich einen schnellen Überblick über die Kategorien zu verschaffen, können Sie auch den Suchordner *Kategorisierte E-Mails* verwenden. Öffnen Sie dazu im Navigationsbereich unter *E-Mail-Ordner* den *Suchordner* mit einem Mausklick auf das vorangestellte Pluszeichen und aktivieren Sie dann den Eintrag *Kategorisierte E-Mails* mit einem Mausklick. In der Nachrichtenliste werden die E-Mails nun nach Kategorien angeordnet. Um zur Normalansicht zurückzukehren, klicken Sie einfach im Navigationsbereich auf den Ordner *Posteingang* oder einen anderen E-Mail-Ordner.

Farbkategoriezuweisung beim Schnellklicken anpassen

Sollen die E-Mails bei einem einfachen Klicken in die Spalte *Kategorien* der blauen oder der gelben statt der roten Kategorie zugeordnet werden, müssen Sie die Aktion anpassen, die beim Schnellklicken erfolgen soll. Gehen Sie dazu wie folgt vor:

1. Klicken Sie mit der rechten Maustaste in die Spalte *Kategorien* einer beliebigen E-Mail im Posteingang.

2. Wählen Sie im Kontextmenü, das sich öffnet, den Befehl *Schnellklicken festlegen.*
3. Im Dialogfeld *Schnellklicken festlegen*, das sich nun öffnet, klicken Sie auf den Abwärtspfeil im Listenfeld (siehe Abbildg. 6.27).

Abbildg. 6.27 Die Kategorie anpassen, die beim Schnellklicken zugeordnet wird

4. Nun wählen Sie die Kategorie, der die E-Mails zukünftig beim Schnellklicken zugeordnet werden sollen, wie z.B. *Blaue Kategorie* oder *Grüne Kategorie*, und bestätigen Sie Ihre Wahl mit einem Mausklick auf *OK*.

Ab jetzt werden die E-Mails der gewünschten Kategorie zugeordnet, sobald Sie in die Spalte *Kategorien* klicken.

Farbkategorien umbenennen

Haben Sie es bei der ersten Verwendung einer Kategorie verpasst, ihr einen aussagekräftigen Namen zu verleihen, können Sie dies später jederzeit nachholen. Gehen Sie dazu wie folgt vor:

1. Klicken Sie mit der rechten Maustaste in die Spalte *Kategorien* einer beliebigen E-Mail im Posteingang.
2. Im zugehörigen Kontextmenü wählen Sie den Befehl *Alle Kategorien.*
3. Es öffnet sich das Dialogfeld *Farbkategorien*, in dem die Standardkategorien aufgelistet werden (siehe Abbildg. 6.28).

Abbildg. 6.28 Hier lassen sich Farbkategorien umbenennen, erstellen und löschen

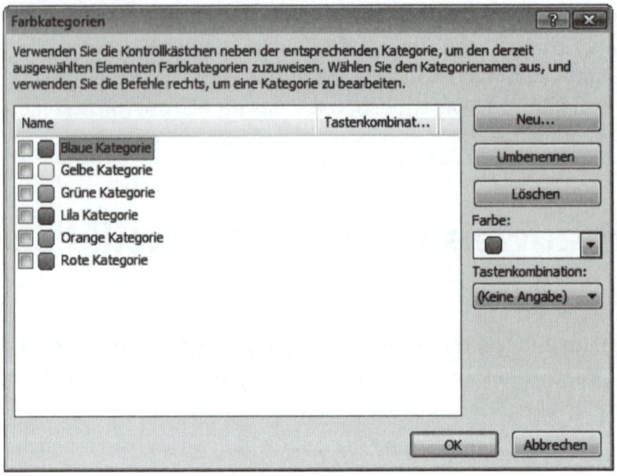

4. Markieren Sie die Kategorie, deren Name Sie anpassen möchten, mit einem Mausklick, und klicken Sie dann auf die Schaltfläche *Umbenennen*.
5. Nun geben Sie einen neuen, aussagekräftigen Namen für die Kategorie ein und drücken dann die [↵]-Taste.
6. Wählen Sie bei Bedarf über das Dropdown-Listenfeld *Tastenkombination* eine Tastenkombination aus, über die Sie der Kategorie E-Mails zuweisen können.
7. Klicken Sie auf *OK*, um die Änderungen zu bestätigen.

Farbkategorien definieren

Reichen Ihnen die vorhandenen Farbkategorien nicht aus, können Sie selbst neue Farbkategorien definieren. Gehen Sie dazu wie folgt vor:

1. Klicken Sie mit der rechten Maustaste in die Spalte *Kategorien* einer beliebigen E-Mail im Posteingang.
2. Im zugehörigen Kontextmenü wählen Sie den Befehl *Alle Kategorien*.
3. Es öffnet sich das Dialogfeld *Farbkategorien*, in dem die Standardkategorien aufgelistet werden (siehe Abbildg. 6.28). Klicken Sie auf die Schaltfläche *Neu*.
4. Im Dialogfeld *Neue Kategorie hinzufügen* geben Sie zunächst einen Namen für die neue Farbkategorie ein (siehe Abbildg. 6.29).

Abbildg. 6.29 Eine neue Farbkategorie definieren

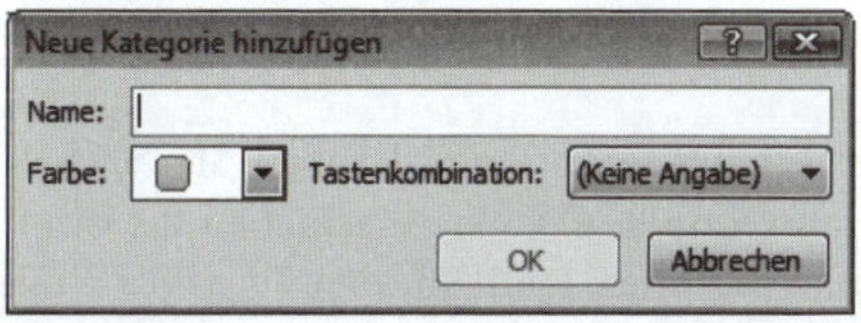

5. Nun öffnen Sie das Dropdown-Listenfeld *Farbe* mit einem Mausklick auf den Abwärtspfeil rechts neben dem Feld und wählen dann mit einem weiteren Mausklick eine Farbe aus dem Farbfeld aus.
6. Wollen Sie die E-Mails der Farbkategorie mit einem Tastendruck zuweisen, klicken Sie auf den Abwärtspfeil im Dropdown-Listenfeld *Tastenkombination* und wählen Sie die gewünschte Tastenkombination mit einem Mausklick aus der Liste aus.
7. Bestätigen Sie Ihre Wahl mit einem Mausklick auf *OK*. Die neue Farbkategorie wird nun im Dialogfeld *Farbkategorien* aufgelistet.
8. Schließen Sie das Dialogfeld *Farbkategorien* mit einem Mausklick auf *OK*. Sie können die neue Farbkategorie ab jetzt einsetzen.

Farbkategorien löschen

Benötigen Sie eine Farbkategorie nicht mehr und möchten Sie sie lieber löschen, gehen Sie wie folgt vor:

1. Klicken Sie mit der rechten Maustaste in die Spalte *Kategorien* einer beliebigen E-Mail im Posteingang.
2. Im daraufhin geöffneten Kontextmenü wählen Sie den Befehl *Alle Kategorien.*
3. Es öffnet sich das Dialogfeld *Farbkategorien.* Markieren Sie die Farbkategorie, die Sie entfernen möchten, und klicken Sie auf die Schaltfläche *Löschen.*
4. Bestätigen Sie die Abfrage, ob Sie die Kategorie wirklich löschen möchten, mit einem Mausklick auf *Ja.*

Die Organisieroptionen für den Posteingang nutzen

Mit der Funktion *Organisieren* bietet Ihnen Outlook verschiedene Möglichkeiten, Ihren Posteingang zu organisieren. Sie können ausgewählte Nachrichten in einen bestimmten Ordner verschieben, einzelne Nachrichten nach bestimmten Regeln farbig hervorheben, eine der sechs vordefinierten Ansichten verwenden oder die aktuelle Ansicht nach Ihren Bedürfnissen anpassen.

WICHTIG Die in diesem Abschnitt beschriebenen Verfahren können Sie übrigens auf alle E-Mail-Ordner anwenden. Sie funktionieren im Posteingang ebenso wie im Ordner *Gelöschte Objekte*, dem Ordner *Gesendete Objekte* oder dem Ordner *Junk-E-Mail.*

Ordner verwenden

Über die Funktion *Ordner verwenden* der Organisieroptionen können Sie Nachrichten aus dem Posteingang per Mausklick in einen anderen Outlook-Ordner verschieben. Es kann sich dabei um einen Outlook-Standardordner oder um einen Ordner handeln, den Sie selbst eingerichtet haben. Bei Bedarf können Sie eine Regel einrichten, mit der automatisch Nachrichten von bestimmten Absendern oder Nachrichten an bestimmte Absender oder Verteiler in einen Ordner verschoben werden. Mehr hierzu erfahren Sie im Abschnitt »Regeln für den Posteingang einrichten« in diesem Kapitel.

HINWEIS In der neuen Version von Outlook ist die Organisation von Nachrichten mit Ordnern nicht mehr so relevant, da für diesen Zweck die Sofortsuche und Suchordner zur Verfügung stehen. Der Vorteil der Sofortsuche und von Suchordnern besteht darin, dass die E-Mails weiterhin im Posteingang verbleiben und nicht physisch verschoben werden. Dadurch verringert sich die Gefahr, dass Sie wichtige Nachrichten übersehen, weil sie in einen Unterordner verschoben wurden. Es kann jedoch nach wie vor Fälle geben, in denen es sinnvoll ist, im Posteingang eine Ordnerstruktur einzurichten und Nachrichten mit Regeln in diese zu verschieben.

Nachfolgend sind die Schritte beschrieben, wie Sie E-Mail-Nachrichten aus dem Posteingang in den Ordner *Gelöschte Objekte* verschieben:

1. Öffnen Sie den Posteingang und aktivieren Sie anschließend die Organisieroptionen. Wählen Sie dazu im Menü *Extras* den Befehl *Organisieren.*
2. Aktivieren Sie die Funktion *Ordner verwenden* und wählen Sie im Listenfeld *Verschieben der unten ausgewählten Nachricht nach* den Ordner *Gelöschte Objekte* (siehe Abbildg. 6.30).

Abbildg. 6.30 E-Mails über die Organisieroptionen in Ordner verschieben

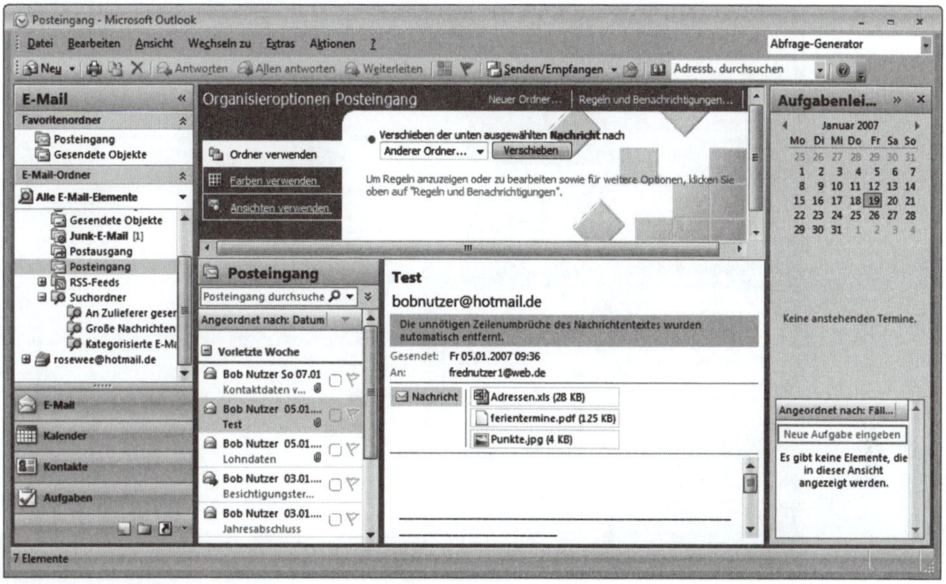

3. Markieren Sie die Nachrichten, die Sie in den Ordner verschieben wollen, und klicken Sie in den Organisieroptionen auf die Schaltfläche *Verschieben.*
4. Die E-Mails werden nun aus dem Posteingang in den gewählten Ordner verschoben. Um die Organisieroptionen wieder auszublenden, wählen Sie den Befehl *Extras/Organisieren.*

Farben verwenden

Outlook bietet Ihnen die Möglichkeit, E-Mail-Nachrichten farbig hervorzuheben. Bei Bedarf können Sie sogar eine Regel einrichten, nach der Outlook automatisch Nachrichten eines bestimmten Absenders, Nachrichten, die nur an Sie gerichtet sind und weitere in einer Farbe Ihrer Wahl hervorhebt.

So können Sie dafür sorgen, dass die Nachrichten eines bestimmten Absenders im Posteingang blaugrün hervorgehoben werden:

1. Öffnen Sie den Posteingang und wählen Sie im Menü *Extras* den Befehl *Organisieren,* um die Organisieroptionen zu öffnen.
2. Klicken Sie in den Organisieroptionen auf *Farben verwenden.*
3. Markieren Sie in der Nachrichtenliste eine Nachricht des Absenders, dessen Nachrichten zukünftig blaugrün hervorgehoben werden sollen. Im Bereich *Organisieroptionen Posteingang* wird unter *Einfärben von ...* der Name des Absenders eingetragen (siehe Abbildg. 6.31).

Abbildg. 6.31 Hier legen Sie die Farbe fest, die für einen bestimmten Absender verwendet werden soll

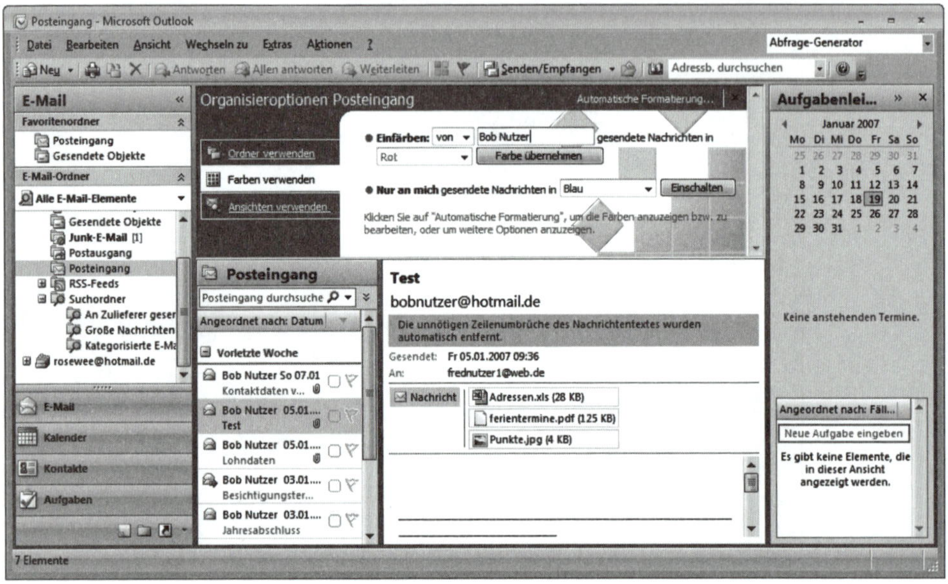

4. Wählen Sie im Listenfeld mit der Farbangabe die Farbe *Blaugrün* und klicken Sie auf die Schaltfläche *Farbe übernehmen.*
5. Sollen Nachrichten, die nur an Sie gesendet werden, in einer bestimmten Farbe hervorgehoben werden, wählen Sie diese Farbe im Listenfeld *Nur an mich gesendete Nachrichten in.* Klicken Sie anschließend auf *Einschalten.*
6. Klicken Sie auf die *Schließen*-Schaltfläche in der rechten oberen Ecke der Organisieroptionen oder wählen Sie im Menü *Extras* den Befehl *Organisieren*, um die Organisieroptionen wieder auszublenden. Ihre Einstellungen werden nun zu den Regeln zur automatischen Formatierung des Posteingangs hinzugefügt. Künftig sind alle E-Mail-Nachrichten, die Sie von einem bestimmten Absender erhalten, blaugrün eingefärbt.

Ihre Farbeinstellungen können Sie bei Bedarf bearbeiten oder löschen. Im nächsten Abschnitt erfahren Sie dazu mehr.

Die automatische Formatierung bearbeiten

Outlook formatiert die Nachrichten in Ihrem Posteingang normalerweise automatisch. So werden ungelesene Nachrichten beispielsweise in Fettschrift, abgelaufene Nachrichten in grauer Schrift und durchgestrichen und überfällige Nachrichten in roter Schrift hervorgehoben. Diese automatische Formatierung können Sie bei Bedarf bearbeiten. Haben Sie selbst Regeln zur automatischen Formatierung festgelegt, wie im letzten Abschnitt in diesem Kapitel beschrieben, können Sie diese ebenfalls bearbeiten oder löschen.

Gehen Sie dazu wie folgt vor:

1. Öffnen Sie die *Organisieroptionen* über den Befehl *Extras/Organisieren.*

2. Klicken Sie auf den Hyperlink *Farben verwenden* und anschließend auf die Schaltfläche *Automatische Formatierung* in der rechten oberen Ecke der *Organisieroptionen*.
3. Es öffnet sich das Dialogfeld *Automatische Formatierung*, in dem Sie Regeln bearbeiten, die Reihenfolge der Regeln anpassen, Regeln hinzufügen, Regeln deaktivieren und reaktivieren und Regeln löschen können (siehe Abbildg. 6.32).

Abbildg. 6.32 Hier bearbeiten Sie die automatische Formatierung

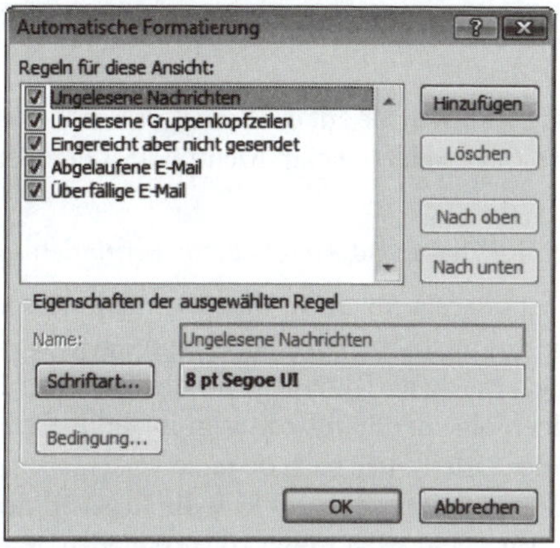

4. Um eine Regel zu bearbeiten, markieren Sie sie im Feld *Regeln für diese Ansicht*. Dann klicken Sie auf die Schaltfläche *Schriftart*.
5. Wählen Sie im gleichnamigen Dialogfeld bei Bedarf eine andere Schriftart, einen anderen Schriftschnitt oder einen anderen Schriftgrad aus, ändern Sie die Farbe oder fügen Sie Effekte hinzu oder entfernen diese (siehe Abbildg. 6.33).

Abbildg. 6.33 Die Schriftart und die Schriftfarbe anpassen

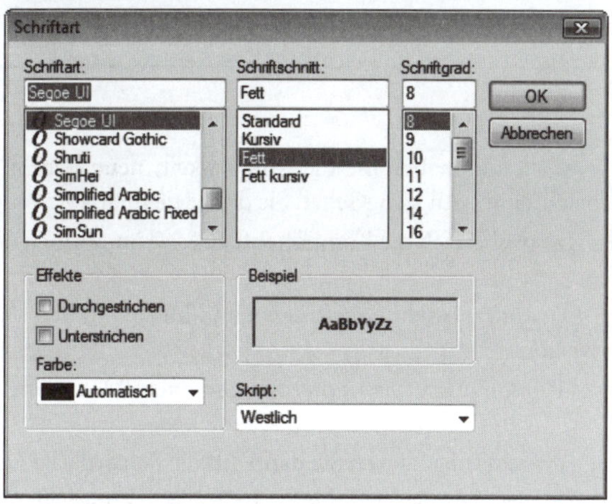

6. Klicken Sie anschließend auf *OK*, um die Änderungen wirksam zu machen.

HINWEIS Bei selbst definierten Regeln können Sie die Bedingungen ändern. Dazu markieren Sie die Regel und klicken auf die Schaltfläche *Bedingung*. Es öffnet sich das Dialogfeld *Filtern*. Um alle vorhandenen Bedingungen zu löschen und die Regel ganz neu zu definieren, klicken Sie im Dialogfeld *Filtern* auf die Schaltfläche *Löschen*. Legen Sie dann die Bedingungen wie bei der erweiterten Suche über die Registerkarten *Nachrichten, Weitere Optionen* und *Erweitert* fest. Klicken Sie auf *OK*, um die Bedingungen zu übernehmen.

7. Die Regel wird wirksam, sobald Sie das Dialogfeld *Automatische Formatierung* mit einem Mausklick auf die Schaltfläche *OK* schließen.
8. Um die Organisieroptionen auszublenden, klicken Sie auf die *Schließen*-Schaltfläche in der rechten oberen Ecke der Organisieroptionen oder wählen Sie im Menü *Extras* den Befehl *Organisieren*.

Nachfolgend werden die weiteren Optionen im Dialogfeld *Automatische Formatierung* beschrieben:

- **Die Regelreihenfolge anpassen:** Die Liste *Regeln für diese Ansicht* enthält standardmäßig fünf Regeln. Haben Sie selbst Regeln für die automatische Formatierung festgelegt, werden diese an die Liste der Standardregeln angehängt. Bei Bedarf können Sie die Reihenfolge Ihrer neuen Regeln nachträglich anpassen. Die Reihenfolge der Standardregeln ist fix und kann nicht geändert werden. Um eine Ihrer Regeln in der Liste weiter nach oben zu verschieben, markieren Sie sie und klicken Sie so oft auf die Schaltfläche *Nach oben*, bis sich die Regel an der gewünschten Stelle befindet. Um eine Regel in der Liste weiter nach unten zu verschieben, markieren Sie sie, und klicken Sie dann so oft auf die Schaltfläche *Nach unten*, bis sich die Regel an der gewünschten Stelle befindet.
- **Regeln deaktivieren und reaktivieren:** Wollen Sie eine Regel zeitweise außer Kraft setzen, deaktivieren Sie im Dialogfeld *Automatische Formatierung* das Kontrollkästchen vor der Regel. Sie können die Regel jederzeit wieder reaktivieren, indem Sie das Kontrollkästchen markieren.
- **Regeln löschen:** Um eine von Ihnen definierte Regel wieder zu entfernen, markieren Sie sie im Dialogfeld *Automatische Formatierung* und klicken Sie dann auf die Schaltfläche *Löschen*.

HINWEIS Standardregeln von Outlook lassen sich nicht löschen.

Regeln hinzufügen

Im Dialogfeld *Automatische Formatierung* haben Sie die Möglichkeit, neue Regeln zur automatischen Formatierung Ihrer Nachrichten festzulegen. Gehen Sie dazu wie folgt vor:

1. Aktivieren Sie über den Navigationsbereich die Komponente *E-Mail* und öffnen Sie den Posteingang.
2. Dann wählen Sie im Menü *Extras* den Befehl *Organisieren* und klicken in den Organisieroptionen auf den Link *Farbe verwenden*.
3. Öffnen Sie nun das Dialogfeld *Automatische Formatierung* mit einem Mausklick auf den gleichnamigen Link.
4. Im Dialogfeld *Automatische Formatierung* klicken Sie dann auf die Schaltfläche *Hinzufügen*.
5. Das Dialogfeld erweitert sich um den Bereich *Eigenschaften der ausgewählten Regel* (siehe Abbildg. 6.34). Geben Sie als Erstes in das Feld *Name* eine aussagekräftige Bezeichnung für die Regel ein.

Abbildg. 6.34 Eine eigene Regel für die automatische Formatierung erstellen

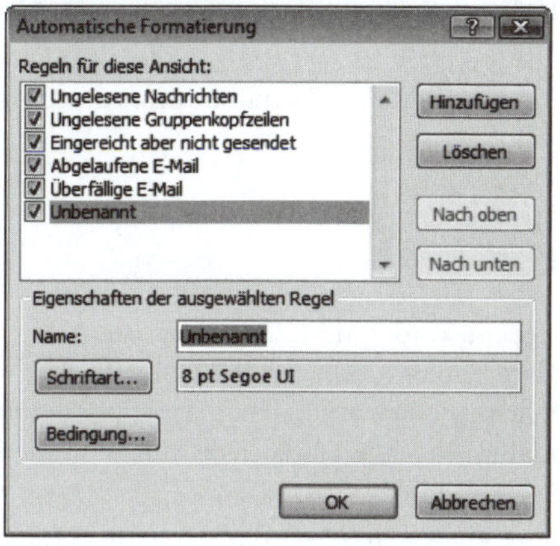

6. Legen Sie als Nächstes die Formatierung fest. Klicken Sie dazu auf die Schaltfläche *Schriftart* und wählen Sie im nun geöffneten gleichnamigen Dialogfeld die gewünschte Schriftart, den Schriftschnitt, den Schriftgrad und die Schriftfarbe aus, die bei der automatischen Formatierung verwendet werden sollen. Bei Bedarf können Sie zusätzliche Effekte wie *Durchgestrichen* und *Unterstrichen* aktivieren. Bestätigen Sie Ihre Wahl mit *OK.*
7. Anschließend legen Sie über die Schaltfläche *Bedingung* die eigentliche Regel fest. Es öffnet sich das Dialogfeld *Filtern.* Die Regelbedingungen können Sie wie bei der erweiterten Suche über die Registerkarten *Nachrichten, Weitere Optionen* und *Erweitert* festlegen (siehe Abbildg. 6.35).

Abbildg. 6.35 Hier legen Sie den Bedingungsteil der Regel fest

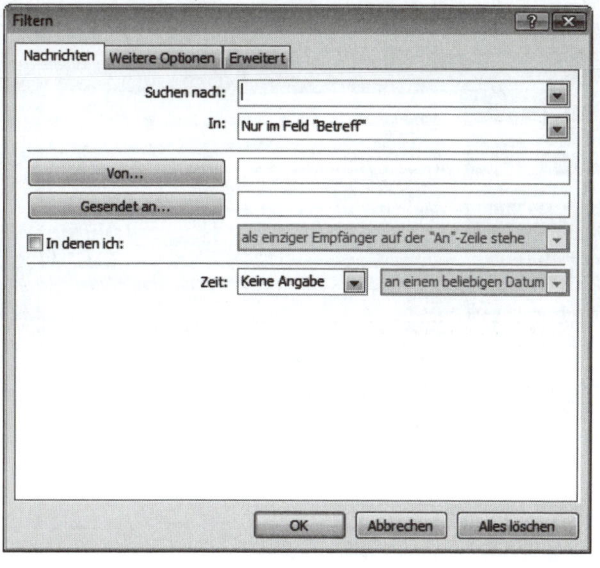

8. Klicken Sie auf *OK*, um die Bedingungen zu übernehmen. Die Regel ist nun fertig und kommt zum Einsatz, sobald Sie das Dialogfeld *Automatische Formatierung* mit einem Mausklick auf die Schaltfläche *OK* schließen.
9. Schließen Sie die Organisieroptionen mit einem Mausklick auf die *Schließen*-Schaltfläche in der rechten oberen Ecke oder über den Befehl *Extras/Organisieren*.

Ansichten verwenden

Für den Posteingang stehen Ihnen verschiedene vordefinierte Ansichten zur Verfügung. Über die Organisieroptionen können Sie die Standardansicht wechseln, die benutzt wird, sobald Sie den Posteingang öffnen, und Sie haben die Möglichkeit, die vorhandenen Ansichten anzupassen. Die für E-Mail-Ordner von Outlook standardmäßig bereitgestellten Ansichten werden nachfolgend beschrieben.

- **Nachrichten:** Die Ansicht *Nachrichten* ist für den Posteingang standardmäßig aktiviert. In ihr werden alle eingegangenen Nachrichten in Tabellenform ohne Filter und Gruppierung nach dem Eingangsdatum aufgelistet. Rechts im Programmfenster ist der Lesebereich eingeblendet, in dem der Inhalt der aktivierten Nachricht angezeigt wird.
- **Nachrichten mit AutoVorschau:** Diese Ansicht listet die Nachrichten wie die Ansicht *Nachrichten* nach dem Eingangsdatum in absteigender Reihenfolge auf. Der Lesebereich ist allerdings ausgeschaltet. Die Nachrichtenliste erstreckt sich deshalb über die gesamte rechte Fensterseite. Bei ungelesenen Nachrichten ist jedoch die AutoVorschau aktiviert, die die ersten drei Zeilen der Nachricht in blauer Schrift anzeigt (siehe Abbildg. 6.36).

Abbildg. 6.36 Der Posteingang in der Ansicht *Nachrichten mit AutoVorschau*

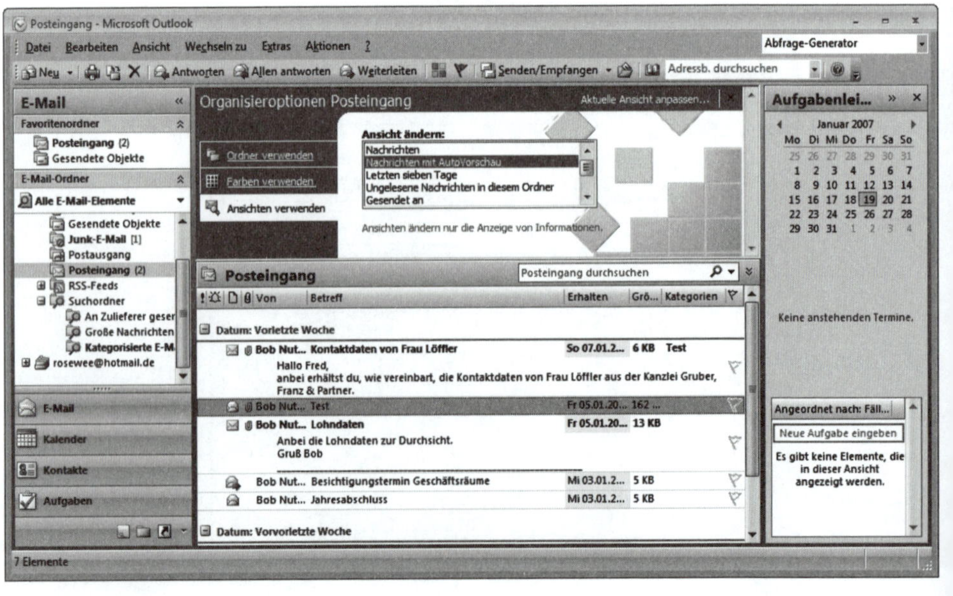

TIPP Die AutoVorschau können Sie übrigens über den Befehl *Ansicht/AutoVorschau* in jedem E-Mail-Ordner aktivieren und deaktivieren.

- **Letzten sieben Tage:** In dieser Ansicht werden nur die Nachrichten angezeigt, die Sie in den letzten sieben Tagen erhalten haben. Der Lesebereich ist in dieser Ansicht ausgeschaltet.
- **Ungelesene Nachrichten in diesem Ordner:** In dieser Ansicht werden nur ungelesene Nachrichten aufgelistet. Der Lesebereich ist in dieser Ansicht ausgeschaltet.
- **Gesendet an:** In dieser Ansicht werden die Nachrichten in absteigender Reihenfolge nach dem Feld *Gesendet* sortiert. Der Lesebereich ist eingeblendet. Diese Ansicht eignet sich, um Nachrichten nach E-Mail-Adressen zu sortieren, falls Sie mehrere E-Mail-Adressen und -Konten verwenden. Ansonsten ist die Ansicht eher für die Ordner *Postausgang* und *Gesendete Objekte* geeignet.
- **Nachrichten in Zeitskalaansicht:** Im Gegensatz zu den anderen Ansichten, die alle auf der Tabelle basieren, handelt es sich bei dieser Ansicht um eine Zeitskaladarstellung. Die Werte der Felder *Gesendet* und *Erhalten* dienen als Anfangs- und Endpunkte der einzelnen Einträge in der Zeitskala (siehe Abbildg. 6.37). Diese Ansicht eignet sich besonders, wenn Sie prüfen wollen, wie viele E-Mails in unterschiedlichen Zeiträumen für Sie eingegangen sind oder wenn Sie nach E-Mails suchen, die in einem bestimmten Zeitraum eingetroffen sind.

Abbildg. 6.37 Die Ansicht *Nachrichten in Zeitskalaansicht*

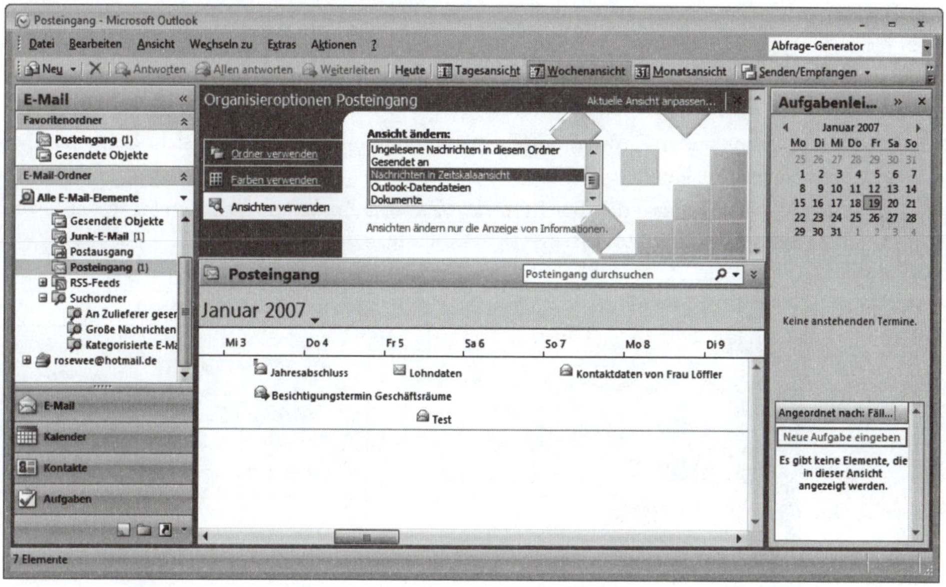

- **Outlook-Datendateien:** In dieser Ansicht wird der aktuelle Ordner nach den Outlook-Datendateien sortiert. Die Ansicht ist allerdings nur dann interessant, wenn Sie mehrere Datendateien eingerichtet haben, wie z.B. für Ihr Microsoft Exchange-Konto und für ein POP3-Konto.
- **Dokumente:** In dieser Ansicht werden die E-Mails nach den heruntergeladenen Dokumenten sortiert. Es werden nur E-Mails angezeigt, die Anlagen enthalten.

Die Ansicht wechseln

Outlook bietet Ihnen für jeden E-Mail-Ordner mehrere Ansichten. Die einzelnen Ansichten unterscheiden sich in der Art, in der Informationen angezeigt werden. Bei einigen Ansichten wird der Ordnerinhalt gruppiert, bei anderen nach bestimmten Kriterien gefiltert. Die Ansicht können Sie in Outlook auf verschiedene Arten wechseln: Über den Hyperlink *Ansichten verwenden* in den Organisieroptionen, über das Menü *Ansicht* und über den Navigationsbereich, sofern Sie die Anzeige der Ansichten in diesem aktiviert wurde. Gehen Sie wie in den folgenden Abschnitten beschrieben vor, um die Ansicht zu wechseln.

Ansichtswechsel über die Organisieroptionen

Wollen Sie die Standardansicht eines Ordners wechseln und dafür sorgen, dass diese Ansicht ab jetzt immer aktiv ist, sobald Sie den Ordner wechseln, gehen Sie wie folgt vor:

1. Öffnen Sie den Ordner über den Navigationsbereich und wählen Sie den Befehl *Extras/Organisieren*.
2. Dann klicken Sie auf den Hyperlink *Ansichten verwenden*.
3. Wählen Sie anschließend die gewünschte Ansicht im Listenfeld *Ansicht ändern* aus.
4. Schließen Sie die Organisieroptionen, wenn Sie sie nicht mehr benötigen, mit einem Mausklick auf die *Schließen*-Schaltfläche in der rechten oberen Ecke oder über den Befehl *Extras/Organisieren*.

Ansichtswechsel über das Menü *Ansicht*

Um die Ansicht über das gleichnamige Menü zu wechseln, gehen Sie wie folgt vor:

1. Öffnen Sie den Ordner, dessen Inhalt Sie in einer anderen Ansicht betrachten wollen, über den Navigationsbereich.
2. Wählen Sie dann den Befehl *Ansicht/Aktuelle Ansicht* und klicken Sie in der Liste, die sich öffnet, auf die gewünschte Ansicht (siehe Abbildg. 6.38).

Abbildg. 6.38 Die Ansicht wechseln

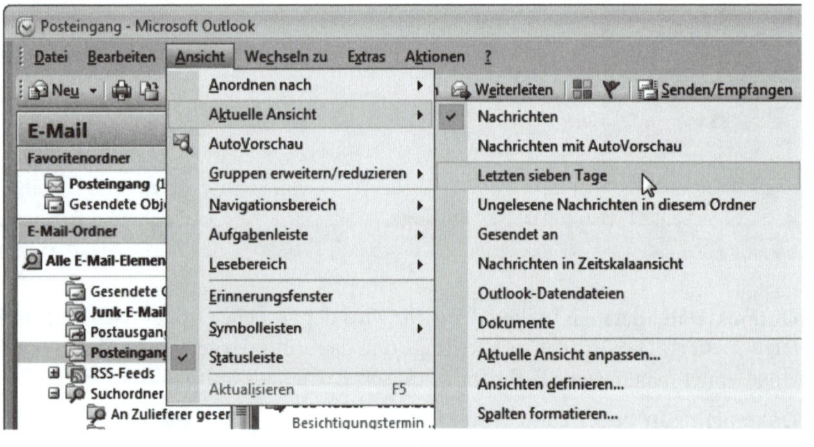

3. Die Ansicht im aktuellen E-Mail-Ordner passt sich sofort an und bleibt so lange aktiv, bis Sie eine andere Ansicht wählen. Um die ursprüngliche Ansicht wieder zu aktivieren, öffnen Sie das Menü *Ansicht*, zeigen Sie auf *Aktuelle Ansicht* und wählen Sie dann die gewünschte Ansicht mit einem Mausklick aus dem Untermenü aus, das sich einblendet.

Ansichtswechsel über den Navigationsbereich

Wechseln Sie öfter die Ansicht, kann es lästig sein, immer erst das Menü *Ansicht* öffnen zu müssen. Blenden Sie in diesem Fall den Aktuellen Ansichtsbereich im Navigationsbereich ein und wählen Sie hier bequem die gewünschte Ansicht aus. Gehen Sie dazu wie folgt vor:

1. Aktivieren Sie im Navigationsbereich den Ordner *E-Mail*.
2. Öffnen Sie das Menü *Ansicht*, zeigen Sie auf *Navigationsbereich* und klicken Sie dann auf *Aktueller Ansichtsbereich*.
3. Ziehen Sie dann im Navigationsbereich unter *E-Mail-Ordner* das Bildlauffeld so nach unten, dass der Abschnitt *Aktuelle Ansicht* zu sehen ist (siehe Abbildg. 6.39).

Abbildg. 6.39 Bei Bedarf können Sie die Ansicht auch über den Navigationsbereich wechseln

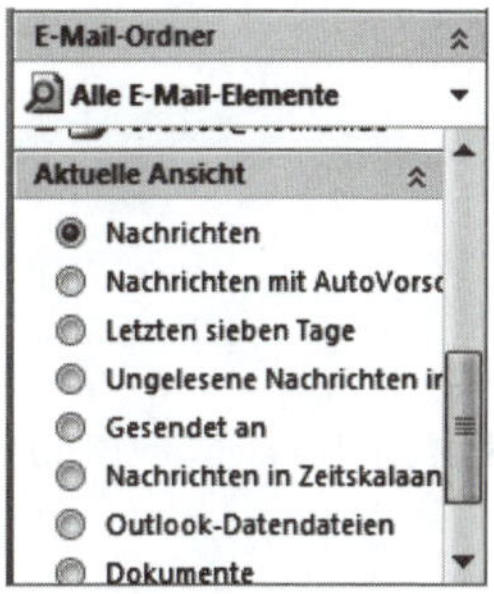

4. Aktivieren Sie die gewünschte Ansicht mit einem Mausklick.
5. Um den Bereich *Aktuelle Ansicht* wieder aus dem Navigationsbereich zu entfernen, öffnen Sie das Menü *Ansicht*, zeigen Sie auf *Navigationsbereich* und wählen Sie im Untermenü den Befehl *Aktueller Ansichtsbereich*.

Ansichten anpassen

Eignen sich die vorhandenen Ansichten prinzipiell für Ihre Zwecke, fehlt jedoch ein Feld, das Sie dringend benötigen oder passt die Sortierreihenfolge nicht, können Sie diesen Mangel rasch beheben, indem Sie die Ansicht anpassen. Erhalten Sie beispielsweise viele Nachrichten mit Nachverfolgungskennzeichnung, die zu einem bestimmten Termin fällig sind, können Sie die Ansicht *Letzten sieben Tage* so anpassen, dass neben den anderen Feldern auch die Fälligkeit zu sehen ist und die Anzeige nach der Fälligkeit gruppiert wird.

Fügen Sie zur Ansicht *Letzten sieben Tage* des Posteingangs das Feld *Fällig* hinzu und sortieren Sie die E-Mail-Nachrichten. Gruppieren Sie die Nachrichten dann nach diesem Kriterium und anschließend nach dem Absender. Stellen Sie schließlich die ursprüngliche Ansicht wieder her.

1. Öffnen Sie den Posteingang und wählen Sie im Menü *Ansicht* den Befehl *Aktuelle Ansicht/Letzten sieben Tage*.
2. Klicken Sie dann auf den Link *Aktuelle Ansicht anpassen*.

3. Anschließend wählen Sie im Dialogfeld *Ansicht anpassen* die Schaltfläche *Felder.*
4. Markieren Sie im daraufhin geöffneten Dialogfeld *Felder anzeigen* im Listenfeld *Verfügbare Felder* den Eintrag *Fällig am* (siehe Abbildg. 6.40).

Abbildg. 6.40 Neue Felder zur Ansicht hinzufügen

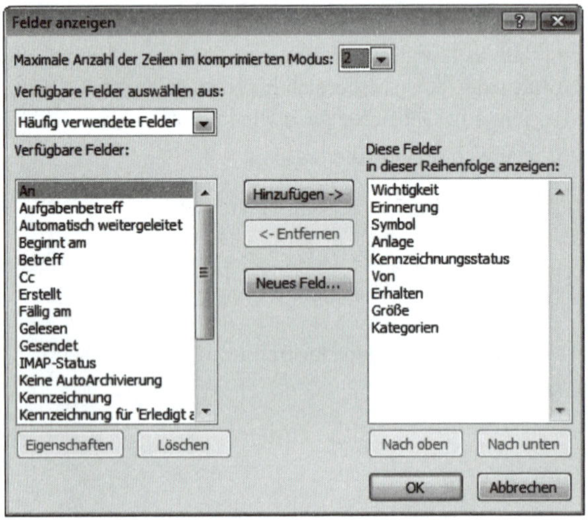

5. Klicken Sie auf die Schaltfläche *Hinzufügen.*
6. Anschließend klicken Sie so oft auf die Schaltfläche *Nach oben*, bis sich das Feld unterhalb vom Feld *Erhalten* befindet.
7. Bestätigen Sie mit *OK.*
8. Klicken Sie anschließend auf die Schaltfläche *Gruppieren.*

Abbildg. 6.41 Die Gruppierung anpassen

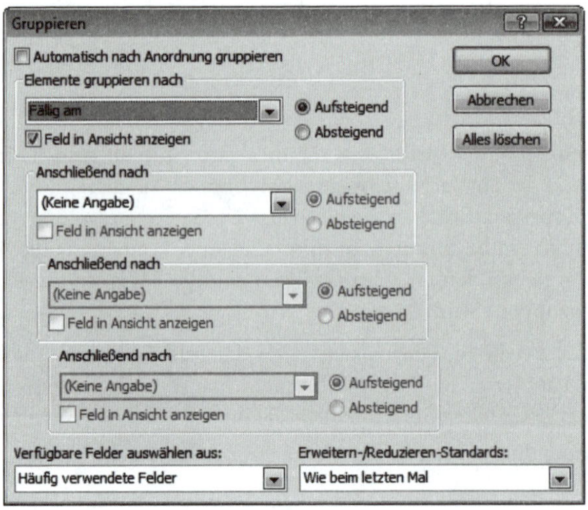

9. Im daraufhin geöffneten Dialogfeld *Gruppieren* deaktivieren Sie das Kontrollkästchen *Automatisch nach Anordnung gruppieren* und wählen im Listenfeld *Elemente gruppieren nach* den Eintrag *Fällig am* aus (siehe Abbildg. 6.41). Die Option *Absteigend* behalten Sie bei. Lassen Sie außerdem das Kontrollkästchen *Feld in Ansicht zeigen* aktiviert und bestätigen Sie mit *OK*.
10. Schließen Sie das Dialogfeld *Ansicht anpassen* über die Schaltfläche *OK*. Die Ansicht wird nun nach dem Fälligkeitsdatum gruppiert.

Die Änderung bleibt nun so lange erhalten, bis Sie die ursprüngliche Ansicht wiederherstellen oder die Ansicht auf andere Weise ändern. Mehr hierzu erfahren Sie im nächsten Abschnitt.

Die ursprüngliche Ansicht wiederherstellen

Haben Sie eine Ansicht verändert, können Sie die Änderungen jederzeit rückgängig machen und zur ursprünglichen Ansicht zurückkehren. Gehen Sie dazu wie folgt vor:

1. Öffnen Sie den Posteingang und aktivieren Sie die Ansicht, die Sie angepasst haben, über *Ansicht/Aktuelle Ansicht*.
2. Wählen Sie als Nächstes den Befehl *Ansicht/Aktuelle Ansicht/Aktuelle Ansicht anpassen*.
3. Im Dialogfeld *Ansicht anpassen* klicken Sie auf die Schaltfläche *Aktuelle Ansicht zurücksetzen* (siehe Abbildg. 6.42).

Abbildg. 6.42 Über die Schaltfläche *Aktuelle Ansicht zurücksetzen* die Änderungen rückgängig machen

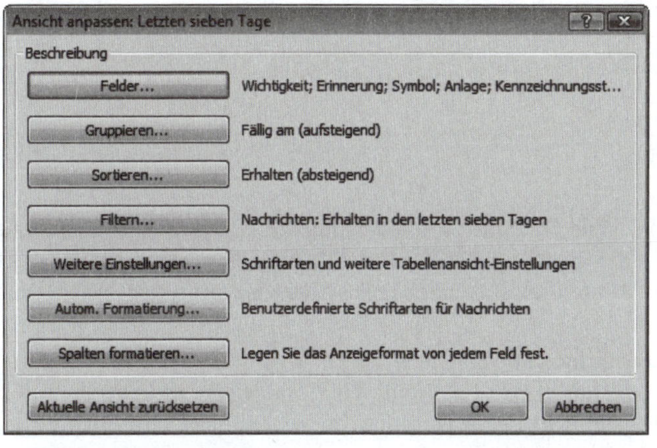

4. Klicken Sie in der Abfrage, ob Sie die Ansicht tatsächlich auf die ursprünglichen Einstellungen zurücksetzen möchten, auf *OK*.
5. Anschließend klicken Sie im Dialogfeld *Ansicht anpassen* noch einmal auf *OK* und schon ist die ursprüngliche Ansicht wiederhergestellt.

Ansichten über das Kontextmenü anpassen

Die aktuelle Ansicht können Sie auch bequem über das Kontextmenü anpassen. Gehen Sie dazu wie folgt vor:

1. Aktivieren Sie die Ansicht, die Sie anpassen wollen, über den Befehl *Ansicht/Aktuelle Ansicht* und deaktivieren Sie bei Bedarf den Lesebereich über den Befehl *Ansicht/Lesebereich/Aus*.

2. Wählen Sie dann im Menü *Ansicht* den Befehl *Anordnen nach*, und prüfen Sie, ob im Untermenü der Eintrag *In Gruppen anzeigen* aktiviert ist. Falls ja, deaktivieren Sie den Eintrag, indem Sie ihn anklicken.
3. Nun klicken Sie mit der rechten Maustaste auf den Tabellenkopf des Ordners und wählen im Kontextmenü den Befehl *Feldauswahl* (siehe Abbildg. 6.43).

Abbildg. 6.43 Über das Kontextmenü lässt sich die Ansicht schnell umorganisieren

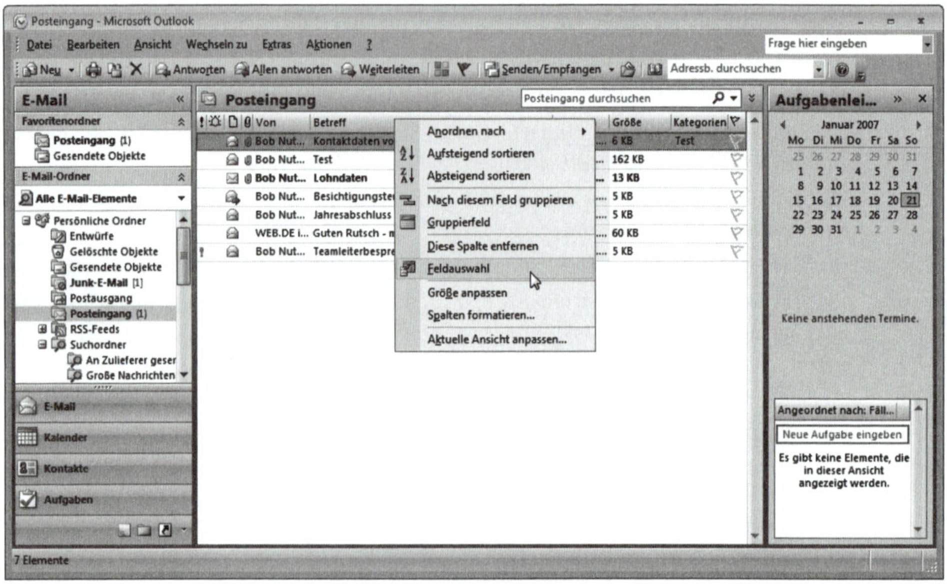

4. Klicken Sie im Dialogfeld *Feldauswahl*, das sich nun öffnet, auf das Feld, das Sie zur Ansicht hinzufügen wollen, und ziehen Sie es mit gedrückter Maustaste an die Stelle im Tabellenkopf, an der das Feld angezeigt werden soll. Die aktuelle Position wird mit roten Pfeilen symbolisiert (siehe Abbildg. 6.44).
5. Öffnen Sie das Kontextmenü noch einmal, indem Sie mit der rechten Maustaste auf den Spaltenkopf klicken, und wählen Sie den Menübefehl *Gruppierfeld*. Zwischen dem Tabellenkopf und der Adressleiste wird nun eine Zeile eingefügt, in der steht: *Um nach einer Spalte zu gruppieren, ziehen Sie die Spaltenüberschrift hierhin.*
6. Klicken Sie mit der linken Maustaste auf den Kopf der Spalte, nach der Sie den Ordnerinhalt gruppieren wollen, und ziehen Sie den Spaltenkopf auf die Angabe *Um nach einer Spalte zu gruppieren, ziehen Sie die Spaltenüberschrift hierhin.* Lassen Sie anschließend die linke Maustaste los. Der Spaltenkopf befindet sich nun oberhalb der Tabelle und der Posteingang wird nach dem gewählten Kriterium gruppiert (siehe Abbildg. 6.45).
7. Klicken Sie im Dialogfeld *Feldauswahl* auf die *Schließen*-Schaltfläche. Klicken Sie dann mit der rechten Maustaste auf den Spaltenkopf der Tabelle und wählen Sie im Kontextmenü den Befehl *Gruppierfeld*, um dieses auszublenden.

Abbildg. 6.44 So fügen Sie ein neues Feld zu einer Ansicht hinzu

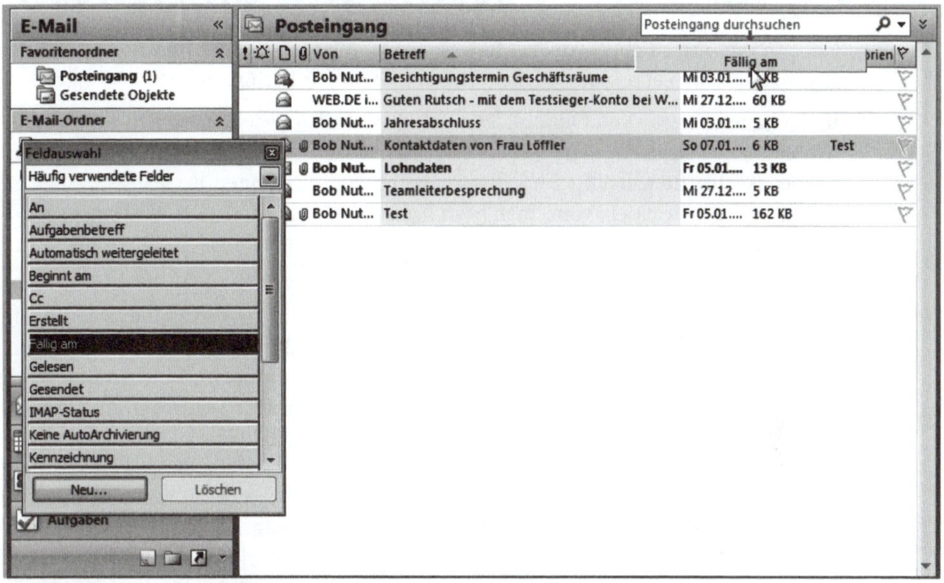

Abbildg. 6.45 Die fertige Ansicht nach der Anpassung

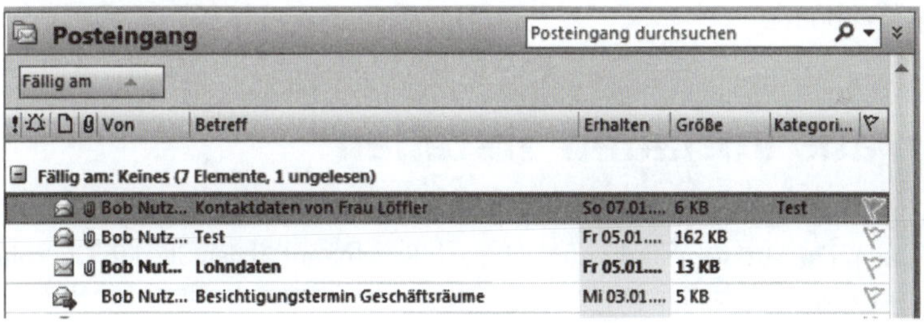

8. Um eine Spalte aus der Anzeige zu löschen, klicken Sie mit der linken Maustaste auf den Spaltenkopf, und ziehen Sie ihn mit gedrückter linker Maustaste in die Nachrichtenliste. An den Mauszeiger wird nun ein großes Kreuz für »Löschen« angehängt. Sobald Sie die linke Maustaste loslassen, ist die Spalte verschwunden.
9. Nach welcher Spalte sortiert wird, erkennen Sie an dem Pfeilsymbol im Spaltenkopf. Die Pfeilrichtung zeigt dabei die Sortierreihenfolge an. Wollen Sie die Anzeige nach einer anderen Spalte sortieren, brauchen Sie nur auf den Spaltenkopf der Spalte zu klicken. Durch einen Klick auf den Spaltenkopf kehrt sich allerdings auch die Sortierreihenfolge um. Möglicherweise müssen Sie also zwei Mal auf den Spaltenkopf klicken, um die gewünschte Sortierreihenfolge zu erhalten.
10. Um die ursprüngliche Ansicht wiederherzustellen, klicken Sie mit der rechten Maustaste auf den Spaltenkopf, wählen im Kontextmenü den Befehl *Aktuelle Ansicht anpassen* und klicken im gleichnamigen Dialogfeld auf die Schaltfläche *Aktuelle Ansicht zurücksetzen.* Bestätigen Sie zwei Mal mit *OK.*

Regeln für den Posteingang einrichten

Neben dem Verschieben von E-Mail-Nachrichten in bestimmte Ordner stellt Outlook über den Regel-Assistenten eine ganze Reihe weiterer Regeln zur Verfügung.

In der neuen Version von Outlook lässt sich der Regel-Assistent erheblich einfacher bedienen als bisher, denn Sie können aus einer übersichtlichen Anzahl an Regeln wählen, die zur Verwaltung eingehender Nachrichten häufig zum Einsatz kommen. Sie können beispielsweise festlegen, dass beim Erhalt von Nachrichten von einer bestimmten Person ein Sound wiedergegeben wird oder dass beim Erhalt von Nachrichten einer bestimmten Person eine Benachrichtigung an Ihr mobiles Gerät geschickt wird.

Für die Regelerstellung stehen Ihnen zahlreiche Vorlagen zur Verfügung. Sie können Regeln jedoch auch ganz frei ohne Vorlage erstellen. Aufgrund der Vielzahl der Auswahl- und Kombinationsmöglichkeiten können nicht alle zur Verfügung stehenden Optionen beschrieben werden. Die Vorgehensweise ist jedoch immer so wie im folgenden Abschnitt beschrieben und die Optionen sind in der Regel selbsterklärend.

WICHTIG Nachrichten, die über ein HTTP-E-Mail-Konto an Sie gesendet werden, können nicht mit Outlook-Regeln gefiltert werden. Die meisten E-Mail-Anbieter bieten inzwischen jedoch die Möglichkeit, über Webmail Filter für den Posteingang einzurichten und Absender zu blockieren. Sie können außerdem Abwesenheitsnotizen einrichten und Nachrichten an E-Mail-Adressen weiterleiten und SMS-Benachrichtigungen an Ihr Handy zu senden, sobald E-Mail-Nachrichten für Sie eingehen. Mehr hierzu erfahren Sie im Abschnitt »Webmail-Optionen nutzen« in diesem Kapitel.

Regeln aus Vorlagen erstellen

Outlook stellt Ihnen für verschiedene Regeln Vorlagen bereit, mit denen Sie ganz leicht Regeln erstellen können. Die Vorlagen sind unterteilt nach Regeln, mit denen Sie den Überblick im Posteingang behalten sollen und nach Regeln, mit denen Sie auf dem Laufenden bleiben.

Hier die Schritte zum Erstellen einer Regel, mit der beim Erhalt von Nachrichten einer bestimmten Person der Sound *tada* wiedergegeben wird:

1. Wählen Sie im Menü *Extras* den Befehl *Regeln und Benachrichtigungen.*
2. Aktivieren Sie in der eventuell angezeigten Meldung, dass Regeln nicht auf Nachrichten angewendet werden können, die über HTTP-E-Mail-Konten gesendet wurden, bei Bedarf das Kontrollkästchen *Diese Meldung nicht mehr anzeigen* und klicken Sie dann auf *OK.*
3. Im nun geöffneten Dialogfeld *Regeln und Benachrichtigungen* klicken Sie auf die Schaltfläche *Neue Regel.*

4. Im Dialogfeld *Regel-Assistent* wählen Sie im Feld *1. Schritt: Vorlage auswählen* unter *Auf dem Laufenden bleiben* den Eintrag *Beim Erhalt von Nachrichten von einer bestimmten Person einen Sound wiedergeben* (siehe Abbildg. 6.46).

Abbildg. 6.46 Hier wählen Sie die Vorlage aus und bearbeiten die Regelbeschreibung

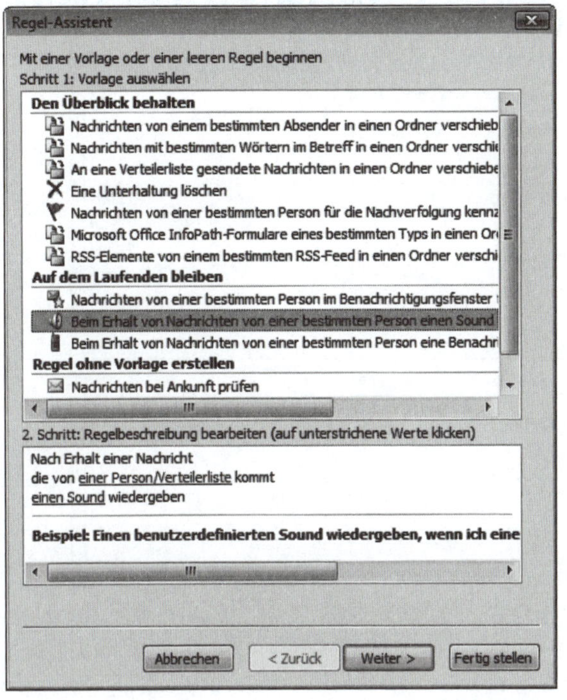

5. Klicken Sie im Feld *2. Schritt: Regelbeschreibung bearbeiten* auf den unterstrichenen Wert *einer Person/Verteilerliste*, wählen Sie die Person, auf deren Nachrichten die Regel angewendet werden soll, im Adressbuch aus, klicken Sie auf die Schaltfläche *Von* und anschließend auf *OK*.

TIPP Ist die Person nicht in Ihrem Adressbuch enthalten, können Sie die Regel trotzdem definieren, indem Sie die E-Mail-Adresse in das Feld *Von* eingeben. Wollen Sie die Person hingegen in Ihre Kontakte aufnehmen, können Sie über die Schaltfläche *Erweitert/Neu* einen neuen Adressbucheintrag anlegen.

6. Als Nächstes wählen Sie den Sound aus. Klicken Sie dazu im Feld *2. Schritt: Regelbeschreibung bearbeiten* auf den unterstrichenen Wert *einen Sound.*
7. Klicken Sie im Dialogfeld *Wählen Sie einen wiederzugebenden Sound*, das sich nun öffnet, doppelt auf den Sound *tada.*

TIPP Wollen Sie einen eigenen Sound verwenden, der nicht im Ordner *Media* von Windows gespeichert ist, wechseln Sie zunächst im Feld *Suchen in* des Dialogfelds *Wählen Sie den wiederzugebenden Sound* zum Ordner, in dem Sie den Sound gespeichert haben, und klicken Sie dann doppelt auf den gewünschten Sound.

8. Nun klicken Sie auf *Fertig stellen*, um die Regelerstellung abzuschließen.
9. Outlook vergibt automatisch einen Namen für die Regel und trägt sie auf der Registerkarte *E-Mail-Regeln* des Dialogfelds *Regeln und Benachrichtigungen* ein (siehe Abbildg. 6.47).

Abbildg. 6.47 Die fertige Regel überprüfen

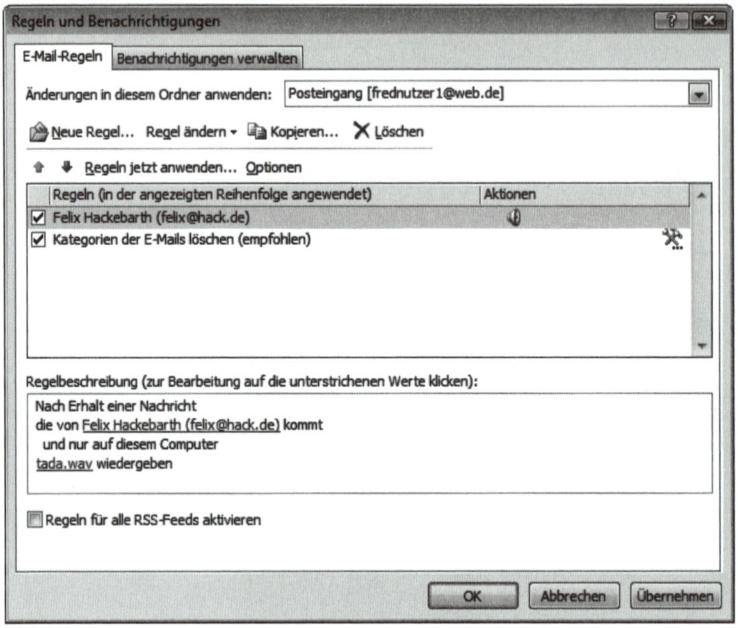

10. Sollen die Regeln, deren Kontrollkästchen aktiviert sind, auch auf RSS-Feeds angewendet werden, aktivieren Sie das Kontrollkästchen *Regeln für alle RSS-Feeds aktivieren.*
11. Klicken Sie auf *OK*, um das Dialogfeld zu schließen und die Regelanwendung zu aktivieren.

WICHTIG Regeln, die Sie aus einer Vorlage erstellen, können Sie beliebig ergänzen. Klicken Sie dazu in Schritt 9 der obigen Schrittanleitung auf die Schaltfläche *Weiter* und fahren Sie dann fort, wie im nächsten Abschnitt »Regeln ohne Vorlage erstellen« in diesem Kapitel beschrieben.

Regeln ohne Vorlage erstellen

Sie können Regeln auch ohne Vorlage erstellen. Dabei legen Sie zunächst fest, ob die Nachrichten bei Ankunft oder nach dem Senden geprüft werden sollen. Anschließend stellen Sie die einzelnen Regelelemente zusammen. Auf die gleiche Weise ergänzen Sie auch Regeln, die Sie aus einer Vorlage erstellen.

Erstellen Sie eine neue Regel ohne Vorlage, nach der Nachrichten von Ihrem Chef in einen neuen Unterordner des Posteingangs verschoben werden. Zusätzlich soll ein Sound wiedergegeben werden und die Nachrichten sollen mit hoher Priorität versehen werden.

1. Wählen Sie im Menü *Extras* den Befehl *Regeln und Benachrichtigungen*, um das gleichnamige Dialogfeld zu öffnen.
2. Aktivieren Sie in der eventuell angezeigten Meldung, dass Regeln nicht auf Nachrichten angewendet werden können, die über HTTP-E-Mail-Konten gesendet wurden, bei Bedarf das Kontrollkästchen *Diese Meldung nicht mehr anzeigen* und klicken Sie dann auf *OK.*
3. Klicken Sie auf der Registerkarte *E-Mail-Regeln* auf die Schaltfläche *Neue Regel.*

4. Es öffnet sich das Dialogfeld *Regel-Assistent,* in dem Sie im Feld *1. Schritt: Vorlage auswählen* unter *Regel ohne Vorlage erstellen* angeben, wann die E-Mails anhand der Regel überprüft werden sollen. Zur Auswahl stehen die Optionen *Nachrichten bei Ankunft prüfen* und *Nachrichten nach dem Senden prüfen.* Klicken Sie auf *Nachrichten bei Ankunft prüfen* und dann auf *Weiter.*
5. Im nächsten Schritt legen Sie die Bedingungen fest, die die E-Mails erfüllen müssen, damit die Regel auf sie angewendet wird (siehe Abbildg. 6.48). Aktivieren Sie dazu die Kontrollkästchen aller Bedingungen, die Sie verwenden wollen. Im Beispiel aktivieren Sie das Kontrollkästchen der Bedingung *die von einer Person/Verteilerliste kommt.* Die entsprechende Bedingung wird in das Feld unter *2. Schritt* eingetragen.

Abbildg. 6.48 Hier wählen Sie die Bedingungen für die Regel aus

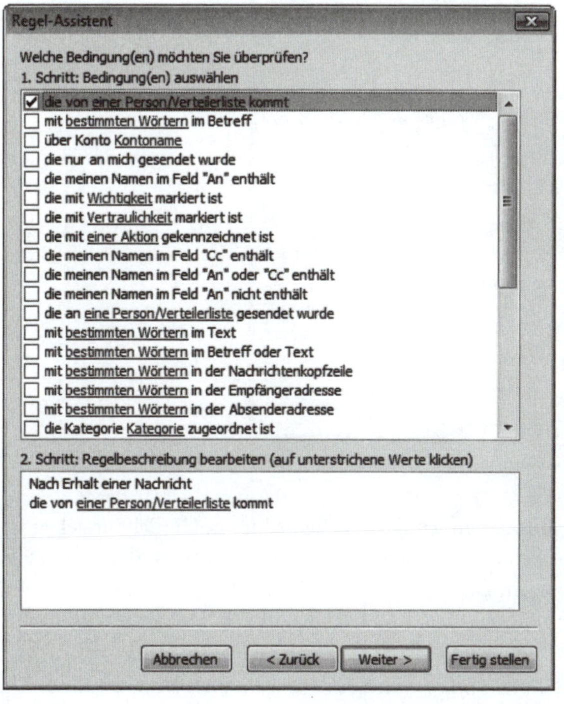

6. Klicken Sie unter *2. Schritt: Regelbeschreibung bearbeiten* auf den unterstrichenen Wert, um die Person auszuwählen, auf deren E-Mails die Regel angewendet werden soll.
7. Wählen Sie die gewünschte Person oder die Personen aus dem Adressbuch aus, zum Beispiel Ihr Chef, und klicken Sie dann auf die Schaltfläche *Von* oder geben Sie die Adressen direkt in das Feld *Von* ein. Klicken Sie dann auf *OK.*
8. Klicken Sie auf *Weiter.* Im nächsten Schritt legen Sie fest, was mit der Nachricht passieren soll. Aktivieren Sie dazu unter *1. Schritt: Aktion(en) auswählen* alle Aktionen, die zum Einsatz kommen sollen. Im Beispiel aktivieren Sie die Aktionen *diese in den Ordner Zielordner verschieben, diese als Wichtigkeit markieren* und *einen Sound wiedergeben.*
9. Im Feld *2. Schritt: Regelbeschreibung bearbeiten* klicken Sie nun jeweils auf die unterstrichenen Werte, um konkrete Werte auszuwählen. Beginnen Sie mit *einem Sound.* Im Dialogfeld *Wählen Sie den wiederzugebenden Sound* klicken Sie doppelt auf *tada.* Klicken Sie anschließend auf *Wich-*

tigkeit, wählen Sie im Listenfeld des Dialogfelds *Wichtigkeit* den Eintrag *Hoch* und klicken Sie dann auf *OK* (siehe Abbildg. 6.49).

Abbildg. 6.49 *Aktionen für die Behandlung der E-Mails festlegen*

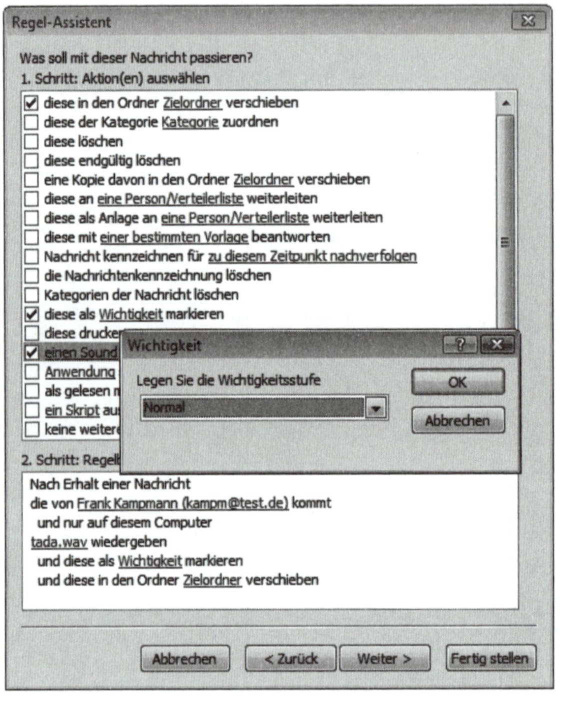

10. Zum Schluss klicken Sie auf *Zielordner.* Da der Zielordner noch nicht angelegt ist, aktivieren Sie im Dialogfeld *Regeln und Benachrichtigungen,* das sich nun öffnet, den Posteingang, klicken auf die Schaltfläche *Neu,* geben im Dialogfeld *Neuen Ordner erstellen* einen aussagekräftigen Namen in das Feld *Name* ein, im Beispiel *Chef,* und klicken auf *OK.* Der Ordner wird nun als Unterordner des Posteingangs angelegt und ist aktiviert.

11. Klicken Sie im Dialogfeld *Regeln und Benachrichtigungen* noch einmal auf *OK.*

12. Ihre Regelbeschreibung ist nun soweit fertig. Sie können jedoch noch Ausnahmen für Fälle festlegen, in denen die Regel nicht angewendet werden soll. Klicken Sie dazu auf *Weiter.*

13. Aktivieren Sie unter *1. Schritt: Ausnahme(n) auswählen* die Kontrollkästchen aller Ausnahmen, im Beispiel *außer wenn mein Name im Feld "Cc" steht.*

14. Haben Sie eine Ausnahme gewählt, in der ein Wert angegeben werden muss, legen Sie diesen nun unter *2. Schritt: Regelbeschreibung bearbeiten* fest, indem Sie den unterstrichenen Wert anklicken und einen konkreten Wert auswählen.

15. Stellen Sie die Regel nun fertig, indem Sie auf *Weiter* klicken und unter *1. Schritt: Regelnamen eingeben* eine aussagekräftige Bezeichnung für die Regel eintragen, im Beispiel *Chefregel.* Aktivieren Sie dann bei Bedarf das Kontrollkästchen *Diese Regel jetzt auf Nachrichten anwenden, die sich bereits im Ordner "Posteingang" befinden* und prüfen Sie unter *3. Schritt: Regelbeschreibung überprüfen,* ob die Regel alle Bedingungen und Aktionen enthält, die Sie wünschen (siehe Abbildg. 6.50).

Abbildg. 6.50 Hier haben Sie Gelegenheit, die Regel zu benennen und die Regelbeschreibung zu prüfen

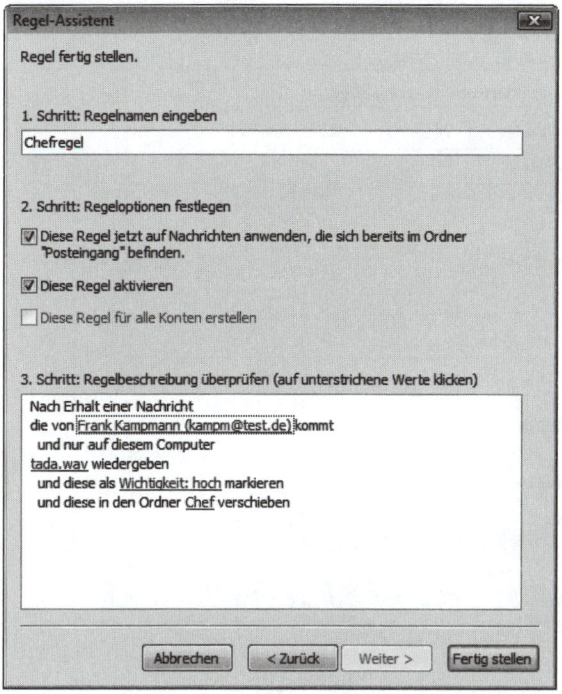

16. Klicken Sie auf *Fertig stellen* und dann auf *OK.*

Die Regel wird nun sofort wirksam. Haben Sie im Schritt *Regel fertig stellen* das Kontrollkästchen *Diese Regel jetzt auf Nachrichten anwenden, die sich bereits im Ordner "Posteingang" befinden* aktiviert, werden außerdem alle E-Mails, die bereits im Posteingang enthalten sind und die Bedingungen der Regel erfüllen, in den neuen Ordner verschoben.

Regeln bearbeiten

Regeln können Sie jederzeit prüfen, ändern oder löschen. Gehen Sie dazu wie folgt vor:

1. Wählen Sie im Menü *Extras* den Befehl *Regeln und Benachrichtigungen* und klicken Sie in der Meldung, die eventuell angezeigt wird, auf *OK.*
2. Es öffnet sich das Dialogfeld *Regeln und Benachrichtigungen* mit aktivierter Registerkarte *E-Mail-Regeln* (siehe Abbildg. 6.51). Markieren Sie die Regel, die Sie prüfen, ändern oder löschen wollen. Die Regelbeschreibung wird nun im Feld *Regelbeschreibung* am unteren Rand des Dialogfelds angezeigt.

Abbildg. 6.51 Hier können Sie Regeln prüfen, bearbeiten und löschen

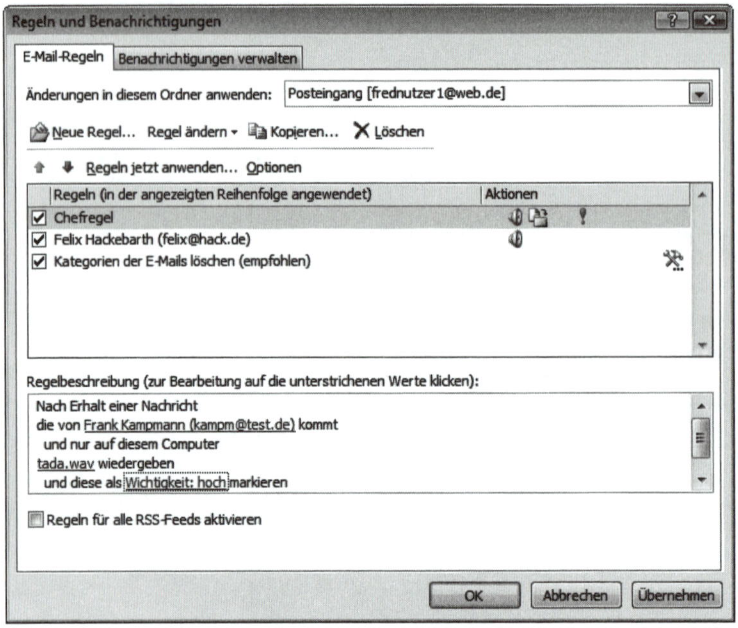

3. Nehmen Sie bei Bedarf Änderungen wie nachfolgend beschrieben vor, und klicken Sie dann auf *OK*, um das Dialogfeld zu schließen.

   - **Regeln deaktivieren:** Wollen Sie eine Regel zeitweise deaktivieren, klicken Sie auf das vorangestellte Kontrollkästchen. Das Häkchen verschwindet und die Regel wird nicht mehr angewendet. Es werden nur aktivierte Regeln angewendet.

   - **Die Reihenfolge der Regeln ändern:** Die Regeln werden in der angegebenen Reihenfolge angewendet. Um die Reihenfolge zu ändern, markieren Sie die Regel, die Sie an eine andere Stelle setzen wollen, und klicken Sie auf den Pfeil *Nach unten* bzw. *Nach oben*, bis sich die Regel an der gewünschten Position befindet. Wiederholen Sie den Vorgang bei Bedarf mit weiteren Regeln.

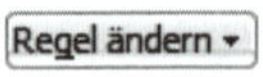

   - **Regeln umbenennen:** Wollen Sie eine Regel umbenennen, markieren Sie sie, und klicken Sie dann auf die Schaltfläche *Regel ändern*. Wählen Sie im Popup-Menü, das sich öffnet, den Befehl *Regel umbenennen*, geben Sie den neuen Namen ein und klicken Sie auf *OK*.

   - **Aktion hinzufügen oder löschen:** Um eine Aktion zu Ihrer Regel hinzuzufügen oder eine Aktion zu entfernen, markieren Sie die Regel, und klicken Sie dann auf die Schaltfläche *Regel ändern*. Wählen Sie im Popup-Menü, das sich öffnet, die gewünschte Aktion aus. Ob eine Aktion aktiviert ist, erkennen Sie an dem orangefarbenen Kasten um das Symbol (siehe Abbildg. 6.52). Nachdem Sie eine Aktion hinzugefügt haben, müssen Sie sie noch bearbeiten. Klicken Sie dazu im Bereich *Regelbeschreibung bearbeiten* auf den unterstrichenen Wert und wählen Sie den gewünschten Wert aus.

Abbildg. 6.52 Aktionen hinzufügen und entfernen

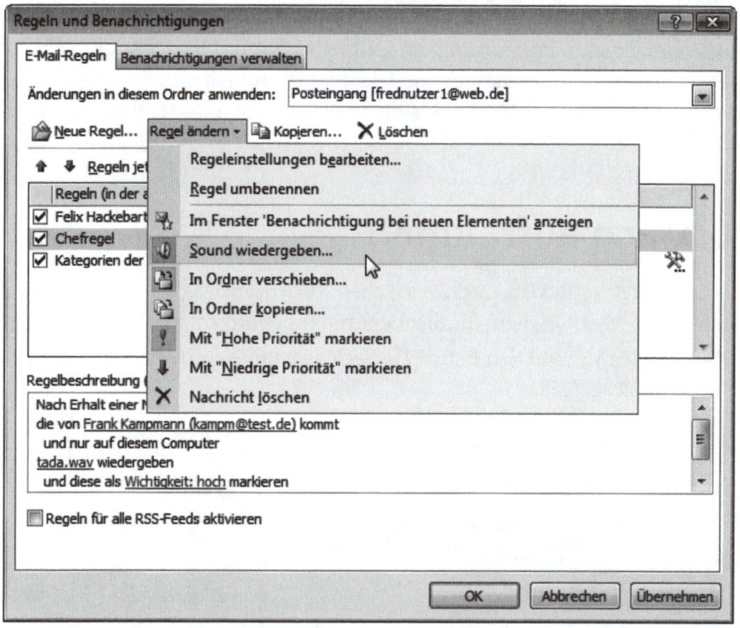

- **Regeleinstellungen bearbeiten:** Um Änderungen an den Regelbedingungen oder den Ausnahmen vorzunehmen oder um Aktionen zu aktivieren oder zu deaktivieren, die nicht im Popup-Menü *Regel ändern* enthalten sind, klicken Sie auf die Schaltfläche *Regel ändern*, und wählen Sie den Befehl *Regeleinstellungen bearbeiten*. Nehmen Sie dann entsprechende Anpassungen in den einzelnen Schritten des Regel-Assistenten vor, wie im letzten Abschnitt »Regeln ohne Vorlage erstellen« in diesem Kapitel beschrieben.
- **Regelbeschreibungen bearbeiten:** Um den Wert einer Bedingung oder einer Aktion zu ändern, klicken Sie ihn im Bereich *Regelbeschreibung* an, und wählen Sie den neuen Wert aus.

- **Regel kopieren:** Wollen Sie die Regel auch für einen anderen Ordner verwenden, können Sie sie in diesen kopieren. Markieren Sie die Regel zu diesem Zweck, klicken Sie auf die Schaltfläche *Kopieren*, wählen Sie im Dialogfeld *Regel kopieren*, das sich nun öffnet, den gewünschten Ordner, und klicken Sie auf *OK*.

- **Regel löschen:** Um eine Regel zu löschen, markieren Sie sie, und klicken Sie auf die Schaltfläche *Löschen*. Bestätigen Sie die Abfrage, ob Sie die Regel löschen möchten, mit einem Mausklick auf die Schaltfläche *Ja*.

TIPP Benötigen Sie die Regel nicht mehr und löschen Sie sie deshalb, sollten Sie nicht vergessen, Ordner, die Sie speziell für die Regel angelegt haben, zu entfernen. Klicken Sie dazu im Navigationsbereich auf das Pluszeichen, das dem Ordner *Posteingang* vorangestellt ist. Klicken Sie dann mit der rechten Maustaste auf den Ordner, den Sie entfernen möchten, und wählen Sie im Kontextmenü den Befehl *Löschen*. Dann bestätigen Sie, dass der Ordner und sein gesamter Inhalt in den Ordner *Gelöschte Objekte* verschoben werden soll, mit einem Mausklick auf *Ja*.

Das Postfach aufräumen

Löschen Sie die Elemente im Posteingang, im Ordner *Gelöschte Objekte* oder in einem anderen Postfach nicht regelmäßig, kann es vorkommen, dass der Ordner sehr groß und die Arbeit mit Outlook ineffizient wird. Leeren Sie deshalb den Ordner *Gelöschte Objekte* regelmäßig und räumen Sie Ihr Postfach auf.

Das Postfach aufräumen

Wollen Sie prüfen, welche E-Mail-Ordner welchen Speicherplatz beanspruchen, und anschließend größere oder ältere E-Mails löschen, die Sie nicht mehr benötigen, gehen Sie wie folgt vor:

1. Wählen Sie im Menü *Extras* den Befehl *Postfach aufräumen*, um das gleichnamige Dialogfeld zu öffnen (siehe Abbildg. 6.53).

Abbildg. 6.53 Das Postfach sollte regelmäßig aufgeräumt werden

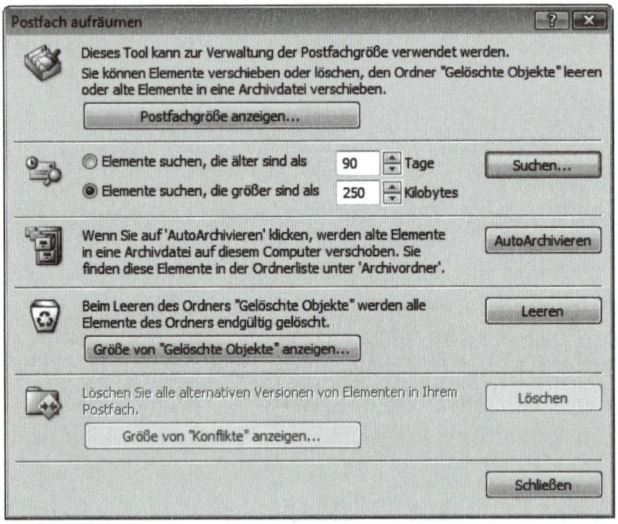

2. Um sich einen Eindruck darüber zu verschaffen, welche Ordner Ihres Postfachs am meisten Speicherplatz beanspruchen, klicken Sie auf die Schaltfläche *Postfachgröße anzeigen.* Es öffnet sich das Dialogfeld *Ordnergröße,* in dem die Größen aller E-Mail-Ordner angezeigt werden. Prüfen Sie, welcher Ordner den meisten Speicherplatz beansprucht und überlegen Sie, woran dies liegen könnte. Entweder sind im Ordner sehr viele oder aber sehr große Nachrichten enthalten. Schließen Sie das Dialogfeld, nachdem Sie sich entsprechend informiert haben, mit einem Mausklick auf die Schaltfläche *Schließen.*
3. Um das Postfach aufzuräumen, können Sie entweder nach Elementen suchen, die älter sind, als die von Ihnen gewählte Anzahl an Tagen, oder die größer sind, als ein von Ihnen gewählter Wert in Kilobytes. Aktivieren Sie die gewünschte Option, geben Sie den passenden Wert ein und klicken Sie auf die Schaltfläche *Suchen.* Es öffnet sich das Dialogfeld *Erweiterte Suche* mit den gefundenen Elementen. Löschen Sie die Nachrichten bei Bedarf, indem Sie sie markieren und

auf die [Entf]-Taste drücken. Bestätigen Sie die anschließende Abfrage mit *Ja* und schließen Sie dann das Dialogfeld *Erweiterte Suche*.

4. Klicken Sie auf die Schaltfläche *Schließen*, um das Dialogfeld zu verlassen, oder setzen Sie Ihre Aufräumaktion fort, indem Sie die AutoArchivierung starten, den Ordner *Gelöschte Objekte* leeren oder alternative Versionen von Elementen löschen, wie in den nächsten Abschnitten beschrieben.

TIPP Nutzen Sie ein Exchange Server-Konto und arbeiten Sie häufiger offline, kann es vorkommen, dass Elemente in Ihrem Postfach vorliegen, die im Konflikt zueinander stehen. Sind in Ihrem Postfach mehrere Versionen von Elementen enthalten, können Sie über die Schaltfläche *Größe von "Konflikte" anzeigen* feststellen, wie viel Speicherplatz dadurch beansprucht wird und über die Schaltfläche *Löschen* alle alternativen Versionen der Elemente entfernen.

Die AutoArchivierung nutzen

Ältere E-Mails, die Sie momentan nicht mehr benötigen, auf die Sie jedoch eventuell zu einem späteren Zeitpunkt zurückgreifen möchten, sollten Sie im Dialogfeld *Erweiterte Suche* auf keinen Fall löschen, sondern sie stattdessen über die Funktion *AutoArchivieren* in eine Archivdatei verschieben, die im Ordner *Archivordner* gespeichert wird. Sie beanspruchen dann weniger Platz, es besteht jedoch jederzeit die Möglichkeit, auf die E-Mails zuzugreifen. Gehen Sie wie folgt vor, um die AutoArchivierung zu starten:

1. Wählen Sie im Menü *Extras* den Befehl *Postfach aufräumen*.
2. Im nun geöffneten gleichnamigen Dialogfeld klicken Sie auf die Schaltfläche *AutoArchivieren* (siehe Abbildg. 6.54).

Abbildg. 6.54 Die AutoArchivierung manuell starten

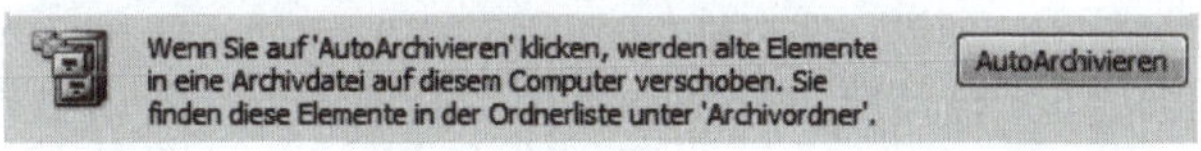

3. Die Funktion *AutoArchivieren* wird nun direkt auf Ihr Postfach angewendet und ältere E-Mails werden in die Archivdatei im Archivordner verschoben.

Den Ordner *Gelöschte Objekte* leeren

Leeren Sie den Ordner *Gelöschte Objekte* nicht regelmäßig, kann sich hier eine Menge Datenmüll ansammeln. Wird der Ordner zu umfangreich, kann dies sogar die Leistung von Outlook beeinträchtigen. Um die Größe des Ordners *Gelöschte Objekte* zu überprüfen, gehen Sie wie folgt vor:

1. Wählen Sie im Menü *Extras* den Befehl *Postfach aufräumen*.
2. Klicken Sie im Dialogfeld *Postfach aufräumen* auf die Schaltfläche *Größe von "Gelöschte Objekte" anzeigen*.
3. Im nun eingeblendeten Dialogfeld *Ordnergröße* werden die Ordnergröße ohne Unterordner, die Gesamtgröße mit Unterordnern und die Größen der einzelnen Unterordner angezeigt. Prüfen Sie, ob die übermäßige Größe durch den Ordner *Gelöschte Objekte* oder durch einen Unterordner verursacht wird. Klicken Sie dann auf die Schaltfläche *Schließen*.

4. Um den Ordner *Gelöschte Objekte* inklusive seiner Unterordner zu leeren, klicken Sie auf die Schaltfläche *Leeren* (siehe Abbildg. 6.55).

Abbildg. 6.55 Den Ordner *Gelöschte Objekte* leeren

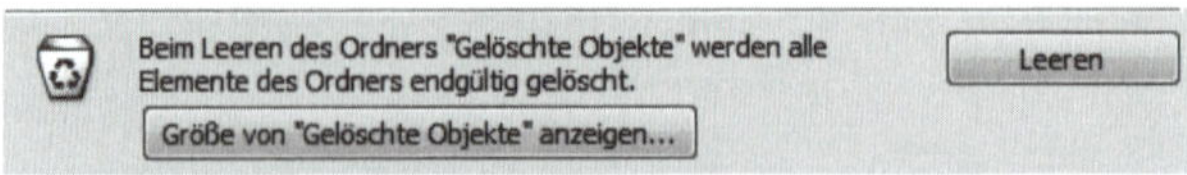

Um den Ordner *Gelöschte Objekte* zu leeren, ohne vorher die Größe zu überprüfen, gehen Sie wie folgt vor:

1. Aktivieren Sie die Komponente *E-Mail* mit einem Mausklick auf die gleichnamige Schaltfläche im Navigationsbereich, und öffnen Sie dann unter *Alle E-Mail-Elemente* den Ordner *Gelöschte Objekte* mit einem Mausklick.
2. Prüfen Sie, ob der Ordner Elemente enthält, die Sie versehentlich gelöscht haben, und verschieben Sie diese zurück in die Ordner, aus denen sie stammen.
3. Um den Inhalt des Ordners direkt zu leeren, klicken Sie ihn mit der rechten Maustaste an, und wählen im Kontextmenü den Befehl *Ordner "Gelöschte Objekte" leeren*. Bestätigen Sie die Abfrage, ob Sie sicher sind, dass alle Elemente und Unterordner endgültig gelöscht werden sollen, mit *Ja*. Die Elemente werden nun endgültig aus dem Ordner *Gelöschte Objekte* entfernt.

E-Mails im eigenen Fenster öffnen

Sagt Ihnen die Arbeit direkt im Posteingang nicht zu und möchten Sie die einzelnen E-Mails, die Sie erhalten, lieber im eigenen Fenster öffnen, gehen Sie wie folgt vor:

1. Aktivieren Sie die Komponente *E-Mail* mit einem Mausklick auf die gleichnamige Schaltfläche im Navigationsbereich.
2. Öffnen Sie den Posteingang oder einen anderen E-Mail-Ordner mit einem Mausklick und klicken Sie dann doppelt auf die E-Mail, die Sie im eigenen Fenster öffnen möchten.
3. Die E-Mail öffnet sich nun in einem eigenen Fenster (siehe Abbildg. 6.56). In der Multifunktionsleiste, die nun für alle Microsoft Office-Programme kennzeichnend ist, finden Sie alle Funktionen, die für E-Mails im Posteingang bereitstehen. Die eigentliche Nachricht finden Sie im Textfeld am unteren Rand des Dialogfelds. Ist die Nachricht sehr umfangreich, gelangen Sie über die Bildlaufleiste am rechten Rand zu weiter unten liegenden Teilen.
4. Enthält die E-Mail Anlagen, finden Sie diese in der Zeile unterhalb vom Betreff. Mit einem Mausklick auf den Namen der Anlage wird diese in der Vorschau angezeigt.

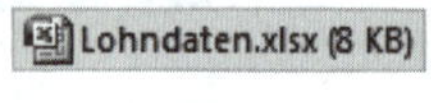

TIPP Wenn Sie eine Anlage eines bestimmten Dateityps erstmals öffnen, werden Sie darauf aufmerksam gemacht, dass Sie nur Dateien aus einer vertrauenswürdigen Quelle in der Vorschau anzeigen sollten. Handelt es sich um eine vertrauenswürdige Datei, klicken Sie auf die Schaltfläche *Dateivorschau*, um die Datei in der Vorschau zu öffnen. Soll der Hinweis zukünftig nicht mehr eingeblendet werden, deaktivieren Sie das Kontrollkästchen *Vor der Vorschau dieses Dateityps immer warnen*.

Abbildg. 6.56 Eine E-Mail im eigenen Fenster öffnen

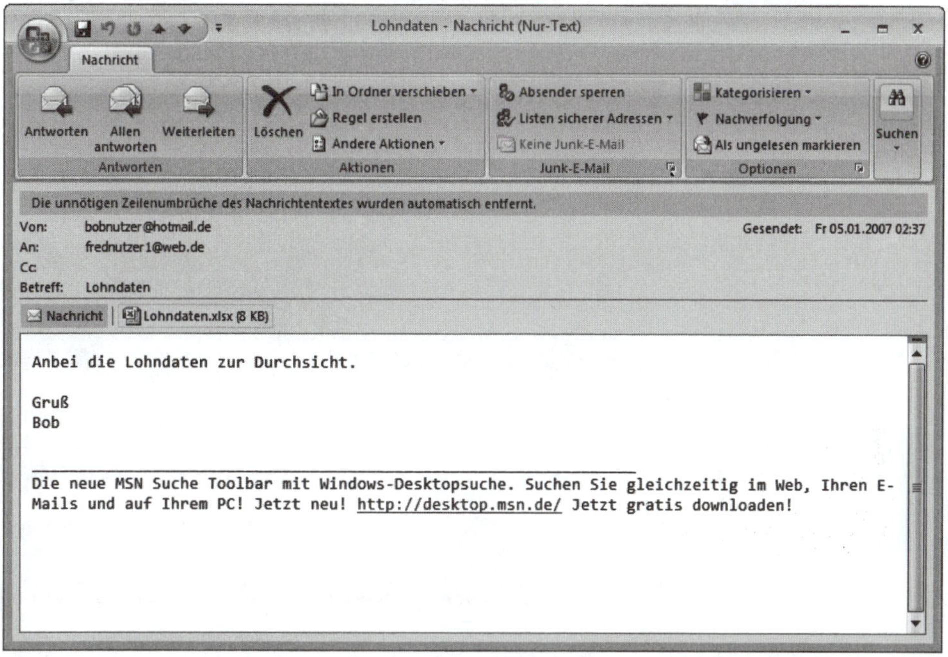

5. Um anschließend wieder die Nachricht zu lesen, klicken Sie in der Zeile unterhalb vom Betreff auf die Schaltfläche *Nachricht*.

6. Wollen Sie die nächste E-Mail im Posteingang lesen, klicken Sie auf die Schaltfläche *Nächstes Element* oder drücken Sie die Tastenkombination Strg+. . Das Nachrichtenfenster bleibt weiterhin geöffnet. Es ändert sich lediglich sein Inhalt. Klicken Sie so oft auf die Schaltfläche *Nächstes Element*, bis Sie alle E-Mails gelesen haben. Um zu einem vorherigen Element aus der Nachrichtenliste zu gelangen, klicken Sie hingegen auf die Schaltfläche *Vorheriges Element* oder drücken Sie die Tastenkombination Strg+, .
7. Nutzen Sie die weiteren Aktionen, wie in den nachfolgenden Abschnitten beschrieben.
8. Schließen Sie das Nachrichtenfenster mit einem Mausklick auf die *Schließen*-Schaltfläche in der rechten oberen Ecke.

Antworten

Um die E-Mail zu beantworten, gehen Sie wie folgt vor:

1. Klicken Sie in der Multifunktionsleiste im Bereich *Antworten* auf die gleichnamige Schaltfläche.
2. Es öffnet sich das Nachrichtenformular, in dem der Absender der ursprünglichen Nachricht als Empfänger eingetragen ist. Der Betreff ist ebenfalls bereits eingetragen. Ihm ist die Bezeichnung *AW:* vorangestellt, um die E-Mail als Antwort zu kennzeichnen. Im Textfeld steht die ursprüngliche Nachricht. Geben Sie oberhalb von dieser Ihre Nachricht ein (siehe Abbildg. 6.57).

TIPP Soll die Nachricht in spezieller Weise formatiert werden, markieren Sie den Text und wählen Sie die gewünschten Formatieroptionen wie in Ihrer Textverarbeitung über die Multifunktionsleiste auf der Registerkarte *Nachricht* in der Gruppe *Basistext* aus.

Abbildg. 6.57 Eine Nachricht beantworten

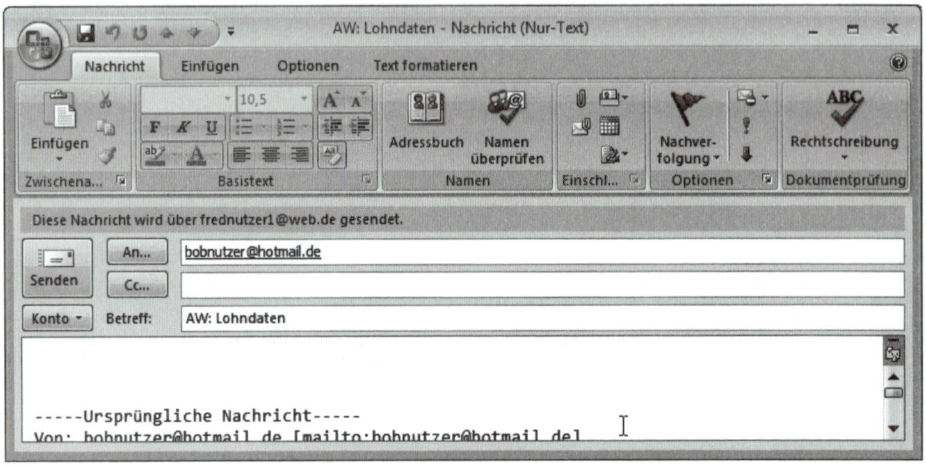

3. Soll die Nachricht an weitere Empfänger geschickt werden, klicken Sie auf die Schaltfläche *An*, wählen die gewünschten Empfänger jeweils mit einem Doppelklick im Adressbuch aus und bestätigen mit *OK*.
4. Um eine Datei, ein Outlook-Element, eine Visitenkarte, einen Kalender oder eine Signatur an die E-Mail anzuhängen, klicken Sie im Bereich *Einschließen* auf die entsprechende Schaltfläche:

- *Datei anfügen:* Um eine Datei an die E-Mail anzuhängen, klicken Sie auf diese Schaltfläche und wählen Sie die Datei im gleichnamigen Dialogfeld aus. Klicken Sie auf *Einfügen*, um den Vorgang abzuschließen. Der Dateiname wird nun in einer Zeile namens *Angefügt* unterhalb von der *Betreff*-Zeile eingeblendet.

- *Element anfügen:* Um ein beliebiges Outlook-Element anzuhängen, wie z.B. einen Termin, eine Aufgabe oder eine E-Mail, klicken Sie auf *Element anfügen*, wählen Sie den Outlook-Ordner für das Element im Dialogfeld *Element einfügen* aus, markieren Sie das Element am unteren Rand des Dialogfelds und klicken Sie auf *OK*. Das angehängte Element wird nun in der Zeile *Angefügt* unterhalb von der *Betreff*-Zeile angezeigt.

- *Visitenkarte einfügen:* Um eine Visitenkarte eines Kontaktes anzuhängen, klicken Sie in der Gruppe *Einschließen* auf die Schaltfläche *Visitenkarte einfügen/Andere Visitenkarten* und wählen Sie dann im Dialogfeld *Visitenkarte einfügen* den gewünschten Kontakt mit einem Doppelklick aus (siehe Abbildg. 6.58).

5. *Kalender einfügen:* Um einen gesamten Kalender einzufügen, klicken Sie auf diese Schaltfläche. Die Nachricht muss dann möglicherweise zunächst in das HTML-Format umgewandelt werden. Bestätigen Sie dies, wählen Sie den Kalender und klicken Sie auf *OK*. Der Kalender wird in der Zeile *Angefügt* unterhalb der *Betreff*-Zeile angezeigt.

Abbildg. 6.58 Einen Kontakt als Visitenkarte einfügen

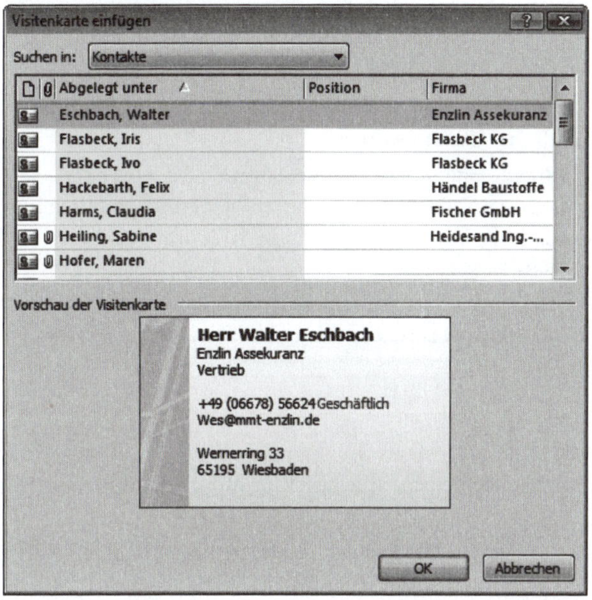

6. *Signatur*: Haben Sie, wie im nächsten Kapitel beschrieben, eine Signatur für Ihre E-Mails erstellt, um den Absender und alle Kontaktdaten nicht immer wieder neu eingeben zu müssen, können Sie diese über die Schaltfläche *Signatur* auswählen und an Ihre Antwort anhängen.
7. Um die E-Mail zur Nachverfolgung zu kennzeichnen, klicken Sie auf die Schaltfläche *Nachverfolgung* und wählen Sie die gewünschte Option aus.

TIPP Mehr zum Thema *Nachverfolgung* erfahren Sie im Abschnitt »Die Direktkennzeichnung optimal nutzen« in diesem Kapitel

8. Soll die Nachricht mit hoher Priorität versendet werden, klicken Sie auf die Schaltfläche *Hoch*. Um die E-Mail als wenig dringlich zu kennzeichnen, klicken Sie auf die Schaltfläche *Niedrig*.
9. Wollen Sie die E-Mail mit Lesebestätigung versenden, klicken Sie in der Gruppe *Optionen* der Multifunktionsleiste auf die Schaltfläche *Nachrichtenoptionen*, aktivieren Sie im Dialogfeld *Nachrichtenoptionen* das Kontrollkästchen *Das Lesen dieser Nachricht bestätigen* und klicken Sie auf *Schließen*.

10. Klicken Sie nun auf die Schaltfläche *Rechtschreibung* am rechten Rand des Nachrichtenformulars, um die Rechtschreibung Ihrer Nachricht überprüfen zu lassen.
11. Dann wählen Sie bei Bedarf über die Schaltfläche *Konto* ein anderes Konto aus, über das die Nachricht verschickt werden soll, und klicken Sie auf *Senden*, um die Nachricht zu verschicken.

Allen antworten

Haben Sie eine E-Mail erhalten, die neben Ihnen an mehrere andere Empfänger adressiert war, können Sie Ihre Antwort auch an den Absender und alle weiteren Empfänger senden. Gehen Sie dazu wie folgt vor:

1. Klicken Sie auf die Schaltfläche *Allen antworten.*
2. Es öffnet sich ein Nachrichtenformluar. Die E-Mail-Adressen des Absenders der ursprünglichen Nachricht und die aller weiteren Nachrichtenempfänger werden automatisch in das Feld *An* eingetragen, ebenso wie der Betreff, dem die Bezeichnung *AW:* vorangestellt ist. Im Textfeld ist der Text der ursprünglichen Nachricht zu lesen.
3. Geben Sie den gewünschten neuen Nachrichtentext ein, wählen Sie alle weiteren Optionen, wie im letzten Abschnitt für die Antwort beschrieben, und klicken Sie auf *Senden.*

Weiterleiten

Um eine E-Mail über das Nachrichtenfenster an einen Ihrer Kontakte weiterzuleiten, gehen Sie wie folgt vor:

1. Öffnen Sie die Nachricht mit einem Doppelklick im eigenen Nachrichtenfenster und klicken Sie auf die Schaltfläche *Weiterleiten.*
2. Wie beim Antworten sind der Betreff und der Text der ursprünglichen Nachricht bereits im Nachrichtenformular eingetragen, das sich nun öffnet. Dem Betreff ist die Bezeichnung *WG:* als Abkürzung für »Weitergeleitet« vorangestellt (siehe Abbildg. 6.59). Wählen Sie als Erstes den Empfänger. Klicken Sie dazu auf die Schaltfläche *An*, wählen Sie den oder die Empfänger jeweils mit einem Doppelklick aus dem Adressbuch aus und klicken Sie dann auf *OK.*

Abbildg. 6.59 Eine Nachricht weiterleiten

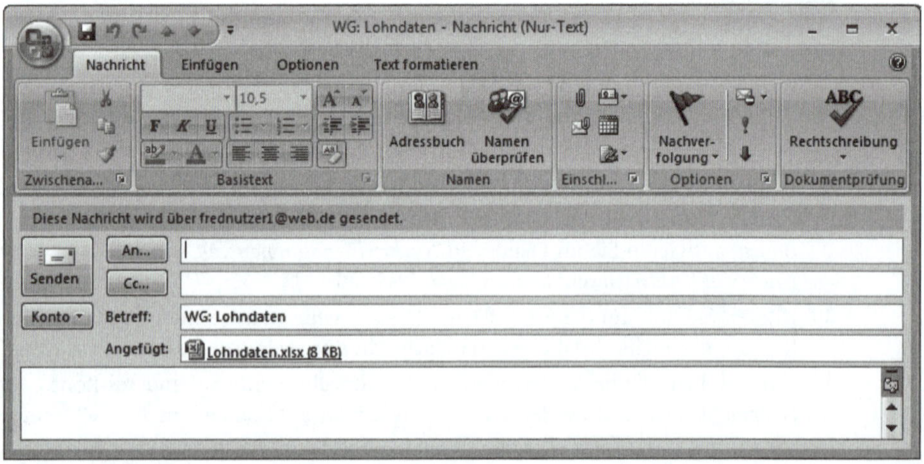

TIPP Um einen Empfänger auf *Cc* zu setzen und ihm eine Kopie der Nachricht zukommen zu lassen, klicken Sie im Dialogfeld *Namen auswählen: Kontakte* auf das Feld *Cc*, und wählen Sie dann den oder die Empfänger jeweils mit einem Doppelklick aus dem Adressbuch aus. Um einen oder mehrere Empfänger auf Bcc zu setzen, d.h., ihm eine Kopie der E-Mail zukommen zu lassen, ohne dass der eigentliche Empfänger darüber informiert wird, aktivieren Sie das Feld mit einem Mausklick und wählen Sie dann alle Empfänger für das Feld mit einem Doppelklick aus dem Adressbuch aus.

3. Hängen Sie bei Bedarf eine Datei, ein Outlook-Element oder eine Signatur an Ihre Nachricht an, kennzeichnen Sie sie zur Nachverfolgung oder fügen Sie eine Priorität ein, wie im Abschnitt »Antworten« beschrieben.
4. Klicken Sie auf *Senden*, um die E-Mail zu verschicken.

Aktionen

Wollen Sie eine E-Mail löschen, in einen anderen Ordner verschieben, eine Regel anhand der E-Mail erstellen oder eine andere Aktion ausführen, finden Sie in den folgenden Abschnitten das jeweilige Vorgehen beschrieben.

Löschen

Um die E-Mail, die Sie gerade lesen, zu löschen, klicken Sie auf die gleichnamige Schaltfläche in der Multifunktionsleiste des Nachrichtenfensters oder drücken Sie die Tastenkombination Strg+D. Die Nachricht wird nun in den Ordner *Gelöschte Objekte* verschoben.

PROFITIPP Haben Sie eine E-Mail versehentlich gelöscht, können Sie sie mit der Tastenkombination Strg+Z direkt wieder in den Posteingang zurückholen, falls Sie zuvor keine andere Aktion ausgeführt haben.

Um die Nachricht und alle weiteren Elemente im Ordner *Gelöschte Objekte* endgültig zu löschen, klicken Sie im Navigationsbereich unter *E-Mail-Ordner* mit der rechten Maustaste auf den Ordner *Gelöschte Objekte* und wählen Sie im Kontextmenü den Befehl *Ordner "Gelöschte Objekte" leeren.* Bestätigen Sie die Abfrage, ob Sie die Elemente und Unterordner endgültig löschen möchten, mit einem Mausklick auf die Schaltfläche *Ja.*

In Ordner verschieben

Über diese Schaltfläche können Sie die E-Mail in einen anderen Ordner verschieben oder die E-Mail kopieren und die Kopie in den anderen Ordner verschieben:

- *In Ordner verschieben:* Um die geöffnete E-Mail in einen anderen Ordner zu verschieben, klicken Sie auf die Schaltfläche *In Ordner verschieben.* Im zugehörigen Dropdown-Listenfeld wählen Sie den gewünschten Ordner aus (siehe Abbildg. 6.60).

Abbildg. 6.60 Eine E-Mail in einen Ordner verschieben

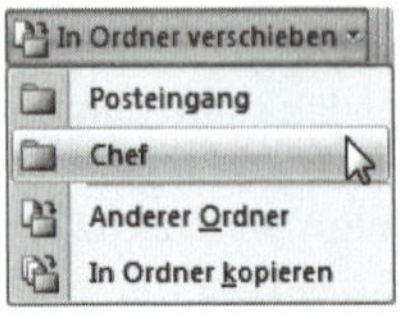

- *Anderer Ordner:* Ist der Ordner nicht aufgeführt oder wollen Sie einen neuen Ordner erstellen, wählen Sie *Anderer Ordner.* Im Dialogfeld *Element verschieben nach* wählen Sie den gewünschten Ordner aus und bestätigen Sie mit *OK* oder klicken Sie auf die Schaltfläche *Neu*, um einen neuen Ordner als Unterordner vom aktuell markierten Ordner zu erstellen. Geben Sie die Ordnerbezeichnung ein und bestätigen Sie mit *OK.*
- *In Ordner kopieren:* Um die E-Mail im Posteingang zu belassen und eine Kopie in den anderen Ordner zu verschieben, wählen Sie die Option *In Ordner kopieren*, klicken im Dialogfeld *Element kopieren nach* auf den gewünschten Ordner und bestätigen mit *OK.*

Regel erstellen

Wollen Sie anhand einer E-Mail eine Regel erstellen, die zukünftig auch für andere E-Mails des Absenders oder des Empfängers gelten soll, gehen Sie wie folgt vor:

1. Klicken Sie in der Multifunktionsleiste auf die Schaltfläche *Regel erstellen.*
2. Bestätigen Sie die Abfrage, dass Regeln nicht auf HTTP-Konten angewendet werden können, mit *OK.*
3. Wählen Sie im Dialogfeld *Regel erstellen* unter *Wenn eine eingehende Nachricht alle gewählten Bedingungen erfüllt* über die drei Kontrollkästchen, welche Bedingungen die Regel erfüllen muss (siehe Abbildg. 6.61).

Abbildg. 6.61 Eine Regel über das Nachrichtenfenster erstellen

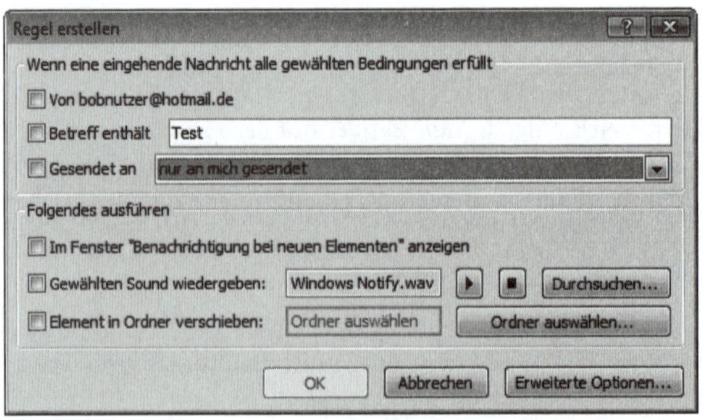

TIPP Den Betreff können Sie bei Bedarf anpassen, indem Sie einen neuen Wert in das Feld *Betreff enthält* eingeben.

4. Legen Sie nun unter *Folgendes ausführen* fest, was geschehen soll, wenn eine E-Mail eintrifft, die die angegebenen Bedingungen erfüllt. Sie haben die Wahl zwischen den drei Optionen *Im Fens-*

ter "Benachrichtigung bei neuen Elementen" anzeigen, *Gewählten Sound wiedergeben* und *Element in Ordner verschieben*. Bei Bedarf können Sie alle drei Kontrollkästchen aktivieren.

5. Haben Sie das Kontrollkästchen *Gewählten Sound wiedergeben* aktiviert, können Sie über die Schaltfläche *Durchsuchen* einen anderen Sound auswählen. Standardmäßig wird der Sound *Windows Notify.wav* abgespielt.

TIPP Über die Pfeilschaltfläche rechts neben dem Dateinamen des Sounds können Sie den Sound abspielen, über die Schaltfläche *Stopp* können Sie den Abspielvorgang beenden.

6. Haben Sie das Kontrollkästchen *Element in Ordner verschieben* aktiviert, müssen Sie über die Schaltfläche *Ordner auswählen* einen gewünschten Ordner angeben, in den die E-Mail verschoben werden soll.
7. Reichen Ihnen die Optionen im Dialogfeld *Regel erstellen* nicht aus, können Sie über die Schaltfläche *Erweiterte Optionen* weitere Optionen einblenden. Nutzen Sie diese, wie im Abschnitt »Regeln für den Posteingang einrichten« in diesem Kapitel beschrieben.
8. Aktivieren Sie die Regel mit einem Mausklick auf die Schaltfläche *OK*.

Junk-E-Mail

Handelt es sich bei der E-Mail um eine unerwünschte Werbe-E-Mail und wollen Sie dafür sorgen, dass Sie zukünftig keine E-Mails mehr von diesem Absender erhalten, können Sie den Absender blockieren. Wurde die E-Mail hingegen versehentlich als Junk-E-Mail eingestuft, können Sie sie als normale E-Mail deklarieren. Zusätzlich haben Sie die Möglichkeit, einen Absender zur Liste sicherer Adressen hinzuzufügen und die Junk-E-Mail-Optionen zu bearbeiten (siehe Abbildg. 6.62):

TIPP Die Option *Keine Junk-E-Mail* ist nur aktiviert, wenn Sie eine E-Mail aus dem Ordner *Junk-E-Mail* mit einem Doppelklick in einem eigenen Fenster öffnen. Mit einem Mausklick auf die Schaltfläche können Sie die irrtümliche Beurteilung rückgängig machen und die E-Mail in den Posteingang zurückverschieben.

Abbildg. 6.62 Den Bereich *Junk-E-Mail* nutzen

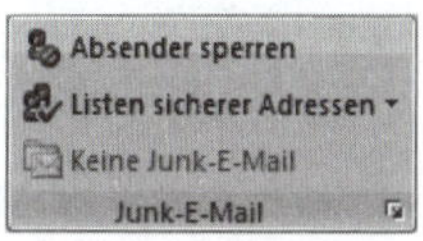

- **Absender sperren:** Um zukünftig alle E-Mails eines Absenders als Junk-E-Mail zu deklarieren und dafür zu sorgen, dass sie von Outlook direkt an den Ordner *Junk-E-Mail* gesendet werden, klicken Sie im Bereich *Junk-E-Mail* auf die Schaltfläche *Absender sperren*. Bestätigen Sie den Hinweis, der sich einblendet, mit einem Mausklick auf *OK*.

TIPP Ist die Schaltfläche *Absender sperren* momentan nicht eingeblendet, klicken Sie auf die Schaltfläche *Junk-E-Mail* und wählen Sie die Option aus dem Dropdown-Menü aus, das sich einblendet.

- **Listen sicherer Adressen:** Wollen Sie einen Absender, die Domäne des Absenders oder eine Empfängerliste zu den Listen sicherer Adressen hinzufügen, klicken Sie auf die Schaltfläche *Listen sicherer Adressen*. Im Dropdown-Listenfeld, das sich öffnet, wählen Sie die gewünschte Option aus (siehe Abbildg. 6.63).

Abbildg. 6.63 Absender, Domäne oder Empfänger zur passenden Liste sicherer Adressen hinzufügen

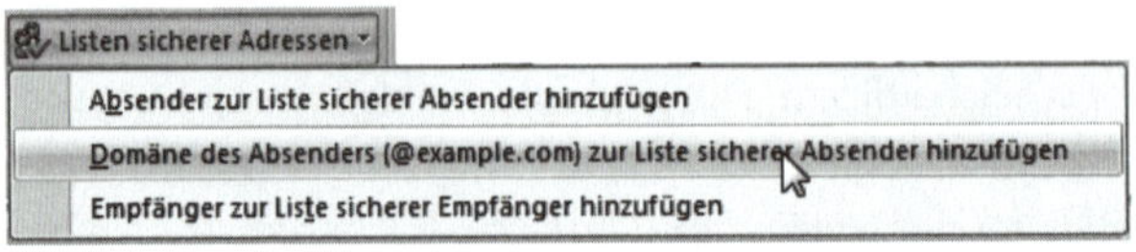

- **Junk-E-Mail-Optionen:** Wollen Sie weitere Junk-E-Mail-Optionen nutzen oder die Blockierung oder Freigabe eines Absenders oder einer Domäne rückgängig machen, klicken Sie auf die Schaltfläche *Junk-E-Mail-Optionen* in der rechten unteren Ecke des Bereichs *Junk-E-Mail*, und nutzen Sie das Dialogfeld *Junk-E-Mail-Optionen*, wie im letzten Kapitel beschrieben.

Optionen

Wollen Sie die geöffnete E-Mail einer Farbkategorie zuweisen, sie zur Nachverfolgung kennzeichnen oder sie als ungelesen markieren, gehen Sie wie folgt vor:

- **Kategorisieren:** Um eine E-Mail einer Farbkategorie zuzuweisen, klicken Sie auf die Schaltfläche *Kategorisieren*, und wählen Sie die gewünschte Kategorie im Dropdown-Listenfeld aus, das sich nun öffnet. Die E-Mail wird der Kategorie direkt zugewiesen.

TIPP Mehr zum Thema Farbkategorien erfahren Sie im Abschnitt »Farbkategorien zur Ordnung von E-Mails einsetzen« in diesem Kapitel.

- **Nachverfolgung:** Um eine E-Mail zur Nachverfolgung zu kennzeichnen, klicken Sie auf die gleichnamige Schaltfläche im Bereich *Optionen*, und wählen Sie das Fälligkeitsdatum im Dropdown-Listenfeld aus, das sich nun öffnet.

TIPP Mehr zum Thema *Nachverfolgung* erfahren Sie im Abschnitt »Farbkategorien zur Ordnung von E-Mails einsetzen« in diesem Kapitel.

- **Als ungelesen markieren:** Mit einem Mausklick auf diese Schaltfläche können Sie die aktuelle E-Mail als ungelesen markieren. Sie wird im Posteingang oder einer anderen Nachrichtenliste nun wieder in fetter Schrift und mit dem Symbol des geschlossenen Briefumschlags angezeigt.
- **Nachrichtenoptionen:** Wollen Sie Details zu den einzelnen Stationen einsehen, über die eine E-Mail verschickt wurde, wollen Sie die Nachricht einer Kategorie zuweisen oder nachträglich eine andere Wichtigkeit vergeben, klicken Sie auf die Schaltfläche *Nachrichtenoptionen*, in der rechten unteren Ecke des Bereichs *Optionen*. Im gleichnamigen Dialogfeld, das sich öffnet, können Sie im Bereich *Internetkopfzeilen* genau nachvollziehen, wann und wie die E-Mail gesendet wurde. Über die Schaltflächen *Wichtigkeit, Kontakte* und *Kategorien* können Sie außerdem entsprechende Zuweisungen vornehmen. Schließen Sie das Dialogfeld mit einem Mausklick auf die Schaltfläche *Schließen*.

Suche

Über den Bereich *Suchen* können Sie nach Text innerhalb einer Nachricht, die Suche nach verwandten Nachrichten und die Suche nach beliebigen Nachrichten aktivieren:

- **Suche innerhalb einer Nachricht:** Klicken Sie im Nachrichtenfenster auf die Schaltfläche *Suchen* und wählen Sie im Dropdown-Menü, das sich öffnet, die Option *Suchen*, um das gleichnamige Dialogfeld zu öffnen (siehe Abbildg. 6.64). Geben Sie dann den gewünschten Suchtext ein und klicken Sie auf *Weitersuchen*. Ist der Text in der Nachricht enthalten, wird er hervorgehoben. Klicken Sie erneut auf *Weitersuchen*, um weitere Vorkommnisse des Suchbegriffs zu finden, oder auf *Abbrechen*, um das Dialogfeld zu schließen.

Abbildg. 6.64 Textstellen im E-Mail-Text suchen

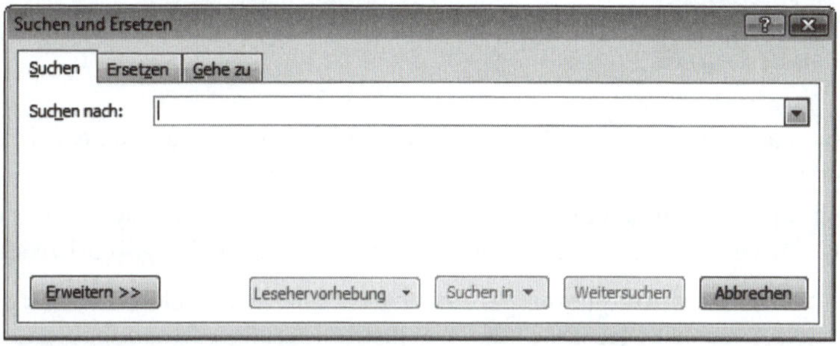

- **Verwandte Nachrichtens suchen:** Um Nachrichten vom gleichen Absender oder zum gleichen Thema zu suchen, klicken Sie auf die Schaltfläche *Suchen* und dann auf die Schaltfläche *Verwandt*. Im Dropdown-Menü, das sich öffnet, wählen Sie die Option *Nachrichten zum gleichen Thema*, um E-Mails mit einem ähnlichen Inhalt zu finden. Wählen Sie hingegen die Option *Nachrichten vom gleichen Absender*, um E-Mails vom gleichen Absender zu finden. Es öffnet sich in beiden Fällen das Dialogfeld *Erweiterte Suche*, an dessen unterem Rand alle gefundenen Nachrichten aufgelistet werden. Sie können die Nachrichten mit einem Doppelklick öffnen.

Den Posteingang synchronisieren

Nutzen Sie ein mobiles Gerät wie z.B. ein tragbares Musikabspielgerät, einen persönlichen digitalen Assistenten (PDA) oder ein Mobiltelefon, das mit dem Microsoft ActiveSync von Windows XP oder mit dem Synchronisierungscenter von Windows Vista kompatibel ist, können Sie Ihre E-Mails, Kontakte, Termine und Aufgaben bequem synchronisieren und so sicher sein, dass Sie überall mit der neuesten Version Ihrer Daten arbeiten. Dank der Synchronisierungspartnerschaften, die Sie unter Windows Vista einrichten können, ist dieser Vorgang nun ganz einfach.

1. Schalten Sie das Gerät ein und schließen Sie es an den Computer an bzw. stellen Sie sicher, dass eine Drahtlosverbindung zum Gerät besteht.
2. Wählen Sie im *Start*-Menü von Windows den Befehl *Alle Programme*, klicken Sie auf *Zubehör* und dann doppelt auf *Synchronisierungscenter*, um das Synchronisierungscenter zu öffnen (siehe Abbildg. 6.65).

Abbildg. 6.65 Das Synchronisierungscenter von Windows Vista

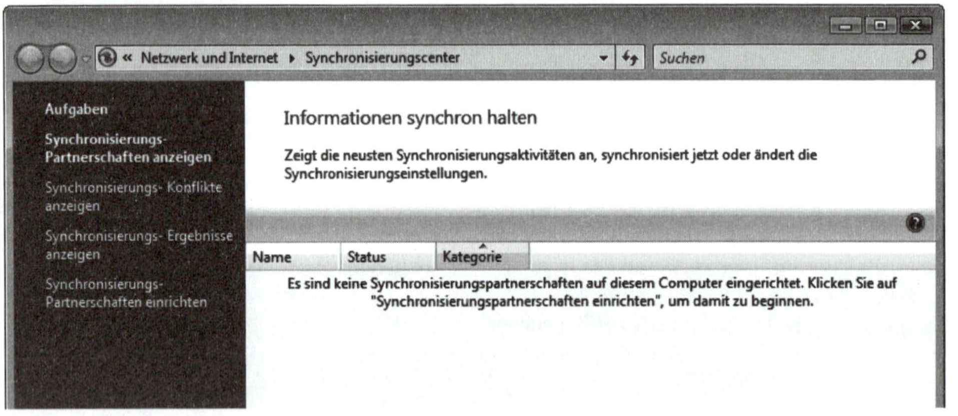

3. Wählen Sie dann unter den verfügbaren Synchronisierungspartnerschaften den Namen Ihres Geräts und klicken Sie dann auf *Einrichten*.
4. Wählen Sie nun den Zeitplan und die sonstigen Einstellungen für die Synchronisierung und klicken Sie gegebenenfalls auf *Synchronisieren*, um die Synchronisierung sofort zu starten.

Um den Inhalt einer Synchronisierungspartnerschaft zu überprüfen, klicken Sie im Synchronisierungscenter mit der rechten Maustaste auf die Synchronisierungspartnerschaft und wählen Sie im Kontextmenü den Befehl *Explorer*. Der Inhalt der Synchronisierungspartnerschaft wird nun in einem neuen Fenster angezeigt.

TIPP Wollen Sie den Speicherinhalt des mobilen Geräts prüfen, öffnen Sie den Ordner *Computer* und klicken Sie dann doppelt auf die Bezeichnung des Geräts. Der Inhalt wird nun im Windows-Explorer angezeigt.

Webmail-Optionen nutzen

Einige Optionen, wie z.B. das Versenden von Abwesenheitsnotizen, stehen Ihnen in Outlook nur dann zur Verfügung, wenn Sie Outlook als Exchange-Client nutzen. Verwenden Sie Outlook nur mit Internet-E-Mail-Konten, brauchen Sie auf die Optionen aber trotzdem nicht ganz zu verzichten. Denn inzwischen haben die meisten E-Mail-Anbieter solche Dienste in ihren Leistungsumfang integriert. Sie können diese allerdings nicht über Outlook aktivieren, sondern nur, wenn Sie Ihr Postfach über Webmail in Ihrem Webbrowser öffnen. Die Funktionen finden Sie in der Regel unter *Optionen*, unter *Einstellungen* oder unter *Extras*. Die Abwesenheitsnotiz wird bei einigen Anbietern auch als automatische Antwort bezeichnet. Gehen Sie wie folgt vor, um zu prüfen, welche Optionen Ihr Anbieter für Sie bereithält und um diese bei Bedarf zu aktivieren:

1. Starten Sie Ihren Webbrowser und öffnen Sie die Webseite, auf der Sie sich bei Ihrem Anbieter für Webmail anmelden.
2. Geben Sie Ihren Benutzernamen und Ihr Kennwort ein, und klicken Sie auf die Schaltfläche *Login*, *Anmelden*, *Go* oder Ähnliches.
3. Klicken Sie auf *Extras*, *Einstellungen* oder einen ähnlichen Link. Möglicherweise müssen Sie noch auf *E-Mail* oder einen ähnlichen Link klicken. In der Regel finden Sie nun einen Überblick

über die Optionen, die Ihnen für den Versand und Empfang von E-Mail geboten werden. SMS-Dienste werden häufig unter der Bezeichnung *SMS* zusammengefasst.

4. Wählen Sie die Option, die Sie nutzen wollen, wie z.B. *Automatische Antwort* oder *Absender blockieren.*
5. Geben Sie dann die erforderlichen Angaben in die Felder ein und klicken Sie auf *Speichern.*
6. Melden Sie sich schließlich bei Ihrem E-Mail-Anbieter ab.

Besonderheiten bei Outlook als Exchange-Client

Für die Verwaltung von E-Mail-Nachrichten bietet Outlook in der Exchange-Umgebung zwei Funktionen, die sehr nützlich sein können: Die Vergabe von Stellvertretungsrechten und den Abwesenheits-Assistent. Durch die Vergabe von Stellvertretungsrechten haben Sie die Möglichkeit, anderen Personen Zugriff auf Ihre E-Mail-Ordner zu ermöglichen, so dass sie für Sie Nachrichten oder Termine lesen, erstellen, verändern und löschen können. Über den Abwesenheits-Assistenten können Sie festlegen, dass E-Mails, die an Sie adressiert sind, automatisch beantwortet werden, wenn Sie beispielsweise verreist oder anderweitig verhindert sind.

Stellvertretungen

Sind Sie häufig unterwegs und ohne Zugriff auf Outlook, müssen Ihre wichtigen E-Mail-Nachrichten, Besprechungs- oder Terminanfragen trotzdem nicht unbeantwortet liegen bleiben, denn Sie können einen oder mehrere Stellvertreter bestimmen, die die Bearbeitung für Sie übernehmen. Welche Funktionen die Stellvertreter dabei übernehmen können, hängt von der Berechtigungsstufe ab, die Sie den einzelnen Ordnern zuweisen. Es gibt insgesamt vier Berechtigungsstufen:

- *Keine*: Wählen Sie diese Option, um der Stellvertretung den Zugriff auf einen Ordner zu verweigern.
- *Stufe 1 (Elemente lesen)*: Soll die Stellvertretung die im Ordner enthaltenen Elemente nur lesen können, wählen Sie diese Stufe.
- *Stufe 2 (Elemente lesen und erstellen)*: Wollen Sie der Stellvertretung die Berechtigung geben, den Ordnerinhalt zu lesen und auch eigene Elemente zu erstellen, wählen Sie diese Stufe. Die Stellvertretung kann dann beispielsweise den Inhalt Ihres Posteingangs sehen und sie kann selbst E-Mails schreiben, beantworten und weiterleiten. Wird diese Stufe dem Ordner *Kalender* zugeordnet, kann Ihre Stellvertretung Ihre Termine einsehen und selbst Termine eintragen. Sie kann jedoch keine Änderungen an vorhandenen Terminen vornehmen.
- *Stufe 3 (Elemente lesen, erstellen und ändern)*: Wenn Sie diese Stufe für einen Ordner aktivieren, kann die Stellvertretung den Ordnerinhalt betrachten, selbst Elemente erstellen und auch Elemente ändern. Diese Stufe ist insbesondere bei den Ordnern *Kalender*, *Kontakte* und *Aufgaben* relevant, bei denen Elemente häufiger geändert werden müssen.

Stellvertretungen einrichten

Outlook bietet Ihnen die Möglichkeit, eine oder mehrere Stellvertretungen einzurichten, die Ihre Outlook-Ordner je nach Berechtigungsstufe verwalten können. Gehen Sie wie folgt vor, um die Stellvertretungen einzurichten:

1. Wählen Sie im Menü *Extras* den Befehl *Optionen* und aktivieren Sie im Dialogfeld *Optionen* die Registerkarte *Stellvertretungen*.
2. Klicken Sie auf der Registerkarte *Stellvertretungen* auf die Schaltfläche *Hinzufügen*. Es öffnet sich das Dialogfeld *Benutzer hinzufügen* (siehe Abbildg. 6.66).

Abbildg. 6.66 Hier richten Sie Stellvertretungen ein

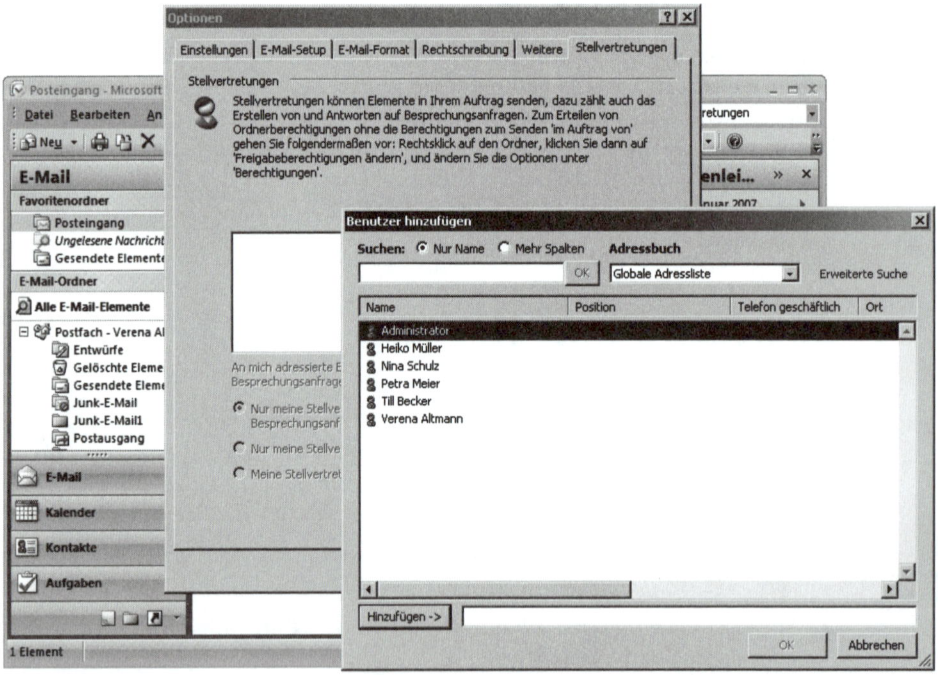

3. Im Listenfeld *Adressbuch* ist der Eintrag *Globale Adressliste* aktiviert. Sie können auch ein anderes Adressbuch aus dem Listenfeld auswählen. Achten Sie jedoch darauf, dass es sich dabei um ein Adressbuch handelt, das auf dem Exchange Server bereitgestellt wird.
4. Wählen Sie in der Adressliste den oder die gewünschten Namen aus und klicken Sie auf die Schaltfläche *Hinzufügen*. Die Stellvertretungen werden nun im Listenfeld *Benutzer hinzufügen* aufgeführt.

HINWEIS Wenn Sie mehrere Benutzer auswählen, werden allen die gleichen Berechtigungen zugewiesen. Sollen die Benutzer jedoch unterschiedliche Berechtigungen haben, müssen Sie die einzelnen Stellvertretungen entweder nachträglich bearbeiten oder aber direkt jeden Benutzer einzeln anlegen.

5. Klicken Sie anschließend auf *OK*.

6. Es öffnet sich nun das Dialogfeld *Berechtigungen der Stellvertretung: <Name>* (siehe Abbildg. 6.67). In diesem können Sie Berechtigungen für den Zugriff auf Ihre Ordner *Kalender*, *Aufgaben*, *Posteingang*, *Kontakte*, *Notizen* und *Journal* zuweisen. Für den Kalender ist standardmäßig die Stufe 3 aktiviert, d.h., dass die Stellvertretung Elemente lesen, erstellen und ändern kann. Außerdem ist das Kontrollkästchen *Erhält Kopien der an mich gesendeten Besprechungsnachrichten* aktiviert. Ihre Stellvertretung erhält damit Kopien der an Sie adressierten Besprechungsanfragen und kann darauf antworten. Ändern Sie diese Einstellungen bei Bedarf.

Abbildg. 6.67 Hier vergeben Sie Zugriffsrechte für Outlook-Ordner

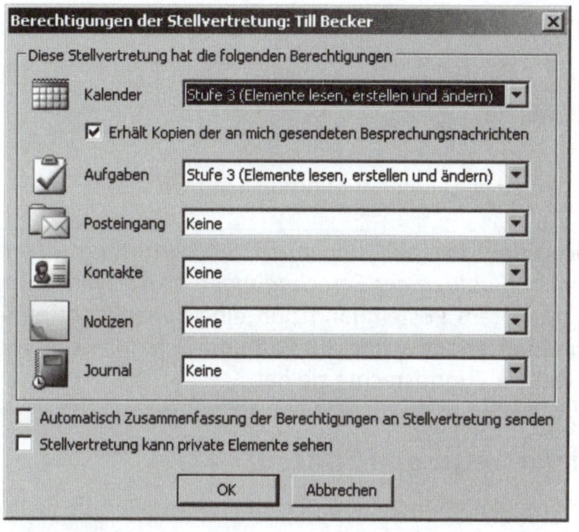

7. Bei allen anderen Ordnern ist die Stufe *Keine* aktiviert. Wählen Sie die passende Stufe für den Posteingang, im Beispiel die *Stufe 2 (lesen und erstellen)*. Belassen Sie die restlichen Berechtigungen auf *Keine*.
8. Aktivieren Sie das Kontrollkästchen *Automatisch Zusammenfassung der Berechtigungen an Stellvertretung senden*, um der Stellvertretung eine E-Mail zukommen zu lassen, in der sie über ihre Berechtigungen informiert wird.
9. Wollen Sie der Stellvertretung auch Einsicht in als privat gekennzeichnete Elemente in Ihren Ordnern gewähren, aktivieren Sie das Kontrollkästchen *Stellvertretung kann private Elemente sehen*.
10. Klicken Sie auf *OK*, um die Einstellungen zu übernehmen.
11. Auf der Registerkarte *Stellvertretungen* werden nun die von Ihnen eingerichteten Stellvertretungen angezeigt (siehe Abbildg. 6.68).
12. Aktivieren Sie die Option *Nur meine Stellvertretungen, aber eine Kopie der Besprechungsanfragen und Antworten an mich senden*, werden zukünftig alle Besprechungsanfragen, deren Organisator Sie sind, direkt an Ihre Stellvertretungen gesendet. Sie erhalten selbst nur noch eine Kopie der Besprechungsanfragen und der Antworten. Aktivieren Sie hingegen die Option *Nur meine Stellvertretungen*, werden Sie gar nicht mehr über die Besprechungsanfragen und Antworten auf Besprechungsanfragen für Besprechungen informiert, deren Organisator Sie sind, sondern diese werden direkt von Ihren Stellvertretungen bearbeitet. Mit der Option *Meine Stellvertretungen und mich* bestimmen Sie, dass Besprechungsanfragen und Antworten auf Besprechungsanfragen, deren Organisator Sie sind, an Ihre Stellvertretungen und an Sie gesendet werden.

Abbildg. 6.68 Behandlung von Besprechungsanfragen für von Ihnen organisierte Besprechungen festlegen

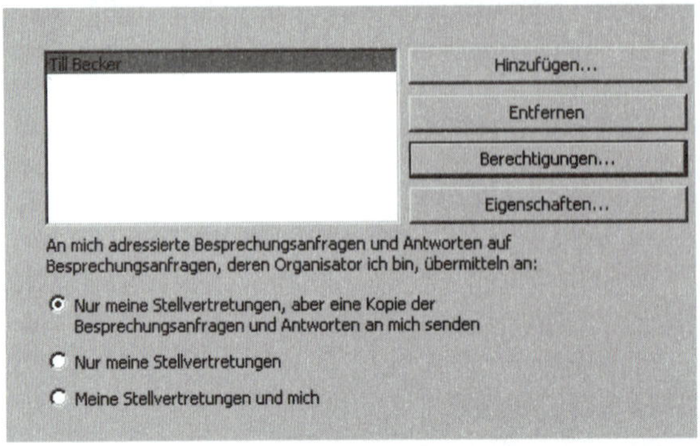

13. Schließen Sie das Dialogfeld *Optionen* mit einem Mausklick auf *OK*.

HINWEIS Haben Sie im Dialogfeld *Berechtigungen der Stellvertretung: <Name>* das Kontrollkästchen *Automatisch Zusammenfassung der Berechtigungen an Stellvertretung senden* aktiviert, findet Ihre Stellvertretung in ihrem Posteingang nun eine Benachrichtigung vor, die von Outlook automatisch erzeugt und versendet wurde. Ihr kann die Person entnehmen, auf welche Ordner sie zugreifen kann und welche Zugriffsrechte sie hat.

Berechtigungen für Stellvertretungen ändern

Die Berechtigungen für Stellvertretungen können Sie jederzeit ändern oder die Stellvertretung wieder löschen.

1. Öffnen Sie das Dialogfeld *Optionen* über *Extras/Optionen* und aktivieren Sie die Registerkarte *Stellvertretungen*.
2. Markieren Sie die Stellvertretung, deren Berechtigungen Sie verändern möchten.
3. Klicken Sie auf die Schaltfläche *Berechtigungen*, um das Dialogfeld *Berechtigungen der Stellvertretung:< Name>* zu öffnen (siehe Abbildg. 6.67).
4. Wählen Sie für die einzelnen Outlook-Ordner jeweils die gewünschte Berechtigungsstufe aus und bestätigen Sie Ihre Änderungen mit einem Mausklick auf *OK*.
5. Schließen Sie das Dialogfeld *Optionen*, indem Sie auf die Schaltfläche *OK* klicken.

TIPP Falls Sie die Änderungen speichern, das Dialogfeld *Optionen* jedoch noch nicht schließen wollen, klicken Sie auf die Schaltfläche *Übernehmen*. Die Änderungen werden dann wirksam, das Dialogfeld bleibt jedoch weiterhin geöffnet.

Stellvertretungen entfernen

Haben Sie eine oder mehrere Stellvertretungen eingerichtet und benötigen Sie diese nicht mehr, gehen Sie wie folgt vor, um sie wieder zu entfernen:

1. Öffnen Sie das Dialogfeld *Optionen* über *Extras/Optionen* und aktivieren Sie die Registerkarte *Stellvertretungen*.
2. Markieren Sie die Stellvertretung, deren Berechtigungen Sie verändern möchten, in der Liste.

3. Klicken Sie auf die Schaltfläche *Entfernen* (siehe Abbildg. 6.69). Die markierte Stellvertretung wird nun ohne weitere Rückfrage aus der Liste entfernt.

Abbildg. 6.69 Stellvertretungen entfernen

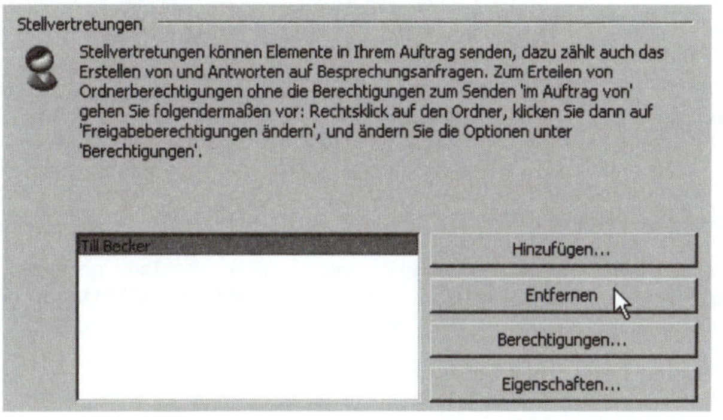

4. Klicken Sie auf *OK*, um Ihre Änderungen zu bestätigen und das Dialogfeld *Optionen* zu schließen.

TIPP Falls Sie die Änderungen speichern, das Dialogfeld *Optionen* jedoch noch nicht schließen wollen, klicken Sie auf die Schaltfläche *Übernehmen*. Die Änderungen werden dann wirksam, das Dialogfeld bleibt jedoch weiterhin geöffnet.

Ordner eines anderen Benutzers öffnen

Sind Sie von einer anderen Person als Stellvertretung festgelegt worden, sollten Sie wissen, wie Sie eingehende E-Mail-Nachrichten lesen und beantworten und auf Besprechungsanfragen reagieren können.

1. Öffnen Sie zunächst in Ihrem eigenen Posteingang die Stellvertretungsbenachrichtigung, falls Sie eine erhalten haben, um festzustellen, welche Berechtigungen Ihnen die Person erteilt hat, deren Stellvertreter Sie nun sind (siehe Abbildg. 6.70).

TIPP Der Benachrichtigung können Sie nicht nur entnehmen, welche Berechtigungen Sie haben, sondern auch, wie Sie auf die Ordner zugreifen, die Sie ab jetzt als Stellvertreter verwalten sollen.

2. Wählen Sie dann im Menü *Datei* den Befehl *Öffnen* und klicken Sie im Untermenü auf den Befehl *Ordner eines anderen Benutzers*.
3. Es öffnet sich das Dialogfeld *Ordner eines anderen Benutzers*. Klicken Sie auf die Schaltfläche *Name*, um das Dialogfeld *Namen auswählen* zu öffnen.
4. Wählen Sie den Namen der Person, die Sie als Stellvertretung bestimmt hat, und klicken Sie auf *OK*.

Abbildg. 6.70 Die Benachrichtigung über die Bestimmung als Stellvertretung

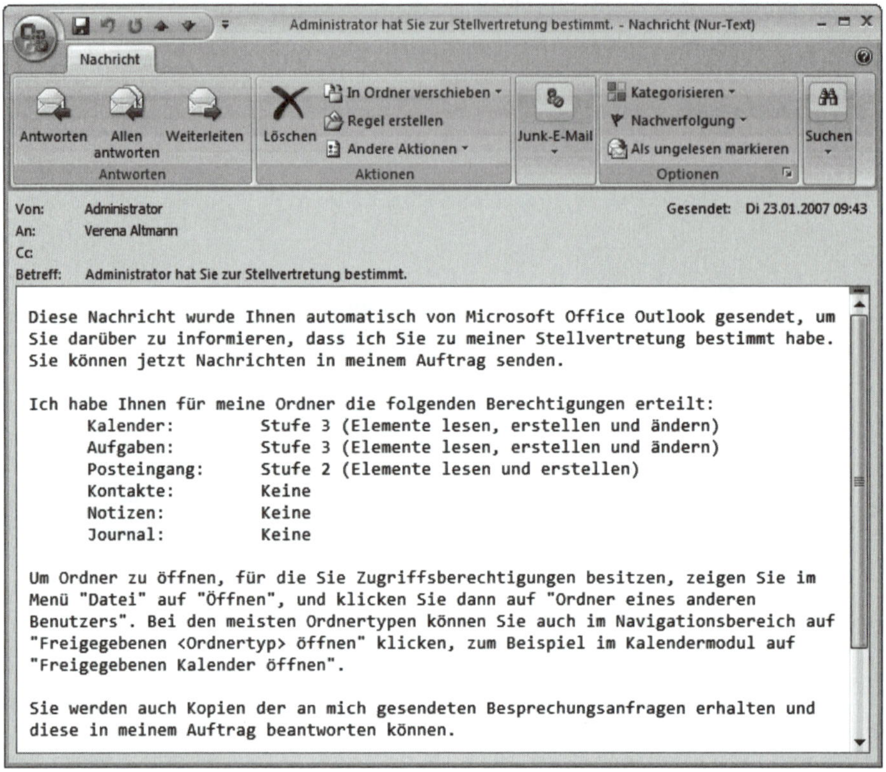

5. Als Nächstes bestimmen Sie im Listenfeld *Ordnertyp* den gewünschten Ordner. Voreingestellt ist der Posteingang, Sie können jedoch auch jeden anderen Ordner wählen, wie z.B. den Ordner *Kalender* oder den Ordner *Aufgaben* (siehe Abbildg. 6.71).

Abbildg. 6.71 Den Benutzer und den Ordnertyp angeben, der geöffnet werden soll

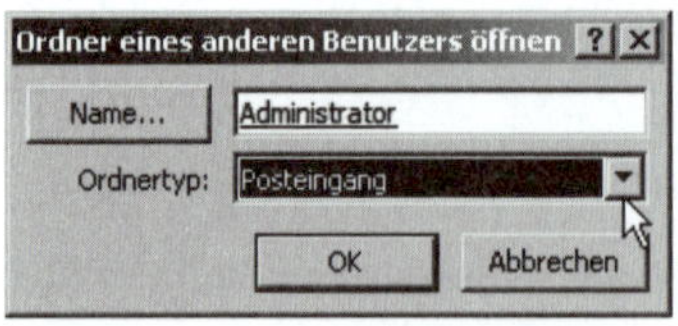

6. Klicken Sie anschließend auf *OK*.
7. Wiederholen Sie die Schritte 2 bis 6 für alle weiteren Ordner des Benutzers, auf die Sie zugreifen wollen.

TIPP Versuchen Sie, einen Ordner zu öffnen, für den keine Berechtigung eingerichtet wurde, blendet sich ein entsprechender Hinweis ein, der Sie darüber informiert, dass Sie keine Berechtigung zum Anzeigen des Ordners besitzen. Sie werden gefragt, ob Sie den Benutzer bitten möchten, Ihnen die Zugriffsberechtigung für den Ordner zu erteilen. Klicken Sie auf *Ja*, wird eine entsprechende Nachricht an den Benutzer erstellt. Geben Sie bei Bedarf einen Text ein und klicken Sie auf *Senden*. Wählen Sie hingegen im Hinweisfenster die Schaltfläche *Nein*, schließt sich der Hinweis ohne weitere Aktionen.

8. Öffnen Sie nun das Menü *Datei* und zeigen Sie auf *Öffnen*, um das Untermenü einzublenden. Am unteren Rand finden Sie eine Liste aller Ordner anderer Benutzer, die Sie bereits geöffnet haben. An erster Stelle steht der Benutzername, in Klammern der Ordner (siehe Abbildg. 6.72). Wählen Sie den gewünschten Ordner durch Anklicken aus dem Untermenü aus.

Abbildg. 6.72 So öffnen Sie die bereits einmal geöffneten Ordner anderer Benutzer

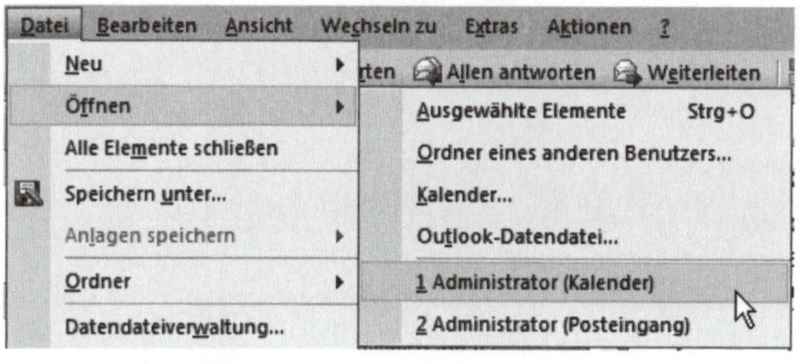

9. Um zu Ihren eigenen Ordnern zu wechseln, klicken Sie im Navigationsbereich auf *E-Mail*. Unter *E-Mail-Ordner* werden nun nur noch Ihre eigenen Ordner angezeigt. Aktivieren Sie den Ordner, dessen Inhalt Sie betrachten möchten.

TIPP Ob Sie den Ordner eines anderen Benutzers geöffnet haben oder Ihren eigenen, erkennen Sie an der Titelleiste von Outlook 2007. In der linken oberen Ecke wird bei fremden Ordnern zunächst der Benutzername angegeben, dann der Ordner und schließlich die Programmbezeichnung. Bei Ihren eigenen Ordnern ist nur die Ordnerbezeichnung und der Programmname zu sehen.

Abwesenheitsnotizen einrichten

Abwesenheitsnotizen sind äußerst praktisch, um Kollegen, Mitarbeiter, Kunden oder andere Personen ohne großen Aufwand von Ihrer Abwesenheit zu informieren. Sobald eine an Sie adressierte Nachricht in Ihrem Postfach eingeht, erstellt Outlook automatisch eine Antwort mit dem von Ihnen vorgegebenen Inhalt, die dann ebenfalls automatisch an den Absender zurückgeschickt wird. Mehr hierzu erfahren Sie im nachfolgenden Abschnitt »Einfache Abwesenheitsnotizen erstellen«. Bei Bedarf können Sie zusätzlich die eingehenden Nachrichten beispielsweise prinzipiell an eine andere Person weiterleiten oder aber nur dann weiterleiten, wenn sie von bestimmten Absendern stammen oder Anlagen haben. Outlook bietet Ihnen zahlreiche Aktionen, die ausgeführt werden können, wenn die eingehenden Nachrichten bestimmte Bedingungen erfüllen. Mehr hierzu erfahren Sie im Abschnitt »Abwesenheitsnotizen mit Abwesenheitsregeln erstellen« weiter hinten diesem Kapitel.

Einfache Abwesenheitsnotizen erstellen

Um eine einfache Abwesenheitsnotiz einzurichten, gehen Sie wie folgt vor:

1. Wählen Sie im Menü *Extras* den Befehl *Abwesenheits-Assistent*. Es öffnet sich das gleichnamige Dialogfeld.
2. Aktivieren Sie zunächst die Option *Abwesenheitsnotizen senden*, um den Versand von Abwesenheitsnotizen zu aktivieren.
3. Kennen Sie den Zeitraum bereits, in dem die Abwesenheitsnotiz gesendet werden soll, aktivieren Sie das Kontrollkästchen *Nur in diesem Zeitraum senden* und wählen Sie dann unter *Beginnt um* und *Endet um* die Daten und Uhrzeiten aus (siehe Abbildg. 6.73).

Abbildg. 6.73 Eine Abwesenheitsnotiz erstellen

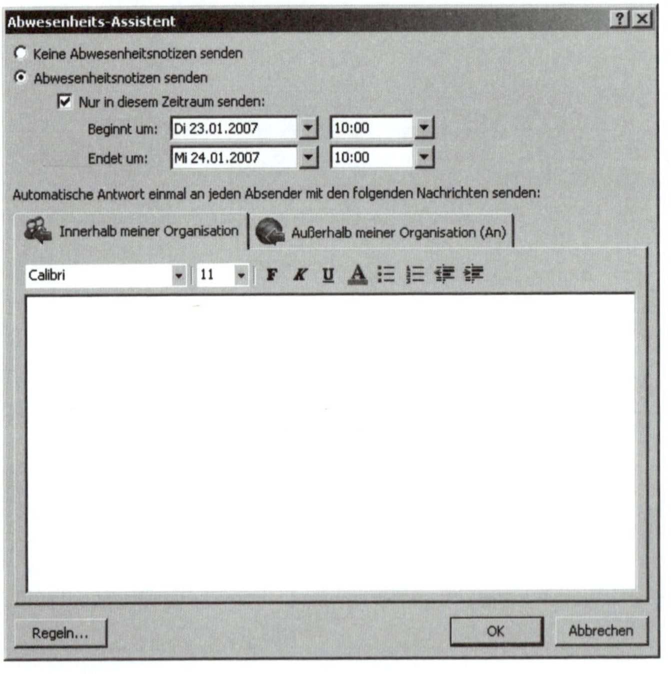

4. Geben Sie dann auf der Registerkarte *Innerhalb meiner Organisation* im Textfeld den Text ein, der als Abwesenheitsnotiz verschickt werden soll, wie beispielsweise: *Sie erreichen mich wieder ab dem 19.5. Wenden Sie sich in dringenden Fällen an meine Stellvertretung, Herrn Meier, unter der Rufnummer XY.*
5. Formatieren Sie die Abwesenheitsnotiz bei Bedarf. Markieren Sie sie dazu und benutzen Sie dann die gewünschten Formatierungsschaltflächen und -funktionen, die im Dialogfeld bereitgestellt werden.
6. Um auch eine Abwesenheitsnotiz an alle Personen zu senden, die Ihnen von außerhalb der Organisation E-Mails schicken, aktivieren Sie die Registerkarte *Außerhalb meiner Organisation* (siehe Abbildg. 6.74).

Abbildg. 6.74 Eine separate Abwesenheitsnotiz an Personen außerhalb der Organisation schicken

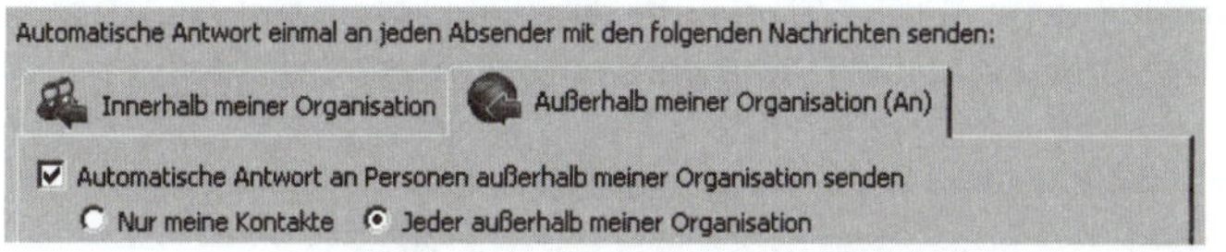

7. Achten Sie darauf, dass das Kontrollkästchen *Automatische Antwort an Personen außerhalb meiner Organisation senden* aktiviert ist und legen Sie dann über die Kontrollkästchen *Nur meine Kontakte* und *Jeder außerhalb meiner Organisation* fest, ob die Abwesenheitsnotiz nur an die Personen geschickt werden soll, die in Ihrem Ordner *Kontakte* enthalten sind, oder aber an alle Absender von E-Mails, die in Ihrem Posteingang eintreffen.

HINWEIS Es ist nicht unbedingt sinnvoll, die Option *Jeder außerhalb meiner Organisation* zu aktivieren, denn dann werden auch Abwesenheitsnotizen an alle Absender von Spam-E-Mails geschickt, die in Ihrem Posteingang landen.

8. Geben Sie den gewünschten Text für die Abwesenheitsnotiz in das Textfeld ein und formatieren Sie ihn bei Bedarf.
9. Klicken Sie auf *OK*, um den Versand von Abwesenheitsnotizen zu aktivieren und das Dialogfeld zu schließen.

WICHTIG Vergessen Sie nicht, die Abwesenheitsnotiz zu deaktivieren, wenn Sie wieder im Hause sind.

Abwesenheitsnotizen mit Abwesenheitsregeln erstellen

Bei Bedarf können Sie Regeln für den Versand von Abwesenheitsnotizen definieren. Wenn die eingehenden Nachrichten die von Ihnen festgelegten Bedingungen erfüllen, werden eine oder mehrere der von Ihnen angegebenen Aktionen ausgeführt.

1. Wählen Sie im Menü *Extras* den Befehl *Abwesenheits-Assistent* und aktivieren Sie im gleichnamigen Dialogfeld die Option *Abwesenheitsnotizen senden*, um den Abwesenheits-Assistenten zu aktivieren.
2. Aktivieren Sie bei Bedarf das Kontrollkästchen *Nur in diesem Zeitraum senden* und geben Sie die passenden Werte unter *Beginnt um* und *Endet um:* an.
3. Tragen Sie dann den Text der Abwesenheitsnotiz in die Textfelder auf den Registerkarten *Innerhalb meiner Organisation* und *Außerhalb meiner Organisation* ein, und klicken Sie auf die Schaltfläche *Regeln*, um das Dialogfeld *Abwesenheitsregeln* zu öffnen.
4. Klicken Sie nun auf die Schaltfläche *Regel hinzufügen*, um das Dialogfeld *Regel bearbeiten* zu öffnen und die erste Regel festzulegen.
5. Im oberen Teil des Dialogfelds (siehe Abbildg. 6.75) geben Sie die Bedingungen an, die Nachrichten erfüllen müssen, damit die Aktionen ausgeführt werden, die Sie im unteren Teil des Dialogfelds festlegen. Legen Sie zunächst im Bereich *Wenn eine Nachricht eintrifft, die diese Bedingungen erfüllt* fest, welche Bedingungen die eingehenden Nachrichten erfüllen müssen. Wollen Sie, dass die Aktionen nur ausgeführt werden, wenn Nachrichten bestimmter Personen eintreffen, wählen Sie diese über die Schaltfläche *Von* aus oder geben Sie sie direkt in das Feld ein. Sollen die Aktionen hingegen nur ausgeführt werden, wenn im Feld *Gesendet an* bestimmte Empfänger enthalten sind, wäh-

len Sie diese über die Schaltfläche *Gesendet an* aus. Zusätzlich können Sie die Kontrollkästchen *Direkt an mich gesendet* und *Kopie (Cc) an mich* aktivieren, um festzulegen, dass die Regel nur auf direkt oder in Kopie an Sie gesendete Nachrichten angewendet werden soll.

Abbildg. 6.75 In diesem Bereich definieren Sie die Bedingungen für den Versand von Abwesenheitsnotizen

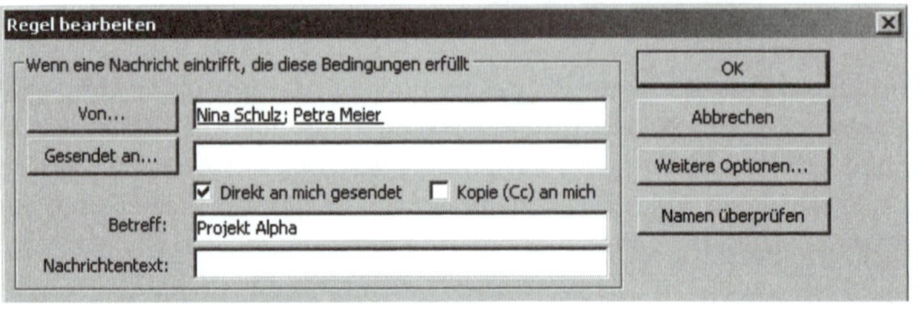

6. Über das Feld *Betreff* können Sie die Ausführung der Aktionen auf Nachrichten beschränken, die bestimmte Begriffe im Feld *Betreff* enthalten. Über das Feld *Nachrichtentext* können Sie sogar festlegen, dass die Abwesenheitsnotiz nur verschickt wird, wenn der Nachrichtentext bestimmte Begriffe enthält.
7. Klicken Sie auf die Schaltfläche *Weitere Optionen*, um im gleichnamigen Dialogfeld zusätzliche Bedingungen für den Versand von Abwesenheitsnotizen festzulegen (siehe Abbildg. 6.76).

Abbildg. 6.76 Hier können Sie weitere Bedingungen für Nachrichten angeben, für die Abwesenheitsnotizen verschickt werden

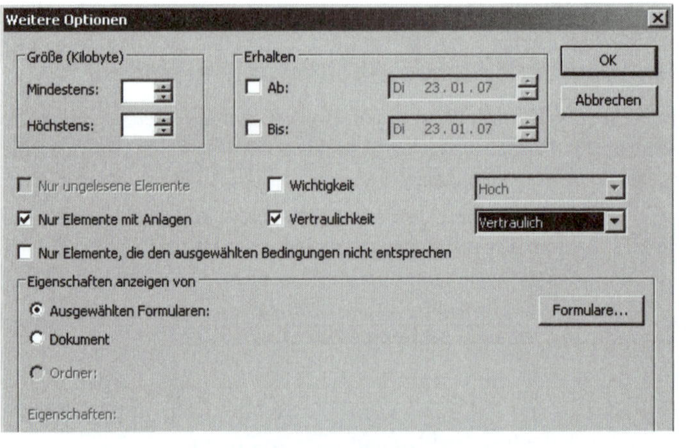

8. Um die Ausführung der Aktionen auf Nachrichten einer bestimmten Größe zu beschränken, geben Sie diese in das Feld *Mindestens* oder *Höchstens* ein. Im Bereich *Erhalten* können Sie hingegen über die Felder *Ab* und *Bis* einen Zeitraum festlegen, in dem die Aktionen ausgeführt werden. Sollen nur Nachrichten berücksichtigt werden, die eine bestimmte Wichtigkeit oder Vertraulichkeit haben, aktivieren Sie das entsprechende Kontrollkästchen und wählen Sie dann im Listenfeld den passenden Wert aus. Sollen die Aktionen nur bei Nachrichten mit Anlagen ausgeführt werden, aktivieren Sie das Kontrollkästchen *Elemente mit Anlagen.* Aktivieren Sie das Kontrollkästchen *Nur Elemente, die den ausgewählten Bedingungen nicht entsprechen*, um die Anwendung der Regel zu aktivieren.

9. Klicken Sie auf *OK*, um das Dialogfeld zu schließen.
10. Legen Sie nun im Bereich *Folgende Aktionen ausführen* (siehe Abbildg. 6.77) des Dialogfelds *Regel bearbeiten* fest, was passieren soll, wenn eine Nachricht die von Ihnen gestellten Bedingungen erfüllt. Aktivieren Sie das Kontrollkästchen *Sobald die Aktionen für diese Regel ausgeführt sind, andere Regeln ignorieren*, wenn nach dieser Regel keine weiteren Regeln angewendet werden sollen. Wählen Sie dann eine oder mehrere der folgenden Aktionen aus:

Abbildg. 6.77 Hier legen Sie die Aktionen fest

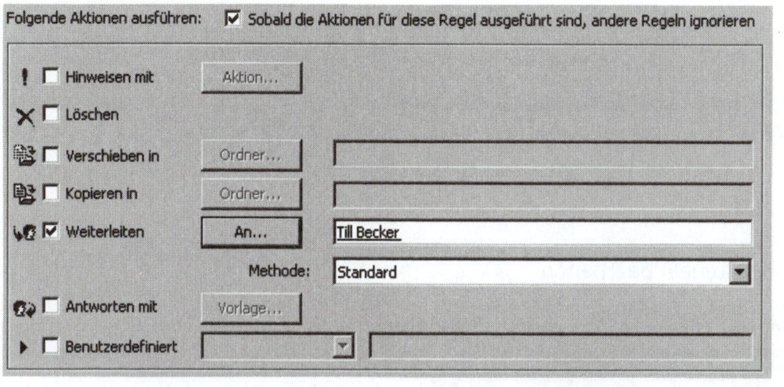

- **Hinweisen mit:** Aktivieren Sie dieses Kontrollkästchen und klicken Sie auf die Schaltfläche *Aktion*, um einen Sound oder Hinweistext auszuwählen, der wiedergegeben wird, wenn Nachrichten eintreffen, die die Bedingung erfüllen. Im Dialogfeld *Hinweisaktionen*, das sich nun öffnet, aktivieren Sie das Kontrollkästchen *Folgenden Hinweistext anzeigen* und geben dann den Hinweistext ein, um einen Hinweistext zu aktivieren. Soll ein Sound abgespielt werden, aktivieren Sie das Kontrollkästchen *Abspielen* und klicken auf die Schaltfläche *Sound*. Im Dialogfeld *Öffnen* wählen Sie den gewünschten Sound und klicken auf *Öffnen*. Anschließend können Sie den Sound über die Schaltfläche *Test* zur Probe wiedergeben lassen. Über die Schaltfläche *OK* schließen Sie das Dialogfeld.
- **Löschen:** Sollen eingehende Nachrichten, die die Bedingungen erfüllen, gelöscht werden, aktivieren Sie dieses Kontrollkästchen.
- **Verschieben in:** Um eingehende Nachrichten, die die Bedingungen erfüllen, in einen bestimmten Ordner zu verschieben, aktivieren Sie das Kontrollkästchen, und wählen Sie dann den passenden Ordner aus.
- **Kopieren in:** Um eingehende Nachrichten, die die Bedingungen erfüllen, in einen bestimmten Ordner zu kopieren, aktivieren Sie das Kontrollkästchen, und wählen Sie dann den passenden Ordner aus.
- **Weiterleiten:** Sollen eingehende Nachrichten, die die Bedingungen erfüllen, an eine bestimmte Person weitergeleitet werden, aktivieren Sie das Kontrollkästchen, und wählen Sie dann den oder die Empfänger über die Schaltfläche *An* und die Versandmethode über das Listenfeld *Methode* aus.
- **Antworten mit:** Soll für die Abwesenheitsnotiz eine bestimmte Vorlage verwendet werden, wie z.B. ein vordefinierter Text, aktivieren Sie das Kontrollkästchen und klicken Sie dann auf die Schaltfläche *Vorlage*, um die Vorlage zu laden oder zu erstellen.
- **Benutzerdefiniert:** Hier können Sie selbst Aktionen festlegen.

11. Klicken Sie auf *OK*, um zum Dialogfeld *Abwesenheits-Assistent* zurückzukehren. Die Regel wird nun in der Liste aufgeführt. Über das Kontrollkästchen in der Spalte *Status* können Sie die Regel jederzeit deaktivieren und erneut aktivieren. Bei Bedarf können Sie über die Schaltfläche *Regel hinzufügen* weitere Regeln hinzufügen, wie in den Schritten Schritte 3 bis 8 dieser Anleitung beschrieben.
12. Schließen Sie das Dialogfeld über die Schaltfläche *OK*.

Abwesenheitsregeln hinzufügen, bearbeiten und löschen

Haben Sie eine Abwesenheitsnotiz mit Regeln erstellt, können Sie die Regeln jederzeit bearbeiten oder löschen und Sie können auch weitere Regeln hinzufügen.

1. Wählen Sie im Menü *Extras* den Befehl *Abwesenheits-Assistent*. Es öffnet sich das gleichnamige Dialogfeld.
2. Klicken Sie auf die Schaltfläche *Regeln*, um das Dialogfeld *Abwesenheitsregeln* zu öffnen (siehe Abbildg. 6.78).

Abbildg. 6.78 Abwesenheitsregeln bearbeiten

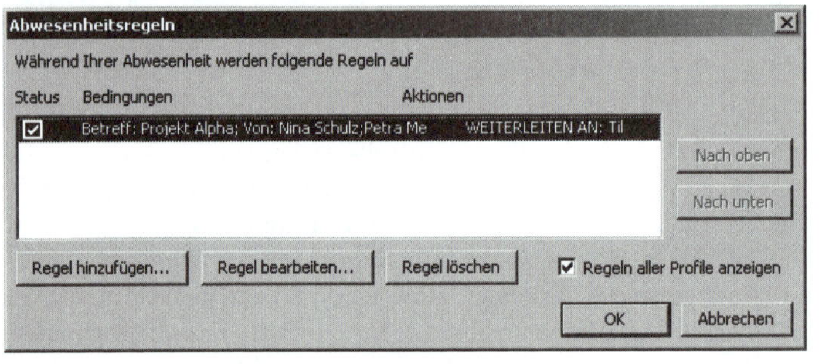

3. Haben Sie mehrere Regeln festgelegt, können Sie deren Reihenfolge über die Schaltflächen *Nach oben* und *Nach unten* verändern. Es wird immer die Regel angewandt, die an oberster Stelle steht – es sei denn, Sie haben auf der Registerkarte *Regel bearbeiten* das Kontrollkästchen *Sobald die Aktionen für diese Regel ausgeführt sind, andere Regeln ignorieren* aktiviert.
4. Um eine neue Regel hinzuzufügen, klicken Sie auf die Schaltfläche *Regel hinzufügen* und führen Sie dann die im Abschnitt »Abwesenheitsnotizen mit Abwesenheitsregeln erstellen« weiter vorne in diesem Kapitel beschriebenen Schritte aus.
5. Um eine Regel zu bearbeiten, markieren Sie sie im Dialogfeld *Abwesenheitsregeln* und klicken Sie dann auf die Schaltfläche *Regel bearbeiten*. Es öffnet sich das gleichnamige Dialogfeld, in dem Sie Bedingungen und Aktionen für die Regel festlegen können. Klicken Sie auf *OK*, wenn Sie fertig sind, oder auf *Abbrechen*, um die Regel unverändert zu belassen.
6. Um eine Regel zu löschen, markieren Sie sie, und klicken auf die Schaltfläche *Regel löschen*. Bestätigen Sie anschließend die Sicherheitsabfrage, ob Sie die Regel tatsächlich löschen wollen, mit *Ja*.
7. Klicken Sie auf *OK*, um die Änderungen zu übernehmen und den Abwesenheits-Assistenten zu schließen.

Abwesenheitsnotizen deaktivieren

Sind Sie wieder regelmäßig zu erreichen, sollten Sie die Abwesenheitsnotizen unbedingt deaktivieren, um bei Ihren Kontakten keine Verwirrung hervorzurufen. Gehen Sie dazu wie folgt vor:

1. Rufen Sie den Menübefehl *Extras/Abwesenheits-Assistent* auf.
2. Aktivieren Sie im Dialogfeld *Abwesenheits-Assistent*, das sich öffnet, die Option *Keine Abwesenheitsnotizen senden* (siehe Abbildg. 6.79).

Abbildg. 6.79 Die Abwesenheitsnotizen deaktivieren

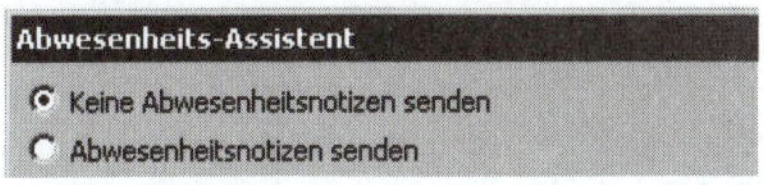

3. Die Optionen im Dialogfeld werden nun alle deaktiviert. Bestätigen Sie Ihre Wahl mit einem Klick auf *OK*.

Zusammenfassung

Über die erweiterten Optionen des Posteingangs können Sie E-Mails bequem sortieren und organisieren, zur Nachverfolgung kennzeichnen und kategorisieren.

Sie möchten ...	So gehen Sie vor	Sehen Sie sich dazu das Beispiel an auf Seite
zusätzliche Suchkriterien für die E-Mail-Suche nutzen	Aktivieren Sie den Posteingang oder einen anderen E-Mail-Ordner, in dem Sie nach der E-Mail suchen möchten, und klicken Sie auf die Schaltfläche *Abfrage-Generator erweitern* neben dem Feld *Sofortsuche*, um die zusätzlichen Suchkriterien einzublenden	290
E-Mails zur Nachverfolgung kennzeichnen	Öffnen Sie den Posteingang und klicken Sie auf das transparente Fähnchen am rechten Rand der E-Mail	303
E-Mails als ungelesen kennzeichnen	Klicken Sie die E-Mail in der Nachrichtenliste mit der rechten Maustaste an und wählen Sie im Kontextmenü den Befehl *Als ungelesen markieren*	308
E-Mails einer Kategorie zuweisen	Öffnen Sie den Posteingang und klicken Sie in der Nachrichtenliste auf das Feld *Kategorien* der E-Mail, die Sie einer Kategorie zuweisen möchten	309
die Ansicht wechseln	Zeigen Sie im Menü *Ansicht* auf *Aktuelle Ansicht* und wählen Sie die gewünschte Ansicht aus dem Untermenü aus	322
Regeln erstellen	Wählen Sie im Menü *Extras* den Befehl *Regeln und Benachrichtigungen*, klicken Sie auf *Neue Regeln* und folgen Sie den Anweisungen des Regel-Assistenten	328
das Postfach aufräumen	Wählen Sie im Menü *Extras* den Befehl *Postfach aufräumen*	336

Sie möchten ...	So gehen Sie vor	Sehen Sie sich dazu das Beispiel an auf Seite
den Ordner *Gelöschte Objekte* leeren	Öffnen Sie den Ordner *E-Mail*, klicken Sie unter *Alle E-Mail-Elemente* den Ordner *Gelöschte Objekte* mit der rechten Maustaste an und wählen Sie im Kontextmenü den Befehl *Gelöschte Objekte leeren*	337
E-Mails im eigenen Fenster öffnen	Wechseln Sie zum Posteingang oder einem anderen E-Mail-Ordner und klicken Sie die E-Mail, die Sie öffnen möchten, doppelt an. Nutzen Sie dann die Funktionen der Multifunktionsleiste	338
Ordner eines anderen Benutzers öffnen (nur für Exchange Server)	Zeigen Sie im Menü *Datei* auf *Öffnen* und wählen Sie *Ordner eines anderen Benutzers*. Geben Sie den Namen an und klicken Sie auf *OK*	353
Abwesenheitsnotizen erstellen (nur für Exchange Server)	Wählen Sie im Menü *Extras* den Befehl *Abwesenheits-Assistent*, aktivieren Sie die Option *Abwesenheitsnotiz senden* und legen Sie die weiteren Optionen und den Text fest und klicken Sie auf *OK*	355

Kapitel 7

E-Mails erstellen

In diesem Kapitel:

Der Versand von E-Mails ist aus dem heutigen Büroalltag genauso wenig wegzudenken, wie aus dem privaten Bereich. Outlook 2007 bietet Ihnen zahlreiche Funktionen, die Ihnen den Versand von E-Mails erleichtern. Und da Microsoft Word als E-Mail-Standardeditor benutzt wird, brauchen Sie sich nicht einmal an neue Funktionen zu gewöhnen. Ob Rechtschreibprüfung oder Formatierung: Alles funktioniert so, wie Sie es bereits aus Microsoft Word kennen. Bei Bedarf können Sie Versandoptionen wie die Wichtigkeit oder Vertraulichkeit festlegen, die Nachrichten zur Nachverfolgung kennzeichnen, eine Lesebestätigung anfordern oder die Nachrichtenzustellung zu einem bestimmten Datum festlegen. Und damit Sie nicht den Überblick verlieren, wird eine Kopie jeder E-Mail im Ordner *Gesendete Objekte* abgelegt. Ein großer Vorteil von E-Mail besteht auch darin, dass Sie bequem Dateien versenden und über Hyperlinks auf Websites aufmerksam machen können. Arbeiten Sie mit SharePoint Team Services, können Sie die Dateien in einem freigegebenen Arbeitsbereich ablegen und dort für alle Teilnehmer des Arbeitsbereichs zugänglich machen. Dies gilt auch für InfoPath-Formulare, die Sie nun mit Outlook 2007 versenden und bearbeiten können.

HINWEIS Mehr zum Versand sicherer E-Mail, zur Erstellung und zum Einsatz von Signaturen, zur Gestaltung von Nachrichten mit Briefpapier und zu den Besonderheiten des Nachrichtenversands bei Exchange Server erfahren Sie in Kapitel 8.

Neue E-Mails anlegen

E-Mail-Nachrichten können Sie ganz leicht erstellen. Sie benötigen dazu lediglich die E-Mail-Adresse des Empfängers. Die Standardnachricht wird in Outlook im HTML-Format mit Microsoft Word als Editor erstellt. Bei Bedarf können Sie das Nachrichtenformat ändern. Haben Sie Microsoft Word nicht installiert, erstellen Sie Ihre Nachrichten mit Outlook 2007. Es gibt allerdings nur geringfügige Abweichungen zur Nachrichtenerstellung mit Microsoft Word. Der Hauptunterschied besteht darin, dass Sie bei Outlook 2007 das Nachrichtenformat nicht nachträglich ändern können.

HINWEIS Outlook bietet Ihnen für den Versand von E-Mail-Nachrichten als Nachrichtenformate HTML, Rich-Text und Nur-Text an. Mit HTML lassen sich E-Mail-Nachrichten wie Webseiten gestalten, d.h. mit farbigem Hintergrund, ansprechenden Schriftarten, Schriftauszeichnungen, Hyperlinks und integrierten Bildern. Das RTF-Format bietet ebenfalls die Möglichkeit, Nachrichten zu formatieren, ist jedoch wesentlich eingeschränkter und kommt nur selten zum Einsatz. In den meisten Fällen reicht das Nur-Text-Format völlig aus. Dieses Format bietet jedoch keine Formatierungsmöglichkeiten. Dafür beanspruchen die Nachrichten jedoch erheblich weniger Speicherplatz als HTML-Nachrichten, und sie können von allen E-Mail-Programmen gelesen werden. Prinzipiell können Sie das Nachrichtenformat bei jeder Nachricht, die Sie erstellen, wählen. Nehmen Sie keine Änderungen vor, wird die Nachricht im HTML-Format verschickt. Sie können das Standardformat aber auch ändern. Mehr hierzu erfahren Sie in Kapitel 18.

E-Mails erstellen

Nachrichten werden in Outlook über ein Nachrichtenformular erstellt. Dieses enthält Felder für den Empfänger, einen Cc-Empfänger, den Betreff und den Nachrichtentext – also das, was auch bei einem normalen Brief üblich ist.

1. Um eine E-Mail-Nachricht zu erstellen, wählen Sie im Menü *Datei* den Befehl *Neu/E-Mail-Nachricht* oder aktivieren Sie über den Navigationsbereich den Ordner *E-Mail* und klicken Sie

dann auf die Schaltfläche *Neu*. Es öffnet sich eine unbenannte Nachricht im auf Microsoft Word basierenden E-Mail-Editor (siehe Abbildg. 7.1).

Abbildg. 7.1 Das Nachrichtenformular von Outlook

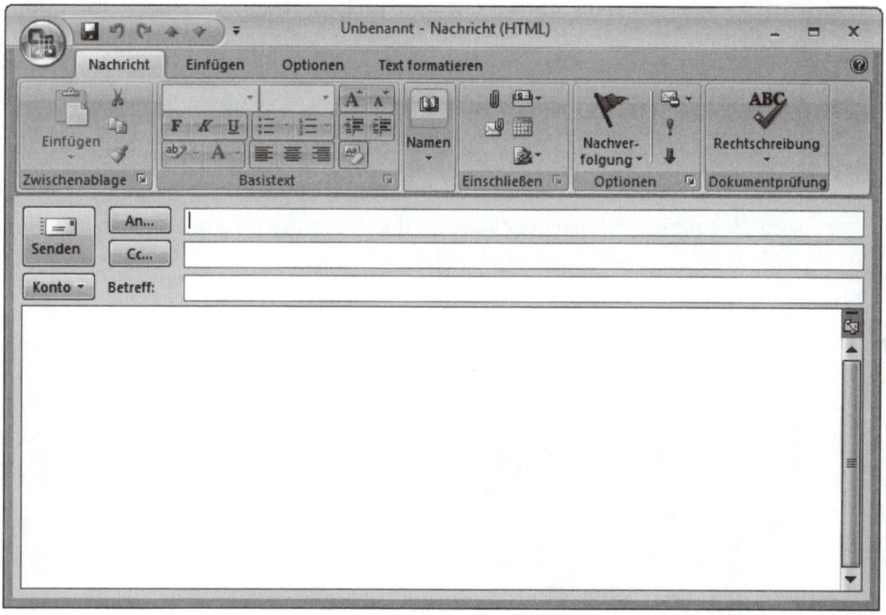

2. Die Einfügemarke befindet sich im Feld *An*. Geben Sie hier die E-Mail-Adresse des Empfängers ein. Soll die E-Mail an mehrere Empfänger gesendet werden, geben Sie deren E-Mail-Adressen mit einem Semikolon als Trennzeichen nacheinander ins Feld *An* ein (z.B. *mueller@test.com;emeier@mustermann.de;kpfeffer@mustermann.de*).

   Haben Sie sich vertippt, haben Sie fälschlicherweise einen Empfänger in das Feld *An* aufgenommen, den Sie nun doch nicht haben wollen oder enthält das Feld *An* aus einem anderen Grund eine falsche Angabe, können Sie diese bequem löschen, indem Sie sie markieren und dann die `Entf`-Taste drücken.

TIPP Ist der Empfänger bereits in Ihren Kontakten eingetragen, können Sie die E-Mail-Adresse auch über das Adressbuch auswählen. Mehr hierzu erfahren Sie im Abschnitt »Adressierung über das Adressbuch« in diesem Kapitel.

3. Soll Ihre E-Mail-Nachricht in Kopie an eine oder mehrere weitere Personen gesendet werden, aktivieren Sie das Feld *Cc* (für englisch Carbon Copy = Durchschlag) mit einem Mausklick und tragen Sie die Adresse(n) der weiteren E-Mail-Empfänger ein. Als Trennzeichen dient wie im Feld *An* das Semikolon.

   Wollen Sie die Cc-Empfänger lieber aus dem Adressbuch auswählen oder möchten Sie eine Kopie einer Nachricht an eine oder mehrere Personen senden, wovon die anderen Empfänger nichts erfahren sollen, müssen Sie diese »geheimen Empfänger« wie im Abschnitt »Adressierung über das Adressbuch« in diesem Kapitel beschrieben eingeben.

4. Aktivieren Sie als Nächstes das Feld *Betreff*. Geben Sie in einem oder einigen kurzen aussagekräftigen Stichworten an, worum es in Ihrer Nachricht geht, und drücken Sie die [↵]- oder die [⇥]-Taste.

WICHTIG Mit Umlauten gibt es häufig Probleme, da diese bei der Übertragung zu anderen Computersystemen häufig durch andere Zeichen ersetzt werden. Der Empfänger hat dann große Mühe, zu entziffern, was Ihre Absicht war. Sollten bei Ihnen derartige Probleme auftreten, sollten Sie Umlaute ausschreiben (ä = ae, ü = ue etc.). Das Gleiche gilt für den Buchstaben »ß«, den Sie generell durch »ss« ersetzen sollten.

5. Die Einfügemarke springt nun in das Textfeld und in der Titelleiste des Nachrichtenformulars wird die Angabe *Unbenannte Nachricht* durch den Betreff ersetzt. Geben Sie nun den Text Ihrer E-Mail ein.

Abbildg. 7.2 Den Text der E-Mail eingeben

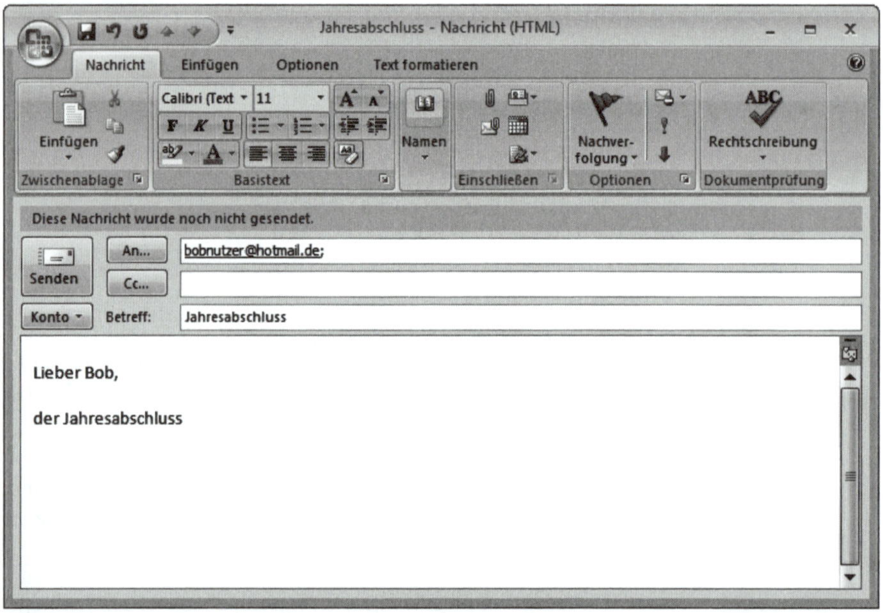

TIPP Bei Bedarf können Sie auch Text aus einem anderen Dokument übernehmen. Kopieren Sie den Text in die Zwischenablage, setzen Sie dann die Einfügemarke in das Nachrichtenfeld Ihrer E-Mail und klicken Sie die Schaltfläche *Einfügen* an oder drücken Sie die Tasten [Strg]+[V]. Über die Zwischenablage können Sie auch Text innerhalb des Nachrichtenfelds kopieren und verschieben.

6. Damit Ihre Nachricht nicht zu viele Fehler enthält, sollten Sie die Rechtschreibung vor dem Versand überprüfen lassen. Zahlreiche häufig vorkommende Fehler, wie z.B. zwei Großbuchstaben am Wortanfang, werden zwar bereits bei der Texteingabe über die AutoKorrektur-Funktion automatisch korrigiert. Es ist jedoch trotzdem sinnvoll, alles noch einmal genau durchzugehen. Outlook unterstützt Sie dabei bereits während der Texteingabe mit einer Rechtschreib- und

Grammatikprüfung. Begriffe, die als Rechtschreibfehler interpretiert werden, werden rot unterschlängelt, Grammatikfehler grün. Klicken Sie mit der rechten Maustaste auf ein unterschlängeltes Wort, wird eine Liste mit Vorschlägen zur korrekten Schreibweise geöffnet, von denen Sie den passenden Vorschlag durch Anklicken übernehmen können (siehe Abbildg. 7.3).

Abbildg. 7.3 Die Rechtschreibprüfung zeigt Fehler bereits während der Texteingabe an

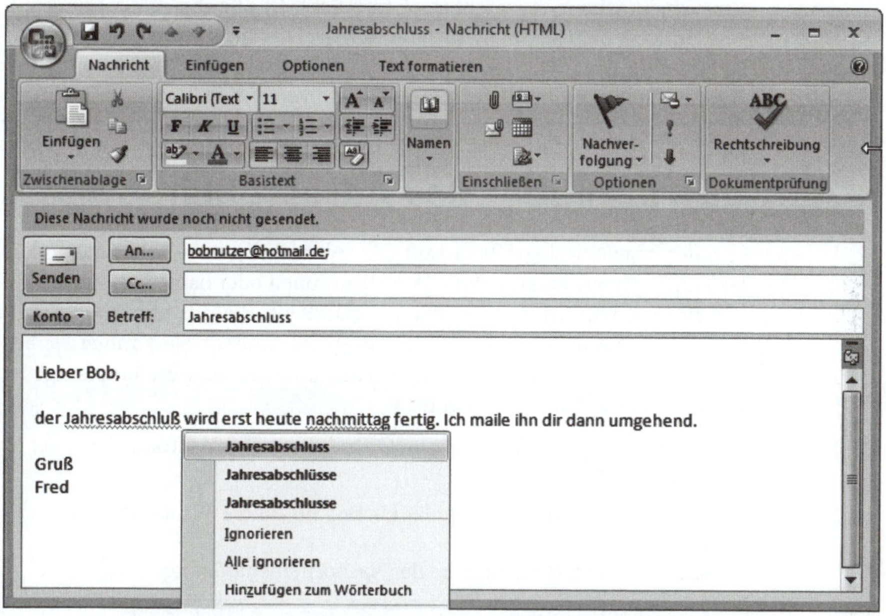

7. Standardmäßig wird Ihre E-Mail ohne Kennzeichnung verschickt. Soll sie hingegen als besonders wichtig hervorgehoben werden, klicken Sie im Bereich *Optionen* der Multifunktionsleiste auf die Schaltfläche *Wichtigkeit:hoch*, soll sie als wenig wichtig gekennzeichnet werden, klicken Sie auf die Schaltfläche *Wichtigkeit: niedrig*.
8. Outlook benutzt für den Nachrichtenversand das E-Mail-Standardkonto. Sie können jedoch prinzipiell bei jeder Nachricht wählen, über welches Konto Sie sie versenden wollen. Klicken Sie dazu unterhalb von der Schaltfläche *Senden* auf die Schaltfläche *Konto* und wählen Sie das gewünschte Konto aus dem Dropdown-Listenfeld aus. Anschließend zeigt Outlook in der Nachricht das Konto an, über das die Nachricht gesendet wird (siehe Abbildg. 7.4).

Abbildg. 7.4 Erfolgt der Versand nicht über das Standardkonto, wird diese Information in der Nachricht angezeigt

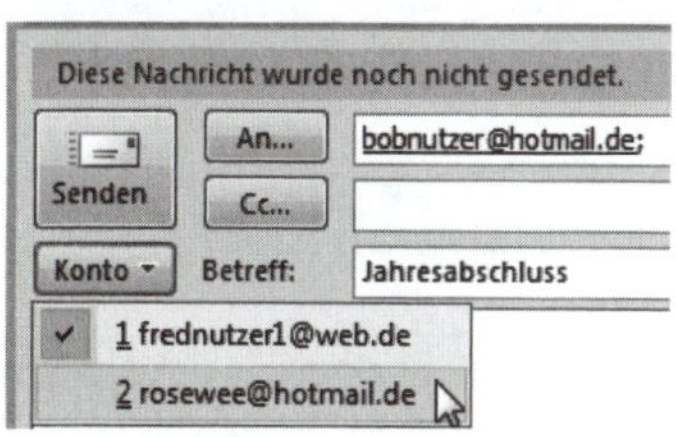

9. Um schließlich Ihre E-Mail zu versenden, klicken Sie auf die Schaltfläche *Senden*. Die Nachricht wird nun in den Posteingang verschoben und von dort bei bestehender Verbindung gleich weiter versendet oder spätestens, wenn Sie das nächste Mal auf *Senden/Empfangen* klicken. Eine Kopie der E-Mail wird im Ordner *Gesendete Objekte* abgelegt.

HINWEIS Wollen Sie eine E-Mail erst zu einem späteren Zeitpunkt versenden, klicken Sie auf die *Schließen*-Schaltfläche in der rechten oberen Ecke. Es öffnet sich ein Hinweisfenster mit dem Hinweis, dass Outlook die Nachricht automatisch als Entwurf speichert. Bestätigen Sie die Frage, ob der Entwurf beibehalten werden soll, mit einem Mausklick auf *Ja*. Sie können die E-Mail dann später im Ordner *Entwürfe* öffnen, fertig stellen und versenden.

Adressierung über das Adressbuch

Haben Sie bei der Installation von Microsoft Office bereits Kontakte aus einer anderen Anwendung oder aus der Vorgängerversion von Outlook übernommen oder haben Sie bereits im Kontaktordner Kontakte eingetragen, können Sie diese beim Versand von E-Mails nutzen. Sie brauchen die Empfänger Ihrer E-Mails nämlich nicht mehr einzutippen, sondern Sie können sie bequem aus dem Adressbuch auswählen. Um eine E-Mail zu erstellen und den oder die Empfänger aus dem Adressbuch auszuwählen, gehen Sie wie folgt vor:

1. Wechseln Sie im Navigationsbereich zum Ordner *E-Mail* und klicken Sie in der Symbolleiste auf die Schaltfläche *Neu*.
2. Im nun geöffneten Nachrichtenformular klicken Sie auf die Schaltfläche *An*.

Abbildg. 7.5 Das Adressbuch erleichtert die Angabe der Nachrichtenempfänger

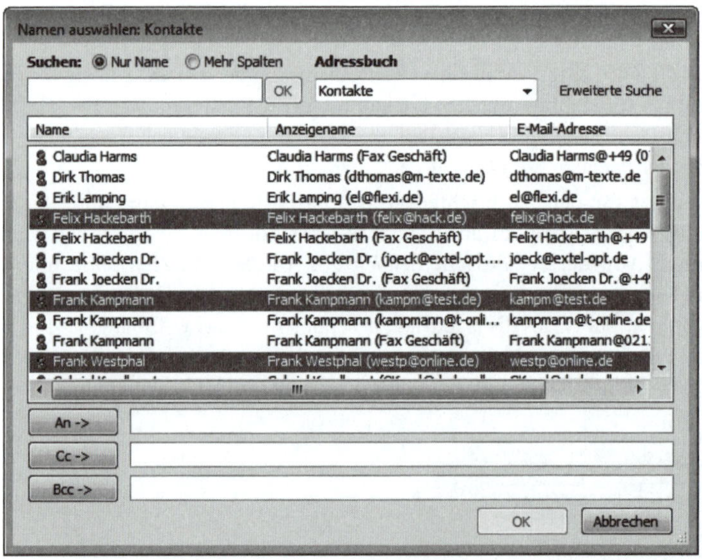

3. Es öffnet sich das Dialogfeld *Namen auswählen* mit allen Kontakten aus Ihrem Ordner *Kontakte*, für die eine E-Mail-Adresse eingetragen ist (siehe Abbildg. 7.5). In der ersten Spalte finden Sie den Namen, in der zweiten den Anzeigenamen, der in das Feld *An* eingetragen wird und in der

dritten Spalte die E-Mail-Adresse. Markieren Sie den Nachrichtenempfänger durch Anklicken mit der Maus. Um mehrere Empfänger auszuwählen, halten Sie die [Strg]-Taste gedrückt, und klicken Sie die Empfänger nacheinander an.

TIPP Haben Sie mehrere Kontaktordner eingerichtet oder haben Sie Zugriff auf ein Exchange Server-Konto, können Sie über das Listenfeld *Adressbuch* das Adressbuch wechseln.

4. Klicken Sie dann auf die Schaltfläche *An*, um den oder die markierten Kontakte in das Feld *An* zu übernehmen. Haben Sie mehrere Empfänger gewählt, werden die einzelnen Einträge mit einem Semikolon als Trennzeichen getrennt aufgelistet.
5. Soll die E-Mail in Kopie an einen oder mehrere weitere Empfänger gesendet werden, markieren Sie den oder die Einträge im Dialogfeld *Namen auswählen:Kontakte*, und klicken Sie auf die Schaltfläche *Cc*.
6. Wollen Sie Ihre Nachricht in Kopie oder in versteckter Kopie, d.h. eine Kopie, von der der eigentliche Nachrichtenempfänger nichts weiß, an weitere Personen versenden, markieren Sie den oder die Empfänger, und klicken Sie auf die *Bcc*-Schaltfläche (siehe Abbildg. 7.6).

Abbildg. 7.6 Über das Dialogfeld *Namen auswählen* lassen sich E-Mails als Blindkopie verschicken

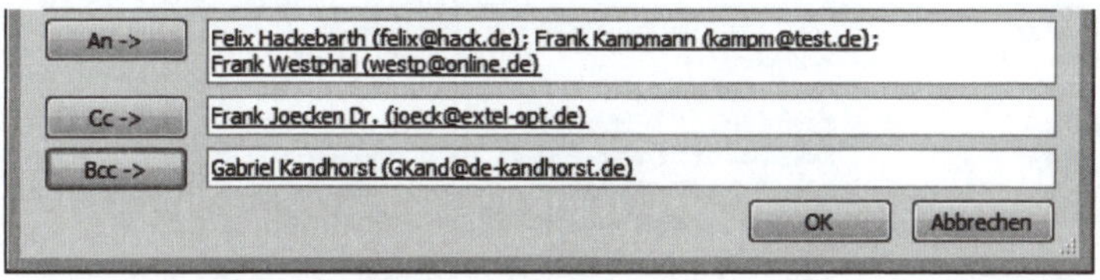

7. Klicken Sie anschließend auf *OK*, um die Empfänger zu übernehmen.
8. Anzeigenamen der von Ihnen gewählten Empfänger werden nun in die entsprechenden Felder des Nachrichtenformulars übernommen.

TIPP Benötigen Sie einen Empfänger nicht, markieren Sie ihn im entsprechenden Feld des Nachrichtenformulars durch Anklicken, und drücken Sie dann die [Entf]-Taste. Haben Sie einen Empfänger vergessen, klicken Sie auf die Schaltfläche *An* und fügen Sie ihn über das Feld *Namen auswählen* zum Feld *An*, zum Feld *Cc* oder zum Feld *Bcc* hinzu.

9. Klicken Sie das Feld *Betreff* an und geben Sie einen aussagekräftigen Betreff für Ihre E-Mail ein.
10. Drücken Sie die [↵]-Taste und geben Sie dann in das Textfeld den Text der E-Mail ein.

11. Wählen Sie bei Bedarf über die Schaltfläche *Konto* ein anderes E-Mail-Konto als das Standardkonto aus und klicken Sie schließlich auf *Senden*, um die E-Mail zu verschicken.

Die Nachricht wird nun in den Posteingang verschoben und von dort bei bestehender Verbindung gleich weiterversendet oder spätestens dann, wenn Sie das nächste Mal auf *Senden/Empfangen* klicken. Eine Kopie der E-Mail wird im Ordner *Gesendete Objekte* abgelegt.

TIPP Das Adressbuch können Sie übrigens auch unabhängig von den Schaltflächen *An* und *Cc* mit einem Mausklick auf die Schaltfläche *Adressbuch* in der Gruppe *Namen* der Registerkarte *Nachricht* in der Multifunktionsleiste öffnen.

E-Mails an Verteilerlisten senden

Müssen Sie Nachrichten häufig an eine gleich bleibende Gruppe von Personen versenden, brauchen Sie dazu nicht jedes Mal alle Empfänger einzeln auszuwählen. Richten Sie stattdessen für diese Personengruppe eine Verteilerliste ein und wählen Sie alle Empfänger mit einem Mausklick aus. Gehen Sie dazu wie folgt vor:

1. Legen Sie eine neue E-Mail über den Befehl *Datei/Neu/E-Mail-Nachricht* oder über die Tastenkombination Strg + ⇧ + M an.
2. Im nun geöffneten Nachrichtenformular klicken Sie auf die Schaltfläche *An*.
3. Wählen Sie im Dialogfeld *Namen auswählen* die Verteilerliste mit einem Mausklick und klicken Sie dann auf die Schaltfläche *An*. Verteilerlisten erkennen Sie an der Fettschrift und am Symbol mit den zwei Köpfen (siehe Abbildg. 7.7).

Abbildg. 7.7 Die Verteilerliste auswählen

TIPP Wollen Sie wissen, wer Mitglied der Verteilerliste ist, klicken Sie im Feld *An* doppelt auf den Namen der Verteilerliste. Es öffnet sich das Dialogfeld *<Name> – Verteilerliste*, in dem die Mitglieder einzeln aufgelistet werden.

4. Wählen Sie bei Bedarf weitere Empfänger für die Felder *Cc* und *Bcc* aus und klicken Sie schließlich auf *OK*, um die Angaben in das Nachrichtenformular zu übernehmen.
5. Der Name der Verteilerliste wird nun mit vorangestelltem Pluszeichen in das Feld *An* eingetragen. Geben Sie den Betreff und den Nachrichtentext ein und wählen Sie alle gewünschten Nachrichtenoptionen. Versenden Sie die Nachricht dann über die Schaltfläche *Senden* (siehe Abbildg. 7.8).

Abbildg. 7.8 Eine E-Mail an eine Verteilerliste schicken

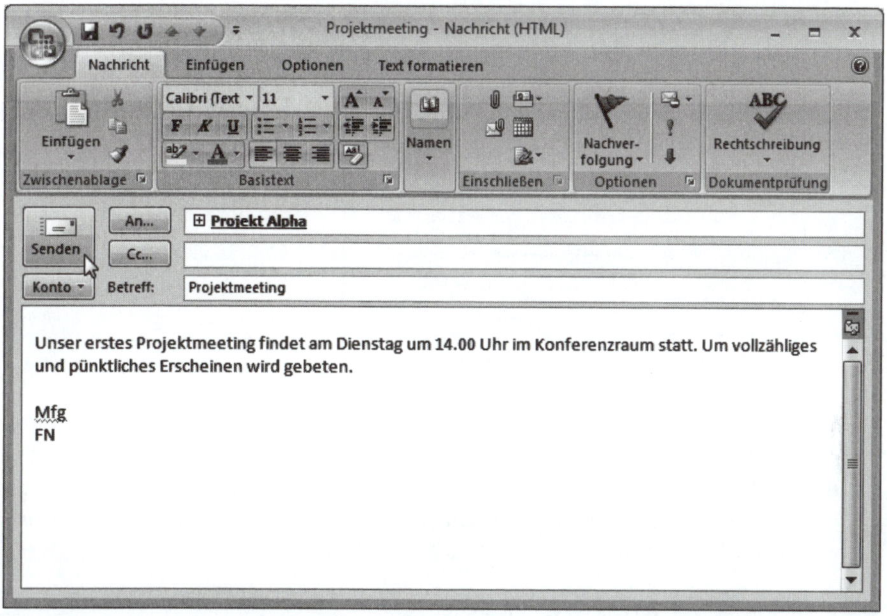

PROFITIPP

Wenn Sie auf das der Verteilerliste vorangestellte Pluszeichen klicken und damit die Liste erweitern, wird die Liste von Outlook durch die Mitglieder ersetzt. Sie kann anschließend allerdings nicht mehr reduziert werden. Um zu prüfen, welche Kontakte in der Verteilerliste enthalten sind, ist es deshalb sinnvoller, die Verteilerliste mit einem Doppelklick zu öffnen und das Dialogfeld *Verteilerliste* anschließend wieder mit einem Mausklick auf die *Schließen*-Schaltfläche in der rechten oberen Ecke zu schließen.

Eine Verteilerliste einrichten

Haben Sie bisher noch keine Verteilerliste eingerichtet, können Sie dies auch während Sie eine neue E-Mail erstellen, bei der Auswahl der Empfänger nachholen. Gehen Sie dazu wie folgt vor:

1. Erstellen Sie eine neue E-Mail-Nachricht über den Befehl *Datei/Neu/E-Mail-Nachricht*.
2. Klicken Sie im Nachrichtenformular auf die Schaltfläche *An*, um das Dialogfeld *Namen auswählen* zu öffnen.
3. Im Dialogfeld *Namen auswählen* klicken Sie nun mit der rechten Maustaste auf einen Kontakt, den Sie zur Verteilerliste hinzufügen möchten, und wählen Sie dann im Kontextmenü den Befehl *Neuer Eintrag*.
4. Es öffnet sich das Dialogfeld *Neuer Eintrag*, in dem Sie die Option *Neue Verteilerliste* aktivieren und dann auf *OK* klicken (siehe Abbildg. 7.9).

Abbildg. 7.9 Eine neue Verteilerliste anlegen

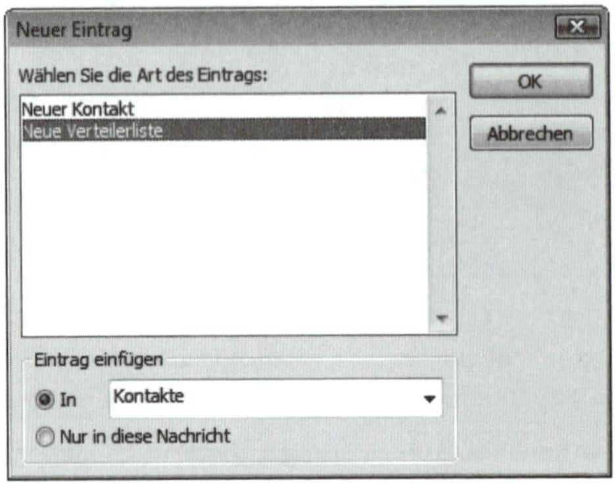

5. Im Fenster, das sich nun öffnet, geben Sie in das Feld *Name* einen Namen für die Verteilerliste ein und klicken auf die Schaltfläche *Mitglieder auswählen*.
6. Im gleichnamigen Dialogfeld, das sich nun öffnet, markieren Sie die einzelnen Mitglieder, und übernehmen Sie sie jeweils mit einem Mausklick auf die Schaltfläche *Mitglieder* in die Liste (siehe Abbildg. 7.10).

Abbildg. 7.10 Mitglieder zur Verteilerliste hinzufügen

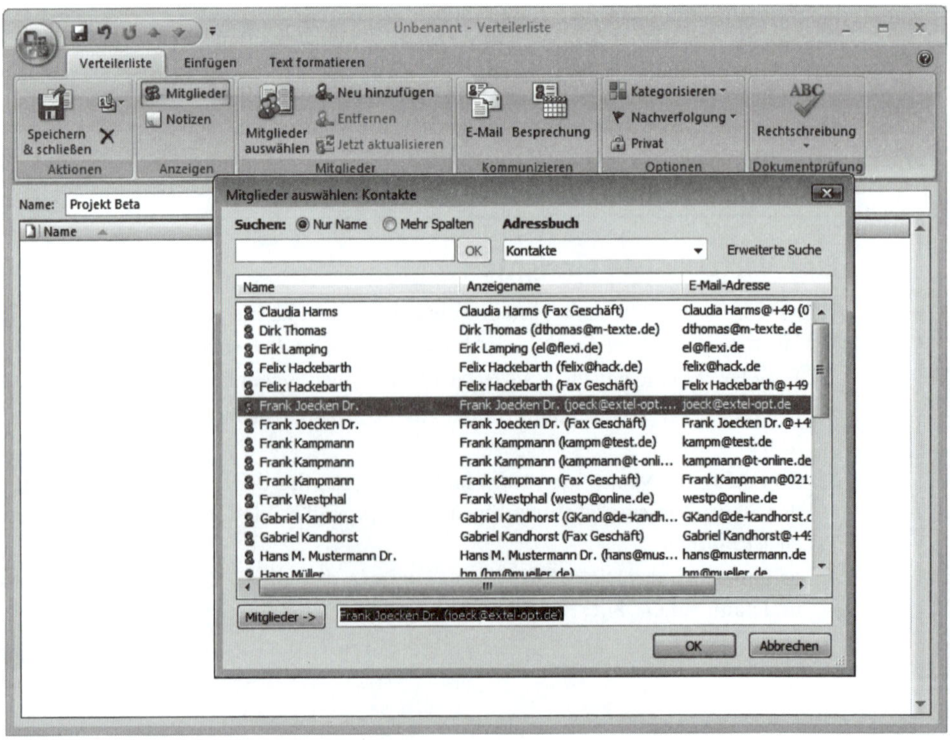

7. Klicken Sie dann auf die Schaltfläche *OK*, um die Mitglieder in die Verteilerliste zu übernehmen.

8. Schließen Sie das Dialogfeld *Verteilerliste* mit einem Mausklick auf *Speichern & schließen* in der linken Ecke der Multifunktionsleiste.
9. Die Verteilerliste wird nun in das nach dem Anfangsbuchstaben in aufsteigender Reihenfolge sortierte Adressbuch übernommen. Gehen Sie in der Liste nach unten, bis Sie beim Anfangsbuchstaben angelangt sind, mit dem die Verteilerliste beginnt, und markieren Sie die neue Verteilerliste.
10. Übernehmen Sie die Verteilerliste mit einem Mausklick auf die Schaltfläche *An* in das gleichnamige Feld des Nachrichtenformulars und bestätigen Sie Ihre Wahl mit einem Mausklick auf die Schaltfläche *OK*.
11. Geben Sie den Betreff und den Text der E-Mail ein und klicken Sie auf *Senden*, um die E-Mail zu verschicken.

Die Funktion *AutoVervollständigen* nutzen

Bei der Eingabe von E-Mail-Adressen oder von Empfängernamen können Sie sich auch die Funktion *AutoVervollständigen* zunutze machen. Haben Sie einem Empfänger einmal eine E-Mail-Nachricht gesendet, speichert Outlook die E-Mail-Adresse. Es spielt dabei keine Rolle, ob Sie die Adresse manuell eingegeben oder aus dem Adressbuch ausgewählt haben. Geben Sie beim nächsten Mal den ersten Buchstaben der Adresse oder des Empfängernamens ein, öffnet Outlook ein Feld mit Adressvorschlägen, aus dem Sie bequem den gewünschten Empfänger auswählen können. Diese Vorgehensweise kann sogar schneller als die Auswahl aus dem Adressbuch sein.

Gehen Sie wie folgt vor, um die Funktion *AutoVervollständigen* zu nutzen:

1. Wechseln Sie mit einem Mausklick auf die gleichnamige Schaltfläche im Navigationsbereich zur Komponente *E-Mail*.
2. Klicken Sie in der Standard-Symbolleiste auf die Schaltfläche *Neu*, um ein neues, unbenanntes Nachrichtenformular zu öffnen.
3. Im Nachrichtenformular, das sich nun öffnet, ist das Feld *An* bereits aktiviert. Geben Sie den ersten Buchstaben des Namens oder der E-Mail-Adresse des Empfängers ein. Outlook blendet nun einen oder mehrere Adressvorschläge ein, die mit dem gleichen Anfangsbuchstaben beginnen (siehe Abbildg. 7.11).

Abbildg. 7.11 Über die Funktion *AutoVervollständigen* können Sie Nachrichtenempfänger bequem auswählen

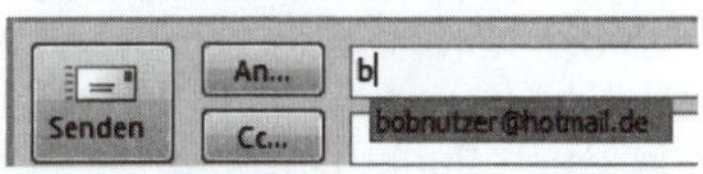

4. Gibt es nur einen Adressvorschlag, drücken Sie die [↵]-Taste, um ihn zu übernehmen. Sind mehrere Adressvorschläge vorhanden, wählen Sie den gewünschten Eintrag mit einem Mausklick aus.
5. Soll die E-Mail in Kopie an eine oder mehrere Empfänger verschickt werden, aktivieren Sie das Feld *Cc* mit einem Mausklick und geben Sie, wie im Feld *An*, den ersten Buchstaben des Empfängers aus. Wählen Sie den Empfänger aus der Vorschlagsliste aus und wiederholen Sie den Schritt mit allen weiteren *Cc*-Empfängern.
6. Geben Sie den Betreff und den Text der E-Mail ein und klicken Sie auf *Senden*, um die E-Mail zu verschicken.

PROFITIPP

Benötigen Sie einen Eintrag aus der Vorschlagsliste der Funktion *AutoVervollständigen* nicht mehr, drücken Sie, sobald die Vorschlagsliste sich öffnet, die [↓]-Taste so oft, bis der Eintrag markiert ist, und drücken Sie dann die [Entf]-Taste, um den Eintrag zu entfernen.

Links in E-Mails integrieren

Stoßen Sie auf eine Webseite, die Ihnen besonders zusagt oder auf die Sie andere Personen aus bestimmten Gründen hinweisen wollen, können Sie die Internet-Adresse als Hyperlink in Ihre E-Mail-Nachricht integrieren. Der Empfänger braucht dann nur auf die Adresse zu klicken, schon wird sein Webbrowser gestartet und – falls eine Verbindung besteht – die entsprechende Seite geladen. Viele Firmen, wie z.B. Microsoft, versenden auf diese Weise Presse- und Produktinformationen. Die Nachricht enthält nur eine kurze Beschreibung jedes Themas und Hyperlinks zu den Webseiten, die dann ausführliches Informationsmaterial und Bilder bieten.

TIPP Bei dem Hyperlink muss es sich nicht unbedingt um eine Webadresse handeln. Auch E-Mail-Adressen werden bei der Eingabe automatisch in einen Hyperlink umgewandelt. Klickt der Empfänger auf die E-Mail-Adresse, öffnet sich ein neues Nachrichtenformular, das bereits korrekt adressiert ist. Das Gleiche gilt für Verweise auf Dateien, die im Format *http://Dateispeicherort.Dateiname* angegeben werden. Sobald der Empfänger auf den Hyperlink klickt, wird die Datei vom angegebenen Speicherort abgerufen.

Hyperlinks manuell einfügen

Um einen Hyperlink manuell in eine neue E-Mail einzufügen, gehen Sie wie folgt vor:

1. Aktivieren Sie im Navigationsbereich den Ordner *E-Mail* und öffnen Sie dann ein neues Nachrichtenformular mit einem Mausklick auf die Schaltfläche *Neue Nachricht*.
2. Geben Sie den oder die Nachrichtenempfänger in die Felder *An* und *Cc* ein, tragen Sie einen Betreff in das Feld *Betreff* ein und geben Sie dann im Textfeld den gewünschten Text inklusive der Webadresse für die Webseite ein, auf die Sie verweisen wollen.

HINWEIS Outlook erkennt an Schlüsselbezeichnungen wie »http://«, »ftp://«, »www« oder »rss«, dass es sich um einen Link handelt, und formatiert den Text automatisch als Hyperlink, also in blauer Schrift und unterstrichen, sobald Sie nach der Adresse ein Leerzeichen eingeben oder die [↵]-Taste drücken. Das gleiche gilt für E-Mail-Adressen, die Sie im Nachrichtenfeld eingeben. Geben Sie hingegen nach der Adresse direkt einen Punkt ein, wird die Adresse nicht als Hyperlink erkannt und auch entsprechend nicht so formatiert.

3. Versenden Sie Ihre Nachricht über die Schaltfläche *Senden*.

Klickt der Empfänger anschließend in der E-Mail auf einen Hyperlink zu einer Webseite, öffnet sich sein Webbrowser und die angegebene Webseite wird geladen. Klickt er hingegen auf einen Hyperlink zu einer E-Mail-Adresse, öffnet sich ein neues Nachrichtenformular, in dem bereits die angeklickte E-Mail-Adresse im Feld *An* eingetragen ist.

Abbildg. 7.12 Web- und E-Mail-Adressen werden von Outlook automatisch als Hyperlinks formatiert

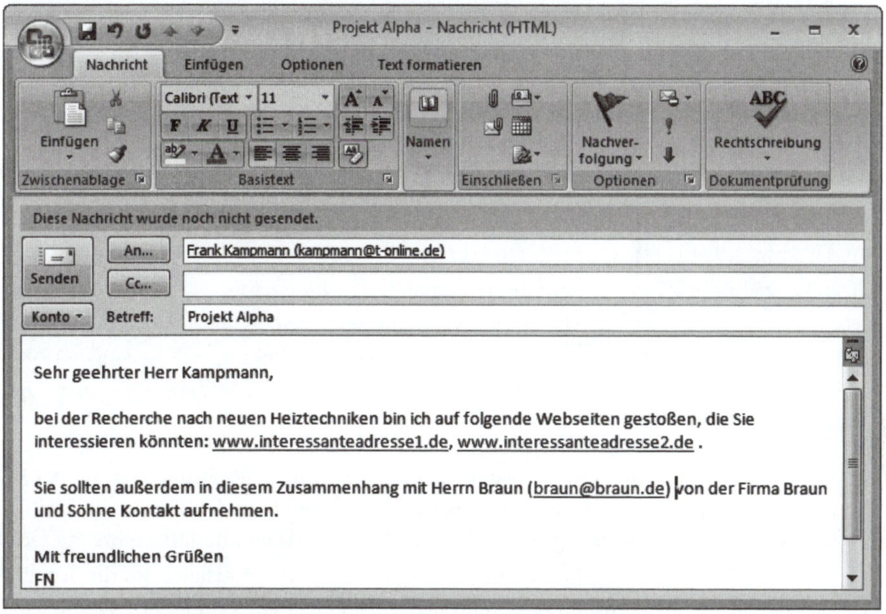

Hyperlinks über die Multifunktionsleiste einfügen

Outlook 2007 bietet Ihnen über die Schaltfläche *Hyperlink* in der Multifunktionsleiste die Möglichkeit, Hyperlinks zu Fotos, Webseiten, E-Mail-Adressen und Dateien in Ihre E-Mails zu integrieren. Gehen Sie dazu wie folgt vor:

TIPP Nachfolgend wird beschrieben, wie Sie einen Hyperlink zu einer Webseite in Ihre E-Mails einfügen. Die Vorgehensweise ist jedoch für Dateien und E-Mail-Adressen gleich. Sie müssen lediglich im Dialogfeld *Hyperlink einfügen* die passende Auswahl treffen.

1. Erstellen Sie eine neue Nachricht über den Befehl *Datei/Neu/E-Mail-Nachricht* und geben Sie den Nachrichtentext ein.
2. Um einen Hyperlink zu einer Webseite, einem Bild oder einem Programm zu erstellen, aktivieren Sie zunächst in der Multifunktionsleiste die Registerkarte *Einfügen* und klicken Sie dann auf die Schaltfläche *Hyperlink*.

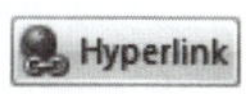

3. Im Dialogfeld *Hyperlink einfügen* klicken Sie auf die Schaltfläche *Besuchte Webseiten* und wählen die gewünschte Webseite im Textfeld aus (siehe Abbildg. 7.13).
4. Markieren Sie den Inhalt des Felds *Text anzeigen als* und geben Sie den Text ein, der in Ihrer E-Mail angezeigt werden soll.

TIPP Um den gesamten Inhalt des Feldes *Text anzeigen als* zu markieren, klicken Sie dreimal kurz hintereinander auf eine beliebige Stelle im Feld.

Abbildg. 7.13 Einen Hyperlink in die E-Mail einfügen

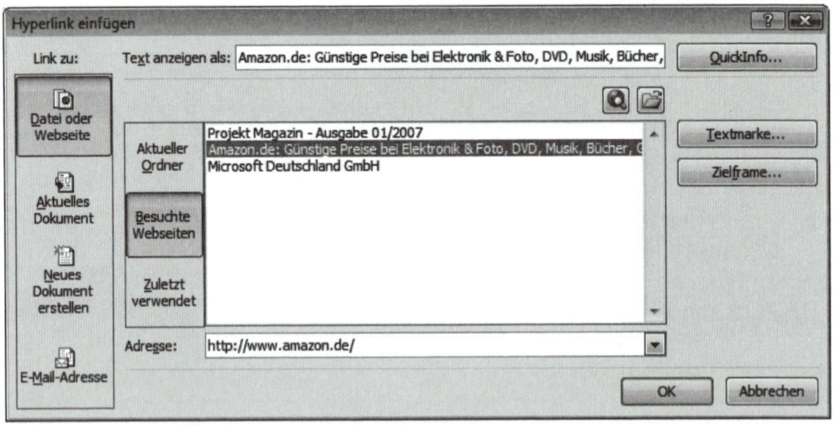

5. Soll zusätzlich eine QuickInfo eingeblendet werden, sobald der Empfänger mit der Maus auf den Hyperlink zeigt, klicken Sie auf die Schaltfläche *QuickInfo* und geben Sie im Dialogfeld *Hyperlink-QuickInfo festlegen* den gewünschten QuickInfo-Text ein. Bestätigen Sie mit *OK*.
6. Schließen Sie das Dialogfeld *Hyperlink einfügen* mit einem Mausklick auf die Schaltfläche *OK*.
7. Der Hyperlink wird nun in die E-Mail-Nachricht eingefügt. Statt einer Webadresse wird jedoch der Text aus dem Feld *Text anzeigen als* angezeigt. Wenn Sie mit der Maus auf den Link zeigen, blendet sich eine QuickInfo mit der Adresse ein (siehe Abbildg. 7.14).

Abbildg. 7.14 Statt der Webadresse wird der gewünschte Text angezeigt.

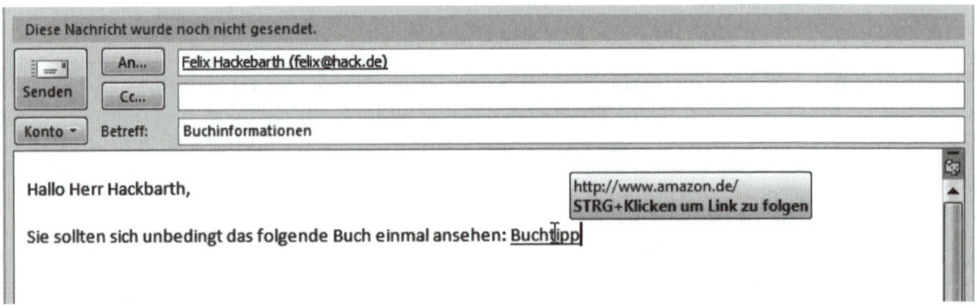

8. Prüfen Sie, ob der Hyperlink wirklich zum gewünschten Ort führt, indem Sie ihn mit gedrückter `Strg`-Taste anklicken. Alternativ können Sie den Hyperlink auch mit der rechten Maustaste anklicken und im Kontextmenü den Befehl *Hyperlink öffnen* wählen. Die Webseite, auf die der Hyperlink verweist, sollte sich nun in Ihrem Browser öffnen.
9. Schließen Sie das Browserfenster und stellen Sie die E-Mail wie gewohnt fertig. Klicken Sie auf *Senden*, um die E-Mail-Nachricht zu verschicken.

Hyperlinks bearbeiten und löschen

Stellen Sie fest, dass ein Hyperlink auf die falsche Adresse verweist, der angezeigte Text unpassend ist oder Sie ihn doch nicht benötigen, können Sie ihn ganz leicht bearbeiten oder entfernen. Gehen Sie dazu wie folgt vor:

- Um einen Hyperlink zu bearbeiten, klicken Sie ihn mit der rechten Maustaste an und wählen Sie im Kontextmenü den Befehl *Hyperlink bearbeiten*. Im nun geöffneten Dialogfeld *Hyperlink bearbeiten*, das dem Dialogfeld *Hyperlink einfügen* entspricht, nehmen Sie die gewünschten Änderungen vor und bestätigen diese mit *OK*. Der Hyperlink wird nun angepasst.
- Um einen Hyperlink zu entfernen, markieren Sie ihn und drücken die `Entf`-Taste. Oder klicken Sie den Hyperlink mit der rechten Maustaste an und wählen Sie im Kontextmenü den Befehl *Hyperlink entfernen* (siehe Abbildg. 7.15).

Abbildg. 7.15 Einen Hyperlink entfernen

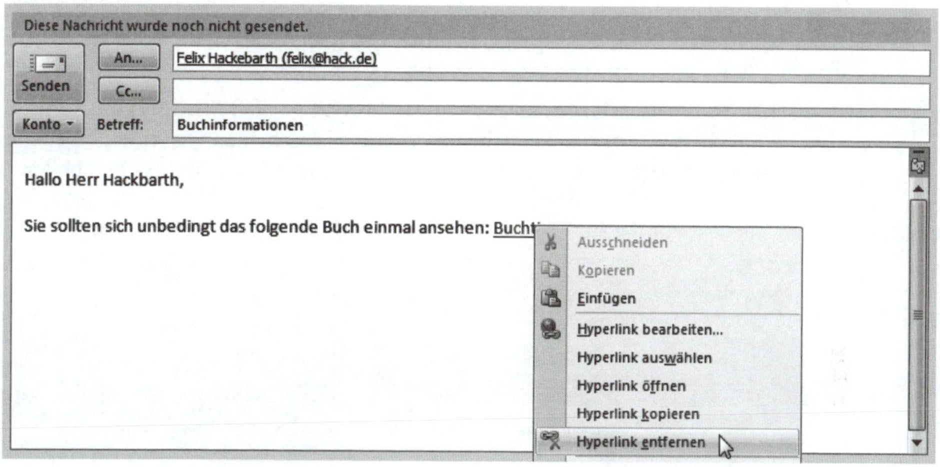

Das E-Mail-Format ändern

Soll eine Nachricht nicht im HTML-Format, sondern im Nur Text- oder im Rich-Text-Format verschickt werden, brauchen Sie vor dem Versand nur das Nachrichtenformat zu verändern. Gehen Sie dazu wie folgt vor:

1. Erstellen Sie eine neue E-Mail über den Befehl *Datei/Neu/E-Mail-Nachricht* und geben Sie den E-Mail-Empfänger und den Betreff ein.
2. Dann aktivieren Sie in der Multifunktionsleiste die Registerkarte *Optionen*.
3. Im Bereich *Format* wählen Sie nun das gewünschte Format mit einem Mausklick aus (siehe Abbildg. 7.16).

Abbildg. 7.16 Das Nachrichtenformat ändern

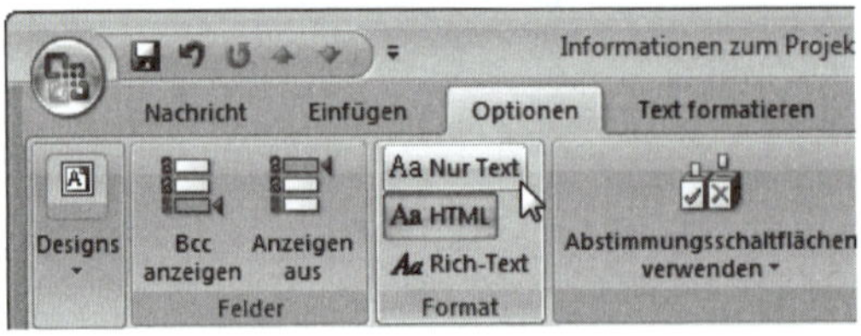

4. Es öffnet sich das Dialogfeld *Microsoft Office Outlook-Kompatibilitätsprüfung*, in dem Sie darüber informiert werden, dass einige Funktionen in Ihrem Dokument von Nur-Text-E-Mails nicht unterstützt werden. Klicken Sie auf *Weiter*, um den formatierten in unformatierten Text umzuwandeln.

TIPP Soll das Dialogfeld zukünftig beim Wechsel des E-Mail-Formats nicht mehr eingeblendet werden, aktivieren Sie im Dialogfeld *Microsoft Office Outlook-Kompatibilitätsprüfung* das Kontrollkästchen *Dieses Dialogfeld nicht mehr anzeigen*, bevor Sie auf *Weiter* klicken.

5. Geben Sie nun den Text der E-Mail in das Textfeld ein. Die Schriftart unterscheidet sich von der, die üblicherweise für E-Mails benutzt wird. Sie sieht aus wie eine Schreibmaschinenschrift. Außerdem sind die Optionen in der Gruppe *Basistext* deaktiviert (siehe Abbildg. 7.17).

Abbildg. 7.17 Im Nur-Text-Format stehen keine Formatierungsfunktionen zur Verfügung

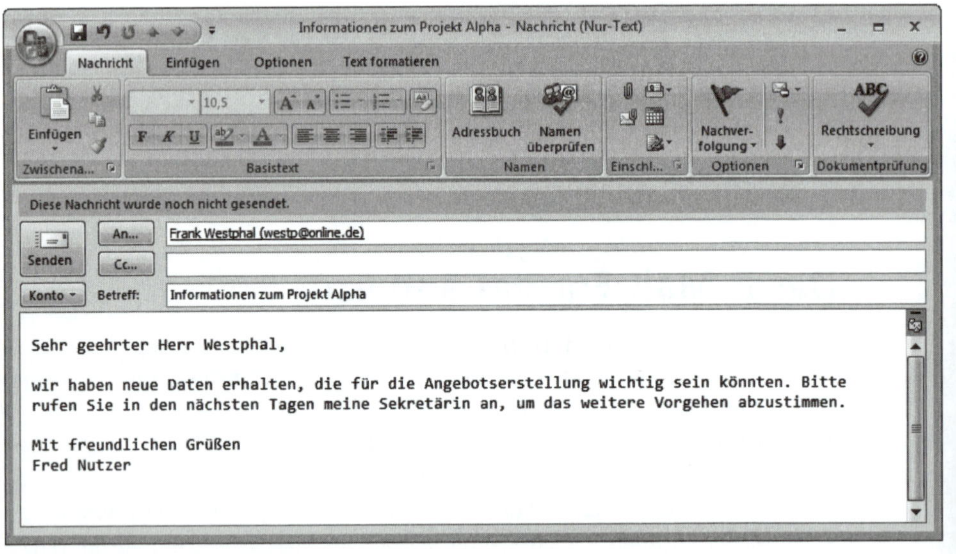

6. Klicken Sie auf die Schaltfläche *Senden*, um die E-Mail zu verschicken.

E-Mails in einer anderen Sprache erstellen

Nachrichten können Sie in einer Vielzahl von Sprachen erstellen. Bei Sprachen mit lateinischer Schrift müssen Sie dazu lediglich die Sprache wechseln. Wollen Sie Ihre Nachrichten in einer Sprache mit eigenem Alphabet erstellen, wie z.B. griechisch, russisch, hebräisch oder arabisch, müssen Sie die Sprache über die Microsoft Office 2007-Spracheinstellungen installieren und das passende Eingabegebietsschema zu Windows hinzufügen. Mehr hierzu erfahren Sie in Kapitel 18.

1. Aktivieren Sie im Navigationsbereich den Ordner *E-Mail* und klicken Sie in der Symbolleiste auf die Schaltfläche *Neu.*
2. Aktivieren Sie das Feld, in das Sie Text in der fremden Sprache eingeben wollen, und wechseln Sie dann das Eingabegebietsschema, indem Sie in der Taskleiste von Windows auf die gleichnamige Schaltfläche klicken und das gewünschte Eingabegebietsschema auswählen (siehe Abbildg. 7.18).

Abbildg. 7.18 Die Eingabesprache wechseln

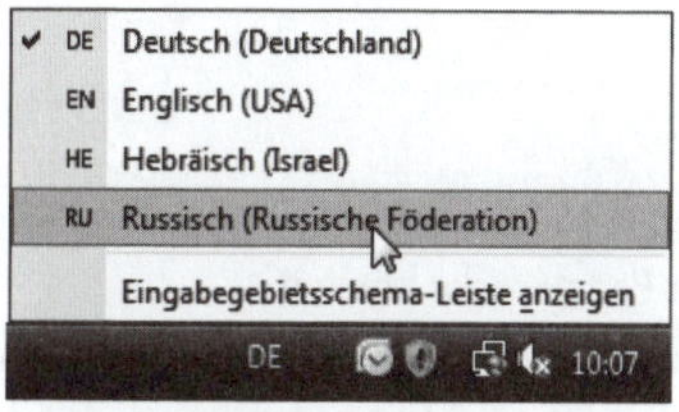

3. Geben Sie den gewünschten Text ein.
4. Versenden Sie die E-Mail mit einem Mausklick auf die Schaltfläche *Senden* und klicken Sie dann auf eine beliebige Stelle Ihres Bildschirms. Das Standardeingabegebietsschema wird automatisch reaktiviert.

TIPP Haben Sie Mühe mit der Tastaturbelegung und finden Sie die Tasten nicht, können Sie sich die Bildschirmtastatur einblenden. Wählen Sie dazu im *Start*-Menü von Windows den Befehl *Alle Programme/Zubehör/Erleichterte Bedienung/Bildschirmtastatur.* Die Bildschirmtastatur blendet sich nun ein und zeigt die Tastenbelegung des gewählten Eingabegebietsschemas an (siehe Abbildg. 7.19). Schließen Sie die Meldung, die sich eventuell einblendet. Bei Bedarf können Sie den Text auch über die Bildschirmtastatur eingeben.

Abbildg. 7.19 Dank der Bildschirmtastatur ist die Tastenbelegung kein Problem

E-Mails im Ordner *Entwürfe* speichern

Befindet sich eine Nachricht im Postausgang, wird sie automatisch versandt, falls eine Verbindung besteht oder sobald Sie die Funktion *Senden/Empfangen* wählen. Ist Ihre E-Mail noch nicht ganz fertig oder wollen Sie den Versand lieber noch einmal überschlafen, können Sie die Nachricht im Ordner *Entwürfe* speichern und von dort zu einem späteren Zeitpunkt versenden.

1. Aktivieren Sie im Navigationsbereich den Ordner *E-Mail* und klicken Sie auf die Schaltfläche *Neue E-Mail-Nachricht.*
2. Geben Sie den E-Mail-Empfänger, den Betreff und den Text der E-Mail ein.
3. Um eine Nachricht zu speichern, klicken Sie in der Symbolleiste für den Schnellzugriff auf die Schaltfläche *Speichern* (siehe Abbildg. 7.20). Die Nachricht wird nun im Ordner *Entwürfe* gespeichert. Das Nachrichtenformular bleibt jedoch weiterhin geöffnet.

Abbildg. 7.20 Die E-Mail speichern

4. Bearbeiten Sie die Nachricht weiter oder schließen Sie sie, ohne sie zu versenden, indem Sie auf die *Schließen*-Schaltfläche in der rechten oberen Fensterecke klicken.
5. Um die E-Mail zu einem späteren Zeitpunkt zu versenden, öffnen Sie den Ordner *Entwürfe*. Sie finden ihn im Navigationsbereich in der Komponente *E-Mail* unter *Alle E-Mail-Ordner* (siehe Abbildg. 7.21). Öffnen Sie die E-Mail mit einem Doppelklick.

Abbildg. 7.21 Der Ordner *Entwürfe*

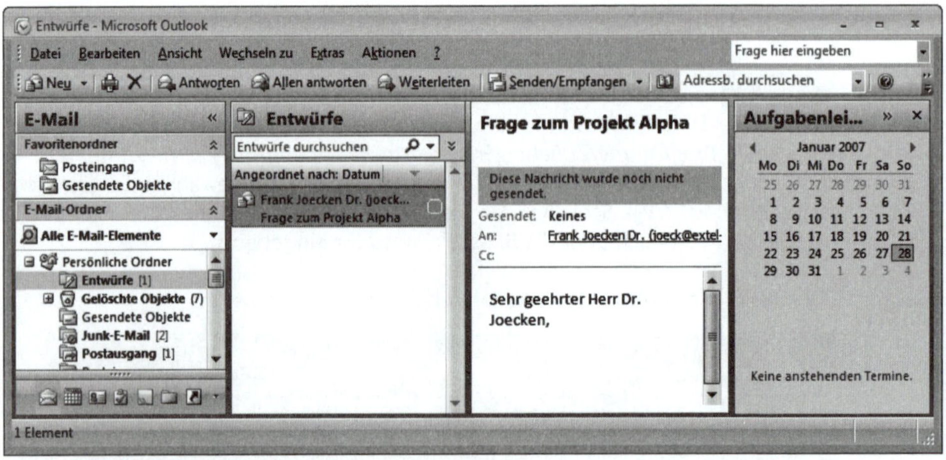

6. Bearbeiten Sie die Nachricht und klicken Sie auf *Senden*, um sie zu verschicken.

WICHTIG Schließen Sie eine Nachricht, ohne diese zu senden, wird sie automatisch im Ordner *Entwürfe* gespeichert. Sagt Ihnen diese Option nicht zu, können Sie die automatische Speicherung deaktivieren. Mehr hierzu erfahren Sie in Kapitel 18.

E-Mails zu einem späteren Zeitpunkt versenden

Wollen Sie die Übermittlung bis zu einem bestimmten Datum oder einer bestimmten Uhrzeit verzögern, können Sie die entsprechende Option mit einem Mausklick auswählen. Die E-Mail wird dann zwar wie üblich in den Postausgang gestellt, sie wird aber erst zum angegebenen Zeitpunkt verschickt.

1. Aktivieren Sie im Navigationsbereich den Ordner *E-Mail* und klicken Sie auf die Schaltfläche *Neue E-Mail-Nachricht.*
2. Geben Sie den E-Mail-Empfänger, den Betreff und den Text der E-Mail ein.

3. Aktivieren Sie die Registerkarte *Optionen* und klicken Sie in der Gruppe *Weitere Optionen* auf die Schaltfläche *Übermittlung verzögern.*
4. Im nun geöffneten Dialogfeld *Nachrichtenoptionen* ist das Kontrollkästchen *Übermittlung verzögern bis* bereits aktiviert (siehe Abbildg. 7.22). Klicken Sie auf den Abwärtspfeil im ersten Listenfeld und wählen Sie das Datum aus, zu dem die E-Mail verschickt werden soll.

Abbildg. 7.22 Das Datum und die Uhrzeit für den E-Mail-Versand auswählen

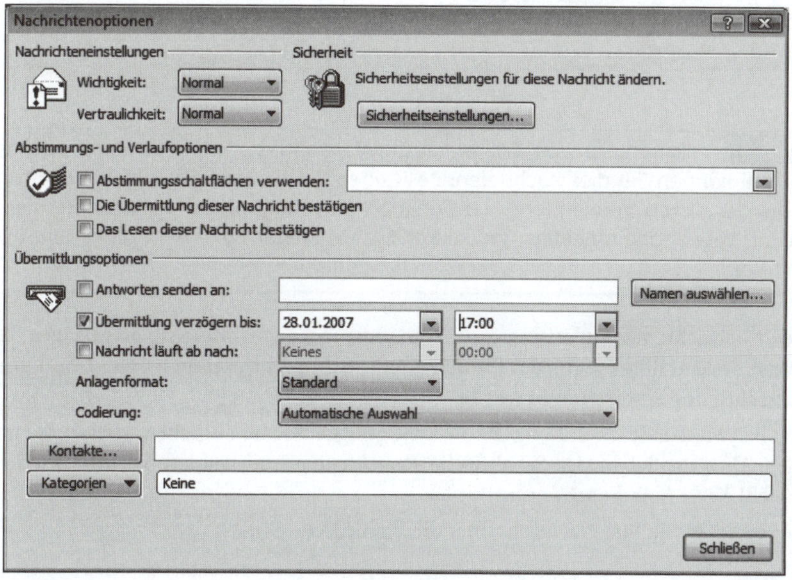

5. Dann wählen Sie aus dem zweiten Listenfeld die Uhrzeit aus und klicken dann auf die Schaltfläche *Schließen.*
6. Die E-Mail wird nun in den Postausgang verschoben und zum gewählten Zeitpunkt verschickt.

Die Berechtigungen verändern

Nachrichten werden in Outlook normalerweise mit uneingeschränktem Zugriff verschickt. Outlook bietet Ihnen nun jedoch die Möglichkeit, Nachrichten mit eingeschränkten Berechtigungen zu erstellen und damit zu verhindern, dass Nachrichten von Personen weitergeleitet, gedruckt, kopiert oder geändert werden, die dafür nicht autorisiert sind. Diese neue Funktion können Sie jedoch nur nutzen, wenn Sie den Client für Windows-Rechteverwaltung installieren.

1. Öffnen Sie eine neue Nachricht über den Befehl *Datei/Neu/Neue E-Mail-Nachricht* und geben Sie den E-Mail-Empfänger, den Betreff und den Text der E-Mail ein.
2. Klicken Sie in der Multifunktionsleiste auf der Registerkarte *Nachricht* auf den Abwärtspfeil in der Schaltfläche *Berechtigung*.
3. Dann wählen Sie im Dropdown-Menü, das sich öffnet, den Befehl *Nicht weiterleiten* (siehe Abbildg. 7.23).

Abbildg. 7.23 Die Berechtigungen verändern

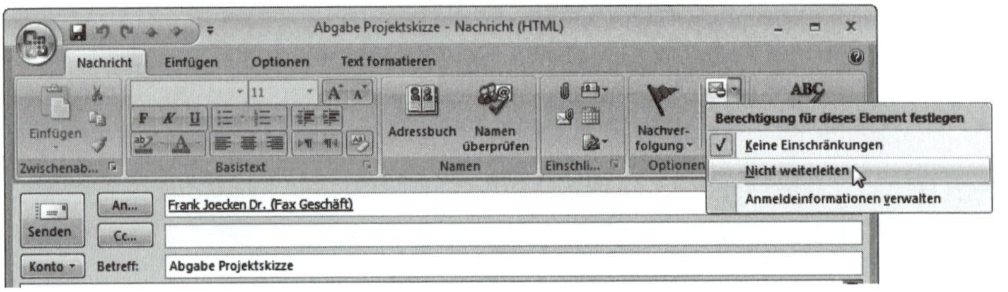

TIPP Haben Sie den Client für die Verwaltung von Informationsrechten noch nicht installiert, können Sie dies nachholen. Bestätigen Sie dazu im Dialogfeld *Dienstanmeldung*, das sich bei der ersten Verwendung der Funktion *Berechtigung* öffnet, dass Sie diesen Dienst von Microsoft verwenden möchten, und klicken Sie auf *Weiter*. Folgen Sie dann den Anweisungen am Bildschirm.

4. Im Nachrichtenformular wird nun eine entsprechende Infoleiste eingetragen, die darauf hinweist, welche Berechtigungen für den oder die Empfänger eingeschränkt sind und von wem die Berechtigung eingeschränkt wurde.
5. Wollen Sie die Beschränkung der Berechtigungen wieder aufheben, klicken Sie noch einmal auf den Abwärtspfeil in der Schaltfläche *Berechtigung* und wählen Sie im Dropdown-Menü den Befehl *Keine Einschränkungen*.
6. Verschicken Sie Ihre Nachricht über die Schaltfläche *Senden*.

Den Text einer E-Mail formatieren

Soll im Text etwas unterstrichen werden, wollen Sie eine andere Schrift wählen, den Text in einer bestimmten Weise ausrichten oder wollen Sie etwas farbig hervorheben, brauchen Sie den Text nur über die Schaltflächen und Funktionen im Bereich *Basistext* der Multifunktionsleiste entsprechend zu formatieren. Stellen Sie anschließend fest, dass die Formatierung doch unpassend ist, können Sie sie ganz einfach wieder löschen.

1. Erstellen Sie Ihre E-Mail über den Befehl *Datei/Neu/E-Mail-Nachricht* oder mit einem Mausklick auf die Schaltfläche *Neu* bei aktivierter E-Mail-Komponente.
2. Geben Sie den oder die Empfänger und den Betreff ein und aktivieren Sie das Textfeld.

3. Wählen Sie dann in der Gruppe *Basistext* auf der Registerkarte *Nachricht* die gewünschte Formatierungsfunktion aus (siehe Abbildg. 7.24).

Abbildg. 7.24 Die Schriftart verändern

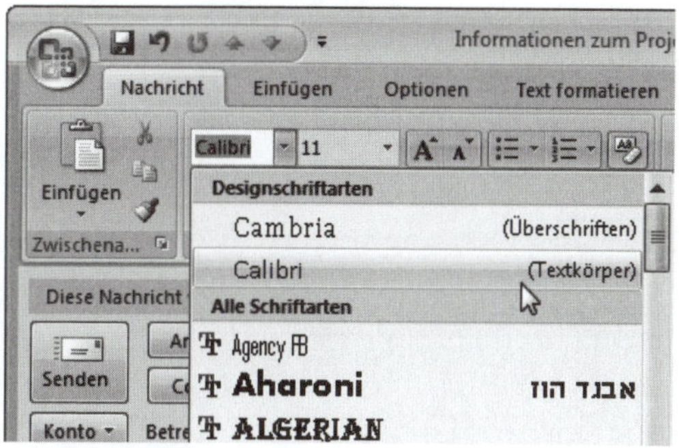

- **Schriftgrad:** Klicken Sie in der Multifunktionsleiste das Dropdown-Listenfeld *Schriftart* mit einem Mausklick auf die Pfeilschaltfläche an und wählen Sie dann die gewünschte Schriftart mit einem Mausklick aus.

TIPP Die Schriftarten werden im Dropdown-Listenfeld bereits in der Vorschau dargestellt. So erhalten Sie zumindest einen flüchtigen Eindruck davon, wie die Schrift aussehen wird.

- **Schriftgrad:** Um die Schriftgröße zu verändern, klicken Sie auf den Abwärtspfeil im Dropdown-Listenfeld *Schriftgrad*, und wählen Sie dann den gewünschten Schriftgrad mit einem Mausklick aus. Geben Sie dann den Text wie gewohnt ein.

4. Um eine Aufzählung in Ihre E-Mail einzugeben, klicken Sie in der Multifunktionsleiste (Registerkarte *Nachricht*, Gruppe *Basistext*) auf die Schaltfläche *Aufzählungszeichen*, um die Aufzählung zu aktivieren. Dann geben Sie Punkt für Punkt der Aufzählung ein und drücken nach jedem Punkt die [↵]-Taste (siehe Abbildg. 7.25). Nachdem Sie den letzten Punkt der Aufzählung eingegeben haben, klicken Sie in der Zeile nach der Aufzählung erneut auf die Schaltfläche *Aufzählungszeichen*, um die Funktion wieder zu deaktivieren.

TIPP Wollen Sie den einzelnen Aufzählungspunkten ein anderes Aufzählungszeichen als den Punkt voranstellen, wie z.B. einen Pfeil, ein Häkchen oder eine Raute, klicken Sie auf den Abwärtspfeil in der Schaltfläche *Aufzählungszeichen* und wählen das gewünschte Aufzählungszeichen aus der nun geöffneten Aufzählungszeichenbibliothek aus.

5. Um eine nummerierte Liste in Ihre E-Mail einzufügen, klicken Sie auf die Schaltfläche *Nummerierung*, um die Funktion zu aktivieren, und geben Sie anschließend den jeweiligen Text ein. Drücken Sie nach jedem Aufzählungstext die [↵]-Taste. Nachdem Sie den letzten Punkt eingegeben haben, klicken Sie erneut auf die Schaltfläche *Nummerierung*, um die Funktion wieder zu deaktivieren. Wie bei der Aufzählung können Sie auch bei der Nummerierung mit einem Mausklick auf den Abwärtspfeil in der Schaltfläche eine Liste öffnen, über die Sie weitere Nummerierungsformate auswählen können.

Abbildg. 7.25 Eine Aufzählung mit Aufzählungspunkten formatieren

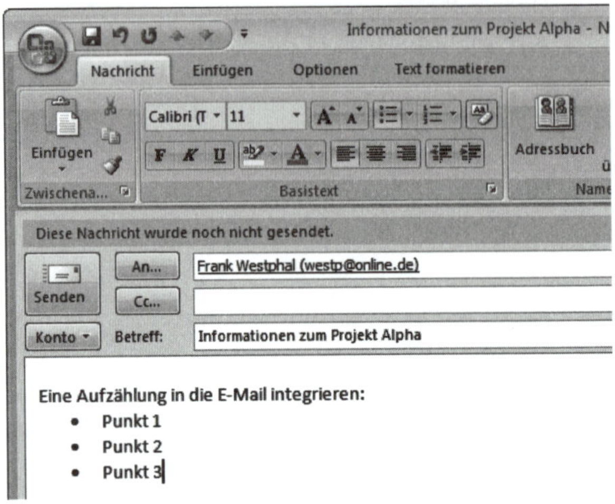

6. Um Text fett, kursiv oder unterstrichen zu formatieren, markieren Sie ihn durch Ziehen mit der Maus und klicken dann auf die Schaltfläche *Fett*, *Kursiv* oder *Unterstrichen* in der Multifunktionsleiste.

7. Wollen Sie Text gelb hervorheben oder in roter Schriftfarbe formatieren, markieren Sie ihn und klicken Sie dann auf die Schaltfläche *Texthervorhebungsfarbe* oder *Schriftfarbe*.

TIPP Mit einem Mausklick auf den Abwärtspfeil in der Schaltfläche *Texthervorhebungsfarbe* bzw. *Schriftfarbe* öffnen Sie eine Farbpalette, über die Sie eine andere Farbe für die Texthervorhebung oder die Schrift auswählen können.

8. Um einen Absatz zentriert oder linksbündig auszurichten, positionieren Sie die Einfügemarke im Absatz und klicken Sie im Bereich *Basistext* auf die Schaltfläche *Zentriert* oder auf die Schaltfläche *Rechtsbündig*. Über die Schaltfläche *Linksbündig* kehren Sie wieder zur ursprünglichen Formatierung zurück.

9. Mit einem Mausklick auf die Schaltfläche *Einzug vergrößern* können Sie die erste Zeile eines Absatzes einrücken, über die Schaltfläche *Einzug verkleinern* können Sie die Zeile wieder ausrücken.

10. Um alle Formatierungen rückgängig zu machen, markieren Sie den entsprechenden Text durch Ziehen mit der Maus und klicken dann auf der Registerkarte *Nachricht* in der Gruppe *Basistext* der Multifunktionsleiste auf die Schaltfläche *Formatierung löschen*. Es bleibt dann nur noch der Text übrig.

Nachrichten mit Briefpapier erstellen

Outlook stellt Ihnen eine große Briefpapierauswahl zur Verfügung. Über das Briefpapier ist eine bestimmte Gestaltung wie der Hintergrund, die Schriftart und -größe, die Gestaltung der Aufzählungen und Ähnliches festgelegt. Es gibt außerdem Briefpapier, wie z.B. die Partyeinladung, das bereits vorgefertigten Text enthält.

Erstellen Sie E-Mail-Nachrichten über die Schaltfläche *Neue E-Mail-Nachricht*, werden diese im HTML-Format ohne Briefpapier erstellt. Sie können neue E-Mail-Nachrichten jedoch auch mit einem Briefpapier Ihrer Wahl erstellen. Gehen Sie dazu wie folgt vor:

1. Aktivieren Sie im Navigationsbereich den Ordner *E-Mail* und wählen Sie im Menü *Aktionen* den Befehl *Neue E-Mail-Nachricht mit/Weitere Briefpapiere.*
2. Es öffnet sich das Dialogfeld *Design oder Briefpapier?* (siehe Abbildg. 7.26).

Abbildg. 7.26 Hier können Sie ein Briefpapier für Ihre Nachricht wählen

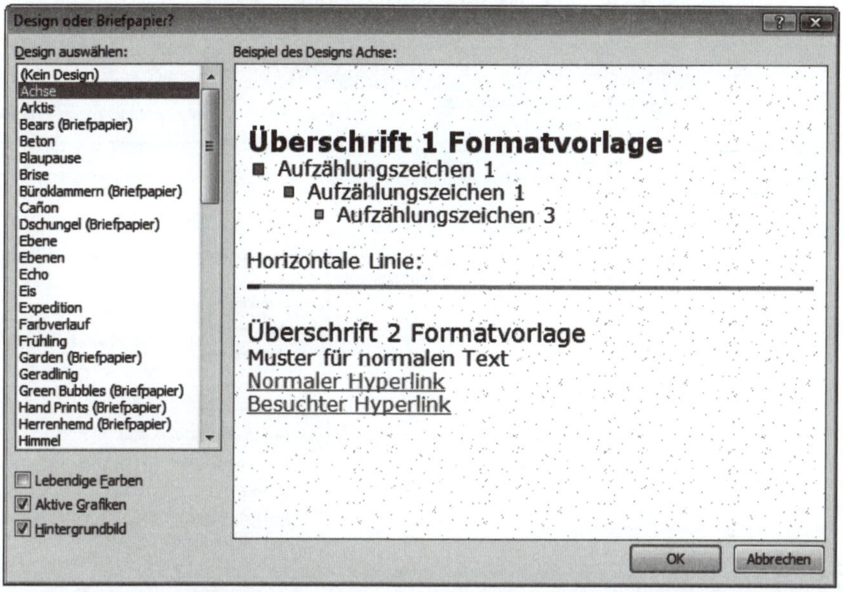

3. Suchen Sie sich ein Briefpapier aus. Im Feld *Beispiel des Designs* erhalten Sie einen Eindruck von der Gestaltung, sofern das Briefpapier bereits installiert ist. Einige Briefpapiere werden erst installiert, wenn eine Nachricht bearbeitet wird. Hier sehen Sie das Ergebnis erst, wenn Sie auf *OK* und in der anschließend angezeigten Meldung auf *Ja* klicken.

Die Rechtschreibung prüfen und verbessern

Bevor Sie eine E-Mail verschicken, sollten Sie auf jeden Fall die Rechtschreibung überprüfen. Dies können Sie entweder während oder nach der Eingabe erledigen.

Die Rechtschreibung während der Eingabe prüfen

Die Rechtschreibprüfung wird in Outlook automatisch bei der Eingabe von Text für E-Mail-Nachrichten durchgeführt. Es werden dabei alle Begriffe, die Microsoft Word im Wörterbuch nicht finden kann, rot, und Grammatikfehler grün unterschlängelt. Um die Fehler zu korrigieren, gehen Sie wie folgt vor:

1. Klicken Sie mit der rechten Maustaste auf einen rot unterschlängelten Begriff, um das Kontextmenü zu öffnen, das Ihnen zahlreiche Optionen bietet (siehe Abbildg. 7.27).

Abbildg. 7.27 Das Kontextmenü der Rechtschreibprüfung

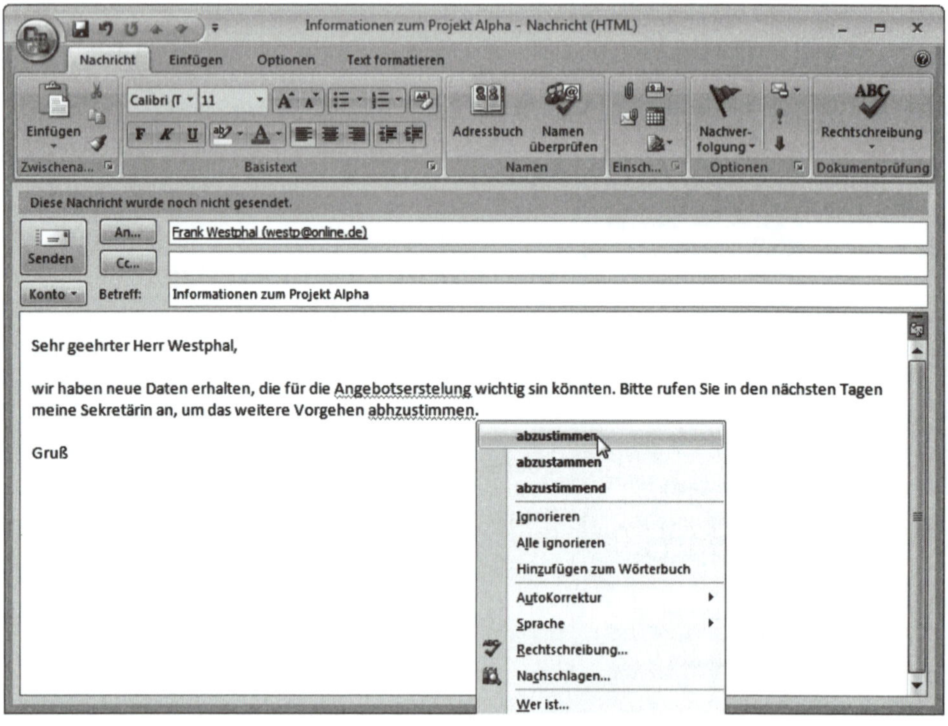

- **Vorschlag übernehmen:** Ist das von Ihnen eingegebene Wort nicht im Wörterbuch enthalten, konnten jedoch eines oder mehrere Wörter gefunden werden, die ganz ähnlich geschrieben werden, blendet die Rechtschreibprüfung diese Wörter am Anfang des Kontextmenüs ein. Wählen Sie den gewünschten Korrekturvorschlag mit einem Mausklick aus.
- **Ignorieren:** Handelt es sich bei dem rot unterschlängelten Begriff um einen Fachbegriff, der zwar nicht im Wörterbuch enthalten ist, jedoch trotzdem korrekt geschrieben ist, können Sie über den Befehl *Ignorieren* dafür sorgen, dass die »falsche« ignoriert und die Schreibweise nicht mehr als Fehler interpretiert wird.
- **Alle ignorieren:** Handelt es sich bei dem rot unterschlängelten Begriff um einen Fachbegriff, der zwar nicht im Wörterbuch enthalten ist, jedoch trotzdem korrekt geschrieben ist, können Sie über den Befehl *Alle ignorieren* dafür sorgen, dass die Unterschlängelung im gesamten Text der E-Mail entfernt und der Begriff ignoriert wird. Verwenden Sie den Begriff in einer weiteren E-Mail, wird er jedoch wieder unterschlängelt.

TIPP Verwenden Sie einen bestimmten Fachbegriff häufiger, sollten Sie ihn besser zum Wörterbuch hinzufügen, denn dann brauchen Sie nicht jedes Mal die Funktion *Alle ignorieren* zu wählen.

- **Hinzufügen zum Wörterbuch:** Über diesen Befehl nehmen Sie den Begriff in das Wörterbuch auf. Der Begriff wird ab dann nicht mehr als Rechtschreibfehler interpretiert.
- **AutoKorrektur:** Über diesen Befehl öffnen Sie ein Untermenü, in dem Sie einen Wortvorschlag auswählen oder die *AutoKorrektur-Optionen* öffnen können. Die Wortvorschläge sind identisch mit denen, die Sie am oberen Rand des Kontextmenüs sehen. In den AutoKorrektur-Optionen können Sie festlegen, dass zwei Großbuchstaben am Wortanfang durch einen Groß- und einen Kleinbuchstaben ersetzt werden sollen, wie Wochentage zu schreiben sind und Ähnliches.
- **Sprache:** Handelt es sich bei dem unterschlängelten Begriff um ein Fremdwort oder um einen Begriff, der aus einer anderen Sprache stammt, können Sie über das Untermenü des Befehls *Sprache* dem Begriff die passende Sprache zuweisen. Der Begriff wird dann nicht mehr als falsch bemängelt.
- **Rechtschreibung:** Über diesen Befehl öffnen Sie das Dialogfeld *Rechtschreibung*, in dem Sie die Rechtschreibprüfung fortsetzen oder die Optionen der Rechtschreibprüfung ändern können.
- **Wer ist:** Handelt es sich beim bemängelten Begriff um einen Namen, öffnen Sie über den Befehl *Wer ist* das Dialogfeld *Namen überprüfen*, in dem Sie den Eintrag prüfen oder einen anderen Eintrag auswählen können.
- **Einfügen:** Wählen Sie diesen Befehl, wird der markierte Begriff mit dem Inhalt der Zwischenablage überschrieben.
- **Wiederholtes Wort:** Handelt es sich bei dem Rechtschreibfehler um eine Wortwiederholung, finden Sie im Kontextmenü als Vorschlag den Befehl *Wiederholtes Wort löschen* (siehe Abbildg. 7.28). Wählen Sie diesen, wird das doppelte Wort entfernt.

Kommunikation leicht gemacht

Abbildg. 7.28 Ein wiederholtes Wort löschen

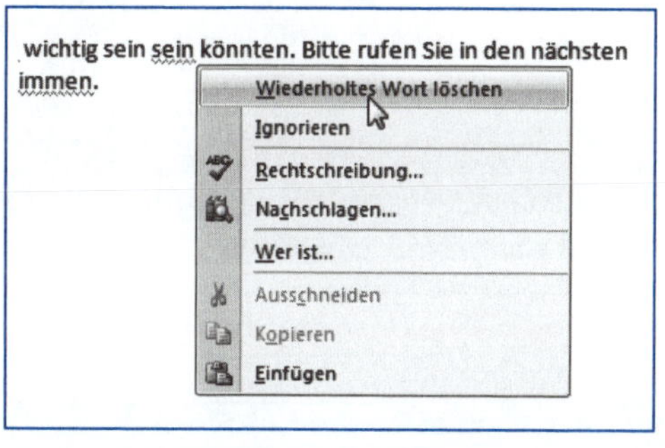

Das Dialogfeld *Rechtschreibung und Grammatik* nutzen

Die Überprüfung der Rechtschreibung und Grammatik bei der Texteingabe ist nicht jedermanns Sache. Deshalb bietet Ihnen Outlook die Möglichkeit, die Rechtschreibung im Anschluss an die Texterstellung über ein Dialogfeld zu prüfen. Hier können Sie außerdem die Optionen der Rechtschreib- und Grammatikprüfung bearbeiten und beispielsweise die Prüfung während der Texteingabe deaktivieren.

1. Um die Rechtschreibprüfung im Anschluss an die Texterstellung zu starten, klicken Sie auf der Registerkarte *Nachricht* des Nachrichtenformulars auf den Abwärtspfeil in der Schaltfläche *Rechtschreibung* und wählen Sie im zugehörigen Menü den Befehl *Rechtschreibung und Grammatik* aus. Oder klicken Sie im Nachrichtentext auf einen rot unterschlängelten Begriff und wählen Sie im Kontextmenü den Befehl *Rechtschreibung*.

2. Es öffnet sich das Dialogfeld *Rechtschreibung und Grammatik* (siehe Abbildg. 7.29). Im Feld *Nicht im Wörterbuch* wird der nicht im Wörterbuch enthaltene Begriff rot hervorgehoben. Im Feld *Vorschläge* finden Sie in der Regel mehrere Wörterbucheinträge, die dem nicht gefundenen Begriff ähneln.
3. Wählen Sie nun eine der nachfolgend beschriebenen Möglichkeiten. Die Rechtschreibprüfung präsentiert Ihnen anschließend den nächsten Begriff, der nicht im Wörterbuch gefunden wurde und Sie wählen einen Vorschlag, ignorieren den Begriff oder fügen ihn zum Wörterbuch hinzu. Prüfen Sie auf diese Weise den Nachrichtentext, bis die Rechtschreibprüfung erfolgreich abgeschlossen wurde oder verlassen Sie die Rechtschreibprüfung, indem Sie auf *Abbrechen* klicken.

Abbildg. 7.29 Das Dialogfeld *Rechtschreibung und Grammatik*

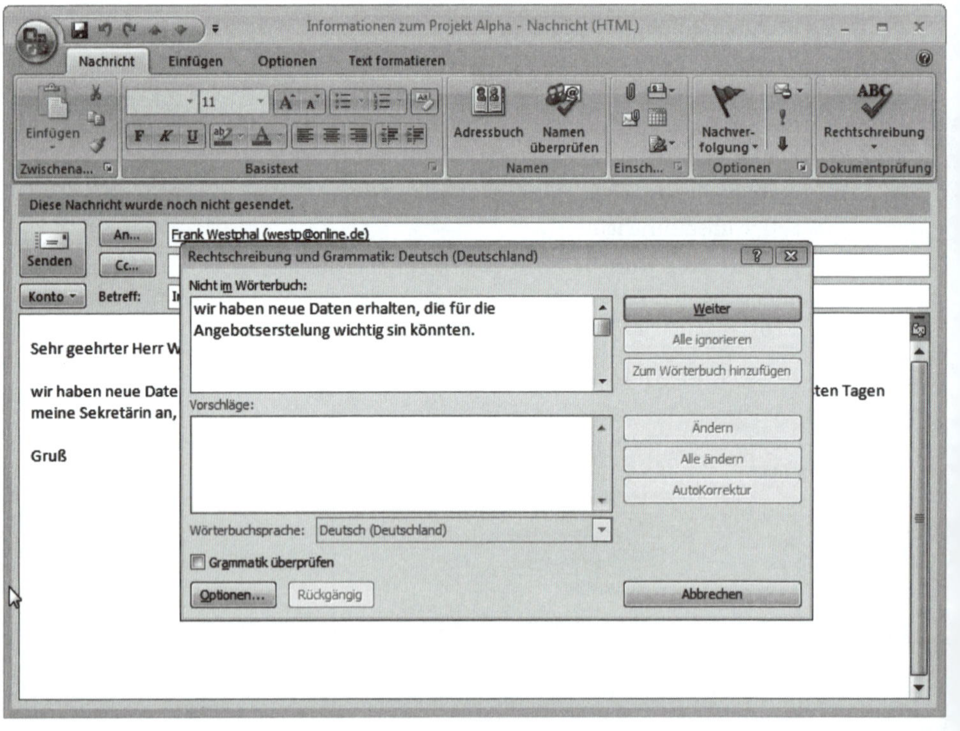

- **Einmal ignorieren:** Wollen Sie den Begriff nicht korrigieren, sondern an dieser Stelle übergehen, weil es sich beispielsweise um einen Eigennamen handelt, wählen Sie die Schaltfläche *Einmal ignorieren.*
- **Alle ignorieren:** Kommt der Begriff in der Nachricht häufiger vor und soll er in der gesamten Nachricht so belassen bleiben, wie er ist, wählen Sie die Schaltfläche *Alle ignorieren.* Der Begriff wird im weiteren Verlauf der Rechtschreibprüfung bei dieser Nachricht nicht mehr berücksichtigt.
- **Zum Wörterbuch hinzufügen:** Ist der Begriff, der nicht im Wörterbuch gefunden wurde, korrekt geschrieben und verwenden Sie den Begriff in Ihren Nachrichten häufiger, sollten Sie ihn über diese Schaltfläche zum Wörterbuch hinzufügen. Der Begriff wird dann zukünftig als korrekt interpretiert.

- **Ändern:** Eignet sich einer der Vorschläge, wählen Sie ihn aus, und klicken Sie dann auf die Schaltfläche *Ändern*. Eignet sich hingegen keiner der Vorschläge oder ist kein Vorschlag vorhanden, korrigieren Sie den Begriff direkt im Feld *Nicht im Wörterbuch*, und klicken Sie dann auf die Schaltfläche *Ändern*.
- **Alle ändern:** Ist der Begriff in korrekter Schreibweise im Listenfeld *Vorschläge* enthalten, markieren Sie ihn und klicken Sie auf die Schaltfläche *Ändern*, wenn der Begriff nicht nur an der aktuellen Position, sondern im gesamten Text der Nachricht durch den Vorschlag ersetzt werden soll.
- **AutoKorrektur:** Wollen Sie den Begriff zu den AutoKorrektur-Vorschlägen hinzufügen, klicken Sie auf die Schaltfläche *AutoKorrektur*. Es öffnet sich das Dialogfeld *AutoKorrektur*, in dem Sie verschiedene Optionen wählen können. Sie können den fehlerhaften Begriff auch in das Feld *Ersetzen* eingeben, den korrekten Begriff in das Feld *Durch* und auf die Schaltfläche *Hinzufügen* klicken. Der Begriff wird nun prinzipiell in allen E-Mail-Nachrichten ersetzt, die Sie erstellen.
- **Wörterbuchsprache:** Liegt das Problem daran, dass die falsche Wörterbuchsprache aktiviert ist, wählen Sie im Listenfeld *Wörterbuchsprache* den passenden Eintrag aus.
- **Grammatik überprüfen:** Wollen Sie auf die Überprüfung der Grammatik verzichten, deaktivieren Sie dieses Kontrollkästchen.
- **Optionen:** Über diese Schaltfläche öffnet sich das Dialogfeld *Editoroptionen* mit Optionen zur Dokumentprüfung (siehe Abbildg. 7.30).

Abbildg. 7.30 Hier können Sie die Rechtschreibprüfung während der Eingabe deaktivieren

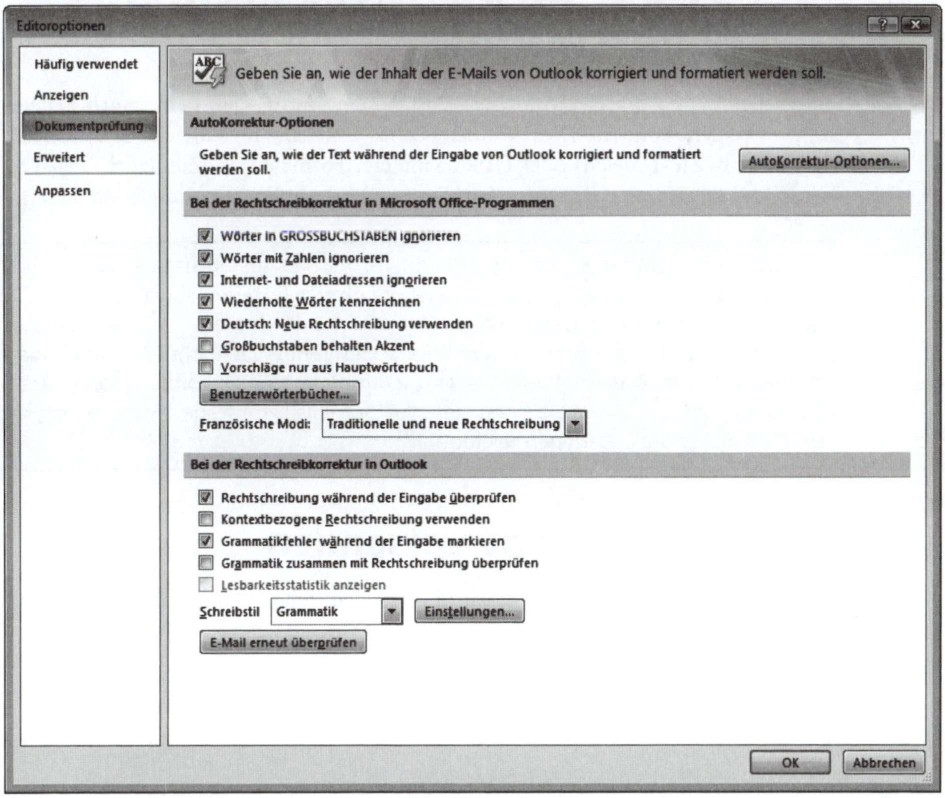

- Soll neben der Rechtschreibung auch die Grammatik überprüft werden, aktivieren Sie die Kontrollkästchen *Grammatikfehler während der Eingabe markieren* und *Grammatik zusammen mit Rechtschreibung überprüfen*.
- Wollen Sie die automatische Rechtschreib- oder Grammatikprüfung während der Eingabe deaktivieren und die Rechtschreibprüfung lieber im Anschluss an die Texteingabe manuell starten, deaktivieren Sie die Kontrollkästchen *Rechtschreibung während der Eingabe überprüfen* und *Grammatik während der Eingabe markieren*. Wie Sie im Dialogfeld sehen, werden verschiedene Wortmuster von der Rechtschreibprüfung automatisch ignoriert, wie z.B. Wörter in Großbuchstaben oder Wörter mit Zahlen. Auch Internet- und Dateinamen werden bei der Rechtschreibprüfung nicht berücksichtigt, falls Sie die Kontrollkästchen nicht deaktivieren.
- Wollen Sie die Einstellungen für die Grammatikprüfung weiter anpassen, klicken Sie auf die Schaltfläche *Einstellungen* und wählen Sie die gewünschten Optionen aus.
- Nachdem Sie die Optionen der Rechtschreib- und Grammatikprüfung geändert haben, sollten Sie die Nachricht noch einmal überprüfen. Klicken Sie dazu auf die Schaltfläche *E-Mail erneut überprüfen*. Die Nachricht wird nun anhand der neuen Regeln und Optionen noch einmal überprüft.

Dateien, Bilder und andere Elemente per E-Mail versenden

Ein großer Vorteil der elektronischen Post besteht darin, dass damit auch Dateien bequem verschickt werden können. Dies können Office-Dateien, Textdateien, Bilddateien, komprimierte Dateien (z.B. ZIP-Dateien) oder Dateien anderer Formate sein. Zusätzlich haben Sie die Möglichkeit, Bilder, Diagramme, Tabellen, AutoFormen und Ähnliches in Ihre E-Mails zu integrieren.

PROFITIPP

Um die Verbreitung von Viren zu verhindern, werden ausführbare Dateien, wie z.B. EXE- und BAT-Dateien jedoch blockiert. Sie können blockierte Dateien jedoch bei Bedarf trotzdem versenden, wenn Sie die Dateiendung umbenennen, also z.B. aus der *Datei.exe* die Datei *Datei.ex_* machen. Schicken Sie dem Empfänger in der Nachricht eine Anleitung für die Rückbenennung der Datei mit, damit er sie empfangen und öffnen kann. Arbeiten Sie mit Exchange Server, müssen Sie Ihren Netzwerkadministrator fragen, welche Dateitypen gesperrt sind, da dieser die Dateitypen festlegt.

Dateien als Anlage versenden

Um eine Datei als Anlage einer E-Mail zu versenden, gehen Sie wie folgt vor:

TIPP Haben Sie vor, größere Datenmengen per E-Mail zu versenden, sollten Sie vorher prüfen, ob Ihr Empfänger diese überhaupt empfangen kann. Einige E-Mail-Anbieter beschränken die Nachrichtengröße.

1. Wählen Sie im Menü *Datei* den Befehl *Neu/E-Mail-Nachricht*, um eine neue Nachricht zu erstellen.
2. Füllen Sie wie gewohnt die Felder *An*, *Cc* und *Betreff* aus und geben Sie bei Bedarf einen Nachrichtentext ein. Dieser ist jedoch nicht unbedingt erforderlich.

3. Dann klicken Sie auf der Registerkarte *Nachricht* der Multifunktionsleiste auf die Schaltfläche *Datei einfügen*.
4. Es öffnet sich das Dialogfeld *Datei einfügen* (siehe Abbildg. 7.31). Im Feld *Suchen in* ist der Ordner *Eigene Dateien* aktiviert. Wählen Sie bei Bedarf einen anderen Ordner aus. Markieren Sie dann die Datei, die Sie als Anlage verschicken wollen. Sie können auch mehrere Dateien an eine E-Mail-Nachricht anhängen. Halten Sie dazu die [Strg]-Taste gedrückt und klicken Sie auf alle Dateien, die Sie versenden wollen.

Abbildg. 7.31 Im Dialogfeld *Datei einfügen* wählen Sie die gewünschte Datei aus

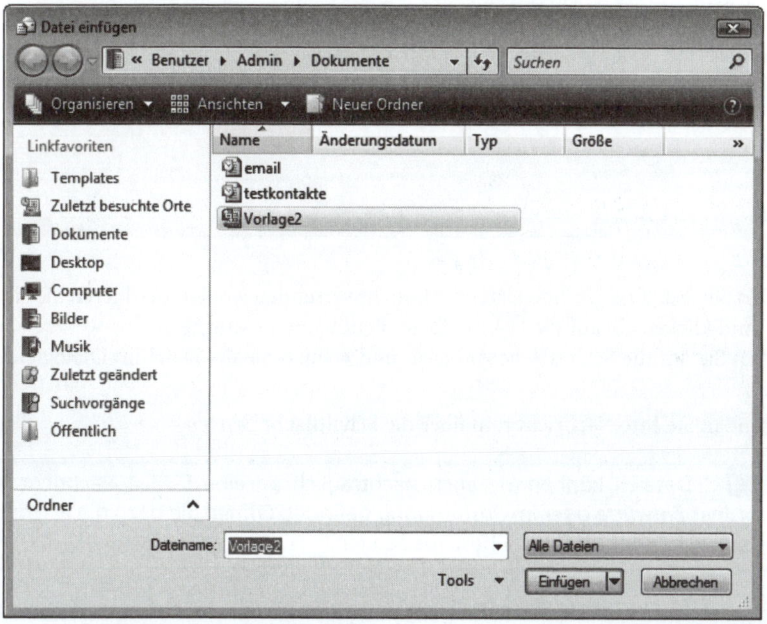

PROFITIPP

Wollen Sie eine Datei in komprimierter Form versenden und liegt sie noch nicht in dieser Form vor, klicken Sie sie im Dialogfeld *Datei einfügen* mit der rechten Maustaste an, zeigen Sie im Kontextmenü, das sich öffnet, auf *Senden*, und wählen Sie den Befehl *ZIP-komprimierten Ordner*. Die ZIP-Datei wird direkt erstellt und Sie können bei Bedarf einen neuen Namen eingeben. Drücken Sie die [↵]-Taste, um den Komprimierungsvorgang abzuschließen.

5. Sind alle Dateien markiert, klicken Sie auf die Schaltfläche *Einfügen*. Damit werden die Dateien als Anlage in die Nachricht eingefügt. Das Dialogfeld *Datei einfügen* schließt sich nun und im Nachrichtenformular finden Sie ein zusätzliches Feld namens *Angefügt*, das alle Anlagen enthält. Für jede Anlage wird die Dateigröße in Klammern angegeben (siehe Abbildg. 7.32). Haben Sie mehrere Dateien angehängt, werden die Namen jeweils durch ein Semikolon voneinander getrennt.

Abbildg. 7.32 Die Anlagen werden im Feld *Angefügt* aufgelistet

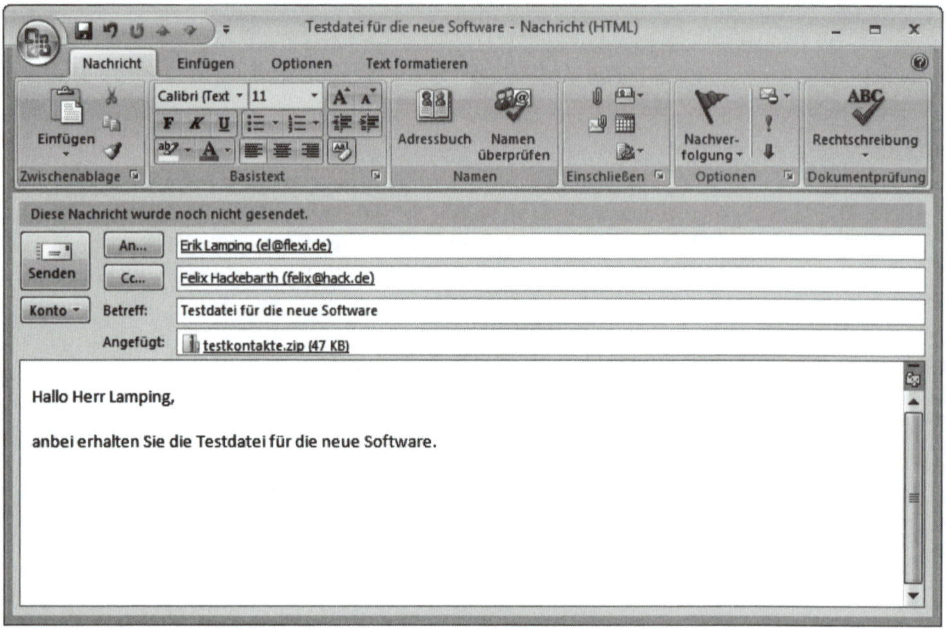

6. Stellen Sie fest, dass Sie eine Datei doch nicht versenden wollen, markieren Sie sie im Feld *Anfügen*, und klicken Sie auf die `Entf`-Taste. Benötigen Sie hingegen eine weitere Datei als Anlage, klicken Sie auf die Schaltfläche *Anfügen*, und wählen Sie die Datei im Dialogfeld *Datei anfügen* aus.
7. Versenden Sie Ihre Nachricht nun über die Schaltfläche *Senden*.

TIPP Dateien können Sie auch nachträglich an eine E-Mail-Nachricht anhängen, die sich im Ordner *Entwürfe* oder im *Postausgang* befindet. Öffnen Sie dazu die Nachricht und fügen Sie die Datei wie in Schritt 1 bis 5 beschrieben ein.

Outlook-Elemente als Anlage versenden

Sie können nicht nur Dateien an E-Mail-Nachrichten anhängen, sondern auch Outlook-Elemente wie z.B. empfangene E-Mail-Nachrichten, sämtliche Ordner, wie z.B. den Ordner *Kontakte* oder elektronische Visitenkarten (vCards). Die sonstigen Elemente lassen sich auch als Textelemente in Nachrichten integrieren, sofern es sich um Text handelt.

Versenden Sie Kontaktdaten im vCard-Format per E-Mail. Voraussetzung für die Aufgabe ist, dass in Ihrem Ordner *Kontakte* Einträge vorhanden sind.

1. Erstellen Sie eine neue Nachricht, indem Sie im Ordner *Kontakte* auf die Schaltfläche *Neue E-Mail-Nachricht* klicken.
2. Wählen Sie im Feld *An* den oder die E-Mail-Empfänger und geben Sie den Betreff ein.

3. Klicken Sie in der Multifunktionsleiste auf der Registerkarte *Nachricht* in der Gruppe *Einschließen* auf die Schaltfläche *Visitenkarte* einfügen.
4. Es öffnet sich ein Dropdown-Listenfeld, in dem Sie einen der vorhandenen Einträge auswählen oder auf den Befehl *Andere Visitenkarten* klicken können. Wählen Sie im Beispiel die Option *Andere Visitenkarten.*

TIPP Wenn Sie die Schaltfläche *Visitenkarte einfügen* das erste Mal benutzen, ist das Dropdown-Listenfeld noch leer. Sobald Sie die Visitenkarte eines Kontakts einmal über die Funktion *Visitenkarte einfügen* an eine E-Mail angefügt haben, wird der Kontakt in dem Dropdown-Listenfeld angezeigt, und Sie können ihn ab jetzt bequem mit einem Mausklick direkt aus dem Listenfeld auswählen.

5. Im Dialogfeld *Visitenkarte einfügen*, das sich nun öffnet, wählen Sie einen oder mehrere Kontakte aus der Liste aus, und klicken Sie auf *OK* (siehe Abbildg. 7.33).

Abbildg. 7.33 Wählen Sie hier die Kontakte, deren Daten Sie als vCard-Anlage versenden wollen

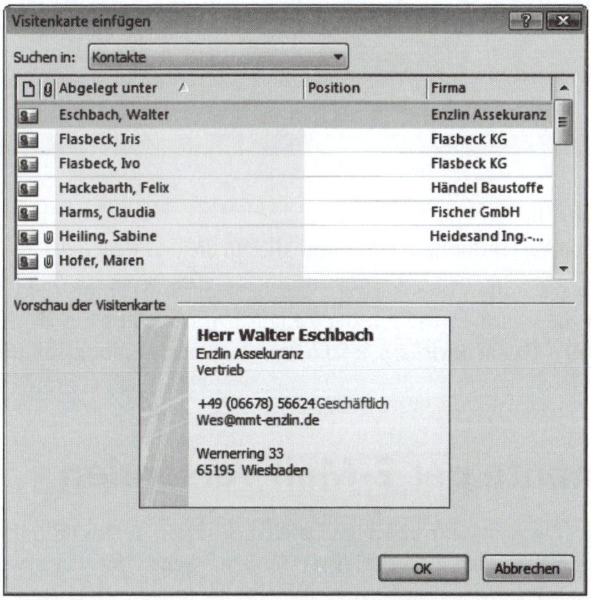

6. Das Dialogfeld *Visitenkarte einfügen* schließt sich und zum Nachrichtenformular wird das Feld *Angefügt* hinzugefügt, das den oder die Dateinamen der Visitenkarten enthält. Außerdem wird die Visitenkarte des Kontakts angezeigt, den Sie angefügt haben. Haben Sie mehrere Visitenkarten an Ihre E-Mail angefügt, werden diese alle im Textfeld der E-Mail in der Vorschau angezeigt (siehe Abbildg. 7.34).

TIPP Wollen Sie die Visitenkarte oder die Visitenkarten nur als Dateianhänge versenden und sollen sie nicht im Text angezeigt werden, klicken Sie die Visitenkarten im Textfeld an und drücken Sie dann die `Entf`-Taste.

Abbildg. 7.34 Die eingefügten Visitenkarten werden auch im Textfeld angezeigt

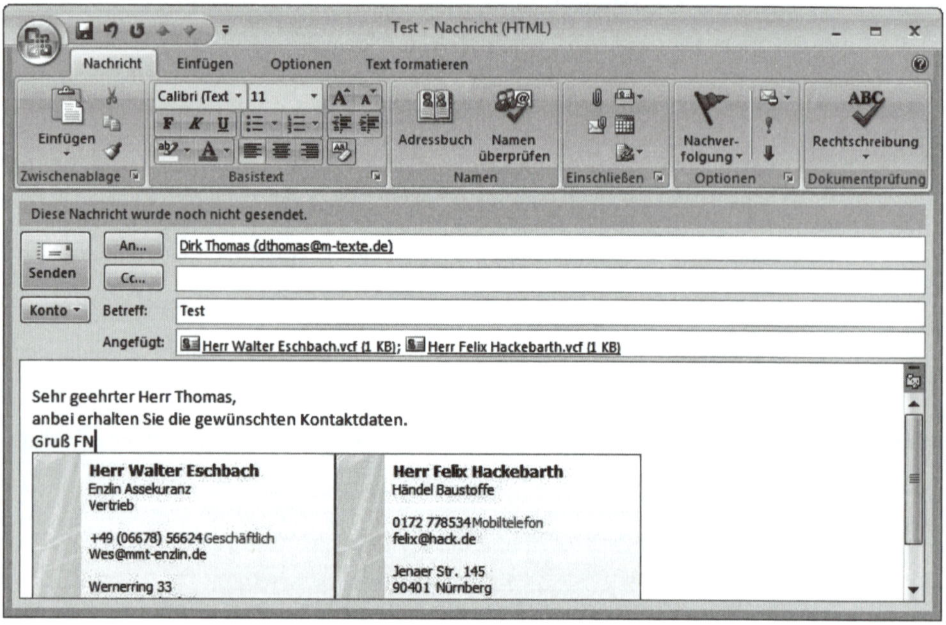

7. Geben Sie im Textfeld bei Bedarf einen Text ein.
8. Legen Sie eventuell noch Versandoptionen fest und klicken Sie dann auf *Senden*.

Beim E-Mail-Empfänger werden die Visitenkarten ebenfalls in der E-Mail im HTML-Format angezeigt. Zusätzlich findet er die vCard-Dateien in der Zeile *Nachricht* und kann sie mit einem Doppelklick öffnen und über den Befehl *Speichern & schließen* in seinen Outlook-Kontaktordner übernehmen.

Outlook-Elemente per E-Mail versenden

Mit Outlook 2007 können Sie nicht nur beliebige Dateien, sondern auch Outlook-Elemente, wie z.B. Notizen, E-Mails oder Kalender, per E-Mail versenden. Gehen Sie dazu wie nachfolgend beschrieben vor.

TIPP Der E-Mail-Empfänger kann die an eine E-Mail angehängten Outlook-Elemente nur nutzen, wenn er selbst mit Outlook als E-Mail-Programm arbeitet.

1. Erstellen Sie eine neue E-Mail über den Befehl *Datei/Neu/E-Mail-Nachricht* und geben Sie den E-Mail-Empfänger und den Betreff ein.

2. Dann klicken Sie in der Multifunktionsleiste des Nachrichtenformulars auf der Registerkarte *Nachricht* in der Gruppe *Einschließen* auf die Schaltfläche *Element anfügen*.
3. Im nun geöffneten Dialogfeld *Element einfügen* wählen Sie zunächst im Feld *Suchen in* die Art des Outlook-Elements aus, das Sie per E-Mail versenden möchten (siehe Abbildg. 7.35).

Abbildg. 7.35 Outlook-Elemente per E-Mail versenden

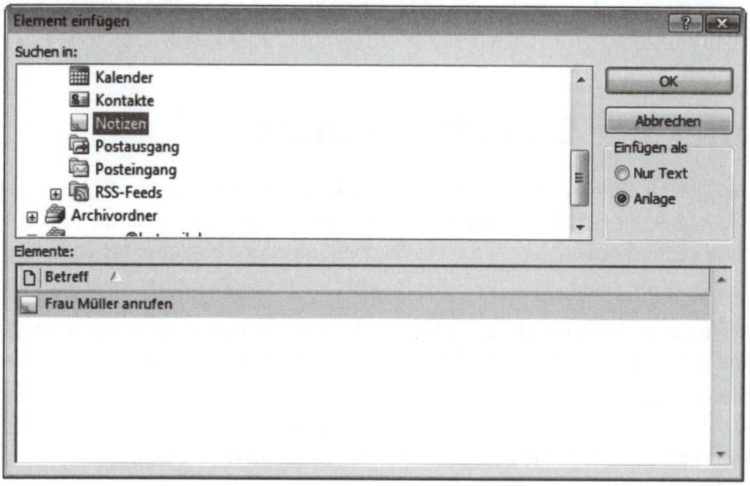

4. Im Feld *Elemente* werden nun alle Outlook-Elemente aufgelistet, die in diesem Ordner enthalten sind. Markieren Sie das gewünschte Element oder mehrere Elemente mit einem Mausklick.
5. Um das Element als Anlage zu versenden, aktivieren Sie im Bereich *Einfügen als* die Option *Anlage*.

TIPP Wählen Sie im Bereich *Einfügen als* die Option *Nur Text*, wird das Outlook-Element als Text in den Nachrichtentext übernommen.

6. Klicken Sie auf *OK*, um Ihre Auswahl als Anlage zur E-Mail hinzuzufügen.
7. Das Outlook-Element wird nun in der Zeile *Angefügt* angezeigt, die neu zum Nachrichtenformular hinzugefügt wurde (siehe Abbildg. 7.36). Geben Sie bei Bedarf einen Text in das Textfeld ein und versenden Sie die E-Mail mit einem Mausklick auf die Schaltfläche *Senden*.

Abbildg. 7.36 Eine Notiz an die E-Mail anhängen

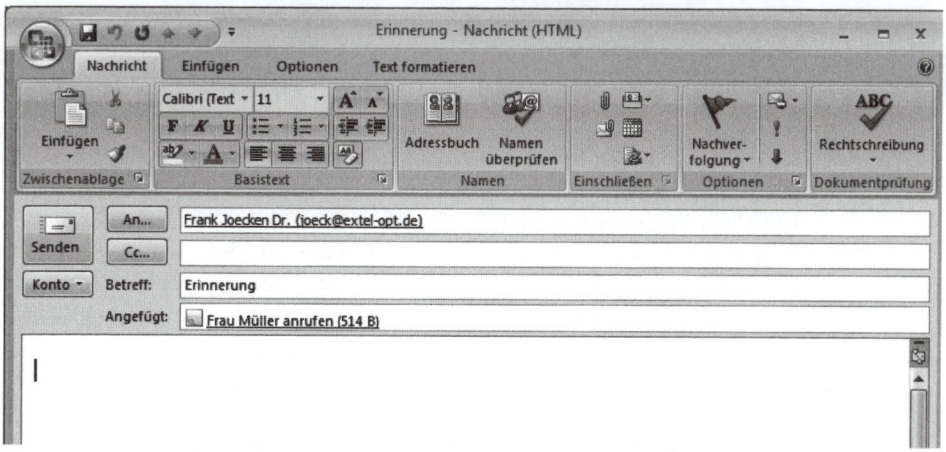

Der E-Mail-Empfänger kann das Outlook-Element nun bequem mit einem Mausklick auf den Elementnamen in der Vorschau des Lesebereichs betrachten oder es mit einem Doppelklick öffnen und in seinem Outlook-Programm speichern, sofern er mit Outlook 2007 arbeitet.

Kalender per E-Mail versenden

Outlook 2007 bietet Ihnen die Möglichkeit, Kalender an beliebige Personen zu versenden, um diese über Ihre Verfügbarkeit zu informieren. Der E-Mail-Empfänger muss nicht Outlook benutzen, um den Kalender anzeigen zu können. Gehen Sie wie folgt vor, um Ihren Kalender per E-Mail zu versenden.

1. Erstellen Sie eine neue E-Mail über den Befehl *Datei/Neu/E-Mail-Nachricht*.
2. Geben Sie den E-Mail-Empfänger und den Betreff ein und klicken Sie in der Multifunktionsleiste auf der Registerkarte *Nachricht* in der Gruppe *Einschließen* auf die Schaltfläche *Kalender*.
3. Es öffnet sich das Dialogfeld *Kalender über E-Mail senden* (siehe Abbildg. 7.37). Im Listenfeld *Kalender* können Sie den Kalender auswählen, den Sie versenden wollen. Die Option ist allerdings nur relevant, wenn Sie mehrere Kalender eingerichtet haben.
4. Wählen Sie dann im Listenfeld *Datumsbereich*, für welchen Zeitraum Sie einen Kalender verschicken wollen.

Abbildg. 7.37 Wählen Sie den Kalender und den Zeitraum, für den der Kalender versendet werden soll

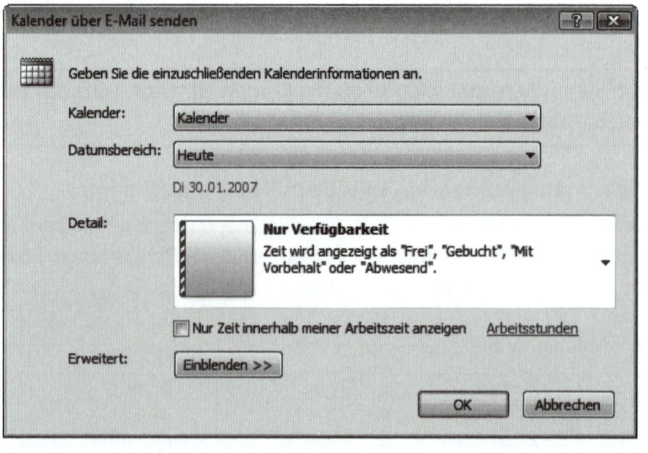

5. Nun klicken Sie auf den Abwärtspfeil im Bereich *Detail* und wählen, was genau im Kalender angezeigt werden soll. Sie haben die Wahl zwischen den drei Optionen *Nur Verfügbarkeit*, *Eingeschränkte Details* und *Alle Details*. Bei der ersten Option (*Nur Verfügbarkeit*) werden lediglich die Frei-Gebucht-Zeiten angezeigt. Bei der Wahl der Option *Eingeschränkte Details* werden die Verfügbarkeit und die Betreffs der weiteren Kalenderelemente angezeigt. Bei der Wahl der Option *Alle Details* werden die Verfügbarkeit und alle Details der Kalenderelemente angezeigt.
6. Soll im Kalender nur der Zeitbereich innerhalb Ihrer Arbeitszeit angezeigt werden, aktivieren Sie das Kontrollkästchen *Nur Zeit innerhalb meiner Arbeitszeit anzeigen*.
7. Um zu überprüfen, welche Zeit als Arbeitszeit festgelegt ist, klicken Sie auf den Hyperlink *Arbeitsstunden*. Im nun geöffneten Dialogfeld *Kalenderoptionen* können Sie im Bereich *Arbeitswoche* die Tage festlegen, aus denen Ihre Woche besteht, den ersten Wochentag angeben, mit

dem Ihre Arbeitswoche beginnt und über die Felder *Beginnt um* und *Endet um* den Zeitraum definieren, während dem Sie üblicherweise arbeiten (siehe Abbildg. 7.38). Klicken Sie auf *OK*, um Ihre Auswahl zu aktivieren.

TIPP Standardmäßig beginnt die Arbeitswoche mit dem Montag als erstem Wochentag, als Arbeitstage gelten die Tage Montag bis Freitag und die Arbeitszeit beginnt um 8:00 Uhr und endet um 17:00 Uhr. Treffen diese Vorgaben auf Ihre Arbeitswoche nicht zu, sollten Sie die Angaben über das Dialogfeld *Kalenderoptionen* anpassen.

Abbildg. 7.38 Die Arbeitswoche anpassen

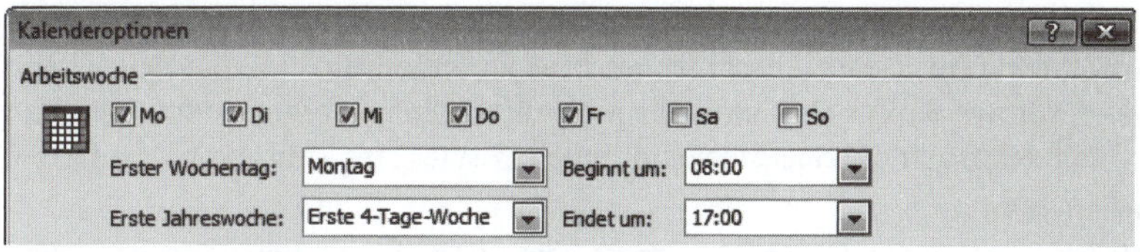

8. Über die Schaltfläche *Einblenden* können Sie weitere Optionen einblenden, die Ihnen die Integration privater Elemente oder von Anlagen ermöglichen. Sie können außerdem angeben, ob der Kalender als Tagesplan oder als Liste von Ereignissen angezeigt werden soll.
9. Klicken Sie auf *OK*, um den Kalender an Ihre E-Mail anzuhängen. Der Kalender wird zusätzlich im HTML-Format in Ihrer E-Mail angezeigt (siehe Abbildg. 7.39).

Abbildg. 7.39 Das Kalenderelement wird im HTML-Format im Textfeld angezeigt

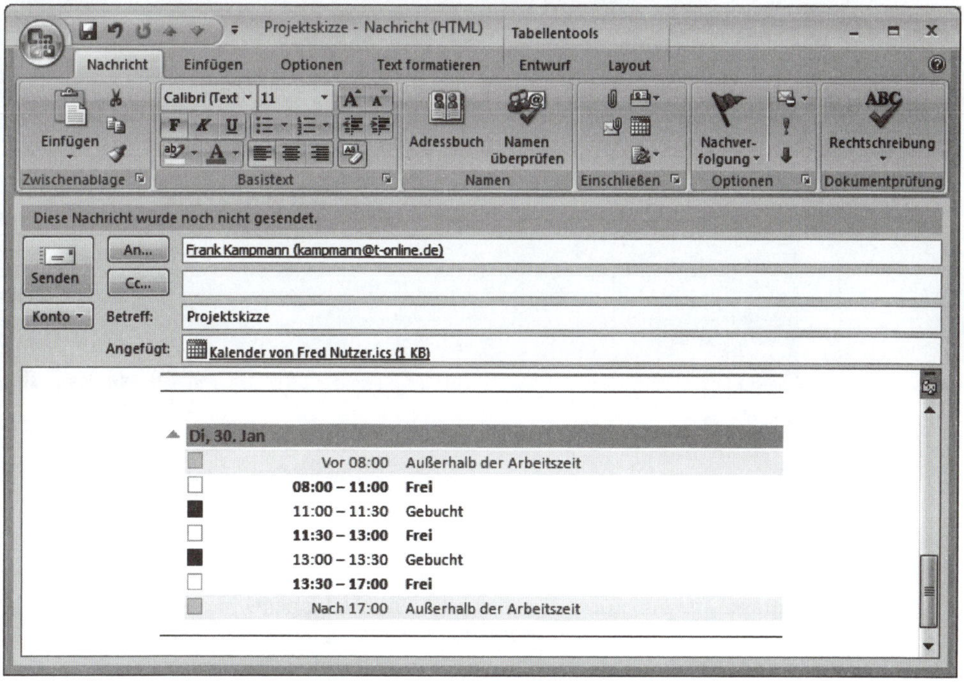

10. Geben Sie bei Bedarf am oberen Rand des Kalenders eine Textnachricht ein und klicken Sie auf die Schaltfläche *Senden*, um die E-Mail zu verschicken.

Das Kalenderelement wird beim E-Mail-Empfänger im Textfeld der E-Mail im HTML-Format angezeigt. Außerdem kann der Empfänger, sofern er mit Outlook 2007 arbeitet, das angefügte Kalenderelement mit einem Doppelklick öffnen, bei Bedarf bearbeiten und in Outlook speichern.

Office-Dokumente per E-Mail versenden

Erstellen Sie gerade mit einem Microsoft Office-Programm ein Dokument, das Sie per E-Mail versenden möchten, brauchen Sie die entsprechende Anwendung nicht zu verlassen, um dann umständlich, wie im letzten Abschnitt beschrieben, eine Datei an eine neue E-Mail anzuhängen. Stattdessen können Sie das Dokument bequem direkt über das Microsoft Office-Programm an eine neue E-Mail anhängen und anschließend in den Postausgang von Outlook stellen. Gehen Sie dazu wie folgt vor:

1. Erstellen Sie ein neues Office-Dokument oder öffnen Sie ein bereits vorhandenes Dokument.
2. Klicken Sie auf die Office-Schaltfläche in der linken oberen Fensterecke, zeigen Sie im Menü, das sich öffnet, auf den Befehl *Senden*, und klicken Sie dann auf *E-Mail* (siehe Abbildg. 7.40).

Abbildg. 7.40 Ein Word-Dokument als E-Mail-Anlage versenden

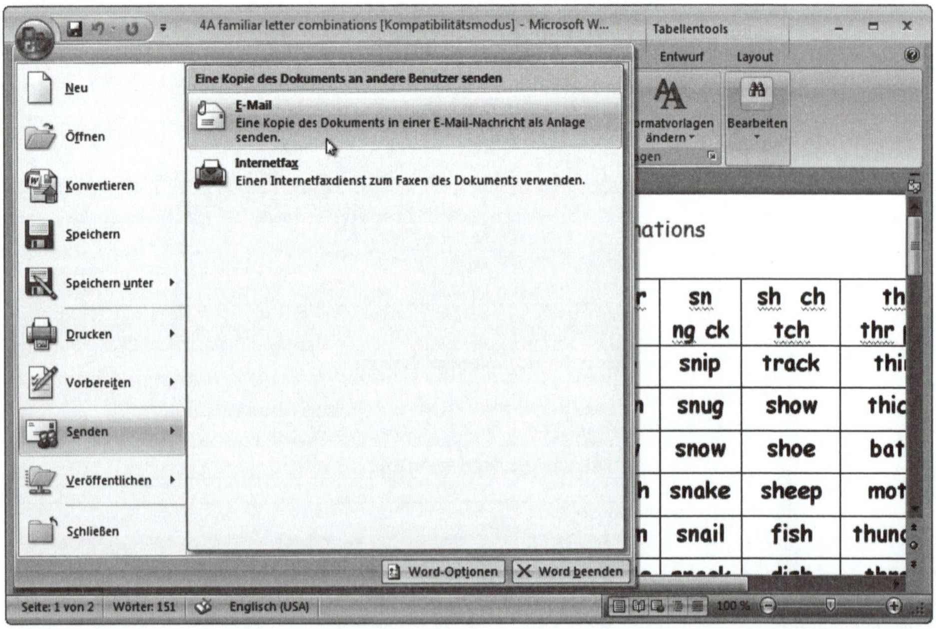

3. Es öffnet sich ein Nachrichtenformular, in dem das Dokument als Anlage im Feld *Angefügt* eingetragen ist. Außerdem wurde der Titel des Dokuments in das Feld *Betreff* eingetragen. Stellen Sie die E-Mail wie eine normale Outlook-E-Mail fertig, indem Sie den oder die E-Mail-Empfänger wählen, den Betreff angeben und bei Bedarf einen Text eingeben.
4. Verschicken Sie die Nachricht über die Schaltfläche *Senden*.

TIPP In Microsoft Office brauchen Sie Ihre Office-Dokumente nicht unbedingt per E-Mail zu versenden, um sie anderen Personen zur Verfügung zu stellen. Sie können sie auch auf einem Dokumentserver oder in einer SharePoint Teamservice-Website zur Benutzung freigeben. Mehr hierzu erfahren Sie in Kapitel 17.

E-Mails zur Nachverfolgung kennzeichnen

Eine Funktion, die Ihnen viel Mühe und Aufwand ersparen kann, ist die Funktion *Zur Nachverfolgung kennzeichnen*. Damit steht Ihnen eine Wiedervorlagefunktion zur Verfügung, die Ihnen wichtige oder dringende Nachrichten an einem bestimmten Datum automatisch vorlegt und Sie so daran erinnert, dass Sie die Erledigung prüfen müssen.

Die einfache Nachverfolgungskennzeichnung

Wollen Sie eine E-Mail für den aktuellen Tag, den Folgetag oder unspezifisch für diese, die nächste Woche oder ohne Datum zur Nachverfolgung kennzeichnen, brauchen Sie die entsprechende Option nur per Mausklick auszuwählen. Gehen Sie dazu wie folgt vor.

1. Erstellen Sie eine neue Nachricht und geben Sie den Empfänger, den Betreff und den Nachrichtentext ein.

2. Klicken Sie dann in der Multifunktionsleiste des Nachrichtenformulars auf der Registerkarte *Nachricht* in der Gruppe *Optionen* auf die Schaltfläche *Nachverfolgung*.
3. Im nun geöffneten Dropdown-Menü wählen Sie das gewünschte Fälligkeitsdatum, also *Heute*, *Morgen*, *Diese Woche*, *Nächste Woche* oder *Kein Datum* aus (siehe Abbildg. 7.41).

Abbildg. 7.41 Eine E-Mail zur Nachverfolgung kennzeichnen

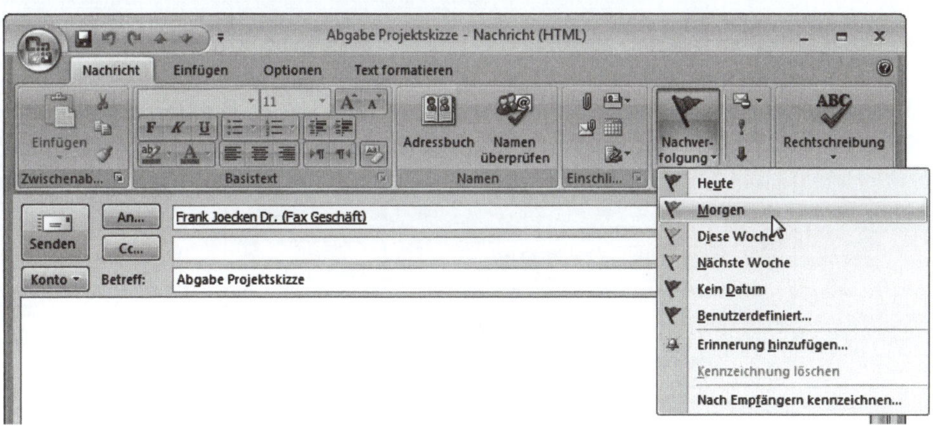

4. In die E-Mail wird nun eine Infoleiste eingefügt, die Sie darüber informiert, dass die E-Mail zur Nachverfolgung gekennzeichnet wurde, wann die Nachverfolgung beginnt und wann sie fällig ist. Geben Sie den Text der E-Mail ein und klicken Sie auf *Senden*, um die E-Mail zu verschicken.

TIPP Stellen Sie fest, dass Sie die Nachverfolgungskennzeichnung doch nicht benötigen, können Sie sie ganz leicht wieder löschen. Klicken Sie dazu auf die Schaltfläche *Nachverfolgung* und wählen Sie im zugehörigen Dropdown-Menü den Befehl *Kennzeichnung löschen.*

5. Werfen Sie einen Blick auf die Aufgabenleiste, finden Sie den Betreff der E-Mail, die Sie zur Nachverfolgung gekennzeichnet haben.

Die benutzerdefinierte Nachverfolgungskennzeichnung

Um eine E-Mail mit einer bestimmten Kennzeichnung zu versehen, wie z.B. mit der Kennzeichnung *Bitte um Weiterleitung*, um ein bestimmtes Fälligkeitsdatum anzugeben oder um die Erinnerungsfunktion zu aktivieren, müssen Sie eine benutzerdefinierte Nachverfolgungskennzeichnung erstellen. Gehen Sie dazu wie folgt vor:

1. Erstellen Sie eine neue E-Mail über den Befehl *Datei/Neu/E-Mail-Nachricht.*

2. Klicken Sie in der Multifunktionsleiste des Nachrichtenformulars auf der Registerkarte *Nachricht* in der Gruppe *Optionen* auf die Schaltfläche *Nachverfolgung.*
3. Im zugehörigen Dropdown-Listenfeld wählen Sie die Option *Benutzerdefiniert.*
4. Es öffnet sich das gleichnamige Dialogfeld, in dem Sie festlegen können, ob Sie die E-Mail für sich oder für den Empfänger kennzeichnen möchten (siehe Abbildg. 7.42). Haben Sie das Kontrollkästchen *Für mich kennzeichnen* aktiviert, können Sie im Listenfeld *Kennzeichnung* neben der Kennzeichnung *Zur Nachverfolgung* auch andere Kennzeichnungen wählen. Zur Auswahl stehen die folgenden Kennzeichnungen: *Bitte um Telefonanruf, Nicht weiterleiten, Zur Kenntnisnahme, Bitte um Weiterleitung, Antwort nicht erforderlich, Bitte lesen, Bitte um Antwort, Bitte um Antwort an alle* und *Zur Durchsicht.*

Abbildg. 7.42 Hier kennzeichnen Sie Nachrichten zur Nachverfolgung

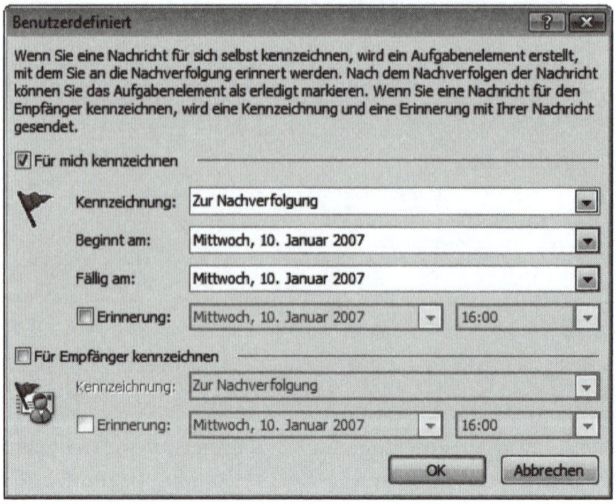

5. Wählen Sie als Nächstes, wann die Nachverfolgungskennzeichnung aktiviert werden soll. Klicken Sie dazu auf den Abwärtspfeil im Feld *Beginnt am* und wählen Sie im nun geöffneten Miniaturkalender das gewünschte Fälligkeitsdatum aus. Über die Schaltfläche *Heute* kehren Sie zum aktuellen Datum zurück, und über die Schaltfläche *Keines* aktivieren Sie für die Fälligkeit bei Bedarf die Option *Keine Angabe.*

HINWEIS Über die Pfeilschaltflächen am oberen Rand des Miniaturkalenders können Sie den Monat wechseln. Über die nach rechts weisende Pfeilschaltfläche gelangen Sie jeweils zum Folgemonat, über die nach links weisende Pfeilschaltfläche zum vorherigen Monat. Klicken Sie auf die Monatsangabe zwischen den beiden Pfeilschaltflächen, öffnet sich ein Popup-Menü, in dem Sie zwischen den drei vorherigen und den drei nachfolgenden Monaten des aktuellen Monats wählen können.

6. Im Listenfeld *Fällig am* geben Sie dann das Datum ein oder klicken Sie auf den Abwärtspfeil im Listenfeld und wählen Sie im Miniaturkalender das Datum aus.
7. Wollen Sie sich von Outlook an die E-Mail erinnern lassen, aktivieren Sie das Kontrollkästchen, klicken Sie dann auf den Abwärtspfeil im ersten Listenfeld und wählen Sie im Miniaturkalender das Datum aus. Dann klicken Sie auf den Abwärtspfeil im zweiten Listenfeld und legen die Uhrzeit fest.

TIPP Sie können das Datum und die Uhrzeit auch direkt in die Listenfelder eingeben. Outlook wandelt Ihre Eingabe dann automatisch in das gewünschte Format um.

8. Soll die E-Mail auch für den Empfänger zur Nachverfolgung gekennzeichnet werden, aktivieren Sie das Kontrollkästchen *Für Empfänger kennzeichnen.* Wählen Sie dann im Listenfeld *Kennzeichnung* die gewünschte Art von Kennzeichnung. Es stehen die gleichen Kennzeichnungsarten wie für Ihre eigene Nachverfolgungskennzeichnung zur Verfügung. Um die Erinnerungsfunktion einzuschalten, aktivieren Sie schließlich das Kontrollkästchen *Erinnerung*, und wählen Sie dann das Datum und die Uhrzeit aus (siehe Abbildg. 7.43).

Abbildg. 7.43 E-Mails können Sie sogar für den Empfänger zur Nachverfolgung kennzeichnen

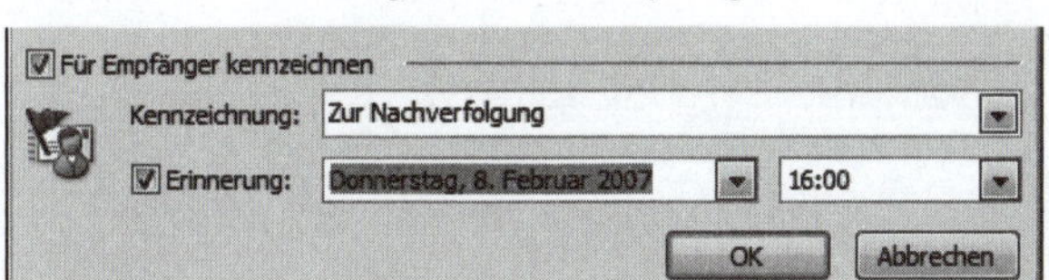

9. Klicken Sie anschließend auf *OK*, um Ihre Einstellungen zu übernehmen.
10. In der Infoleiste der E-Mail werden nun alle Angaben angezeigt, die Sie ausgewählt haben. Geben Sie den Text der E-Mail ein und versenden Sie sie mit einem Mausklick auf die Schaltfläche *Senden.*

Die E-Mail wird nun zur Nachverfolgung gekennzeichnet und als Aufgabe in die Aufgabenliste eingetragen. Haben Sie die Erinnerungsfunktion aktiviert, wird zum angegebenen Zeitpunkt ein Erinnerungsfenster eingeblendet, das Sie an die E-Mail erinnert.

Den Postausgang gekonnt nutzen

Erstellen Sie eine neue Nachricht und klicken Sie auf die Schaltfläche *Senden*, wird die Nachricht zunächst in den Postausgang verschoben. Dort bleibt die Nachricht, bis sie über den automatischen Nachrichtenversand weitergesendet wird oder Sie auf die Schaltfläche *Senden/Empfangen* klicken. Wenn Sie den automatischen Versand von Nachrichten aktiviert haben, was der Standardeinstellung von Outlook entspricht, werden Sie, sofern Ihr Computer mit dem Internet oder Exchange Server verbunden ist, im Postausgang keine Nachrichten vorfinden. Ist der automatische Nachrichtenversand deaktiviert, können Sie Nachrichten, die sich bereits im Posteingang befinden, vor dem endgültigen Versand noch einmal bearbeiten oder löschen.

TIPP Mehr zur Deaktivierung des automatischen Nachrichtenversands finden Sie in Kapitel 18.

Den Inhalt des Posteingangs können Sie jederzeit betrachten. Fällt Ihnen dabei auf, dass Sie etwas vergessen haben, wie z.B. eine Datei anzuhängen, können Sie dies nachholen, so lange die E-Mails noch nicht verschickt wurden.

1. Klicken Sie im Navigationsbereich auf die Schaltfläche *E-Mail*, und erweitern Sie unter *Alle E-Mail-Elemente* Ihr Postfach bzw. den *Persönlichen Ordner*.
2. Suchen Sie nach dem Ordner *Postausgang*. Enthält er E-Mails, ist der Name fett gedruckt und in Klammern wird die Anzahl der enthaltenen E-Mails angegeben.
3. Öffnen Sie den Postausgang mit einem Mausklick.

Abbildg. 7.44 Der Postausgang enthält die versandfertigen Nachrichten

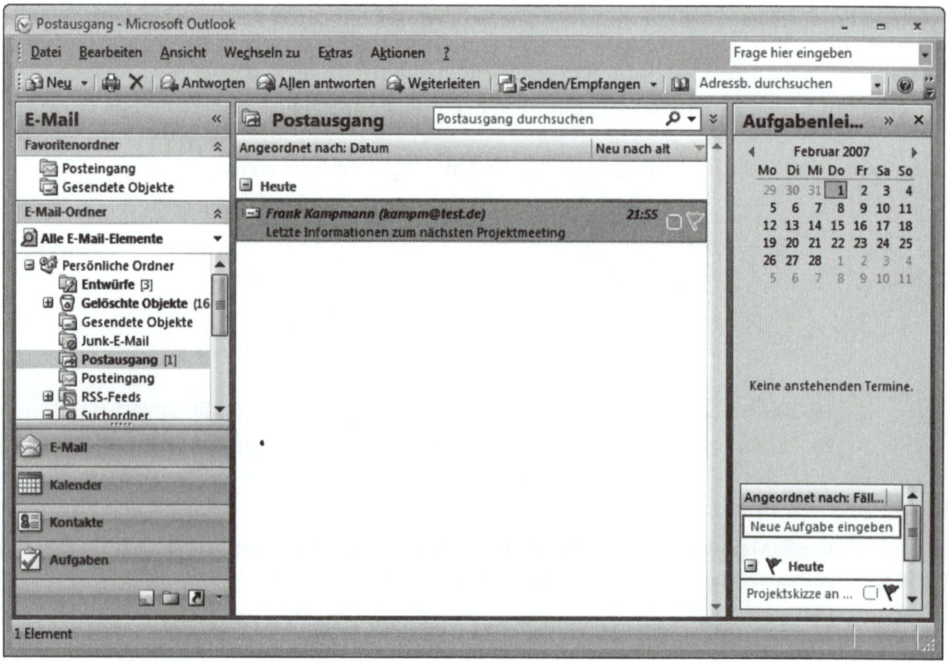

4. In der zweiten Spalte im Outlook-Fenster wird nun der Inhalt des Posteingangs aufgelistet. Anders als im Posteingang wird standardmäßig kein Lesebereich angezeigt, sondern es werden nur die im Posteingang enthaltenen E-Mails aufgelistet (siehe Abbildg. 7.44).
5. Bei Bedarf können Sie einzelne E-Mails bearbeiten. Klicken Sie sie dazu doppelt an und nehmen Sie im geöffneten Nachrichtenformular die gewünschten Änderungen vor. Klicken Sie anschließend auf die Schaltfläche *Senden*, um die E-Mail wieder in den Posteingang zu stellen.

WICHTIG Klicken Sie, nachdem Sie Ihre Nachricht bearbeitet haben, auf die *Schließen*-Schaltfläche statt auf *Senden*, wird die Nachricht im Posteingang gespeichert. Im Postausgang wird die Nachricht nicht mehr kursiv, sondern in Normalschrift dargestellt. In der Spalte *Gesendet* steht außerdem *Keine Angabe*. Die Nachricht wird beim Versand nicht berücksichtigt. Um die Nachricht zu versenden, müssen Sie sie noch einmal öffnen und im Nachrichtenformular auf die Schaltfläche *Senden* klicken.

6. Wollen Sie eine E-Mail aus dem Posteingang löschen und so auf den Versand verzichten, markieren Sie sie und drücken Sie die `Entf`-Taste. Die E-Mail wird nun in den Ordner *Gelöschte Objekte* verschoben und kann aus ihm wiederhergestellt werden.
7. Klicken Sie auf die Schaltfläche *Senden/Empfangen*, um den endgültigen E-Mail-Versand zu starten.

TIPP Denken Sie daran, dass gelöschte Nachrichten nur in den Ordner *Gelöschte Objekte* verschoben werden. Um die Nachrichten endgültig zu löschen, müssen Sie den Ordner *Gelöschte Objekte* leeren.

Gesendete Nachrichten einsehen und verwalten

Wie bei herkömmlichen Briefen sollten Sie sich auch von Ihren E-Mails Kopien für die Ablage anfertigen. Sie können so jederzeit nachvollziehen, was Sie wann an wen gesendet haben. Outlook bietet für diesen Zweck den Ordner *Gesendete Objekte*. In diesem Ordner wird für jede von Ihnen gesendete E-Mail-Nachricht eine Kopie angelegt, sofern Sie diese Option nicht deaktiviert haben. Sie können den Inhalt dieses Ordners jederzeit betrachten. Von Zeit zu Zeit sollten Sie den Ordnerinhalt leeren, damit der Ordner nicht unübersichtlich wird. Achten Sie dabei jedoch darauf, dass Sie keine wichtigen Kopien löschen.

Gesendete Nachrichten betrachten

Wollen Sie wissen, welche Nachrichten Sie wann an wen verschickt haben oder was der Inhalt einer bestimmten Nachricht war, müssen Sie den Ordner *Gesendete Objekte* öffnen. Sie können die Nachrichten dann im Lesebereich lesen oder einzelne Nachrichten ausdrucken.

1. Klicken Sie im Navigationsbereich im Favoritenordner auf *Gesendete Objekte* oder öffnen Sie unter *E-Mail-Ordner* den persönlichen Ordner oder das Postfach, für das Sie gesendete Nachrichten betrachten wollen, und klicken Sie auf den Ordner *Gesendete Objekte*.

2. Der Ordnerinhalt wird nun rechts neben dem Navigationsbereich aufgelistet. Die Nachrichtenliste ist wie im Posteingang in Gruppen unterteilt, um Ihnen einen besseren Überblick zu bieten. Aktivieren Sie eine Nachricht, um sie im Lesebereich zu lesen (siehe Abbildg. 7.45).
3. Bei Bedarf können Sie die Anordnung der Nachrichten verändern. Wählen Sie dazu den Befehl *Ansicht/Anordnen nach* und klicken Sie dann auf die gewünschte Anordnung.

Abbildg. 7.45 Der Ordner *Gesendete Objekte* bietet Überblick über Ihre gesendeten Nachrichten

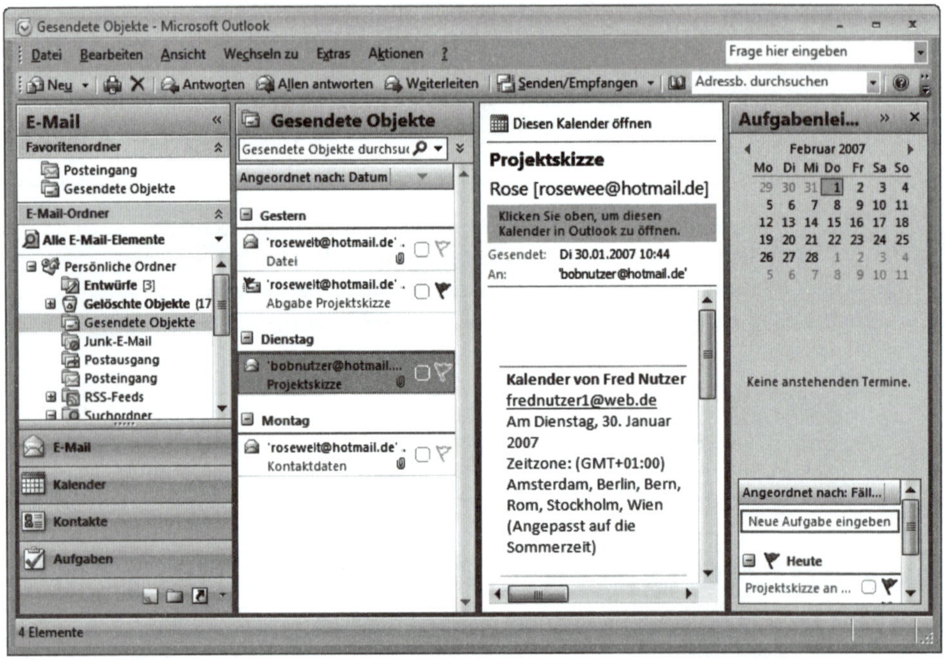

4. Um eine Nachricht auszudrucken, markieren Sie diese und wählen die Schaltfläche *Drucken* in der Symbolleiste. Die Nachricht wird im Memoformat inklusive Anlagen gedruckt.
5. Um eine Nachricht zu löschen, markieren Sie diese und klicken in der Symbolleiste auf die Schaltfläche *Löschen*. Die Nachricht wird daraufhin in den Ordner *Gelöschte Objekte* verschoben und kann von dort bei Bedarf wiederhergestellt werden, bis der Ordner geleert wird.
6. Suchen Sie nach einer bestimmten E-Mail im Ordner *Gesendete Objekte*, geben Sie ganz einfach den Empfängernamen, den Betreff oder einen anderen Begriff in das Feld *Sofortsuche* ein, an den Sie sich erinnern. Sobald Sie mit der Eingabe beginnen, werden alle E-Mails angezeigt, die Elemente enthalten, die der Eingabe entsprechen (siehe Abbildg. 7.46).
7. Aktivieren Sie den Posteingang oder einen anderen Ordner, um die Arbeit mit dem Ordner *Gesendete Objekte* zu beenden.

Arbeiten Sie mit Outlook als Exchange-Client, können Sie Nachrichten über den Ordner gesendete Objekte zurückrufen. Eine ausführliche Beschreibung finden Sie in Kapitel 8.

Abbildg. 7.46 Mit der *Sofortsuche gesendete E-Mails aufspüren*

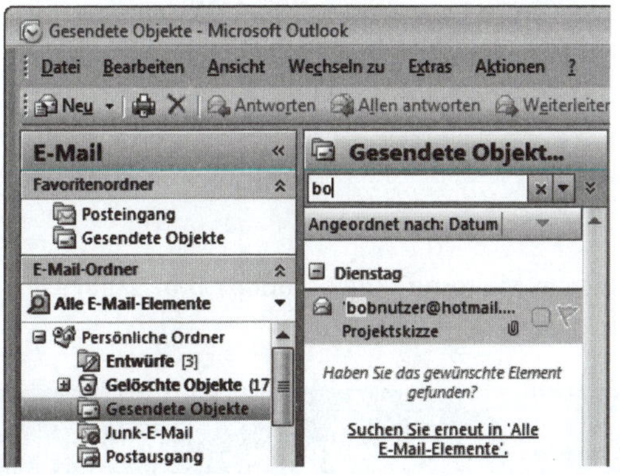

E-Mails erneut versenden

Ist Ihre E-Mail beim Empfänger nicht angekommen, brauchen Sie diese nicht noch einmal komplett zu erstellen. Sie können sie auch einfach erneut senden. Senden Sie eine Nachricht aus dem Ordner *Gesendete Objekte* erneut an den ursprünglichen E-Mail-Empfänger.

1. Öffnen Sie den Ordner *Gesendete Objekte* und klicken Sie doppelt auf die E-Mail, die Sie erneut versenden möchten.
2. Nun klicken Sie in der Multifunktionsleiste des Nachrichtenformulars, das sich öffnet, in der Gruppe *Aktionen* auf die Schaltfläche *Andere Aktionen* und wählen den Befehl *Diese Nachricht erneut senden*.

Abbildg. 7.47 Eine E-Mail erneut versenden

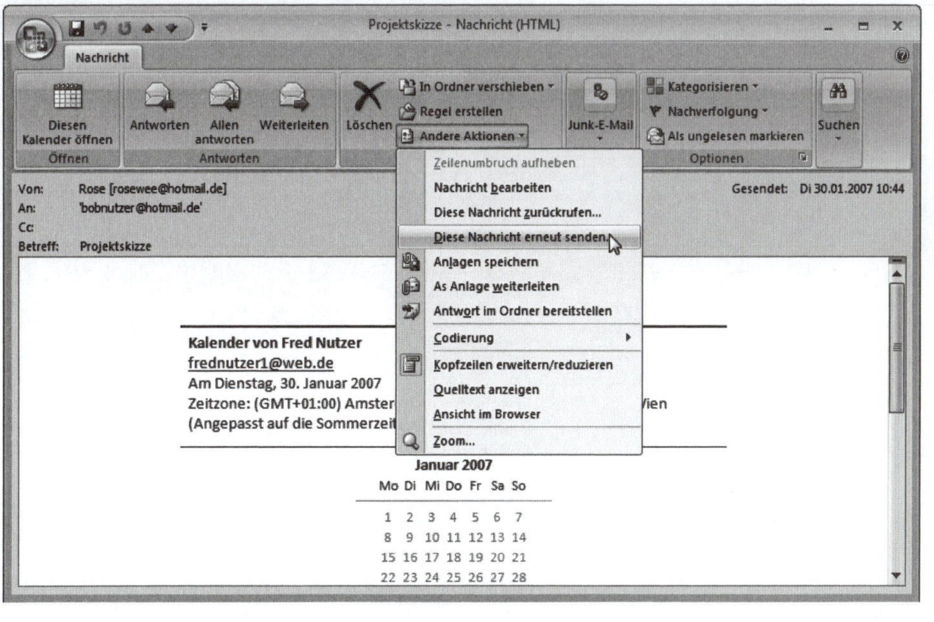

3. Sie können nun auf die Schaltfläche *Senden* klicken, um die E-Mail direkt zu versenden. Die E-Mail, die Sie erneut gesendet haben, ist noch immer geöffnet. Wählen Sie die Schaltfläche *Schließen* in der Titelleiste, um das Nachrichtenformular zu schließen.
4. Klicken Sie nun auf die Schaltfläche *Senden/Empfangen*, um die E-Mail zu versenden.

Zusammenfassung

Für den Versand von E-Mails stehen Ihnen in Microsoft Office Outlook 2007 zahlreiche Funktionen zur Verfügung, die Sie wie folgt nutzen.

Sie möchten ...	So gehen Sie vor	Sehen Sie sich dazu das Beispiel an auf Seite
Eine E-Mail erstellen	Zeigen Sie im Menü *Datei* auf den Befehl *Neu* und klicken Sie dann auf *E-Mail-Nachricht* oder drücken Sie die Tasten [Strg]+[⇧]+[M]	364
Hyperlinks in E-Mails einfügen	Erstellen Sie eine neue E-Mail, aktivieren Sie das Textfeld und geben Sie den Hyperlink einfach ein. Er wird von Outlook automatisch als Hypertext formatiert.	374
E-Mails im Nur-Text-Format verschicken	Erstellen Sie eine neue E-Mail, aktivieren Sie das Textfeld und aktivieren Sie dann in der Multifunktionsleiste die Registerkarte *Optionen*. Wählen Sie im Bereich *Format* das Format *Nur Text*.	377
E-Mails speichern	Klicken Sie in der Symbolleiste für den Schnellzugriff der neuen E-Mail auf die Schaltfläche *Speichern*. Die E-Mail wird automatisch im Ordner *Entwürfe* gespeichert.	380
E-Mails später verschicken	Aktivieren Sie in der Multifunktionsleiste der neuen E-Mail die Registerkarte *Optionen* und klicken Sie im Bereich *Weitere Optionen* auf die Schaltfläche *Übermittlung verzögern*	381
Den E-Mail-Text formatieren	Erstellen Sie eine neue E-Mail, aktivieren Sie das Textfeld und wählen Sie im Bereich *Basistext* der Multifunktionsleiste die gewünschte Formatierung	382
Die Rechtschreibung prüfen	Klicken Sie mit einer roten Schlangenlinie gekennzeichneten Wörter im Textfeld jeweils mit der rechten Maustaste an und wählen Sie im Kontextmenü den Vorschlag mit der korrekten Schreibweise	385
Dateien versenden	Erstellen Sie eine neue E-Mail und klicken Sie im Bereich *Einfügen* der Registerkarte *Nachricht* der Multifunktionsleiste auf die Schaltfläche *Datei einfügen*. Wählen Sie die Datei dann mit einem Doppelklick aus.	390

Sie möchten ...	So gehen Sie vor	Sehen Sie sich dazu das Beispiel an auf Seite
E-Mails zur Nachverfolgung kennzeichnen	Erstellen Sie eine neue E-Mail und aktivieren Sie in der Multifunktionsleiste die Registerkarte *Nachricht* und klicken Sie auf die Schaltfläche *Nachverfolgung*	399
Gesendete Nachrichten betrachten	Wechseln Sie zum Ordner *E-Mail*, klicken Sie im Navigationsbereich unter *E-Mail-Ordner* auf den Ordner *Gesendete Objekte*, aktivieren Sie die gewünschte Nachricht mit einem Mausklick und lesen Sie sie im Lesebereich	403

Kapitel 8

Zusatzfunktionen für E-Mails nutzen

In diesem Kapitel:

Outlook bietet Ihnen für den Versand Ihrer E-Mail-Nachrichten nicht nur die Standardfunktionen, die bereits in Kapitel 7 beschrieben wurden, sondern noch viel mehr. Allerdings können Sie einige Funktionen nur nutzen, wenn Sie mit Exchange Server arbeiten, wie z.B. den Versand von Nachrichten mit Abstimmungsschaltflächen.

Wörter nachschlagen und übersetzen

Müssen Sie einen Brief in englischer Sprache schreiben und fühlen Sie sich nicht so firm, können Sie es auch einmal mit der Übersetzungsfunktion von Outlook 2007 probieren. Das Gleiche gilt, wenn Sie nach einem Synonym für ein deutsches Wort suchen. Sie brauchen nicht erst Ihr Wörterbuch aus dem Schrank zu holen, sondern Sie können auch einfach die Funktion *Synonym* von Outlook nutzen. Zu guter Letzt steht Ihnen in diesem Zusammenhang noch die Funktion *Nachschlagen* zur Verfügung, mit der Sie einen Begriff in einem der zahlreichen Online-Lexika suchen können, auf die Microsoft Office Zugriff bietet, sofern Sie online sind.

Wörter nachschlagen und Synonyme finden

Schreiben Sie gerade eine E-Mail und möchten Sie eine Alternative für ein Wort suchen oder kennen Sie die Bedeutung eines Wortes nicht genau, können Sie das Wort bequem in Outlook nachschlagen. Gehen Sie dazu wie folgt vor:

1. Erstellen Sie eine neue E-Mail mit dem Befehl *Datei/Neu/E-Mail-Nachricht.*
2. Tippen Sie in das Nachrichtenfeld den Begriff ein, für den Sie einen Alternativbegriff suchen.

Abbildg. 8.1 Im Thesaurus können Sie alternative Begriffe nachschlagen

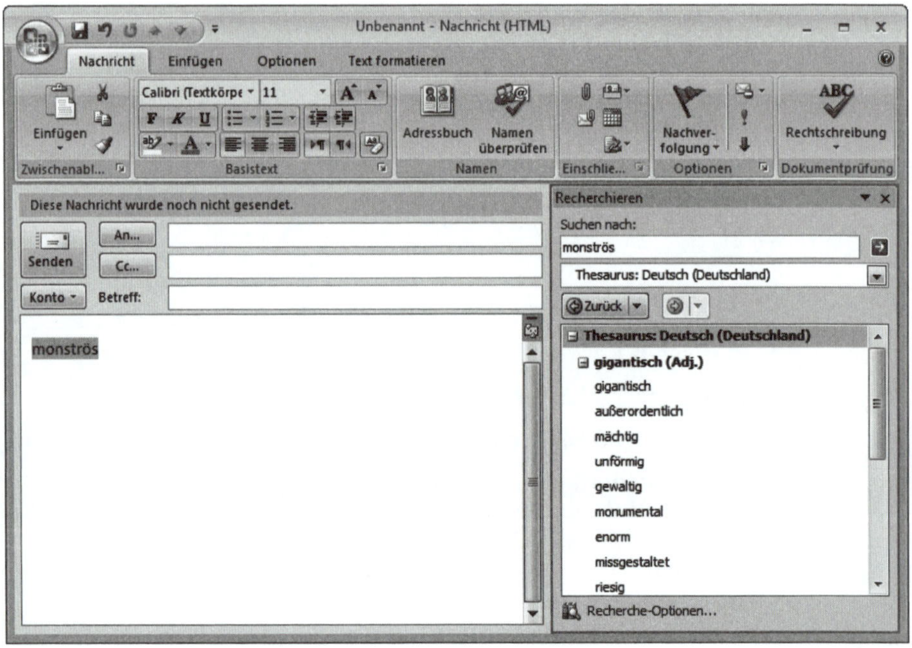

3. Klicken den Begriff mit der rechten Maustaste an und klicken Sie im Kontextmenü auf den Befehl *Nachschlagen* oder klicken Sie auf den Abwärtspfeil in der Schaltfläche *Rechtschreibung* und wählen Sie aus dem zugehörigen Dropdown-Menü den Befehl *Thesaurus* aus.
4. Es öffnet sich der Aufgabenbereich *Recherchieren*. Tragen Sie im Feld *Suchen nach* den Begriff aus dem Textfeld ein. Im Feld darunter sehen Sie den Eintrag *Thesaurus: Deutsch (Deutschland)*. Im gleichnamigen Abschnitt des Aufgabenbereichs werden alle Synonyme aufgelistet, die im Thesaurus gefunden wurden (siehe Abbildg. 8.1).

Sind Sie bei der Recherche nicht fündig geworden, klicken Sie auf den Hyperlink *Recherche-Optionen*, und wählen Sie weitere Wörterbücher und Enzyklopädien aus. Folgen Sie der Anleitung am Bildschirm, um sie zu aktivieren.

Synonyme über das Kontextmenü finden

Ist es Ihnen zu lästig, immer den Aufgabenbereich zu öffnen, wenn Sie ein Synonym für ein Wort suchen, benutzen Sie einfach das Kontextmenü, das Ihnen im Textfeld des Nachrichtenformulars zur Verfügung steht. Gehen Sie dazu wie folgt vor:

1. Erstellen Sie eine neue E-Mail über den Befehl *Datei/Neu/E-Mail-Nachricht* und geben Sie den E-Mail-Empfänger und den Betreff ein.
2. Geben Sie den Text in das Textfeld ein. Um ein Synonym für einen Begriff im Textfeld zu finden, klicken Sie den Begriff mit der rechten Maustaste an, und zeigen Sie im Kontextmenü auf den Befehl *Synonym*.
3. Es öffnet sich eine Liste mit Synonymen für den Begriff, aus der Sie den passenden Begriff auswählen können (siehe Abbildg. 8.2).

Abbildg. 8.2 Ein Synonym für einen Begriff suchen

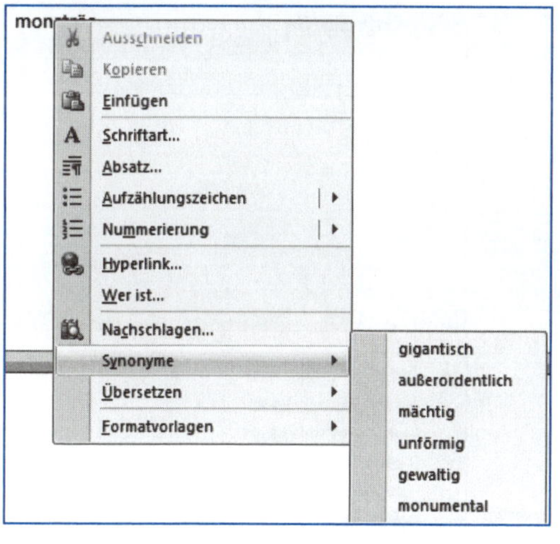

4. Sobald Sie eines der Synonyme angeklickt haben, wird der vorhandene Begriff durch das Synonym ersetzt. Setzen Sie die Texteingabe fort und versenden Sie die E-Mail wie gewohnt.

Text übersetzen

Müssen Sie eine E-Mail in einer anderen Sprache erstellen, die Sie nicht ganz so gut beherrschen, können Sie sich auch von der Übersetzungsfunktion von Outlook helfen lassen, die Ihren Text per Mausklick in die gewünschte Sprache übersetzt:

1. Erstellen Sie eine neue E-Mail über den Menübefehl *Datei/Neu/E-Mail-Nachricht.*
2. Geben Sie den E-Mail-Empfänger und den Betreff ein. Tippen Sie in das Nachrichtenfeld den Text ein, den Sie übersetzen lassen möchten.
3. Markieren Sie den Text und klicken Sie ihn mit der rechten Maustaste an.
4. Zeigen Sie im Kontextmenü auf den Befehl *Übersetzen* und wählen Sie dann im zugehörigen Untermenü auf die gewünschte Sprache, in die Sie den Text übersetzen lassen möchten. Anschließend klicken Sie den Text noch einmal mit der rechten Maustaste an, zeigen auf den Befehl *Übersetzen* und wählen dann im Untermenü den Befehl *Übersetzen.*

Abbildg. 8.3 Text von Outlook 2007 übersetzen lassen

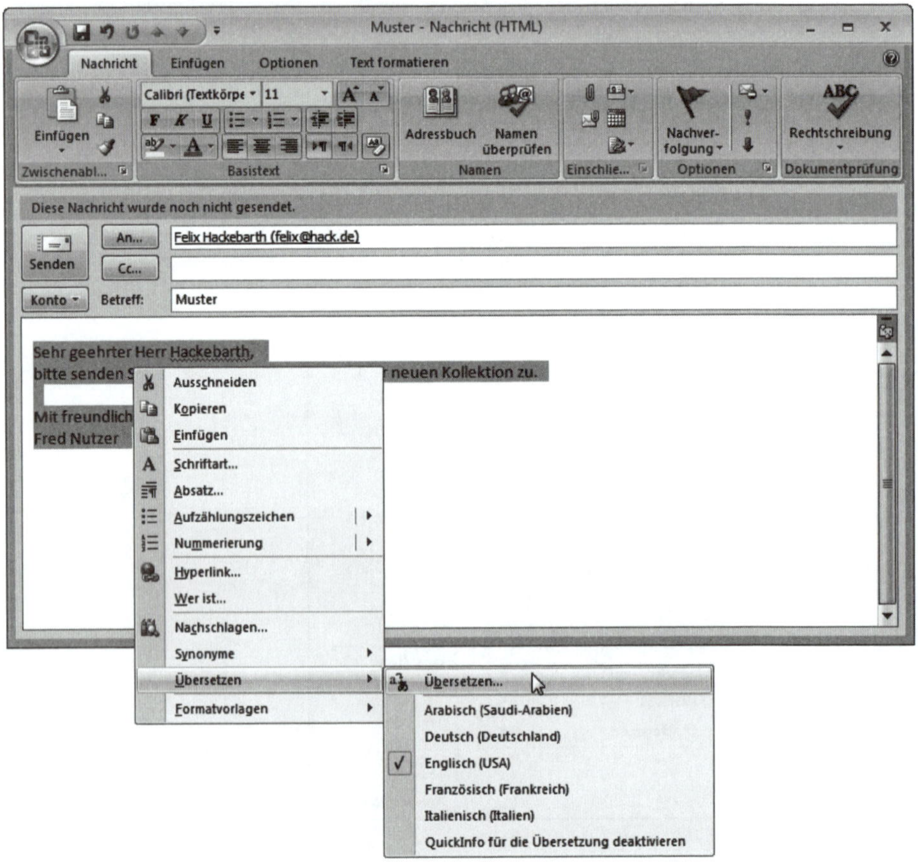

TIPP Alternativ können Sie auch auf den Abwärtspfeil in der Schaltfläche *Rechtschreibung* klicken und den Befehl *Übersetzen* aus dem Dropdown-Menü auswählen.

5. Am rechten Rand des Nachrichtenformulars wird nun der Aufgabenbereich *Recherchieren* eingeblendet. Im Feld *Suchen nach* finden Sie den Text aus Ihrer E-Mail. Im Abschnitt *WordLingo* finden Sie den übersetzten Text. Zusätzlich stehen Ihnen weiter unten im Aufgabenbereich weitere Angebote für fachgerechte Übersetzungen zur Verfügung. Klicken Sie jeweils auf das Pluszeichen, das einem Angebot vorangestellt ist, und wählen Sie dann die entsprechende Option aus.

HINWEIS Die Angebote für fachgerechte Übersetzung sind in der Regel kostenpflichtig. Sie haben jedoch die Möglichkeit, die Übersetzung kostenlos auszuprobieren.

6. Wollen Sie den Vorschlag von WordLingo übernehmen, markieren Sie den Vorschlag im Abschnitt *Recherchieren*, drücken Sie die Tasten Strg+C und aktivieren Sie dann das Textfeld der E-Mail, markieren Sie den vorhandenen Text und drücken Sie die Tasten Strg+V, um den kopierten Text einzufügen.

Abbildg. 8.4 Den Übersetzungsvorschlag von WordLingo übernehmen

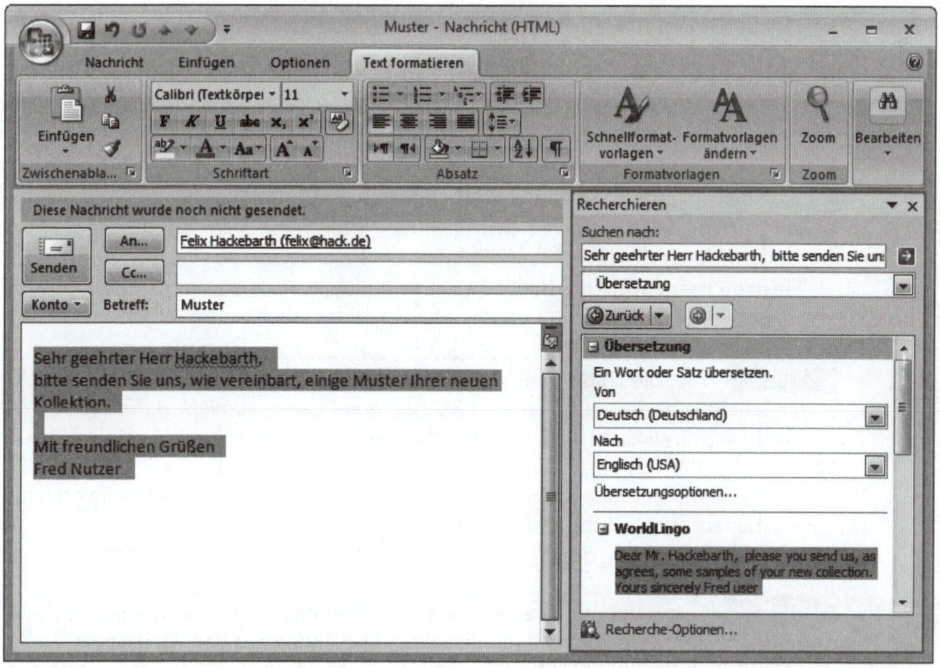

7. Um ein einzelnes Wort zu übersetzen, wie z.B. den Betreff, geben Sie es im Aufgabenbereich *Recherchieren* in das Feld *Suchen nach* ein und klicken Sie auf die grüne Pfeilschaltfläche. Im Abschnitt *Bilinguales Wörterbuch* des Aufgabenbereichs *Recherchieren* wird die Übersetzung angezeigt.
8. Benötigen Sie den Aufgabenbereich *Recherchieren* nicht mehr, klicken Sie auf die *Schließen*-Schaltfläche in der rechten oberen Ecke des Aufgabenbereichs.

Elemente in E-Mails einfügen

In der neuen Version von Outlook ist es noch einfacher als bisher, Elemente wie Bilder, ClipArts, Tabellen oder Diagramme in den Text von E-Mails einzufügen. Die Registerkarte *Einfügen* in der Multifunktionsleiste enthält Schaltflächen für fast alle Belange.

WICHTIG Die in E-Mails eingefügten Elemente können beim Empfänger nur dann angezeigt werden, wenn er ein E-Mail-Programm verwendet, das E-Mails im HTML-Format unterstützt.

Bilder in E-Mails einfügen

Wollen Sie ein Bild oder ein Foto in den Text einer E-Mail einfügen, genügen ein paar Mausklicks. Gehen Sie wie folgt vor:

1. Erstellen Sie eine neue E-Mail über den Befehl *Datei/Neu/E-Mail-Nachricht*.
2. Geben Sie den E-Mail-Empfänger und den Betreff ein und aktivieren Sie dann das Textfeld. Geben Sie den gewünschten Text ein und positionieren Sie die Einfügemarke an der Stelle im Text, an der Sie das Bild einfügen möchten.

3. Aktivieren Sie in der Multifunktionsleiste des Nachrichtenformulars die Registerkarte *Einfügen* und klicken Sie in der Gruppe *Illustrationen* auf die Schaltfläche *Grafik*.
4. Es öffnet sich das Dialogfeld *Grafik einfügen*, in dem der Ordner *Bilder* des aktuellen Benutzers aktiviert ist. Ist das Bild in dem Ordner enthalten, wählen Sie es mit einem Mausklick aus. Andernfalls wechseln Sie über die Leiste am linken Rand zu einem anderen Ordner und wählen Sie dann das gewünschte Bild aus (siehe Abbildg. 8.5). Der Dateiname wird nun in das gleichnamige Feld eingetragen.

TIPP Ist die Datei in einem Netzlaufwerk gespeichert, klicken Sie auf den Abwärtspfeil in der Schaltfläche *Tools* und wählen Sie den Befehl *Netzlaufwerk verbinden*. Im Dialogfeld *Netzlaufwerk verbinden* klicken Sie auf die Schaltfläche *Durchsuchen* und wählen Sie dann den freigegebenen Ordner mit einem Doppelklick aus. Schließen Sie das Dialogfeld *Netzlaufwerk verbinden* mit einem Mausklick auf die Schaltfläche *Fertig stellen*. Das Netzlaufwerk wird nun mit dem angegebenen Laufwerksbuchstaben angezeigt.

TIPP Sind in dem Ordner sehr viele Bilder enthalten und wollen Sie die Anzeige auf Bilder eines bestimmten Formats beschränken, klicken Sie auf den Abwärtspfeil in der Schaltfläche *Alle Grafiken* und wählen Sie im Dropdown-Listenfeld das gewünschte Format aus.

5. Klicken Sie auf die Schaltfläche *Einfügen*, um die Grafik in die E-Mail zu integrieren.
6. Die Grafik wird nun in das Textfeld eingefügt und in der Multifunktionsleiste wird die Registerkarte *Format* aktiviert. Diese enthält Schaltflächen, mit denen sich die Eigenschaften der Grafik wie die Helligkeit oder der Kontrast, die Bildform, der Grafikrahmen, Bildeffekte wie Schatten, die Darstellung der Kanten und die Perspektive und auch der Textumbruch festlegen lassen (siehe Abbildg. 8.6).

Abbildg. 8.5 Eine Grafik in den Text einer E-Mail einfügen

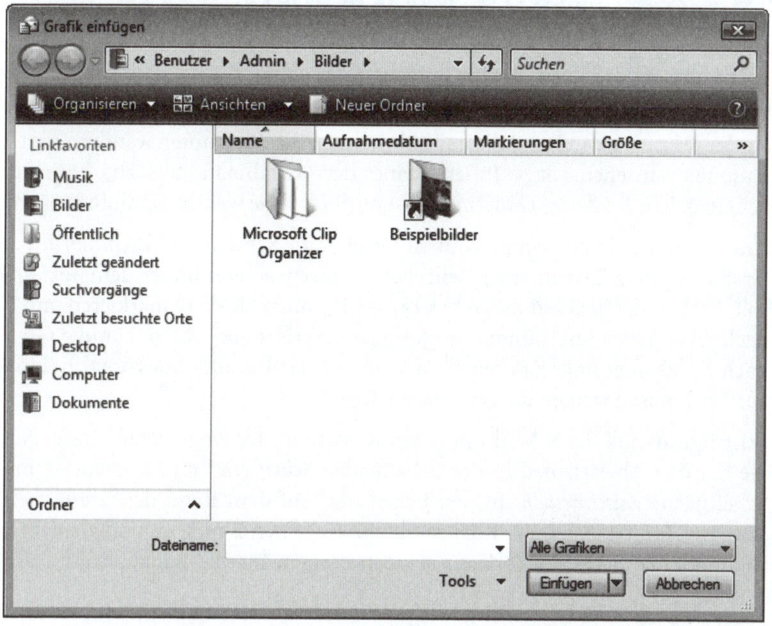

Abbildg. 8.6 Für Grafiken stehen zahlreiche Formatieroptionen zur Verfügung

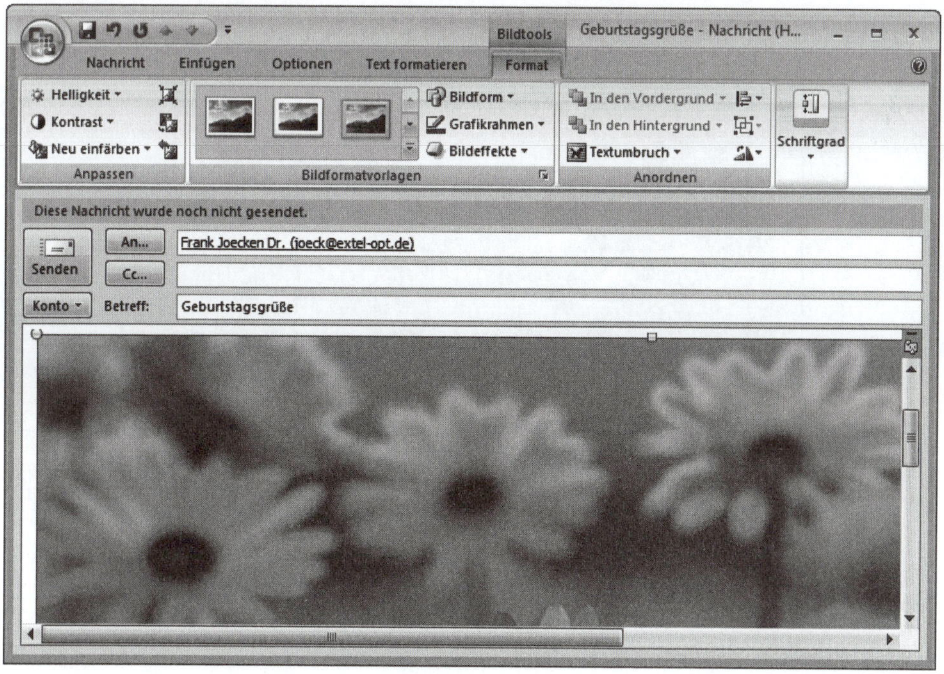

- **Anpassen:** In der Gruppe *Anpassen* können Sie die Helligkeit, den Kontrast und die Einfärbung verändern. Klicken Sie dazu jeweils auf den Abwärtspfeil der entsprechenden Schaltfläche und wählen Sie die gewünschte Option aus.
- **Bildformatvorlagen:** Über das Listenfeld in dieser Gruppe stehen Ihnen verschiedene Kombinationen von Bildformen, Grafikrahmen und Bildeffekten zur Verfügung. Über die Bildlaufleiste am rechten Rand dieses Felds können Sie nach unten wandern und weitere Kombinationen einsehen. Sagt Ihnen keine der Kombinationen zu, können Sie über die Schaltflächen *Bildform*, *Grafikrahmen* und *Bildeffekte* weitere Kombinationen auswählen.
- **Anordnen:** In dieser Gruppe können Sie über die Schaltfläche *Textumbruch* festlegen, ob die Grafik mit dem Text in einer Zeile stehen oder vor oder hinter dem Text angezeigt werden soll. Enthält das Textfeld mehrere Grafiken, können Sie diese markieren und über die Schaltfläche *Ausrichten* linksbündig, mittig oder zentriert ausrichten. Um die Grafik um 90 Grad nach rechts oder links zu drehen oder um sie vertikal oder horizontal zu kippen, klicken Sie auf *Drehen* und wählen die gewünschte Option aus.
- **Schriftgrad:** Soll die E-Mail nur einen Ausschnitt der eingefügten Grafik enthalten, klicken Sie auf den Abwärtspfeil in der Schaltfläche *Schriftgrad* und klicken Sie im Menü auf die Schaltfläche *Zuschneiden*. In den Ecken und auf dem Rand der Grafik werden nun dicke schwarze Linien angezeigt. Klicken Sie die einzelnen Linien an und ziehen Sie die einzelnen Bildränder so nach innen, dass nur noch der gewünschte Bildausschnitt übrig bleibt (siehe Abbildg. 8.7).

Abbildg. 8.7 Den Bildausschnitt zuschneiden

7. Klicken Sie auf einen beliebigen Abschnitt im Text, um die Registerkarte *Nachricht* der Multifunktionsleiste wieder zu aktivieren.
8. Wählen Sie die Schaltfläche *Senden*, um Ihre E-Mail zu verschicken.

ClipArt-Grafiken in E-Mails einfügen

ClipArt-Grafiken in E-Mails einzufügen ist mit wenigen Mausklicks möglich. Gehen Sie dazu wie folgt vor:

1. Erstellen Sie eine neue E-Mail über den Befehl *Datei/Neu/E-Mail-Nachricht*.
2. Geben Sie den E-Mail-Empfänger und den Betreff ein und aktivieren Sie dann das Textfeld. Geben Sie den gewünschten Text ein und positionieren Sie die Einfügemarke an der Stelle im Text, an der Sie das Bild einfügen möchten.

3. Aktivieren Sie in der Multifunktionsleiste des Nachrichtenformulars die Registerkarte *Einfügen* und klicken Sie in der Gruppe *Illustrationen* auf die Schaltfläche *Grafik*.
4. Es öffnet sich am rechten Fensterrand der Aufgabenbereich *ClipArt*.
5. Wissen Sie noch nicht genau, welche ClipArt-Grafik Sie einfügen möchten und wollen Sie beispielsweise auf Office Online nach der ClipArt-Grafik suchen, geben Sie einen passenden Suchbegriff in das Feld *Suchen nach* ein und klicken Sie auf *OK*, um die ClipArt-Sammlungen auf Ihrem Computer oder auf Office Online zu durchsuchen.

Abbildg. 8.8 ClipArt-Grafiken in den Text einfügen

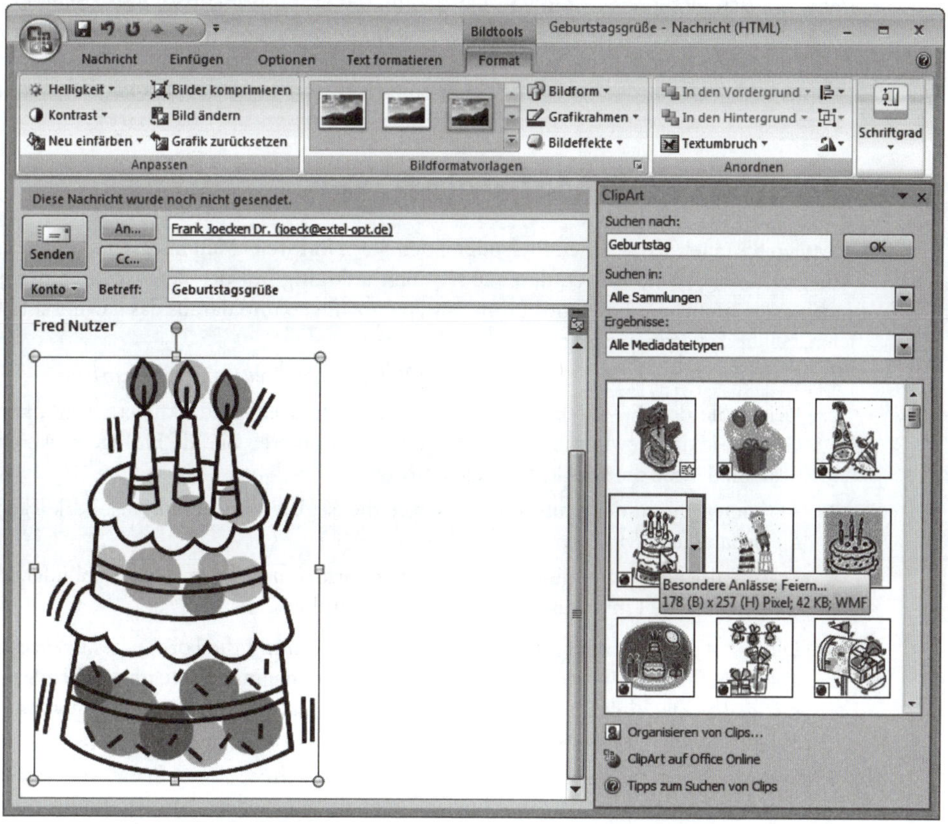

TIPP Die ClipArt-Grafiken, die auf Office Online gespeichert sind, erkennen Sie an der Weltkugel in der linken unteren Ecke. ClipArt-Grafiken, die im Clip Organizer auf Ihrem Computer gespeichert sind, werden ohne jede Kennzeichnung angezeigt. Bei ClipArt-Grafiken, die mit einem gelben Stern in der rechten unteren Ecke gekennzeichnet sind, handelt es sich um animierte ClipArt-Grafiken.

6. Fügen Sie die gewünschte ClipArt-Grafik dann mit einem Mausklick in den Text ein (siehe Abbildg. 8.8).
7. Die ClipArt-Grafik wird nun markiert angezeigt. Auf der Registerkarte *Format* in der Multifunktionsleiste, die nun aktiviert ist, stehen Ihnen die gleichen Grafikfunktionen zur Verfügung wie für Grafiken bereits beschrieben. Wählen Sie die gewünschten Optionen bei Bedarf aus.
8. Schließen Sie den Aufgabenbereich *ClipArt* mit einem Mausklick auf die *Schließen*-Schaltfläche in der rechten oberen Ecke und verschicken Sie die E-Mail dann mit einem Mausklick auf die Schaltfläche *Senden*.

TIPP Wollen Sie eine ClipArt-Grafik von Office Online dauerhaft auf Ihrem Computer speichern, zeigen Sie im Aufgabenbereich *ClipArt* darauf und klicken Sie dann auf die Pfeilschaltfläche, die sich einblendet. Im daraufhin geöffneten Menü wählen Sie den Befehl *Offline verfügbar machen*. Es öffnet sich das Dialogfeld *Zur Sammlung kopieren*, in dem Sie die gewünschte Sammlung auswählen und dann auf *OK* klicken. Das ClipArt wird nun in die gewünschte Sammlung kopiert. Ab jetzt werden sie im Aufgabenbereich *ClipArt* ohne das Weltkugelsymbol angezeigt.

Formen in E-Mails einfügen

Wollen Sie einen Kreis, einen Pfeil oder einen Stern in Ihre E-Mail integrieren oder ein ganzes Flussdiagramm erstellen, hilft Outlook 2007 Ihnen tatkräftig mit der Bereitstellung der einzelnen Bausteine. Sie brauchen diese nur in Ihre E-Mail einzufügen und daraus das gewünschte Gebilde erstellen. Gehen Sie dazu wie folgt vor:

1. Erstellen Sie eine neue E-Mail über den Befehl *Datei/Neu/E-Mail-Nachricht*.
2. Geben Sie den E-Mail-Empfänger und den Betreff ein und aktivieren Sie dann das Textfeld. Geben Sie den gewünschten Text ein und positionieren Sie die Einfügemarke an der Stelle im Text, an der Sie die Formen einfügen möchten.
3. Aktivieren Sie in der Multifunktionsleiste die Registerkarte *Einfügen* und klicken Sie dann auf die Schaltfläche *Formen*.
4. Es öffnet sich eine umfangreiche Palette mit Formen und Linien (siehe Abbildg. 8.9). Wählen Sie die gewünschte Linie oder Form mit einem Mausklick aus.
5. Die Palette schließt sich nun und der Mauszeiger nimmt die Form eines Kreuzes an. Klicken Sie auf die Stelle, an der die linke obere Ecke der Form beginnen soll, und ziehen Sie die Maus dann mit gedrückter linker Maustaste nach rechts unten, bis die Form die gewünschte Größe hat. Sobald Sie die linke Maustaste loslassen, wird die Form in der E-Mail angezeigt.
6. Sollte die Form momentan nicht aktiviert sein, klicken Sie sie an. In der Multifunktionsleiste wird nun die Registerkarte *Format* aktiviert, über die Sie weitere Formen einfügen und die aktuelle Form anpassen können. In der Gruppe *Formenarten* steht Ihnen eine Vielzahl an Kombinationen von Rahmen, Füllungen, Schatten- und 3D-Effekten zur Verfügung. Klicken Sie im Feld mit den drei Beispielen auf die Schaltfläche *Weitere*, um die Palette zu öffnen (siehe Abbildg. 8.10).

Abbildg. 8.9 Formen in die E-Mail einfügen

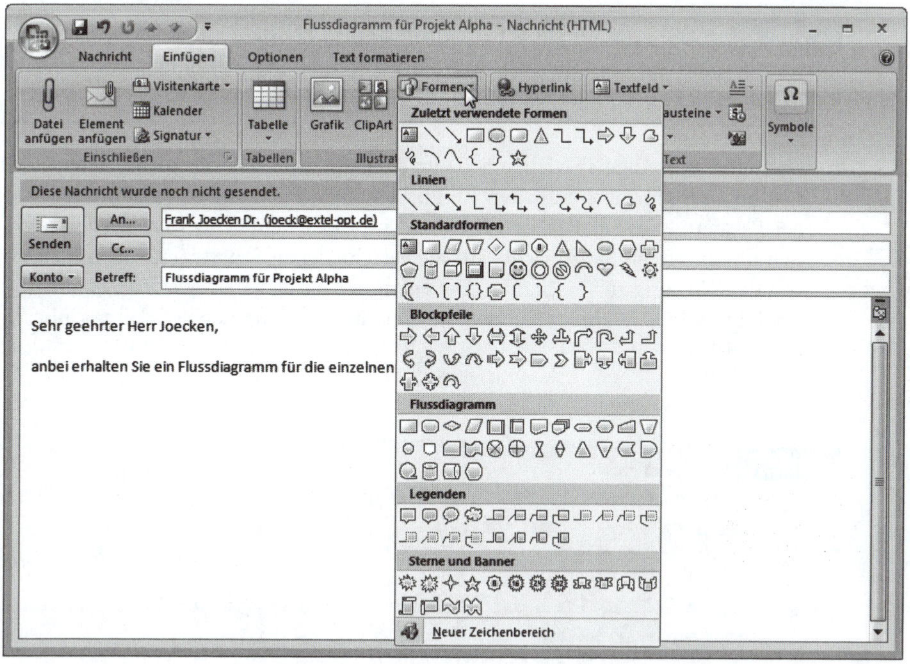

Abbildg. 8.10 Das Grafikformat der Form ändern

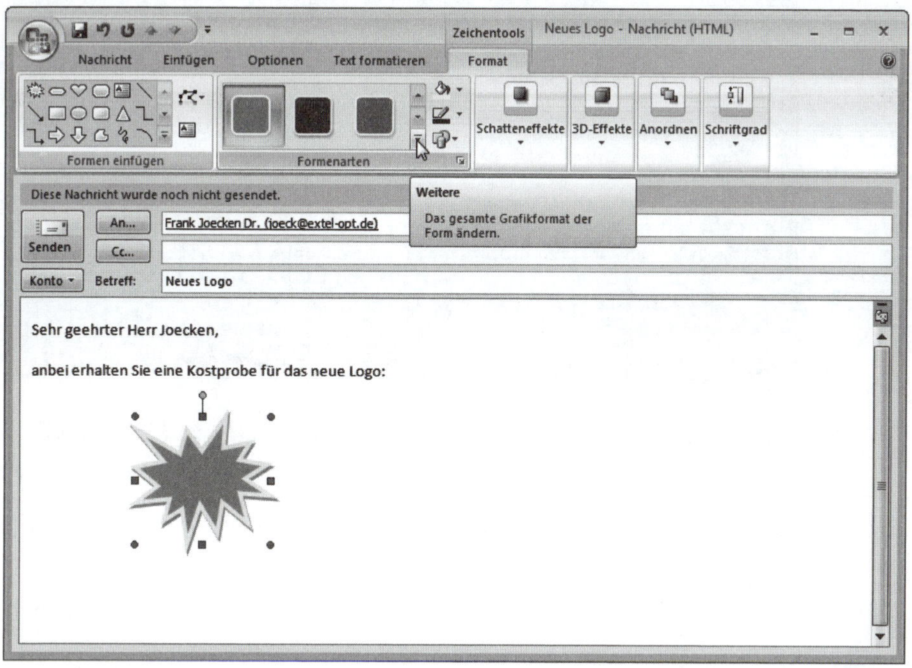

7. Wählen Sie das gewünschte Grafikformat mit einem Mausklick aus.

TIPP Über die Schaltflächen *Fülleffekt* und *Formkontur* rechts neben der Gruppe *Grafikformate* können Sie die Füllfarbe und die Farbe und Beschaffenheit der Kontur festlegen, falls Ihnen keines der vordefinierten Grafikformate zusagt.

8. Um der Form einen speziellen Schatteneffekt zuzuweisen, der nicht in der Palette der vordefinierten Grafikformate enthalten ist, klicken Sie auf den Abwärtspfeil in der Schaltfläche *Schatteneffekte* und anschließend noch einmal auf die Schaltfläche *Schatteneffekte*. In der Palette, die sich öffnet, zeigen Sie zunächst auf die verschiedenen Schatteneffekte, um sich einen Eindruck von der Wirkung zu verschaffen. Die Form nimmt dabei jeweils den gewählten Effekt an (siehe Abbildg. 8.11). Wählen Sie den gewünschten Schatteneffekt dann schließlich mit einem Mausklick aus.

Abbildg. 8.11 Den Schatteneffekt auswählen

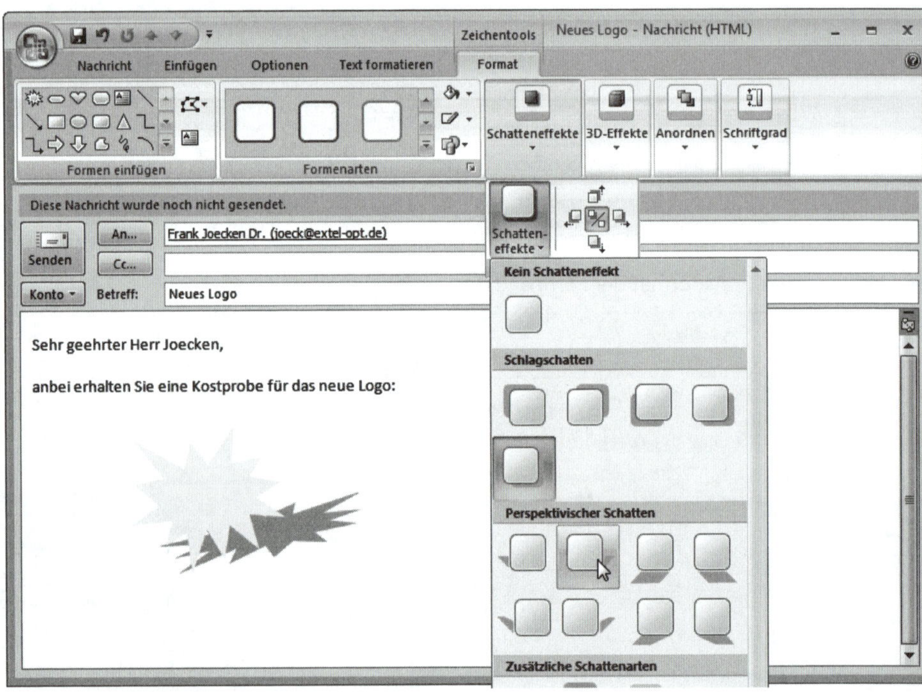

9. Um die Ausrichtung des Schattens nachträglich zu beeinflussten, klicken Sie in der Multifunktionsleiste auf die Schaltfläche *Schatteneffekte* und dann auf eine der vier Schaltflächen *Präzisionsausrichtung Schatten oben*, *Präzisionsausrichtung Schatten unten*, *Präzisionsausrichtung Schatten links* und *Präzisionsausrichtung Schatten rechts* direkt neben der Schaltfläche *Schatteneffekte*. Die Schaltfläche in der Mitte dieser vier Schaltflächen, *Schatten ein/aus*, dient dazu, den angewandten Schatteneffekt zu aktivieren und zu deaktivieren.

TIPP Standardmäßig hat der Schatten die gleiche Farbe wie die Füllfarbe. Bei Bedarf können Sie über die Option *Farbe* am unteren Rand der Palette eine bestimmte Schattenfarbe auswählen, die von der Füllfarbe abweicht.

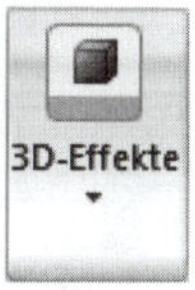

10. Wollen Sie die Form statt mit einem Schatteneffekt lieber perspektivisch darstellen, klicken Sie auf der Registerkarte *Format* auf die Schaltfläche *3D-Effekte* und in der Palette, die sich öffnet, noch einmal auf *3D-Effekte*. In der Palette, die sich nun öffnet, zeigen Sie auf die einzelnen Effekte, um sich einen Eindruck von der Wirkung zu verschaffen. Die Form passt sich dabei automatisch an (siehe Abbildg. 8.12). Sobald Sie den gewünschten Effekt gefunden haben, wählen Sie ihn mit einem Mausklick aus.

Abbildg. 8.12 Verschiedene 3D-Effekte in der Vorschau betrachten

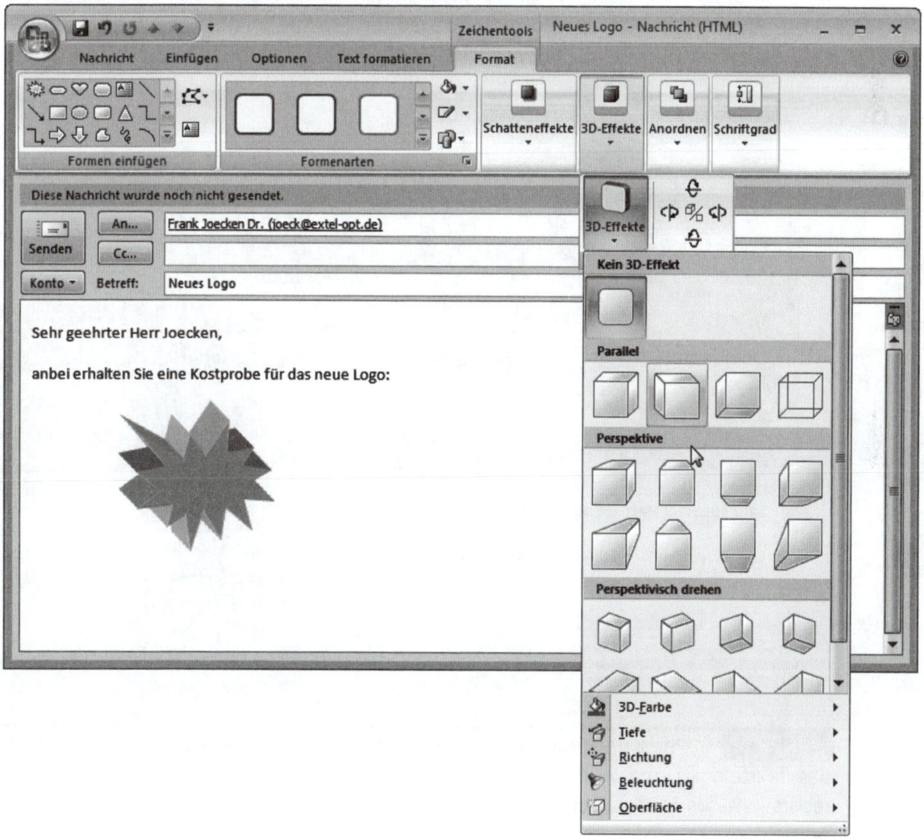

TIPP Über die Schaltflächen *Nach rechts kippen, Nach links kippen, Nach unten kippen* und *Nach oben kippen*, die Ihnen zur Verfügung stehen, wenn Sie auf den Abwärtspfeil in der Schaltfläche *3D-Effekte* klicken, können Sie den 3D-Effekt nachträglich verändern. Über die Schaltfläche *3D ein/aus* in der Mitte der vier Schaltflächen aktivieren und deaktivieren Sie den angewandten Effekt.

Textfelder einfügen

Soll Text in einer Form stehen, müssen Sie ein Textfeld einfügen, da Sie normalen Text, den Sie in das Textfeld des Nachrichtenformulars eingeben, nicht frei im Dokument platzieren können. Gehen Sie dazu wie folgt vor:

1. Aktivieren Sie in der Multifunktionsleiste die Registerkarte *Einfügen* und klicken Sie auf die Schaltfläche *Formen*.

2. In der Formpalette, die sich öffnet, wählen Sie im Abschnitt *Standardformen* die Form *Textfeld* aus, die Sie in der linken oberen Ecke dieses Bereichs finden.
3. Dann klicken Sie auf die Stelle, an der sich die linke obere Ecke des Textfelds befinden soll, und ziehen Sie die Maus mit gedrückter linker Maustaste nach rechts unten, bis das Textfeld die gewünschte Größe hat.
4. Sobald Sie die linke Maustaste loslassen, können Sie Text in das Textfeld eingeben (siehe Abbildg. 8.13). Über die Formatierungsoptionen auf der Registerkarte *Text formatieren* können Sie die Schriftgröße, die Schriftfarbe, die Schriftart und andere Schrifteigenschaften anpassen.

Abbildg. 8.13 Eine Form mit einem Textfeld beschriften

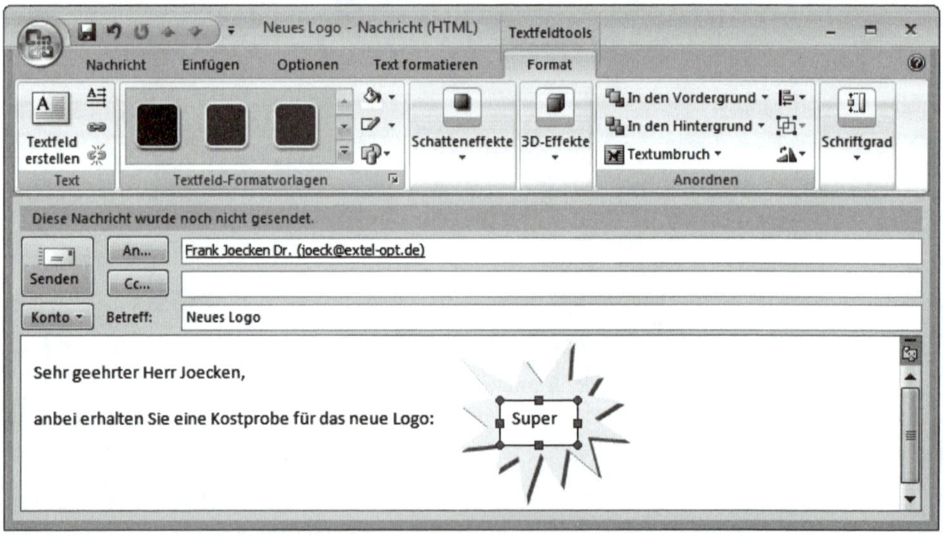

TIPP Passt der Text nicht in das Textfeld und wird er deshalb abgeschnitten, klicken Sie das Textfeld an und ziehen Sie dann beispielsweise das Ziehfeld auf dem rechten Rand nach rechts, um das Feld zu verbreitern oder das Ziehfeld auf dem unteren Rand nach unten, um das Textfeld zu verlängern. Um das Textfeld zu verschieben, klicken Sie eine nicht markierte Stelle auf dem Rand an und ziehen Sie es mit gedrückter linker Maustaste an die gewünschte Position.

5. Klicken Sie in der Gruppe *Anordnen* auf die Schaltfläche *In den Vordergrund*, um dafür zu sorgen, dass das Textfeld immer im Vordergrund der Form angezeigt wird.

6. Passen Sie die Hintergrundfarbe und den Rand des Textfelds bei Bedarf an die Farbe der Form an. Klicken Sie dazu nacheinander auf die Schaltfläche *Fülleffekt* und auf die Schaltfläche *Form-*

kontur in der Gruppe *Textfeld-Formatvorlagen* der Registerkarte *Format* und wählen Sie jeweils die passende Farbe mit einem Mausklick aus der Farbpalette aus.

7. Soll das Textfeld genau mittig auf der Form stehen, markieren Sie nacheinander Textfeld und Form durch Anklicken mit der Maus mit gedrückter `Strg`-Taste, aktivieren Sie die Registerkarte *Textfeldtools*, klicken Sie auf die Schaltfläche *Ausrichten* und wählen Sie den Befehl *Horizontal ausrichten* (siehe Abbildg. 8.14). Klicken Sie dann nochmals auf die Schaltfläche *Ausrichten* und wählen Sie die Option *Vertikal zentrieren*.

Abbildg. 8.14 Das Textfeld mittig auf der Form anordnen

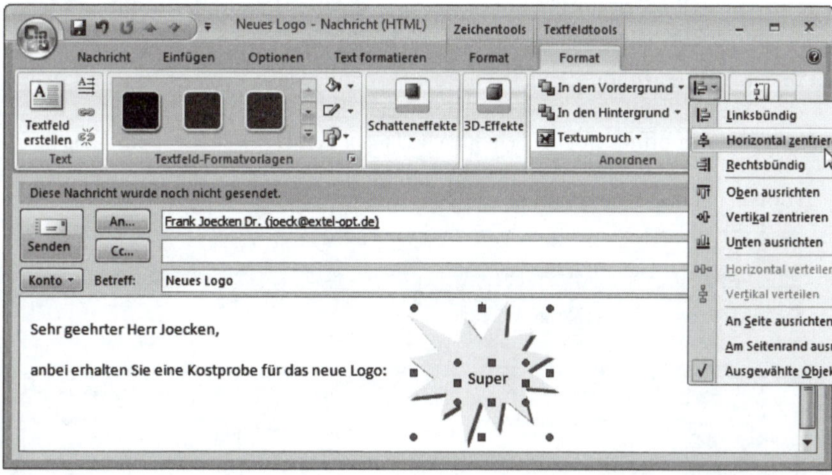

8. Damit Ihre Konstruktion nicht wieder auseinander fällt, wenn Sie versuchen, sie auf der Seite zu verschieben, sollten Sie Textfeld und Form gruppieren und dadurch zu einer Einheit machen. Klicken Sie dazu auf der Registerkarte *Format* der Textfeldtools auf die Schaltfläche *Gruppieren* und im Dropdown-Menü nochmals auf die Schaltfläche *Gruppieren*. Die Gruppierung können Sie jederzeit wieder auflösen, indem Sie die Gruppierung markieren, auf die Schaltfläche *Gruppieren* klicken und im Dropdown-Menü den Befehl *Gruppierung aufheben* wählen.

TIPP Alternativ zur beschriebenen Vorgehensweise können Sie auch mit der rechten Maustaste auf die Form klicken und im Kontextmenü den Befehl *Text hinzufügen* wählen. Im mit der Form verknüpften Textfeld können Sie dann einen auf der Form zentrierten Text eingeben. Anders als das separat hinzugefügte Textfeld können Sie den zur Form hinzugefügten Text jedoch nicht auf der Form verschieben oder das Textfeld vergrößern oder verkleinern. Sie können lediglich über die Registerkarte *Text formatieren* die Texteigenschaften anpassen.

Mehrere Formen einfügen

Sie können bei Bedarf mehrere Formen in Ihre E-Mail einfügen. Gehen Sie dazu wie folgt vor:

1. Klicken Sie dazu auf der Registerkarte *Einfügen* in der Multifunktionsleiste auf die Schaltfläche *Formen* und wählen Sie die gewünschte Form aus.
2. Zeichnen Sie die Form dann durch Ziehen mit der Maus in der E-Mail ein.

TIPP Ist momentan eine Form aktiviert, können Sie die weiteren *Formen einfügen* auch über die Gruppe *Formen* auf der Registerkarte *Format* auswählen und anschließend durch Ziehen mit der Maus einzeichnen.

Formen anordnen

Manche Effekte lassen sich nur erzielen, wenn sich die einzelnen Formen überlagern. Nicht immer steht dabei die gewünschte Form im Vordergrund. Sie können die Reihenfolge der Formen jedoch über die Schaltfläche *Anordnen* auf der Registerkarte *Format* anpassen. Zusätzlich können Sie mehrere markierte Formen an ihrem oberen oder unteren Rand oder mittig ausrichten, die Formen gruppieren oder drehen. Gehen Sie dazu wie folgt vor:

- In den Vordergrund: Markieren Sie die Form, die Sie in den Vordergrund stellen möchten. Klicken Sie dann auf den Abwärtspfeil in der Schaltfläche *Anordnen* und in der Schaltflächenpalette, die sich öffnet, auf die Schaltfläche *In den Vordergrund* (siehe Abbildg. 8.15).

Abbildg. 8.15 Formen in den Vordergrund holen

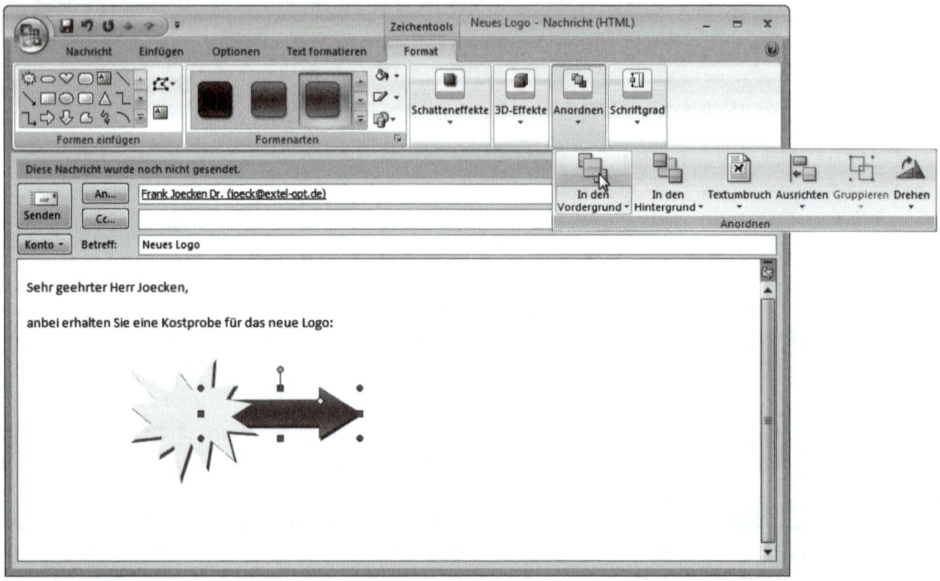

- Überlagern sich mehrere Formen, können Sie die aktivierte Form auch nur eine Ebene nach vorne bringen statt in den Vordergrund. Klicken Sie dazu in der Palette *Anordnen*, die sich durch einen Mausklick auf den Abwärtspfeil in der Schaltfläche *Anordnen* öffnet, auf den Abwärtspfeil in der Schaltfläche *In den Vordergrund*, und wählen Sie im Dropdown-Menü den Befehl *Eine Ebene nach vorne* aus.
- Überlagert Text eine Form und wollen Sie die Form in den Vordergrund bringen, markieren Sie die Form, klicken Sie auf den Abwärtspfeil in der Schaltfläche *Anordnen* und anschließend auf den Abwärtspfeil in der Schaltfläche *In den Vordergrund* und wählen Sie im zugehörigen Dropdown-Menü den Befehl *Vor den Text*.

- **In den Hintergrund:** Um eine Form in den Hintergrund zu versetzen, markieren Sie sie mit einem Mausklick. Dann klicken Sie auf der Registerkarte *Format* der Multifunktionsleiste auf den Abwärtspfeil in der Schaltfläche *Anordnen* und wählen in der Palette *Anordnen*, die sich öffnet, die Schaltfläche *In den Hintergrund.*
  - Überlagern sich mehrere Formen, können Sie die aktivierte Form auch nur eine Ebene nach hinten bringen statt ganz in den Hintergrund. Klicken Sie dazu auf den Abwärtspfeil in der Schaltfläche *Anordnen* und anschließend auf den Abwärtspfeil in der Schaltfläche *In den Hintergrund*, und wählen Sie im zugehörigen Dropdown-Menü den Befehl *Eine Ebene nach vorne.*
  - Überlagert eine Form Text aus der E-Mail und wollen Sie den Text in den Vordergrund bringen, markieren Sie die Form, klicken Sie auf den Abwärtspfeil in der Schaltfläche *Anordnen* und anschließend auf den Abwärtspfeil in der Schaltfläche *In den Hintergrund*, und wählen Sie dann im Dropdown-Menü den Befehl *Hinter den Text bringen.*

- **Textumbruch:** Enthält das Textfeld der E-Mail einen umfangreichen Text und wollen Sie bewirken, dass der Text die Form umfließt, markieren Sie die Form, aktivieren Sie in der Multifunktionsleiste die Registerkarte *Format*, falls diese nicht bereits aktiviert ist, klicken Sie auf den Abwärtspfeil in der Schaltfläche *Anordnen* und danach auf den Abwärtspfeil in der Schaltfläche *Textumbruch* und wählen Sie dann im Dropdown-Menü die Option *Quadrat*, damit der Text die Form in quadratischer Form umfließt (siehe Abbildg. 8.16), oder die Option *Oben und unten*, damit links und rechts von der Form kein Text fließt.

Abbildg. 8.16 Die Form von Text umfließen lassen

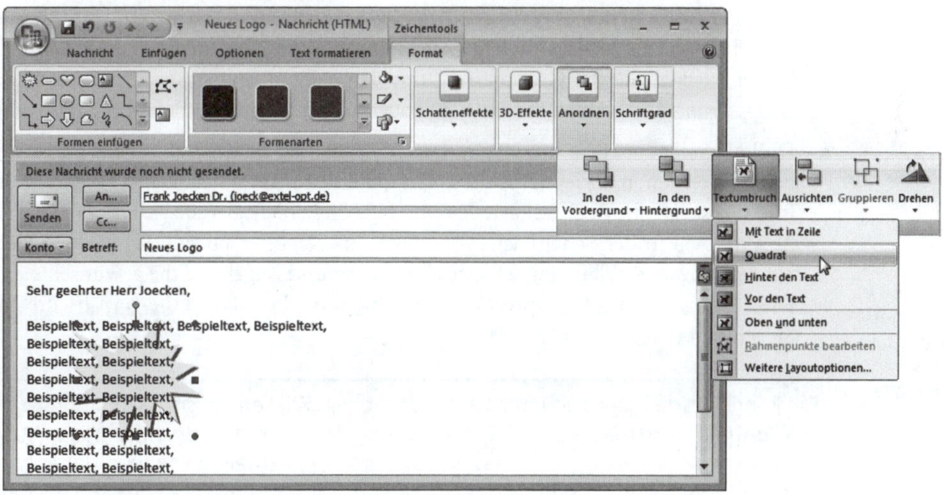

- **Ausrichten:** Um mehrere Formen an ihrem linken oder oberen Rand oder horizontal oder vertikal zentriert anzuordnen, markieren Sie die Formen durch Anklicken mit gedrückter [Strg]-Taste. Dann klicken Sie auf der Registerkarte *Format* auf den Abwärtspfeil in der Schaltfläche *Anordnen* und in der Schaltflächenpalette auf den Abwärtspfeil in der Schaltfläche *Ausrichten* und wählen die gewünschte Ausrichtung aus dem Dropdown-Menü aus (siehe Abbildg. 8.17).

Abbildg. 8.17 Formen aneinander ausrichten

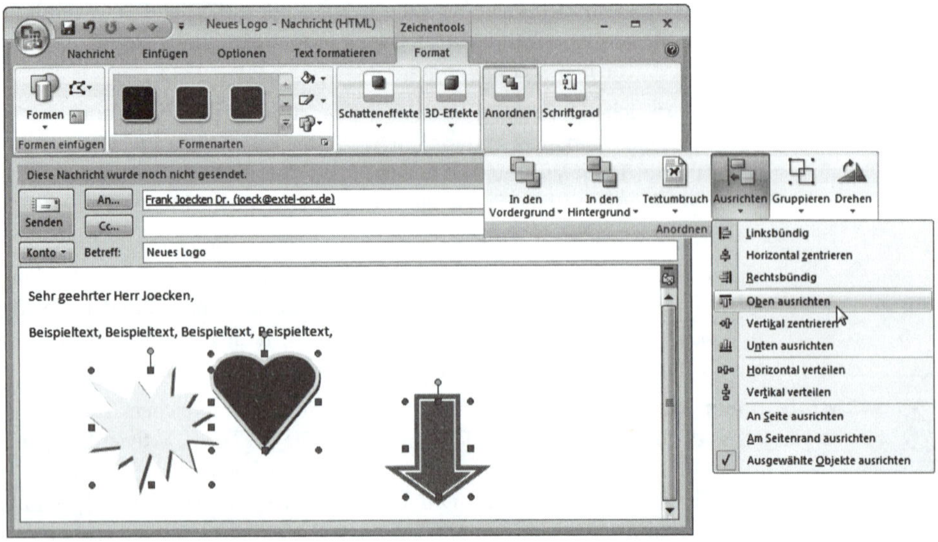

- **Gruppieren:** Damit Ihre mühsam erstellte Konstruktion nicht wieder auseinander fällt, markieren Sie alle darin enthaltenen Formen per Mausklick mit gedrückter `Strg`-Taste, klicken Sie dann auf der Registerkarte *Format* auf den Abwärtspfeil in der Schaltfläche *Anordnen* und anschließend auf den Abwärtspfeil in der Schaltfläche Gruppieren, und klicken Sie dann im Dropdown-Menü auf den Befehl *Gruppieren.* Um die Gruppierung anschließend wieder aufzuheben, klicken Sie die Gruppierung mit der rechten Maustaste an, zeigen Sie auf den Befehl *Gruppierung* und wählen Sie dann im zugehörigen Menü den Befehl *Gruppierung aufheben.*

- **Drehen:** Soll eine Form um 90 Grad nach rechts oder links gedreht oder horizontal oder vertikal gekippt werden, markieren Sie die Form mit einem Mausklick. Dann aktivieren Sie in der Multifunktionsleiste die Registerkarte *Format,* falls diese nicht bereits aktiviert ist, und klicken auf den Abwärtspfeil in der Schaltfläche *Anordnen.* Als Nächstes klicken Sie in der Schaltflächenpalette auf den Abwärtspfeil in der Schaltfläche *Drehen* und zeigen auf die gewünschte Art der Drehung. Die Form wird sofort entsprechend gedreht. Sobald die Form die gewünschte Lage hat, klicken Sie auf den entsprechenden Befehl.

PROFITIPP

Sie können eine Form auch mit der Maus drehen. Klicken Sie sie dazu an und ziehen Sie dann den grünen Punkt am oberen Rand der Markierung mit gedrückter linker Maustaste in die Richtung, in der die Form gedreht werden soll. Die aktuelle Lage wird dabei mit einer gestrichelten Linie gekennzeichnet. Sobald die Form die gewünschte Lage hat, lassen Sie die linke Maustaste los. Um die Form horizontal oder vertikal zu kippen, ziehen Sie den grünen Punkt hingegen mit gedrückter linker Maustaste auf die gegenüberliegende Seite der Form.

SmartArt-Grafiken in E-Mails einfügen

Neben Grafiken und ClipArts können Sie auch so genannte SmartArt in den Text Ihrer E-Mails einfügen. Dabei handelt es sich um komplexe Grafiken, mit denen sich sequenzielle oder gruppierte Informationsblöcke, fortlaufende Abfolgen von Phasen oder Ereignissen, hierarchische Beziehungen oder andere Arten von Beziehungen darstellen lassen.

SmartArt-Grafiken in E-Mails einfügen

Um eine SmartArt-Grafik in Ihre E-Mail einzufügen, gehen Sie wie folgt vor:

1. Erstellen Sie eine neue E-Mail über den Befehl *Datei/Neu/E-Mail-Nachricht.*
2. Geben Sie den E-Mail-Empfänger, den Betreff und den Text der E-Mail ein.
3. Positionieren Sie die Einfügemarke an der Stelle im Text, an der Sie die SmartArt-Grafik einfügen möchten.
4. Aktivieren Sie in der Multifunktionsleiste die Registerkarte *Einfügen* und klicken Sie in der Gruppe *Illustrationen* auf die Schaltfläche *SmartArt.*

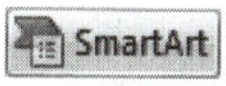

5. Im Dialogfeld *SmartArt-Grafik auswählen* legen Sie zunächst die Art der SmartArt-Grafik fest, die Sie in den Text einfügen möchten, in der Spalte ganz links. Dann wählen Sie in der mittleren Spalte den Untertyp aus. In der Spalte ganz rechts wird eine Beschreibung zum ausgewählten Untertyp eingeblendet (siehe Abbildg. 8.18).

Abbildg. 8.18 Die SmartArt-Grafik auswählen

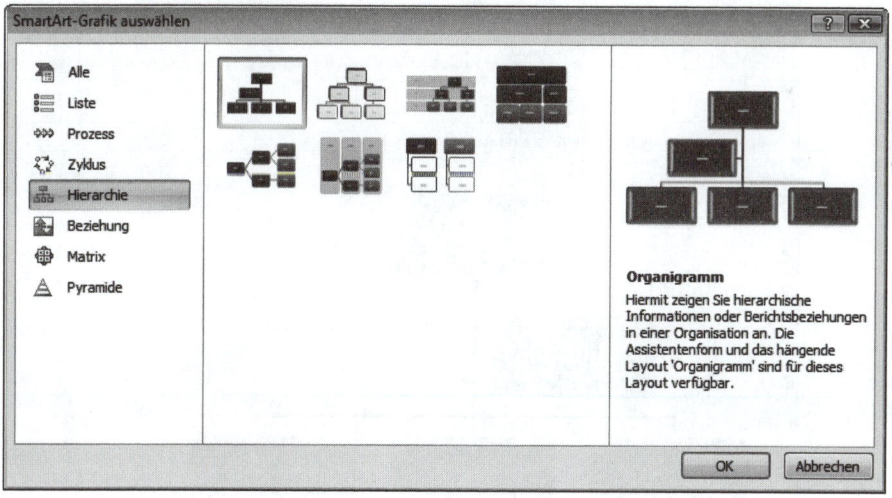

6. Übernehmen Sie die SmartArt-Grafik mit einem Mausklick auf die Schaltfläche *OK* in Ihren Text.

7. Die SmartArt-Grafik wird nun in den Text eingefügt und Sie können damit beginnen, den Text einzugeben. Klicken Sie dazu die Bezeichnung *[Text]* in den einzelnen Formen nacheinander an und geben Sie jeweils den Text ein.

TIPP Die Schrift in den Textfeldern sieht zunächst sehr groß aus. Sie brauchen sich jedoch keine Sorgen zu machen, ob Ihr Text in die Felder passt, denn die Schriftgröße wird bei der Eingabe automatisch an die Menge des eingegebenen Textes angepasst.

8. Um die Grafik zu erweitern, aktivieren Sie eine Form, vor, nach, über oder unter der Sie eine weitere Form hinzufügen möchten, und klicken Sie dann in der Gruppe *Grafik erstellen* der Registerkarte *Entwurf* auf den Abwärtspfeil in der Schaltfläche *Form hinzufügen*.
9. Im nun geöffneten Dropdown-Listenfeld legen Sie fest, an welcher Stelle die Form hinzufügt werden soll. Um beispielsweise im Organigramm ein weiteres Feld zur aktuellen Organisationsebene hinzuzufügen, wählen Sie den Befehl *Form danach hinzufügen*, um eine neue Organisationsebene unterhalb der aktuellen Ebene einzufügen, wählen Sie den Befehl *Form darunter hinzufügen* (siehe Abbildg. 8.19).

Abbildg. 8.19 Die SmartArt-Grafik erweitern

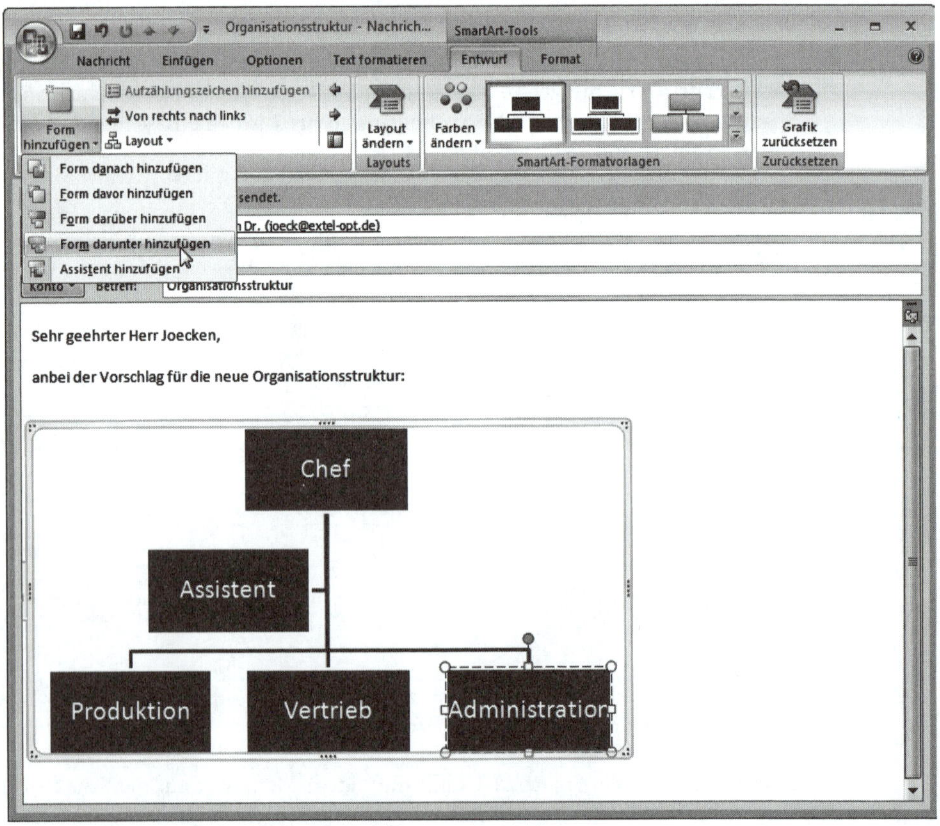

10. Geben Sie nun den Text in die neue Form ein.
11. Um eine Form aus einer SmartArt-Grafik zu entfernen, markieren Sie die Form mit einem Mausklick und drücken Sie dann die Entf-Taste.

SmartArt-Grafiken anpassen

Stellen Sie fest, dass es besser wäre, die SmartArt-Grafik genau spiegelverkehrt anzuordnen oder finden Sie, dass ein anderes Layout doch besser für Ihren Zweck geeignet wäre, können Sie die SmartArt-Grafik ganz leicht mit wenigen Mausklicks anpassen. Gehen Sie dazu wie folgt vor:

Aktivieren Sie die SmartArt-Grafik mit einem Mausklick und klicken Sie dann in der Multifunktionsleiste auf *Entwurf*, um die gleichnamige Registerkarte zu aktivieren.

- **Von rechts nach links:** Um die Formen inklusive Inhalt vertikal zu spiegeln, klicken Sie in der Gruppe *Grafik erstellen* auf die Schaltfläche *Von rechts nach links*.
- **Auswahl höher/tiefer stufen:** Um eine Form eine Ebene höher oder tiefer zu stufen, aktivieren Sie sie mit einem Mausklick und klicken dann auf der Registerkarte *Entwurf* in der Gruppe *Grafik erstellen* auf die Schaltfläche *Auswahl höher stufen* bzw. *Auswahl tiefer stufen*.

- **Layout:** Um die Anordnung der Formen in der SmartArt-Grafik anzupassen, klicken Sie in der Gruppe *Grafik erstellen* auf die Schaltfläche *Layout* und wählen die gewünschte neue Anordnung aus dem Dropdown-Menü aus.
- **Textbereich:** Sagt Ihnen die Texteingabe in den einzelnen Formen nicht zu, brauchen Sie nur den Textbereich mit einem Mausklick auf die gleichnamige Schaltfläche einzublenden. In dem nun geöffneten Fenster können Sie die einzelnen Textelemente bequem anklicken und anpassen oder sie durch neuen Text ersetzen. Klicken Sie einen Text mit der rechten Maustaste an, können Sie über das Kontextmenü Änderungen an der Textformatierung und an der Schriftart vornehmen oder aber die Form, zu der der Text gehört, höher oder tiefer stufen (siehe Abbildg. 8.20). Klicken Sie dazu die gewünschte Schaltfläche bzw. den gewünschten Befehl an oder öffnen Sie das entsprechende Listenfeld mit einem Mausklick auf den Abwärtspfeil und wählen Sie die Option aus dem Listenfeld mit einem Mausklick aus. Schließen Sie den Textbereich mit einem Mausklick auf die *Schließen*-Schaltfläche in der rechten oberen Ecke.

Abbildg. 8.20 Texte über den Textbereich bearbeiten und formatieren

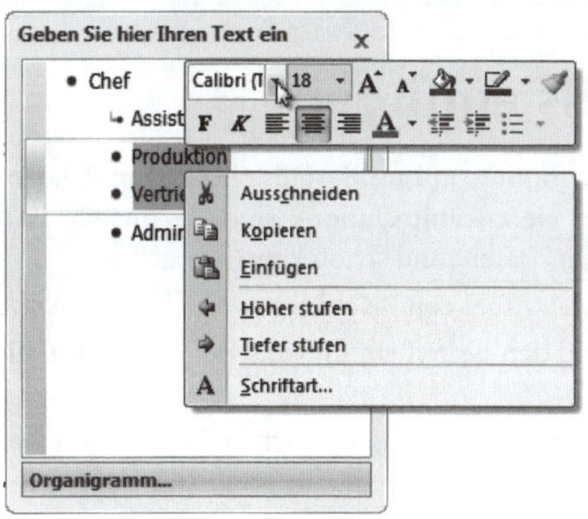

- **Layout ändern:** Passt das aktuelle Layout nicht zum gewünschten Zweck, öffnen Sie die Layoutpalette des aktuellen Grafiktyps mit einem Mausklick auf diese Schaltfläche und wählen Sie das gewünschte Layout aus der Palette aus.

TIPP Wollen Sie nicht nur das Layout, sondern den Grafiktyp ändern, klicken Sie in der Palette auf *Weitere Layouts*. Wählen Sie dann im nun geöffneten Dialogfeld *SmartArt-Grafik auswählen* zunächst den Typ der SmartArt-Grafik aus, den Sie benutzen möchten, und entscheiden Sie sich dann für ein Layout.

- **Farben ändern:** Um die aktuelle Farbauswahl zu ändern, klicken Sie auf die Schaltfläche *Farben ändern* und wählen Sie in der Farbpalette, die sich öffnet, die gewünschte Farbzusammenstellung aus.
- **Grafikformat wählen:** Soll die SmartArt-Grafik mit 3D-Effekt, mit Schatten oder mit einem anderen Art von Rahmen dargestellt werden, klicken Sie auf die Schaltfläche *Weitere* am unteren Rand der Bildlaufleiste in der Gruppe *SmartArt-Formatvorlagen* (siehe Abbildg. 8.21), und wählen Sie dann das gewünschte Format aus der Palette aus, die sich einblendet.

Abbildg. 8.21 Das Grafikformat ändern

- **Grafik zurücksetzen:** Um alle vorgenommenen Grafikformatänderungen rückgängig zu machen, klicken Sie auf die Schaltfläche *Grafik zurücksetzen*.

TIPP Falls Sie Ihre mühsam erstellte Grafik separat als Datei speichern möchten, klicken Sie auf die Office-Schaltfläche in der linken oberen Ecke und wählen Sie den Befehl *Speichern*. Im daraufhin geöffneten Dialogfeld *Speichern* geben Sie den Dateinamen ein. Die Datei wird standardmäßig im HTML-Format im Ordner *<Benutzer>/Dokumente* gespeichert. Sie können die Datei anschließend in Ihrem Browser öffnen. Öffnen Sie dazu den Ordner *Dokumente* und klicken Sie doppelt auf den Dateinamen der HTML-Datei.

Diagramme in E-Mails einfügen

Outlook 2007 macht es Ihnen leicht, Diagramme in Ihre E-Mails einzufügen. Egal, ob Torten- oder Säulendiagramm, Liniendiagramm oder Netz – mit Outlook sind Sie für alle Fälle gerüstet. Sie benötigen dazu lediglich die erforderlichen Daten, und schon kann's losgehen.

1. Erstellen Sie eine neue E-Mail-Nachricht über den Befehl *Datei/Neu/E-Mail-Nachricht*.
2. Geben Sie den E-Mail-Empfänger und den Betreff ein und aktivieren Sie dann die Registerkarte *Einfügen*.
3. Klicken Sie auf die Schaltfläche *Diagramm*, um das Dialogfeld *Diagramm einfügen* zu öffnen (siehe Abbildg. 8.22).
4. Wählen Sie in der Spalte ganz links den Diagrammtyp und anschließend im Bereich auf der rechten Seite das Layout. Klicken Sie anschließend auf *OK*, um fortzufahren.
5. Es öffnet sich eine Datentabelle von Excel in Word mit Beispielwerten für die Grafik. Ersetzen Sie die Beispielwerte und Angaben in der Datentabelle durch Ihre eigenen Werte und Angaben.

Abbildg. 8.22 Ein *Diagramm in eine E-Mail einfügen*

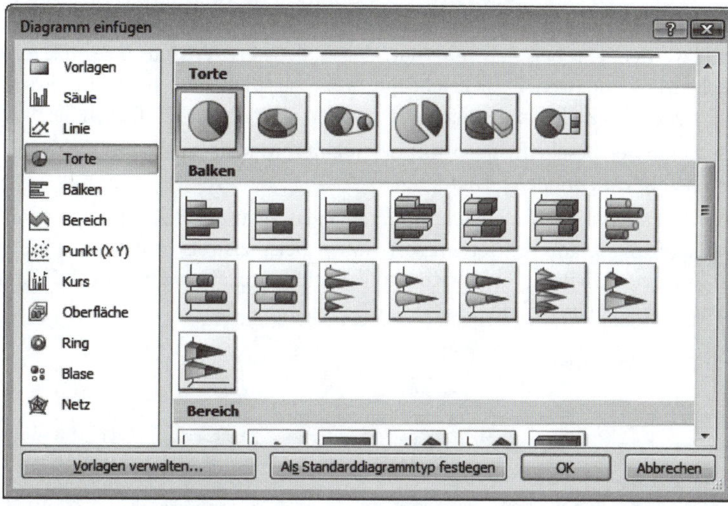

6. Reichen die vorgegebenen Zeilen und Spalten nicht aus oder sind zu viele Zeilen oder Spalten vorhanden, ziehen Sie zum Ändern der Größe des Diagramms die rechte untere Ecke des markierten Bereichs mit gedrückter linker Maustaste nach rechts unten oder nach links oben (siehe Abbildg. 8.23).

TIPP Es ist sehr wichtig, dass Sie die Diagrammgröße anpassen, da für jede Zeile im Diagrammdatenbereich ein Punkt in der Legende des Diagramms angezeigt wird, auch wenn die Zeile im Diagrammdatenbereich gar keine Daten enthält.

Abbildg. 8.23 Die Diagrammgröße anpassen

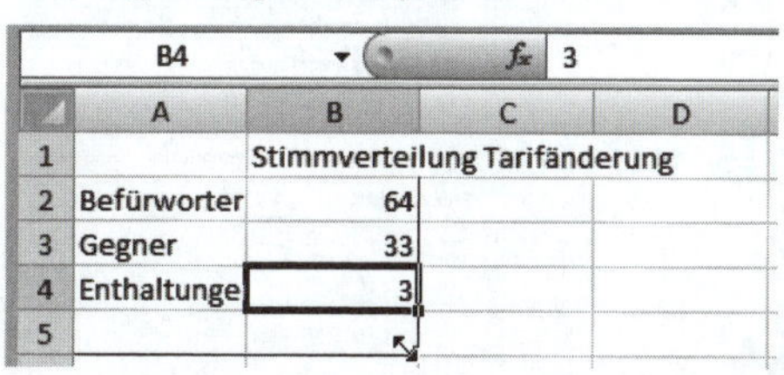

7. Wechseln Sie nun mit einem Mausklick auf die entsprechende Schaltfläche in der Taskleiste von Windows zu der E-Mail, und betrachten Sie das Diagramm, das aus Ihren Daten erstellt wurde.
8. Fügen Sie als Nächstes eine Diagrammbeschriftung zum Diagramm hinzu. Klicken Sie dazu mit der rechten Maustaste auf das Diagramm und wählen Sie im Kontextmenü den Befehl *Datenbeschriftungen hinzufügen*.
9. Ergänzen Sie bei Bedarf den Text der E-Mail und klicken Sie auf die Schaltfläche *Senden*, um die E-Mail zu verschicken.

Die Datenbeschriftung anpassen

Die Datenbeschriftung entspricht in der Regel sehr wahrscheinlich nicht Ihren Vorstellungen und muss angepasst werden. Um beispielsweise statt der Zahlenwerte Prozentsätze anzuzeigen, müssen Sie die Datenbeschriftung anpassen. Das Gleiche gilt, wenn beispielsweise Werte und Prozentsätze in zwei untereinander stehenden Zeilen angezeigt werden sollen oder Ähnliches. Gehen Sie dazu wie folgt vor:

1. Klicken Sie eine der Beschriftungen mit der rechten Maustaste an und wählen Sie im Kontextmenü den Befehl *Datenreihen formatieren.*
2. Im Dialogfeld *Datenbeschriftungen formatieren* legen Sie unter *Beschriftung enthält* fest, was alles in der Beschriftung angezeigt werden soll. Sollen beispielsweise anstatt der Werte Prozentsätze angezeigt werden, aktivieren Sie das Kontrollkästchen *Prozentsatz* und deaktivieren Sie das Kontrollkästchen *Wert* (siehe Abbildg. 8.24).

Abbildg. 8.24 Die Beschriftung formatieren

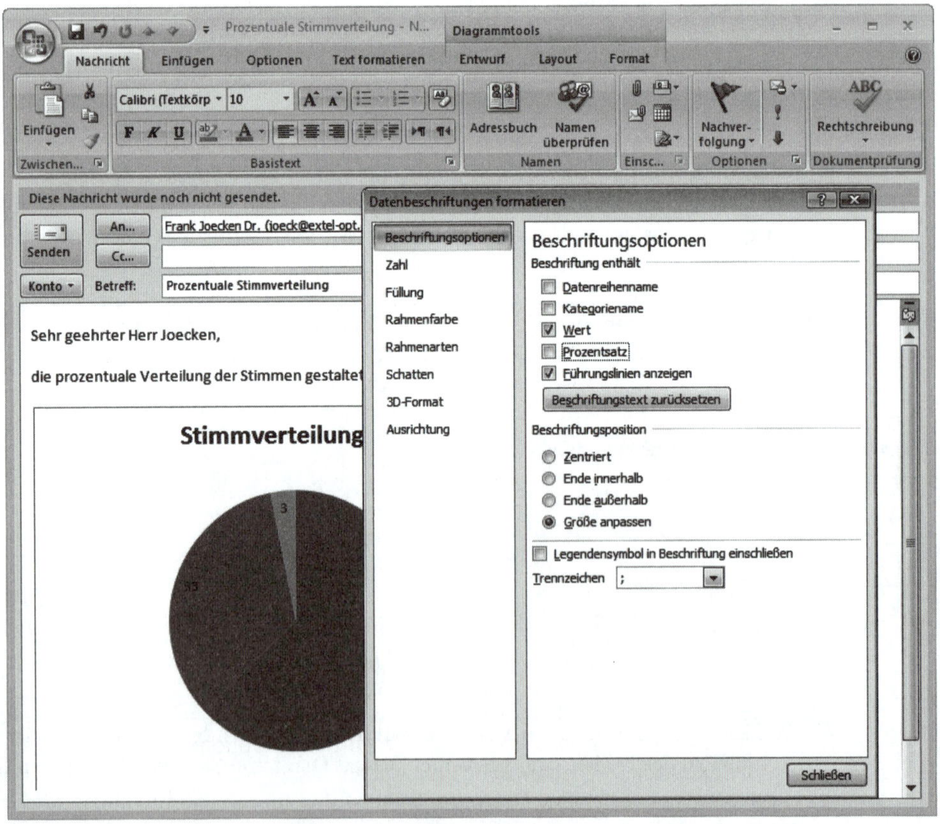

TIPP Wenn Sie mehrere Beschriftungen angeben, wie z.B. den Wert und den Prozentsatz, können Sie im Listenfeld *Trennzeichen* wählen, mit welchem Satzzeichen die Angaben getrennt werden sollen oder ob die einzelnen Angaben jeweils in eine neue Zeile gesetzt werden sollen. Klicken Sie dazu auf den Abwärtspfeil im Listenfeld *Trennzeichen* und wählen Sie die gewünschte Option aus.

3. Um die Beschriftungsposition zu verändern, aktivieren Sie im Abschnitt *Beschriftungsposition* die gewünschte Option. Über die weiteren Optionen in der linken Spalte des Dialogfelds können Sie zusätzliche Formatierungsoptionen auswählen, wie z.B. das Zahlenformat, die Rahmenfarbe und die Füllung für die Beschriftung.
4. Klicken Sie auf die *Schließen*-Schaltfläche, um die Änderungen zu übernehmen.

TIPP Auf die gleiche Weise können Sie auch die Art und Position des Diagrammtitels und der Legende anpassen. Klicken Sie den Diagrammtitel bzw. die Legende dazu mit der rechten Maustaste an und wählen Sie im Kontextmenü den Befehl *Diagrammtitel formatieren* bzw. *Legende formatieren*. Wenn Sie sich jedoch nicht so gut mit Diagrammen auskennen, könnten die zahlreichen Optionen etwas erschlagend wirken. Nutzen Sie in dem Fall lieber die Optionen auf der Registerkarte *Layout*.

Die Art und Position des Diagrammtitels, der Legende und der Datenbeschriftungen können Sie ganz leicht über die Registerkarte *Layout* in der Multifunktionsleiste anpassen, die Ihnen zur Verfügung steht, sobald Sie das Diagramm mit einem Mausklick aktivieren (siehe Abbildg. 8.25).

Abbildg. 8.25 Das Layout des Diagramms anpassen

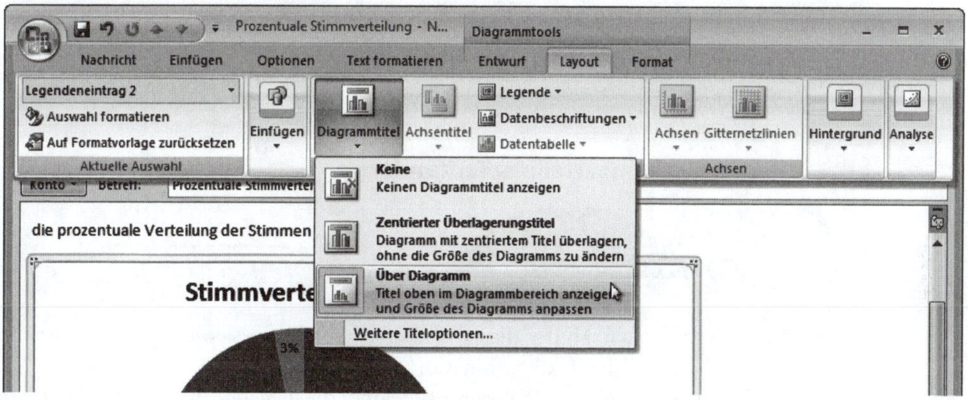

- **Diagrammtitel:** Um den Diagrammtitel ein- oder auszublenden, klicken Sie auf die Schaltfläche *Diagrammtitel* und wählen Sie im Dropdown-Menü, wo und wie der Diagrammtitel angezeigt werden soll.

TIPP Anhand der Miniaturgrafik, die jeweils links neben den einzelnen Bezeichnungen zu lesen ist, erkennen Sie, was sich hinter den einzelnen Optionen verbirgt, und können so leichter entscheiden, welche Option Sie wählen sollen.

- **Legende:** Um die Position der Legende zu verändern oder die Legende ganz zu deaktivieren, klicken Sie auf die Schaltfläche *Legende* und legen Sie über das Dropdown-Menü die gewünschte Position fest.
- **Datenbeschriftung anpassen:** Um die Position der Datenbeschriftung anzupassen, klicken Sie auf *Datenbeschriftungen* und wählen die gewünschte Option aus dem Dropdown-Listenfeld aus. Über die Option *Keine* können Sie die Datenbeschriftung außerdem deaktivieren.

Das Diagrammlayout verändern

Wollen Sie das Layout oder den Diagrammtyp ändern, wechseln Sie in der Multifunktionsleiste zur Registerkarte *Entwurf*. Über die Schaltflächen *Diagrammtyp ändern*, *Schnelllayout* und *Schnellformatvorlagen* können Sie das Layout mit einem einzigen Mausklick anpassen.

- **Diagrammtyp ändern:** Klicken Sie auf diese Schaltfläche, um das Dialogfeld *Diagrammtyp ändern* zu öffnen, das dem Dialogfeld *Diagramm einfügen* entspricht. Wählen Sie im Dialogfeld den gewünschten Diagrammtyp und bestätigen Sie Ihre Wahl mit einem Mausklick auf *OK*.

- **Schnelllayout:** Wollen Sie ein komplettes Layout für den Diagrammtitel, die Legende und die Datenbeschriftung mit einem Mausklick auswählen, klicken Sie auf die Schaltfläche *Schnelllayout* und wählen Sie in der Palette, die sich öffnet, das gewünschte Layout mit einem Mausklick aus (siehe Abbildg. 8.26).

Abbildg. 8.26 Das Layout für Diagrammtitel, Datenbeschriftung und Legende wählen

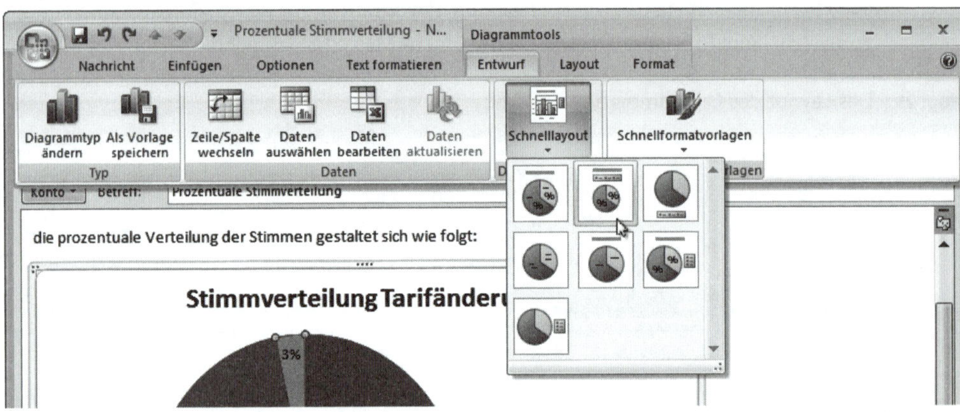

- **Schnellformatvorlagen:** Hinter dieser Schaltfläche verbirgt sich eine Palette mit zahlreichen Farb- und Effektkombinationen für den gewählten Diagrammtyp. Die Datenbeschriftung, der Diagrammtitel und die Legende werden von der gewählten Formatvorlage jedoch nicht beeinflusst. Wählen Sie die gewünschte Vorlage mit einem Mausklick aus.

Die Diagrammdaten anpassen

Müssen die Diagrammdaten angepasst oder erweitert werden, müssen Sie zur Microsoft Excel-Tabelle wechseln. Gehen Sie dazu wie folgt vor:

1. Klicken Sie in der Multifunktionsleiste auf der Registerkarte *Entwurf* auf die Schaltfläche *Daten bearbeiten*.
2. Outlook blendet nun die Excel-Tabelle ein, die die Diagrammdaten enthält. Um die Diagrammdaten anzupassen, klicken Sie die einzelnen Felder nacheinander an und geben Sie die neuen Werte ein.
3. Benötigen Sie mehr Zeilen oder Spalten, klicken Sie auf den rechten unteren Rand des Diagrammdatenbereichs und ziehen Sie die Maus nach unten oder nach rechts, bis der Diagrammdatenbereich die gewünschte Größe hat (siehe Abbildg. 8.27).

Abbildg. 8.27 Die Diagrammgröße anpassen

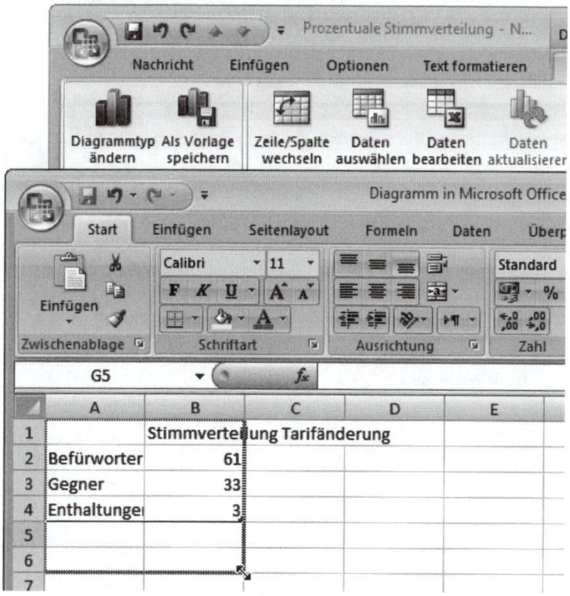

4. Klicken Sie die einzelnen Felder an und geben Sie jeweils die Daten ein.
5. Um wieder zur E-Mail mit dem Diagramm zurückzukehren, klicken Sie in der Taskleiste von Windows auf die Schaltfläche für Ihre E-Mail. Das Diagramm wird nun mit den geänderten und erweiterten Daten angezeigt.

TIPP Manchmal stellt sich erst dann heraus, dass die Zeilen und Spalten eines Diagramms vertauscht werden müssen, wenn das Diagramm bereits fertig ist. Sie brauchen nun jedoch nicht das gesamte Diagramm neu anzufertigen. Ein Mausklick auf die Schaltfläche *Zeile/Spalte wechseln* auf der Registerkarte *Entwurf* der Multifunktionsleiste genügt, um den gewünschten Wechsel herbeizuführen.

Tabellen in E-Mails einfügen

Wollen Sie Inhalte Ihrer E-Mail als Tabelle darstellen, können Sie die umfangreiche Tabellenfunktion von Microsoft Office Word benutzen. Gehen Sie dazu wie folgt vor:

1. Erstellen Sie Ihre E-Mail über den Befehl *Datei/Neu/E-Mail-Nachricht*, geben Sie den E-Mail-Empfänger und den Betreff ein und aktivieren Sie das Textfeld.
2. Geben Sie den Text der E-Mail ein und positionieren Sie dann die Einfügemarke an der Stelle im Text, an der Sie die Tabelle einfügen möchten.
3. Markieren Sie im Dropdown-Menü die Anzahl der Zeilen und Spalten, aus denen die Tabelle bestehen soll (siehe Abbildg. 8.28). Die entsprechende Tabelle wird direkt in die E-Mail eingefügt. Die Größe der einzelnen Tabellenfelder passt sich automatisch an den verfügbaren Platz an.

Abbildg. 8.28 Eine Tabelle in die E-Mail einfügen

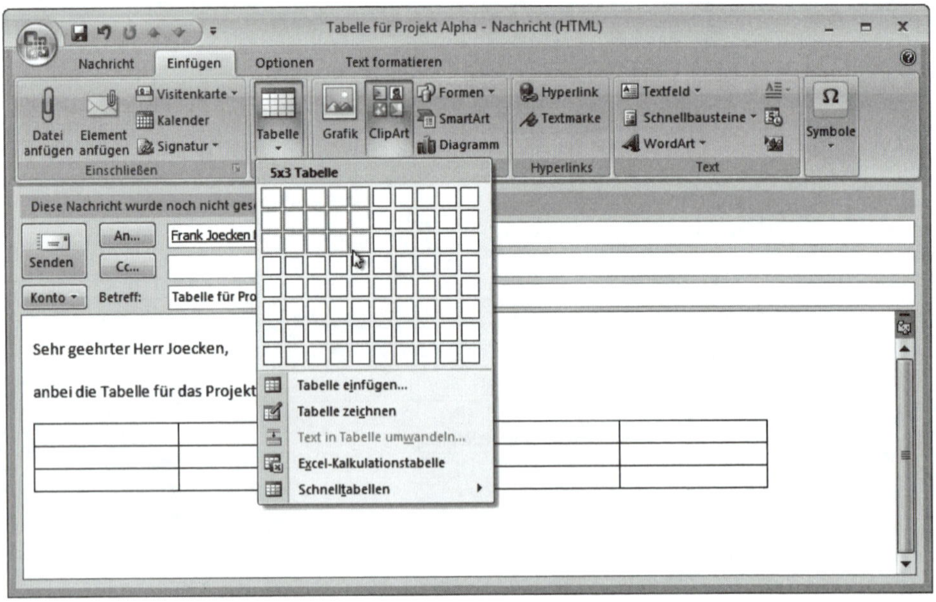

TIPP Solange das Dropdown-Menü geöffnet ist, können Sie die Tabellengröße anpassen, indem Sie den Mauscursor auf die gewünschte neue Zeilen- und Spaltenanzahl verschieben. Die Tabellengröße wird erst dann endgültig festgelegt, wenn Sie das Dropdown-Menü mit der Maus anklicken und damit die gewählte Tabellengröße bestätigen.

4. Geben Sie die Daten in die Tabelle ein. Um das Tabellenfeld zu wechseln, klicken Sie das nächste Feld entweder mit der Maus an oder drücken Sie die [Tab]-Taste. Um zum vorherigen Feld zu gelangen, drücken Sie die Tastenkombination [⇧]+[Tab].
5. Falls Sie die Tabelle im Gitternetzlayout verschicken möchten, klicken Sie nun auf die Schaltfläche *Senden*, um sie zu verschicken. Andernfalls formatieren Sie die Tabelle, wie im nächsten Abschnitt beschrieben.

Tabellen formatieren

Für Ihre E-Mail-Tabellen stehen Ihnen die gleichen Formatieroptionen zur Verfügung wie in Microsoft Office Word. Um Ihre Tabelle ansprechend zu formatieren, gehen Sie wie folgt vor:

Wählen Sie als Nächstes auf der Registerkarte *Entwurf*, die in der Multifunktionsleiste aktiviert ist, so lange Sie die Tabelle bearbeiten, wie mit der ersten Zeile und der ersten Spalte der Tabelle verfahren werden soll. Legen Sie dazu zunächst in der Gruppe *Optionen für Tabellenformat* fest, wie die erste und die letzte Zeile sowie die erste und die letzte Spalte der Tabelle behandelt werden soll (siehe Abbildg. 8.29).

Abbildg. 8.29 Die Optionen für das Tabellenformat festlegen

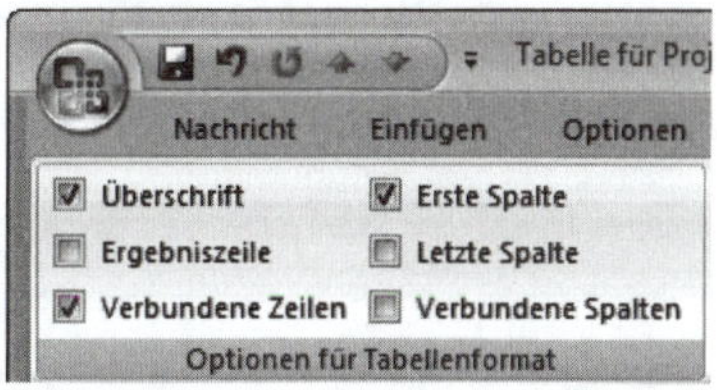

- **Überschrift:** Falls die erste Zeile die Spaltenüberschriften enthält, aktivieren Sie das Kontrollkästchen *Überschrift*. Enthält die erste Zeile bereits Daten, deaktivieren Sie hingegen das Kontrollkästchen.
- **Erste Spalte:** Enthält die erste Spalte die Zeilenbeschriftungen, aktivieren Sie das Kontrollkästchen *Erste Spalte*. Enthält die erste Spalte bereits Daten, deaktivieren Sie das Kontrollkästchen.
- **Ergebniszeile:** Enthält die letzte Zeile der Tabelle die Ergebnisse der darüber liegenden Zellen, wie z.B. Summen oder andere Arten von berechneten Werten, aktivieren Sie das Kontrollkästchen *Ergebniszeile*. Andernfalls deaktivieren Sie das Kontrollkästchen.
- **Letzte Spalte:** Enthalten die Zellen der letzten Spalte der Tabelle jeweils Ergebnisse aus den restlichen Zellen der einzelnen Zeilen, aktivieren Sie das Kontrollkästchen *Letzte Spalte*. Enthalten die Zellen der letzten Spalte hingegen normale Daten, deaktivieren Sie das Kontrollkästchen *Letzte Spalte*.
- **Verbundene Zeilen:** Sind die Daten innerhalb der einzelnen Zeilen inhaltlich miteinander verbunden, aktivieren Sie dieses Kontrollkästchen. Sind die Daten hingegen spaltenweise angeordnet oder innerhalb der Zeilen nicht verbunden, deaktivieren Sie das Kontrollkästchen.
- **Verbundene Spalten:** Hängen die Daten in den Feldern innerhalb jeder Spalte zusammen, aktivieren Sie dieses Kontrollkästchen. Haben die Daten in den Feldern innerhalb einer Spalte nichts miteinander zu tun, deaktivieren Sie das Kontrollkästchen *Verbundene Spalten*.

HINWEIS Die Optionen, die Sie in der Gruppe *Optionen für Tabellenformat* wählen, wirkte sich zwar nicht direkt auf die Tabelle aus, sondern sie werden erst sichtbar, wenn Sie in der Gruppe *Tabellenformatvorlagen* eine Vorlage auswählen.

Nachdem Sie die Optionen für das Tabellenformat festgelegt haben, wählen Sie nun in der Gruppe *Tabellenformatvorlagen* das gewünschte Tabellenformat. Klicken Sie dazu in der Bildlaufleiste des Bereichs auf die Schaltfläche *Weitere* und wählen Sie dann aus der Formatpalette, die sich öffnet, das gewünschte Format aus (siehe Abbildg. 8.30).

TIPP Sie können sich auch zunächst einen Eindruck von den jeweiligen Tabellenformatvorlagen verschaffen, indem Sie jeweils auf die Sie interessierenden Vorlagen zeigen. Die Tabelle nimmt das gewählte Format direkt an. Sobald Sie das passende Format gefunden haben, klicken Sie es dann an.

Abbildg. 8.30 Das Tabellenformat wählen

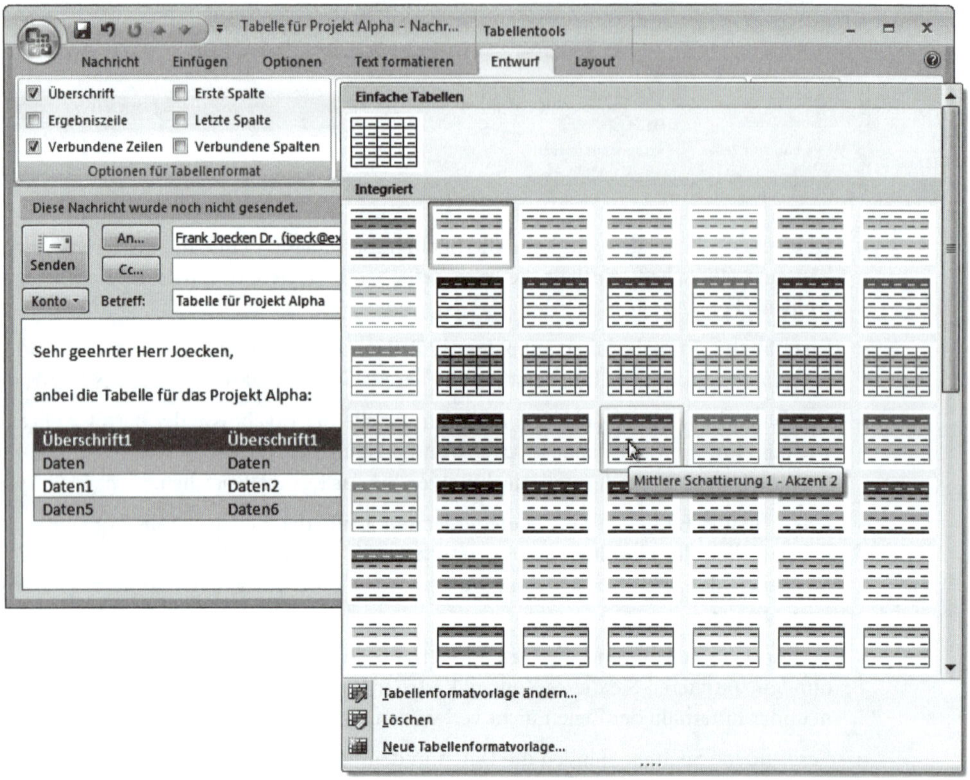

Tabellen erweitern/reduzieren

Fehlt in der Tabelle eine Zeile oder Spalte oder sind zu viele Zeilen oder Spalten vorhanden, müssen Sie die Tabelle entsprechend anpassen. Nutzen Sie dazu die Schaltflächen auf der Registerkarte *Layout* der Multifunktionsleiste:

1. Aktivieren Sie die Tabelle mit einem Mausklick auf eine beliebige Zelle.
2. Nun aktivieren Sie in der Multifunktionsleiste die Registerkarte *Layout* (siehe Abbildg. 8.31).
3. Um eine Spalte oder eine Zeile in die Tabelle einzufügen, aktivieren Sie zunächst ein Feld in der Zeile oder Spalte, neben der Sie die neue Zeile oder Spalte einfügen möchten.
4. Wählen Sie dann in der Gruppe *Zeilen und Spalten* die gewünschte Funktion:
   - **Spalten links einfügen:** Um eine Spalte links neben der aktuellen Spalte einzufügen, klicken Sie in der Gruppe *Zeilen und Spalten* auf die Schaltfläche *Links einfügen*. Klicken Sie die Schaltfläche mehrmals an, um mehrere Spalten links von der aktuellen Spalte einzufügen.

     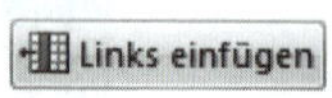

   - **Spalten rechts einfügen:** Um eine Spalte rechts von der aktuellen Spalte einzufügen, klicken Sie in der Gruppe *Zeilen und Spalten* auf die Schaltfläche *Rechts einfügen*. Klicken Sie die Schaltfläche mehrmals an, um mehrere Spalten rechts von der aktuellen Spalte einzufügen.

Abbildg. 8.31 Das Tabellenlayout verändern

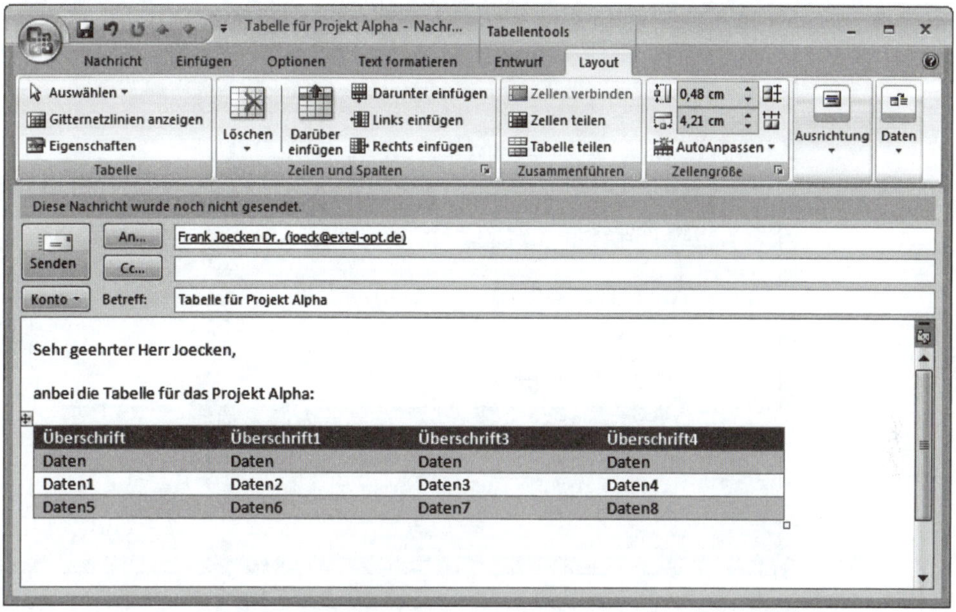

- **Zeilen darüber einfügen:** Um eine Zeile oberhalb von der aktuellen Zeile einzufügen, klicken Sie in der Gruppe *Zeilen und Spalten* auf die Schaltfläche *Darüber einfügen*. Klicken Sie die Schaltfläche mehrmals an, um mehrere Zeilen oberhalb von der aktuellen Zeile einzufügen.

- **Zeilen darunter einfügen:** Um eine Zeile unterhalb von der aktuellen Zeile einzufügen, klicken Sie in der Gruppe *Zeilen und Spalten* auf die Schaltfläche *Darunter einfügen*. Klicken Sie die Schaltfläche mehrmals an, um mehrere Zeilen unterhalb von der aktuellen Zeile einzufügen.

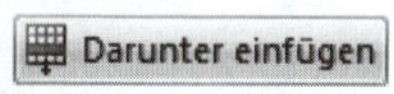

5. Um eine Zeile oder eine Spalte zu löschen, aktivieren Sie eine Zelle in der Zeile oder Spalte und klicken Sie dann in der Gruppe *Zeilen und Spalten* der Registerkarte *Layout* auf die Schaltfläche *Löschen*.
6. Im Dropdown-Menü wählen Sie die gewünschte Option aus (siehe Abbildg. 8.32). Das gewählte Element wird nun ohne weitere Warnung oder Rückfrage inklusive aller darin enthaltenen Daten entfernt.

TIPP Haben Sie eine Zelle, Zeile, Spalte oder Tabelle versehentlich gelöscht, drücken Sie ganz einfach die Tastenkombination Strg + Z, um die Änderung rückgängig zu machen und die gelöschten Daten wiederherzustellen.

Abbildg. 8.32 Eine Zeile, Spalte oder Tabelle löschen

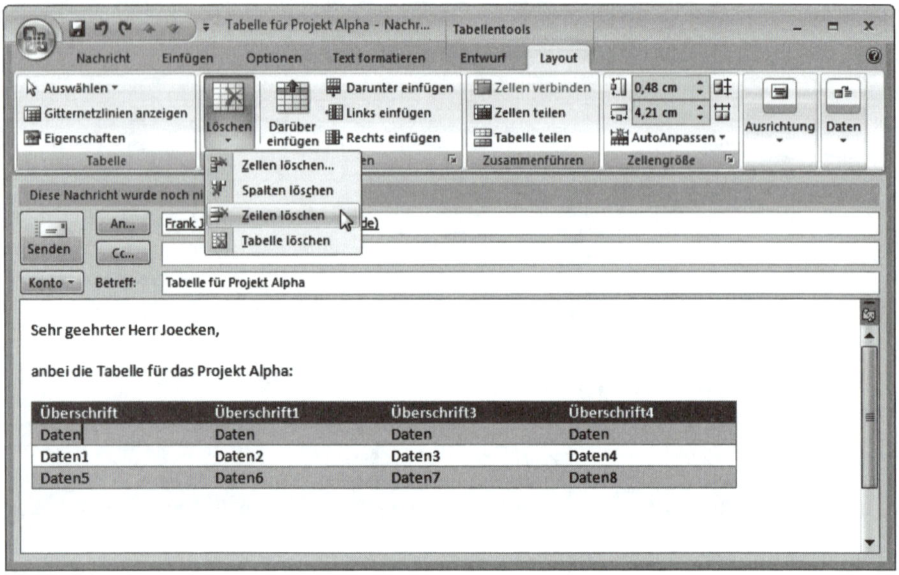

Die Textausrichtung anpassen

Sollen die Tabellendaten in einer Zeile oder Spalte statt links- lieber rechtsbündig angeordnet werden oder sollen die Daten lieber am unteren Zellenrand statt am oberen stehen, können Sie dies ganz leicht anpassen.

1. Markieren Sie die Zeile oder Spalte, deren Textausrichtung Sie ändern möchten. Klicken Sie dazu mit gedrückter ⇧-Taste links neben den Zeilen- oder Spaltenkopf der Zeile oder Spalte, die Sie markieren möchten.

TIPP Um mehrere Zeilen oder Spalten zu markieren, ziehen Sie die Maus mit gedrückter ⇧-Taste nach links oder rechts bzw. oben oder unten, um die vorhandene Markierung zu erweitern.

2. Klicken Sie in der Multifunktionsleiste auf der Registerkarte *Layout* auf die Schaltfläche *Ausrichtung*.
3. In der Palette, die sich öffnet, wählen Sie die gewünschte Textausrichtung aus (siehe Abbildg. 8.33).

Abbildg. 8.33 Die Textausrichtung anpassen

Tabellendaten sortieren

Sind die Tabellendaten bisher noch nicht sortiert, können Sie dies ganz leicht mit einem Mausklick nachholen. Gehen Sie dazu wie folgt vor:

1. Positionieren Sie die Einfügemarke in einem beliebigen Feld der Tabelle und aktivieren Sie dann die Registerkarte *Layout* in der Multifunktionsleiste.

2. Klicken Sie ganz rechts auf der Registerkarte *Layout* auf die Schaltfläche *Daten* und wählen Sie in der Palette *Daten*, die sich öffnet, die Schaltfläche *Sortieren*.
3. Im Dialogfeld *Sortieren* geben Sie zunächst an, ob die Spalte, nach der Sie sortieren möchten, eine Überschrift enthält oder nicht (siehe Abbildg. 8.34). Aktivieren Sie dazu unter *Liste enthält* die Option *Überschrift* oder *Keine Überschrift*.

Abbildg. 8.34 Tabellendaten sortieren

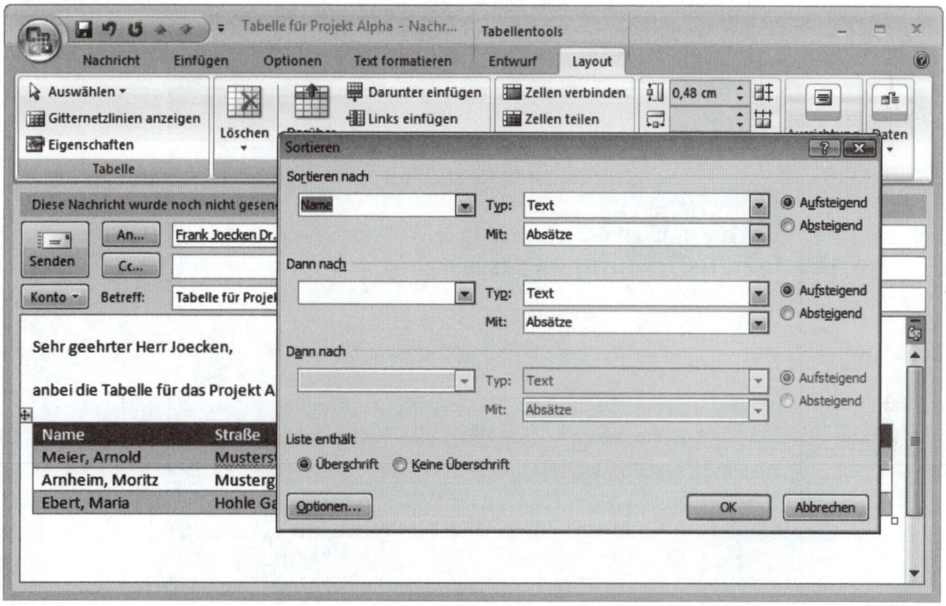

4. Als Nächstes wählen Sie im Listenfeld *Sortieren nach*, nach welcher Spalte die Tabelle sortiert werden soll. Standardmäßig ist die erste Spalte ausgewählt. Mit einem Mausklick auf den Abwärtspfeil im Listenfeld und die gewünschte Bezeichnung in der Liste können Sie dies jedoch rasch ändern.
5. Nun wählen Sie im Listenfeld *Typ* die Art der Daten, die in den Tabellenfeldern enthalten sind, also *Text*, *Zahl* oder *Datum*.
6. Anschließend legen Sie ganz rechts die Sortierreihenfolge fest. Zur Auswahl stehen die Optionen *Aufsteigend* und *Absteigend*.
7. Soll die Tabelle im Anschluss an die erste Sortierung noch nach einem zweiten Kriterium sortiert werden, wählen Sie das gewünschte Kriterium im Listenfeld *Dann nach* aus.
8. Klicken Sie auf *OK*, um die Sortierung durchzuführen. Die gesamte Tabelle wird nun nach dem angegebenen Kriterium sortiert.

WordArt-Grafiken in E-Mails einfügen

Wollen Sie eine Geburtstags-E-Mail, eine Ankündigung oder eine andere Art von E-Mail verschicken, in der Sie Schmuckelemente benötigen, fügen Sie doch einfach eine WordArt-Grafik in Ihre E-Mail ein.

1. Erstellen Sie eine neue E-Mail über den Befehl *Datei/Neu/E-Mail-Nachricht* und geben Sie den E-Mail-Empfänger und den Betreff ein und aktivieren Sie dann das Textfeld.
2. Nun klicken Sie die Registerkarte *Einfügen* und auf dieser die Schaltfläche *WordArt* 

an.
3. In der Palette, die sich öffnet, wählen Sie die gewünschte Art von WordArt-Grafik aus.
4. Im Dialogfeld *WordArt-Text bearbeiten* geben Sie den Text ein, der als WordArt-Grafik dargestellt werden soll (siehe Abbildg. 8.35).

Abbildg. 8.35 Den Text für die WordArt-Grafik eingeben

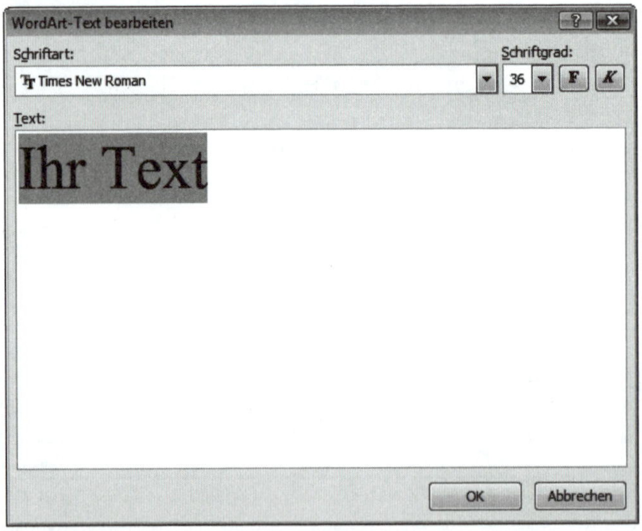

5. Wählen Sie bei Bedarf im Listenfeld *Schriftart* eine andere Schriftart aus.
6. Soll die Schrift größer oder kleiner als 36 Punkt sein, wählen Sie den gewünschten Schriftgrad aus dem gleichnamigen Feld aus.
7. Aktivieren Sie bei Bedarf die Schaltfläche *Fett* oder *Kursiv*, um den Text fett oder kursiv darzustellen.
8. Fügen Sie die WordArt-Grafik mit einem Mausklick auf die Schaltfläche *OK* in das Textfeld der E-Mail ein.
9. Geben Sie eventuell noch zusätzlichen Text ein und klicken Sie auf die Schaltfläche *Senden*, um die E-Mail zu verschicken.

WordArt-Grafiken anpassen

Um die WordArt-Grafik nachträglich zu ändern, aktivieren Sie sie mit einem Mausklick. Auf der Registerkarte *Format*, die nun in der Multifunktionsleiste enthalten ist (siehe Abbildg. 8.36), können Sie verschiedene Änderungen vornehmen, die nachfolgend beschrieben werden. Sobald Sie mit der Bearbeitung fertig sind, klicken Sie auf eine beliebige Stelle im Textfeld. Die Registerkarte *Formate* wird ausgeblendet und die WordArt-Grafik wird deaktiviert.

Abbildg. 8.36 Das WordArt-Format anpassen

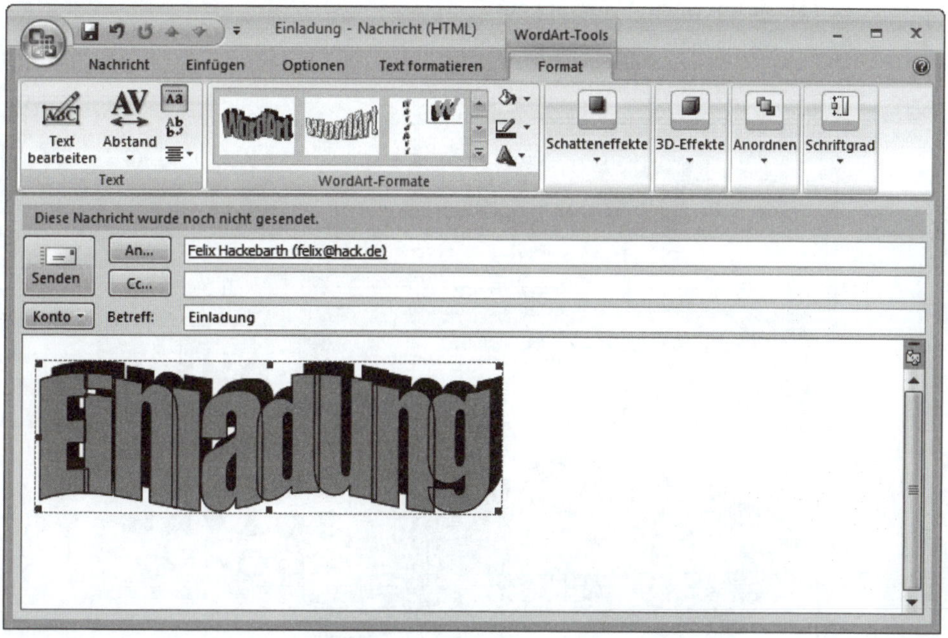

- **Text bearbeiten:** Um den Text der WordArt-Grafik zu bearbeiten, klicken Sie auf der Registerkarte *Format* auf die Schaltfläche *Text bearbeiten*. Im Dialogfeld *WordArt-Text bearbeiten* passen Sie den Text an und übernehmen die Änderung mit einem Mausklick auf *OK*.

TIPP Das Dialogfeld *WordArt-Text bearbeiten* können Sie alternativ mit einem Doppelklick auf die WordArt-Grafik öffnen.

- **Abstand verändern:** Um den Abstand zwischen den Buchstaben der WordArt-Grafik zu verändern, klicken Sie auf die Schaltfläche *Abstand* und wählen den gewünschten Abstand im Dropdown-Listenfeld aus.

- **WordArt-Formate:** Wollen Sie das aktuelle WordArt-Format durch ein anderes ersetzen, klicken Sie in der Gruppe *WordArt-Formate* auf die Schaltfläche *Weitere* und wählen Sie aus der Palette der WordArt-Grafiken das gewünschte neue Format aus.

- **Fülleffekt:** Um die Füllfarbe in Ihrer WordArt-Grafik zu ändern, klicken Sie auf den Abwärtspfeil in der Schaltfläche und wählen in der Farbpalette die gewünschte neue Farbe aus.

- **Formkontur:** Um die Farbe der Formkontur anzupassen, klicken Sie auf den Abwärtspfeil in dieser Schaltfläche und wählen die gewünschte Farbe aus der Farbpalette aus, die sich einblendet.

- **WordArt-Form ändern:** Um die Form Ihrer WordArt-Grafik anzupassen, die restlichen Gestaltungselemente jedoch beizubehalten, klicken Sie auf den Abwärtspfeil in der Schaltfläche *WordArt-Form ändern* und betrachten Sie die Wirkung der verschiedenen Formen, die Ihnen in der Palette angeboten werden, indem Sie mit der Maus darauf zeigen. Die Form der WordArt-Grafik in der E-Mail passt sich direkt an. Sobald Sie eine Form gefunden haben, die Ihnen zusagt, wählen Sie sie mit einem Mausklick aus.

Abbildg. 8.37 Die WordArt-Form anpassen

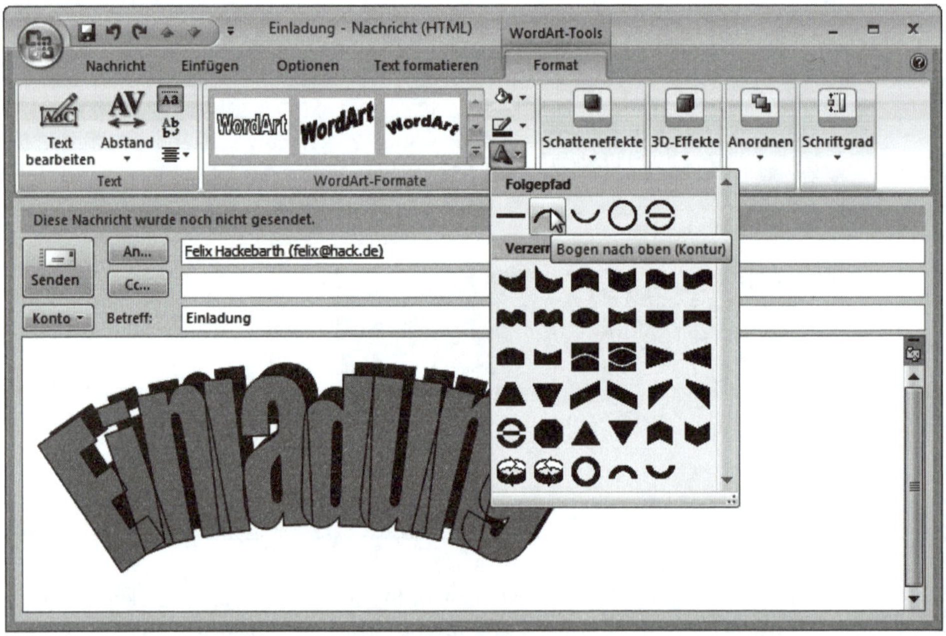

- **Schriftgrad:** Um die Größe der WordArt-Grafik anzupassen, klicken Sie auf den Abwärtspfeil in der Schaltfläche *Schriftgrad* und wählen dann die gewünschte neue Höhe und Breite über die Listenfelder aus, die sich einblenden.

TIPP Den Schriftgrad einer WordArt-Grafik können Sie auch durch Ziehen mit der Maus anpassen. Klicken Sie dazu auf die rechte untere Ecke der WordArt-Grafik und ziehen Sie die Maus mit gedrückter linker Maustaste nach rechts unten, um die Grafik zu vergrößern, oder nach links oben, um die Grafik zu verkleinern.

- Neben diesen Schaltflächen stehen Ihnen die bereits für die Formen im Abschnitt »Formen in E-Mails einfügen« in diesem Kapitel beschriebenen Schaltflächen *Schatteneffekte*, *3D-Effekte* und *Anordnen* zur Verfügung, über die Sie die entsprechenden Anpassungen vornehmen können.

Formeln in E-Mails einfügen

Formeln selbst hoher Komplexität lassen sich mit Outlook 2007 problemlos in E-Mails einfügen. Gehen Sie dazu wie folgt vor:

1. Erstellen Sie Ihre neue E-Mail über den Befehl *Datei/Neu/E-Mail-Nachricht.*
2. Geben Sie den E-Mail-Empfänger, den Betreff und den E-Mail-Text ein und positionieren Sie die Einfügemarke dann an der Stelle im Text, an der Sie die Formel einfügen möchten.

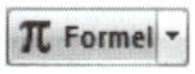

3. Aktivieren Sie die Registerkarte *Einfügen* und klicken Sie in der Gruppe *Symbole* auf die Schaltfläche *Formel.*

TIPP Ist die Schaltfläche *Formel* bei Ihnen momentan nicht zu sehen, klicken Sie auf den Abwärtspfeil in der Schaltfläche *Symbole* und wählen Sie die Schaltfläche dann aus der Palette aus, die sich öffnet.

4. In die E-Mail wird nun ein Formel-Feld eingefügt und in der Multifunktionsleiste ist die Registerkarte *Entwurf* aktiv, über die Sie sämtliche Formelfunktionen auswählen können. Beginnt die Formel mit einer Zahl oder einer Variablen, geben Sie diese nun ein. Rechenzeichen wie das Gleichheitszeichen (=) oder Operatoren wählen Sie mit einem Mausklick aus der Palette in der Gruppe *Symbole* aus.
5. Um eine Struktur wie z.B. einen Bruch, eine Wurzel oder ein Integral in die E-Mail einzufügen, klicken Sie auf die entsprechende Schaltfläche in der Gruppe *Strukturen* und wählen in der Palette, die sich öffnet, den gewünschten Strukturtyp mit einem Mausklick aus (siehe Abbildg. 8.38).

Abbildg. 8.38 Eine Struktur in die Formel einfügen

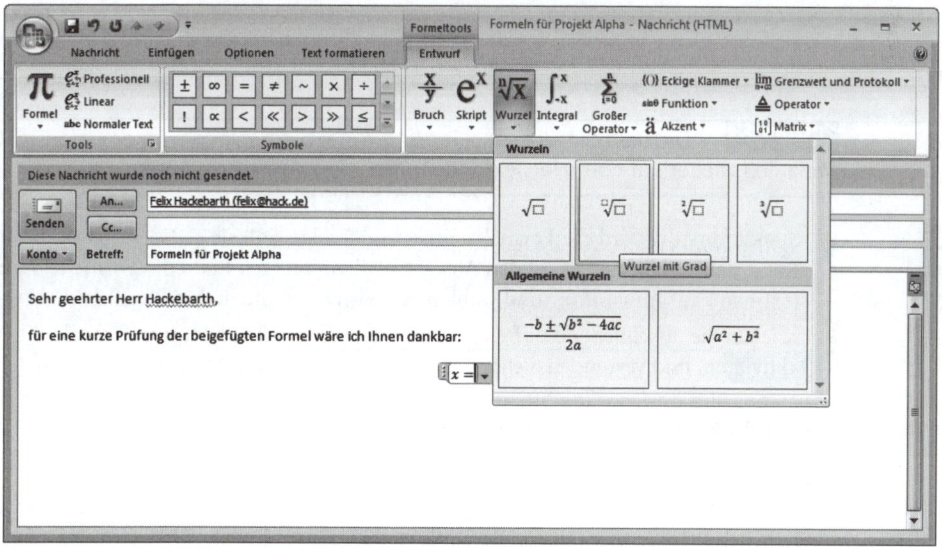

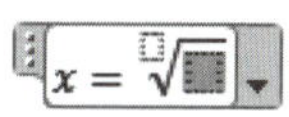

6. Die Struktur wird nun, wie in der Palette angezeigt, in das Textfeld der E-Mail eingefügt. Die Bereiche, in die Sie Werte eintragen können, sind jeweils mit

einer gepunkteten Linie gekennzeichnet. Klicken Sie die gepunkteten Linien nacheinander an und geben Sie die Werte ein. Über die → -Taste gelangen Sie zum nächsten Feld, über die ← -Taste zum vorherigen Eingabefeld. Wiederholen Sie den Vorgang, bis Ihre Formel zusammengestellt ist.

7. Um eine Zahl oder Variable mit einer hoch- oder tiefgestellten Zahl oder Variablen einzugeben, klicken Sie in der Gruppe *Strukturen* auf die Schaltfläche *Skript* und wählen Sie die gewünschte Tief- oder Hochstellung aus der Palette aus. Geben Sie dann die Werte in die mit gepunkteten Linien bezeichneten Felder ein (siehe Abbildg. 8.39).

Abbildg. 8.39 Hoch- und Tiefstellungen einfügen

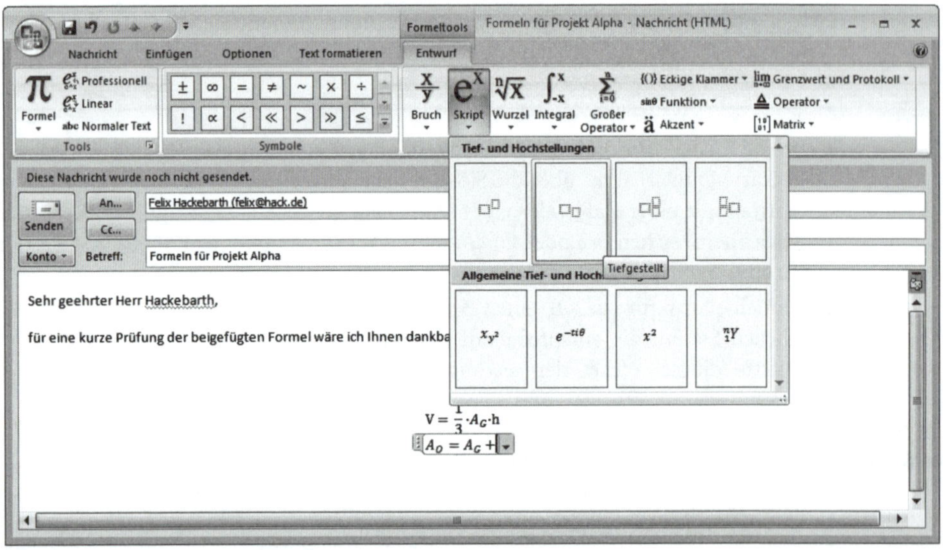

TIPP Drücken Sie die → -Taste, um nach einer hoch- oder tiefgestellten Zahl oder Variablen wieder auf normaler Texthöhe mit der Eingabe fortzufahren.

8. Standardmäßig wird die Formel zentriert angezeigt. Soll sie stattdessen am linken oder rechten Rand stehen, klicken Sie auf den Abwärtspfeil am rechten Rand des Formelfelds, zeigen im Kontextmenü auf *Ausrichtung* und wählen dann im Untermenü den Befehl *Links* bzw. *Rechts*.

9. Klicken Sie anschließend auf eine beliebige Stelle im Textfeld, um normale die Texteingabe zu aktivieren, und versenden Sie Ihre E-Mail mit einem Mausklick auf die Schaltfläche *Senden*.

Zusätzliche Symbole auswählen

Reichen Ihnen die standardmäßig in der Palette *Symbole* angezeigten Symbole nicht aus, um Ihre Formel zu erstellen, können Sie auch ganz bequem einen Operator oder ein Symbol aus einer der zusätzlichen Paletten auswählen, die Outlook 2007 Ihnen bereitstellt. Gehen Sie dazu wie folgt vor:

1. Aktivieren Sie die Formel und anschließend unter *Formeltools* die Registerkarte *Entwurf*, falls diese nicht bereits aktiviert ist.
2. Klicken Sie auf der Registerkarte *Entwurf* am unteren Rand der Bildlaufleiste in der Gruppe *Symbole* auf die Schaltfläche *Weitere*.
3. In der Symbol-Palette, die sich nun öffnet, klicken Sie auf den Abwärtspfeil neben der Bezeichnung *Grundlegende Mathematik*, und wählen Sie dann den gewünschten Symbol- oder Operatortyp aus (siehe Abbildg. 8.40).

Abbildg. 8.40 Zusätzliche Symbole auswählen

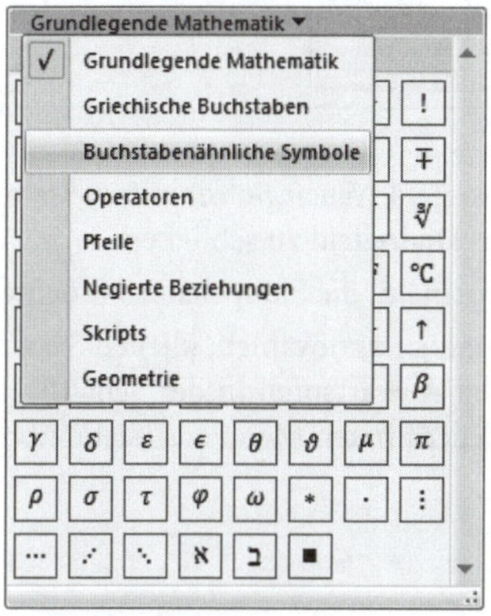

4. Sobald sich die entsprechende Palette einblendet, können Sie das gewünschte Symbol mit einem Mausklick auswählen.
5. Das Symbol wird nun in die Formel eingefügt und die gewählte Palette wird in der Gruppe *Symbole* angezeigt. Wechseln Sie bei Bedarf wieder die Palette, wenn Sie ein Symbol aus einer anderen Palette benötigen.

Formeln speichern

Benötigen Sie eine Formel häufiger, brauchen Sie sie nicht jedes Mal neu einzugeben. Speichern Sie die Formel stattdessen, können Sie sie bei Bedarf ganz einfach laden. Gehen Sie dazu wie folgt vor:

1. Klicken Sie auf den Abwärtspfeil am rechten Rand des Formelfelds.
2. Wählen Sie im Dropdown-Menü, das sich einblendet, den Befehl *Als neue Formel speichern*.
3. Im Dialogfeld *Neuen Baustein erstellen* geben Sie zunächst einen aussagekräftigen Namen in das Feld *Name* ein. Der Feldinhalt ist bereits markiert (siehe Abbildg. 8.41).
4. Belassen Sie den Wert *Formeln* im Listenfeld *Katalog*, um die Formel im Katalog Formeln zu speichern.
5. Benötigen Sie mehrere Formeln eines bestimmten Typs, wählen Sie im Feld *Kategorie* den Wert *Neue Kategorie erstellen*, geben in das gleichnamige Dialogfeld den gewünschten Namen ein und klicken auf *OK*. Sie können nun alle Formeln in dieser neuen Kategorie speichern. Belassen Sie im Feld *Kategorie* den Wert *Allgemein*, um die Formel ohne weitere Kategorisierung zu speichern.

Abbildg. 8.41 Eine Formel als Baustein speichern

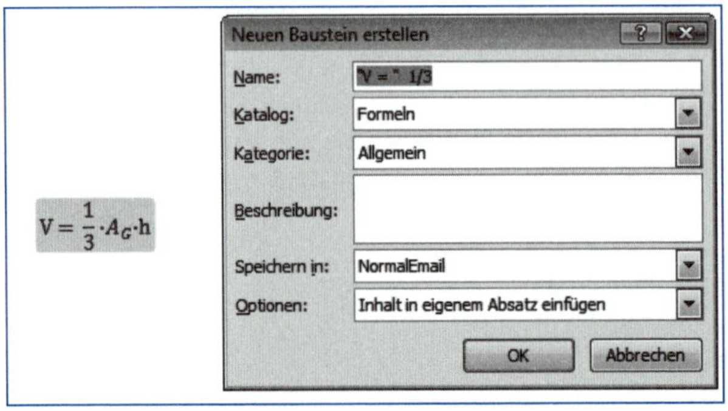

6. Belassen Sie die restlichen Einstellungen im Dialogfeld *Neuen Baustein erstellen* auf den voreingestellten Werten und klicken Sie auf *OK*, um das Dialogfeld zu schließen.
7. Wiederholen Sie den Vorgang für alle weiteren Formeln, die Sie speichern möchten.
8. Um die Formel anschließend aus dem Formelkatalog auszuwählen, klicken Sie auf der Registerkarte *Einfügen* des Nachrichtenformulars auf den Abwärtspfeil in der Schaltfläche *Formel* und wählen Sie die gespeicherte Formel im daraufhin geöffneten Menü aus (siehe Abbildg. 8.42).

Abbildg. 8.42 Eine gespeicherte Formel in die E-Mail einfügen

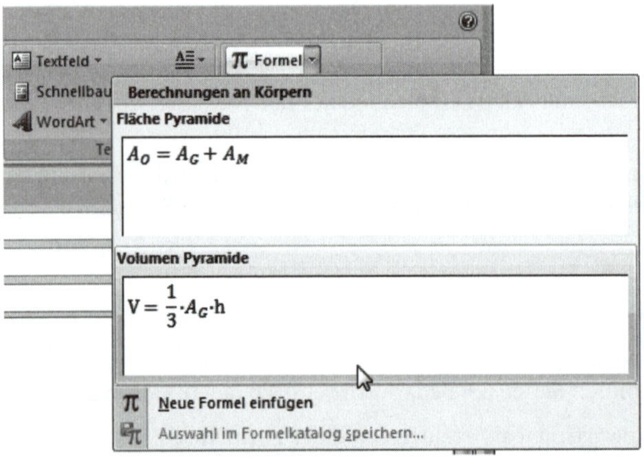

WICHTIG Obwohl zum Einfügen von Formeln die Formelfunktion von Microsoft Office Word verwendet wird, ist es leider nicht möglich, Formeln so zu speichern, dass diese auch in Word verwendet werden können. Umgekehrt ist es nicht möglich, in Word als Bausteine gespeicherte Formeln in Outlook zu benutzen.

Gespeicherte Formeln bearbeiten

Haben Sie eine gespeicherte Formel versehentlich falsch benannt oder kategorisiert, können Sie sie jederzeit nachträglich ändern. Benötigen Sie die Formel nicht mehr, können Sie sie aus dem Katalog löschen. Gehen Sie wie folgt vor:

1. Aktivieren Sie die Formel und in der Multifunktionsleiste die Registerkarte *Entwurf* für die *Formeltools*, falls diese sich nicht automatisch öffnet.
2. Dann klicken Sie in der Gruppe *Tools* der Registerkarte *Entwurf* auf den Abwärtspfeil in der Schaltfläche *Formel*.
3. In der Formelpalette, die sich öffnet, klicken Sie mit der rechten Maustaste auf die Formel, die Sie anpassen oder neu kategorisieren möchten, und wählen Sie im Kontextmenü den Befehl *Organisieren und löschen*.
4. Im Dialogfeld *Organizer für Bausteine* (siehe Abbildg. 8.43) markieren Sie die Formel, die Sie bearbeiten möchten, und klicken Sie auf die Schaltfläche *Löschen*, um die Formel zu entfernen. Bestätigen Sie die Abfrage, ob Sie den Baustein wirklich entfernen möchten, mit einem Mausklick auf die Schaltfläche *Ja*.

Abbildg. 8.43 Die gespeicherte Formel bearbeiten

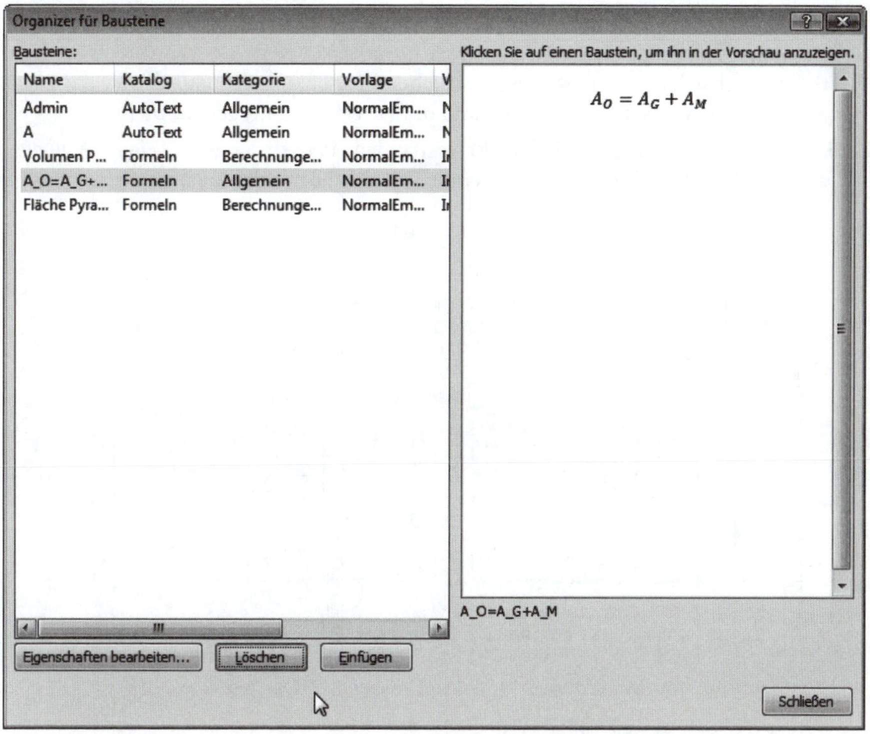

5. Klicken Sie hingegen auf *Eigenschaften bearbeiten*, um den Namen oder die Kategorie der Formel zu bearbeiten.
6. Im Dialogfeld *Baustein ändern* geben Sie den neuen Namen ein oder wählen Sie im Listenfeld *Kategorie* die neue Kategorie aus.
7. Bestätigen Sie die Änderungen mit einem Mausklick auf *OK* und klicken Sie im Hinweisfenster mit der Anfrage, ob Sie den Eintrag für den Baustein neu definieren möchten, auf *Ja*.

Symbole einfügen

Um ein Symbol wie das Promille-Zeichen, eine bestimmte Art von Akzent, ein auf der Tastatur nicht vorhandenes Währungssymbol oder Ähnliches in Ihre E-Mail einzufügen, gehen Sie wie folgt vor:

1. Öffnen Sie ein neues Nachrichtenformular über den Befehl *Datei/Neu/ E-Mail-Nachricht*.
2. Geben Sie Empfänger und Betreff ein und beginnen Sie dann mit der Texteingabe im Textfeld.
3. Um ein Sonderzeichen einzufügen, aktivieren Sie in der Multifunktionsleiste die Registerkarte *Einfügen* mit einem Mausklick.
4. Am rechten Rand der Multifunktionsleiste finden Sie nun die Schaltfläche *Symbol*, die Sie nun anklicken.

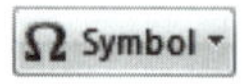

TIPP Falls die Schaltfläche nicht direkt sichtbar ist, klicken Sie auf die Schaltfläche *Symbole* und wählen Sie dann die Schaltfläche *Symbol* mit einem Mausklick aus der Palette aus, die sich öffnet.

5. Es öffnet sich eine Auswahl mit häufig benutzten Symbolen, aus der Sie das gewünschte Symbol mit einem Mausklick auswählen und in Ihre E-Mail einfügen können.
6. Ist das gewünschte Symbol nicht vorhanden, klicken Sie auf *Weitere Symbole*. Im Dialogfeld *Symbol* blättern Sie über die Bildlaufleiste nach oben oder nach unten, um das gesuchte Symbol zu finden (siehe Abbildg. 8.44).

Abbildg. 8.44 Ein Symbol in eine E-Mail einfügen

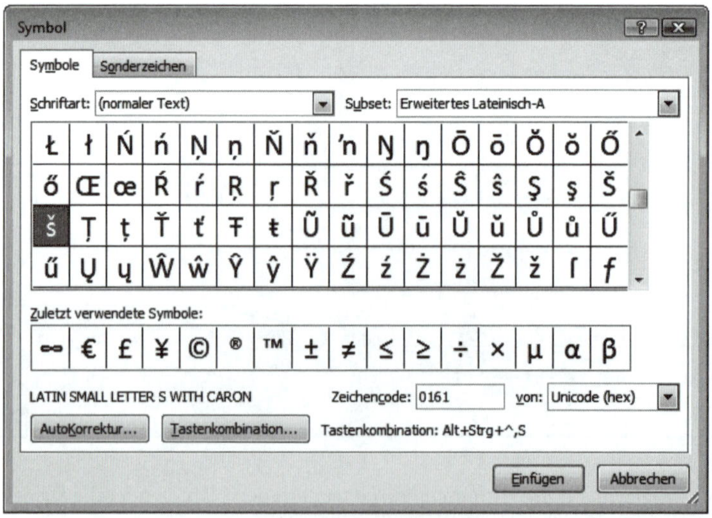

7. Um Symbole aus den Wingdings-Sammlungen auszuwählen, klicken Sie auf den Abwärtspfeil im Feld *Schriftart* und wählen am unteren Rand des Listenfelds die Sammlung *Wingdings*, *Wingdings2* oder *Wingdings3* aus. Dann markieren Sie das Symbol, das Sie einfügen möchten.
8. Klicken Sie im Dialogfeld *Symbol* auf die Schaltfläche *Einfügen*, um das Symbol in den Text zu übernehmen.

9. Wiederholen Sie die Symbolauswahl, um weitere Symbole in den Text einzufügen, oder klicken Sie auf die Schaltfläche *Abbrechen*, um das Dialogfeld zu schließen.
10. Schließen Sie die Texteingabe ab und klicken Sie auf die Schaltfläche *Senden*, um Ihre E-Mail zu verschicken.

WICHTIG Symbole können vom Empfänger nur dann gelesen werden, wenn er mit einem E-Mail-Programm arbeitet, das E-Mails im HTML-Format lesen und anzeigen kann.

Linien in E-Mails einfügen

Wollen Sie eine Trennlinie in eine E-Mail einfügen, gehen Sie wie folgt vor:

1. Öffnen Sie ein neues Nachrichtenformular über den Befehl *Datei/Neu/ E-Mail-Nachricht*.
2. Geben Sie Empfänger und Betreff ein und beginnen Sie dann mit der Texteingabe im Textfeld.
3. Positionieren Sie die Einfügemarke an der Stelle im Textfeld, an der Sie die horizontale Linie einfügen möchten.
4. Aktivieren Sie in der Multifunktionsleiste die Registerkarte *Einfügen*.
5. Klicken Sie am rechten Rand der Registerkarte *Einfügen* auf die Schaltfläche *Symbole* und anschließend auf *Horizontale Linie*.

TIPP Ist die Schaltfläche momentan nicht sichtbar, klicken Sie auf die Schaltfläche *Symbole* und wählen Sie die Schaltfläche *Horizontale Linie* dann aus der Palette, die sich öffnet, mit einem Mausklick aus.

Abbildg. 8.45 Die horizontale Linie formatieren

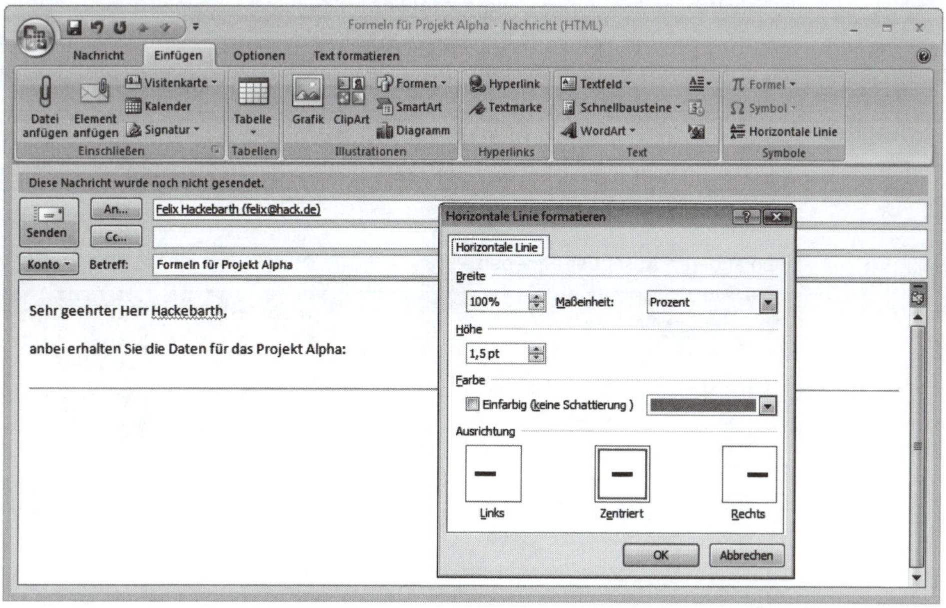

6. Es wird nun eine graue horizontale Linie in den Text eingefügt.
7. Wollen Sie die Linie nachträglich bearbeiten und ihr beispielsweise eine andere Farbe zuweisen, klicken Sie sie mit der rechten Maustaste an und wählen Sie im Kontextmenü den Befehl *Horizontale Linie formatieren.*
8. Im gleichnamigen Sie Dialogfeld wählen Sie die gewünschte Linienfarbe, -höhe und -ausrichtung (siehe Abbildg. 8.45) und klicken Sie auf *OK*, um die Änderungen zu übernehmen.
9. Aktivieren Sie die Texteingabe mit einem Mausklick auf eine beliebige Stelle im Textbereich und versenden Sie Ihre E-Mail dann mit einem Mausklick auf die Schaltfläche *Senden*.

Nachrichtenoptionen nutzen

Outlook bietet Ihnen für den Versand Ihrer E-Mails verschiedene Optionen, die Sie bequem über die Registerkarte *Optionen* auswählen können. Reichen Ihnen diese Optionen nicht aus, können Sie über das Dialogfeld *Nachrichtenoptionen* weitere Optionen wählen.

Felder ein- und ausblenden

Über die Registerkarte *Optionen* können Sie das Feld *Bcc* einblenden, in das Sie Empfänger eingeben können, die die E-Mail sozusagen heimlich erhalten, d.h., ohne dass der Empfänger davon erfährt. Außerdem können Sie das Feld *Von* einblenden, in das Sie, falls eine andere Person Sie als Stellvertretung eingesetzt hat, deren E-Mail-Adresse eingeben können. Gehen Sie dazu wie folgt vor:

1. Erstellen Sie eine neue E-Mail über den Befehl *Datei/Neu/E-Mail-Nachricht.*

2. Aktivieren Sie dann in der Multifunktionsleiste die Registerkarte *Optionen* und klicken Sie auf die Schaltfläche *Bcc*, um das Feld *Bcc* im Formular einzublenden.
3. Geben Sie dann den oder die Empfänger in das Feld ein oder klicken Sie auf die Schaltfläche *Bcc* und wählen Sie den oder die Empfänger aus dem Dialogfeld *Namen auswählen* aus. Bestätigen Sie Ihre Wahl mit *OK*.

4. Um die E-Mail so zu versenden, als stamme sie von der Person, für die Sie Stellvertreter sind, klicken Sie auf die Schaltfläche *Anzeigen aus.*

Abbildg. 8.46 Einen anderen Absender angeben

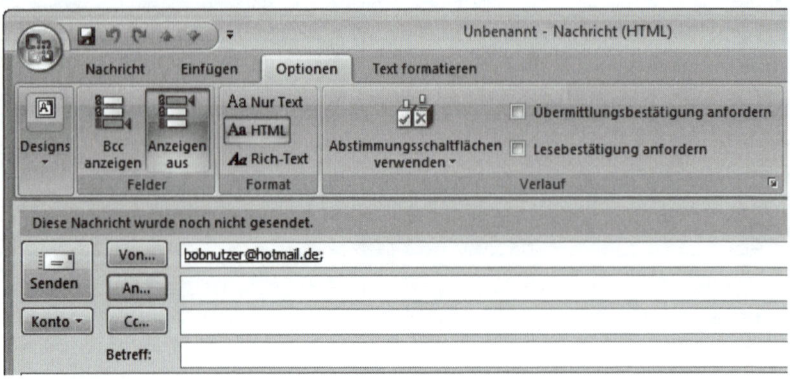

5. In das Feld *Von*, das sich nun im Kopf des Nachrichtenformulars einblendet, geben Sie nun die E-Mail-Adresse der Person ein, für die Sie Stellvertreter sind (siehe Abbildg. 8.46).
6. Dann geben Sie den Betreff und den Text ein und versenden die E-Mail mit einem Mausklick auf die Schaltfläche *Senden*.

Übermittlungs- und Lesebestätigungen anfordern

Wollen Sie wissen, ob Ihre E-Mail beim Empfänger eingegangen ist, ohne telefonisch oder mündlich nachfragen zu müssen, können Sie eine Übermittlungsbestätigung anfordern. Damit wissen Sie, dass die E-Mail gesendet wurde. Sie wissen jedoch nicht, ob sie beim Empfänger angekommen ist. Oder ob er sie gelesen hat. Um sich über Letzteres sicher zu sein, müssen Sie eine Lesebestätigung anfordern. Gehen Sie dazu wie folgt vor, um eine Übermittlungs- oder eine Lesebestätigung anzufordern:

1. Erstellen Sie eine neue E-Mail und geben Sie den Empfänger, den Betreff und den Text wie gewohnt ein.
2. Aktivieren Sie in der Multifunktionsleiste die Registerkarte *Optionen*.
3. Um eine Übermittlungsbestätigung zu erhalten, aktivieren Sie das Kontrollkästchen *Übermittlungsbestätigung anfordern*.
4. Wünschen Sie eine Lesebestätigung, aktivieren Sie das Kontrollkästchen *Lesebestätigung anfordern* (siehe Abbildg. 8.47).

Abbildg. 8.47 Hier aktivieren Sie die Übermittlungs- und die Lesebestätigung

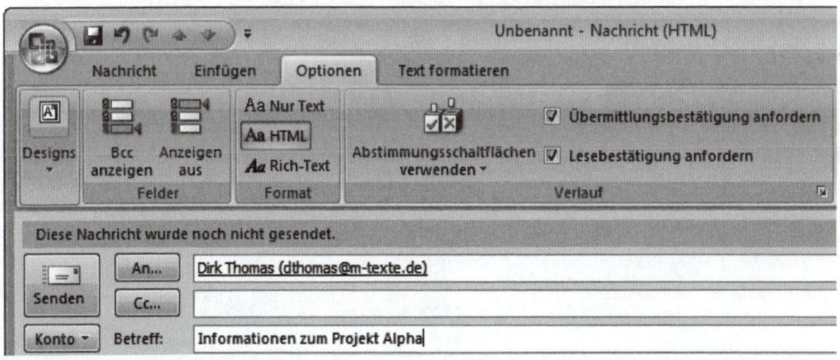

TIPP Der Versand von Übermittlungsbestätigungen wird nicht von allen E-Mail-Programmen unterstützt. Es ist deshalb sicherer, Lesebestätigungen anzufordern.

5. Geben Sie den Nachrichtentext ein und versenden Sie die E-Mail-Nachricht über die Schaltfläche *Senden*.
6. Die Bestätigung wird automatisch zurückgesendet, sobald der Empfänger die E-Mail liest.

Abstimmungsschaltflächen verwenden

Wollen Sie sich einen Sachverhalt per E-Mail lediglich bestätigen oder ablehnen lassen oder genügt es Ihnen, wenn der Empfänger mit Ja oder Nein antwortet, können Sie auch Abstimmungsschaltflächen verwenden. Der Empfänger braucht Ihre E-Mail dann nicht aufwändig zu beantworten, sondern er kann auf die passende Schaltfläche klicken. Sie erhalten dann automatisch eine entsprechende Antwort zugesandt.

WICHTIG Abstimmungsschaltflächen funktionieren nur korrekt, wenn Ihr Empfänger ebenfalls mit Outlook arbeitet.

1. Erstellen Sie Ihre E-Mail wie gewohnt, indem Sie z.B. den Befehl *Datei/Neu/E-Mail-Nachricht* wählen und dann den oder die Empfänger, den Betreff und den Nachrichtentext eingeben.
2. Klicken Sie dann in der Symbolleiste des Nachrichtenformulars auf die Schaltfläche *Optionen* und aktivieren Sie im Dialogfeld *Nachrichtenoptionen* das Kontrollkästchen *Abstimmungsschaltflächen verwenden.*
3. Sie können nun zwischen den Abstimmungsschaltflächen *Genehmigt;Abgelehnt*, *Ja;Nein* und *Ja;Nein;Vielleicht* wählen (siehe Abbildg. 8.48).

Abbildg. 8.48 Wählen Sie die Abstimmungsschaltflächen, die Sie verwenden wollen

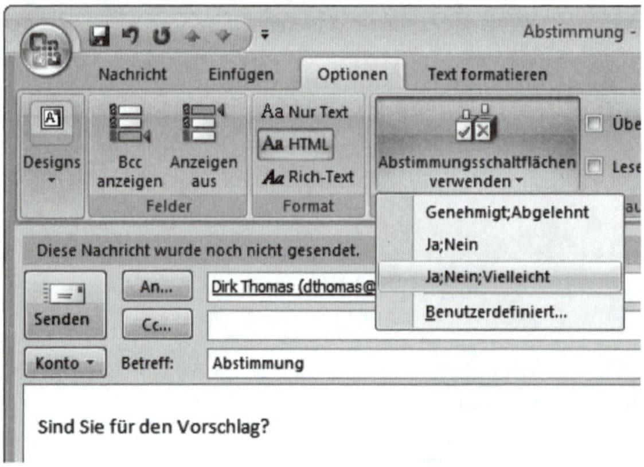

TIPP Wollen Sie eigene Abstimmungsschaltflächen verwenden, wählen Sie im Dropdown-Menü der Schaltfläche *Abstimmungsschaltflächen verwenden* den Befehl *Benutzerdefiniert*. Es öffnet sich das Dialogfeld *Nachrichtenoptionen* mit aktiviertem Kontrollkästchen *Abstimmungsschaltflächen verwenden*. Tragen Sie die Bezeichnungen für die gewünschten Abstimmungsschaltflächen einfach in das Textfeld ein und verwenden Sie das Semikolon als Trennzeichen zwischen den einzelnen Bezeichnungen, wie z.B. *Vorhanden;Nicht vorhanden*.

4. Klicken Sie im Dialogfeld *Nachrichtenoptionen* auf die *Schließen*-Schaltfläche, um die Einstellungen zu übernehmen und versenden Sie die Nachricht dann.
5. Klickt der Empfänger die Nachricht an, sieht er im Lesebereich unterhalb vom Absender einen Balken mit dem Inhalt *Stimmen Sie ab, indem Sie auf diese Infoleiste klicken und im Menü Ihre Auswahl treffen.*

6. Der Empfänger braucht nun nur auf die Infoleiste zu klicken und die passende Abstimmungsschaltfläche zu wählen (siehe Abbildg. 8.49). Die entsprechende Antwort wird automatisch erzeugt und an den Absender zurückgeschickt.

Abbildg. 8.49 Der Empfänger braucht die gewünschte Antwort nur auszuwählen

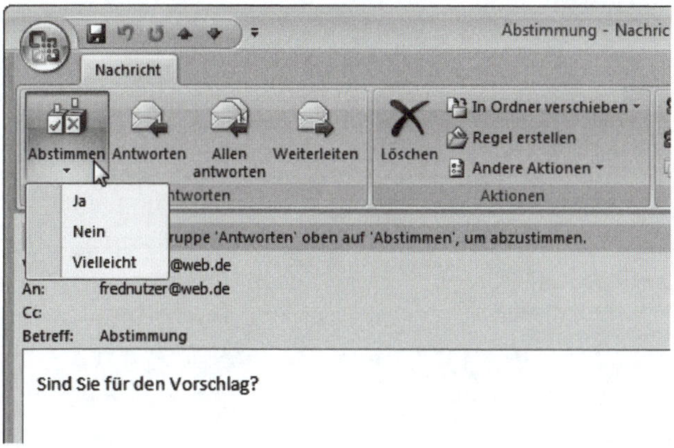

Gesendetes Element nicht im Standardordner speichern

Standardmäßig werden gesendete Objekte im gleichnamigen Ordner gespeichert. Soll die E-Mail hingegen in einem anderen Ordner oder gar nicht gespeichert werden, legen Sie die Option wie folgt fest:

1. Erstellen Sie eine neue E-Mail über den Befehl *Datei/Neu/E-Mail-Nachricht.*
2. Aktivieren Sie die Registerkarte *Optionen* und klicken Sie dort auf die Schaltfläche *Gesendetes Element speichern.*
3. Im Dropdown-Menü wählen Sie die Option *Nicht speichern,* um auf eine Speicherung der versendeten E-Mail ganz zu verzichten.
4. Um die E-Mail hingegen in einem anderen Ordner als dem Standardordner zu speichern, wählen Sie die Option *Anderer Ordner.* Im Dialogfeld *Ordner auswählen* markieren Sie den gewünschten Ordner und klicken auf *OK.*
5. Stellen Sie die E-Mail wie gewohnt fertig und versenden Sie sie mit einem Mausklick auf die Schaltfläche *Senden.*

Die Antwort an eine andere Adresse senden lassen

Wünschen Sie, dass die Antwort auf eine E-Mail nicht an Sie selbst, sondern an die E-Mail-Adresse einer anderen Person gesendet wird, nutzen Sie die Option *Direkte Antworten auf* auf der Registerkarte *Optionen.*

1. Erstellen Sie eine neue E-Mail mit dem Befehl *Datei/Neu/E-Mail-Nachricht.*
2. Aktivieren Sie in der Multifunktionsleiste die Registerkarte *Optionen.*

3. Klicken Sie auf die Schaltfläche *Direkte Antworten auf.*
4. Im Dialogfeld *Nachrichtenoptionen* ist das Kontrollkästchen *Antworten senden an* aktiviert. Im Textfeld daneben ist die Absenderadresse des Standard-E-Mail-Kontos angegeben. Geben Sie in das Textfeld die gewünschte E-Mail-Adresse ein oder klicken Sie auf die Schaltfläche *Namen auswählen* und wählen Sie die Adresse per Doppelklick aus ihrem Adressbuch aus (siehe Abbildg. 8.50).

Abbildg. 8.50 Veranlassen, dass die Antwort an eine andere Adresse gesendet wird

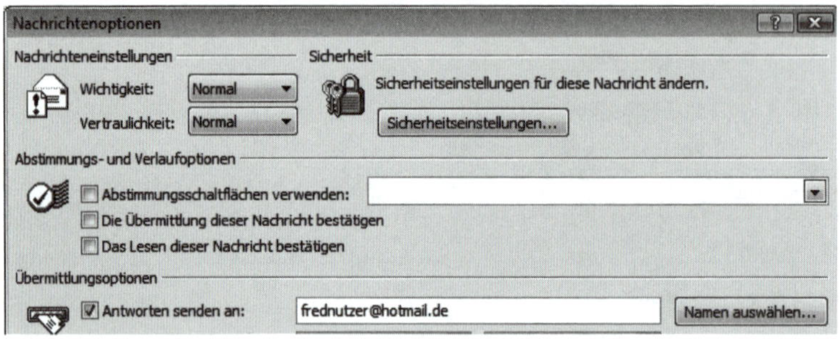

5. Übernehmen Sie die Einstellungen mit einem Mausklick auf die Schaltfläche *Schließen.*
6. Geben Sie den Betreff und den E-Mail-Text ein und klicken Sie auf *Senden.*

Die E-Mail-Übermittlung verzögern

Mit Outlook können Sie nicht nur die Wichtigkeit und die Vertraulichkeit Ihrer E-Mail-Nachrichten festlegen und Lese- und Empfangsbestätigungen anfordern, sondern Sie haben auch die Möglichkeit, die Nachrichtenübermittlung bis zu einem bestimmten Datum zu verzögern, ein Ablaufdatum für die Nachricht anzugeben und festzulegen, dass die Antwort an eine von den E-Mail-Kontoeinstellungen abweichende Antwortadresse gesendet werden soll. Wollen Sie eine E-Mail-Nachricht, wie einen Geburtstagsgruß oder eine Mahnung, erst an einem bestimmten Datum versenden, brauchen Sie für die Nachricht nur das Übermittlungsdatum festzulegen.

1. Erstellen Sie Ihre E-Mail-Nachricht wie gewohnt, indem Sie im Menü *Datei* den Befehl *Neu/E-Mail-Nachricht* wählen.
2. Geben Sie den Nachrichtenempfänger, den Betreff und den Nachrichtentext wie gewohnt ein und aktivieren Sie dann in der Multifunktionsleiste die Registerkarte *Optionen.*

3. Klicken Sie auf die Schaltfläche *Übermittlung verzögern.*
4. Aktivieren Sie dann im Abschnitt *Übermittlungsoptionen* das Kontrollkästchen *Übermittlung verzögern bis* und legen Sie im Listenfeld rechts daneben ein passendes Datum fest (siehe Abbildg. 8.51).

Abbildg. 8.51 Hier legen Sie die Übermittlungsoptionen fest

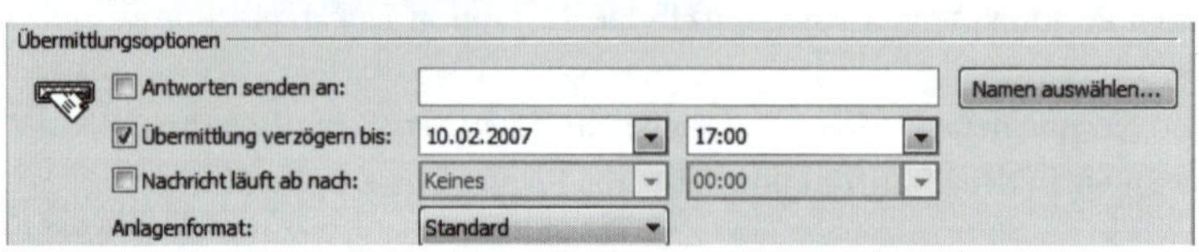

5. Um die Uhrzeit zu ändern, klicken Sie auf das Listenfeld, und wählen Sie die gewünschte Uhrzeit aus der Liste aus.

TIPP **Nachricht läuft ab nach:** Ist der Inhalt einer Nachricht nur eine bestimmte Zeit lang gültig, aktivieren Sie das Kontrollkästchen *Nachricht läuft ab nach* und wählen im Listenfeld das gewünschte Datum und im Listenfeld rechts daneben die Uhrzeit aus. Der Empfänger kann die Nachricht zwar auch noch nach dem Ablaufdatum lesen, sie wird jedoch im Posteingang grau dargestellt. Hat der Empfänger die Nachricht bereits gelesen, wird sie nach dem Ablaufdatum durchgestrichen dargestellt.

Anlagenformat: Wollen Sie eine Anlage an einen Empfänger senden, der nicht mit einem Windows-Computer arbeitet, müssen Sie eventuell das Anlagenformat UUEncode oder das Anlagenformat BINHEX wählen. Erkundigen Sie sich sicherheitshalber bei Ihrem Empfänger, welches Format er benötigt.

6. Übernehmen Sie die Einstellungen mit einem Mausklick auf die Schaltfläche *Schließen*.
7. Die Schaltfläche *Übermittlung verzögern* wird nun aktiviert dargestellt. Versenden Sie die E-Mail mit einem Mausklick auf die Schaltfläche *Senden*.

Die Vertraulichkeit der E-Mail festlegen

Um eine E-Mail als vertraulich, persönlich oder privat zu kennzeichnen, müssen Sie die Nachrichtenoptionen nutzen. Diese stehen Ihnen über die Schaltfläche *Optionen* auf der Registerkarte *Nachricht* des Nachrichtenformulars zur Verfügung. Beachten Sie jedoch, dass der Hinweis auf die Vertraulichkeitsstufe erst zu sehen ist, wenn die E-Mail geöffnet wird.

1. Erstellen Sie die neue Nachricht und geben Sie, wie bei der normalen E-Mail, den Empfänger, den Betreff und den Text ein.
2. Wählen Sie anschließend in der Symbolleiste des Nachrichtenformulars die Schaltfläche *Optionen*. Es öffnet sich das Dialogfeld *Nachrichtenoptionen* (siehe Abbildg. 8.52).

Abbildg. 8.52 Die Vertraulichkeit der E-Mail festlegen

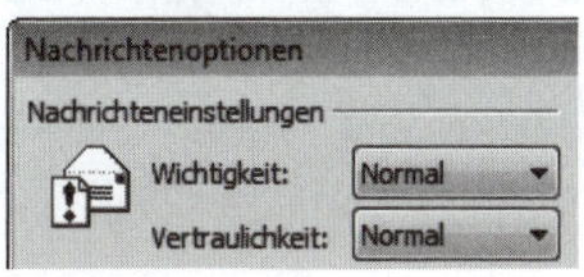

3. Wählen Sie im Listenfeld *Vertraulichkeit* zwischen den vier Stufen *Normal*, *Persönlich*, *Privat* und *Vertraulich*.
4. Klicken Sie auf die Schaltfläche *Schließen*, um die Änderungen zu übernehmen.
5. Im Nachrichtenformular ist von der Veränderung nichts zu sehen. Auch im Postausgang sehen Sie kein Symbol, das auf die Vertraulichkeitsstufe der Nachricht hinweist. Beim Empfänger wird jedoch ein Hinweis eingeblendet, der die Vertraulichkeitsstufe der E-Mail-Nachricht angibt (siehe Abbildg. 8.53).

Abbildg. 8.53 Der Empfänger wird im Lesebereich auf die Vertraulichkeit der E-Mail-Nachricht hingewiesen

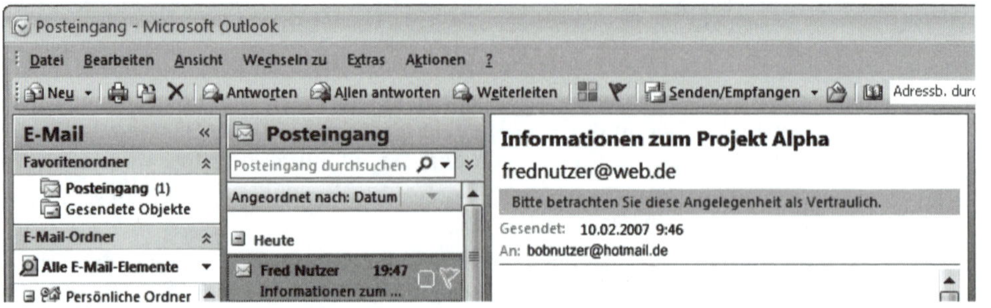

E-Mails Kontakte zuweisen

Wenn Sie eine E-Mail an einen Empfänger senden, der auf das gleiche Adressbuch Zugriff hat, wie Sie selbst, können Sie ihm das Leben leichter machen, wenn Sie Kontakte, an die der Nachrichtenempfänger sich beispielsweise telefonisch wenden soll, in die Nachricht integrieren. Der Nachrichtenempfänger braucht dann nicht lange nach den Kontaktdaten zu suchen.

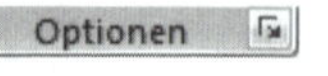

1. Erstellen Sie eine neue E-Mail über den Befehl *Datei/Neu/E-Mail-Nachricht* und klicken Sie im Nachrichtenformular auf der Registerkarte *Nachricht* der Multifunktionsleiste in der Gruppe *Optionen* auf die Schaltfläche *Nachrichtenoptionen*.
2. Es öffnet sich das Dialogfeld *Nachrichtenoptionen*. Klicken Sie auf die Schaltfläche *Kontakte*, um das Dialogfeld *Kontakte wählen* zu öffnen.
3. Ändern Sie bei Bedarf das Adressbuch und wählen Sie einen oder mehrere Kontakte aus. Klicken Sie dann auf die Schaltfläche *OK*.
4. Der oder die gewählten Kontakte werden nun im Textfeld neben der Schaltfläche *Kontakte* aufgeführt. Wenn Sie auf einen der Kontakte klicken, öffnet sich dessen Outlook-Kontaktformular.
5. Versenden Sie die Nachricht, wie gewohnt, mit einem Mausklick auf die Schaltfläche *Senden*.

Damit der Empfänger den Kontakt nutzen kann, benötigt er Zugriff auf das gleiche Adressbuch, aus dem Sie den Kontakt ausgewählt haben. Das Kontaktformular kann er dann öffnen, indem er im Posteingang mit der rechten Maustaste auf die Nachricht klickt, im Kontextmenü den Befehl *Optionen* wählt und im Dialogfeld *Nachrichtenoptionen* auf den Kontakt klickt.

Sichere E-Mails versenden

Outlook bietet zwei Formen des sicheren Versands von E-Mails. Sie können E-Mails mit einer digitalen ID versehen, damit der Empfänger sicher weiß, dass die Nachricht von Ihnen, d.h. von der in Ihrer digitalen ID angegebenen E-Mail-Adresse stammt. Ihre digitale ID wird beim Empfänger gespeichert und zur Überprüfung jeder E-Mail-Nachricht verwendet, die der Empfänger von Ihnen erhält. Zusätzlich können Sie Ihre E-Mails inklusive Anlagen verschlüsseln. Fängt ein unberechtigter Empfänger Ihre Nachrichten ab, kann er sie nicht einfach lesen. Dies ist nur dem eigentlichen Empfänger möglich.

Zertifikate von Kontakten speichern

Um eine digital signierte und verschlüsselte Nachricht versenden zu können, benötigen Sie neben Ihrer eigenen digitalen ID die digitale ID des Empfängers. Diese können Sie beispielsweise aus E-Mail-Nachrichten übernehmen, die Sie von dem Kontakt erhalten haben.

HINWEIS In Outlook 2007 werden digitale IDs auch Zertifikate genannt.

Speichern Sie das Zertifikat des Absenders einer E-Mail aus Ihrem Posteingang im Kontaktformular des Kontakts.

1. Öffnen Sie die E-Mail-Nachricht, deren digitale ID Sie zum Kontakt des Absenders hinzufügen möchten oder deren Absender Sie inklusive digitaler ID zu Ihren Kontakten hinzufügen möchten.
2. Klicken Sie in der Kopfzeile der E-Mail-Nachricht mit der rechten Maustaste auf den Absender und wählen Sie im Kontextmenü den Befehl *Zum Ordner "Kontakte" hinzufügen*, wenn der Versender noch nicht im Ordner *Kontakte* enthalten ist, und *Kontakt nachschlagen*, wenn es den Versender im Ordner *Kontakte* bereits gibt.
3. Es öffnet sich das Kontaktformular. Aktivieren Sie die Registerkarte *Zertifikate*. Die digitale ID der E-Mail-Nachricht wird im Listenfeld *Zertifikate (Digitale IDs)* aufgeführt.
4. Klicken Sie auf die Schaltfläche *Speichern und schließen*, um das Zertifikat mit dem Kontakt zu speichern.

Digital signierte und verschlüsselte E-Mails versenden

Um eine zertifizierte, d.h. mit einer digitalen ID versehene E-Mail zu versenden, müssen Sie die digitale ID zunächst beantragen und installieren. Mehr hierzu erfahren Sie in Kapitel 18. Erstellen Sie Ihre sicheren E-Mails dann wie folgt:

1. Erstellen Sie eine neue E-Mail über den Menübefehl *Datei/Neu/E-Mail-Nachricht.*
2. Wählen Sie einen oder mehrere Empfänger, dessen oder deren digitale ID Sie in den Kontaktformularen gespeichert haben.
3. Geben Sie dann den Betreff und den Text der E-Mail ein und klicken Sie auf der Registerkarte *Nachricht* der Multifunktionsleiste in der Gruppe *Optionen* auf die Schaltfläche *Nachrichtenoptionen.*

4. Im Dialogfeld *Nachrichtenoptionen* klicken Sie auf die Schaltfläche *Sicherheitseinstellungen.*
5. Aktivieren Sie im Dialogfeld *Sicherheitseigenschaften*, das sich nun öffnet, die beiden Kontrollkästchen *Nachrichten und Anlagen verschlüsseln* und *Diese Nachricht digital signieren* (siehe Abbildg. 8.54).

   Sollen Empfänger, deren E-Mail-Programme keine S/MIME-Codierung unterstützen, die Nachricht ohne Bestätigung der digitalen Signatur lesen können, aktivieren Sie zusätzlich das Kontrollkästchen *Signatur und Klartext senden.*

   Soll eine Signaturbestätigung angefordert werden, aktivieren Sie das Kontrollkästchen *S/MIME-Bestätigung anfordern.* Mit Signaturbestätigungen werden das Verschlüsselungsformat, die Zertifikate und sonstige Details der Sicherheitseinstellungen definiert.

Abbildg. 8.54 Hier legen *Sie die Sicherheitseigenschaften der Nachricht fest*

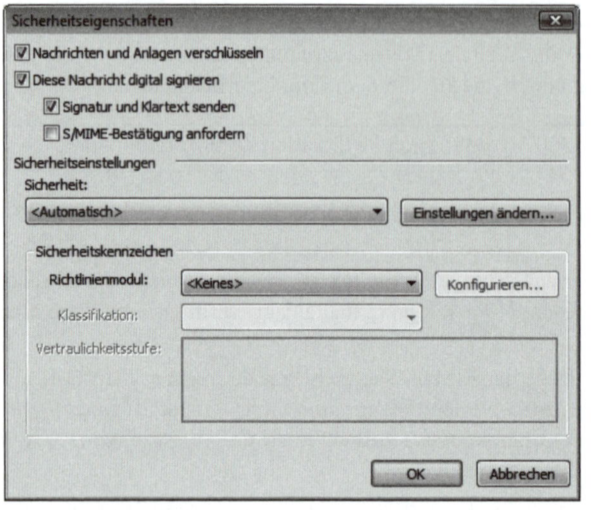

6. Wollen Sie ein Sicherheitskennzeichen zur Nachrichtenkopfzeile hinzufügen, das über die Vertraulichkeit des Nachrichteninhalts informiert, wählen Sie nun ein Richtlinienmodul, eine Klassifikation und eine Vertraulichkeitsstufe aus.
7. Klicken Sie dann auf *OK* und dann auf *Schließen*.
8. Versenden Sie nun Ihre sichere Nachricht mit einem Mausklick auf die Schaltfläche *Senden*.

Signaturen verwenden

Soll am Ende jeder von Ihnen verschickten E-Mail Ihre Anschrift, Rufnummer und die E-Mail-Adresse angegeben werden, brauchen Sie diese Angaben nicht jedes Mal neu einzugeben. Erstellen Sie stattdessen eine Signatur, die die gewünschten Angaben enthält, und legen Sie fest, dass die Signatur automatisch an den Text jeder neuen E-Mail angehängt wird. Signaturen können Sie entweder selbst erstellen oder aus einer Textdatei übernehmen.

Neben Adressangaben können Sie selbstverständlich auch Vertraulichkeits- oder Sicherheitshinweise oder eine andere Art von Informationen anhängen, die am Ende jeder E-Mail auftauchen soll.

TIPP Outlook 2007 bietet Ihnen übrigens die Möglichkeit, für jedes Konto eine eigene Signatur einzurichten. Nutzen Sie für Ihre beruflichen und ihre privaten E-Mails unterschiedliche Konten, wird automatisch die passende Signatur angehängt, sobald Sie beim Versand das entsprechende Konto wählen.

Eine einfache Signatur erstellen

Signaturen können Sie ganz frei erstellen. Sie können aber auch eine Datei als Vorlage verwenden, die Ihnen beispielsweise von Ihrem Unternehmen zur Verfügung gestellt wird. Gehen Sie wie folgt vor, um eine Signatur zu erstellen:

1. Wählen Sie im Menü *Extras* den Befehl *Optionen*, um das gleichnamige Dialogfeld zu öffnen.
2. Aktivieren Sie die Registerkarte *E-Mail-Format* und klicken Sie auf die Schaltfläche *Signaturen*.
3. Es öffnet sich das Dialogfeld *Signaturen und Briefpapier*, in dem Sie auf die Schaltfläche *Neu* klicken.
4. Es öffnet sich das Dialogfeld *Neue Signatur*, in dem Sie einen aussagekräftigen Namen für die Signatur eingeben und auf *OK* klicken.
5. Der neue Name ist nun im Abschnitt *Signatur zum Bearbeiten auswählen* des Dialogfelds *Signaturen und Briefpapier* aktiviert. Wählen Sie im Abschnitt *Standardsignatur auswählen* das E-Mail-Konto, für das die Signatur verwendet werden soll (siehe Abbildg. 8.55).

Abbildg. 8.55 Eine Signatur lässt sich ganz leicht erstellen

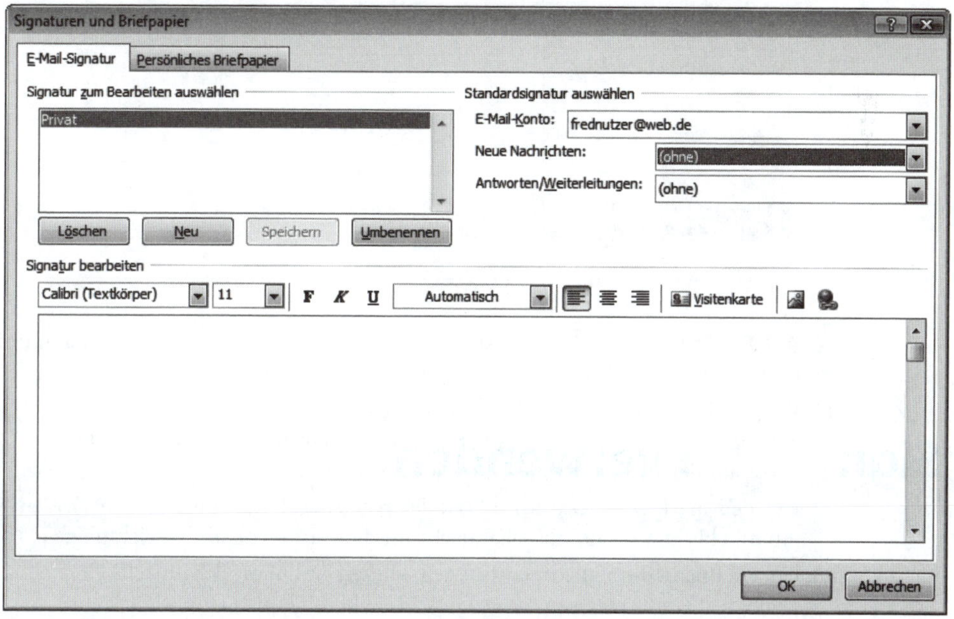

6. Dann wählen Sie im Listenfeld *Neue Nachrichten* die Signatur aus, die für das E-Mail-Konto verwendet werden soll.

PROFITIPP

Haben Sie unter Windows eine Eingabesprache mit der Schreibrichtung »von rechts nach links« installiert und diese in Microsoft Office aktiviert, stehen Ihnen im Dialogfeld *Signaturen und Briefpapier* zwischen den Schaltflächen *Rechtsbündig* und *Visitenkarte* zusätzlich die Schaltflächen *Textausrichtung links nach rechts* und *Textausrichtung rechts nach links* zur Verfügung. Wollen Sie eine Signatur in einer Sprache mit der Schreibrichtung »Von rechts nach links« erstellen, wählen Sie vor der Texteingabe die gewünschte Sprache in Windows aus, und klicken Sie dann im Dialogfeld *Signaturen und Briefpapier* vor der Texteingabe auf die Schaltfläche *Von rechts nach links*. Wählen Sie bei Bedarf außerdem eine passende Schrift für die gewählte Sprache und blenden Sie die Bildschirmtastatur ein, falls sich diese nicht automatisch einblendet.

7. Soll die Signatur auch an Antworten und E-Mails angehängt werden, die Sie weiterleiten, wählen Sie den Namen der Signatur im Listenfeld *Antworten/Weiterleitungen* aus.
8. Dann geben Sie den Text in das Textfeld ein. Um sich Arbeit zu ersparen, können Sie in die Signatur direkt die Grußformel »Mit freundlichen Grüßen« mit aufnehmen. Sie ist dann in jeder neuen E-Mail automatisch vorhanden und muss nicht immer neu eingegeben werden.
9. 
Soll der gesamte Text oder ein Teil des Textes in einer anderen Schriftart oder Schriftgröße formatiert werden, markieren Sie diesen Text und wählen Sie dann aus den Listenfeldern *Schriftart* und *Schriftgrad* die gewünschten Schrifteigenschaften aus (siehe Abbildg. 8.56).

Abbildg. 8.56 Die Signatur formatieren

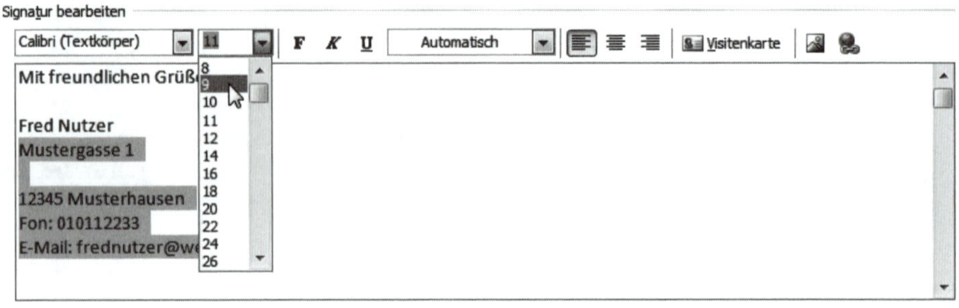

10. 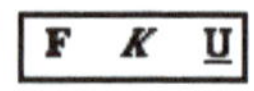

Soll Text fett, kursiv oder unterstrichen formatiert werden, markieren Sie ihn und klicken Sie auf die Schaltfläche *Fett*, *Kursiv* oder *unterstrichen*.
11. 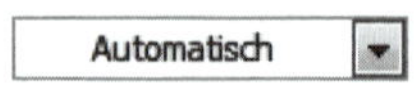

Wollen Sie dem markierten Text eine spezielle Farbe zuweisen, klicken Sie auf den Abwärtspfeil im Feld *Automatisch* und wählen Sie die gewünschte Farbe aus der Farbpalette aus, die sich einblendet.
12. 
Um den markierten Text zentriert oder rechtsbündig anzuordnen, markieren Sie ihn und klicken Sie auf die Schaltfläche für die entsprechende Ausrichtung.
13. 
Um ein Bild in die Signatur einzufügen, klicken Sie auf die Schaltfläche *Grafik* und wählen Sie im Dialogfeld *Grafik einfügen* das gewünschte Bild mit einem Doppelklick aus.
14. 
Auch Hyperlinks lassen sich problemlos in Signaturen einfügen. Klicken Sie dazu auf die Schaltfläche *Hyperlink*. Im Dialogfeld *Hyperlink einfügen* wählen Sie eine Webseite, eine Datei oder eine E-Mail-Adresse aus, zu der der Hyperlink führen soll, und klicken Sie dann auf *OK*, um den Hyperlink in die Signatur zu übernehmen.
15. Klicken Sie nun im Dialogfeld *Signaturen und Briefpapier* auf die Schaltfläche *Speichern* und dann auf *OK*, um das Dialogfeld zu schließen
16. Erstellen Sie nun eine neue E-Mail über den Befehl *Datei/Neu/E-Mail-Nachricht*, so wird die Signatur automatisch in das Textfeld eingefügt (siehe Abbildg. 8.57). Geben Sie den E-Mail-Empfänger und den Betreff ein und klicken Sie dann das Textfeld oberhalb von der Signatur an, um den Text einzugeben.

Haben Sie mehrere Signaturen eingerichtet und wollen Sie für die aktuelle E-Mail eine andere Signatur verwenden, aktivieren Sie die Registerkarte *Einfügen*, klicken Sie in der Gruppe *Einschließen* auf die Schaltfläche *Signatur* und wählen Sie im Dropdown-Menü die gewünschte Signatur aus. Das Gleiche gilt, wenn Sie eine vorhandene Signatur für ein Konto verwenden möchten, dem bisher keine Signatur zugeordnet ist.

Abbildg. 8.57 Die neue E-Mail mit Signatur

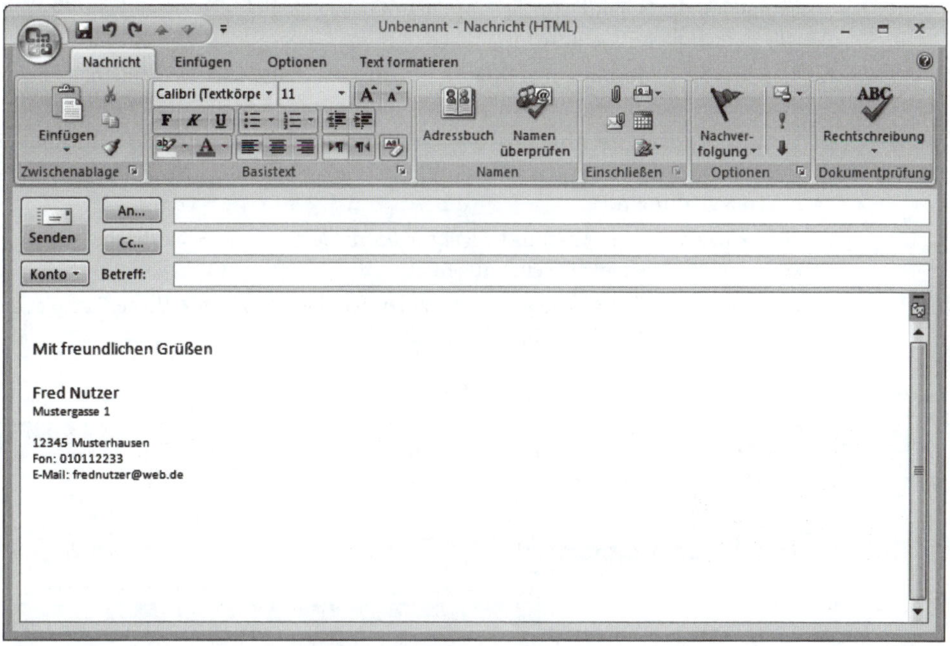

HINWEIS Wenn Sie das Konto wechseln, über das die Nachricht versendet werden soll, verschwindet die Signatur. Wollen Sie für ein Konto oder für neue Nachrichten prinzipiell eine andere Signatur verwenden, sollten Sie die Signatur entsprechend anpassen.

Die Visitenkarte als Signatur verwenden

Alternativ zur Textsignatur können Sie Ihre Visitenkarte als Signatur an die E-Mail anhängen. Dies hat den Vorteil, dass Outlook-Benutzer die Visitenkarte mit einem Mausklick in ihr Adressbuch übernehmen können. Bei allen anderen Empfängern, die ein HTML-fähiges E-Mail-Programm benutzen, wird die Visitenkarte im HTML-Format angezeigt. Unterstützt das E-Mail-Programm des Empfängers das HTML-Format hingegen nicht, kann die Signatur nicht angezeigt werden.

HINWEIS Visitenkarten sind im vCard-Format gespeicherte Outlook-Kontaktformulare. Wenn Sie auf eine an eine E-Mail angehängte vCard doppelklicken, öffnet sich das in der Datei enthaltene Kontaktformular und Sie können es direkt in Ihren Ordner *Kontakte* übernehmen, sofern es nicht bereits vorhanden ist.

1. Wählen Sie im Menü *Extras* den Befehl *Optionen* und klicken Sie auf der Registerkarte *E-Mail-Format* auf die Schaltfläche *Signaturen*, um das Dialogfeld *Signaturen und Briefpapier* zu öffnen, falls es nicht bereits geöffnet ist.
2. Erstellen Sie dann mit einem Mausklick auf die Schaltfläche *Neu* eine neue Signatur, geben Sie den Namen für die Signatur ein und klicken Sie auf *OK*.
3. Wählen Sie dann im Abschnitt *Standardsignatur auswählen* das E-Mail-Konto aus, für das die Signatur verwendet werden soll, und tippen Sie im Listenfeld *Neue Nachrichten* den Namen der neuen Signatur ein.
4. Nun klicken Sie im Abschnitt *Signatur bearbeiten* auf die Schaltfläche *Visitenkarte*, um die Visitenkarte einzufügen.

5. Im Dialogfeld *Visitenkarte einfügen* wählen Sie die gewünschte Visitenkarte aus und bestätigen mit *OK* (siehe Abbildg. 8.58).

Abbildg. 8.58 Die Visitenkarte in die Signatur einfügen

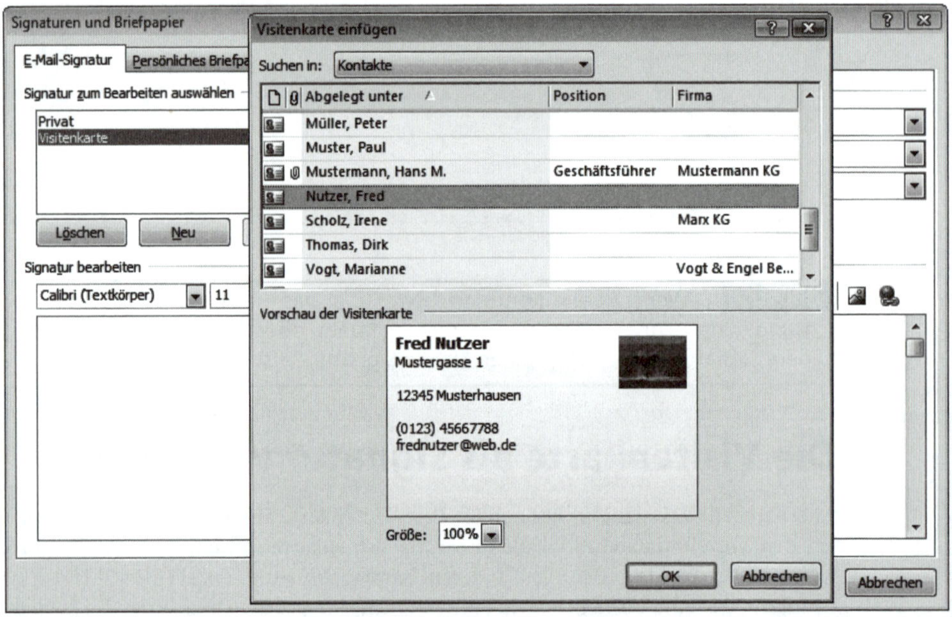

6. Die Visitenkarte wird nun in das Textfeld unter *Signatur bearbeiten* eingefügt. Klicken Sie zwei Mal auf *OK*, um die Änderungen zu übernehmen.
7. Erstellen Sie nun zum Test eine neue E-Mail über den Befehl *Datei/Neu/E-Mail-Nachricht*. Die Visitenkarte wird nun im Textfeld angezeigt und außerdem als vCard-Datei an Ihre E-Mail angehängt (siehe Abbildg. 8.59).

Abbildg. 8.59 Die Visitenkarte als Signatur in einer neuen E-Mail

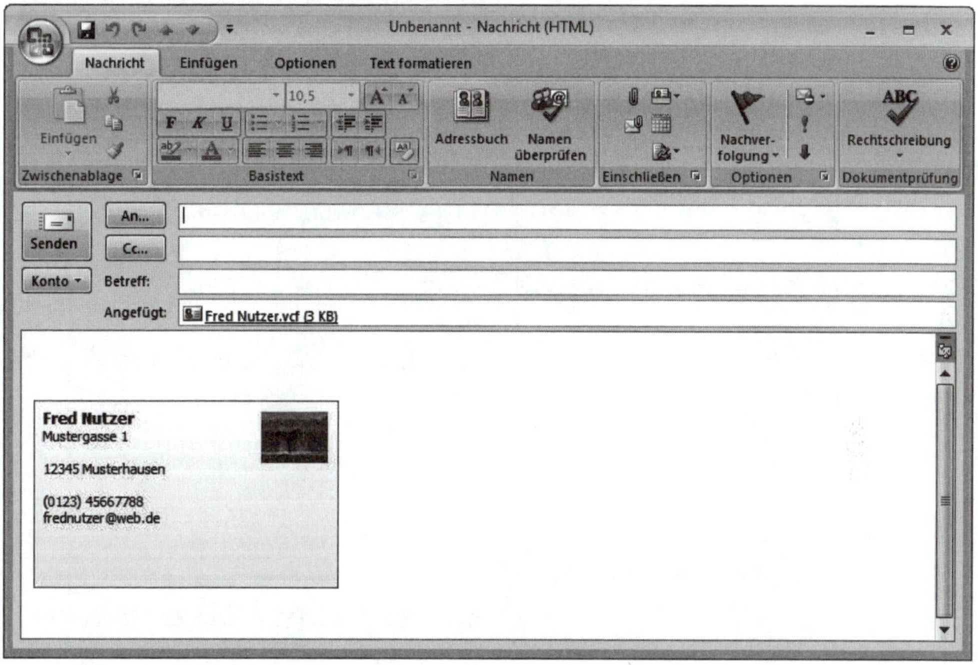

Die eigene Visitenkarte erstellen

Erstellen Sie zunächst einmal eine Visitenkarte mit Ihren Kontaktdaten. Gehen Sie dazu wie folgt vor:

1. Wählen Sie im Menü *Datei* den Befehl *Neu/Kontakt.*
2. Es öffnet sich ein neues Kontaktformular, in das Sie alle Daten eingeben, die in Ihrer Visitenkarte enthalten sein sollen, wie z.B. der Name, die Adresse und die Telefonnummer. In der rechten oberen Ecke des Kontaktformulars wird eine Vorschau auf die eingegebenen Daten angezeigt.

TIPP Wollen Sie eine Visitenkarte in einer anderen Sprache erstellen, wählen Sie die Sprache unter Windows vor der Eingabe der Daten in das Kontaktformular aus. Der Text wird dann automatisch in der gewählten Sprache in die Felder eingetragen.

3. Dann klicken Sie in der Multifunktionsleiste des Kontaktformulars auf die Schaltfläche *Visitenkarte.*
4. Im Formular *Visitenkarte bearbeiten* prüfen Sie in der Vorschau in der linken oberen Ecke, ob alle Angaben wie gewünscht angezeigt werden (siehe Abbildg. 8.60). Ist dies der Fall, übernehmen Sie die Visitenkarte mit einem Mausklick auf *OK* und schließen das Kontaktformular dann mit einem Mausklick auf die Schaltfläche *Speichern & schließen*. Passen Sie den Kartenentwurf, die Felder und die Formatierung andernfalls wie nachfolgend beschrieben an, und übernehmen Sie die Änderungen dann mit einem Mausklick auf *OK.*

Abbildg. 8.60 Die Visitenkarte formatieren

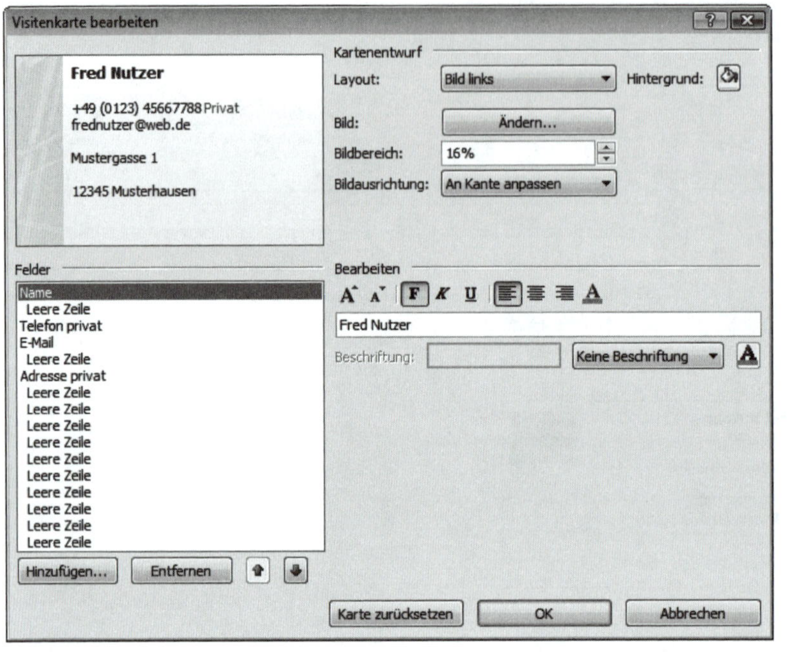

HINWEIS Falls Sie unter Windows und Microsoft Office eine Sprache mit der Schreibrichtung »Von rechts nach links« installiert haben, stehen Ihnen zwischen den Schaltflächen *Rechtsbündig* und *Schriftfarbe* zusätzlich die Schaltflächen *Textrichtung links nach rechts* und *Textrichtung rechts nach links* zur Verfügung. Ändern Sie bei Bedarf die Textrichtung mit einem Mausklick auf die entsprechende Schaltfläche.

Den Kartenentwurf anpassen

Möchten Sie in der Visitenkarte ein anderes Bild verwenden, wie z.B. das Logo Ihrer Firma, soll das Bild an einer anderen Position angezeigt werden oder sagt Ihnen die aktuelle Bildausrichtung nicht zu, verändern Sie die Standardeinstellungen im Dialogfeld *Visitenkarte bearbeiten* wie folgt.

- **Layout:** Legen Sie zunächst im Abschnitt *Kartenentwurf* fest, ob ein Bild in der Visitenkarte enthalten sein soll und, wenn ja, an welcher Stelle es sich befinden soll. Standardmäßig wird links ein graues Bild angezeigt. Das Bild kann jedoch über das Listenfeld *Layout* rechts, oben, unten oder im Hintergrund angezeigt werden oder über die Option *Nur Text* ganz ausgeblendet werden.

TIPP Erstellen Sie eine Visitenkarte für Ihre geschäftlichen Kontaktdaten und enthält Ihre gedruckte Visitenkarte ein Bild oder ein Logo, ist es sinnvoll, das Layout an das Layout der gedruckten Visitenkarte anzupassen und das Bild an derselben Stelle zu positionieren.

- **Bild ändern:** Wollen Sie ein anderes Bild in der Visitenkarte verwenden, wie z.B. Ihr Firmenlogo, klicken Sie unter *Bild* auf die Schaltfläche *Ändern* und wählen Sie das gewünschte Bild mit einem Doppelklick aus dem Dialogfeld *Kartenbild hinzufügen* aus, das sich nun mit aktiviertem Ordner *Benutzer/Bilder* öffnet.

- **Bildbereich:** Standardmäßig nimmt das Bild einen Bereich von 16% der Visitenkarte ein. Soll das Bild einen größeren Bereich oder kleineren Bereich einnehmen, geben Sie den entsprechenden Prozentwert in das Feld *Bildbereich* ein.
- **Bildausrichtung:** Um das Bild an der durch die Einstellung im Feld *Layout* vorgegebenen Position anders auszurichten, klicken Sie auf den Abwärtspfeil im Feld *Bildausrichtung* und wählen die gewünschte Ausrichtung aus. Die Standardausrichtung, bei der das Bild sich über den Rand der Visitenkarte erstreckt, ist *An Kante anpassen* (siehe Abbildg. 8.61).

Abbildg. 8.61 Den Kartenentwurf anpassen

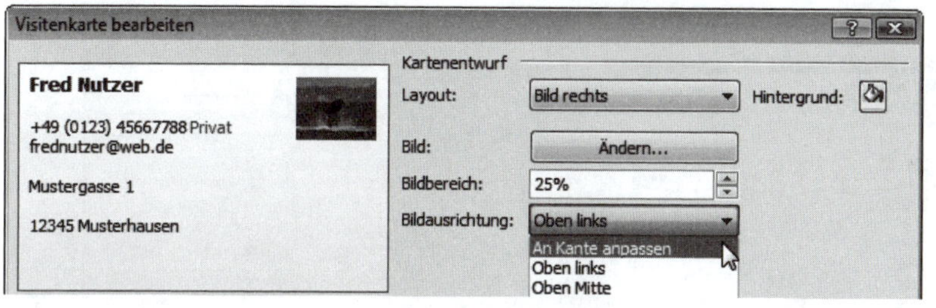

- **Hintergrund:** Um die Hintergrundfarbe der Visitenkarte anzupassen, klicken Sie auf diese Schaltfläche und wählen Sie in der Farbpalette, die sich öffnet, die gewünschte neue Hintergrundfarbe mit einem Mausklick aus.

TIPP Prüfen Sie nun in der Vorschau in der linken oberen Ecke, ob die Änderungen Ihren Vorstellungen entsprechen und passen Sie die einzelnen Einstellungen bei Bedarf an.

Sagen Ihnen Ihre Änderungen doch nicht zu, können Sie sie mit einem Mausklick auf die Schaltfläche *Karte zurücksetzen* und einem Mausklick auf *Ja* in der Abfrage, ob Sie tatsächlich alle Änderungen verlieren möchten, rückgängig machen.

Felder bearbeiten

Nun bearbeiten Sie bei Bedarf die Reihenfolge der einzelnen Zeilen im Abschnitt *Felder*, und fügen Sie Felder zur Visitenkarte hinzu, falls sie bisher noch fehlen, oder entfernen Sie vorhandene Felder und Leerzeilen, falls sie in der Visitenkarte nicht benötigt werden.

- **Felder verschieben:** Um ein Feld, wie z.B. das Feld *Telefon privat* oder das Feld *E-Mail* im Anschluss an die Postadresse anzuzeigen, markieren Sie zunächst das Feld *Telefon privat* und klicken Sie so oft auf die Schaltfläche mit dem Abwärtspfeil, bis sich das Feld an der gewünschten Stelle befindet. Wiederholen Sie den Vorgang mit der E-Mail-Adresse. Um ein Feld weiter nach oben zu verschieben, markieren Sie es und klicken Sie dann so oft auf die Schaltfläche mit dem Aufwärtspfeil, bis sich das Feld an der gewünschten Stelle befindet.

TIPP Prüfen Sie jeweils in der Vorschau in der linken oberen Ecke des Dialogfelds *Visitenkarte bearbeiten*, ob sich das Feld nun an der gewünschten Stelle befindet.

- **Felder entfernen:** Löschen Sie anschließend alle überflüssigen Leerzeichen, indem Sie diese markieren und auf die Schaltfläche *Entfernen* klicken (siehe Abbildg. 8.62).

Abbildg. 8.62 Die Felder der Visitenkarte bearbeiten

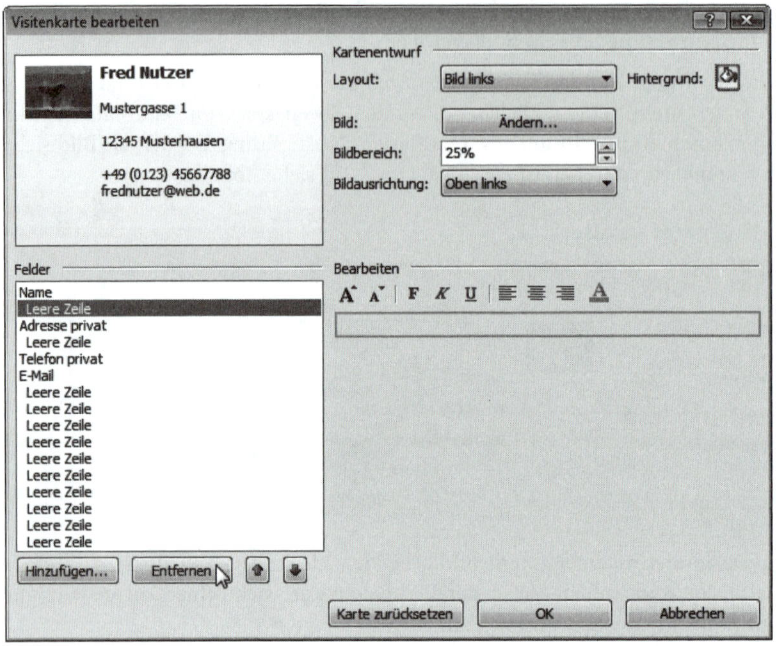

- **Felder hinzufügen:** Fehlt in der Visitenkarte ein Feld aus dem Kontaktformular, wie z.B. die Faxnummer, klicken Sie auf die Schaltfläche *Hinzufügen*, und wählen Sie im Menü das gewünschte Feld aus. Um eine Leerzeile einzufügen, wählen Sie das Feld *Leere Zeile.*

Die Formatierung anpassen

Soll ein bestimmtes Feld in der Visitenkarte fett oder kursiv oder in einer anderen Schriftfarbe hervorgehoben werden, wollen Sie den Schriftgrad einer Zeile vergrößern oder möchten Sie die Absatzausrichtung anpassen, nutzen Sie die Schaltflächen und Funktionen im Abschnitt *Bearbeiten.*

1. Markieren Sie im Abschnitt *Felder* oder in der Vorschau die Zeile, deren Formatierung Sie bearbeiten möchten, mit einem Mausklick. Um beispielsweise die Formatierung der Telefonnummer anzupassen, klicken Sie diese in der Vorschau an.
2. Passen Sie bei Bedarf den Inhalt des Textfelds im Abschnitt *Bearbeiten* an. Soll beispielsweise die Telefonnummer ohne die Ländervorwahl angezeigt werden, löschen Sie diese im Textfeld.
3.  Um die Schrift zu vergrößern, klicken Sie so oft auf die Schaltfläche *Schriftgrad vergrößern*, bis die Schrift die gewünschte Größe hat (siehe Abbildg. 8.63). Um die Schrift einer Zeile zu verkleinern, klicken Sie hingegen so oft auf die Schaltfläche *Schriftgrad verkleinern*, bis sie klein genug ist.
4.  Soll die Schrift fett, kursiv oder unterstrichen dargestellt werden, klicken Sie auf die entsprechende Schaltfläche.
5.  Um die Ausrichtung des Textes anzupassen, klicken Sie auf die Schaltfläche *Zentriert* oder auf *Text rechtsbündig ausrichten.*

Abbildg. 8.63 Den Schriftgrad einer Zeile vergrößern

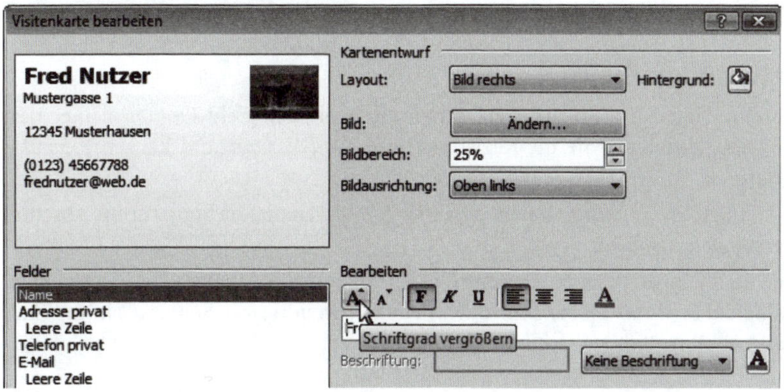

6. Soll die Schrift in einer anderen Farbe angezeigt werden, klicken Sie auf die Schaltfläche *Schriftfarbe* und wählen Sie die gewünschte neue Farbe mit einem Mausklick aus der Farbpalette aus.
7. Bei einigen Feldern, wie z.B. bei den Telefonnummerfeldern wird von Microsoft eine Beschriftung in grauer Schrift angezeigt. Um für die Beschriftung eine andere Bezeichnung zu verwenden, geben Sie die neue Bezeichnung in das Feld *Beschriftung* ein. Soll die Beschriftung gar nicht oder an einer anderen Position angezeigt werden, klicken Sie auf den Abwärtspfeil im zweiten Feld unter Beschriftung und wählen Sie die gewünschte Position aus dem Listenfeld aus (siehe Abbildg. 8.64).

Abbildg. 8.64 Die Beschriftung einer Zeile anpassen

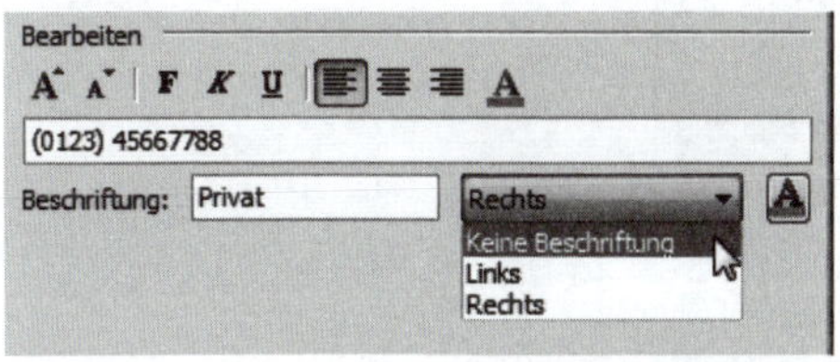

8. Soll die Beschriftung in einer anderen Farbe angezeigt werden, klicken Sie auf die Schaltfläche *Farbe der Beschriftung* und wählen Sie die neue Farbe mit einem Mausklick aus der Farbpalette aus.

TIPP Sagt Ihnen die gewählte Formatierung doch nicht zu, können Sie die Visitenkarte mit einem Mausklick auf die Schaltfläche *Karte zurücksetzen* und einer anschließenden Bestätigung der Schaltfläche *Ja* in ihren ursprünglichen Zustand zurückversetzen.

Signaturen bearbeiten, deaktivieren oder entfernen

Muss die Signatur aktualisiert werden, weil sich beispielsweise die Adresse, die Rufnummer oder die E-Mail-Adresse verändert hat oder wollen Sie das Aussehen der Signatur verändern, brauchen Sie sie nur zu bearbeiten. Sie können Signaturen jedoch auch ohne großen Aufwand deaktivieren oder ganz entfernen.

Signaturen bearbeiten

1. Um eine Signatur zu bearbeiten, öffnen Sie das Dialogfeld *Optionen* über den Befehl *Extras/ Optionen*, aktivieren Sie die Registerkarte *E-Mail-Format* und klicken Sie auf die Schaltfläche *Signaturen.*
2. Im Dialogfeld *Signaturen und Briefpapier* markieren Sie die Signatur im Abschnitt *Signatur zum Bearbeiten auswählen.*
3. Um die Signatur umzubenennen, klicken Sie auf die Schaltfläche *Umbenennen*, geben Sie im Dialogfeld *Signatur umbenennen* den neuen Namen für die Signatur ein und klicken Sie auf *OK* (siehe Abbildg. 8.65).

Abbildg. 8.65 Eine Signatur umbenennen

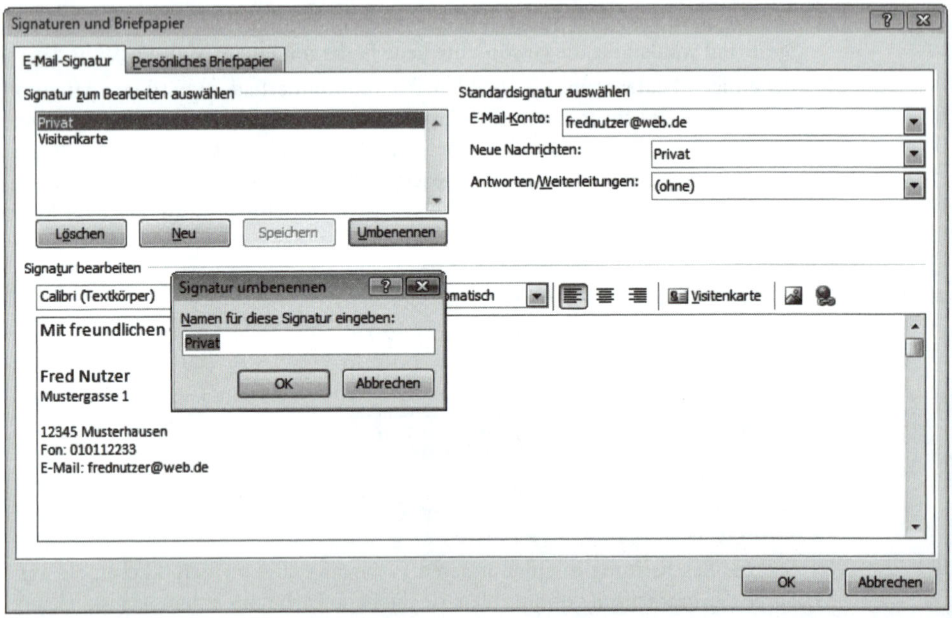

4. Wollen Sie die Formatierung einer Signatur anpassen, wie z.B. den Schriftgrad verkleinern oder die Schriftfarbe ändern, markieren Sie den Text im Abschnitt *Signatur bearbeiten* und nehmen Sie dann anhand der Schaltflächen und Funktionen die gewünschten Änderungen vor.
5. Um den Text einer Signatur anzupassen, nehmen Sie im Abschnitt *Signatur bearbeiten* die gewünschten Änderungen vor oder geben Sie den gesamten Text oder Teile davon neu ein.
6. Klicken Sie dann drei Mal auf *OK*, um die Änderungen zu übernehmen und sämtliche Dialogfelder zu schließen.

Signaturen wechseln und deaktivieren

Wollen Sie zukünftig auf die Benutzung einer Signatur verzichten und Signaturen nur bei Bedarf in E-Mails einfügen, gehen Sie wie folgt vor:

1. Öffnen Sie das Dialogfeld *Signaturen und Briefpapier*, indem Sie zunächst den Menübefehl *Extras/Optionen* aufrufen und anschließend im Dialogfeld *Optionen* auf der Registerkarte *E-Mail-Format* auf die Schaltfläche *Signaturen* klicken.
2. Im Dialogfeld *Signaturen und Briefpapiere* wählen Sie dann im Abschnitt *Standardsignatur auswählen* im Listenfeld *Neue Nachrichten* die Option *(Ohne)*, um Ihre E-Mails zukünftig ohne Signatur zu erstellen (siehe Abbildg. 8.66).

Abbildg. 8.66 Die Signatur für neue Nachrichten deaktivieren

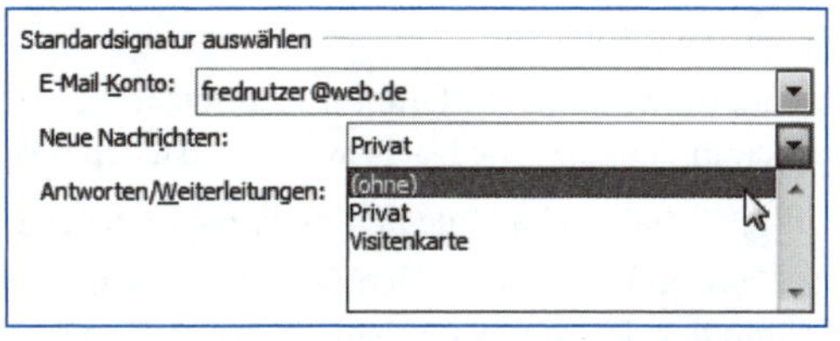

3. Haben Sie eine Signatur für Antworten und Weiterleitungen ausgewählt, können Sie diese ebenfalls deaktivieren, indem Sie im Listenfeld *Für Antworten/Weiterleitungen* den Eintrag *(Ohne)* wählen.
4. Wollen Sie hingegen die Signatur für neue Nachrichten ändern, klicken Sie auf den Abwärtspfeil im Listenfeld *Neue Nachrichten* und wählen Sie dann die gewünschte neue Signatur aus.
5. Übernehmen Sie Ihre Änderungen mit einem Mausklick auf *OK* und schließen Sie alle weiteren Dialogfelder ebenfalls mit einem Mausklick auf *OK*.

TIPP Wollen Sie in einer neuen E-Mail trotzdem eine Signatur verwenden, nachdem Sie für neue Nachrichten die Option *(Ohne)* gewählt haben, oder wollen Sie für die neue E-Mail eine andere Signatur verwenden, aktivieren Sie in der neuen E-Mail die Registerkarte *Einfügen*, klicken Sie auf dieser Registerkarte auf die Schaltfläche *Signatur* und wählen Sie die gewünschte Signatur dann aus dem Dropdown-Menü aus.

Signaturen entfernen

Um eine Signatur zu löschen, gehen Sie wie folgt vor:

1. Öffnen Sie das Dialogfeld *Optionen* über den Befehl *Extras/Optionen*, aktivieren Sie die Registerkarte *E-Mail-Format* und klicken Sie auf die Schaltfläche *Signaturen*.
2. Im Dialogfeld *Signaturen und Briefpapier* markieren Sie die Signatur, die Sie entfernen möchten, und klicken Sie dann auf die Schaltfläche *Löschen*.
3. Sie werden nun in einem Hinweisfenster darauf hingewiesen, dass alle E-Mail-Konten, die die Signatur benutzen, keine Signatur mehr haben werden, wenn Sie die Signatur jetzt löschen. Klicken Sie auf *Ja*, um dies zu bestätigen, oder auf *Nein*, um den Löschvorgang rückgängig zu machen.
4. Schließen Sie das Dialogfeld mit einem Mausklick auf *OK*.
5. Klicken Sie auf *OK*, um das Dialogfeld *Optionen* zu schließen.

Kommunikation leicht gemacht

Besonderheiten bei Exchange Server

Arbeiten Sie mit Outlook als Exchange-Client, stehen Ihnen einige Zusatzfunktionen zur Verfügung, die bei reinen Internet-Clients nicht vorhanden sind. Sie können beispielsweise Nachrichten in Öffentlichen Ordnern bereitstellen, auf die alle Exchange-Nutzer Ihrer Firma Zugriff haben. Sie können Nachrichten außerdem zurückrufen und Sie haben die Möglichkeit, Nachrichten über einen Verteiler zu senden.

Nachrichten in Öffentlichen Ordnern bereitstellen

Arbeiten Sie mit Outlook als Exchange-Client, können Sie bequem Nachrichten über Outlook in Öffentliche Ordner stellen. Gehen Sie dazu wie folgt vor:

1. Klicken Sie im Navigationsbereich auf die Schaltfläche *Ordnerliste* und aktivieren Sie dann in der Ordnerliste den Öffentlichen Ordner, in dem Sie eine Nachricht bereitstellen möchten.

2. Klicken Sie in der Symbolleiste auf die Schaltfläche *Neue Bereitstellung in diesen Ordner.*
3. Im daraufhin geöffneten Diskussionsformular geben Sie den Betreff in das gleichnamige Feld ein und klicken dann auf das Textfeld, um den Text der Nachricht einzugeben (siehe Abbildg. 8.67).

Abbildg. 8.67 Eine Nachricht in einem öffentlichen Ordner bereitstellen

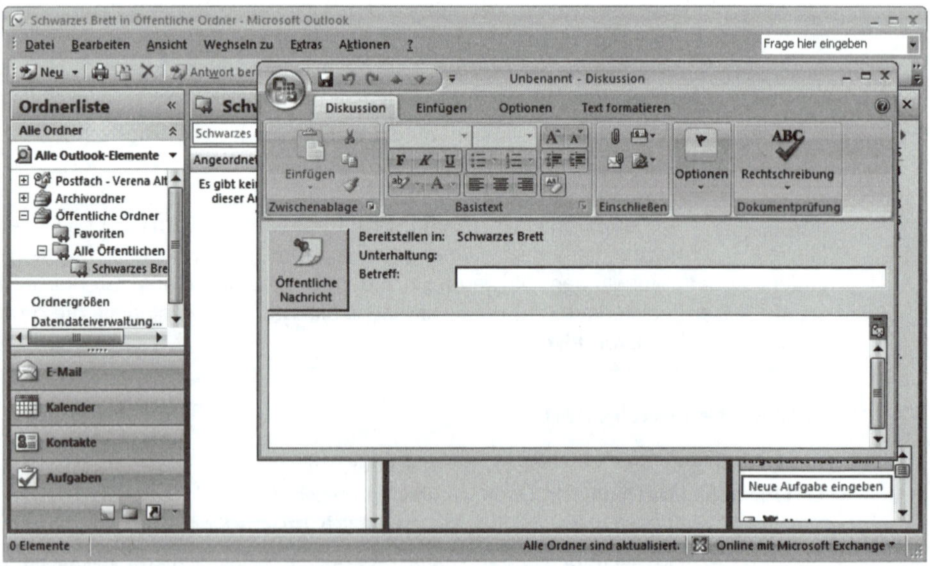

4. Formatieren Sie den Text bei Bedarf mit Hilfe der in der Gruppe *Basistext* bereitgestellten Schaltflächen. Um den Text aufwändiger oder anhand von Formatvorlagen zu formatieren, aktivieren Sie die Registerkarte *Text formatieren* und wählen die gewünschte Formatvorlage mit einem Mausklick aus.

5. Wie an normale E-Mails können Sie auch an die Beiträge in einem öffentlichen Ordner Dateien anhängen und Sie können Elemente wie Tabellen, ClipArts oder SmartArt-Grafiken in die Öffentlichen Nachrichten einfügen. Gehen Sie dazu vor, wie für E-Mails beschrieben.
6. Klicken Sie auf die Schaltfläche *Öffentliche Nachricht*, um die Nachricht im Öffentlichen Ordner abzulegen.

Um die Nachrichten in einem öffentlichen Ordner zu lesen, öffnen Sie den Ordner in der Ordnerliste und klicken Sie dann im Öffentlichen Ordner auf die Nachricht. Sie wird nun wie die Nachrichten im Posteingang im Lesebereich angezeigt (siehe Abbildg. 8.68). Möchten Sie die Nachricht lieber in einem eigenen Fenster betrachten, öffnen Sie sie mit einem Doppelklick.

Abbildg. 8.68 Die im öffentlichen Ordner bereitgestellte Nachricht betrachten

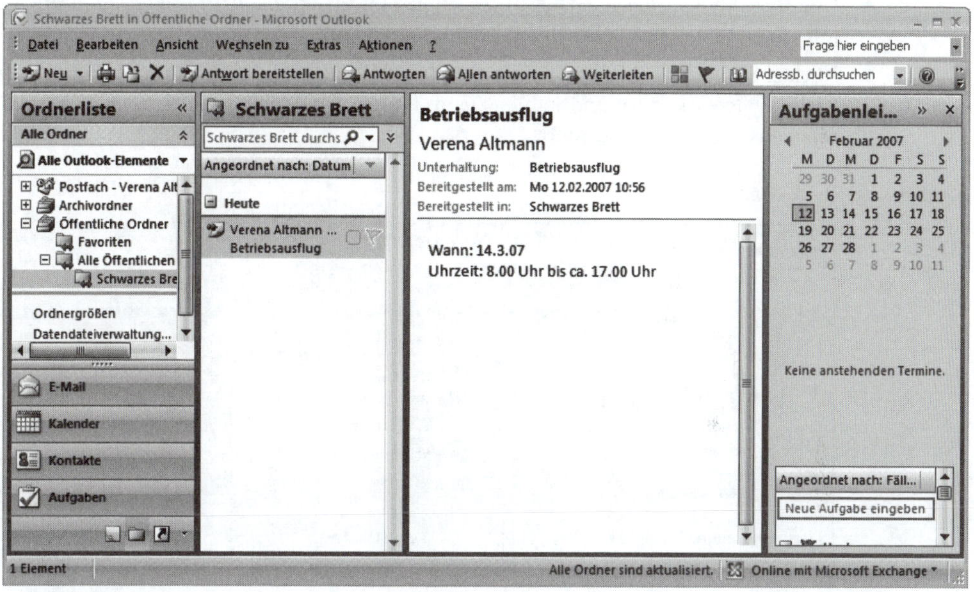

TIPP Um selbst einen öffentlichen Ordner anzulegen, müssen Sie über Administratorrechte verfügen. Haben Sie diese, brauchen Sie nur in der Ordnerliste mit der rechten Maustaste auf den Ordner *Öffentliche Ordner* zu klicken und wählen im Kontextmenü den Befehl *Neuer Ordner* zu wählen. Dann geben Sie im Dialogfeld *Neuen Ordner erstellen* einen aussagekräftigen Namen ein und klicken auf *OK*.

E-Mails zurückrufen

Arbeiten Sie mit Outlook als Exchange-Client, haben Sie die Möglichkeit, gesendete E-Mails zurückzurufen, d.h. zu löschen oder durch eine andere zu ersetzen, bevor diese vom Empfänger gelesen wurden. Haben Sie einer Person eine E-Mail-Nachricht gesendet, deren Inhalt sich in der Zwischenzeit erledigt hat, können Sie diese zurückrufen, um keine Verwirrung zu stiften. Der Empfänger kann Ihre ursprüngliche Nachricht dann zwar trotzdem lesen, er wird aber darauf hingewiesen, dass sie inzwischen wieder gelöscht bzw. ersetzt wurde.

TIPP Die Funktion *Diese Nachricht zurückrufen* ist insbesondere dann nützlich, wenn Sie eine Datei per E-Mail an mehrere Personen verschicken wollten, beim Versand jedoch vergaßen, die Datei anzuhängen. Ersetzen Sie die ungelesenen Kopien einfach durch eine neue Nachricht mit Dateianhang, wird Ihr Versehen kaum auffallen.

Gehen Sie wie folgt vor, um eine bereits gesendete E-Mail zurückzurufen:

1. Wählen Sie im Menü *Datei* den Befehl *Neu/E-Mail-Nachricht.*
2. Wählen Sie im Nachrichtenformular im Feld *An* einen Empfänger aus der Globalen Adressliste aus und geben Sie dann den Betreff und den Text der E-Mail ein.
3. Klicken Sie auf die Schaltfläche *Senden*, um die E-Mail zu verschicken.
4. Um die E-Mail zurückzurufen, öffnen Sie den Ordner *Gesendete Elemente* und öffnen die E-Mail mit einem Doppelklick.
5. Klicken Sie in der E-Mail auf der Registerkarte *Nachricht* in der Gruppe *Aktionen* auf die Schaltfläche *Andere Aktionen* und wählen Sie im Dropdown-Menü den Befehl *Diese Nachricht zurückrufen* aus (siehe Abbildg. 8.69).

Abbildg. 8.69 Die E-Mail zurückrufen

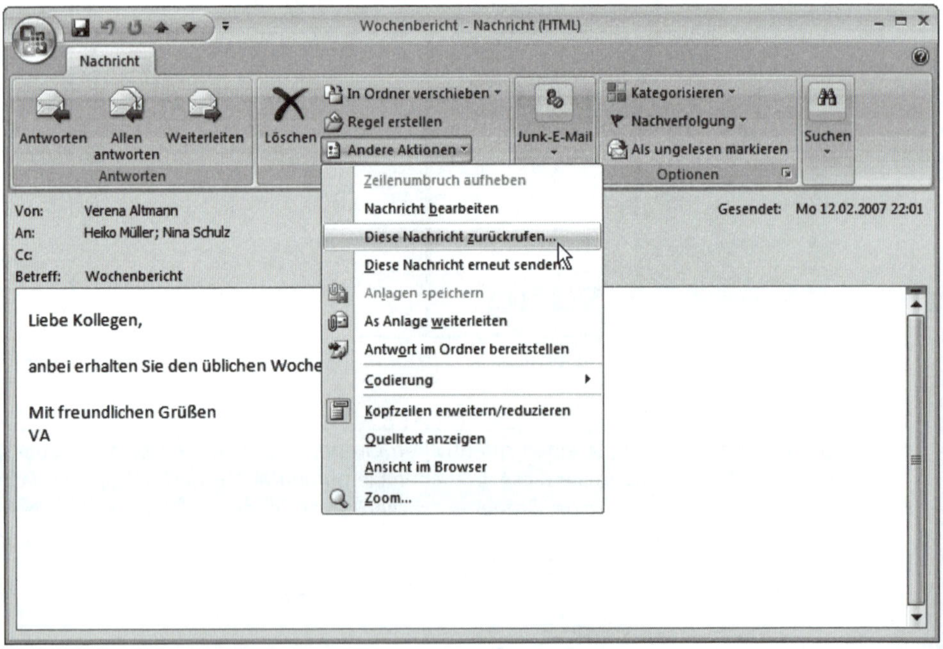

6. Wollen Sie die Nachricht löschen, falls sie noch nicht gelesen wurde, wählen Sie die Option *Ungelesene Kopien dieser Nachricht löschen.* Soll die Nachricht hingegen durch eine andere ersetzt werden, sofern sie noch nicht gelesen wurde, aktivieren Sie die Option *Ungelesene Kopien durch eine neue Nachricht ersetzen.*

7. Das Kontrollkästchen *Ergebnis des Nachrichtenrückrufs für jeden Empfänger mitteilen* ist standardmäßig aktiviert. Dies bewirkt, dass Sie eine Meldung erhalten, ob die gesendete Nachricht für alle Empfänger gelöscht wurde.

TIPP Falls Sie die E-Mail an sehr viele Empfänger gesendet haben, sollten Sie das Kontrollkästchen besser deaktivieren, um nicht mit Mitteilungen über den Nachrichtenrückruf überschwemmt zu werden.

8. Bestätigen Sie Ihre Wahl mit einem Mausklick auf *OK*. In der Nachricht wird nun eine Infoleiste mit Datum und Uhrzeit eingeblendet, zu der Sie versucht haben, die Nachricht zurückzurufen.
9. Haben Sie beim Zurückrufen die Option *Ungelesene Kopien durch eine neue Nachricht ersetzen* gewählt, öffnet sich Ihre ursprüngliche Nachricht in einem neuen Nachrichtenformular. Sie können den Nachrichtentext nun ändern und die Nachricht über die Schaltfläche *Senden* verschicken.

Haben Sie sich für die Option *Ungelesene Kopien dieser Nachricht löschen* entschieden, wird die Nachricht gelöscht, sofern sie noch nicht gelesen wurde. Andernfalls erhalten Sie eine Mitteilung, dass der Rückruf fehlgeschlagen ist. Im Posteingang des Empfängers sind dann zwei E-Mails zu sehen: Die ursprüngliche Nachricht mit dem Betreff *<Test>* und eine zweite Nachricht mit dem Betreff *Rückruf <Test>*. Klickt der Empfänger doppelt auf letztere Nachricht, öffnet sich ein Dialogfeld mit dem Hinweis, dass der Absender die ursprüngliche Nachricht zurückrufen wollte.

Haben Sie sich für die Option *Ungelesene Kopien durch eine neue Nachricht ersetzen* entschieden, wird die Nachricht durch die neue Nachricht ersetzt, sofern sie noch nicht gelesen wurde. Andernfalls erhalten Sie eine Nachricht, dass der Rückruf fehlgeschlagen ist. Im Posteingang des Empfängers sind drei Nachrichten enthalten: Die ursprüngliche Nachricht, die Nachricht mit dem Betreff *Rückruf:<Betreff>* und die neue Nachricht mit dem Originalbetreff.

Zusammenfassung

Für die Gestaltung und den Versand von E-Mails stehen Ihnen in Microsoft Office Outlook 2007 zahlreiche Funktionen zur Verfügung, die Sie wie folgt nutzen.

Sie möchten ...	So gehen Sie vor	Sehen Sie sich dazu das Beispiel an auf Seite
Wörter nachschlagen	Klicken Sie einen Begriff, den Sie nachschlagen möchten, mit der rechten Maustaste an, wählen Sie im Kontextmenü den Befehl *Nachschlagen* und klicken Sie auf *Thesaurus*	410
ClipArts und andere Elemente in E-Mails einfügen	Erstellen Sie eine neue E-Mail-Nachricht, aktivieren Sie das Textfeld und klicken Sie auf der Registerkarte *Einfügen* der Multifunktionsleiste im Bereich *Illustrationen* auf die Schaltfläche *Grafik*. Wählen Sie dann im Aufgabenbereich *ClipArt* am rechten Rand die gewünschte Grafik aus oder starten Sie eine Suche auf Office Online.	414

Sie möchten ...	So gehen Sie vor	Sehen Sie sich dazu das Beispiel an auf Seite
Lesebestätigungen auffordern	Erstellen Sie eine neue E-Mail-Nachricht, aktivieren Sie in der Multifunktionsleiste die Registerkarte *Optionen* und aktivieren Sie das Kontrollkästchen *Lesebestätigung anfordern*	453
Signaturen erstellen	Wählen Sie im Menü *Extras* den Befehl *Optionen*, aktivieren Sie die Registerkarte *E-Mail-Format* und klicken Sie auf die Schaltfläche *Signaturen*. Klicken Sie dann auf *Neu* und erstellen Sie die Signatur. Wählen Sie das Konto aus, für das die Signatur verwendet werden soll.	460
Nachrichten im Öffentlichen Ordner bereitstellen (nur Exchange Server)	Öffnen Sie im Navigationsbereich die Ordnerliste und wechseln Sie zum gewünschten Öffentlichen Ordner. Klicken Sie dann in der Symbolleiste auf die Schaltfläche *Neue Bereitstellung in diesen Ordner*.	472

Teil C

Kontaktpflege leicht gemacht

In diesem Teil:

Outlook macht die Kontaktverwaltung und -pflege zu einer leichten Übung. Mit Outlook können Sie nicht nur die beruflichen und privaten Adressdaten, Rufnummern, E-Mail- und Webadressen sowie die Instant Messenger-Adresse (kurz IM-Adresse genannt) erfassen, sondern Sie können auch Details zur beruflichen Tätigkeit wie das Unternehmen, die Abteilung und den Beruf und private Details wie den Spitznamen, den Geburtstag und Ähnliches zu einem Kontakt speichern. Die Daten, die Sie im Ordner *Kontakte* speichern, können Sie für die verschiedensten Zwecke einsetzen. Über die E-Mail-Adresse und die Kontaktdaten können Sie beispielsweise E-Mails oder Sofortnachrichten verschicken. Anhand der Adressdaten können Sie ganz leicht Briefe und Serienbriefe erstellen oder Briefumschläge und Etiketten bedrucken. Private Angaben wie Geburtstage können Sie zusätzlich in Ihrem Kalender vermerken und so verhindern, dass Sie die Angaben vergessen. Um Daten zu einzelnen Kontakten weiterzugeben, brauchen Sie sie nur im vCard-Format zu speichern und per E-Mail zu versenden.

Arbeiten Sie mit Exchange Server, können Sie Ihre Kontakte auch in einem globalen Adressbuch speichern, auf das alle Exchange Server-Nutzer mit der entsprechenden

Berechtigung Zugriff haben. Nutzen Sie in Ihrem Unternehmen SharePoint Team Services, können Sie Ihren Kontaktordner außerdem in einem Arbeitsbereich freigeben bzw. auf freigegebene Kontaktordner in Arbeitsbereichen zugreifen, bei denen Sie Mitglied sind.

- In Kapitel 9 erfahren Sie, wie Sie Kontakte und Verteilerlisten anlegen, verändern, drucken und löschen. Es wird ausführlich auf die Nutzung von Kontakten für die Erstellung von E-Mails, Briefen und Serienbriefen eingegangen. Sie erfahren, wie Sie einen Internetanruf vornehmen, wie Sie Kontakte zur Nachverfolgung kennzeichnen, Elemente mit Kontakten verknüpfen, Kontakte für die Nutzung durch andere Personen freigeben und Visitenkarten erstellen. Weiterhin wird beschrieben, wie Sie nach Kontakten suchen und den Ordner *Kontakte* organisieren, d.h. wie Sie neue Ordner anlegen, Ansichten auswählen und anpassen.
- In Kapitel 10 wird beschrieben, wie Sie Adressmaterial unterschiedlicher Herkunft in Outlook importieren oder Ihre Kontaktdaten in fremde Formate exportieren.
- In Kapitel 11 erfahren Sie mehr über den Business Contact Manager für Outlook, mit dem Sie Ihre Unternehmensführung optimieren, Marketing-Kampagnen planen und Aufgaben leicht verfolgen können.

Kapitel 9

Kontaktverwaltung

In diesem Kapitel:

Outlook macht die Kontaktverwaltung und -pflege zu einer leichten Übung. Erfahren Sie nun, wie Sie Kontakte erfassen und bearbeiten, wie Sie Details wie Geburtstage, Spitznamen und Ähnliches zu Kontakten eingeben, wie Sie Kontakte suchen, organisieren und sortieren, wie Sie Kontakte bearbeiten, wie Sie Kontakte in unterschiedlichen Ansichten betrachten, wie Sie Kontakte aktiv nutzen und wie Sie Kontakte drucken.

Kontakte erstellen

In diesem Abschnitt wird beschrieben, wie Sie einen Kontakt anlegen und allgemeine und persönliche Details eingeben.

Neue Kontakte anlegen

Erfahren Sie in den folgenden Schritten, wie Sie einen neuen Kontakt in Outlook anlegen:

1. Wechseln Sie mit einem Mausklick auf die Schaltfläche *Kontakte* im Navigationsbereich zum Ordner *Kontakte*.
2. Aktivieren Sie unter *Meine Kontakte* den Kontaktordner, in dem Sie einen neuen Kontakt anlegen möchten.

TIPP Standardmäßig ist nur der Ordner *Kontakte* vorhanden, der für die meisten Zwecke auch ausreicht. Möchten Sie mit Outlook jedoch private und geschäftliche Kontakte verwalten, sollten Sie für die privaten Kontakte einen neuen Kontaktordner einrichten und die Kontakte in diesem speichern. Mehr hierzu erfahren Sie im Abschnitt »Kontakte löschen« weiter hinten in diesem Kapitel.

3. Anschließend klicken Sie in der Symbolleiste auf die Schaltfläche *Neu* oder wählen Sie im Menü *Datei* den Befehl *Neu/Kontakt*.
4. Es öffnet sich das Kontaktformular mit dem Titel *Unbenannt – Kontakt*, das Felder für die wichtigsten Kontaktdaten enthält (siehe Abbildg. 9.1). Geben Sie nun den Vornamen und den Namen des Kontakts direkt in das Feld *Name* ein und drücken Sie die ↹-Taste, um zum nächsten Feld zu gelangen. Der Name wird im Format *Nachname, Vorname* in das Feld *Speichern unter* übernommen und gemäß dieser Angabe in den Kontaktordner einsortiert.

PROFITIPP

In den Details zum Namen, die Sie mit einem Mausklick auf die Schaltfläche *Name* einblenden, können Sie zwar über das Listenfeld *Namenszusatz* einen Doktortitel auswählen. Dieser wird jedoch wie die eher im angelsächsischen Raum gebräuchlichen Zusätze *Sen.* und *Jun.* an den Nachnamen angehängt. Es ist deshalb sinnvoller, den Doktortitel vor dem Vor- oder, falls Sie den Vornamen nicht benutzen möchten, vor dem Nachnamen einzugeben, damit er in der Visitenkarte korrekt dargestellt wird.

Abbildg. 9.1 Das Kontaktformular

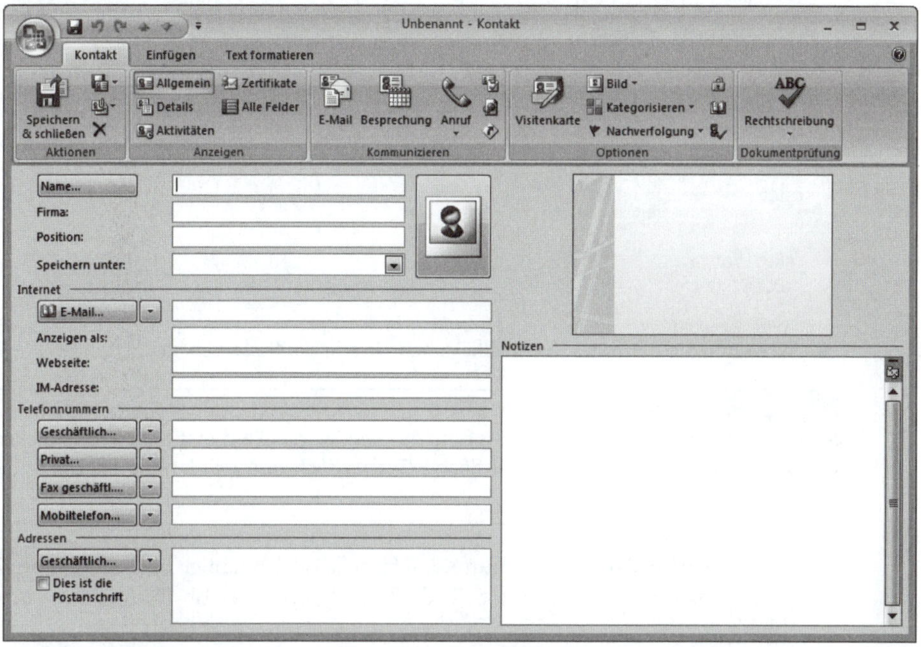

5. Geben Sie bei Bedarf die Position des Kontakts innerhalb einer Firma und den Firmennamen in die entsprechenden Felder ein. Drücken Sie jedes Mal die [Tab]-Taste, um zum nächsten Feld zu gelangen oder aktivieren Sie das nächste Feld mit einem Mausklick.
6. Tragen Sie dann im Abschnitt *Internet* die E-Mail-Adresse, die Webseite des Kontakts und, falls vorhanden, die IM-Adresse, also die Adresse für den MSN Messenger oder Windows Live Messenger, in die dafür vorgesehenen Felder ein. Das Feld *Anzeigen als* wird von Outlook automatisch ausgefüllt, aber Sie können den Inhalt bei Bedarf ändern.
7. Dann geben Sie im Abschnitt *Telefonnummern* alle benötigten Telefon- und Faxnummern in die dafür vorgesehenen Felder ein.

TIPP Reichen Ihnen die angegebenen Felder nicht aus, können Sie über die Abwärtspfeile rechts neben den vorhandenen Schaltflächen für die einzelnen Felder neue Felder einblenden. Um beispielsweise eine weitere E-Mail-Adresse einzugeben, klicken Sie auf den Abwärtspfeil rechts neben dem Feld *E-Mail* und wählen im Dropdown-Menü den gewünschten Eintrag aus (siehe Abbildg. 9.2). Die bisherige Schaltflächenbezeichnung wird nun durch die gewählte ersetzt und Sie können die entsprechenden Daten eingeben.

Abbildg. 9.2 Ein zusätzliches Feld einblenden

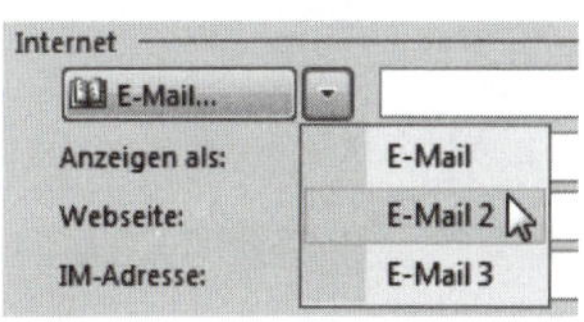

8. Tragen Sie nun die Adresse in das Textfeld rechts neben der Schaltfläche *Geschäftlich* ein. Drücken Sie nach jeder Zeile die [↵]-Taste. Für Adressen innerhalb Deutschlands benutzen Sie beispielsweise das folgende Muster.

```
<Straße> <Hausnummer>
<PLZ> <Ort>
```

oder

```
<Postfach>
<PLZ> <Ort>
```

9. Aktivieren Sie dann das Kontrollkästchen *Dies ist die Postanschrift.*

TIPP Handelt es sich um einen privaten Kontakt oder wollen Sie neben der geschäftlichen auch eine Privatadresse eingeben, müssen Sie das Feld erst aktivieren. Klicken Sie dazu auf den Abwärtspfeil neben der Schaltfläche *Geschäftlich* und wählen Sie im Dropdown-Menü den Eintrag *Privat* aus.

10. Geben Sie bei Bedarf Notizen zum Kontakt in das gleichnamige Feld ein und prüfen Sie dann in der Visitenkarte auf der rechten Seite des Kontaktformulars, ob alle Angaben korrekt sind (siehe Abbildg. 9.3).

Abbildg. 9.3 Die Kontaktdaten prüfen

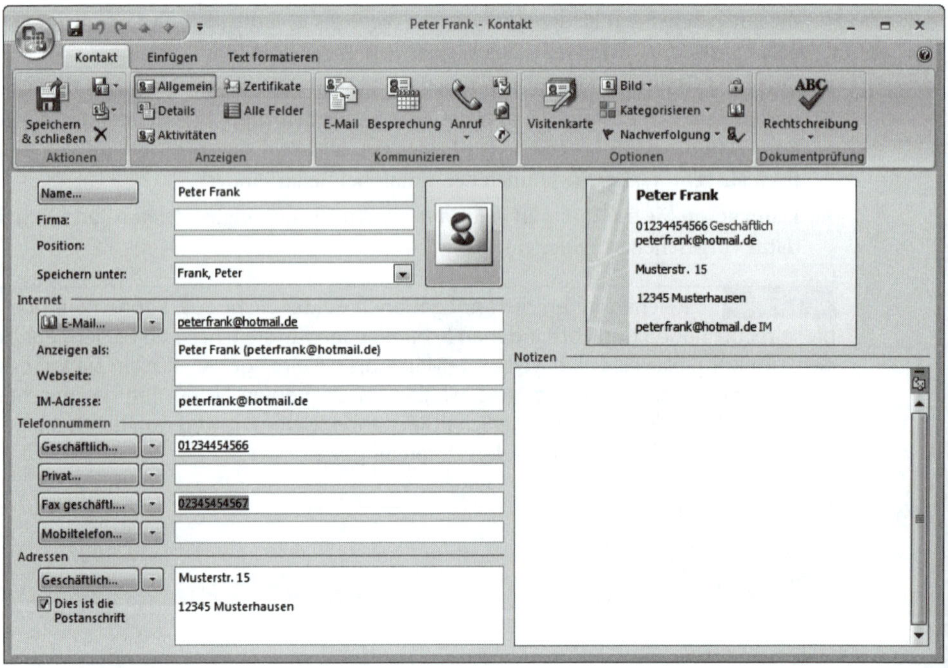

11. Klicken Sie schließlich in der Multifunktionsleiste auf die Schaltfläche *Speichern & schließen*, um den Kontakt zu schließen und in den Kontaktordner einzusortieren.

TIPP Wollen Sie den Kontakt speichern und direkt danach einen weiteren Kontakt eingeben, klicken Sie in der Multifunktionsleiste nicht auf die Schaltfläche *Speichern & schließen*, sondern auf die Schaltfläche *Speichern und neuer Kontakt*. Um den aktuellen Kontakt zu speichern und danach einen neuen Kontakt in der gleichen Firma anzulegen, klicken Sie auf den Abwärtspfeil in der Schaltfläche *Speichern und neuer Kontakt* und wählen im Dropdown-Menü den Befehl *Neuer Kontakt in dieser Firma* (siehe Abbildg. 9.4).

Abbildg. 9.4 Speichern und einen neuen Kontakt anlegen

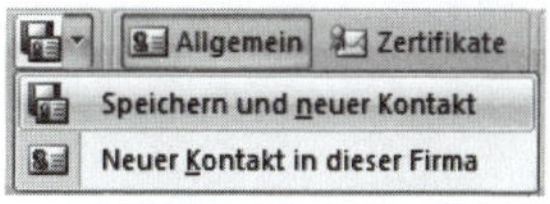

Treten keine Konflikte mit bereits vorhandenen Kontakten auf, wird der neue Kontakt nun als Adresskarte im Ordner *Kontakte* angezeigt. Wiederholen Sie den Vorgang mit allen weiteren Kontakten, die Sie anlegen wollen.

Ist bereits ein Kontakt mit dem gleichen Namen im Ordner *Kontakte* vorhanden, öffnet Outlook das Dialogfeld *Mehrfach vorhandener Kontakt*, in dem Sie festlegen können, was mit dem neuen Kontakt geschehen soll (siehe Abbildg. 9.5). Sie können den neuen Kontakt entweder als neuen Kontakt hinzufügen oder die Informationen des vorhandenen Kontakts mit denen des neuen Kontakts aktualisieren.

Abbildg. 9.5 Entscheiden Sie, was mit einem mehrfach vorhandenen Kontakt geschehen soll

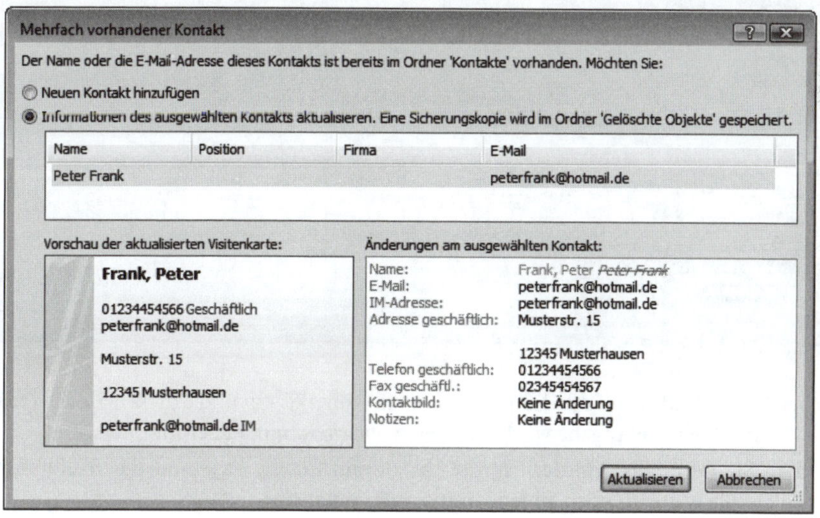

Haben Sie sich entschieden, die zweite Option *Informationen des ausgewählten Kontakts aktualisieren* zu wählen, prüfen Sie im Abschnitt *Änderungen am ausgewählten Kontakt*, welche Änderungen vorgenommen werden. Klicken Sie auf die Schaltfläche *Aktualisieren*, um die Änderungen zu übernehmen oder auf *Abbrechen*, um zum Kontaktformular zurückzukehren.

Neue Kontakte in einer Firma anlegen

Wollen Sie einen neuen Kontakt zu einer Firma erfassen, für die bereits Kontakte im Ordner *Kontakte* vorliegen, brauchen Sie nicht alles neu einzutippen. Sie können zahlreiche Angaben von dem bereits vorhandenen Kontakt übernehmen.

1. Wechseln Sie im Navigationsbereich mit einem Mausklick auf die gleichnamige Schaltfläche zum Ordner *Kontakte*, falls dieser nicht bereits aktiviert ist.
2. Markieren Sie den Kontakt, zu dessen Firma Sie einen weiteren Kontakt anlegen möchten, und wählen Sie im Menü *Aktionen* den Befehl *Neuer Kontakt in dieser Firma*.
3. Es öffnet sich ein neues Kontaktformular, in dem alle firmenbezogenen Angaben wie der Firmenname, die Geschäftsadresse, die geschäftliche Ruf- und Faxnummer und die Webseite bereits enthalten sind (siehe Abbildg. 9.6).

Abbildg. 9.6 Kontaktformular für einen neuen Kontakt zu einer Firma

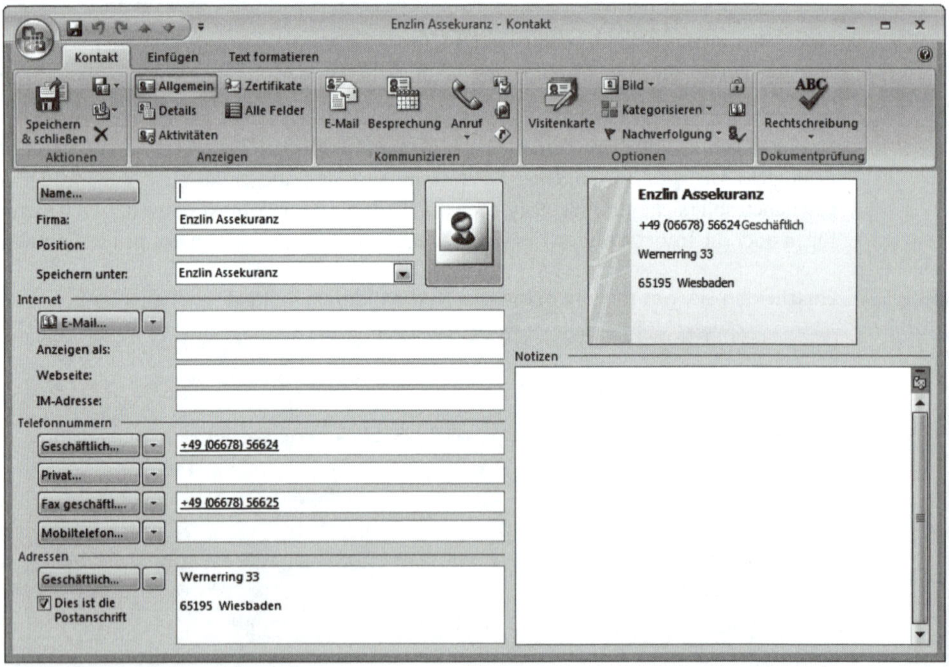

4. Geben Sie im Feld *Name* den Namen des neuen Kontakts ein und drücken Sie die [⇥]- oder die [↵]-Taste. Die neue Angabe wird in das Feld *Speichern unter* übernommen.
5. Ändern Sie nun, falls erforderlich, die Durchwahl für die Fax- und die Telefonnummer und geben Sie alle weiteren noch fehlenden Informationen ein.

6. Wählen Sie die Schaltfläche *Speichern & schließen*, um den Kontakt zu übernehmen und das Kontaktformular zu schließen.

Kontakte aus empfangenen E-Mails erstellen

Haben Sie eine E-Mail von einem Absender erhalten, dessen Daten Sie im Kontaktordner speichern möchten, gehen Sie wie folgt vor:

1. Aktivieren Sie im Ordner *E-Mail* die E-Mail, deren Absender Sie in Ihren Kontaktordner übernehmen möchten.
2. Klicken Sie im Lesebereich mit der rechten Maustaste auf den Absender und wählen Sie im Kontextmenü den Befehl *Zu Outlook-Kontakten hinzufügen* (siehe Abbildg. 9.7).

Abbildg. 9.7 Den Absender einer E-Mail zu den Kontakten hinzufügen

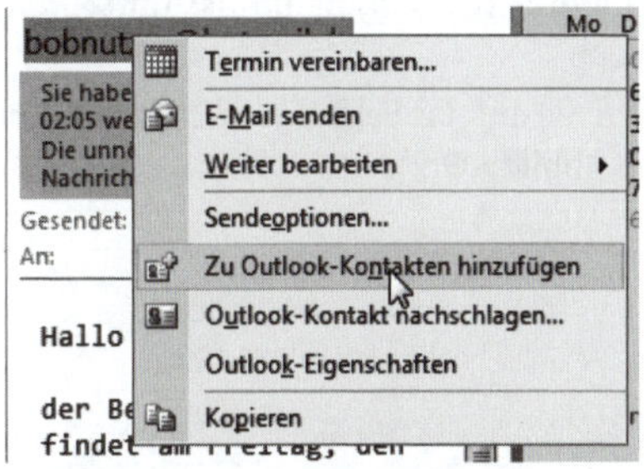

3. Es öffnet sich ein Kontaktformular, in dem Name, die E-Mail-Adresse und der Anzeigename bereits eingetragen sind. Den Namen müssen Sie allerdings sehr wahrscheinlich korrigieren, da er aus der E-Mail-Adresse übernommen wurde. Ergänzen Sie alle weiteren Angaben (siehe Abbildg. 9.8).

Abbildg. 9.8 Das Kontaktformular enthält im Wesentlichen die E-Mail-Adresse

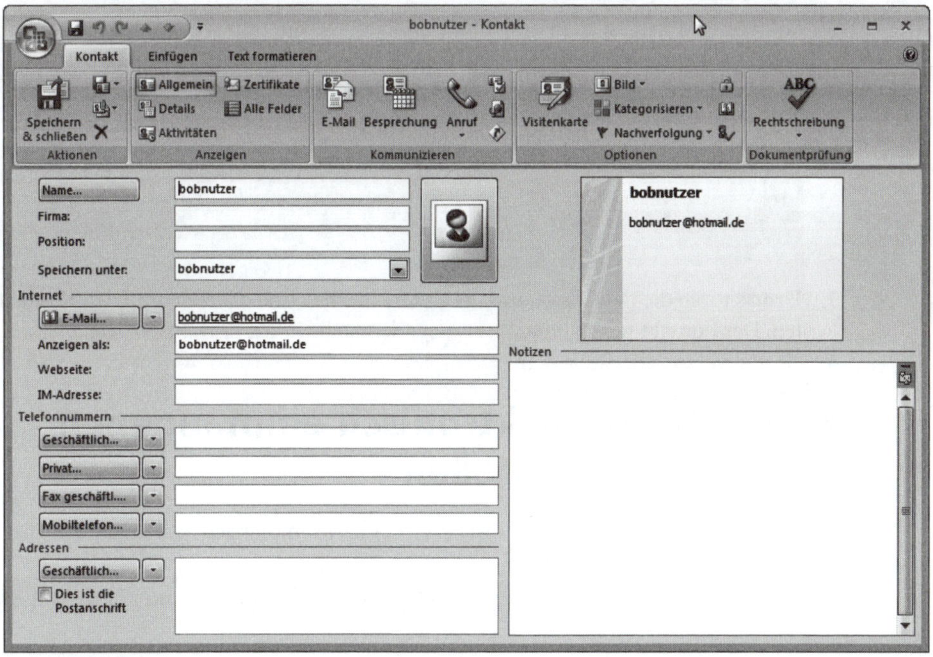

4. Klicken Sie auf die Schaltfläche *Speichern & schließen*, um den Kontakt in Ihren Ordner *Kontakte* zu übernehmen.

Kontakte in einer Tabellenansicht neu eingeben

In der Ansicht *Telefonliste* und in allen anderen Tabellenansichten können Sie Kontakte direkt eingeben. Gehen Sie dazu wie folgt vor:

1. Aktivieren Sie den Ordner *Kontakte* mit einem Mausklick auf die gleichnamige Schaltfläche im Navigationsbereich.
2. Wechseln Sie mit einem Mausklick auf die Option *Telefonliste* im Abschnitt *Aktuelle Ansicht* des Navigationsbereichs zur Ansicht *Telefonliste*.
3. Um einen neuen Kontakt zu erstellen, klicken Sie auf das Feld *Hier klicken, um Kontakt zu erstellen*, das Sie in der Spalte *Name* finden (siehe Abbildg. 9.9).

Abbildg. 9.9 Einen neuen Kontakt erstellen

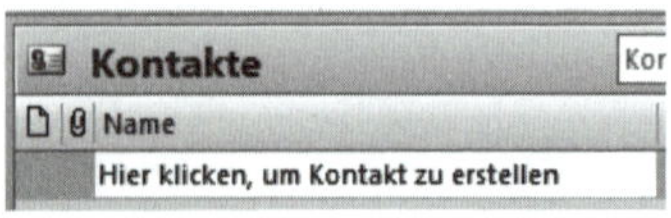

4. Geben Sie den Vor- und Nachnamen ein und drücken Sie jeweils die ↹-Taste.
5. Der Name wird nun im Format *Nachname, Vorname* in das Feld *Speichern unter* übernommen und das Feld *Firma* wird aktiviert. Tragen Sie die Firma ein und drücken Sie die ↹-Taste, um zum nächsten Feld zu wechseln. Wiederholen Sie den Vorgang für alle weiteren Felder, in die Sie Daten eingeben möchten.
6. Soll ein Feld keine Daten enthalten, drücken Sie die ↹-Taste, ohne Daten einzugeben. Das Feld bleibt dann leer und das nächste Feld wird aktiviert (siehe Abbildg. 9.10).

Abbildg. 9.10 Weitere Daten zum Kontakt eingeben

7. Drücken Sie die ↵-Taste, um die Dateneingabe abzuschließen und den Kontakt fertig zu stellen. Der Kontakt wird nun an der passenden Stelle in die Liste einsortiert.

Kontakte aus elektronisch empfangenen Visitenkarten erstellen

Haben Sie per E-Mail eine elektronische Visitenkarte empfangen, gehen Sie wie folgt vor, um sie in Ihre Kontakte zu übernehmen.

1. Klicken Sie im Lesebereich der E-Mail mit der rechten Maustaste auf die angehängte Visitenkarte.

2. Wählen Sie im Kontextmenü den Befehl *Zu den Kontakten hinzufügen* (siehe Abbildg. 9.11).

Abbildg. 9.11 Eine elektronische Visitenkarte zu den Kontakten hinzufügen

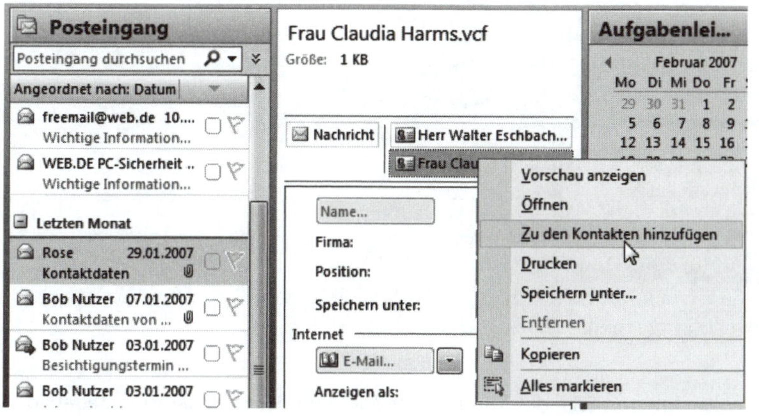

3. Im Kontaktformular klicken Sie auf die Schaltfläche *Speichern & schließen*.

TIPP Ist bereits ein Kontakt mit dem gleichen Namen vorhanden, können Sie wählen, ob der Kontakt neu hinzugefügt werden soll oder ob die Angaben im vorhandenen Kontakt mit denen des neuen Kontakts aktualisiert werden sollen. Wählen Sie letztere Option, wird eine Sicherungskopie des vorhandenen Kontakts im Ordner *Gelöschte Objekte* gespeichert, die Sie jederzeit wiederherstellen können, solange der Ordner *Gelöschte Objekte* noch nicht geleert wurde.

Kontakte in einem öffentlichen Ordner erstellen

Arbeiten Sie mit Outlook als Exchange-Client, können Sie Kontakte auch in einem öffentlichen Ordner ablegen. Gehen Sie dazu wie folgt vor.

1. Klicken Sie im Navigationsbereich auf die Schaltfläche *Ordnerliste*, um die Ordnerliste einzublenden.
2. Blenden Sie die Unterordner von *Öffentliche Ordner* ein, indem Sie auf das vorangestellte Pluszeichen klicken. Markieren Sie dann den Kontaktordner, in dem Sie den Kontakt anlegen wollen (siehe Abbildg. 9.12).
3. Klicken Sie in der Symbolleiste auf die Schaltfläche *Neu*.
4. Im Kontaktformular geben Sie alle Angaben zum Kontakt ein. Das Formular unterscheidet sich nur in der Zeile in der linken unteren Ecke von einem normalen Kontaktformular. Hier wird angegeben, dass der Kontakt in einem freigegebenen öffentlichen Ordner gespeichert wird (siehe Abbildg. 9.13).

Abbildg. 9.12 Einen Kontakt in einem öffentlichen Ordner anlegen

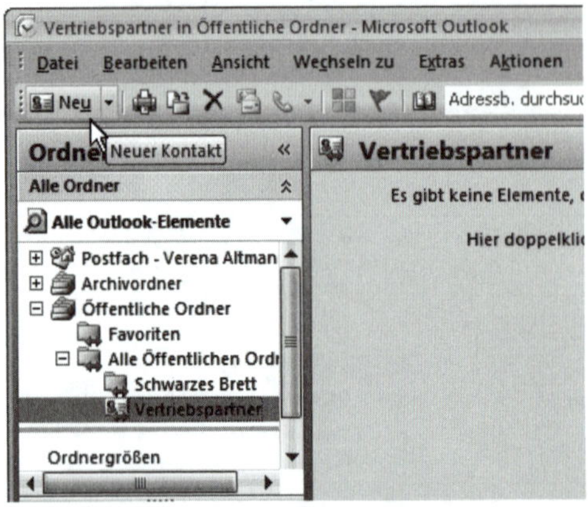

Abbildg. 9.13 In der linken unteren Ecke des Kontaktformulars wird der Speicherort angegeben

5. Wählen Sie die Schaltfläche *Speichern & schließen* in der Multifunktionsleiste des Kontaktformulars, um die Kontaktdaten zu speichern.

Kontaktdaten mit der Eingabehilfe erfassen

In diesem Abschnitt erfahren Sie, wie Sie den Namen, Telefonnummern, E-Mail-Adressen und andere Angaben mit Eingabehilfen in die dafür vorgesehenen Formularfelder eingeben und wie Sie ein Kontaktbild zum Kontakt hinzufügen, Notizen zum Kontakt eintragen und wie Sie den Kontakt mit anderen Kontakten oder mit bestimmten Kategorien verknüpfen.

Namen mit Eingabehilfe eingeben

In diesem Abschnitt wird beschrieben, wie Sie Namen mit Eingabehilfe in das Kontaktformular eintragen. Gehen Sie dazu wie folgt vor:

1. Wechseln Sie mit einem Mausklick auf die Schaltfläche *Kontakte* zum Kontaktordner und klicken Sie dann in der Multifunktionsleiste auf die Schaltfläche *Neu*, um ein neues Kontaktformular zu öffnen.
2. Im Kontaktformular klicken Sie auf die Schaltfläche *Name*.

3. Im Dialogfeld *Namen überprüfen* (siehe Abbildg. 9.14) wählen Sie zunächst die Anrede aus. Klicken Sie dazu auf das gleichnamige Listenfeld und dann auf einen Listeneintrag, wie z.B. *Herr, Frau, Professor* oder *Firma*. Ist die gewünschte Anrede nicht im Listenfeld enthalten, geben Sie sie selbst in das Textfeld ein. Sie wird dann im Listenfeld gespeichert und kann zukünftig wie die vordefinierten Anreden aus der Liste ausgewählt werden.

Abbildg. 9.14 Die Namensangaben können Sie bequem über ein Dialogfeld eingeben

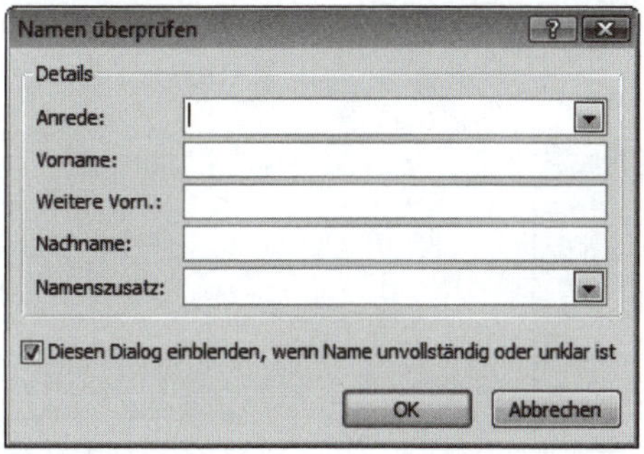

HINWEIS Die Anrede wird hauptsächlich für die Erstellung von Serienbriefen mit Microsoft Office Word benötigt. Dabei werden die Angaben aus den Outlook-Kontakten in die Serienbrieffelder des Word-Dokuments gefüllt. Die Anrede wird außerdem in der Visitenkarte im Kontaktformular angezeigt. Falls Sie dies stört, müssen Sie die Visitenkarte anpassen und das Feld aus der Anzeige löschen. Mehr hierzu erfahren Sie im nächsten Kapitel.

4. Tragen Sie dann den Vornamen in das Feld *Vorname* und weitere Vornamen in das Feld *Weitere Vorn.:* ein.
5. Nun geben Sie noch den Nachnamen in das Feld *Nachname* ein.
6. Wird der Kontakt außerdem über den Namenszusatz *Jun.* oder *Sen.* näher spezifiziert, wählen Sie den entsprechenden Eintrag aus dem Listenfeld *Namenszusatz.*
7. Belassen Sie das Kontrollkästchen *Diesen Dialog einblenden, wenn Name unvollständig oder unklar ist* aktiviert, um dafür zu sorgen, dass sich das Dialogfeld öffnet, wenn ein Name an einer anderen Stelle unvollständig eingegeben wurde oder wenn Namenskonflikte auftreten, wie z.B. beim Import von Kontakten.
8. Klicken Sie dann im Dialogfeld *Namen überprüfen* auf *OK*, um Ihre Angaben zu übernehmen.

Die Angaben aus dem Dialogfeld *Namen überprüfen* werden in die entsprechenden Felder des Kontaktformulars übernommen. Zusätzlich wird der Name im Format *Nachname, Vorname Weiterer Vorn.* in das Feld *Speichern unter* eingetragen.

Telefonnummern eintragen

Outlook bietet Ihnen die Möglichkeit, mehrere Rufnummern zu einem Kontakt einzutragen. Im Kontaktformular selbst sehen Sie zunächst die Felder *Geschäftlich, Privat, Fax geschäftl.* und *Mobiltelefon.* Reichen Ihnen diese Felder nicht aus, stehen Ihnen über die Pfeilschaltflächen 15 weitere Felder zur Verfügung, die Sie mit einem Mausklick auf den Abwärtspfeil rechts neben der Rufnummernschaltfläche auswählen.

Die Rufnummern können Sie direkt in die dafür vorgesehenen Felder eingeben oder aber die Eingabehilfe von Outlook nutzen. Letzteres hat den Vorteil, dass alle Rufnummernangaben dasselbe Format haben und die Rufnummern besser lesbar sind, als wenn Sie sie direkt und ohne Formatierung eingeben. Gehen Sie wie folgt vor, um die Eingabehilfe für Rufnummern zu nutzen:

1. Klicken Sie auf die Schaltfläche der Rufnummer, die Sie eingeben wollen. Es öffnet sich das Dialogfeld *Telefonnummer überprüfen* (siehe Abbildg. 9.15).

Abbildg. 9.15 Hier können Sie die Rufnummer bequem eingeben

2. Wählen Sie zunächst im Feld *Land/Region* das Land aus, für das Sie die Rufnummer eingeben möchten. Das Eingabeformat wird dann an die entsprechenden Landesspezifika angepasst.
3. Nun tippen Sie die Vorwahl in das Feld *Ort/Vorwahl* ein.
4. Anschließend tragen Sie die Rufnummer in das Feld *Ortsanschluss* ein.

TIPP Hat der Kontakt eine spezielle Durchwahlnummer, geben Sie in das Feld *Ortsanschluss* nur den Teil der Rufnummer vor der Durchwahl ein.

5. In das Feld *Durchwahl* geben Sie dann die Durchwahl des Kontakts ein, sofern er eine hat.
6. Bestätigen Sie Ihre Eingaben mit einem Mausklick auf *OK*.

Die Rufnummer wird nun im landestypischen Format in das Feld *Rufnummernfeld* des Kontaktformulars eingetragen (siehe Abbildg. 9.16). Geben Sie bei Bedarf weitere Rufnummern unter Ausnutzung der Eingabehilfe ein, um dafür zu sorgen, dass alle Rufnummern dasselbe Format haben.

Abbildg. 9.16 Die Telefonnummer wird im Standardformat in das Feld eingetragen

Weitere Rufnummern eintragen

Besitzt Ihr Kontakt einen Pager oder eine ISDN-Einwahlnummer, über die Sie Daten übertragen können oder wollen Sie zusätzlich zur Durchwahl des Kontakts die Rufnummer der Firmenzentrale speichern, können Sie eines der fünfzehn weiteren Telefonnummernfelder nutzen, die Outlook Ihnen zur Verfügung stellt. Über die Pfeilschaltflächen neben den Schaltflächen im Abschnitt *Telefonnummern* können Sie die Telefonnummernfelder bequem wechseln.

Geben Sie für einen neuen Kontakt, den Sie zu diesem Zweck anlegen, zunächst eine Nummer in das Feld *Geschäftlich* ein. Aktivieren Sie dann das Feld *Firma* und geben Sie eine Rufnummer ein. Aktivieren Sie zum Schluss wieder das Feld *Geschäftlich*.

1. Wechseln Sie im Navigationsbereich mit einem Mausklick auf die gleichnamige Schaltfläche zum Ordner *Kontakte* und klicken Sie dann in der Symbolleiste auf die Schaltfläche *Neu*.

2. Im Dialogfeld *Unbenannt – Kontakt* tragen Sie zunächst den Namen und die Rufnummern in die aktuell sichtbaren Felder ein.
3. Dann klicken Sie auf den Abwärtspfeil neben der Schaltfläche *Geschäftlich.* Im Dropdown-Menü (siehe Abbildg. 9.17) sind alle Felder mit Häkchen versehen, die bereits Daten enthalten.

Abbildg. 9.17 Neben den vier Standardfeldern stehen Ihnen 15 weitere Rufnummernfelder zur Verfügung

4. Wählen Sie das gewünschte neue Feld aus, wie z.B. das Feld *Pager.*
5. Die bisherige Schaltflächenbeschriftung wird nun durch die von Ihnen gewählte Angabe *Firma* ersetzt. Geben Sie die Rufnummer direkt in das Feld ein oder klicken Sie auf die Schaltfläche, um das Dialogfeld *Telefonnummer überprüfen* zu öffnen und die Rufnummer mit Eingabehilfe einzugeben. Bestätigen Sie Ihre Eingabe mit einem Mausklick auf *OK.*

6. Um das Feld *Geschäftlich* wieder zu aktivieren, klicken Sie auf den Abwärtspfeil neben dem Feld *Firma* und wählen Sie im Dropdown-Menü den Befehl *Geschäftlich.*
7. Betrachten Sie Ihre Eingabe in der Visitenkarte in der rechten oberen Ecke des Dialogfelds. Hier werden alle von Ihnen eingegebenen Rufnummern angezeigt, auch wenn die entsprechenden

Felder im Formular momentan nicht sichtbar sind. Die Feldbezeichnungen sind jeweils in grauer Schrift rechts neben den Feldern angegeben (siehe Abbildg. 9.18).

Abbildg. 9.18 In der Adresskarte werden alle Felder angezeigt, die Daten enthalten

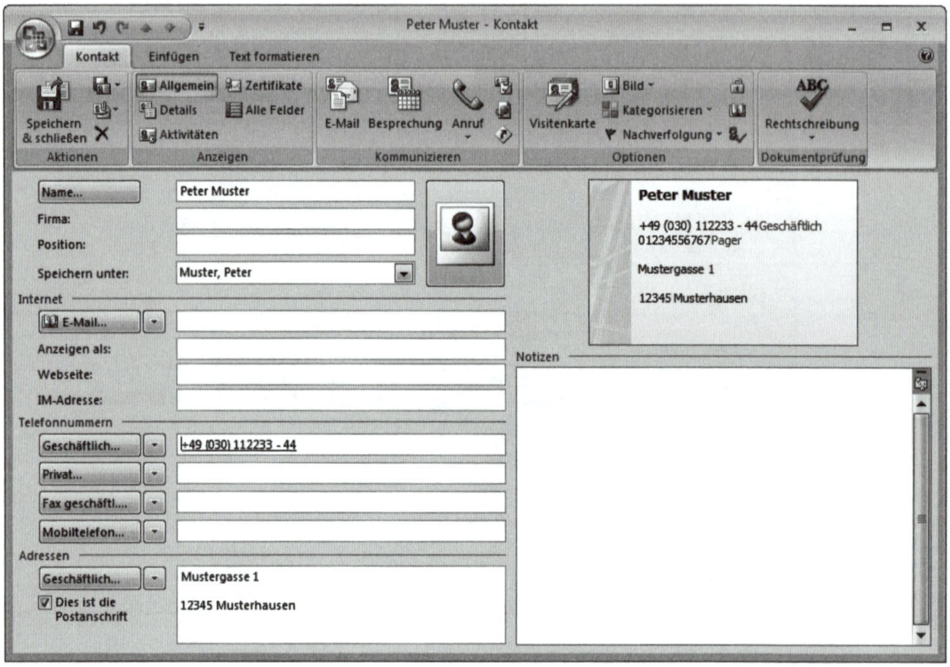

Adressen eingeben

Wie die Rufnummer und den Namen können Sie auch die Adresse über ein Dialogfeld eingeben. Außerdem können Sie eine Geschäfts- und eine Privatadresse und bei Bedarf sogar noch eine weitere Adresse zu einem Kontakt eingeben, wie z.B. eine Postfachadresse. Gehen Sie dazu wie folgt vor:

1. Öffnen Sie das Kontaktformular, indem Sie im Navigationsbereich den Ordner *Kontakte* aktivieren und dann in der Multifunktionsleiste auf die Schaltfläche *Neu* klicken.
2. Im nun geöffneten Kontaktformular ist im Abschnitt *Adressen* standardmäßig das Feld *Geschäftlich* aktiviert. Wollen Sie eine Geschäftsadresse eingeben, fahren Sie mit Schritt 3 fort. Andernfalls klicken Sie auf den Abwärtspfeil neben der Schaltfläche *Geschäftlich*, und wählen im Dropdown-Menü den gewünschten Adresstyp aus (siehe Abbildg. 9.19).

Abbildg. 9.19 So wechseln Sie bei Bedarf das Adressfeld

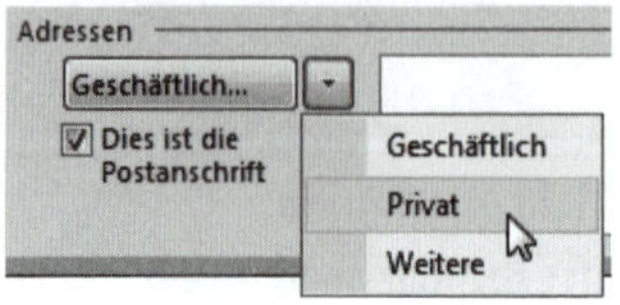

3. Klicken Sie auf die Schaltfläche *Geschäftlich* bzw. *Privat* oder *Weitere*, um das Dialogfeld *Adresse überprüfen* zu öffnen.
4. Im Dialogfeld *Adresse überprüfen* (siehe Abbildg. 9.20) tragen Sie nun die Straße und die Hausnummer oder die Angabe *Postfach <Nummer>* in das Feld *Straße* ein. Dann geben Sie die Postleitzahl in das Feld *PLZ* und den Ort in das Feld *Ort* ein.

Abbildg. 9.20 Hier können Sie Ihre Adressdaten bequem eingeben

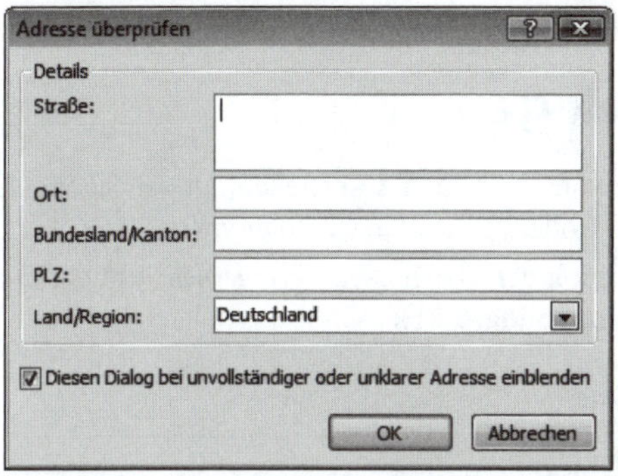

TIPP Wollen Sie eine amerikanische Adresse eingeben, tragen Sie in das Feld *PLZ* den ZIP-Code ein und in das Feld *Ort* die Stadt. Dann tragen Sie in das Feld *Bundesland/Kanton* den Bundesstaat ein und wählen schließlich im Feld *Land/Region* den Eintrag *Vereinigte Staaten von Amerika*. Damit stellen Sie sicher, dass die Adressangaben in der Adresskarte in der für das Land typischen Reihenfolge angezeigt werden. Verfahren Sie auf die gleiche Weise mit Adressen aus anderen Ländern.

5. Behalten Sie die Aktivierung des Kontrollkästchens *Diesen Dialog bei unvollständiger oder unklarer Adresse einblenden* bei, öffnet sich das Dialogfeld automatisch, wenn Sie einen Adressbestandteil eingeben, den Outlook nicht eindeutig zuordnen kann.
6. Klicken Sie auf die Schaltfläche *OK*, um Ihre Angaben zu übernehmen.
7. Die geschäftliche Adresse wird von Outlook automatisch als Postanschrift verwendet. Wollen Sie eine andere Adresse als Postanschrift benutzen, klicken Sie auf den Abwärtspfeil neben der Schaltfläche im Abschnitt *Adressen*, und wählen Sie die gewünschte Adresse aus. Aktivieren Sie dann das Kontrollkästchen *Dies ist die Postanschrift*.
8. Prüfen Sie in der Visitenkarte in der rechten oberen Formularecke, ob alle Angaben korrekt sind.

HINWEIS Haben Sie im Dialogfeld *Adresse überprüfen* ein anderes Land als Deutschland gewählt, wird dieses Land in der letzten Zeile der Visitenkarte angegeben. Außerdem wird die Adressformatierung an die landestypische Gestaltung angepasst.

9. Schließen Sie das Dialogfeld über die Schaltfläche *Speichern & schließen*.

Verteilerlisten erstellen

Verteilerlisten sind für den Versand von E-Mail-Nachrichten und Besprechungsanfragen sehr nützlich, denn Sie müssen dann in E-Mails, die an mehrere Empfänger gerichtet sind, nicht immer alle Empfänger einzeln auswählen. Wählen Sie stattdessen eine Verteilerliste als Empfänger, versendet Outlook die E-Mail-Nachricht automatisch an die einzelnen Mitglieder der Verteilerliste. Verteilerlisten werden wie Kontakte im Ordner *Kontakte* gespeichert.

Eine Verteilerliste anlegen

Um eine Verteilerliste für eine Gruppe von Kontakten zu erstellen, an die Sie regelmäßig E-Mails oder Besprechungsanfragen verschicken wollen, gehen Sie wie folgt vor:

1. Wählen Sie im Menü *Datei* von Outlook den Befehl *Neu/Verteilerliste*, um das Dialogfeld *Unbenannt – Verteilerliste* zu öffnen (siehe Abbildg. 9.21).

Abbildg. 9.21 Das Formular *Unbenannt – Verteilerliste*

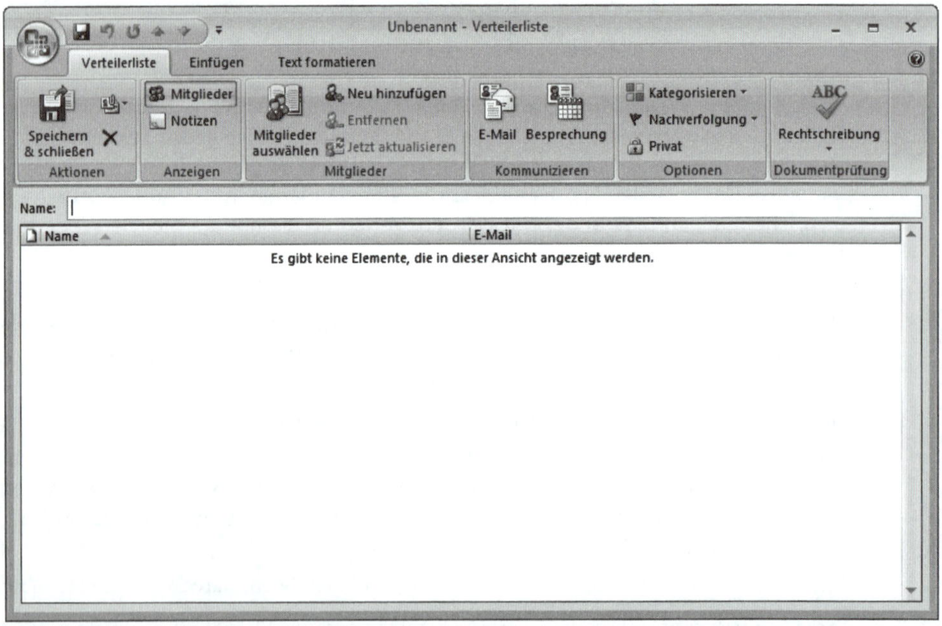

2. Geben Sie nun zunächst im Feld *Name* einen aussagekräftigen Namen für die Verteilerliste ein.
3. Dann klicken Sie auf die Schaltfläche *Mitglieder auswählen*, um Kontakte zu Ihrer Verteilerliste hinzuzufügen.
4. Im Dialogfeld *Mitglieder auswählen:Kontakte* prüfen Sie zunächst im Listenfeld *Adressbuch*, ob der gewünschte Kontaktordner aktiviert ist. Wählen Sie bei Bedarf ein anderes Adressbuch aus.
5. Fügen Sie dann die gewünschten Mitglieder jeweils mit einem Doppelklick auf den Namen in das Feld *Mitglieder* ein.

6. Nachdem das Feld *Mitglieder* alle gewünschten Mitglieder enthält und Sie diese zur Verteilerliste hinzugefügt haben, klicken Sie auf *OK* (siehe Abbildg. 9.22).

Abbildg. 9.22 Mitglieder zur Verteilerliste hinzufügen

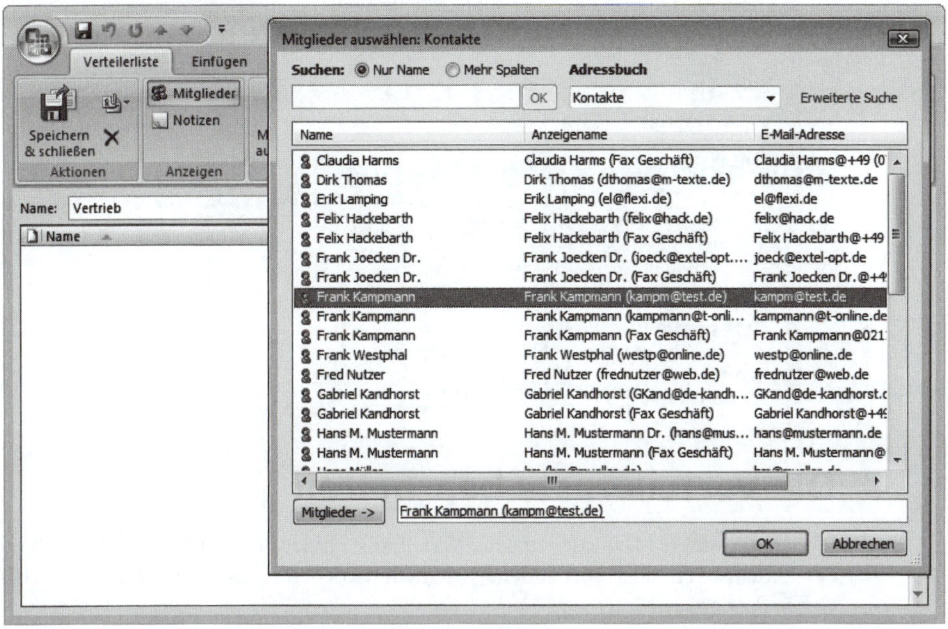

7. Die ausgewählten Kontakte werden nun im Formular *Verteilerliste* aufgeführt.

8. 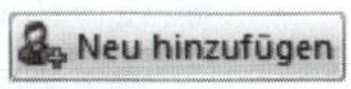

Um eine Person zur Verteilerliste hinzuzufügen, die Sie nicht zu Ihren Kontakten hinzufügen möchten, klicken Sie im Abschnitt *Mitglieder* auf die Schaltfläche *Neu hinzufügen*. Im Dialogfeld *Neues Mitglied hinzufügen* geben Sie im Feld *Angezeigter Name* den Namen ein, der für die Person angezeigt werden soll, und tragen sie dann noch die E-Mail-Adresse in das gleichnamige Feld ein. Bestätigen Sie Ihre Angaben mit einem Mausklick auf die Schaltfläche *OK*.

9. 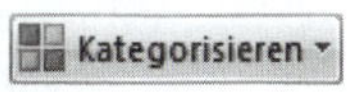

Wollen Sie die Verteilerliste einer Kategorie zuweisen, klicken Sie auf die Schaltfläche *Kategorisieren* und wählen Sie die gewünschten Kategorien aus dem Dropdown-Listenfeld aus.

10. 

Wollen Sie sich Notizen zur Verteilerliste machen, klicken Sie in der Gruppe *Anzeigen* der Registerkarte *Verteilerliste* auf die Schaltfläche *Notizen* und geben Sie die gewünschten Informationen dann in das Textfeld ein.

TIPP Wie im Kontaktformular können Sie auch im Formular *Verteilerliste* den Inhalt des Felds *Notizen* über die Funktionen auf der Registerkarte *Text formatieren* formatieren. Mehr zur Formatierung der Notizen erfahren Sie im Abschnitt »Notizen eingeben « in diesem Kapitel.

11. Wählen Sie die Schaltfläche *Speichern & schließen*, um die Verteilerliste in den Ordner *Kontakte* zu übernehmen.

12. Die Verteilerliste wird nun unter dem von Ihnen gewählten Namen in den Ordner *Kontakte* eingeordnet. Verteilerlisten erkennen Sie am entsprechenden Symbol in der Visitenkarte und an der Bezeichnung *Gruppieren* (siehe Abbildg. 9.23).

Abbildg. 9.23 Die neue Verteilerliste in der Visitenkartenansicht

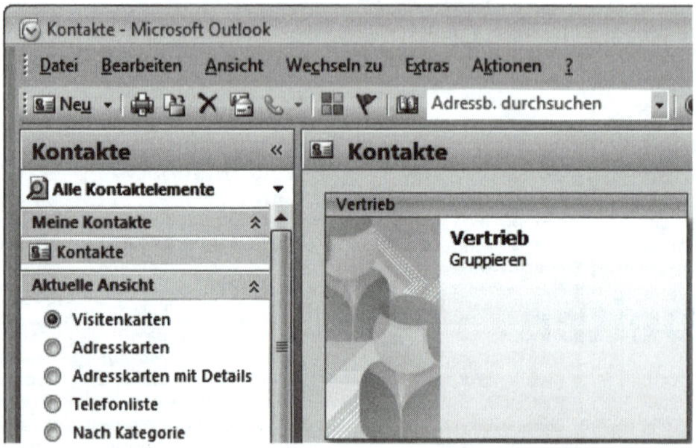

Die Verteilerliste bearbeiten

Wollen Sie weitere Mitglieder zu einer Verteilerliste hinzufügen, die Daten der vorhandenen Mitglieder aktualisieren oder vorhandene Mitglieder löschen, müssen Sie die Verteilerliste bearbeiten. Gehen Sie dazu wie folgt vor.

1. Öffnen Sie den Ordner *Kontakte* mit einem Mausklick auf die gleichnamige Schaltfläche im Navigationsbereich.
2. Klicken Sie im Ordner *Kontakte* doppelt auf die Verteilerliste, die Sie bearbeiten möchten.
3. Wollen Sie die Verteilerliste durch weitere Mitglieder ergänzen, klicken Sie auf die Schaltfläche *Mitglieder auswählen*, markieren Sie die entsprechenden Kontakte, klicken Sie auf die Schaltfläche *Mitglieder* und wählen Sie dann die Schaltfläche *OK*.
4. Haben sich die Daten eines Kontakts verändert, brauchen Sie ihn nicht zu löschen und neu zur Verteilerliste hinzuzufügen. Klicken Sie einfach im Abschnitt *Mitglieder* auf die Schaltfläche *Jetzt aktualisieren*. Outlook aktualisiert nun die Daten aller Mitglieder der Kontaktliste mit den Angaben aus den Kontakten.

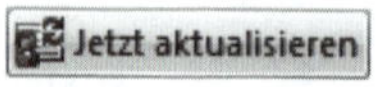

5. Um ein Mitglied aus der Verteilerliste zu löschen, markieren Sie es im Formular *Verteilerliste* und klicken in der Gruppe *Mitglieder* der Multifunktionsleiste auf die Schaltfläche *Entfernen*.

6. Klicken Sie zum Abschluss auf die Schaltfläche *Speichern & schließen*, um die Änderungen zu übernehmen und das Formular *Verteilerliste* zu schließen.

TIPP Wollen Sie das Formular *Verteilerliste* schließen, ohne die Änderungen zu speichern, klicken Sie auf die *Schließen*-Schaltfläche in der rechten oberen Formularecke und wählen Sie dann in der Abfrage, ob Sie die Änderungen speichern möchten, die Schaltfläche *Nein*.

Kontaktdaten aktualisieren

Haben Sie in einem Kontakt Änderungen am Namen oder an der E-Mail-Adresse vorgenommen, werden diese nicht automatisch in die Verteilerliste übernommen. Sie müssen die Verteilerliste zu diesem Zweck aktualisieren. Gehen Sie dazu folgendermaßen vor:

1. Öffnen Sie den Ordner *Kontakte* und klicken Sie dann doppelt auf die Verteilerliste, die Sie aktivieren wollen.
2. Wählen Sie auf der Registerkarte *Mitglieder* des Formulars *Verteilerliste* die Schaltfläche *Jetzt aktualisieren* an. Die Veränderungen werden sofort übernommen.
3. Wählen Sie die Schaltfläche *Speichern & schließen*, um die Änderungen zu speichern und die Verteilerliste zu schließen.

Kontakte bearbeiten

Hat sich die Rufnummer oder die Adresse eines Kontakts verändert oder benötigen Sie zusätzliche Informationen zu einem Kontakt, können Sie die Daten ganz leicht ändern. Gehen Sie dazu wie folgt vor.

Änderungen über die Adresskarten vornehmen

Kontaktdaten können Sie direkt in der jeweiligen Ansicht des Ordners *Kontakte* wie folgt verändern:

1. Öffnen Sie den Ordner *Kontakte* mit einem Mausklick auf die gleichnamige Schaltfläche im Navigationsbereich.
2. Dann aktivieren Sie im Abschnitt *Ansicht* des Navigationsbereichs die Option *Adresskarten*, um zur entsprechenden Ansicht zu wechseln.

TIPP Falls Sie neben den Standardangaben auch Details ändern möchten, aktivieren Sie im Abschnitt *Aktuelle Ansicht* die Option *Adresskarten mit Details*. Falls anschließend nicht alle Angaben zu sehen sind, klicken Sie auf die Trennlinie zwischen der ersten und der zweiten Adresskartenspalte und ziehen Sie die Trennlinie so weit nach rechts, bis alle Details in der Adresskarte zu sehen sind.

3. Markieren Sie den Teil des Feldinhalts, den Sie verändern wollen und geben Sie dann den neuen Feldinhalt ein (siehe Abbildg. 9.24). Sie können auch den gesamten Feldinhalt markieren, um ihn dann komplett zu überschreiben.
4. Drücken Sie die [↵]-Taste, um die Eingaben zu übernehmen.
5. Wiederholen Sie den Vorgang bei allen weiteren Kontakten, die Sie bearbeiten wollen.

Abbildg. 9.24 Nachdem Sie den Feldinhalt markiert haben, können Sie ihn überschreiben

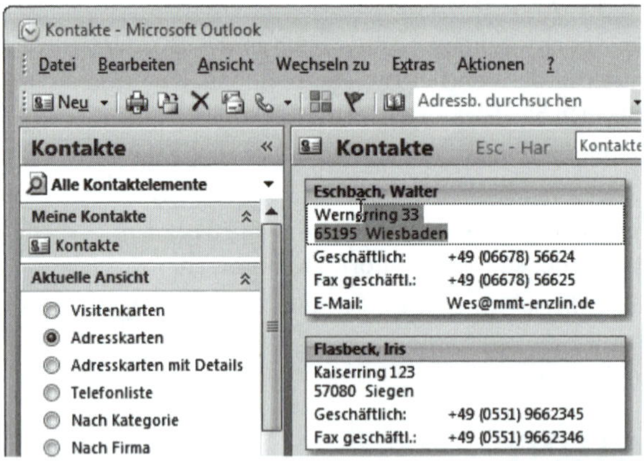

Änderungen über das Kontaktformular vornehmen

Wollen Sie mehrere Änderungen vornehmen oder die Angaben zu einem Kontakt ergänzen, sollten Sie besser das Kontaktformular nutzen. Denn hier können Sie bequem, wie beim Erfassen der Kontaktdaten, alle Änderungen eingeben und speichern.

1. Öffnen Sie den Ordner *Kontakte*, falls er nicht bereits geöffnet ist, mit einem Mausklick auf die Schaltfläche *Kontakte* im Navigationsbereich.
2. Aktivieren Sie dann den Kontaktordner, in dem Sie einen oder mehrere Kontakte bearbeiten möchten.
3. Als Nächstes klicken Sie doppelt auf den Kontakt, den Sie bearbeiten möchten.
4. Es öffnet sich das Kontaktformular für den Kontakt. Sie können nun alle vorhandenen Angaben anpassen, indem Sie jeweils den Feldinhalt markieren und den neuen Inhalt eingeben. Bei Feldern mit Eingabehilfe können Sie alternativ auf die Schaltfläche zum Feld klicken und die Eingaben im daraufhin geöffneten Dialogfeld anpassen (siehe Abbildg. 9.25). Fehlen Angaben, wollen Sie ein Bild hinzufügen oder Details erfassen, füllen Sie einfach die entsprechenden Felder aus wie bei einem neuen Kontakt.
5. Klicken Sie anschließend in der Symbolleiste für den Schnellzugriff auf die Schaltfläche *Speichern* oder drücken Sie die Tastenkombination Strg+S, um die Änderungen zu übernehmen und das Kontaktformular weiterhin geöffnet zu lassen.

TIPP Wollen Sie die Änderungen verwerfen und die ursprüngliche Fassung eines Kontakts wiederherstellen, wählen Sie im Menü *Datei* den Befehl *Schließen* oder klicken Sie auf die *Schließen*-Schaltfläche in der rechten oberen Ecke, und klicken Sie in der Abfrage, ob Sie die Änderungen speichern wollen, auf *Nein*.

Abbildg. 9.25 Angaben im Kontaktformular anpassen

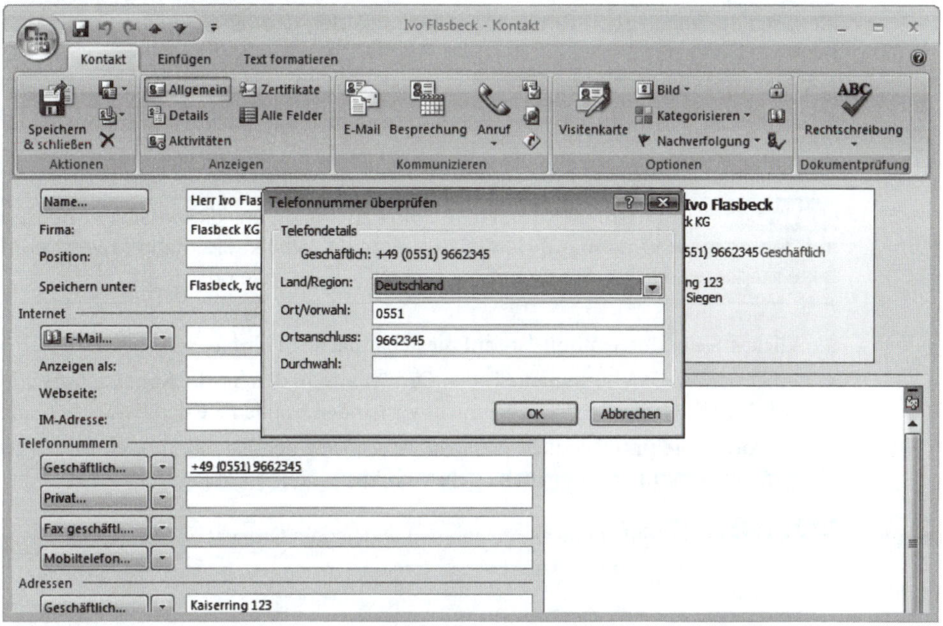

6. Wollen Sie den nachfolgenden oder den vorherigen Kontakt bearbeiten, klicken Sie in der Multifunktionsleiste zunächst auf die Schaltfläche *Speichern* und dann auf die Schaltfläche *Nächstes Element* bzw. *Vorheriges Element* (siehe Abbildg. 9.26).

Abbildg. 9.26 Zum nächsten oder vorherigen Element wechseln

7. Stellen Sie fest, dass Sie den Kontakt gar nicht mehr benötigen, klicken Sie in der Gruppe *Aktionen* der Multifunktionsleiste auf die Schaltfläche *Löschen*.

8. Um die Bearbeitung zu beenden, klicken Sie in der Multifunktionsleiste auf die Schaltfläche *Speichern & schließen*.

Kontakte verschieben

Wollen Sie einen Kontakt in einen anderen Kontaktordner übertragen oder aus dem Ordner *Gelöschte Objekte* zurückholen, müssen Sie den Kontakt verschieben. Nachfolgend wird beschrieben, wie Sie einen oder mehrere markierte Kontakte aus dem gleichnamigen Ordner in einen neuen Kontaktordner verschieben.

TIPP Die Vorgehensweise beim Zurückholen von versehentlich gelöschten Kontakten ist identisch. Im ersten Schritt müssen Sie lediglich den Ordner *Gelöschte Objekte* statt den Ordner *Kontakte* aktivieren.

1. Öffnen Sie den Ordner *Kontakte* über die gleichnamige Schaltfläche im Navigationsbereich.
2. Markieren Sie den Kontakt oder die Kontakte, die Sie verschieben wollen.

HINWEIS Um mehrere Kontakte in Folge zu markieren, klicken Sie mit gedrückter [⇧]-Taste auf den ersten und dann auf den letzten Kontakt. Wollen Sie mehrere verstreut liegende Kontakte markieren, klicken Sie sie mit gedrückter [Strg]-Taste an.

3. Klicken Sie in der Symbolleiste auf die Schaltfläche *In Ordner verschieben.*
4. Im Dropdown-Menü wählen Sie den Ordner aus, in den Sie die Kontakte verschieben wollen. Ist der Ordner wie im Beispiel noch nicht vorhanden, wählen Sie den Befehl *In Ordner verschieben.*
5. Markieren Sie im Dialogfeld *Elemente verschieben* den Kontaktordner, in den Sie den oder die Kontakte verschieben möchten (siehe Abbildg. 9.27).

Abbildg. 9.27 So verschieben Sie Kontakte in einen neu angelegten Ordner

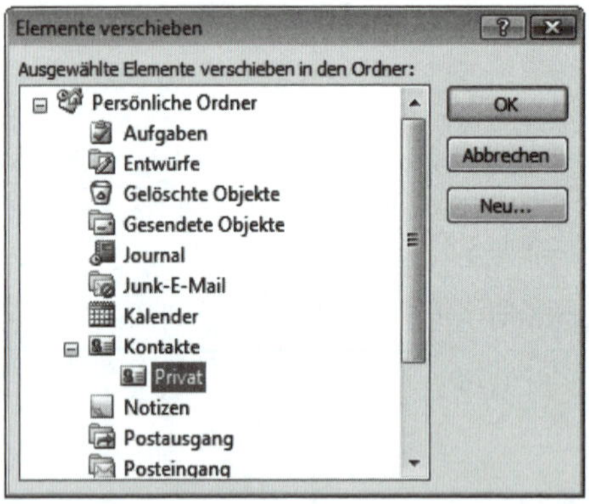

TIPP Ist der Kontaktordner bisher noch nicht vorhanden, erstellen Sie ihn nun neu. Klicken Sie dazu im Dialogfeld *Elemente verschieben* auf die Schaltfläche *Neu*. Im Dialogfeld *Neuen Ordner erstellen* tippen Sie einen aussagekräftigen Namen für den neuen Ordner ein, behalten Sie unter *Ordner enthält Elemente des Typs* den Eintrag *Kontakt* bei und wählen Sie dann den Ordner aus, in dem der neue Kontaktordner angelegt werden soll. Standardmäßig ist der Ordner *Kontakte* aktiviert. Klicken Sie auf *OK*.

6. Sobald Sie auf *OK* klicken, werden die markierten Kontakte in den neuen Ordner verschoben.
7. Das Dialogfeld *Elemente verschieben* schließt sich. Haben Sie einen neuen Kontaktordner erstellt, wird dieser nun im Navigationsbereich des Ordners *Kontakte* unter *Meine Kontakte* aufgeführt. Wechseln Sie mit einem Mausklick zu diesem Ordner, um seinen Inhalt zu überprüfen (siehe Abbildg. 9.28).

Abbildg. 9.28 Der Kontakt im neu erstellen Kontaktordner

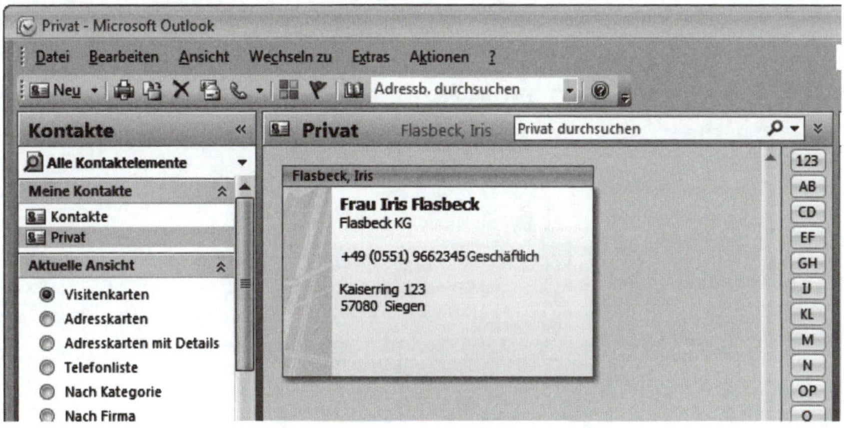

Kontakte löschen

Benötigen Sie einen Kontakt nicht mehr, sollten Sie ihn löschen. Es kann sonst leicht passieren, dass sich »Adressleichen« über Jahre in Ihrem Kontaktordner halten. Um einen Kontakt zu löschen, gehen Sie wie folgt vor:

1. Öffnen Sie den Ordner *Kontakte* mit einem Mausklick auf die gleichnamige Schaltfläche im Navigationsbereich.
2. Markieren Sie den Kontakt, den Sie löschen wollen, und klicken Sie in der Symbolleiste auf die Schaltfläche *Löschen* oder drücken Sie die Entf-Taste.
3. Der Kontakt wird sofort ohne weitere Rückfragen in den Ordner *Gelöschte Objekte* verschoben.

TIPP Stellen Sie direkt nach dem Löschen fest, dass Sie den Kontakt doch noch benötigen, können Sie ihn über den Befehl *Bearbeiten/Rückgängig* oder über die Tastenkombination Strg + Z wiederherstellen.

4. Wollen Sie den Inhalt des Ordners *Gelöschte Objekte* prüfen und den gelöschten Kontakt eventuell wiederherstellen, öffnen Sie die Ordnerliste mit einem Mausklick auf die gleichnamige Schaltfläche am unteren Rand des Navigationsbereichs und aktivieren dann den Ordner *Gelöschte Objekte*. Gelöschte Kontakte erkennen Sie am Visitenkartensymbol (siehe Abbildg. 9.29).
5. Um den Kontakt wiederherzustellen, klicken Sie in der Symbolleiste auf die Schaltfläche *In Ordner verschieben* und wählen Sie im Dropdown-Menü den Eintrag *Kontakte* aus. Um den Kontakt und alle weiteren Elemente aus dem Ordner *Gelöschte Objekte* hingegen endgültig zu löschen, klicken Sie mit der rechten Maustaste auf den Ordner *Gelöschte Objekte* und wählen Sie im Kontextmenü den Befehl *Ordner "Gelöschte Objekte" leeren.*

Abbildg. 9.29 Den Inhalt des Ordners *Gelöschte Objekte* betrachten

Zusatzinformationen eingeben

Um Kundenbindung zu erzeugen, ist der Versand eines Geburtstagsgrußes immer günstig. Häufig ist es auch nützlich, den Namen des jeweiligen Partners und den Spitznamen eines Kontakts zu kennen. Auch der Name des Vorgesetzten oder des Assistenten eines Kontakts kann nützlich sein. Mehr Informationen zur Eingabe von diesen und anderen Details finden Sie in diesem Abschnitt.

Ein Kontaktbild einfügen

Besitzen Sie für einen Kontakt ein Bild, können Sie es in das Kontaktformular einbinden. Ein Bild kann oft hilfreich sein, um Ihre Erinnerung an einen Kontakt aufzufrischen.

1. Klicken Sie im Kontaktformular auf die Schaltfläche *Kontaktbild hinzufügen*, die Sie rechts neben dem Namensfeld finden.
2. Im nun geöffneten Dialogfeld *Kontaktbild hinzufügen* ist der Ordner *Bilder* des aktuellen Benutzers aktiviert. Ist das Kontaktbild in einem anderen Ordner gespeichert, aktivieren Sie zunächst diesen Ordner.
3. Markieren Sie das Bild, das Sie einfügen möchten (siehe Abbildg. 9.30).

PROFITIPP

> Normalerweise werden alle Bilder, die Windows in der Vorschau anzeigen kann, als Miniaturbilder dargestellt. Gibt es Bilder, von denen nur der Dateiname angezeigt wird und sind Sie sich nicht sicher, hinter welchem Dateinamen sich die gesuchte Bilddatei verbirgt, können Sie die Bildvorschau einblenden. Klicken Sie dazu in der Symbolleiste des Dialogfelds *Kontaktbild hinzufügen* auf die Schaltfläche *Organisieren*, zeigen Sie im Dropdown-Menü auf *Layout* und wählen Sie im Untermenü, das sich nun einblendet, den Befehl *Vorschaufenster*. Markieren Sie dann das Bild, das Sie in der Vorschau betrachten möchten.

4. Übernehmen Sie das Kontaktbild mit einem Mausklick auf die Schaltfläche *OK* in das Kontaktformular. Anstatt der Schaltfläche wird nun das Kontaktbild angezeigt. Das Kontaktbild wird außerdem in die Visitenkarte übernommen, die rechts oben im Kontaktformular angezeigt wird (siehe Abbildg. 9.31).

Abbildg. 9.30 Ein Kontaktbild zum Kontaktformular hinzufügen

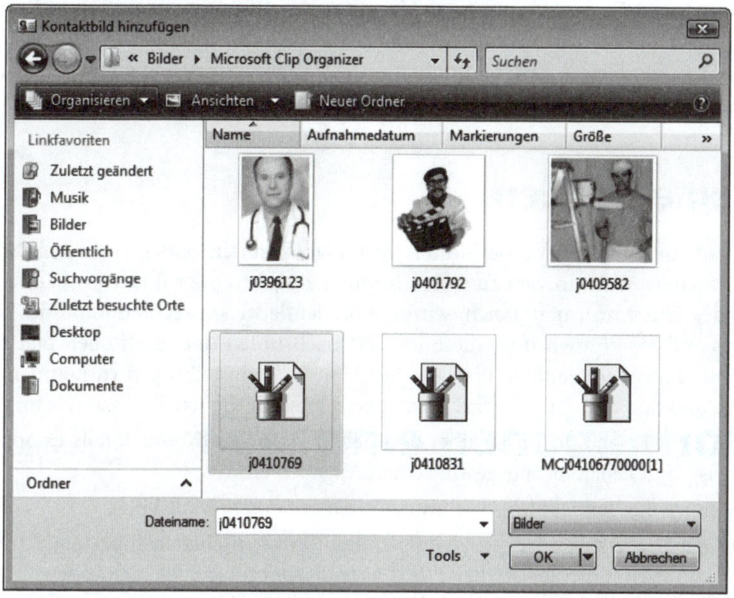

Abbildg. 9.31 Das Kontaktformular mit Kontaktbild

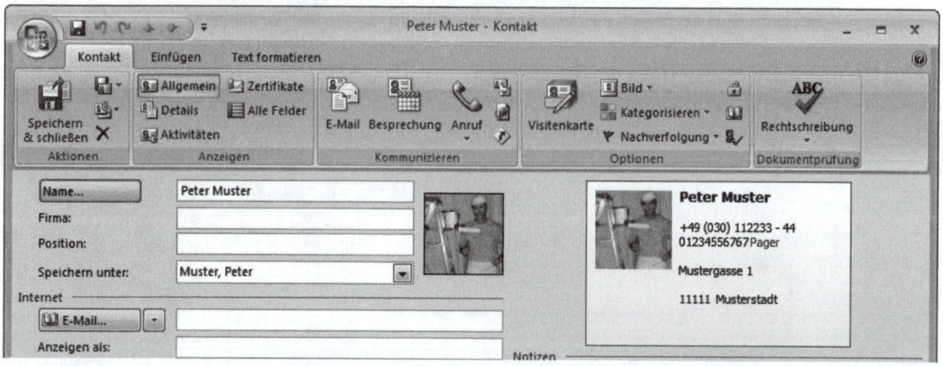

5. Schließen Sie das Kontaktformular mit einem Klick auf die Schaltfläche *Speichern & schließen*.

Sagt Ihnen das Bild doch nicht zu und wollen Sie es durch ein anderes Bild ersetzen, wollen Sie das Bild doch lieber weglassen oder möchten Sie das Bild zusätzlich in einem anderen Programm nutzen, gehen Sie wie folgt vor:

- **Bild ändern:** Um das Kontaktbild zu ändern, klicken Sie mit der rechten Maustaste darauf und wählen Sie im Kontextmenü, das sich nun öffnet, den Befehl *Bild ändern*. Es öffnet sich das Dialogfeld *Neues Kontaktbild*, in dem Sie das neue Bild, wie in den Schritten 2 bis 4 der obigen Anleitung beschrieben, auswählen und in das Kontaktformular einfügen.
- **Bild entfernen:** Um das Kontaktbild zu entfernen, klicken Sie mit der rechten Maustaste darauf und wählen im Kontextmenü den Befehl *Bild entfernen*. Das Bild wird nun durch die Schaltfläche *Kontaktbild einfügen* ersetzt.

- **Bild kopieren:** Wollen Sie das Bild in eine E-Mail-Nachricht oder in ein anderes Dokument kopieren, klicken Sie mit der rechten Maustaste darauf und wählen Sie im Kontextmenü den Befehl *Kopieren*. Wechseln Sie anschließend zu dem Dokument, in das Sie das Bild einfügen wollen, und drücken Sie die Tastenkombination [Strg]+[V]. Das Bild wird nun in das Dokument eingefügt.

Notizen eingeben

In das Textfeld am rechten Rand des Kontaktformulars können Sie Bemerkungen, Notizen oder bei Bedarf auch weitere Webadressen zu einem Kontakt eingeben oder Bilder und andere Objekte einbinden. Ist der Text sehr umfangreich, wird die Bildlaufleiste am rechten Rand des Nachrichtenfeldes aktiviert und Sie können über diese im Text nach unten und nach oben blättern. Außerdem können Sie ein Lineal einblenden, über das Sie dann Randeinstellungen vornehmen und Tabulatoren einfügen und den Text nach Bedarf formatieren können. Gehen Sie dazu wie folgt vor:

1. Öffnen Sie ein Kontaktformular über den Befehl *Datei/Neu/Kontakt*, falls es noch nicht bereits geöffnet ist, und geben Sie alle gewünschten Angaben ein.
2. Aktivieren Sie das Textfeld im Abschnitt *Notizen* mit einem Mausklick.
3. Wollen Sie die Schriftart oder -größe oder andere Texteigenschaften anpassen, aktivieren Sie in der Multifunktionsleiste die Registerkarte *Text formatieren* und wählen Sie die gewünschten Schrifteigenschaften aus. Dabei stehen Ihnen alle Textformatierungsfunktionen einer Textverarbeitung zur Verfügung. Wollen Sie statt einzelner Formatierungsbefehle direkt eine komplette Formatierung für alle Textelemente auswählen, klicken Sie auf die Schaltfläche *Schnellformatvorlagen* und wählen Sie in der Palette per Mausklick die gewünschte Vorlage aus (siehe Abbildg. 9.32).

Abbildg. 9.32 Die Textformatierung für das Feld *Notizen* anpassen

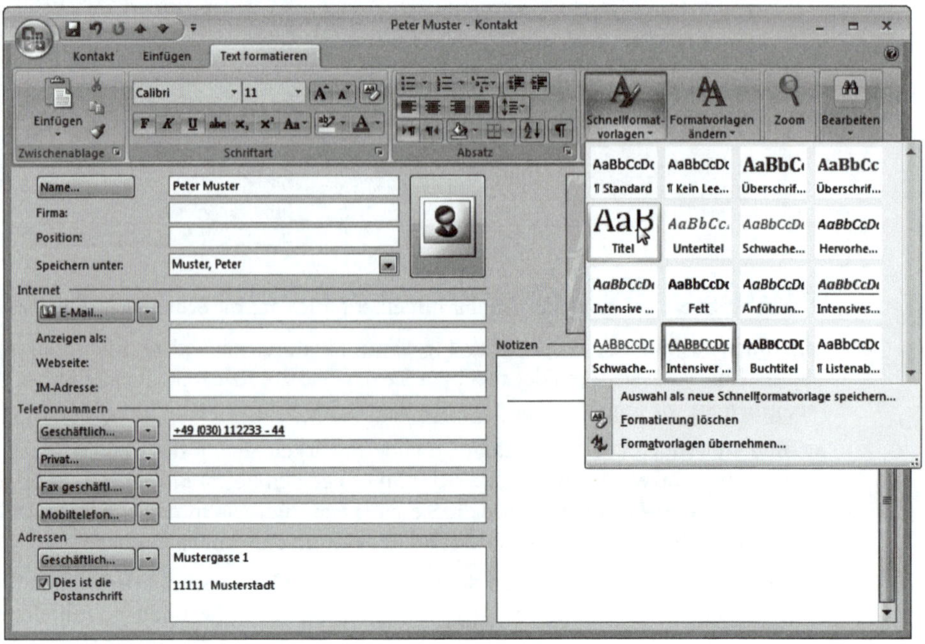

4. Tippen Sie nun den Text ein.

TIPP Haben Sie ein Eingabegebietsschema für eine Rechts-nach-Links-Schrift unter Windows installiert und das passende Schriftpaket unter Microsoft Office installiert, können Sie im Textfeld bequem Text mit dieser Schreibrichtung eingeben. Klicken Sie dazu in der Multifunktionsleiste auf der Registerkarte *Text formatieren* auf die Schaltfläche *Textrichtung Rechts nach Links*, die in diesem Fall im Abschnitt *Absatz* verfügbar ist, wählen Sie im Listenfeld *Schriftart* eine passende Schrift und geben Sie dann den Text wie gewünscht ein.

5. Wollen Sie eine Tabelle mit Tabulatoren einfügen oder den Text rechtsbündig ausrichten, blenden Sie zunächst das Lineal mit einem Mausklick auf die Schaltfläche oberhalb von der Bildlaufleiste ein.
6. Tragen Sie dann die benötigten Tabulatoren mit einem Mausklick auf dem Lineal ein und benutzen Sie die ⇆-Taste, um den Text einzurücken (siehe Abbildg. 9.33).

Abbildg. 9.33 Das Lineal für Notizen nutzen

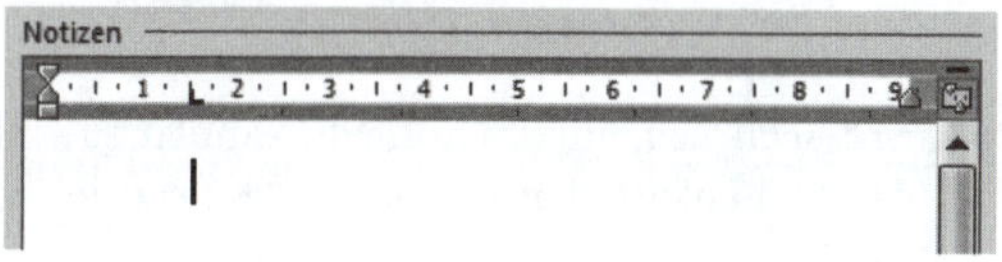

TIPP Um die Tabulatoreinstellungen zu ändern, klicken Sie im Lineal doppelt auf den Tabulator und nehmen Sie dann im Dialogfeld *Tabstopps* die gewünschten Anpassungen vor. Um das Seitenformat und die Randeinstellungen anzupassen, klicken Sie doppelt mit der linken Maustaste auf den oberen Rand des Lineals. Es öffnet sich das Dialogfeld *Seite einrichten*, in dem Sie die gewünschten Anpassungen vornehmen können.

7. Wechseln Sie in der Multifunktionsleiste wieder zur Registerkarte *Kontakt* und klicken Sie dann auf die Schaltfläche *Rechtschreibung und Grammatik* bzw. drücken Sie die Taste F7, um die Rechtschreibung des eingegebenen Textes überprüfen zu lassen.

8. Klicken Sie auf die Schaltfläche *Speichern & schließen*, um die Änderungen zu übernehmen und das Dialogfeld zu schließen.

Kontakte Kategorien zuordnen

Wie E-Mails können Sie auch Kontakte bestimmten Kategorien zuweisen, um Ihnen die Suche und Sortierung zu erleichtern.

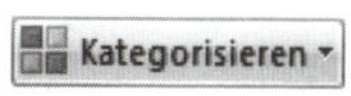

1. Klicken Sie auf der Registerkarte *Kontakt* der Multifunktionsleiste des Kontaktformulars auf die Schaltfläche *Kategorisieren*.
2. Wählen Sie im Dropdown-Menü die gewünschte Kategorie aus. Die Kategorie wird nun als Balken im Kontaktformular angezeigt (siehe Abbildg. 9.34).

TIPP Über den Befehl *Alle Kategorien* am unteren Rand des Dropdown-Menüs öffnen Sie das Dialogfeld *Farbkategorien*, über das Sie Kategorien umbenennen, neu anlegen und löschen können. Klicken Sie auf *OK*, um Ihre Änderungen zu übernehmen. Um eine Kategorie wieder zu entfernen, klicken Sie auf die Schaltfläche *Kategorisieren* und wählen Sie im Dropdown-Menü den Befehl *Alle Kategorien löschen.*

Abbildg. 9.34 Die Kategorie wird als Infoleiste angezeigt

3. Wählen Sie die Schaltfläche *Speichern & schließen*, um das Kontaktformular zu schließen und die Änderungen zu übernehmen. In der Visitenkartenansicht ist die Kategorie jedoch nicht zu sehen.

Sie können die Ansicht nun über den Befehl *Ansicht/Aktuelle Ansicht/Nach Kategorie* nach Kategorien ordnen und so die Zuordnung der Kontakte zu verschiedenen Kategorien nutzen.

Details erfassen

Auf der Registerkarte *Details* können Sie persönliche oder geschäftliche Zusatzinformationen zu einem Kontakt eintragen wie den Geburts- oder Namenstag, den Namen des Assistenten, die Abteilung, den Beruf, den Namenszusatz oder den Spitznamen.

1. Wechseln Sie mit einem Mausklick auf die gleichnamige Schaltfläche im Navigationsbereich zum Ordner *Kontakte* und öffnen Sie das Kontaktformular eines Kontakts, zu dem Sie Details erfassen möchten, mit einem Doppelklick.

2. Nun klicken Sie in der Multifunktionsleiste des Kontaktformulars in der Gruppe *Anzeigen* auf die Schaltfläche *Details*, um die entsprechenden Felder einzublenden.
3. Geben Sie bei Bedarf die entsprechenden Angaben in die Felder *Abteilung, Büro, Beruf, Vorgesetzte(r), Assistent* usw. ein.

HINWEIS Im Feld *Beruf* können Sie den Beruf vermerken, den die Kontaktperson ausübt. Dies ist für Mitarbeiter größerer Firmen weniger relevant, kann aber bei Personen nützlich sein, die freiberuflich tätig sind, wie Rechtsanwälte, Ärzte, Ingenieure, Architekten, Programmierer und ähnliche Berufe. Haben Sie den Beruf Ihrer Kontakte eingetragen, können Sie die Kontakte beispielsweise zur Erstellung von Serienbriefen nach dem jeweiligen Beruf filtern.

4. Tragen Sie bei Bedarf den Spitznamen und den Namen des Partners in die entsprechenden Felder ein.

Abbildg. 9.35 Hier können Sie persönliche Informationen zu Ihren Kontakten eintragen

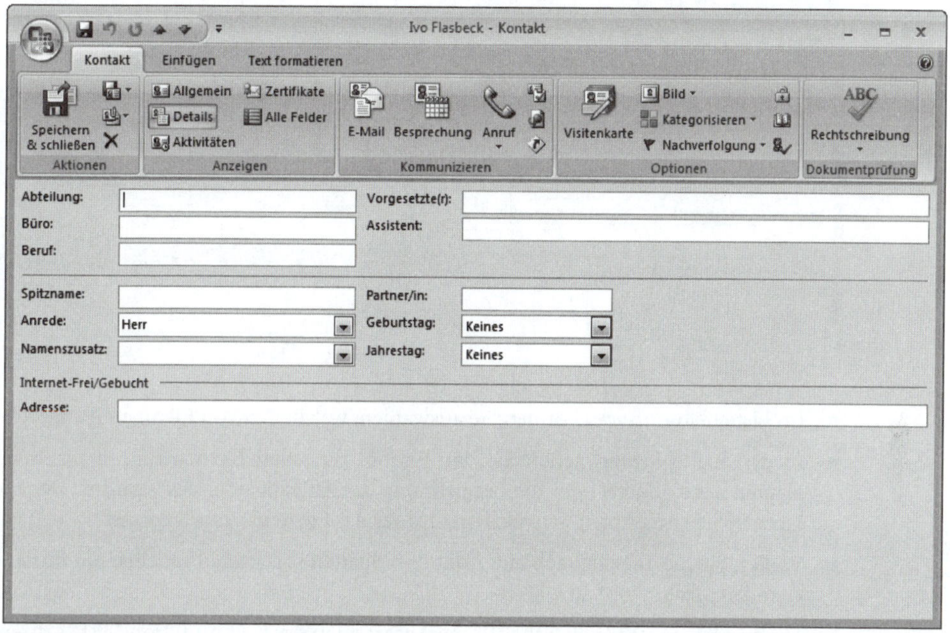

5. Um den Geburtstag des Kontakts oder den Jahrestag einzugeben, markieren Sie den Inhalt des Feldes *Geburtstag* bzw. des Feldes *Jahrestag* und tippen das Geburtsdatum dann im Format *TT.MM.JJ* oder *TT.MM.JJJJ* ein. Oder klicken Sie auf den Abwärtspfeil rechts neben dem Feld und legen Sie über den Miniaturkalender das Datum fest.

TIPP Der Geburtstag wird nun als Serientermin in Ihren Terminkalender eingetragen, sobald Sie auf die Schaltfläche *Speichern & schließen* klicken.

6. Geben Sie im Abschnitt *Internet-Frei/Gebucht* die Internetadresse in das Feld *Adresse* ein, unter der Ihr Kontakt seine *Frei/Gebucht-Informationen*, sprich seinen Online-Terminkalender speichert.
7. Mit einem Mausklick auf die Schaltfläche *Allgemein* kehren Sie wieder zu den allgemeinen Angaben im Kontaktformular zurück.

8. Klicken Sie auf die Schaltfläche *Speichern & schließen*, um die Änderungen zu übernehmen und das Kontaktformular zu schließen.

Aktivitäten nutzen

Die Registerkarte *Aktivitäten* enthält eine Tabelle, in der Sie normalerweise selbst keine Eintragungen vornehmen. Outlook trägt hier automatisch Aufgaben, Termine wie den Geburts- oder Jahrestag und Kontakte ein, die mit diesem Kontakt verknüpft sind (siehe Abbildg. 9.36). Klicken Sie doppelt auf ein Element, um es zu öffnen.

Abbildg. 9.36 Die Registerkarte *Aktivitäten*

- Im Listenfeld *Anzeigen* können Sie auswählen, welche Art von Elementen angezeigt werden soll.
- In der Spalte *Symbol* sehen Sie das Symbol für jeden Elementtyp, in der Spalte *Betreff* den Namen des Kontakts oder die Bezeichnung der Aufgabe oder des Termins. Der Spalte *In Ordner* können Sie entnehmen, in welchem Ordner das Element gespeichert ist.
- Wollen Sie die Tabelle nach einer der drei Spalten sortieren, brauchen Sie nur auf den entsprechenden Spaltenkopf zu klicken.

Mit einem Mausklick auf die Schaltfläche *Allgemein* in der Multifunktionsleiste kehren Sie wieder zu den allgemeinen Kontaktinformationen zurück.

Zertifikate speichern und nutzen

Auf der Registerkarte *Zertifikate* können Sie zu einem Kontakt Zertifikate (digitale IDs) speichern, die Sie per E-Mail oder in Dateiform erhalten haben. Kontakten, für die Sie ein Zertifikat gespeichert haben, können Sie anschließend sichere E-Mails senden.

1. Um die Funktion *Zertifikate* im Kontaktformular einzublenden, klicken Sie auf der Registerkarte *Kontakt* in der Multifunktionsleiste auf die Schaltfläche *Zertifikate.*
2. Liegt Ihnen das Zertifikat in Dateiform vor, klicken Sie auf die Schaltfläche *Importieren* (siehe Abbildg. 9.37).
3. Wechseln Sie im Dialogfeld *Zertifikat suchen* zum Ordner, der die Datei enthält, markieren Sie die Datei und klicken Sie auf die Schaltfläche *Öffnen.*

4. Das Zertifikat wird nun in die Liste der Zertifikate aufgenommen. Klicken Sie auf die Schaltfläche *Speichern & schließen*, um das Zertifikat zu speichern und das Kontaktformular zu schließen.

Haben Sie bereits ein Zertifikat zu einem Kontakt gespeichert, können Sie mit dem Zertifikat folgende Aktionen vornehmen:

- **Zertifikat bearbeiten:** Um die Eigenschaften eines Zertifikats zu bearbeiten, markieren Sie es, klicken Sie auf die Schaltfläche *Eigenschaften* und nehmen Sie die gewünschten Änderungen vor. Bestätigen Sie anschließend die Änderungen mit *OK.*

Abbildg. 9.37 Zertifikate für den Versand verschlüsselter Nachrichten importieren

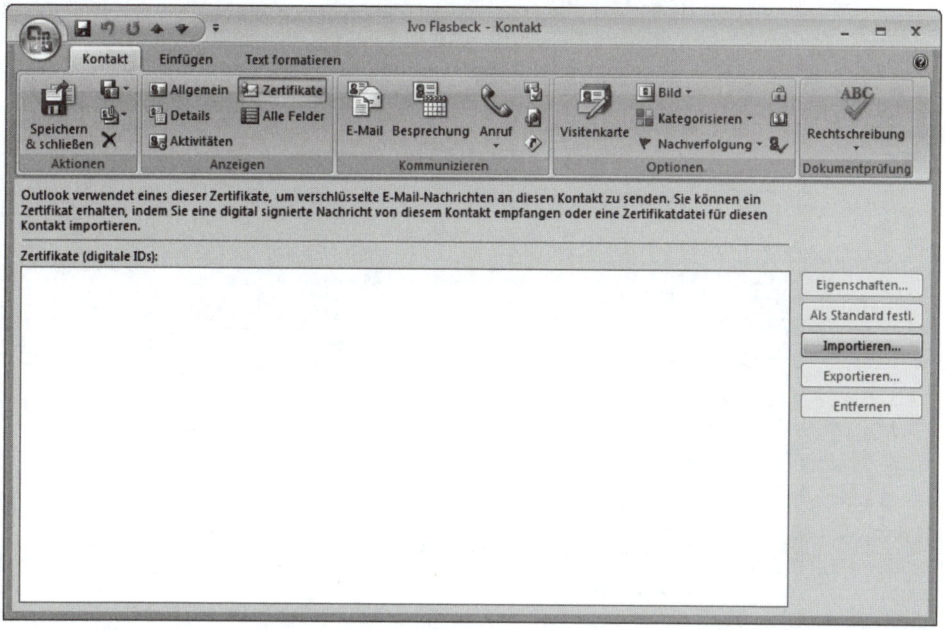

- **Zertifikat als Standard festlegen:** Haben Sie mehrere Zertifikate zu einem Kontakt gespeichert, markieren Sie das Zertifikat, das Sie als Standard verwenden wollen, und klicken Sie auf die Schaltfläche *Als Standard festl.*
- **Zertifikat exportieren:** Um ein Zertifikat in eine Datei zu exportieren, markieren Sie es im Feld *Zertifikate*, und klicken Sie dann auf die Schaltfläche *Exportieren*. Folgen Sie der Anleitung am Bildschirm.
- **Zertifikat entfernen:** Um eine digitale ID zu entfernen, markieren Sie sie im Feld *Zertifikate* und klicken Sie anschließend auf die Schaltfläche *Entfernen*.

Die Funktion *Alle Felder* nutzen

Über die Funktion *Alle Felder* auf der Registerkarte *Kontakt* der Multifunktionsleiste können Sie sich einen Überblick über die im Kontaktformular vorhandenen Felder und Feldbezeichnungen verschaffen und bei Bedarf können Sie Daten direkt in die Felder eingeben. Reichen Ihnen die vorhandenen Felder des Kontaktsformulars nicht aus, können Sie über die Funktion *Alle Felder* in der Multifunktionsleiste neue Felder definieren.

Alle Felder einblenden

Um die im Kontaktformular vorhandenen Felder zu betrachten, gehen Sie wie folgt vor:

1. Öffnen Sie ein neues oder ein vorhandenes Kontaktformular.
2. Klicken Sie in der Multifunktionsleiste auf der Registerkarte *Kontakt* in der Gruppe *Anzeigen* auf die Schaltfläche *Alle Felder*.

3. Dann klicken Sie auf den Abwärtspfeil neben dem Feld *Auswählen aus* und wählen die Sammlung von Feldern aus, die angezeigt werden sollen. Voreingestellt ist der Eintrag *Benutzerdefinierte Felder in diesem Element*. Wählen Sie z.B. den Eintrag *Adressfelder*, werden sämtliche Adressfelder angezeigt, die Ihnen in Outlook zur Verfügung stehen (siehe Abbildg. 9.38).

Abbildg. 9.38 Alle Adressfelder einblenden

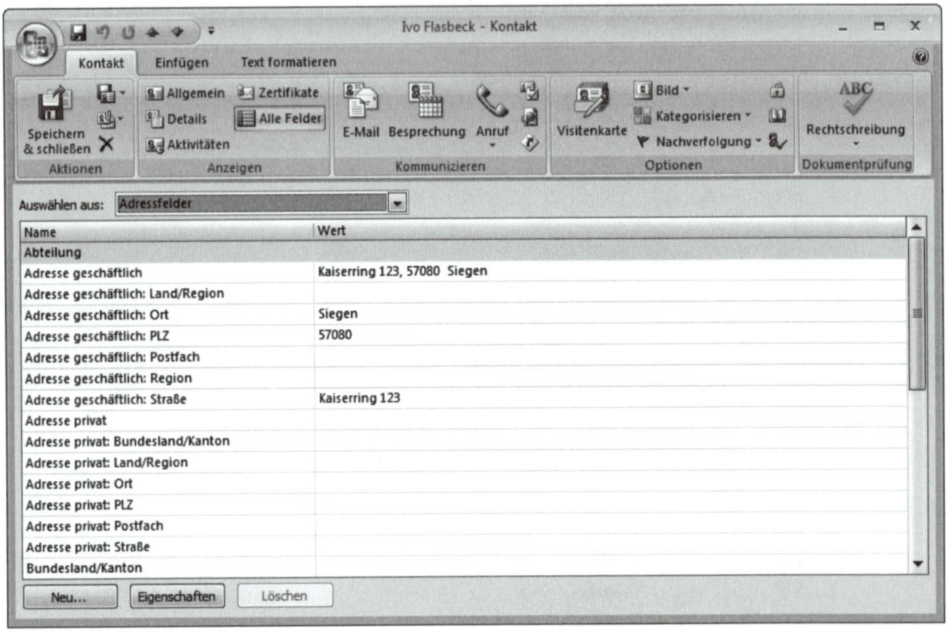

4. In der Spalte *Name* ganz links im Bild werden die genauen Feldbezeichnungen aufgeführt. In der Spalte *Wert* sehen Sie die Daten, die Sie auf den Registerkarten *Allgemein* und *Details* eingegeben haben. Bei Bedarf können Sie in der Spalte *Wert* auch Daten in die entsprechenden Felder eingeben.

TIPP Die genauen Feldbezeichnungen in der Spalte *Name* sind wichtig, wenn Sie Kontakte aus einem anderen Format in Outlook importieren und den Feldern bereits vor dem Import die korrekten Bezeichnungen zuweisen wollen. Liegt Ihre Adressdatenbank z.B. als Excel-Tabelle vor, können Sie von dieser Registerkarte die genauen Feldbezeichnungen notieren und die Bezeichnungen dann als Spaltenbeschriftung für Ihre Excel-Tabelle verwenden. Sie brauchen dann beim Import nicht mehr aufwändig die Felder aus der Excel-Tabelle den Feldern im Outlook-Formular zuweisen, sondern die Zuordnung wird automatisch korrekt vorgenommen.

5. Sind Sie sich nicht sicher, welcher Datentyp oder welches Format für ein Feld verwendet wird, markieren Sie dieses und klicken auf die Schaltfläche *Eigenschaften*. Es öffnet sich das Dialogfeld *Feldeigenschaften*, in dem der Feldname, der Feldtyp und das Feldformat angegeben werden (siehe Abbildg. 9.39). Änderungen können Sie jedoch nur bei benutzerdefinierten Feldern vornehmen.

Abbildg. 9.39 Die Feldeigenschaften betrachten

6. Speichern Sie mögliche Änderungen mit einem Mausklick auf die Schaltfläche *Speichern* in der Symbolleiste für den Schnellzugriff oder über die Tastenkombination Strg+S.

Eigene Felder anlegen

Zwar stehen Ihnen im Kontaktformular bereits zahlreiche Felder zur Verfügung, die für die meisten Belange ausreichen sollten. Fehlt trotzdem noch ein Feld, können Sie ganz leicht selbst eines erstellen. Falls Sie im Vertrieb tätig sind, ist beispielsweise ein Feld *Rabatt* nützlich, in dem Sie für jeden Kunden eintragen können, wie viel Rabatt er erhält. Gehen Sie wie folgt vor, um ein neues Feld zu definieren:

1. Öffnen Sie ein neues oder ein bereits vorhandenes Kontaktformular.
2. Klicken Sie dann in der Multifunktionsleiste auf der Registerkarte *Kontakt* in der Gruppe *Anzeigen* auf die Schaltfläche *Alle Felder*, um die gleichnamige Funktion zu aktivieren.

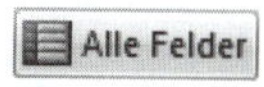

3. Als Nächstes klicken Sie am unteren Rand des Kontaktformulars auf die Schaltfläche *Neu*, um ein neues Feld zu definieren.
4. Es öffnet sich das Dialogfeld *Neues Feld* (siehe Abbildg. 9.40). Geben Sie in das Feld *Name* eine aussagekräftige Feldbezeichnung ein, wie z.B. die Bezeichnung »Rabatt« für ein Rabattfeld.

Abbildg. 9.40 Im Dialogfeld *Neues Feld* geben Sie die Eigenschaften des neuen Felds ein

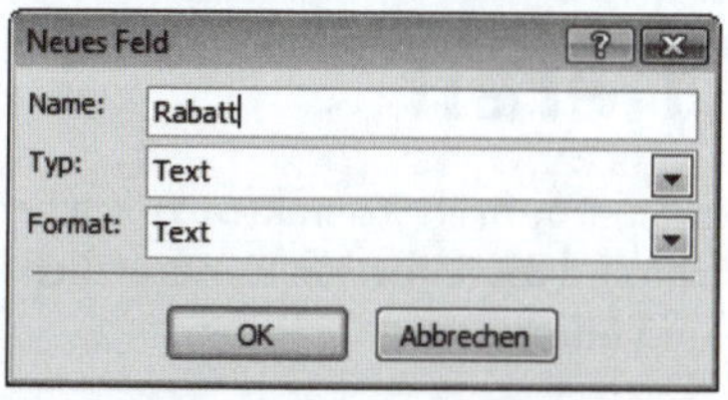

5. Wählen Sie als Nächstes im Feld *Typ* den Feldtyp aus. Klicken Sie dazu zunächst auf den Abwärtspfeil im Feld und dann auf den gewünschten Feldtyp. Zur Auswahl stehen die Feldtypen *Text, Nummer, Prozent, Währung, Ja/Nein, Datum/Uhrzeit, Dauer, Stichwörter, Kombination, Formel* und *Ganze Zahl.* Im Beispiel des Rabattfeldes wählen Sie den Feldtyp *Prozent.*
6. Nun brauchen Sie nur noch im Listenfeld *Format* eines der vordefinierten Formate auszuwählen. Klicken Sie dazu auf den Abwärtspfeil im Feld *Format* und wählen Sie das passende Format mit einem Mausklick aus der Liste aus. Im Beispiel des Rabattfeldes wählen Sie das Format *Gerundet: 65/ –65%.*
7. Klicken Sie auf *OK*, um das Feld zu übernehmen.

8. Im Feld *Auswählen aus* des Kontaktformulars wird nun der Eintrag *Benutzerdefinierte Ordnerfelder* aktiviert und das neu definierte Feld wird angezeigt.
9. Klicken Sie auf das Feld in der Spalte *Wert* und tragen Sie den Wert ein. Outlook passt das Format automatisch an (siehe Abbildg. 9.41).

Abbildg. 9.41 Einen Wert in das neu definierte Feld eingeben

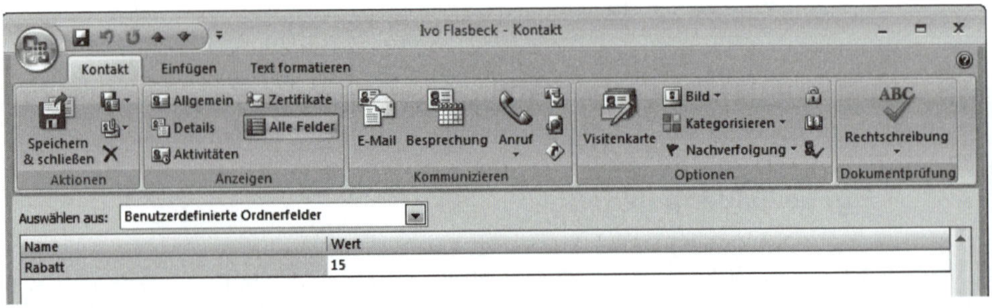

TIPP Neue Felder werden im Formular nur dann angezeigt, wenn Sie das Formular entsprechend ändern. Mehr hierzu erfahren Sie in Kapitel 14.

- Wollen Sie die Eigenschaften Ihres neu definierten Felds betrachten, markieren Sie es und klicken Sie dann auf die Schaltfläche *Eigenschaften.*
- Um ein selbst definiertes Feld zu löschen, markieren Sie es auf der Registerkarte *Alle Felder* und klicken auf die Schaltfläche *Löschen*. Das Feld wird dann zwar aus der Liste verfügbarer Felder entfernt, nicht jedoch aus Kontaktformularen, in denen es verwendet wird. Vergessen Sie nicht, das Feld aus den Kontaktformularen zu löschen, wie in Kapitel 14 beschrieben, da Benutzer ansonsten Werte eingeben, die nirgends gespeichert werden.

Kontakte suchen und sortieren

Outlook bietet Ihnen verschiedene Möglichkeiten an, um nach Kontakten zu suchen, wie z.B. das Register für die Visiten- und die Adresskartenansicht und die Sofortsuche. Zusätzlich können Sie die Kontakte nach verschiedenen Kriterien sortieren und filtern.

Kontakte über das Register suchen

Der Ordner *Kontakte* bietet Ihnen in den Ansichten *Visitenkarten*, *Adresskarten* und *Adresskarten mit Details* ein Register, über das Sie zu jedem Anfangsbuchstaben des Alphabets springen und dann die darunter gespeicherten Kontakte betrachten können. Gehen Sie wie folgt vor, um das Register zu nutzen:

1. Öffnen Sie den Ordner *Kontakte* über die gleichnamige Schaltfläche im Navigationsbereich, falls der Ordner noch nicht bereits aktiv ist.
2. Vergewissern Sie sich, dass im Navigationsbereich unter *Aktuelle Ansicht* die Ansicht *Visitenkarten*, *Adresskarten* oder *Adresskarten mit Details* aktiviert ist.

3. Anschließend klicken Sie in der mittleren Spalte des Programmfensters auf die Schaltfläche *M*. Der erste Kontakt mit dem Anfangsbuchstaben »M« wird nun aktiviert und in der mittleren Spalte ganz oben angezeigt (siehe Abbildg. 9.42).

Abbildg. 9.42 Über das Register können Sie Kontakte schnell auffinden

4. Betrachten Sie weitere Kontakte, indem Sie das Bildlauffeld in der vertikalen Bildlaufleiste mit der Maus nach oben oder unten ziehen.
5. Um zu den Kontakten zu wechseln, die mit dem Buchstaben »S« beginnen, klicken Sie im Register auf die Schaltfläche *S*.

Kontakte mit der Sofortsuche finden

Mit der Sofortsuche bietet Outlook Ihnen eine komfortable Möglichkeit, um Kontakte im Kontaktordner aufzuspüren. Sobald Sie mit der Eingabe eines Namensbestandteils beginnen, beginnt Outlook mit der Suche. Es spielt dabei keine Rolle, ob der Namensbestandteil im Vor- oder Nachnamen oder in der Anrede enthalten ist. Um einen Kontakt mit der Sofortsuche zu finden, gehen Sie wie folgt vor:

1. Aktivieren Sie den Ordner *Kontakte* mit einem Mausklick auf die gleichnamige Schaltfläche im Navigationsbereich.
2. Haben Sie mehrere Kontaktordner angelegt und wollen Sie den Kontakt in einem anderen Ordner als dem Ordner *Kontakte* suchen, aktivieren Sie unter *Meine Kontakte* den gewünschten Kontaktordner (siehe Abbildg. 9.43).

Abbildg. 9.43 Den Kontaktordner wechseln

3. Klicken Sie in der Titelleiste des Kontaktordners auf das Sofortsuche-Feld *Kontakte durchsuchen* und beginnen Sie, den Namen oder einen anderen Bestandteil der Kontaktdaten für den gesuchten Kontakt einzugeben, wie z.B. den Ort oder den E-Mail-Anbieter des Kontakts. Die Sofortsuche filtert nun alle Kontakte heraus, in deren Kontaktdaten die eingegebenen Buchstaben vorkommen (siehe Abbildg. 9.44).

Abbildg. 9.44 Kontakte mit der Sofortsuche finden

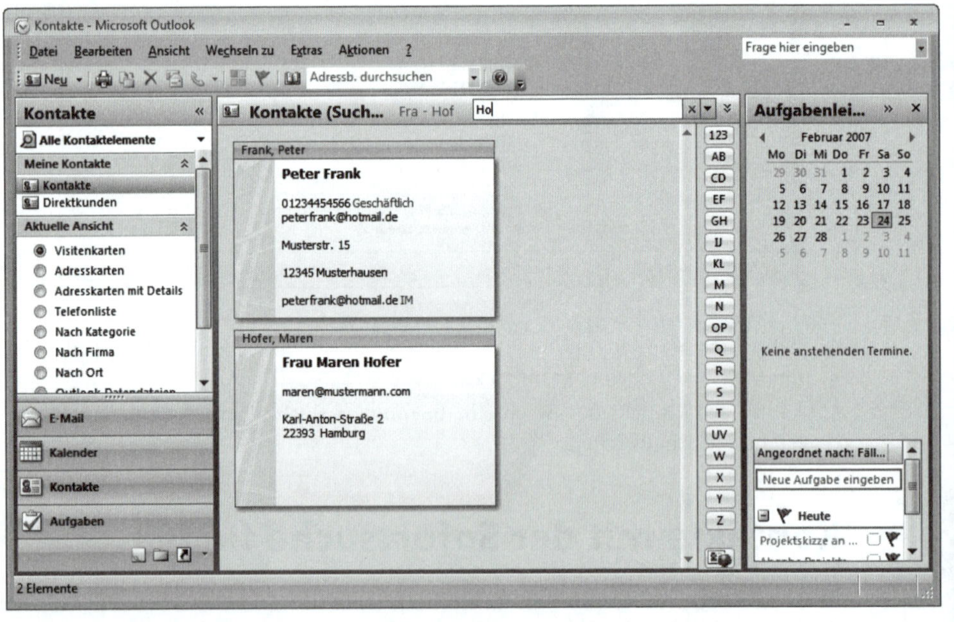

4. Um die Suche weiter einzuengen, geben Sie weitere Buchstaben des Namens, des Orts oder eines anderen Feldinhalts ein. Outlook passt die Anzeige der Kontakte im Kontaktordner nach jedem neu eingegebenen Buchstaben an.

5. Um besser nachvollziehen zu können, aufgrund welcher Angaben die Sofortsuche einen Kontakt anzeigt, aktivieren Sie im Abschnitt *Aktuelle Ansicht* die Option *Adresskarten* oder die Option *Adresskarten mit Details*. In den Adresskarten wird der Teil, der mit dem Inhalt der Sofortsuche übereinstimmt, gelb hervorgehoben (siehe Abbildg. 9.45)

Abbildg. 9.45 Die Übereinstimmungen mit der Sofortsuche in der Adresskartenansicht betrachten

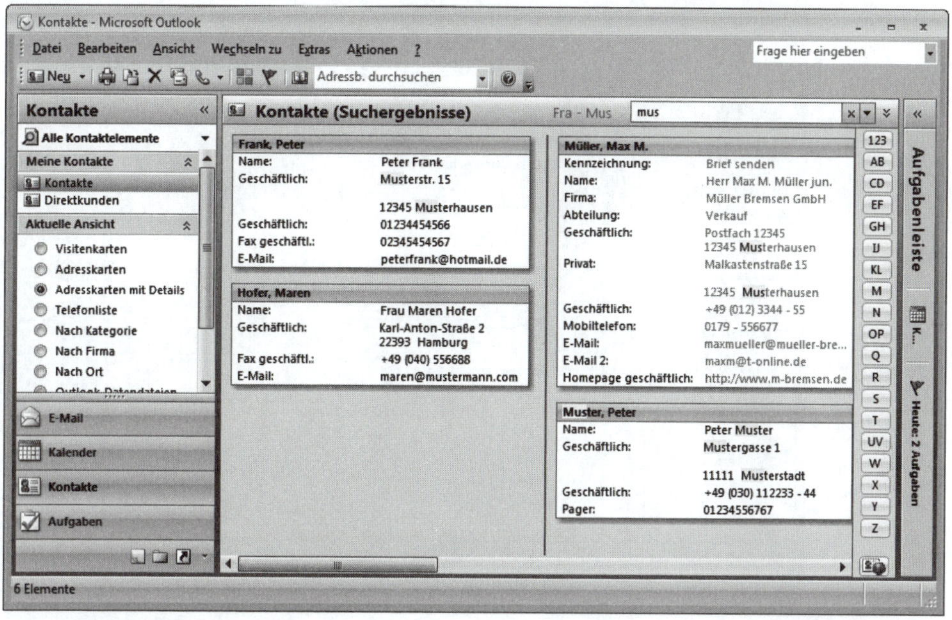

6. Um wieder alle Kontakte einzublenden, klicken Sie am rechten Rand des Feldes *Kontakte durchsuchen* auf die Schaltfläche *Suche löschen.*

Alle Kontaktelemente durchsuchen

Haben Sie mehrere Kontaktordner angelegt oder haben Sie Zugriff auf mehrere öffentliche Kontaktordner, und wissen Sie nicht genau, in welchem Kontaktordner der Kontakt gespeichert ist, können Sie die Sofortsuche auch auf alle Kontaktelemente anwenden. Gehen Sie dazu wie folgt vor:

1. Aktivieren Sie den Ordner *Kontakte*, falls dieser nicht bereits aktiviert ist, mit einem Mausklick auf die gleichnamige Schaltfläche im Navigationsbereich.
2. Klicken Sie dann auf den Abwärtspfeil im Feld *Kontakte durchsuchen* und wählen Sie im Dropdown-Menü den Befehl *Alle Kontaktelemente durchsuchen* aus.
3. In der Titelleiste des Kontaktordners ist jetzt die Angabe *Alle Kontaktelemente* zu sehen. Beginnen Sie nun mit der Eingabe des Suchbegriffs. Outlook zeigt sofort alle Kontakte an, die die Angaben enthalten (siehe Abbildg. 9.46). In welchem Kontaktordner sich die Kontakte befinden, spielt dabei keine Rolle.
4. Wechseln Sie bei Bedarf in die Adresskartenansicht, um besser zu sehen, welche Angaben von Outlook als Übereinstimmung interpretiert wurden.
5. Klicken Sie in der Sofortsuche auf die Schaltfläche *Suche löschen*, um wieder alle Kontakte einzublenden.

Abbildg. 9.46 Alle Kontaktelemente durchsuchen

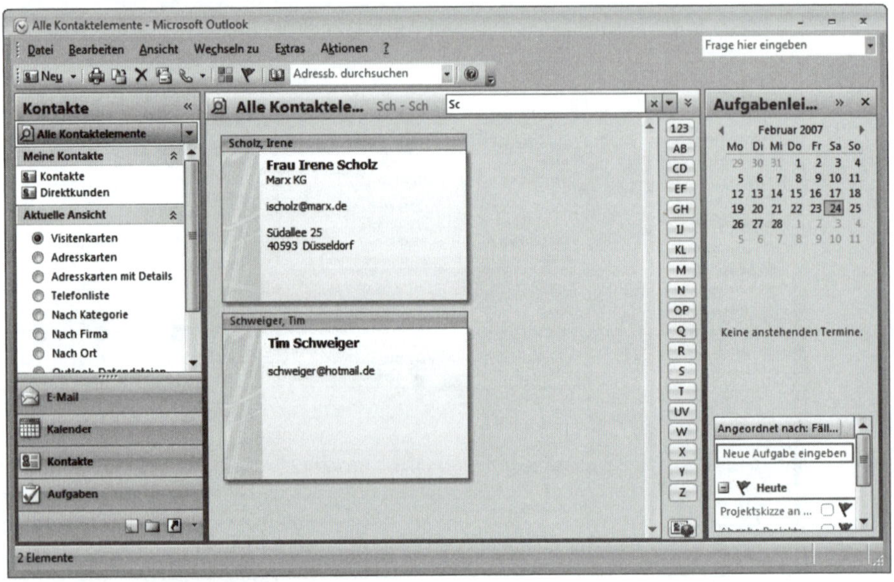

Den Abfrage-Generator erweitern

Möchten Sie Kontakte suchen, die mehrere Kriterien erfüllen, reicht die normale Sofortsuche nicht aus. Erweitern Sie in diesem Fall den Abfrage-Generator und nutzen Sie die dort vorgegebenen Kriterien oder fügen Sie eigene Kriterien hinzu.

1. Aktivieren Sie den Ordner *Kontakte* mit einem Mausklick auf die gleichnamige Schaltfläche im Navigationsbereich, falls er nicht bereits aktiviert ist.

2. Klicken Sie in der Titelleiste des Kontaktordners auf die Schaltfläche *Abfrage-Generator erweitern* oder rufen Sie im Untermenü *Extras/Sofortsuche* den Befehl *Abfrage-Generator erweitern* auf.

3. Im daraufhin eingeblendeten Abfrage-Generator stehen Ihnen Felder für die wichtigsten Suchkriterien zur Verfügung. Geben Sie Daten in die Felder ein, nach denen Sie suchen möchten. Um beispielsweise alle Geschäftskontakte namens »Müller« mit der Vorwahl »030« zu finden, geben Sie *Müller* in das Feld *Name* ein und die Vorwahl *030* in das Feld *Telefon geschäftlich* (siehe Abbildg. 9.47).

Abbildg. 9.47 Der Abfrage-Generator der Kontaktsuche

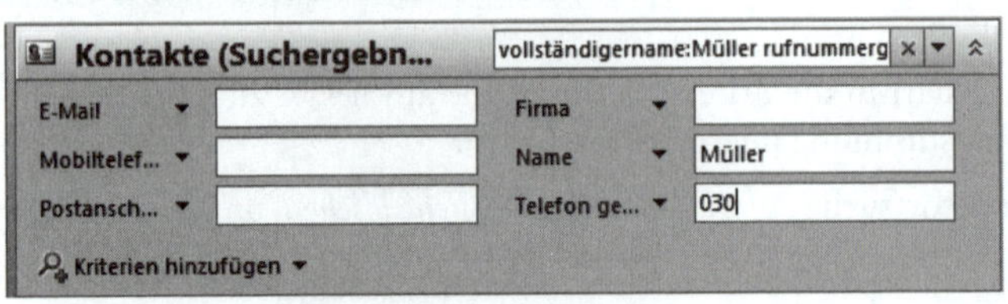

4. Über die Abwärtspfeile neben den Feldern können Sie vorhandene Suchfelder durch andere Felder ersetzen, wie z.B. das Feld *E-Mail* durch das Feld *IM-Adresse*. Geben Sie dann die Daten in die ausgetauschten Felder ein.

5. Wollen Sie ein bisher noch nicht vorhandenes Kriterium fest zum Abfrage-Generator hinzufügen, klicken Sie auf die Schaltfläche *Kriterien hinzufügen* und wählen Sie das gewünschte Kriterium aus der Liste aus, die sich öffnet.
6. Das gewünschte Kriterium wird nun zum Abfrage-Generator hinzugefügt (siehe Abbildg. 9.48).

Abbildg. 9.48 Kriterien zum Abfrage-Generator hinzufügen

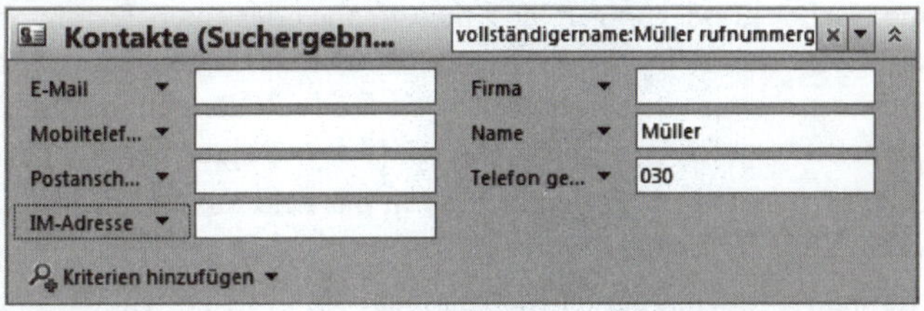

7. Um ein Kriterium aus dem Abfrage-Generator zu entfernen, klicken Sie auf den Abwärtspfeil rechts neben dem Kriterium und wählen Sie am unteren Rand der Liste, die sich nun öffnet, den Befehl *Entfernen*.

8. Möchten Sie die Suche löschen, klicken Sie im Feld *Sofortsuche* auf die gleichnamige Schaltfläche.

9. Mit der Schaltfläche *Abfrage-Generator reduzieren* blenden Sie den Abfrage-Generator wieder aus.

Zuletzt verwendete Suchvorgänge aktivieren

Haben Sie eine Suche aufwändig zusammengestellt, können Sie sie zu einem späteren Zeitpunkt jederzeit wieder nutzen. Gehen Sie dazu wie folgt vor:

1. Aktivieren Sie den Ordner *Kontakte* mit einem Mausklick auf die gleichnamige Schaltfläche im Navigationsbereich.
2. Klicken Sie auf den Abwärtspfeil im Feld *Kontakte durchsuchen*, zeigen Sie im Dropdown-Menü auf *Zuletzt verwendete Suchvorgänge* und wählen Sie dann im Untermenü den gewünschten Suchvorgang aus (siehe Abbildg. 9.49).

Abbildg. 9.49 Einen Suchvorgang wiederverwenden

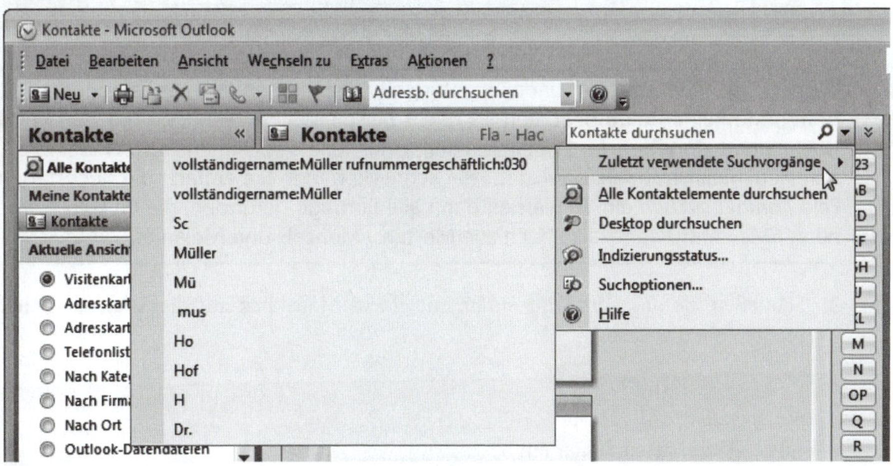

3. Outlook zeigt alle Ergebnisse an, die die Kriterien des gewählten Suchvorgangs erfüllen.

4. Klicken Sie auf die Schaltfläche *Suche löschen*, um wieder alle Kontakte anzuzeigen.

Kontakte im Adressbuch suchen

Erstellen Sie gerade eine Nachricht oder tragen Sie eine Aufgabe oder einen Termin ein und benötigen Sie dazu Informationen zu einem Kontakt, brauchen Sie nicht extra den Ordner *Kontakte* zu öffnen. Über das Feld *Kontakt suchen* in der Symbolleiste von Outlook können Sie das Kontaktformular jedes Kontakts bequem öffnen, den Sie in Ihrem Ordner *Kontakte* gespeichert haben.

1. Um einen Kontakt zu suchen, geben Sie den Namen in das Feld *Kontakt suchen* in der Symbolleiste ein und drücken die ↵-Taste.
2. Gibt es nur einen Kontakt mit dem angegebenen Namen, öffnet sich direkt das Kontaktformular für den Kontakt. Sind mehrere Kontakte mit dem angegebenen Namen vorhanden, öffnet sich das Dialogfeld *Kontakt auswählen*, in dem Sie den gewünschten Kontakt markieren und auf *OK* klicken (siehe Abbildg. 9.50).

Abbildg. 9.50 So suchen Sie einen Kontakt aus einem beliebigen Ordner heraus

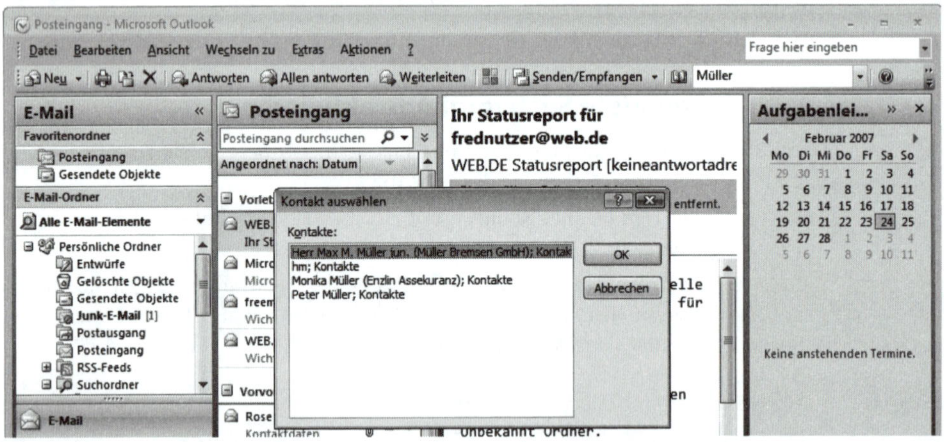

WICHTIG Sie müssen dabei nicht den vollständigen Namen eingeben und auch keine bestimmte Reihenfolge beachten. Es reicht beispielsweise, wenn Sie nur den Vor- oder nur den Nachnamen eingeben. Im Prinzip reichen sogar Teile des Namens aus. Wissen Sie nicht mehr, ob sich Herr Meier mit »ei« oder mit »ey« schreibt, geben Sie einfach die Buchstaben »Me« in das Feld *Kontakt suchen* ein. Es werden dann alle Einträge gefunden, die im Feld *Name* die Bezeichnung »Me« enthalten – also auch alle Mertens, Menzels und Melanies.

3. Schließen Sie das *Kontaktformular* mit einem Mausklick auf die *Schließen*-Schaltfläche in der rechten oberen Ecke.

Die erweiterte Suche

Bei Bedarf können Sie den Ordner *Kontakte* nach aufwändigeren Kriterien durchsuchen, als dies die einfache Suche zulässt.

1. Aktivieren Sie den Ordner *Kontakte*, indem Sie im Navigationsbereich auf die gleichnamige Schaltfläche klicken, und rufen Sie dann den Untermenübefehl *Extras/Sofortsuche/Erweiterte Suche* auf.
2. Im Dialogfeld *Erweiterte Suche* ist im Feld *In* der Ordner *Kontakte* aktiviert (siehe Abbildg. 9.51). Geben Sie unter *Suchen nach* einen Suchbegriff ein und legen Sie dann über das Dropdown-Listenfeld *In* fest, in welchen Feldern nach dem Suchbegriff gesucht werden soll.

Abbildg. 9.51 Die erweiterte Suche für Kontakte

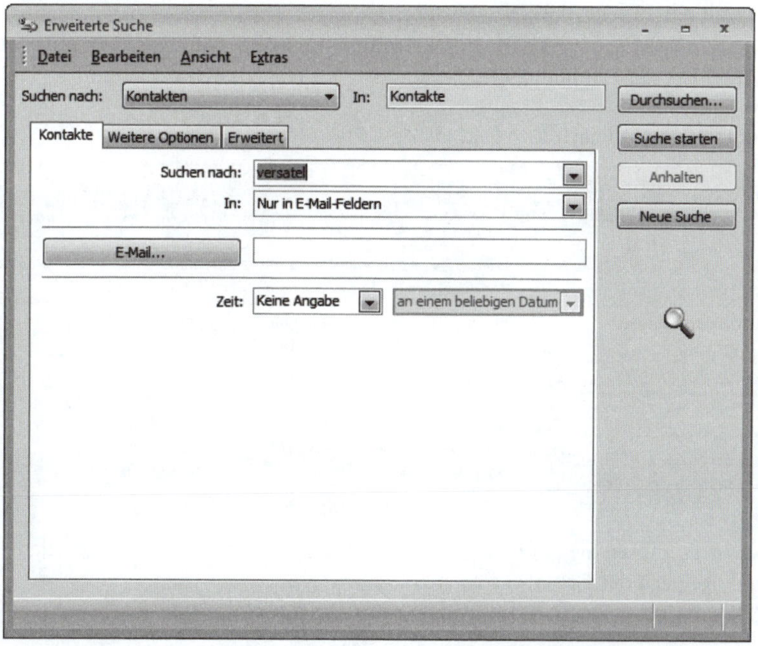

3. Um ein aufwändigeres Suchkriterium zu definieren, aktivieren Sie die Registerkarte *Erweitert* und wählen über die Schaltfläche *Feld* das Feld aus, nach dessen Inhalt Sie suchen wollen. Legen Sie anschließend die Bedingung und den Wert fest und klicken Sie dann auf die Schaltfläche *Zur Liste hinzufügen.*
4. Starten Sie die Suche schließlich über die Schaltfläche *Suche starten.* Das Suchergebnis wird am unteren Rand des Dialogfelds aufgelistet.
5. Führen Sie bei Bedarf eine neue Suche durch oder schließen Sie das Dialogfeld über die *Schließen*-Schaltfläche in der rechten oberen Ecke.

Kontakte sortieren

Haben Sie eine Ansicht gewählt, in der die Kontakte in Tabellenform aufgelistet werden, wie z.B. die Ansicht *Telefonliste*, können Sie sie nach allen verfügbaren Spalten in auf- oder absteigender Reihenfolge sortieren. Gehen Sie dazu wie folgt vor:

1. Öffnen Sie den Ordner *Kontakte* über die gleichnamige Schaltfläche im Navigationsbereich und aktivieren Sie dann im Abschnitt *Aktuelle Ansicht* des Navigationsbereichs die Option *Telefonliste*. Die Ansicht ist nach der Spalte *Speichern unter* in aufsteigender Reihenfolge, d.h. von A nach Z sortiert, was Sie daran erkennen, dass die Spalte *Speichern unter* hellgrau hervorgehoben wird und dass im Spaltenkopf neben dem Feldnamen eine aufwärts gerichtete Pfeilspitze zu sehen ist.
2. Klicken Sie auf den Spaltenkopf der Spalte *Speichern unter*, um die Kontakte in absteigender Reihenfolge, d.h. von Z nach A, zu sortieren.
3. Die Sortierreihenfolge wird nun umgekehrt und im Spaltenkopf *Speichern unter* ist ein Abwärtspfeil zu sehen (siehe Abbildg. 9.52).

Abbildg. 9.52 Die Kontakte werden nach dem Feld mit dem Pfeil sortiert

4. Als Nächstes klicken Sie auf den Spaltenkopf der Spalte *Firma*, um die Tabelle in aufsteigender Reihenfolge nach der Firma zu sortieren.
5. Klicken Sie nochmals auf den Spaltenkopf der Spalte *Firma*, um die Sortierreihenfolge umzukehren.
6. Stellen Sie die ursprüngliche Sortierreihenfolge wieder her, indem Sie auf den Spaltenkopf der Spalte *Speichern unter* klicken.

Die Ansicht wechseln

Wenn Sie den Ordner *Kontakte* öffnen, werden im Navigationsbereich unter *Aktuelle Ansicht* standardmäßig die verfügbaren Ansichten angezeigt. Dadurch können Sie die Ansicht in Sekundenschnelle per Mausklick wechseln. Bei Bedarf können Sie Ansichten auch anpassen.

Verschaffen Sie sich zunächst einen Überblick über die verschiedenen Ansichten.

Überblick über die verschiedenen Ansichten

Outlook stellt Ihnen für den Ordner *Kontakte* folgende Ansichten zur Verfügung:

- **Visitenkarten:** Diese Ansicht ist die Standardansicht für den Ordner *Kontakte.* Sie enthält alle Angaben, die in der Visitenkarte des Kontaktformulars angezeigt werden. Die Kontaktdaten können Sie in dieser Ansicht nur betrachten, nicht anpassen.
- **Adresskarten:** In dieser Ansicht wird jeder Kontakt als Adresskarte angezeigt, bei der auf der linken Seite der Feldname und auf der rechten Seite der Feldinhalt angezeigt wird. Die Adresskarte enthält die Felder *Speichern unter,* die als Postanschrift gekennzeichnete Adresse, die Telefonnummern *Geschäftlich, Privat, Fax geschäftl.* und *Mobiltelefon,* sofern die Nummern eingegeben wurden und alle E-Mail-Adressen, die in das Kontaktformular eingetragen wurden. Bei Bedarf können Sie die Feldinhalte in dieser Ansicht mit neuen Angaben überschreiben. Markieren Sie dazu den Feldinhalt und geben Sie den neuen Inhalt ein (siehe Abbildg. 9.53).

Abbildg. 9.53 Kontakte in der Adresskartenansicht

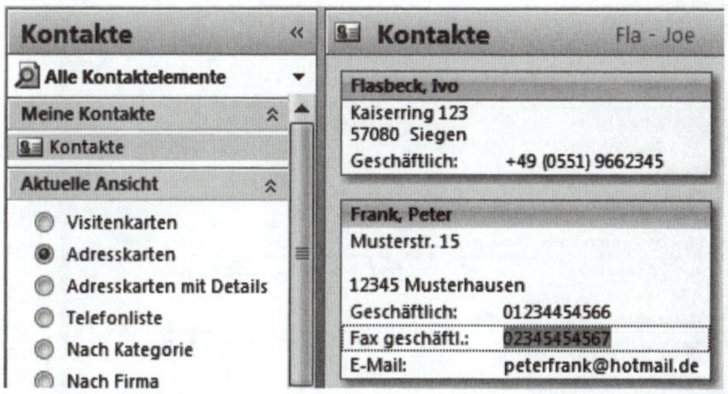

- **Adresskarten mit Details:** Bei dieser Ansicht handelt es sich um eine erweiterte Ausgabe der Ansicht *Adresskarten.* Neben dem Inhalt des Felds *Speichern unter* finden Sie den Namen, die Position, die Firma und die Abteilung, die geschäftliche und die private Adresse, sämtliche geschäftlichen und privaten Telefonnummern, also auch die des Assistenten, des Autotelefons, des Pagers und des Funkrufs, alle E-Mail-Adressen, die Webadresse, zugeordnete Kategorien und Notizen.
- **Telefonliste:** In dieser Ansicht werden die Kontakte in Tabellenform aufgelistet und nach dem Feld *Speichern unter* in alphabetischer Reihenfolge sortiert. Neben dem Kennzeichnungsstatus, dem Namen und der Firma finden Sie die vier wichtigsten Telefonnummern, die zugeordneten Kategorien und Auskunft darüber, ob für den Kontakt eine Protokollierung im Journal aktiviert ist. Außerdem können Sie in dieser Ansicht alle Angaben anpassen, indem Sie sie markieren und die veränderten Angaben eingeben.
- **Nach Kategorie:** In dieser Ansicht werden die Kontakte in Tabellenform aufgelistet und nach den Kategorien gruppiert, denen sie zugewiesen wurden. Kontakte, die keiner Kategorie zugeordnet wurden, werden in der Kategorie *Keine Angaben* zusammengefasst. Die Ansicht enthält die Spalten *Symbol, Anlage, Nachverfolgungskennzeichnung, Name, Firma, Speichern unter, Kategorien* und die vier wichtigsten Telefonnummern. Bei Bedarf können Sie in dieser Ansicht die Inhalte aller Felder anpassen.

- **Nach Firma:** In dieser Ansicht werden die Kontakte nach der Firmenzugehörigkeit gruppiert in Tabellenform aufgelistet (siehe Abbildg. 9.54). Kontakte, die keiner Firma zugeordnet wurden, werden in der Kategorie *Keine Angaben* zusammengefasst. Die Ansicht bietet mit den Spalten *Symbol, Anlage, Nachverfolgungskennzeichnung, Name, Position, Firma, Speichern unter, Abteilung*, Spalten für die vier wichtigsten Telefonnummern und der Spalte *Kategorien* einen guten Überblick über die wichtigsten Informationen im Zusammenhang mit der Firmenzugehörigkeit eines Kontakts. Bei Bedarf können Sie in dieser Ansicht die Inhalte aller Felder anpassen.

Abbildg. 9.54 Kontakte in der Ansicht *Nach Firma*

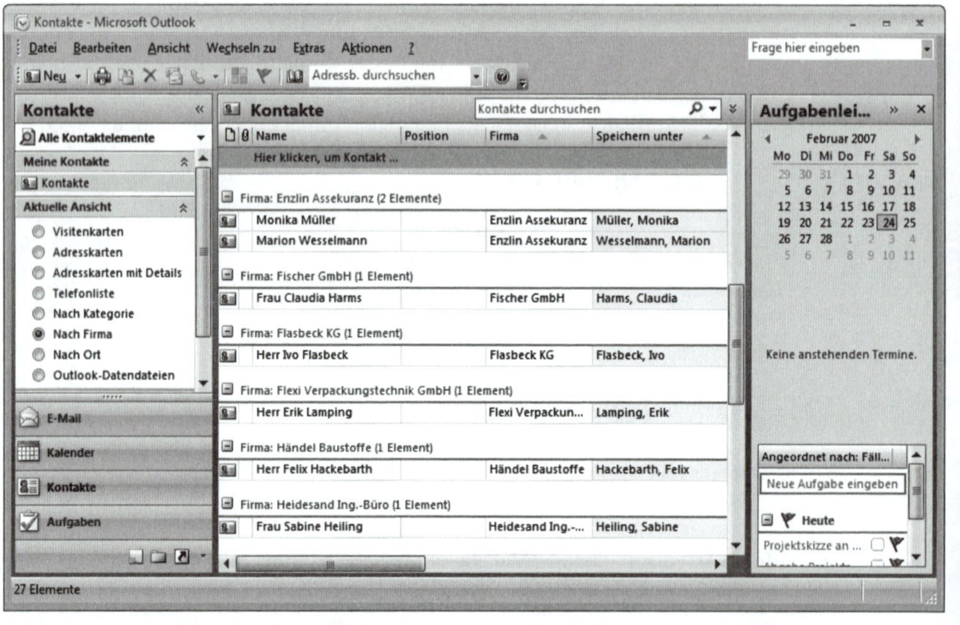

- **Nach Ort:** Obwohl diese Ansicht *Nach Ort* heißt, werden die Kontakte zunächst nach dem Feld *Land/Region* gruppiert und in Tabellenform aufgelistet. Sie können die Ansicht bei Bedarf nach dem Wohnort gruppieren.

- **Outlook-Datendateien:** Diese Ansicht ist nur relevant, wenn Sie mehrere Datendateien eingerichtet haben, in denen Kontakte gespeichert sind. Die Kontakte werden nach Outlook-Datendateien gruppiert und innerhalb jeder Datendatei in alphabetischer Reihenfolge nach dem Feld *Speichern unter* aufgelistet.

Die Ansicht wechseln

Im Ordner *Kontakte* können Sie die Ansicht ganz leicht mit einem Mausklick auf die gewünschte Option im Abschnitt *Aktuelle Ansicht* wechseln. Gehen Sie wie folgt vor:

1. Aktivieren Sie den Ordner *Kontakte* mit einem Klick auf die gleichnamige Schaltfläche im Navigationsbereich.
2. Klicken Sie im Navigationsbereich unter *Aktuelle Ansicht* auf die Ansicht, in der Sie den Ordnerinhalt betrachten wollen (siehe Abbildg. 9.55).

TIPP Ist der Abschnitt *Aktuelle Ansicht* im Navigationsbereich nicht zu sehen, rufen Sie den Untermenübefehl *Ansicht/Navigationsbereich/Aktueller Ansichtsbereich* auf, um ihn einzublenden.

Abbildg. 9.55 Die Ansicht wechseln

3. Um zur vorherigen Ansicht zu wechseln, klicken Sie sie im Abschnitt *Aktuelle Ansicht* an.

Die Ansicht anpassen

Ist eine Spalte zu schmal oder zu breit, fehlt ein Feld oder möchten Sie ein Feld hinzufügen, fehlt eine Spalte oder möchten Sie eine Spalte ausblenden, können Sie die entsprechenden Anpassungen bequem vornehmen.

Die Spaltenbreite mit der Maus anpassen

Die Spaltenbreite können Sie in den beiden Adresskartenansichten und in allen Tabellenansichten mit der Maus anpassen. Gehen Sie dazu wie folgt vor:

1. Zeigen Sie mit der Maus auf die Trennlinie zwischen der Spalte, deren Breite Sie verändern wollen, und der nächsten Spalte. Die Maus nimmt die Form eines mit einem senkrechten Strich gekreuzten horizontalen Doppelpfeils an (siehe Abbildg. 9.56).

Abbildg. 9.56 Die Spaltenbreite mit der Maus anpassen

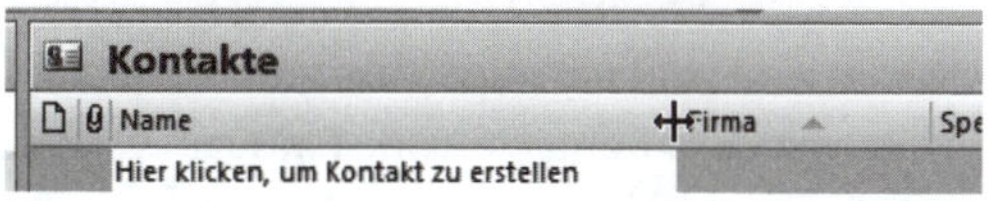

2. Ziehen Sie die Maus mit gedrückter linker Maustaste nach rechts, um die Spalte zu verbreitern, oder nach links, um die Spaltenbreite zu verringern.
3. Um die Spaltenbreite zu optimieren, klicken Sie die Trennlinie doppelt an. Die Spaltenbreite wird nun an den breitesten Wert angepasst.

Die Spalten formatieren

In den Ansichten im Tabellenformat, also in den Ansichten *Telefonliste, Nach Kategorie, Nach Firma, Nach Ort* und *Nach Nachverfolgungskennzeichnung*, können Sie die Spalten über ein entsprechendes Dialogfeld formatieren. Dabei können Sie nicht nur die Spaltenbreite, sondern auch die Spaltenbeschriftung, das Spaltenformat und die Ausrichtung des Spalteninhalts verändern.

1. Wechseln Sie zum Ordner *Kontakte* und aktivieren Sie eine Tabellenansicht, in der Sie die Spalten formatieren möchten.
2. Klicken Sie mit der rechten Maustaste auf den Spaltenkopf und wählen Sie im Kontextmenü den Befehl *Spalten formatieren.*
3. Im gleichnamigen Dialogfeld markieren Sie zunächst die Spalte, deren Breite Sie verändern wollen, im Feld *Verfügbare Felder* (siehe Abbildg. 9.57).

Abbildg. 9.57 Hier passen Sie die Spaltenbreite an

4. Ändern Sie dann im Feld *Format* bei Bedarf das Feldformat und im Feld *Beschriftung* den Text, der im Spaltenkopf angezeigt wird.
5. Soll die Spalte eine vorgegebene Breite haben, geben Sie den Wert in das Feld *Bestimmte Breite* ein. Soll Outlook die Spaltenbreite hingegen optimieren, aktivieren Sie die Option *Optimale Breite.*
6. Wünschen Sie eine andere Ausrichtung des Spalteninhalts, wie z.B. eine rechtsbündige Ausrichtung, aktivieren Sie die gewünschte Option im Abschnitt *Ausrichtung.*
7. Wiederholen Sie die Schritte 3 bis 6 für alle weiteren Spalten, deren Breite, Beschriftung, Ausrichtung und Format Sie verändern wollen.
8. Klicken Sie auf *OK*, um die Änderungen zu übernehmen.

Die Gruppierung verändern

Haben Sie im Feld *Land* oder *Region* der einzelnen Kontakte keine Eintragungen vorgenommen, ist die Ansicht *Nach Ort* relativ nutzlos, denn die Kontakte werden in ihr nach dem Land bzw. nach der Region sortiert. Soll die Anzeige den Inhalt des Ordners *Kontakte* dagegen nach dem Feld *Ort* sortieren, müssen Sie die Gruppierung der Anzeige verändern.

Passen Sie die Ansicht *Nach Ort* so an, dass sie tatsächlich nach dem Feld *Ort* sortiert wird.

1. Öffnen Sie den Ordner *Kontakte* und aktivieren Sie die Ansicht *Nach Ort.*
2. Klicken Sie mit der rechten Maustaste auf den Spaltenkopf und wählen Sie im Kontextmenü den Befehl *Aktuelle Ansicht anpassen.*

3. Klicken Sie im Dialogfeld *Ansicht anpassen* auf die Schaltfläche *Gruppieren*, um das gleichnamige Dialogfeld zu öffnen.
4. Wählen Sie im Listenfeld *Verfügbare Felder auswählen aus* am unteren Rand des Dialogfelds den Eintrag *Adressfelder*.
5. Dann klicken Sie auf das Listenfeld *Elemente gruppieren nach* und wählen Sie den Eintrag *Adresse geschäftlich: Ort*. Enthält der Ordner *Kontakte* nur private Adressen, wählen Sie den Eintrag *Adresse privat: Ort* (siehe Abbildg. 9.58).

Abbildg. 9.58 Das Dialogfeld *Gruppieren*

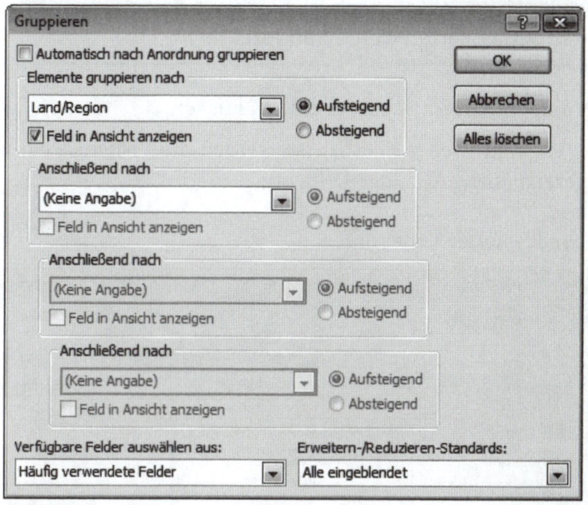

6. Behalten Sie alle anderen Einstellungen bei und klicken Sie zweimal auf *OK*, um Ihre Einstellung zu aktivieren. Die Gruppierung erfolgt nun wie gewünscht nach dem Ort.

Die Kartengröße in der Visitenkartenansicht anpassen

Wollen Sie die Anzahl und die Größe der in der Visitenkartenansicht gezeigten Visitenkarten anpassen, gehen Sie wie folgt vor:

1. Öffnen Sie den Ordner *Kontakte*, falls er nicht bereits aktiviert ist, mit einem Mausklick auf die gleichnamige Schaltfläche im Navigationsbereich.
2. Wählen Sie im Menü *Ansicht* den Befehl *Aktuelle Ansicht/Aktuelle Ansicht anpassen* oder klicken Sie am unteren Rand des Bereichs *Aktuelle Ansicht* auf *Aktuelle Ansicht anpassen*.
3. Im Dialogfeld *Ansicht anpassen: Visitenkarten* klicken Sie auf *Weitere Einstellungen*.
4. Es öffnet sich das Dialogfeld *Visitenkartenansicht formatieren* (siehe Abbildg. 9.59), in dem Sie den Wert im Feld *Kartengröße in %* anpassen.

Abbildg. 9.59 Die Kartengröße anpassen

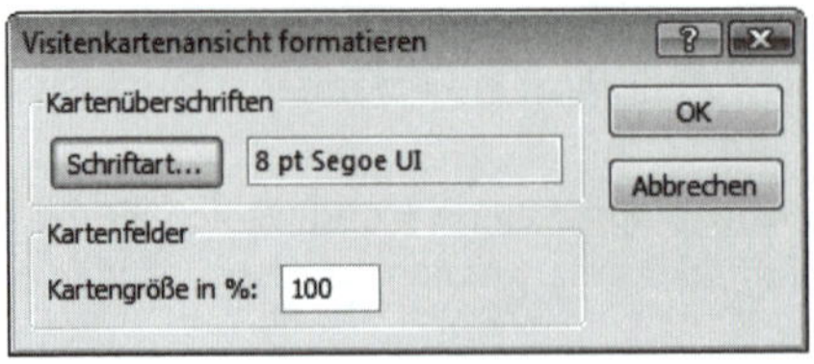

TIPP Je kleiner der Wert im Feld *Kartengröße in %* ist, desto kleiner sind die einzelnen Visitenkarten und desto mehr Visitenkarten werden angezeigt.

5. Bestätigen Sie die Änderung, indem Sie zwei Mal auf *OK* klicken.

In der Visitenkartenansicht, die nun wieder sichtbar ist, werden die Visitenkarten nun in der von Ihnen gewählten Größe angezeigt (siehe Abbildg. 9.60).

Abbildg. 9.60 Die Visitenkartenansicht mit verkleinerter Kartengröße

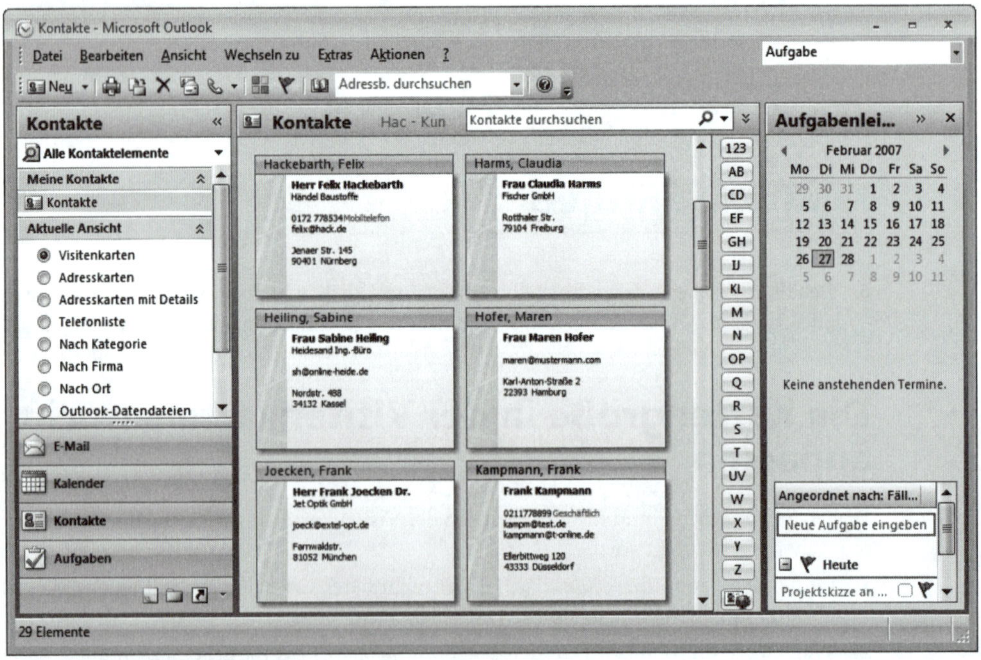

HINWEIS Sagt Ihnen die Gestaltung der Visitenkarte nicht zu, können Sie sie ganz leicht anpassen. Eine ausführliche Beschreibung hierzu finden Sie in Kapitel 8.

Kontakte aktiv nutzen

Den Ordner *Kontakte* können Sie bequem als Schaltzentrale für Ihre geschäftlichen Aktivitäten nutzen, denn über das Menü *Aktionen* bzw. das Kontextmenü, das sich öffnet, wenn Sie mit der rechten Maustaste auf einen Eintrag im Ordner *Kontakte* klicken, stehen Ihnen zahlreiche Funktionen zur Verfügung, die Sie direkt auf einen markierten Kontakt anwenden können, wie z.B. die Funktion *Als Visitenkarte senden*, die Funktion *Kontakt anrufen*, die Funktion *Neue Besprechungsanfrage für Kontakt* oder die Funktion *Neue Aufgabe für Kontakt* (siehe Abbildg. 9.61).

Abbildg. 9.61 Über das Kontextmenü können Sie zahlreiche Aktionen ausführen

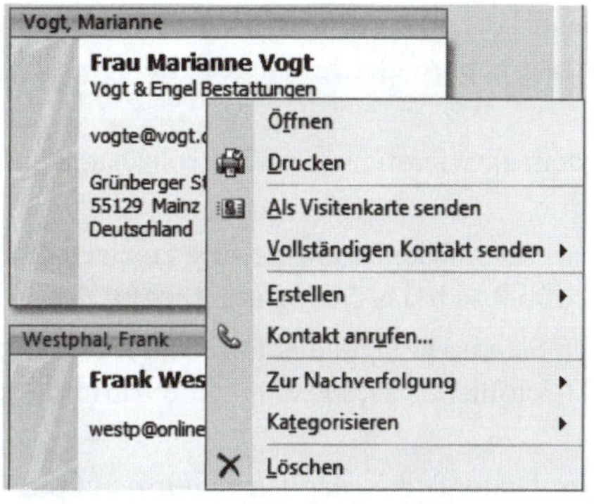

Kontakte anrufen

Ist Ihr PC mit einer Telefonleitung verbunden, können Sie Kontakte über Outlook anrufen. Gehen Sie dazu wie folgt vor:

TIPP Das Feature *Kontakte anrufen* ist bereits relativ veraltet. Besitzen Sie eine Flatrate zum Internet, können Sie mit anderen Kontakten wesentlich bequemer über Windows Live Messenger, über Windows Messenger oder über MSN Messenger kommunizieren. Falls Sie und Ihr Kontakt über eine Webcam verfügen, lassen sich sogar Videokonferenzen bequem einrichten.

1. Öffnen Sie den Ordner *Kontakte* mit einem Mausklick auf die gleichnamige Schaltfläche im Navigationsbereich.
2. Klicken Sie mit der rechten Maustaste auf den Kontakt, den Sie anrufen möchten, und wählen Sie im Kontextmenü den Befehl *Kontakt anrufen* aus.
3. Es öffnet sich das Dialogfeld *Neuer Telefonanruf* (siehe Abbildg. 9.62). Der Name des Kontakts und die Rufnummer sind bereits eingetragen. Über das Listenfeld *Rufnummer* können Sie jedoch bei Bedarf andere Rufnummern zu einem Kontakt aktivieren, wie z.B. die Mobiltelefonnummer.
4. Über die Schaltfläche *Wähloptionen* öffnen Sie das gleichnamige Dialogfeld, in dem Sie die Leitung auswählen können, über die der Anruf erfolgen soll und Kurzwahleinstellungen festlegen können.

Abbildg. 9.62 Einen Kontakt anrufen

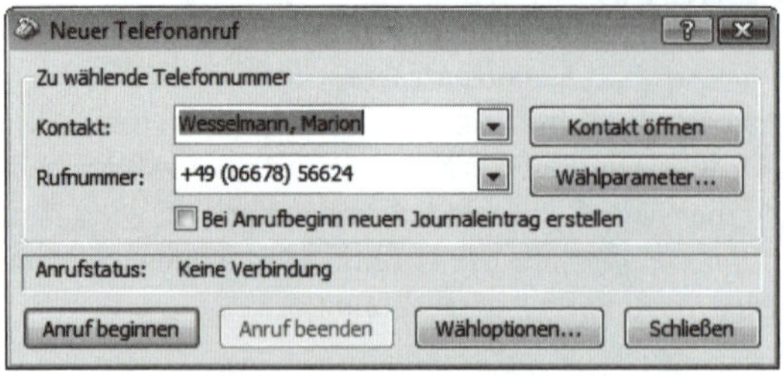

5. Wollen Sie überprüfen, ob alle Wählparameter korrekt sind, wie z.B. die Amtskennzahl, klicken Sie auf die Schaltfläche *Wählparameter* und nehmen im gleichnamigen Dialogfeld bei Bedarf die entsprechenden Einstellungen vor.
6. Soll Ihr Anruf im Journal protokolliert werden, aktivieren Sie das Kontrollkästchen *Bei Anrufbeginn neuen Journaleintrag erstellen.*
7. Klicken Sie auf die Schaltfläche *Anruf beginnen*, um den Wählvorgang zu starten. Die angegebene Rufnummer wird nun gewählt und es öffnet sich das Dialogfeld *Anrufstatus.*
8. Nehmen Sie den Telefonhörer ab und klicken Sie im Dialogfeld auf die Schaltfläche *Sprechen.* Sie können nun mit dem Kontakt ganz normal telefonieren. Das Dialogfeld *Anrufstatus* schließt sich nun.
9. Um das Gespräch zu beenden, klicken Sie im Dialogfeld *Neuer Telefonanruf* auf die Schaltfläche *Anruf beenden* und legen dann den Hörer auf.
10. Wählen Sie die Schaltfläche *Schließen*, um das Dialogfeld *Neuer Telefonanruf* zu schließen.

Einen Kontakt erneut anrufen

Wollen Sie einen Kontakt erneut anrufen, klicken Sie in der *Standard*-Symbolleiste auf den Abwärtspfeil der Schaltfläche *Wählen.* Zeigen Sie mit der Maus auf den Befehl *Erneut wählen* und wählen Sie im Untermenü den gewünschten Eintrag aus. Auf die gleiche Weise können Sie auch Kurzwahlnummern direkt anwählen, falls Sie solche festgelegt haben.

Einen Kontakt über eine Kurzwahl anrufen

Haben Sie Kurzwahlen definiert, können Sie diese auch anrufen, indem Sie in der Symbolleiste auf den Abwärtspfeil der Schaltfläche *Wählen* klicken, im Dropdown-Menü auf den Befehl *Kurzwahl* zeigen und dann die gewünschte Kurzwahl auswählen.

Einen Kontakt anrufen, der nicht in der Kontaktliste enthalten ist

Wollen Sie einen Kontakt anrufen, der bisher nicht in Ihrer Kontaktliste gespeichert ist, klicken Sie in der Symbolleiste auf den Abwärtspfeil der Schaltfläche *Wählen* und wählen Sie im Dropdown-Menü den Befehl *Neuer Telefonanruf* aus.

Im Dialogfeld *Neuer Telefonanruf* geben Sie den Namen des Kontakts und die Rufnummer ein, und klicken Sie dann auf die Schaltfläche *Anruf beginnen.* Nehmen Sie den Hörer ab und führen Sie Ihr Gespräch. Um das Gespräch zu beenden, klicken Sie auf die Schaltfläche *Anruf beenden* und dann auf *Schließen.*

E-Mails an Kontakte versenden

Befinden Sie sich im Ordner *Kontakte*, brauchen Sie nicht extra zum Ordner *E-Mail* zu wechseln, um eine neue Nachricht zu erstellen. Gehen Sie einfach wie folgt vor:

1. Markieren Sie den Kontakt oder die Verteilerliste, an die Sie eine E-Mail senden möchten.

2. Klicken Sie in der Symbolleiste auf die Schaltfläche *Neue Nachricht an Kontakt.*
3. Es öffnet sich eine neue, noch unbenannte Nachricht. Im Feld *An* ist die E-Mail-Adresse des markierten Kontakts oder die Verteilerliste eingetragen. Geben Sie bei Bedarf weitere Empfänger in das Feld *An* ein.
4. Tragen Sie den Betreff und den Nachrichtentext ein und klicken Sie dann auf die Schaltfläche *Senden.*

Um eine E-Mail an einen Kontakt zu versenden, dessen Kontaktformular Sie gerade geöffnet haben, gehen Sie wie folgt vor:

1. Klicken Sie in der Multifunktionsleiste des Kontaktformulars in der Gruppe *Kommunizieren* auf die Schaltfläche *E-Mail* (siehe Abbildg. 9.63).

Abbildg. 9.63 Eine E-Mail über das Kontaktformular versenden

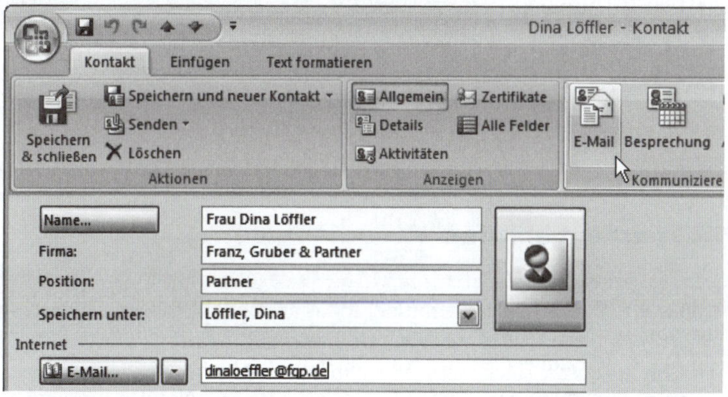

2. Im Kontaktformular ergänzen Sie bei Bedarf weitere E-Mail-Empfänger, geben Sie den Betreff und den Nachrichtentext ein und klicken Sie auf *Senden.*

Aktivitäten für Kontakte überwachen

Über das Journal bietet Outlook Ihnen vielfältige Möglichkeiten, Aktivitäten im Zusammenhang mit einem Kontakt zu überwachen. Sie können die eingetroffenen E-Mail-Nachrichten, Ihre Antworten darauf, Besprechungsanfragen und Antworten auf Besprechungsanfragen, Aufgabenanfragen und Antworten auf Aufgabenanfragen aufzeichnen lassen. Um die Aufzeichnung von Aktivitäten zu aktivieren, gehen Sie wie folgt vor:

1. Öffnen Sie den Ordner *Kontakte* mit einem Mausklick auf die gleichnamige Schaltfläche im Navigationsbereich und markieren Sie dann den Kontakt, für den Sie einen Journaleintrag erstellen möchten.

2. Zeigen Sie im Menü *Aktionen* auf *Erstellen* und klicken Sie dann auf den Befehl *Neuer Journaleintrag für Kontakt*.
3. Es öffnet sich das Formular *Journaleintrag* für den ausgewählten Kontakt (Abbildg. 9.64). Im Feld *Betreff* ist bereits der Name des Kontakts eingetragen. Wählen Sie nun im Listenfeld *Eintragstyp* die Art von Aktivität aus, die Sie aufzeichnen möchten. Um beispielsweise alle E-Mail-Aktivitäten zu einem Kontakt aufzuzeichnen, wählen Sie den Eintragstyp *E-Mail-Nachricht*.

Abbildg. 9.64 Das Dialogfeld *Journaloptionen*

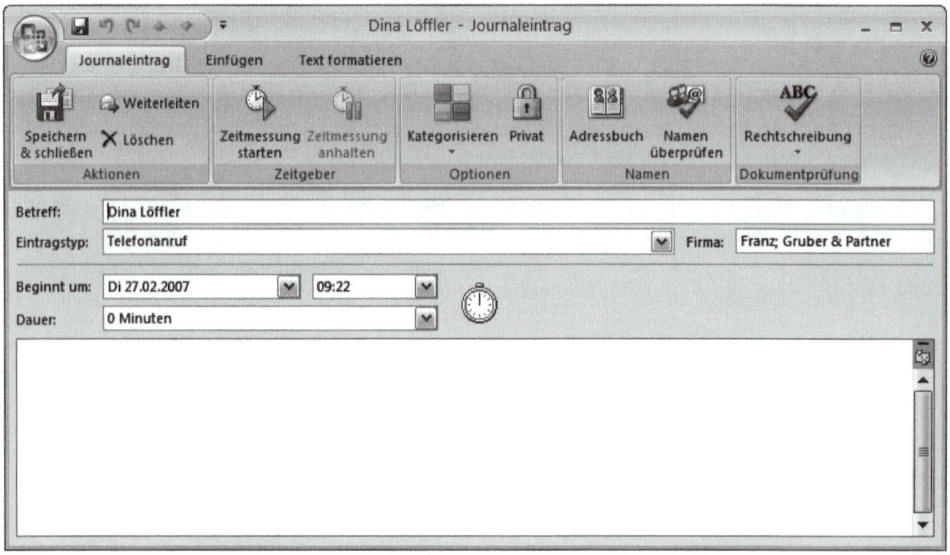

4. Legen Sie im Listenfeld *Beginnt um* das Datum fest, an dem die Aufzeichnung beginnen soll. Dann wählen Sie im Feld daneben die Uhrzeit, ab der die Aufzeichnung gestartet werden soll, und im Feld *Dauer*, wie lange die Aufzeichnung dauern soll.
5. Tippen Sie in das Textfeld in der unteren Formularhälfte Ihre Notizen für den Kontakt ein.
6. Klicken Sie auf die Schaltfläche *Speichern & schließen*, um das Formular zu schließen und die Aufzeichnung zu aktivieren.

TIPP Wollen Sie Aktivitäten wie Telefonanrufe aufzeichnen, die Sie dem Kontakt später in Rechnung stellen möchten, klicken Sie im Formular *Journaleintrag* für den Kontakt auf die Schaltfläche *Zeitmessung starten*. Sobald der Telefonanruf beendet ist, klicken Sie auf die Schaltfläche *Zeitmessung anhalten*. Die Zeitdauer wird nun minutengenau in das Feld *Dauer* eingetragen und Sie können die Angabe mit einem Mausklick auf die Schaltfläche *Speichern & schließen* speichern. Über das Journal, das in Kapitel 13 ausführlicher beschrieben wird, können Sie die einzelnen Journaleinträge auf einem Zeitstrahl verfolgen.

Kontakte zur Nachverfolgung kennzeichnen

Haben Sie momentan keine Zeit, nähere Informationen einzugeben, möchten jedoch irgendwie kennzeichnen, dass Sie sich am gleichen Tag, am Folgetag, in der nächsten Woche etc. um einen Kontakt kümmern müssen, können Sie ihn ganz einfach zur Nachverfolgung kennzeichnen. Gehen Sie dazu wie folgt vor:

1. Öffnen Sie den Ordner *Kontakte* und markieren Sie den Kontakt, den Sie zur Nachverfolgung kennzeichnen wollen.
2. Klicken Sie in der Symbolleiste auf die Schaltfläche *Zur Nachverfolgung.*
3. Im Dropdown-Menü wählen Sie das gewünschte Nachverfolgungsdatum aus. Zur Auswahl stehen die Daten *Heute*, *Morgen*, *Diese Woche* oder *Nächste Woche*.
4. Der Kontakt wird nun mit der entsprechenden Nachverfolgungskennzeichnung in die Aufgabenleiste eingetragen (siehe Abbildg. 9.65). Um mehr über die Nachverfolgungskennzeichnung zu erfahren, zeigen Sie mit der Maus auf den Kontaktnamen. In der nun eingeblendeten QuickInfo wird angegeben, wann die Aufgabe beginnt, wann sie fällig ist und ob die Erinnerung für die Aufgabe aktiviert wurde.

Abbildg. 9.65 Die Nachverfolgungskennzeichnung wird in die Aufgabenliste eingetragen

5. Sobald Sie die Aufgabe erledigt haben, markieren Sie sie in der Aufgabenleiste und klicken dann in der Symbolleiste auf die Schaltfläche *Als erledigt markieren.*

Die Nachverfolgung für den Kontakt wird nun umgehend aus der Aufgabenleiste entfernt und in den Ordner *Gelöschte Objekte* verschoben.

TIPP Um eine Aufgabe mit Nachverfolgungskennzeichnung als erledigt zu kennzeichnen, können Sie auch in der Aufgabenleiste mit der rechten Maustaste auf die Schaltfläche *Zur Nachverfolgung* klicken und im Kontextmenü den Befehl *Als erledigt markieren* auswählen.

Nachverfolgungskennzeichnung mit Erinnerungsfunktion

Wollen Sie einen Kontakt nicht nur zur Nachverfolgung kennzeichnen, sondern sich auch an die Nachverfolgung erinnern lassen, gehen Sie wie folgt vor:

1. Öffnen Sie den Ordner *Kontakte* mit einem Mausklick auf die gleichnamige Schaltfläche im Navigationsbereich und markieren Sie den Kontakt, den Sie zur Nachverfolgung kennzeichnen möchten.
2. Klicken Sie in der Symbolleiste auf die Schaltfläche *Zur Nachverfolgung.*

3. Im Dropdown-Menü wählen Sie die Option *Erinnerung hinzufügen* oder die Option *Benutzerdefiniert.*
4. Es öffnet sich das Dialogfeld *Benutzerdefiniert* (siehe Abbildg. 9.66). Falls das Kontrollkästchen *Erinnerung* nicht bereits aktiviert ist, aktivieren Sie es nun und wählen Sie dann ein Datum und eine Uhrzeit aus, zu der die Erinnerung aktiviert werden soll.

Abbildg. 9.66 Die Erinnerung für die Nachverfolgungskennzeichnung aktivieren

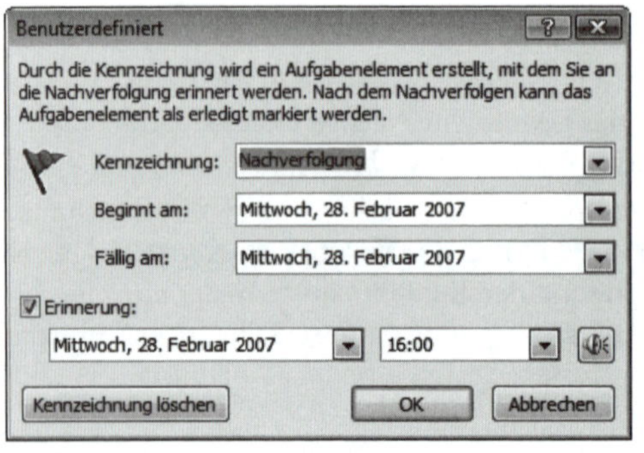

TIPP Um den Miniaturkalender für die Auswahl eines Datums zu nutzen, klicken Sie auf den Abwärtspfeil im entsprechenden Datumsfeld. Im Miniaturkalender klicken Sie auf die nach rechts weisende Pfeilschaltfläche in der rechten oberen Ecke, um zum vorherigen Monat zu wechseln, klicken Sie auf die nach links weisende Pfeilschaltfläche. Klicken Sie hingegen in der Titelleiste auf den aktuellen Monat, können Sie im Popup-Menü zwischen den vergangenen und den nachfolgenden drei Monaten wählen. Über die Schaltfläche *Heute* wechseln Sie zum aktuellen Datum und über die Schaltfläche *Keines* aktivieren Sie die Option *Keine Angabe.*

5. Wählen Sie bei Bedarf im Listenfeld *Kennzeichnung* eine andere Art von Kennzeichnung aus und legen Sie über die Felder *Beginnt am* und *Fällig am* entsprechende Daten fest.
6. Klicken Sie auf *OK*, um Ihre Einstellungen zu übernehmen.
7. Der Kontakt wird nun mit der Nachverfolgungskennzeichnung in die Aufgabenliste eingetragen, die in der Aufgabenleiste am rechten Fensterrand angezeigt wird. Um mehr über die Kennzeichnung zu erfahren, zeigen Sie mit der Maus darauf. Der daraufhin eingeblendeten QuickInfo entnehmen Sie das Fälligkeitsdatum und die Erinnerungszeit (siehe Abbildg. 9.67).

Abbildg. 9.67 Einen Kontakt mit Erinnerung zur Nachverfolgung kennzeichnen

8. Sobald Sie die Aufgabe erledigt haben, markieren Sie sie in der Aufgabenleiste und klicken dann in der Symbolleiste auf die Schaltfläche *Als erledigt markieren*. Oder klicken Sie in der Aufgabe mit der rechten Maustaste auf die Schaltfläche *Zur Nachverfolgung* und wählen Sie im Kontextmenü den Befehl *Als erledigt kennzeichnen*.

ACHTUNG Wählen Sie im Kontextmenü *Zur Nachverfolgung* bzw. in der Symbolleiste des Ordners *Kontakte* auf keinen Fall die Funktion *Löschen*, um die Aufgabe als erledigt zu kennzeichnen, da damit auch der Kontakt gelöscht wird.

Die Nachverfolgung für den Kontakt wird nun umgehend aus der Aufgabenleiste entfernt und in den Ordner *Gelöschte Objekte* verschoben.

Eine Landkarte zum Kontakt aufrufen

Outlook bietet Ihnen die Möglichkeit, sich zu jeder Adresse eine Karte anzeigen zu lassen. Besonders gut klappt dies mit amerikanischen Adressen. Bei Adressen außerhalb der USA können Sie anhand der Landkarte zumindest feststellen, wo sich der Ort befindet.

So öffnen Sie die Landkarte zur Adresse eines Kontakts:

1. Öffnen Sie den Ordner *Kontakte* mit einem Mausklick auf die gleichnamige Schaltfläche im Navigationsbereich und öffnen Sie anschließend den Kontakt mit einem Doppelklick, dessen Standort Sie auf der Landkarte betrachten wollen.

Abbildg. 9.68 Der Standort wird per Pinn-Nadel auf der Landkarte verzeichnet

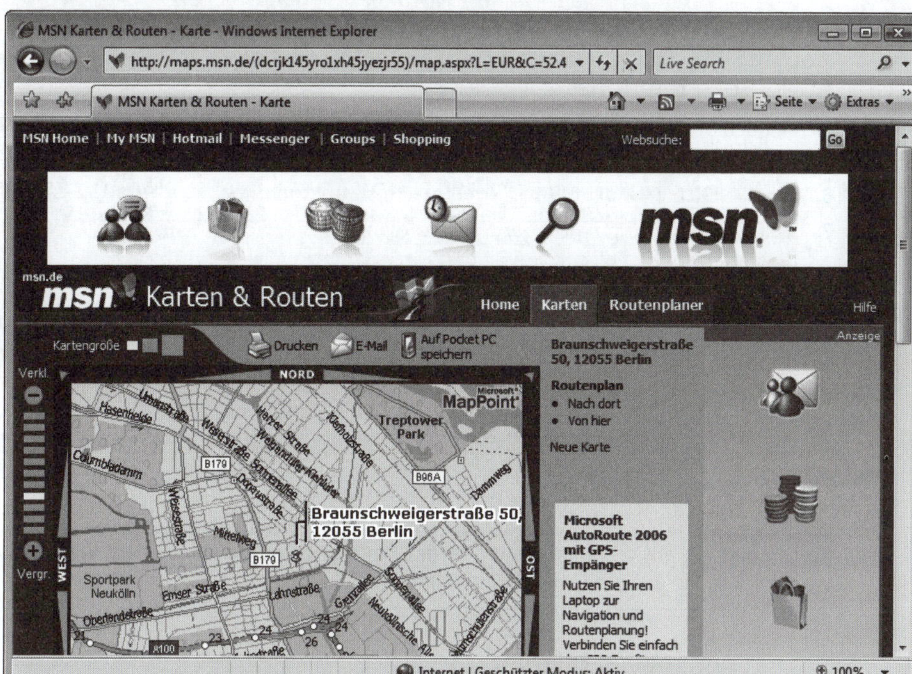

2. Im nun geöffneten Kontaktformular klicken Sie auf die Schaltfläche *Landkarte.*
3. Es öffnet sich nun Ihr Webbrowser mit der Webseite *maps.msn.de*, auf der die passende Landkarte angezeigt wird (siehe Abbildg. 9.68). Der Standort des Kontakts wird mit einer Pinn-Nadel gekennzeichnet. Um die Ansicht zu vergrößern und mehr Details zu sehen, klicken Sie am linken Kartenrand auf die Schaltfläche *Vergrößern* (+), um sich hingegen einen gröberen Überblick über die Lage des Standorts zu verschaffen, klicken Sie auf die Schaltfläche *Verkleinern* (–).

TIPP Konnte die Anfrage nicht eindeutig aufgelöst werden, öffnet sich ein Dialogfeld, in dem Sie weitere Angaben zum Ort machen müssen, wie z.B. die passende Postleitzahl auswählen.

4. Um eine Karte per E-Mail zu verschicken, klicken Sie auf die Schaltfläche E-Mail. Es öffnet sich ein neues Nachrichtenformular von Outlook, in dem der Betreff und der Nachrichtentext bereits eingetragen sind (siehe Abbildg. 9.69). Sie brauchen nur noch den Empfänger und einen zusätzlichen Text einzugeben und die E-Mail mit einem Mausklick auf die Schaltfläche *Senden* zu verschicken. Der E-Mail-Empfänger kann die Karte dann mit einem Mausklick auf den Hyperlink im E-Mail-Text in seinem Webbrowser öffnen.

Abbildg. 9.69 Die Karte zu einem Kontakt per E-Mail weiterleiten

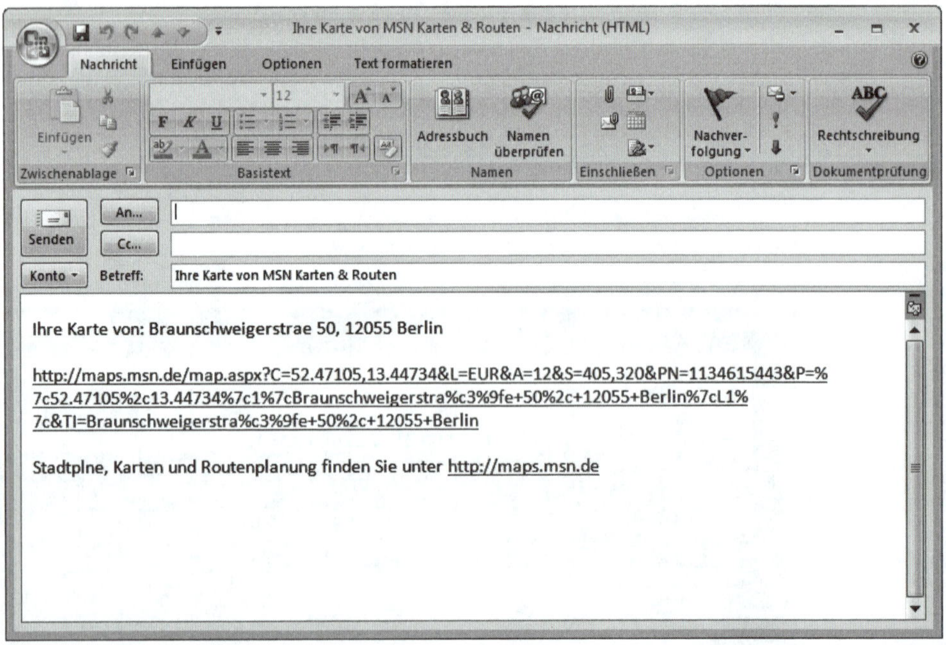

HINWEIS Falls das Dialogfeld *Internet Explorer-Sicherheit* mit einem Warnhinweis einblendet wird, klicken Sie auf die Schaltfläche *Zulassen.*

5. Haben Sie einen Pocket PC an Ihren Computer angeschlossen, brauchen Sie nur auf die Schaltfläche *Auf Pocket PC speichern* zu klicken, um die Landkarte auf den Pocket PC zu übertragen.

6. Bei Bedarf können Sie die Landkarte über die Schaltfläche *Drucken* ausdrucken.

7. Sobald Sie fertig sind, schließen Sie den Webbrowser und wechseln wieder zu Outlook. Schließen Sie dann das Kontaktformular.

Eine Website zum Kontakt öffnen

Haben Sie zu einem Kontakt die Webadresse eingegeben, können Sie die zugehörige Webseite jederzeit mit einem Mausklick in Ihrem Webbrowser öffnen. Gehen Sie dazu wie folgt vor:

1. Öffnen Sie den Ordner *Kontakte* mit einem Mausklick auf die gleichnamige Schaltfläche im Navigationsbereich.
2. Öffnen Sie den Kontakt, dessen Webseite Sie öffnen möchten, mit einem Doppelklick.

3. Es öffnet sich das Kontaktformular. Klicken Sie nun auf der Registerkarte *Kontakt* der Multifunktionsleiste in der Gruppe *Kommunizieren* auf die Schaltfläche *Webseite.*
4. Die im Feld *Webseite* des Kontaktformulars angegebene Webadresse öffnet sich nun in Ihrem Webbrowser. Schließen Sie den Webbrowser und das Kontaktformular, sobald Sie die Webseite nicht mehr benötigen.

Kontakte weiterleiten

Ihre Outlook-Kontakte können Sie ganz bequem per E-Mail an andere Personen weitergeben. Arbeitet der Empfänger ebenfalls mit Outlook, können Sie die Kontaktdaten als Visitenkarte senden, die der Empfänger in Outlook betrachten und bequem in seinen Kontaktordner übernehmen kann. Arbeitet der Empfänger nicht mit Outlook, können Sie ihm die Kontaktdaten im vCard-Format zusenden, das er in seinem E-Mail-Programm speichern kann, sofern dieses das vCard-Format unterstützt.

Kontakte im Visitenkartenformat versenden

Möchten Sie Kontaktdaten im Visitenkartenformat an einen Kontakt verschicken, der ebenfalls mit Outlook arbeitet, gehen Sie wie folgt vor:

1. Öffnen Sie den Ordner *Kontakte* mit einem Mausklick auf die gleichnamige Schaltfläche im Navigationsbereich.
2. Klicken Sie den Kontakt, den Sie versenden möchten, mit der rechten Maustaste an, und wählen Sie im Kontextmenü den Befehl *Als Visitenkarte senden.*

TIPP Alternativ dazu klicken Sie im geöffneten Kontaktformular auf die Schaltfläche *Senden* und wählen im Dropdown-Menü den Befehl *Als Visitenkarte senden* aus.

3. Es öffnet sich ein neues, noch unbenanntes Nachrichtenformular, in dessen Textfeld die Visitenkarte des Kontakts im HTML-Format angezeigt wird. Zusätzlich ist die Visitenkarte im *.vcf*-Format an die E-Mail angefügt (siehe Abbildg. 9.70).

Abbildg. 9.70 Die Kontaktdaten als Visitenkarte versenden

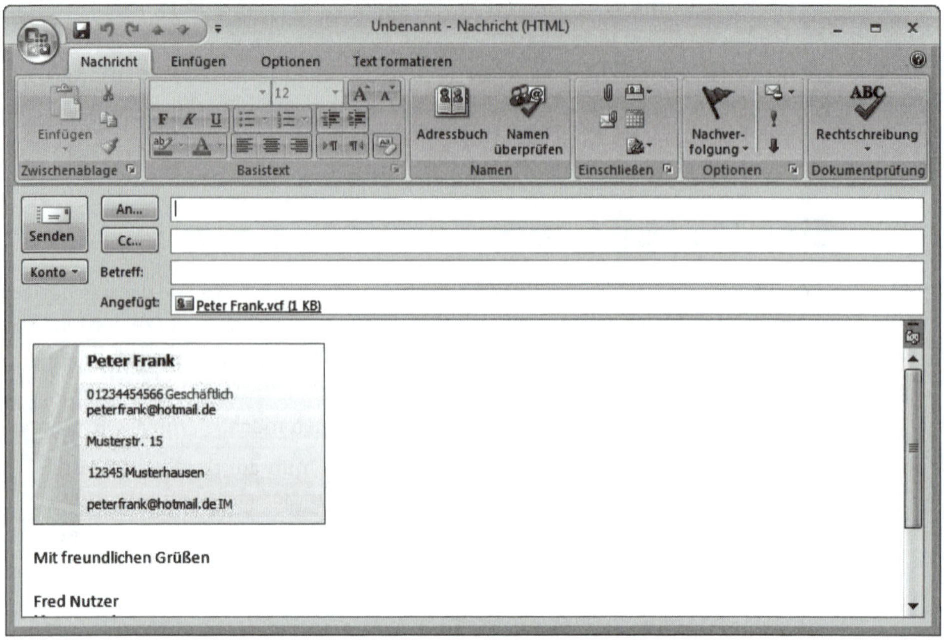

4. Geben Sie den E-Mail-Empfänger und den Betreff ein.
5. Fügen Sie bei Bedarf einen eigenen E-Mail-Text ein. Klicken Sie dazu im Textfeld unterhalb von der Visitenkarte auf die Leerzeile und tippen Sie dann den gewünschten Text ein.
6. Klicken Sie auf die Schaltfläche *Senden*, um die E-Mail zu verschicken.

Der E-Mail-Empfänger kann die Kontaktdaten nun direkt im Lesebereich des Posteingangs betrachten. Um die Kontaktdaten in seinen Outlook-Kontaktordner zu übernehmen, braucht er nur mit der rechten Maustaste auf die Visitenkarte zu klicken und den Befehl *Zu Outlook-Kontakten hinzufügen* zu wählen (siehe Abbildg. 9.71).

Abbildg. 9.71 Die Visitenkarte zu den Outlook-Kontakten hinzufügen

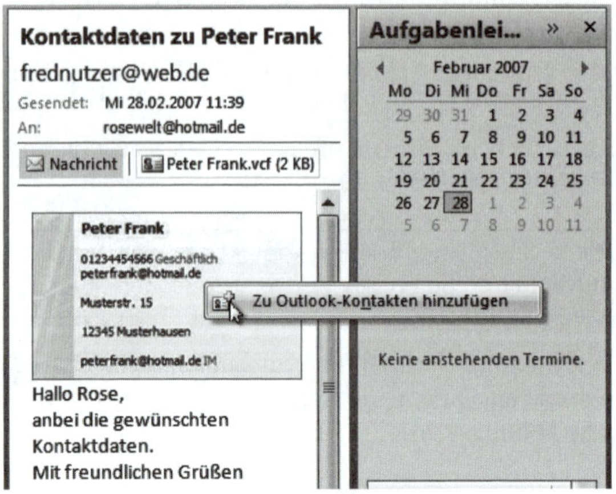

Im Outlook-Kontaktformular klickt der Empfänger auf die Schaltfläche *Speichern & schließen* und schon wird der Kontakt im Kontaktordner gespeichert.

PROFITIPP

Auf die gleiche Weise können Sie auch Ihre eigenen Kontaktdaten versenden. Erstellen Sie einen neuen Kontakt für sich selbst und versenden Sie diesen dann als Visitenkarte.

Kontakte im Internetformat versenden

Erfahren Sie nun, wie Sie im Internetformat, d.h. als *.vcf*-Datei, Kontakte versenden:

1. Öffnen Sie den Ordner *Kontakte* mit einem Mausklick auf die gleichnamige Schaltfläche im Navigationsbereich.
2. Klicken Sie mit der rechten Maustaste auf den Kontakt, den Sie weiterleiten möchten, und wählen Sie im Kontextmenü den Befehl *Vollständigen Kontakt senden/Im Internetformat (vCard)* (siehe Abbildg. 9.72).

Abbildg. 9.72 Eine Visitenkarte im Internetformat versenden

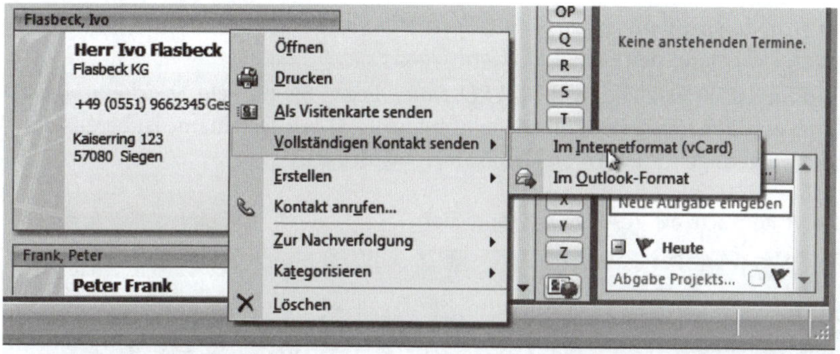

TIPP Alternativ dazu klicken Sie im Kontaktformular in der Gruppe *Aktionen* der Multifunktionsleiste auf die Schaltfläche *Senden* und wählen im Dropdown-Menü den Befehl *Im Internetformat (vCard)* aus.

3. Es öffnet sich ein neues Nachrichtenformular, in dem bereits als Betreff der Name des Kontakts mit einem Weiterleitungshinweis eingetragen ist. Die Zeile *Angefügt* enthält den Dateinamen für die Visitenkartendatei im Internetformat (*.vcf*). Geben Sie den E-Mail-Empfänger und den Text der E-Mail ein und klicken Sie auf die Schaltfläche *Senden*, um die E-Mail zu verschicken.

Kontakte im Outlook-Format versenden

Um einen Kontakt im Outlook-Format zu versenden, gehen Sie wie folgt vor:

1. Öffnen Sie den Ordner *Kontakte* mit einem Mausklick auf die gleichnamige Schaltfläche im Navigationsbereich.
2. Klicken Sie mit der rechten Maustaste auf den Kontakt, den Sie verschicken möchten, und wählen Sie im Kontextmenü den Befehl *Vollständigen Kontakt senden/Im Outlook-Format* aus.

TIPP Alternativ dazu klicken Sie im geöffneten Kontaktformular auf die Schaltfläche *Senden* und wählen im Dropdown-Menü den Befehl *Im Outlook-Format*.

3. Es öffnet sich ein Nachrichtenformular mit dem Kontaktnamen und dem Vermerk *WG* für »Weitergeleitet« als Betreff. Im Feld *Angefügt* ist ebenfalls der Kontaktname eingetragen. Geben Sie den Empfänger und den Text der E-Mail ein und klicken Sie auf die Schaltfläche *Senden*, um den Kontakt im Outlook-Format zu verschicken.

Kontakte als vCard speichern

Kontakte können Sie als Dateien speichern und per Diskette oder einem anderen Medium an andere Personen weitergeben. Gehen Sie dazu wie folgt vor:

1. Wechseln Sie mit einem Mausklick auf die gleichnamige Schaltfläche im Navigationsbereich in den Ordner *Kontakte* und öffnen Sie den Kontakt, den Sie als vCard speichern wollen, mit einem Doppelklick.
2. Dann klicken Sie auf die Office-Schaltfläche in der linken Ecke der Multifunktionsleiste.
3. Im Dropdown-Menü zeigen Sie auf *Speichern unter* und klicken dann im Menü *In anderem Format speichern* auf den Befehl *In vCard-Datei exportieren*.
4. Es öffnet sich das Dialogfeld *VCARD-Datei*. Legen Sie im Feld *Speichern in* fest, wo die vCard-Datei gespeichert werden soll (siehe Abbildg. 9.73). Als Dateiname ist bereits der Name des Kontakts eingetragen. Ändern Sie den Namen bei Bedarf.

Abbildg. 9.73 Die Visitenkarte als VCARD-Datei speichern

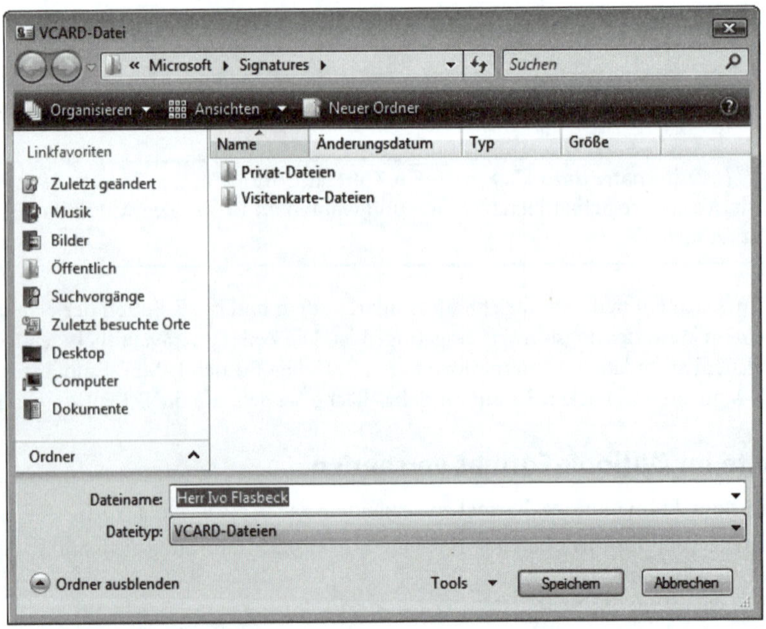

5. Klicken Sie auf die Schaltfläche *Speichern*, um die Datei am gewählten Speicherort abzulegen.

Kontakte aus E-Mails in Outlook übernehmen

Erhalten Sie von einer anderen Person eine vCard als Signatur, als normalen Anhang oder als Datei auf Diskette etc., können Sie diese wie folgt in Ihren Ordner *Kontakte* übernehmen.

1. Öffnen Sie die Anlage der E-Mail mit einem Doppelklick.
2. Im Outlook-Kontaktformular klicken Sie auf die Schaltfläche *Speichern & schließen.*
3. Der Kontakt wird nun in Ihren Ordner *Kontakte* übernommen.

Kontakte drucken

Outlook bietet Ihnen für den Ordner *Kontakte* zahlreiche Möglichkeiten des Ausdrucks. Die verfügbaren Druckformate sind dabei abhängig vom gewählten Ansichtstyp. Nachfolgend finden Sie eine Übersicht über die verfügbaren Druckformate. Welches Format für Ihren Zweck das Passende ist, müssen Sie am besten ausprobieren. Sollte kein geeignetes Format vorhanden sein, können Sie ein Format auch an die eigenen Bedürfnisse anpassen.

Übersicht über die verfügbaren Druckformate

Nachfolgend finden Sie eine Übersicht über die verfügbaren Druckformate:

- **Kartenformat:** Die Adresskarten werden im Ausdruck zweispaltig untereinander aufgelistet. Der Inhalt des Felds *Speichern unter* dient als Adresskartenüberschrift und wird wie in der Adresskartenansicht mit einem grauen Balken hervorgehoben. Das Register ist in den Ausdruck integriert (siehe Abbildg. 9.74).

Abbildg. 9.74 Das Kartenformat in der Seitenansicht

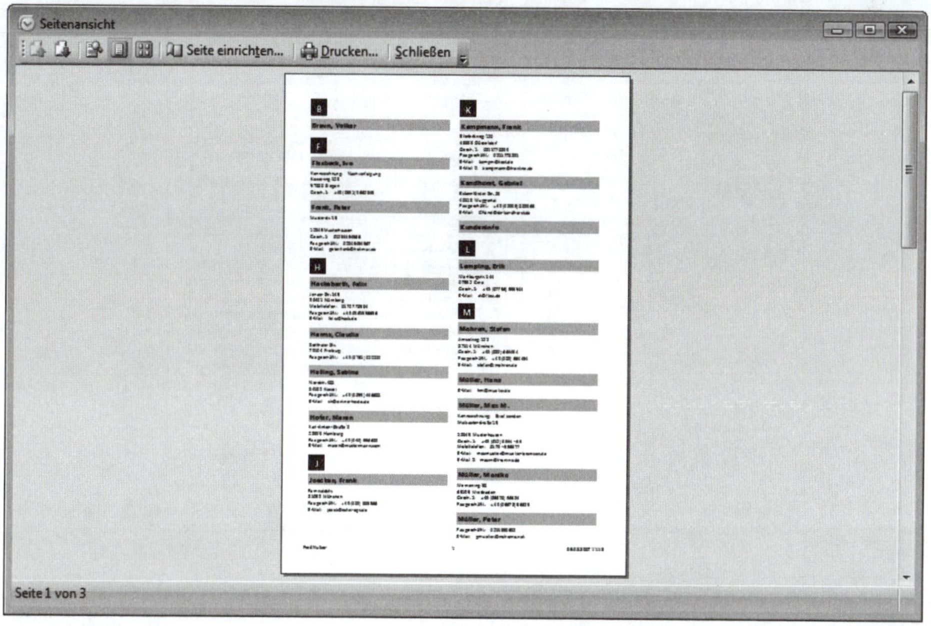

TIPP Um sich selbst einen Eindruck von einem Druckformat zu verschaffen, wählen Sie im Menü *Datei* den Befehl *Drucken*, bestimmen das gewünschte Druckformat und klicken auf die Schaltfläche *Seitenansicht*. Um wieder zum Kontaktordner zurückzukehren, klicken Sie auf die Schaltfläche *Schließen*.

- **Heftformat (A7):** Der Ausdruck im Heftformat sieht gleich aus, wie im Kartenformat. Die einzelnen Adresskarten werden jedoch stark verkleinert, da der Ausdruck auf Blätter im DIN-A 7-Format zugeschnitten ist, die sich in einen Terminkalender einheften lassen.
- **Heftformat (A6):** Der Ausdruck im Heftformat ist auf Blätter der Größe DIN A6 zugeschnitten und sieht ansonsten gleich aus, wie der Ausdruck *Kartenformat.*
- **Memoformat:** In diesem Format werden sämtliche Felder eines Kontakts, die Daten enthalten, ausgedruckt. Die Feldnamen stehen links, die Feldinhalte rechts. Die Feldnamen sind fett hervorgehoben.
- **Telefonbuchformat:** In diesem Format werden die Kontakte in alphabetischer Reihenfolge im zweispaltigen Format ausgedruckt, wobei pro Kontakt nur der Name, die geschäftliche Telefon- und die Faxnummer und die Mobiltelefonnummer angegeben werden. Die Anfangsbuchstaben des Alphabets sind ebenfalls im Ausdruck enthalten.

  In allen auf Tabellen basierenden Ansichten, wie der Ansicht *Telefonliste* oder der Ansicht *Nach Ort,* steht Ihnen für den Ausdruck nur das Tabellenformat bzw., wenn Sie einen einzelnen Kontakt markiert haben, das Memoformat zur Verfügung.

Abbildg. 9.75 So sieht der Ausdruck der Ansicht *Nach Firma* aus

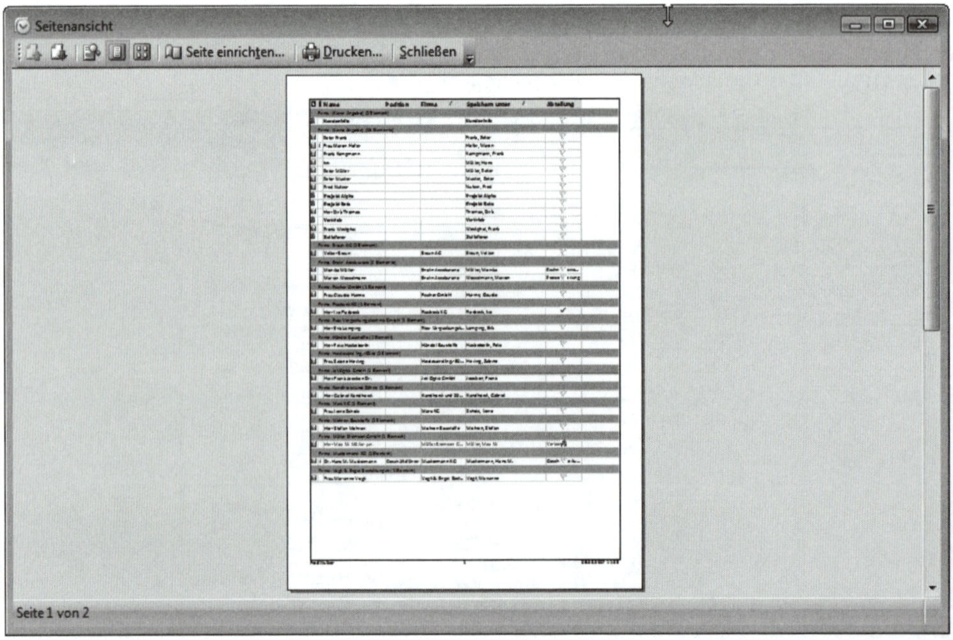

- **Tabellenformat:** In diesem Druckformat werden die Informationen aus dem Ordner *Kontakte* so auf Papier gedruckt, wie Sie sie in der Ansicht sehen. Bei der Telefonliste werden die Kontakte also in aufsteigender alphabetischer Reihenfolge aufgelistet. In den anderen Tabellenansichten werden die Kontakte nach bestimmten Kriterien gruppiert. Die Gruppierung wird jeweils mit einem grauen Balken hervorgehoben (siehe Abbildg. 9.75).

WICHTIG Es werden immer nur die Felder ausgedruckt, die in einer Ansicht enthalten sind. Benötigen Sie im Ausdruck weitere Angaben, müssen Sie die Ansicht anpassen.

Kontakte drucken

Wollen Sie den Inhalt des Ordners *Kontakte* im Standardformat ausdrucken, gehen Sie wie folgt vor:

1. Öffnen Sie den Ordner *Kontakte* über die gleichnamige Schaltfläche im Navigationsbereich und aktivieren Sie die Ansicht, in der Sie Ihre Kontaktdaten ausdrucken wollen.
2. Möchten Sie nur einen oder einige wenige Kontakte ausdrucken, markieren Sie diese. Sollen alle Kontakte ausgedruckt werden, nehmen Sie keine Markierung vor.

3. Starten Sie dann den Ausdruck über die Schaltfläche *Drucken* in der Symbolleiste.
4. Im Dialogfeld *Drucken* (siehe Abbildg. 9.76) wählen Sie bei Bedarf im Feld *Name* einen anderen Drucker aus. Soll der Ausdruck in eine Datei umgeleitet werden, aktivieren Sie das Kontrollkästchen *Ausgabe in Datei umleiten.*

Abbildg. 9.76 Für den Ausdruck der Ansicht *Adresskarten* stehen zahlreiche Kartenformate zur Verfügung

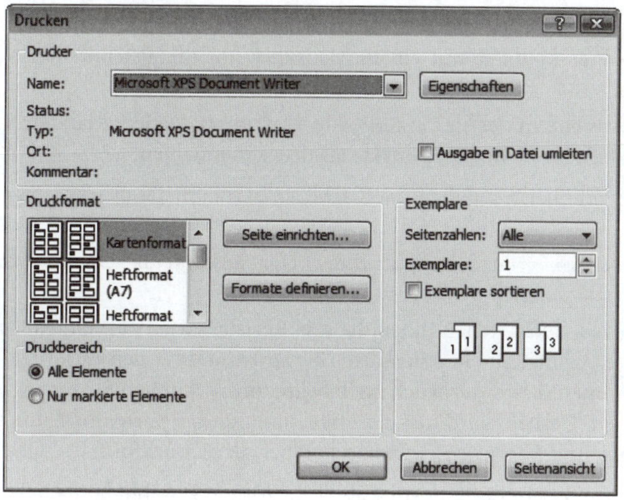

5. Bestimmen Sie anschließend im Feld *Druckformat* das Format, in dem der Ausdruck erfolgen soll. Mit einem Mausklick auf die Schaltfläche *Seitenansicht* verschaffen Sie sich einen Eindruck vom gewählten Druckformat.
6. Dann wählen Sie unter *Druckbereich*, ob *Alle Elemente* oder *Nur markierte Elemente* ausgedruckt werden sollen.

HINWEIS Haben Sie vor dem Ausdruck keine Elemente markiert, werden mit der Option *Nur markierte Elemente* alle Elemente ausgedruckt.

7. Sollen nicht alle Seiten, sondern nur die geraden oder nur die ungeraden ausgedruckt werden, wählen Sie die entsprechende Option im Feld *Seitenzahlen*.
8. Standardmäßig wird nur ein Exemplar Ihrer Kontakte ausgedruckt. Wollen Sie mehrere Exemplare drucken, legen Sie die gewünschte Anzahl über das Feld *Exemplare* fest.
9. Falls gewünscht, bestimmen Sie anschließend, dass die Exemplare sortiert werden sollen, indem Sie das Kontrollkästchen *Exemplare sortieren* aktivieren. Unsortiert wird erst die erste Seite in der gewünschten Anzahl ausgedruckt, dann die zweite etc. Sortiert werden pro Exemplar alle Seiten ausgedruckt.

TIPP Klicken Sie in der Seitenansicht auf die Schaltfläche *Drucken*, um zum Dialogfeld *Drucken* zurückzukehren.

10. Starten Sie den Ausdruck über die Schaltfläche *OK* im Dialogfeld *Drucken*.

Den Ausdruck anpassen

Wünschen Sie, dass im Kartenformat zusätzlich ein Adressregister ausgedruckt wird, wollen Sie statt des Namens, der Seitenzahl und des Datums andere Angaben in die Kopf- oder Fußzeile übernehmen, sagen Ihnen die Schriftarten nicht zu oder wollen Sie den Ausdruck in einer anderen Weise verändern, müssen Sie den Ausdruck anpassen.

1. Öffnen Sie den Ordner *Kontakte* mit einem Mausklick auf die gleichnamige Schaltfläche im Navigationsbereich.
2. Aktivieren Sie die Ansicht, in der Sie die Kontakte ausdrucken wollen. Markieren Sie bei Bedarf einzelne Elemente, falls Sie nicht alle Kontakte ausdrucken möchten.

3. Klicken Sie in der Symbolleiste auf die Schaltfläche *Drucken*, um das gleichnamige Dialogfeld zu öffnen.
4. Wählen Sie im Feld *Druckformat* das gewünschte Format aus und klicken Sie auf die Schaltfläche *Seite einrichten*.
5. Im Dialogfeld *Seite einrichten* stehen Ihnen die drei Registerkarten *Format*, *Papier* und *Kopfzeilen/Fußzeilen* zur Verfügung. Die Registerkarte *Format* enthält für den Ausdruck im Kartenformat zahlreiche Optionen. Beim Ausdruck im Tabellenformat können Sie hingegen lediglich die Schriftarten anpassen. Deshalb wird nur die Anpassung für das Kartenformat beschrieben. Die Registerkarten *Papier* und *Kopfzeilen/Fußzeilen* sind bei allen Druckformaten gleich.
   - **Abschnitte:** Haben Sie ein Kartenformat als Druckformat gewählt, können Sie auf der Registerkarte *Format* des Dialogfeldes *Seite einrichten* im Abschnitt *Optionen* wählen, ob die Abschnitte unmittelbar aufeinander folgen sollen oder ob der Ausdruck für jeden neuen Buchstaben auf einer neuen Seite beginnen soll.
   - **Spaltenanzahl:** Verändern Sie bei Bedarf die Spaltenanzahl im gleichnamigen Feld.

Abbildg. 9.77 Das Dialogfeld *Seite einrichten* für das Druckformat *Kartenformat*

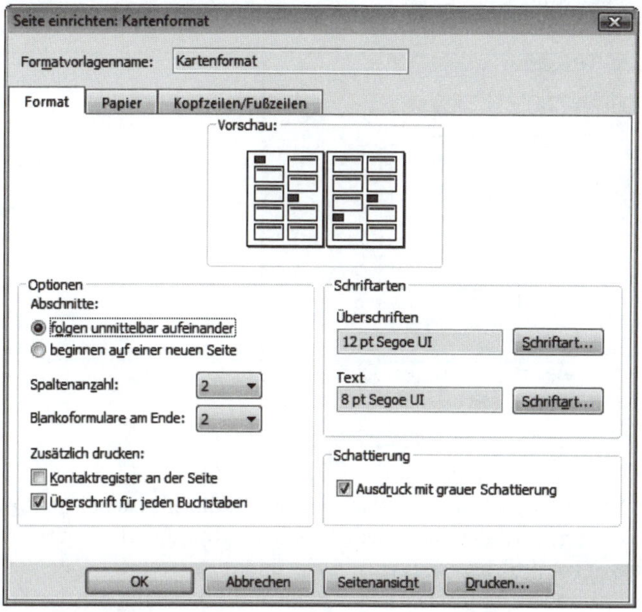

TIPP Ist die Spaltenanzahl zu hoch, müssen Sie die Schriftgröße der Überschriften und des Textes im Abschnitt *Schriftarten* anpassen, da andernfalls nicht alle Informationen ausgedruckt werden können. Auf diese Schwierigkeit werden Sie mit einem entsprechenden Meldungsfeld hingewiesen.

- **Blankoformulare am Ende:** Outlook druckt standardmäßig am Ende zwei Blankoformulare aus, in die Sie neue Kontakte handschriftlich eintragen können. Wünschen Sie dies nicht, wählen Sie im Listenfeld *Blankoformulare am Ende* die Anzahl *0*. Benötigen Sie mehr als zwei Blankoformulare, erhöhen Sie die Anzahl entsprechend.
- **Zusätzlich drucken:** Sollen zusätzlich zu den Adressdaten Überschriften für jeden Buchstaben gedrückt werden, aktivieren Sie das Kontrollkästchen *Überschrift für jeden Buchstaben*. Wünschen Sie den Ausdruck eines Kontaktregisters am rechten Rand jeder Seite, aktivieren Sie das Kontrollkästchen *Kontaktregister an der Seite*.
- **Schriftarten:** Wollen Sie die Schriftgröße, den Schriftschnitt oder die Schriftart der Überschriften oder des Textes anpassen, klicken Sie im Abschnitt *Schriftarten* auf die Schaltfläche *Schriftart*, nehmen im gleichnamigen Dialogfeld die entsprechenden Änderungen vor und bestätigen mit *OK*.

Abbildg. 9.78 Die Schriftart anpassen

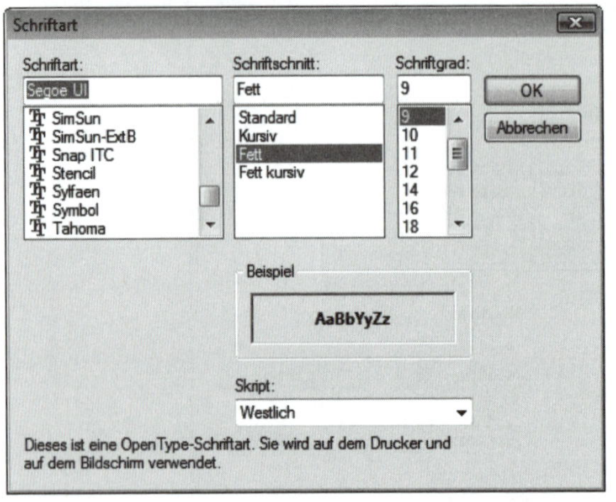

- **Schattierung:** Ist im Dialogfeld *Seite einrichten* das Kontrollkästchen *Ausdruck mit grauer Schattierung* aktiviert, wird der Name jedes Kontakts grau unterlegt ausgedruckt. Dadurch erhöht sich die Übersichtlichkeit des Ausdrucks und die einzelnen Kontakte lassen sich im Ausdruck leichter finden. Wünschen Sie dies nicht, deaktivieren Sie das Kontrollkästchen *Ausdruck mit grauer Schattierung.*

6. Um das Papierformat, die Ausrichtung oder die Seitenränder anzupassen, holen Sie die Registerkarte *Papier* in den Vordergrund. Hier stehen Ihnen die folgenden Optionen zur Verfügung (siehe Abbildg. 9.79):

   - **Typ:** In diesem Listenfeld können Sie den Papiertyp auswählen. Der Standardtyp ist das DIN A4-Format. Über die Felder *Breite* und *Höhe* können Sie bei Bedarf für ein gewähltes Papierformat die Abmessungen anpassen.

TIPP Bevor Sie den Papiertyp ändern, sollten Sie jedoch sicherstellen, dass Ihr Drucker auch andere Papiertypen drucken kann.

   - **Papierzufuhr:** Soll statt des Standardschachts ein anderer Schacht für die Papierzufuhr verwendet werden oder wollen Sie das Papier manuell zuführen, wählen Sie im Dropdown-Listenfeld *Papierzufuhr* den entsprechenden Eintrag aus.
   - **Seitenränder:** In diesem Bereich können Sie den oberen, den unteren, den rechten und den linken Seitenrand anpassen. Geben Sie die gewünschte Breite in Zentimetern ein.
   - **Seite:** Im Feld *Größe* des Bereichs *Seite* wählen Sie die Seitengröße, die Sie letztendlich benutzen wollen. Benutzen Sie beispielsweise einen Planer von Time/system im DIN A5-Format, aktivieren Sie im Feld *Größe* die Option *Time/system A5.* Der Ausdruck wird nun für dieses Format optimiert. Haben Sie als Papiertyp *A4* gewählt, müssen Sie die Seiten nach dem Ausdruck noch an der passenden Stelle zerschneiden.
   - **Ausrichtung:** Wollen Sie Ihre Kontakte im Quer- anstatt im Hochformat drucken, wählen Sie die Option *Querformat.*

Abbildg. 9.79 Druckoptionen auf der Registerkarte *Papier* für das Kartenformat

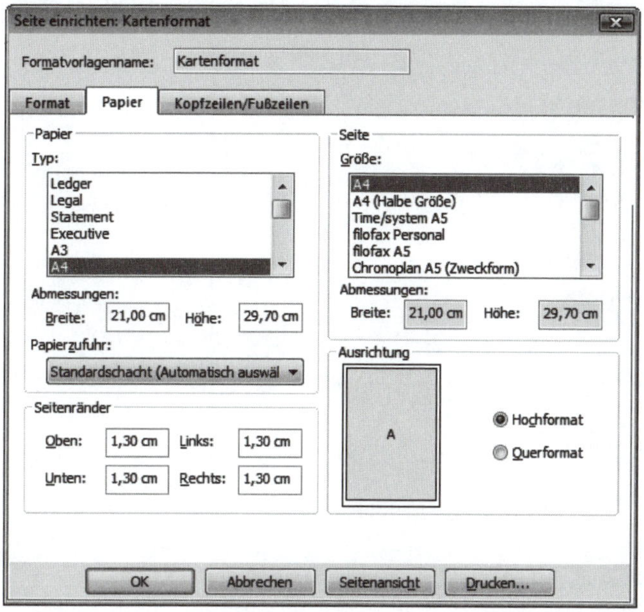

7. Wechseln Sie nun zur Registerkarte *Kopfzeilen/Fußzeilen*. Hier legen Sie fest, welcher Text in der Kopf- oder Fußzeile gedruckt werden soll. Standardmäßig wird links unten der Benutzername, in der Mitte die Seitenzahl und ganz rechts das Datum ausgedruckt (siehe Abbildg. 9.80).

- **Ohne Kopf-/Fußzeilen:** Wollen Sie die Angaben verändern, klicken Sie auf die Angaben und drücken Sie die Entf-Taste.
- **Angaben einfügen:** Um eine neue Angabe einzufügen, klicken Sie in das entsprechende Feld und wählen eine der vorgegebenen Schaltflächen. Zur Auswahl stehen die Schaltflächen *Seite*, *Seiten*, *Datum*, *Uhrzeit* und *Benutzername*.
- **Text einfügen:** Soll die Kopf- oder die Fußzeile einen bestimmten Text enthalten, wie z.B. die Angabe »Vertraulich«, geben Sie diese an der Stelle ein, an der die Angabe im Ausdruck erscheinen soll, also z.B. in der Kopfzeile links oder in der Kopfzeile rechts.
- **Bei geraden Seitenzahlen seitenverkehrt:** Aktivieren Sie dieses Kontrollkästchen, wenn Sie einen doppelseitigen Ausdruck planen, bei dem die Seitenzahl immer außen stehen soll.
- **Schriftart:** Wollen Sie die Schriftart für die Kopfzeile oder die Fußzeile verändern, klicken Sie auf die Schaltfläche *Schriftart*, nehmen im gleichnamigen Dialogfeld die gewünschten Änderungen vor und bestätigen mit *OK*.

Abbildg. 9.80 Hier passen Sie die Angaben in Kopf- und Fußzeilen an

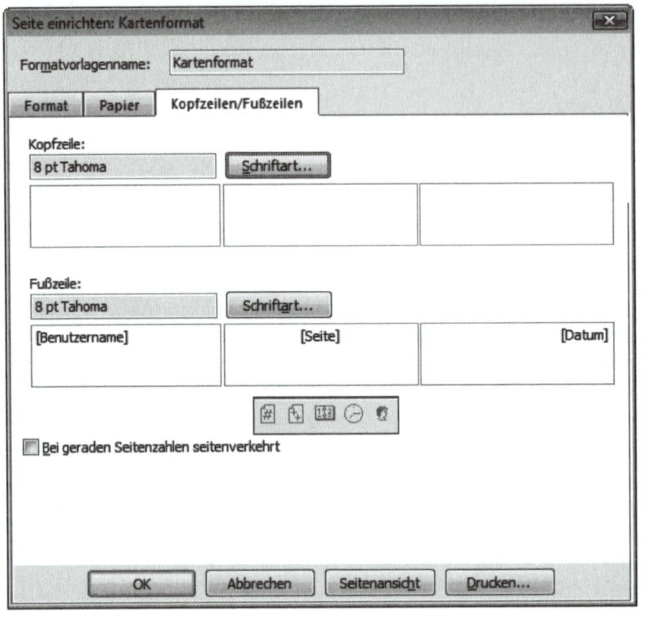

8. Wollen Sie das Ergebnis Ihrer Änderungen vor dem Ausdruck noch einmal betrachten, klicken Sie auf die Schaltfläche *Seitenansicht*. Um aus der Seitenansicht in das Dialogfeld *Drucken* zu wechseln, klicken Sie auf *Drucken*, um den Druckvorgang abzubrechen, drücken Sie die [Esc]-Taste.
9. Starten Sie den Ausdruck, indem Sie im Dialogfeld *Drucken* auf *OK* klicken.

Zusammenfassung

Der Ordner *Kontakte* hilft Ihnen, Kontakte und Verteilerlisten zu erfassen und zu bearbeiten, Kontakte zu organisieren, zu suchen und zu sortieren, Kontakte in unterschiedlichen Ansichten zu betrachten, Kontakte aktiv zu nutzen und zu drucken.

Sie möchten ...	So gehen Sie vor	Sehen Sie sich dazu das Beispiel an auf Seite
einen neuen Kontakt anlegen	Drücken Sie im Ordner *Kontakte* die Tasten [Strg]+[N] und geben Sie im Kontaktformular die gewünschten Angaben ein	480
eine Verteilerliste erstellen	Drücken Sie die Tasten [Strg]+[⇧]+[L], um das Formular *Verteilerliste* zu öffnen. Klicken Sie auf die Schaltfläche *Mitglieder auswählen*, wählen Sie die Mitglieder aus und bestätigen Sie dann mit *OK* und *Speichern & schließen*.	494

Sie möchten ...	So gehen Sie vor	Sehen Sie sich dazu das Beispiel an auf Seite
Kontaktdaten bearbeiten	Öffnen Sie den Kontakt, den Sie verändern möchten, mit einem Doppelklick, nehmen Sie die gewünschten Änderungen vor und klicken Sie auf *Speichern & schließen*	497
ein Kontaktbild speichern	Öffnen Sie den Kontakt, zu dem Sie ein Bild speichern möchten, klicken Sie auf die Schaltfläche *Kontaktbild hinzufügen*, wählen Sie das Bild mit einem Doppelklick aus und speichern Sie den Kontakt	502
Kontakte mit der Sofortsuche finden	Geben Sie so viele Buchstaben des gesuchten Kontakts in das Feld *Kontakte durchsuchen* ein, bis der gesuchte Kontakt gezeigt wird	512
Kontakte in einer anderen Ansicht betrachten	Wählen Sie im Ordner *Kontakte* die gewünschte Ansicht über den Befehl *Ansicht/Aktuelle Ansicht*	520
Kontakte zur Nachverfolgung kennzeichnen	Klicken Sie in der Symbolleiste des Ordners *Kontakte* auf die Schaltfläche *Zur Nachverfolgung* und wählen Sie die gewünschte Kennzeichnung aus	531
eine Landkarte zu einem Kontakt aufrufen	Klicken Sie im geöffneten Kontaktformular des Kontakts auf die Schaltfläche *Landkarte*	533
Kontakte weiterleiten	Klicken Sie den Kontakt mit der rechten Maustaste an und wählen Sie im Kontextmenü den Befehl *Als Visitenkarte senden*	535
eine Kontaktliste ausdrucken	Öffnen Sie den Kontaktordner in der Visiten- oder Adresskartenansicht, drücken Sie die Tasten Strg + P, wählen Sie die gewünschten Druckoptionen und klicken Sie auf *OK*	539

Kapitel 10

Kontakte fortgeschritten nutzen

In diesem Kapitel:

Erfahren Sie in diesem Kapitel, wie Sie das Adressbuch von Windows im Zusammenhang mit Outlook 2007 nutzen, wie Sie in einer Exchange Server-Umgebung auf die Kontakte in der globalen Adressliste zugreifen, wie Sie Daten in den Kontaktordner im- und aus ihm exportieren, wie Sie Serienbriefe mit Hilfe von Outlook erstellen, wie Sie Kontaktordner freigeben und wie Sie in Outlook ein zusätzliches Kontaktregister anzeigen.

Neue Kontaktordner anlegen

Enthält der Ordner *Kontakte* nur Geschäftskontakte aus Ihrer Firma, ist es nicht besonders sinnvoll, wenn Sie hier auch private Kontakte eintragen. Besser ist es, zu diesem Zweck einen neuen Kontaktordner anzulegen. Gehen Sie dazu wie folgt vor:

1. Aktivieren Sie den Ordner *Kontakte* mit einem Mausklick auf die gleichnamige Schaltfläche im Navigationsbereich.
2. Dann klicken Sie unter *Meine Kontakte* mit der rechten Maustaste auf den Ordner *Kontakte* und wählen im Kontextmenü den Befehl *Neuer Ordner.*
3. Im Dialogfeld *Neuen Ordner erstellen* ist der Ordner *Kontakte* bereits markiert. Außerdem ist im Dropdown-Listenfeld *Ordner enthält Elemente des Typs* bereits der Typ *Kontakt* aktiviert. Geben Sie nun noch einen aussagekräftigen Namen für den neuen Ordner in das Feld *Name* ein, wie z.B. *Private Kontakte* oder *Persönliche Kontakte* (siehe Abbildg. 10.1).

Abbildg. 10.1 Einen neuen Kontaktordner erstellen

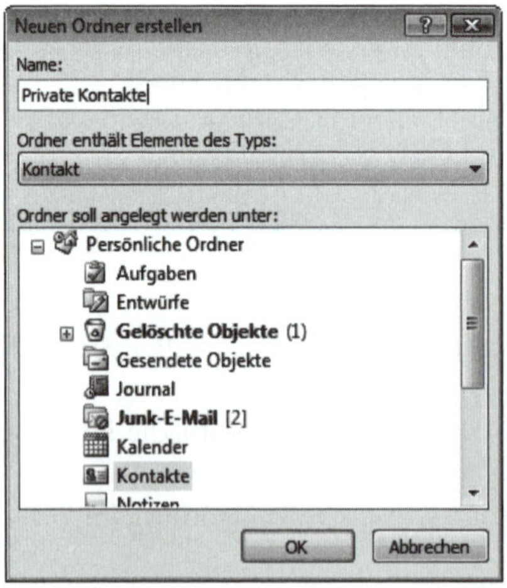

4. Klicken Sie dann auf *OK*, um den neuen Kontaktordner einzurichten.
5. Unter *Meine Kontakte* sehen Sie nun den Ordner *Kontakte* und den neu angelegten Ordner. Aktivieren Sie den neuen Kontaktordner mit einem Mausklick.
6. Der neue Kontaktordner ist zunächst noch leer (siehe Abbildg. 10.2). Den ersten Kontakt können Sie anlegen, indem Sie auf die Bezeichnung *Hier doppelklicken, um Kontakt zu erstellen* doppelklicken.

Abbildg. 10.2 Der neue Kontaktordner ist zunächst noch leer

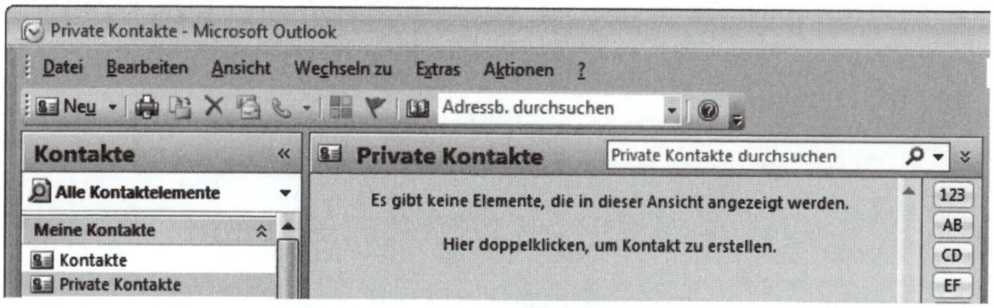

Neue Kontakte anlegen

Um einen neuen Kontakt in einem selbst angelegten Ordner anzulegen, gehen Sie wie folgt vor:

1. Aktivieren Sie den Ordner *Kontakte* mit einem Mausklick auf die gleichnamige Schaltfläche im Navigationsbereich.
2. Wechseln Sie nun zum Kontaktordner mit einem Mausklick auf die Ordnerbezeichnung im Bereich *Meine Kontakte* zum Ordner, in dem Sie den neuen Kontakt anlegen möchten.

3. Klicken Sie in der Symbolleiste auf die Schaltfläche *Neu* oder drücken Sie die Tasten Strg+N, um ein neues, noch unbenanntes Kontaktformular zu öffnen.
4. Geben Sie alle gewünschten Kontaktdaten ein und klicken Sie auf die Schaltfläche *Speichern & schließen*, um den Kontakt im gewählten Kontaktordner zu speichern.

PROFITIPP

Um eine Verteilerliste im neuen Kontaktordner zu erstellen, aktivieren Sie diesen im Ordner *Kontakte* und drücken dann die Tasten Strg+⇧+L, um ein neues Verteilerliste-Formular zu öffnen. Geben Sie einen aussagekräftigen Namen für die neue Verteilerliste ein, fügen Sie die Mitglieder hinzu, wie in Kapitel 9 beschrieben, und klicken Sie dann auf die Schaltfläche *Speichern & schließen*.

Kontakte verschieben

Kontakte können Sie jederzeit in andere Kontaktordner verschieben, sofern Sie welche eingerichtet haben. Gehen Sie dazu wie folgt vor:

1. Wechseln Sie mit einem Mausklick auf die gleichnamige Schaltfläche im Navigationsbereich zum Ordner *Kontakte*.
2. Aktivieren Sie den Ordner, aus dem Sie Kontakte verschieben möchten, im Bereich *Meine Kontakte* mit einem Mausklick.
3. Markieren Sie alle Kontakte, die Sie verschieben möchten. Klicken Sie die Kontakte dazu mit gedrückter Strg-Taste an.

TIPP Um mehrere Kontakte mit einem bestimmten Namen zu markieren, geben Sie den Namen in die Sofortsuche ein. Im Kontaktordner werden nur noch die gewünschten Kontakte angezeigt und Sie können sie bequem markieren.

4. Klicken Sie in der Symbolleiste des Kontaktordners auf die Schaltfläche *In Ordner verschieben* und wählen Sie im Dropdown-Menü noch einmal den Befehl *In Ordner verschieben* aus.

5. Im Ordner *Elemente verschieben* legen Sie den gewünschten Kontaktordner fest und bestätigen mit *OK* (siehe Abbildg. 10.3).

Abbildg. 10.3 Kontakte in den neuen Kontaktordner verschieben

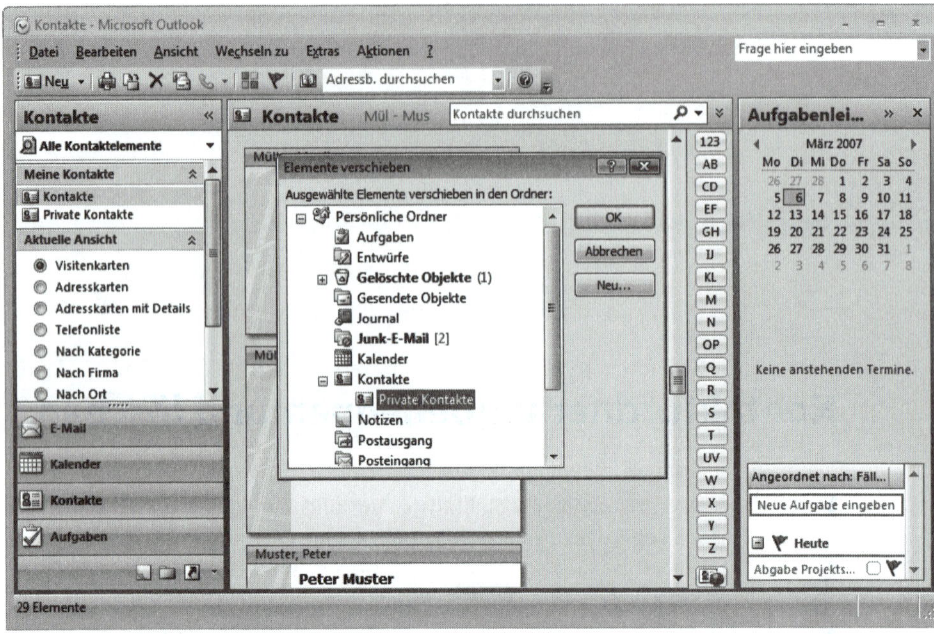

Die Kontakte werden nun in den neuen Ordner verschoben.

TIPP Sobald Sie einmal Kontakte in den neuen Ordner verschoben haben, können Sie den Ordner auch direkt aus dem Dropdown-Listenfeld auswählen, das sich öffnet, sobald Sie die Schaltfläche *In Ordner verschieben* in der Symbolleiste des Kontaktordners anklicken.

Die Reihenfolge der Kontaktordner ändern

Haben Sie mehrere Kontaktordner eingerichtet und möchten Sie standardmäßig einen anderen Kontaktordner an erster Stelle nutzen, gehen Sie wie folgt vor, um die Reihenfolge zu verändern:

1. Wechseln Sie mit einem Mausklick auf die Schaltfläche *Kontakte* zum Kontaktordner.
2. Klicken Sie den Ordner, den Sie an eine andere Stelle verschieben möchten, mit der rechten Maustaste an, und wählen Sie im Kontextmenü den Befehl *Nach unten verschieben* (siehe Abbildg. 10.4).
3. Wiederholen Sie letzten Schritt so oft, bis sich der Ordner an der gewünschten Stelle befindet.
4. Um einen Ordner in der Liste weiter nach oben zu verschieben, klicken Sie ihn mit der rechten Maustaste an und wählen Sie im Kontextmenü den Befehl *Nach oben verschieben* aus.
5. Wiederholen Sie den letzten Schritt so oft, bis sich der Ordner an der gewünschten Stelle befindet.

Abbildg. 10.4 Einen Ordner nach unten verschieben

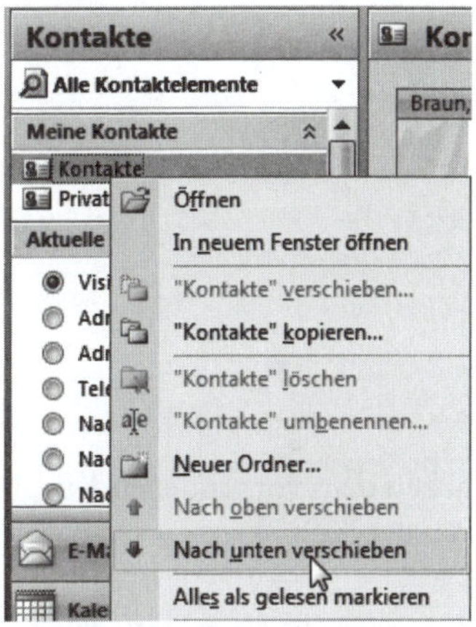

Kontaktordner umbenennen und löschen

Um einen neu eingerichteten Kontaktordner wieder zu entfernen, gehen Sie wie folgt vor:

1. Wechseln Sie mit einem Mausklick auf die gleichnamige Schaltfläche im Navigationsbereich zum Ordner *Kontakte.*
2. Klicken Sie im Navigationsbereich unter *Meine Kontakte* auf den Kontaktordner, den Sie umbenennen möchten, und wählen Sie im Kontextmenü den Befehl *"Private Kontakte" umbenennen.*
3. Geben Sie den neuen Ordnernamen ein und drücken Sie die ↵-Taste, um den Namen zu übernehmen.
4. Klicken Sie im Navigationsbereich unter *Meine Kontakte* mit der rechten Maustaste auf den Ordner, den Sie löschen möchten, und wählen Sie im Kontextmenü den Befehl *"Ordnername" löschen.*

Ein zusätzliches Kontaktregister anzeigen

Sind unter Windows und in Outlook eine der folgenden Sprachen installiert und haben Sie die Kontakte auch in dieser Sprache eingegeben, können Sie für diese Sprachen zusätzliche Kontaktregister einblenden, um leichter im Kontaktordner navigieren zu können: Arabisch, Chinesisch, Griechisch, Hebräisch, Japanisch, Koreanisch, Russisch, Thailändisch oder Vietnamesisch. Gehen Sie dazu wie folgt vor:

1. Öffnen Sie den Kontaktordner mit einem Mausklick auf die Schaltfläche *Kontakte* im Navigationsbereich.
2. Wechseln Sie in die Ansicht *Visitenkarten, Adresskarten* oder *Adresskarten mit Details.*

3. Klicken Sie auf die Schaltfläche am unteren Rand des Kontaktregisters.
4. Im daraufhin geöffneten Dropdown-Menü wählen Sie die Sprache aus, für die Sie ein zusätzliches Register einblenden möchten (siehe Abbildg. 10.5).

Abbildg. 10.5 Die Sprache für das zusätzliche Kontaktregister auswählen

5. Das zusätzliche Kontaktregister wird nun links neben dem vorhandenen Kontaktregister angezeigt. Klicken Sie auf eine der Schaltflächen, um zu den Kontakten zu springen, die mit diesem Anfangsbuchstaben beginnen.
6. Um das Kontaktregister auszublenden, klicken Sie wieder auf die Schaltfläche am unteren Rand des Kontaktregisters und wählen im Dropdown-Menü den Befehl *Keine* aus.

Besonderheiten in der Exchange-Umgebung

Arbeiten Sie mit Outlook als Exchange-Client, werden im Ordner *Kontakte* nicht nur die von Ihnen angelegten Kontakte angezeigt, sondern auch die Kontakte aus der globalen Adressliste, die alle Personen enthält, die auf den gleichen Exchange Server Zugriff haben wie Sie. Sie können Ihre privaten Kontakte wie in der Internetumgebung im Kontaktordner, nicht jedoch in der globalen Adressliste speichern. Die globale Adressliste kann nur vom Exchange Server-Administrator verwaltet werden. Sie können die globale Adressliste jedoch im Adressbuch betrachten und Kontakte aus der globalen Adressliste in den Ordner *Kontakte* übernehmen.

Die globale Adressliste betrachten

Sind Sie selbst Administrator, werden die Kontakte aus der globalen Adressliste automatisch in Ihrem Kontaktordner angezeigt. Die globale Adressliste können Sie in Outlook im Adressbuch betrachten. Gehen Sie dazu wie folgt vor:

1. Klicken Sie in der Symbolleiste von Outlook auf die Schaltfläche *Adressbuch.*
2. Im Adressbuch wählen Sie im Listenfeld *Adressbuch* den Eintrag *Globale Adressliste* aus, falls dieser Eintrag nicht bereits aktiviert ist.
3. Die globale Adressliste von Exchange öffnet sich nun (siehe Abbildg. 10.6). Um die Eigenschaften eines Kontakts zu betrachten, öffnen Sie ihn mit einem Doppelklick. Klicken Sie auf *OK*, um das Dialogfeld wieder zu schließen.

HINWEIS In der globalen Adressliste können Sie keine Kontakte anlegen oder bearbeiten, Sie können jedoch nach Kontakten suchen, die Eigenschaften zu Kontakten betrachten, die Adressierungsoptionen verändern, Nachrichten an Kontakte schicken und Kontakte in Ihr lokales Adressbuch übernehmen.

Abbildg. 10.6 Die globale Adressliste

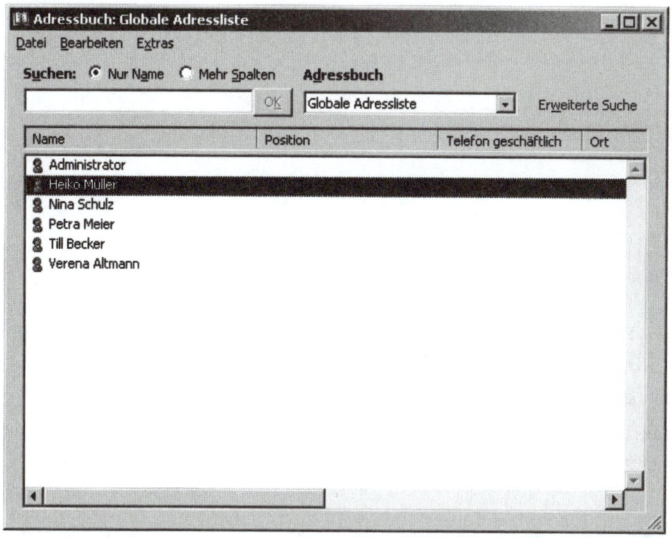

4. Um einen Kontakt aus der globalen Adressliste in Ihren persönlichen Kontaktordner zu übernehmen, der auf der Festplatte Ihres Computers gespeichert ist, klicken Sie ihn mit der rechten Maustaste an und wählen im Kontextmenü den Befehl *Zu Kontakten hinzufügen*.
5. Ergänzen Sie im Kontaktformular noch fehlende Angaben und klicken Sie auf die Schaltfläche *Speichern & schließen*, um den Kontakt zu übernehmen.

6. Klicken Sie auf die *Schließen*-Schaltfläche in der rechten oberen Fensterecke, um das Adressbuch zu schließen.

Öffentliche Kontaktordner einrichten

Wollen Sie unabhängig von der globalen Adressliste ein Adressbuch einrichten, das mehrere Personen benutzen können, wie z.B. die Mitarbeiter Ihrer Abteilung oder die Mitglieder einer Arbeitsgruppe, können Sie auch einen öffentlichen Ordner des Typs *Kontakte* einrichten. Wichtig ist jedoch, dass Sie die erforderlichen Berechtigungen besitzen, um öffentliche Ordner einrichten zu dürfen. Gehen Sie dazu wie folgt vor:

HINWEIS Arbeiten Sie mit SharePoint Team Services, können Sie die Kontakte außerdem in einem freigegebenen Arbeitsbereich ablegen. Mehr hierzu erfahren Sie in Kapitel 15.

1. Öffnen Sie die Ordnerliste über die gleichnamige Schaltfläche im Navigationsbereich und erweitern Sie den Ordner *Öffentliche Ordner*.
2. Dann klicken Sie mit der rechten Maustaste auf den Ordner *Alle Öffentlichen Ordner* und wählen im Kontextmenü den Befehl *Neuer Ordner*.
3. Es öffnet sich das Dialogfeld *Neuen Ordner erstellen* (siehe Abbildg. 10.7). Geben Sie einen aussagekräftigen Namen für den Ordner in das Feld *Name* ein. Klicken Sie dann auf das Feld *Ordner enthält Elemente des Typs* und wählen Sie im Dropdown-Menü den Eintrag *Kontakte*.

Abbildg. 10.7 Hier erstellen Sie einen öffentlichen Kontaktordner

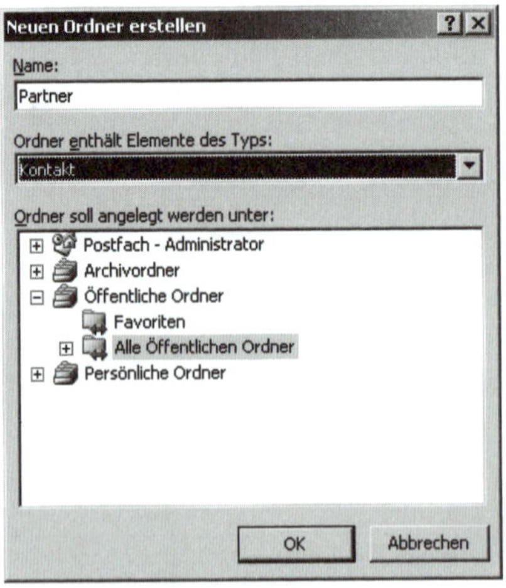

4. Klicken Sie dann auf *OK*, um den neuen Ordner zu erstellen.

Der Ordner ist nun über die Ordnerliste zugänglich und Sie können damit beginnen, Kontakte in dem Ordner anzulegen.

Zugriff auf öffentliche Ordner über den Kontaktordner

Um auf einen öffentlichen Ordner über den Ordner *Kontakte* zugreifen zu können, gehen Sie wie folgt vor:

1. Klicken Sie ihn in der Ordnerliste mit der rechten Maustaste an und wählen Sie im Kontextmenü den Befehl *Zu Favoriten hinzufügen* aus.
2. Wechseln Sie nun mit einem Mausklick auf die Schaltfläche *Kontakte* und im Navigationsbereich zum Ordner *Kontakte*.
3. Klicken Sie im Dialogfeld auf *Hinzufügen*.
4. Der Ordner wird nun unter der Rubrik *Andere Kontakte* im Navigationsbereich des Ordners *Kontakte* aufgelistet (siehe Abbildg. 10.8). Klicken Sie den Ordner an, um den Inhalt zu betrachten.

Abbildg. 10.8 Der öffentliche Ordner im Navigationsbereich des Ordners *Kontakte*

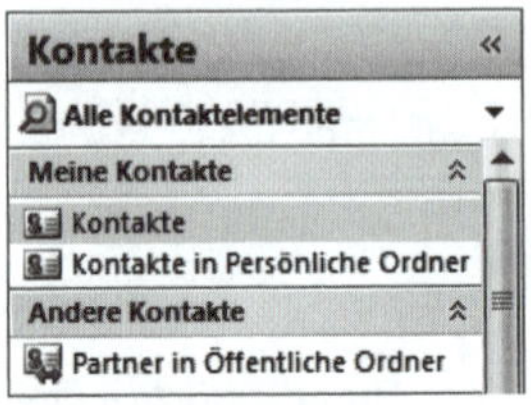

5. Legen Sie nun wie gewohnt Kontakte im öffentlichen Ordner an und bearbeiteten Sie sie, wie im letzten Kapitel beschrieben.

Kontaktordner freigeben

Um einen Kontaktordner zur Benutzung durch andere Personen freizugeben, gehen Sie wie folgt vor:

1. Öffnen Sie den Ordner *Kontakte* mit einem Mausklick auf die gleichnamige Schaltfläche im Navigationsbereich.
2. Klicken Sie mit der rechten Maustaste auf den Kontaktordner, den Sie freigeben möchten, und wählen Sie im Kontextmenü den Befehl *"Ordnername" freigeben*.
3. Im Dialogfeld *Freigabeeinladung* ist der Betreff bereits eingetragen (siehe Abbildg. 10.9). Außerdem ist das Kontrollkästchen *Empfänger zum Anzeigen Ihres Ordners vom Typ 'Kontaktordner' berechtigen*. Wollen Sie umgekehrt Zugriff auf Kontaktordner des Empfängers erhalten, aktivieren Sie das Kontrollkästchen *Berechtigung zum Anzeigen von 'Kontaktordner' des Empfängers anfordern*.

Abbildg. 10.9 Eine Freigabeeinladung für einen Kontaktordner verschicken

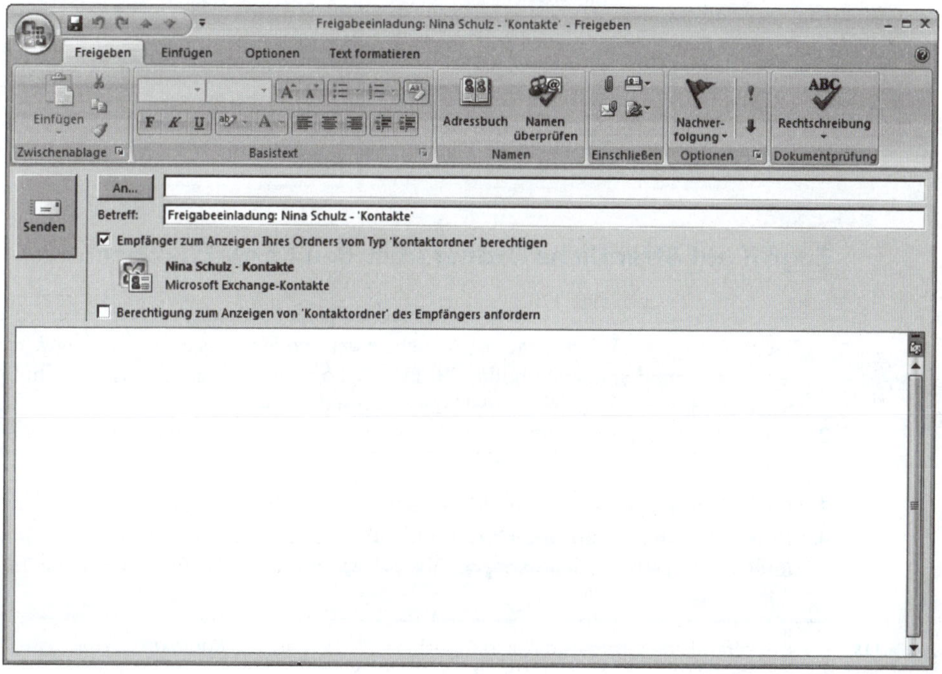

4. Wählen Sie nun die Personen aus, denen Sie die Freigabeberechtigung erteilen möchten. Klicken Sie dazu auf die Schaltfläche *An*.
5. Markieren Sie im Dialogfeld *Namen auswählen* die Namen aller Personen in der globalen Adressliste, denen Sie eine Zugriffsberechtigung auf den Ordner zuweisen möchten, und klicken Sie dann auf die Schaltfläche *An* und *OK*.
6. Klicken Sie auf die Schaltfläche *Senden*, um die Freigabeeinladung zu verschicken.
7. Es öffnet sich eine Abfrage, ob der Ordner wirklich freigegeben werden soll. Klicken Sie auf *Ja*, um den Vorgang abzuschließen.
8. In der Bestätigung, dass der Kontaktordner freigegeben wurde, klicken Sie auf *OK*.

Freigegebene Kontakte über die Freigabeeinladung öffnen

Um die freigegebenen Microsoft Exchange-Kontakte einer anderen Person zu öffnen, gehen Sie wie folgt vor:

1. Öffnen Sie den Posteingang mit einem Mausklick auf die gleichnamige Schaltfläche im Navigationsbereich.
2. Suchen Sie im Posteingang nach der Freigabeeinladung. Klicken Sie sie an, um sie im Lesebereich zu betrachten (siehe Abbildg. 10.10).

Abbildg. 10.10 Die Freigabeeinladung im Posteingang

3. Um Zugriff auf den Kontaktordner zu erhalten, klicken Sie im Lesebereich auf die Schaltfläche *Kontaktordner öffnen* am oberen Rand der E-Mail.
4. Der Kontaktordner öffnet sich nun in einem eigenen Fenster. Am Namen in der linken Ecke der Titelleiste und im Feld für die Sofortsuche erkennen Sie, dass es sich um den Ordner einer anderen Person handelt (siehe Abbildg. 10.11). Sie können die Kontakte wie gewohnt nutzen und – je nach Ihren Berechtigungen – auch eigene Kontakte anlegen.

PROFITIPP

> Wollen Sie wissen, welche Freigabeberechtigungen Sie für den Ordner erhalten haben, klicken Sie den Ordner mit der rechten Maustaste an, wählen Sie im Kontextmenü den Befehl *Eigenschaften* und aktivieren Sie im *Eigenschaften*-Dialogfeld die Registerkarte *Ordnerübersicht*. Auf dieser Registerkarte werden alle Berechtigungen angezeigt. Schließen Sie das Dialogfeld mit einem Mausklick auf *OK*.

Abbildg. 10.11 Der Kontaktordner einer fremden Person im eigenen Fenster

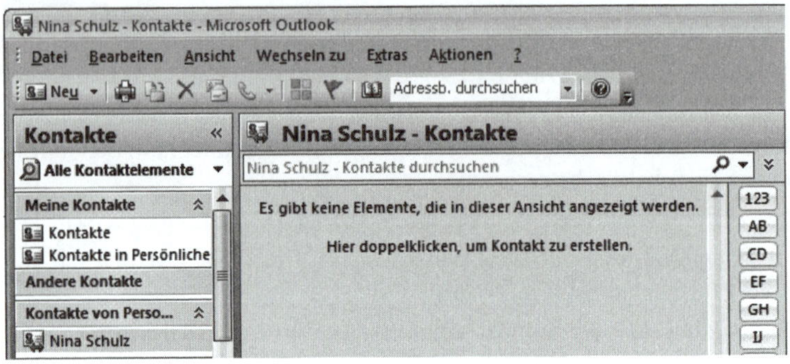

TIPP Den freigegebenen Kontaktordner können Sie auch direkt über Ihren Ordner *Kontakte* betrachten. Er wird ab jetzt im Navigationsbereich unter der Rubrik *Kontakte von Personen* aufgeführt.

Freigegebene Kontakte über den Navigationsbereich öffnen

Freigegebene Kontakte können Sie auch unabhängig von einer Freigabeeinladung öffnen. Gehen Sie dazu wie folgt vor:

1. Öffnen Sie den Ordner *Kontakte* mit einem Mausklick auf die gleichnamige Schaltfläche im Navigationsbereich.
2. Klicken Sie am unteren Rand des Bereichs *Alle Kontaktelemente* des Navigationsbereichs auf die Schaltfläche *Freigegebene Kontakte öffnen*.
3. Es öffnet sich das Dialogfeld *Freigegebene Kontakte öffnen* (siehe Abbildg. 10.12).

Abbildg. 10.12 Einen freigegebenen Kontaktordner öffnen

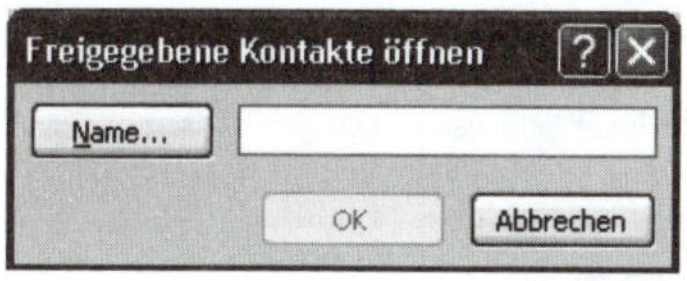

4. Geben Sie den Namen der Person ein, deren Kontaktordner Sie öffnen möchten oder klicken Sie auf die Schaltfläche *Name* und wählen Sie den Namen mit einem Doppelklick aus dem Dialogfeld *Namen auswählen* aus.
5. Fahren Sie mit einem Mausklick auf *OK* fort.
6. Falls Sie die erforderlichen Freigabeberechtigungen für den Ordner besitzen, öffnet sich dieser unter der Rubrik *Kontakte von Personen* und Sie können ihn mit einem Mausklick öffnen. Haben Sie bisher noch keine Freigabeberechtigungen für den Ordner, öffnet sich ein Hinweisfenster, in dem Ihnen mitgeteilt wird, dass Sie keine Berechtigung zum Anzeigen des Ordners haben. Sie werden nun gefragt, ob Sie die Person um die Freigabe für den Ordner bitten möchten. Klicken Sie auf die Schaltfläche *Ja*.

Abbildg. 10.13 Das Freigabeanfrage-Formular

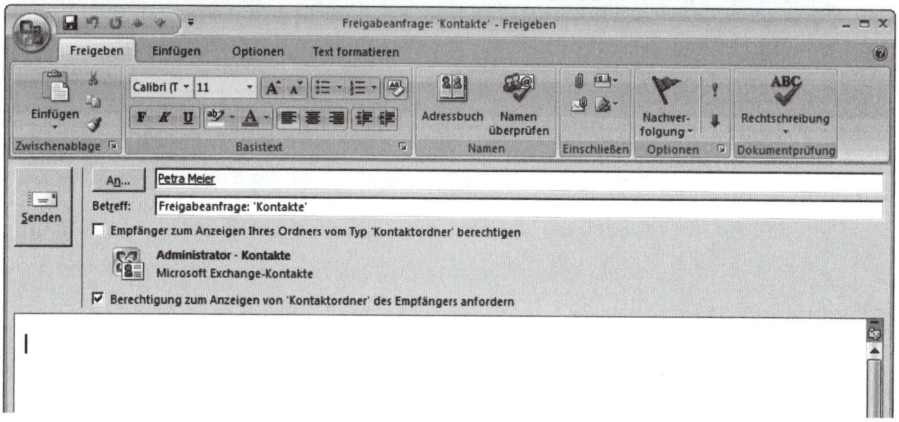

7. Es öffnet sich das Formular *Freigabeanfrage*, in dem der Name der Person bereits eingetragen ist. Als Betreff ist »Freigabeanfrage: 'Ordnername'« angegeben (siehe Abbildg. 10.13). Im Formular ist außerdem das Kontrollkästchen *Berechtigung zum Anzeigen von 'Kontaktordner' des Empfängers anfordern* aktiviert. Geben Sie eine Nachricht an die Person, deren Kontaktordner Sie öffnen möchten, in das Textfeld ein.
8. Klicken Sie auf die Schaltfläche *Senden*, um die Freigabeanfrage zu verschicken.

Die Freigabeanfrage landet nun im Posteingang der Person, auf deren Kontaktordner Sie zugreifen möchten. Mit einem Mausklick auf die Schaltfläche *Erteilen* im Lesebereich erteilt die Person die Zugriffsberechtigung, mit einem Mausklick auf *Verweigern* verwehrt sie sie (siehe Abbildg. 10.14). Im Falle der Zugriffserteilung muss die Person noch im daraufhin geöffneten Hinweisfenster auf die Schaltfläche *Ja* klicken. Der Absender der Freigabeanfrage erhält dann eine Freigabeerteilung und dem Ordner *Kontakte* wird automatisch die gewünschte Freigabe zugewiesen. Die Angabe in der Infoleiste wird nun durch den Hinweis ersetzt, wann die Freigabeberechtigung erteilt wurde.

Abbildg. 10.14 Eine Freigabeanfrage beantworten

Freigabeberechtigungen ändern

Besitzen Sie Administratorrechte oder sonstige ausreichende Berechtigungen, um selbst öffentliche Ordner anlegen zu können, haben Sie die Möglichkeit, Freigabeberechtigungen für den öffentlichen Ordner zu ändern und festzulegen, dass bestimmte Benutzer keine Elemente erstellen oder selbst Unterordner erstellen dürfen. Das Gleiche gilt, wenn Sie Ihren Kontaktordner für andere Benutzer aus der Exchange Server-Umgebung freigeben möchten. Ihnen stehen dabei acht Berechtigungsstufen zur Verfügung, die folgende Berechtigungen beinhalten:

- **Stufe 1:** Elemente erstellen, keine Elemente lesen, keine Elemente löschen
- **Stufe 2:** Alle Details lesen, keine Elemente löschen, keine Elemente erstellen oder bearbeiten
- **Stufe 3:** Alle Details lesen, eigene Elemente löschen, Elemente erstellen
- **Stufe 4:** Alle Details lesen, eigene Elemente löschen, Elemente erstellen, eigene Elemente bearbeiten
- **Stufe 5:** Alle Details lesen, eigene Elemente löschen, Elemente erstellen, Unterordner erstellen, eigene Elemente bearbeiten
- **Stufe 6:** Alle Details lesen, alle Elemente löschen, Elemente erstellen, alles bearbeiten
- **Stufe 7:** Alle Details lesen, Elemente löschen, Elemente erstellen, Unterordner erstellen, alles bearbeiten.
- **Stufe 8:** Alle Details lesen, alle Elemente löschen, Elemente erstellen, Unterordner erstellen, alles bearbeiten, Besitzer des Ordners

Gehen Sie wie folgt vor, um die Freigabeberechtigungen zu ändern:

1. Öffnen Sie den Ordner *Kontakte* mit einem Mausklick auf die gleichnamige Schaltfläche im Navigationsbereich.
2. Klicken Sie im Navigationsbereich mit der rechten Maustaste auf den Ordner, dessen Freigabeberechtigungen Sie ändern möchten, und wählen Sie im Kontextmenü den Befehl *Freigabeberechtigungen ändern.*
3. Im *Eigenschaften*-Dialogfeld ist die Registerkarte *Berechtigungen* bereits aktiviert (siehe Abbildg. 10.15). Prüfen Sie zunächst, ob alle Benutzer oder Benutzergruppen aufgelistet sind, denen Sie Zugriff auf den Ordner bieten möchten. In der Spalte *Berechtigungsstufe* sehen Sie, welche Stufe jedem Benutzer bzw. jeder Benutzergruppe zugewiesen ist. Um die Berechtigungsstufe eines Benutzers oder einer Benutzergruppe zu verändern, markieren Sie den Eintrag mit einem Mausklick und wählen Sie im Listenfeld *Berechtigungsstufe* die gewünschte Stufe aus. Die darin enthaltenen Berechtigungen werden in der unteren Hälfte des Dialogfelds angezeigt.

Abbildg. 10.15 Die Freigabeberechtigungen ändern

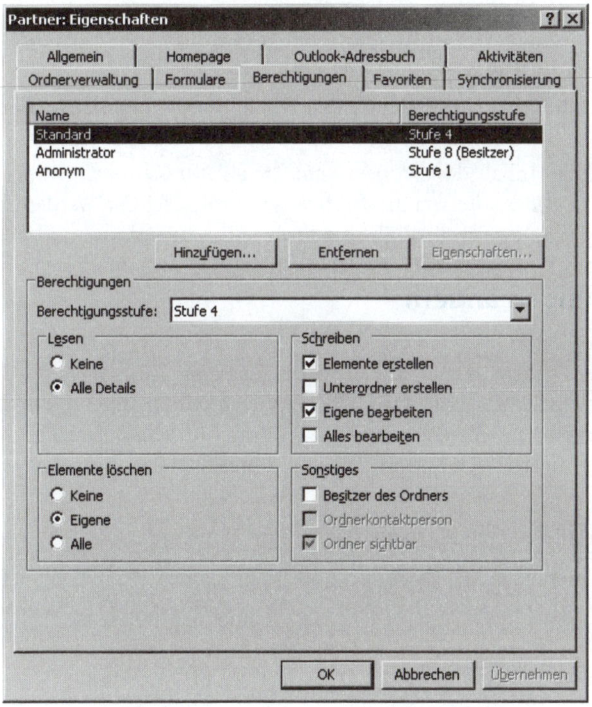

4. Wollen Sie zusätzlich zu den für eine Berechtigungsstufe vorgegebenen Berechtigungen weitere erteilen, aktivieren Sie die entsprechenden Kontrollkästchen in der unteren Hälfte des Dialogfelds.
5. Um neue Benutzer oder Benutzergruppen hinzuzufügen, klicken Sie auf die Schaltfläche *Hinzufügen*, wählen im Dialogfeld *Benutzer hinzufügen* alle Benutzer aus der globalen Adressliste aus, denen Sie Zugriff auf den Ordner bieten möchten, klicken auf *Hinzufügen* und dann auf *OK.*
6. Übernehmen Sie Ihre Änderungen mit einem Mausklick auf die Schaltfläche *Übernehmen* und schließen Sie dann das Dialogfeld mit einem Mausklick auf die Schaltfläche *OK.*

Das Adressbuch nutzen

Adressinformationen werden in Outlook normalerweise über den Ordner *Kontakte* verwaltet. Das Adressbuch ist keine eigenständige Adressdatenbank, sondern es bietet eine für die Kommunikation optimierte Darstellung Ihrer Kontaktinformationen, die für manche Zusammenhänge nützlich ist. Sie können über das Adressbuch außerdem Kontakte und Verteilerlisten zu Ihrem Kontaktordner hinzufügen, Kontakte bearbeiten, Kontakte suchen und neue Nachrichten an Kontakte und Verteilerlisten erstellen.

WICHTIG Das Dialogfeld *Adressbuch* ist identisch mit dem Adressbuchteil des Dialogfelds *Namen auswählen*, das Sie in Nachrichtenformularen über die Schaltflächen *An*, *Cc* und *Bcc* öffnen. Das Dialogfeld *Namen auswählen* enthält jedoch zusätzlich den Bereich *Nachrichtenempfänger*, über den Sie die Adressen den Nachrichtenfeldern zuordnen. Die Verwaltungsfunktionen, über die Sie neue Kontakte anlegen, Kontakte suchen und die Eigenschaften zu Kontakten betrachten können, finden Sie im Dialogfeld *Adressbuch* in der Symbolleiste, im Dialogfeld *Namen auswählen* jedoch im Dropdown-Menü *Erweitert*.

Nutzen Sie das Adressbuch wie folgt:

1. Wählen Sie in der Symbolleiste von Outlook den Befehl *Extras/Adressbuch* oder klicken Sie in der Symbolleiste auf die Schaltfläche *Adressbuch*, um das Adressbuch zu öffnen.
2. Das Adressbuch zeigt den Inhalt des Ordners *Kontakte* als Adressliste an, wobei nur die Felder *Name, Anzeigename, E-Mail-Adresse* und *E-Mail-Typ* berücksichtigt werden (siehe Abbildg. 10.16). Pro Kontakt gibt es jeweils einen Eintrag für jede E-Mail-Adresse und für jede Faxnummer. Es können also pro Kontakt mehrere Adressbucheinträge vorhanden sein.

Abbildg. 10.16 Das Outlook-Adressbuch

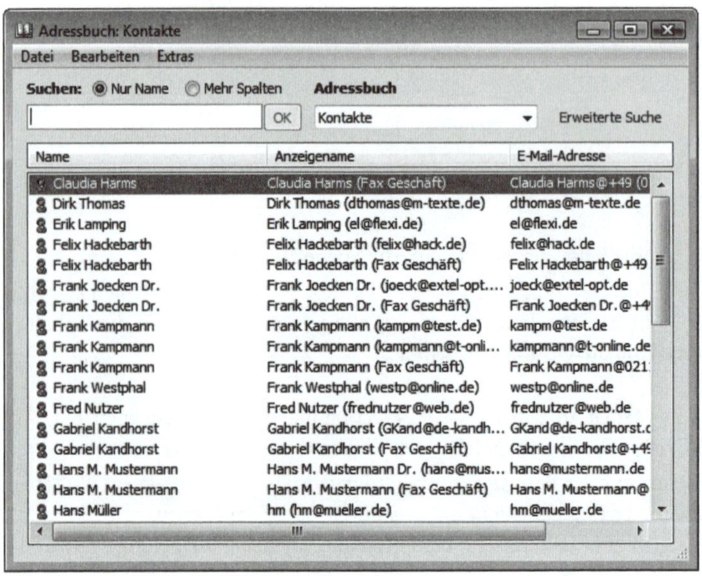

HINWEIS Das Adressbuch wird standardmäßig nach dem Vornamen sortiert. Sie können es bei Bedarf jedoch auch nach dem Nachnamen sortieren.

3. Benötigen Sie das Adressbuch nicht mehr, wählen Sie im Menü *Datei* den Befehl *Schließen* oder klicken Sie auf die *Schließen*-Schaltfläche in der rechten oberen Fensterecke des Adressbuches.

TIPP Das Adressbuch ist in der neuen Version so gestaltet, dass Sie E-Mail-Adressen und Faxnummern leichter unterscheiden können. Faxnummern erkennen Sie daran, dass beim Anzeigenamen in Klammern als Erstes die Angabe *Fax* steht. Außerdem steht bei Faxnummern in der Spalte E-Mail-Typ der Wert *FAX* und bei E-Mail-Adressen der Wert *SMTP*. Bei Bedarf können Sie die Größe des Dialogfelds anpassen und sich so einen besseren Überblick über den Inhalt des Adressbuchs zu verschaffen.

Kontakte suchen

Ist Ihr Adressbuch sehr umfangreich, finden Sie den gesuchten Kontakt möglicherweise nicht auf Anhieb. Ihnen steht jedoch eine Suchfunktion zur Verfügung.

1. Wählen Sie im Menü *Extras* von Outlook den Befehl *Adressbuch*, um das Adressbuch zu öffnen.
2. Wählen Sie im Listenfeld *Adressbuch* das Adressbuch, das angezeigt werden soll.
3. Klicken Sie im Feld *Suchen* auf *Mehr Spalten*.
4. Geben Sie den Namen oder einen Teil des Namens, eine Telefonnummer, den Standort oder den Titel einer Person in das Feld im Bereich *Suchen* ein, den Sie suchen (siehe Abbildg. 10.17).

Abbildg. 10.17 Einen Kontakt im Adressbuch suchen

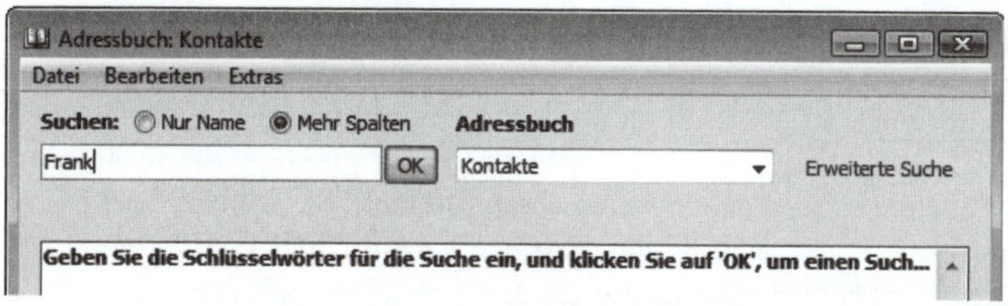

5. Klicken Sie auf die Schaltfläche *OK*, um die Suche zu starten.
6. Das Adressbuch filtert nun alle Adressen heraus, die die eingegebenen Begriffe enthalten. Um wieder alle Kontakte aus dem Adressbuch anzuzeigen, löschen Sie den Inhalt des Felds *Suchen* und aktivieren Sie die Option *Nur Name*.

Kontakte und Verteilerlisten erstellen

Im Adressbuch können Sie wie im Ordner *Kontakte* neue Kontakte erstellen und Kontakte zu Verteilerlisten zusammenfassen.

1. Öffnen Sie das Adressbuch mit einem Mausklick auf die gleichnamige Schaltfläche in der *Standard*-Symbolleiste von Outlook.
2. Wählen Sie im Menü *Datei* den Befehl *Neuer Eintrag*.

3. Im gleichnamigen Dialogfeld legen Sie nun im Feld *Wählen Sie die Art des Eintrags* fest, ob Sie einen neuen Kontakt oder eine Verteilerliste erstellen wollen (siehe Abbildg. 10.18).

Abbildg. 10.18 Einen neuen Adressbucheintrag erstellen

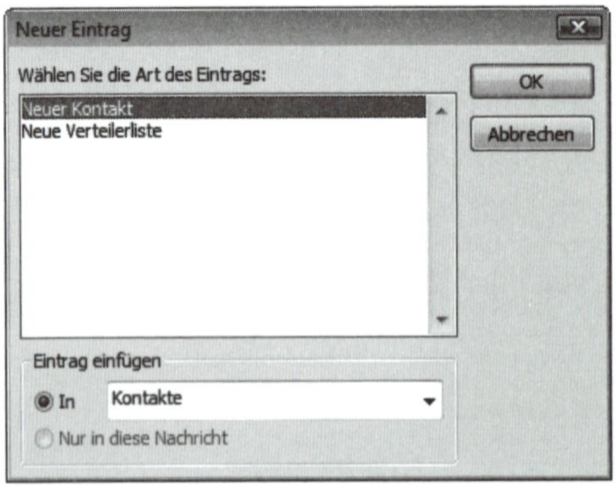

4. Soll der Kontakt oder die Verteilerliste nicht im Ordner *Kontakte* angelegt werden, klicken Sie auf das Feld *Eintrag einfügen* und wählen Sie im Dropdown-Menü den gewünschten Ordner aus.
5. Klicken Sie auf *OK*.
6. Es öffnet sich nun entweder ein neues, noch unbenanntes Kontaktformular oder ein unbenanntes Formular für eine Verteilerliste. Geben Sie die Daten wie in Kapitel 8 beschrieben ein und klicken Sie auf die Schaltfläche *Speichern & schließen*, um den Kontakt oder die Verteilerliste in Ihr Adressbuch zu übernehmen.

Eigenschaften zu Kontakten betrachten

Im Adressbuch werden nur der Name, die E-Mail-Adresse und die Faxnummer eines Kontakts angezeigt. Benötigen Sie weitere Informationen, wie z.B. die Adresse oder die Telefonnummer, brauchen Sie nicht extra in den Ordner *Kontakte* zu wechseln, sondern Sie können das Kontaktformular auch über das Adressbuch öffnen. Klicken Sie dazu den gewünschten Kontakt einfach mit der rechten Maustaste an und wählen Sie im Kontextmenü den Befehl *Eigenschaften*.

Es öffnet sich das Kontaktformular des Kontakts bzw. das Formular *Verteilerliste*, dem Sie alle Eigenschaften entnehmen können. Bei Bedarf können Sie Änderungen am Kontakt oder an der Verteilerliste vornehmen und diese über die Schaltfläche *Speichern & schließen* übernehmen. Um das Formular ohne Änderungen zu schließen, klicken Sie auf die *Schließen*-Schaltfläche in der rechten oberen Ecke.

Adressbucheinträge löschen

Im Adressbuch können Sie nicht nur den Inhalt des Ordners *Kontakte* und anderer Adressbücher betrachten, die Sie in Outlook angelegt haben, sondern Sie können Kontakte und Verteilerliste auch löschen. Die Kontakte werden dabei nicht aus dem Ordner entfernt, in dem sie enthalten sind. Es werden lediglich die Angaben gelöscht. Wenn Sie beispielsweise einen Eintrag für eine Faxnummer löschen, wird die Faxnummer auch im Kontaktformular des Kontakts entfernt.

1. Klicken Sie im Adressbuch den Eintrag, den Sie löschen wollen, mit der rechten Maustaste an.
2. Wählen Sie im Kontextmenü den Befehl *Löschen* aus.
3. Bestätigen Sie das Hinweisfenster mit der Frage, ob Sie den Benutzer endgültig aus dem Adressbuch entfernen möchten, mit *Ja* (siehe Abbildg. 10.19).

Abbildg. 10.19 Einen Eintrag aus dem Adressbuch entfernen

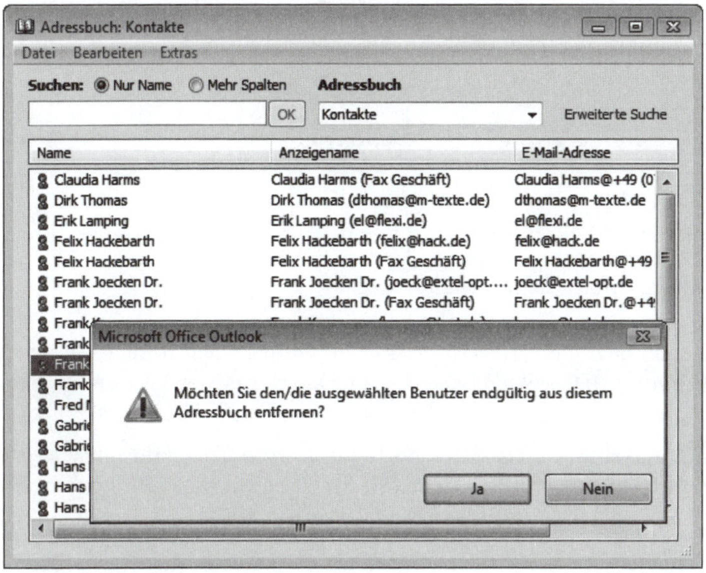

4. Der Eintrag wird nun aus dem Adressbuch entfernt und es bleiben nur noch die Einträge übrig, die Sie benutzen möchten.

E-Mails über das Adressbuch versenden

Über das Adressbuch können Sie Nachrichten an einen oder mehrere E-Mail-Empfänger versenden. Gehen Sie dazu wie folgt vor:

1. Markieren Sie den Kontakt, dem Sie eine E-Mail senden möchten.
2. Wählen Sie im Menü *Datei* den Befehl *Neue Nachricht*.
3. Es öffnet sich ein neues, noch unbenanntes Nachrichtenformular, dessen Empfängerfeld *An* bereits ausgefüllt ist. Tippen Sie den Betreff und den Nachrichtentext ein, wählen Sie die gewünschten Versandoptionen und klicken Sie dann auf die Schaltfläche *Senden*.

Kontaktordner nicht im Adressbuch anzeigen

Haben Sie einen neuen Kontaktordner im Ordner *Kontakte* oder in einem anderen Outlook-Ordner erstellt, wird dieser standardmäßig im Adressbuch angezeigt. Soll der Ordner nicht im Adressbuch angezeigt werden, müssen Sie die entsprechende Einstellung deaktivieren.

1. Klicken Sie im Navigationsbereich von Outlook auf die Schaltfläche *Ordnerliste*.
2. Dann klicken Sie mit der rechten Maustaste auf den Kontaktordner, dessen Inhalt nicht im Adressbuch angezeigt werden soll, und wählen Sie im Kontextmenü den Befehl *Eigenschaften*.
3. Aktivieren Sie im Eigenschaften-Dialogfeld die Registerkarte *Outlook-Adressbuch* und deaktivieren Sie das Kontrollkästchen *Diesen Ordner als E-Mail-Adressbuch anzeigen* (siehe Abbildg. 10.20).

Abbildg. 10.20 Einen Kontaktordner von der Anzeige im Adressbuch ausnehmen

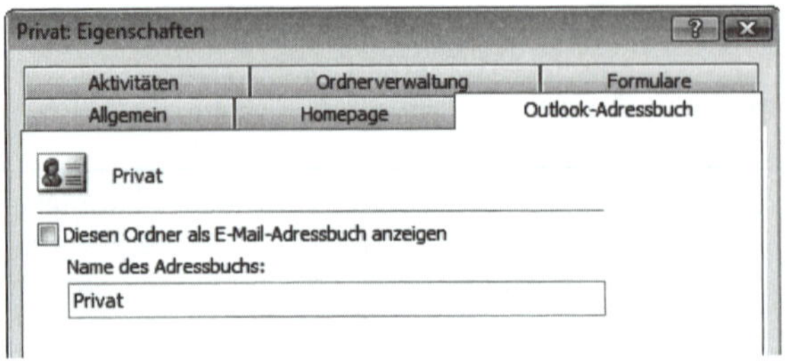

4. Bestätigen Sie Ihre Wahl mit *OK*.

Daten importieren

Haben Sie Ihre Kontakte bisher mit einem anderen Programm verwaltet oder haben Sie Kontaktdaten von einer anderen Person erhalten, können Sie die Daten in der Regel problemlos in Outlook importieren, sofern sie in einem Format vorliegen, das von Outlook unterstützt wird.

Outlook unterstützt den Import zahlreicher Dateiformate (siehe Tabelle 10.1) sowie den Export der gängigsten Dateiformate: Kommagetrennte Werte (DOS), Kommagetrennte Werte (Windows), Microsoft Access, Microsoft Excel, Persönliche Ordner-Datei (PST-Datei), Tabulatorgetrennte Werte (DOS) und Tabulatorgetrennte Werte (Windows).

Tabelle 10.1 Datentypen, die Outlook importieren kann

Produkt/Format	Dateinamenerweiterung
ACT! 3.x, 4.x, 2000 Kontakt-Manager für Windows	*.dbf*
Kommagetrennte Werte (DOS)	*.csv*
Kommagetrennte Werte (Windows)	*.csv*
Lotus Organizer 5.x, 97, 97 GS	*.org, .or2*
Microsoft Access 97-2003	*.mdb*
Microsoft Excel 97-2003	*.xls*
Outlook Express 4.x, 5.x, 6.x oder Windows Mail	
Microsoft Persönliche Ordner-Datei	*.pst*
Persönliches Adressbuch	*.pab*

Tabelle 10.1 Datentypen, die Outlook importieren kann *(Fortsetzung)*

Produkt/Format	Dateinamenerweiterung
Tabulatorgetrennte Werte (DOS)	*.txt*
Tabulatorgetrennte Werte (Windows)	*.txt*

Internet-Mail und Adressen importieren

Gehen Sie wie folgt vor, um Ihre E-Mail-Nachrichten aus Outlook Express oder einem anderen E-Mail-Programm zu übernehmen:

PROFITIPP

Outlook 2007 unterstützt keinen direkten Import von Nachrichten und Kontakten aus Eudora 6.x. Sie können die Daten jedoch über einen Umweg importieren, sofern Sie mit Windows XP arbeiten. Denn hier steht Ihnen Outlook Express zur Verfügung, das den Datenimport von Eudora-Daten beherrscht. Starten Sie dazu Outlook Express, wählen Sie den Befehl *Datei/Importieren* und klicken Sie dann auf *Nachrichten*. Wählen Sie im Assistent zum Importieren von Daten den Eintrag *Eudora Pro* oder *Eudora Light* und klicken Sie auf *Weiter*. Folgen Sie dann den Anweisungen am Bildschirm. Nachdem der Import erfolgt ist, können Sie die Daten von Outlook Express in Outlook 2007 übernehmen.

1. Öffnen Sie Outlook.
2. Wählen Sie im Menü *Datei* den Befehl *Importieren/Exportieren*. Es öffnet sich der *Import/Export-Assistent*. Wählen Sie die Option *Internet-Mail und Adressen importieren* und klicken Sie auf *Weiter*.
3. Aktivieren Sie im nächsten Schritt im Feld *Aus folgender Internet-E-Mail-Anwendung importieren* die Anwendung, aus der Sie Daten importieren möchten (siehe Abbildg. 10.21).

Abbildg. 10.21 Hier wählen Sie die Anwendung und die Elemente, die importiert werden sollen

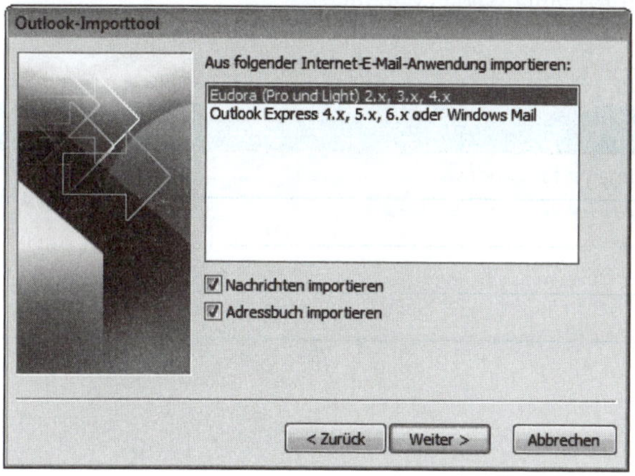

4. Aktivieren Sie die Kontrollkästchen aller Elemente, die Sie übernehmen wollen, und klicken Sie auf *Weiter*.

Kontaktpflege leicht gemacht

5. Haben Sie den Import von Adressen aktiviert, wählen Sie nun im Dialogfeld *Import von Adressen* zwischen den Optionen *Duplikate durch importierte Elemente ersetzen, Erstellen von Duplikaten zulassen* und *Keine Duplikate importieren.*
6. Klicken Sie auf die Schaltfläche *Fertig stellen*, um den Vorgang zu beenden.
7. Es öffnet sich das Dialogfeld *Zusammenfassung des Imports*, dem Sie entnehmen können, wie viele Nachrichten, Adressen und Verteilerlisten importiert wurden. Klicken Sie auf *OK*, um den Vorgang abzuschließen.

Persönliche Ordner-Dateien importieren

Haben Sie Ihre Outlook-Daten in eine *Persönliche Ordner*-Datei, kurz PST-Datei genannt, exportiert, können Sie sie zu einem späteren Zeitpunkt jederzeit wieder importieren oder aber an andere Personen weitergeben, die sie in Outlook importieren. Das Gleiche gilt natürlich für Persönliche Ordner-Dateien, die Sie von anderen Personen erhalten.

Gehen Sie wie folgt vor, um eine *Persönliche Ordner*-Datei in Outlook zu importieren:

1. Wählen Sie im Menü *Datei* den Befehl *Importieren/Exportieren.*
2. Es öffnet sich der *Import/Export-Assistent*, in dem Sie den Eintrag *Importieren aus anderen Programmen oder Dateien* wählen und dann auf *Weiter* klicken.
3. Wählen Sie im Listenfeld *Zu importierender Dateityp* den Eintrag *Persönliche Ordner-Datei (.pst)* und klicken Sie auf die Schaltfläche *Weiter.*
4. Es öffnet sich der nächste Schritt namens *Persönliche Ordner importieren* (siehe Abbildg. 10.22). Geben Sie in das Feld *Zu importierende Datei* den Dateinamen inklusive Speicherort ein oder klicken Sie auf die Schaltfläche *Durchsuchen* und wählen Sie die zu öffnende Datei im Dialogfeld *Persönliche Ordner öffnen* aus.

TIPP Falls Sie bereits einmal eine *Persönliche Ordner*-Datei importiert haben, enthält das Feld *Zu importierende Datei* beim nächsten Mal den Dateinamen dieser Datei.

Abbildg. 10.22 Die zu importierende Datei angeben

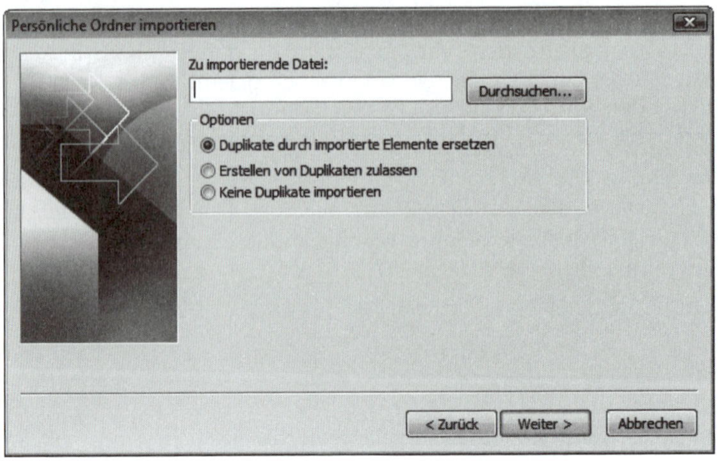

5. Nachdem das Feld *Zu importierende Datei* den Dateinamen enthält, legen Sie im Bereich *Optionen* fest, was mit doppelt vorhandenen Elementen, also Duplikaten, geschehen soll. Bereits vorhandene Elemente können entweder durch importierte Elemente ersetzt (*Duplikate durch importierte Elemente ersetzen*), doppelt angelegt (*Erstellen von Duplikaten zulassen*) oder nicht importiert werden (*Keine Duplikate importieren*).
6. Klicken Sie anschließend auf *Weiter*.
7. Wählen Sie zunächst im Feld *Ordner, aus dem Sie importieren möchten* den gewünschten Ordner aus (siehe Abbildg. 10.23). Es stehen hier alle Ordner zur Verfügung, die in der *Persönliche Ordner*-Datei enthalten sind. Aktivieren Sie das Kontrollkästchen *Unterordner einbeziehen*, wenn der Ordner untergeordnete Ordner enthält, die Sie ebenfalls importieren wollen. Ordner, die weitere Ordner enthalten, erkennen Sie am vorangestellten Pluszeichen (+).

Abbildg. 10.23 Geben Sie hier an, was wohin importiert werden soll

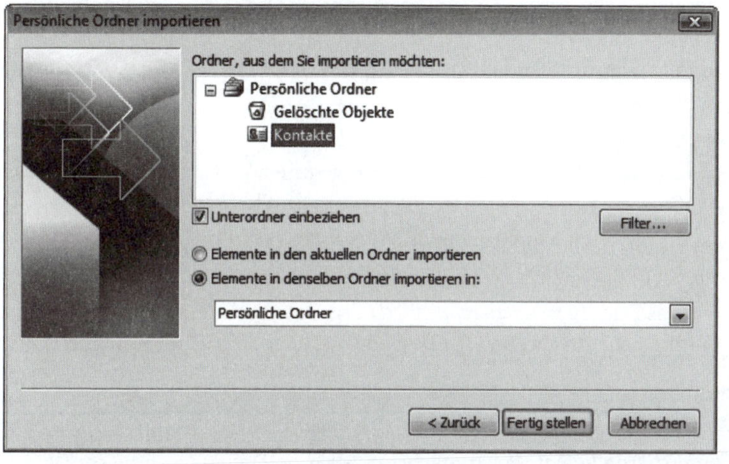

8. Über die Schaltfläche *Filter* öffnen Sie das gleichnamige Dialogfeld, in dem Sie Kriterien festlegen können, nach denen der Inhalt des Ordners importiert wird.

TIPP Das Dialogfeld *Filtern* entspricht dem Dialogfeld *Erweiterte Suche*, das Sie im Zusammenhang mit der Suche im Posteingang kennen gelernt haben. Mehr zu den Optionen der Filterfunktion erfahren Sie in Kapitel 7.

9. Wählen Sie dann, wohin die Kontaktdaten importiert werden sollen. Zur Auswahl stehen die Optionen *Elemente in den aktuellen Ordner importieren* und *Elemente in denselben Ordner importieren in*. Haben Sie letztere Option gewählt, klicken Sie auf den Abwärtspfeil im Listenfeld unterhalb der Option und wählen Sie die Datei, in die die Daten importiert werden sollen.
10. Klicken Sie auf die Schaltfläche *Fertig stellen*, um den Import zu beenden und die Daten in Ihren Kontaktordner zu übernehmen.

Komma- und tabulatorgetrennte Werte importieren

Liegen die Kontaktdaten, die Sie importieren möchten, als Textdatei im Format »Tabulatorgetrennte Werte« oder im Format »Kommagetrennte Werte« vor, können Sie diese Daten bequem in Outlook übernehmen. Da sich die Feldnamen in den einzelnen Anwendungen stark von der Benennung in Outlook unterscheiden können, haben Sie die Möglichkeit, die einzelnen Felder den entsprechenden Outlook-Feldern zuzuordnen.

PROFITIPP

Das Format »Tabulatorgetrennte Werte« ist zwar für Adressdatenbanken nicht unbedingt üblich, es kann jedoch als Zwischenformat benutzt werden, denn einige Programme, für die Outlook keine Importfilter enthält, bieten den Export in eine Datei dieses Formats an. Sie können die Daten dann über dieses Format in Outlook importieren.

Gehen Sie wie folgt vor, um Kontaktdaten aus einer Textdatei des Typs »Kommagetrennte Werte (Windows)« zu importieren:

1. Starten Sie Outlook und wählen Sie im Menü *Datei* den Befehl *Importieren/Exportieren.*
2. Im Dialogfeld *Import/Export-Assistent* wählen Sie unter *Wählen Sie eine Aktion aus* den Eintrag *Aus anderen Programmen oder Dateien importieren* und klicken dann auf *Weiter.*
3. Wählen Sie im nächsten Schritt namens *Datei importieren* im Feld *Zu importierenden Dateityp* den Eintrag *Kommagetrennte Werte (Windows)* und klicken Sie auf die Schaltfläche *Weiter* (siehe Abbildg. 10.24).

Abbildg. 10.24 Kommagetrennte Werte importieren

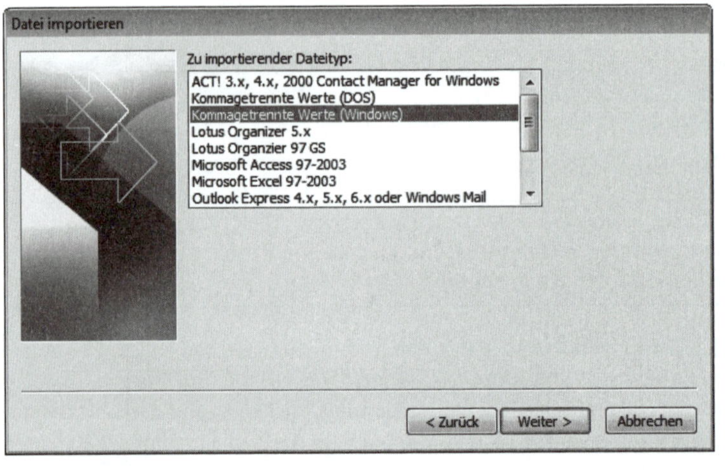

4. Im nächsten Schritt geben Sie den Pfad und den Namen der zu importierenden Datei an. Falls Sie den Pfad nicht kennen, klicken Sie auf die Schaltfläche *Durchsuchen*, wechseln Sie im gleichnamigen Dialogfeld zum Ordner, der die Datei enthält, und öffnen Sie die Datei mit einem Doppelklick.

5. Legen Sie im Bereich *Optionen* des Dialogfelds *Datei importieren* fest, wie Duplikate behandelt werden sollen. Zur Auswahl stehen die Optionen *Duplikate durch importierte Elemente ersetzen*, *Erstellen von Duplikaten zulassen* und *Keine Duplikate importieren*.

TIPP Standardmäßig ist die Option *Erstellen von Duplikaten zulassen* aktiviert. Das ist auch durchaus sinnvoll, denn so können Sie die importierten Elemente zunächst einmal betrachten und die nicht benötigten Elemente nach dem Import löschen.

6. Klicken Sie auf *Weiter*, um fortzufahren.
7. Markieren Sie im nächsten Schritt unter *Zielordner auswählen* den Ordner *Kontakte* und klicken Sie auf *Weiter*.
8. Klicken Sie im nächsten Schritt auf die Schaltfläche *Felder zuordnen*, um zu überprüfen, ob die Daten aus der Textdatei in die richtigen Kontaktfelder von Outlook importiert werden.
9. Im gleichnamigen Dialogfeld sehen Sie im Bereich *Von* die Felder, die in der Textdatei benutzt werden und im Bereich *Nach* in der Spalte *Feld* die Felder, die im Ordner *Kontakte* verwendet werden und in der Spalte *Zugeordnet aus* die Felder aus Ihrer Adressdatei, die den Outlook-Kontaktfeldern automatisch zugeordnet wurden (siehe Abbildg. 10.25).

HINWEIS Einigen Feldnamen ist ein Pluszeichen vorangestellt. Es handelt sich dabei um Feldgruppen. Klicken Sie auf ein Pluszeichen, um die Gruppe zu erweitern und die Felder zu sehen, die in der Gruppe zusammengefasst werden.

Abbildg. 10.25 Die Werte aus der Textdatei den Feldern des Kontaktformulars zuordnen

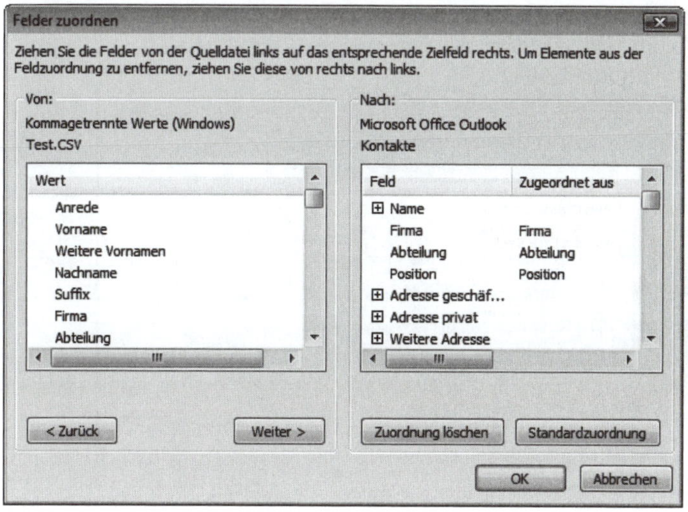

Nehmen Sie bei Bedarf weitere Zuordnungen vor, indem Sie jeweils den passenden Wert aus der Spalte *Wert* auf das Feld in der Spalte *Feld* ziehen. Enthält Ihre Adressdatei beispielsweise nur geschäftliche Adressen, können Sie den Wert *Straße* dem Outlook-Kontaktfeld *Straße geschäftlich*, den Wert *PLZ* dem Feld *Postleitzahl geschäftlich* und den Wert *Ort* dem Feld *Ort geschäftlich* zuordnen.

TIPP Haben Sie sich bei der Zuordnung vertan, können Sie entweder einen anderen Eintrag aus der Spalte *Wert* auf das Feld in der Spalte *Feld* ziehen oder Sie ziehen das Feld aus der Spalte *Feld* auf die Spalte *Wert*. Sobald Sie die Maustaste loslassen, ist die Zuordnung gelöscht.

Über die Schaltfläche *Zuordnung löschen* werden alle Zuordnungen gelöscht. Über die Schaltfläche *Standardzuordnung* nimmt Outlook eine automatische Zuordnung der Werte zu den Kontaktfeldern vor.

10. Ist die Zuordnung korrekt, klicken Sie im Dialogfeld *Felder zuordnen* auf *OK* und im Dialogfeld *Datei importieren* auf *Fertig stellen*.

Outlook führt nun den Import der Felder aus der Quelldatei in den gewählten Zielordner von Outlook durch und informiert Sie über eine Fortschrittsanzeige über den Erfolg.

Excel-Dateien importieren

Der Datenimport aus einer Excel-Datei der Versionen Excel 97 bis Excel 2003 funktioniert im Wesentlichen so wie der Import aus einer Textdatei mit tabulatorgetrennten oder kommagetrennten Werten. Es müssen lediglich ein paar Besonderheiten berücksichtigt werden.

Um eine Excel-Datei aus einer früheren Excel-Version zu importieren, gehen Sie wie folgt vor:

1. Öffnen Sie die Adressdatei in Microsoft Excel und markieren Sie den Datenbereich, den Sie in Outlook importieren möchten.
2. Unter Microsoft Excel 2007 klicken Sie den markierten Bereich mit der rechten Maustaste an und wählen im Kontextmenü den Befehl *Bereich benennen*. Unter Microsoft Excel 2003 und früher wählen Sie im Menü *Einfügen* den Befehl *Namen/Definieren*.

Abbildg. 10.26 Den zu importierenden Bereich benennen

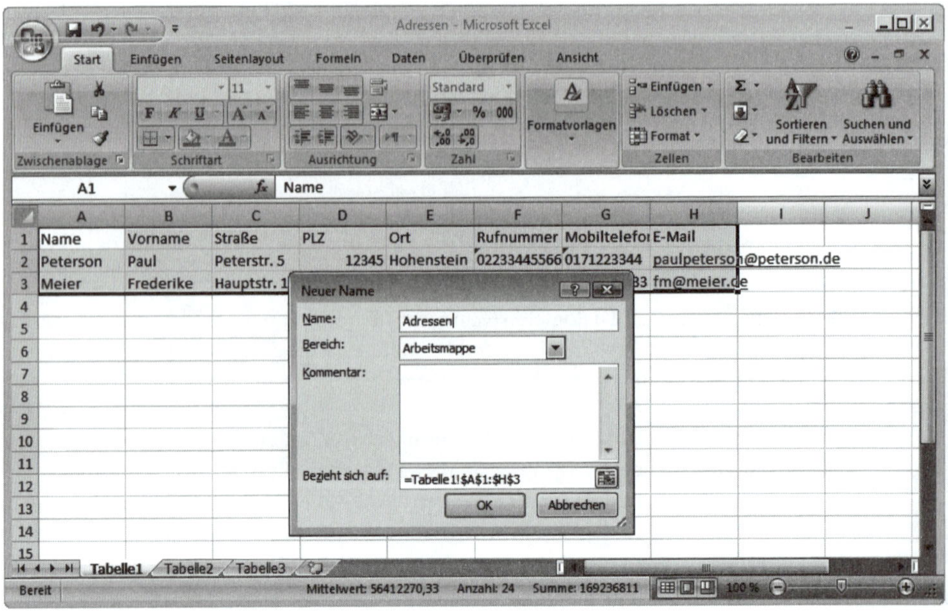

3. Im Dialogfeld *Neuer Name* geben Sie einen aussagekräftigen Namen ein, den der Datenbereich tragen soll (siehe Abbildg. 10.26), und klicken auf *OK*.
4. Speichern Sie die Datei dann im Format Excel 97-2003-Arbeitsmappe, indem Sie auf die *Office*-Schaltfläche klicken, im Menü auf *Speichern unter* zeigen und dann die Option *Excel 97-2003-Arbeitsmappe* wählen. Im Dialogfeld *Speichern unter* geben Sie den Dateinamen ein und klicken auf *Speichern*.

TIPP Unter Microsoft Office Excel 2003 und früher brauchen Sie nur auf die *Speichern*-Schaltfläche in der Symbolleiste zu klicken.

5. Schließen Sie die Adressdatei dann und wählen Sie im Menü *Datei* von Outlook den Befehl *Importieren/Exportieren*.
6. Im Dialogfeld *Datei importieren* markieren Sie den Eintrag *Microsoft Excel 97-2003* und klicken auf *Weiter*.
7. Im nächsten Schritt geben Sie den Pfad und den Namen der zu importierenden Datei an oder klicken Sie auf die Schaltfläche *Durchsuchen*, wählen die Datei aus, und klicken auf *OK*.
8. Nun sehen Sie im Feld *Die folgenden Aktionen werden ausgeführt* den Eintrag *"<Datenbereich>" importieren in den Ordner: Kontakte* (siehe Abbildg. 10.27). Prüfen Sie zunächst, ob die Feldzuordnungen korrekt sind. Klicken Sie dazu auf die Schaltfläche *Felder zuordnen*.

Abbildg. 10.27 Den zu importierenden Bereich auswählen

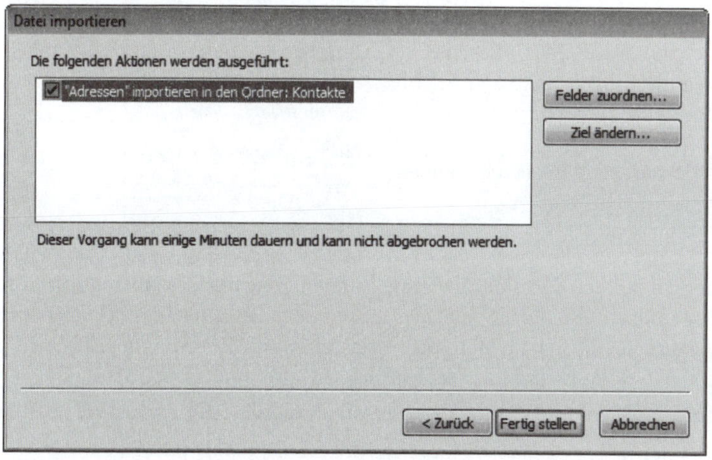

9. Im gleichnamigen Dialogfeld sehen Sie im Bereich *Von* die Felder, die in der Adressdatei benutzt werden und im Bereich *Nach* in der Spalte *Feld* die Felder, die im Ordner *Kontakte* verwendet werden und in der Spalte *Zugeordnet aus* die Felder aus Ihrer Adressdatei, die den Outlook-Kontaktfeldern automatisch zugeordnet wurden. Sind für Felder in der Spalte *Zugeordnet aus* keine Werte vorhanden, konnte Outlook keine automatische Zuordnung vornehmen. Möglicherweise ist die Zuordnung auch falsch. Prüfen Sie in jedem Fall, ob die Zuordnungen korrekt sind, korrigieren Sie die fehlerhaften Zuordnungen und nehmen Sie bei Bedarf weitere Zuordnungen vor.

TIPP Nicht alle Zuordnungen sind direkt sichtbar. Um beispielsweise zu prüfen, ob der Vorname korrekt zugeordnet wurde, müssen Sie auf das dem Feld *Name* vorangestellte Pluszeichen klicken, um das Feld zu erweitern. Die untergeordneten Felder blenden sich nun ein und Sie können in der Spalte *Zugeordnet aus* prüfen, ob die Zuordnung korrekt ist.

Um eine eigene Zuordnung vorzunehmen, wie z.B. das Feld *Straße* dem Feld *Straße geschäftlich* zuzuordnen, klicken Sie zunächst im Bereich *Nach* auf das dem Feld *Adresse geschäftlich* vorangestellte Pluszeichen, um die untergeordneten Felder einzublenden. Dann klicken Sie das Feld, das Sie zuordnen möchten, im Bereich *Von* an und ziehen Sie es auf das gewünschte Feld im Bereich *Nach*. Sobald Sie die linke Maustaste loslassen, erfolgt die Zuordnung (siehe Abbildg. 10.28).

Abbildg. 10.28 Felder manuell zuordnen

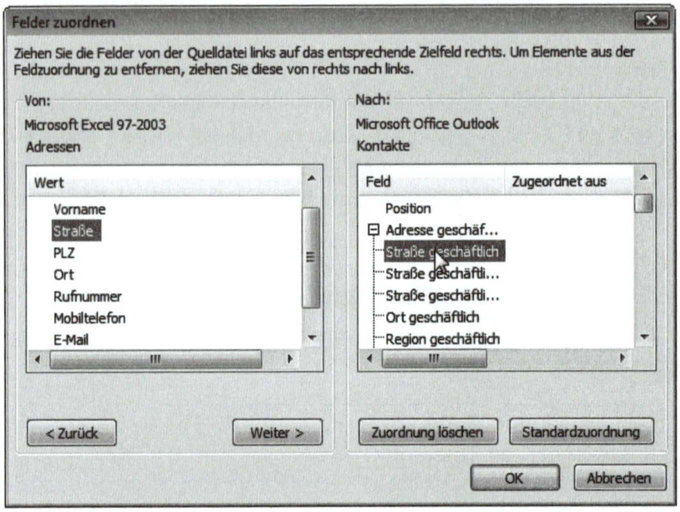

Haben Sie sich bei der Zuordnung vertan, können Sie entweder einen anderen Eintrag aus der Spalte *Wert* auf das Feld in der Spalte *Feld* ziehen oder Sie ziehen das Feld aus der Spalte *Feld* auf die Spalte *Wert*. Sobald Sie die Maustaste loslassen, ist die Zuordnung gelöscht.

Über die Schaltfläche *Zuordnung löschen* werden alle Zuordnungen gelöscht. Über die Spalte *Standardzuordnung* nimmt Outlook eine automatische Zuordnung der Werte zu den Kontaktfeldern vor.

10. Ist die Zuordnung korrekt, klicken Sie im Dialogfeld *Felder zuordnen* auf *OK* und im Dialogfeld *Datei importieren* auf *Fertig stellen*.

Outlook führt nun den Import der Felder aus der Quelldatei in den gewählten Zielordner von Outlook durch und informiert Sie über eine Fortschrittsanzeige über den Erfolg. Sobald der Import abgeschlossen ist, können Sie auf die Kontakte zugreifen.

Daten exportieren

Ihre Outlook-Kontakte können Sie in viele verschiedene Formate exportieren und auf diesem Wege archivieren oder weitergeben. Nachfolgend wird der Export in Persönliche Ordner-Dateien, in Textdateien der Formate tabulator- und kommagetrennte Werte und in das Microsoft Excel-Format beschrieben.

Export in eine *Persönliche Ordner*-Datei

Der Export in eine *Persönliche Ordner*-Datei ist nicht nur dann sinnvoll, wenn Sie Ihre Adressdaten an andere Outlook-Nutzer weitergeben wollen, sondern insbesondere, um Sicherungskopien Ihrer Outlook-Daten zu erstellen. Exportieren Sie zumindest Ihre Kontaktdaten regelmäßig in eine *Persönliche Ordner*-Datei, um im Falle eines Systemdefektes nicht Ihre gesamten Adressdaten zu verlieren.

Um Ihren Ordner *Kontakte* in eine *Persönliche Ordner*-Datei zu exportieren, gehen Sie wie folgt vor.

1. Wählen Sie im Menü *Datei* den Befehl *Importieren/Exportieren*. Es öffnet sich der *Import/Export-Assistent*.
2. Aktivieren Sie im *Import/Export-Assistenten* die Aktion *In Datei exportieren* und klicken Sie auf *Weiter*.
3. Wählen Sie im Dialogfeld *In eine Datei exportieren* im Listenfeld *Zu erstellender Dateityp* den Eintrag *Persönliche Ordner-Datei (.pst)* und klicken Sie auf *Weiter*.
4. Wählen Sie im Listenfeld *Ordner, aus dem Sie exportieren möchten* den Ordner, dessen Inhalt Sie exportieren wollen, im Beispiel den Ordner *Kontakte*. (siehe Abbildg. 10.29).

TIPP Enthält der Ordner Unterordner, deren Inhalt Sie ebenfalls exportieren wollen, aktivieren Sie das Kontrollkästchen *Unterordner einbeziehen*

Abbildg. 10.29 Hier wählen Sie den Ordner, dessen Inhalt Sie exportieren wollen

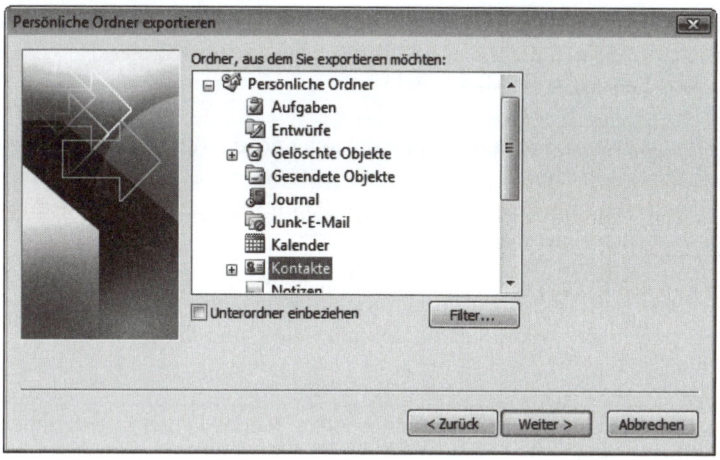

Kontaktpflege leicht gemacht

5. Geben Sie im nächsten Schritt *Persönliche Ordner exportieren* an, wo die exportierte Datei gespeichert werden soll. Legen Sie dabei den Pfad und den Dateinamen fest. Gibt es bereits eine Datei, die Sie mit den exportierten Daten überschreiben oder deren Daten Sie durch die neuen Daten ersetzen wollen, wählen Sie diese über die Schaltfläche *Durchsuchen* und wählen Sie die Datei mit einem Doppelklick aus.

HINWEIS Outlook 2007 schlägt standardmäßig vor, die exportierte Datei im lokalen Ordner *Microsoft\Outlook* unter dem Dateinamen *backup.pst* zu speichern, in dem standardmäßig die Outlook-Daten gesichert werden. Sie können jedoch auch jeden anderen Dateinamen und Speicherort wählen.

6. Wählen Sie dann im Bereich *Optionen,* wie Duplikate behandelt werden sollen. Die Optionen sind natürlich nur dann relevant, wenn Sie eine vorhandene Datei überschreiben. Wählen Sie die Option *Duplikate durch exportierte Elemente ersetzen*, wenn die Daten, die bereits in der Datei vorhanden sind, mit den Daten überschrieben werden sollen, die Sie jetzt neu exportieren. Sollen Duplikate angelegt werden, wählen Sie die Option *Erstellen von Duplikaten zulassen.* Wollen Sie im Falle von Duplikaten die vorhandenen Daten beibehalten und nur die noch nicht vorhandenen exportieren, wählen Sie die Option *Keine Duplikate exportieren.*
7. Klicken Sie schließlich auf die Schaltfläche *Fertig stellen*, um den Export zu starten.
8. Es öffnet sich ein weiteres Dialogfeld namens *Persönliche Ordner erstellen*, in dem Sie die Verschlüsselung und den Kennwortschutz festlegen können (siehe Abbildg. 10.30).

Abbildg. 10.30 Den Kennwortschutz festlegen

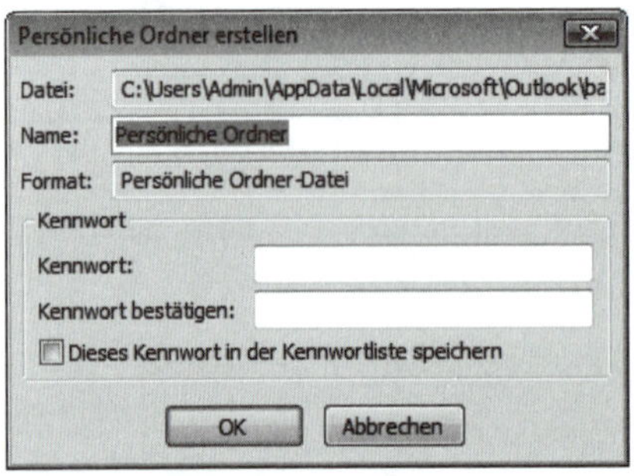

Geben Sie im Feld *Name* eine Bezeichnung ein, unter der die *Persönliche Ordner*-Datei exportiert werden soll. Diese Bezeichnung wird bei einem späteren Import als Ordnerbezeichnung verwendet. Alle in der Datei enthaltenen Ordner, wie z.B. Kontakte, werden bei einem späteren Import in Outlook als Unterordner dieses Ordners importiert.

Legen Sie dann im Bereich *Verschlüsselung* den Grad der Verschlüsselung fest. Über die Option *Keine Verschlüsselung* deaktivieren Sie die Verschlüsselung, über die Option *Komprimierbare Verschlüsselung* erfolgt eine relativ sichere Verschlüsselung und die Option *Starke Verschlüsselung* erklärt sich selbst.

HINWEIS Eine Verschlüsselung ist nur erforderlich, wenn Sie den Zugriff unberechtigter Personen auf Ihre Daten befürchten müssen.

Soll die Datei mit einem Kennwort geschützt werden, geben Sie dieses in das Feld *Kennwort* ein und wiederholen Sie es im Feld *Kennwort bestätigen.* Soll das Kennwort gespeichert werden, aktivieren Sie das Kontrollkästchen *Das Kennwort in der Kennwortliste speichern.*

9. Klicken Sie auf *OK*, um die Datei zu exportieren. Die Datei wird nun unter dem angegebenen Namen und Pfad gespeichert und Sie können sie jederzeit in Outlook importieren oder an andere Personen weitergeben, die sie dann ebenfalls importieren können.

Daten beim Export filtern

Wenn Sie nicht alle Daten aus dem Ordner *Kontakte* übernehmen möchten, können Sie beim Export über die Schaltfläche *Filter* festlegen, welche Kontakte exportiert werden sollen. Gehen Sie dazu wie folgt vor:

1. Wählen Sie im Menü *Datei* von Outlook den Befehl *Importieren/Exportieren.*
2. Im nächsten Schritt wählen Sie den Befehl *In Datei exportieren* und klicken auf *Weiter.*
3. Dann wählen Sie den Eintrag *Persönliche Ordner-Datei (.pst)* und klicken auf *Weiter.*
4. Im nächsten Schritt markieren Sie den Ordner, den Sie exportieren möchten, und klicken auf die Schaltfläche *Filter.*
5. Im Dialogfeld *Filtern* legen Sie auf den drei Registerkarten *Kontakte, Weitere Optionen* und *Erweitert* die Kriterien fest, nach denen die Kontakte gefiltert werden sollen. Filter definieren Sie dabei auf die gleiche Weise wie die Suchkriterien bei der erweiterten Suche (siehe Abbildg. 10.31).

Abbildg. 10.31 Daten beim Export filtern

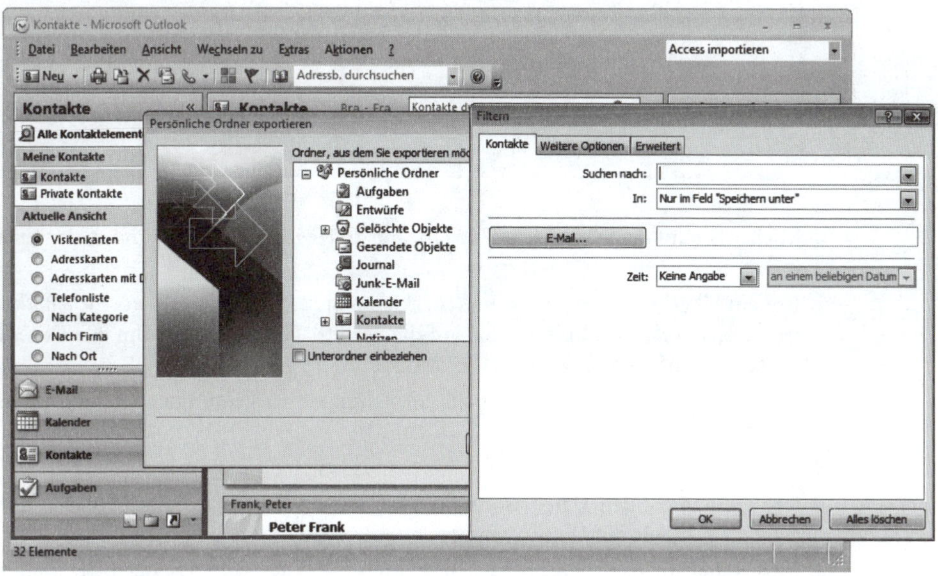

- Auf der Registerkarte *Kontakte* können Sie z.B. im Feld *Suchen nach* einen Begriff eingeben, nach dem Sie suchen wollen. Im Listenfeld *In* wählen Sie, in welchem Feld der gesuchte Begriff enthalten sein soll. Im Beispiel werden alle Kontakte gesucht, die im Feld *Firma* den

Wert *Enzlin* enthalten. Über den Wert im Listenfeld *Zeit* können Sie die Daten nach einem bestimmten Erstellungs- oder Änderungsdatum filtern.

- Die Registerkarte *Weitere Optionen* ist in erster Linie für E-Mail-Nachrichten relevant und spielt beim Filtern von Kontakten keine Rolle. Über sie können Sie beispielsweise Elemente mit oder ohne Anlagen und Elemente mit einer bestimmten Größe herausfiltern.
- Auf der Registerkarte *Erweitert* wählen Sie eines oder mehrere Felder und Bedingungen, die die Feldinhalte erfüllen müssen. Für den privaten Wohnort, d.h., das Feld *Adresse privat: Ort* müssten Sie beispielsweise die Bedingung *ist (genau)* und den Wert *München* festlegen, um nur die Kontakte zu exportieren, die privat in München wohnhaft sind (siehe Abbildg. 10.32).

Abbildg. 10.32 Beim Export können Sie die Daten filtern

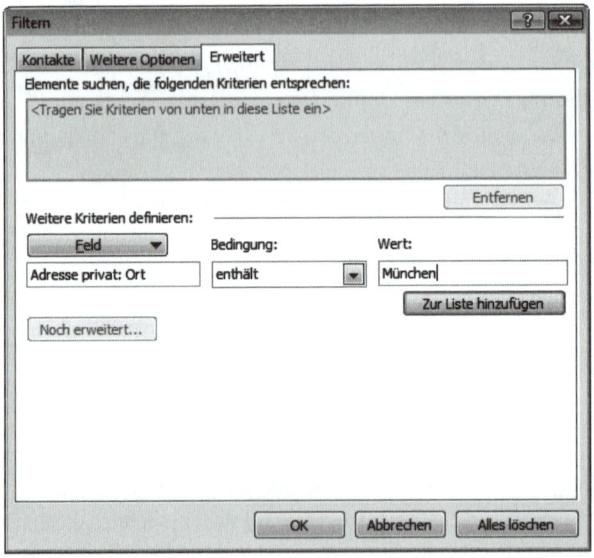

6. Klicken Sie auf die Schaltfläche *Zur Liste hinzufügen,* um Ihr Kriterium in den Filter zu übernehmen.
7. Um ein Filterkriterium zu löschen, markieren Sie es im Feld *Elemente suchen, die folgenden Kriterien entsprechen* und klicken Sie auf die Schaltfläche *Entfernen.* Um alle Kriterien zu löschen, klicken Sie auf die Schaltfläche *Alles löschen.*
8. Haben Sie im Dialogfeld *Filtern* alle Einstellungen vorgenommen, wählen Sie die Schaltfläche *OK.*
9. Im Dialogfeld *Persönliche Ordner exportieren* klicken Sie auf *Weiter.*
10. Dann geben Sie den Dateinamen ein oder wählen ihn über die Schaltfläche *Durchsuchen* aus, geben Sie an, wie mit Duplikaten verfahren werden soll, und klicken Sie auf *Fertig stellen.*
11. Im letzten Schritt legen Sie bei Bedarf ein Kennwort fest und bestätigen Sie mit *OK.*

Export in komma- und tabulatorgetrennte Werte

Wollen Sie Ihre Adressdaten auf einem Computer nutzen, auf dem Outlook nicht installiert ist, an eine Person weitergeben, die nicht mit Outlook arbeitet, oder wollen Sie die Kontakte in *Windows-Kontakte* importieren, sollten Sie sie in ein allgemeines Dateiformat wie das CSV-Format exportieren, in dem die Werte aus den einzelnen Feldern mit Kommas (*Kommagetrennte Werte*) oder Tabulatoren (*Tabulatorgetrennte Werte*) getrennt werden. Tabulator- und kommagetrennte Werte können von den meisten Programmen importiert werden.

Gehen Sie wie folgt vor, um den Inhalt Ihres Ordners *Kontakte* in eine Datei des Typs *Kommagetrennte Werte (Windows)* zu exportieren:

1. Wählen Sie im Menü *Datei* von Outlook den Befehl *Importieren/Exportieren.*
2. Im nun geöffneten *Import/Export-Assistent* wählen Sie die Option *In Datei exportieren* und klicken auf *Weiter.*
3. Im nächsten Schritt wählen Sie den Dateityp *Kommagetrennte Werte (Windows)* und klicken auf *Weiter* (siehe Abbildg. 10.33).

Abbildg. 10.33 Kontaktdaten in kommagetrennte Werte exportieren

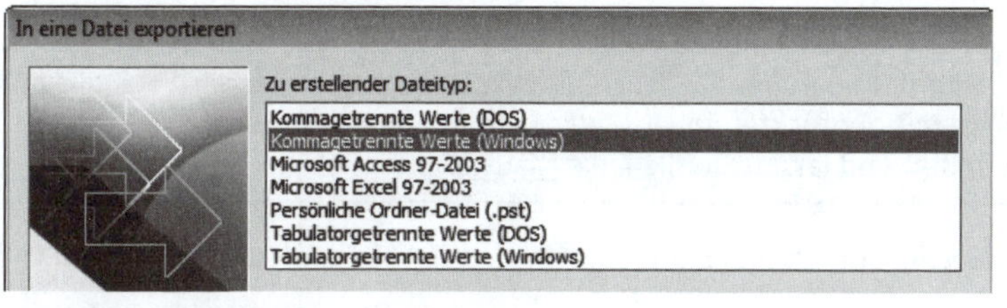

4. Markieren Sie dann im Listenfeld *Aus diesem Ordner exportieren* den Ordner *Kontakte* und klicken Sie auf die Schaltfläche *Weiter.*
5. Im nächsten Schritt geben Sie in das Feld *Exportierte Datei speichern unter* den Pfad und Namen der Datei ein, in die die Daten exportiert werden sollen, oder wählen Sie eine bereits vorhandene Datei über die Schaltfläche *Durchsuchen* aus. Klicken Sie anschließend auf *Weiter.*
6. Es folgt ein weiterer Schritt, in dem Sie das Kontrollkästchen vor der Angabe *"Kontakte" exportieren aus dem Ordner* aktivieren und klicken Sie auf die Schaltfläche *Felder zuordnen* (siehe Abbildg. 10.34).

Abbildg. 10.34 Kontakte exportieren

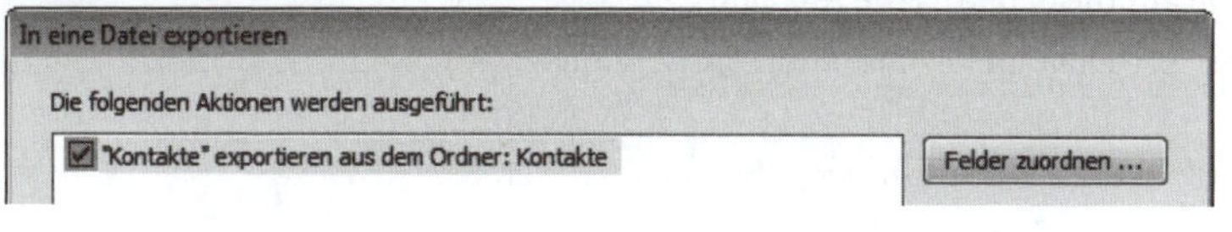

7. Im Dialogfeld *Felder zuordnen* klicken Sie auf die Schaltfläche *Zuordnung löschen.* Blenden Sie dann mit einem Mausklick auf das jeweils vorangestellte Pluszeichen die untergeordneten Felder von Sammelfeldern ein, wie z.B. vom Feld *Name* oder vom Feld *Adresse geschäftlich.*
8. Dann ziehen Sie die Felder in der gewünschten Reihenfolge aus dem Bereich *Von* in den Bereich *Nach* (siehe Abbildg. 10.35).

Abbildg. 10.35 Die gewünschte Feldzuordnung vornehmen

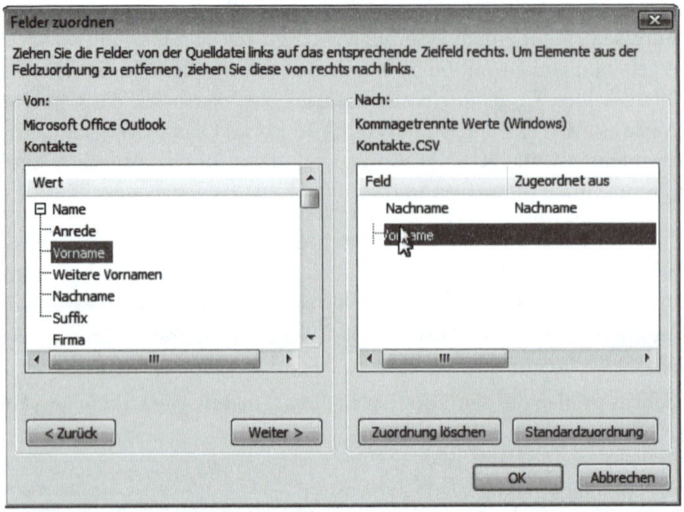

PROFITIPP

Ist die Feldreihenfolge im Bereich *Nach* nicht korrekt, ziehen Sie das Feld, das an der falschen Position steht, mit gedrückter linker Maus nach oben oder unten, bis es sich an der richtigen Position befindet, und lassen Sie die linke Maustaste dann los.

9. Klicken Sie dann auf *OK* und auf *Fertig stellen*, um den Export auszuführen.

Export von Kontaktdaten in Microsoft Office Excel

Neben den Formaten *Kommagetrennte Werte* und *Tabulatorgetrennte Werte* steht Ihnen auch noch das Excel-Format zur Verfügung, das Sie in vielen Zusammenhängen einsetzen zu können. Um Ihre Kontaktdaten in eine Excel-Datei zu exportieren, gehen Sie wie folgt vor:

1. Wählen Sie im Menü *Datei* den Befehl *Importieren/Exportieren.*
2. Im Import/Export-Assistenten markieren Sie die Option *In Datei exportieren* und klicken auf *Weiter.*
3. Markieren Sie nun als zu erstellenden Dateityp den Eintrag *Microsoft Excel 97-2003* und klicken Sie auf *Weiter* (siehe Abbildg. 10.36).

Abbildg. 10.36 Kontaktdaten in eine Excel-Datei exportieren

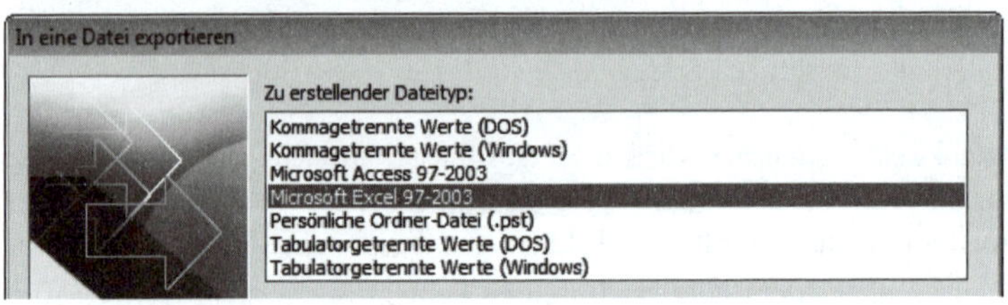

4. Markieren Sie den Ordner *Kontakte* oder einen anderen Kontaktordner, den Sie exportieren möchten, und klicken Sie auf *Weiter.*
5. Im nächsten Schritt geben Sie unter *Exportierte Datei speichern unter* an, wo und unter welchem Namen die Datei gespeichert werden soll, und klicken auf *Weiter.*
6. Nun markieren Sie das Kontrollkästchen für den Eintrag im Feld *"Kontakte" exportieren aus dem Ordner* und klicken Sie auf die Schaltfläche *Felder zuordnen*, um die Feldzuordnung zu überprüfen.
7. Im Dialogfeld *Felder zuordnen* prüfen Sie, welchen Excel-Feldern die Felder aus Ihrem Kontaktordner zugeordnet wurden (siehe Abbildg. 10.37). Im Bereich *Nach* sehen Sie in der Spalte *Feld*, wie die Felder in der Datei des Typs *Kommagetrennte Werte* heißen werden. In der Spalte *Zugeordnet aus* sehen Sie zunächst die Feldnamen, die in Outlook verwendet werden.

Abbildg. 10.37 Die Feldzuordnung überprüfen

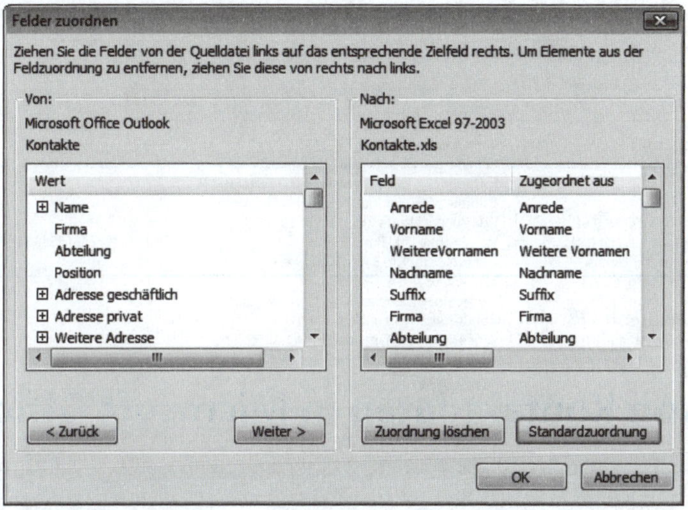

- Über die Schaltfläche *Standardzuordnung* können Sie die aktuelle Zuordnung löschen und die Standardzuordnung vornehmen.

TIPP Mit der Standardzuordnung werden alle Felder des Kontaktformulars exportiert, auch wenn diese keine Daten enthalten.

- Um eine einzelne Zuordnung zu löschen, markieren Sie sie und drücken Sie die Entf-Taste.
- Wollen Sie nur bestimmte Felder in die exportierte Datei übernehmen, klicken Sie zunächst auf die Schaltfläche *Zuordnung löschen*, um alle Zuordnungen zu entfernen. Dann ziehen Sie alle Felder, deren Werte Sie übernehmen möchten, aus dem Bereich *Von* mit der Maus in den Befehl *Nach.*

8. Klicken Sie auf *OK* und dann auf *Fertig stellen*, um den Vorgang abzuschließen.

Betrachten Sie die exportierte Datei nun in Microsoft Office Excel. Öffnen Sie dazu den Ordner, der die Datei enthält, und öffnen Sie dann die Datei mit einem Doppelklick.

Kontakte

TIPP Excel-Dateien erkennen Sie am Excel-Programmsymbol mit dem grünen Kreuz.

Prüfen Sie dann, ob die Daten wirklich so exportiert wurden, wie Sie sie benötigen (siehe Abbildg. 10.38). Haben Sie beispielsweise ein Sammelfeld gewählt, werden die Daten in Microsoft Excel nicht getrennt und sie können eigentlich nicht verwendet werden. Exportieren Sie bei Bedarf die Kontaktdaten noch einmal und passen Sie die Feldzuordnung so an, dass das Ergebnis genau Ihren Vorstellungen entspricht.

Abbildg. 10.38 Die Feldzuordnung in Microsoft Office Excel betrachten.

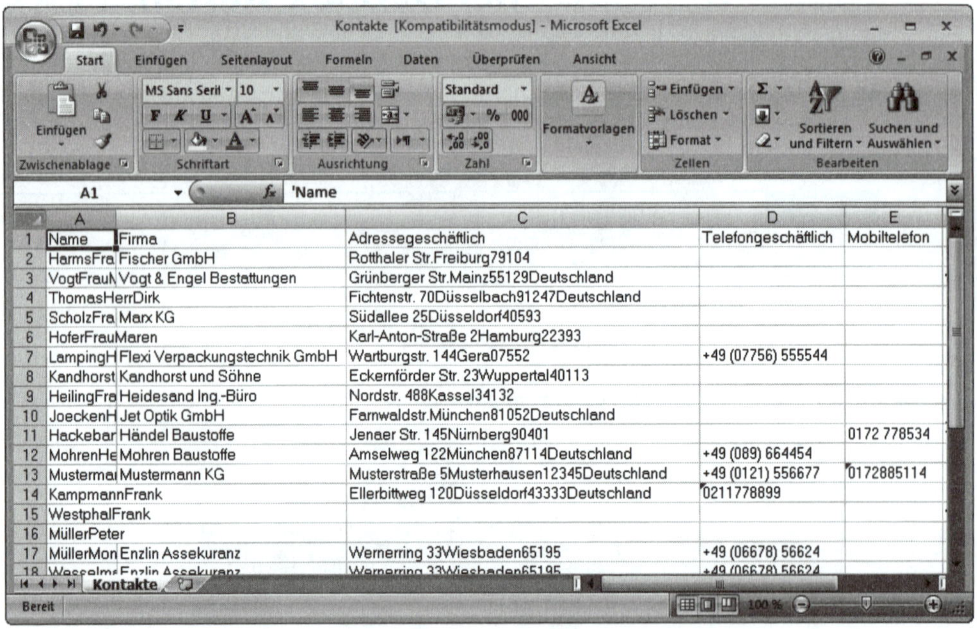

Export von Kontaktdaten in Windows Live Mail

Nutzen Sie Windows Live Mail, können Sie Ihre Kontaktdaten auch aus Outlook in Windows Live Mail exportieren. Umgekehrt ist der Export allerdings nicht möglich.

1. Melden Sie sich bei Ihrem Windows Live Mail-Konto an.
2. Klicken Sie im Navigationsbereich auf *Kontakte.*
3. Dann klicken Sie auf *Outlook- oder Outlook-Express-Kontakte importieren.*
4. Im Assistenten für den Import von Windows Live-Kontakten klicken Sie auf *Weiter.*
5. Nun geben Sie Ihre Windows Live-ID und Ihr Kennwort ein und klicken auf *Weiter.*
6. Wählen Sie nun aus, welche Kontakte Sie importieren möchten, indem Sie alle Kontrollkästchen von Outlook-Kontakten deaktivieren, die Sie nicht importieren möchten.
7. Klicken Sie zwei Mal auf *Weiter* und anschließend auf *Schließen*, um den Vorgang zu beenden.

Serienbriefe erstellen

Wollen Sie Briefe an mehrere oder alle Outlook-Kontakte versenden und haben Sie Microsoft Office Word auf Ihrem Computer installiert, können Sie die Kontakte bequem mit der Funktion Seriendruck in Ihren Brief integrieren. Dabei können Sie den Seriendruck direkt aus Microsoft Outlook starten oder in Microsoft Word ein Seriendokument erstellen und Ihren Kontaktordner als Datenquelle nutzen.

Den Seriendruck über Outlook starten

Erstellen Sie einen Serienbrief mit einigen ausgewählten Outlook-Kontakten als Empfänger.

1. Öffnen Sie den Ordner *Kontakte* mit einem Mausklick auf die gleichnamige Schaltfläche im Navigationsbereich und markieren Sie die Kontakte, an die Sie den Serienbrief adressieren wollen.

TIPP Um alle Kontakte zu markieren, wählen Sie im Menü *Bearbeiten* den Befehl *Alles markieren* oder drücken Sie die Tasten Strg + A.

2. Wählen Sie im Menü *Extras* den Befehl *Seriendruck*. Es öffnet sich das Dialogfeld *Kontakte zusammenführen* (siehe Abbildg. 10.39).

Abbildg. 10.39 Im Dialogfeld *Kontakte zusammenführen* nehmen Sie alle Einstellungen für den Seriendruck vor

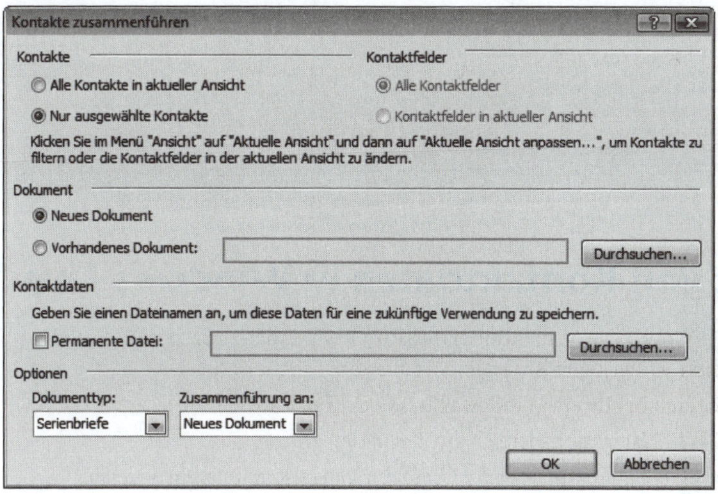

3. Im Abschnitt *Kontakte* legen Sie fest, ob alle oder nur die ausgewählten Kontakte beim Seriendruck berücksichtigt werden sollen.

TIPP Haben Sie in Schritt 1 eine spezielle Ansicht aktiviert, wie z.B. die Ansicht *Nach Ort* oder die Ansicht *Nach Firma*, können Sie nun unter *Kontaktfelder* festlegen, ob alle oder nur die Kontaktfelder der aktuellen Ansicht beim Seriendruck berücksichtigt werden sollen.

4. Wählen Sie im Abschnitt *Dokument* die Option *Neues Dokument*, wenn Sie ein neues Dokument für den Seriendruck erstellen wollen. Besitzen Sie hingegen bereits ein Dokument, das Sie für den Seriendruck verwenden wollen, aktivieren Sie die Option *Vorhandenes Dokument* und wählen Sie das Dokument dann über die Schaltfläche *Durchsuchen* aus.
5. Sollen die Kontaktdaten in einer separaten Datei gespeichert werden, um zukünftig oder von Microsoft Word aus leichter auf sie zugreifen zu können, aktivieren Sie im Abschnitt *Kontaktdaten* das Kontrollkästchen *Permanente Datei* und geben Sie einen Dateinamen an oder wählen einen über die Schaltfläche *Durchsuchen* aus.
6. Wollen Sie statt eines Serienbriefs Adressetiketten erstellen oder Briefumschläge beschriften, öffnen Sie das Listenfeld *Dokumenttyp* und wählen Sie die gewünschte Option aus.
7. Legen Sie schließlich im Listenfeld *Zusammenführung an* fest, ob der Serienbrief in ein neues Dokument, direkt auf den Drucker oder in E-Mail-Nachrichten ausgegeben werden soll.
8. Wählen Sie anschließend die Schaltfläche *OK*, um den Seriendruck zu starten.

TIPP Enthält Ihr Kontaktordner Verteilerlisten, blendet sich der Hinweis ein, dass diese nicht in den Seriendruck integriert werden. Bestätigen Sie dies mit einem Mausklick auf *OK*.

9. Microsoft Office Word wird nun mit einem leeren Dokument und aktivierter Registerkarte *Sendungen* in der Multifunktionsleiste gestartet. Fügen Sie die Seriendruckfelder, wie im Abschnitt »Seriendruckfelder einfügen« beschrieben, ein (siehe Abbildg. 10.40).

Abbildg. 10.40 Der Serienbrief mit Seriendruckfeldern

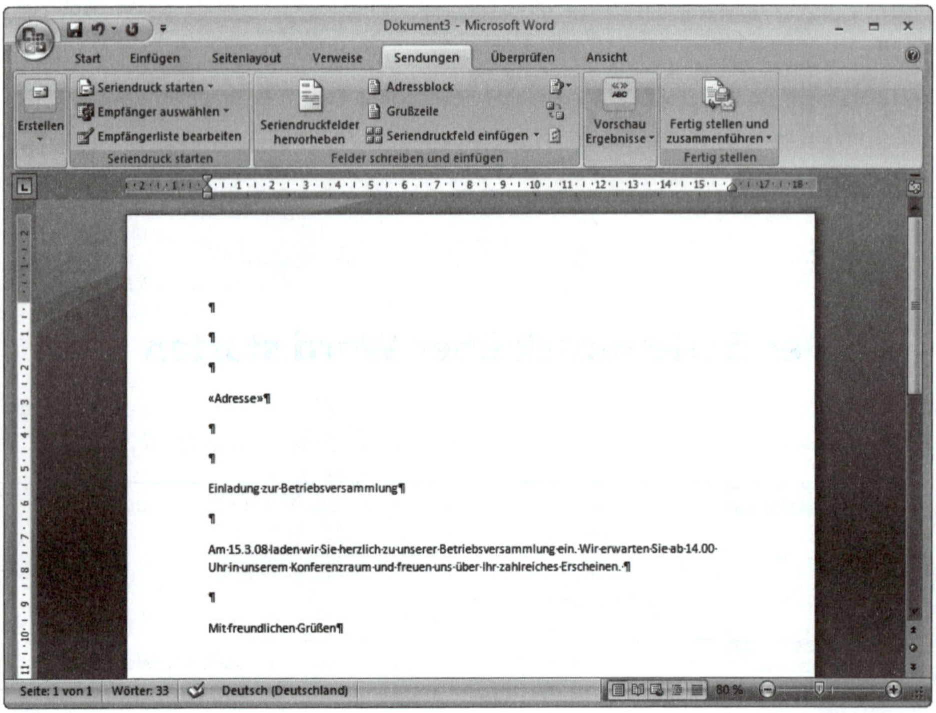

- Betrachten Sie die Ergebnisse in der Vorschau. Klicken Sie dazu auf die Schaltfläche *Vorschau Ergebnisse*.

TIPP Mit einem erneuten Mausklick auf die Schaltfläche *Vorschau Ergebnisse* blenden Sie die Vorschau wieder aus.

10. Dann klicken Sie auf *Fertig stellen und zusammenführen* und wählen im Dropdown-Menü einen der folgenden Befehle aus:
    - *Einzelne Dokumente bearbeiten*: Mit diesem Befehl wird die im nächsten Schritt gewählte Anzahl an Datensätzen in einzelne Dokumente geschrieben, die alle in Microsoft Office Word geöffnet werden und anschließend bearbeitet, gespeichert und gedruckt werden können.
    - *Dokumente drucken:* Das Seriendruckdokument wird mit der im nächsten Schritt gewählten Anzahl an Datensätzen auf den Drucker ausgegeben.
    - *E-Mail-Nachrichten senden:* Das Seriendruckdokument wird mit der im nächsten Schritt gewählten Anzahl an Datensätzen per E-Mail verschickt.
11. Es öffnet sich jeweils ein Dialogfeld, in dem Sie wählen können, ob alle Datensätze, nur der aktuelle Datensatz oder die Datensätze von einem bestimmten Datensatz bis zu einem bestimmten Datensatz gedruckt werden sollen (siehe Abbildg. 10.41).

Abbildg. 10.41 Die Datensätze für den Seriendruck auswählen

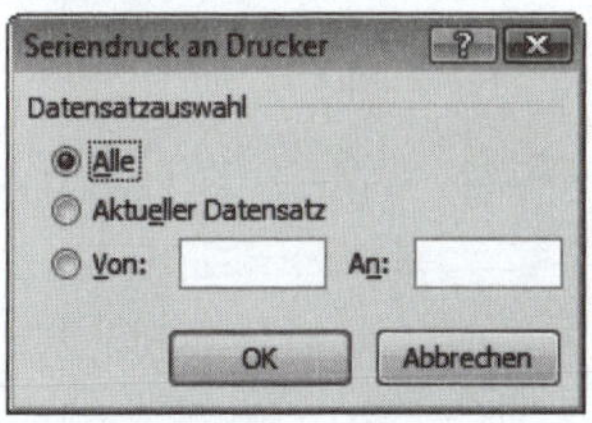

12. Klicken Sie auf *OK*, um den Ausdruck endgültig zu starten

Den Seriendruck über Word starten

Um den Seriendruck über Microsoft Office Word zu starten, gehen Sie wie folgt vor:

1. Starten Sie Microsoft Office Word über *Start/Microsoft Office Word 2007*.

HINWEIS Ist im Start-Menü kein Eintrag für Microsoft Office Word 2007 vorhanden, wählen Sie den Befehl *Start/Alle Programme/Microsoft Office/Microsoft Office Word*

2. Klicken Sie im Dialogfeld *Neues Dokument* auf die Office-Schaltfläche und wählen Sie dann im Dialogfeld *Neues Dokument* die Option *Leeres Dokument*, wenn Sie ein Dokument ohne Inhalt und Formatierung erstellen möchten. Oder klicken Sie auf *Installierte Vorlagen* und wählen Sie eines der Serienbriefdokumente aus, die Ihnen bereitgestellt werden, wie z.B. *Galathea-Serienbrief*.
3. Klicken Sie auf *Erstellen*, um das Dokument zu öffnen.

4. Fügen Sie bei Bedarf Seriendruckfelder in das Dokument ein, wie im nächsten Abschnitt »Seriendruckfelder einfügen« beschrieben und ersetzen Sie die Platzhalter durch Ihre eigenen Angaben.
5. Klicken Sie nun im Bereich *Seriendruck starten* der Registerkarte *Sendungen* der Multifunktionsleiste auf *Empfänger auswählen* und wählen Sie im Dropdown-Menü den Befehl *Aus Outlook-Kontakten auswählen.*
6. Im Dialogfeld *Kontakte auswählen* können Sie aus mehreren Kontaktordnern auswählen, falls Sie in Outlook mehrere Kontaktordner angelegt haben. Ist nur ein Ordner vorhanden, können Sie nur diesen wählen. Klicken Sie auf *OK*, um fortzufahren.
7. Es öffnet sich das Dialogfeld *Seriendruckempfänger*, in dem Sie die Kontrollkästchen aller Kontakte deaktivieren, die Sie im Seriendruck nicht berücksichtigen möchten (siehe Abbildg. 10.42).

Abbildg. 10.42 Wählen Sie aus, welche Empfänger den Serienbrief nicht erhalten sollen

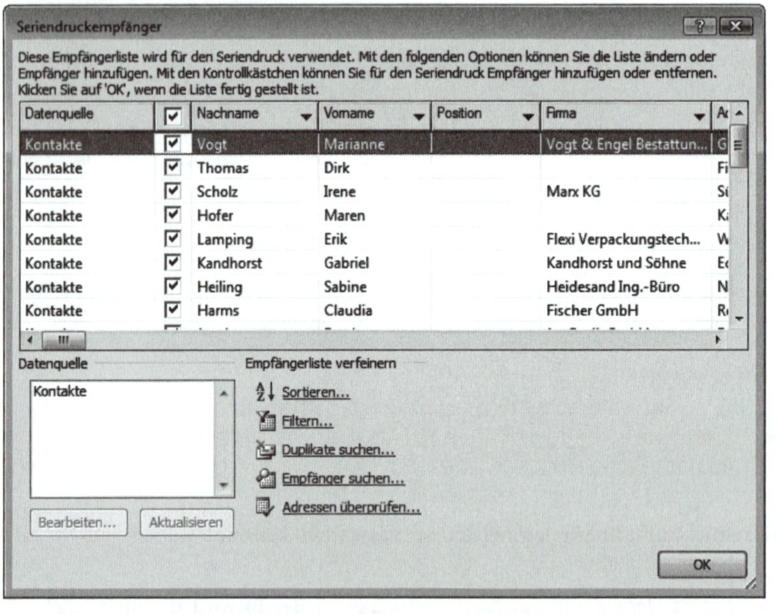

8. Über den Link *Filtern* können Sie außerdem Kriterien festlegen, nach denen Kontakte ausgewählt oder ausgeschlossen werden sollen. Im Dialogfeld *Filtern und sortieren* wählen Sie jeweils das Feld, nach dem Sie filtern wollen, einen Vergleich und einen Wert. Um beispielsweise alle Kontakte auszuwählen, die in München leben, wählen Sie als Feld den Wert *Ort* und im Feld *Vergleich* den Wert *Gleich*. Dann geben Sie in das Feld *Vergleichen mit* den Wert *München* ein. Klicken Sie auf *OK*, um den Filter anzuwenden. Es werden nun im Feld *Seriendruckempfänger* nur noch die gefilterten Kontakte gezeigt.
9. Klicken Sie im Dialogfeld *Seriendruckempfänger* auf *OK*, um die Verknüpfung zum Ordner *Kontakte* einzufügen.
10. Prüfen Sie die Ergebnisse in der Vorschau, indem Sie in der Multifunktionsleiste auf die Schaltfläche *Vorschau Ergebnisse* klicken. Die Daten aus Ihrem Kontaktordner werden nun in das Dokument eingefügt. Um zum nächsten Empfänger zu wechseln, klicken Sie in der Gruppe *Vorschau Ergebnisse* auf die Schaltfläche *Nächster Datensatz.*

Abbildg. 10.43 Die Empfänger in der Vorschau betrachten

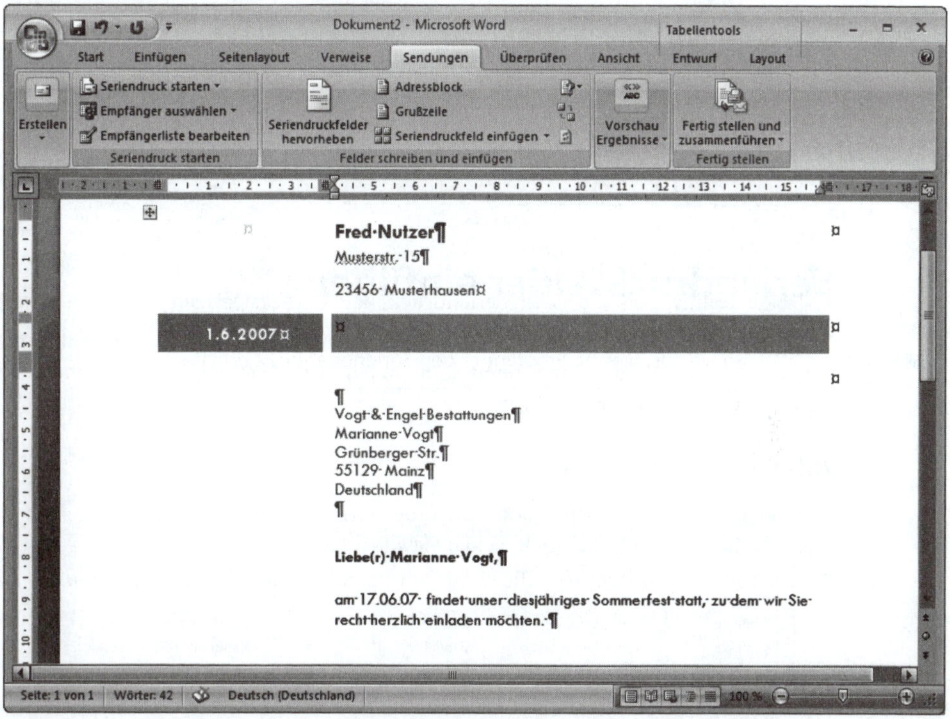

TIPP Über die Schaltfläche *Vorheriger Datensatz* in der Gruppe *Vorschau Ergebnisse* gelangen Sie zum vorherigen Datensatz. Über die Schaltfläche *Letzter Datensatz* wechseln Sie zum letzten und über die Schaltfläche *Erster Datensatz* wechseln Sie zum ersten Datensatz.

11. Dann klicken Sie auf *Fertig stellen und zusammenführen* und wählen im Dropdown-Menü einen der folgenden Befehle aus:
    - *Einzelne Dokumente bearbeiten*: Mit diesem Befehl wird die im nächsten Schritt gewählte Anzahl an Datensätzen in einzelne Dokumente geschrieben, die alle in Microsoft Office Word geöffnet werden und anschließend bearbeitet, gespeichert und gedruckt werden können.
    - *Dokumente drucken:* Das Seriendruckdokument wird mit der im nächsten Schritt gewählten Anzahl an Datensätzen auf den Drucker ausgegeben.
    - *E-Mail-Nachrichten senden:* Das Seriendruckdokument wird mit der im nächsten Schritt gewählten Anzahl an Datensätzen per E-Mail verschickt.
12. Es öffnet sich jeweils ein Dialogfeld, in dem Sie wählen können, ob alle Datensätze, nur der aktuelle Datensatz oder die Datensätze von einem bestimmten Datensatz bis zu einem bestimmten Datensatz gedruckt werden sollen (siehe Abbildg. 10.44).
13. Klicken Sie auf *OK*, um den Ausdruck endgültig zu starten

Abbildg. 10.44 Die Datensätze für den Seriendruck auswählen

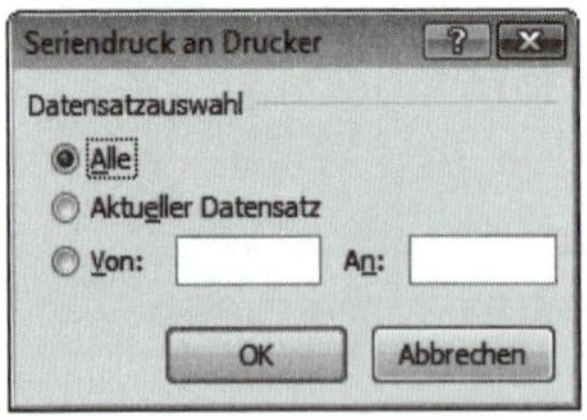

Seriendruckfelder einfügen

Seriendruckfelder können Sie über die Registerkarte *Sendungen* in der Multifunktionsleiste von Microsoft Office Word in Ihr Seriendokument einfügen. Nachfolgend erfahren Sie, wie Sie die wichtigsten Seriendruckfelder einfügen.

Adressblock einfügen

Um einen kompletten Adressblock einzufügen, der bereits den Namen, die Firma, die Straße, die Postleitzahl und den Ort enthält, gehen Sie wie folgt vor:

1. Klicken Sie in Microsoft Office Word im Bereich *Felder schreiben und einfügen* auf die Schaltfläche *Adressblock*.

Abbildg. 10.45 Hier wählen Sie die Elemente des Adressblocks aus

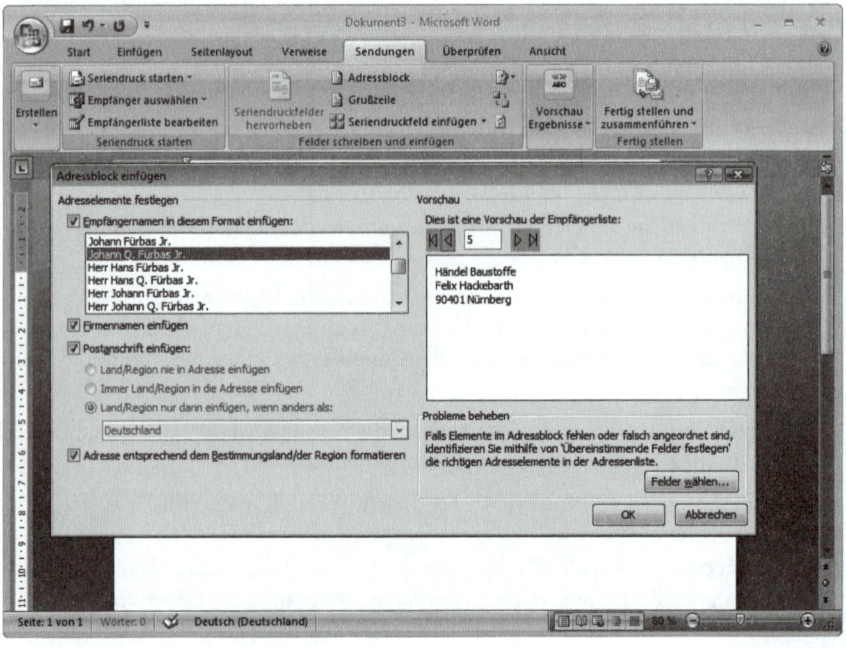

2. Es öffnet sich das Dialogfeld *Adressblock einfügen* (siehe Abbildg. 10.45). Legen Sie nun die Eigenschaften des Adressblocks fest. Standardmäßig sind alle Kontrollkästchen aktiviert, was für einen

Geschäftsbrief sehr sinnvoll ist. Ändern Sie bei Bedarf im Feld *Empfängernamen in diesem Format einfügen* das Format des Empfängernamens. Prüfen Sie nun in der Vorschau, ob das Format passend ist. Über die Pfeilschaltflächen wechseln Sie zwischen den Kontakten aus Ihrem Kontaktordner.

3. Wollen Sie die Felder ändern, die im Adressblock enthalten sind, klicken Sie auf die Schaltfläche *Felder wählen*. Bestimmen Sie dann im Dialogfeld *Übereinstimmende Felder festlegen* alle Felder, die unbedingt im Adressblock enthalten sein sollen, und klicken Sie auf *OK*.
4. Klicken Sie im Dialogfeld *Adressblock einfügen* auf *OK*, um den Adressblock einzufügen.

Die Anrede einfügen

Möchten Sie den Serienbrief so gestalten, dass jeder Empfänger persönlich angesprochen wird, müssen Sie die Anrede mit einem Seriendruckfeld versehen. Microsoft Office Word bietet Ihnen hierfür das Feld *Grußzeile*, das allerdings nichts mit der Grußzeile zu tun hat, sondern einfach die nötigen Angaben für die Anrede enthält. Gehen Sie wie folgt vor, um das Seriendruckfeld *Grußzeile* für die Anrede in Ihr Dokument einzufügen:

1. Klicken Sie auf der Registerkarte *Sendungen* der Multifunktionsleiste von Microsoft Office Word auf die Schaltfläche *Grußzeile*.
2. Es öffnet sich das Dialogfeld *Grußzeile einfügen* (siehe Abbildg. 10.46), in dem Sie das Format für die Grußzeile festlegen. Wählen Sie dazu im Feld *Format für Grußzeile* die Anrede aus oder geben Sie die gewünschte Anrede ein.

Abbildg. 10.46 Hier legen Sie das Format der Anrede fest

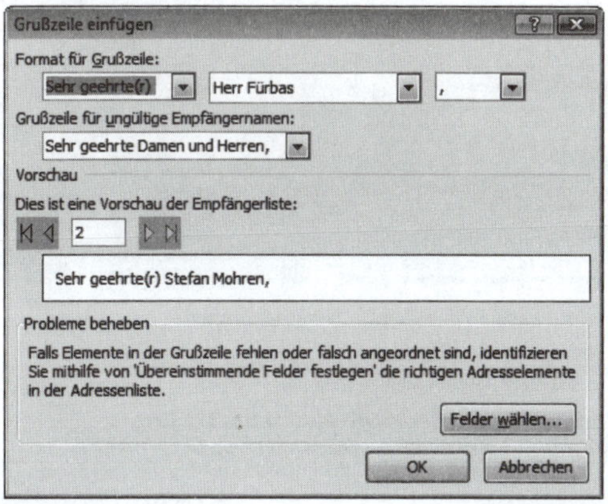

TIPP Wenn Sie eine ganz informelle Anrede bevorzugen, können Sie in das Feld beispielsweise die Anrede »Hallo« eingeben.

3. Im mittleren Feld wählen Sie dann das Namensformat aus. Sie können sich zwischen dem Vornamen, dem Spitznamen und verschiedenen förmlichen und familiären Anreden entscheiden.
4. Im Feld ganz rechts können Sie ein Zeichen Ihrer Wahl, wie z.B. das Ausrufezeichen (!), eingeben, falls Sie die Anrede nicht mit einem Komma abschließen möchten. Wählen Sie den Listeneintrag *(Ohne)*, falls Sie die Anrede ohne Satzzeichen abschließen möchten.
5. Ändern Sie im Feld *Grußzeile für ungültige Empfängernamen* bei Bedarf die Anrede.

6. Gehen Sie über die Pfeilschaltflächen die Anrede in der Vorschau durch und prüfen Sie, ob die gewählten Angaben immer korrekt sind. Klicken Sie andernfalls auf die Schaltfläche *Felder wählen* und geben Sie die Felder an, die berücksichtigt werden sollen.
7. Klicken Sie schließlich auf *OK*, um die Anrede in Ihr Dokument einzufügen.

Beliebige Seriendruckfelder einfügen

Benötigen Sie neben dem Adressblock und der Grußzeile weitere Seriendruckfelder, fügen Sie diese wie folgt in das Word-Dokument ein:

1. Platzieren Sie die Einfügemarke an der Stelle im Dokument, an der Sie das Seriendruckfeld einfügen möchten.
2. Klicken Sie dann in der Gruppe *Felder schreiben und einfügen* der Multifunktionsleiste auf die Schaltfläche *Seriendruckfeld einfügen* und wählen Sie im Dropdown-Menü eines der Felder aus, die Sie bereits aus dem Kontaktformular von Outlook kennen.
3. Wiederholen Sie den Vorgang für alle weiteren Seriendruckfelder, die Sie im Dokument einfügen möchten.

Seriendruckfelder hervorheben

Wissen Sie nicht mehr, wo sich in Ihrem Dokument Seriendruckfelder verbergen, können Sie sie einfach mit einem Mausklick hervorheben. Gehen Sie dazu wie folgt vor:

1. Wollen Sie die Seriendruckfelder in Ihrem Dokument grau hervorheben, klicken Sie auf die Schaltfläche *Seriendruckfelder hervorheben* (siehe Abbildg. 10.47).

Abbildg. 10.47 Die Seriendruckfelder hervorheben

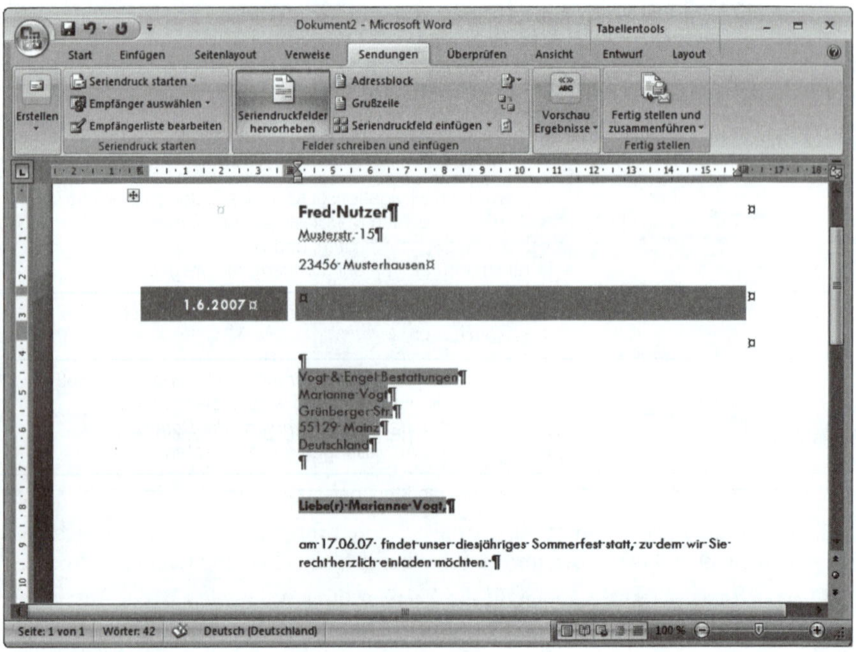

2. Klicken Sie noch einmal auf die Schaltfläche, um die Hervorhebung zu deaktivieren.

Adressblock und Grußzeile bearbeiten

Enthält der Adressblock oder die Grußzeile einen Fehler, können Sie ihn ganz leicht bearbeiten. Gehen Sie dazu wie folgt vor:

1. Klicken Sie das Seriendruckfeld mit der rechten Maustaste an und wählen Sie im Kontextmenü den Befehl *Adressblock bearbeiten* bzw. *Grußzeile bearbeiten.*
2. Legen Sie im Dialogfeld die gewünschten Änderungen fest und klicken Sie auf *OK*, um die Änderungen zu bestätigen.

Zusammenfassung

Neben den Standardfunktionen bietet der Ordner *Kontakte* auch weiterführende Features und Möglichkeiten. Manche dieser Features stehen allerdings nur in einer Exchange Server-Umgebung zur Verfügung. Ob Sie die Features benötigen, hängt davon ab, was Sie mit Outlook 2007 machen möchten.

Sie möchten ...	So gehen Sie vor	Sehen Sie sich dazu das Beispiel an auf Seite
neue Kontaktordner anlegen	Drücken Sie im Ordner *Kontakte* die Tasten Strg + ⇧ + E, geben Sie den Ordnernamen ein und drücken Sie die ↵-Taste	550
ein zusätzliches Kontaktregister einblenden	Wechseln Sie in die Ansicht *Visitenkarten, Adresskarten* oder *Adresskarten mit Details* und klicken Sie auf die Schaltfläche am unteren Rand des Kontaktregisters	553
einen öffentlichen Kontaktordner einrichten	Wechseln Sie in der Ordnerliste zum Ordner *Öffentliche Ordner,* klicken Sie diesen mit der rechten Maustaste an und wählen Sie im Kontextmenü den Befehl *Neuer Ordner*	555
einen Kontaktordner unter Exchange Server freigeben	Klicken Sie im Navigationsbereich des Ordners *Kontakte* mit der rechten Maustaste auf den Ordner, den Sie freigeben möchten, und wählen Sie im Kontextmenü den Befehl *"Ordnername" freigeben*	557
das Adressbuch nutzen	Wählen Sie im Menü *Extras* von Outlook den Befehl *Adressbuch*	562
Daten aus *Persönliche Ordner*-Dateien importieren	Wählen Sie den Befehl *Datei/Importieren/Exportieren,* klicken Sie auf *Weiter* und wählen Sie dann *Importieren aus anderen Programmen oder Dateien.* Folgen Sie den Anweisungen des Assistenten	568
Daten exportieren	Wählen Sie den Menübefehl *Datei/Importieren/Exportieren*, klicken Sie auf *Weiter* und wählen Sie dann *In Datei exportieren*. Folgen Sie den Anweisungen des Assistenten.	575
einen Seriendruck mit Kontaktdaten starten	Wählen Sie im Menü *Extras* den Befehl *Seriendruck* und folgen Sie den Anweisungen des Assistenten	583

Kapitel 11

Business Contact Manager für Outlook

In diesem Kapitel:

Der Microsoft Business Contact Manager ist ein Zusatzprogramm zu Outlook, das im Lieferumfang der Office-Versionen Small Business, Professional und Ultimate enthalten ist. Der Business Contact Manager unterstützt Sie bei folgenden Aufgaben:

- Direktes Vermarkten von Produkten und Diensten
- Verwaltung von Geschäftsprojekten
- Anpassung von Geschäftsformularen, mit denen sich zahlreiche wichtige Geschäftsinformationen speichern lassen
- Verfolgen von geschäftsbezogenen Aufgaben mit Hilfe von Formularen für Geschäftsprojekte und Projektaufgaben
- Integration der Kontaktdaten in Ihre Buchhaltungssoftware
- Gemeinsame Verwendung von Daten im Team und die Möglichkeit, Daten auf dem Notebook mitzunehmen

Speichern Sie in Outlook alle Firmen- und Geschäftskontakte, die dann an einem zentralen Ort zur Verfügung stehen. Outlook können Sie weiterhin für die Verwaltung Ihrer persönlichen Kontakte verwenden.

Business Contact Manager installieren

Besitzen Sie die Microsoft Office-Version Microsoft Office Small Business, Microsoft Office Professional oder Microsoft Office Ultimate, können Sie nach der Installation von Microsoft Office mit Microsoft Office Outlook über die CD 2 den Business Contact Manager installieren und konfigurieren. Gehen Sie dazu wie folgt vor:

1. Beenden Sie Outlook, falls die Anwendung gerade aktiv ist, legen Sie die CD 2, die Sie in der Softwareverpackung Ihrer Microsoft Office-Version finden, in das CD- oder DVD-Laufwerk Ihres Computers ein und schließen Sie es.

TIPP Ist .NET Framework 2.0 auf Ihrem Computer bisher noch nicht installiert, blendet sich ein Hinweisfenster ein, das Sie mit *OK* bestätigen müssen, um die Installation vorzunehmen. Ohne .NET Framework 2.0 kann der Business Contact Manager nicht installiert werden.

2. Es öffnet sich das Dialogfeld *Setup-Assistent für Business Contact Manager für Outlook 2007*, in dem das Kontrollkästchen *Business Contact Manager für Outlook 2007* bereits aktiviert ist. Belassen Sie diese Einstellung und klicken Sie auf *Weiter*.
3. Im nächsten Schritt wählen Sie den Zielordner aus, in dem der Business Contact Manager für Outlook 2007 installiert werden soll. Um den vorgegebenen Ordner beizubehalten, klicken Sie auf *Weiter*. Um den Ordner zu wechseln, klicken Sie auf *Durchsuchen* und wählen Sie im Dialogfeld *Ordner suchen* den gewünschten Ordner aus oder klicken Sie auf *Neuen Ordner erstellen*, um einen ganz neuen Ordner einzurichten. Bestätigen Sie Ihre Wahl mit einem Mausklick auf *OK*.
4. Klicken Sie nun auf die Schaltfläche *Installieren*.

5. Wählen Sie im Willkommens-Bildschirm des Start-Assistenten die Option und klicken Sie auf *Weiter.*
6. Wählen Sie im nächsten Schritt, *Registrierung*, ob Sie die Registrierung vornehmen möchten, mit oder ohne Kontaktinformationen zu senden, und klicken Sie auf *Weiter.*
7. In der nun eingeblendeten Registrierungsbestätigung klicken Sie nochmals auf *Weiter.*
8. Im letzten Schritt öffnet sich eine Einführung in die Arbeit mit Business Contact Manager (siehe Abbildg. 11.1).

Abbildg. 11.1 Der Installation folgt die Einführung in die Arbeit mit Business Contact Manager

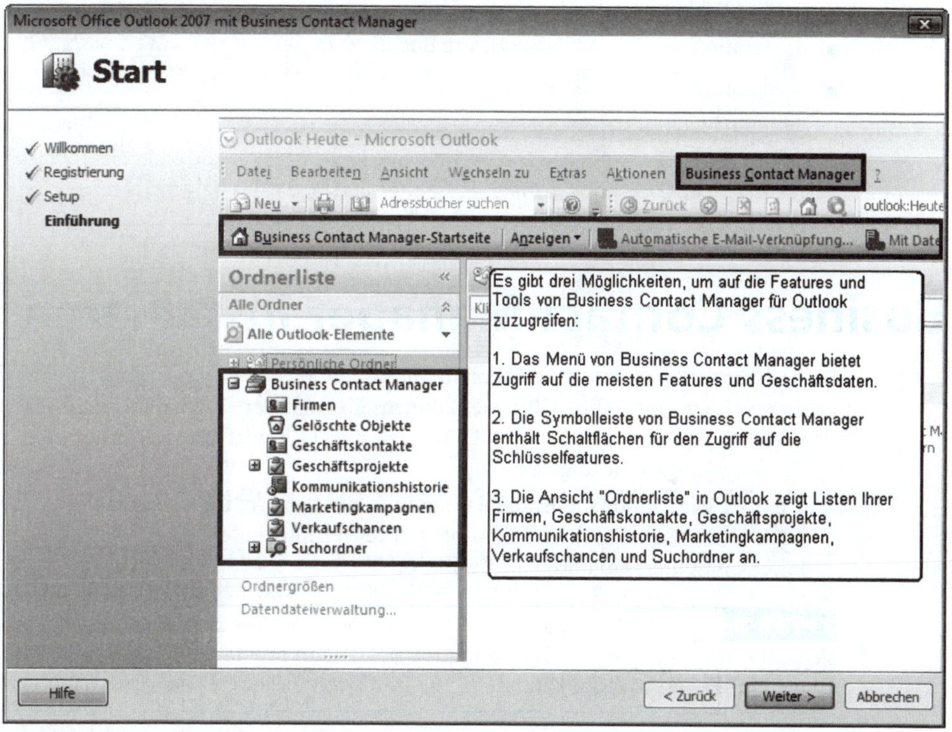

9. Klicken Sie auf *Weiter* und dann auf *Fertig stellen*, um die Installation abzuschließen.
10. Outlook wird nun wie gewohnt gestartet. Im Unterschied zu bisher ist in der Menüleiste nun jedoch ein zusätzlicher Menüpunkt *Business Contact Manager* zu sehen. Außerdem wurde bereits die Aufgabe *Business Contact Manager-Datenbank sichern* zu Ihren Aufgaben hinzugefügt. Wählen Sie im Menü *Business Contact Manager* den Befehl *Business Contact Manager-Startseite*, um die Startseite zu öffnen (siehe Abbildg. 11.2).

Abbildg. 11.2 Die Startseite von Business Contact Manager

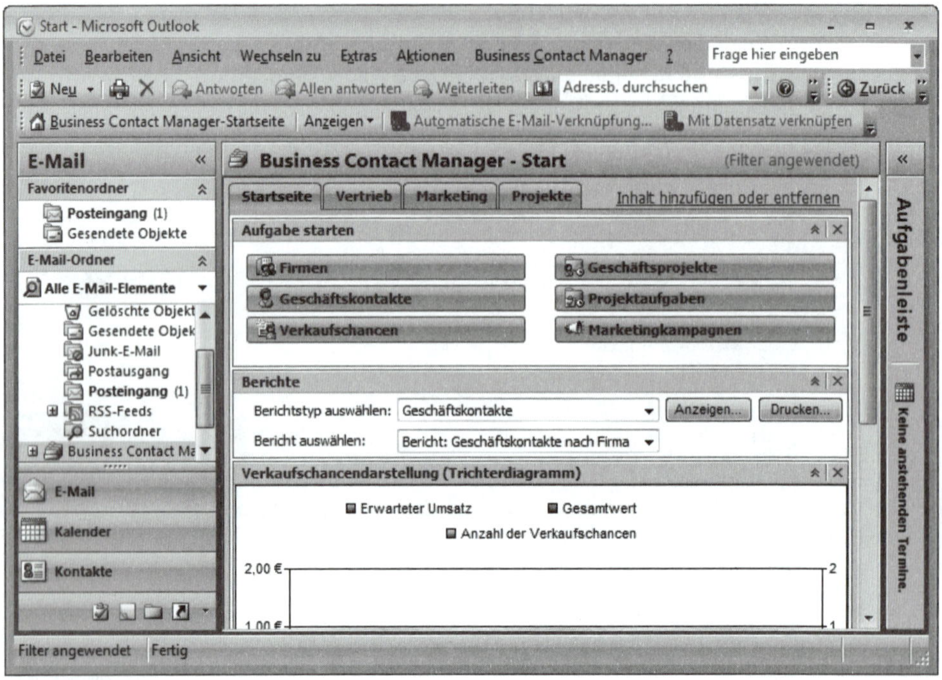

Firmen anlegen und verwalten

Mit Business Contact Manager können Sie, anders als mit Outlook 2007, nicht nur einzelne Kontakte, sondern ganze Firmen verwalten, mit denen Sie regelmäßig zusammenarbeiten.

Firmen anlegen

Um eine Firma in Business Contact Manager einzurichten, gehen Sie wie folgt vor:

1. Klicken Sie auf der Startseite von Business Contact Manager auf die Schaltfläche *Firmen* oder rufen Sie im Menü *Business Contact Manager* den Befehl *Firmen* auf.

2. Wählen Sie im Menü *Datei* den Befehl *Neu* oder klicken Sie in der Symbolleiste auf die Schaltfläche *Neu*.
3. Das Kontaktformular sieht ganz ähnlich aus wie das Kontaktformular, das Sie für Ihre Kontakte benutzen. Es ist jedoch für die Aufnahme von Firmenkontaktdaten optimiert (siehe Abbildg. 11.3).
4. Aktivieren Sie das Feld *Firmenname* und geben Sie den Namen der Firma ein. Anschließend füllen Sie die weiteren Felder in den Bereichen *Firma*, *Telefonnummern*, *Adresse* und *E-Mail und Internetadressen* aus, indem Sie die Felder jeweils anklicken und dann die erforderlichen Daten eingeben.

Abbildg. 11.3 Das Firmen-Kontaktformular

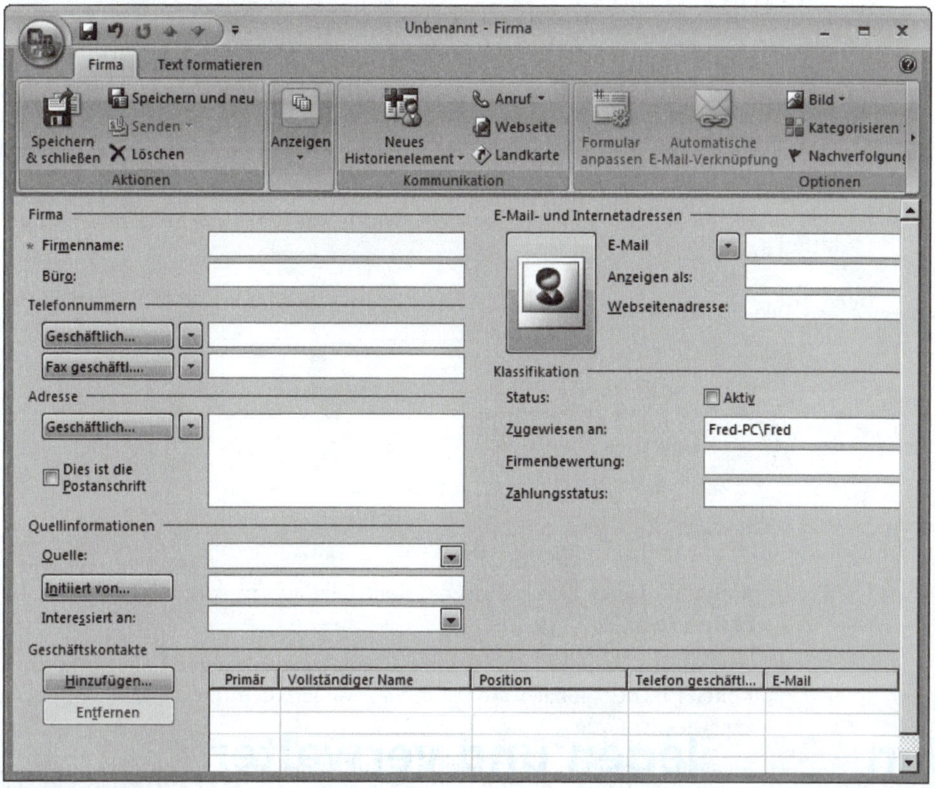

HINWEIS Wie im normalen Kontaktformular stehen Ihnen für alle Felder, deren Schaltfläche drei Punkte enthält, Eingabehilfen zur Verfügung, die sich öffnen, sobald Sie die Schaltfläche anklicken. Außerdem können Sie bei allen Feldern, denen eine Schaltfläche mit einem Abwärtspfeil vorangestellt ist, weitere Felder einblenden.

5. Im Bereich *Quellinformationen* geben Sie nun ein, woher Sie die Firmendaten erhalten haben. Klicken Sie dazu zunächst auf den Abwärtspfeil im Feld *Quelle* und wählen Sie den gewünschten Eintrag aus dem Dropdown-Listenfeld aus.

TIPP Über den Eintrag *<Diese Liste bearbeiten...>* am Ende der Liste können Sie die Liste erweitern.

6. Nun geben Sie in das Feld *Initiiert von* den Namen der Person, der Kampagne oder der Abteilung ein, von der der Kontakt initiiert wurde. Alternativ klicken Sie auf die Schaltfläche *Initiiert* und wählen den Initiator aus dem Dialogfeld *Firma, Geschäftskontakt oder Marketingkampagne auswählen*, sofern Sie bereits eine Firma, einen Geschäftskontakt oder eine Marketingkampagne angelegt haben.

7. Legen Sie dann im Feld *Interessiert an* fest, an was die Firma interessiert ist. Zur Auswahl stehen die Optionen *Produkte, Dienste, Consulting* und *Gemeinsames Marketing*.

TIPP Wollen Sie die Auswahl näher spezifizieren und beispielsweise zwischen verschiedenen Produkten oder Dienstleistungen auswählen, die Ihre Firma anbietet, müssen Sie die Liste über den letzten Eintrag im Listenfeld entsprechend erweitern.

8. Im Abschnitt *Klassifikation* können Sie festlegen, ob der Geschäftskontakt aktiv oder passiv ist, ob und an wen der Kontakt zugewiesen wurde, wie die Firma bewertet wird und wie ihr Finanzstatus ist.

Abbildg. 11.4 Den Firmenkontakt klassifizieren

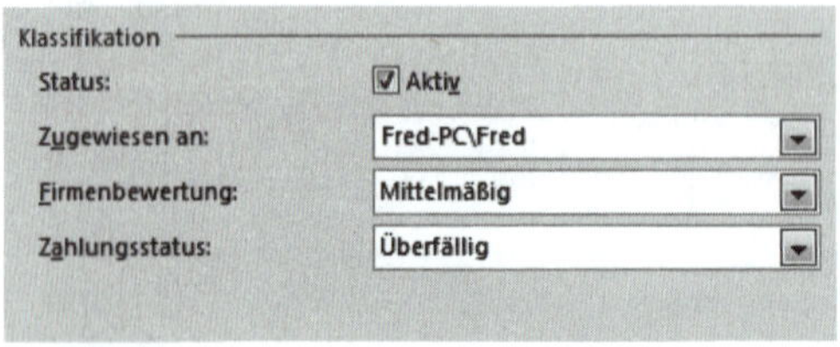

- **Aktiv:** Aktivieren Sie zunächst das Kontrollkästchen *Aktiv*, um die Firma als aktiven Kontakt zu bewerten.
- **Zugewiesen an:** Arbeiten Sie mit Exchange Server, können Sie in diesem Listenfeld einen Kontakt in der globalen Adressliste auswählen, dem die Betreuung dieses Firmenkontakts zugewiesen wurde.
- **Firmenbewertung:** Diese Bewertung hilft Ihnen bei der Beurteilung weiterer Schritte bzw. bei der Auswahl von Firmen für passende Marketingmaßnahmen. Wie andere Listenfelder können Sie auch dieses Listenfeld um die passende Bewertung erweitern, falls die vorhandenen fünf Bewertungen nicht ausreichen sollten.
- **Zahlungsstatus:** Mit diesem Listenfeld haben Sie die Möglichkeit, sich an überfällige Zahlungen erinnern zu lassen und ein Mahnwesen auf der Grundlage Ihrer Firmenkontaktdatenbank aufzubauen. Wie andere Listenfelder können Sie auch diese Liste bei Bedarf erweitern.

9. Um einen Firmenkontakt mit einem Geschäftskontakt zu verknüpfen, klicken Sie im Bereich *Geschäftskontakte* auf die Schaltfläche *Hinzufügen*. Im Dialogfeld wählen Sie die Geschäftskontakte aus, die Sie mit der Firma verknüpfen möchten (siehe Abbildg. 11.5), oder legen Sie bei Bedarf einen neuen Geschäftskontakt an. Klicken Sie auf *OK*, um die Auswahl zu übernehmen.

Abbildg. 11.5 Geschäftskontakte mit einem Firmenkontakt verknüpfen

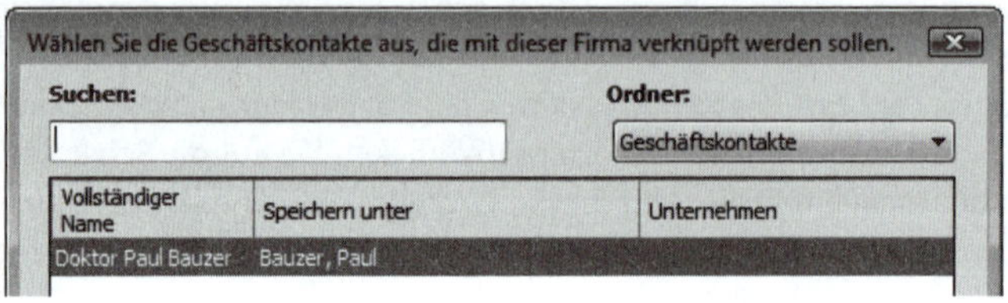

10. Klicken Sie auf die Schaltfläche *Speichern & schließen*, um die Firma zu Ihrer Kontaktdatenbank hinzuzufügen.

Die Firma wird nun im Business Contact Manager gespeichert und unter *Firmen in Business Contact Manager* im Ordner *Kontakte* von Outlook angezeigt (siehe Abbildg. 11.6).

Abbildg. 11.6 Der neue Firmenkontakt im Ordner *Firmen in Business Contact Manager*

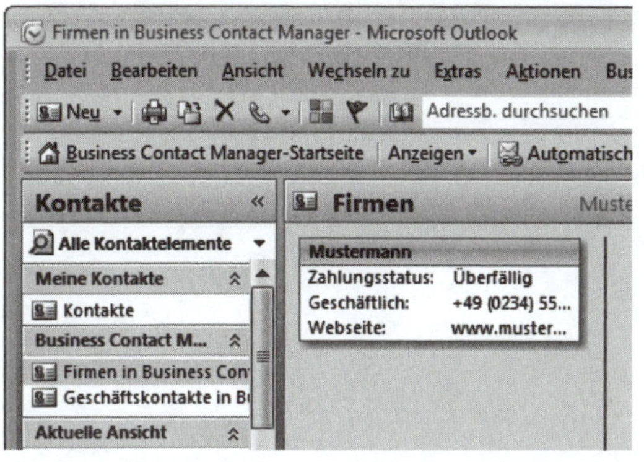

Zusätzliche Firmeninformationen eingeben

Haben Sie einen Firmenkontakt mit den wichtigsten Angaben angelegt und möchten Sie zu einem späteren Zeitpunkt weitere Angaben erfassen, können Sie diese problemlos ergänzen. Gehen Sie dazu wie folgt vor:

1. Wechseln Sie in Outlook zum Ordner *Firmen in Business Contact Manager*. Öffnen Sie dazu den Ordner *Kontakte* im Navigationsbereich und klicken Sie dann im Navigationsbereich auf den Eintrag *Firmen in Business Contact Manager* oder wählen Sie im Menü *Business Contact Manager* von Outlook den Befehl *Firmen*.
2. Anschließend öffnen Sie den Firmenkontakt, den Sie bearbeiten möchten, mit einem Doppelklick.

3. Im Kontaktformular für Firmen-Datensätze klicken Sie im Bereich *Anzeigen* der Multifunktionsleiste auf die Schaltfläche *Details*.

TIPP Sollte die Schaltfläche bei Ihnen nicht zu sehen sein, klicken Sie auf den Abwärtspfeil in der Schaltfläche *Anzeigen* und wählen Sie in der Schaltflächen-Palette, die sich nun öffnet, die Schaltfläche *Details*.

4. In die weitere Formularseite, die sich nun öffnet, geben Sie die Kontonummer ein, falls Sie diese erfassen möchten (siehe Abbildg. 11.7). Wählen Sie dann im Listenfeld *Unternehmenstyp*, um welche Art von Unternehmen es sich handelt. Geben Sie den Umsatz, bei Bedarf ein Tickersymbol und den zuständigen Mitarbeiter ein und wählen Sie dann das Gebiet aus dem gleichnamigen Listenfeld aus. Sagen Ihnen die vorgegebenen Bezeichnungen nicht zu oder werden in Ihrer Firma andere Bezeichnungen verwendet, können Sie die Liste problemlos über den letzten Listeneintrag bearbeiten.

Abbildg. 11.7 Details zum Firmenkontakt eingeben

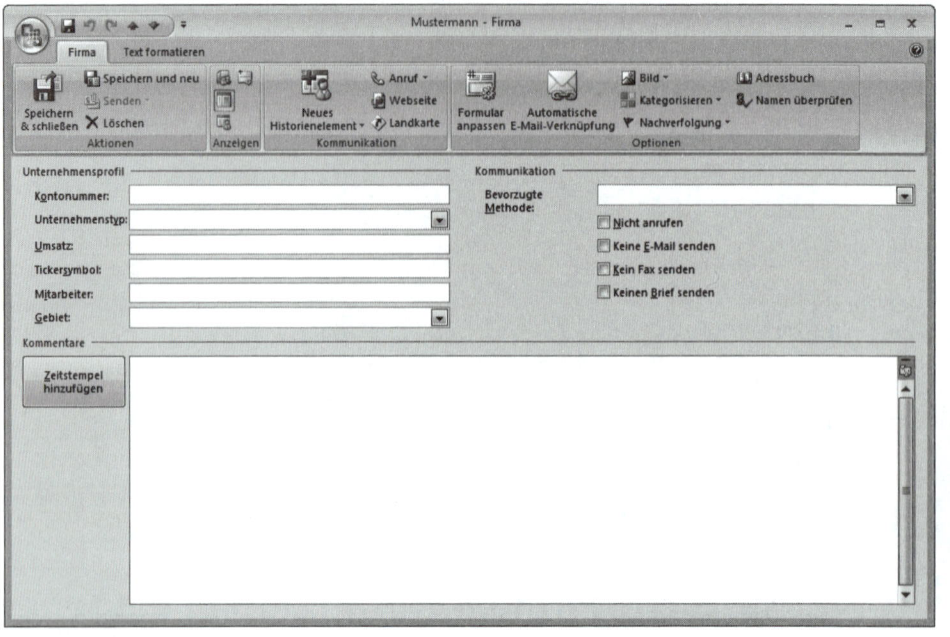

PROFITIPP

Die Angabe des Unternehmenstyps, des Umsatzes und des Gebiets sind insbesondere für die Planung von Marketing- und Vertriebsmaßnahmen interessant. Außerdem können Sie Ihre Firmenkontakte nach diesen Angaben filtern und sortieren, sobald Werte vorhanden sind.

5. Im Bereich *Kommunikation* wählen Sie, wie die Kommunikation mit dieser Firma erfolgen soll. Gibt es Kommunikationsformen, die auf keinen Fall verwendet werden sollten, aktivieren Sie eines der vier Kontrollkästchen.
6. Im Bereich *Kommentare* können Sie Hinweise und Informationen zum Firmenkontakt eingeben oder aber über die Schaltfläche *Zeitstempel hinzufügen* das aktuelle Datum in das Textfeld eintragen, um auf dem Laufenden zu bleiben, wann die Firmenkontaktdaten das letzte Mal geändert wurden.

TIPP Um einen vorhandenen Zeitstempel zu löschen, markieren Sie ihn durch Ziehen mit der Maus und drücken dann die `Entf`-Taste.

7. Klicken Sie auf *Speichern & schließen*, um die Änderungen zu speichern und das Kontaktformular zu schließen.

Der Datensatz wird nun im Ordner *Firmen in Business Contact Manager* angezeigt und Sie können ihn für Ihre Zwecke einsetzen.

Firmenkontakte bearbeiten, suchen und löschen

Wie im normalen Kontaktordner von Outlook können Sie Firmenkontakte in einer anderen Ansicht betrachten, ändern, drucken, suchen und löschen.

Die Ansicht wechseln

Für Firmenkontakte stehen Ihnen in Business Contact Manager neben der Ansicht *Adresskarten*, die identisch ist mit der gleichnamigen Ansicht im Ordner *Kontakte*, zahlreiche weitere Ansichten zur Verfügung, über die die Firmenkontakte nach verschiedenen Kriterien sortiert und gruppiert werden. Bei Bedarf können Sie diese Ansichten anpassen oder erweitern. Um die Ansicht zu wechseln, gehen Sie wie folgt vor:

1. Öffnen Sie den Ordner *Firmen in Business Contact Manager*, indem Sie das Menü *Business Contact Manager* öffnen und auf *Firmen* klicken. Die bereits eingetragenen Firmen werden zunächst in der Adresskartenansicht gezeigt.
2. Um die Firmen in einer der Listenansichten zu betrachten, in der sie nach bestimmten Kriterien wie dem Zahlungsstatus sortiert sind, klicken Sie im Bereich *Aktuelle Ansicht* des Navigationsbereichs auf die Option *Nach Zahlungsstatus*, die Sie ganz unten in der Liste finden (siehe Abbildg. 11.8).

Abbildg. 11.8 Firmen nach dem Zahlungsstatus sortieren

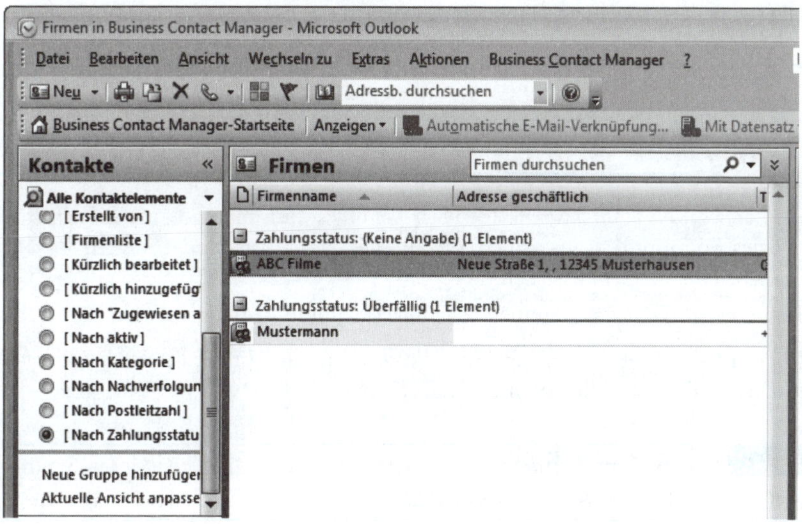

TIPP Wird bei Ihnen der Bereich *Aktuelle Ansicht* nicht im Navigationsbereich angezeigt, zeigen Sie im Menü *Ansicht* auf *Navigationsbereich* und wählen Sie im Untermenü den Befehl *Aktueller Ansichtsbereich.*

3. Um stattdessen eine nach dem Firmennamen alphabetisch sortierte Firmenliste zu betrachten, klicken Sie im Bereich *Aktuelle Ansicht* des Navigationsbereichs auf *Firmenliste.* Wiederholen Sie den Vorgang für jede weitere Ansicht.

4. Um die Firmen in einer der Listenansichten nach einem anderen Kriterium zu sortieren oder um die Sortierreihenfolge umzukehren, klicken Sie auf den Spaltenkopf der Spalte, nach der Sie sortieren wollen.
5. Über den Befehl *Aktuelle Ansicht anpassen* am unteren Rand des Bereichs *Aktuelle Ansicht* blenden Sie das Dialogfeld *Ansicht anpassen* ein, über das Sie die Ansicht wie in anderen Outlook-Ordnern bequem anpassen können.

Firmenkontakte ändern

Um einen vorhandenen Firmenkontakt zu ändern, gehen Sie wie folgt vor:

1. Öffnen Sie das Kontaktformular des betreffenden Kontakts mit einem Doppelklick.
2. Nehmen Sie die gewünschten Änderungen im Firmenkontaktformular vor und speichern Sie die Änderungen mit einem Mausklick auf die Schaltfläche *Speichern & schließen*.

Firmenkontakte suchen

Um einen Firmenkontakt mit der Sofortsuche zu suchen, gehen Sie wie folgt vor:

1. Geben Sie die Anfangsbuchstaben der gesuchten Firma in das Feld *Firmen durchsuchen* ein und drücken Sie die ↵-Taste.
2. Im Ordner *Firmen in Business Contact Manager* werden nun alle Firmen angezeigt, die die Buchstaben in ihrem Namen enthalten (siehe Abbildg. 11.9). Öffnen Sie den gefundenen Firmenkontakt bei Bedarf mit einem Doppelklick.

Abbildg. 11.9 Firmenkontakte suchen

3. Klicken Sie auf die Schaltfläche *Suche löschen*, um den Inhalt des Felds *Firmen durchsuchen* zu löschen und wieder alle Datensätze anzuzeigen.

Firmenkontakte drucken

Firmenkontakte können Sie wie normale Kontakte ausdrucken. Dabei stehen Ihnen die üblichen Druckoptionen für Outlook-Kontakte zur Verfügung. Um Firmenkontakte auszudrucken, gehen Sie wie folgt vor:

1. Markieren Sie die Datensätze und klicken Sie in der Symbolleiste von Outlook auf die Schaltfläche *Drucken*.
2. Dann wählen Sie im Dialogfeld *Drucken* den gewünschten Drucker, das Druckformat und den Druckbereich aus.
3. Klicken Sie auf *OK*, um den Ausdruck zu starten.

Firmenkontakte löschen

Benötigen Sie einen Firmenkontakt nicht mehr, können Sie ihn ganz leicht löschen. Gehen Sie dazu wie folgt vor:

1. Markieren Sie den Firmenkontakt oder mehrere Kontakte im Ordner *Firmen in Business Contact Manager*.
2. Drücken Sie die Entf-Taste oder klicken Sie in der Symbolleiste auf die Schaltfläche *Löschen*.
3. Der Kontakt wird nun in den Ordner *Gelöschte Objekte* von *Business Contact Manager* verschoben. Um den Ordnerinhalt zu betrachten, klicken Sie im Navigationsbereich auf die Schaltfläche *Ordnerliste* und anschließend in der Ordnerliste auf das dem Ordner *Business Contact Manager* vorangestellte Pluszeichen. Markieren Sie dann den Ordner *Gelöschte Objekte* und betrachten Sie seinen Inhalt auf der rechten Seite (siehe Abbildg. 11.10).

Abbildg. 11.10 Der Ordner *Gelöschte Objekte* in Business Contact Manager

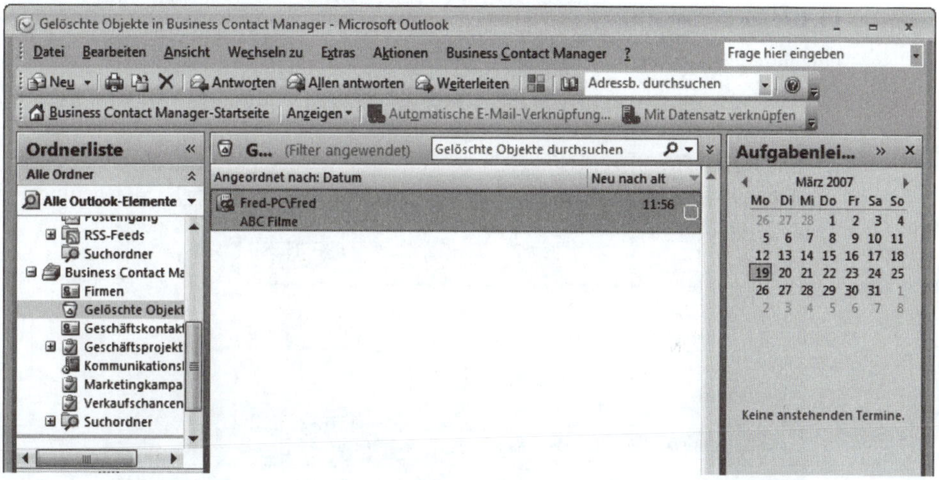

4. Um den gelöschten Firmenkontakt wiederherzustellen, klicken Sie ihn mit der rechten Maustaste an, wählen Sie im Kontextmenü den Befehl *In Ordner verschieben*, wählen Sie im gleichnamigen Dialogfeld den gewünschten Ordner und klicken Sie auf *OK*.
5. Um den Ordnerinhalt endgültig zu löschen, klicken Sie den Ordner *Gelöschte Objekte* mit der rechten Maustaste an und wählen im Kontextmenü den Befehl *Ordner "Gelöschte Objekte" leeren*.

Listenfelder erweitern und verändern

Enthält ein Listenfeld des Firmenkontaktformulars nicht die passenden Werte oder fehlen Werte, die Sie benötigen, können Sie das Listenfeld ganz bequem erweitern. Gehen Sie dazu wie folgt vor:

1. Wechseln Sie über den Befehl *Firmen* im Menü *Business Contact Manager* von Outlook zum Ordner *Firmen in Business Contact Manager*.
2. Öffnen Sie das Firmenkontaktformular der Firmen, für die Sie einen neuen Wert anlegen möchten, mit einem Doppelklick.

3. Um den Inhalt eines Listenfelds, wie z.B. dem Feld *Interessiert an*, zu verändern, klicken Sie auf den Abwärtspfeil am rechten Feldrand und anschließend auf den Eintrag <*Diese Liste bearbeiten…*> am unteren Rand des Listenfelds.
4. Im Dialogfeld *Listen bearbeiten* klicken Sie auf die Schaltfläche *Hinzufügen*, tippen den gewünschten Wert in das Feld *Neuer Wert* ein und klicken auf *OK* (siehe Abbildg. 11.11).

   Der neue Wert wird nun an die bereits vorhandene Liste angehängt.

Abbildg. 11.11 Neue Werte hinzufügen

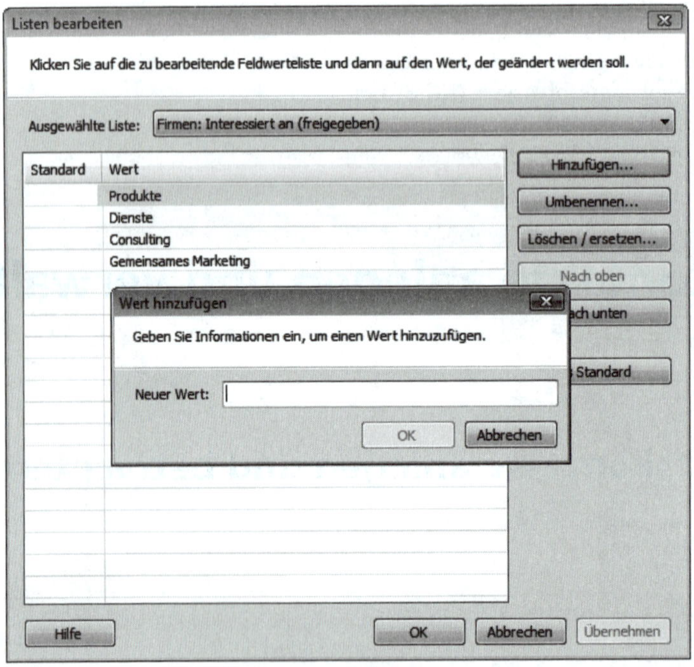

5. Um einen Eintrag umzubenennen, markieren Sie ihn, klicken auf die Schaltfläche *Umbenennen*, geben im Dialogfeld *Wert bearbeiten* den neuen Wert ein und bestätigen mit *OK*.
6. Um einen Wert in der Liste weiter nach oben zu verschieben, markieren Sie ihn und klicken so oft auf die Schaltfläche *Nach oben*, bis er sich an der gewünschten Stelle befindet. Um einen Wert in der Liste nach unten zu verschieben, markieren Sie ihn und klicken so oft auf die Schaltfläche *Nach unten*, bis sich der Wert an der gewünschten Stelle befindet.
7. Um einen vorhandenen Listeneintrag zu löschen, markieren sie ihn mit einem Mausklick und klicken dann auf die Schaltfläche *Löschen / ersetzen*.
8. Im Dialogfeld *Wert löschen*, das sich öffnet (siehe Abbildg. 11.12), wählen Sie entweder im Listenfeld *Ersetzen durch* einen Wert aus, durch den der aktuelle Eintrag ersetzt werden soll, oder klicken Sie direkt auf *OK*, um den Eintrag zu löschen.

Abbildg. 11.12 Listenwerte löschen oder ersetzen

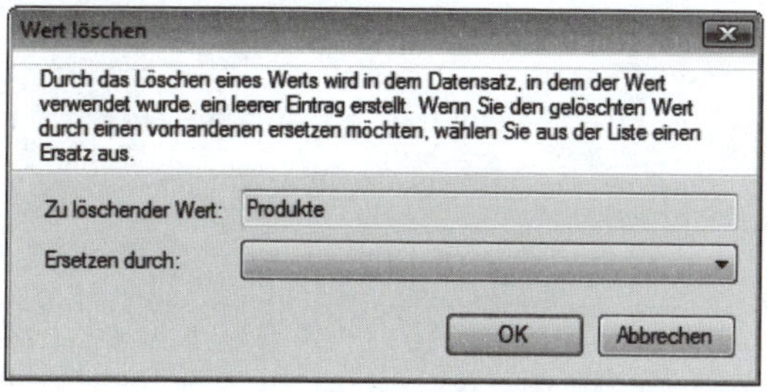

9. Um die gewählten Werte als Standard zu übernehmen, der in jedem neuen Firmenkontaktformular verfügbar ist, klicken Sie auf die Schaltfläche *Als Standard*.
10. Wählen Sie die Schaltfläche *OK*, um die Änderungen zu übernehmen und das Dialogfeld zu schließen.

Geschäftskontakte anlegen und verwalten

Erfahren Sie nun, wie Sie in Outlook mit Business Contact Manager Datensätze für Geschäftskontakte einrichten und verwalten.

Geschäftskontakte anlegen und betrachten

Geschäftskontakte legen Sie ganz ähnlich an, wie normale Outlook-Kontakte. Das Kontaktformular enthält jedoch einige zusätzliche Felder. Gehen Sie wie folgt vor, um einen Geschäftskontakt anzulegen:

1. Starten Sie Outlook, falls die Anwendung nicht bereits gestartet ist, und wählen Sie im Menü *Business Contact Manager* den Befehl *Geschäftskontakte*.

2. Anschließend klicken Sie in der Symbolleiste von Outlook auf die Schaltfläche *Neu*.
3. Es öffnet sich das *Kontaktformular für Geschäftskontakte* (siehe Abbildg. 11.13). Die Felder in den Bereichen *Geschäftskontakt, Telefonnummern, Adressen, Internet* und *Visitenkarte* sind identisch mit denen des normalen Kontaktformulars. Geben Sie den Namen, die Telefonnummern und die E-Mail-, Webseiten- und IM-Adresse wie bei einem normalen Kontakt in die dafür vorgesehenen Felder ein.

TIPP Bei Bedarf können Sie über die den Feldern vorangestellten Schaltflächen Dialogfelder öffnen, die Ihnen die Dateneingabe erleichtern.

4. Geben Sie dann im Abschnitt *Adressen* die Geschäftsadresse ein und aktivieren Sie das Kontrollkästchen *Dies ist die Postanschrift*.
5. Dann wählen Sie im Abschnitt *Quellinformationen* die Quelle aus, von der Sie den Kontakt erhalten haben, falls Sie diese Angabe im Zusammenhang mit dem Kontakt benötigen (siehe Abbildg. 11.14).

Abbildg. 11.13 Die wichtigsten Kontaktdaten zum Geschäftskontakt eintragen

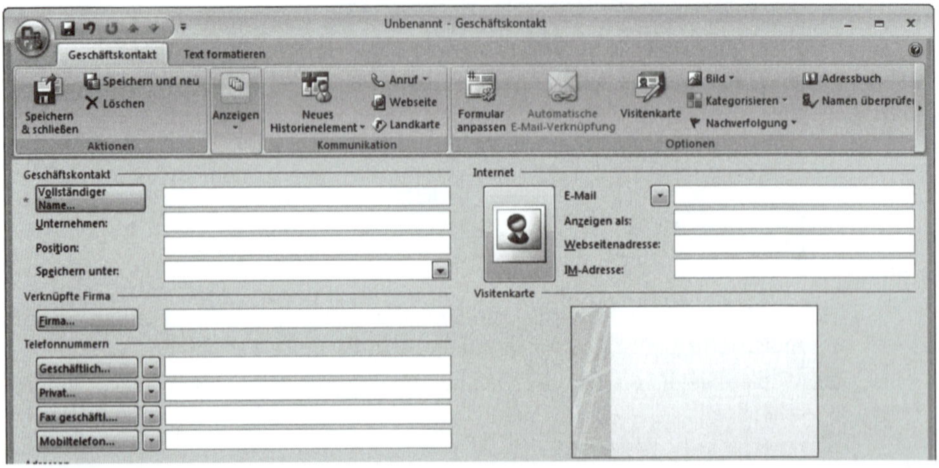

TIPP Wie üblich können Sie über die Pfeilschaltflächen links neben den Textfeldern weitere Felder auswählen und aktivieren.

Abbildg. 11.14 Weitere geschäftsrelevante Informationen eingeben

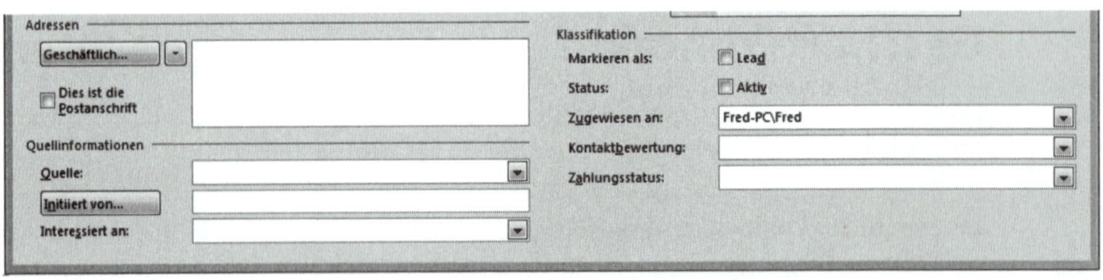

6. Wurde der Kontakt von einer anderen Person aus Ihren Geschäftskontakten oder aus Ihrem Outlook-Kontaktordner hergestellt und möchten Sie diese Information festhalten, klicken Sie auf die Schaltfläche *Initiiert von* und wählen Sie den Namen aus dem Dialogfeld *Firma, Geschäftskontakt oder Marketingkampagne auswählen* aus. Gehört der Kontakt zu einer bestimmten Kategorie, wie z.B. Hauptkunde, klicken Sie auf die Schaltfläche *Kategorien*, aktivieren Sie alle Kontrollkästchen von Kategorien, denen Sie den Kontakt zuweisen möchten, und bestätigen Sie mit *OK*.
7. Im Abschnitt *Klassifikation* aktivieren Sie das Kontrollkästchen *Lead*, falls es sich bei dem Geschäftskontakt um einen Hauptkontakt aus einem Unternehmen handelt.
8. Aktivieren Sie das Kontrollkästchen *Aktiv*, um den Kontakt als aktiv zu bewerten.

PROFITIPP

Die Bewertung von Kontakten als aktiv oder inaktiv (bei deaktiviertem Kontrollkästchen) ist sehr nützlich, wenn Sie Geschäftskontakte, mit denen Sie momentan keine Kontakte pflegen, nicht aus Ihrer Datenbank löschen möchten, sie aber auch nicht immer angezeigt bekommen möchten.

9. Im Feld *Zugewiesen an* können Sie bei Bedarf Geschäftskontakte an andere Personen delegieren, sofern Sie auf Microsoft Exchange Server Zugriff haben.
10. Im Feld *Kontaktbewertung* haben Sie die Möglichkeit, den Kontakt zu bewerten. Falls Ihnen die vorgegebenen fünf Bewertungen nicht ausreichen, können Sie die Liste nach Bedarf erweitern.
11. Im Listenfeld *Zahlungsstatus* können Sie schließlich festhalten, ob noch eine Zahlung von dem Geschäftskontakt aussteht. Auch dieses Listenfeld können Sie bei Bedarf erweitern.
12. Um einen Geschäftskontakt mit einer Firma zu verknüpfen, klicken Sie auf die Schaltfläche *Firma* und wählen im Dialogfeld per Doppelklick die gewünschte Firma aus (siehe Abbildg. 11.15).

Abbildg. 11.15 Einen Geschäftskontakt mit einer Firma verknüpfen

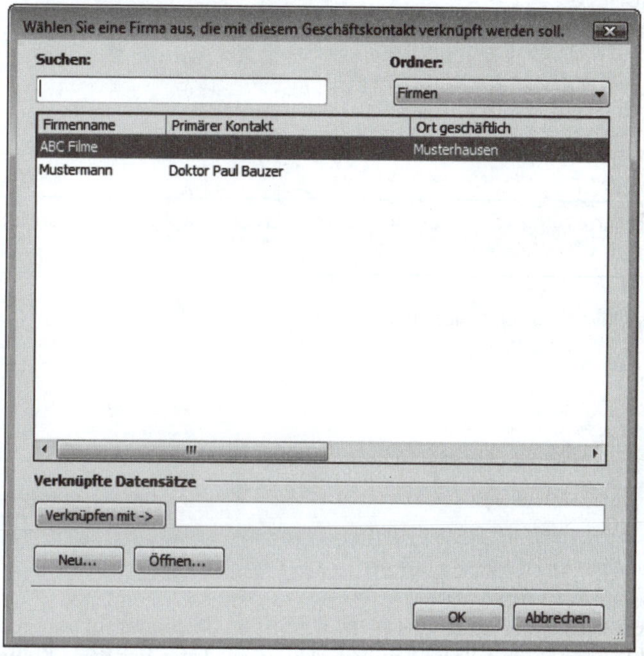

13. Nun haben Sie die Grunddaten eingegeben. Klicken Sie auf die Schaltfläche *Speichern & schließen*, um die Daten zu übernehmen.

Details zum Geschäftskontakt eingeben

Um Ihre Geschäftskontakte optimal betreuen zu können, reichen die allgemeinen Angaben nicht aus. Wichtig sind unter Umständen auch Angaben zum Vorgesetzten oder dem Assistenten, der Abteilung, der bevorzugten Kommunikationsmethode und Ähnlichem. Gehen Sie wie folgt vor, um diese Details einzugeben:

1. Öffnen Sie ein vorhandenes Geschäftskontaktformular oder erstellen Sie einen neuen Geschäftskontakt.

2. Dann klicken Sie in der Gruppe *Anzeigen* der Multifunktionsleiste auf die Schaltfläche *Details*.

TIPP Falls die Schaltfläche aktuell nicht zu sehen ist, klicken Sie auf den Abwärtspfeil in der Gruppe *Anzeigen* und wählen dann die Schaltfläche aus der Palette aus, die sich öffnet.

3. Die Felder in den Abschnitten *Informationen zur Tätigkeit* und *Persönliche Informationen* kennen Sie bereits aus den Details des normalen Kontaktformulars. Geben Sie hier bei Bedarf Daten ein oder wählen Sie sie über die Listenfelder aus (siehe Abbildg. 11.16).

Abbildg. 11.16 Details zum Geschäftskontakt eingeben

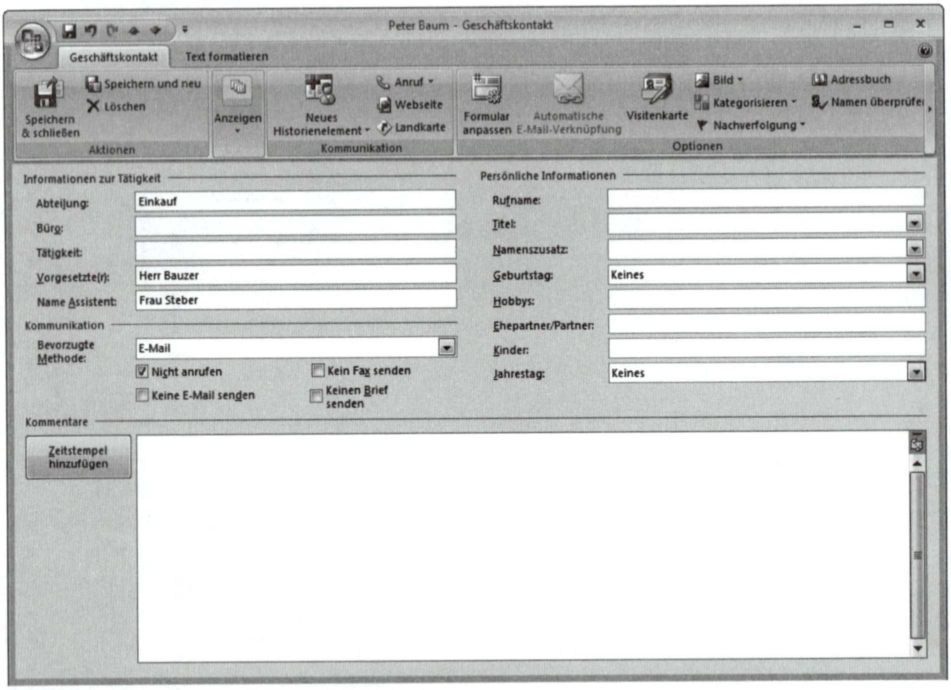

4. Wählen Sie anschließend im Listenfeld *Kommunikation*, wie Sie in der Regel Kontakt zu der Person aufnehmen, im Beispiel die Option *E-Mail.*
5. Wünscht der Kontakt eine Kontaktmethode ausdrücklich nicht, aktivieren Sie das entsprechende Kontrollkästchen, im Beispiel das Kontrollkästchen *Nicht anrufen.*
6. Um zu kennzeichnen, wann Sie einen Kontakt angelegt haben oder Kommentare zum Kontakt eingegeben haben, klicken Sie auf die Schaltfläche *Zeitstempel hinzufügen.* Das aktuelle Datum und die Uhrzeit werden nun in das Feld *Kommentar* eingetragen.

7. Um wieder zu den allgemeinen Informationen zurückzukehren, klicken Sie in der Gruppe *Anzeigen* der Multifunktionsleiste auf die Schaltfläche *Allgemein.*
8. Klicken Sie dann in der Symbolleiste des Kontaktformulars auf die Schaltfläche *Speichern & schließen.*

Der Kontakt wird nun im Ordner *Geschäftskontakte in Business Contact Manager* angelegt und Sie können die Details betrachten.

Geschäftskontakte in verschiedenen Ansichten betrachten

Haben Sie mehrere Kontakte angelegt, können Sie über das Register am rechten Rand des Ordnerfensters zum jeweiligen Anfangsbuchstaben springen. Um alle Informationen eines Geschäftskontakts einzusehen, müssen Sie das Kontaktformular allerdings mit einem Doppelklick öffnen.

1. Rufen Sie im Menü *Business Contact Manager* den Befehl *Geschäftskontakte* auf, um den Ordner *Geschäftskontakte in Business Contact Manager* zu öffnen.
2. In der Ansicht *[Adresskarten]*, der Standardansicht für Geschäftskontakte, finden Sie am rechten Ordnerrand ein Kontaktregister, über das Sie bequem zu den einzelnen Anfangsbuchstaben des Alphabets wechseln können.

WICHTIG Wird bei Ihnen gar kein Kontakt angezeigt, obwohl Sie bereits einen Geschäftskontakt angelegt haben, befinden Sie sich sehr wahrscheinlich in der Ansicht *[Adresskarten (Lead)]*, in der nur die als *Lead* gekennzeichneten Geschäftskontakte angezeigt werden. Wählen Sie einfach eine andere Ansicht, wie z.B. die Ansicht *[Adresskarten]*, um alle vorhandenen Geschäftskontakte einzublenden.

3. Nun wählen Sie im Abschnitt *Aktuelle Ansicht* eine der vordefinierten Ansichten, wie z.B. die Ansicht *[Nach Firma]* oder die Ansicht *[Nach Postleitzahl]*. Am unteren Rand der Liste finden Sie die Standardansichten, die Sie aus dem Outlook-Ordner *Kontakte* bereits kennen. Sie erkennen sie daran, dass die eckigen Klammern fehlen.

Abbildg. 11.17 Die Ansicht der Geschäftskontakte ändern

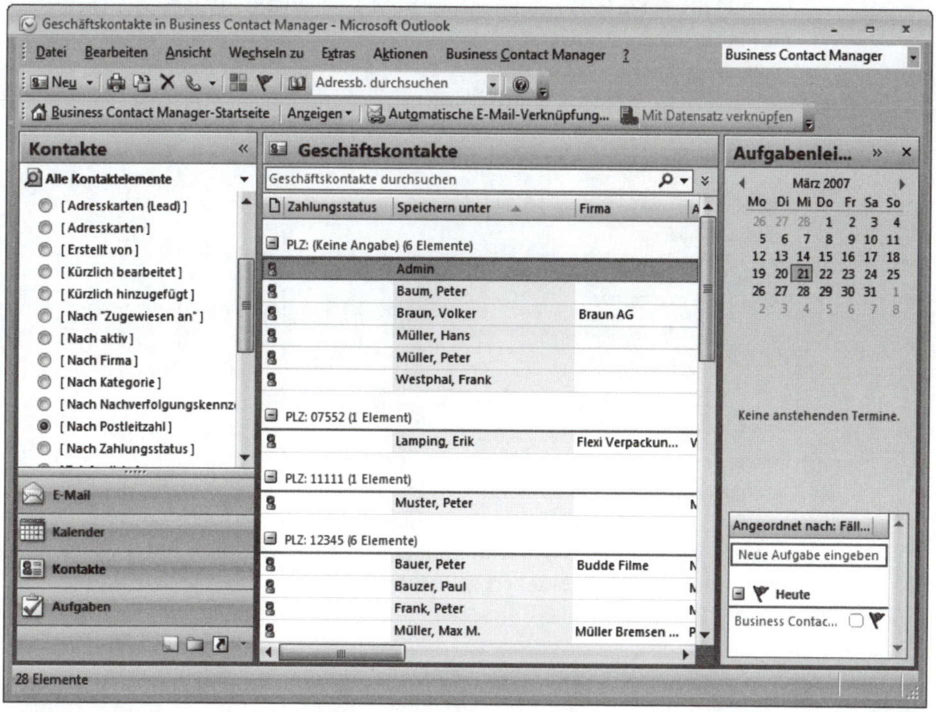

TIPP Wird bei Ihnen der Bereich *Aktuelle Ansicht* nicht im Navigationsbereich angezeigt, zeigen Sie im Menü *Ansicht* auf *Navigationsbereich* und wählen Sie im Untermenü den Befehl *Aktueller Ansichtsbereich*.

4. Haben Sie eine der Ansichten gewählt, in der die Einträge in Tabellenform aufgelistet werden, können Sie die Einträge mit einem Mausklick auf einen Spaltenkopf nach dieser Spalte sortieren und mit einem nochmaligen Mausklick auf den Spaltenkopf die Sortierreihenfolge umkehren.
5. Klicken Sie die Ansichten nacheinander an, um sich einen Überblick darüber zu verschaffen, was ihnen wie angezeigt wird. Aktivieren Sie zum Schluss wieder die Ansicht *[Adresskarten]*.

Geschäftskontakte bearbeiten und löschen

Geschäftskontakte können Sie wie normale Kontakte und Firmen jederzeit bearbeiten oder löschen. Außerdem haben Sie die Möglichkeit, E-Mails an Geschäftskontakte zu verschicken oder Geschäftskontakte über Outlook anzurufen.

- **Geschäftskontakte bearbeiten:** Müssen Sie die Angaben zu einem späteren Zeitpunkt ändern, klicken Sie doppelt auf den Kontakt, nehmen Sie die Änderungen vor und wählen Sie *Speichern & schließen*.
- **E-Mail an Geschäftskontakt schicken:** Wollen Sie eine E-Mail an einen Geschäftskontakt senden, markieren Sie ihn, klicken Sie in der Symbolleiste auf die Schaltfläche *E-Mail*, füllen Sie das Nachrichtenformular aus und versenden Sie es mit einem Mausklick auf die Schaltfläche *Senden*.
- **Geschäftskontakte anrufen:** Um einen Geschäftskontakt über Outlook anzurufen, markieren Sie ihn und klicken Sie in der Symbolleiste auf die Schaltfläche *Wählen*. Im Dialogfeld *Neuer Telefonanruf* klicken Sie auf *Anruf beginnen*, um den Anruf zu starten, und auf *Anruf beenden*, um den Anruf abzuschließen (siehe Abbildg. 11.18). Soll für den Anrufbeginn ein Journaleintrag erstellt werden, aktivieren Sie das Kontrollkästchen *Bei Anrufbeginn neuen Journaleintrag erstellen*.

Abbildg. 11.18 Einen Geschäftskontakt über Outlook anrufen

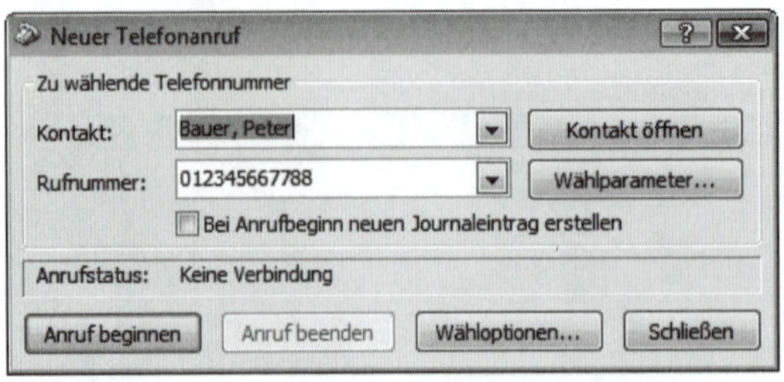

- **Geschäftskontakt löschen:** Benötigen Sie den Kontakt nicht mehr, markieren Sie ihn und klicken Sie in der Symbolleiste von Outlook auf die Schaltfläche *Löschen*. Der Geschäftskontakt wird nun in den Ordner *Gelöschte Objekte* von Business Contact Manager verschoben und muss von dort noch einmal gesondert gelöscht werden.

Daten importieren und exportieren

Möchten Sie Kontaktdaten aus Ihrem Ordner *Kontakte* oder aus einer Datei in einem Fremdformat in Business Contact Manager importieren, nutzen Sie die Importfunktion für Business Contact Manager für Outlook. Wollen Sie hingegen Geschäfts- oder Firmenkontakte in Dateiform an andere Kontakte weitergeben, nutzen Sie die Exportfunktion für Business Contact Manager für Outlook.

Daten importieren

Um Daten aus einer externen Datei, wie z.B. einer Datei mit kommagetrennten Werten (CSV-Datei) in Business Contact Manager zu importieren, gehen Sie wie folgt vor:

1. Öffnen Sie Outlook, zeigen Sie im Menü *Datei* auf den Befehl *Importieren/Exportieren* und wählen Sie dann im Untermenü den Befehl *Business Contact Manager für Outlook*.
2. Im Dialogfeld *Geschäftsdatenimport und -export* wählen Sie die Option *Datei importieren* und klicken Sie auf *Weiter*.
3. Wählen Sie im nächsten Schritt den Typ der Importdatei aus. Zur Auswahl stehen einige bekannte Formate wie Kommagetrennte Werte, Access-Datenbank und Excel-Arbeitsmappe, sowie drei Datentypen von Business Contact Manager (siehe Abbildg. 11.19).

PROFITIPP

> Anders als in Outlook üblich können Sie keine Persönliche Ordner-Dateien (**.pst*) und keine Dateien des Typs *Tabulatorgetrennte Werte (*.txt)* importieren. Liegen Ihnen Importdaten in diesen Formaten vor, müssen Sie diese zunächst in den normalen Kontaktordner von Outlook oder in einen neu erstellten Kontaktordner importieren und aus diesem in Business Contact Manager importieren.

Abbildg. 11.19 Den Dateityp der Importdatei auswählen

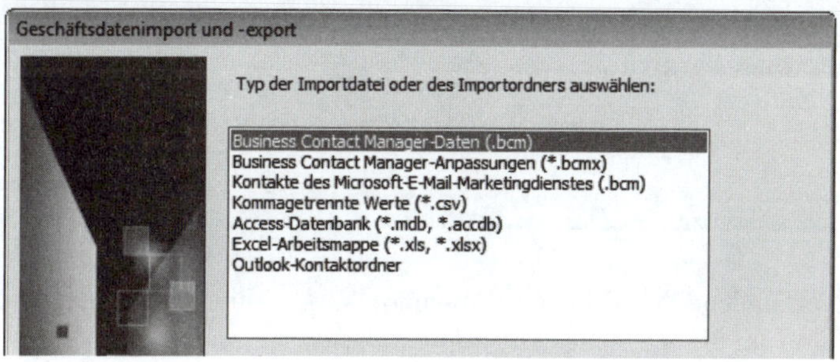

4. Klicken Sie auf *Weiter*, um mit dem Import fortzufahren.
5. Wählen Sie im nächsten Schritt die zu importierende Datei aus, indem Sie auf die Schaltfläche *Durchsuchen* klicken, die Datei im Ordner *Öffnen* auswählen und dann auf *Öffnen* klicken.
6. Aktivieren Sie dann die Option *Duplikate importieren*, um Datensätze, für die bereits ein Eintrag vorhanden ist, zunächst einmal als Duplikat zu importieren. Sollen die bereits vorhandenen Einträge gar nicht importiert werden, wählen Sie die Option *Duplikate nicht importieren*. Wechseln Sie dann über die Schaltfläche *Weiter* zum nächsten Schritt.

TIPP Es ist sinnvoll, Duplikate zu importieren, da Sie andernfalls nicht wissen können, ob es sich tatsächlich um Duplikate handelt oder nur um Einträge mit gleichem Namen. Sollten Sie die Duplikate doch nicht benötigen, können Sie sie zu einem späteren Zeitpunkt löschen.

7. Im nächsten Schritt aktivieren Sie im Abschnitt *Daten importieren* das Kontrollkästchen vor der Datei, die Sie importieren möchten, und geben Sie dann im Bereich *Ziel auswählen* an, ob die Adressen in den Ordner *Firmen* oder in den Ordner *Geschäftskontakte* importiert werden sollen.
8. Klicken Sie dann auf die Schaltfläche *Zuordnen* und prüfen Sie im Dialogfeld *Felder zuordnen*, ob die Daten aus Ihrer Datenbank den Feldern von Business Contact Manager korrekt zugeordnet sind (siehe Abbildg. 11.20). Ist dies nicht der Fall, nehmen Sie die Zuordnung selbst vor, indem Sie jeweils auf einen Wert im Abschnitt *Von* klicken und ihn mit der Maus auf den passenden Wert im Abschnitt *Nach* ziehen. In der Spalte *Zugeordnet aus* im Abschnitt *Nach* wird nun das zugeordnete Feld angezeigt.

Abbildg. 11.20 Felder zuordnen

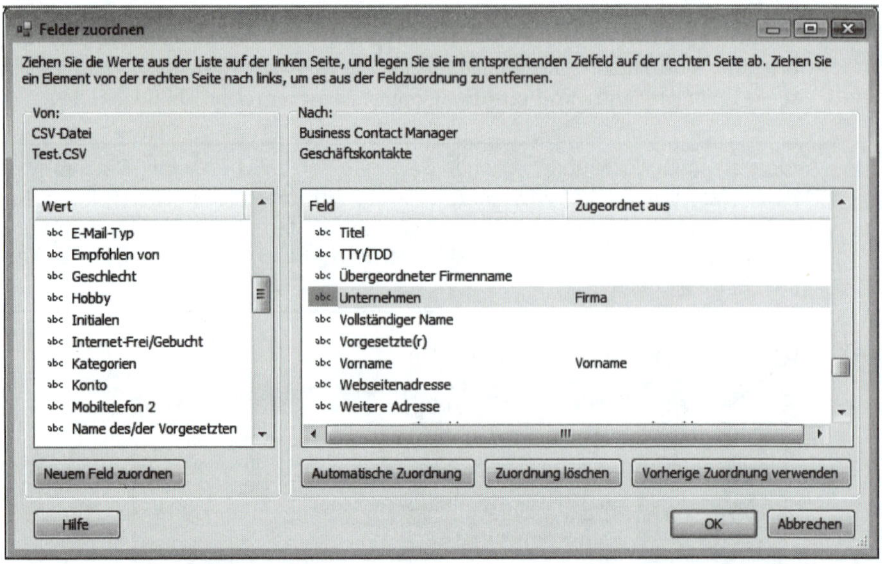

- Um eine vorhandene Zuordnung im Abschnitt *Nach* zu löschen, markieren Sie sie und klicken Sie dann auf die Schaltfläche *Zuordnung löschen*.
- Um nach der Veränderung einer Zuordnung wieder zur vorherigen Zuordnung zurückzukehren, klicken Sie auf die Schaltfläche *Vorherige Zuordnung verwenden*.
- Um ein neues Feld für ein Feld aus dem Abschnitt *Von* anzulegen, klicken Sie auf die Schaltfläche *Neuem Feld zuordnen*, geben den neuen Feldnamen ein, wählen den Feldtyp und bestätigen über *OK*

9. Bestätigen Sie die Zuordnung ebenfalls über *OK* und klicken Sie dann zwei Mal auf *Weiter*.
10. Die Daten werden nun in den von Ihnen gewählten Ordner importiert. Sie können dabei im Dialogfeld *Geschäftsdatenimport und -export* verfolgen, welcher Datensatz gerade verarbeitet wird. Nach Abschluss des Imports können Sie mit einem Mausklick auf die gleichnamige Schalt-

fläche eine Protokolldatei öffnen, in der Ihnen angezeigt wird, welche Datensätze und Feldwerte nicht importiert werden können.

11. Wählen Sie zum Abschluss die Schaltfläche *Schließen* und wechseln Sie dann zum Ordner, in den Sie die Daten importiert haben, um das Ergebnis zu prüfen (siehe Abbildg. 11.21). Wenn alles gut gegangen ist, sollten die Daten in die von Ihnen zugeordneten Felder einsortiert worden sein.

Abbildg. 11.21 Die importierten Kontakte im Ordner *Geschäftskontakte in Business Contact Manager*

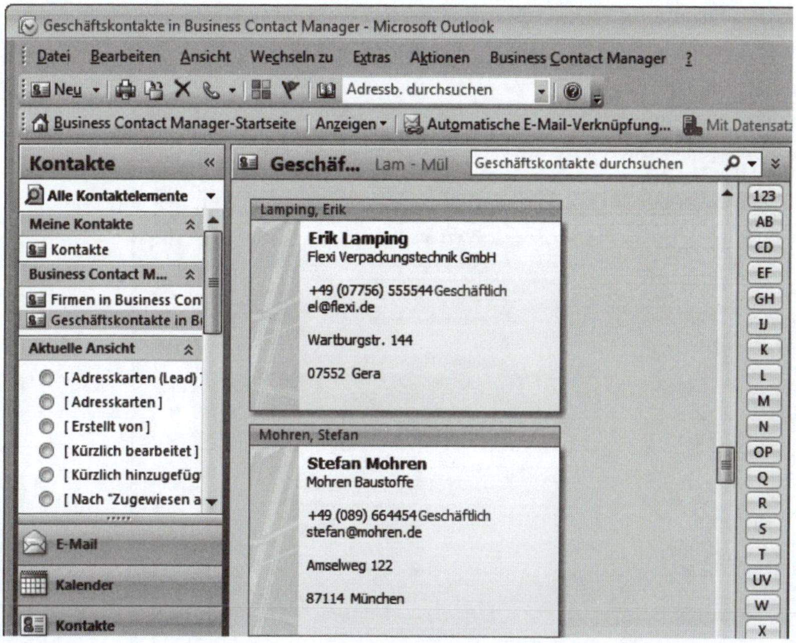

TIPP Fehlen nach dem Import noch Werte in den Datensätzen, sollten Sie die importierten Datensätze löschen und den Import noch einmal vornehmen. Achten Sie dabei darauf, die Felder, die bisher noch keine Daten enthalten, korrekt zuzuordnen.

Daten exportieren

Wollen Sie Ihre Business Contact Manager-Daten anderen Personen zur Verfügung stellen, die nicht mit Outlook oder Business Contact Manager arbeiten, brauchen Sie die Daten nur zu exportieren. Gehen Sie dazu wie folgt vor:

1. Öffnen Sie Outlook und wählen Sie im Menü *Datei* den Untermenübefehl *Importieren/Exportieren/Business Contact Manager für Outlook.*
2. Im Dialogfeld *Geschäftsdatenimport und -export* wählen Sie die Option *Datei exportieren* und klicken auf *Weiter*.

Kontaktpflege leicht gemacht

3. Wählen Sie im nächsten Schritt den Typ der Exportdatei. Zur Auswahl stehen die Optionen *Business Contact Manager-Daten (.bcm), Business Contact Manager-Anpassungen (*.bcmx)* und *Kommagetrennte Werte (*.csv).*
4. Klicken Sie auf *Weiter.*
5. Im nächsten Schritt wählen Sie die zu exportierenden Daten (siehe Abbildg. 11.22). Wollen Sie Geschäftskontakte und Firmen exportieren, belassen Sie die Option *Alles exportieren* aktiviert. Wollen Sie nur Geschäftskontakte oder nur Firmen exportieren, aktivieren Sie die Option *Bestimmte Datensätze auswählen* und zusätzlich entweder die Option *Geschäftskontakte* oder die Option *Firmen.*

Abbildg. 11.22 Die zu exportierenden Daten wählen

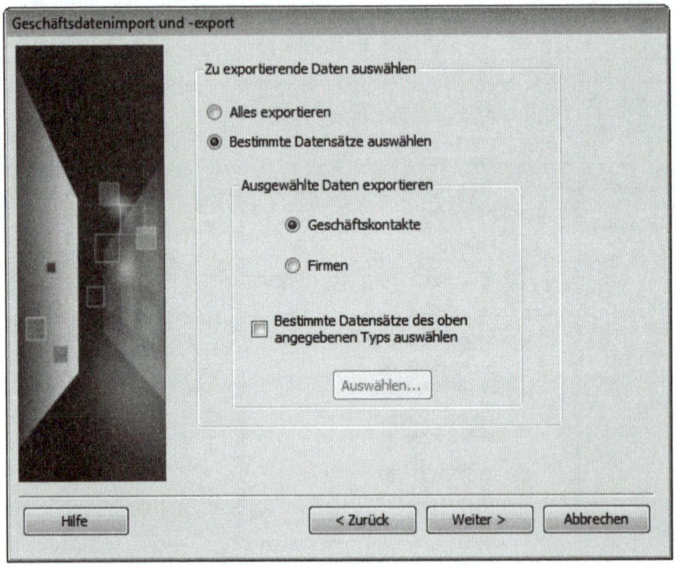

6. Um einzelne Datensätze für den Export auszuwählen, aktivieren Sie das Kontrollkästchen *Bestimmte Datensätze des oben angegebenen Typs auswählen* und klicken Sie auf *Auswählen.*
7. Im Dialogfeld *Geschäftskontakte filtern* aktivieren Sie alle Kontrollkästchen, nach denen Sie die Geschäftskontakte filtern möchten, und deaktivieren Sie alle anderen Kontrollkästchen und klicken Sie dann auf *OK* (siehe Abbildg. 11.23).
8. Klicken Sie auf *Weiter,* um fortzufahren.
9. Im nächsten Schritt geben Sie an, wie die Datei heißen und wo sie gespeichert werden soll. Außerdem wählen Sie, ob die Historie mit oder ohne E-Mails oder gar nicht exportiert werden soll und ob Produkte exportiert werden sollen oder nicht. Dann klicken Sie auf *OK.*

Abbildg. 11.23 Geschäftskontakte filtern

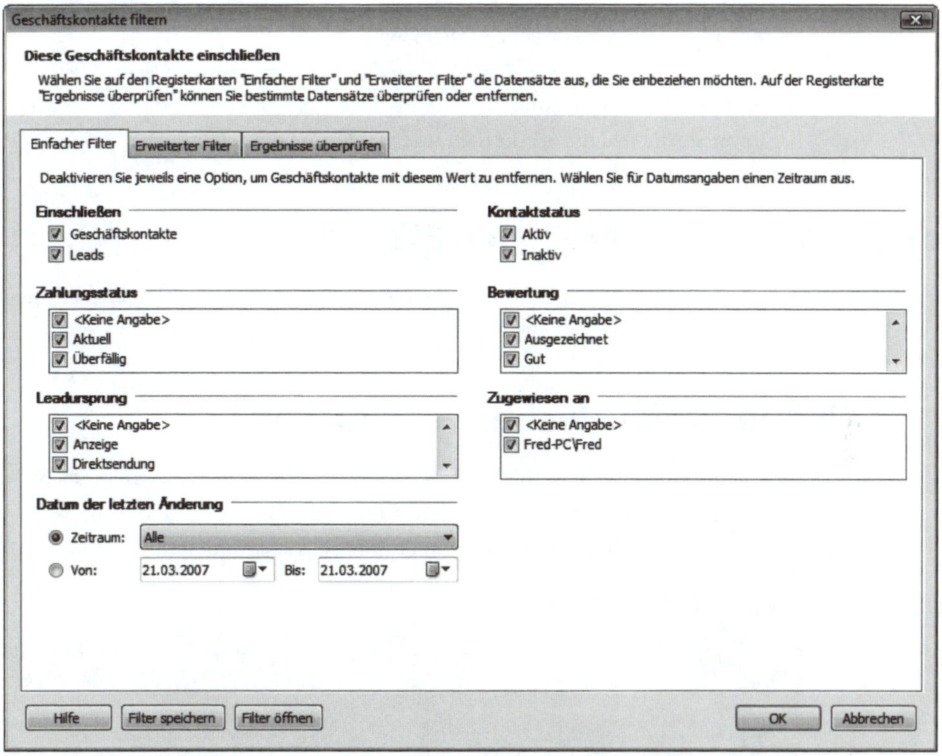

10. Schließen Sie den Vorgang ab, in dem Sie ein letztes Mal auf *Weiter* klicken.

Kontakte aus dem Outlook-Kontaktordner übernehmen

Bei Bedarf können Sie Kontakte aus Ihrem Ordner *Kontakte* in den Ordner *Geschäftskontakte* oder *Firmen* übernehmen. Gehen Sie dazu wie folgt vor:

1. Starten Sie Outlook und wechseln Sie mit einem Mausklick auf die gleichnamige Schaltfläche im Navigationsbereich zum Ordner *Kontakte*.
2. Markieren Sie den Kontakt oder die Kontakte, die Sie in Business Contact Manager übernehmen möchten, und ziehen Sie sie mit gedrückter linker Maustaste auf den Ordner *Firmen in Business Contact Manager* oder auf *Geschäftskontakte in Business Contact Manager.*

TIPP Wollen Sie den Kontakt oder die Kontakte nur kopieren, halten Sie die ⇧-Taste gedrückt, während Sie die markierten Kontakte auf den Ordner *Geschäftskontakte in Business Contact Manager* oder *Firmen in Business Contact Manager* ziehen.

3. Die Daten werden beim Verschieben oder Kopieren in die entsprechenden Felder des Geschäftskontaktformulars kopiert. Wechseln Sie nun mit einem Mausklick auf den Ordnernamen zum Ordner, in den Sie die Kontakte verschoben haben.
4. Öffnen Sie die verschobenen Kontakte nacheinander mit einem Doppelklick und prüfen Sie, ob alle Angaben vorhanden sind.
5. Ergänzen Sie die fehlenden Angaben und wählen Sie die Schaltfläche *Speichern & schließen*.

Verkaufschancen erkennen und nutzen

Mit Business Contact Manager können Sie nicht nur Geschäftskontakte und Firmenkontakte erfassen, sondern auch Verkaufschancen.

Neue Verkaufschance erfassen

Um eine neue Verkaufschance mit Business Contact Manager zu erfassen, gehen Sie wie folgt vor:

1. Rufen Sie den Menübefehl *Business Contact Manager/Verkaufschancen* auf.
2. Nun wird der gleichnamige Ordner im Ordner *Aufgaben* aktiviert.

Abbildg. 11.24 Das Formular *Verkaufschance*

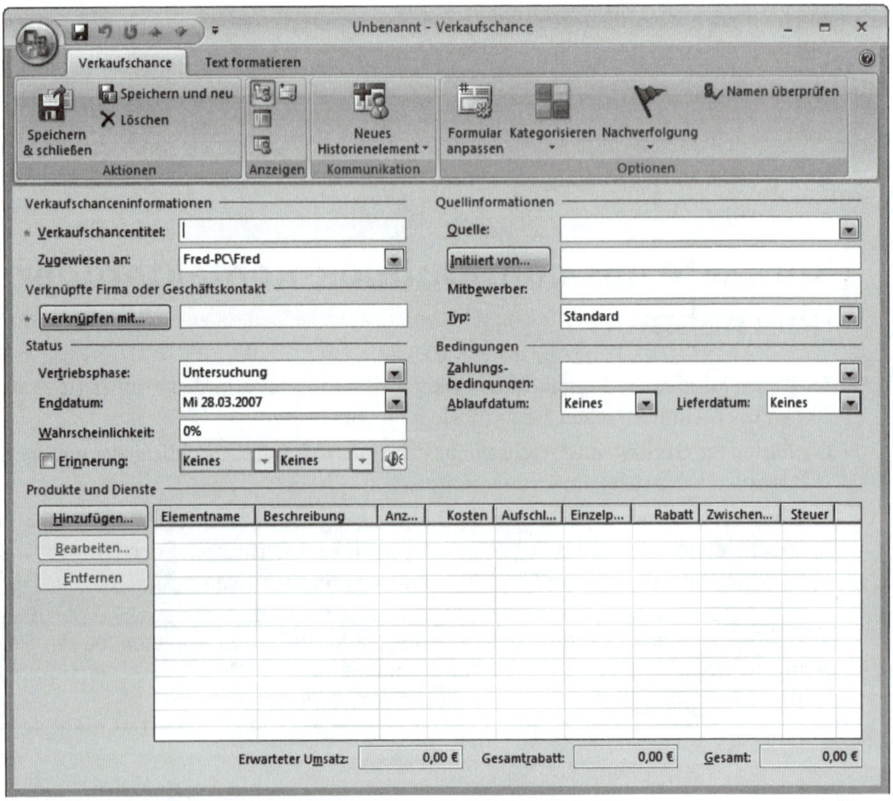

3. Um eine neue Verkaufschance zu erfassen, klicken Sie in der Symbolleiste auf die Schaltfläche *Neu*.
4. Es öffnet sich das Formular *Verkaufschance* (siehe Abbildg. 11.24). Geben Sie zunächst einen *Verkaufschancentitel* in das gleichnamige Feld ein und drücken Sie die ↹-Taste.
5. Die Bezeichnung wird nun in die Titelleiste des Formulars übernommen. Wählen Sie als Nächstes unter *Verknüpfen mit* den Geschäftskontakt oder die Firma, die mit der Verkaufschance verknüpft werden soll. Sie können den Namen entweder direkt eingeben oder auf die Schaltfläche klicken und den Namen aus dem Dialogfeld mit einem Doppelklick auswählen.
6. Legen Sie nun im Abschnitt *Status* fest, in welcher Vertriebsphase sich das Produkt befindet, wann die Maßnahme enden soll und wie hoch die Erfolgswahrscheinlichkeit ist.
7. Im Abschnitt *Bedingungen* auf der rechten Seite wählen Sie Zahlungsbedingungen bzw. Rabatte und Sie geben das Ablauf- und das Lieferdatum an.
8. Im Abschnitt *Produkte und Dienste* können Sie nun noch erfassen, auf welche Produkte oder Dienste aus Ihrer Palette sich die Verkaufschance beziehen soll.
9. Nachdem Sie die Basisdaten eingegeben haben, rufen Sie den Menübefehl *Datei/Speichern* auf. Fügen Sie als Nächstes die Produkte hinzu, wie im nächsten Abschnitt beschrieben.

Produkte hinzufügen

Nachdem Sie die Basisdaten für die Verkaufschance eingegeben haben, fügen Sie nun die Produkte hinzu. Diese können Sie entweder über das Formular *Verkaufschance* oder direkt über das Dialogfeld *Produkte und Dienste* hinzufügen. Gehen Sie wie folgt vor:

1. Ist das *Verkaufschance*-Formular bereits geöffnet, klicken Sie unter *Produkte und Dienste* auf *Hinzufügen*. Ist das Formular nicht geöffnet, rufen Sie den Menübefehl *Business Contact Manager/Liste der Produkte und Dienste* auf.
2. Klicken Sie dann im Dialogfeld *Produkte und Dienste* auf die Schaltfläche *Hinzufügen*.
3. Es öffnet sich das Dialogfeld *Produkt oder Dienst hinzufügen* (siehe Abbildg. 11.25). Tippen Sie in das Feld *Elementname* die Bezeichnung für das Produkt ein. Ergänzen Sie dann im Feld *Beschreibung* eine stichwortartige Beschreibung.
4. Geben Sie dann im Feld *Standardmenge* die übliche Ordermenge an und im Feld *Stückkosten* die Stückkosten.
5. In das Feld *Einzelpreis* geben Sie ein, wie viel ein Produkt oder Dienst kosten soll. Das Feld *Aufschlag* wird automatisch ausgefüllt.
6. Aktivieren Sie das Kontrollkästchen *Steuerpflichtig*, wenn das Produkt mit einer Standardsteuer versehen werden soll.
7. Klicken Sie auf *Speichern*, um das Produkt oder den Dienst in der Liste zu speichern und das Dialogfeld zu schließen. Oder klicken Sie auf die Schaltfläche *Nächstes hinzufügen*, um das Produkt oder den Dienst zu speichern und ein weiteres Produkt oder einen Dienst einzugeben.
8. Die Verkaufschance wird nun in die Liste eingetragen und Sie können sie jederzeit per Doppelklick öffnen und bearbeiten, wenn weitere Produkte hinzukommen, sich die Wahrscheinlichkeit oder der Endtermin ändert oder Sie in eine andere Phase übergehen (siehe Abbildg. 11.26). Sie können das Produkt oder den Dienst außerdem bequem in Ihre Verkaufschance übernehmen. Klicken Sie auf *OK*, um das Dialogfeld zu schließen.

Abbildg. 11.25 Produkte und Dienste hinzufügen

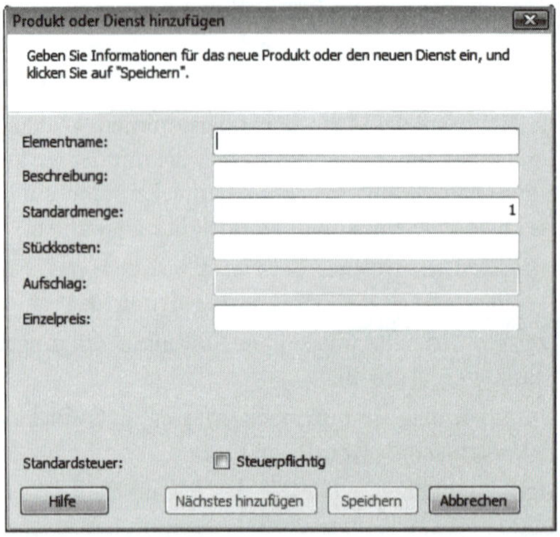

Abbildg. 11.26 Die Liste *Produkte und Dienste*

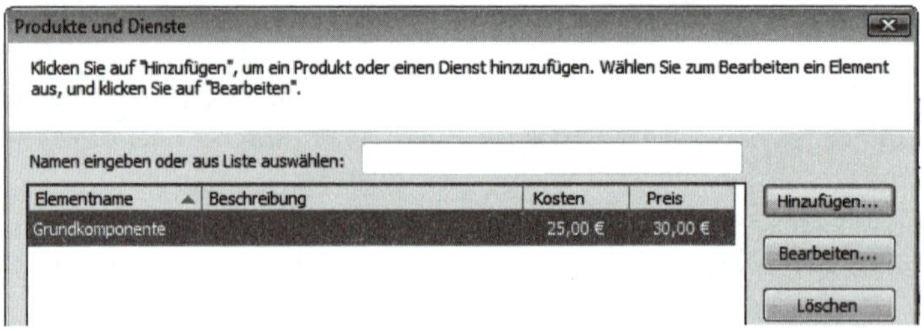

Wenn Sie das Produkt oder den Dienst in das Formular *Verkaufschance* übernehmen, werden automatisch die Gesamtkosten berechnet. Haben Sie eine Wahrscheinlichkeit für die Verkaufschance angegeben, wird außerdem der erwartete Umsatz berechnet (siehe Abbildg. 11.27).

Abbildg. 11.27 Das Produkt im Formular *Verkaufschance*

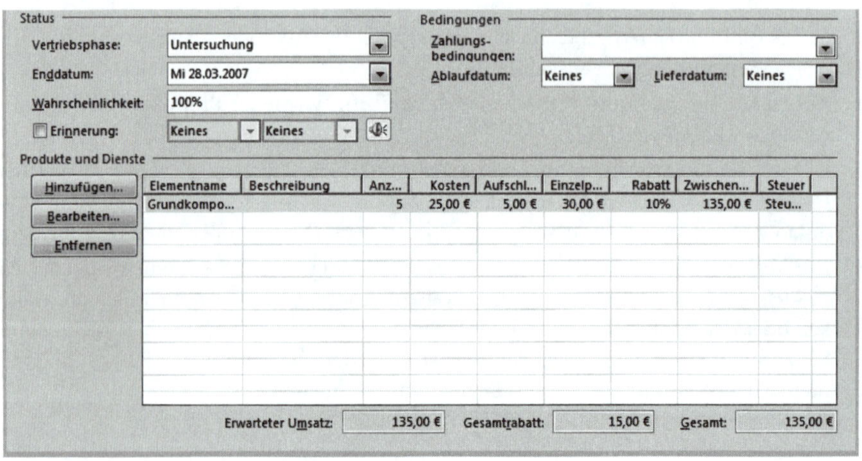

Geschäftsprojekte organisieren und verwalten

Microsoft Business Contact Manager bietet Ihnen die Möglichkeit, die Arbeiten, die im Zusammenhang mit einem bestimmten Projekt anfallen, über ein Geschäftsprojektformular zu erfassen und anschließend zu verwalten. Ein Geschäftsprojekt umfasst eine oder mehrere Projektaufgaben, die Sie separat oder über das Formular *Geschäftsprojekt* erfassen können.

Geschäftsprojekte erfassen

Um ein neues Geschäftsprojekt zu erfassen, gehen Sie wie folgt vor:

1. Rufen Sie den Menübefehl *Business Contact Manager/Geschäftsprojekte* auf.

2. Im Ordner *Geschäftsprojekte*, der sich nun öffnet, klicken Sie auf die Schaltfläche *Neu*.
3. Es öffnet sich das Dialogfeld *Geschäftsprojekt* (siehe Abbildg. 11.28). Geben Sie zunächst einen Namen für das Geschäftsprojekt in das Feld *Projektname* ein.

Abbildg. 11.28 Ein neues Geschäftsprojekt anlegen

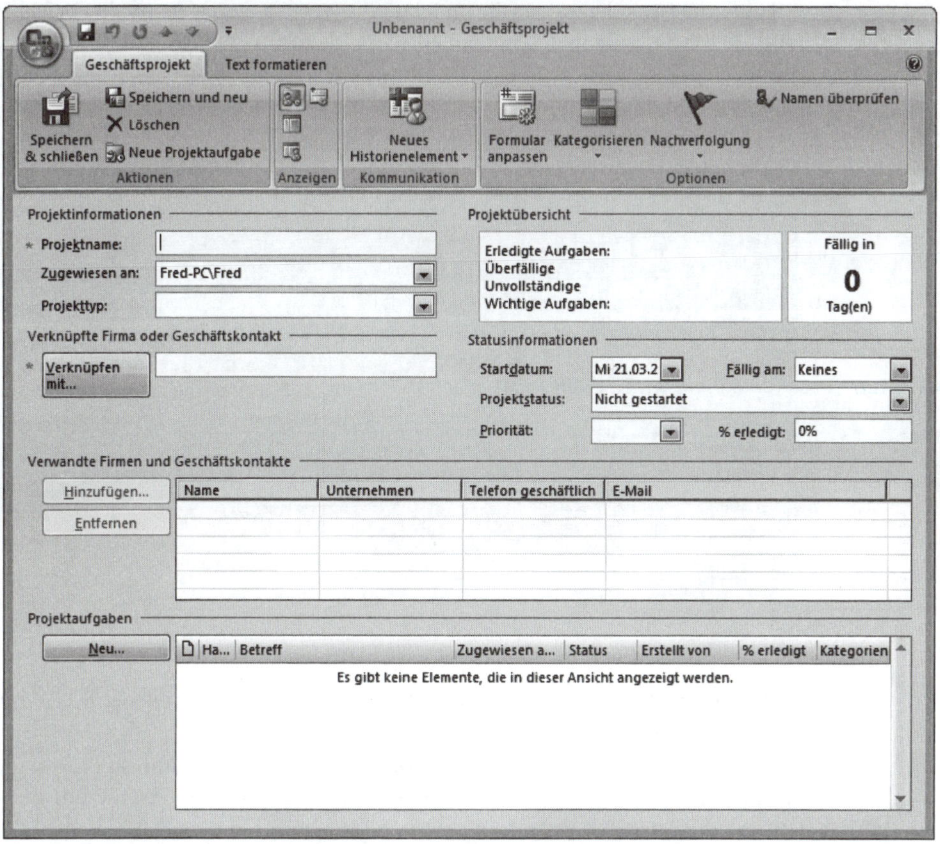

4. Soll das Projekt einer anderen Person zugewiesen werden, wählen Sie diese im Listenfeld *Zugewiesen an* aus. Wählen Sie dann den Projekttyp aus dem gleichnamigen Listenfeld aus oder legen Sie über den Befehl <*Diese Liste bearbeiten…*> einen neuen Listeneintrag fest.
5. Verknüpfen Sie das Geschäftsprojekt dann mit einem Geschäftskontakt oder einer Firma, indem Sie den Namen in das Feld *Verknüpfen mit* eingeben oder auf die gleichnamige Schaltfläche klicken und den Namen dann mit einem Doppelklick auswählen.
6. Nun legen Sie im Abschnitt *Statusinformationen* Angaben zum Projektstatus fest, wie z.B. das Start- und das Fälligkeitsdatum und die Priorität. Im Verlauf des Projekts können Sie dann noch festlegen, wie viel Prozent des Projekts bereits erledigt sind.
7. Fügen Sie über die Schaltfläche *Neu* Projektaufgaben zu Ihrem Geschäftsprojekt hinzu, wie im nächsten Abschnitt beschrieben.
8. Klicken Sie auf die Schaltfläche *Speichern & schließen*.

Projektaufgaben erfassen

Projektaufgaben können Sie über eine eigene Funktion oder über das Formular *Geschäftsprojekt* erfassen. Gehen Sie dazu wie folgt vor:

1. Öffnen Sie das Formular *Geschäftsprojekt* und klicken Sie im Bereich *Projektaufgaben* auf die Schaltfläche *Neu* oder wählen Sie im Menü *Business Contact Manager* den Befehl *Projektaufgaben* und klicken Sie dann in der Symbolleiste von Microsoft Outlook auf die Schaltfläche *Neu*.
2. Im Formular *Projektaufgabe* geben Sie zunächst im Feld *Betreff* den Namen der Projektaufgabe ein (siehe Abbildg. 11.29).

Abbildg. 11.29 Das Formular *Projektaufgabe*

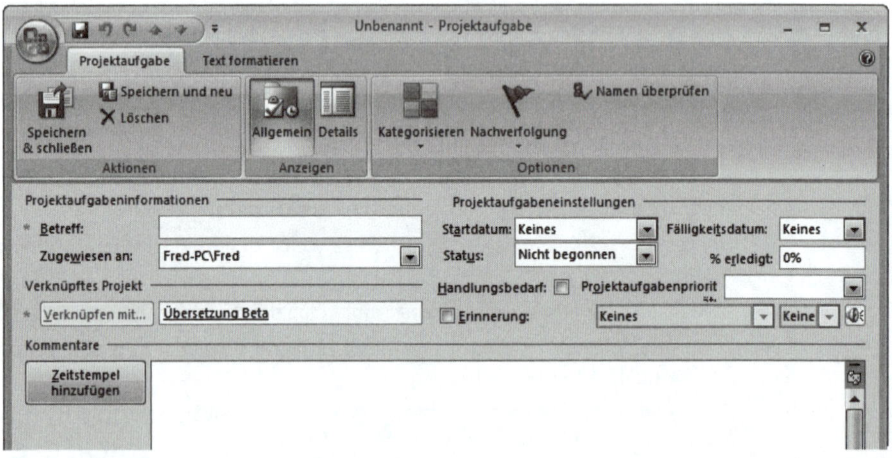

3. Geben Sie im Abschnitt *Verknüpftes Projekt* das Geschäftsprojekt in das Feld *Verknüpfen mit* ein, falls dieses nicht bereits angegeben ist.
4. Geben Sie dann im Abschnitt *Projektaufgabeneinstellungen* an, wann das Projekt starten soll, wann es fällig ist, wie viel Prozent Sie bereits erledigt haben, und ob eine Erinnerung gewünscht ist.
5. Klicken Sie auf die Schaltfläche *Speichern & schließen*, um die Projektaufgabe zu speichern.

Geschäftsprojekte verwalten

Im Ordner *Geschäftsprojekte* von Business Contact Manager werden die Geschäftsprojekte aufgelistet. Sie können die Projekte in diesem Ordner betrachten, nach verschiedenen Kriterien filtern und sortieren, bearbeiten und löschen. Öffnen Sie dazu den Ordner *Geschäftsprojekte in Business Contact Manager* über den gleichnamigen Befehl im Menü *Business Contact Manager* und gehen Sie wie folgt vor:

- **Die Ansicht wechseln:** Wählen Sie die gewünschte Ansicht des Ordnerinhalts im Bereich *Aktuelle Ansicht*. Sie können die Geschäftsprojekte hier nach der Zuweisung, dem Fälligkeitsdatum und dem Status sortieren bzw. gruppieren. Bei Bedarf können Sie außerdem eine neue Gruppe hinzufügen oder die aktuelle Ansicht anpassen.
- **Geschäftsprojekte bearbeiten:** Um ein Geschäftsprojekt zu bearbeiten, öffnen Sie es mit einem Doppelklick, nehmen die gewünschten Änderungen vor und klicken dann auf *Speichern & schließen*.
- **Geschäftsprojekte löschen:** Um ein Geschäftsprojekt zu löschen, klicken Sie es mit der rechten Maustaste an und wählen im Kontextmenü den Befehl *Löschen*. Das Geschäftsprojekt wird nun ohne weitere Warnung in den Ordner *Gelöschte Objekte* von Business Contact Manager verschoben.
- **Geschäftsprojekte zur Nachverfolgung kennzeichnen:** Markieren Sie das Geschäftsprojekt, klicken Sie in der Symbolleiste von Outlook auf die Schaltfläche *Zur Nachverfolgung* und wählen Sie im Dropdown-Menü die gewünschte Nachverfolgungskennzeichnung aus.
- **Geschäftsprojekte Kategorien zuweisen:** Um ein Geschäftsprojekt einer Kategorie zuzuweisen, markieren Sie es in der Geschäftsprojektliste, klicken Sie in der Symbolleiste von Outlook und wählen Sie im Dropdown-Menü die gewünschte Kategorie aus.

Marketingkampagnen verwalten

Um eine neue Marketingkampagne zu planen, nutzen Sie die gleichnamige Option von Business Contact Manager. Gehen Sie dazu wie folgt vor:

1. Rufen Sie den Menübefehl *Business Contact Manager/Marketingkampagnen* auf.

2. Klicken Sie in der Symbolleiste von Outlook auf die Schaltfläche *Neu*.
3. Im Formular *Marketingkampagne* geben Sie zunächst den Titel für die Marketingkampagne ein (siehe Abbildg. 11.30).
4. Tragen Sie den Kampagnencode ein und wählen Sie den Kampagnentyp aus.
5. Legen Sie unter *Startdatum* fest, wann die Kampagne starten soll. Ist die Kampagne befristet, wählen Sie zusätzlich ein Enddatum aus.
6. Geben Sie im Feld *Budgetierte Kosten* ein, welche Summe Sie veranschlagt haben.
7. Im Abschnitt *2 Wem wird das Produkt angezeigt?* geben Sie ein, an wen die Marketingkampagne adressiert sein soll. Um nur einzelne Kontakte auszuwählen, klicken Sie auf die Schaltfläche *Überprüfen und filtern* und deaktivieren Sie im Dialogfeld die Kontrollkästchen aller Namen, die nicht berücksichtigt werden sollen.
8. Dann legen Sie im Abschnitt *3 Wie wird das Produkt geliefert?* fest, wie Sie die Kampagne übermitteln möchten. Zur Auswahl stehen die Optionen *Outlook*, *Word-Serien-E-Mail* und *Publisher-Serien-E-Mail*.

Abbildg. 11.30 Eine Marketingkampagne erfassen

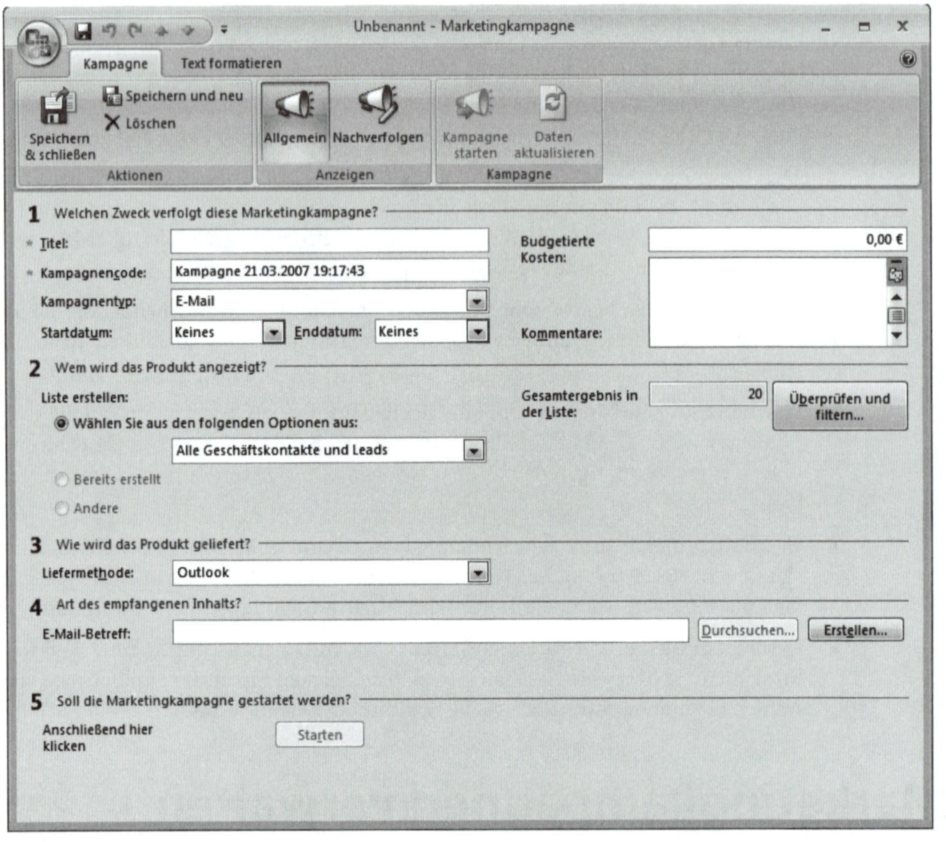

9. Handelt es sich um eine E-Mail-Kampagne, geben Sie im Abschnitt *4 Art des empfangenen Inhalts?* einen E-Mail-Betreff ein. Klicken Sie dann auf *Erstellen* und geben Sie den Text der E-Mail ein. Handelt es sich um eine andere Art von Werbung, wählen Sie die Datei aus, die Sie benutzen möchten.
10. Klicken Sie auf *Starten* oder auf die Schaltfläche *Kampagne starten*, um die Kampagne zu starten.

Die Kampagne wird nun in den Ordner *Marketingkampagnen* eingetragen.

Die Kommunikationshistorie verfolgen

Nachdem Sie nun wissen, wie Sie Firmen- und Geschäftskontakte anlegen, Ihre Verkaufschancen nutzen, Geschäftsprojekte verwalten und Marketingkampagnen planen, sollten Sie sich nun mit der Funktion *Kommunikationshistorie* befassen, die es Ihnen ermöglicht, alle Vorgänge im Zusammenhang mit einem Kontakt oder einer Verkaufschance mit dem Element zusammen zu speichern und so leicht auf die Daten zugreifen zu können.

Neues Kommunikationshistorienelement erstellen

Erfahren Sie nun, wie Sie ein neues Kommunikationshistorienelement in Business Contact Manager eingeben. Sie können mit diesen Historienelementen direkt Termine und Aufgaben planen, Gesprächsnotizen und Geschäftsnotizen erfassen und Dateien mit dem Objekt verknüpfen. An Geschäftskontakte können Sie außerdem E-Mails versenden und Anrufe starten. Die Elemente werden alle im Ordner *Kommunikationshistorien* aufgezeichnet und lassen sich so hinterher den einzelnen Kontakten, Projekten, Kampagnen oder Verkaufschancen zuordnen.

Gehen Sie vor, wie am Beispiel der Verkaufschance beschrieben:

1. Öffnen Sie den Ordner *Verkaufschancen in Business Contact Manager* durch Aufruf des Menübefehls *Business Contact Manager/Verkaufschancen.*
2. Markieren Sie die Verkaufschance, zu der Sie ein Historienelement erstellen möchten.
3. Öffnen Sie das Menü *Aktionen* mit einem Mausklick, zeigen Sie auf den Befehl *Erstellen* und wählen Sie im zugehörigen Untermenü die gewünschte Aktion aus (siehe Abbildg. 11.31):

Abbildg. 11.31 Aktionen für ein Business Contact Manager-Objekt auswählen

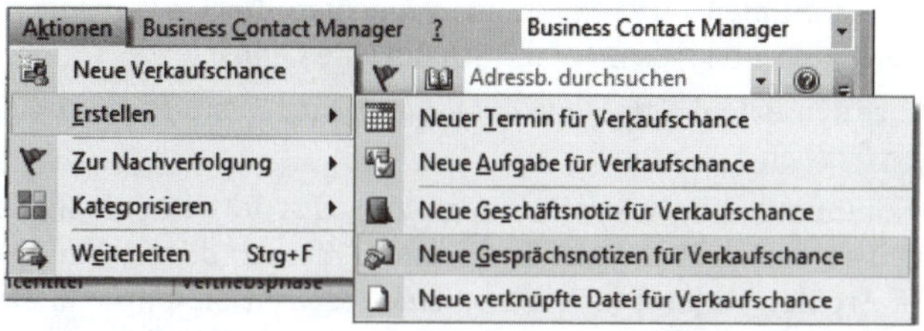

- **Neuer Termin für Verkaufschance:** Wählen Sie diesen Befehl, um einen Termin für die Verkaufschance einzutragen. Geben Sie den Betreff, den Ort, den Start- und den Endzeitpunkt ein und klicken Sie auf die Schaltfläche *Speichern & schließen.*
- **Neue Aufgabe für Verkaufschance:** Um eine einfache Aufgabe im Zusammenhang mit der Verkaufschance einzutragen, wählen Sie diesen Befehl. Geben Sie dann den Betreff und bei Bedarf ein Datum für den Beginn und für die Fälligkeit ein und klicken Sie auf die Schaltfläche *Speichern & schließen.*
- **Neue Geschäftsnotiz für Verkaufschance:** Es öffnet sich das Dialogfeld *Geschäftsnotiz,* in dem Sie den Betreff, eine Notiz und möglicherweise einen Zeitstempel einfügen und die Notiz mit einem Mausklick auf die Schaltfläche *Speichern & schließen* speichern.
- **Neue Gesprächsnotizen für Verkaufschance:** Um sich Notizen zu einem Gespräch oder einem Telefonat zu machen oder um die Zeit aufzuzeichnen, die für ein Gespräch beansprucht wurde, wählen Sie diese Option. Im Dialogfeld *Gesprächsnotizen* geben Sie den Betreff und, falls es sich um einen Anruf handelt, den Anruftyp ein (siehe Abbildg. 11.32). Starten Sie dann die Zeitmessung mit einem Mausklick auf die Schaltfläche *Zeitmessung starten* und klicken Sie nach Abschluss des Gesprächs auf die Schaltfläche *Zeitmessung anhalten.* Klicken Sie auf die Schaltfläche *Speichern & schließen.* Die Gesprächsnotiz wird im Ordner *Kommunikationshistorie* von Business Contact Manager abgelegt.

Abbildg. 11.32 Gesprächsnotizen für eine Verkaufschance eintragen

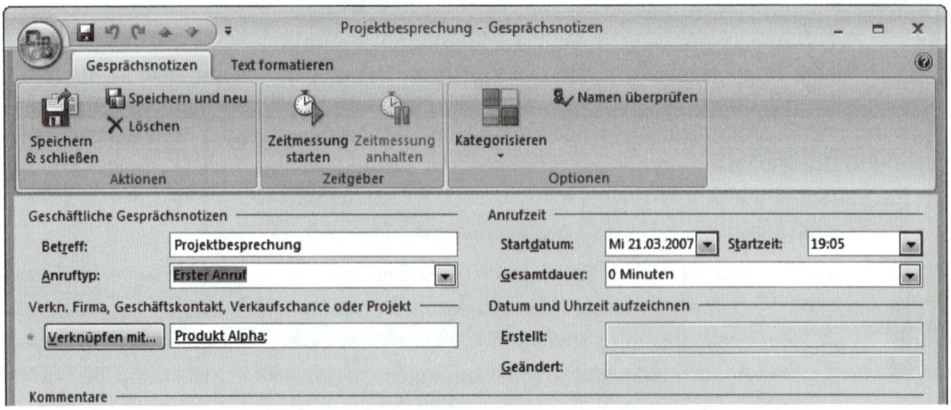

- **Neue verknüpfte Datei für Verkaufschance:** Wählen Sie diesen Befehl, wenn Sie die Verkaufschance mit einer bestimmten Datei verknüpfen möchten. Im Dialogfeld *Datei verknüpfen* wählen Sie die Datei aus und klicken auf die Schaltfläche *Öffnen*.

4. Wechseln Sie nun über den Befehl *Kommunikationshistorie* im Menü *Business Contact Manager* in den gleichnamigen Ordner.
5. Die Elemente der Kommunikationshistorie werden zunächst in chronologischer Reihenfolge aufgelistet. Sie können sie jedoch auch nach dem Ersteller, der Art des Kommunikationshistorienelements und der Art der Verknüpfung gruppieren. Klicken Sie dazu im Bereich *Aktuelle Ansicht* des Navigationsbereichs auf die gewünschte Option (siehe Abbildg. 11.33).

Abbildg. 11.33 Die Elemente der Kommunikationshistorie im Ordner *Kommunikationshistorie*

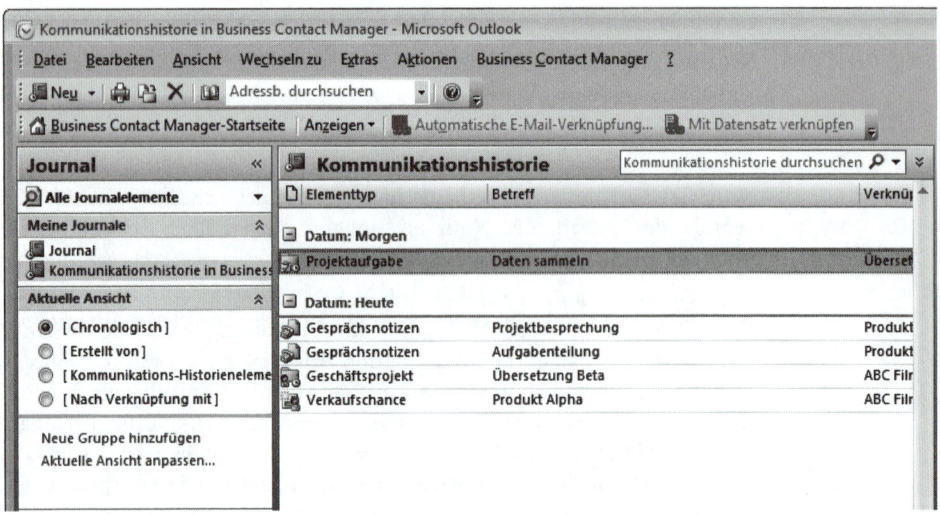

Berichte erstellen

Der Business Contact Manager bietet Ihnen die Möglichkeit, verschiedene Arten von Berichten auszudrucken. Gehen Sie dazu wie folgt vor:

1. Rufen Sie den Menübefehl *Business Contact Manager/Berichte* auf.
2. Im Untermenü wählen Sie, welche Art von Datensätzen Sie ausdrucken möchten und im Untermenü wählen Sie die Art des Berichts. Um beispielsweise alle Geschäftskontakte nach Postleitzahlen sortiert zu drucken, zeigen Sie auf *Berichte*, dann auf *Geschäftskontakte* und anschließend auf *Geschäftskontakte nach Postleitzahl.*
3. Der Business Contact Manager erstellt nun den gewünschten Bericht (siehe Abbildg. 11.34).

Abbildg. 11.34 Der Bericht *Geschäftskontakte nach Postleitzahl*

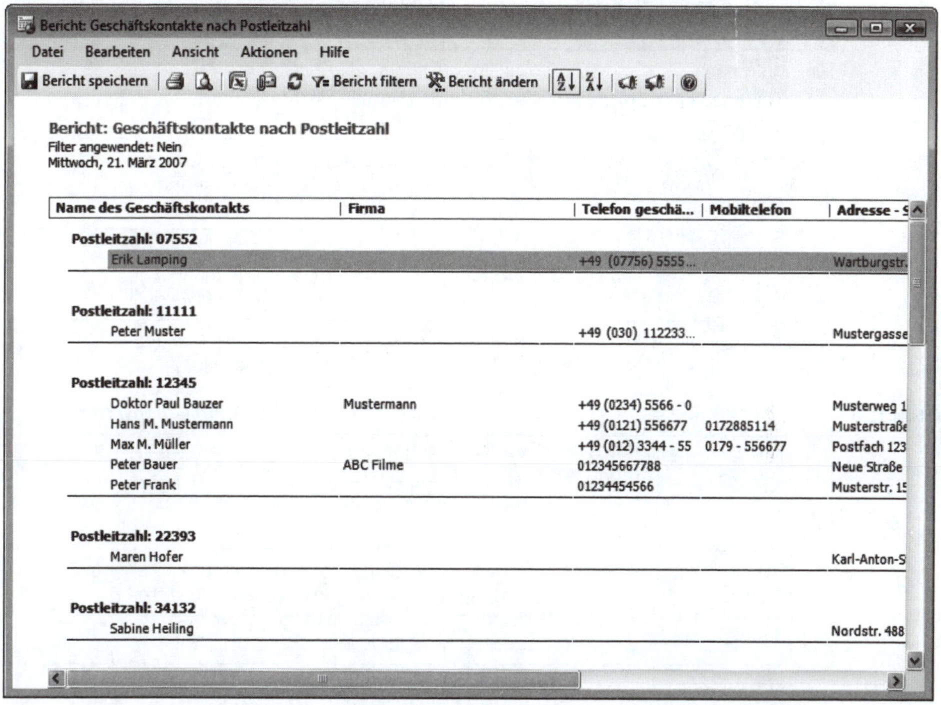

4. Klicken Sie in der Symbolleiste des Berichts auf die Schaltfläche *Bericht speichern*, um den Bericht in eine Datei abzulegen.
5. Um den Bericht weiter zu filtern, klicken Sie auf die Schaltfläche *Bericht filtern* und deaktivieren dann die Kontrollkästchen aller Optionen, die Sie im Bericht nicht berücksichtigen möchten.
6. Wollen Sie den Bericht in Excel exportieren, klicken Sie auf die Schaltfläche *Exportieren nach Excel.* Der Bericht wird in eine Excel-Datei exportiert und in Excel geöffnet.
7. Um den Bericht per E-Mail zu versenden, klicken Sie auf die Schaltfläche *E-Mail mit Bericht als Excel-Anlage senden.* Der Bericht wird in eine Excel-Datei exportiert und als Anlage an eine neue E-Mail-Nachricht angefügt. Geben Sie den Empfänger, den Betreff und den Text ein und klicken Sie auf *Senden*, um die E-Mail zu verschicken.

8. Um den Bericht zu drucken, klicken Sie auf die Schaltfläche *Drucken* und im Dialogfeld *Drucken* bestätigen Sie mit *OK*.
9. Klicken Sie auf die *Schließen*-Schaltfläche in der rechten oberen Ecke, um den Bericht zu schließen.

Zusammenfassung

Mit Business Contact Manager können Sie nicht nur Geschäftskontakte und Firmen erfassen und nutzen, sondern auch Geschäftsprojekte planen und verwalten, Verkaufschancen erfassen und nutzen und Marketingkampagnen planen und durchführen.

Sie möchten ...	So gehen Sie vor	Sehen Sie sich dazu das Beispiel an auf Seite
Firmen erfassen	Wählen Sie im Menü *Business Contact Manager* den Befehl *Firmen* und klicken Sie dann in der Symbolleiste auf die Schaltfläche *Neu*	596
Geschäftsprojekte erfassen	Wählen Sie im Menü *Business Contact Manager* den Befehl *Geschäftskontakte* und klicken Sie in der Symbolleiste auf die Schaltfläche *Neu*	605
Daten importieren/exportieren	Wählen Sie im Menü *Datei* den Befehl *Importieren/Exportieren* und dann den Untermenübefehl *Business Contact Manager für Outlook*	611
Verkaufschancen nutzen	Wählen Sie im Menü *Business Contact Manager* den Befehl *Verkaufschancen* und klicken Sie dann in der Symbolleiste auf die Schaltfläche *Neu*	616
Marketingkampagnen erfassen	Wählen Sie im Menü *Business Contact Manager* den Befehl *Marketingkampagne* und klicken Sie dann in der Symbolleiste auf die Schaltfläche *Neu*	621
die Kommunikationshistorie verfolgen	Öffnen Sie das Objekt, dessen Kommunikationshistorie Sie verfolgen möchten, und klicken Sie dann in der Multifunktionsleiste auf die Schaltfläche *Historienelement*	623
Berichte erstellen	Zeigen Sie im Menü *Business Contact Manager* auf den Befehl *Berichte*, wählen Sie im Untermenü das gewünschte Objekt aus und wählen Sie im nächsten Untermenü den Bericht, den Sie erstellen möchten	625

Teil D

Termin- und Aufgabenplanung

In diesem Teil:

Outlook bietet Ihnen zahlreiche Möglichkeiten, um Ihre Zeit und Ihre Arbeit optimal zu planen. Sie können nicht nur einzelne und sich wiederholende Termine im Kalender eintragen, sondern auch Ereignisse wie Geburtstage, Messen und Ähnliches vermerken, Besprechungsanfragen versenden, die vom Empfänger per Mausklick beantwortet werden können. Die Verfügbarkeit von Personen lässt sich automatisch prüfen, sofern Sie in einer Exchage-Umgebung arbeiten oder den Internet Frei/Gebucht-Service von Microsoft Office nutzen. Sie können sich an jeden Termin erinnern lassen, Ihren Kalender im Internet zur Verfügung stellen und vieles mehr.

- In Kapitel 12 lernen Sie den Umgang mit dem Kalender von Outlook kennen. Sie erfahren, wie Sie Termine und Terminserien, Ereignisse, Ereignisserien und Besprechungen planen und Besprechungsanfragen versenden. Außerdem lernen Sie, wie Sie über den Datumsnavigator zu einem bestimmten Datum wechseln, welche Formate für die Eingabe von Datumsangaben zur Verfügung stehen, wie Sie Dokumente und Outlook-Elemente mit Terminen verknüpfen können, sich an Termine erinnern lassen, einen Kalender als Webseite speichern und im Internet zur Verfügung stellen, Kalenderelemente im iCalendar-Format speichern und weitergeben, Termine suchen und ausdrucken.

- In Kapitel 13 erfahren Sie alles über die Planung von Aufgaben. Dabei geht es nicht nur darum, Aufgaben zu notieren und mit Terminen zu verknüpfen, sondern auch darum, deren Bearbeitung zu prüfen, Aufgaben anderen Personen zuzuordnen und die Ausführung zu überwachen, zugeordnete Aufgaben zu bearbeiten, Aufgaben zu organisieren und zu suchen und die Aufgabenliste auszudrucken.

Kapitel 12

Optimale Zeitplanung mit dem Kalender

In diesem Kapitel:

Neben dem Versand und Empfang von E-Mails und der Verwaltung Ihrer Kontaktdaten können Sie Outlook 2007 auch zur Terminplanung einsetzen. Im *Kalender* können Sie zahlreiche Aktivitäten planen und sich daran erinnern lassen. Auch die Planung von Ressourcen, von Besprechungen und von Onlinebesprechungen ist möglich.

Termine, Ereignisse, Besprechungen und Ressourcen

Bevor Sie mit der Navigation im Kalender loslegen, sollten die grundlegenden Begriffe geklärt werden. Outlook unterscheidet vier Terminarten: Termine, Ereignisse, Besprechungen und Ressourcen.

- *Termine*: Termine sind alle Aktivitäten, die Sie in Ihrem Kalender planen und zu denen weder andere Personen eingeladen noch Ressourcen reserviert werden. Sie können anderen Personen jedoch die Berechtigung erteilen, Termine für Sie zu planen und zu ändern und Ihren Terminkalender anderen Personen zur Einsicht überlassen.
- *Ereignisse*: Ereignisse sind Aktivitäten, die 24 Stunden oder länger dauern. Ereignisse können Geburtstage oder Feiern sein oder aber mehrtägige Termine wie Messen. Ereignisse werden anders als Termine keinen bestimmten Zeiten innerhalb eines Tages zugeordnet, sondern sie erscheinen unterhalb der Datumsangabe im Kalender. Ereignisse werden über eine spezielle Funktion angelegt. Sie können aber auch über das Terminformular eingegeben werden, denn stellt Outlook fest, dass es sich um einen 24 Stunden oder länger dauernden Termin handelt, wird dieser automatisch zum Ereignis gemacht. Finden innerhalb eines Ereignisses Termine statt, wie z.B. während einer Messe, müssen Sie diese separat als Termine eintragen.
- *Besprechungen*: Besprechungen sind Termine, an denen mehrere Personen teilnehmen. Die Terminabsprache, d.h. die Ermittlung von Zeiten, zu denen alle beteiligten Personen frei sind, wird über die Terminplanungsfunktion von Outlook erheblich vereinfacht. Die Teilnehmer können über Outlook außerdem per E-Mail eingeladen werden und die benötigten Räumlichkeiten und Geräte können automatisch reserviert werden.
- *Ressourcen*: Ressourcen sind Räume, wie z.B. Besprechungs- oder Konferenzzimmer, Geräte wie Overhead-Projektoren, Tafeln, Videogeräte etc., die von mehreren Personen genutzt werden und deren Benutzung deshalb zeitlich geplant werden muss.

Die Kalenderansicht wechseln

Wenn Sie den Ordner *Kalender* über die gleichnamige Schaltfläche im Navigationsbereich öffnen, ist automatisch die Tagesansicht aktiviert, d.h. die Ansicht, in der alle Termine eines Tages angezeigt werden. Outlook bietet Ihnen darüber hinaus die Ansichten *Woche* und *Monat*.

Die Tagesansicht

Die Tagesansicht ist die Standardansicht (siehe Abbildg. 12.1). In ihr wird jeweils nur ein Tag angezeigt, der in Intervalle von jeweils einer Stunde unterteilt ist. Zur Kennzeichnung der halben Stunden enthält jedes Intervall eine dünne Trennlinie. Der Zeitbereich zwischen 8.00 und 17.00 Uhr wird weiß dargestellt, die Bereiche zwischen 0.00 bis 8.00 Uhr und zwischen 17.00 und 23.59 Uhr sowie Samstage und Sonn- und Feiertage sind hellblau unterlegt. Diese Einteilung entspricht dem Arbeitstag eines Großteils der Erwerbstätigen und soll dabei helfen, berufliche und private Termine optisch unterscheiden zu können.

TIPP Haben Sie einen ganz anderen Arbeitstag und wünschen Sie, dass beispielsweise der Bereich zwischen 7.00 und 15.00 Uhr weiß eingefärbt ist oder der Bereich zwischen 10.00 und 19.00 Uhr, können Sie diese Einstellung ganz leicht in den Kalenderoptionen ändern, wie in Kapitel 18 beschrieben.

Abbildg. 12.1 Der Kalender in der Tagesansicht

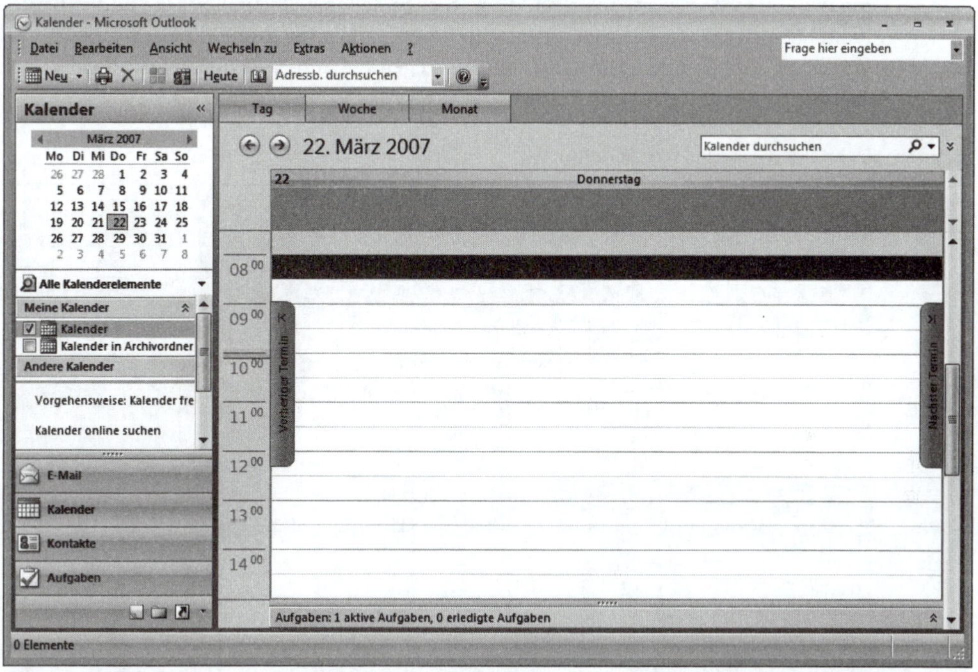

Über die vertikale Bildlaufleiste am rechten Rand blenden Sie Termine ein, die momentan nicht sichtbar sind. Außerdem können Sie über die Schaltflächen *Vorheriger Termin* und *Nächster Termin* bequem mit einem Mausklick zum entsprechenden Termin springen, auch wenn dieser erst am nächsten Tag stattfindet oder bereits mehrere Tage zurückliegt. Über die Pfeilschaltflächen links neben dem aktuellen Datum wechseln Sie zum vorherigen und zum nächsten Tag.

In der linken oberen Ecke des Navigationsbereichs finden Sie den Datumsnavigator, über den Sie das Datum rasch wechseln können. Das aktivierte Datum wird orange hervorgehoben, das aktuelle Datum ist rot umrandet. Tage, an denen Sie bereits Termine eingetragen haben, werden fett hervorgehoben, so dass Sie sich schnell einen Überblick über die Tage verschaffen können, an denen Sie Termine wahrnehmen müssen. Mehr zum Datumswechsel über den Datumsnavigator finden Sie in Abschnitt »Datumsnavigator« weiter hinten in diesem Kapitel

Aktivieren Sie ein Terminfeld, können Sie den Termin direkt eingeben. Klicken Sie doppelt auf ein Terminfeld, öffnet sich das Formular *Unbenannt – Termin*, in dem das aktuelle Datum und die gewünschte Uhrzeit bereits eingetragen sind. Klicken Sie doppelt auf einen bestehenden Termin, öffnet sich das Terminformular.

Die Wochenansicht

Die Wochenansicht aktivieren Sie über den Registerreiter *Woche* am oberen Rand des Terminfenster. In dieser Ansicht werden standardmäßig die Tage der Arbeitswoche (Montag bis Freitag) angezeigt, wobei jeder Tag eine Spalte einnimmt. Wie in der Tagesansicht sind die einzelnen Tage in Stundenintervalle unterteilt, die jeweils mit einer dünnen Trennlinie noch einmal in halbstündige Intervalle aufgeteilt sind (siehe Abbildg. 12.2). Auch der Zeitbereich ist zwischen 8.00 Uhr und 17.00 Uhr von montags bis freitags weiß unterlegt, die restlichen Zeiten hellblau. Über die Bildlaufleiste am rechten Rand blenden Sie weiter unten oder oben liegende Termine und Zeiten ein. Über die Schaltflächen *Vorheriger Termin* und *Nächster Termin* springen Sie zum jeweils vorhergehenden oder nächsten Termin.

Abbildg. 12.2 Der Kalender in der Wochenansicht

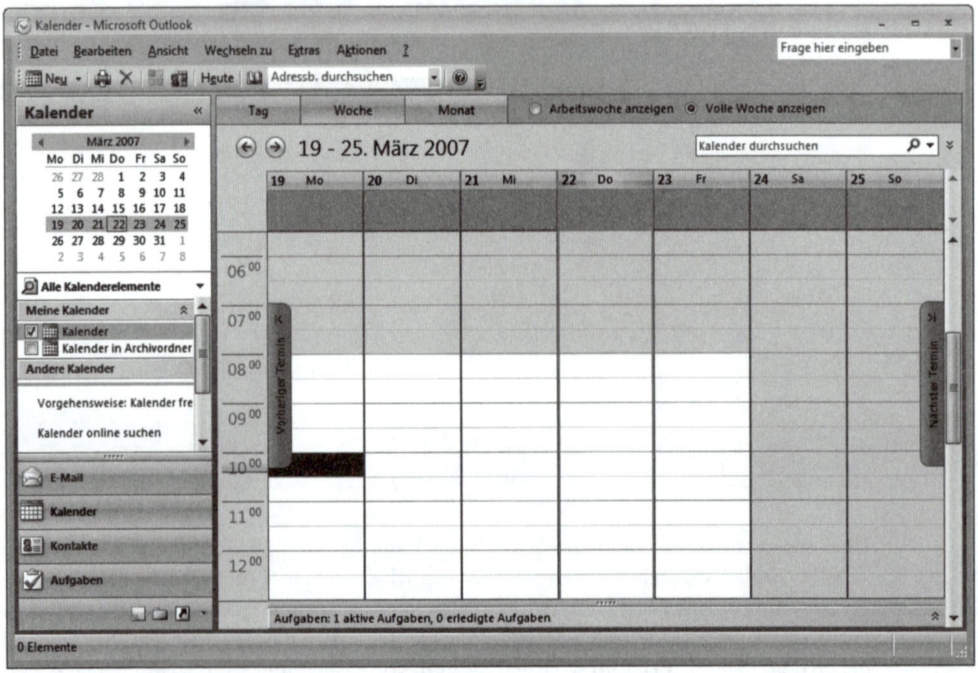

Oberhalb vom Terminkalender wird der aktuell angezeigte Wochenbereich angegeben. Über die Pfeilschaltflächen links neben dieser Datumsangabe wechseln Sie zur jeweils vorherigen und zur nächsten Woche.

Der Navigationsbereich bleibt in der Wochenansicht gegenüber der Tagesansicht unverändert. Im Datumsnavigator ist jedoch nicht ein einzelner Tag orange hervorgehoben, sondern die aktuelle Woche. Der aktuelle Tag wird im Datumsnavigator und in der Wochenansicht rot umrandet dargestellt.

Sind Sie nur an den für Sie beruflich nutzbaren Zeiten der Arbeitswoche von Montag bis Freitag interessiert, aktivieren Sie in der Titelleiste des Kalenders die Option *Arbeitswoche anzeigen*. Um alle Tage der vollen Woche angezeigt zu bekommen, aktivieren Sie wieder die Option *Volle Woche anzeigen*.

TIPP Wie in der Tagesansicht können Sie auch in der Wochenansicht Termine in den Kalender eintragen, indem Sie doppelt auf die gewünschte Uhrzeit klicken und damit ein neues, noch unbenanntes Terminformular öffnen. Vorhandene Termine öffnen Sie ebenfalls mit einem Doppelklick.

Die Monatsansicht

Die Monatsansicht aktivieren Sie über den Registerreiter *Monat* am oberen Rand des Terminfensters. In dieser Ansicht werden alle Tage eines Monats als Kästchen dargestellt (siehe Abbildg. 12.3). Die einzelnen Tage sind dabei wochenweise in Zeilen angeordnet. Pro Tag wird nur das Datum angegeben. Die Termine sind nach Uhrzeit geordnet. Über die Optionen *Niedrig*, *Mittel* und *Hoch* im Bereich *Details* können Sie jedoch festlegen, wie viele Details in den einzelnen Tagen angezeigt werden sollen.

Über die Pfeilschaltflächen links neben der Monatsangabe, die oberhalb vom Terminkalender angezeigt wird, wechseln Sie zum vorherigen und zum nächsten Monat.

Im Datumsnavigator, der im Navigationsbereich angezeigt wird, sind im Gegensatz zu den anderen Ansichten alle Tage des Monats orange hervorgehoben. Das aktuelle Datum wird rot umrandet.

Abbildg. 12.3 Der Kalender in der Monatsansicht

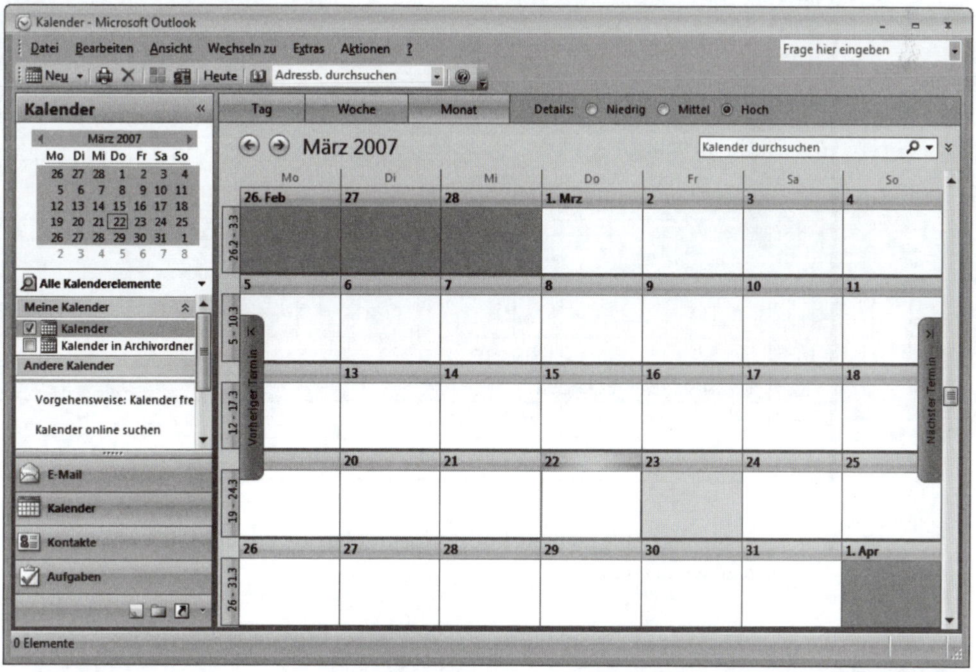

Den Aufgabenblock ein- und ausblenden

Da Aufgaben eng mit Terminen verknüpft sind, ist es wichtig, die Aufgaben im Kalender leicht ein- und ausblenden zu können. Standardmäßig wird in der Tages- und in der Wochenansicht nur eine Übersicht über die aktiven und die erledigten Aufgaben angezeigt. Sie können die Aufgabenliste jedoch mit einem Mausklick ein- und ausblenden.

Aktivieren Sie im Ordner *Kalender* die Ansicht *Tag* und blenden Sie dann den Aufgabenblock ein und anschließend wieder aus.

1. Wechseln Sie mit einem Mausklick auf die gleichnamige Schaltfläche im Navigationsbereich zum Ordner *Kalender*.

2. Nun blenden Sie den Aufgabenblock ein, indem Sie auf die Pfeilschaltfläche am unteren rechten Rand des Terminfensters klicken.
3. Der Aufgabenblock wird nun unterhalb vom Terminkalender angezeigt (siehe Abbildg. 12.4). Sie können nun neue Aufgaben eintragen, indem Sie die weiße Fläche anklicken und die Aufgabenbezeichnung eingeben. Sobald Sie die ↵-Taste drücken, wird die Aufgabe dauerhaft eingetragen. Um eine Aufgabe mit Details einzutragen, klicken Sie doppelt auf die weiße Fläche, um ein leeres, noch unbenanntes Aufgabenformular zu öffnen.

Abbildg. 12.4 Der Terminkalender mit eingeblendetem Aufgabenblock

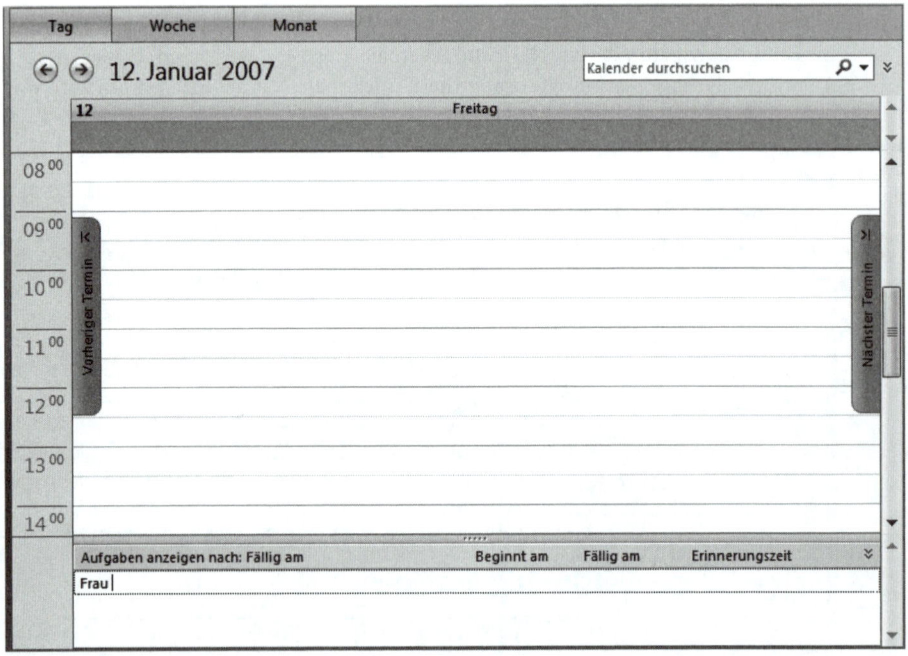

4. Benötigen Sie den Aufgabenblock nicht mehr, blenden Sie ihn mit einem Mausklick auf den Abwärtspfeil wieder aus.

Das Datum wechseln

Es gibt in Outlook zwei Möglichkeiten, um zu einem bestimmten Tag zu gelangen: über den Datumsnavigator und über den Befehl *Gehe zu*. Über den Datumsnavigator können Sie außerdem mehrere Tage anzeigen lassen, die nicht genau der Arbeitswochen-, der Wochen- oder Monatsansicht entsprechen.

Datumswechsel über den Datumsnavigator

Der Datumsnavigator befindet sich im Navigationsbereich jeder Ansicht des Kalenders. Sie können sich über ihn einen Überblick über die Tage eines Monats verschaffen und zu einem gewünschten Datum wechseln (siehe Abbildg. 12.5).

Abbildg. 12.5 Der Datumsnavigator

Über die Pfeilschaltflächen links und rechts von der Monatsangabe gelangen Sie zu den nachfolgenden und den zurückliegenden Monaten. Klicken Sie hingegen auf die Monatsangabe in der Mitte, öffnet sich ein Popup-Menü, das neben dem aktuellen Monat die vorangegangenen und die nachfolgenden drei Monate enthält. Wählen Sie einen der Monate, um ihn zu aktivieren.

Die einzelnen Tage eines Monats sind nach Wochentagen von Montag bis Sonntag sortiert. Tage, die nicht in den aktuellen Monat fallen, werden in grauer Schrift dargestellt. Tage, an denen Termine eingetragen sind, sind fett hervorgehoben.

Um ein Datum zu aktivieren, klicken Sie es im Datumsnavigator einfach an.

TIPP Klicken Sie auf die Pfeilschaltfläche und halten Sie die linke Maustaste gedrückt, wandert die Datumsanzeige automatisch sehr schnell nach vorn, so dass Sie rasch zu den Monaten nachfolgender Jahre gelangen. Um wieder zum aktuellen Datum zu wechseln, klicken Sie in der Symbolleiste von Outlook auf die Schaltfläche *Heute*.

Mehrere Tage gleichzeitig anzeigen

Über den Datumsnavigator können Sie unabhängig von der Ansicht mehrere aufeinander folgende oder nicht aufeinander folgende Tage anzeigen. Gehen Sie dazu wie folgt vor:

1. Aktivieren Sie den Kalender über die gleichnamige Schaltfläche im Navigationsbereich und klicken Sie dann auf die Schaltfläche *Tag*, um die Tagesansicht zu aktivieren.
2. Blenden Sie nun den 19., den 20. und den 22. Tag des aktuellen Monats ein. Klicken Sie dazu im Datumsnavigator mit gedrückter `Strg`-Taste auf die Tage *19*, *20* und *22*. Auf der rechten Seite des Programmfensters werden nun alle markierten Tage angezeigt, wobei jeder Tag wie in der

Wochenansicht eine Spalte einnimmt (siehe Abbildg. 12.6). Die einzelnen Tage sind wie in der Wochenansicht in Stundenintervalle unterteilt.

Abbildg. 12.6 So zeigen Sie mehrere frei gewählte Tage an

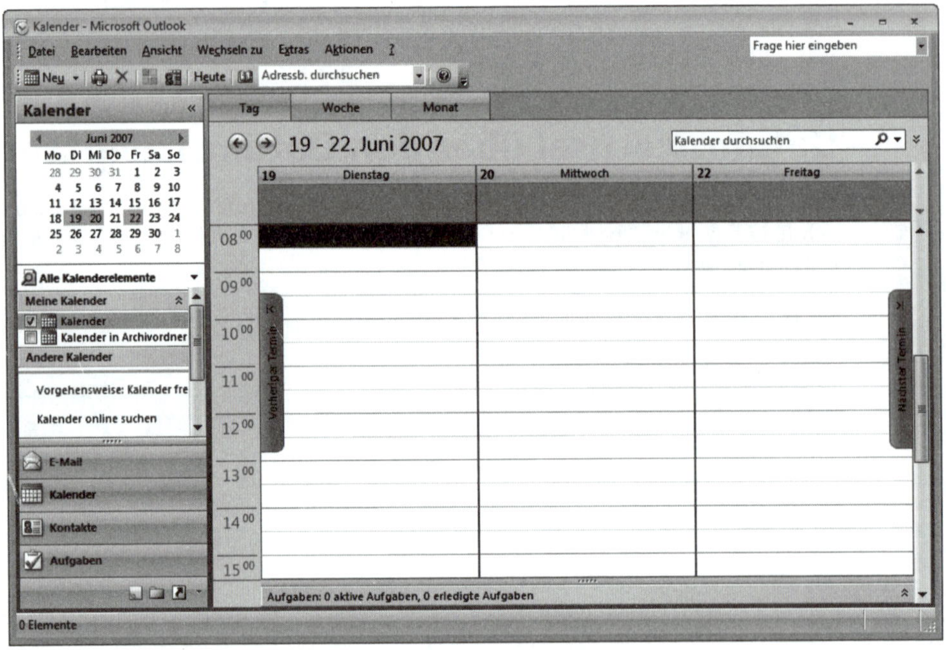

3. Um die Standardansicht wiederherzustellen, klicken Sie im Datumsnavigator auf einen beliebigen Tag.

4. Wollen Sie zum aktuellen Datum wechseln, klicken Sie in der Outlook-Symbolleiste auf die Schaltfläche *Heute*.

Der Befehl *Gehe zu Datum*

Wollen Sie einen Termin eintragen, der weit in der Zukunft liegt, gelangen Sie über das Dialogfeld *Gehe zu* am schnellsten zum Ziel.

1. Aktivieren Sie den Ordner *Kalender* über die gleichnamige Schaltfläche im Navigationsbereich.
2. Wählen Sie dann im Menü *Wechseln zu* den Befehl *Gehe zu Datum* oder drücken Sie die Tastenkombination Strg+G, um das Dialogfeld *Gehe zu Datum* zu öffnen (siehe Abbildg. 12.7).

Abbildg. 12.7 Das Dialogfeld *Gehe zu Datum*

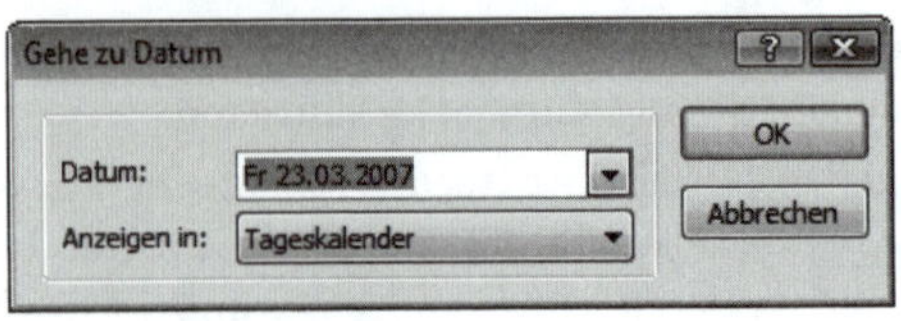

3. Geben Sie das Datum, zu dem Sie wechseln wollen, direkt in das Feld *Datum* ein.
4. Als Nächstes wählen Sie im Feld *Anzeigen in*, welche Ansicht für die Datumsanzeige benutzt werden soll. Zur Auswahl stehen der Tages-, der Wochen-, der Monats- und der Arbeitswochenkalender.
5. Klicken Sie auf *OK*, wird das entsprechende Datum in der gewählten Ansicht aktiviert.

Formate für die Datumseingabe

Outlook bietet nicht nur für das Dialogfeld *Gehe zu Datum*, sondern auch für die Eingabe von Terminen, Ereignissen und Besprechungen zahlreiche Datumseingabeformate. Sie brauchen das Datum nicht in Zahlen einzugeben, sondern können auch eine Angabe in Worten benutzen, wie z.B. »Heute in 14 Tagen«. Outlook wandelt diese Angabe dann automatisch in das korrekte Datum um. In gleicher Weise können Sie auch Tage oder Feiertage eingeben, die jedes Jahr auf denselben Tag fallen, wie z.B. »Tag der deutschen Einheit« oder »Heiligabend«. Verantwortlich für diese komfortable Umwandlung ist die Funktion *AutoDatum*.

HINWEIS Enthält Ihre Eingabe keine Jahresangabe, geht Outlook von einem Datum im aktuellen Jahr aus.

In Tabelle 12.1 sehen Sie Beispiele für Datums- und Uhrzeitangaben, die Sie im Feld *Gehe zu Datum* und in den Datums- und Uhrzeitfeldern der Termin-, Ereignis- und Besprechungsformulare benutzen können.

Tabelle 12.1 Eingabeformate für Datums- und Uhrzeitangaben

Angabe	Mögliche Eingaben
Datum	07.05.07; 7.5.07, 07-05-07; 07 05 07, 7. Mai 2007
	Siebter Mai Zweitausendsieben, fünfter August, siebter Aug, neunter Nov
	Heute in 14 Tagen, morgen, in 4 Tagen, nächsten Freitag, nächste Woche
	Nächsten Monat, vor drei Monaten, Jan, Feb, in zwei Monaten, diesen Samstag, von Montag bis Donnerstag, für Mittwoch
	Allerheiligen, Tag der Arbeit, Tag der deutschen Einheit, Heiligabend 2007, Sylvester, Neujahr, Valentinstag
	Bis Freitag, bis einschließlich Freitag
Uhrzeit	7:00, 19:25
	Mittags, um Mitternacht
	Neun Uhr vormittags, Fünf Uhr zwanzig

Termine planen

Termine können Sie in Outlook entweder direkt in den Terminbereich oder über das Terminformular eingeben. Geben Sie Termine direkt ein, können Sie nur das Datum, die Uhrzeit und den Betreff wählen. Über das Terminformular können Sie einen Betreff und Ort wählen, angeben, ob eine Erinnerung erfolgen soll, festlegen, wie die Zeitspanne angezeigt werden soll und vieles mehr.

Termine direkt in den Kalender eintragen

Tragen Sie für den 23.03.2007 einen Termin für eine Projektbesprechung von 11.00 Uhr bis 11.30 Uhr direkt in den Terminbereich ein:

1. Öffnen Sie den Kalender über die gleichnamige Schaltfläche im Navigationsbereich.
2. Wechseln Sie dann über den Datumsnavigator oder das Dialogfeld *Gehe zu Datum* zum Datum, für das Sie einen Termin eingeben möchten.
3. Klicken Sie mit der Maus auf das Zeitintervall, für das Sie einen Termin eintragen möchten.
4. Geben Sie dann den Betreff des Termins ein, wie z.B. *Projektbesprechung* (siehe Abbildg. 12.8).

Abbildg. 12.8 So geben Sie einen Termin direkt ein

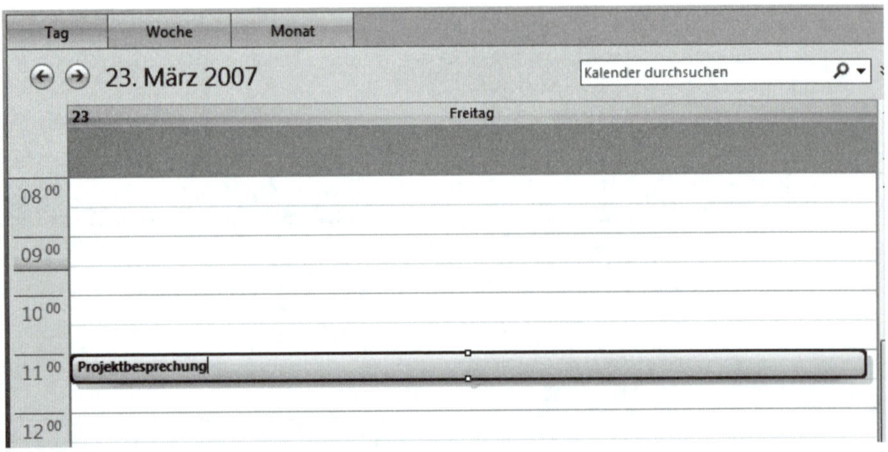

5. Drücken Sie dann die [Tab]-Taste. Der Zeitblock ist nun als Termin markiert.

Termine über das Terminformular eintragen

Beginnt der Termin nicht zur vollen Stunde, dauert er länger als eine halbe Stunde oder möchten Sie Zusatzinformationen zum Termin eintragen oder einen Ganztagstermin festlegen, sollten Sie das Terminformular nutzen. Gehen Sie wie folgt vor, um einen Termin mit Hilfe des Terminformulars in den Kalender einzutragen.

1. Klicken Sie in der Symbolleiste auf die Schaltfläche *Neuer Termin* oder wählen Sie im Menü *Datei* den Befehl *Neu/Termin*. Es öffnet sich das Terminformular (siehe Abbildg. 12.9).

Abbildg. 12.9 Das Terminformular

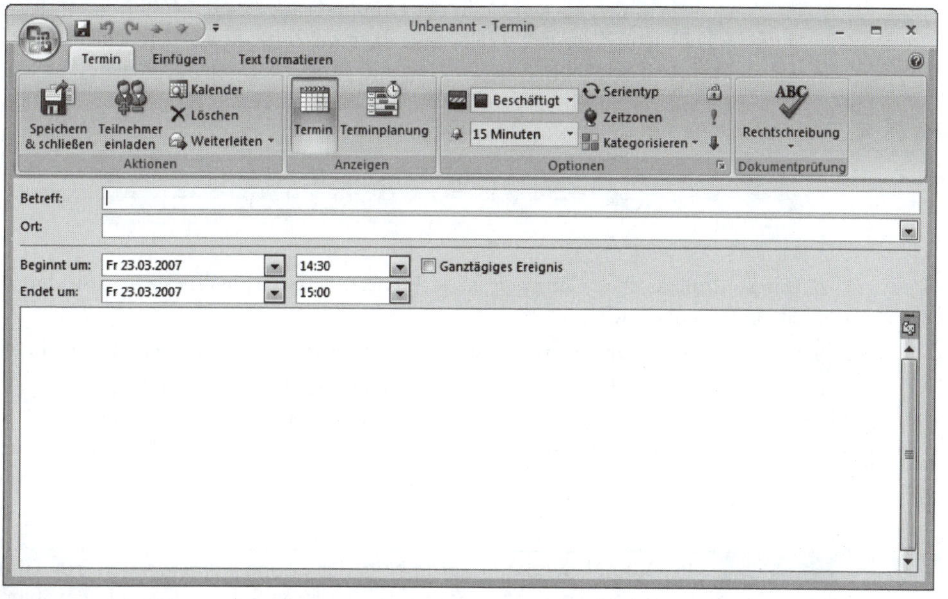

2. Geben Sie im Feld *Betreff* die Terminbezeichnung ein und drücken Sie die [Tab]-Taste. Der Feldinhalt wird in die Titelleiste des Terminformulars übernommen und später im Kalender als Terminbezeichnung in Fettdruck angezeigt.
3. Im Feld *Ort* geben Sie an, wo der Termin stattfinden soll. Dies kann z.B. ein bestimmter Raum, das Büro einer bestimmten Person oder eine bestimmte Adresse sein. Der Inhalt des Felds *Ort* wird im Kalender in der Zeile unterhalb vom Betreff in normaler Schrift angezeigt.
4. Legen Sie dann im Feld *Beginnt um* das Datum fest, an dem der Termin stattfinden soll, und tragen Sie dann im Feld rechts daneben die Uhrzeit ein oder klicken Sie auf den Abwärtspfeil und wählen Sie im Listenfeld die Uhrzeit aus.

TIPP Das Datum können Sie auch bequem über den Datumsnavigator auswählen. Um diesen zu öffnen, klicken Sie auf den Abwärtspfeil im Feld *Beginnt um*.

5. Im Feld *Endet um* wird von Outlook standardmäßig das Datum aus dem Feld *Beginnt um* übernommen. Sie brauchen den Inhalt dieses Felds nur zu verändern, falls es sich um einen mehrtägigen Termin handelt. Geben Sie in diesem Fall den Endtermin ein oder wählen Sie ihn über den Datumsnavigator aus, den Sie über den Abwärtspfeil öffnen.
6. Im Uhrzeitfeld rechts neben dem Feld *Endet um* tragen Sie nun die Uhrzeit ein, zu der der Termin enden soll.

HINWEIS Falls sich der Termin mit einem bereits vorhandenen Termin überschneidet, werden Sie über eine Infoleiste, die sich unterhalb von der Multifunktionsleiste im Terminformular einblendet, auf die Überschneidung hingewiesen. Sie können den Termin dann direkt anders planen.

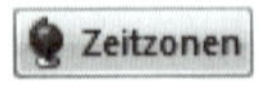

7. Müssen Sie den Termin in einem anderen Land wahrnehmen, das sich in einer anderen Zeitzone befindet, klicken Sie in der Gruppe *Optionen* der Multifunktionsleiste auf die Schaltfläche *Zeitzonen*. Wählen Sie dann die Zeitzone aus den beiden Listenfeldern aus, die sich rechts neben den Feldern *Beginnt um* und *Endet um* einblenden (siehe Abbildg. 12.10).

Abbildg. 12.10 Die Zeitzone auswählen

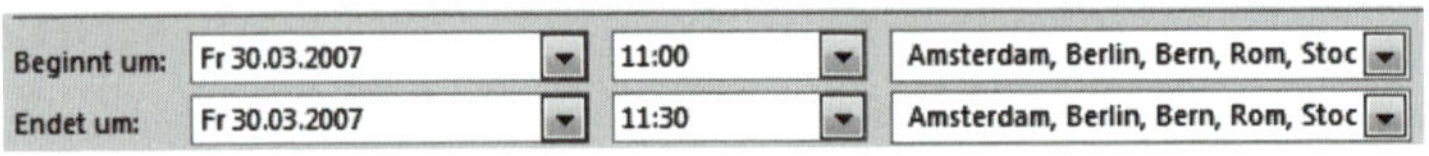

8. Das Kontrollkästchen *Ganztägig* ist deaktiviert. Belassen Sie dies so, weil Sie den Termin sonst zu einem Ereignis machen.
9. Geben Sie bei Bedarf in das Textfeld des Terminformulars Notizen zum Termin ein.
10. Wollen Sie an den Termin erinnert werden, klicken Sie im Bereich *Optionen* der Multifunktionsleiste auf den Abwärtspfeil im Feld *Erinnerung* und wählen Sie im Dropdown-Listenfeld, das sich öffnet, den Zeitpunkt der Erinnerung aus. Voreingestellt ist die Zeitspanne von 15 Minuten. Das Maximum liegt bei zwei Wochen, das Minimum bei 0 Minuten.

TIPP In Outlook wird standardmäßig der Sound *Reminder.wav* zur Erinnerung abgespielt. Wollen Sie darauf verzichten oder einen anderen Sound auswählen, wählen Sie am unteren Rand des Dropdown-Listenfelds *Erinnerung* die Option *Sound*. Im Dialogfeld *Erinnerungssound*, das sich öffnet, wählen Sie die gewünschte Sounddatei über die Schaltfläche *Durchsuchen* (siehe Abbildg. 12.11) oder deaktivieren Sie das Kontrollkästchen *Diesen Sound wiedergeben*, um auf den Sound zu verzichten. Bestätigen Sie mit einem Mausklick auf *OK*.

Abbildg. 12.11 Den Erinnerungssound ändern

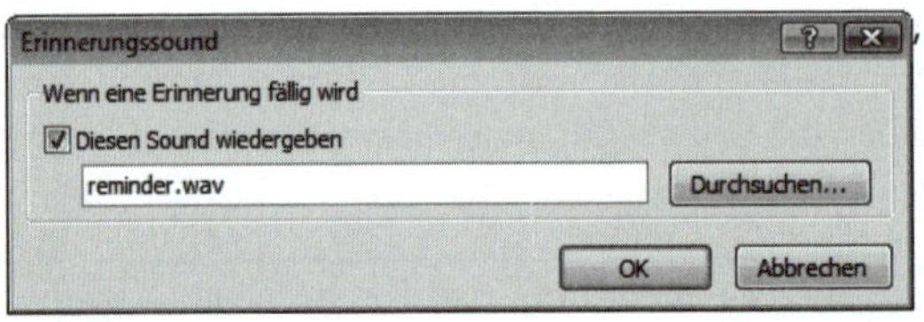

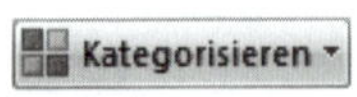

11. Wollen Sie einen Termin einer oder mehreren Kategorien zuordnen, klicken Sie in der Gruppe *Optionen* der Multifunktionsleiste auf die Schaltfläche *Kategorisieren* und wählen Sie im Dropdown-Listenfeld die gewünschte Kategorie aus.

12. Um dem Termin eine hohe oder eine geringe Priorität zuzuweisen, klicken Sie in der Gruppe *Optionen* der Multifunktionsleiste auf die Schaltfläche *Wichtigkeit: Hoch* bzw. *Wichtigkeit: niedrig*.

TIPP Ist Ihr Kalender unter Exchange Server freigegeben und handelt es sich bei dem Termin um einen privaten Termin, der nicht im freigegebenen Kalender angezeigt werden soll, klicken Sie auf die Schaltfläche *Privat*. Der Termin wird nun nur bei Ihnen angezeigt.

13. Wählen Sie schließlich die Schaltfläche *Speichern & schließen*, um den Termin im Terminkalender einzutragen.

Das Erinnerungsfenster

Haben Sie die Erinnerung für einen Termin oder ein Ereignis aktiviert, wird im gewünschten Zeitabstand vorher ein Sound ausgegeben und es öffnet sich das Erinnerungsfenster (siehe Abbildg. 12.12). In diesem Fenster werden alle Erinnerungen für Termine zusammengefasst, die noch ausstehen oder an die Sie noch einmal erinnert werden wollen.

Abbildg. 12.12 Das Erinnerungsfenster

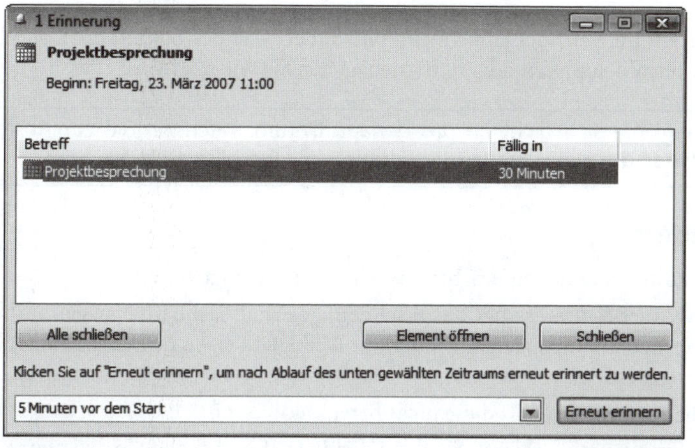

HINWEIS Das Erinnerungsfenster können Sie übrigens jederzeit über den Menübefehl *Ansicht/Erinnerungsfenster* öffnen.

Im Textfeld des Erinnerungsfensters werden das Symbol, der Betreff und die Fälligkeit jedes Outlook-Elements angezeigt, für das eine Erinnerung aktiviert wurde. Wählen Sie eine der folgenden Schaltflächen:

- *Alle schließen:* Über diese Schaltfläche deaktivieren Sie alle Erinnerungen, die im Erinnerungsfenster angezeigt werden, und schließen das Erinnerungsfenster.
- *Element öffnen:* Wollen Sie das Element öffnen, an das Sie erinnert werden, um sich die Einzelheiten wieder in Erinnerung zu rufen, markieren Sie es im Erinnerungsfenster und wählen Sie dann die Schaltfläche *Element öffnen.*
- *Erneut erinnern:* Wollen Sie sich zu einem späteren Zeitpunkt noch einmal an das Outlook-Element erinnern lassen, wählen Sie den Zeitraum im Listenfeld am unteren Rand des Dialogfelds aus und klicken Sie dann auf die Schaltfläche *Erneut erinnern.*
- *Schließen:* Wählen Sie diese Schaltfläche, schließt sich das Erinnerungsfenster und die Erinnerung wird deaktiviert.

HINWEIS Bei Bedarf können Sie die Standardeinstellungen für Erinnerungen verändern. Mehr hierzu erfahren Sie in Kapitel 18.

Termine bearbeiten

Haben Sie einen Termin direkt eingegeben, stellen aber später fest, dass noch einige Angaben erforderlich sind oder wollen Sie einen Termin mit einem Dokument verknüpfen, können Sie den Termin über das Terminformular bearbeiten.

Termine direkt im Kalender bearbeiten

Haben Sie einen Termin im Kalender eingetragen und ändert sich der Betreff, der Ort oder die Zeit oder wollen Sie den Termin kopieren oder entfernen, gehen Sie wie folgt vor:

TIPP Erinnern Sie sich nicht an das genaue Datum, wechseln Sie zur Ansicht *Woche* oder zur Ansicht *Monat*, um alle anstehenden Termine im Überblick zu betrachten.

Den Betreff ändern

Um den Betreff direkt im Kalender zu bearbeiten, gehen Sie wie folgt vor:

1. Öffnen Sie den Ordner *Kalender* über die gleichnamige Schaltfläche im Navigationsbereich und wechseln Sie über den Datumsnavigator oder das Dialogfeld *Gehe zu Datum* zum Tag, an dem der Termin angesetzt ist.
2. Aktivieren Sie die Ansicht *Tag*, falls diese nicht bereits aktiviert ist.
3. Klicken Sie den Termin an, markieren Sie dann den Betreff und geben Sie den neuen Betreff ein (siehe Abbildg. 12.13).

Abbildg. 12.13 Den Terminbetreff direkt im Kalender ändern

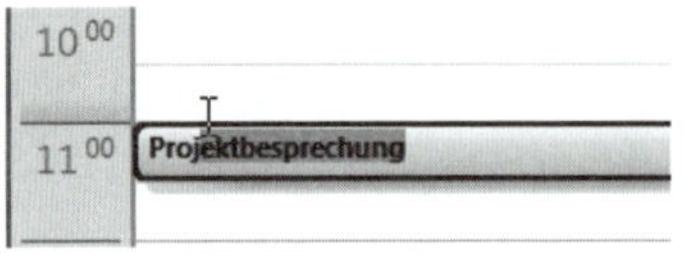

4. Drücken Sie dann die [↵]-Taste, um den Termin wieder im Kalender zu speichern.

Termin verschieben

Um einen Termin direkt im Kalender mit der Maus zu verschieben, gehen Sie wie folgt vor:

1. Öffnen Sie den Ordner *Kalender* über die gleichnamige Schaltfläche im Navigationsbereich und wechseln Sie über den Datumsnavigator oder das Dialogfeld *Gehe zu Datum* zum Tag, an dem der Termin angesetzt ist.
2. Wechseln Sie zunächst in die passende Ansicht. Um einen Termin innerhalb eines Tags zu verschieben, aktivieren Sie die Ansicht *Tag*, um den Termin innerhalb einer Woche zu verschieben, aktivieren Sie die Ansicht *Woche* und um den Termin innerhalb eines Monats zu verschieben, aktivieren Sie die Ansicht *Monat*.

HINWEIS Um den Termin weiter als einen Monat zu verschieben, müssen Sie das Terminformular öffnen und die Änderung in diesem vornehmen.

3. Ziehen Sie den Termin nun mit gedrückter Maustaste auf den neuen Tag und die gewünschte Uhrzeit (siehe Abbildg. 12.14).

Abbildg. 12.14 Termine mit der Maus verschieben

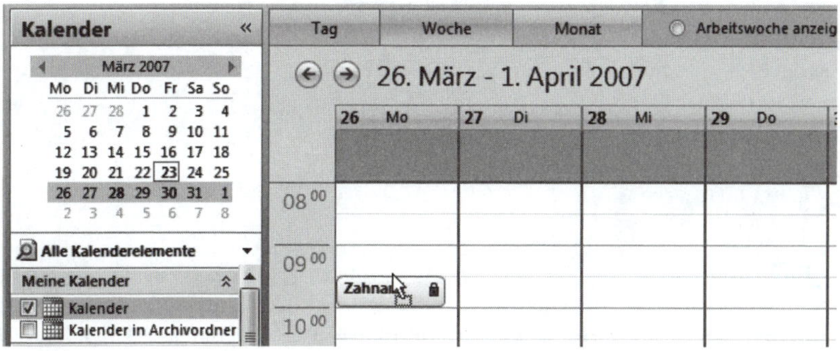

4. Sobald Sie die linke Maustaste loslassen, wird der Termin an der gewünschten Stelle eingetragen.

Termin kopieren

Um einen Termin im Kalender zu kopieren, gehen Sie wie folgt vor:

1. Öffnen Sie den Ordner *Kalender* über die gleichnamige Schaltfläche im Navigationsbereich und wechseln Sie über den Datumsnavigator oder das Dialogfeld *Gehe zu Datum* zum Tag, an dem der Termin angesetzt ist.
2. Markieren Sie den Termin mit einem Mausklick.
3. Drücken Sie die Tastenkombination Strg+C.
4. Wechseln Sie über den Datumsnavigator oder das Dialogfeld *Gehe zu Datum* (Strg+G) zu dem Datum, an dem Sie die Terminkopie einfügen möchten.
5. Aktivieren Sie den Zeitpunkt, an dem Sie die Terminkopie einfügen möchten, mit einem Mausklick und drücken Sie dann die Tastenkombination Strg+V.

Der Termin wird an der gewünschten Stelle in den Kalender eingefügt.

Termin löschen

Um einen Termin aus dem Terminkalender zu entfernen, gehen Sie wie folgt vor:

1. Öffnen Sie den Ordner *Kalender* über die gleichnamige Schaltfläche im Navigationsbereich und wechseln Sie über den Datumsnavigator oder das Dialogfeld *Gehe zu Datum* zum Tag, an dem der Termin angesetzt ist.
2. Markieren Sie den Termin mit einem Mausklick.
3. Drücken Sie die Entf-Taste oder klicken Sie in der Symbolleiste von Outlook auf die Schaltfläche *Löschen*.

Der Termin wird nun in den Ordner *Gelöschte Objekte* verschoben. Um den Ordnerinhalt zu betrachten, klicken Sie am unteren Rand des Navigationsbereichs auf die Schaltfläche *Ordnerliste* und aktivieren Sie dann im Ordner *Persönliche Ordner* den Unterordner *Gelöschte Objekte* (siehe Abbildg. 12.15).

Abbildg. 12.15 Der gelöschte Termin im Ordner *Gelöschte Objekte*

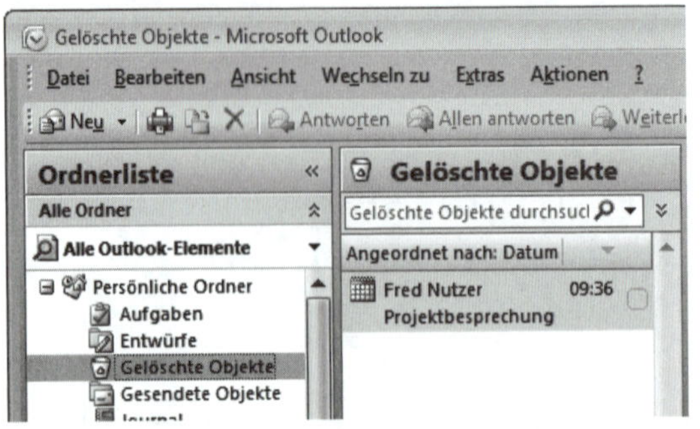

Um den Termin wiederherzustellen, klicken Sie ihn mit der rechten Maustaste an, wählen im Kontextmenü den Befehl *In Ordner verschieben* und klicken im Dialogfeld *Elemente verschieben*, in dem bereits der Ordner *Kalender* aktiviert ist, auf *OK*.

Um den Termin endgültig zu löschen, klicken Sie den Ordner *Gelöschte Objekte* mit der rechten Maustaste an und wählen Sie im Kontextmenü, das sich öffnet, den Befehl *Ordner "Gelöschte Objekte" leeren*.

Termine über das Terminformular ändern

Termine lassen sich bequem über das Terminformular ändern. Gehen Sie dazu wie folgt vor:

1. Wechseln Sie über den Datumsnavigator oder die Funktion *Gehe zu* zum Datum, an dem der Termin eingetragen ist oder geben Sie die Terminbezeichnung in das Feld *Kalender durchsuchen* ein und drücken Sie die [↵]-Taste.
2. Klicken Sie den Termin doppelt an, um das Terminformular zu öffnen.
3. Nehmen Sie die gewünschten Änderungen vor und klicken Sie auf die Schaltfläche *Speichern & schließen*, um die Änderungen zu übernehmen.

Elemente in Termine einfügen und verknüpfen

Outlook bietet Ihnen die Möglichkeit, Dateien oder Outlook-Elemente, Visitenkarten oder Signaturen mit Terminen zu verknüpfen und Tabellen, Grafiken, ClipArts, Formen, SmartArt und Diagramme, Hyperlinks und verschiedene Textelemente in Termine einzufügen. Gehen Sie dazu wie folgt vor:

1. Wechseln Sie über die gleichnamige Schaltfläche im Navigationsbereich in den Ordner *Kalender*.
2. Erstellen Sie einen neuen Termin über die Schaltfläche *Neu* oder öffnen Sie einen vorhandenen Termin.
3. Legen Sie den Betreff, den Ort und die Datums- und Uhrzeitangaben wie gewohnt fest und klicken Sie dann in der Multifunktionsleiste auf die Registerkarte *Einfügen*, um diese einzublenden.
4. Klicken Sie dann im Bereich *Einschließen* auf die Schaltfläche *Datei anfügen*, um eine Datei an den Termin anzuhängen oder auf *Element anfügen*, um ein Outlook-Element an den Termin

anzuhängen, und wählen Sie das Element aus dem Dialogfeld, das sich öffnet, mit einem Doppelklick aus.

Die Datei wird als Verknüpfung in das Textfeld des Termins eingefügt (siehe Abbildg. 12.16).

TIPP Um die Datei zu öffnen, brauchen Sie sie nur doppelt anzuklicken. Falls sich das Dialogfeld *Öffnen der Nachrichtenanlage* einblendet, klicken Sie darin auf die Schaltfläche *Öffnen*.

Abbildg. 12.16 Die angefügte Datei ist im Textfeld zu sehen

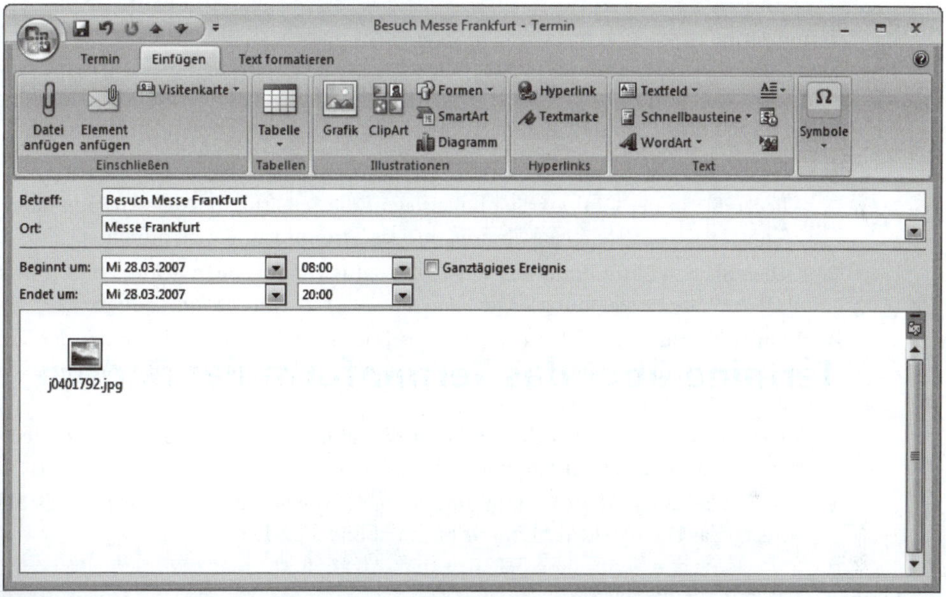

HINWEIS Eine ausführliche Beschreibung, wie Sie Elemente an Outlook-Elemente anhängen, finden Sie in Kapitel 7.

5. Um eine Visitenkarte anzufügen oder eine Signatur in das Textfeld einzufügen, klicken Sie auf den Abwärtspfeil neben der jeweiligen Schaltfläche und wählen Sie die gewünschte Visitenkarte oder Signatur aus dem Dropdown-Listenfeld aus.
6. Wollen Sie eine Tabelle, eine Illustration, einen Hyperlink oder ein Textelement in den Textbereich des Termins einfügen, aktivieren Sie zunächst den Textbereich mit einem Mausklick. Wählen Sie dann das gewünschte Element in der Multifunktionsleiste aus.

TIPP Eine ausführliche Beschreibung, wie Sie Elemente in das Textfeld eines Outlook-Elements einfügen, finden Sie in Kapitel 8.

7. Wechseln Sie mit einem Mausklick auf die gleichnamige Registerkarte in der Multifunktionsleiste wieder zur Registerkarte *Termin* und schließen Sie das Terminformular mit einem Mausklick auf die Schaltfläche *Speichern & schließen*.

Terminserien planen

Termine, die beispielsweise einmal wöchentlich, alle zwei Wochen, jeden ersten Mittwoch im Monat oder in einer ähnlichen Folge stattfinden, können Sie als Terminserie in Ihren Kalender eintragen. Falls nötig, lassen sich einzelne Termine einer Serie auch nachträglich verschieben oder sogar löschen.

Terminserien in den Kalender eintragen

Terminserien lassen sich mit Outlook ganz leicht planen. Gehen Sie dazu wie folgt vor und tragen Sie als Beispiel eine Terminserie für einen Englischkurs ein, den Sie insgesamt zwölf Mal jeweils mittwochs und freitags von 17.00 Uhr bis 19.00 Uhr besuchen. Der Kurs findet in der Sprachschule in der Humboldtstr. 15 statt und beginnt am Mittwoch der kommenden Woche.

1. Aktivieren Sie den Kalender über die gleichnamige Schaltfläche im Navigationsbereich.

2. Klicken Sie in der Outlook-Symbolleiste auf die Schaltfläche *Neuer Termin* oder wählen Sie im Menü *Datei* den Befehl *Neu/Termin*, um das Terminformular zu öffnen.
3. Geben Sie den Betreff und den Ort in die dafür vorgesehenen Felder ein. Im Beispiel geben Sie als Betreff die Bezeichnung *Englischkurs* und als Ort *Sprachschule, Humboldtstr. 15* ein.
4. Wählen Sie nun im Feld *Beginnt um* das Datum und die Uhrzeit, zu der der Termin beginnen soll. Dann wählen Sie im Feld *Endet um* das gleiche Datum wie im Feld *Beginnt um* und die Uhrzeit, zu der der Termin enden soll.
5. Legen Sie bei Bedarf über die Funktion *Erinnerung* einen Zeitpunkt fest, zu dem Sie immer an den Termin erinnert werden möchten.
6. Nun klicken Sie in der Multifunktionsleiste auf die Schaltfläche *Serientyp*. Es öffnet sich das Dialogfeld *Terminserie* (siehe Abbildg. 12.17).

Abbildg. 12.17 Die Terminserie planen

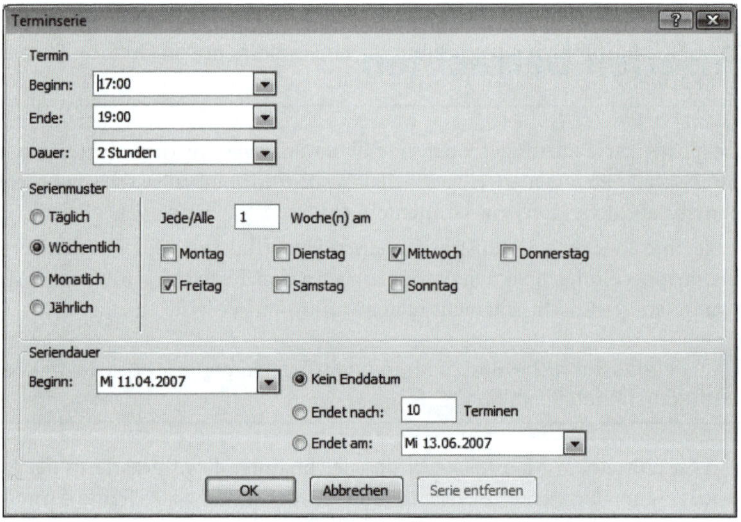

7. Im Bereich *Termin* sind bereits die Angaben aus dem Terminformular eingetragen. Sie brauchen hier keine Angaben mehr vorzunehmen.
8. Geben Sie im Bereich *Serienmuster* an, nach welchem Muster sich der Termin wiederholt. Im Beispiel wählen Sie die Option *Wöchentlich.*
9. Legen Sie dann in der rechten Spalte fest, in welchem Rhythmus sich der Termin wiederholt. Im Beispiel behalten Sie die Voreinstellung *Jede/Alle 1 Woche(n) am* bei und aktivieren Sie die Tage *Mittwoch* und *Freitag*, da der Termin an zwei Wochentagen stattfindet.
10. Geben Sie im Bereich *Seriendauer* an, wann die Terminserie beginnen und wann sie enden soll. Im Beispiel enthält das Feld *Beginn* bereits den korrekten Wert 11.04.07.
11. Wählen Sie dann auf der rechten Seite die passende Option. Im Beispiel soll der Termin zwölf Mal stattfinden. Aktivieren Sie deshalb die Option *Endet nach: X Terminen* und geben sie den Wert *12* in das Textfeld ein (siehe Abbildg. 12.18).

Abbildg. 12.18 Die Seriendauer festlegen

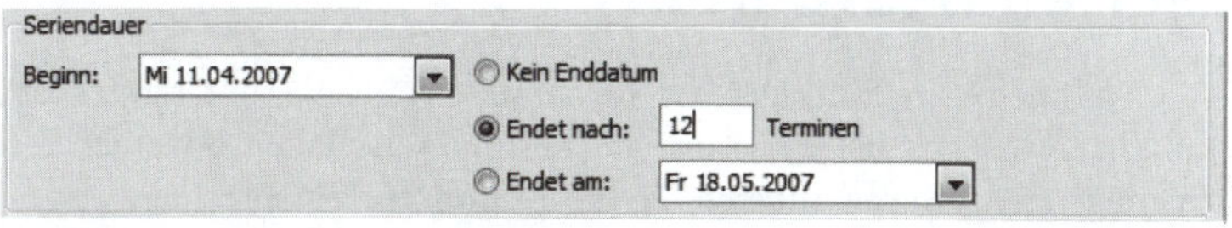

HINWEIS Wissen Sie nicht, wann der Termin enden wird, belassen Sie die Option *Kein Enddatum* aktiviert. Sie können das Enddatum später jederzeit ändern, falls Ihnen ein genaues Datum vorliegen sollte. Soll die Terminserie an einem bestimmten Datum enden, aktivieren Sie die Option *Endet am:* und geben Sie den Endtermin ein oder klicken Sie auf den Abwärtspfeil und wählen Sie den gewünschten Endtermin über den Datumsnavigator aus.

12. Bestätigen Sie Ihre Eingaben mit *OK* und wählen Sie anschließend im Terminformular die Schaltfläche *Speichern & schließen.*

Terminserien betrachten

Wie bereits im letzten Abschnitt gezeigt, werden Terminserien im Kalender mit einem speziellen Seriensymbol gekennzeichnet. Ansonsten unterscheiden sie sich jedoch nicht von normalen Terminen. Wollen Sie sich einen genauen Überblick über die Terminserien verschaffen, die Sie in Ihren Terminkalender eingetragen haben, können Sie jedoch auch die Ansicht *Terminserien* aktivieren. Gehen Sie dazu wie folgt vor:

Wählen Sie im Menü *Ansicht* den Befehl *Aktuelle Ansicht.* Im Untermenü, das sich nun öffnet, wählen Sie den Befehl *Terminserien.* Die Terminserien werden nun nach Serientyp gruppiert angezeigt (siehe Abbildg. 12.19).

Drucken Sie die Ansicht bei Bedarf aus und wechseln Sie dann wieder in die normale Kalenderansicht. Öffnen Sie dazu das Untermenü *Ansicht/Aktuelle Ansicht* und wählen Sie den Befehl *Tages-/ Wochen-/Monatsansicht.*

Abbildg. 12.19 Der Kalender in der Ansicht *Terminserie*

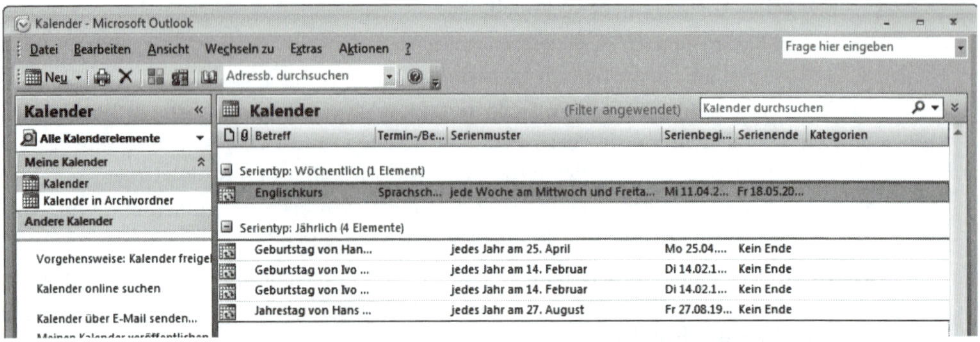

Terminserien bearbeiten

Stellen Sie fest, dass Ihnen beim Eintragen der Terminserie ein Fehler unterlaufen ist oder verändert sich die Terminserie, weil beispielsweise der Starttermin verschoben oder der Termin auf einen anderen Wochentag verlegt wurde, müssen Sie die Terminserie entsprechend anpassen. Gehen Sie dazu wie folgt vor:

1. Aktivieren Sie den Ordner *Kalender* über die gleichnamige Schaltfläche im Navigationsbereich und aktivieren Sie dann die Ansicht *Terminserien* über den Befehl *Ansicht/Aktuelle Ansicht/Terminserien.*
2. Klicken Sie dann in der Ansicht *Terminserien* doppelt auf die Terminserie, die Sie bearbeiten wollen.
3. Es öffnet sich das Formular *Terminserie.* In der Infoleiste wird angegeben, um welche Art von Serie es sich handelt und wann die Serie beginnt und endet (siehe Abbildg. 12.20). Müssen Sie die Terminbezeichnung anpassen, geben Sie den neuen Wert in das Feld *Betreff* ein. Hat sich der Ort verändert, an dem die Termine der Terminserie stattfinden, geben Sie die neuen Werte in das Feld *Ort* ein. Im Beispiel ersetzen Sie die Angabe im Feld *Ort* durch die Angabe *Raum 115.*
4. Passen Sie bei Bedarf die Erinnerungsfunktion an.

Abbildg. 12.20 Ändern Sie den Betreff, den Ort oder die Erinnerung oder passen Sie den Serientyp an

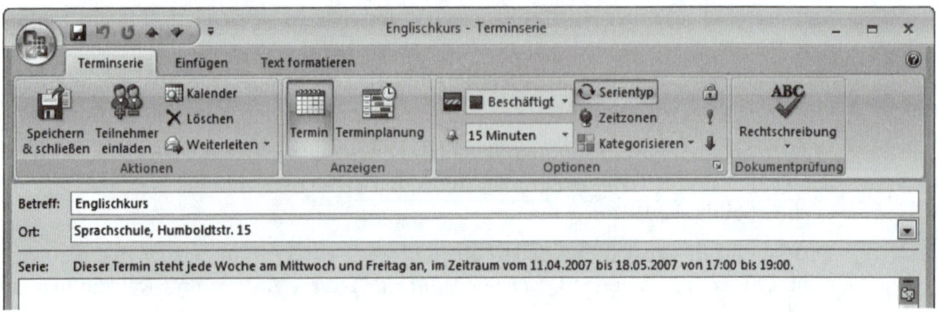

5. Klicken Sie anschließend auf die Schaltfläche *Serientyp,* um das Serienmuster zu verändern.

6. Im Dialogfeld *Terminserie*, das sich nun öffnet, nehmen Sie alle gewünschten Veränderungen vor. Um den Termin beispielsweise um eine halbe Stunde nach hinten zu verschieben, wählen Sie im Feld *Beginn* die gewünschte Uhrzeit. Das Ende wird automatisch über die bisherige Dauer bestimmt. Um die Serien hingegen zu löschen, klicken Sie auf die Schaltfläche *Serie entfernen.*
7. Verändern Sie dann bei Bedarf das Serienmuster und die Seriendauer und klicken Sie auf *OK*, um die Änderungen zu übernehmen.
8. Prüfen Sie im Feld *Serie* des Dialogfelds *Terminserie*, ob die Änderungen korrekt ausgeführt wurden. Klicken Sie dann auf *Speichern & schließen*, um die Änderungen zu übernehmen.
9. Aktivieren Sie wieder die normale Kalenderansicht über den Befehl *Ansicht/Aktuelle Ansicht/Tages-/Wochen-/Monatsansicht.*

Terminserien löschen

Wollen Sie die Terminserie löschen, gehen Sie wie folgt vor:

1. Markieren Sie einen Termin aus der Serie und klicken Sie in der *Standard*-Symbolleiste auf die Schaltfläche *Löschen.*
2. Im Dialogfeld *Terminserie löschen*, das sich nun öffnet, wählen Sie die Option *Alle Serienelemente* und klicken Sie auf *OK* (siehe Abbildg. 12.21).

Abbildg. 12.21 Eine Terminserie löschen

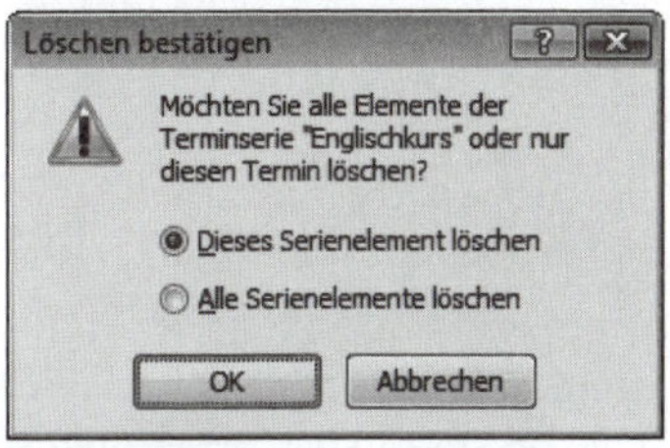

3. Die gesamte Terminserie wird nun aus dem Kalender entfernt und in den Ordner *Gelöschte Objekte* verschoben.

HINWEIS Sie können die Terminserie auch löschen, indem Sie zunächst über den Befehl *Ansicht/Aktuelle Ansicht/Terminserien* in die Ansicht *Terminserien* wechseln. Markieren Sie dann die Terminserie und klicken Sie in der Outlook-Symbolleiste auf die Schaltfläche *Löschen.* Die Terminserie wird nun ohne weitere Rückfragen komplett aus der Ansicht entfernt und in den Ordner *Gelöschte Objekte* verschoben. So lange Sie keine weiteren Befehle gewählt haben, können Sie den Löschvorgang über den Befehl *Bearbeiten/Rückgängig* rückgängig machen. Aktivieren Sie anschließend wieder die Tages-/Wochen- und Monatsansicht über den Befehl *Ansicht/Aktuelle Ansicht/Tages-/Wochen-/Monatsansicht.*

Einzelne Termine einer Terminserie bearbeiten

Auch bei Terminserien kann es vorkommen, dass ein einzelner Termin auf eine andere Uhrzeit oder sogar einen anderen Tag verschoben werden muss, oder dass der Termin sogar ganz wegfällt. Wie Einzeltermine können Sie auch die Termine einer Terminserie bearbeiten.

Aktivieren Sie zunächst den Ordner *Kalender* über die gleichnamige Schaltfläche im Navigationsbereich und wechseln Sie über den Datumsnavigator oder das Dialogfeld *Gehe zu Datum* zum Datum, an dem Sie den Termin bearbeiten wollen.

Termine mit der Maus auf eine andere Uhrzeit verschieben

Um einen Termin beispielsweise auf eine andere Uhrzeit innerhalb eines Tages zu verschieben, klicken Sie ihn an und ziehen Sie ihn bei gedrückter linker Maustaste auf die neue Uhrzeit.

Das Terminseriensymbol wird durchgestrichen dargestellt, um zu symbolisieren, dass sich dieser Termin außerhalb der Reihe befindet.

Termine über das Terminformular ändern

Um das Datum und die Uhrzeit, den Ort oder Ähnliches zu verändern, gehen Sie wie folgt vor:

1. Klicken Sie doppelt auf den Termin.
2. Wählen Sie im Dialogfeld *Terminserie öffnen* (siehe Abbildg. 12.22) die Option *Dieses Serienelement öffnen* und klicken Sie auf *OK.*

Abbildg. 12.22 Geben Sie hier an, dass Sie nur ein Element der Serie verändern wollen

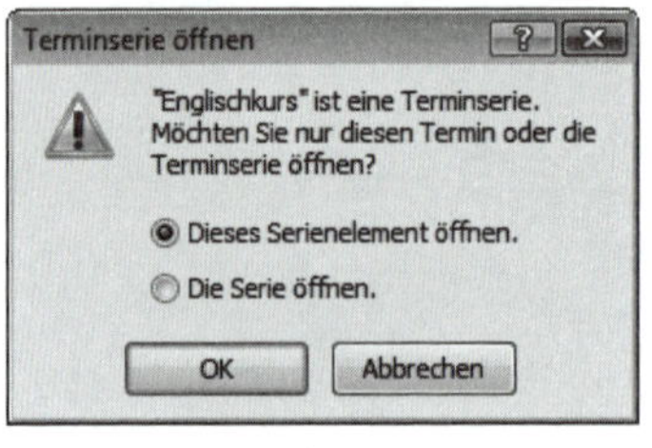

3. Nehmen Sie im Terminformular die gewünschten Änderungen vor und klicken Sie auf die Schaltfläche *Speichern & schließen.*

Das Terminseriensymbol wird durchgestrichen dargestellt, um zu symbolisieren, dass sich dieser Termin außerhalb der Reihe befindet.

Termine aus der Serie löschen

Wollen Sie einen Termin aus der Terminserie löschen, markieren Sie den Termin und klicken Sie in der *Standard*-Symbolleiste auf die Schaltfläche *Löschen.* Es öffnet sich das Dialogfeld *Terminserie löschen.* Wählen Sie die Option *Dieses Serienelement löschen* und klicken Sie auf *OK.* Der Termin wird nun aus dem Kalender entfernt. Die Serie bleibt jedoch weiterhin bestehen.

Ganztägige Ereignisse planen

Neben Terminen können Sie in Outlook ganztägige Ereignisse wie Geburtstage, Jahrestage, Feiertage, Jubiläen und Ähnliches eintragen. Ganztägige Ereignisse können sich auch über mehrere Tage erstrecken. Ganztägige Ereignisse werden in die Titelleiste der Tagesansicht eines Termins eingetragen und als *Frei* angezeigt. Sie haben so die Möglichkeit, auch an Tagen mit ganztägigen Ereignissen Termine einzutragen.

PROFITIPP

> Bevor Sie Feiertage in den Kalender eintragen, sollten Sie prüfen, ob Sie die Feiertage nicht von Outlook automatisch eintragen lassen können. Outlook bietet neben den christlichen auch islamische und jüdische religiöse Feiertage sowie die Feiertage von mehr als 70 Ländern. Mehr hierzu erfahren Sie in Kapitel 18.

Ereignisse in den Kalender eintragen

Um ein ganztägiges Ereignis in den Kalender einzutragen, gehen Sie wie folgt vor:

1. Öffnen Sie den Ordner *Kalender* über die gleichnamige Schaltfläche im Navigationsbereich.
2. Wählen Sie im Menü *Aktionen* den Befehl *Neues ganztägiges Ereignis.*
3. Es öffnet sich das Ereignisformular, das fast identisch zum Terminformular aufgebaut ist. In der Titelleiste steht jedoch die Bezeichnung *Ereignis* und das Kontrollkästchen *Ganztägiges Ereignis* ist bereits aktiviert (siehe Abbildg. 12.23). Geben Sie nun den Betreff und den Ort ein und legen Sie über die Felder *Beginnt um* und *Endet um* den Beginn und das Ende des ganztägigen Ereignisses fest.

Abbildg. 12.23 Das Ereignisformular

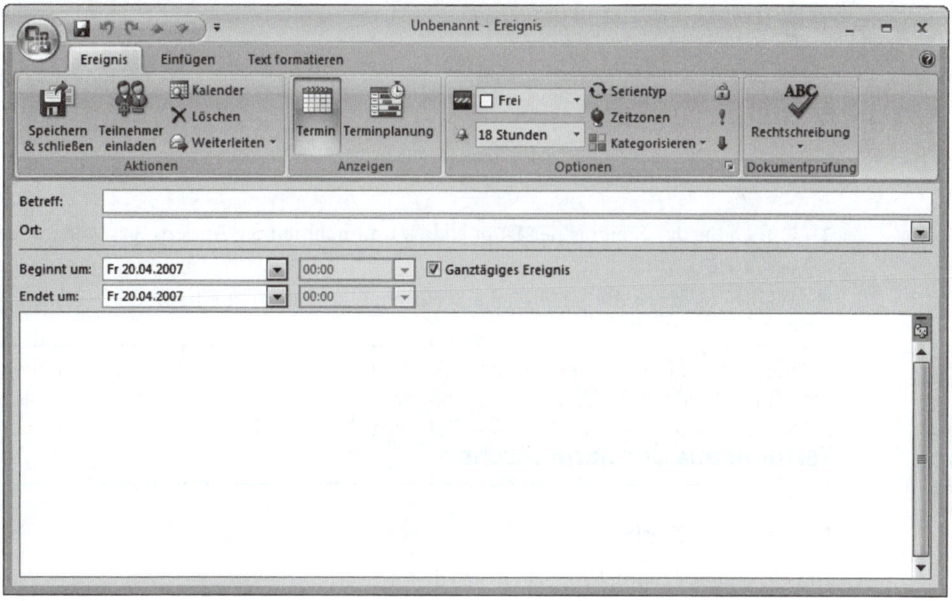

4. Legen Sie über das Listenfeld *Erinnerung* im Bereich *Optionen* der Multifunktionsleiste fest, wann Sie an das Ereignis erinnert werden möchten. Standardmäßig wird die Erinnerung 18 Stunden vorher eingeblendet.
5. Klicken Sie schließlich auf die Schaltfläche *Speichern & schließen.* Das Ereignis wird nun unterhalb des Tagesdatums als grauer Balken angezeigt (siehe Abbildg. 12.24).

Abbildg. 12.24 Das Ereignis wird oberhalb der Termine eines Tages angezeigt

Ereignisse bearbeiten

Ereignisse können Sie im Kalender wie Termine bearbeiten und löschen. Sie haben dazu verschiedene Möglichkeiten.

1. Öffnen Sie den Ordner *Kalender* über die gleichnamige Schaltfläche im Navigationsbereich.
2. Wechseln Sie dann zum Datum, an dem das Ereignis stattfindet oder geben Sie die Bezeichnung für das Ereignis in das Feld *Kalender durchsuchen* ein (siehe Abbildg. 12.25) und drücken Sie die ↵-Taste.

Abbildg. 12.25 Die Ereignisbezeichnung in die Sofortsuche eingeben

3. Öffnen Sie das Ereignis per Doppelklick und nehmen Sie Änderungen wie im letzten Abschnitt beschrieben vor.
4. Wählen Sie dann die Schaltfläche *Speichern & schließen*, um die Änderungen zu übernehmen.

PROFITIPP

Haben Sie ein Ereignis versehentlich am falschen Tag eingetragen, brauchen Sie es nicht extra zu öffnen und dann das Datum zu ändern. Klicken Sie das Ereignis an und ziehen Sie es im Datumsnavigator auf das korrekte Datum. Sobald Sie die linke Maustaste loslassen, wird das Ereignis an das neue Datum verschoben.

Ereignisse löschen

Um ein Ereignis zu löschen, gehen Sie wie folgt vor:

1. Wechseln Sie im Ordner *Kalender* zu dem Datum, an dem es stattfindet oder geben Sie die Bezeichnung für das Ereignis in das Feld *Kalender durchsuchen* am rechten oberen Rand des Kalenders ein und drücken Sie die ↵-Taste.
2. Klicken Sie das Ereignis mit der rechten Maustaste an und wählen Sie im Kontextmenü den Befehl *Löschen*.
3. Das Ereignis wird jetzt in den Ordner *Gelöschte Objekte* verschoben. Um es endgültig zu entfernen, müssen Sie den Ordner *Gelöschte Objekte* leeren.

TIPP Stellen Sie fest, dass Sie das Ereignis versehentlich gelöscht haben, drücken Sie die Tastenkombination [Strg]+[Z], um das Ereignis wiederherzustellen.

Ereignisserien erstellen

Wollen Sie einer Person nicht nur einmal, sondern jedes Jahr zum Geburtstag gratulieren, müssen Sie eine Ereignisserie einrichten. Dies gilt auch für andere Ereignisse, die über einen längeren Zeitraum eingerichtet werden sollen. Gehen Sie wie folgt vor, um eine Ereignisserie einzurichten:

1. Aktivieren Sie den Ordner *Kalender* über die gleichnamige Schaltfläche im Navigationsbereich.
2. Erstellen Sie ein neues Ereignis über den Befehl *Aktionen/Neue Ereignisserie.*

TIPP Alternativ dazu können Sie auch einen neuen Termin über den Befehl *Datei/Neu/Termin* erstellen und in dem geöffneten Terminformular das Kontrollkästchen *Ganztägiges Ereignis* aktivieren, um den Termin in ein Ereignis umzuwandeln.

3. Geben Sie den Betreff und den Ort der Ereignisserie ein und klicken Sie anschließend im Ereignisformular auf die Schaltfläche *Serientyp.*

4. Im Dialogfeld *Terminserie* legen Sie das Serienmuster und die Seriendauer fest und klicken dann auf *OK,* um die Einstellungen zu übernehmen.
5. Das Formular trägt nun den Titel *Ereignisserie* und es wird eine Infozeile eingeblendet, die die Angaben zur Serie enthält (siehe Abbildg. 12.26).

Abbildg. 12.26 Die Einstellungen zur Ereignisserie werden in der Infozeile angezeigt

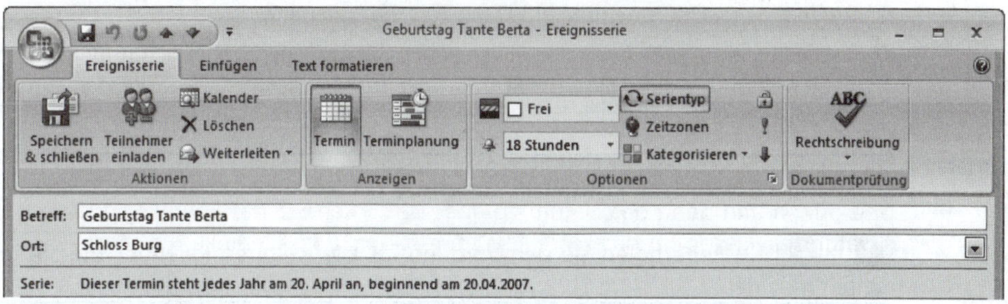

6. Bestätigen Sie die Serie über die Schaltfläche *Speichern & schließen.*

Ereignisse in Ereignisserien umwandeln

Um ein vorhandenes Ereignis in eine Ereignisserie umzuwandeln, gehen Sie wie folgt vor:

1. Öffnen Sie ein vorhandenes Ereignis, das Sie in eine Ereignisserie umwandeln möchten. Geben Sie dazu die Ereignisbezeichnung in das Feld *Kalender durchsuchen* ein und drücken Sie die [↵]-Taste. Dann klicken Sie das gefundene Ereignis doppelt an.
2. Geben Sie die Angaben für das Ereignis ein oder passen Sie die Angaben an und klicken Sie anschließend im Ereignisformular auf die Schaltfläche *Serientyp.*

Termin- und Aufgabenplanung

3. Legen Sie die Serieneigenschaften in den Bereichen *Serienmuster* und *Seriendauer* fest und bestätigen Sie mit *OK*.
4. Schließen Sie das Ereignisformular mit einem Mausklick auf die Schaltfläche *Speichern & schließen*.

Ereignisserien bearbeiten

Ereignisserien können Sie wie Terminserien bearbeiten, indem Sie doppelt auf eines der Ereignisse klicken. Es erfolgt eine Abfrage, ob Sie dieses Serienelement oder die Serie öffnen wollen. Wählen Sie die Option *Die Serie öffnen* und klicken Sie auf *OK*. Nehmen Sie im Ereignisformular die gewünschten Änderungen vor und wählen Sie dann die Schaltfläche *Speichern & schließen*.

Ereignisserien löschen

Um eine Ereignisserie zu löschen, markieren Sie eines der Ereignisse und klicken in der Symbolleiste auf die Schaltfläche *Löschen*. Es erfolgt eine Abfrage, ob Sie alle Serienelemente oder nur dieses Serienelement löschen wollen. Wählen Sie die Option *Alle Serienelemente löschen* und klicken Sie auf *OK*.

Zusätzliche Kalender erstellen und nutzen

Benötigen Sie einen Kalender für private und einen für geschäftliche Zwecke, können Sie in Outlook einfach einen zusätzlichen Kalender einrichten. Den zusätzlichen Kalender können Sie dann neben dem ersten Kalender anzeigen oder in einem eigenen Fenster öffnen und Sie können mehrere Kalender auch überlagern.

Um einen zusätzlichen Kalender einzurichten, gehen Sie wie folgt vor:

1. Rufen Sie den Untermenübefehl *Datei/Neu/Kalender* auf.
2. Im Dialogfeld *Neuen Ordner erstellen* geben Sie die Kalenderbezeichnung in das Feld *Name* ein. Vergewissern Sie sich, dass im Feld *Ordner enthält Elemente des Typs* der Typ *Kalender* ausgewählt ist.
3. Klicken Sie auf *OK*, um den Ordner einzurichten. Der Kalender wird nun im Abschnitt *Meine Kalender* des Navigationsbereichs aufgelistet.

TIPP Wiederholen Sie den Vorgang für alle weiteren Kalender, die Sie in Outlook einrichten möchten.

4. Um den Kalender anzuzeigen, aktivieren Sie im Abschnitt *Meine Kalender* des Navigationsbereichs das Kontrollkästchen, das der Kalenderbezeichnung vorangestellt ist. Der zusätzlich aktivierte Kalender wird nun neben dem bisher vorhandenen angezeigt (siehe Abbildg. 12.27) und Sie können die Termine, Ereignisse und Terminserien wie üblich eintragen.

Abbildg. 12.27 Zusätzliche Kalender einblenden

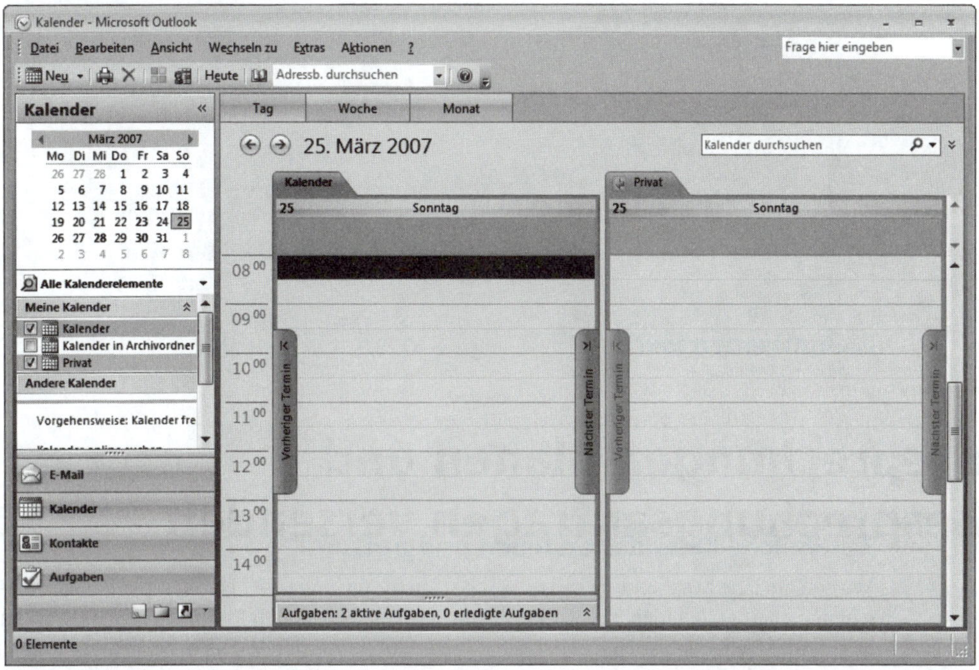

TIPP Um einen Kalender in einem eigenen Fenster anzuzeigen, klicken Sie ihn im Bereich *Meine Kalender* des Navigationsbereichs mit der rechten Maustaste an und wählen Sie im Kontextmenü, das sich öffnet, den Befehl *In neuem Fenster öffnen.*

5. Ist Ihnen die Darstellung der Kalender nebeneinander zu unübersichtlich, können Sie die Kalender auch überlagert darstellen. Klicken Sie dazu auf die Pfeilschaltfläche in der Registerkarte, die Sie überlagert anzeigen möchten.

6. Die beiden Registerkarten überlagern sich nun und Sie können mit einem Mausklick auf die Registerkarte den jeweils anderen Kalender einblenden (siehe Abbildg. 12.28).
7. Um die Überlagerung wieder aufzuheben, klicken Sie auf die Pfeilschaltfläche in der Registerkarte des Kalenders.

8. Um einen der beiden Kalender auszublenden, deaktivieren Sie das Kontrollkästchen im Bereich *Meine Kalender* des Navigationsbereichs.

HINWEIS Es muss immer mindestens ein Kalender angezeigt werden.

Abbildg. 12.28 Mehrere Kalender überlagert anzeigen

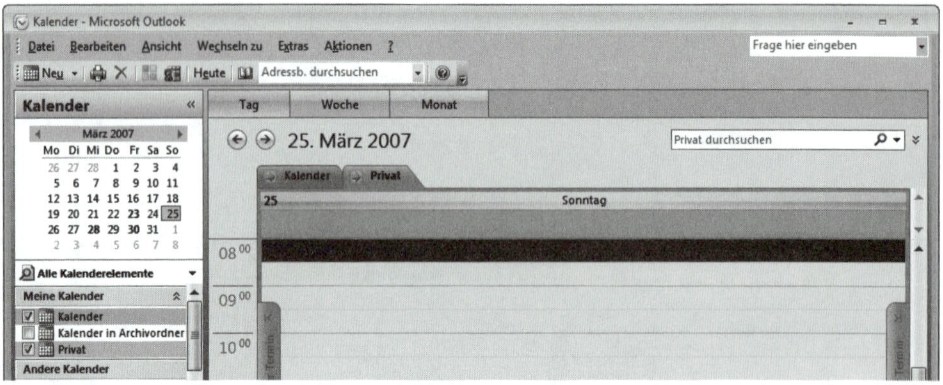

Besprechungen planen und Besprechungsanfragen versenden

Müssen Sie eine Besprechung mit einer oder mehreren anderen Personen planen, kann es sich recht schwierig gestalten, einen passenden Termin und die benötigten Räumlichkeiten zu finden. Outlook unterstützt Sie jedoch auch hierbei. Sie können automatisch feststellen, zu welcher Zeit alle Teilnehmer und – falls Räume und andere von mehreren Personen benutzte Elemente, wie z.B. Projektoren, Computer, Autos oder Ähnliches als Ressourcen verwaltet werden, auch, ob die gewünschten Ressourcen verfügbar sind.

HINWEIS Die Planung von Besprechungen und der Versand von Besprechungsanfragen bietet in der Exchange-Umgebung mehr Features an als in der reinen Internet-Umgebung. Die nachfolgende Beschreibung bezieht sich auf die Exchange-Umgebung. Die Grundfunktionen sind jedoch auch in der Internet-Umgebung vorhanden.

Eine Besprechung planen und die Besprechungsanfrage einberufen

Planen Sie eine Besprechung mit einer weiteren Person und, falls eine Ressource in Ihrer Exchange Server-Umgebung eingerichtet ist, mit einer Ressource. Sie können anschließend noch immer entscheiden, ob Sie eine Besprechungsanfrage versenden möchten.

1. Öffnen Sie den Kalender von Outlook über die gleichnamige Schaltfläche im Navigationsbereich.
2. Rufen Sie den Menübefehl *Aktionen/Besprechung planen* auf.
3. Im Dialogfeld *Besprechung planen* (siehe Abbildg. 12.29) legen Sie zunächst im Bereich *Besprechungsbeginn* das Datum und die Uhrzeit fest, zu der die Besprechung beginnen soll, und im Bereich *Besprechungsende* geben Sie an, wann die Besprechung enden soll. Dann klicken Sie auf die Schaltfläche *Weitere einladen* und wählen Sie im zugehörigen Dropdown-Menü den Befehl *Von Adressbuch hinzufügen.*

Abbildg. 12.29 Das Dialogfeld *Besprechung planen* in einer Exchange Server-Umgebung

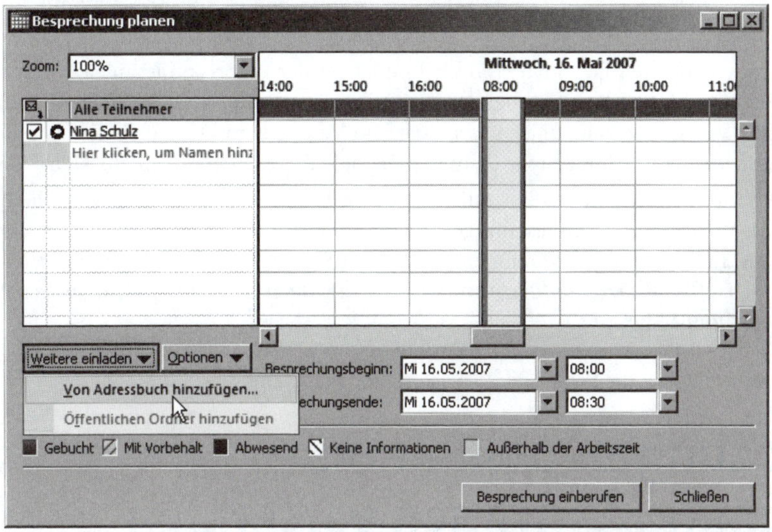

4. Im nun geöffneten Dialogfeld *Teilnehmer und Ressourcen auswählen* aktivieren Sie zunächst im Listenfeld *Namen aus folgendem Adressbuch anzeigen* das Adressbuch, das Sie verwenden möchten. Voreingestellt ist die globale Adressliste. Markieren Sie dann die Teilnehmer, die unbedingt an der Besprechung teilnehmen müssen, und klicken Sie dann auf die Schaltfläche *Erforderlich.* Die Teilnehmer werden nun zum entsprechenden Feld hinzugefügt. Gibt es Personen, die an der Besprechung teilnehmen können, aber nicht unbedingt müssen, markieren Sie diese und klicken auf die Schaltfläche *Optional.*

   Übernehmen Sie Ihre Einstellungen mit *OK.* Outlook ruft nun die verfügbaren Zeitplaninformationen der Teilnehmer und Ressourcen vom Server ab und trägt sie in das Dialogfeld *Besprechung planen* ein. Eine Legende zu den verwendeten Farben finden Sie in der linken unteren Ecke des Dialogfelds *Besprechung planen.*

HINWEIS Den ersten freien Termin, den alle Teilnehmer ab dem geplanten Besprechungsbeginn wahrnehmen können, hebt Outlook als weißen Balken hervor, der sich über alle Spalten erstreckt. Die entsprechenden Uhrzeiten werden in den Feldern *Besprechungsbeginn* und *Besprechungsende* automatisch eingetragen. Befinden sich Teilnehmer in einer anderen Zeitzone, passt Outlook deren Gebucht-Zeiten automatisch in eine der Zeitzone gemäße Darstellung an.

5. Sagt Ihnen der erste gefundene Zeitpunkt nicht zu, klicken Sie auf die Schaltfläche *AutoAuswahl.* Outlook springt nun zum nächsten freien Zeitpunkt, falls es einen solchen gibt. Um wieder zu einem früheren Termin zu gelangen, klicken Sie auf die Schaltfläche <<.

PROFITIPP

Outlook berücksichtigt bei der AutoAuswahl alle eingeladenen Personen und eine Ressource. Finden Sie keinen Termin, können Sie die Suche auch auf die erforderlichen Personen oder auf die erforderlichen Personen und eine Ressource beschränken. Klicken Sie dazu auf die Schaltfläche *Optionen*, zeigen Sie im Dropdown-Menü auf *AutoAuswahl* und wählen Sie im Untermenü die gewünschte Option.

6. Sobald Sie einen geeigneten Termin gefunden haben, versenden Sie die Besprechungsanfrage mit einem Mausklick auf die Schaltfläche *Besprechung einberufen* und stellen die Besprechungsanfrage fertig.
7. Im nun geöffneten Formular sind die Empfänger der Besprechungsanfrage bereits eingetragen. Handelt es sich bei der Besprechung um einen regelmäßigen Termin, klicken Sie auf die Schaltfläche *Serientyp* und legen Sie im Dialogfeld *Terminserie* alle Serieneigenschaften fest. Schließen Sie dann das Dialogfeld *Serientyp* mit einem Mausklick auf *OK*.

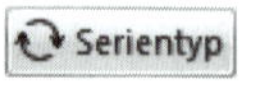

8. Die Serie wird nun in das Formular eingetragen (siehe Abbildg. 12.30). Wollen Sie ein Dokument an die Besprechungsanfrage anhängen, wie z.B. eine Tagesordnung oder ein für die Besprechung benötigtes Dokument, aktivieren Sie die Registerkarte *Einfügen*, klicken dann auf die Schaltfläche *Datei anfügen* und wählen die Datei aus dem gleichnamigen Dialogfeld mit einem Doppelklick aus.

Abbildg. 12.30 So versenden Sie die Besprechung als Besprechungsanfrage

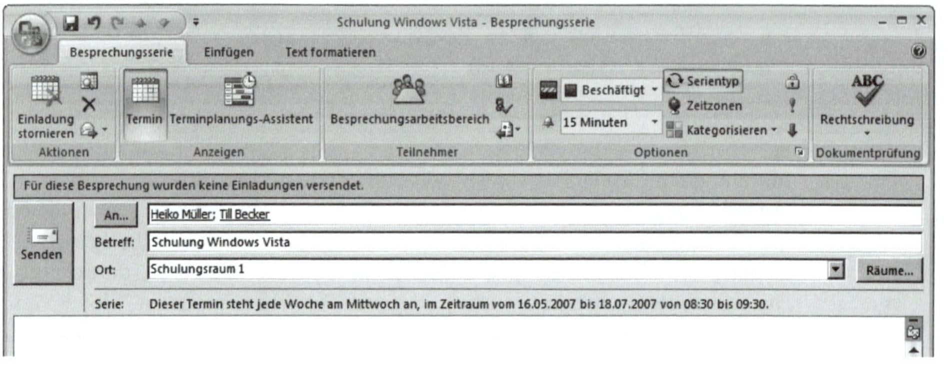

9. Geben Sie bei Bedarf in das Textfeld einen Text für die Besprechungsanfrage ein.
10. Klicken Sie auf *Senden*, um die Besprechungsanfrage zu verschicken, und schließen Sie dann das Dialogfeld *Besprechung planen* mit einem Mausklick auf die Schaltfläche *Schließen*.
11. Die Besprechungsanfrage wird nun in Ihren Kalender eingetragen und an alle Teilnehmer inklusive Ihnen selbst verschickt. Die Teilnehmer können zusagen, mit Vorbehalt zusagen, ablehnen oder eine andere Zeit vorschlagen. Die Antworten werden bei Ihnen gesammelt und Sie können die Besprechung dann zum passenden Termin ansetzen.

Besprechungsanfragen erstellen

Um eine Besprechungsanfrage zu versenden, brauchen Sie die Besprechung nicht erst zu planen. Sie können die Besprechungsanfrage auch direkt erstellen und dann mit Hilfe des Terminplanungs-Assistenten prüfen, ob die Termine frei sind. Gehen Sie dazu wie folgt vor:

1. Wechseln Sie mit einem Mausklick auf die gleichnamige Schaltfläche im Navigationsbereich zum Ordner *Kalender*.
2. Rufen Sie den Menübefehl *Aktionen/Neue Besprechungsanfrage* auf.
3. Im Dialogfeld *Besprechung*, das sich nun öffnet, wählen Sie über die Schaltfläche *An* die Teilnehmer und Ressourcen aus, an die Sie die Besprechungsanfrage verschicken möchten. Markieren

Sie die Teilnehmer dazu jeweils und klicken Sie auf die Schaltfläche *Erforderlich* bzw. *Optional*, um anzugeben, ob die Teilnehmer unbedingt dabei sein müssen oder nur, wenn sie Zeit haben. Bestätigen Sie Ihre Auswahl mit einem Mausklick auf *OK*.

4. Tragen Sie anschließend den Betreff und den Ort in die dafür vorgesehenen Felder ein und klicken Sie in der Multifunktionsleiste auf die Schaltfläche *Terminplanungs-Assistent*.

HINWEIS Arbeiten Sie nicht in einer Exchange-Umgebung, so heißt die Schaltfläche *Terminplanung*. Es stehen außerdem einige Features nicht zur Verfügung, wie z.B. die Planung von Räumen, die in der Exchange-Umgebung vorhanden sind.

5. Wählen Sie in den Bereichen *Beginnt um* und *Endet um*, wann und um welche Uhrzeit die Besprechung stattfinden soll. Outlook prüft nun direkt, ob und bei wem der gewünschte Termin frei ist, und zeigt das Ergebnis der Prüfung am rechten Fensterrand an (siehe Abbildg. 12.31).

Abbildg. 12.31 Den Terminplanungs-Assistenten nutzen

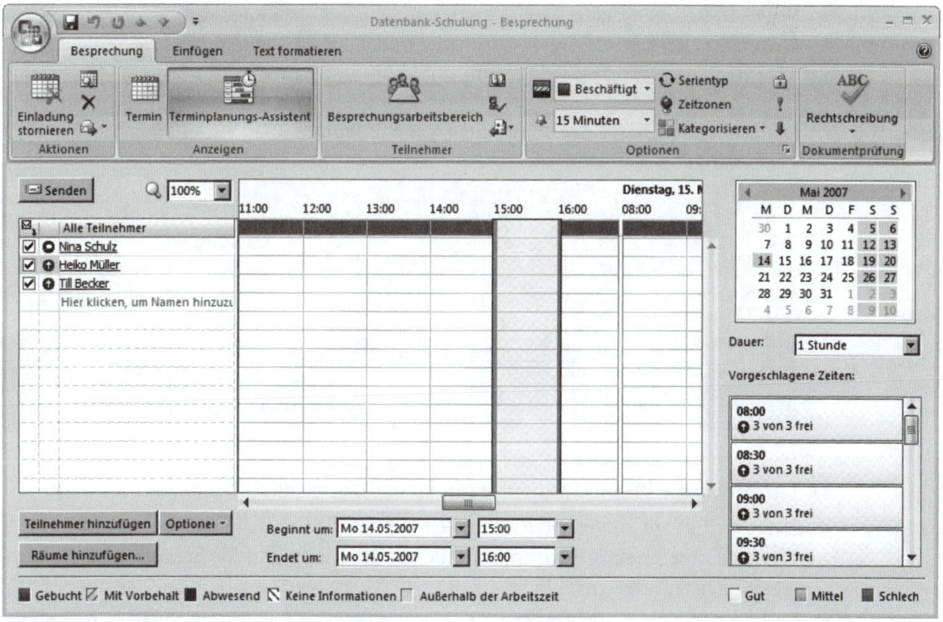

6. Ist der Raum als Ressource eingetragen, klicken Sie die Schaltfläche *Räume hinzufügen* an und wählen den Raum mit einem Doppelklick aus dem Dialogfeld *Räume auswählen: Alle Räume* aus.

7. Handelt es sich bei der Besprechung um einen regelmäßigen Termin, klicken Sie auf die Schaltfläche *Serientyp* und legen Sie im Dialogfeld *Terminserie* alle Serieneigenschaften fest. Schließen Sie das Dialogfeld *Serientyp* dann mit einem Mausklick auf *OK*.

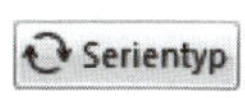

8. Wollen Sie ein Dokument an die Besprechungsanfrage anhängen, wie z.B. eine Tagesordnung oder ein für die Besprechung benötigtes Dokument, aktivieren Sie die Registerkarte *Einfügen*, klicken Sie dann auf die Schaltfläche *Datei anfügen* und wählen Sie die Datei aus dem gleichnamigen Dialogfeld mit einem Doppelklick aus.

9. Geben Sie in das Textfeld bei Bedarf einen Text für die Besprechungsanfrage ein und klicken Sie auf *Senden*, um die Besprechungsanfrage zu verschicken.

Die Besprechungsanfrage wird nun in Ihren Kalender eingetragen und an alle Teilnehmer inklusive Ihnen selbst verschickt. Die Teilnehmer können zusagen, mit Vorbehalt zusagen, ablehnen oder eine andere Zeit vorschlagen. Die Antworten werden bei Ihnen gesammelt und Sie können die Besprechung dann zum passenden Termin ansetzen.

Besprechungen bearbeiten

Besprechungen können Sie wie andere Termine verschieben. Im Gegensatz zu Terminen und Ereignissen müssen Sie jedoch die Teilnehmer einer Besprechung über die Verschiebung oder Löschung informieren. Um eine Besprechung zu verschieben, für die Sie bereits eine Besprechungsanfrage verschickt haben, gehen Sie wie folgt vor:

1. Öffnen Sie den Kalender mit einem Mausklick auf die gleichnamige Schaltfläche im Navigationsbereich.
2. Geben Sie den Betreff der Besprechung in das Feld *Kalender durchsuchen* ein und drücken Sie die [↵]-Taste (siehe Abbildg. 12.32).

Abbildg. 12.32 Die Besprechung mit der Sofortsuche schnell finden

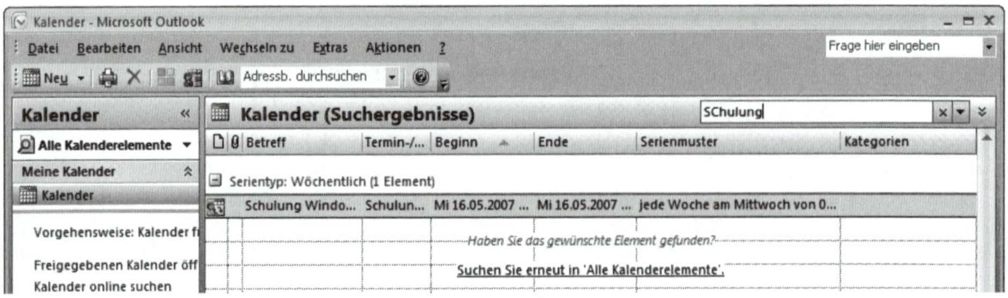

3. Öffnen Sie die Besprechung nun mit einem Doppelklick.
4. Um den Termin zu verändern, klicken Sie auf die Schaltfläche *Terminplanungs-Assistent*, suchen Sie dann einen neuen Termin und klicken Sie wieder auf die Schaltfläche *Termin*, um zur vorherigen Registerkarte zurückzukehren.
5. Um Teilnehmer hinzuzufügen, klicken Sie in der Multifunktionsleiste auf die Schaltfläche *Teilnehmer* und wählen weitere Teilnehmer aus.
6. Um festzustellen, ob Sie bereits Antworten erhalten haben, klicken Sie auf die Schaltfläche *Status*. Die Teilnehmer werden nun inklusive der Angabe ihres Status aufgelistet.
7. Um die Besprechung abzusagen, klicken Sie in der Gruppe *Aktionen* der Multifunktionsleiste auf die Schaltfläche *Besprechung absagen* (siehe Abbildg. 12.33).
8. Klicken Sie auf die Schaltfläche *Senden* bzw. *Absage senden*, um die Besprechungsanfrage zu verschicken.

Abbildg. 12.33 Die Besprechung absagen

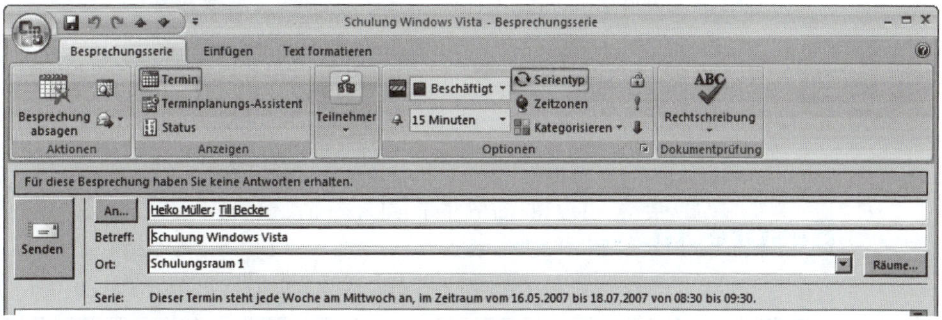

Besprechungen löschen

Wollen Sie eine Besprechung direkt löschen, markieren Sie diese und klicken in der Symbolleiste auf die Schaltfläche *Löschen*. Das Besprechungsanfrage-Formular öffnet sich und Sie brauchen nur noch auf die Schaltfläche *Absage senden* zu klicken, um die Absage zu verschicken.

Besprechungsanfragen beantworten

Erhalten Sie selbst eine Besprechungsanfrage, können Sie diese zusagen, mit Vorbehalt zusagen, ablehnen oder einen neuen Termin vorschlagen. Besprechungsanfragen finden Sie in Ihrem Posteingang.

1. Öffnen Sie Ihren Posteingang und klicken Sie auf die Besprechungsanfrage, die Sie am Besprechungsanfragesymbol erkennen.
2. Im Lesebereich sehen Sie nun Angaben zur Besprechungsanfrage wie die erforderlichen Teilnehmer, die Uhrzeit und, falls angegeben, den Ort. Da sich Teilnehmer möglicherweise in einer anderen Zeitzone aufhalten, wird zusätzlich die Zeitzone angegeben (siehe Abbildg. 12.34).

Abbildg. 12.34 Die Besprechungsanfrage im Posteingang des Empfängers

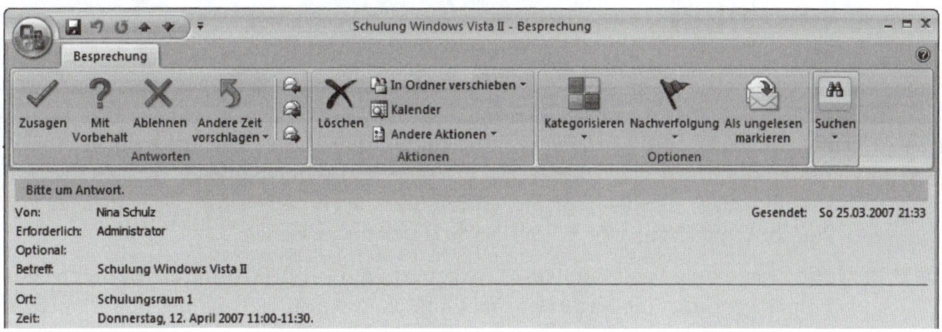

3. Klicken Sie nun auf eine der folgenden Schaltflächen, die Sie im Lesebereich am oberen Rand der Nachricht sehen:

   - *Zusagen:* Klicken Sie auf diese Schaltfläche, um den Termin zuzusagen und ihn als Besprechung in Ihren Terminkalender einzutragen.

- *Mit Vorbehalt:* Klicken Sie auf diese Schaltfläche, um den Termin unter Vorbehalt zuzusagen und in Ihren Terminkalender einzutragen.
- *Ablehnen:* Wählen Sie diese Schaltfläche, um den Termin abzulehnen. Der Termin wird nicht in Ihren Kalender eingetragen.
- *Andere Zeit vorschlagen:* Klicken Sie auf diese Schaltfläche und wählen Sie dann im zugehörigen Dropdown-Menü die Option *Mit Vorbehalt und andere Zeit vorschlagen*, um die Anfrage prinzipiell zuzusagen, aber eine andere Zeit vorzuschlagen, oder *Ablehnen und andere Zeit vorschlagen*, um die Anfrage prinzipiell abzusagen, aber eine neue Zeit vorzuschlagen.

4. Im nun geöffneten Hinweisfenster bestimmen Sie nun, ob Sie die Antwort vor dem Senden bearbeiten, sofort senden oder nicht senden möchten und klicken auf *OK*.

TIPP Haben Sie die Option *Antwort vor dem Senden bearbeiten* gewählt, öffnet sich nun die automatisch erstellte Antwort. Geben Sie den gewünschten Text in das Nachrichtenfeld ein und klicken Sie auf *Senden*.

5. Ihre Antwort auf die Besprechungsanfrage wird nun zusammen mit den anderen Antworten im Posteingang gesammelt. Der Absender kann dem Nachrichtensymbol sofort entnehmen, ob Sie die Anfrage zugesagt, mit Vorbehalt zugesagt oder abgelehnt haben. Bei Zusagen enthält das Nachrichtensymbol ein blaues Häkchen, bei Absagen ein rotes Kreuz und bei Zusagen mit Vorbehalt oder bei Vorschlägen für neue Besprechungszeiten ein violettes Fragezeichen. Außerdem ist der Status (*Zugesagt*, *Abgelehnt*, *Mit Vorbehalt* oder *Vorgeschlagene Zeit*) dem Nachrichtenbetreff vorangestellt.
6. Wechseln Sie zum Kalender und klicken Sie doppelt auf die Besprechungsanfrage. In der Infoleiste sehen Sie, wie Sie auf die Anfrage reagiert haben. Wollen Sie es genauer wissen, klicken Sie auf die Schaltfläche *Status* in der Multifunktionsliste. Die Teilnehmer werden nun inklusive ihres Status aufgelistet.

Besprechungsanfragen im iCalendar-Format erstellen

Haben Sie in den Kalenderoptionen das Kontrollkästchen *Beim Senden von Besprechungsanfragen über das Internet iCalendar verwenden* aktiviert und erstellen Sie eine neue Besprechungsanfrage, können Sie im Menü *Aktionen* den Befehl *Als iCalendar weiterleiten* wählen. Es wird nun eine neue E-Mail-Nachricht erzeugt, der die Internet-Besprechungsanfrage (iCal-Besprechungsanfrage) als E-Mail-Anlage angehängt ist. Sie müssen noch den Empfänger und eventuell einen Nachrichtentext eingeben und können die E-Mail-Nachricht dann versenden.

Die Bearbeitung beim Empfänger erfolgt genauso wie bei der normalen Besprechungsanfrage. Der Empfänger öffnet die Nachricht und Outlook überprüft anhand der iCal-Besprechungsanfrage, ob der angefragte Termin beim Empfänger frei ist. Gibt es Konflikte, wird der Empfänger darauf hingewiesen. Gibt es keine Konflikte, wird dies ebenfalls angezeigt. Über die Schaltfläche *Kalender* in der E-Mail-Nachricht kann der Empfänger das Datum der Besprechungsanfrage in seinem Kalender öffnen und selbst nachprüfen, wie die Situation ist. Über die Schaltflächen *Zusagen*, *Mit Vorbehalt* und *Ablehnen* kann der Empfänger eine Antwort erzeugen, die dann von Outlook auf der Registerkarte *Status* Ihrer Besprechungsanfrage vermerkt wird.

Gruppenzeitpläne einrichten

Gruppenzeitpläne erleichtern die Anzeige der Zeitpläne mehrerer Personen auf einen Blick. Sie können beispielsweise Gruppenzeitpläne für die Mitarbeiter einer Abteilung oder für die Ressourcen in einem Gebäude einrichten. Gehen Sie dazu wie folgt vor:

1. Klicken Sie im Kalender auf die Schaltfläche *Gruppenzeitpläne anzeigen.*
2. Im Dialogfeld *Gruppenzeitpläne,* das sich nun öffnet, wählen Sie die Schaltfläche *Neu.*
3. Geben Sie im Dialogfeld *Neuen Gruppenzeitplan erstellen* einen Namen für den Gruppenzeitplan ein und klicken Sie auf *OK.*
4. Wählen Sie im Listenfeld *Gehe zu* den Tag, der angezeigt werden soll.
5. Im daraufhin geöffneten Dialogfeld wählen Sie dann die Gruppenmitglieder aus. Klicken Sie dazu auf die Schaltfläche *Weitere einladen,* wählen Sie im Dropdown-Menü den Befehl *Von Adressbuch hinzufügen,* markieren Sie im Dialogfeld *Mitglieder auswählen* die gewünschten Gruppenmitglieder, klicken Sie auf die Schaltfläche *An* und dann auf *OK.* Die Gruppenmitglieder werden nun in den Gruppenzeitplan eingetragen (siehe Abbildg. 12.35).

Abbildg. 12.35 Einen Gruppenzeitplan einrichten

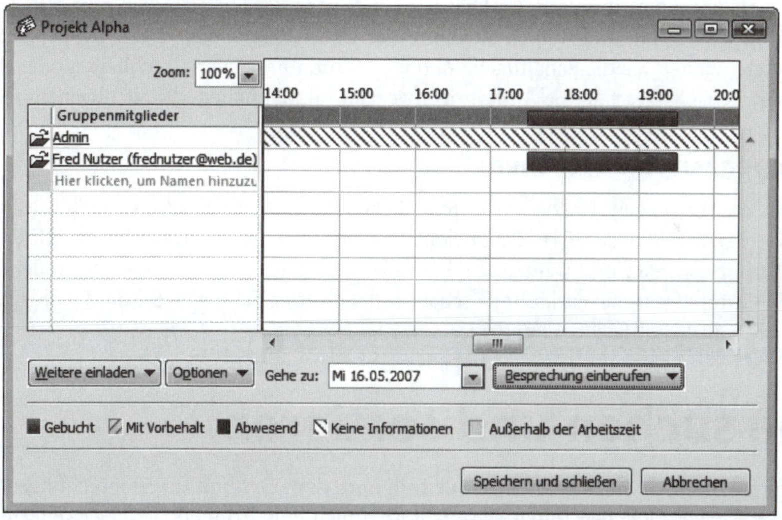

6. Fügen Sie bei Bedarf Kalender aus öffentlichen Ordnern hinzu. Klicken Sie dazu auf die Schaltfläche *Weitere einladen* und im Dropdown-Menü auf *Öffentlichen Ordner hinzufügen.* Im Dialogfeld *Ordner auswählen* markieren Sie den öffentlichen Ordner und klicken auf *OK.* Der öffentliche Ordner wird nun in die Liste der Gruppenmitglieder eingereiht.
7. Wollen Sie eine Besprechung für einen bestimmten Termin einberufen, markieren Sie ihn im Gruppenzeitplan und klicken Sie auf die Schaltfläche *Besprechung einberufen.*
8. Im zugehörigen Dropdown-Menü können Sie wählen, ob Sie eine neue Besprechung, eine neue Besprechung mit allen Gruppenmitgliedern oder eine Besprechung als Ressource erstellen wollen. Außerdem können Sie eine E-Mail-Nachricht an ein Gruppenmitglied oder an alle Gruppenmitglieder versenden. Wählen Sie die gewünschte Option.

9. Haben Sie sich für eine Besprechungsanfrage entschieden, wird diese nun für die gewählte Uhrzeit erstellt. Geben Sie den Betreff und bei Bedarf zusätzliche Informationen ein, wählen Sie Zusatzoptionen oder hängen Sie bei Bedarf Dokumente an. Klicken Sie dann auf *Senden*. Der Vorgang verläuft nun wie bei Besprechungen. Haben Sie sich hingegen für eine E-Mail-Nachricht entschieden, öffnet sich eine neue Nachricht mit dem Namen des Gruppenzeitplans als Betreff. Empfänger sind außerdem die Gruppenmitglieder. Geben Sie den Nachrichtentext ein und klicken Sie auf *Senden*.
10. Wechseln Sie dann zum Dialogfeld des Gruppenzeitplans und klicken Sie auf die Schaltfläche *Speichern & schließen*, um Ihre Änderungen zu übernehmen.

HINWEIS Haben Sie eine Besprechungsanfrage für den Gruppenzeitplan versendet, werden die Ergebnisse nun in Ihrem Posteingang gesammelt. Der angefragte Termin wird außerdem in Ihren Kalender eingetragen. Öffnen Sie den Termin per Doppelklick und betrachten Sie auf der Registerkarte *Status*, wie die eingeladenen Teilnehmer reagiert haben.

Gruppenzeitpläne betrachten

Um einen Gruppenzeitplan zu betrachten, klicken Sie in der Outlook-Symbolleiste auf die Schaltfläche *Gruppenzeitpläne anzeigen*. Im Dialogfeld *Gruppenzeitpläne*, das sich nun öffnet, markieren Sie den Gruppenzeitplan und wählen Sie dann die Schaltfläche *Öffnen*. Der Gruppenzeitplan wird nun angezeigt. Wählen Sie die Schaltfläche *Abbrechen*, um ihn wieder zu schließen oder die Schaltfläche *Speichern & schließen*, falls Sie Änderungen vorgenommen haben, die Sie übernehmen wollen.

Gruppenzeitpläne löschen

Um einen Gruppenzeitplan zu betrachten, klicken Sie in der Outlook-Symbolleiste auf die Schaltfläche *Gruppenzeitpläne anzeigen*. Im Dialogfeld *Gruppenzeitpläne*, das sich nun öffnet, markieren Sie den Gruppenzeitplan und wählen Sie dann die Schaltfläche *Löschen*. Bestätigen Sie die Abfrage, ob Sie den Gruppenzeitplan endgültig löschen wollen, mit *Ja*. Schließen Sie das Dialogfeld *Gruppenzeitpläne* über die Schaltfläche *Abbrechen*.

Termine suchen und sortieren

In Outlook können Sie Termine nach dem Betreff, dem Ort und für Besprechungen nach den Teilnehmern suchen. Reichen Ihnen diese Kriterien nicht aus, können Sie die erweiterte Suche nutzen, über die Sie den Inhalt jedes Terminfelds als Suchkriterium verwenden können. Die Organisation von Terminen ist nicht mehr nur auf die Zuordnung zu Kategorien und die Auswahl und Definition von Ansichten beschränkt, sondern Sie können auch Beschriftungen anbringen. Insbesondere die Benutzung von Kategorien erweist sich als nützlich, wenn Sie an mehreren Projekten oder übergeordneten Dingen arbeiten. Legen Sie für jedes Projekt eine Kategorie an, können Sie bequem alle Einzeltermine den Kategorien zuordnen und leicht feststellen, welche Fortschritte Sie machen.

Termine, Ereignisse und Besprechungen suchen

Wissen Sie einmal nicht mehr, wann ein bestimmter Termin, eine Besprechung oder ein Ereignis stattfinden soll, können Sie ihn bequem über die Sofortsuche finden. Gehen Sie dazu wie folgt vor.

1. Öffnen Sie den Kalender über die gleichnamige Schaltfläche im Navigationsbereich.
2. Geben Sie dann in das Feld *Kalender durchsuchen* die komplette Terminbezeichnung oder einen Teil davon ein und drücken Sie die [↵]-Taste.
3. Im Kalender werden nun alle Termine und Besprechungen mit dem gesuchten Betreff aufgelistet (siehe Abbildg. 12.36).

Abbildg. 12.36 Einen Termin über die Suchleiste suchen

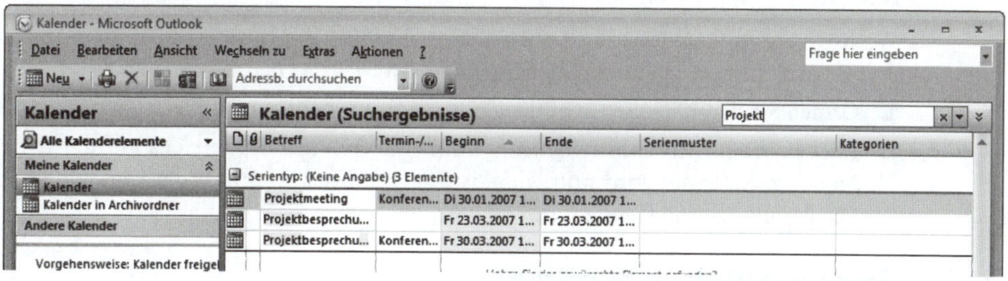

4. Klicken Sie doppelt auf den gewünschten Termin oder auf die Besprechung, um das Element zu öffnen und die zugehörigen Details zu betrachten. Schließen Sie das Element anschließend wieder.
5. Benötigen Sie das Ergebnis der Suche nicht mehr, klicken Sie auf die Schaltfläche *Suche löschen* am rechten Feldrand.

Den Abfrage-Generator für die Suche erweitern

Benötigen Sie weitere Felder für die Suche, können Sie den Abfrage-Generator mit einem Mausklick erweitern. Gehen Sie dazu wie folgt vor:

1. Öffnen Sie den Ordner *Kalender* mit einem Mausklick auf die gleichnamige Schaltfläche im Navigationsbereich.
2. Klicken Sie auf die Schaltfläche *Abfrage-Generator erweitern* rechts neben dem Feld *Kalender durchsuchen*.
3. Geben Sie nun den Betreff, den Text oder die Organisation in das jeweils dafür vorgesehene Feld ein oder wählen Sie über die Abwärtspfeile weitere Kriterien aus. Während der Texteingabe werden alle Suchergebnisse angezeigt, die die eingegebene Buchstabenfolge enthalten.
4. Klicken Sie auf die Schaltfläche *Abfrage-Generator reduzieren*, um den Abfrage-Generator wieder auszublenden und auf *Suche löschen*, um das Suchergebnis zu löschen.

Termine nach verschiedenen Kriterien betrachten und sortieren

Wie Sie bereits im Abschnitt »Terminserien planen« weiter vorne in diesem Kapitel gesehen haben, können Sie auch die Kalenderansicht nach verschiedenen Kriterien anordnen und sich so rasch einen Überblick über eine bestimmte Art von Terminen verschaffen, den die Tages-/Wochen-/Monatsansicht nicht bietet.

TIPP Wollen Sie die Ansichten häufiger wechseln, sollten Sie sie im Navigationsbereich einblenden. Rufen Sie dazu den Untermenübefehl *Ansicht/Navigationsbereich/Aktueller Ansichtsbereich* auf.

Die Ansichten werden nun im Bereich *Aktuelle Ansicht* des Navigationsbereichs angezeigt. Um die Ansichten zu deaktivieren, wählen Sie noch einmal den Befehl *Ansicht/Anordnen nach/Ansichten im Navigationsbereich anzeigen.*

Wechseln Sie im Kalender zur Ansicht *Aktive Termine*, dann zur Ansicht *Terminserien* und aktivieren Sie zum Schluss wieder die Ansicht *Tages-/Wochen-/Monatsansicht.*

1. Öffnen Sie den Kalender über die gleichnamige Schaltfläche im Navigationsbereich.
2. Klicken Sie im Abschnitt *Aktuelle Ansicht* des Navigationsbereichs auf die Option *Aktive Termine.* Im Kalender wird nun eine Liste aller aktiven Termine angezeigt (siehe Abbildg. 12.37). Die Ereignisse sind ebenfalls mit eingeschlossen.

Abbildg. 12.37 Der Kalender in der Ansicht *Aktive Termine*

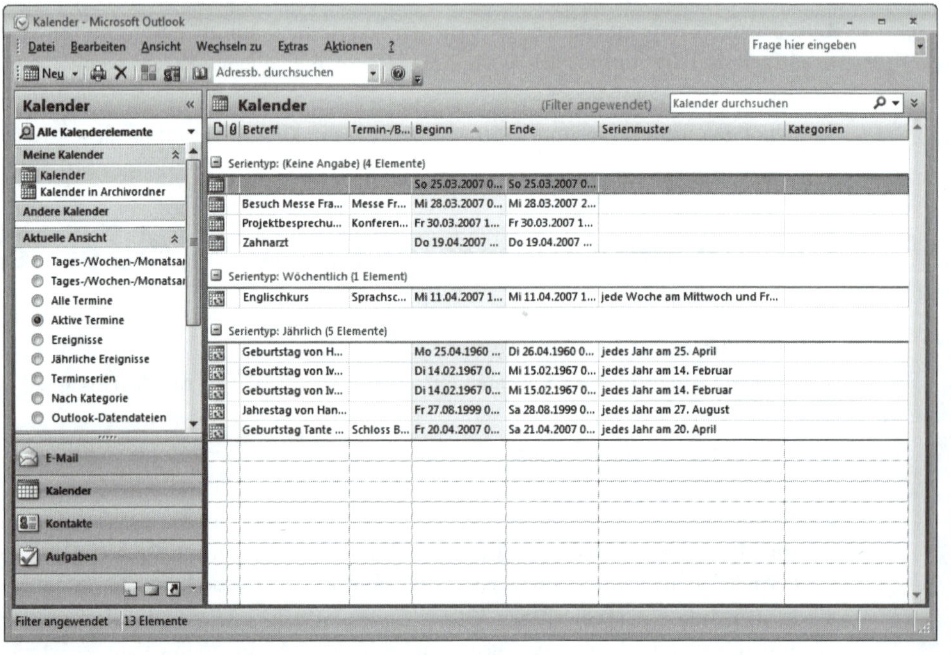

3. Klicken Sie nun auf die Option *Terminserien*, werden alle Terminserien im Kalender aufgelistet.
4. Kehren Sie anschließend wieder zur Standardansicht des Kalenders zurück, indem Sie die Option *Tages-/Wochen-/Monatsansicht* wählen.

Kalender freigeben

In Outlook können Sie Kalenderinformationen anderen Personen zur Nutzung freigeben. Wenn Sie ein Microsoft Exchange Server-Konto nutzen, brauchen Sie den entsprechenden Personen dazu nur die Freigabeberechtigung zu erteilen. Umgekehrt können Sie auf Kalender zugreifen, von denen Sie eine Freigabeberechtigung erhalten haben. Unabhängig vom Exchange Server-Konto können Sie so genannte Kalendersnapshots per E-Mail versenden, die vom Empfänger im Outlook-Kalender geöffnet werden können. Änderungen werden dabei allerdings nur berücksichtigt, wenn ein neuer Snapshot verschickt wird. Wenn die anderen Personen immer Zugriff auf die aktuelle Kalenderversion benötigen, ist es deshalb sinnvoller, den Kalender auf Office Online zu veröffentlichen und so anderen Personen unabhängig von Exchange Server Zugriff auf den Kalender zu bieten.

Kalender unter Exchange Server freigeben

Um Ihren Kalender unter Exchange Server für andere Benutzer freizugeben, gehen Sie wie folgt vor:

1. Klicken Sie unter *Kalender* im Navigationsbereich auf *Kalender freigeben.*
2. In der Freigabeeinladung, die sich öffnet, wählen Sie über die Schaltfläche *An* die Empfänger aus, die eine Freigabeberechtigung für Ihren Kalender erhalten sollen.
3. Wollen Sie den oder die Empfänger bitten, Ihnen umgekehrt eine Freigabeberechtigung für deren Kalender zu erteilen, aktivieren Sie das Kontrollkästchen *Berechtigung zum Anzeigen von 'Kalender' des Empfängers anfordern.*
4. Geben Sie einen Nachrichtentext in das Textfeld ein und klicken Sie auf die Schaltfläche *Senden* (siehe Abbildg. 12.38).

Abbildg. 12.38 Den Kalender unter Exchange Server freigeben

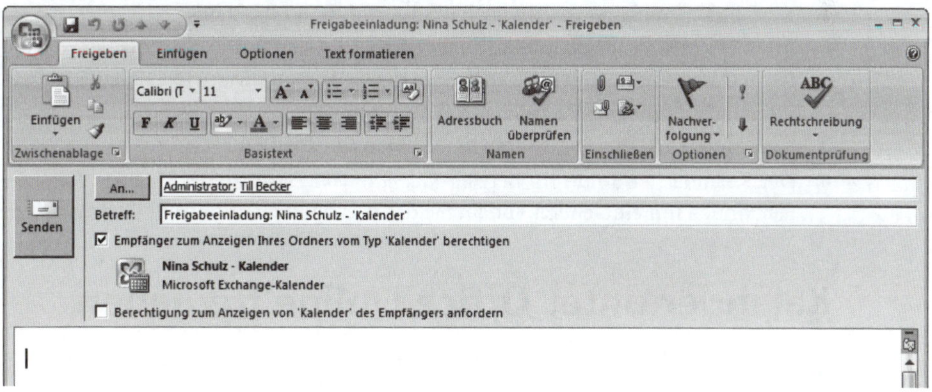

5. Bestätigen Sie die Abfrage, ob der Kalender für alle Empfänger der Nachricht freigegeben werden soll, mit einem Mausklick auf die Schaltfläche *Ja* und klicken Sie im Hinweis, dass der Kalender freigegeben wurde, auf *OK.*

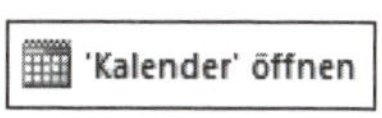

Der Empfänger erhält nun die Freigabeeinladung und kann den Kalender mit einem Mausklick auf die Schaltfläche *'Kalender' öffnen* im Lesebereich sehen. Wechselt der Empfänger nun zum Ordner *Kalender* mit einem Mausklick auf die gleichnamige

Schaltfläche im Navigationsbereich, wird der Kalender unter der Rubrik *Kalender von Personen* angezeigt. Aktivieren Sie das vorangestellte Kontrollkästchen, wird der Kalender neben Ihrem Standardkalender in Outlook angezeigt.

Freigabeberechtigungen ändern

Standardmäßig erhalten die Empfänger Ihrer Freigabeberechtigung nur die Berechtigung, Ihren Kalender zu lesen. Sie dürfen keine Elemente löschen, keine Elemente und auch keine Unterordner erstellen. Wollen Sie anderen Personen weitere Freigabeberechtigungen erteilen, gehen Sie wie folgt vor:

1. Klicken Sie im Navigationsbereich des Ordners *Kalender* mit der rechten Maustaste auf den freigegebenen Kalender und wählen Sie im Kontextmenü den Befehl *Eigenschaften*.
2. Im Dialogfeld *Kalender: Eigenschaften*, das sich öffnet, aktivieren Sie die Registerkarte *Berechtigungen*.
3. Dann markieren Sie den Benutzer, dessen Zugriffsberechtigungen Sie ändern wollen, und wählen Sie im Listenfeld *Berechtigungsstufe* den Eintrag *Stufe 3*, um dem Benutzer das Löschen seiner eigenen Elemente zu ermöglichen oder den Eintrag *Stufe 4*, um dem Benutzer die Möglichkeit zu bieten, in Ihrem Kalender Elemente zu erstellen und zu bearbeiten.

TIPP Selbstverständlich können Sie auch eine höhere Berechtigungsstufe auswählen oder über die Kontrollkästchen eigene Freigabeberechtigungen festlegen.

4. Klicken Sie auf *OK*, um die Änderungen zu übernehmen.

Öffnen des Kalenders einer anderen Person

Um den freigegebenen Kalender einer anderen Person zu öffnen, gehen Sie wie folgt vor:

1. Klicken Sie im Navigationsbereich des Kalenders auf den Link *Freigegebenen Kalender öffnen*.
2. Im Dialogfeld *Freigegebenen Kalender öffnen*, das sich nun einblendet, klicken Sie auf die Schaltfläche *Name* und wählen Sie den Namen der Person aus, deren Kalender Sie öffnen möchten, mit einem Doppelklick aus.
3. Schließen Sie das Dialogfeld mit einem Mausklick auf *OK*.
4. Der Kalender wird nun im Bereich *Kalender von Personen* des Ordners *Kalender* angezeigt und Sie können ihn einblenden, indem Sie das vorangestellte Kontrollkästchen aktivieren.

Kalender unter Office Online freigeben

Um einen Kalender unter Office Online zu veröffentlichen, gehen Sie wie folgt vor:

1. Aktivieren Sie den Kalender mit einem Mausklick auf die gleichnamige Schaltfläche im Navigationsbereich von Outlook.
2. Dann klicken Sie den Kalender, den Sie veröffentlichen möchten, mit der rechten Maustaste an, zeigen im Kontextmenü auf *Im Internet veröffentlichen* und wählen schließlich den Befehl *Auf Office Online veröffentlichen*.

TIPP Bei der ersten Verwendung öffnet sich das Dialogfeld *Registrierung bei Microsoft Office Online*, in dem Sie auf die Schaltfläche *Anmelden* klicken.

3. Besitzen Sie bereits eine Windows Live-ID, geben Sie nun die E-Mail-Adresse und das Kennwort ein und klicken Sie auf die Schaltfläche *Anmelden*. Klicken Sie andernfalls auf *Richten Sie ein kostenloses Konto ein* und folgen Sie den Anweisungen am Bildschirm.
4. Geben Sie die Registrierungsinformationen ein und bekunden Sie Ihre Zustimmung.
5. Es öffnet sich das Dialogfeld *Kalender auf Microsoft Office Online veröffentlichen* (siehe Abbildg. 12.39). Legen Sie im Bereich *Zeitspanne* fest, welcher Zeitraum Ihres Kalenders veröffentlicht werden soll.

Abbildg. 12.39 Kalender auf Microsoft Office Online veröffentlichen

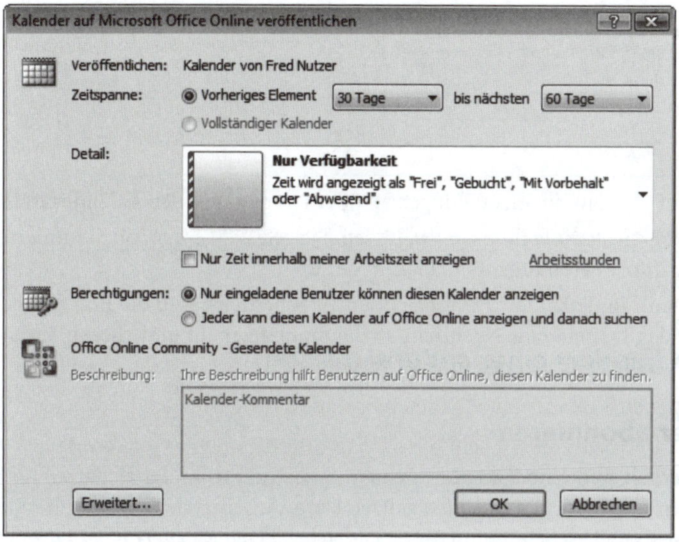

6. Dann legen Sie im Bereich *Detail* fest, welche Details im Kalender angezeigt werden sollen. Zur Auswahl stehen die Optionen *Nur Verfügbarkeit*, *Eingeschränkte Details* (nur Verfügbarkeit und Betreff der Kalenderelemente) und *Alle Details* (Verfügbarkeit und vollständige Details).
7. Aktivieren Sie das Kontrollkästchen *Nur Zeit innerhalb meiner Arbeitszeit anzeigen*, falls Sie nur diesen Zeitraum freigeben möchten.
8. Belassen Sie die Option *Nur eingeladene Benutzer können diesen Kalender anzeigen*, wenn Sie den Kalender nicht für die allgemeine Öffentlichkeit, sondern nur für einen bestimmten Benutzerkreis freigeben möchten. Soll der Kalender jedoch frei verfügbar sein, aktivieren Sie die Option *Jeder kann diesen Kalender auf Office Online anzeigen und danach suchen*. Haben Sie letztere Option gewählt, geben Sie im Feld *Beschreibung* an, über welches Stichwort Benutzer in Office Online nach dem Kalender suchen können.

TIPP Standardmäßig werden Aktualisierungen des Kalenders regelmäßig auf den Server hochgeladen. Wenn der Empfänger den Kalender abonniert, werden ihm diese Aktualisierungen mit der gleichen Regelmäßigkeit automatisch bereitgestellt. Wollen Sie diese Option verändern, klicken Sie auf die Schaltfläche *Erweitert* und wählen Sie im Dialogfeld *Einstellungen des veröffentlichten Kalenders* die Option *Einzelupload* (siehe Abbildg. 12.40) und klicken Sie auf *OK*. Die Aktualisierungen werden dann nicht auf den Server hochgeladen.

Abbildg. 12.40 Den automatischen Upload deaktivieren

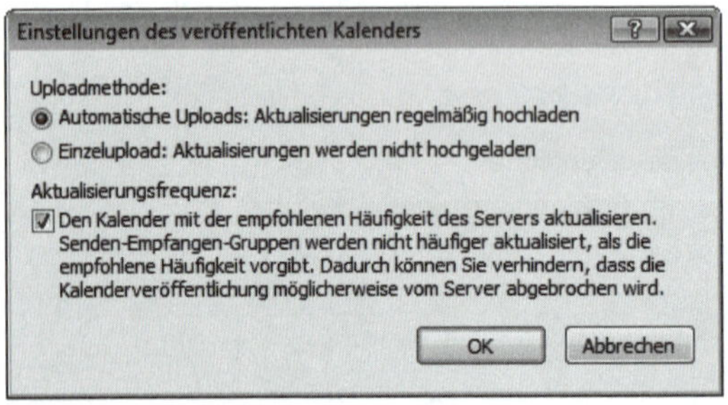

9. Klicken Sie auf *OK*, um die Einstellungen zu übernehmen und den Kalender freizugeben.
10. Im Dialogfeld *Freigabeeinladung senden*, in dem Sie gefragt werden, ob Sie andere Personen über den Kalender informieren möchten, klicken Sie auf *Ja*.
11. Wählen Sie dann im Formular *Freigeben* über die Schaltfläche *An* die Empfänger aus, geben Sie bei Bedarf in das Textfeld eine Nachricht an die Empfänger ein und klicken Sie auf die Schaltfläche *Senden*, um die Freigabeeinladung zu versenden.

Den Kalender abonnieren

Der Empfänger erhält nun eine E-Mail mit einem Standardtext, in der er darauf hingewiesen wird, wo und wie er den freigegebenen Kalender nutzen kann. Arbeiten die Empfänger mit Outlook, können sie ganz bequem im Lesebereich auf die Schaltfläche *Diesen Kalender abonnieren* klicken, um den Kalender zu abonnieren oder auf *Vorschau für diesen Kalender*, um den Kalender im Internet-Browser in der Vorschau zu betrachten (siehe Abbildg. 12.41). Empfänger, die nicht mit Outlook arbeiten, können auf den Hyperlink im Text der E-Mail klicken und damit den Kalender in der Vorschau in

Abbildg. 12.41 Den freigegebenen Kalender abonnieren oder in der Vorschau betrachten

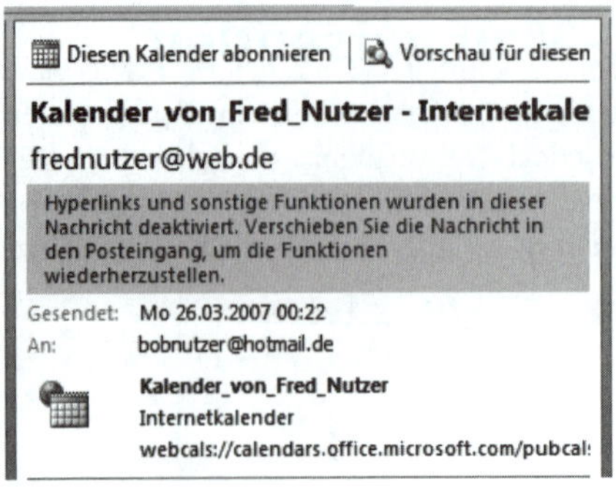

Hat der Empfänger sich entschieden, den Kalender zu abonnieren, und arbeitet er mit Outlook, wird der Internetkalender im Navigationsbereich des Ordners *Kalender* von Outlook unter *Andere Kalender* aufgeführt. Sobald der Empfänger das vorangestellte Kontrollkästchen aktiviert, wird der Ordner in Outlook angezeigt. Der abonnierte Kalender kann auch neben dem Standardkalender des Empfängers oder überlappend dargestellt werden, und er wird in regelmäßigen Abständen automatisch aktualisiert.

Wurde der Kalender vom Empfänger nur in der Vorschau geöffnet, findet der Empfänger in der Vorschau eine Schaltfläche *Internetkalender abonnieren*, über die der Empfänger die Option aktiviert, dass Aktualisierungen regelmäßig angeboten werden.

Freigabeoptionen nachträglich ändern

Um die Freigabeoptionen eines Kalenders nachträglich zu ändern, gehen Sie wie folgt vor:

1. Wechseln Sie mit einem Mausklick auf die gleichnamige Schaltfläche zum Ordner *Kalender*.
2. Klicken Sie den freigegebenen Kalender im Navigationsbereich mit der rechten Maustaste an und zeigen Sie im Kontextmenü, das sich öffnet, auf den Befehl *Im Internet veröffentlichen*. Im Untermenü klicken Sie dann auf den Befehl *Optionen für die Veröffentlichung ändern*.
3. Es öffnet sich das Dialogfeld *Einstellungen des veröffentlichten Kalenders*, in dem Sie die gewünschten Änderungen vornehmen und dann auf *OK* klicken.

Die Freigabe aufheben

Wollen Sie die Freigabe Ihres Kalenders beenden, müssen Sie ihn vom Microsoft Office Online-Server entfernen. Gehen Sie dazu wie folgt vor:

1. Aktivieren Sie den Kalender mit einem Mausklick auf die gleichnamige Schaltfläche im Navigationsbereich.
2. Klicken Sie den Kalender, dessen Freigabe Sie aufheben möchten, mit der rechten Maustaste an, zeigen Sie im Kontextmenü auf *Im Internet veröffentlichen* und wählen Sie dann den Befehl *Vom Server entfernen*.
3. Im Hinweisfenster, in dem Sie gefragt werden, ob der Kalender wirklich aus dem Web gelöscht werden soll, klicken Sie auf *Ja*.
4. Geben Sie nun im Dialogfeld *Anmeldung*, das sich einblendet, Ihren Windows Live-Benutzernamen und Ihr Kennwort ein und klicken Sie auf *OK*.

Die Veröffentlichung wird nun aufgehoben.

Kalendersnapshot per E-Mail versenden

Wollen Sie den aktuellen Kalender zur Information per E-Mail versenden, reichen schon wenige Mausklicks aus. Der Empfänger erhält dabei einen Auszug aus Ihrem Kalender, der den aktuellen Status wiedergibt. Arbeitet der Empfänger mit Outlook, kann er diesen Kalendersnapshot in Outlook öffnen. Andernfalls wird der Kalender im HTML-Format im Nachrichtentext angezeigt. Um Kalender als Kalendersnapshot zu versenden, gehen Sie dazu wie folgt vor:

1. Wechseln Sie mit einem Mausklick auf die gleichnamige Schaltfläche im Navigationsbereich zum Kalender.
2. Klicken Sie im Navigationsbereich den Kalender, den Sie versenden möchten, mit der rechten Maustaste an und wählen Sie im Kontextmenü den Befehl *Per E-Mail senden*.

3. Im Dialogfeld *Kalender über E-Mail senden*, das sich nun öffnet, wählen Sie, welcher Datumsbereich freigegeben werden soll (siehe Abbildg. 12.42). Im Bereich *Detail* geben Sie an, ob nur die Verfügbarkeit, die Verfügbarkeit und die Betreffs oder alle Details angezeigt werden sollen.

Abbildg. 12.42 Einen Kalender per E-Mail versenden

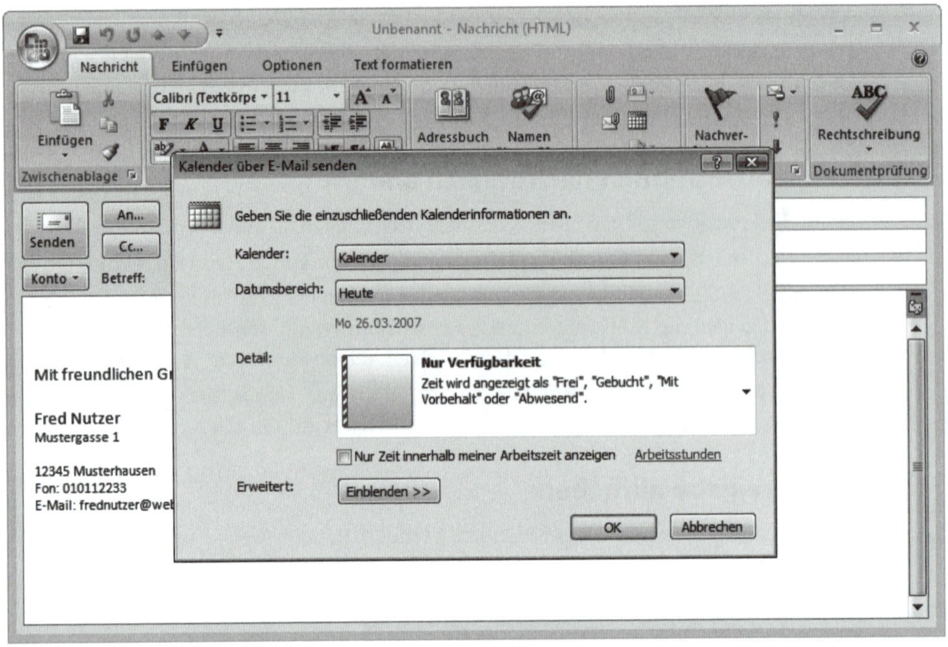

4. Klicken Sie auf *OK*, um den Kalender in den Nachrichtentext einer E-Mail einzufügen und im iCalender-Format an die E-Mail anzuhängen. Geben Sie dann den Empfänger und eventuell noch einen Nachrichtentext ein und klicken Sie auf *Senden*, um die E-Mail zu verschicken.

Der Empfänger kann den Kalender nun in der E-Mail betrachten oder in Outlook öffnen.

Kalender als Webseite speichern

Um einen Kalender als Webseite zu speichern, gehen Sie wie folgt vor:

1. Öffnen Sie Ihren Kalender über die gleichnamige Schaltfläche im Navigationsbereich.
2. Rufen Sie den Menübefehl *Datei/Als Webseite speichern* auf, um das gleichnamige Dialogfeld zu öffnen.
3. Legen Sie im Bereich *Dauer* fest, welcher Zeitraum Ihres Kalenders als Webseite gespeichert werden soll. Geben Sie im Feld *Beginnt* den Beginn und im Feld *Endet* das Datum an, bis zu dem der Kalender als Webseite erstellt werden soll.
4. Legen Sie im Bereich *Optionen* fest, ob Termindetails einbezogen werden sollen. Ist das Kontrollkästchen aktiviert, werden Inhalte des Notizenfeldes in die Webseite mit einbezogen.

5. Soll eine spezielle Hintergrundgrafik für die Webseite verwendet werden, aktivieren Sie das Kontrollkästchen *Hintergrundgrafik verwenden* und geben den Dateinamen in das nebenstehende Feld ein oder wählen ihn über die Schaltfläche *Durchsuchen* aus.
6. Geben Sie im Feld Kalendertitel die Bezeichnung ein, die als Überschrift für die Webseite verwendet werden soll, wie z.B. »Schichtplan Gruppe B« oder »Terminkalender von Karl Klammer«.
7. Geben Sie im Feld *Dateiname* den Pfad und den Dateinamen der Webseite ein. Sie können hier bereits den Pfad angeben, unter dem die Datei im Web veröffentlicht werden soll. Sie können die Webseite aber auch an einem beliebigen anderen Ort speichern und zu einem späteren Zeitpunkt auf den Webserver kopieren. Kennen Sie den Pfad nicht auswendig, können Sie ihn auch über die Schaltfläche *Durchsuchen* auswählen.
8. Wollen Sie das Ergebnis der Speicherung direkt in Ihrem Webbrowser betrachten, aktivieren Sie das Kontrollkästchen *Gespeicherte Webseite im Browser öffnen.*
9. Klicken Sie auf die Schaltfläche *Speichern.*

Die Webseite wird nun erzeugt und unter dem angegebenen Pfad und Dateinamen gespeichert. Haben Sie die entsprechende Funktion aktiviert, wird die Webseite anschließend im Browser geöffnet. Sie enthält eine Monatsübersicht sowie eine Liste der Termin- und Ereignisdetails. In der Monatsübersicht ist relativ wenig von den Terminen zu sehen, da die Felder klein sind. Enthalten Felder mehrere Einträge, wird dies durch eine gelbe Markierung gekennzeichnet. In der Liste der Termin- und Ereignisdetails sind jedoch alle Termine eines Tages gut lesbar aufgelistet. Umfasst die Webseite mehrere Monate, können Sie über die Pfeilschaltfläche neben der Monatsangabe zum nächsten Monat gelangen.

Kalender und Termine drucken

In der Tages-/Wochen-/Monatsansicht stehen Ihnen für den Ausdruck das Tages-, das Wochen- und das Monatsformat sowie ein Dreifachformat und ein Kalenderdetailformat zur Verfügung. In den tabellenbasierten Ansichten müssen Sie sich mit dem Ausdruck im Tabellen- und im Memoformat begnügen.

Um den Inhalt Ihres Terminkalenders auszudrucken, müssen Sie zunächst entscheiden, den Inhalt welcher Ansicht Sie ausdrucken wollen. Der Ausdruck im Tabellen- und Memoformat wird im Zusammenhang mit dem Ausdruck von E-Mail-Nachrichten ausführlich beschrieben.

Die Tages-, Wochen- oder Monatsansicht ausdrucken

Drucken Sie mehrere Tage des Kalenders in der Tagesansicht aus:

1. Aktivieren Sie die Tages-, Wochen-, Arbeitswochen- oder Monatsansicht und wählen Sie in der Outlook-Symbolleiste die Schaltfläche *Drucken.*
2. Es öffnet sich das Dialogfeld *Drucken,* in dem Ihnen das Tages-, das Wochen- und das Monatsformat sowie ein Dreifachformat und ein Kalenderdetailformat zum Ausdruck angeboten werden (siehe Abbildg. 12.43).

Abbildg. 12.43 Das Dialogfeld *Drucken* für den Kalender

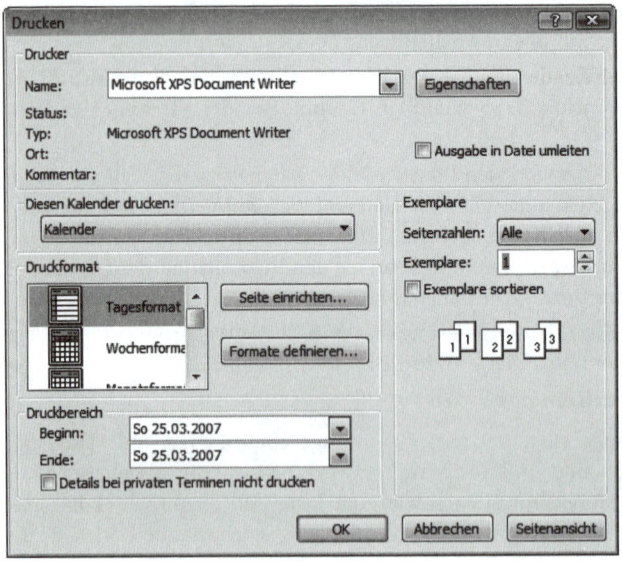

3. Prüfen Sie im Listenfeld *Name*, ob der korrekte Drucker eingestellt ist.
4. Haben Sie mehrere Kalender geöffnet, können Sie im Listenfeld *Diesen Kalender drucken* den Kalender auswählen, der gedruckt werden soll.
5. Geben Sie dann im Listenfeld *Druckformat* an, in welchem Format der Ausdruck erfolgen soll. Verfügbar sind die folgenden Formate:

   Tagesformat: Im Tagesformat wird die Tagesansicht mit den zwei Datumsnavigatoren, dem Zeitintervall einer Stunde, den Aufgaben und dem Notizblock für einen oder mehrere Tage ausgedruckt. Standardmäßig werden für die Notizen und die Aufgaben keine Linien ausgedruckt. Wenn Sie dies ändern wollen, müssen Sie die entsprechende Option über die Schaltfläche *Seite einrichten* oder die Schaltfläche *Formate definieren* ändern.

   Wochenformat: Im Wochenformat werden die Termine einer Woche ausgedruckt. Pro Tag steht ein Kästchen zur Verfügung, in dem alle Termine eines Tages enthalten sind. Über die Schaltflächen *Seite einrichten* und *Formate definieren* können Sie bei Bedarf die Anordnung der Tage verändern.

   Monatsformat: Im Monatsformat wird der Inhalt der Monatsansicht auf einer DIN-A4-Seite im Querformat ausgedruckt.

   Dreifachformat: Das Dreifachformat enthält die Tagesansicht für einen Tag, den Aufgabenblock und die Wochenansicht für die Woche, in der der Tag liegt. Der Ausdruck erfolgt auf einer DIN A4-Seite im Querformat.

   Kalenderdetailformat: Im Kalenderdetailformat werden pro Tag alle Termine, Ereignisse und Besprechungen untereinander aufgelistet ausgedruckt.

HINWEIS Wollen Sie den Ausdruck für ein Zeitplanungssystem, wie z.B. Time/system oder filofax verwenden, können Sie das passende Papier wählen. Klicken Sie dazu auf die Schaltfläche *Seite einrichten*, wechseln Sie im gleichnamigen Dialogfeld auf die Registerkarte *Papier* und aktivieren Sie im Listenfeld *Größe* das gewünschte Planungssystem. Klicken Sie dann auf *OK*.

6. Legen Sie im Bereich *Druckbereich* fest, mit welchem Tag der Ausdruck beginnen und mit welchem Tag er enden soll. Sie können die Daten auch über die Listenfelder aus dem Datumsnavigator auswählen. Die Angabe des Druckbereichs hat den Vorteil, dass Sie z.B. mehrere Tage im Tagesformat ausdrucken können.
7. Aktivieren Sie das Kontrollkästchen *Details bei privaten Terminen nicht drucken*, wenn bei privaten Terminen nur der Betreff und keine sonstigen Angaben ausgedruckt werden sollen. Dies setzt natürlich voraus, dass Sie bei privaten Terminen das Kontrollkästchen *Privat* aktiviert haben.
8. Geben Sie im Abschnitt *Exemplare* im Feld *Seitenzahlen* an, ob alle, nur die geraden oder nur die ungeraden Seiten ausgedruckt werden sollen, und wählen Sie dann im Feld *Exemplare* die Anzahl, falls Sie mehrere Exemplare Ihres Kalenders drucken wollen. Drucken Sie mehrere Exemplare, können Sie das Kontrollkästchen *Exemplare sortieren* aktivieren, um die Exemplare in einer bestimmten Reihenfolge auszugeben.
9. Wählen Sie die Schaltfläche *OK*, um den Ausdruck zu starten.

Zusammenfassung

Mit dem Kalender können Sie Ihre Termine und Ereignisse erfassen, Besprechungen planen und Ihren Kalender anderen Personen zur Nutzung bereitstellen.

Sie möchten ...	So gehen Sie vor	Sehen Sie sich dazu das Beispiel an auf Seite
die Kalenderansicht wechseln	Zeigen Sie im Menü *Ansicht* auf *Aktuelle Ansicht* und wählen Sie im Untermenü die gewünschte Ansicht aus	630
Termine erfassen	Zeigen Sie im Menü *Datei* auf *Neu* und klicken Sie auf den Befehl *Termin* oder wechseln Sie zum Ordner *Kalender* und drücken Sie die Tasten [Strg]+[N]	638
Terminserien planen	Wählen Sie im Menü *Aktionen* des Ordners *Kalender* die Option *Neue Terminserie*	646
Ereignisse erfassen	Wählen Sie im Menü *Aktionen* des Ordners *Kalender* die Option *Neues ganztägiges Ereignis*	650
zusätzliche Kalender erstellen	Wählen Sie im Menü *Datei* den Befehl *Neu* und klicken Sie auf *Kalender*	654
Besprechungen planen	Wählen Sie im Menü *Aktionen* des Ordners *Kalender* die Option *Besprechung planen*	656
Termine suchen	Geben Sie Text aus dem Betreff des gesuchten Termins in das Feld *Kalender durchsuchen* des Kalenders ein und drücken Sie die [↵]-Taste	664
Kalender freigeben	Klicken Sie den Kalender mit der rechten Maustaste an und wählen Sie im Kontextmenü den Befehl *"Kalender" freigeben*	667
Kalender drucken	Öffnen Sie den Kalender und klicken Sie auf die Schaltfläche *Drucken*	673

Kapitel 13

Aufgaben planen und nutzen

In diesem Kapitel:

Dinge, die Sie erledigen müssen, können Sie als Aufgaben in Outlook eintragen. Outlook erleichtert Ihnen die Verwaltung von Aufgaben mit zahlreichen Funktionen. Sie können sich nicht nur an die Fälligkeit von Aufgaben erinnern lassen, sondern auch den Fortschritt bei der Bearbeitung eintragen, benötigtes Text- und Bildmaterial mit den Aufgaben verknüpfen, Aufgaben delegieren und vieles mehr.

Aufgaben erfassen

Erfahren Sie nun, wie Sie eine einfache, nicht wiederkehrende Aufgabe erfassen, die Sie selbst bearbeiten werden. Kennen Sie bereits den Fälligkeitstermin oder wollen Sie eine Erinnerungsfunktion einrichten, benutzen Sie am besten das Aufgabenformular. Wollen Sie Aufgaben hingegen einfach nur eintragen, um sie nicht zu vergessen, können Sie sie auch direkt in die Aufgabenliste eingeben.

Aufgaben direkt in die Aufgabenliste eintragen

HINWEIS Outlook bietet Ihnen in der Version 2007 die Möglichkeit, Aufgaben zu jedem Zeitpunkt bequem in die Aufgabenliste einzutragen – unabhängig davon, in welchem Ordner Sie sich befinden, da sich die Aufgabenleiste in jedem Ordner ein- und ausblenden lässt. Gehen Sie wie folgt vor, um eine Aufgabe direkt in die Aufgabenliste einzutragen:

1. Vergewissern Sie sich, dass die Aufgabenleiste am rechten Rand des Outlook-Programmfensters eingeblendet ist. Ist sie nicht zu sehen, rufen Sie den Menübefehl *Ansicht/Aufgabenleiste/Normal* auf.

HINWEIS Befinden Sie sich momentan im Ordner *Kalender*, blenden Sie den Aufgabenblock mit einem Mausklick auf die Pfeilschaltfläche am unteren Rand des Kalenders ein.

2. Klicken Sie dann in der Aufgabenliste am unteren Rand der Aufgabenleiste auf das Feld *Neue Aufgabe eingeben*, geben Sie einen aussagekräftigen Betreff für die Aufgabe ein und drücken Sie die [↵]-Taste.

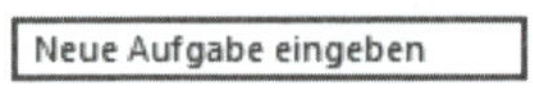

   Die Aufgabe wird nun mit dem Fälligkeitsdatum *Heute* in die Aufgabenliste eingetragen (siehe Abbildg. 13.1).

Abbildg. 13.1 Die neue Aufgabe in der Aufgabenliste

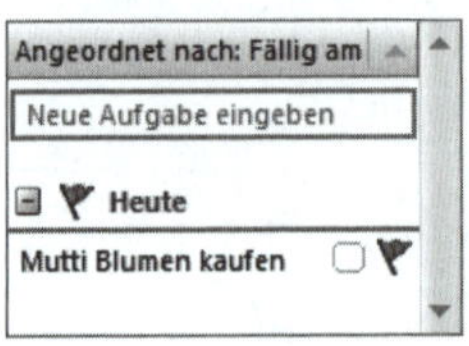

Aufgaben mit dem Aufgabenformular erfassen

Möchten Sie die Aufgabe mit einem Fälligkeitsdatum versehen, die Erinnerungsfunktion aktivieren, Dateien an die Aufgabe anfügen oder Details zur Aufgabe eingeben, müssen Sie das Aufgabenformular benutzen. Gehen Sie dazu wie folgt vor:

1. Rufen Sie den Menübefehl *Datei/Neu/Aufgabe* auf.
2. Im daraufhin geöffneten Aufgabenformular (siehe Abbildg. 13.2) geben Sie im Feld *Betreff* eine aussagekräftige Aufgabenbezeichnung ein und drücken die ⇆-Taste. Der Betreff der Aufgabe wird nun als Name übernommen, in der Titelleiste des Aufgabenformulars angezeigt und das Feld *Beginnt am* aktiviert.

Abbildg. 13.2 Das Aufgabenformular

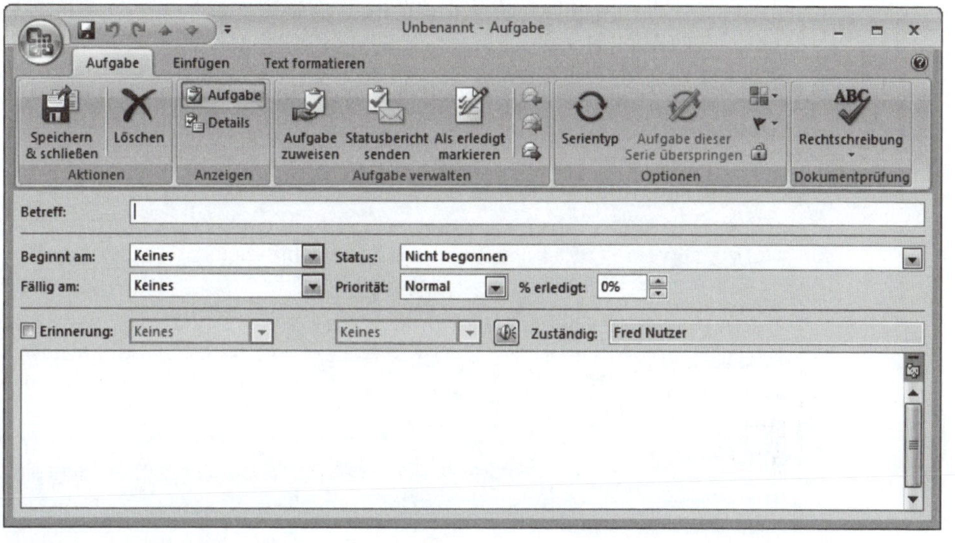

3. Geben Sie das Datum ein, zu dem die Aufgabe beginnen soll, und tragen Sie dann im Feld *Fällig am* ein, wann die Aufgabe fällig ist.

PROFITIPP

Kennen Sie nur den Zeitraum, nicht aber das genaue Datum, können Sie auch diesen eingeben, wie z.B. »Heute in vierzehn Tagen«. Outlook wandelt diese Angabe dann automatisch in ein gültiges Datum um. Der Zeitraum bis zum Fälligkeitsdatum wird in einer Infoleiste eingeblendet. Sie können das Datum auch über den Datumsnavigator auswählen, den Sie über die nach unten weisende Pfeilschaltfläche des Felds *Fällig am* öffnen.

4. Wollen Sie sich an die Fälligkeit der Aufgabe erinnern lassen, vergewissern Sie sich, dass das Kontrollkästchen *Erinnerung* aktiviert ist. Legen Sie dann im Feld *Erinnerung* das Datum und die Uhrzeit fest, zu der die Erinnerung ausgegeben werden soll.

HINWEIS Wollen Sie den Erinnerungssound ändern, klicken Sie auf die Schaltfläche *Erinnerungssound* und wählen Sie den gewünschten Sound über die Schaltfläche *Durchsuchen* aus. Schließen Sie das Dialogfeld mit einem Mausklick auf *OK*.

5. Wählen Sie die gewünschte Priorität im gleichnamigen Feld aus.
6. Geben Sie bei Bedarf in das Notizfeld Zusatzinformationen oder Einzelheiten zur Aufgabe ein, die Sie sich merken müssen.

7. Wollen Sie die Aufgabe einer Kategorie zuweisen, klicken Sie auf die Schaltfläche *Kategorisieren* und wählen Sie die gewünschte Kategorie aus.

8. Wollen Sie die Aufgabe zur Nachverfolgung kennzeichnen, klicken Sie auf die Schaltfläche *Nachverfolgung* und wählen Sie die gewünschte Nachverfolgungskennzeichnung aus dem Dropdown-Listenfeld aus.

9. Handelt es sich um eine private Aufgabe, aktivieren Sie das Kontrollkästchen *Privat*. Damit wird verhindert, dass die Aufgabe in einem freigegebenen Aufgabenordner angezeigt wird.
10. Wollen Sie Angaben zum Aufwand eingeben, klicken Sie in der Gruppe *Anzeigen* der Multifunktionsleiste auf die Schaltfläche *Details* und tippen Sie die Angaben in die dafür vorgesehenen Felder ein (siehe Abbildg. 13.3). Klicken Sie anschließend auf die Schaltfläche *Aufgabe*, um wieder zur Normalansicht zurückzukehren.

Abbildg. 13.3 Details zur Aufgabe eingeben

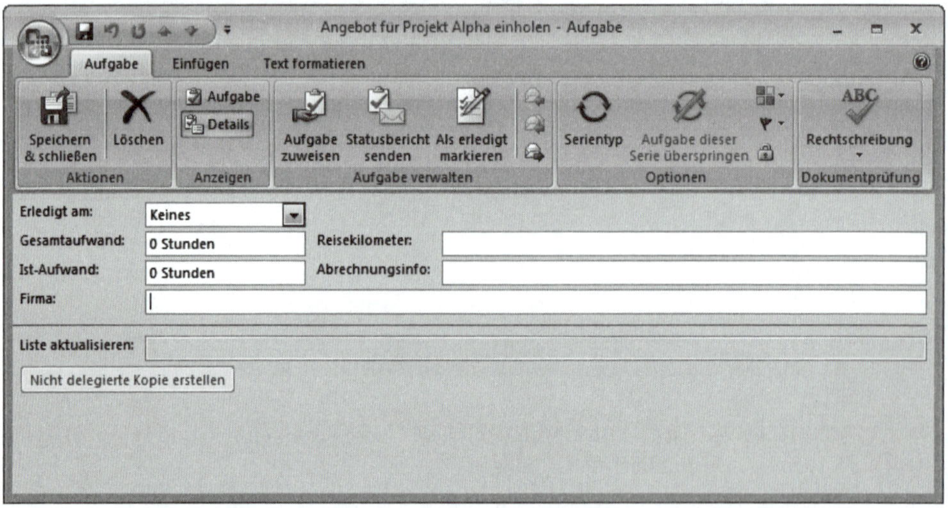

11. Um Dateien oder Outlook-Elemente an die Aufgabe anzufügen, aktivieren Sie in der Multifunktionsleiste die Registerkarte *Einfügen* und klicken Sie dann in der Gruppe *Einschließen* auf die Schaltfläche *Datei anfügen* oder auf die Schaltfläche *Element anfügen*.
12. Klicken Sie wieder auf die Schaltfläche *Aufgabe*, um zur allgemeinen Ansicht des Aufgabenformulars zurückzukehren.
13. Um Elemente in das Textfeld einzufügen, aktivieren Sie das Textfeld und wählen Sie dann das gewünschte Element aus der Multifunktionsleiste aus.
14. Wählen Sie die Schaltfläche *Speichern & schließen*, um die Aufgabe zu speichern.

Aufgaben bearbeiten und nutzen

Bei einfachen Aufgaben reicht es aus, wenn Sie sie als erledigt kennzeichnen, nachdem Sie sie bearbeitet haben. Bei komplexeren Aufgaben müssen Sie während der Bearbeitung häufig den Status verändern und angeben, wie viel Prozent Sie bereits erledigt haben. Um Aufgaben auswerten zu können, nachdem sie erledigt wurden, müssen Sie häufig außerdem angeben, wie lange Sie tatsächlich gebraucht haben, um die Aufgabe zu erledigen. Handelt es sich um eine Reisetätigkeit, können Sie außerdem die Reisekilometer und andere Abrechnungsinformationen, die im Zusammenhang mit der Aufgabe relevant sind, im Aufgabenformular festhalten. Sie können Ihre Aufgabe aber auch ganz einfach als erledigt kennzeichnen, umbenennen oder löschen. Mehr zur Arbeit mit und zur Bearbeitung von Aufgaben erfahren Sie in diesem Abschnitt.

Aufgaben suchen

Um eine Aufgabe zu suchen, gehen Sie wie folgt vor:

1. Aktivieren Sie die Aufgabenliste mit einem Mausklick auf die Schaltfläche *Aufgaben* im Navigationsbereich.
2. Geben Sie den Betreff oder ein anderes Wort aus der Aufgabe in das Feld *Vorgangsliste durchsuchen* ein. Der Inhalt der Vorgangsliste wird bereits während der Eingabe gefiltert und es werden nur noch die Aufgaben angezeigt, die die eingegebenen Buchstaben enthalten (siehe Abbildg. 13.4).

Abbildg. 13.4 Aufgaben suchen

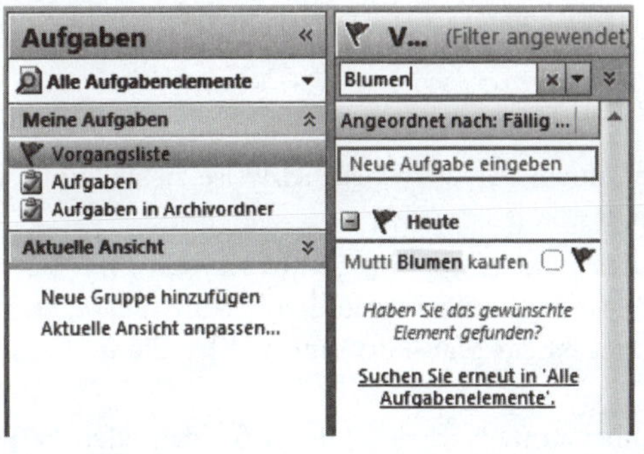

3. Um eine Aufgabe zu bearbeiten, klicken Sie sie doppelt an.
4. Um wieder alle Aufgaben anzuzeigen, klicken Sie auf die Schaltfläche *Suche löschen.*

TIPP Wie in allen anderen Ordnern können Sie auch im Ordner *Aufgaben* den Abfrage-Generator über die Schaltfläche *Abfrage-Generator erweitern* erweitern und so vorgegebene Kriterien für die Suche nutzen. Klicken Sie auf die Schaltfläche *Abfrage-Generator reduzieren,* wenn Sie den erweiterten Abfrage-Generator nicht mehr benötigen.

Aufgaben bearbeiten

Haben Sie einen Teil einer Aufgabe erledigt und wollen Sie dies in der Aufgabe vermerken, wollen Sie den Ist-Aufwand eintragen oder das Fälligkeitsdatum ändern, müssen Sie die Aufgabe bearbeiten. Gehen Sie dazu wie folgt vor:

1. Klicken Sie die Aufgabe, die Sie bearbeiten möchten, in der Aufgabenliste in der Aufgabenleiste, im Ordner *Aufgaben* oder im Aufgabenblock des Ordners *Kalender* doppelt an.
2. Nehmen Sie dann im Aufgabenformular, das sich öffnet, die gewünschten Änderungen vor. Um beispielsweise anzugeben, dass das Projekt zur Hälfte erledigt ist, geben Sie in das Feld *% erledigt* den Wert *50* ein. Um den Ist-Aufwand zu verändern, klicken Sie in der Gruppe *Anzeigen* der Multifunktionsleiste auf die Schaltfläche *Details* und ändern dann den Wert im Feld *Ist-Aufwand*. Um den Status zu verändern, wählen Sie die gewünschte Option aus dem Listenfeld *Status* aus.
3. Klicken Sie auf *Speichern & schließen*, um die Änderungen zu übernehmen und das Aufgabenformular zu schließen.

Nachrichten in Aufgaben umwandeln

Haben Sie eine Nachricht erhalten, in der Sie aufgefordert werden, eine bestimmte Aufgabe zu erledigen, brauchen Sie nicht extra eine neue Aufgabe für diesen Zweck zu erstellen. Wandeln Sie die Nachricht einfach in eine Aufgabe um. Ziehen Sie die Nachricht zu diesem Zweck mit der Maus aus dem Posteingang auf die Schaltfläche *Aufgaben* im Navigationsbereich. Sobald Sie die linke Maustaste loslassen, öffnet sich das Aufgabenformular mit dem Nachrichtenbetreff als Betreff. Legen Sie die Fälligkeit und den Beginn fest und aktivieren Sie die Erinnerungsfunktion. Nehmen Sie bei Bedarf weitere Änderungen vor und klicken Sie dann auf die Schaltfläche *Speichern & schließen.*

Aufgaben weiterleiten

Bei Bedarf können Sie Aufgaben an andere Personen beispielsweise zu Dokumentationszwecken weiterleiten. Gehen Sie dazu wie folgt vor:

1. Klicken Sie die Aufgabe in der Aufgabenleiste oder im Ordner *Aufgaben* mit der rechten Maustaste an und wählen Sie im Kontextmenü den Befehl *Weiterleiten* oder markieren Sie die Aufgabe mit einem Mausklick und wählen Sie in der Symbolleiste die Schaltfläche *Weiterleiten.*
2. Es öffnet sich eine neue, noch unbenannte Nachricht, in die Sie den oder die Empfänger, den Betreff und bei Bedarf eine Nachricht eintragen. Das Feld *Anfügen* enthält die Aufgabe, die Sie weiterleiten möchten.
3. Wählen Sie den oder die E-Mail-Empfänger, geben Sie den Text ein und klicken Sie auf die Schaltfläche *Senden*, um die Nachricht zu verschicken.

Die Aufgabenreihenfolge wechseln

In der Aufgabenleiste können Sie die Ansicht der Aufgaben ganz leicht wechseln, indem Sie mit der rechten Maustaste auf den Spaltenkopf klicken und im Kontextmenü das gewünschte Kriterium auswählen, nach dem die Aufgaben angeordnet werden sollen (siehe Abbildg. 13.5).

Wollen Sie die Anzeige in Gruppen deaktivieren, klicken Sie den Spaltenkopf der Aufgabenliste in der Aufgabenleiste oder dem Ordner *Aufgaben* mit der rechten Maustaste an und wählen Sie im

Kontextmenü den Befehl *In Gruppen anzeigen*. Wählen Sie den gleichen Befehl noch einmal, um die Anzeige in Gruppen wieder zu aktivieren.

Abbildg. 13.5 Die Aufgabenanzeige verändern

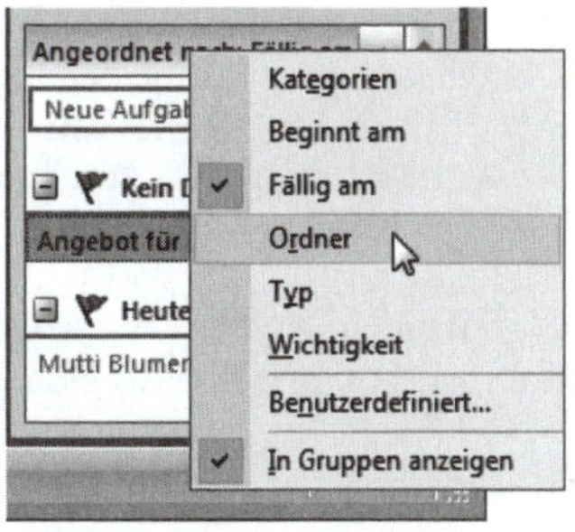

Aufgaben als erledigt markieren

Haben Sie eine Aufgabe abgeschlossen, sollten Sie sie als erledigt markieren. Klicken Sie die Aufgabe dazu mit der rechten Maustaste an und wählen Sie im Kontextmenü den Befehl *Als erledigt markieren* oder markieren Sie die Aufgabe in der Aufgabenliste und klicken Sie in der Symbolleiste von Outlook auf die Schaltfläche *Als erledigt markieren*. Die Aufgabe wird nun aus der Aufgabenliste entfernt.

HINWEIS Wenn eine Aufgabe als erledigt gekennzeichnet wird, wird sie nicht in den Ordner *Gelöschte Objekte* verschoben, sondern direkt gelöscht.

Aufgaben drucken

Um eine einzelne Aufgabe zu drucken, klicken Sie sie in der Aufgabenliste mit der rechten Maustaste an und wählen Sie im Kontextmenü den Befehl *Drucken*.

Aufgaben löschen

Normalerweise werden Aufgaben als erledigt markiert und damit aus der Aufgabenliste gelöscht. Handelt es sich jedoch um eine nicht benötigte Aufgabe oder haben Sie die Aufgabe fälschlicherweise in der Aufgabenliste eingetragen, klicken Sie die Aufgabe mit der rechten Maustaste an und wählen Sie im Kontextmenü den Befehl *Löschen*. Die Aufgabe wird nun aus der Aufgabenliste entfernt und in den Ordner *Gelöschte Objekte* verschoben. Um die Aufgabe endgültig zu löschen, leeren Sie den Ordner *Gelöschte Objekte*, indem Sie ihn mit der rechten Maustaste anklicken und im Kontextmenü den Befehl *Ordner "Gelöschte Objekte" leeren* wählen.

Wiederkehrende Aufgaben erfassen

Fällt eine Aufgabe regelmäßig an, können Sie diese als Serie in Outlook eintragen. Outlook unterscheidet dabei jedoch in Aufgaben, die in regelmäßigen Intervallen anfallen und Aufgaben, die sich in Abhängigkeit vom Erledigungsdatum wiederholen. Fällt die Aufgabe an einem Termin einmal nicht an, können Sie das Element überspringen.

Regelmäßig wiederholende Aufgaben erfassen

In Outlook können Sie Aufgabenserien für sich regelmäßig wiederholende Aufgaben bequem erfassen. Prinzipiell könnten Sie derartige Aufgaben auch als Serientermine in Ihren Kalender eintragen. Das Terminformular bietet Ihnen jedoch nicht die Möglichkeit, Statusinformationen zum Grad der Erledigung einzutragen. Außerdem sind Termine an eine Uhrzeit gebunden, Aufgaben hingegen nur an ein bestimmtes Datum. Gehen Sie wie folgt vor, um eine Aufgabenserie zu erfassen:

1. Rufen Sie den Menübefehl *Datei /Neu/Aufgabe* auf.
2. Geben Sie im Feld *Betreff* die Aufgabenbezeichnung ein.
3. Klicken Sie anschließend in der Multifunktionsleiste des Formulars in der Gruppe *Optionen* auf die Schaltfläche *Serientyp*. Es öffnet sich das Dialogfeld *Aufgabenserie* (siehe Abbildg. 13.6).

Abbildg. 13.6 Hier legen Sie das Intervall fest, in dem sich die Aufgabe wiederholt

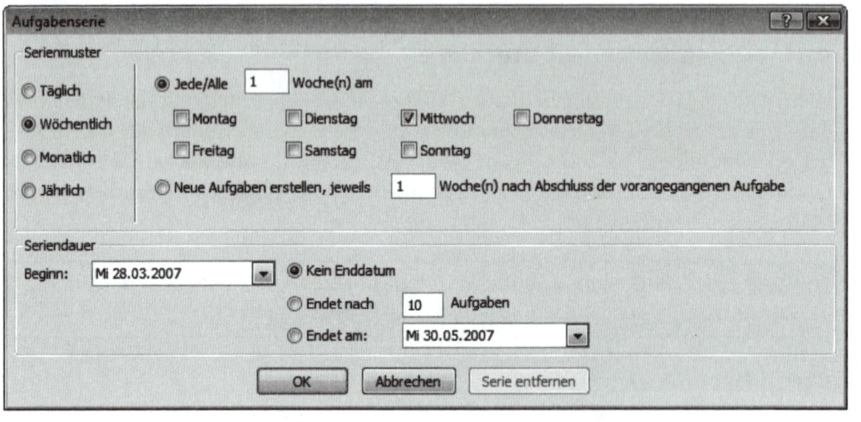

4. Im Abschnitt *Serienmuster* aktivieren Sie die gewünschte Häufigkeit. Die rechte Spalte des Abschnitts *Serienmuster* passt sich an die gewählte Option an.
5. Legen Sie nun in der rechten Spalte des Abschnitts *Serienmuster* fest, wann die Aufgabe jeweils fällig ist.

HINWEIS Fällt eine Aufgabe beispielsweise immer am letzten Arbeitstag jedes Monats an, aktivieren Sie die Option *Monatlich* und auf der rechten Seite die mittlere Option. Dann wählen Sie im ersten Listenfeld den Eintrag *letzten* und im zweiten Listenfeld den Eintrag *Arbeitstag*. Belassen Sie die Angabe *jedes 1. Monats*, da die Aufgabe ja einmal monatlich ausgeführt werden muss.

6. Nun legen Sie im Abschnitt *Seriendauer* fest, wann die Aufgabenserie beginnen und wann sie enden soll. Für das Ende stehen Ihnen die Optionen *Kein Enddatum*, *Endet nach X Aufgaben* und *Endet am <Datum>* zur Verfügung. Wählen Sie die erste Option, wenn die Aufgabe ohne Zeitbeschränkung in den Kalender eingetragen werden soll, die zweite Option, wenn die Aufgabe nach einer bestimmten Anzahl an Ausführungen endet, oder die letzte Option, wenn die Aufgabe zu einem bestimmten Datum endet.

7. Prüfen Sie noch einmal, ob alle Angaben korrekt sind, und klicken Sie dann auf *OK* und anschließend auf *Speichern & schließen*.

HINWEIS Die einzelnen Aufgaben der Aufgabenserie werden in der Aufgabenliste einzeln angezeigt. Wenn Sie eine Aufgabe als erledigt kennzeichnen, wird die nächste Aufgabe der Aufgabenserie in die Aufgabenliste übernommen.

PROFITIPP

Neben den Aufgaben, die in regelmäßigen Intervallen anfallen, gibt es auch Aufgaben, die erst anfallen, nachdem eine vorangegangene Aufgabe erledigt wurde. Ein Beispiel für eine solche Aufgabe wäre der Versand von Mahnungen. Um derartige Aufgaben zu erfassen, wählen Sie im Dialogfeld *Aufgabenserie* unter *Serienmuster* die Option *Neue Aufgaben erstellen, jeweils <x> nach Abschluss der vorangegangenen Aufgabe.*

Aufgabenserien anpassen und entfernen

Die Aufgaben einer Aufgabenserie können Sie jederzeit ändern. Sie können der Aufgabenserie beispielsweise einen anderen Serientyp zuweisen oder das Start- oder das Enddatum anpassen. Gehen Sie dazu wie folgt vor:

1. Klicken Sie die Aufgabe in der Aufgabenliste doppelt an und wählen Sie im nun geöffneten Aufgabenformular die Schaltfläche *Serientyp*.
2. Passen Sie dann im Dialogfeld *Serientyp* das Serienmuster oder die Seriendauer an und übernehmen Sie die Änderungen mit *OK*. Oder klicken Sie auf die Schaltfläche *Serie entfernen*, um aus der Aufgabenserie eine einfache Aufgabe zu machen.
3. Wählen Sie im Aufgabenformular die Schaltfläche *Speichern & schließen*.

Einzelne Aufgaben einer Aufgabenserie überspringen

Haben Sie eine Aufgabenserie eingerichtet, kann es vorkommen, dass die Aufgabe einmal nicht ausgeführt werden muss, weil sie beispielsweise in die Urlaubszeit fällt. In diesem Fall können Sie das Element der Aufgabenserie einfach überspringen.

1. Öffnen Sie das Aufgabenformular der Aufgabe mit einem Doppelklick auf die Aufgabe in der Aufgabenliste.
2. Klicken Sie dann in der Gruppe *Optionen* der Multifunktionsleiste auf die Schaltfläche *Aufgabe dieser Serie überspringen* (siehe Abbildg. 13.7).

Abbildg. 13.7 Eine Aufgabe aus der Serie überspringen

3. Outlook springt automatisch zum nächsten Fälligkeitstermin der Aufgabenserie. Klicken Sie auf die Schaltfläche *Speichern & schließen*, um die Änderungen zu übernehmen.

Aufgaben delegieren

Können oder wollen Sie eine Aufgabe nicht selbst erledigen, können Sie sie in Outlook ganz bequem anderen Personen zuordnen. Nachdem die zugeordnete Aufgabe erledigt wurde, erhalten Sie automatisch einen Statusbericht.

Aufgabenanfragen erstellen

Um eine Aufgabe an eine andere Person zu delegieren, gehen Sie wie folgt vor:

1. Rufen Sie den Menübefehl *Datei/Neu/Aufgabenanfrage* auf.
2. Das Formular für Aufgabenanfragen öffnet sich. Geben Sie im Feld *An* die E-Mail-Adresse der Person ein, der Sie die Aufgabe übertragen wollen, oder klicken Sie auf die Schaltfläche *An*, um die E-Mail-Adresse aus dem Adressbuch auszuwählen. Die Person wird im Feld *Liste aktualisieren* auf der Registerkarte *Details* eingetragen.
3. Geben Sie im Feld *Betreff* die Aufgabenbezeichnung ein. Legen Sie dann in den Feldern *Beginnt am* und *Fällig am* den Beginn und das Fälligkeitsdatum der Aufgabe fest und wählen Sie im Feld *Priorität* die Priorität der Aufgabe aus.
4. Im Textfeld fügen Sie dann noch eine Nachricht an die Person ein, an die Sie die Aufgabe delegieren (siehe Abbildg. 13.8).
5. Um verfolgen zu können, ob die Aufgabe erledigt wurde, sollten Sie die Kontrollkästchen *Aktualisierte Kopie dieser Aufgabe in meiner Aufgabenliste speichern* und *Statusbericht an mich senden, sobald die Aufgabe erledigt ist* aktiviert lassen. In Ihrem Ordner *Aufgaben* wird dann eine Kopie der Aufgabe gespeichert, in die Statusinformationen übernommen werden, falls der Anfrage-

empfänger welche versendet. Außerdem erhalten Sie einen Statusbericht, sobald die Aufgabe erledigt ist.

Abbildg. 13.8 Das Formular für Aufgabenanfragen

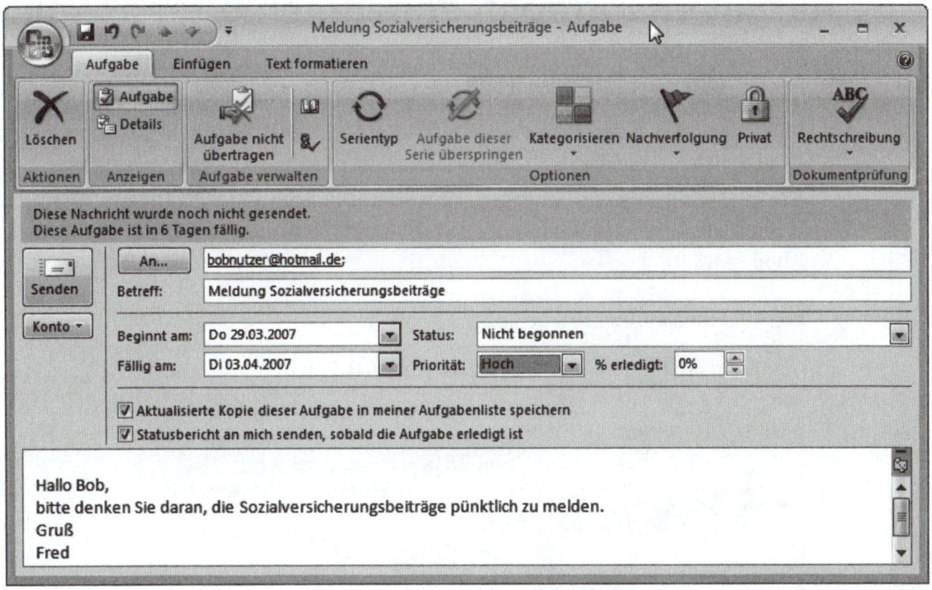

6. Klicken Sie in der Symbolleiste des Formulars auf die Schaltfläche *Senden*. Die Aufgabenanfrage wird nun in den Postausgang gestellt und beim nächsten Empfang oder Versand von E-Mail-Nachrichten verschickt. Außerdem wird eine Kopie der Aufgabe in der Aufgabenliste gespeichert. Zugeordnete Aufgaben erkennen Sie daran, dass in der Spalte *Symbol* neben dem normalen Aufgabensymbol eine Hand angezeigt wird.

HINWEIS Sie können auch Aufgabenanfragen für bereits vorhandene Aufgaben erstellen. Klicken Sie dazu in der Aufgabenliste mit der rechten Maustaste auf die Aufgabe und wählen Sie im Kontextmenü den Befehl *Aufgabe zuweisen*.

Das Aufgabenformular wird nun durch das Aufgabenanfrageformular ersetzt. Die bereits eingegebenen Angaben und Einstellungen sind weiterhin vorhanden. Sie brauchen nun nur noch den Empfänger einzugeben und die Aufgabenanfrage mit einem Mausklick auf die Schaltfläche *Senden* verschicken.

Empfänger von Aufgabenanfragen haben prinzipiell die Möglichkeit, die Anfrage anzunehmen oder sie abzulehnen. Solange der Empfänger noch nicht reagiert hat, enthält die Nachricht eine Infozeile mit dem Inhalt »Wartet auf Antwort von Empfänger«. Sie werden dann per E-Mail darüber informiert, wie sich der Empfänger entschieden hat. Der Infozeile in der Nachricht können Sie entnehmen, wann die Aufgabe von wem übernommen oder abgelehnt wurde. Die Aufgabe in der Aufgabenliste wird entsprechend aktualisiert, d.h. die Infozeile der Antwort auf Ihre Aufgabenanfrage wird in die Aufgabe übernommen. Nimmt der Empfänger die Aufgabenanfrage an, erhalten Sie automatisch einen Statusbericht, sobald der Empfänger die Aufgabe erledigt hat. Hat der Empfänger die Aufgabenanfrage abgelehnt, können Sie versuchen, sie einer anderen Person zuzuordnen.

Aufgabenanfragen annehmen oder ablehnen

Haben Sie selbst eine Aufgabenanfrage erhalten, können Sie diese bequem über den Lesebereich des Posteingangs annehmen oder ablehnen. Gehen Sie dazu wie folgt vor:

1. Öffnen Sie den Posteingang von Outlook und klicken Sie die Aufgabenanfrage an, um sie im Lesebereich zu öffnen.
2. Klicken Sie am oberen Rand der Aufgabenanfrage auf die Schaltfläche *Zusagen,* um die Aufgabenanfrage zu übernehmen oder auf *Ablehnen,* falls Sie die Aufgabe nicht übernehmen (siehe Abbildg. 13.9).

Abbildg. 13.9 Die Aufgabenanfrage zusagen oder ablehnen

3. Im Fall Ihrer Zusage wird die Aufgabe in Ihre Aufgabenliste eingetragen und es öffnet sich das Dialogfeld *Aufgabe übernehmen*, in dem Sie gefragt werden, ob Sie die Antwort an den Absender vor dem Senden bearbeiten wollen oder nicht. Wählen Sie die Option *Antwort sofort senden*, wenn der Absender nur die automatisch von Outlook generierte Antwort erhalten soll. Wählen Sie die Option *Antwort vor dem Senden bearbeiten*, wenn Sie dem Absender zusätzlich zur automatisch von Outlook generierten Nachricht weitere Informationen zukommen lassen wollen. Klicken Sie in beiden Fällen auf *OK.*

Es wird eine Antwort auf die Aufgabenanfrage in Ihren Posteingang gestellt und beim nächsten Senden oder Empfangen von E-Mail-Nachrichten an den Versender zurückgeschickt.

Lehnen Sie die Aufgabenanfrage ab, wird der Absender entsprechend benachrichtigt. Er kann die Aufgabenanfrage dann an eine andere Person schicken.

Haben Sie die Aufgabe übernommen, wird sie nun in Ihrer Aufgabenliste angezeigt. In der Spalte *Symbol* erkennen Sie die Aufgabe am Symbol für übernommene Aufgaben. Klicken Sie doppelt auf die Aufgabe, um sie zu bearbeiten. In der Infoleiste sehen Sie, wann Sie die Aufgabe übernommen haben.

PROFITIPP

Senden Sie dem Absender bei Bedarf regelmäßig Statusberichte, indem Sie das Aufgabenformular öffnen und auf die Schaltfläche *Statusbericht senden* klicken. Sobald Sie die Aufgabe erledigt haben, sendet Outlook automatisch einen Statusbericht.

Zusammenfassung

Mit dem Kalender können Sie Ihre Termine und Ereignisse erfassen, Besprechungen planen und Ihren Kalender anderen Personen zur Nutzung bereitstellen.

Sie möchten ...	So gehen Sie vor	Sehen Sie sich dazu das Beispiel an auf Seite
Aufgaben erfassen	Wählen Sie im Menü *Datei* den Untermenübefehl *Neu/Aufgabe* oder drücken Sie die Tastenkombination Strg + ⇧ + T	678
Aufgaben bearbeiten	Klicken Sie die Aufgabe in der Aufgabenliste doppelt an und nehmen Sie die gewünschten Änderungen vor	681
Aufgaben als erledigt markieren	Klicken Sie die Aufgabe mit der rechten Maustaste an und wählen Sie im Kontextmenü den Befehl *Als erledigt markieren*	683
Aufgaben drucken	Klicken Sie die Aufgabe mit der rechten Maustaste an und wählen Sie im Kontextmenü den Befehl *Drucken*	683
Aufgabenserien planen	Wählen Sie im Menü *Datei* den Untermenübefehl *Neu/Aufgabe* und klicken Sie im Aufgabenformular auf die Schaltfläche *Serientyp*	683
Aufgaben delegieren	Wählen Sie im Menü *Datei* den Untermenübefehl *Neu/Aufgabenanfrage* oder drücken Sie die Tastenkombination Strg + ⇧ + Z	686

Teil E

Nützliche Zusatzfeatures

In diesem Teil:

Outlook stellt Ihnen für Ihre Arbeit einige zusätzliche Hilfsmittel zur Verfügung. So können Sie beispielsweise direkt über Microsoft Office Outlook mit einem Kontakt eine Unterhaltung, ein Telefonat oder eine Videokonferenz in Windows Live Manager starten. Außerdem können Sie mit Microsoft Office Outlook RSS-Feeds abonnieren und freigeben. Im Ordner *Notizen* können Sie elektronische Notizen ablegen, die den Haftnotizen aus Papier entsprechen. Diese können Sie auch kopieren, in andere Anwendungen einfügen und nach verschiedenen Kriterien sortieren. Im *Journal* können Sie Ihre Arbeit automatisch protokollieren lassen.

Sagen Ihnen die Standardformulare von Outlook nicht zu, können Sie sie leicht ändern oder eigene Formulare erstellen, die Sie dann den Standardordnern oder neu erstellten Ordnern zuweisen. Außerdem haben Sie die Möglichkeit, per E-Mail InfoPath-Formulare an Ihre Kontakte zu schicken und auf diese Weise leicht und bequem Daten zu erheben.

SharePoint Team Services bietet Ihnen in der neuen Office-Version zahlreiche Möglichkeiten für die Teamarbeit – und zwar anders als bisher auch ohne Zugriff auf Exchange Server.

- In Kapitel 14 wird die Installation und die Bedienung von Windows Live Messenger vorgestellt und Sie erfahren, wie Sie über Windows Live Messenger mit Ihren Kontakten kommunizieren. Außerdem lernen Sie, wie Sie RSS-Feeds abonnieren und lesen, importieren und exportieren und löschen.
- In Kapitel 15 erfahren Sie, wie Sie Notizen erstellen, kopieren und in andere Anwendungen übernehmen, anhand von Farben organisieren und ausdrucken und wie Sie das Journal nutzen.
- In Kapitel 16 wird die Erstellung und Anpassung von Formularen behandelt. Sie können die Standardformulare von Outlook komplett an Ihre eigenen Bedürfnisse oder die Anforderungen Ihrer Firma anpassen und nutzen. Außerdem haben Sie die Möglichkeit, InfoPath-Formulare zu verschicken.
- In Kapitel 17 erfahren Sie schließlich, wie Sie mit SharePoint Team Services im Team arbeiten. Sie haben beispielsweise die Möglichkeit, Dokumente in Gruppenarbeitsbereichen abzulegen, auf die mehrere Teilnehmer zugreifen können. Änderungen an den Dokumenten können von allen Teilnehmern abgerufen werden.
- In Kapitel 18 werden die Optionen von Microsoft Office Outlook ausführlich beschrieben.

Kapitel 14

Instant Messaging-Dienste mit Outlook verwenden

In diesem Kapitel:

Mit Instant Messaging-Diensten wie Windows Live Mail können Sie in Echtzeit mit Freunden, Geschäftspartnern und anderen Personen kommunizieren. Falls Ihr Computer mit Lautsprechern, einem Mikrofon und einer Videokamera ausgestattet ist, können Sie über Windows Live Messenger echte Videokonferenzen abhalten.

Windows Live Messenger nutzen

Bevor Sie Windows Live Messenger nutzen können, müssen Sie eine Windows Live-ID beantragen. Anschließend installieren Sie die Software und schon kann's losgehen.

Windows Live ID beantragen

Wollen Sie den Instant Messenger Windows Live Messenger, MSN Messenger oder Windows Messenger nutzen, benötigen Sie eine Windows Live ID, die Sie wie folgt beantragen.

1. Öffnen Sie die Startseite von Windows Live Messenger in Internet Explorer, indem Sie die Adresse *http://get.live.com/messenger/overview* in das Adressfeld eingeben und die ↵-Taste drücken.
2. Haben Sie noch kein MSN Messenger-, Passport- oder Hotmail-Konto eingerichtet und sich auch noch nicht bei Microsoft Office Online angemeldet, klicken Sie nun auf *Kostenlos: anmelden & downloaden*.

TIPP Haben Sie bereits ein Hotmail- oder ein MSN Messenger-Konto eingerichtet, können Sie direkt zum nächsten Abschnitt übergehen.

3. Im nächsten Schritt geben Sie die Windows Live ID Ihrer Wahl in das gleichnamige Feld ein und wählen dann im Listenfeld eine Domäne aus. Der Standardeintrag ist *hotmail.de*. Beide Angaben zusammen ergeben Ihre E-Mail-Adresse (siehe Abbildg. 14.1).
4. Klicken Sie anschließend auf die Schaltfläche *Verfügbarkeit prüfen*, um festzustellen, ob die E-Mail-Adresse noch frei ist und an Sie vergeben werden kann. Verläuft die Prüfung positiv, erhalten Sie mit einem weißen Häkchen auf grünem Punkt grünes Licht für Ihre neue Windows Live-ID. Ist die Adresse nicht verfügbar, wird ein rotes Kreuz eingeblendet und Sie müssen nach einem neuen Namen suchen.
5. Sobald Sie eine verfügbare Windows Live ID gefunden haben, tippen Sie unter *Kennwort eingeben* ein Kennwort ein, das aus mindestens sechs Zeichen besteht und möglichst Groß- und Kleinbuchstaben enthält. Windows Live prüft das Kennwort und teilt Ihnen mit, ob es sicher ist oder nicht.
6. Haben Sie ein sicheres Kennwort gefunden, tippen Sie es im Feld *Kennwort erneut eingeben* noch einmal ein und füllen Sie dann die anderen Felder aus.
7. Füllen Sie anschließend alle Felder aus, die mit einem Sternchen versehen sind, und klicken Sie ganz unten auf der Seite auf die Schaltfläche *Ich stimme zu*.

Abbildg. 14.1 Für Windows Live registrieren

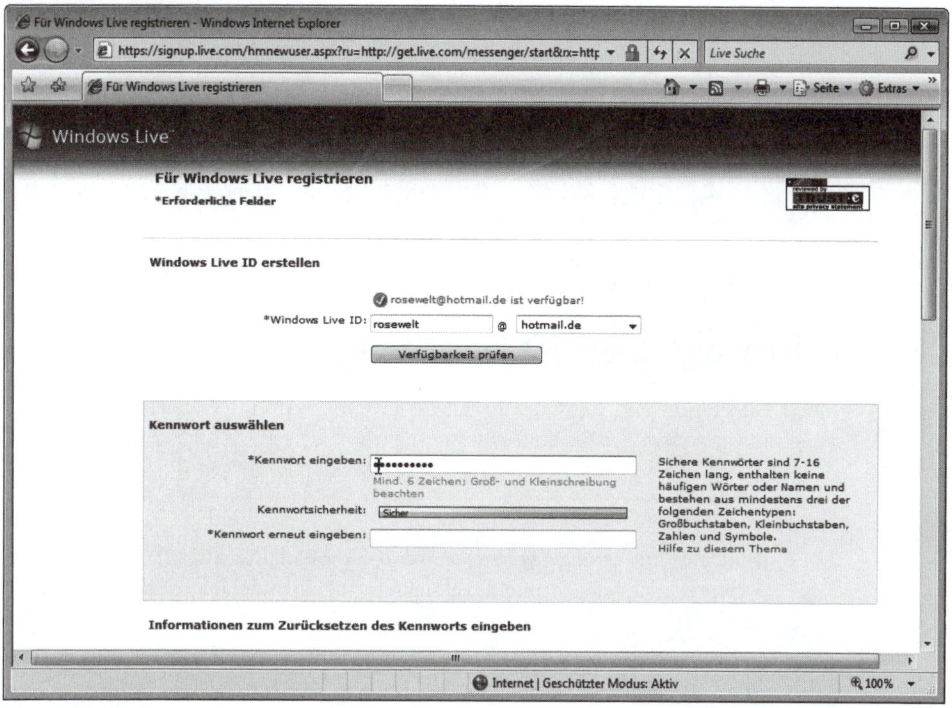

Windows Live Messenger herunterladen und installieren

Gehen Sie wie folgt vor, um Windows Live Messenger herunterzuladen und zu installieren.

1. Besitzen Sie bereits eine Windows Live ID klicken Sie auf der Seite *Windows Live Messenger* (*http://get.live.com/messenger/overview*) auf den Link *Direkt kostenlos downloaden.*
2. Klicken Sie nun auf den Link *Direkt kostenlos downloaden* und wählen Sie in allen Dialogfeldern, die sich anschließend öffnen, die Schaltfläche *Ausführen.*
3. Nachdem Windows Live Messenger auf Ihren Computer kopiert wurde, öffnet sich das Dialogfeld *Windows Live Messenger-Setup*, in dem Sie auf *Weiter* klicken, um die Installation zu starten.
4. Im nächsten Schritt aktivieren Sie die Option *Ich akzeptiere die Nutzungsbedingungen und die Datenschutzbestimmungen* und klicken auf *Weiter.*
5. Nun wählen Sie die zusätzlichen Funktionen und Einstellungen (siehe Abbildg. 14.2). Standardmäßig sind alle Kontrollkästchen aktiviert. Deaktivieren Sie alle Kontrollkästchen von Optionen, die Sie nicht benötigen. Die Optionen haben die folgende Bedeutung:
   - *Windows Live Messenger-Verknüpfungen*: Wenn Sie diese Option aktiviert lassen, richtet das Windows Live Messenger-Setup ein Windows Live Messenger-Symbol auf dem Desktop ein, über das Sie das Programm starten können. Außerdem wird eine Verknüpfung zum Programm in die Schnellstartleiste von Windows übernommen.

Abbildg. 14.2 Auswählen, welche Zusatzoptionen installiert werden sollen

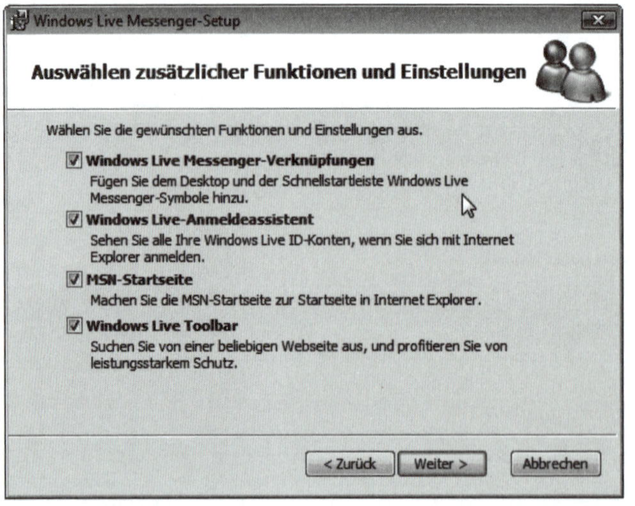

- *Windows Live-Anmeldeassistent*: Wenn Sie beim Zugriff auf Windows Live über Internet Explorer nicht den Anmeldeassistenten nutzen möchten, deaktivieren Sie dieses Kontrollkästchen.
- *MSN-Startseite*: Belassen Sie dieses Kontrollkästchen aktiviert, wird zukünftig die MSN-Startseite angezeigt, sobald Sie Internet Explorer starten oder in Internet Explorer zur Startseite zurückkehren. Wollen Sie lieber eine Startseite Ihrer Wahl nutzen, deaktivieren Sie dieses Kontrollkästchen.
- *Windows Live Toolbar*: Windows Live ist Microsofts Antwort auf Google und andere Suchmaschinen. Um ihnen die Suche zu erleichtern, kann Ihr Internet Explorer mit einer eigenen Symbolleiste für die Suche über Windows Live ausgestattet werden, die Windows Live Toolbar. Möchten Sie diese Symbolleiste nicht in Internet Explorer nutzen, deaktivieren Sie das Kontrollkästchen.

WICHTIG Deaktivieren Sie das Kontrollkästchen *Windows Live Toolbar* auf jeden Fall, wenn Sie mit Windows Vista arbeiten, denn unter Windows Vista lässt sich die Symbolleiste nicht installieren.

6. Klicken Sie auf *Weiter*, um mit der Installation fortzufahren.
7. Im nächsten Schritt werden Sie über den Status der Installation informiert. Warten Sie einige Minuten und klicken Sie auf die Schaltfläche *Schließen*, sobald der Vorgang abgeschlossen ist.
8. Windows Live Messenger öffnet sich. Melden Sie sich nun, wie im nächsten Abschnitt beschrieben, an oder schließen Sie das Programm mit einem Mausklick auf die *Schließen*-Schaltfläche in der rechten oberen Ecke.

Windows Live Messenger nutzen

Bevor Sie mit Windows Live Messenger in Echtzeit kommunizieren können, müssen Sie sich anmelden. Anschließend können Sie direkt mit Ihren Kontakten Sofortnachrichten austauschen und mehr. Gehen Sie dazu wie folgt vor:

1. Klicken Sie in der Taskleiste von Windows auf das Symbol von Windows Live Messenger und wählen Sie im zugehörigen Menü den Befehl *Anmelden.*
2. Geben Sie nun Ihre E-Mail-Adresse und Ihr Kennwort in die gleichnamigen Felder ein und aktivieren Sie die Kontrollkästchen *E-Mail-Adresse speichern*, *Mein Kennwort speichern* und *Automatische Anmeldung*, falls Sie die E-Mail-Adresse und das Kennwort nicht bei jedem Start von Windows Live Messenger eingeben möchten.
3. Klicken Sie nun auf die Schaltfläche *Anmelden.* Sie werden jetzt bei Windows Live Messenger angemeldet und Windows Live Messenger öffnet sich. Die Kontaktliste ist zunächst noch leer (siehe Abbildg. 14.3).

Abbildg. 14.3 Windows Live Messenger nutzen

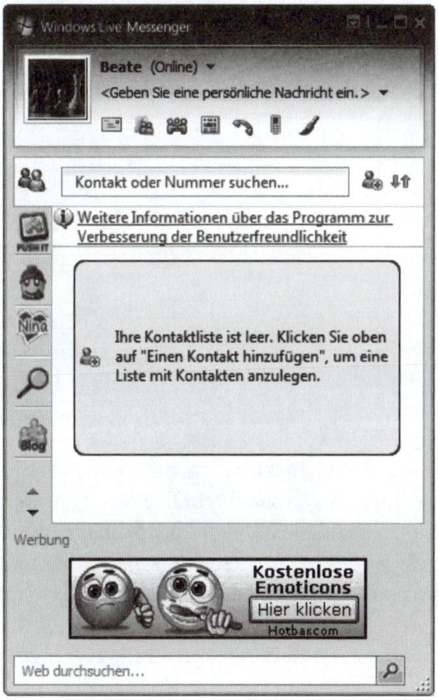

4. Klicken Sie auf *Kontakt hinzufügen*, um einen neuen Kontakt zu Ihrer Kontaktliste hinzuzufügen.
5. Im Dialogfeld *Windows Live Contacts* geben Sie in das Feld *Messenger-Adresse* dann die Messenger-Adresse des Kontakts ein.
6. Anschließend tippen Sie unter *Persönliche Einladung* eine Nachricht ein, die an den Kontakt gesendet werden soll.

7. Bei Bedarf geben Sie noch eine Mobilfunknummer an, über die Sie SMS-Nachrichten an den Kontakt senden, legen den Spitznamen für den Kontakt fest und ordnen den Kontakt einer Gruppe zu.

PROFITIPP

Wenn Sie den Kontakt einer Gruppe zuordnen, werden in Windows Live Messenger alle verfügbaren Gruppen eingeblendet. Die Gruppen *Online* und *Offline* werden dann nicht mehr verwendet. Sie erkennen nur an der Farbe des Kontaktsymbols, ob der Kontakt online oder offline ist.

8. Dann klicken Sie auf *Kontakt hinzufügen.*
9. Der Kontakt wird nun zu Ihrer Kontaktliste hinzugefügt und zunächst unter der Rubrik *Offline* bzw. unter der Gruppe angezeigt, der Sie den Kontakt zugewiesen haben (siehe Abbildg. 14.4). Er erhält außerdem die Einladung mit dem Text, den Sie im Dialogfeld *Windows Live Contact* eingegeben haben. Sobald der Kontakt die Einladung annimmt, wird sein On- und Offline-Status in Windows Live Messenger angezeigt.

Abbildg. 14.4 Die fertige Kontaktliste in Windows Live Messenger

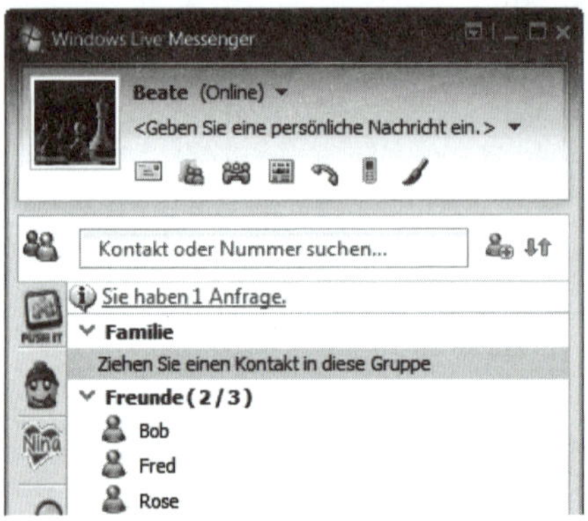

Ebenso wie die Kontakte, an die Sie Einladungen verschickt haben, erhalten auch Sie von den Kontakten Anfragen, die Sie zu ihrer Kontaktliste hinzufügen möchten. Die Anfragen werden normalerweise oberhalb von der Kontaktliste angezeigt. Sobald Sie auf den Link *Sie haben (X) Anfrage(n)* klicken, öffnet sich das Dialogfeld *Anstehende Anfragen*, in dem Sie sehen, von wem die Anfrage stammt. Sie können außerdem entscheiden, ob die Person, von der die Anfrage stammt, regelmäßig Aktualisierungen Ihrer persönlichen und geschäftlichen Informationen erhalten soll. Klicken Sie auf *Fertig*, um zu bestätigen, dass Sie zur Kontaktliste der anderen Person hinzugefügt werden. Um zu verhindern, dass Sie zur Kontaktliste der Person hinzugefügt werden, aktivieren Sie hingegen das Kontrollkästchen *Anfragen von dieser Person blockieren* und klicken Sie dann auf *Fertig*. Im nächsten Schritt klicken Sie dann auf *Schließen*.

Mit Kontakten kommunizieren

Haben Sie die entsprechende Option in Outlook aktiviert, wird der Online-Status im Ordner *Kontakte* angezeigt. Um eine Nachricht an einen Ihrer Kontakte aus der Kontaktliste zu senden, gehen Sie wie folgt vor:

1. Haben Sie eine E-Mail von einem Kontakt erhalten, der in Ihrer Live Messenger-Kontaktliste enthalten ist, und ist dieser Kontakt gerade online, können Sie entscheiden, ob Sie ihm mit einer E-Mail oder einer Sofortnachricht antworten möchten. Um eine Sofortnachricht zu versenden, klicken Sie im Lesebereich der E-Mail auf den grünen Punkt links neben dem Kontaktnamen und wählen Sie im Kontextmenü den Befehl *Mit Sofortnachricht antworten* (siehe Abbildg. 14.5).

Abbildg. 14.5 Sofortnachrichten über Outlook versenden

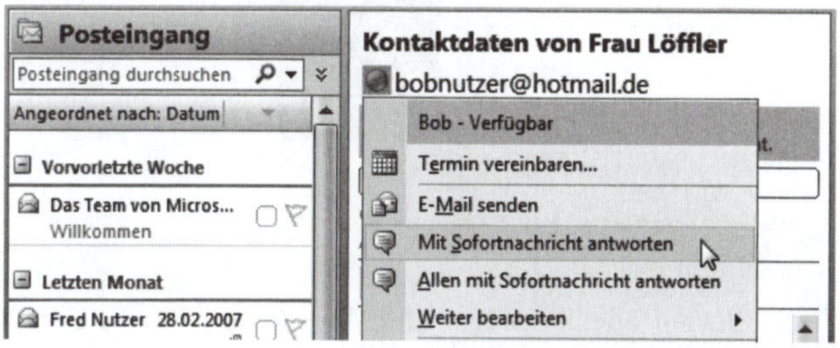

Alternativ dazu können Sie Windows Live Messenger starten und doppelt auf den Kontakt klicken, dem Sie eine Sofortnachricht senden möchten, sofern dieser Kontakt online ist.

TIPP Der grüne Punkt wird auch im E-Mail-Formular angezeigt, sobald Sie die E-Mail-Adresse eines Kontakts eingeben, der auch in Ihrer Windows Live Messenger-Kontaktliste enthalten ist, und Sie auf die E-Mail-Adresse im Feld *An* oder *Cc* zeigen. Sie können dann per Mausklick auf den grünen Punkt entscheiden, ob Sie dem Kontakt lieber eine Sofortnachricht oder eine E-Mail schicken.

2. Es öffnet sich das Chat-Fenster von Windows Live Messenger, in dem Sie die Sofortnachricht eingeben, die Sie an den Kontakt schicken möchten und dann die [↵]-Taste drücken oder auf die Schaltfläche *Senden* klicken (siehe Abbildg. 14.6). Ihre Sofortnachricht wird nun in der oberen Hälfte des Chat-Fensters angezeigt. Sobald die Antwort von Ihrem Kontakt kommt, wird sie ebenfalls in der oberen Hälfte des Chat-Fensters angezeigt und Sie können nun Ihrerseits wieder auf die Antwort antworten …

   Alternativ dazu können Sie den Kontakt auch anrufen oder eine Video-Unterhaltung starten:

   - **Kontakt anrufen:** Sind Ihr Computer und der Computer Ihres Kontakts mit einer Soundkarte und einem Mikrofon ausgestattet, können Sie über die Schaltfläche *Kontakt anrufen* und die Option *Kontakt am Computer anrufen* direkt mit Ihrem Kontakt sprechen, ohne dass dafür Telefongebühren anfallen. Beenden Sie das Gespräch mit einem Mausklick auf die gleichnamige Schaltfläche.

TIPP Bei der ersten Benutzung dieser Funktion durchlaufen Sie das Audio- und Videosetup, in dem Sie die Audio- und die Videoeinstellungen festlegen. Folgen Sie dazu einfach der Anleitung am Bildschirm.

Abbildg. 14.6 Mit einem Kontakt per Sofortnachricht kommunizieren

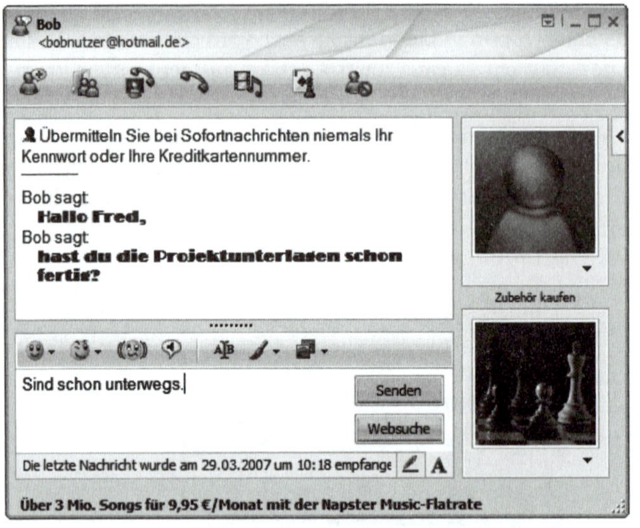

- **Video-Unterhaltung starten oder beenden:** Sind Ihr Computer und der Computer Ihres Kontakts mit einer Webcam ausgestattet oder ist eine digitale Videokamera angeschlossen, können Sie über diese Schaltfläche eine Videokonferenz starten, ebenfalls, ohne dass dafür Telefongebühren anfallen.

3. Wollen Sie Ihre Arbeit mit Windows Messenger beenden, klicken Sie auf die *Schließen*-Schaltfläche in der rechten oberen Fensterecke. Das Programm ist dann zwar weiterhin aktiv, aber nur noch als Symbol im Benachrichtigungsbereich sichtbar. Sobald eine Sofortnachricht für Sie eintrifft, wird eine entsprechende Meldung in der rechten unteren Ecke Ihres Bildschirms eingeblendet.
4. Um sich bei Windows Live Messenger abzumelden, klicken Sie im Windows-Benachrichtigungsbereich mit der rechten Maustaste auf das Programmsymbol und wählen Sie im Kontextmenü den Befehl *Abmelden*.

RSS-Feeds nutzen

RSS-Feeds sind Informationsforen, die von Personen oder Unternehmen unterhalten werden und mit denen sich bequem Nachrichten und Informationen verbreiten lassen. Mit dem in Outlook integrierten RSS-Reader können Sie RSS-Feeds bequem abonnieren und lesen.

RSS-Feed zu Outlook hinzufügen

Um ein RSS-Angebot in Outlook zu abonnieren, gehen Sie wie folgt vor:

1. Rufen Sie den Menübefehl *Extras/Kontoeinstellungen* auf.
2. Aktivieren Sie im Dialogfeld *Kontoeinstellungen* die Registerkarte *RSS-Feeds* und klicken Sie hier auf die Schaltfläche *Neu*.

3. Dann geben Sie die Adresse des RSS-Feeds in das Dialogfeld *Neuer RSS-Feed* ein und klicken Sie auf die Schaltfläche *Hinzufügen*.
4. Im nun geöffneten Dialogfeld *RSS-Feedoptionen* legen Sie Optionen zum Download fest (siehe Abbildg. 14.7). Im Abschnitt *Downloads* aktivieren Sie das Kontrollkästchen *Automatisch Anlagen für diesen Feed herunterladen*, falls die Anlagen zu den Feeds automatisch auf Ihren Computer kopiert werden sollen. Aktivieren Sie das Kontrollkästchen *Vollständigen Artikel als HTML-Anlage für jedes Element herunterladen*, falls Sie zusätzlich zu den Feeds die HTML-Datei für jedes Element benötigen.

Abbildg. 14.7 Die Feed-Optionen festlegen

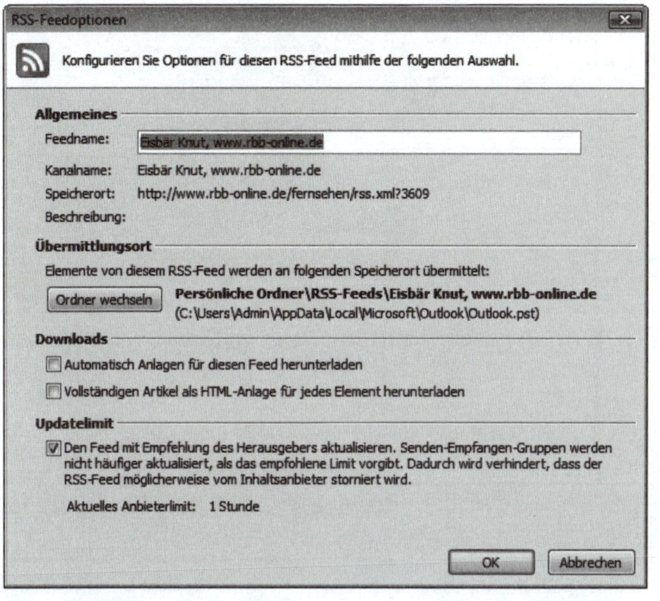

5. Deaktivieren Sie im Abschnitt *Updatelimit* das Kontrollkästchen, falls Sie selbst eine bestimmte Updatehäufigkeit festlegen möchten.
6. Klicken Sie auf *OK*, um die Angaben zum RSS-Feed im Dialogfeld *Kontoeinstellungen* zu übernehmen.
7. Klicken Sie auf die Schaltfläche *Schließen*, um den RSS-Feed in Outlook zu übernehmen. Der abonnierte RSS-Feed wird nun als Unterordner in Ihren Ordner *RSS-Feeds* kopiert und Sie können die Beiträge lesen, wie im nächsten Abschnitt beschrieben.

Abonnierte Feeds lesen

Nachdem Sie einen RSS-Feed abonniert haben, können Sie in Outlook bequem die Beiträge lesen. Gehen Sie dazu wie folgt vor:

1. Klicken Sie im Navigationsbereich von Outlook auf die Schaltfläche *E-Mail*.
2. Im Bereich *E-Mail-Ordner* sehen Sie unterhalb vom Ordner *Posteingang* den Ordner *RSS-Feeds*. Klicken Sie auf das vorangestellte Pluszeichen, um die Unterordner einzublenden.

3. Öffnen Sie den Ordner, dessen Beiträge Sie lesen möchten, mit einem Mausklick.
4. Der Inhalt des RSS-Feeds wird nun in der zweiten Spalte des Outlook-Fensters angezeigt. Um einen Beitrag zu lesen, klicken Sie ihn einfach an. Der Beitrag wird nun im Lesebereich angezeigt (siehe Abbildg. 14.8).

Abbildg. 14.8 RSS-Feeds in Outlook lesen

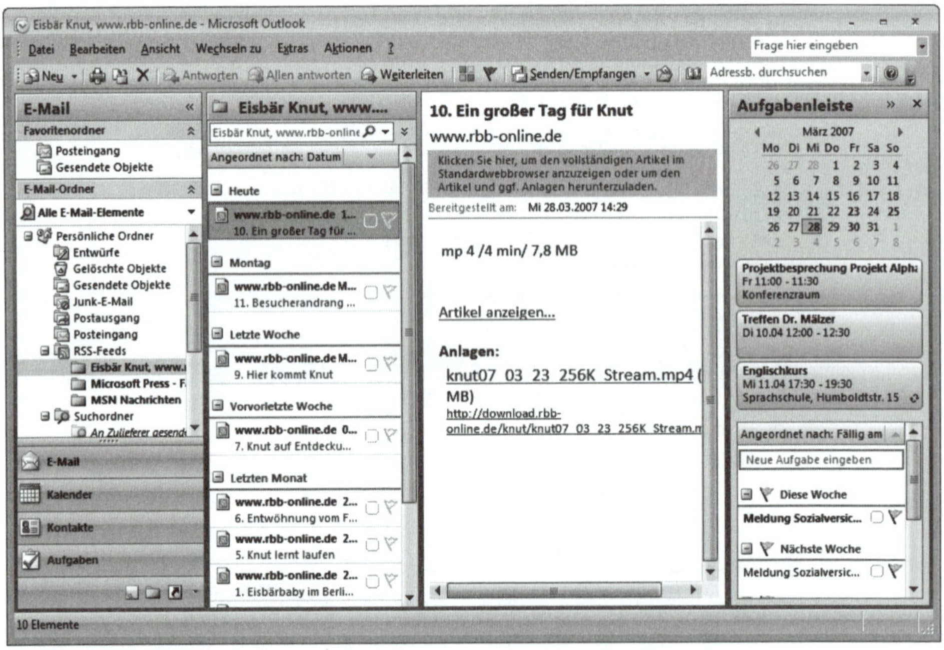

PROFITIPP

> Häufig finden Sie im Text eines RSS-Elements einen Hyperlink, den Sie anklicken müssen, um den eigentlichen Inhalt in Ihrem Standardwebbrowser zu öffnen. Alternativ dazu können Sie auch auf die Infoleiste am oberen Rand der E-Mail klicken, um den Artikel zu öffnen.

RSS-Feeds aus E-Mails übernehmen

Haben Sie eine E-Mail mit einer RSS-Feed-Freigabeeinladung erhalten, können Sie den RSS-Feed ganz leicht in Outlook übernehmen. Gehen Sie dazu wie folgt vor:

1. Öffnen Sie die E-Mail mit der RSS-Feed-Freigabeeinladung in Ihrem Posteingang.
2. Klicken Sie am oberen Rand des Lesebereichs auf *Diesen RSS-Feed hinzufügen*.
3. Bestätigen Sie den Vorgang mit einem Mausklick auf *OK*.

RSS-Feeds importieren

Haben Sie eine Datei, die mehrere RSS-Feeds enthält (OPML-Datei), von einer anderen Person erhalten, können Sie diese ganz einfach in Outlook importieren. Gehen Sie dazu wie folgt vor:

1. Rufen Sie den Menübefehl *Datei/Importieren/Exportieren* auf.
2. Im Dialogfeld *Import/Export-Assistent* wählen Sie die Option *RSS-Feeds aus einer OPML-Datei importieren* und klicken Sie auf *Weiter.*
3. Dann wählen Sie im nächsten Schritt die OMPL-Datei über die Schaltfläche *Durchsuchen* aus und klicken auf *Weiter.*
4. Aktivieren Sie nun die Kontrollkästchen aller RSS-Feeds, die Sie abonnieren möchten und klicken Sie auf *Weiter.* Die OPML-Datei wird nun in Outlook importiert.

TIPP Über die Schaltfläche *Alles markieren* können Sie alle RSS-Feeds auswählen. Über die Schaltfläche *Gesamte Auswahl aufheben* hingegen dafür sorgen, dass kein RSS-Feed ausgewählt ist.

RSS-Feeds in eine OPML-Datei exportieren

Um mehrere RSS-Feeds in eine OPML-Datei zu exportieren und an eine oder mehrere andere Personen weiterzugeben, gehen Sie wie folgt vor:

1. Rufen Sie den Menübefehl *Datei/Importieren/Exportieren* auf.
2. Im Dialogfeld *Import/Export-Assistent* markieren Sie die Option *RSS-Feeds in eine OPML-Datei exportieren* und klicken auf *Weiter.*
3. Im nächsten Schritt sorgen Sie dafür, dass die Kontrollkästchen aller RSS-Feeds aktiviert sind, die Sie exportieren möchten (siehe Abbildg. 14.9). Dann klicken Sie auf *Weiter.*

Abbildg. 14.9 RSS-Feeds in eine OPML-Datei exportieren

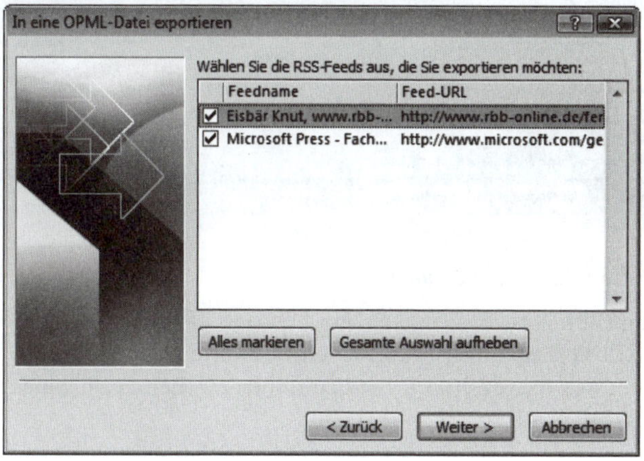

Nützliche Zusatzfeatures

4. Tippen Sie den Namen der Datei ein, in der Sie die Feeds speichern möchten, und klicken Sie auf *Weiter.*

Die Feeds werden nun in der Datei gespeichert und Sie können die Datei per E-Mail oder über ein Speichermedium an andere Personen weitergeben.

RSS-Feeds für eine Person freigeben

Outlook bietet Ihnen die Möglichkeit, RSS-Feeds für andere Personen freizugeben. Dazu senden Sie eine RSS-Feed-Freigabenachricht an die Personen, die einen Link zum RSS-Feed enthält. Der Empfänger kann den Feed dann direkt über den Lesebereich abonnieren. Um einen RSS-Feed freizugeben, gehen Sie wie folgt vor:

1. Wechseln Sie zum Ordner *E-Mail* mit einem Mausklick auf die gleichnamige Schaltfläche im Navigationsbereich.
2. Öffnen Sie den Ordner *RSS-Feeds* mit einem Klick auf das vorangestellte Pluszeichen im Bereich *E-Mail-Ordner* des Navigationsbereichs.
3. Klicken Sie mit der rechten Maustaste auf eines der RSS-Elemente des Feeds und wählen Sie im Kontextmenü den Befehl *Diesen Feed freigeben.*
4. Es öffnet sich ein Nachrichtenformular, an das der RSS-Feed angehängt ist (siehe Abbildg. 14.10). Geben Sie den oder die Empfänger ein, ändern Sie bei Bedarf den Betreff und tippen Sie bei Bedarf eine Nachricht in das Textfeld des Nachrichtenformulars ein.

Abbildg. 14.10 RSS-Feeds freigeben

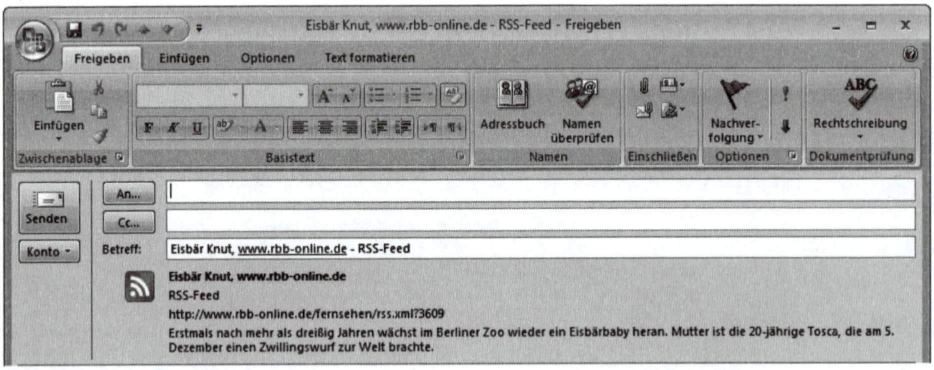

5. Klicken Sie dann auf die Schaltfläche *Senden.*

Wenn der Empfänger die E-Mail im Posteingang von Outlook öffnet, wird die Freigabemeldung im Lesebereich angezeigt. Der Empfänger braucht nun nur auf die Schaltfläche *Diesen RSS-Feed hinzufügen* zu klicken, um den freigegebenen Feed zu seinen eigenen Feeds hinzuzufügen (siehe Abbildg. 14.11).

Abbildg. 14.11 Einen freigegebenen RSS-Feed zu den eigenen Feeds hinzufügen

RSS-Feeds entfernen

Wenn Sie einen RSS-Feed nicht mehr benötigen, können Sie ihn entweder löschen und damit den gesamten Inhalt entfernen oder aber das Abonnement entfernen und den Inhalt beibehalten.

RSS-Feeds komplett entfernen

Um einen RSS-Feed inklusive aller RSS-Elemente komplett aus Outlook zu entfernen, gehen Sie wie folgt vor:

1. Öffnen Sie den Ordner *E-Mail* mit einem Mausklick auf die gleichnamige Schaltfläche im Navigationsbereich.
2. Öffnen Sie den Ordner *RSS-Feeds* mit einem Mausklick auf das vorangestellte Pluszeichen.
3. Dann klicken Sie mit der rechten Maustaste auf den RSS-Feed, den Sie löschen möchten, und wählen Sie im Kontextmenü den Befehl *"Ordnername" löschen.*
4. Bestätigen Sie die Abfrage, ob der RSS-Feed tatsächlich aus Outlook entfernt werden soll, mit einem Mausklick auf die Schaltfläche *Ja.*

Der RSS-Feed wird nun aus Outlook entfernt.

Abonnements von RSS-Feeds aufheben

Um das Abonnement von einem RSS-Feed aufzuheben, gehen Sie wie folgt vor:

1. Rufen Sie den Menübefehl *Extras/Kontoeinstellungen* auf und wechseln Sie im Dialogfeld *Kontoeinstellungen* zur Registerkarte *RSS-Feeds.*
2. Markieren Sie den Namen des RSS-Feeds, den Sie entfernen möchten, und klicken Sie auf die Schaltfläche *Entfernen.*
3. Bestätigen Sie die Abfrage, ob Sie den RSS-Feed aus Outlook entfernen möchten, ohne dabei die heruntergeladenen Elemente zu löschen, mit einem Mausklick auf die Schaltfläche *Ja.*

Der Ordner bleibt nun weiterhin in Outlook erhalten, es werden jedoch keine neuen RSS-Elemente mehr hinzugefügt.

Zusammenfassung

Outlook 2007 ist eng verzahnt mit Windows Live Messenger, dem Instant Messaging von Microsoft. In Outlook können Sie immer sehen, ob Ihre Kontakte online sind und dann per Sofortnachrichten mit ihnen kommunizieren.

Ein weiteres neues Kommunikationsmedium ist der RSS-Feed, über den sich per Internet bequem Informationen austauschen lassen, die regelmäßig aktualisiert werden müssen.

Sie möchten ...	So gehen Sie vor	Sehen Sie sich dazu das Beispiel an auf Seite
eine Sofortnachricht über Outlook versenden	Melden Sie sich bei Windows Live Messenger an	699
einen RSS-Feed abonnieren	Klicken Sie die Aufgabe in der Aufgabenliste doppelt an und nehmen Sie die gewünschten Änderungen vor	700
RSS-Feeds lesen	Öffnen Sie den RSS-Feed, den Sie nutzen möchten, und klicken Sie das gewünschte RSS-Element an	701

Kapitel 15

Notizen und Journal

In diesem Kapitel:

Im Ordner *Notizen* können Sie alles sammeln, was sich nicht als Aufgabe festlegen lässt, was Sie jedoch nicht vergessen wollen. Viele Leute bringen zu diesem Zweck bunte Haftnotizen an Ihrem Computermonitor an. Diese können jedoch abfallen und verloren gehen. Dasselbe Schicksal kann auch andere Formen von Notizen ereilen, die Sie auf irgendwelchen Zetteln auf Ihrem Schreibtisch vornehmen, die dann auf mysteriöse Weise verschwinden. Die Outlook-Notizen sind zwar nicht weniger »unordentlich« als Notizzettel aus Papier, sie gehen jedoch nicht verloren, solange sie nicht explizit gelöscht werden.

Im Journal werden Aktivitäten, die Sie mit Outlook durchführen, auf einer Zeitskala zum Zeitpunkt ihres Auftretens erfasst. Dazu gehören jedoch nicht nur Termine, Aufgaben und empfangene und gesendete E-Mail-Nachrichten, sondern Sie können auch Aktivitäten im Zusammenhang mit Kontakten und Office-Dokumenten aufzeichnen lassen.

Notizen erstellen

Sind Sie ein Freund von Haftnotizen, werden Sie von der Funktion »Notizen« begeistert sein. Im Ordner *Notizen* können Sie alles sammeln, was sich nicht als Aufgabe festlegen lässt, was Sie jedoch nicht vergessen wollen.

Notizen erfassen

Notizen können Sie in jedem Ordner erfassen. Sie werden jedoch im Ordner *Notizen* gesammelt. Gehen Sie wie folgt vor, um eine neue Notiz zu erfassen.

1. Klicken Sie im Navigationsbereich auf die Schaltfläche *Notizen*, um den gleichnamigen Ordner zu öffnen. Im Gegensatz zu allen übrigen Ordnern erwartet Sie hier ein leeres Feld.

2. Erstellen Sie nun eine neue Notiz über die Schaltfläche *Neu* in der Outlook-Symbolleiste. Es öffnet sich ein gelbes Dialogfeld, das einer Haftnotiz ähnlich sieht (siehe Abbildg. 15.1). Diese gelbe Notiz ist zunächst leer. Geben Sie die Notiz direkt ein. Sinnvoll ist es, in der ersten Zeile einen kurzen Betreff einzugeben.

Abbildg. 15.1 Eine neue Notiz erstellen

TIPP Am unteren Rand sehen Sie das Datum und die Uhrzeit. Über die Schaltfläche in der rechten oberen Ecke können Sie die Notiz schließen und über die Schaltfläche in der linken oberen Ecke die Notiz speichern, drucken und Ähnliches.

3. Drücken Sie bei Bedarf die [↵]-Taste und geben Sie weiteren Text ein. Eine Notiz kann auch mehrere Textabsätze enthalten. Sie sollten jedoch keine Romane schreiben.

PROFITIPP

Die geöffnete Notiz können Sie beliebig am Bildschirm verschieben und wie Haftnotizen in eine Ecke des Bildschirms »kleben«. Klicken Sie dazu auf den blauen Balken am oberen Rand und ziehen Sie die Notiz mit gedrückter linker Maustaste an die gewünschte Zielposition.

4. Wollen Sie die Notiz einer Kategorie zuweisen, klicken Sie auf die Schaltfläche in der linken oberen Ecke, zeigen Sie im Systemmenü auf *Kategorisieren* und wählen Sie die gewünschte Kategorie aus.
5. Um eine Notiz einem Kontakt zuzuweisen, klicken Sie auf die Schaltfläche in der linken oberen Ecke und wählen im Systemmenü den Befehl *Kontakte* aus. Geben Sie den Kontakt in das Dialogfeld *Kontakte für Notiz* ein oder wählen Sie ihn über die Schaltfläche *Kontakte* aus und bestätigen Sie Ihre Auswahl mit einem Mausklick auf die Schaltfläche *Schließen*.
6. Klicken Sie auf die *Schließen*-Schaltfläche in der rechten oberen Ecke, um die Notiz zu schließen und dabei zu speichern (siehe Abbildg. 15.2).

Abbildg. 15.2 Die fertige Notiz im Ordner *Notizen*

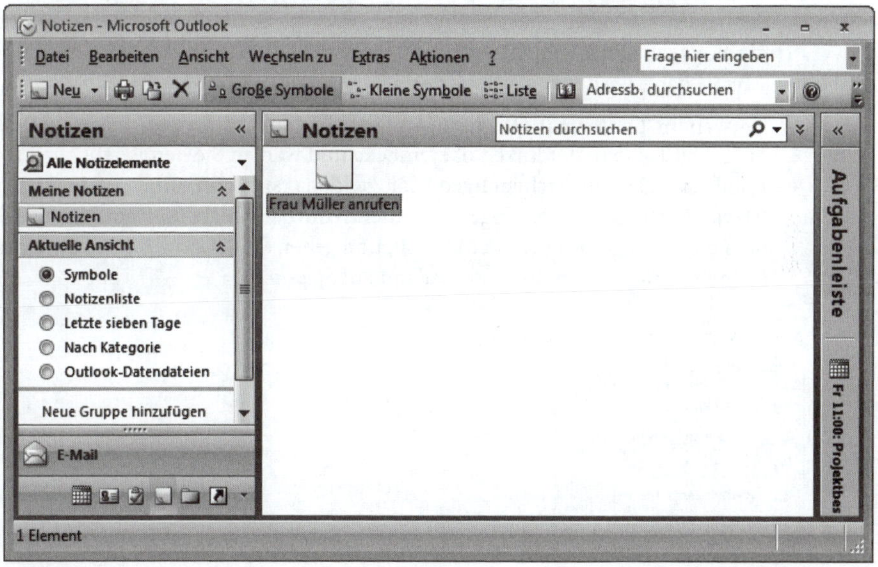

HINWEIS Schließen Sie eine Notiz, bevor Sie Text eingegeben haben, bleibt der Ordner *Notizen* leer.

Notizen in einem beliebigen Ordner erfassen

Da es sich bei Notizen in der Regel um Dinge handelt, die Ihnen während der Arbeit durch den Kopf gehen, und die möglicherweise mit der aktuellen Tätigkeit nichts zu tun haben, ist es etwas langwierig, zuerst in den Ordner *Notizen* zu wechseln, um dann die neue Notiz eingeben zu können. Notizen können Sie in jedem Outlook-Ordner eingeben. Wählen Sie dazu im Menü *Datei* den Befehl *Neu/Notiz* oder drücken Sie die Tastenkombination Strg+⇧+N. Es öffnet sich eine neue Notiz, die Sie, wie im letzten Abschnitt beschrieben, erfassen und speichern können. Klicken Sie auf die Schaltfläche *Schließen*, verschwindet die Notiz und wird im Ordner *Notizen* abgelegt.

Notizen bearbeiten und nutzen

Notizen können Sie ändern, weiterleiten, kopieren, als Textdatei speichern, in verschiedenen Ansichten betrachten, drucken und löschen.

1. Aktivieren Sie den Ordner *Notizen* über die gleichnamige Schaltfläche im Navigationsbereich.
2. Öffnen Sie die Notiz, die Sie bearbeiten möchten, per Doppelklick.
3. Markieren Sie den Text, den Sie verändern wollen, und überschreiben Sie die Markierung mit dem neuen Text. Sie können den Text auch beliebig löschen oder ergänzen. Zusätzlich stehen Ihnen die folgenden Bearbeitungsmöglichkeiten zur Verfügung:
   - **Notizen in andere Anwendungen kopieren:** Um Text in eine andere Anwendung zu kopieren, markieren Sie ihn und drücken Sie die Tastenkombination Strg+C. Wechseln Sie dann zu der anderen Anwendung, positionieren Sie die Einfügemarke an der Stelle, an der die Notiz eingefügt werden soll, und drücken Sie die Tastenkombination Strg+V. Wechseln Sie dann wieder zu Outlook zurück.
   - **Notizen im Textformat speichern:** Um den Text im Textformat zu speichern, klicken Sie auf die Schaltfläche in der linken oberen Ecke und wählen Sie den Befehl *Speichern unter* (siehe Abbildg. 15.3). Im gleichnamigen Dialogfeld, das sich nun öffnet, ist der Dateityp *Rich-Text-Format (*.rtf)* bereits voreingestellt. Ändern Sie bei Bedarf im Feld *Speichern in* den Pfad, in dem die Datei gespeichert werden soll, und geben Sie im Feld *Dateiname* einen aussagekräftigen Dateinamen ein. Klicken Sie dann auf *Speichern*.

Abbildg. 15.3 Notizen im Textformat speichern

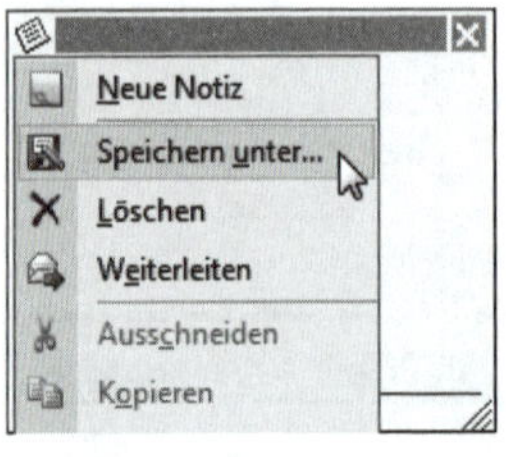

   - **Notizen weiterleiten:** Um die Notiz weiterzuleiten, klicken Sie auf die Schaltfläche in der linken oberen Ecke und wählen Sie im Kontextmenü den Befehl *Weiterleiten*. Dann geben Sie in das Nachrichtenformular, das sich öffnet, den Empfänger und den Nachrichtentext ein und klicken Sie auf *Senden*. Die Notiz wird als E-Mail-Anhang verschickt.
4. Klicken Sie dann auf die *Schließen*-Schaltfläche der Notiz, um die Änderungen zu speichern und die Notiz zu schließen.

Die Ansicht wechseln

Um die Ansicht der Notizen zu wechseln, nutzen Sie den Bereich *Aktuelle Ansicht* im Navigationsbereich und die Schaltfläche in der Symbolleiste:

1. Öffnen Sie den Ordner *Notizen* mit einem Mausklick auf die gleichnamige Schaltfläche im Navigationsbereich.
2. Klicken Sie im Bereich *Aktuelle Ansicht* auf die gewünschte Ansicht.
3. Wechseln Sie wieder zur Ansicht *Symbole* und legen Sie dann über die Schaltflächen *Große Symbole*, *Kleine Symbole* und *Liste* die Art der Darstellung in dieser Ansicht fest.

Notizen drucken

Notizen können Sie im Memoformat ausdrucken. Gehen Sie dazu wie folgt vor:

1. Öffnen Sie den Ordner *Notizen* über die gleichnamige Schaltfläche im Navigationsbereich.
2. Markieren Sie die Notiz oder die Notizen, die Sie ausdrucken wollen und klicken Sie in der Outlook-Symbolleiste auf die Schaltfläche *Drucken.*
3. Im daraufhin geöffneten gleichnamigen Dialogfeld wählen Sie den Drucker und die Anzahl der Exemplare, die Sie ausdrucken wollen.
4. Wollen Sie sehen, wie die Notiz im Ausdruck aussehen wird, aktivieren Sie die Schaltfläche *Seitenansicht.* Klicken Sie anschließend in der Seitenansicht auf die Schaltfläche *Drucken*, um wieder in das Dialogfeld *Drucken* zurückzukehren.
5. Starten Sie den Ausdruck über die Schaltfläche *OK.*

TIPP Wollen Sie eine Notiz ausdrucken, ohne Optionen zu verändern, klicken Sie mit der rechten Maustaste auf die gewünschte Notiz im Ordner *Notizen* und wählen im Kontextmenü den Befehl *Drucken* aus. Die entsprechende Notiz wird nun einmal auf den Standarddrucker ausgegeben.

Notizen suchen

Outlook bietet Ihnen wie in anderen Ordnern die Möglichkeit, Notizen bequem über die Sofortsuche ausfindig zu machen. Um eine Notiz zu suchen, gehen Sie wie folgt vor:

1. Öffnen Sie den Ordner *Notizen* über die gleichnamige Schaltfläche im Navigationsbereich.
2. Geben Sie Text aus der Notiz in das Feld *Notizen suchen* ein. Bereits während der Texteingabe werden alle Notizen aufgelistet, die den gesuchten Text enthalten (siehe Abbildg. 15.4).

Abbildg. 15.4 Notizen suchen

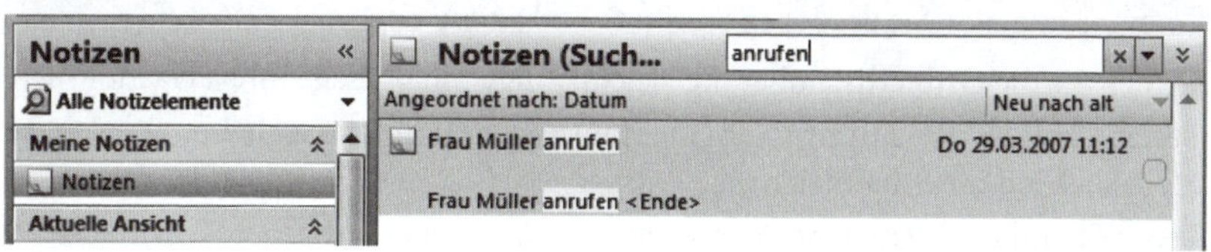

3. Um wieder alle Notizen anzuzeigen, klicken Sie auf die Schaltfläche *Suche löschen* am rechten Rand der Sofortsuche.

Notizen löschen

Notizen können Sie im Ordner *Notizen* löschen. Wie alle anderen Outlook-Elemente werden die gelöschten Notizen jedoch zunächst in den Ordner *Gelöschte Objekte* verschoben und erst endgültig entfernt, wenn der Ordner *Gelöschte Objekte* geleert wird.

1. Aktivieren Sie den Ordner *Notizen* über die gleichnamige Schaltfläche im Navigationsbereich.

2. Markieren Sie die Nachricht, indem Sie sie anklicken, und wählen Sie dann in der Outlook-Symbolleiste die Schaltfläche *Löschen*.

Die Notiz wird nun in den Ordner *Gelöschte Objekte* verschoben und kann aus ihm wiederhergestellt oder endgültig gelöscht werden.

Journaleinträge erstellen und betrachten

Über das Journal können Sie schnell Dateien finden, wenn Sie sich ungefähr daran erinnern, in welchem Zeitraum Sie sie erstellt oder bearbeitet haben. Die einzelnen Journaleinträge können Sie im Memoformat ausdrucken.

Im Journal lassen sich folgende Outlook-Elemente automatisch erfassen:

- E-Mail-Nachrichten
- Besprechungsanfragen
- Besprechungsabsagen
- Antworten auf Besprechungsanfragen
- Aufgabenanfragen
- Antworten auf Aufgabenanfragen

Sind die entsprechenden Anwendungen auf Ihrem Computer installiert, können Sie im Journal außerdem die Erstellung und Bearbeitung von Dokumenten aus Outlook automatisch aufzeichnen lassen.

Journaleinträge werden von Outlook automatisch erstellt. Die Einstellungen für die automatischen Einträge nehmen Sie über die Journaloptionen vor. Sie haben jedoch auch die Möglichkeit, Journaleinträge manuell in das Journal einzutragen.

Das Journal öffnen und aktivieren

Erfahren Sie nun, wie Sie das Journal öffnen und aktivieren:

1. Öffnen Sie die Ordnerliste über die gleichnamige Schaltfläche im Navigationsbereich.
2. Bestätigen Sie die Abfrage, ob die Journalfunktion eingeschaltet werden soll, mit einem Mausklick auf die Schaltfläche *Ja*.
3. Legen Sie im nächsten Schritt im Dialogfeld *Journaloptionen* fest, welche Arten von Aktivitäten aufgezeichnet werden sollen (siehe Abbildg. 15.5).

Abbildg. 15.5 Aktivieren Sie hier die Elemente, deren Benutzung im Journal aufgezeichnet werden soll

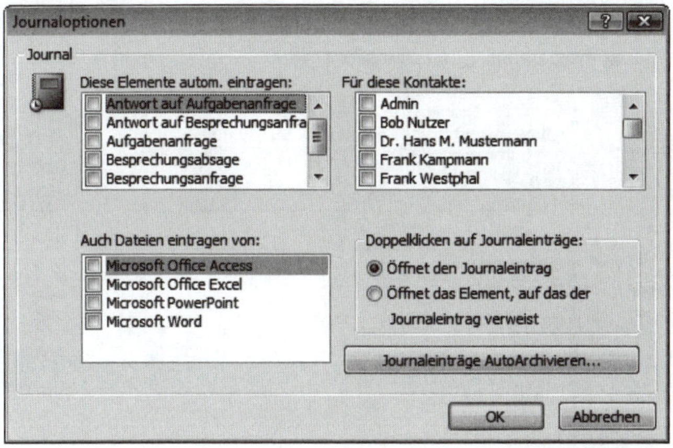

- Aktivieren Sie zunächst im Feld *Diese Elemente autom. eintragen* alle Elemente, deren Benutzung automatisch im Journal eingetragen werden soll.
- Beschränken Sie die Aufzeichnung dann auf bestimmte Kontakte aus Ihrem Kontaktordner, indem Sie diese im Feld *Für diese Kontakte* aktivieren.
- Soll die Verwendung von bestimmten Office-Dateien aufgezeichnet werden, aktivieren Sie die Anwendungen im Listenfeld *Auch Dateien eintragen von.*
- Legen Sie zum Abschluss fest, was beim Doppelklicken auf Journaleinträge passieren soll. Zur Auswahl stehen die Optionen *Öffnet den Journaleintrag* und *Öffnet das Element, auf das der Journaleintrag verweist.*
- Klicken Sie auf die Schaltfläche *Journaleinträge AutoArchivieren*, wenn Sie die Archivierungseigenschaften für den Ordner *Journal* bearbeiten wollen.

4. Klicken Sie schließlich auf *OK*, um alle Dialogfelder zu schließen.

Die Benutzung der aktivierten Elemente und Dateien wird nun automatisch im Journal aufgezeichnet.

Den Journalinhalt betrachten

Um den Inhalt des Journals zu betrachten, nachdem Sie die Journaloptionen festgelegt haben, und Journaleinträge zu suchen, gehen Sie wie folgt vor:

1. Öffnen Sie die Ordnerliste mit einem Mausklick auf die gleichnamige Schaltfläche im Navigationsbereich.
2. Dann klicken Sie in der Ordnerliste auf den Ordner *Journal.*
3. Das Journal öffnet sich (siehe Abbildg. 15.6). Die Eintragungen werden auf einer Zeitskala vorgenommen. Die Einträge innerhalb eines Tages werden nach Zeiten geordnet. Außerdem werden die Einträge nach dem Eintragstyp gruppiert. Um eine der Eintragsgruppen zu öffnen und die Einträge einzusehen, klicken Sie auf das vorangestellte Pluszeichen. Möchten Sie die Eintragsgruppe wieder schließen, klicken Sie auf das vorangestellte Minuszeichen.

Abbildg. 15.6 Das Journal in der Wochenansicht

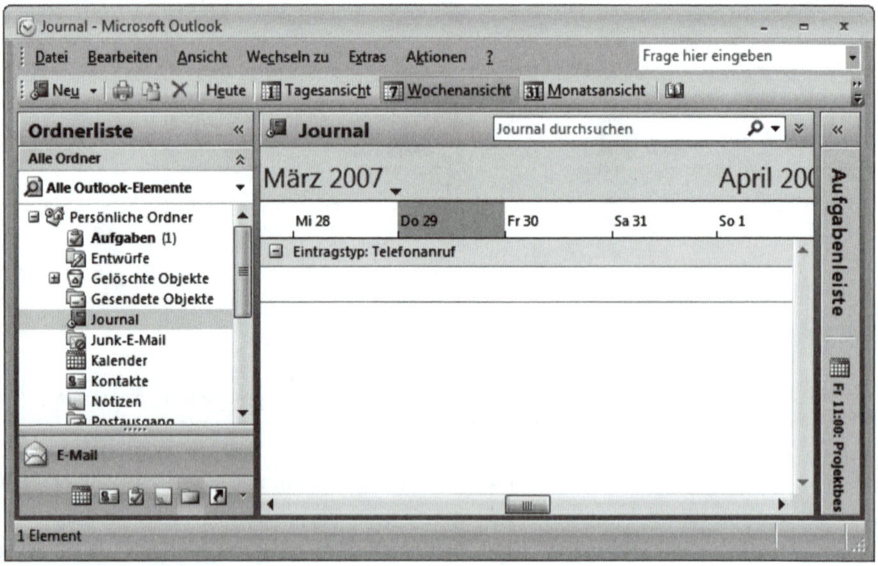

4. Über die horizontale Bildlaufleiste können Sie sich in der Zeitskala zurück und nach vorn bewegen. Über die vertikale Bildlaufleiste gelangen Sie innerhalb eines Tages zu späteren Einträgen, falls mehrere Einträge vorgenommen wurden.
5. Um zu einem bestimmten Datum zu wechseln, klicken Sie auf die Leiste, in der das Datum angezeigt wird. Es öffnet sich der Datumsnavigator, in dem Sie das gewünschte Datum auswählen können.
6. Das Journal wird standardmäßig in der Wochenansicht angezeigt. Benötigen Sie eine genauere Aufstellung innerhalb eines Tages, können Sie auch zur Tagesansicht wechseln. Klicken Sie dazu in der Symbolleiste des Journals auf die Schaltfläche *Tagesansicht.*
7. Um wieder zur Wochenansicht zurückzukehren, klicken Sie in der Symbolleiste auf die Schaltfläche *Wochenansicht.*
8. Um einen Journaleintrag zu suchen, geben Sie den Suchbegriff in das Feld *Journal durchsuchen* ein. Das Journal wird bereits während der Eingabe durchsucht und alle Suchergebnisse werden aufgelistet. Um die Suche zu löschen, klicken Sie auf die Schaltfläche *Suche löschen.*
9. Um einen Journaleintrag zu öffnen, klicken Sie doppelt darauf. Über die *Schließen*-Schaltfläche schließen Sie ihn wieder.
10. Wollen Sie ein Element öffnen, auf das in einem Journaleintrag verwiesen wird, klicken Sie mit der rechten Maustaste auf das Journal und wählen Sie im Kontextmenü den Befehl *Element öffnen, auf das verwiesen wird.* Schließen Sie das Dokument, wenn Sie mit der Bearbeitung fertig sind.
11. Wechseln Sie über den Navigationsbereich zu einem anderen Ordner, um das Journal zu verlassen.

Journaleinträge erfassen

Um einzelne Journaleinträge beispielsweise für Telefonanrufe zu erfassen, gehen Sie wie folgt vor:

1. Rufen Sie den Menübefehl *Daten/Neu/Journaleintrag* auf.
2. Im daraufhin geöffneten Dialogfeld *Journaleintrag* geben Sie den Betreff ein und wählen den Eintragstyp aus. Im Falle eines Telefonanrufs klicken Sie auf die Schaltfläche *Zeitmessung starten*, um die Journalaufzeichnung zu starten, und auf *Zeitmessung anhalten*, um den Journaleintrag fertig zu stellen.
3. Klicken Sie auf *Speichern & schließen*, um den Journaleintrag im Journal vorzunehmen.

Zusammenfassung

Outlook 2007 bietet Ihnen die Möglichkeit, Dinge, die Sie sich kurz notieren möchten, als Notizen zu erfassen. Außerdem haben Sie über das Journal die Möglichkeit, E-Mails, Aufgaben- und Besprechungsanfragen und andere Aktivitäten zu protokollieren.

Sie möchten …	So gehen Sie vor	Sehen Sie sich dazu das Beispiel an auf Seite
eine Notiz erstellen	Wählen Sie im Menü *Datei* den Befehl *Neu/Notiz*	708
Notizen bearbeiten	Um Notizen zu bearbeiten, öffnen Sie den Ordner *Notizen* mit einem Mausklick auf die gleichnamige Schaltfläche im Navigationsbereich. Öffnen Sie dann die Notiz mit einem Doppelklick.	710
das Journal nutzen	Aktivieren Sie das Journal mit einem Mausklick auf die Schaltfläche *Ordnerliste* und klicken Sie dann auf den Ordner *Journal*	712
Journaleinträge erstellen	Wählen Sie im Menü *Datei* den Befehl *Neu/Journaleintrag* und nehmen Sie alle gewünschten Einstellungen vor	715

Kapitel 16

Formulare erstellen und nutzen

In diesem Kapitel:

In Outlook 2007 können Sie drei Arten von benutzerdefinierten Formularen nutzen: Outlook-Formulare, Outlook-Formularbereiche und in Outlook integrierte Microsoft Office InfoPath-Formulare. Outlook-Formulare greifen auf die integrierten Formularfunktionen der Outlook-Elemente zu und können beispielsweise über E-Mail versandt oder in öffentlichen Ordnern bereitgestellt werden. Formularbereiche werden zwar ebenfalls mit dem Befehl zum Entwerfen von Formularen erstellt und zu den Outlook-Formularen hinzugefügt, sie können jedoch stärker erweitert werden als Outlook-Formulare. Anders als Outlook-Formulare müssen Formularbereiche jedoch beim Absender und beim Empfänger installiert sein. Außerdem können sie nur in Outlook 2007 genutzt werden. Als dritte Möglichkeit gibt es noch die InfoPath-Formulare, die mit Microsoft Office InfoPath erstellt werden und über Outlook 2007 geöffnet und per E-Mail verschickt werden können. Erfahren Sie nun, wie Sie diese drei Arten von Formularen nutzen.

Outlook-Formulare erstellen

Outlook-Formulare dienen zur Eingabe und Anzeige von Informationen in Ordnern. Die Informationen eines »Datensatzes« werden in Feldern gespeichert. Outlook bietet Ihnen die Möglichkeit, eigene Formulare zur Sammlung von Daten zu allen möglichen Zwecken zu erstellen, wie z.B. Urlaubsanträge, Reisekostenerstattung, Kundendienstanfragen und Ähnliches. Diese neuen Formulare erstellen Sie immer auf der Grundlage der Standardformulare für die einzelnen Outlook-Elemente.

Ein Formular entwerfen

Outlook-Formulare werden immer auf der Basis der Standardformulare für die Outlook-Ordner entwickelt. Sie haben dabei die Möglichkeit, neue Felder in die Formulare einzufügen und sie so zu ergänzen, oder aber über neue Seiten ganz eigene Formulare zu definieren. Gehen Sie wie folgt vor, um ein Formular auf der Basis eines bestehenden Formulars zu entwerfen:

1. Rufen Sie im Menü *Extras* von Outlook den Untermenübefehl *Formulare/Ein Formular entwerfen* auf.
2. Im Dialogfeld *Formular entwerfen* markieren Sie das Formular, auf dessen Grundlage Sie Ihr Outlook-Formular entwickeln möchten (beispielsweise *Kontakt*), und klicken auf die Schaltfläche *Öffnen*.
3. Das Formular öffnet sich nun im Entwurfsmodus, was Sie unter anderem an dem Raster erkennen, das im Formular angezeigt wird. Sie können nun die benötigten zusätzlichen Felder hinzufügen, vorhandene Felder ändern oder nicht benötigte Felder löschen (siehe Abbildg. 16.1).

HINWEIS Auf einigen Seiten lassen sich die Steuerelemente nicht verändern. Dies erkennen Sie jeweils daran, dass die Formularauswahl ausgeblendet ist. Für manche Formulartypen, wie z.B. das Kontaktformular, stehen auch nicht die aktuellsten Versionen zur Verfügung, sondern nur die aus der Vorgängerversion von Outlook.

Abbildg. 16.1 Ein *Kontakt*-Formular im Entwurfsmodus und mit aktivierter Feldauswahl

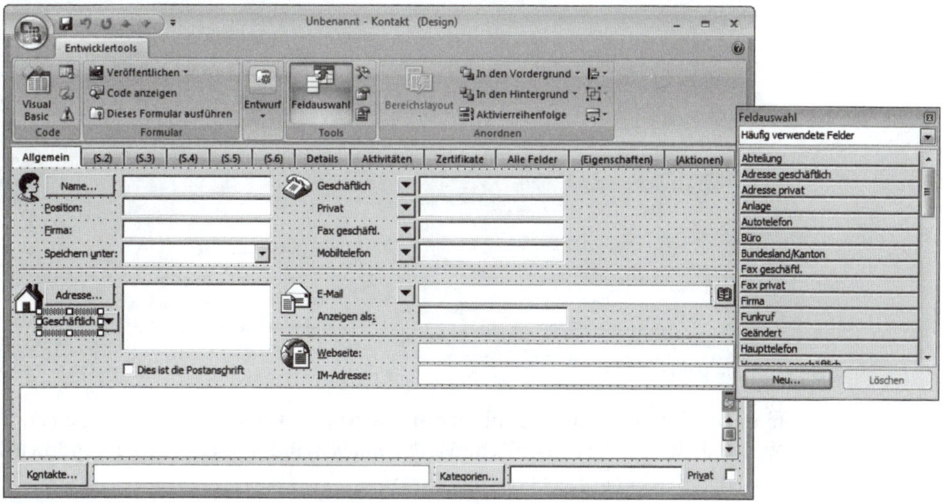

> **HINWEIS** Sollte die Feldauswahl bei Ihnen nicht zu sehen sein, klicken Sie in der Gruppe *Tools* der Multifunktionsleiste auf die Schaltfläche *Feldauswahl*.

4. Wählen Sie im Listenfeld der Feldauswahl die Feldkategorie aus, die das benötigte Feld enthält.
5. Klicken Sie auf das Feld, das Sie zur Seite hinzufügen möchten, und ziehen Sie das Feld bei gedrückter linker Maustaste an die gewünschte Zielposition auf der Seite. Sobald Sie die linke Maustaste loslassen, wird das Feld an der Zielposition in das Formular eingefügt (siehe Abbildg. 16.2).

Abbildg. 16.2 Das neue Feld im Formular

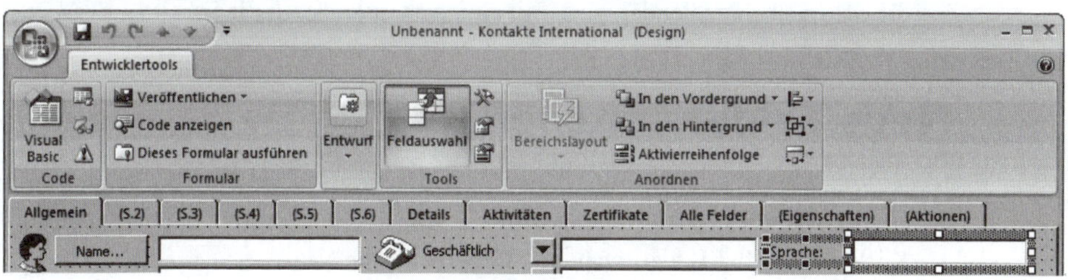

6. Klicken Sie anschließend auf eine beliebige Stelle im Formular. Die Markierung des neu eingefügten Feldes wird dadurch aufgehoben. Sie können nun bei Bedarf die Größe des Feldes anpassen, indem Sie eine Ecke des Feldes anklicken und das Feld dann nach rechts unten ziehen, um es zu vergrößern, oder nach links oben ziehen, um es zu verkleinern, oder aber das Feld mit gedrückter linker Maustaste an die gewünschte Stelle verschieben.
7. Prüfen Sie nun, ob das Formular Ihren Vorstellungen entspricht, indem Sie in der Gruppe *Formular* der Multifunktionsleiste auf die Schaltfläche *Dieses Formular ausführen* klicken. Das Formular öffnet sich nun in der Vorschau, d.h. so, wie es beim Benutzer aussehen wird (siehe

Abbildg. 16.3). Klicken Sie auf die *Schließen*-Schaltfläche, um die Vorschau des Formulars zu schließen.

Abbildg. 16.3 Das Formular in Ausführung

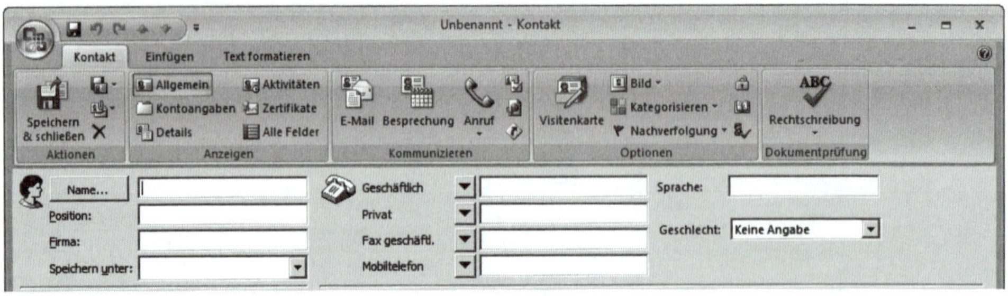

8. Um die Änderungen im Formular zu speichern, klicken Sie in der Gruppe *Formular* der Multifunktionsleiste auf die Schaltfläche *Veröffentlichen* und wählen Sie im Dropdown-Menü, das sich öffnet, den Befehl *Formular veröffentlichen.*
9. Im Dialogfeld *Formular veröffentlichen unter* wählen Sie im Listenfeld *Suchen in* den Ordner aus, in dem das Formular veröffentlicht werden soll.

TIPP Ist der gesuchte Ordner im Listenfeld *Suchen in* nicht enthalten, klicken Sie auf die Schaltfläche *Durchsuchen*, wählen den Ordner aus und klicken dann auf *OK*.

10. Geben Sie dann im Feld *Angezeigter Name* des Dialogfelds *Formular veröffentlichen unter* den Namen ein, der in der Titelleiste des Formulars angezeigt werden soll. Sobald Sie die [Tab]-Taste drücken, wird dieser Name in das Feld *Formularname* übernommen. Bei Bedarf können Sie in dieses Feld jedoch auch einen anderen Namen eingeben.
11. Klicken Sie dann auf die Schaltfläche *Veröffentlichen.*
12. Klicken Sie auf die *Schließen*-Schaltfläche in der rechten oberen Ecke. Bestätigen Sie die Abfrage, die eventuell eingeblendet wird, mit einem Mausklick auf die Schaltfläche *Nein.*

Neue Felder erstellen

Ist das Feld, das Sie zum Formular hinzufügen möchten, bisher nicht vorhanden, erstellen Sie es einfach selbst. Gehen Sie dazu wie folgt vor:

1. Klicken Sie in der Feldauswahl auf die Schaltfläche *Neu.*
2. Geben Sie im Dialogfeld *Neues Feld* den Namen, den Typ und das Format des Feldes ein (siehe Abbildg. 16.4).
3. Klicken Sie auf *OK.*

Das neue Feld wird nun unter der Rubrik *Benutzerdefinierte Ordnerfelder* in der Feldauswahl aufgelistet und kann ab jetzt bequem über die Feldauswahl in Formulare eingefügt werden.

Abbildg. 16.4 Ein neues Feld erstellen

Formularseiten erstellen

Um benutzerdefinierte Formulare zu erzeugen, müssen Sie neue Seiten erstellen. Bei Bedarf können Sie die Standardseiten der Formulare, die Sie als Grundlage benutzen, anschließend ausblenden. Für jedes Standardformular stehen bereits fünf neue Seiten zur Verfügung, die die Bezeichnung *(S.2)* bis *(S.6)* tragen. Auf diesen können Sie neue Felder hinzufügen. Sie können bei Bedarf außerdem weitere Seiten zum Formular hinzufügen. Gehen Sie dazu folgendermaßen vor:

1. Öffnen Sie das Formular, das Sie bearbeiten möchten, im Entwurfsmodus.
2. Klicken Sie auf die Seite *(S.2)*, um diese zu aktivieren.
3. Fügen Sie die gewünschten Felder und Steuerelemente zu der Seite hinzu.
4. Klicken Sie dann in der Multifunktionsleiste auf die Schaltfläche *Seite* und wählen Sie im Dropdown-Menü den Befehl *Seite umbenennen.* Es öffnet sich das gleichnamige Dialogfeld (siehe Abbildg. 16.5).

Abbildg. 16.5 Hier benennen Sie die Seite um

5. Geben Sie im Dialogfeld die neue Bezeichnung für die Seite ein und klicken Sie auf *OK.*
6. Klicken Sie auf *Veröffentlichen* und dann auf *Formular veröffentlichen*, um die Änderungen zu übernehmen.
7. Klicken Sie in der Gruppe *Formular* der Multifunktionsleiste auf die Schaltfläche *Dieses Formular ausführen.* In der Gruppe *Anzeigen* der Multifunktionsleiste sehen Sie nun eine Schaltfläche mit der Seitenbezeichnung, über die Sie die Seite öffnen können (siehe Abbildg. 16.6). Klicken Sie auf die *Schließen*-Schaltfläche in der rechten oberen Ecke, um die Formularvorschau zu schließen.

Abbildg. 16.6 Die neue Seite wird in der Multifunktionsleiste angezeigt

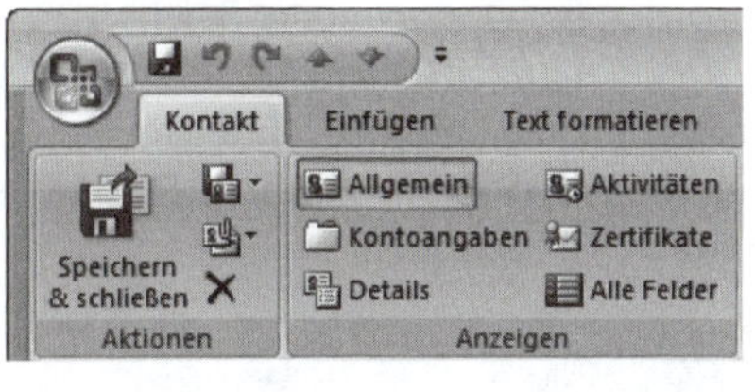

8. Fügen Sie nun die benötigten Felder und Steuerelemente zu der Seite hinzu und veröffentlichen Sie das Formular, um die Änderungen zu speichern.

Seiten ein- und ausblenden

Um echte benutzerdefinierte Formulare zu erhalten, sollten Sie die Standardseiten des Standardformulars ausblenden und nur die von Ihnen erstellten Seiten einblenden. Gehen Sie dazu wie folgt vor:

1. Aktivieren Sie die Seite, die Sie im Formular anzeigen möchten, mit einem Mausklick auf die entsprechende Registerkarte. Die nicht angezeigten Seiten erkennen Sie daran, dass ihre Seitenbezeichnung in Klammern angegeben wird.

2. Klicken Sie dann in der Gruppe *Entwurf* der Multifunktionsleiste auf die Schaltfläche *Seite*.

TIPP Ist die Schaltfläche bei Ihnen momentan nicht zu sehen, klicken Sie auf die Schaltfläche *Entwurf* und klicken Sie dann in der Schaltflächen-Palette, die sich einblendet, auf die Schaltfläche *Seite*.

3. Wählen Sie im Dropdown-Menü, das sich öffnet, den Befehl *Diese Seite anzeigen* (siehe Abbildg. 16.7).

Abbildg. 16.7 Seiten einblenden

4. Aktivieren Sie nun die Standardseite, die Sie ausblenden möchten, klicken Sie auf die Schaltfläche *Seite* und wählen Sie im zugehörigen Dropdown-Menü den Befehl *Diese Seite anzeigen*. Die Seitenbezeichnung wird nun in Klammern gesetzt und die Seite wird zukünftig nicht mehr angezeigt.
5. Wiederholen Sie den Vorgang mit allen Seiten, die Sie ein- oder ausblenden möchten.

Steuerelemente zum Formular hinzufügen

Benötigen Sie frei gestaltete Formulare, die beispielsweise Options- oder Befehlsschaltflächen für die Auswahl von Funktionen enthalten, kommen Sie mit dem Dialogfeld *Feldauswahl* nicht weit. In diesem Fall müssen Sie Ihre Formulare mit Steuerelementen gestalten. Informieren Sie sich zunächst über die Steuerelemente, die Sie mit der Steuerelement-Toolbox zu Ihren Formularen hinzufügen können und gestalten Sie dann ein Formular mit Steuerelementen.

1. Öffnen Sie das Formular im Entwurfsmodus, zu dem Sie ein Steuerelement hinzufügen möchten.
2. Aktivieren Sie die neue Seite, zu der Sie Steuerelemente hinzufügen möchten.
3. Klicken Sie in der Gruppe *Tools* der Multifunktionsleiste auf die Schaltfläche *Steuerelement-Toolbox* und fügen Sie dann über das Feld *Werkzeugelement* die gewünschten Steuerelemente zum Formular hinzu. Fügen Sie anschließend das Bezeichnungsfeld hinzu, das die Bezeichnung für das Feld angibt.

Abbildg. 16.8 Ein Kombinationsfeld zum Formular hinzufügen

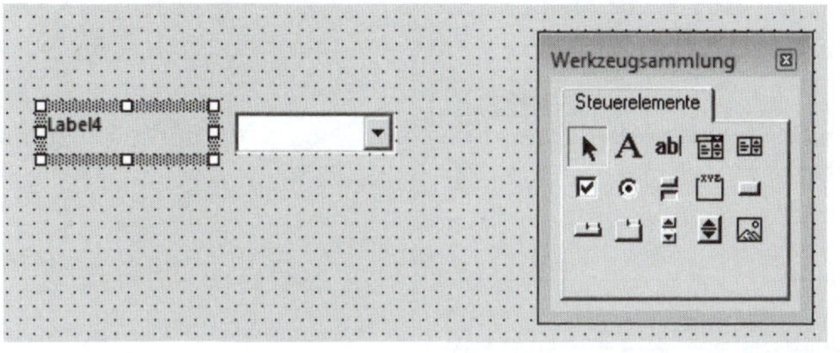

4. Legen Sie nun die Namen und die Titel für das Element fest, wie im nächsten Abschnitt beschrieben.

Feldeigenschaften anpassen

Wollen Sie die Beschriftung eines Feldes anpassen oder andere Feldeigenschaften verändern, die genaue Position in Pixel festlegen, eingeben oder hinzufügen, die im Feld angezeigt werden, die Gültigkeitsprüfung aktivieren oder Ähnliches, müssen Sie die Feldeigenschaften anpassen. Dazu sind die folgenden Schritte durchzuführen:

1. Klicken Sie mit der rechten Maustaste auf das Feld oder Steuerelement, dessen Eigenschaften Sie anpassen möchten, und wählen Sie im daraufhin geöffneten Kontextmenü den Befehl *Eigenschaften*.
2. Auf der Registerkarte *Anzeige* des Dialogfelds *Eigenschaften* geben Sie in das Feld *Name* eine aussagekräftige Feldbezeichnung ein, über die das Feld von Outlook identifiziert wird.

TIPP Handelt es sich um ein Bezeichnungsfeld, geben Sie auf der Registerkarte *Anzeige* im Feld *Titel* neben dem Namen noch den Titel ein, der im Formular angezeigt wird. Alle anderen Registerkarten sind für diese Felder nicht relevant.

3. Aktivieren Sie als Nächstes die Registerkarte *Layout* und legen Sie bei Bedarf die genaue Position und Größe des Felds oder Steuerelements in Pixel fest. Soll die Größe jeweils automatisch an die Größe des Formulars angepasst werden, aktivieren Sie das Kontrollkästchen *Größe an Formular anpassen*.
4. Aktivieren Sie als Nächstes die Registerkarte *Wert* und wählen Sie über die Schaltfläche *Feld auswählen* das Outlook-Feld aus, in dem der eingegebene Wert gespeichert werden soll (siehe Abbildg. 16.9).

Abbildg. 16.9 Das Feld auswählen, in dem der Wert gespeichert wird

TIPP Existiert kein passendes Feld für die eingegebenen Werte, klicken Sie auf die Schaltfläche *Neu* und erstellen Sie ein neues Feld, wie im Abschnitt »Neue Felder erstellen« in diesem Kapitel beschrieben.

5. Legen Sie bei Bedarf über die Registerkarte *Gültigkeit* eine Gültigkeitsprüfung fest.
6. Klicken Sie dann auf *OK*, um Ihre Einstellungen zu übernehmen und das *Eigenschaften*-Dialogfeld zu schließen. Wiederholen Sie den Vorgang für alle Felder, deren Eigenschaften Sie verändern möchten.

Erweiterte Eigenschaften anpassen

Neben den Eigenschaften, die Sie über das Dialogfeld *Eigenschaften* wählen können, gibt es weitere Eigenschaften, die Sie ebenfalls während des Formularentwurfs bearbeiten können. Sie können beispielsweise festlegen, dass der Mauszeiger eine bestimmte Form annehmen soll, wenn der Benutzer auf das Steuerelement zeigt, oder dass eine QuickInfo zum Steuerelement angezeigt werden soll. Gehen Sie dazu wie folgt vor:

1. Klicken Sie das Feld oder Steuerelement, dessen erweiterte Eigenschaften Sie anpassen möchten, mit der rechten Maustaste an und wählen Sie im Kontextmenü den Befehl *Erweiterte Eigenschaften*. Im geöffneten Dialogfeld *Eigenschaften* sind die einzelnen Eigenschaften in Tabellenform aufgelistet.
2. Klicken Sie die Eigenschaft an, der Sie einen neuen Wert zuweisen möchten.
3. Geben Sie dann den gewünschten Wert in das Feld in der rechten oberen Ecke des Dialogfeldes ein oder wählen Sie die Eigenschaft im Listenfeld aus, das Sie über den Abwärtspfeil öffnen (siehe Abbildg. 16.10).

Abbildg. 16.10 Den gewünschten Wert für die Feldeigenschaft auswählen

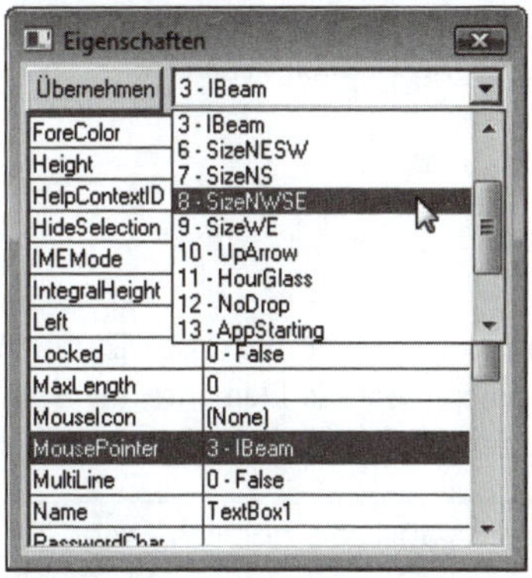

4. Übernehmen Sie die Angaben, indem Sie auf die Schaltfläche *Übernehmen* klicken.
5. Verlassen Sie das Dialogfeld über die *Schließen*-Schaltfläche in der rechten oberen Ecke des Dialogfelds.

Elemente ausrichten

Fügen Sie mehrere Felder zu einem Formular hinzu, werden Sie es kaum schaffen, diese mit der Maus exakt an einer horizontalen oder vertikalen Linie auszurichten. Zwar könnten Sie über die Eigenschaften jedes Felds die genaue Position angeben, aber dies wäre viel zu aufwändig. Nutzen Sie stattdessen die Funktion *Ausrichten:*

1. Öffnen Sie das Formular im Entwurfsmodus, falls es nicht bereits geöffnet ist, und markieren Sie dann die Felder, die Sie ausrichten möchten, indem Sie sie mit gedrückter Strg-Taste anklicken.

2. Klicken Sie dann in der Gruppe *Anordnen* der Multifunktionsleiste auf die Schaltfläche *Ausrichten* und wählen Sie die gewünschte Ausrichtung, z.B. *links* (siehe Abbildg. 16.11).

Abbildg. 16.11 So richten Sie Felder linksbündig aus

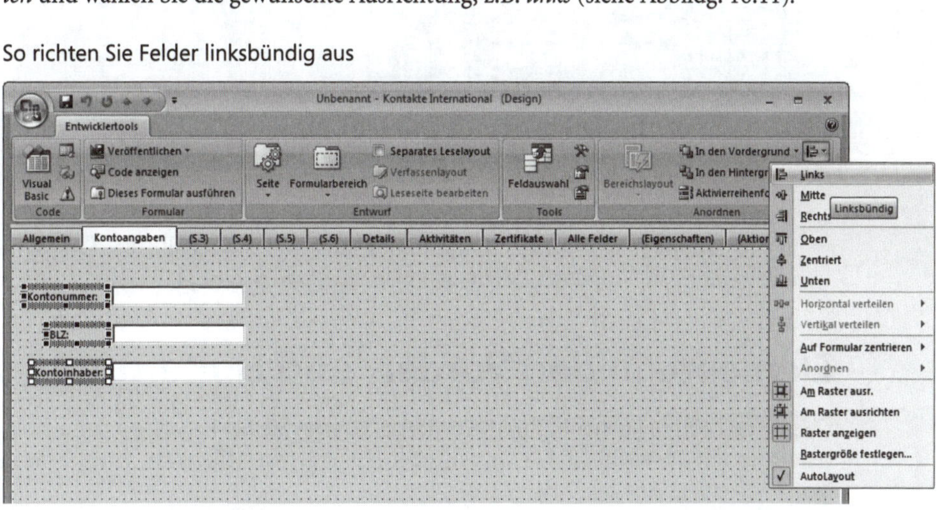

3. Wiederholen Sie den Vorgang für alle weiteren Felder, deren Ausrichtung Sie bearbeiten möchten.
4. Speichern Sie Ihre Änderungen über die Schaltfläche *Veröffentlichen* und den Befehl *Formular veröffentlichen.*

Elemente gruppieren

Haben Sie mehrere Elemente aufwändig im Formular angeordnet und ausgerichtet, sollten Sie dafür sorgen, dass Ihre Mühe nicht vergeblich war. Gruppieren Sie die Elemente, bleibt ihre Anordnung und Ausrichtung selbst dann erhalten, wenn Sie sie innerhalb des Formulars verschieben.

HINWEIS Die Funktion *Gruppierung* erweist sich auch als nützlich, wenn Sie mehrere Elemente an eine neue Position in einem Formular verschieben, anders anordnen oder in einer bestimmten Weise ausrichten möchten. Außerdem ist sie bei Steuerelementen und den zugehörigen Bezeichnungsfeldern sinnvoll, da Sie dann nicht jedes Element einzeln verschieben und anordnen müssen.

1. Öffnen Sie das Formular, das Sie bearbeiten möchten, im Entwurfsmodus.
2. Klicken Sie dann alle Elemente, die Sie zu einer Gruppe zusammenfassen möchten, mit gedrückter Strg-Taste an.

3. Klicken Sie anschließend in der Gruppe *Anordnen* der Multifunktionsleiste auf die Schaltfläche *Gruppieren* und wählen Sie im zugehörigen Dropdown-Menü den Befehl *Gruppieren* aus. Es sind nun nicht mehr die einzelnen Elemente markiert, sondern die Markierung umfasst die vorher ausgewählten Elemente (siehe Abbildg. 16.12).

Abbildg. 16.12 Die Elemente sind nun gruppiert

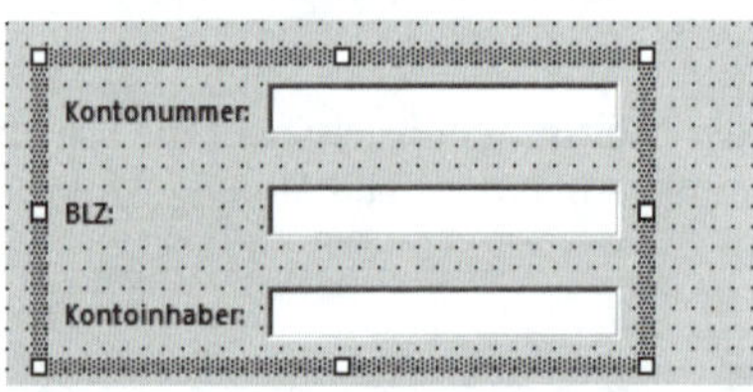

4. Die Elementgruppe können Sie nun wie einzelne Elemente verschieben, die Größe angleichen, ausrichten und anordnen.
5. Um die Gruppierung wieder aufzuheben, markieren Sie die Gruppierung und klicken Sie dann in der Gruppe *Anordnen* der Multifunktionsleiste auf die Schaltfläche *Gruppieren.* Wählen Sie im zugehörigen Dropdown-Menü den Befehl *Gruppierung aufheben* aus.

Elemente in den Vorder- und Hintergrund stellen

Überlappen sich Elemente in Ihrem Formular, können Sie bei Bedarf die Reihenfolge der Elemente verändern und Elemente in den Vorder- oder Hintergrund stellen oder eine Ebene nach vorne oder hinten setzen.

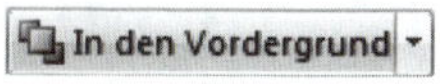

Um ein Element in den Vordergrund zu stellen, aktivieren Sie dieses und klicken Sie in der Gruppe *Anordnen* der Multifunktionsleiste auf die Schaltfläche *In den Vordergrund*. Das Element wird nun in den Vordergrund geholt.

Um ein Element in den Vordergrund zu holen, können Sie auch andere Elemente in den Hintergrund stellen. Markieren Sie die entsprechenden Elemente und klicken Sie in der Gruppe *Anordnen* der Multifunktionsleiste auf die Schaltfläche *In den Hintergrund*.

Die Aktivierreihenfolge festlegen

Wenn Sie in einem Formular oder Dialogfeld die ↹-Taste drücken, gelangen Sie zum nächsten Feld. Um welches Feld es sich dabei handelt, hängt davon ab, welche Aktivierreihenfolge für die Elemente des Formulars festgelegt wurde. Die Aktivierreihenfolge können Sie sowohl für selbst definierte Formulare als auch für die Seiten von Standardformularen ändern, bei denen Sie Veränderungen vornehmen dürfen. Gehen Sie dazu wie folgt vor:

1. Öffnen Sie das Formular, für das Sie die Aktivierreihenfolge verändern möchten, im Entwurfsmodus.
2. Klicken Sie dann in der Gruppe *Anordnen* der Multifunktionsleiste auf die Schaltfläche *Aktivierreihenfolge*.
3. Es öffnet sich das Dialogfeld *Aktivierreihenfolge*. Im Listenfeld werden die Namen der Felder des Formulars in der aktuellen Aktivierreihenfolge angezeigt. Markieren Sie das Feld, das zu einem früheren Zeitpunkt aktiviert werden soll, und verschieben Sie es über die Schaltfläche *Nach oben* an die gewünschte Position. Wiederholen Sie den Vorgang für alle weiteren Felder, die an einer anderen Stelle aktiviert werden sollen.

Abbildg. 16.13 Die Aktivierreihenfolge der Formularfelder

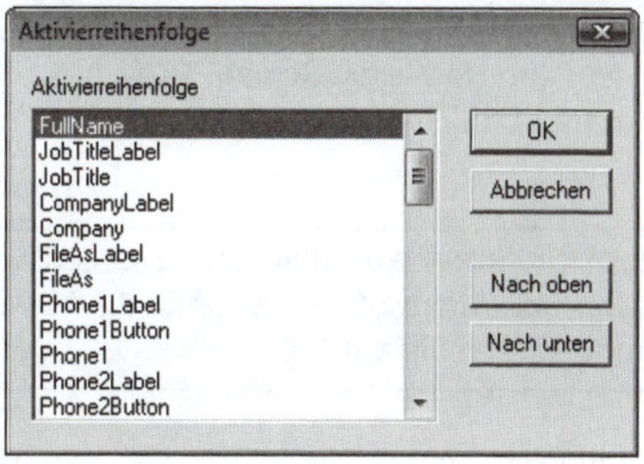

4. Klicken Sie auf die Schaltfläche *OK*, um die Änderungen zu übernehmen und klicken Sie dann auf die Schaltfläche *Veröffentlichen* und wählen Sie den Befehl *Formular veröffentlichen*.

Formulareigenschaften festlegen

Die Eigenschaften von Formularen werden auf der Registerkarte *(Eigenschaften)* festgelegt, die im Entwurfsmodus in jedem Formular enthalten ist. Sie können hier beispielsweise die Formularversion angeben oder einen Namen, an den sich die Benutzer bei Problemen wenden können.

1. Öffnen Sie das Formular im Entwurfsmodus.
2. Aktivieren Sie die Seite *Eigenschaften* (siehe Abbildg. 16.14). Die Seitenbezeichnung ist in Klammern gesetzt, da die Seite im Formular nicht angezeigt wird.

Abbildg. 16.14 Die Seite *(Eigenschaften)* des Formulars im Entwurfsmodus

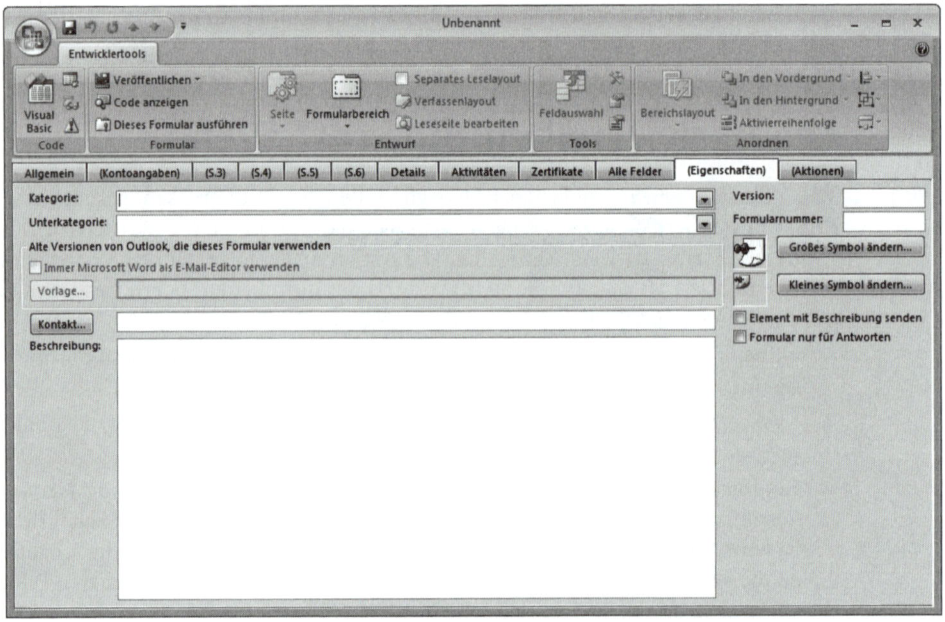

3. Geben Sie in das Feld *Version* den Wert *1* und in das Feld *Formularnummer* den Wert *001* bzw. die benötigte Nummer ein.
4. Über die Schaltfläche *Großes Symbol ändern* können Sie das Symbol auswählen, das für das Formular als großes Symbol angezeigt wird, und wählen Sie dann im Dialogfeld *Datei öffnen*, das sich einblendet, das gewünschte Symbol aus.

HINWEIS Um beispielsweise das Symbol für Kontaktformulare auszuwählen, wechseln Sie im Dialogfeld *Datei öffnen* in den Ordner *Programme/Microsoft Office/Office 12/FORMS/1031*, markieren Sie dann die Datei *CONTACTL.ICO* und klicken Sie auf *OK*.

5. Klicken Sie anschließend auf die Schaltfläche *Kleines Symbol ändern* und wählen Sie das gewünschte Icon aus, wie im letzten Schritt beschrieben.

TIPP Um beispielsweise das Symbol für Kontaktformulare auszuwählen, wechseln Sie im Dialogfeld *Datei öffnen* in den Ordner *Programme/Microsoft Office/Office 12/FORMS/1031*, markieren Sie dann die Datei *CONTACTS.ICO* und klicken Sie auf *OK*.

6. Geben Sie nun in das Feld *Kategorie* die Kategoriebezeichnung ein.
7. Klicken Sie dann auf die Schaltfläche *Kontakte* und wählen Sie den Kontakt aus, der für Fragen zum Formular zuständig sein soll.

8. Geben Sie schließlich in das Feld *Beschreibung* eine kurze Beschreibung zum Formular ein. Soll die Beschreibung verschickt werden, aktivieren Sie das Kontrollkästchen *Element mit Beschreibung senden.*
9. Soll es sich bei dem Formular um ein Antwortformular handeln, aktivieren Sie das Kontrollkästchen *Formular nur für Antworten.*
10. Klicken Sie in der Gruppe *Formular* der Multifunktionsleiste auf die Schaltfläche *Veröffentlichen* und wählen Sie im Dropdown-Menü den Befehl *Formular veröffentlichen*, um die Änderungen zu übernehmen.

Wenn Sie das Formular nun im Dialogfeld *Formular wählen* aktivieren, werden die eingegebenen Eigenschaften angezeigt.

Outlook-Formulare nutzen

Outlook-Formulare können Sie jederzeit unabhängig von einem Ordner öffnen und Daten eingeben. Gehen Sie dazu wie folgt vor:

1. Wählen Sie im Menü *Datei* den Befehl *Neu* und klicken Sie im Untermenü auf den Befehl *Formular auswählen.*
2. Im Dialogfeld *Formular wählen* öffnen Sie im Feld *Suchen in* den Ordner, in dem Sie Ihr Formular gespeichert haben, und markieren dann das Formular, das Sie öffnen möchten (siehe Abbildg. 16.15).

Abbildg. 16.15 Formulare öffnen

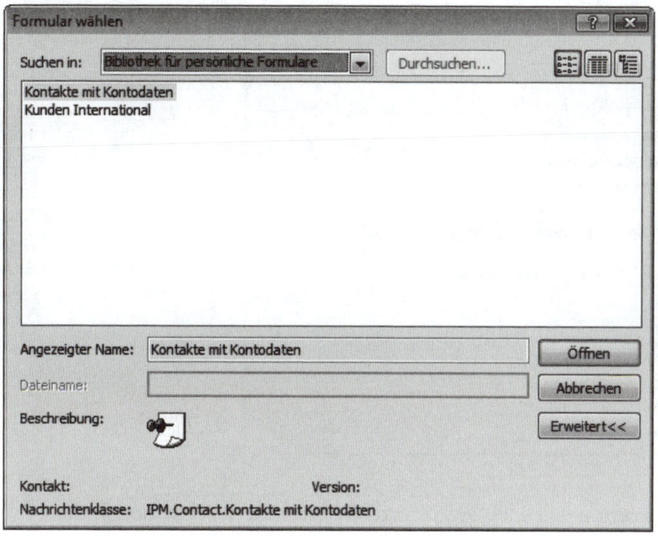

3. Klicken Sie auf die Schaltfläche *Öffnen*, um das Formular zu öffnen.
4. Geben Sie die Daten in das Formular ein und klicken Sie dann auf die Schaltfläche *Speichern & schließen*. Das Element wird nun gespeichert. Wenn Sie es mit einem Doppelklick öffnen, wird das Formular inklusive Daten angezeigt.

Das Standardformular ändern

Damit Ihre Benutzer zukünftig anstatt des in Outlook integrierten Standardformulars das von Ihnen neu erstellte oder veränderte Formular benutzen können, müssen Sie dieses als Standardformular festlegen. Gehen Sie dazu wie folgt vor:

1. Öffnen Sie die Ordnerliste über die gleichnamige Schaltfläche im Navigationsbereich.
2. Klicken Sie mit der rechten Maustaste auf den Ordner, dem Sie ein neues Standardformular zuweisen wollen, und wählen Sie im Kontextmenü den Befehl *Eigenschaften* aus.
3. Im *Eigenschaften*-Dialogfeld, das sich nun öffnet, aktivieren Sie die Registerkarte *Allgemein.*
4. Wählen Sie im Listenfeld *Bereitstellen in diesem Ordner mit* den Eintrag *Formulare.*
5. Aktivieren Sie im Dialogfeld *Formular wählen* im Feld *Suchen in* den Ordner *Bibliothek für persönliche Formulare* und klicken Sie doppelt auf das Formular, das Sie dem Ordner zuweisen möchten.
6. Der Ordner wird nun in das Feld *Bereitstellen in diesem Ordner mit* übernommen (siehe Abbildg. 16.16). Klicken Sie auf *OK*, um die Einstellungen zu übernehmen.

Abbildg. 16.16 Dem Ordner ein anderes Formular zuweisen

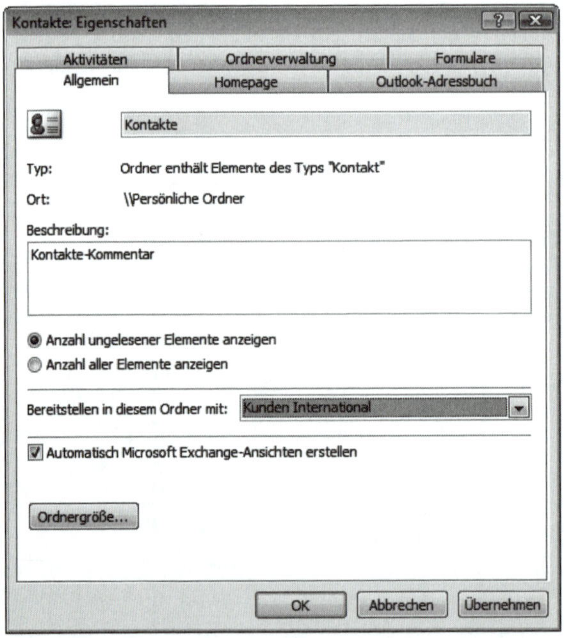

7. Erstellen Sie nun ein neues Element in dem Ordner und prüfen Sie, ob das gewählte Formular verwendet wird.

Formularbereiche erstellen

Formularbereiche sind ein neues Feature von Outlook 2007 und bieten gegenüber der bisherigen Formulargestaltung die Möglichkeit, auf Standardseiten Bereiche auszuschalten. Außerdem haben Sie die Möglichkeit, Outlook-Formulare mit ActiveX-Steuerelementen zu erweitern und Webseiten in das Formular einzufügen. Die Formularbereiche werden in Outlook mit Hilfe eines Add-Ins bereitgestellt. Öffentliche Exchange-Ordner werden deshalb für dieses Feature nicht benötigt.

Formularbereiche werden wie Outlook-Formulare im Entwurfsmodus erstellt. Es stehen die gleichen Steuerelemente und Felder zur Verfügung wie für Outlook-Formulare. Deshalb wird hier nur beschrieben, wie ein Formularbereich zu einem Formular hinzugefügt wird.

1. Öffnen Sie das Formular, auf dessen Grundlage Sie ein neues Formular erstellen oder das Sie anpassen möchten, im Entwurfsmodus.
2. Klicken Sie dann in der Gruppe *Entwurf* der Multifunktionsleiste auf die Schaltfläche *Formularbereich.*
3. Im Dropdown-Menü, das sich öffnet, wählen Sie den Befehl *Neuer Formularbereich* aus.
4. Es öffnet sich nun eine neue, noch leere Seite mit der Bezeichnung *Formularbereich.*
5. Fügen Sie über die Feldauswahl und die Steuerelement-Toolbox Felder und Steuerelemente zum Formularbereich hinzu und richten Sie sie auf der Seite aus (siehe Abbildg. 16.17).

Abbildg. 16.17 Einen Formularbereich erstellen

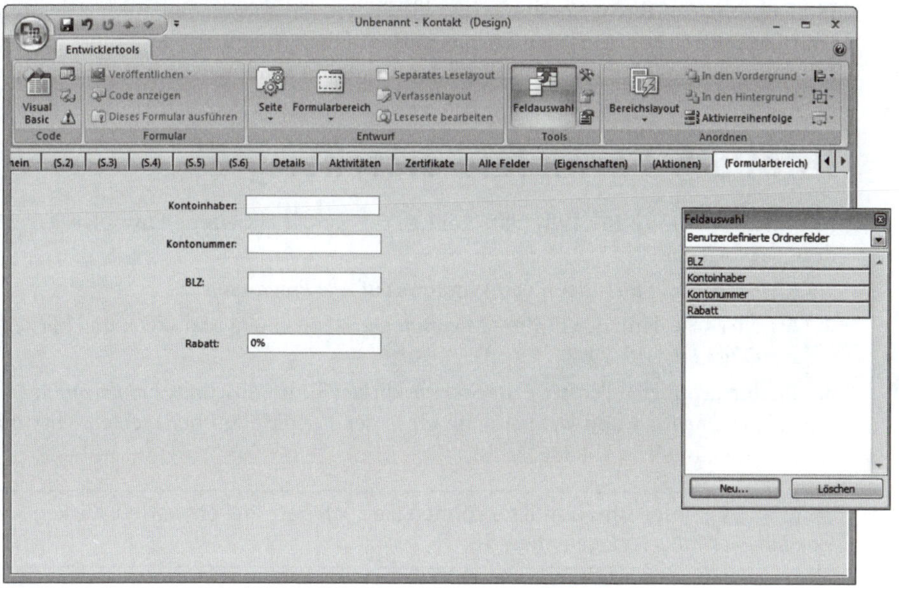

TIPP Benötigen Sie für die genaue Positionierung ein Raster, klicken Sie in der Gruppe *Anordnen* der Multifunktionsleiste auf die Schaltfläche *Ausrichten* und wählen Sie im zugehörigen Dropdown-Menü den Befehl *Raster anzeigen* aus. Bei Bedarf können Sie zusätzlich über den Befehl *Rastergröße festlegen* die Rastergröße verändern.

6. Klicken Sie nun in der Gruppe *Entwurf* der Multifunktionsleiste auf die Schaltfläche *Formularbereich* und wählen Sie im Dropdown-Menü den Befehl *Formularbereich speichern* aus. Geben Sie dann den Namen in das Dialogfeld *Formularbereich speichern unter* ein und klicken Sie auf die Schaltfläche *Speichern*.
7. Kopieren Sie anschließend den Formularbereich auf eine vorhandene oder auf eine neue Seite und sorgen Sie dafür, dass die Seite angezeigt wird.
8. Veröffentlichen Sie das Formular mit dem Formularbereich, ändern Sie die Eigenschaften, wie im Abschnitt »Formulareigenschaften festlegen« und stellen Sie es dann, wie im letzten Abschnitt »Das Standardformular ändern« beschrieben, für alle Benutzer bereit.

InfoPath-Formulare nutzen

Mit Microsoft Office InfoPath 2007 lassen sich ganz leicht Formularlösungen erstellen, mit denen sich Daten effizient sammeln lassen. Die Formulare können dabei über den Webbrowser bereitgestellt oder per E-Mail versandt werden. Im Rahmen dieses Buches kann nicht im Detail auf die Erstellung von InfoPath-Formularen eingegangen werden. Sie erfahren jedoch, wie Sie InfoPath-E-Mail-Formulare mit Outlook versenden und empfangen und wie Sie InfoPath-E-Mail-Formulare in Outlook verwenden. Es wird außerdem beschrieben, wie Sie Formulardaten in einem InfoPath-Formularordner anzeigen und wie Sie InfoPath-E-Mail-Formulardaten aus Outlook exportieren.

Um E-Mail-Formulare von InfoPath in Outlook verwenden zu können, müssen Sie Microsoft Office InfoPath 2007 auf Ihrem Computer installieren und Sie müssen Outlook für den Einsatz von InfoPath-Formularen konfigurieren. Ebenso muss auf den Computern der Empfänger Microsoft Office InfoPath 2007 installiert und Outlook muss für die Verwendung von InfoPath konfiguriert sein.

InfoPath-Formulare erstellen

Mit Microsoft Office InfoPath 2007 können Sie ganz leicht eigene Formulare erstellen. Gehen Sie dazu wie folgt vor:

1. Klicken Sie im *Start*-Menü von Windows auf *Alle Programme*.
2. Erweitern Sie dann den Ordner *Microsoft Office* mit einem Mausklick und klicken Sie auf *Microsoft Office InfoPath 2007*.
3. Im nun geöffneten Fenster *Erste Schritte* klicken Sie im Abschnitt *Ein Formular entwerfen* auf *Ein Beispiel anpassen* und wählen dann eines der Beispiele auf der rechten Seite mit einem Doppelklick aus (siehe Abbildg. 16.18).

HINWEIS InfoPath-Formulare können Sie auch ganz frei entwerfen. Klicken Sie dazu auf den Link *Eine Formularvorlage entwerfen*.

4. Im Fenster *Entwurf*, das sich nun öffnet, können Sie das Formular anpassen oder das Beispiel unverändert übernehmen (siehe Abbildg. 16.19).

Abbildg. 16.18 Ein InfoPath-Formular auf der Basis eines Beispiels erstellen

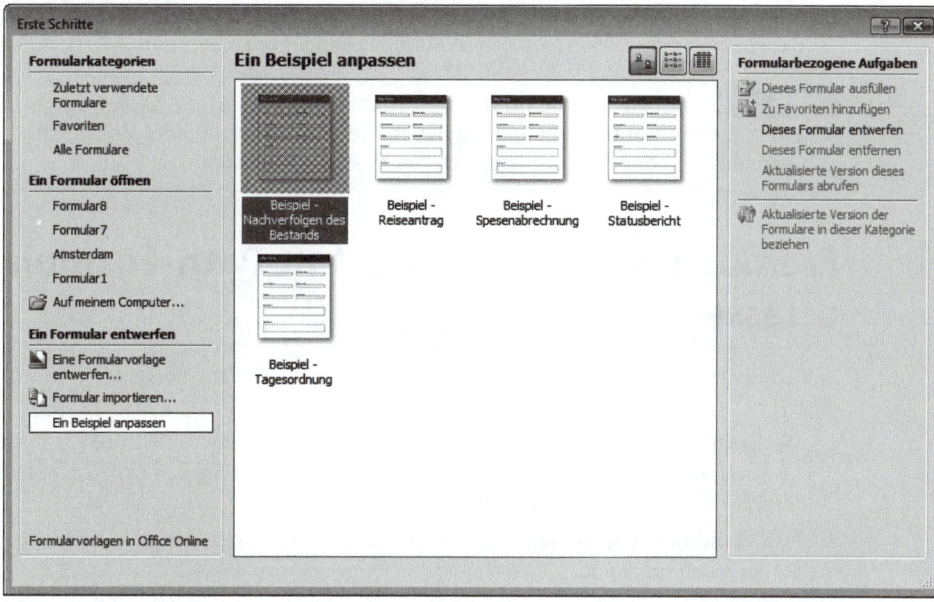

Abbildg. 16.19 Das InfoPath-Formular im Entwurfsmodus anpassen

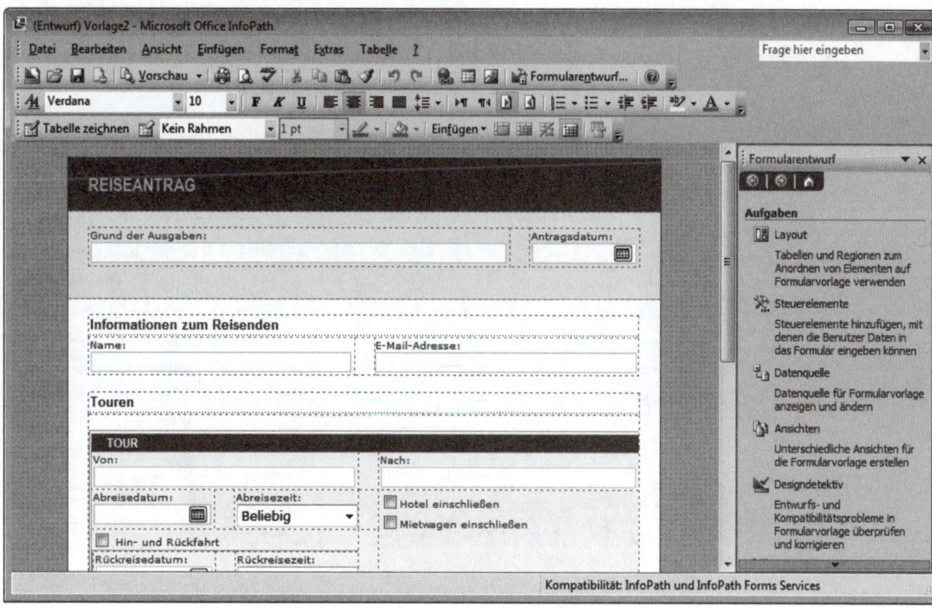

5. Klicken Sie auf die Schaltfläche *Vorschau*, um das Formular in der Vorschau zu betrachten, und schließen Sie die Vorschau dann mit einem Mausklick auf die *Schließen*-Schaltfläche in der rechten oberen Fensterecke.

6. Speichern Sie das Formular nun über den Befehl *Datei speichern*.
7. Geben Sie im Dialogfeld *Speichern unter* einen Dateinamen ein, wählen Sie den Ordner, in dem das Formular gespeichert werden soll und klicken Sie auf *Speichern*.

WICHTIG Wollen Sie das InfoPath-Formular auf einem SharePoint Server oder in einem Netzwerk zur Verfügung stellen, rufen Sie im Menü *Datei* den Befehl *Veröffentlichen* auf und folgen anschließend den Schritten des *Veröffentlichen-Assistenten*.

Fremde Daten mit einem InfoPath-Formular erfassen

Wollen Sie Daten von einer anderen Person mit einem InfoPath-Formular erfassen, gehen Sie wie folgt vor:

1. Wechseln Sie entweder zum Formularordner, dem das gewünschte InfoPath-Formular zugeordnet ist, und klicken Sie auf die Schaltfläche *Neu* oder rufen Sie den Untermenübefehl *Datei/Neu/InfoPath-Formular auswählen* auf.
2. Dann bestimmen Sie im Dialogfeld *Formular auswählen* per Doppelklick das Formular, welches Sie benutzen möchten.

HINWEIS Steht das InfoPath-Formular auf einem SharePoint-Server oder im Netzwerk zur Verfügung, wählen Sie den entsprechenden Pfad aus.

3. Klicken Sie im Dialogfeld *InfoPath-Formular* auf die Schaltfläche *Weiterleiten*.

Abbildg. 16.20 Das InfoPath-Formular zur Bearbeitung versenden

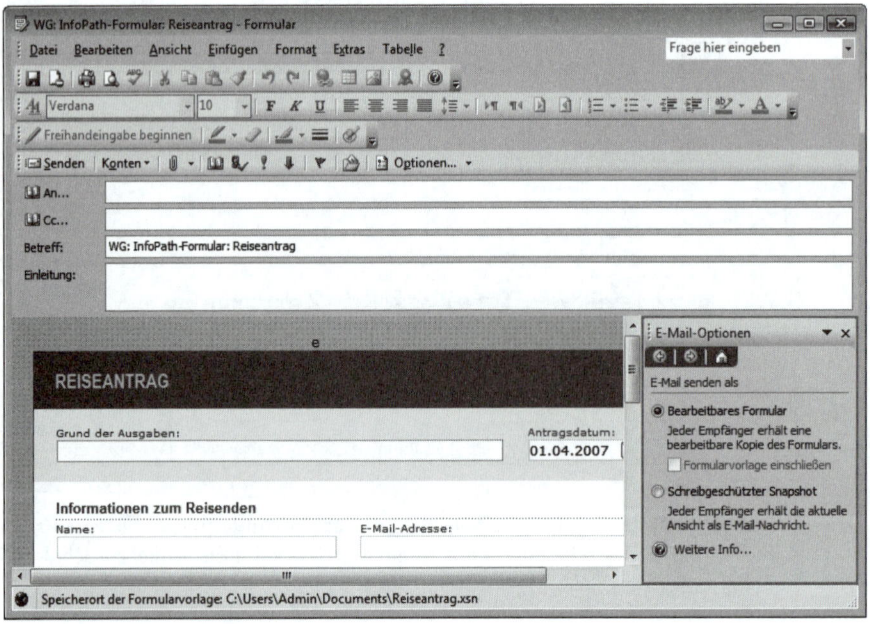

4. Geben Sie in das Feld *An* den E-Mail-Empfänger ein und in das Feld *Cc* die Empfänger, die das Formular in Kopie erhalten sollen (siehe Abbildg. 16.20).
5. Passen Sie bei Bedarf den Betreff an und geben Sie einen Text in das Feld *Einleitung* ein, das dem Empfänger mitteilt, was er mit dem Formular tun soll.
6. Wählen Sie im Bereich *E-Mail-Optionen* die Option *Bearbeitbares Formular*, wenn Sie das Formular so verschicken möchten, dass der Empfänger Daten eintragen kann, oder wählen Sie die Option *Schreibgeschützter Snapshot*, wenn Sie eine schreibgeschützte Kopie des Formulars versenden möchten, die der Empfänger lediglich ausdrucken darf.

TIPP Falls beim Empfänger InfoPath nicht installiert ist, aktivieren Sie das Kontrollkästchen *Formularvorlage einschließen*.

7. Klicken Sie auf *Senden*, um das Formular zu verschicken.
8. Schließen Sie das Formular nun mit einem Mausklick auf die *Schließen*-Schaltfläche in der rechten oberen Fensterecke.

Anzeigen von Formulardaten in einem InfoPath-Formularordner

Formulardaten, die Sie mit InfoPath-Formularen erheben, können Sie bequem in einem InfoPath-Formularordner speichern. Dazu müssen Sie die Ordner jedoch zunächst erstellen. Gehen Sie dazu wie folgt vor:

1. Rufen Sie den Menübefehl *Datei/Neu/Ordner* auf.
2. Im Dialogfeld *Neuen Ordner erstellen* geben Sie den Ordnernamen ein und wählen Sie im Feld *Ordner enthält Elemente des Typs* den Eintrag *InfoPath-Formular* (siehe Abbildg. 16.21).

Abbildg. 16.21 Einen Ordner für InfoPath-Formulardaten erstellen

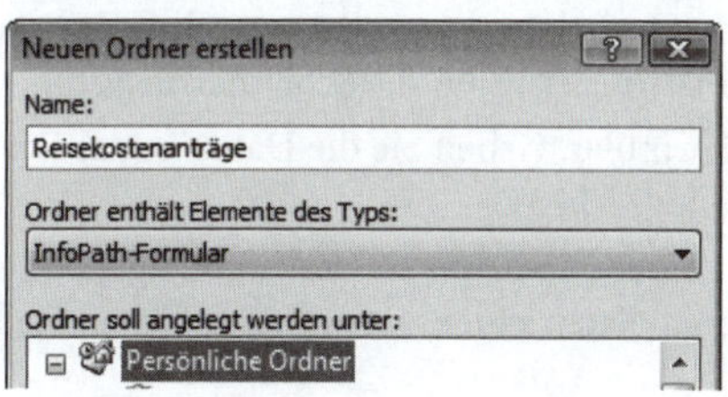

3. Wählen Sie dann den Ort aus, an dem der neue Ordner gespeichert werden soll, und klicken Sie auf *OK*.
4. Öffnen Sie nun die Ordnerliste mit einem Mausklick auf die gleichnamige Schaltfläche im Navigationsbereich und klicken Sie den neuen Ordner mit der rechten Maustaste an.
5. Im Kontextmenü, das sich öffnet, wählen Sie den Befehl *Formulareigenschaften höher stufen*.
6. Im Dialogfeld *<Ordnername>: Eigenschaften* aktivieren Sie die Registerkarte *InfoPath-Formulare* und klicken dann auf die Schaltfläche *Formular auswählen*.
7. Wählen Sie anschließend das Formular mit einem Doppelklick aus.
8. Das Formular wird nun auf der Registerkarte *InfoPath-Formulare* eingetragen.

Abbildg. 16.22 Das InfoPath-Formular wurde nun zugeordnet

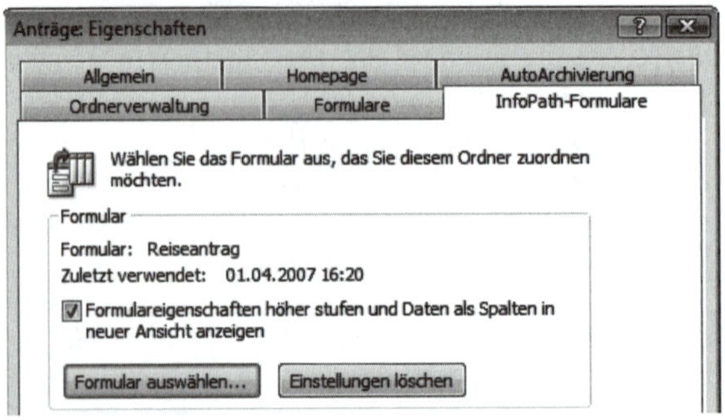

9. Übernehmen Sie die Einstellungen mit einem Mausklick auf die Schaltfläche *OK*.
10. Wählen Sie nun im Menü *Ansicht* den Befehl *Aktuelle Ansicht* und klicken Sie auf *Aktuelle Ansicht anpassen*.
11. Im Dialogfeld *Ansicht anpassen*, das sich öffnet, klicken Sie auf die Schaltfläche *Felder*.
12. Im Dialogfeld *Felder anzeigen* wählen Sie unter *Verfügbare Felder auswählen aus* den Eintrag *InfoPath-Formular*. Wählen Sie dann die Felder aus, die Sie verwenden möchten, und klicken Sie auf *Hinzufügen*.
13. Schließen Sie dann alle Dialogfelder mit einem Mausklick auf *OK*.

Versenden eigener Daten mit einem InfoPath-Formular

Um eigene Daten mit Hilfe eines InfoPath-Formulars an eine andere Person zu versenden, gehen Sie wie folgt vor:

1. Wechseln Sie in den InfoPath-Formularordner, dem das gewünschte InfoPath-Formular zugeordnet ist, und klicken Sie in der Multifunktionsleiste auf die Schaltfläche *Neu*.
2. Es öffnet sich das gewünschte InfoPath-Formular. Geben Sie die Daten in das Formular ein und klicken Sie dann auf *Absenden* (siehe Abbildg. 16.23).
3. Geben Sie im Dialogfeld, das sich öffnet, die E-Mail-Adresse des Empfängers oder die Adressen mehrerer Empfänger, den Betreff und einen Nachrichtentext ein und klicken Sie auf die Schaltfläche *Senden*.
4. Bestätigen Sie den Hinweis, dass das Formular erfolgreich gesendet wurde, mit einem Mausklick auf *OK*.
5. Um eine Kopie des Formulars für Ihren eigenen Gebrauch zu speichern, rufen Sie den Menübefehl *Datei/Speichern* auf.
6. Geben Sie dann im Dialogfeld *Speichern* den Formularnamen ein und klicken Sie auf *OK*.
7. Das Formular wird nun im InfoPath-Formularordner gespeichert. Klicken Sie auf die *Schließen*-Schaltfläche, um das Formular nun zu schließen.

Abbildg. 16.23 Ein InfoPath-Formular versenden

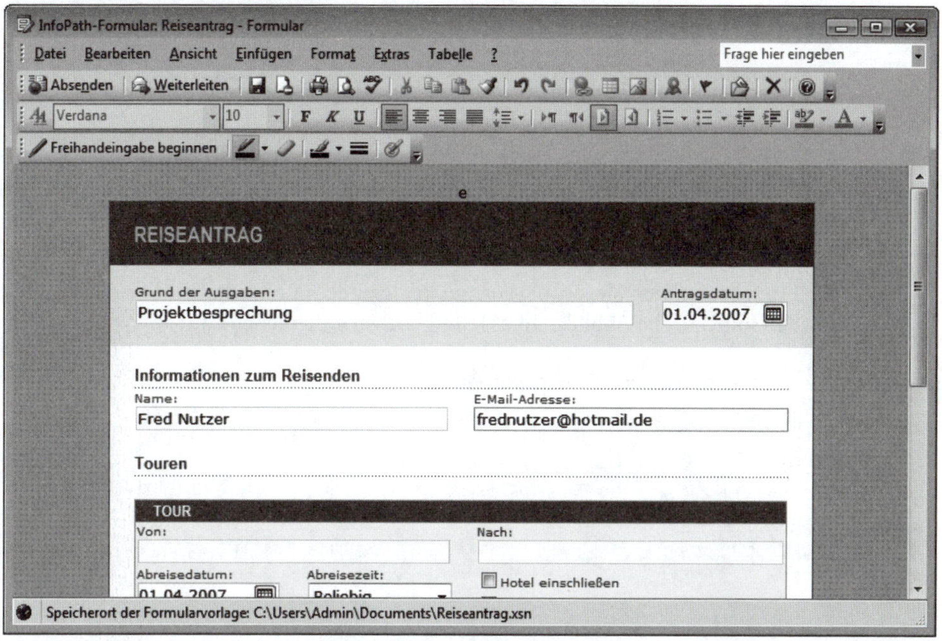

Das InfoPath-Formular trifft nun beim Benutzer ein. Er kann es mit einem Mausklick auf die Schaltfläche *Formular öffnen* öffnen oder in der Vorschau im Lesebereich betrachten (siehe Abbildg. 16.24).

Abbildg. 16.24 Das InfoPath-Formular beim Empfänger

Sobald der Empfänger das Formular öffnet, kann er es bearbeiten und mit einem Mausklick auf die Schaltfläche *Antworten* beantworten.

Exportieren von InfoPath-E-Mail-Formulardaten aus Outlook

InfoPath-Formulardaten können Sie bequem in Microsoft Office Excel und in das XML-Format exportieren. Gehen Sie dazu wie folgt vor:

1. Öffnen Sie das Formular, dessen Daten Sie exportieren möchten.
2. Wählen Sie im Menü *Datei* den Befehl *Exportieren nach* und klicken Sie auf *Microsoft Office Excel*.
3. Im Dialogfeld *Assistent zum Exportieren nach Excel* klicken Sie zunächst auf *Weiter*.
4. Dann bestimmen Sie, ob alle Formulardaten oder nur bestimmte Formulardaten exportiert werden sollen (siehe Abbildg. 16.25), und klicken anschließend auf *Weiter*.

Abbildg. 16.25 Formulardaten nach Excel exportieren

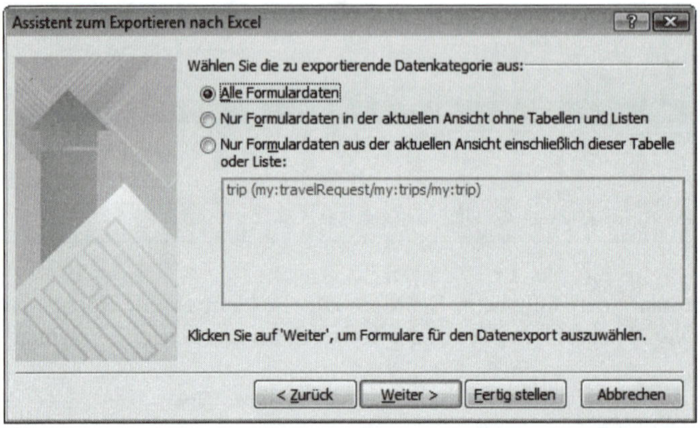

5. Im nächsten Schritt geben Sie an, ob nur die Daten aus diesem Formular oder weitere Daten exportiert werden sollen. Haben Sie sich für letztere Option entschieden, wählen Sie über die Schaltfläche *Hinzufügen* die weiteren Formulare aus. Klicken Sie dann auf *Fertig stellen*.
6. Die Daten werden nun exportiert und anschließend in Excel geöffnet (siehe Abbildg. 16.26). Speichern Sie die Datei mit einem Mausklick auf die Schaltfläche *Speichern* in der Multifunktionsleiste.

Abbildg. 16.26 Die Daten aus dem InfoPath-Formular in der Excel-Arbeitsmappe

7. Schließen Sie das noch geöffnete InfoPath-Formular mit einem Mausklick auf die *Schließen*-Schaltfläche in der rechten oberen Fensterecke.

In eine Webseite exportieren

Um Daten als Webseite zu speichern, wählen Sie im Menü *Datei* des geöffneten InfoPath-Formulars den Befehl *Exportieren nach* und im Untermenü den Befehl *Web*. Im daraufhin geöffneten Dialogfeld *Webexport* geben Sie den Namen ein und klicken auf die Schaltfläche *Exportieren*. Die Daten werden nun direkt als Webseite gespeichert und Sie können die Seite über Ihren Webbrowser öffnen.

Zusammenfassung

Outlook 2007 unterstützt die Nutzung von drei unterschiedlichen Arten benutzerdefinierter Formulare: Outlook-Formulare, Outlook-Formularbereiche und in Outlook integrierte Microsoft Office InfoPath-Formulare. In diesem Kapitel wurde erläutert, wie Sie diese sinnvoll einsetzen.

Sie möchten ...	So gehen Sie vor	Sehen Sie sich dazu das Beispiel an auf Seite
ein Outlook-Formular erstellen	Wählen Sie im Menü *Extras* den Befehl *Formulare* und klicken Sie auf *Ein Formular entwerfen*. Wählen Sie dann das Standardformular mit einem Doppelklick aus, das Sie als Grundlage verwenden möchten, und passen Sie das Formular im Entwurfsmodus an.	718
Formularbereiche erstellen	Klicken Sie in der Multifunktionsleiste des Formulars in der Entwurfsansicht auf die Schaltfläche *Formularbereich* und wählen Sie den Befehl *Formularbereich erstellen*	731
eigene Daten mit InfoPath-Formular versenden	Wählen Sie im Menü *Datei* den Befehl *Neu* und klicken Sie auf *InfoPath-Formular auswählen*. Öffnen Sie das Formular mit einem Doppelklick, füllen Sie das Formular aus und klicken Sie auf *Absenden*.	736

Kapitel 17

Windows SharePoint Services nutzen

In diesem Kapitel:

In Zusammenarbeit mit Windows SharePoint Services bieten sich Ihnen mit Outlook 2007 zahlreiche Möglichkeiten zur Zusammenarbeit mit anderen Personen. Sie können mit Outlook beispielsweise Kalender auf einer Microsoft Windows SharePoint Services-Site freigeben, die dann in Outlook bei allen berechtigten Benutzern bei der Ausführung des Befehls *Senden/Empfangen* automatisch aktualisiert werden. Sie können mit Outlook 2007 SharePoint-Listen durchsuchen, an Diskussionsrunden teilnehmen, Aufgaben an andere Personen delegieren oder an Sie delegierte Aufgaben übernehmen und vieles mehr.

SharePoint-Listen und -Bibliotheken nutzen

Es kann unter Umständen etwas umständlich sein, die Änderungen an einer SharePoint-Bibliothek zu überwachen und immer auf dem neuesten Stand zu bleiben. Wollen Sie immer auf dem neuesten Stand bleiben, können Sie sich entweder benachrichtigen lassen, wenn sich Elemente geändert haben, oder aber die Aktualisierungen der SharePoint-Liste oder -Bibliothek per RSS-Feed abonnieren.

SharePoint-Bibliotheken und -Listen mit Outlook verbinden

Bevor Sie den Inhalt einer SharePoint-Bibliothek oder -Liste in Outlook betrachten können, müssen Sie sie erst mit Outlook verbinden. Gehen Sie dazu wie folgt vor:

1. Öffnen Sie die SharePoint-Website in Internet Explorer oder einem anderen Webbrowser.
2. Klicken Sie im Menü *Aktionen* auf den Befehl *Verbindung herstellen mit Outlook* (siehe Abbildg. 17.1).

Abbildg. 17.1 Eine *SharePoint-Liste mit Outlook verbinden*

TIPP Wenn eine Internet Explorer-Sicherheitswarnung erscheint, klicken Sie auf *Zulassen.*

3. Bestätigen Sie die Abfrage, dass Sie die Bibliothek oder Liste mit Outlook verbinden möchten, mit einem Mausklick auf die Schaltfläche *Ja*.
4. Öffnen Sie in Outlook den Ordner *E-Mail* mit einem Mausklick auf die gleichnamige Schaltfläche im Navigationsbereich und öffnen Sie dann den Ordner *SharePoint-Listen*.

TIPP Outlook erzeugt den Ordner *SharePoint-Listen*, wenn Sie das erste Mal eine SharePoint-Bibliothek oder -Liste mit Outlook verbinden.

5. Klicken Sie auf die Bibliothek oder Liste, die Sie soeben zu Outlook hinzugefügt haben, und betrachten Sie den Inhalt der Liste oder Bibliothek (siehe Abbildg. 17.2). Um eine Datei im Lesebereich zu betrachten, klicken Sie sie einfach an.

Abbildg. 17.2 Die SharePoint-Bibliothek in Outlook öffnen

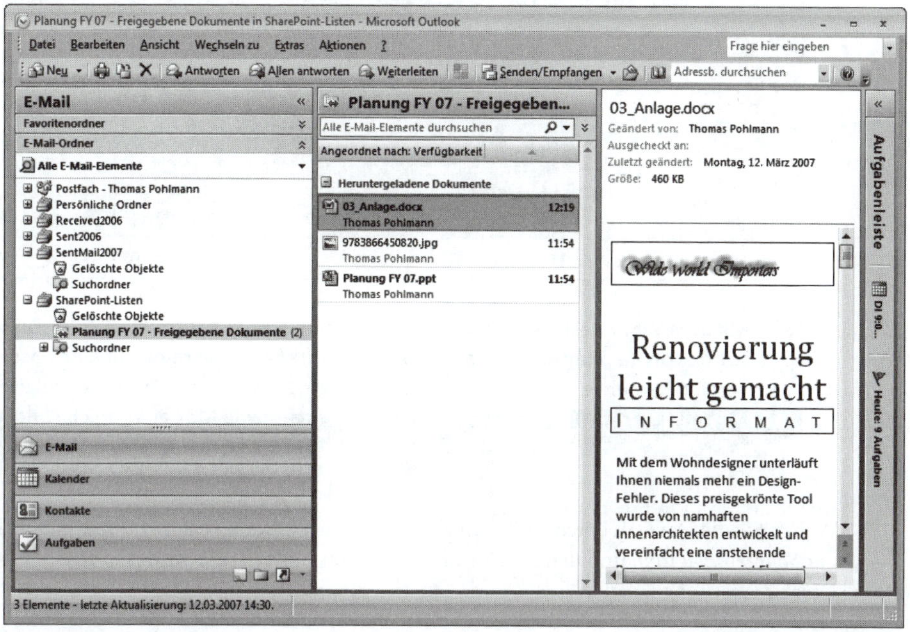

6. Um eine Datei zu öffnen und zu bearbeiten, doppelklicken Sie auf den Namen. Bestätigen Sie dann noch einmal, dass Sie die Datei öffnen möchten.

PROFITIPP

Falls Sie die Datei nicht sofort finden, geben Sie den Namen oder einen Teil des Namens in die Sofortsuche des Ordners *E-Mail* ein. Es werden nun nur noch die Elemente angezeigt, die den eingegebenen Text enthalten.

7. Die Datei wird nun in dem Programm geöffnet, mit dem sie erstellt wurde.
8. Um die Datei offline zu bearbeiten und auf Ihrem Computer zu speichern, klicken Sie auf die Schaltfläche *Offline bearbeiten*.
9. Nehmen Sie die gewünschten Änderungen vor und speichern Sie die Datei mit einem Mausklick auf die *Speichern*-Schaltfläche in der Multifunktionsleiste.
10. Schließen Sie die Datei dann mit einem Mausklick auf die *Schließen*-Schaltfläche in der rechten oberen Fensterecke.
11. Es öffnet sich das Dialogfeld *Offline bearbeiten*, in dem Sie auf *Aktualisieren* klicken, um die Änderungen auf den SharePoint-Sites zu übertragen (siehe Abbildg. 17.3).

Abbildg. 17.3 Die Datei aktualisieren

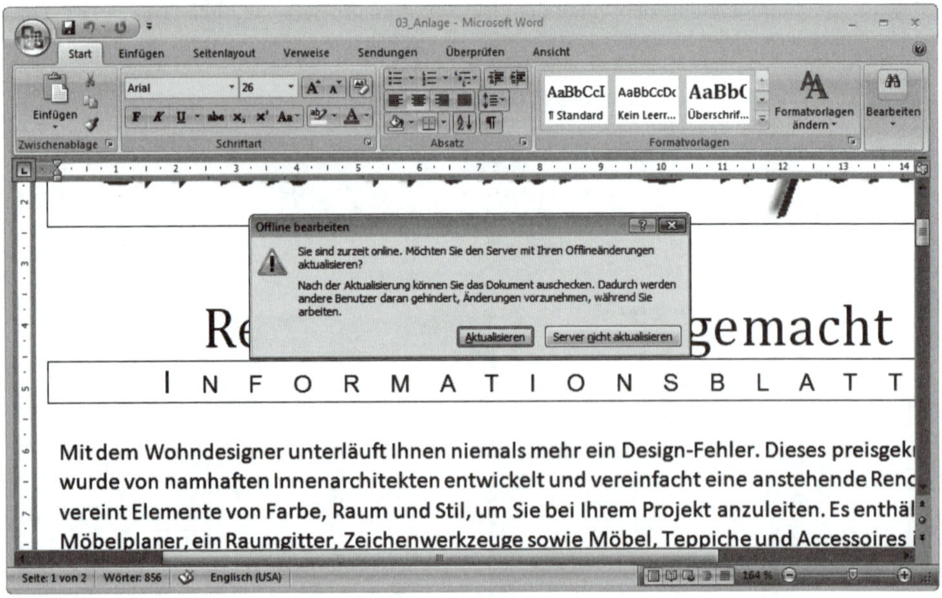

Wollen Sie die Datei zu einem späteren Zeitpunkt aus Outlook entfernen, markieren Sie sie im Ordner *SharePoint-Listen* und drücken Sie die `Entf`-Taste. Die Datei wird nun in den Ordner *Gelöschte Objekte* verschoben.

Aktualisierungen per RSS-Feed empfangen

Um die Aktualisierungen einer SharePoint-Liste oder -Bibliothek mit einem RSS-Feed automatisch zu empfangen, gehen Sie wie folgt vor:

1. Öffnen Sie die SharePoint-Liste oder -Bibliothek in Internet Explorer oder einem anderen Webbrowser.
2. Wählen Sie im Menü *Aktionen* den Befehl *RSS-Feed anzeigen*.
3. Klicken Sie dann auf den Link *Feed abonnieren* und bestätigen Sie die Abfrage, ob Sie den RSS-Feed abonnieren möchten, mit einem Mausklick auf die Schaltfläche *Abonnieren*.
4. Aktivieren Sie den Ordner *E-Mail* mit einem Mausklick auf die gleichnamige Schaltfläche im Navigationsbereich und klicken Sie dann auf das Pluszeichen, das dem Ordner *RSS-Feeds* vorangestellt ist.
5. Öffnen Sie den neu abonnierten RSS-Feed-Ordner mit einem Mausklick und lesen Sie die Beiträge in der Spalte rechts daneben.
6. Öffnen Sie die Artikel, die Sie näher betrachten möchten, mit einem Mausklick auf den Hyperlink *Artikel anzeigen* im Lesebereich.

TIPP Benötigen Sie den RSS-Feed nicht mehr, können Sie ihn aus Ihrem Ordner *RSS-Feeds* löschen, indem Sie ihn markieren und die `Entf`-Taste drücken. Der Ordner wird nun mit seinem gesamten Inhalt in den Ordner *Gelöschte Objekte* verschoben. Wollen Sie Ihr Abonnement hingegen stornieren, ohne die bereits auf Ihrem Computer vorhandenen Artikel zu löschen, wählen Sie im Menü *Extras* den Befehl *Kontoeinstellungen*, aktivieren Sie die Registerkarte *RSS-Feeds*, markieren Sie den RSS-Feed, dessen Abonnement Sie stornieren möchten, und klicken Sie auf *Entfernen*. Schließen Sie dann das Dialogfeld *Kontoeinstellungen*.

Benachrichtigungen über Aktualisierungen erhalten

Wollen Sie eine Benachrichtigung erstellen, mit der Sie über Veränderungen einer SharePoint-Liste oder -Bibliothek informiert werden, gehen Sie wie folgt vor:

1. Aktivieren Sie den Ordner *E-Mail* mit einem Mausklick auf die gleichnamige Schaltfläche im Navigationsbereich.
2. Rufen Sie den Menübefehl *Extras/Regeln und Benachrichtigungen* auf.
3. Aktivieren Sie im gleichnamigen Dialogfeld die Registerkarte *Benachrichtigungen verwalten*.
4. Klicken Sie dann auf *Neue Benachrichtigung*.
5. Im nun geöffneten gleichnamigen Dialogfeld wählen Sie die SharePoint-Website aus, auf die sich die Benachrichtigung beziehen soll, und klicken auf *Öffnen*.
6. Wählen Sie dann die Liste oder Bibliothek aus, für die Sie die Benachrichtigung erhalten möchten, und klicken Sie auf *Weiter*.
7. Geben Sie im nächsten Schritt den Benachrichtigungstitel ein, der als Betreff der E-Mail verwendet wird, die als Benachrichtigung an Sie geschickt wird.
8. Dann geben Sie im Feld *Benachrichtigung senden an* Ihre E-Mail-Adresse und die E-Mail-Adressen aller anderen Personen an, die eine Benachrichtigung erhalten sollen.
9. Legen Sie die gewünschten Einstellungen fest und klicken Sie dann auf *OK*, um alle Dialogfelder zu schließen.

PROFITIPP

Wollen Sie die Benachrichtigung zu einem späteren Zeitpunkt löschen, rufen Sie den Menübefehl *Extras/Regeln und Benachrichtigungen* auf und aktivieren Sie im nun geöffneten Dialogfeld die Registerkarte *Benachrichtigungen verwalten*. Markieren Sie dann die Benachrichtigung, die Sie löschen möchten, und klicken Sie auf *Löschen*. Bestätigen Sie den Vorgang mit *Ja*.

Kontakte aus SharePoint-Websites nutzen

Wollen Sie Kontakte aus SharePoint-Websites nutzen, müssen Sie sie zunächst zu Outlook 2007 hinzufügen. Anschließend können Sie die Kontakte wie Ihre eigenen Outlook-Kontakte verwenden. Gehen Sie wie folgt vor, um eine SharePoint-Kontaktliste in Outlook zu öffnen:

1. Öffnen Sie die SharePoint-Website in Internet Explorer oder einem anderen Webbrowser.
2. Wechseln Sie zum Kontaktordner, den Sie mit Outlook verbinden möchten.
3. Klicken Sie auf *Aktionen* und wählen Sie dann den Befehl *Verbindung herstellen mit Outlook*.
4. Bestätigen Sie die Abfrage, die sich öffnet, mit einem Mausklick auf *OK*.

5. Wechseln Sie in Outlook 2007 mit einem Mausklick auf die gleichnamige Schaltfläche zum Ordner *Kontakte*. Im Bereich *Andere Kontakte* des Ordners wird nun der SharePoint-Kontaktordner aufgeführt.
6. Öffnen Sie den Ordner mit einem Mausklick und betrachten Sie den Inhalt und nutzen Sie die Kontakte wie gewohnt.
7. Benötigen Sie den Kontaktordner nicht mehr und möchten Sie ihn aus Outlook entfernen, klicken Sie ihn mit der rechten Maustaste an und wählen Sie im Kontextmenü, das sich öffnet, den Befehl *<"Kontaktordner"> löschen*. Der Ordner wird nun in den Ordner *Gelöschte Objekte* verschoben, bleibt in der SharePoint-Website jedoch weiterhin erhalten.

SharePoint-Kalender anzeigen und nutzen

Wollen Sie einen oder mehrere Kalender aus einer SharePoint-Website nutzen, müssen Sie sie zunächst zu Outlook 2007 hinzufügen. Anschließend können Sie die Kalender wie Ihre eigenen Outlook-Kalender verwenden. Gehen Sie dazu wie folgt vor:

1. Öffnen Sie die SharePoint-Website in Internet Explorer oder einem anderen Webbrowser.
2. Wechseln Sie zum Kalender, den Sie mit Outlook verbinden möchten (siehe Abbildg. 17.4), klicken Sie auf *Aktionen* und wählen Sie dann den Befehl *Verbindung herstellen mit Outlook*.

Abbildg. 17.4 Einen SharePoint-Kalender mit Outlook verbinden

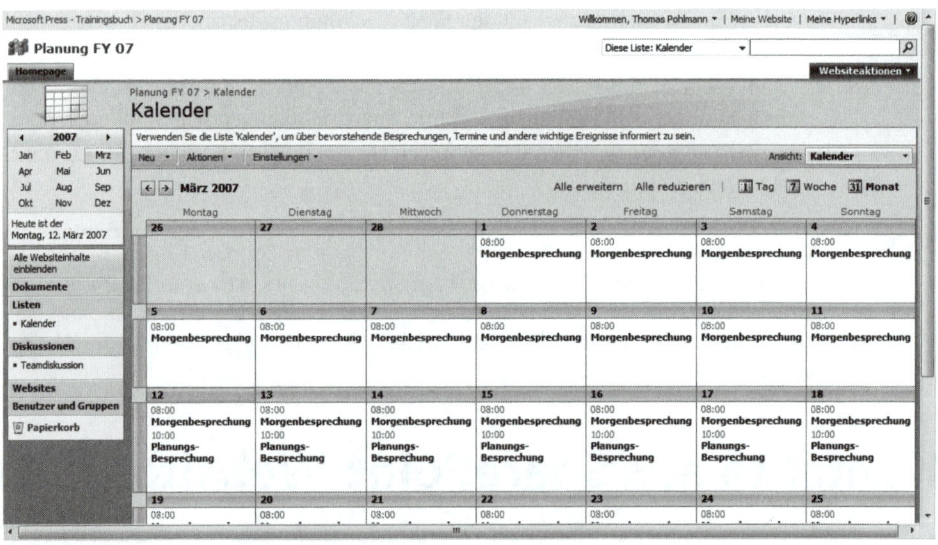

Falls eine Internet Explorer-Sicherheitswarnung erscheint, klicken Sie auf *Zulassen*.

3. Bestätigen Sie die Abfrage, ob Sie den SharePoint-Kalender mit Outlook verbinden möchten, auf *Ja*. Wenn sich ein Dialogfeld *Verbinden* öffnet, in dem Sie nach Ihren Anmeldeinformationen gefragt werden, geben Sie den Benutzernamen und das Kennwort ein und klicken Sie auf *OK*.
4. Wechseln Sie in Outlook 2007 per Klick auf die gleichnamige Schaltfläche zum Ordner *Kalender*. Im Bereich *Andere Kalender* des Ordners wird nun der SharePoint-Kalender aufgeführt.

5. Öffnen Sie den Kalender mit einem Mausklick. Er wird nun neben dem vorhandenen Kalender angezeigt.
6. Wollen Sie die angezeigten Kalender überlagert darstellen, klicken Sie auf den nach links weisenden Pfeil in der Registerkarte des SharePoint-Kalenders. Die Registerkarte wird nun nach links verschoben und Sie können die einzelnen Kalender mit einem Klick auf die Registerkarte einblenden. Um die Überlagerung aufzuheben, klicken Sie auf den nach rechts weisenden Pfeil, um die Überlagerung wieder aufzulösen.
7. Benötigen Sie den Kalender nicht mehr und möchten Sie ihn aus Outlook entfernen, klicken Sie ihn mit der rechten Maustaste an und wählen Sie im nun geöffneten Kontextmenü den Befehl *<"Kalender"> löschen*. Der Ordner wird nun in den Ordner *Gelöschte Objekte* verschoben, bleibt in der SharePoint-Website jedoch weiterhin erhalten.

Aufgaben von einer SharePoint-Website bearbeiten

Um Aufgaben von SharePoint Services zu bearbeiten oder selbst zu delegieren, müssen Sie Outlook zunächst mit der Aufgabenliste von der SharePoint-Website verbinden. Anschließend können Sie die Aufgabe dann nutzen.

Aufgabenlisten mit Outlook verbinden

Um eine Aufgabenliste auf einer SharePoint-Website mit Outlook zu verbinden, gehen Sie wie folgt vor:

1. Öffnen Sie die Website in Internet Explorer oder einem anderen Webbrowser. Aktivieren Sie die Aufgabenliste, die Sie mit Outlook verbinden möchten.
2. Klicken Sie im Menü *Aktionen* auf *Verbindung herstellen mit Outlook*.
3. Bestätigen Sie, dass Sie die Aufgabenliste mit Outlook verbinden möchten, mit *Ja*.
4. Wechseln Sie im Navigationsbereich mit einem Klick auf die gleichnamige Schaltfläche zum Ordner *Aufgaben*.
5. Öffnen Sie die Aufgabenliste von der SharePoint-Website mit einem Mausklick auf deren Bezeichnung im Bereich *Meine Aufgaben*.

TIPP Wollen Sie die Aufgabenliste zu einem späteren Zeitpunkt aus Outlook entfernen, markieren Sie sie und drücken Sie die `Entf`-Taste. Die Liste wird nun in den Ordner *Gelöschte Objekte* verschoben, bleibt jedoch weiterhin in der SharePoint-Website gespeichert.

Aufgaben bearbeiten

Um eine Aufgabe aus einer Aufgabenliste von Microsoft SharePoint Service zu bearbeiten, gehen Sie wie folgt vor:

1. Öffnen Sie den Ordner *Aufgaben* mit einem Mausklick auf die gleichnamige Schaltfläche im Navigationsbereich.

2. Klicken Sie dann auf die SharePoint-Aufgabenliste im Abschnitt *Meine Aufgaben* und öffnen Sie die gewünschte Aufgabe mit einem Doppelklick.
3. Nehmen Sie die gewünschten Änderungen vor und klicken Sie dann auf die Schaltfläche *Speichern & schließen* bzw. klicken Sie auf das Symbol mit dem roten Fähnchen neben der Aufgabe, um diese als erledigt zu kennzeichnen.

Neue Aufgaben erstellen

Um eine neue Aufgabe in der SharePoint-Aufgabenliste zu speichern, gehen Sie wie folgt vor:

1. Öffnen Sie den Ordner *Aufgaben* mit einem Mausklick auf die gleichnamige Schaltfläche im Navigationsbereich.
2. Klicken Sie unter *Meine Aufgaben* auf die SharePoint-Aufgabenliste.
3. Wählen Sie im Menü *Datei* den Befehl *Neu/Aufgabe.*
4. Geben Sie alle Angaben zur Aufgabe ein und klicken Sie dann auf die Schaltfläche *Speichern & schließen.*

An Diskussionsrunden teilnehmen

Haben Sie Zugriff auf eine SharePoint-Website, die unter Windows SharePoint Services 3.0 oder Microsoft Office SharePoint Server 2007 ausgeführt wird, können Sie mit Outlook auf eine öffentliche Diskussionsrunde zugreifen und Beiträge an die Diskussionsrunde schicken.

Eine Diskussionsrunde mit Outlook verbinden

Um eine Diskussionsrunde mit Outlook zu verbinden und Diskussionsbeiträge über Outlook lesen und erstellen zu können, gehen Sie wie folgt vor:

1. Öffnen Sie die Diskussionsrunde auf der SharePoint-Website in Internet Explorer oder einem anderen Webbrowser.
2. Klicken Sie im Menü *Aktionen* der SharePoint-Website auf den Befehl *Verbindung herstellen mit Outlook.*
3. Wechseln Sie nun mit einem Klick auf die Schaltfläche *E-Mail* im Navigationsbereich zum gleichnamigen Ordner, und öffnen Sie dann den neuen Ordner *SharePoint-Listen.*
4. Lesen Sie die Themen der Diskussionsrunde, indem Sie sie mit der Maus anklicken.

Diskussionsbeiträge beantworten

Enthält eine Diskussionsgruppe einen Beitrag, zu dem Sie sich äußern möchten, gehen Sie wie folgt vor:

1. Öffnen Sie den Ordner *E-Mail* mit einem Klick auf die gleichnamige Schaltfläche im Navigationsbereich.
2. Erweitern Sie den Ordner *SharePoint-Listen* und klicken Sie dann auf den Namen der Diskussionsrunde, zu der Sie einen Beitrag leisten möchten.

3. Öffnen Sie den Beitrag, zu dem Sie sich äußern möchten, mit einem Doppelklick.
4. Entscheiden Sie im nächsten Schritt, ob Sie Ihre Antwort nur an die Person senden möchten, von der der Beitrag stammt, oder ob Sie den Beitrag in der Diskussionsrunde bereitstellen möchten:
   - **Antwort in der Diskussionsrunde bereitstellen:** Klicken Sie auf *Antwort bereitstellen*, geben Sie dann Ihren Beitrag ein und klicken Sie auf *Bereitstellen*.
   - **Antwort nur an den Beitragsabsender schicken:** Klicken Sie auf *Antworten*, geben Sie Ihren Beitrag ein und klicken Sie dann auf *Senden*.

Beiträge in der Diskussionsrunde veröffentlichen

Wollen Sie einen Beitrag zu einer Diskussionsrunde leisten, ohne dass dieser bereits von einer anderen Person thematisiert wurde, gehen Sie wie folgt vor:

1. Öffnen Sie den Ordner *E-Mail* mit einem Klick auf die gleichnamige Schaltfläche im Navigationsbereich.
2. Erweitern Sie den Ordner *SharePoint-Listen* und klicken Sie dann auf den Namen der Diskussionsrunde, zu der Sie einen Beitrag leisten möchten.
3. Wählen Sie im Menü *Datei* den Untermenübefehl *Neu/Öffentliche Nachricht in diesem Ordner bereitstellen*.
4. Geben Sie im nun geöffneten Formular den Betreff für Ihren Diskussionsbeitrag in das Feld *Betreff* ein und verfassen Sie dann im Textfeld Ihren Diskussionsbeitrag.
5. Klicken Sie auf die Schaltfläche *Bereitstellen*, um den Beitrag in der Diskussionsrunde zu veröffentlichen.

Eine Diskussionsrunde aus Outlook entfernen

Wollen Sie an einer Diskussionsrunde nicht mehr teilnehmen, sollten Sie sie aus Outlook entfernen. Gehen Sie dazu wie folgt vor:

1. Öffnen Sie den Ordner *E-Mail* mit einem Klick auf die gleichnamige Schaltfläche im Navigationsbereich.
2. Öffnen Sie den Ordner *SharePoint-Listen* per Klick auf das vorangestellte Pluszeichen.
3. Klicken Sie die zu entfernende Diskussionsrunde mit der rechten Maustaste an und wählen Sie im daraufhin geöffneten Kontextmenü den Befehl <*"Diskussionsrunde"*> *löschen* aus.
4. Bestätigen Sie den Vorgang mit einem Klick auf die Schaltfläche *Ja*.

Die Diskussionsrunde wird nun aus Outlook entfernt, ist jedoch noch weiterhin in der SharePoint-Website vorhanden.

Dokumentarbeitsbereiche mit Outlook erstellen

Haben Sie Zugriff auf Microsoft Windows SharePoint Services, können Sie Dokumente in einem Dokumentarbeitsbereich freigeben. Ein Dokumentarbeitsbereich ist eine Website, die unter Microsoft Windows SharePoint Services eingerichtet wird und auf die alle Teilnehmer des Arbeitsbereichs zugreifen können. Der Dokumentarbeitsbereich enthält mindestens ein Dokument, kann aber auch mehrere Dokumente enthalten. Jeder Teilnehmer erhält eine Kopie des Dokuments oder der Dokumente aus dem Dokumentarbeitsbereich und kann diese bearbeiten. Seine Änderungen kann er dann im Dokument speichern, das im Dokumentarbeitsbereich abgelegt ist, und er kann umgekehrt Änderungen in seine Arbeitskopie aufnehmen, die andere Teilnehmer an dem Dokument im Dokumentarbeitsbereich vorgenommen haben.

Dokumentarbeitsbereiche kann jeder Benutzer einrichten, der Zugriff auf SharePoint Services hat. Der Benutzer braucht dazu nur ein Dokument als freigegebene Anlage zu versenden. Die Nachrichtenempfänger sind automatisch Mitglieder des Dokumentarbeitsbereichs und der Benutzer, der den Dokumentarbeitsbereich einrichtet, ist Administrator. Der Dokumentarbeitsbereich trägt denselben Namen wie das Dokument.

Haben Sie ein Dokument erstellt, das mehrere andere Personen lesen und eventuell auch bearbeiten müssen, können Sie es über Outlook 2007 als freigegebene Anlage verschicken und dabei gleichzeitig in einem Dokumentarbeitsbereich bereitstellen.

1. Wechseln Sie über die gleichnamige Schaltfläche im Navigationsbereich zum Ordner *E-Mail* und rufen Sie den Menübefehl *Datei/Neu/E-Mail-Nachricht* auf, um eine neue E-Mail zu erstellen.
2. Wählen Sie im Nachrichtenformular die Empfänger der E-Mail-Nachricht über die Schaltfläche *An* aus. Tragen Sie bei Bedarf die Empfänger in das Feld *Cc* ein, die eine Kopie der Nachricht erhalten sollen. Geben Sie einen Nachrichtenbetreff und bei Bedarf auch einen Nachrichtentext ein.
3. Klicken Sie auf der Registerkarte *Nachricht* in der Gruppe *Einschließen* auf die Schaltfläche *Datei anfügen.*
4. Im nun geöffneten Dialogfeld *Datei einfügen* wählen Sie die gewünschte Datei mit einem Doppelklick aus.
5. Die Datei wird nun in das Feld *Angefügt* des Nachrichtenformulars übernommen. Klicken Sie nun in der Gruppe *Einfügen* der Multifunktionsleiste auf die Schaltfläche *Startprogramm für ein Dialogfeld*, um den Aufgabenbereich *Anlagenoptionen* zu öffnen.
6. Im Aufgabenbereich *Anlagenoptionen* wählen Sie die Option *Freigegebene Anlagen* (siehe Abbildg. 17.5) und tragen dann im Feld *Dokumentarbeitsbereich erstellen in* die Adresse der SharePoint-Website ein, die Sie nutzen möchten. Outlook fügt automatisch eine Einladung für den Dokumentarbeitsbereich in die E-Mail ein.
7. Klicken Sie nun im Nachrichtenformular auf die Schaltfläche *Senden.*

Der Dokumentarbeitsbereich wird nun von Outlook 2007 in der SharePoint-Website eingerichtet. Die Bestätigung erhalten Sie per E-Mail. Die Bestätigung enthält auch einen Hyperlink zur neuen Website. Die Teilnehmer der Website erhalten die von Outlook automatisch erstellte Nachricht und können nun entweder mit der freigegebenen Anlage arbeiten, indem sie sie wie eine normale Anlage öffnen und speichern. Oder sie arbeiten mit dem Dokument im Dokumentarbeitsbereich, indem sie in der E-Mail-Nachricht auf den Hyperlink zum Dokumentarbeitsbereich klicken, der sich dann in ihrem Webbrowser öffnet. In beiden Fällen können die Änderungen in den Dokumenten aktualisiert werden, die andere Mitglieder des Dokumentarbeitsbereichs erhalten haben.

Abbildg. 17.5 Die Nachricht mit aktiviertem Aufgabenbereich *Anlagenoptionen*

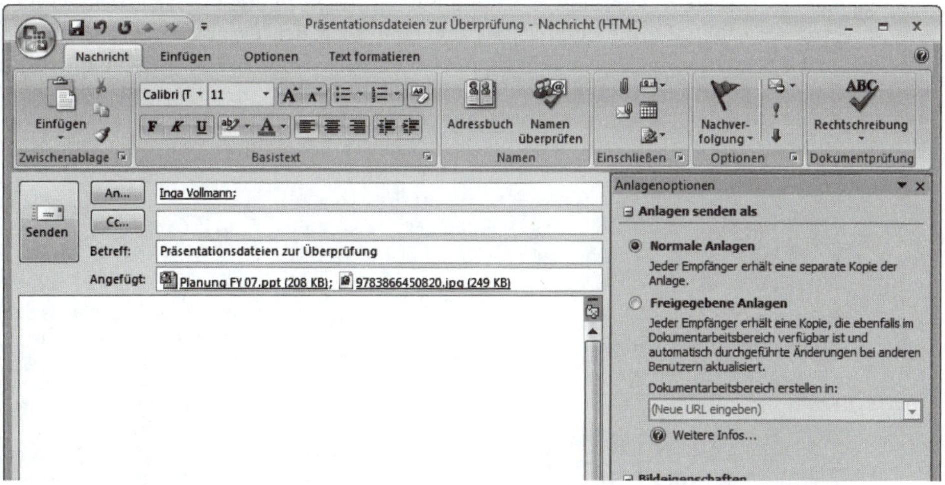

Besprechungsarbeitsbereiche nutzen

Besprechungsarbeitsbereiche sind Websites, in denen Sie Informationen und Dokumente speichern können, die Sie und die anderen Besprechungsteilnehmer für eine oder mehrere Besprechungen benötigen. Benutzer können dadurch gemeinsam an Inhalten arbeiten und müssen nicht ständig Material über E-Mail-Nachrichten austauschen. Außerdem können Sie in Besprechungsarbeitsbereichen Besprechungsergebnisse veröffentlichen und Teilnehmer zu Besprechungen einladen.

Besprechungsarbeitsbereiche erstellen

Besprechungsarbeitsbereiche können Sie zusammen mit Besprechungsanfragen erstellen und dann wichtige Dokumente und Informationen im Besprechungsarbeitsbereich speichern.

1. Rufen Sie in Outlook den Untermenübefehl *Datei/Neu/Besprechungsanfrage* auf.
2. Im nun geöffneten Besprechungsanfrageformular geben Sie die Empfänger der Besprechungsanfrage ein oder wählen Sie sie über die Schaltfläche *An* aus. Tragen Sie dann den Betreff, den Ort und das Datum ein oder suchen Sie über den *Terminplanungs-Assistenten* nach einem geeigneten Termin.
3. Klicken Sie dann auf der Registerkarte *Besprechung* des Besprechungsanfrageformulars auf die Schaltfläche *Besprechungsarbeitsbereich* und wählen Sie im nun geöffneten Aufgabenbereich *Besprechungsarbeitsbereich* die Schaltfläche *Erstellen.*
4. Geben Sie im nächsten Schritt den Server an, auf dem der Besprechungsarbeitsbereich gespeichert werden soll, und legen Sie die zu benutzende Sprache und Vorlage fest.

TIPP Ihre Einstellungen werden gespeichert und stehen beim nächsten Mal zur Verfügung, wenn Sie einen Besprechungsarbeitsbereich einrichten möchten.

5. Der Arbeitsbereich wird nun erstellt und in das Besprechungsanfragetextfeld wird ein Textbaustein eingefügt, der die Besprechungsteilnehmer auf den Besprechungsarbeitsbereich hinweist und einen Hyperlink zum Besprechungsarbeitsbereich enthält (siehe Abbildg. 17.6). Klicken Sie auf die Schaltfläche *Senden*.

Abbildg. 17.6 Die Besprechungsanfrage enthält einen Hinweis auf den Besprechungsarbeitsbereich

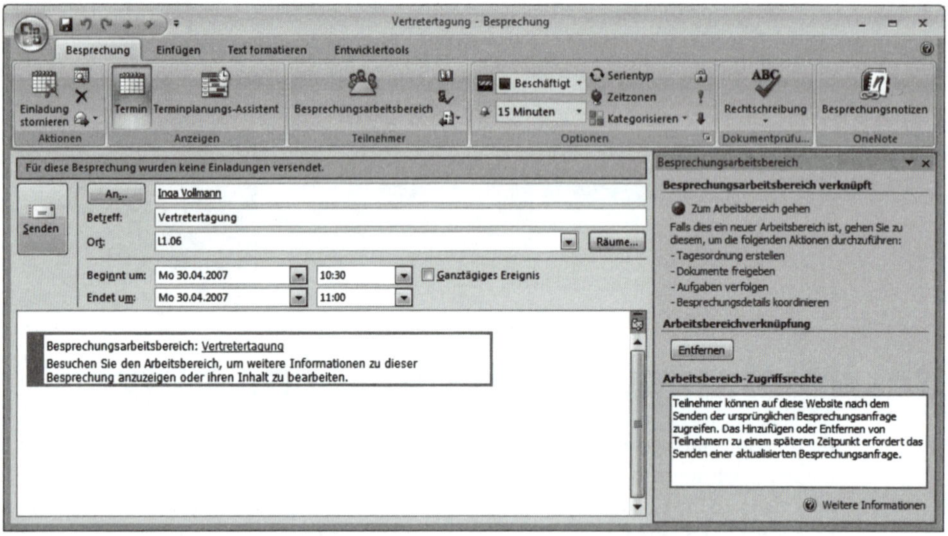

Der Besprechungstermin wird wie bei der normalen Besprechungsanfrage in Ihren Kalender und in den Kalender der Empfänger eingetragen, sofern diese zusagen. Die Empfänger der Besprechungsanfrage können wie üblich zusagen, ablehnen, mit Vorbehalt zusagen oder eine andere Zeit vorschlagen. Besprechungsanfragen erkennen Sie im Kalender am Konferenzsymbol unterhalb vom Symbol für Besprechungsanfragen.

Zum Besprechungsarbeitsbereich wechseln

Haben Sie eine Besprechungsanfrage mit Hinweis auf einen Besprechungsarbeitsbereich erhalten, brauchen Sie nur auf den Hyperlink zum Besprechungsarbeitsbereich zu klicken, um diesen in Ihrem Webbrowser zu öffnen. Alternativ dazu können Sie im Kalender zu dem Termin wechseln, an dem die Besprechung stattfinden soll, den Termin per Doppelklick öffnen und im Aufgabenbereich *Besprechungsarbeitsbereich* am rechten Rand des Besprechungsanfrageformulars auf den Hyperlink *Zum Arbeitsbereich gehen* klicken.

Löschen eines Besprechungsarbeitsbereichs

Um die Verknüpfung einer Besprechungsanfrage mit einem Besprechungsarbeitsbereich aufzulösen, gehen Sie wie folgt vor:

TIPP Besprechungsarbeitsbereiche können Sie nur löschen, wenn Sie für die Teamwebsite Administratorrechte besitzen.

1. Wechseln Sie zum Termin, an dem die Besprechung stattfinden soll, und öffnen Sie die Besprechung per Doppelklick.
2. Klicken Sie dann im Aufgabenbereich *Besprechungsarbeitsbereich* auf die Schaltfläche *Entfernen.*
3. Bestätigen Sie die Abfrage, ob die Arbeitsbereichsverknüpfung tatsächlich gelöscht werden soll, mit *Ja.*

Zusammenfassung

Die SharePoint Team Services erleichtern die Zusammenarbeit in Teams erheblich. Über Microsoft Outlook können Sie dabei Beiträge zu Diskussionsrunden leisten und Listen und Bibliotheken einsehen und öffnen.

Sie möchten ...	So gehen Sie vor	Sehen Sie sich dazu das Beispiel an auf Seite
SharePoint-Komponenten mit Outlook verknüpfen	Öffnen Sie die SharePoint-Website in Internet Explorer und wählen Sie im Menü *Aktionen* den Befehl *Verbindung herstellen mit Outlook*	742, 747 und 748
SharePoint-Diskussionsrunden in Outlook öffnen	Wechseln Sie zum Ordner *E-Mail* und öffnen Sie den Unterordner *SharePoint-Listen*. Öffnen Sie dann die Diskussionsrunde mit einem Mausklick.	749
Dokumentarbeitsbereiche erstellen	Erstellen Sie eine neue E-Mail-Nachricht und hängen Sie über die Schaltfläche *Datei anfügen* die Datei an, die Sie freigeben möchten. Klicken Sie dann in der Gruppe *Einfügen* der Multifunktionsleiste auf die Schaltfläche *Startprogramm für ein Dialogfeld*, um den Aufgabenbereich *Anlagenoptionen* zu öffnen, wählen die Option *Freigegebene Anlagen* und folgen dem Assistenten.	750

Kapitel 18

Outlook konfigurieren, reparieren und entfernen

In diesem Kapitel:

In diesem Kapitel erfahren Sie, wie Sie die Symbolleisten, Menüs, den Navigationsbereich und Outlook Heute an Ihre eigenen Bedürfnisse anpassen, wie Sie Ansichten für die verschiedenen Outlook-Ordner anpassen und erstellen, wie Sie Outlook-Optionen nutzen, welche Optionen das Vertrauensstellungscenter für Sie bereithält, wie Sie zusätzliche Sprachen installieren, wie Sie Outlook reparieren und entfernen und wie Sie Befehlszeilenoptionen für Outlook nutzen.

Symbolleisten anpassen

Standardmäßig werden in den Outlook-Symbolleisten alle Schaltflächen angezeigt, die darin enthalten sind. Sie haben jedoch die Möglichkeit, Schaltflächen zu entfernen. Sie können die Schaltflächen anschließend jederzeit wieder hinzufügen oder die ursprüngliche Symbolleiste wiederherstellen, indem Sie sie zurücksetzen.

Schaltflächen aktivieren und deaktivieren

Um die Anzeige von Schaltflächen in der Symbolleiste zu aktivieren oder zu deaktivieren, gehen Sie wie folgt vor:

1. Klicken Sie auf die Schaltfläche *Optionen für Symbolleisten* am rechten Rand der Symbolleiste und wählen Sie im Menü, das sich öffnet, den Befehl *Schaltflächen hinzufügen oder entfernen/Standard.*
2. Es öffnet sich ein Untermenü, das sämtliche Symbole der entsprechenden Symbolleiste inklusive Text enthält. Die Schaltflächen mit vorangestelltem Häkchen werden momentan angezeigt. Klicken Sie die Schaltfläche an, die Sie aus der Symbolleiste entfernen oder dieser hinzufügen möchten. Das Menü schließt sich, sobald Sie eine Schaltfläche ausgewählt haben.

TIPP Der ursprüngliche Zustand der Symbolleiste lässt sich über den Befehl *Symbolleiste zurücksetzen* wiederherstellen.

Neue Schaltflächen zur Symbolleiste hinzufügen

Bei Bedarf können Sie Symbolleisten völlig umgestalten und sogar neu erstellen. Gehen Sie dazu wie folgt vor:

1. Öffnen Sie den Ordner, in dem Sie die Symbolleiste verändern wollen, im Beispiel den Ordner *E-Mail.*
2. Rufen Sie den Menübefehl *Ansicht/Symbolleisten/Anpassen* auf.
3. Im nun geöffneten Dialogfeld *Anpassen* aktivieren Sie die Registerkarte *Befehle* und auf dieser die Kategorie, die den gewünschten Befehl enthält, im Beispiel die Kategorie *Datei.*
4. Klicken Sie dann im Listenfeld *Befehle* auf den Befehl, den Sie zur Symbolleiste hinzufügen möchten, und ziehen Sie ihn bei gedrückter Maustaste an die gewünschte Stelle in der Symbolleiste (siehe Abbildg. 18.1) und lassen Sie dann die linke Maustaste los. Die neue Schaltfläche befindet sich nun an der gewünschten Stelle.

Abbildg. 18.1 Ziehen Sie den Befehl an die gewünschte Position in der Symbolleiste

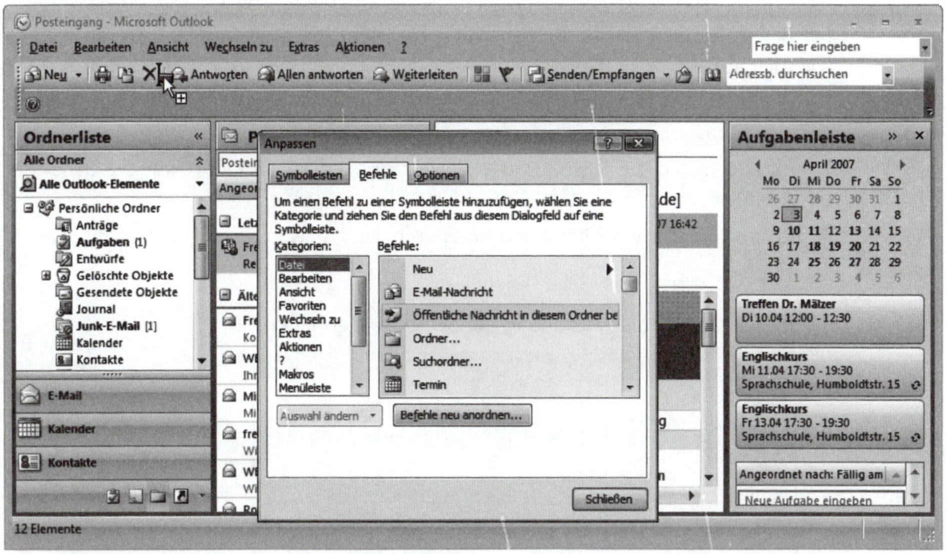

5. Um die Bezeichnung der neuen Schaltfläche zu verändern, klicken Sie im Dialogfeld *Anpassen* auf die Schaltfläche *Auswahl ändern* und geben Sie dann im Feld *Name* den neuen Text ein. Um das Schaltflächensymbol und den Namen anzuzeigen, wählen Sie die Option *Schaltflächensymbol und Text.*
6. Um die Position einer Schaltfläche in der Symbolleiste zu verändern, klicken Sie die Schaltfläche bei geöffnetem Dialogfeld *Anpassen* mit der linken Maustaste an und ziehen Sie sie auf die gewünschte Position. Sobald Sie die linke Maustaste loslassen, passt sich die Symbolleiste an.
7. Verlassen Sie das Dialogfeld durch Anklicken der *Schließen*-Schaltfläche.

WICHTIG Menüs lassen sich auf die gleiche Weise anpassen wie Symbolleisten. Öffnen Sie zunächst das Dialogfeld *Anpassen* über den Befehl *Ansicht/Symbolleisten/Anpassen*. Markieren Sie auf der Registerkarte *Befehle* den gewünschten Befehl und ziehen Sie ihn auf das Menü, in das er eingefügt werden soll. Das Menü öffnet sich nun und Sie können eine Position bestimmen. Der Mauszeiger bietet Ihnen dabei wie in der Symbolleiste eine Positionierhilfe.

Schaltflächen aus der Symbolleiste entfernen

Wollen Sie eine Schaltfläche dauerhaft aus der Symbolleiste entfernen, gehen Sie wie folgt vor:

1. Öffnen Sie das Dialogfeld *Anpassen* über den Befehl *Ansicht/Symbolleisten/Anpassen.*
2. Ziehen Sie die Schaltfläche dann mit gedrückter linker Maustaste aus der Symbolleiste heraus und lassen Sie die linke Maustaste los.
3. Schließen Sie das Dialogfeld *Anpassen* über die Schaltfläche *Schließen.*

Menübefehle neu anordnen

Bei Bedarf können Sie die Befehle in einem Menü nach eigenem Gusto anpassen. Gehen Sie dazu wie folgt vor:

1. Rufen Sie den Menübefehl *Ansicht/Symbolleisten/Anpassen* auf, um das gleichnamige Dialogfeld zu öffnen.
2. Aktivieren Sie die Registerkarte *Befehle* und klicken Sie dort auf die Schaltfläche *Befehle neu anordnen*.
3. Im nun geöffneten Dialogfeld aktivieren Sie zunächst die Option *Symbolleiste* (siehe Abbildg. 18.2).

Abbildg. 18.2 Hier passen Sie die Anordnung der Symbolleistenbefehle an

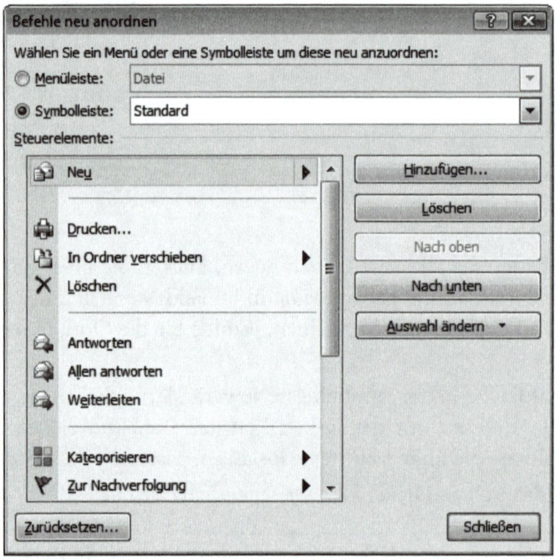

HINWEIS Wollen Sie lieber die Befehle in einem Menü neu anordnen, lassen Sie die Option *Menüleiste* aktiviert und wählen dann das Menü, in dem Sie die Befehlsanordnung verändern wollen, über das Listenfeld neben der Option aus.

4. Markieren Sie den Befehl, den Sie an eine andere Stelle verschieben wollen, und verändern Sie dann seine Position über die Schaltflächen *Nach oben* und *Nach unten*.

HINWEIS Stellen Sie fest, dass Sie einen zusätzlichen Befehl in der Symbolleiste benötigen, klicken Sie auf die Schaltfläche *Hinzufügen*, wählen im Dialogfeld *Befehl hinzufügen* die passende Kategorie sowie den Befehl und bestätigen mit *OK*. Um einen Befehl aus der Symbolleiste zu entfernen, markieren Sie ihn und klicken auf die Schaltfläche *Löschen*.

5. Wollen Sie die Änderungen rückgängig machen, wählen Sie die Schaltfläche *Zurücksetzen*. Um die Änderungen zu übernehmen, klicken Sie auf die Schaltfläche *Schließen*.

Symbolleisten zurücksetzen

Der Ursprungszustand einer Symbolleiste lässt sich leicht wiederherstellen:

1. Klicken Sie mit der rechten Maustaste auf die Symbolleiste und wählen Sie im Kontextmenü den Befehl *Anpassen*.
2. Im nun geöffneten Dialogfeld *Anpassen* aktivieren Sie die Registerkarte *Symbolleisten*.
3. Markieren Sie die Symbolleiste, deren Ursprungszustand Sie wiederherstellen möchten, und klicken Sie auf die Schaltfläche *Zurücksetzen*.

Symbolleisten erstellen

Mit den folgenden Schritten erstellen Sie eine vollständig auf Ihre Anforderungen abgestimmte eigene Symbolleiste:

1. Wählen Sie den Befehl *Ansicht/Symbolleisten/Anpassen*, um das Dialogfeld *Anpassen* zu öffnen.
2. Aktivieren Sie die Registerkarte *Symbolleisten*.
3. Wählen Sie die Schaltfläche *Neu*, um das Dialogfeld *Neue Symbolleiste* zu öffnen.
4. Geben Sie den Namen der neuen Symbolleiste, im Beispiel E-Mail, in das Textfeld ein und bestätigen Sie mit *OK*.
5. Aktivieren Sie nun die Registerkarte *Befehle* und auf dieser die Kategorie, aus der Sie einen Befehl zur neuen Symbolleiste hinzufügen möchten.
6. Ziehen Sie den Befehl bei gedrückter linker Maustaste auf die neue Symbolleiste.
7. Klicken Sie im Dialogfeld *Anpassen* auf die Schaltfläche *Schließen*. Die Symbolleiste bleibt eingeblendet. Sie können sie mit der Maus an eine andere Position verschieben oder über die *Schließen*-Schaltfläche in der rechten oberen Ecke schließen.

TIPP Um die Symbolleiste wieder zu löschen, rufen Sie den Befehl *Ansicht/Symbolleisten/Anpassen* auf. Im zugehörigen Dialogfeld *Anpassen* markieren Sie auf der Registerkarte *Symbolleisten* die Symbolleiste, die Sie entfernen möchten, und klicken auf die Schaltfläche *Löschen*. Wählen Sie anschließend die Schaltfläche *Schließen*.

Den Navigationsbereich anpassen

Bei Bedarf können Sie Verknüpfungen zum Navigationsbereich hinzufügen, Schaltflächen ein- und ausblenden und die Reihenfolge der Schaltflächen ändern.

Die Schaltflächen im Navigationsbereich anpassen

Benötigen Sie im Navigationsbereich mehr Platz für die Anzeige von Elementen, können Sie Schaltflächen auch an den unteren Rand des Navigationsbereichs verschieben oder die Anzeige ganz ausblenden.

- **Weniger/Mehr Schaltflächen anzeigen:** Klicken Sie auf den Abwärtspfeil im Navigationsbereich und wählen Sie die Option *Weniger Schaltflächen anzeigen*, um Schaltflächen aus der Anzeige herauszunehmen und nur noch als kleines Symbol am unteren Rand des Navigationsbereichs anzuzeigen (siehe Abbildg. 18.3).

Abbildg. 18.3 Weniger Schaltflächen anzeigen

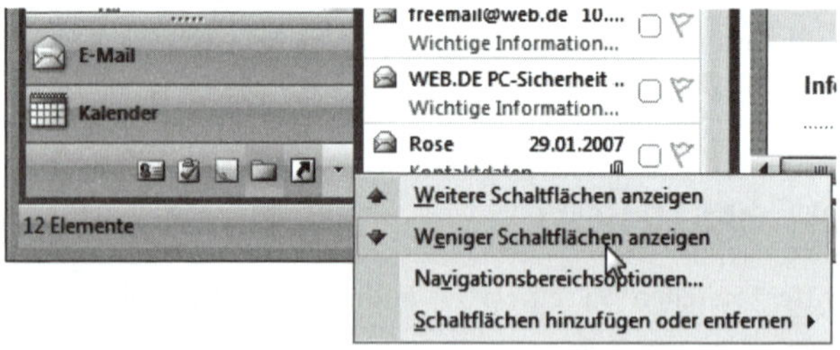

Um die Schaltflächen wieder als große Symbole anzuzeigen, klicken Sie auf den Abwärtspfeil im Navigationsbereich und wählen im Dropdown-Menü, das sich öffnet, den Befehl *Weitere Schaltflächen anzeigen*.

- **Schaltflächen ein-/ausblenden:** Klicken Sie auf den Abwärtspfeil im Navigationsbereich, zeigen Sie dann auf *Schaltflächen hinzufügen oder entfernen* und klicken Sie auf die Schaltfläche, die Sie aus- oder einblenden möchten. Wurde die Schaltfläche bisher angezeigt, wird sie nun ausgeblendet, war sie bisher ausgeblendet, wird sie nun angezeigt.
- **Schaltflächenreihenfolge ändern:** Klicken Sie auf den Abwärtspfeil im Navigationsbereich und wählen Sie den Befehl *Navigationsbereichsoptionen*. Im gleichnamigen Dialogfeld markieren Sie die Schaltfläche, die Sie an eine andere Position versetzen möchten, und klicken so oft auf die Schaltfläche *Nach oben* oder *Nach unten*, bis sich die Schaltfläche an der gewünschten Position befindet. Bestätigen Sie Ihre Wahl mit einem Mausklick auf die Schaltfläche *OK*.

TIPP Um die Änderungen rückgängig zu machen, klicken Sie im Dialogfeld *Navigationsbereichsoptionen* auf die Schaltfläche *Zurücksetzen*.

Verknüpfungen hinzufügen

Bei Bedarf können Sie Verknüpfungen zu Outlook-Ordnern zu Ihrem Navigationsbereich hinzufügen.

1. Klicken Sie im Navigationsbereich auf die Schaltfläche *Verknüpfungen*, um den entsprechenden Ordner zu öffnen.
2. Der Ordner *Verknüpfungen* enthält die Verknüpfung *Outlook Heute* und *Microsoft Office Online*, die Sie durch Anklicken öffnen (siehe Abbildg. 18.4). Um eine eigene Verknüpfung hinzuzufügen, klicken Sie auf den Hyperlink *Neue Verknüpfung hinzufügen*.
3. Wollen Sie Ihre Verknüpfungen zur Gruppe *Eigene Verknüpfungen* hinzufügen, gehen Sie direkt zum nächsten Schritt. Wollen Sie für die Verknüpfungen hingegen eine neue Gruppe erstellen, klicken Sie auf den Link *Neue Gruppe hinzufügen*, geben Sie den Namen der Gruppe ein und drücken Sie die [↵]-Taste.

Abbildg. 18.4 Der Ordner *Verknüpfungen*

HINWEIS Um eine Gruppe zu löschen, klicken Sie mit der rechten Maustaste darauf, wählen im Kontextmenü den Befehl *Gruppe entfernen* und bestätigen den Löschvorgang über die Schaltfläche *Ja*.

4. Markieren Sie die Gruppe, zu der Sie eine Verknüpfung hinzufügen möchten. Falls Sie noch keine neue Gruppe angelegt haben, markieren Sie die Gruppe *Eigene Verknüpfungen*. Klicken Sie dann auf den Link *Neue Verknüpfung hinzufügen*, wählen Sie den gewünschten Ordner im Dialogfeld *Zu Navigationsbereich hinzufügen* aus und klicken Sie auf *OK*.

HINWEIS Sagt Ihnen die Reihenfolge der Verknüpfungen innerhalb einer Gruppe nicht zu, können Sie diese durch Ziehen mit der Maus verändern. Um eine Verknüpfung zu löschen, klicken Sie mit der rechten Maustaste darauf und wählen im Kontextmenü den Befehl *Verknüpfung löschen*.

Ansichten anpassen und erstellen

Reichen Ihnen die von Outlook vorgegebenen Ansichten nicht aus, können Sie sie nach Ihren eigenen Bedürfnissen verändern oder neu erstellen.

Eine Ansicht anpassen

Um eine Ansicht anzupassen, gehen Sie wie folgt vor:

1. Öffnen Sie den Ordner, den Sie anpassen möchten, mit einem Mausklick auf die entsprechende Schaltfläche im Navigationsbereich.

2. Rufen Sie dann den Menübefehl *Ansicht/Aktuelle Ansicht/Aktuelle Ansicht anpassen* auf.
3. Im Dialogfeld *Ansicht anpassen* (siehe Abbildg. 18.5) klicken Sie die gewünschte Schaltfläche an und legen Sie im daraufhin geöffneten neuen Dialogfeld die entsprechenden Optionen fest.

Abbildg. 18.5 Das Dialogfeld *Ansicht anpassen* ist die Schaltzentrale für die Anpassung von Ansichten

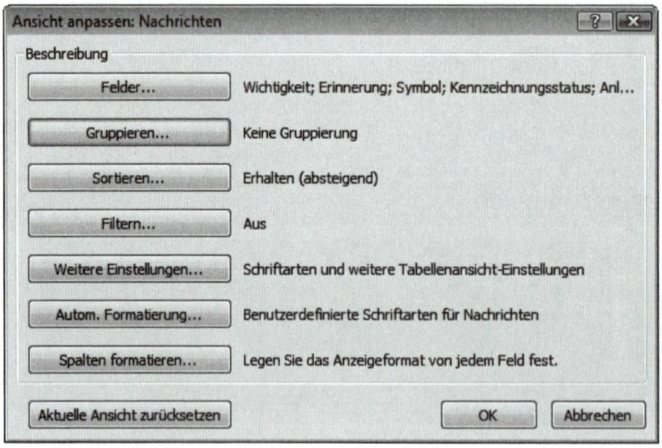

HINWEIS Es stehen nicht für alle Ordner alle Schaltflächen zur Verfügung.

4. Schließen Sie das Dialogfeld mit einem Mausklick auf *OK*.

TIPP Sagen Ihnen die Änderungen der Ansicht nicht zu, öffnen Sie das Dialogfeld *Ansicht anpassen* noch einmal und klicken Sie auf die Schaltfläche *Aktuelle Ansicht zurücksetzen*.

Ansichten erstellen

Um eine neue Ansicht auf der Basis einer vorhandenen Ansicht zu erstellen, gehen Sie wie folgt vor:

1. Öffnen Sie den Ordner, für den Sie eine neue Ansicht erstellen möchten.
2. Rufen Sie den Menübefehl *Ansicht/Aktuelle Ansicht/Ansichten definieren* auf.
3. Im nun geöffneten Dialogfeld *Benutzerdefinierte Ansichten verwalten* (siehe Abbildg. 18.6) markieren Sie die Ansicht, die Sie als Grundlage verwenden möchten, und klicken Sie dann auf die Schaltfläche *Neu*.
4. Im Dialogfeld *Neue Ansicht erstellen* geben Sie im Feld *Name der neuen Ansicht* eine aussagekräftige Bezeichnung für die Ansicht ein und wählen im Listenfeld *Ansichtentyp* aus, wie die Ansicht strukturiert werden soll.
5. Legen Sie im Bereich *Kann angewendet werden auf* fest, ob die Ansicht im aktuellen Ordner für alle Benutzer sichtbar, im aktuellen Ordner nur für Sie sichtbar oder in allen Ordnern des aktuellen Ordnertyps sichtbar sein soll. Wählen Sie anschließend *OK*.
6. Es öffnet sich das Dialogfeld *Ansicht anpassen*, in dem Sie über die verfügbaren Schaltflächen alle Optionen für die Ansicht definieren können. Klicken Sie auf *OK* und dann auf *Schließen*, um den Vorgang abzuschließen.

Abbildg. 18.6 Hier verwalten Sie benutzerdefinierte Ansichten

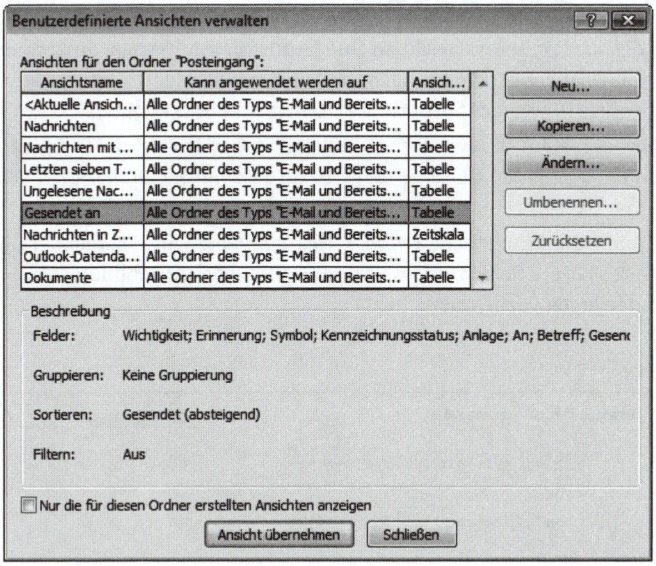

Die Ansicht wird nun zur Liste der aktuellen Ansichten hinzugefügt und kann ab jetzt darüber ausgewählt werden.

Ansichten umbenennen, kopieren und löschen

Wollen Sie eine bestehende Ansicht umbenennen, kopieren oder löschen, gehen Sie wie folgt vor:

1. Öffnen Sie das Dialogfeld *Ansichten definieren* über den Menübefehl *Ansicht/Aktuelle Ansicht/Ansichten definieren.*
2. Markieren Sie die Ansicht, die Sie bearbeiten möchten.
   - *Kopieren:* Klicken Sie auf die gleichnamige Schaltfläche, geben Sie einen Namen für die neue Ansicht ein und klicken Sie auf *OK.*
   - *Ändern:* Klicken Sie auf diese Schaltfläche, nehmen Sie die Änderungen vor und bestätigen Sie mit *OK.*
   - *Umbenennen:* Wählen Sie diese Schaltfläche, geben Sie den neuen Namen ein und klicken Sie auf *OK.*

TIPP Diese Option ist nur für selbst definierte Ansichten verfügbar.

   - *Zurücksetzen:* Klicken Sie auf diese Schaltfläche, um die Ansicht wieder auf ihre ursprünglichen Werte zurückzusetzen.
3. Klicken Sie auf *OK,* um das Dialogfeld zu schließen.

Outlook Heute anpassen

Den Ordner *Outlook Heute* können Sie leicht an Ihre Bedürfnisse anpassen. So können Sie beispielsweise die Anzahl der Tage angeben, die im Kalender angezeigt werden sollen, festlegen, welche Aufgaben in der Aufgabenliste in welcher Sortierung zu sehen sind und mehr.

1. Aktivieren Sie Outlook Heute, indem Sie im Navigationsbereich auf die Schaltfläche *E-Mail* klicken und dann unter *Alle E-Mail-Ordner* den Ordner *Persönliche Ordner* bzw. den Ordner *Postfach – <Name>* markieren.
2. Klicken Sie dann auf die Schaltfläche *Outlook Heute anpassen* in der rechten oberen Ecke des Ordners. Es öffnet sich die Seite *Outlook Heute anpassen* (siehe Abbildg. 18.7), in der Sie die gewünschten Änderungen vornehmen:

Abbildg. 18.7 Outlook Heute anpassen

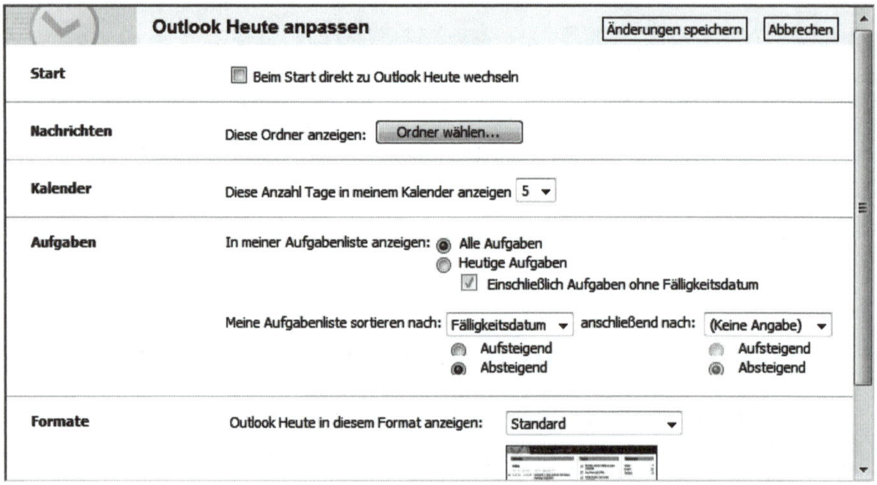

- *Beim Start direkt zu Outlook Heute wechseln:* Aktivieren Sie dieses Kontrollkästchen, um Outlook immer direkt nach dem Programmstart angezeigt zu bekommen.
- *Nachrichten:* Hier legen Sie fest, welche Elemente unter der Kategorie *Nachrichten* angezeigt werden. Standardmäßig sind dies der *Posteingang*, der *Postausgang* und der Ordner *Entwürfe*. Um zusätzliche Ordner hinzuzufügen oder vorhandene zu entfernen, klicken Sie auf die Schaltfläche *Ordner wählen*, aktivieren und deaktivieren Sie dann die gewünschten Ordner und bestätigen Sie mit einem Mausklick auf *OK*.

HINWEIS Wollen Sie die ursprüngliche Auswahl wiederherstellen, klicken Sie auf die Schaltfläche *Zurücksetzen*.

- *Kalender:* Geben Sie hier die Anzahl der Tage an, die im Outlook Heute-Kalender angezeigt werden sollen. Standardmäßig werden fünf Tage angezeigt.
- *Aufgaben:* Geben Sie hier an, ob in der Aufgabenliste alle oder nur die heutigen Aufgaben angezeigt werden sollen, und nach welchem Kriterium und in welcher Reihenfolge die Aufgaben sortiert werden sollen.

- *Formate:* Sagt Ihnen das aktuelle Anzeigeformat nicht zu, wählen Sie im Listenfeld im Abschnitt *Formate* das gewünschte neue Format aus. Betrachten Sie das Format dann in der Vorschau.

3. Klicken Sie nun auf die Schaltfläche *Änderungen speichern*. Das Fenster *Outlook Heute anpassen* schließt sich nun und ab dem nächsten Start von Outlook werden die neuen Einstellungen berücksichtigt.

Outlook-Optionen nutzen

Outlook bietet Ihnen die Möglichkeit, zahlreiche Optionen zu bearbeiten. Die meisten Optionen stehen für den Versand und Empfang von E-Mails zur Verfügung, es gibt jedoch auch für die anderen Ordner zahlreiche Optionen.

Die Registerkarte *Einstellungen*

Um die allgemeinen Einstellungen für die Outlook-Ordner, die Suchfunktion und Mobilfunk zu bearbeiten, gehen Sie wie folgt vor:

1. Rufen Sie den Menübefehl *Extras/Optionen* auf.
2. Es öffnet sich das gleichnamige Dialogfeld mit aktivierter Registerkarte *Einstellungen* (siehe Abbildg. 18.8).

Abbildg. 18.8 Die Registerkarte *Einstellungen* des Dialogfeldes *Optionen*

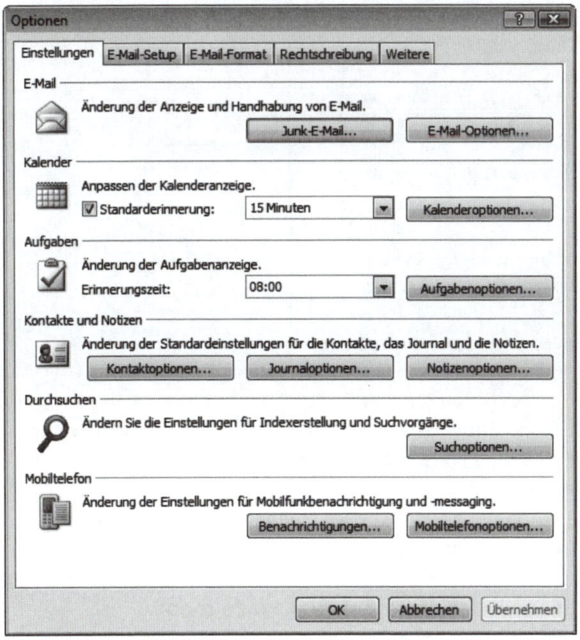

3. Passen Sie die Optionen an, wie nachfolgend beschrieben, und bestätigen Sie Ihre Änderungen mit einem Mausklick auf *OK*.

Junk-E-Mail

Klicken Sie auf die Schaltfläche *Junk-E-Mail*, um das Dialogfeld *Junk-E-Mail-Optionen* zu öffnen, in dem Sie den Grad des Junk-E-Mail-Schutzes festlegen und Absender zur Liste sicherer oder blockierter Absender oder zur Liste sicherer Empfänger hinzufügen oder aus ihr entfernen können.

E-Mail-Optionen

Klicken Sie auf die Schaltfläche *E-Mail-Optionen*, um das Dialogfeld *E-Mail-Optionen* zu öffnen. Legen Sie darin die Optionen zur Nachrichtenbehandlung, zum Bearbeiten und Weiterleiten von E-Mails, zur automatischen Speicherung, zum Eintreffen bei neuen Nachrichten im Posteingang und zum Senden von Nachrichten fest.

1. Klicken Sie auf die Schaltfläche *E-Mail-Optionen* und aktivieren Sie die Kontrollkästchen aller Optionen zur allgemeinen Nachrichtenbehandlung und zum Beantworten und Weiterleiten von E-Mails, die Sie nutzen möchten und deaktivieren Sie die Kontrollkästchen aller Optionen, die Sie nicht nutzen möchten (siehe Abbildg. 18.9).

Abbildg. 18.9 E-Mail-Optionen anpassen

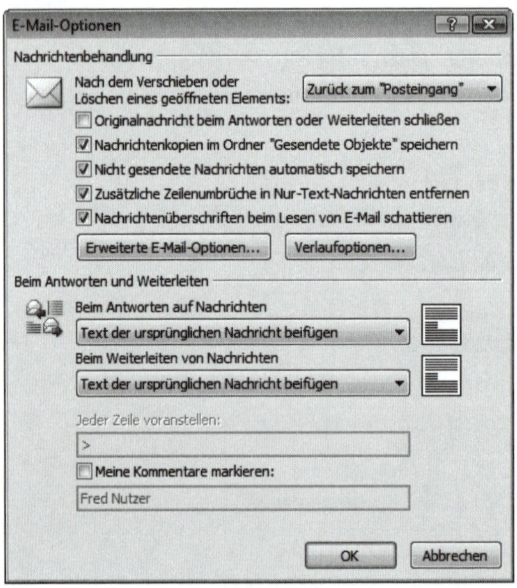

2. Legen Sie im Abschnitt *Beim Antworten und Weiterleiten* über die beiden Listenfelder fest, was mit dem Text der ursprünglichen Nachricht geschehen soll.

TIPP Standardmäßig stellt Outlook den Zeilen der ursprünglichen Nachricht nichts voran. Um jedoch ein Präfix zu ändern, das jeder Zeile vorangestellt wird, wählen Sie die Option *Präfix vor jede Zeile der ursprünglichen Nachricht* und geben Sie dann im Feld *Jeder Zeile voranstellen* das gewünschte Präfix an (standardmäßig das »>«-Zeichen).

3. Sollen Ihre Kommentare markiert werden, aktivieren Sie das Kontrollkästchen *Meine Kommentare markieren* und geben Sie den Namen ein, mit dem die Kommentare markiert werden sollen.
4. Klicken Sie auf die Schaltfläche *Erweiterte E-Mail-Optionen*, um im gleichnamigen Dialogfeld über die entsprechenden Kontrollkästchen festzulegen, ob und wann neue, noch nicht verschickte Nachrichten im Ordner *Entwürfe* automatisch gespeichert werden sollen, ob weitergeleitete Nachrichten gespeichert werden sollen, was beim Eintreffen neuer Elemente im Posteingang geschehen soll und welche Einstellungen beim Senden von E-Mails berücksichtigt werden sollen (siehe Abbildg. 18.10). Bestätigen Sie Ihre Auswahl mit einem Mausklick auf *OK*.

Abbildg. 18.10 Erweiterte E-Mail-Optionen festlegen

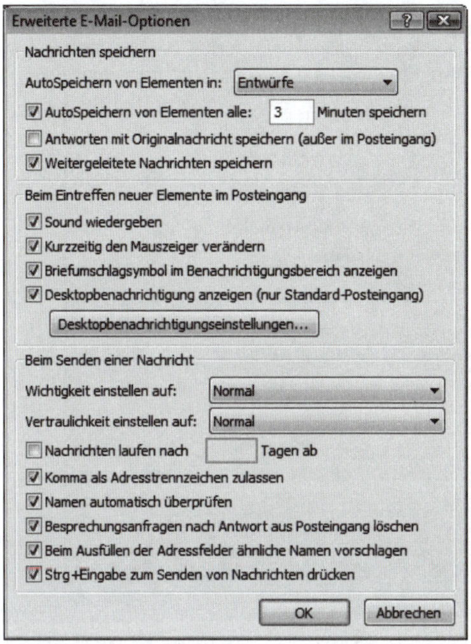

TIPP Für die Desktopbenachrichtigung können Sie über die Schaltfläche *Desktopbenachrichtigungseinstellungen* festlegen, wie lange und mit welcher Transparenz diese angezeigt werden sollen. Betrachten Sie Ihre Einstellungen dann über die gleichnamige Schaltfläche in der Vorschau und bestätigen Sie sie mit einem Mausklick auf *OK*.

5. Klicken Sie auf die Schaltfläche *Verlaufoptionen*, um im Dialogfeld *Optionen zur Verlaufkontrolle* festzulegen, wie Anfragen und Bestätigungen behandelt werden sollen, ob prinzipiell für alle E-Mails eine Lesebestätigung angefordert werden soll und wie Lesebestätigungen beantwortet werden sollen. Aktivieren Sie die Kontrollkästchen aller Optionen, die Sie, wie im Text des Dialogfelds angegeben, nutzen möchten, und deaktivieren Sie alle Kontrollkästchen, die Sie so nicht nutzen möchten. Bestätigen Sie mit einem Mausklick auf *OK*.
6. Schließen Sie das Dialogfeld *E-Mail-Optionen* und das Dialogfeld *Optionen* mit einem Mausklick auf *OK*.

Kalenderoptionen

Im Bereich *Kalenderoptionen* ist das Kontrollkästchen *Standarderinnerung* bereits aktiviert und auf 15 Minuten voreingestellt, d.h., für alle Kalenderelemente wird 15 Minuten vor Beginn eine Erinnerung eingeblendet, falls Sie nichts anderes festlegen. Wählen Sie bei Bedarf eine andere Erinnerungszeit oder deaktivieren Sie das Kontrollkästchen, um nur für die Elemente eine Erinnerung einzublenden, für die Sie dies explizit festgelegt haben.

Über die Schaltfläche *Kalenderoptionen* öffnen Sie das gleichnamige Dialogfeld (siehe Abbildg. 18.11). Wählen Sie die gewünschten Einstellungen und bestätigen Sie sie mit einem Mausklick auf *OK*.

Abbildg. 18.11 Die Kalenderoptionen

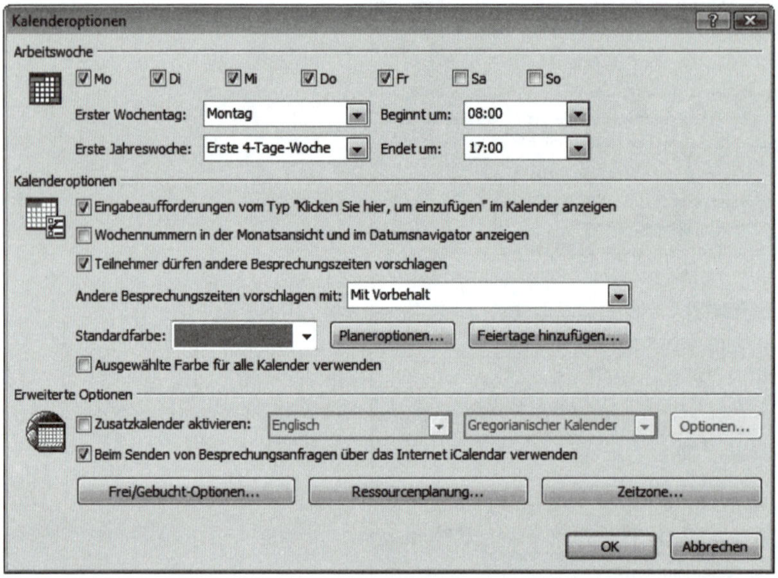

- Arbeitswoche: Im Abschnitt *Arbeitswoche* aktivieren Sie die Kontrollkästchen aller Tage, aus denen Ihre Arbeitswoche besteht. Geben Sie außerdem den Wochentag an, mit dem Ihre Woche startet, falls er vom Montag als dem Standardtag abweicht, und bearbeiten Sie bei Bedarf den Beginn und das Ende des Arbeitstages.

TIPP Die Einstellungen für die Arbeitswoche werden in der Wochenansicht wirksam, in der die Arbeitszeiten aller Arbeitstage weiß unterlegt sind und alle anderen Tage und Uhrzeiten hellblau.

Im Bereich *Jahreswoche* können Sie schließlich noch festlegen, ob die erste Woche eines Jahres mit dem 1. Januar, mit der ersten 4-Tage-Woche oder mit der ersten vollen Woche beginnen soll.

HINWEIS Die Angaben zur Jahreswoche sind für die Zählung der Kalenderwochen wichtig. In den handelsüblichen Kalendern beginnt die Zählung mit der ersten 4-Tage-Woche, um sicher zu sein, dass Ihre Wochenzählung mit der der meisten Kalender übereinstimmt.

- **Kalenderoptionen:** In diesem Abschnitt legen Sie allgemeine Optionen für den Kalender fest.
  - *Eingabeaufforderungen vom Typ "Klicken Sie hier, um einzufügen" im Kalender anzeigen:* Deaktivieren Sie das Kontrollkästchen, um künftig auf die Anzeige dieser Eingabeaufforderungen zu verzichten.
  - *Wochennummern in der Monatsansicht und im Datumsnavigator anzeigen:* Aktivieren Sie dieses Kontrollkästchen, um die Anzeige der Wochennummern zu aktivieren.
  - *Teilnehmer dürfen andere Besprechungszeiten vorschlagen:* Sollen die Teilnehmer einer Besprechung die Möglichkeit haben, einen anderen Termin anzufordern, als in der Besprechungsanfrage vorgesehen, aktivieren Sie dieses Kontrollkästchen. Anschließend wählen Sie im Listenfeld *Andere Besprechungszeiten vorschlagen mit* aus, wie neue Terminvorschläge angezeigt werden sollen. Zur Auswahl stehen die Optionen *Mit Vorbehalt*, *Zusagen* und *Ablehnen*.
  - *Standardfarbe:* Sagt Ihnen die aktuelle Hintergrundfarbe für Ihre Terminplanung nicht zu, können Sie in diesem Listenfeld auch eine andere Farbe für den Zeitbereich wählen, der außerhalb der von Ihnen angegebenen Arbeitstage und Arbeitszeiten liegt. Möchten Sie die ausgewählte Farbe für alle Kalender verwenden, aktivieren Sie zusätzlich das gleichnamige Kontrollkästchen.

TIPP Soll die gewählte Standardfarbe als Hintergrundfarbe für alle Kalender übernommen werden, aktivieren Sie das Kontrollkästchen *Ausgewählte Farbe für alle Kalender verwenden*.

  - *Planeroptionen:* Über diese Schaltfläche öffnen Sie das gleichnamige Dialogfeld, über das Sie angeben können, ob im Besprechungsplaner und im Gruppenzeitplan Popupkalenderdetails angezeigt werden sollen und ob Kalenderdetails im Zeitraster angezeigt werden sollen, indem Sie die entsprechenden Kontrollkästchen aktivieren oder deaktivieren. Bestätigen Sie Ihre Wahl mit einem Mausklick auf *OK*.
  - *Feiertage hinzufügen:* Benötigen Sie neben den deutschlandweit gültigen Feiertagen zusätzliche Feiertage für ein anderes Land, klicken Sie auf diese Schaltfläche und aktivieren Sie im Dialogfeld *Feiertage in Kalender eintragen* die Kontrollkästchen für alle Länder, deren Feiertage zum Kalender hinzugefügt werden sollen. Bestätigen Sie Ihre Wahl mit einem Mausklick auf *OK*.
- **Erweiterte Optionen:** In diesem Abschnitt können Sie zusätzliche Optionen aktivieren:
  - *Zusatzkalender aktivieren:* Soll neben dem Gregorianischen Kalender ein zusätzlicher Kalender angezeigt werden, wie z.B. der japanische Mondkalender, der hebräische Mondkalender oder der chinesische Tierkreiskalender, aktivieren Sie dieses Kontrollkästchen und wählen Sie zunächst die Sprache und dann im zweiten Listenfeld die Art des Kalenders aus bzw. deaktivieren Sie das Kontrollkästchen, um den Kalender wieder auszublenden.

TIPP Der jeweilige Kalendertag des Zusatzkalenders wird in der Tagesansicht direkt neben der Angabe aus dem Standardkalender angezeigt (siehe Abbildg. 18.12).

Abbildg. 18.12 Der Kalender mit aktiviertem chinesischen Tierkalender

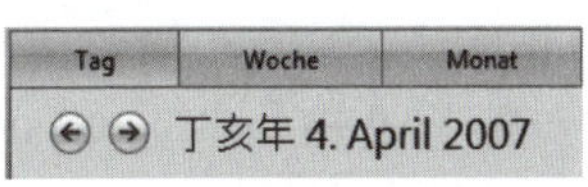

- *Beim Senden von Besprechungsanfragen über das Internet iCalendar verwenden:* Lassen Sie dieses Kontrollkästchen aktiviert, um die Besprechungsanfragen im angegebenen Format über das Internet zu versenden, oder deaktivieren Sie es, um ein anderes Format zu verwenden.
- *Frei/Gebucht-Optionen:* Über diese Schaltfläche öffnen Sie das gleichnamige Dialogfeld, in dem Sie den Veröffentlichungszeitraum für Frei/Gebucht-Zeiten ändern und die Adresse angeben können, unter der die Frei/Gebucht-Optionen veröffentlicht werden sollen.
- *Ressourcenplanung:* Über diese Schaltfläche öffnen Sie das gleichnamige Dialogfeld, in dem Sie angeben, wie Sie die automatische Bearbeitung von Besprechungsanfragen aktivieren und für diese weitere Optionen festlegen können.
- *Zeitzone:* Über diese Schaltfläche öffnen Sie das gleichnamige Dialogfeld, in dem Sie die aktuelle Windows-Zeitzone ändern, eine zusätzliche Zeitzone aktivieren und die Kalenderzeitzone ändern können.

Aufgabenoptionen

Im Abschnitt *Aufgaben* des Dialogfeldes *Optionen* können Sie die Erinnerungszeit anpassen. Über die Schaltfläche *Aufgabenoptionen* öffnen Sie außerdem das gleichnamige Dialogfeld, in dem Sie die Farben für erledigte und überfällige Aufgaben anpassen können und außerdem festlegen, was mit zugeordneten Aufgaben oder bei Erledigung zugeordneter Aufgaben geschehen und ob bei Aufgaben mit Fälligkeitsdatum prinzipiell eine Erinnerung eingeblendet werden soll (siehe Abbildg. 18.13). Bestätigen Sie Ihre Wahl mit einem Mausklick auf die Schaltfläche *OK*.

Abbildg. 18.13 Die Aufgabenoptionen

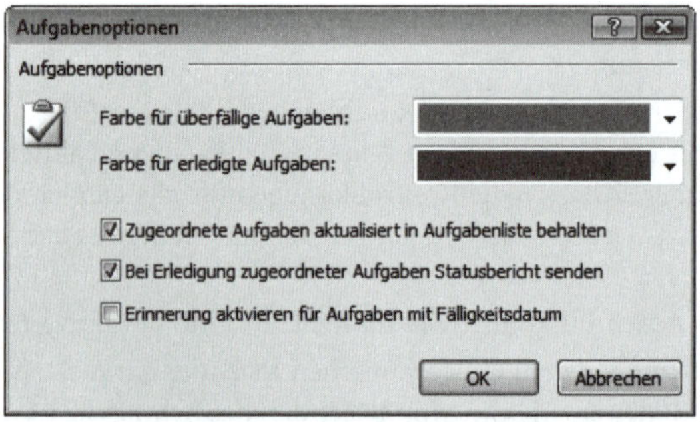

Kontakte und Notizen

Im Abschnitt *Kontakte und Notizen* des Dialogfeldes *Optionen* legen Sie die Optionen für die drei angegebenen Ordner fest:

- *Kontaktoptionen:* Über diese Schaltfläche öffnen Sie das gleichnamige Dialogfeld, in dem Sie die Kontaktoptionen festlegen (siehe Abbildg. 18.14). Bestätigen Sie Ihre Wahl mit einem Mausklick auf *OK*.
  - *Namensreihenfolge:* Um die Standardreihenfolge für die Anzeige von Namen im Adressbuch und in Adresslisten zu verändern, wählen Sie die gewünschte neue Reihenfolge aus dem Listenfeld aus.

- *Ablagereihenfolge:* Um Ihre Kontakte nach einer anderen Ablagereihenfolge als dem Nach- und dann dem Vornamen abzulegen, wählen Sie die gewünschte Reihenfolge aus dem Listenfeld aus.

Abbildg. 18.14 Die Kontaktoptionen

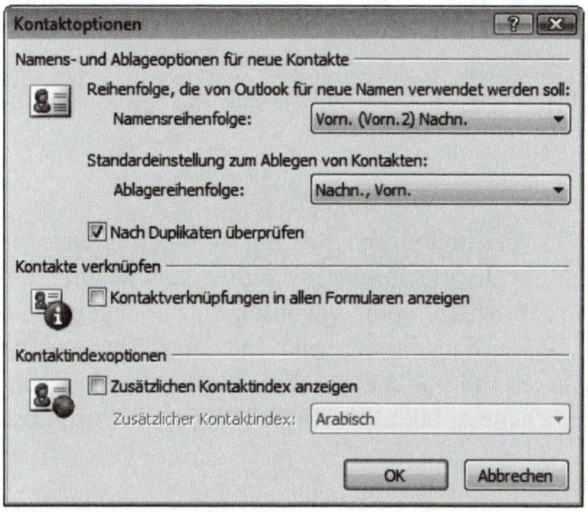

- *Nach Duplikaten überprüfen:* Um die automatische Überprüfung nach Duplikaten beim Import von Kontaktdaten und bei der Erfassung neuer Kontakte auszuschalten, deaktivieren Sie dieses Kontrollkästchen.
- *Kontaktverknüpfungen in allen Formularen anzeigen:* Benötigen Sie in allen Formularen ein Feld *Kontakte*, über das Sie das Outlook-Element mit einem Kontakt verknüpfen können, aktivieren Sie dieses Kontrollkästchen.

TIPP In früheren Outlook-Versionen wurden in allen Formularen Kontaktverknüpfungen angezeigt. Da viele Benutzer diese Einstellung jedoch nicht benötigen, ist sie nun nur noch bei Bedarf aktiv.

- *Zusätzlichen Kontaktindex anzeigen:* Verwenden Sie neben einer Sprache mit lateinischen Schriftzeichen eine zusätzliche Sprache und möchten Sie zu dieser einen zusätzlichen Kontaktindex anzeigen, aktivieren Sie dieses Kontrollkästchen und wählen Sie im Listenfeld die Sprache aus.

- *Journaloptionen:* Über diese Schaltfläche öffnen Sie das gleichnamige Dialogfeld, in dem Sie festlegen können, welche Elemente und Dateien für welche Kontakte im Journal eingetragen werden sollen. Bestätigen Sie Ihre Wahl mit einem Mausklick auf *OK*.
- *Notizenoptionen:* Klicken Sie auf diese Schaltfläche, um über das gleichnamige Dialogfeld, das sich öffnet, die Farbe, die Schriftart und die Größe für Notizen anzupassen (siehe Abbildg. 18.15). Wählen Sie die gewünschten neuen Einstellungen dazu aus dem jeweiligen Listenfeld aus und bestätigen Sie Ihre Wahl mit einem Mausklick auf *OK*.

Abbildg. 18.15 Notizenoptionen

Durchsuchen

Über die Schaltfläche *Suchoptionen* im gleichnamigen Abschnitt der Registerkarte *Einstellungen* öffnen Sie das gleichnamige Dialogfeld, in dem Sie festlegen können, aus welchen Ordnern E-Mails indiziert werden sollen, ob eine Benachrichtigung bei unvollständigen Suchergebnissen eingeblendet werden soll, ob Suchergebnisse bei der Eingabe angezeigt und eingefärbt werden sollen, was mit dem Ordner *Gelöschte Objekte* passieren soll und aus welchen Ordnern Suchergebnisse im Sofortsuchbereich angezeigt werden sollen (siehe Abbildg. 18.16). Bestätigen Sie Ihre Angaben mit einem Mausklick auf *OK*.

Abbildg. 18.16 Suchoptionen anpassen

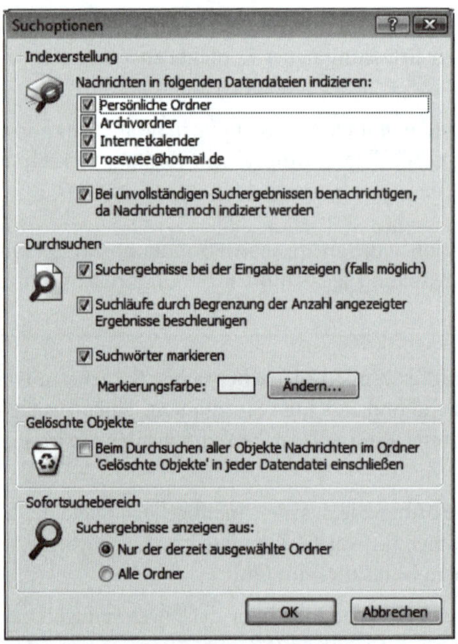

Mobiltelefon

Sofern Sie Outlook Mobile Service aktiviert haben, können Sie über die beiden Schaltflächen *Benachrichtigungen* und *Mobiltelefonoptionen* die Einstellungen für Mobilfunkbenachrichtigungen und -messaging bearbeiten.

Die Registerkarte *E-Mail-Setup*

Optionen für den allgemeinen Versand und Empfang ändern Sie auf der Registerkarte *E-Mail-Setup* des Dialogfeldes *Optionen*:

1. Rufen Sie den Menübefehl *Extras/Optionen* auf und aktivieren Sie im gleichnamigen Dialogfeld die Registerkarte *E-Mail-Setup* (siehe Abbildg. 18.17).

Abbildg. 18.17 Das E-Mail-Setup bearbeiten

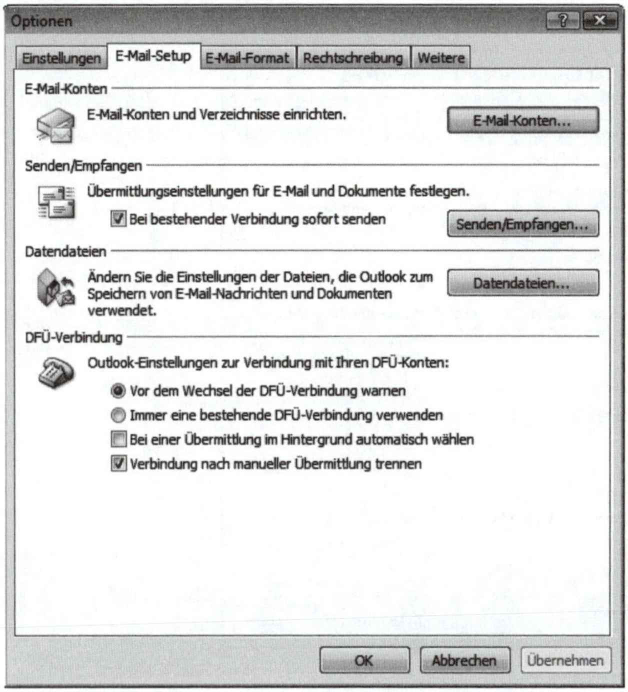

- *E-Mail-Konten:* Über die Schaltfläche *E-Mail-Konten* öffnen Sie das Dialogfeld *Kontoeinstellungen* mit aktivierter Registerkarte *E-Mail*, über die Sie E-Mail-Konten hinzufügen, bearbeiten und entfernen können. Klicken Sie auf *Schließen*, um das Dialogfeld *Kontoeinstellungen* wieder auszublenden.
- *Senden/Empfangen:* In diesem Bereich legen Sie fest, ob E-Mails bei bestehender Verbindung immer sofort versendet werden sollen. Außerdem können Sie über die Schaltfläche *Senden/Empfangen* die Übermittlungseinstellungen für Ihre E-Mail-Konten bearbeiten.
- *DFÜ-Verbindung:* In diesem Bereich legen Sie fest, was bei einem Wechsel der E-Mail-Verbindung geschehen soll. Die Einstellungen beziehen sich auf manuelle Internetverbindungen.

2. Bestätigen Sie Ihre Wahl mit einem Mausklick auf *OK*.

Die Registerkarte *E-Mail-Format*

Auf der Registerkarte *E-Mail-Format* des Dialogfeldes *Optionen* legen Sie alle Einstellungen zum Nachrichtenformat, zur Formatierung ausgehender E-Mails, zu Signaturen und zum E-Mail-Editor fest (siehe Abbildg. 18.18):

Abbildg. 18.18 Die Registerkarte *E-Mail-Format* des Dialogfeldes *Optionen*

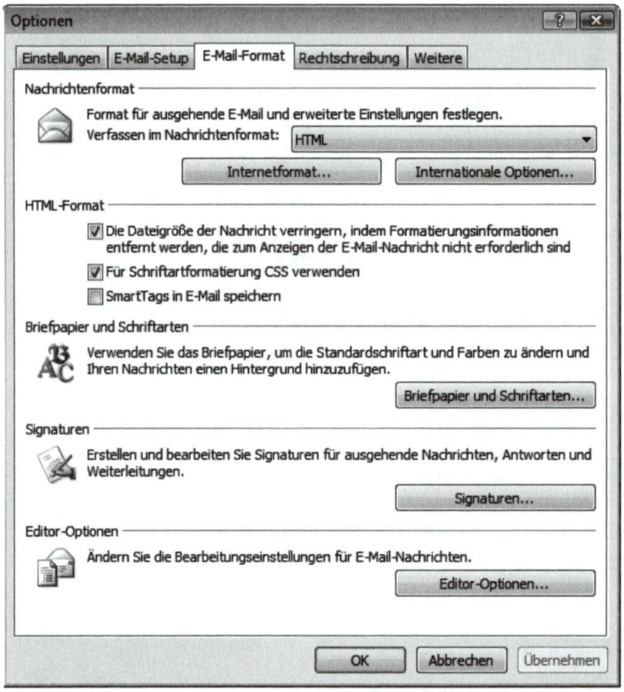

- *Nachrichtenformat:* Über die Schaltflächen und das Listenfeld in diesem Abschnitt legen Sie die Formate für ausgehende E-Mails fest:
  - *Verfassen im Nachrichtenformat:* Über dieses Listenfeld legen Sie fest, ob Ihre E-Mails im HTML-, im Rich-Text- oder im Nur-Text-Format erstellt werden sollen. Standard für Outlook 2007 ist das HTML-Format.
  - *Internetformat:* Über diese Schaltfläche öffnen Sie das gleichnamige Dialogfeld, in dem Sie festlegen, wie die E-Mails für Internetempfänger konvertiert werden sollen. Außerdem können Sie hier die Nur-Text-Optionen verändern. Bestätigen Sie Ihre Wahl mit einem Mausklick auf *OK*.
  - *Internationale Optionen:* Über diese Schaltfläche öffnen Sie das gleichnamige Dialogfeld, in dem Sie die Sprache Englisch für die Nachrichtenkennzeichnung und für die Kopfzeilen von Antworten und Weiterleitungen aktivieren, die Codierungsoptionen für ausgehende Nachrichten, die Unterstützung internationaler Domänennamen und die Unterstützung des Internetprotokolls UTF-8 aktivieren können. Bestätigen Sie Ihre Auswahl mit einem Mausklick auf *OK*.

- *HTML-Format:* In diesem Bereich legen Sie fest, wie Nachrichten im HTML-Format behandelt werden sollen. Um auf die Verringerung der Dateigröße zu verzichten, deaktivieren Sie das erste Kontrollkästchen. Outlook belässt nun die Vielzahl an für die Anzeige unnötigen Formatierungsinformationen in jeder E-Mail. Soll für die Schriftartformatierung keine vordefinierte Vorlage (CSS) verwendet werden, deaktivieren Sie dieses Kontrollkästchen. Um Smarttags benutzen zu können, aktivieren Sie dieses Kontrollkästchen.
- *Briefpapier und Schriftarten:* Über diese Schaltfläche können Sie ein Briefpapier für den Versand Ihrer E-Mails aktivieren und formatieren und außerdem die Signatur auswählen, die für ein bestimmtes E-Mail-Konto verwendet werden soll.
- *Signaturen:* Über diese Schaltfläche öffnen Sie das gleichnamige Dialogfeld, richten E-Mail-Signaturen ein, passen diese an und löschen sie.
- *Editor-Optionen:* Über diese Schaltfläche öffnen Sie das gleichnamige Dialogfeld, in dem Sie allgemeine Einstellungen zu Outlook und zum E-Mail-Editor festlegen können, wie z.B. die Anzeige der Minisymbolleiste für die Auswahl oder die Art des Farbschemas (siehe Abbildg. 18.19).
  - *Personalisierung:* Über die Felder *Benutzername* und *Initialen* können Sie den Benutzernamen und die Initialen ändern, die für Outlook und alle anderen Microsoft-Office-Programme verwendet werden.

Abbildg. 18.19 Editoroptionen festlegen

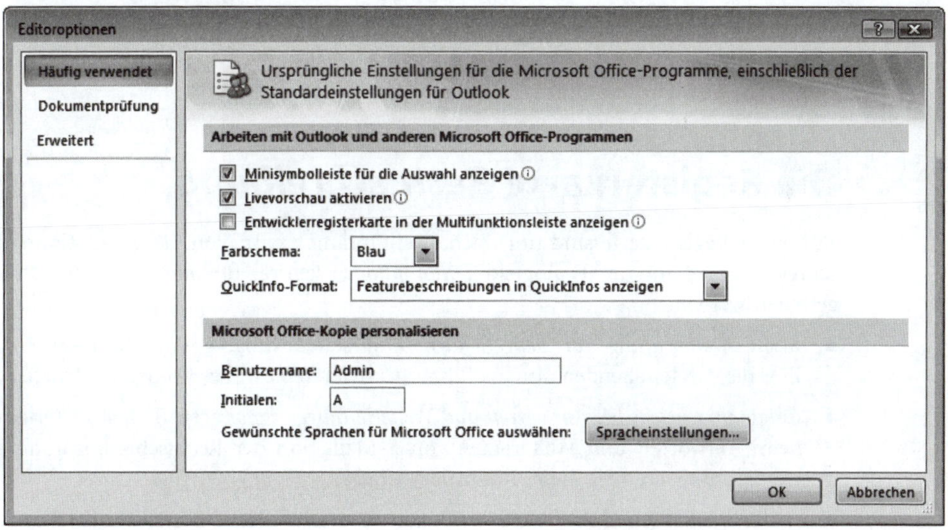

  - *Spracheinstellungen:* Über die Schaltfläche *Spracheinstellungen* öffnen Sie das Dialogfeld *Microsoft Office-Spracheinstellungen 2007*, über das Sie zusätzliche Bearbeitungssprachen zu Microsoft Office hinzufügen können, wie z.B. russisch, hebräisch oder arabisch. Wählen Sie in diesem Dialogfeld die gewünschten Sprachen und klicken Sie auf *Hinzufügen*. Legen Sie dann im Bereich *Primäre Bearbeitungssprache* fest, mit welcher Sprache Sie hauptsächlich arbeiten möchten, und bestätigen Sie Ihre Wahl mit einem Mausklick auf *OK*.

PROFITIPP

Um zusätzliche Sprachen, wie z.B. Sprachen mit Rechts-Links-Schrift, verwenden zu können, müssen Sie diese unter Windows installieren. Öffnen Sie unter Windows Vista die Systemsteuerung über *Start/Systemsteuerung* und klicken Sie unter *Zeit, Sprache und Region* auf *Tastaturen und Eingabemethoden ändern*. Klicken Sie dann unter *Tastaturen und Eingabesprachen* auf *Tastaturen* ändern. Jetzt wählen Sie im Dialogfeld *Textdienste & Eingabesprachen* unter *Installierte Dienste* die Schaltfläche *Hinzufügen*, aktivieren im Dialogfeld *Eingabesprache hinzufügen* die Kontrollkästchen aller Sprachen, die Sie hinzufügen möchten, und bestätigen Sie mit *OK*. Schließen Sie alle weiteren Dialogfelder mit einem Mausklick auf *OK*. Installieren Sie zusätzlich die gewünschten Sprachen über die Microsoft Office-Spracheinstellungen. Sie können nun über die Schaltfläche *Eingabegebietsschema* in der Taskleiste von Windows mit einem Mausklick die Sprache wechseln (siehe Abbildg. 18.20).

Abbildg. 18.20 Die Eingabesprache wechseln

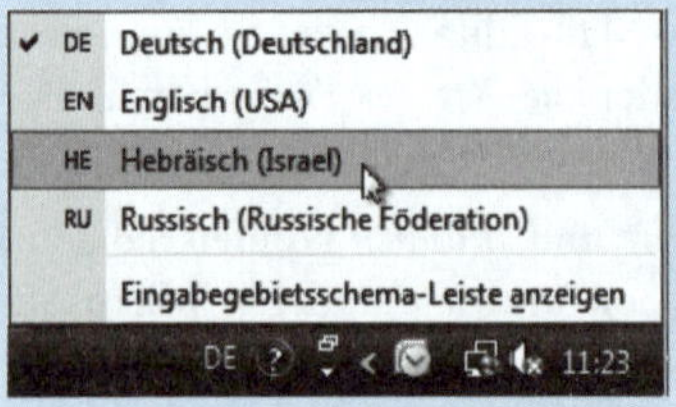

- *Dokumentprüfung:* Auf dieser Registerkarte legen Sie alle Optionen für die AutoKorrektur und die Rechtschreibkorrektor in Microsoft Office-Programmen fest.
- *Erweitert:* Auf dieser Registerkarte legen Sie allgemeine Bearbeitungs- und Anzeigeoptionen für die Microsoft Office-Programme fest.

Die Registerkarte *Rechtschreibung*

Auf dieser Registerkarte sind nur noch zwei Optionen enthalten, da die Optionen für die Rechtschreibprüfung nun im Dialogfeld *Editoroptionen* zentral für alle Microsoft Office-Programme gesteuert werden.

- *Rechtschreibprüfung vor dem Senden:* Um standardmäßig eine Rechtschreibprüfung Ihrer E-Mails vor dem Senden durchzuführen, aktivieren Sie dieses Kontrollkästchen.
- *Originalnachricht bei Antworten und Weiterleitungen ignorieren:* Sollen die Originalnachrichten beim Antworten und Weiterleiten von E-Mails von der Rechtschreibprüfung ausgenommen werden, aktivieren Sie dieses Kontrollkästchen.
- *Rechtschreibung und Autokorrektur:* Über diese Schaltfläche öffnen Sie die Registerkarte *Dokumentprüfung* des Dialogfeldes *Editoroptionen*, über das Sie die Optionen für die Rechtschreibung und die Autokorrektur bearbeiten können (siehe Abbildg. 18.21).
  - Über die Schaltfläche *AutoKorrektur-Optionen* öffnen Sie das gleichnamige Dialogfeld, in dem Sie häufig vorkommende Schreibfehler angeben und festlegen können, wie sie von Microsoft Office automatisch korrigiert werden sollen.
  - Aktivieren Sie die Kontrollkästchen aller Optionen im Bereich *Bei der Rechtschreibkorrektur in Microsoft Office-Programmen*, die Sie in allen Microsoft Office-Programmen verwenden möchten.

Abbildg. 18.21 Die Optionen der Rechtschreibprüfung

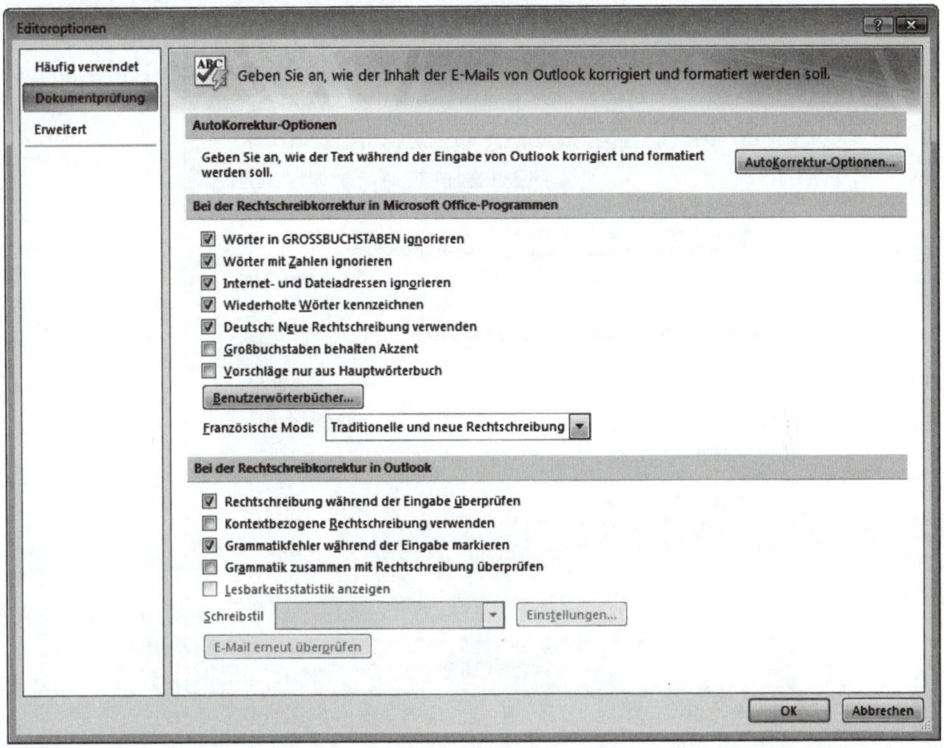

- *Bei der Rechtschreibkorrektur in Outlook:* Aktivieren Sie in diesem Bereich die Kontrollkästchen aller Optionen, die Sie in Outlook aktivieren möchten. Standardmäßig sind nur die Optionen *Rechtschreibprüfung während der Eingabe überprüfen* und *Grammatikfehler während der Eingabe markieren* aktiviert.

Die Registerkarte *Weitere*

Auf der Registerkarte *Weitere* sind alle Optionen versammelt, die in keine andere Kategorie passen.

- *Allgemein:* Im Abschnitt *Allgemein* der Registerkarte *Weitere* können Sie festlegen, dass der Ordner *Gelöschte Objekte* bei jeder Programmbeendigung automatisch geleert werden soll und Sie können *Outlook als Standardprogramm für E-Mail, Kontakte und Kalender einrichten* (siehe Abbildg. 18.22) festlegen. Über die Schaltfläche *Standardprogramme* können Sie außerdem die Zuordnung von Dateiendungen zu Programmen anpassen, in denen Dateien dieses Typs geöffnet werden.

  Über die Schaltfläche *Erweiterte Optionen* öffnen Sie das gleichnamige Dialogfeld, über das Sie die verschiedensten Optionen aktivieren und deaktivieren können, wie z.B. die Anzeige des Ordners beim Programmstart, die Ausgabe einer Warnung vor der endgültigen Löschung von Elementen, die Benutzung von E-Mail-Formularen von InfoPath oder die Synchronisierung von Feedlisten.

Abbildg. 18.22 Weitere Outlook-Optionen festlegen

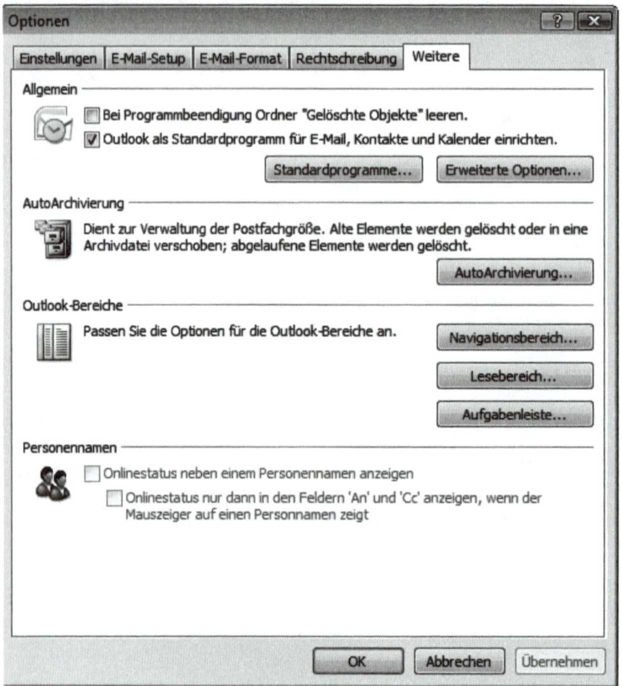

- *AutoArchivierung:* Über die gleichnamige Schaltfläche in diesem Bereich öffnen Sie das Dialogfeld *AutoArchivierung*, in dem Sie festlegen können, ob und wann eine AutoArchivierung durchgeführt werden soll, was mit den Elementen geschehen soll und wo die alten Elemente gespeichert werden sollen.
- *Outlook-Bereiche:* In diesem Bereich stehen Ihnen drei Schaltflächen zur Verfügung:
  - *Navigationsbereich:* Über diese Schaltfläche öffnen Sie das Dialogfeld *Navigationsbereichsoptionen*, über das Sie festlegen können, welche Schaltflächen im Navigationsbereich in welcher Reihenfolge angezeigt werden sollen.
  - *Lesebereich:* Über diese Schaltfläche öffnen Sie das Dialogfeld *Lesebereich*, in dem Sie angeben können, ob im Lesebereich angezeigte Nachrichten als gelesen markiert werden sollen oder die Markierung erst erfolgen soll, wenn eine neue Auswahl erfolgt, und ob das Einzeltastenlesen mit Leertaste aktiviert werden soll.
  - *Aufgabenleiste:* Klicken Sie auf diese Schaltfläche, um im Dialogfeld *Optionen der Aufgabenleiste* festzulegen, ob und in welcher Anzahl der Datumsnavigator in der Monatszeile angezeigt werden soll, ob und wie viele Termine angezeigt werden sollen und ob die Aufgabenliste angezeigt werden soll oder nicht.
- *Personennamen:* Soll der Onlinestatus Ihrer Kontakte im E-Mail-Formular neben dem Personennamen angezeigt werden, aktivieren Sie dieses Kontrollkästchen.

Die Registerkarte *Von rechts nach links*

Haben Sie, wie für die *Editor-Optionen* auf der Registerkarte *E-Mail-Format* des Dialogfelds *Optionen* beschrieben, eine zusätzliche Sprache installiert, die von rechts nach links geschrieben wird, enthält Ihr Dialogfeld *Optionen* die zusätzliche Registerkarte *Von rechts nach links* (siehe Abbildg. 18.23), über das Sie Änderungen für diese Textrichtung vornehmen können.

Abbildg. 18.23 Die Registerkarte *Von rechts nach links*

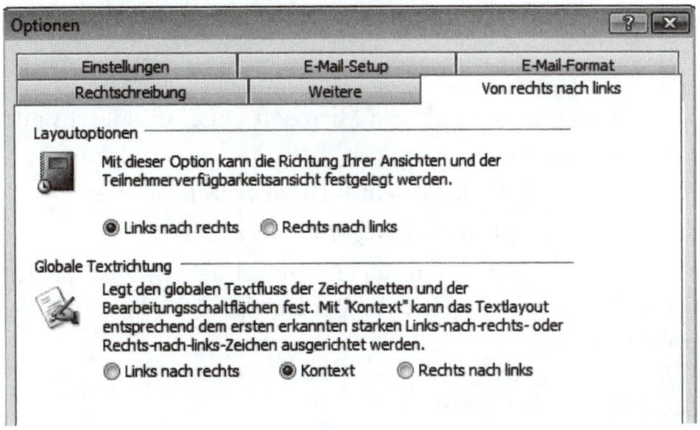

- *Layoutoptionen:* Geben Sie hier an, ob in den Ansichten generell die Schreibrichtung *Links nach rechts* oder *Rechts nach links* verwendet werden soll.
- *Globale Textrichtung:* Wählen Sie hier die Option *Kontext*, um festzulegen, dass die Textrichtung geändert werden soll, wenn Sie unter Windows die Sprache wechseln und das erste Zeichen in der neuen Sprache eingeben. Mit den beiden anderen Optionen wird die von Ihnen gewählte Schreibrichtung bei einem Sprachwechsel beibehalten.

Vertrauensstellungscenter

Im Vertrauensstellungscenter können Sie zahlreiche zusätzliche Einstellungen zu Microsoft Outlook vornehmen, wie z.B. die Aktivierung des Zugriffs auf Microsoft Office Online bei der Suche nach Hilfethemen, die Verwendung bestimmter Wörterbücher beim Nachschlagen und beim Recherchieren, die Behandlung von Anlagen, die E-Mail-Sicherheit, die Behandlung automatischer Downloads, die Behandlung von Makros und die Behandlung programmgesteuerter Zugriffe.

Vertrauenswürdige Herausgeber

Um sich darüber zu informieren, welche Entwickler von Makros, von ActiveX-Steuerelementen, von Add-Ins und von anderen Steuerelementen in der Liste der Vertrauenswürdigen Herausgeber enthalten sind, gehen Sie wie folgt vor:

1. Wählen Sie im Menü *Extras* von Outlook den Befehl *Vertrauensstellungscenter* und aktivieren Sie im gleichnamigen Dialogfeld die Kategorie *Vertrauenswürdige Herausgeber.*

2. Auf der Seite werden nun alle Entwickler aufgelistet, die Sie beim Versuch, ein Makro, ein Add-In, ein ActiveX-Steuerelement oder ein anderes Steuerelement zu öffnen, als vertrauenswürdig eingestuft haben. Um einen Vertrauenswürdigen Herausgeber aus der Liste zu entfernen, markieren Sie ihn und klicken Sie auf die Schaltfläche *Entfernen*.
3. Wollen Sie sich das Zertifikat eines Entwicklers ansehen, den Sie als Vertrauenswürdigen Herausgeber eingestuft haben, markieren Sie den Eintrag und klicken Sie auf die Schaltfläche *Anzeigen*.
4. Schließen Sie das Dialogfeld mit einem Mausklick auf die Schaltfläche *OK*.

Add-Ins

Um zu überprüfen, welche Add-Ins unter Outlook und Microsoft Office installiert sind, und wo sie gespeichert werden, gehen Sie wie folgt vor:

1. Wählen Sie im Menü *Extras* von Outlook den Befehl *Vertrauensstellungscenter*.
2. Aktivieren Sie im gleichnamigen Dialogfeld die Kategorie *Add-Ins*.
3. Rechts im Fenster werden nun alle installierten Add-Ins aufgelistet. Um den Speicherort eines Add-Ins zu betrachten, klicken Sie es in der Liste an. Der Dateipfad wird nun unterhalb von der Liste angezeigt (siehe Abbildg. 18.24).

Abbildg. 18.24 Add-Ins betrachten, hinzufügen und entfernen

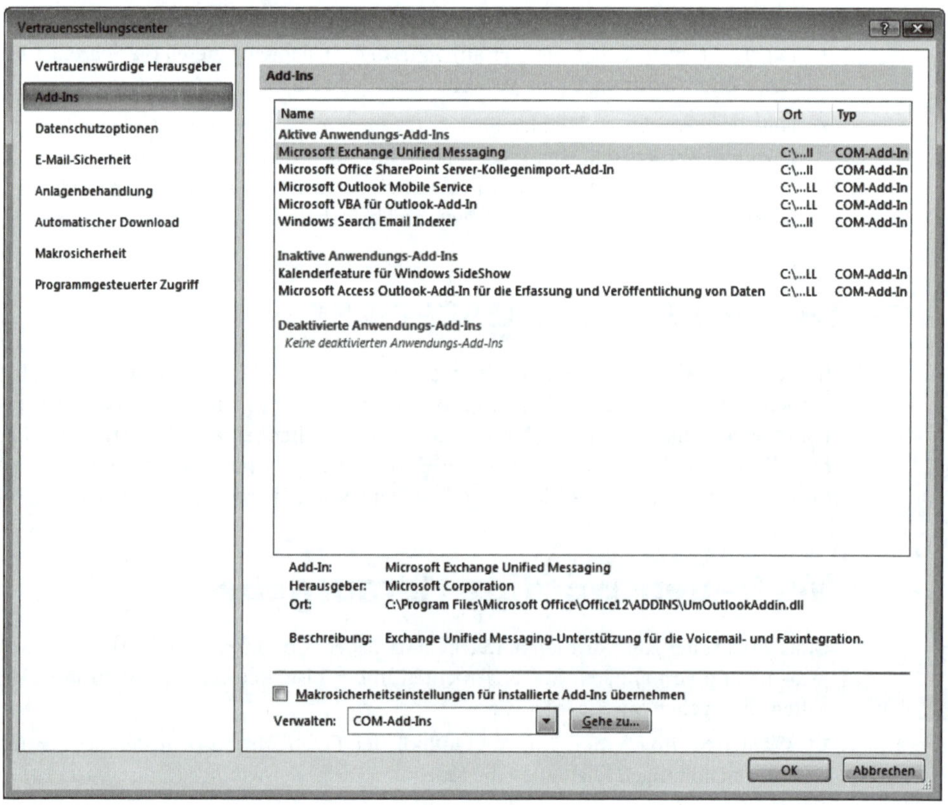

4. Um ein Add-In zu deaktivieren oder zu entfernen oder ein weiteres Add-In hinzuzufügen, legen Sie zunächst im Listenfeld *Verwalten* fest, welche Add-Ins Sie bearbeiten möchten, und klicken Sie dann auf die Schaltfläche *Gehe zu.*
5. Im nun geöffneten Dialogfeld deaktivieren Sie alle Add-Ins, die Sie nicht nutzen möchten. Über die Schaltfläche *Entfernen* können Sie ein markiertes Add-In löschen, über die Schaltfläche *Hinzufügen* ein neues Add-In hinzufügen.
6. Bestätigen Sie Ihre Einstellungen mit einem Mausklick auf *OK.*

Datenschutzoptionen

Hilfeoptionen wie das Durchsuchen von Microsoft Office Online nach Hilfeinhalten und die Anmeldung beim Programm zur Verbesserung der Benutzerfreundlichkeit legen Sie auf der Seite *Datenschutzoptionen* des Vertrauensstellungscenters fest. Gehen Sie dazu wie folgt vor:

1. Rufen Sie den Menübefehl *Extras/Vertrauensstellungscenter* auf.
2. Aktivieren Sie dann im gleichnamigen Dialogfeld die Kategorie *Datenschutzoptionen* (siehe Abbildg. 18.25).

Abbildg. 18.25 Die Datenschutzoptionen für Microsoft Office

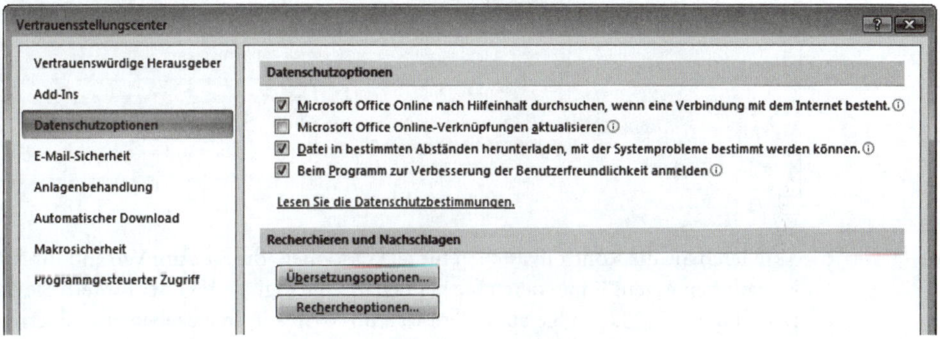

3. Deaktivieren Sie die Kontrollkästchen aller Optionen, die Sie nicht nutzen möchten, und aktivieren Sie die Kontrollkästchen aller Optionen, die Sie nutzen möchten.
4. Klicken Sie auf die Schaltfläche *Übersetzungsoptionen*, um über das gleichnamige Dialogfeld die Verwendung des Online-Wörterbuches und der maschinellen Übersetzung zu aktivieren oder zu deaktivieren und die gewünschten Sprachrichtungen auszuwählen.
5. Über die Schaltfläche *Rechercheoptionen* öffnen Sie das Dialogfeld *Recherche-Optionen*, in dem Sie auswählen, welche Nachschlagewerke und Recherche-Websites zum Nachschlagen und Recherchieren verwendet werden sollen.
6. Bestätigen Sie Ihre Auswahl jeweils mit einem Mausklick auf *OK.*

E-Mail-Sicherheit

Um die Verschlüsselung von E-Mails zu aktivieren oder für ausgehende E-Mails eine Signatur zu nutzen, müssen Sie die Optionen für die E-Mail-Sicherheit bearbeiten. Gehen Sie dazu wie folgt vor:

1. Rufen Sie den Menübefehl *Extras/Vertrauensstellungscenter* auf und aktivieren Sie im gleichnamigen Dialogfeld die Kategorie *E-Mail-Sicherheit* (siehe Abbildg. 18.26).

Abbildg. 18.26 Einstellungen für die E-Mail-Sicherheit festlegen

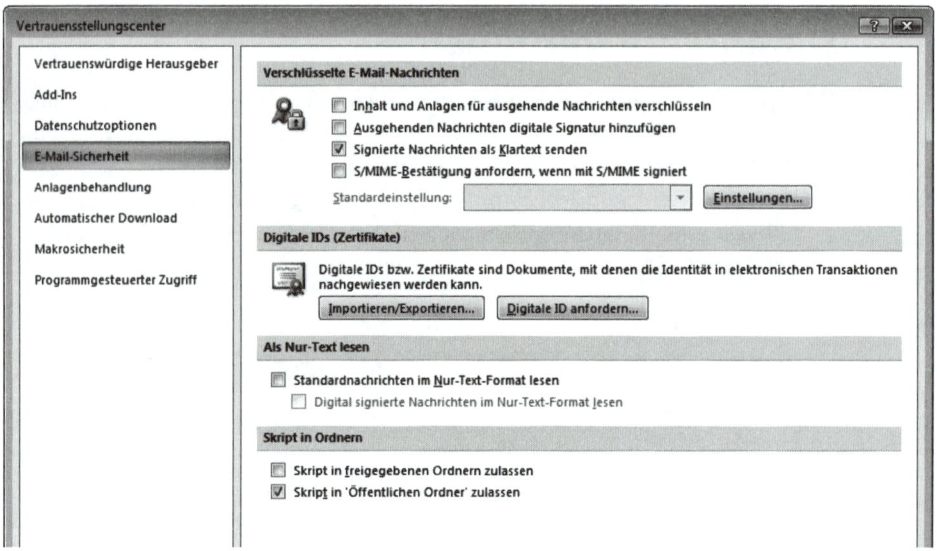

2. Aktivieren Sie die Kontrollkästchen für alle Optionen, die Sie zum Versand Ihrer verschlüsselten E-Mails benötigen. Importieren Sie bei Bedarf eine digitale ID oder fordern Sie diese von einem Drittanbieter an. Legen Sie außerdem fest, ob Skripts in freigegebenen Ordnern und in Öffentlichen Ordnern zugelassen werden sollen oder nicht.
3. Bestätigen Sie Ihre Wahl mit einem Mausklick auf *OK*.

Anlagenbehandlung

Versenden Sie häufiger Dokumente, die von anderen Personen bearbeitet werden sollen, sollten Sie die Funktion *Mit Änderungen antworten* aktivieren. Bei Bedarf können Sie außerdem die Vorschau für E-Mail-Anlagen bzw. die Vorschau für bestimmte Dateitypen deaktivieren. Gehen Sie dazu wie folgt vor:

1. Rufen Sie den Menübefehl *Extras/Vertrauensstellungscenter* auf und aktivieren Sie im Dialogfeld *Vertrauensstellungscenter* die Kategorie *Anlagenbehandlung*.
2. Aktivieren Sie das Kontrollkästchen *Eigenschaften mit Anlagen senden, um die Funktion "Mit Änderungen antworten" zu aktivieren*, wenn Sie häufiger Anlagen zur Bearbeitung verschicken und Sie wünschen, dass der Empfänger die Anlage direkt mit den Änderungen zurückschicken kann.

3. Aktivieren Sie das Kontrollkästchen *Anlagenvorschau deaktivieren*, um auf eine Anlagenvorschau im Lesebereich zu verzichten.
4. Um nur bestimmte Dateitypen von der Vorschau auszunehmen, klicken Sie auf die Schaltfläche *Anlagen- und Dokumentvorschau* und deaktivieren Sie die Kontrollkästchen aller Dateitypen, für die Sie keine Vorschau wünschen.
5. Bestätigen Sie Ihre Wahl mit einem Mausklick auf *OK*.

Automatischer Download

Standardmäßig werden Bilder in HTML-Nachrichten und RSS-Elementen nicht auf Ihren Computer geladen. Wollen Sie diese Funktion bearbeiten, gehen Sie wie folgt vor:

1. Rufen Sie den Menübefehl *Extras/Vertrauensstellungscenter* auf und aktivieren Sie im Dialogfeld *Vertrauensstellungscenter* die Kategorie *Automatischer Download* (siehe Abbildg. 18.27).

Abbildg. 18.27 Einstellungen für den automatischen Download von Bildern

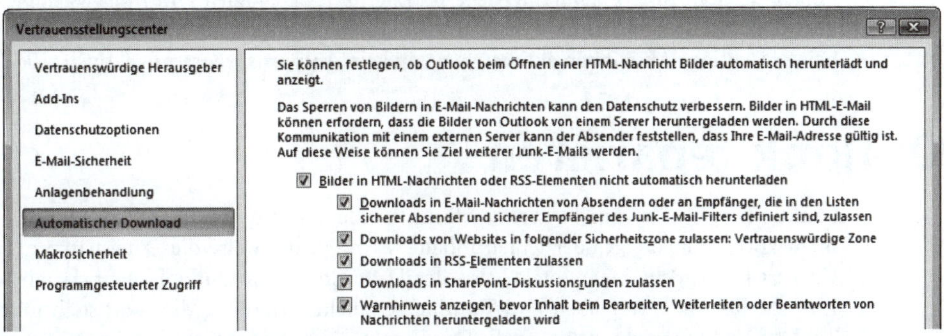

2. Um den automatischen Download zu aktivieren, deaktivieren Sie das Kontrollkästchen *Bilder in HTML-Nachrichten oder RSS-Elementen nicht automatisch herunterladen*.

ACHTUNG Die Deaktivierung dieser Einstellung ist nicht empfehlenswert und Sie sollten sie keinesfalls über einen längeren Zeitraum beibehalten.

3. Wollen Sie den Download von Bildern in bisher gestatteten Elementen wie RSS-Feeds oder SharePoint-Diskussionsrunden abschalten, deaktivieren Sie das entsprechende Kontrollkästchen.
4. Übernehmen Sie Ihre Einstellungen mit einem Mausklick auf *OK*.

Makrosicherheit

Um die Einstellungen zur Überprüfung von Makros zu ändern, gehen Sie wie folgt vor:

1. Rufen Sie den Menübefehl *Extras/Vertrauensstellungscenter* auf und aktivieren Sie im Dialogfeld *Vertrauensstellungscenter* die Kategorie *Makrosicherheit*.

2. Wählen Sie eine der vier Optionen zur Makrosicherheit aus, die nach dem Grad der jeweils gebotenen Sicherheit geordnet sind. Aktivieren Sie die Option *Keine Warnungen und alle Makros deaktivieren*, um die Verwendung von Makros generell zu unterbinden. Wählen Sie die zweite Option, um nur signierte Makros zu verwenden oder die dritte Option, um für die Verwendung von Makros eine Warnung auszugeben. Wählen Sie die vierte Option, um ganz auf die Sicherheitsüberprüfung für Makros zu verzichten.

ACHTUNG Da viele Viren und andere Schädlinge über Makros auf Ihren Computer eindringen, sollten Sie die Option *Keine Sicherheitsüberprüfung für Makros* auf keinen Fall verwenden.

3. Bestätigen Sie Ihre Auswahl mit *OK*.

Programmgesteuerter Zugriff

Nutzen Sie eine Version von Windows, die Virenerkennung unterstützt, können Sie über die Einstellungen der Kategorie *Programmgesteuerter Zugriff* des Dialogfelds *Vertrauensstellungscenter*, das Sie über den Menübefehl *Extras/Vertrauensstellungscenter* öffnen, die Einblendung von Warnhinweisen bei verdächtigen Aktivitäten aktivieren, wenn kein Antivirusprogramm aktiviert ist.

Outlook reparieren

Funktioniert Outlook nicht mehr korrekt, werden Inhalte der einzelnen Outlook-Ordner nicht mehr korrekt angezeigt oder fehlen Inhalte, ist möglicherweise die Dateistruktur des *Persönlichen Ordners* (*.pst*) nicht mehr intakt, also der Datei, in der in Outlook alle persönlichen Daten wie E-Mails, Kontakte, Aufgaben und Termine gespeichert werden. Microsoft stellt für diesen Fall ein Tool zur Verfügung, das prüft, ob die Dateistruktur dieser wichtigen Datei noch unbeschädigt ist. Ist die Dateistruktur nicht intakt, setzt das Tool die Dateistruktur zurück und erstellt die Kopfzeilen in der Datei neu. Anschließend sollten sich die Inhalte des persönlichen Ordners wieder einwandfrei nutzen lassen.

Die Reparaturinstallation können Sie auf zwei Arten ausführen: Über das Setup-Programm und über die Befehlszeile.

Die Reparaturinstallation über das Setup-Programm starten

Um die Reparaturinstallation über das Setup-Programm durchzuführen, gehen Sie wie folgt vor:

1. Legen Sie die Office-CD/DVD in das entsprechende Laufwerk des Computers ein und bestätigen Sie eine Sicherheitsabfrage, die sich möglicherweise einblendet, mit einem Mausklick auf *Fortsetzen*.
2. Wählen Sie im nun eingeblendeten Dialogfeld die Option *Reparieren* und klicken Sie auf *Weiter*.
3. Das Setup-Programm führt nun eine Reparaturinstallation durch, die einige Minuten in Anspruch nehmen kann. Im Anschluss an die Reparaturinstallation sollten die Microsoft Office-Programme wieder korrekt funktionieren.

Funktioniert Microsoft Outlook auch nach einer Reparaturinstallation weiterhin nicht korrekt, sollten Sie Microsoft Office von Ihrem Computer entfernen und erneut installieren. Die Datei, in der

Ihre Kontoeinstellungen und Ihre Kontaktdaten gespeichert werden, wird bei der Deinstallation nicht vom Computer gelöscht und steht Ihnen nach der Neuinstallation wieder zur Verfügung.

Die Reparaturinstallation über die Befehlszeile starten

Die Funktion *Reparieren* können Sie auch unabhängig von Outlook ausführen. Gehen Sie dazu wie folgt vor:

1. Achten Sie darauf, dass Outlook nicht ausgeführt wird.
2. Wechseln Sie auf Ihrem Desktop in das Verzeichnis *<Lokaler Datenträger>:\Programme\Microsoft Office\OFFICE12.*

HINWEIS Ersetzen Sie die Angabe *<Lokaler Datenträger>* durch die Laufwerksbezeichnung Ihres lokalen Datenträgers, in der Regel »C«.

3. Doppelklicken Sie dann auf die Datei *Scanpst.exe* (siehe Abbildung).

Abbildg. 18.28 Die Reparaturinstallation manuell starten

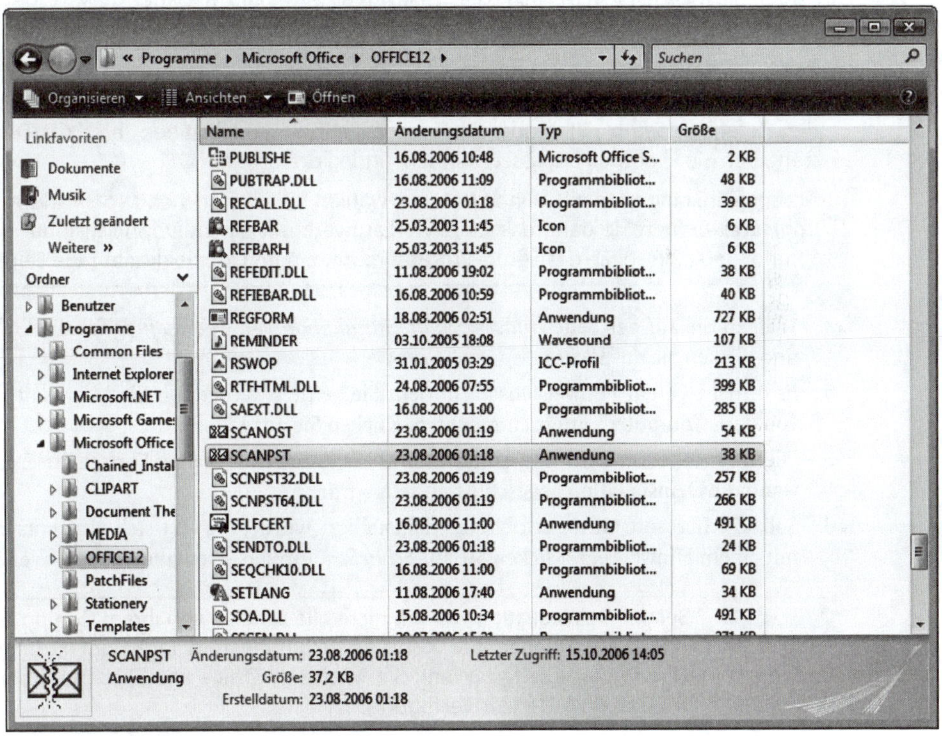

4. Geben Sie den Namen der zu prüfenden Datei ein oder klicken Sie auf *Durchsuchen* und wählen Sie die Datei aus.
5. Klicken Sie bei Bedarf auf die Schaltfläche *Optionen* und wählen Sie die gewünschte Option aus.
6. Starten Sie den Prüfvorgang mit einem Mausklick auf *Starten*.

Wurden während des Prüfvorgangs Fehler festgestellt, werden Sie aufgefordert, den Reparaturvorgang zu starten. Klicken Sie dazu auf *Reparieren.*

PROFITIPP

Nutzen Sie Microsoft Outlook im Zusammenhang mit Exchange Server, stehen Ihnen neben der *Persönliche Ordner*-Datei (*.pst*) auch eine oder mehrere *Öffentliche Ordner*-Dateien zur Verfügung (*.ost*). Um eine *Öffentliche Ordner*-Datei zu reparieren, gehen Sie genauso vor wie bei der *Persönliche Ordner*-Datei, klicken Sie jedoch im Ordner *OFFICE12* doppelt auf die Datei *Scanost.exe.* Geben Sie anschließend den Namen der zu überprüfenden *Öffentliche Ordner*-Datei ein und

Office entfernen

Wollen Sie das gesamte Microsoft Office von Ihrem Computer entfernen, gehen Sie wie folgt vor:

1. Legen Sie die Office-CD/DVD in das entsprechende Laufwerk Ihres Computers ein und schließen Sie das Laufwerk. Das Office-Setup wird nun gestartet.
2. Bestätigen Sie bei Bedarf einen Sicherheitshinweis mit einem Mausklick auf *Fortsetzen.*

PROFITIPP

Sollte das Setup bei Ihnen nicht automatisch gestartet werden, wählen Sie im Startmenü von Windows XP und früher den Befehl *Ausführen*. Geben Sie dann in das Dialogfeld *Ausführen* den Befehl *D:\Setup* ein, wobei D: für den Laufwerksbuchstaben Ihres CD/DVD-Laufwerks steht, den Sie eventuell anpassen müssen, und klicken Sie auf *OK.*

Arbeiten Sie hingegen mit Windows Vista, wählen Sie im Startmenü von Windows den Befehl *Computer.* Öffnen Sie dann das CD/DVD-Laufwerk mit einem Doppelklick auf das CD/DVD-Symbol und starten Sie das Setup-Programm mit einem Doppelklick auf die Datei *Setup.exe.*

3. Wählen Sie auf der Seite *Ändern Sie die Installation von Microsoft Office* die Option *Entfernen* und klicken Sie auf *Weiter.*
4. Es öffnet sich ein Hinweisfenster, in dem Sie gefragt werden, ob Sie Microsoft Office wirklich von dem Computer entfernen möchten. Klicken Sie auf *Ja.*
5. Die Deinstallation wird nun gestartet und Sie können über eine Fortschrittsanzeige verfolgen, wann die Deinstallation abgeschlossen sein wird.
6. Sobald Microsoft Office erfolgreich deinstalliert wurde, blendet sich eine entsprechende Seite mit einem Hinweis ein. Klicken Sie auf *Schließen*, um die Installation abzuschließen.

WICHTIG Bei der Deinstallation werden nicht alle Dateien von Ihrem Computer entfernt. Die *Persönliche Ordner*-Datei, in der Ihre Kontoeinstellungen und Ihre Kontaktdaten gespeichert sind, bleibt nach wie vor erhalten. Wenn Sie Microsoft Office anschließend erneut installieren, stehen Ihnen Ihre Daten wieder zur Verfügung.

Befehlszeilenoptionen für Outlook 2007

Wollen Sie Outlook 2007 nicht wie gewohnt starten, sondern soll das Programm beim Einschalten des Computers automatisch gestartet werden, müssen Sie die Befehlszeilenoptionen nutzen. Eine umfangreiche Liste der verfügbaren Befehlszeilenoptionen finden Sie in der Online-Hilfe zu Outlook. Hier in diesem Abschnitt werden zwei der wichtigsten Optionen näher beschrieben.

Outlook über den Desktop starten

Wollen Sie Outlook über ein Programmsymbol auf dem Desktop starten und ist das Programmsymbol bisher nicht vorhanden, gehen Sie wie folgt vor, um es auf den Desktop zu kopieren:

1. Klicken Sie mit der rechten Maustaste auf eine freie Stelle auf dem Desktop.
2. Wählen Sie im daraufhin geöffneten Kontextmenü den Befehl *Neu/Verknüpfung erstellen.*
3. Klicken Sie anschließend auf die Schaltfläche *Durchsuchen*, wechseln Sie im Dialogfeld in das Installationsverzeichnis von Outlook (*C:\Programme\Microsoft Office\OFFICE12*) und markieren Sie die Datei *Outlook.exe.*
4. Setzen Sie den Vorgang mit einem Mausklick auf die Schaltfläche *OK* und anschließend auf die Schaltfläche *Weiter* fort.
5. Passen Sie bei Bedarf den Namen für die Verknüpfung an und beenden Sie den Vorgang mit einem Mausklick auf die Schaltfläche *Fertig stellen.*

Outlook beim Einschalten des PCs automatisch starten

Wollen Sie Outlook direkt nach dem Start Ihres PCs nutzen, ohne das Programm erst starten zu müssen, richten Sie Ihren PC dafür wie folgt ein:

1. Zeigen Sie auf *Start/Alle Programme/Microsoft Office.*
2. Klicken Sie den Eintrag *Microsoft Office Outlook 2007* an und ziehen Sie die Maus mit gedrückter linker Maustaste auf die Programmgruppe *Autostart* im Startmenü.
3. Sobald Sie die Maustaste loslassen, wird der Eintrag im Menü *Autostart* angezeigt und Outlook wird ab dem nächsten Neustart von Windows automatisch gestartet.

HINWEIS Wollen Sie den automatischen Start von Outlook deaktivieren, öffnen Sie die Programmgruppe *Autostart* im Startmenü von Windows, klicken Sie den Eintrag *Microsoft Office Outlook 2007* mit der rechten Maustaste an und wählen Sie im Kontextmenü, das sich öffnet, den Befehl *Löschen.*

Zusammenfassung

Outlook 2007 bietet Ihnen zahlreiche Optionen, über die Sie das Aussehen und die Funktionsweise des Programms steuern können.

Sie möchten ...	So gehen Sie vor	Sehen Sie sich dazu das Beispiel an auf Seite
Symbolleisten anpassen	Klicken Sie die Symbolleiste mit der rechten Maustaste an und wählen Sie im Kontextmenü den Befehl *Anpassen*. Nehmen Sie dann die gewünschten Einstellungen vor.	756
den Navigationsbereich anpassen	Klicken Sie auf den Abwärtspfeil im Navigationsbereich und wählen Sie die gewünschte Option aus	759
Outlook Heute anpassen	Aktivieren Sie Outlook Heute und klicken Sie auf die Schaltfläche *Outlook Heute anpassen*. Nehmen Sie die gewünschten Änderungen vor und klicken Sie auf *Änderungen speichern*.	764
Optionen nutzen	Wählen Sie im Menü *Extras* den Befehl *Optionen*, nehmen Sie die gewünschten Änderungen vor und klicken Sie auf *OK*	765
Optionen zu Vertrauenswürdigen Herausgebern, Add-Ins, der Makro-Sicherheit, dem Download von Bildern etc. bearbeiten	Wählen Sie im Menü *Extras* den Befehl *Vertrauensstellungscenter* und nehmen Sie dann im gleichnamigen Dialogfeld die gewünschten Änderungen vor	779
Outlook reparieren	Legen Sie die Office-CD/DVD ein und klicken Sie auf die Schaltfläche *Reparieren*	784
Office entfernen	Legen Sie die Office-CD/DVD ein und klicken Sie auf die Schaltfläche *Entfernen*	786

Teil F

Anhang

In diesem Teil:

Anhang A

Tastenkombinationen

In diesem Kapitel:

Tastenkombinationen zum Ordnerwechsel

Wechseln zu E-Mail	Strg+1
Wechseln zum Kalender	Strg+2
Wechseln zu Kontakten	Strg+3
Wechseln zu Aufgaben	Strg+4
Wechseln zu Notizen	Strg+5
Wechseln zur Ordnerliste	Strg+6
Wechseln zu Verknüpfungen	Strg+7
Wechseln zum Journal	Strg+8
Wechseln zu einem anderen Ordner	Strg+Y

Neue Elemente in beliebigen Ordnern erstellen

Aufgabe	Strg+⇧+T
Aufgabenanfrage	Strg+⇧+Z
Besprechungsanfrage	Strg+⇧+Q
E-Mail-Nachricht	Strg+N
InfoPath-Formular auswählen	Strg+⇧+T
Internetfax	Strg+⇧+X
Journaleintrag	Strg+⇧+J
Kontakt	Strg+⇧+C
Notiz	Strg+⇧+N
Öffentliche Nachricht in diesem Ordner bereitstellen	Strg+⇧+S
Ordner	Strg+⇧+E
Suchordner	Strg+⇧+P
Termin	Strg+⇧+A
Verteilerliste	Strg+⇧+L

Tastenkombinationen für allgemeine Aktionen

Alles markieren	Strg+A
Bearbeitung eines Feldes (außer in Symbolansicht)	F2
Business Contact Manager-Startseite	Alt+B
Drucken	Strg+P

Element ausschneiden	Strg + X
Element einfügen	Strg + V
Element kopieren	Strg + C
Element verschieben	Strg + ⇧ + V
Erweiterte Suche	Strg + ⇧ + F
Hilfe	F1
Löschen	Strg + D
Makros	Alt + F8
Namen überprüfen	Alt + K
Navigationsbereich ein/aus	Alt + F1
Öffnen ausgewählter Elemente	Strg + O
Rechtschreibprüfung	F7
Rückgängig	Strg + Z, Alt + Rück
Sofortsuche aktivieren	F2 oder Strg + E
Speichern	Strg + S, ⇧ + F12
Speichern und schließen, Senden	Alt + S
Speichern unter	F12
Visual Basic-Editor	Alt + F11
Weitersuchen bei Textsuche	⇧ + F4
Zur Nachverfolgung kennzeichnen	Strg + ⇧ + G

Tastenkombinationen für E-Mails

Adressbuch anzeigen	Strg + ⇧ + B
Allen Antworten auf eine Nachricht	Strg + ⇧ + R
Als Anlage weiterleiten	Strg + Alt + F
Als gelesen markieren	Strg + Q
Als ungelesen markieren	Strg + U
Antworten auf eine Nachricht	Strg + R
Anzeigen von gesperrtem externen Inhalt (in einer Nachricht)	Strg + ⇧ + I
Aufheben der Junk-E-Mail-Markierung einer Nachricht	Strg + Alt + J
Direktkennzeichnung einer Nachricht	Einfg
Junk-E-Mail-Markierung aufheben	Strg + Alt + J
Markieren aller Elemente	Strg + A

Nachricht öffnen	Strg + O
Neue Nachricht	Strg + N
Öffentliche Nachricht bereitstellen	Strg + ⇧ + S
Öffnen eines markierten Elements	↵
Senden (einer neuen Nachricht)	Strg + ↵
Senden/Empfangen	F9, Strg + M
Senden-Empfangen-Gruppen definieren	Strg + Alt + S
Wechseln zum obersten Bildschirmelement	Bild ↑
Wechseln zum Postausgang	Strg + ⇧ + O
Wechseln zum Posteingang	Strg + ⇧ + I
Wechseln zum untersten Bildschirmelement	Bild ab
Wechseln zur nächsten Nachricht	↑
Wechseln zur vorherigen Nachricht	↓
Weiterleiten einer Nachricht	Strg + F

Tastenkombinationen für den Kalender

Arbeitswoche	Strg + Alt + 2
Besprechungsanfrage ablehnen	Alt + D
Besprechungsanfrage annehmen	Alt + C
Gehe zu Datum	Strg + G
Markiertes Element löschen	Strg + D
Monatsansicht	Strg + Alt + 4
Nächster Termin (in Monatsansicht)	⇆
Neue Besprechungsanfrage	Strg + ⇧ + Q
Neuer Termin	Strg + N
Tagesansicht	Strg + Alt + 1
Vorheriger Termin (in Monatsansicht)	⇧ + ⇆
Wochenansicht	Strg + Alt + 3

Tastenkombinationen für Kontakte

Adressbuch öffnen	Strg + ⇧ + B
Erster Kontakt	Pos1

Letzter Kontakt	Ende
Nächster Kontakt	↓
Neue Verteilerliste	Strg + L
Neuer Kontakt	Strg + N
Neuer Telefonanruf	Strg + ⇧ + D
Sofortsuche für Kontakte aktivieren	F11
Vorheriger Kontakt	Pfeil oben

Tastenkombinationen für Aufgaben

Aufgabenanfrage ablehnen	Alt + D
Aufgabenanfrage annehmen	Alt + C
Neue Aufgabe	Strg + N
Neue Aufgabenanfrage	Strg + ⇧ + Z

Tastenkombinationen für Notizen

Neue Notiz	Strg + N
Notiz weiterleiten	Strg + F

Tastenkombinationen für den Datumsnavigator

Erster Tag der aktuellen Woche	Alt + Pos1
Letzter Tag der aktuellen Woche	Alt + Ende
Gleicher Tag in vorheriger Woche	Alt + ↑
Gleichen Tag in nächster Woche	Alt + ↓
Gleicher Tag im vorherigen Monat	Alt + Bild ↑
Gleicher Tag im nächsten Monat	Alt + Bild ↓

Tastenkombinationen für Dialogfelder und Formulare

Nächstes Feld	⭾
Vorheriges Feld	⇧ + ⭾

Eingabe bestätigen	↵
Feldinhalt bearbeiten	F2
Ein Zeichen nach rechts	→
Ein Zeichen nach links	←
Kontrollkästchen aktivieren/deaktivieren	Leertaste
Nächstes Optionsfeld markieren	↓
Vorheriges Optionsfeld markieren	↑

Tastenkombinationen für die Sofortsuche

Abfrage-Generator erweitern	Strg + Alt + W
Alle Kalenderelemente durchsuchen	Strg + Alt + A
Desktop durchsuchen	Strg + Alt + K
Erweiterte Suche	Strg + ⇧ + F
Sofortsuche	Strg + E

Praxisindex

Die Einträge in diesem Praxisindex verweisen auf Schritt-für-Schritt-Anleitungen zu spezifischen Arbeitsgängen.

A

B

C

D

E

F

G

H

I

J

K

L

M

N

O

P

R

S

T

U

V

W

Z

Stichwortverzeichnis

B

C

D

F

J

K

L

M

N

P

Q

R

S

U

V

W

Z